Peter Steinbach/Johannes Tuchel (Hrsg.)
Widerstand gegen den Nationalsozialismus

Schriftenreihe Band 323

Peter Steinbach/Johannes Tuchel (Hrsg.)

Widerstand gegen den Nationalsozialismus

Bundeszentrale
für politische Bildung

Bonn 1994

Redaktion: Claudia Horn, Klaus-W. Wippermann

Eine Buchhandelsausgabe besorgt der
Akademie Verlag, Berlin

Diese Veröffentlichung stellt keine Meinungsäußerung
der Bundeszentrale für politische Bildung dar.
Für die inhaltlichen Aussagen tragen die Autoren die Verantwortung.

Satzherstellung und Lithos: Froitzheim, Bonn
Druck: Clausen & Bosse, Leck

ISBN 3-89331-195-5 · ISSN 0435-7604

Inhalt

VII. Widerstand im Krieg 391

»Ich beschwere mich nicht über das, was mir auferlegt ist. Du kannst dir nicht denken, wie bereit ich bin, diese Prüfung zu tragen. Überhaupt ist es nicht die Gegenwart, die mich am meisten beschäftigt, vielmehr ist es die Zukunft. Das, was heute ist, ist ein Übergang.«

Julius Leber
aus der Untersuchungshaft in Lübeck,
27. Juni 1933

»Es stehen hier letzte Entscheidungen für den Bestand der Nation auf dem Spiel; die Geschichte wird diese Führer mit einer Blutschuld belasten, wenn sie nicht nach ihrem fachlichen und staatspolitischen Wissen und Gewissen handeln. Ihr soldatischer Gehorsam hat dort eine Grenze, wo ihr Wissen, ihr Gewissen und ihre Verantwortung die Ausführung eines Befehls verbietet.«

Ludwig Beck
Denkschrift vom 16. Juli 1938

»Bei der Begegnung mit uns muß man spüren, daß wir uns weder überflüssig noch unterlegen wissen..., daß es uns gar nicht darauf ankommt, um jeden Preis ein paar Lebenstage länger dazusein, daß es aber wohl darauf ankommt, um jeden Preis so zu sein, wie wir sind.«

Alfred Delp
in einem Aufsatz 1939

»Wir sind stumme Zeugen böser Taten gewesen, wir sind mit vielen Wassern gewaschen, wir haben die Künste der Verstellung und der mehrdeutigen Rede gelernt, wir sind durch Erfahrung mißtrauisch gegen die Menschen geworden und mußten ihnen die Wahrheit und das freie Wort oft schuldig bleiben, wir sind durch unerträgliche Konflikte mürbe oder vielleicht zynisch geworden – sind wir noch brauchbar?«

Dietrich Bonhoeffer
Ende 1942 in der Schrift »Nach zehn Jahren«

»Ich bin nach wie vor der Meinung, das Beste getan zu haben, was ich gerade jetzt für mein Volk tun konnte. Ich bereue deshalb meine Handlungsweise nicht und will die Folgen, die mir aus meiner Handlungsweise erwachsen, auf mich nehmen.«

Sophie Scholl
nach ihrer Verurteilung zum Tode
am 22. Februar 1943

»Ich möchte, daß man weiß: daß es keinen namenlosen Helden gegeben hat, daß es Menschen waren, die ihren Namen, ihr Gesicht, ihre Sehnsucht und ihre Hoffnungen hatten, und daß deshalb der Schmerz auch des letzten unter ihnen nicht kleiner war als der Schmerz des ersten, dessen Namen erhalten bleibt. Ich möchte, daß sie Euch alle immer nahe bleiben, wie Bekannte, wie Verwandte, wie Ihr selbst.«

Julius Fučík
Haftaufzeichnung aus dem Frühjahr 1943

»Es war alles ein aus der Besinnung und Kraft unserer Heimat, deren tiefe Liebe ich meinem Vater verdanke, aufsteigender Versuch, ihr in allen modernen Wandlungen und Erschwerungen unwandelbar bleibendes Recht und ihren tiefen, unentbehrlichen Beitrag gegen den Übergriff fremder Mächte und Gesinnungen zu erhalten und zu vertreten.«

Adam von Trott zu Solz
am Tag seiner Verurteilung zum Tode,
15. August 1944

»Das Attentat muß erfolgen, koste es, was es wolle. Sollte es nicht gelingen, so muß trotzdem in Berlin gehandelt werden. Denn es kommt nicht mehr auf den praktischen Zweck an, sondern darauf, daß die deutsche Widerstandsbewegung vor der Welt und vor der Geschichte den entscheidenden Wurf gewagt hat. Alles andere ist daneben gleichgültig.«

Henning von Tresckow

»Als die Nazis die Kommunisten holten, habe ich geschwiegen; ich war ja kein Kommunist.
Als sie die Sozialdemokraten einsperrten, habe ich geschwiegen; ich war ja kein Sozialdemokrat.
Als sie die Gewerkschafter holten, habe ich geschwiegen; ich war ja kein Gewerkschafter.
Als sie die Juden holten, habe ich geschwiegen; ich war ja kein Jude.
Als sie mich holten, gab es keinen mehr, der protestieren konnte.«

Martin Niemöller
im Gespräch nach 1945

»Es ist Zeit, daß jetzt etwas getan wird. Derjenige allerdings, der etwas zu tun wagt, muß sich bewußt sein, daß er wohl als Verräter in die deutsche Geschichte eingehen wird. Unterläßt er jedoch die Tat, dann wäre er ein Verräter vor seinem eigenen Gewissen.«

Claus Schenk Graf von Stauffenberg
kurz vor dem 20. Juli 1944

Zum Geleit

»Ist in der allerletzten Phase der dunklen Phase deutscher Geschichte, ist am 20. Juli 1944 und in seinem Umkreis aus Einsicht und Gewissen verantwortlich gehandelt worden? Wie sah der Gewissensentscheid der Beteiligten aus? Wie ist das Wesen des Gewissens und der Aufgaben der Menschen bedingt? Gab es unterschiedliche Gewissensentscheidungen?

Moltke wollte dem Bösen nicht wehren, es vielmehr vollständig sich entwickeln, sich selbst widerlegen lassen, damit ein neuer Anfang gesetzt werden könne. Er fühlte sich durch seine religiösen Überzeugungen an einem Attentat gehindert. Bei anderen, die sich zur aktiven Teilnahme an der Verschwörung durchgerungen hatten, so etwa bei General Stieff, sehen wir, wie das politische Handeln nach der Tat in ein religiöses Motiv quasi zurückgenommen wird. Am Tage seiner Hinrichtung schrieb Stieff: »Es war falsch, Gott in seinem Wirken als kleiner Mensch hochmütig in den Arm fallen zu wollen.« Aber Tresckow, der sich nach dem 20. Juli das Leben nahm, um der Verhaftung zu entgehen, interpretierte das Handeln als Stellvertretung des Volkes vor Gott. Und viele, auch evangelische Christen, sahen gerade ihr politisches Handeln, die Teilnahme an der Verschwörung, unter der Verordnung Gottes als geboten an.

Die Widersprüchlichkeit der Antwort ist sachgemäß und verständlich. Es gab für niemanden, der sich in den Umkreis der Gedanken und Entscheidungen des Widerstandes hineinbegab, bloß durch dieses Hinzutreten den Ausweg schuldlosen Davonkommens gegenüber all den anderen, die weiter mitmachten, wissend oder nicht wissend. Was zu lernen und zu vollziehen war, das war, aus der Bindung des Gewissens heraus für den anderen einzutreten. Und was den Widerstand zusammenhielt, war nicht die soziale Herkunft oder die politische Überzeugung, sondern die Gemeinsamkeit, das Gewissen an der richtigen Stelle einzusetzen, sich ihm in seiner ganzen Last zu stellen und von daher sich der Verantwortungskraft für die Zukunft bewußt zu werden.

Waren es also Nationalisten, die am 20. Juli handelten? Ich glaube nein. Es war der Ausdruck und das Ergebnis einer in die Tiefe gehenden Wandlung des deutschen Nationalbewußtseins. Jahrzehnte waren wir in einen Nationalismus hineingeraten, der uns in die Hände des Tyrannen fallen ließ, uns halb um den Verstand, ganz um unseren Namen, um Millionen von Menschen, um die Einheit unseres Landes und die Hälfte unseres Territoriums gebracht hat. Historisch gesehen wiegt die Schuld, die wir auf uns geladen oder ererbt haben, stärker als die Läuterung, durch die viele Mitglieder des Widerstandes, wo immer ihr Ausgangspunkt auch war, gegangen sind.

So sind der Widerstand und der 20. Juli 1944 kein mildernder Umstand für Deutschland geworden, auch wenn viele Männer des Widerstandes lebten und starben im Gedanken der Sühne. Was wir in ihrem Handeln und ihrer Zeit an Schuld erkennen, betrifft nicht sie, sondern die Überlebenden. Aber sie haben uns nicht nur Lücken, sondern auch Vermächtnisse hinterlassen. Ich kann mir keinen unter uns denken, dem es in der Beschäftigung mit den Ereignissen und Männern des 20. Juli nicht immer wieder geht wie mir: Der 20. Juli ist Mahnung und Hilfe, die man fürs eigene Leben empfängt, wenn man sich mit den Gedanken und Handlungen dieser Menschen befaßt, die so aufs Wesentliche bezogen lebten. Wir sind dankbar für Zeugnisse, die wir aus solchen Entscheidungssituationen ihres Lebens besitzen.

Was vom 20. Juli 1944 fortwirkt, sind nicht historische Zusammenhänge oder politische Berechnungen bei den Verschwörern, sondern ihr Charakter, ihr Gewissen und ihre Tat. Als der Staatsstreich stattfand, waren alle günstigen Zeitpunkte dafür schon verstrichen. Auch waren tiefere Zweifel empfunden worden. Mußte sich das Böse nicht selbst widerlegen, anstatt gewaltsam beseitigt zu werden, damit danach ein neuer Anfang gemacht werden könne? Würde etwas anderes als die unbeschönigte totale Niederlage in der Lage sein, uns alle aus der mehr oder minder bewußten Selbstbelügung moralisch zu befreien?

Das alles war bedacht worden. Und dennoch entschlossen sich die Verschwörer, den Wurf zu wagen. Wichtiger als alle Bedenken war es ihnen, unter Einsatz des Lebens ein Zeichen aufzurichten. Sie wollten nicht länger fatalistisch zusehen, auf daß das Unrecht und Unglück bis zur Neige ausgekostet werde. Sie wußten, daß jeder neue Tag immer mehr unschuldige Leben forderte. Es galt, der ständig fortschreitenden Zerstörung der menschlichen Substanz Einhalt zu gebieten.

So setzten einige Menschen ihr Leben dafür ein, um das Böse zu bekämpfen, welches so vielen Mitmenschen unaufhörlich widerfuhr. Schon 1942 hatte Dietrich Bonhoeffer in seinem Fragment über das verantwortliche Leben Maßstäbe genannt, die nun die Attentäter kennzeichneten:

- Sie ließen das Warten, Analysieren oder Träumen hinter sich und stellten sich nüchtern der Wirklichkeit.
- In Freiheit entschieden sie sich: nicht zum bloßen Denken, zum klugen Wissen, warum das Verhängnis seinen ganzen Lauf nehmen müsse, sondern zum eigenen Handeln mit allen Folgen.
- Sie handelten stellvertretend; sie traten ein für andere, deren Zuständigkeit es gewesen wäre einzugreifen.
- Sie nahmen damit Schuld auf sich, Schuld für alle Versäumnisse der Vergangenheit, in die man verflochten ist, und ohne den Versuch, sich für die eigene Tat selbst zu rechtfertigen.
- Sie handelten in Verantwortung vor ihrem Gewissen, vor Gott.

Aus allen Landschaften waren sie zusammengekommen, aus allen Schichten der Bevölkerung, aus allen Traditionen. Es hatte tiefe politische Gräben unter ihnen gegeben. Aber sie hatten erkannt, wie unwichtig dies gegenüber ihren gemeinsamen und nun lebensgefährlich bedrohten Überzeugungen der Humanität geworden war.

Sie hatten die Kraft zu sehen. Sie hatten den leidenden Menschen erkannt. Das gab ihnen den Willen zur Veränderung und die Kraft zum Handeln. Weil sie bereit waren, bewußt und verantwortlich zu leben, waren sie bereit, ihr Leben einzusetzen.

Ihr Leben und ihre Liebe sprechen über ihren Tod hinaus. »Jeden Tag zu nehmen, als wäre er der letzte, und doch im Glauben und der Verantwortung einer großen Zukunft«, wie Bonhoeffer sagt, das ist ihr Vorbild für uns Heutige, für die Alten und die Jungen.«

Richard von Weizsäcker

(Aus seiner Rede: »Der 20. Juli 1944 – Attentat aus Gewissen«, zum 20. Jahrestag 1964 in der Evangelischen Akademie in Ostberlin)

Peter Steinbach

Widerstand gegen den Nationalsozialismus

I.

Die deutsche Widerstandsforschung hat derzeit außerordentlich günstige Ausgangs- und Rahmenbedingungen. Bereits in den vergangenen zwanzig Jahren wurde die Einengung der widerstandshistorischen Fragestellungen durch jeweils vorherrschende politisch-legitimatorische Rückbezüge aufgebrochen: Die Feiern anläßlich des 20. Juli 1944 markierten zwar weiterhin einen wichtigen Bezugspunkt öffentlichen Erinnerns, engten jedoch die publizistischen und wissenschaftlichen Diskussionen nicht mehr in jenem Maße ein, welches oftmals in neueren widerstandshistorischen Studien als *communis opinio* beschworen wurde. Vor allem sozialwissenschaftliche Methoden und die Ausweitung des Quellenbegriffs im Zuge einer Erschließung mündlicher Überlieferungen und Erinnerungsarbeit gestatteten Fragestellungen und Arbeitsvorhaben wie niemals zuvor. Der Stand der widerstandsgeschichtlichen Forschung ist heute bemerkenswert nicht zuletzt wegen der zunehmenden Interdisziplinarität und der sozialpsychologischen Anreicherung geschichtswissenschaftlicher Zugangsweisen. Das historische Quellenmaterial wird durch die Öffnung bisher unzugänglicher Archive mannigfacher, und die Antworten fallen vielfach entsprechend breit aus.

Der hier vorgelegte Sammelband soll nicht nur die Vielfalt widerstandsgeschichtlicher Themen spiegeln, sondern vor allem auch die Vielfältigkeit des politisch, weltanschaulich oder religiös motivierten Widerstands dokumentieren. Dieser Band entspringt somit auch dem Wunsch, Traditionen und Motivationen des Widerstands in den Blick zu rücken, die in der Widerstandsforschung der letzten Jahre häufig in den Hintergrund gedrängt wurden. Nach einer sehr intensiven Konzentration in den fünfziger Jahren auf das Kulminationsdatum des 20. Juli 1944 und die Personen der Attentäter war es sicherlich gerechtfertigt und notwendig, neue Dimensionen des Widerstands in den Blickpunkt der Öffentlichkeit zu rücken. Die Beschäftigung mit dem Widerstand im Alltag und in der Region sowie die Dokumentation einzelner Widerstandsakte von sogenannten »kleinen Leuten« – von Arbeitern, Kommunisten, Juden und Geistlichen – führten zu einer Erweiterung des Begriffes Widerstand. Gleichzeitig verlor er aber an Präzision: ethische Motivationen und politische Ziele des Widerstands rückten eher an den Rand des Interesses und schienen beliebiger zu werden. Mit der Feststellung: »Es gab nicht nur den 20. Juli« wurden die moralischen Rechtfertigungen und Bekenntnisse des Widerstands als eines »Aufstands des Gewissens« in den Hintergrund gedrängt. Moralischer Rigorismus wurde durch Begriffe wie Nonkonformität, Resistenz, Protest, Opposition, Dissidenz und schließlich Verweigerung relativiert. Demgegenüber soll der vorliegende Sammelband deutlich machen, daß es in jeder Phase des NS-Regimes einen Widerstand gab, der von ethischen und politischen Grundüberzeugungen getragen war: Bei aller Verschiedenheit der sozialen, kulturellen und konfessionellen Milieus waren sich die Regimegegner aus unterschiedlichen Gründen zu ihrer prinzipiellen Gegnerschaft zum totalen Staat und seiner totalitären Weltanschauung einig.

Obwohl zahlreiche frühere politische Gegner des Nationalsozialismus dem Anpassungsdruck des Regimes nicht standhielten oder gar der Faszination nationalsozialistischer Propaganda sowie außenpolitischer und militärischer Erfolge erlagen, erkannten die Nationalsozialisten schon frühzeitig, daß sich die entschiedenen Anhänger der aufgelösten und verbotenen Parteien und Verbände niemals völlig ihrem totalen Führungs- und Herrschaftsanspruch beugen würden. Sie betrachteten daher ihre politischen Gegner als entschlossene, kompromißlose Feinde, deren Widerstand durch Ausbürgerung und Verfolgung, durch Sondergesetze und Terror, durch Haft und Todesdrohung auszuschalten war. Schon 1932 hatte der liberale Publizist Theodor Wolff die Folgen eines nationalsozialistischen Wahlsiegs für die Anhänger demokratischer Parteien prophezeit: »Wenn heute der Nationalsozialismus triumphiert . . ., dann werdet ihr, solange diese Herrschaft dauern wird, nicht mehr zur Wahl gehen, nicht mehr eure Meinung in die Waagschale werfen dürfen – dann wird man die letzten Reste eurer Freiheit und eurer Bürgerrechte zerschlagen und, mit den brutalen Mitteln, die ihr kennt, euch zu dumpfem Gehorsam, zu schweigender Unterwerfung zwingen.« Die von Wolff vorausgesehene »›Legalisierung der Rache‹, der terroristischen Unterdrückung« richtete sich bis zum Sommer 1933 in gleicher Weise gegen Kommunisten, Sozialdemokraten, Liberale und Anhänger des Zentrums sowie gegen die Mitglieder der Richtungsgewerkschaften. Auflösung der Parteiorganisationen, Verbot der Presse, Verhaftung der führenden Funktionäre und Entrechtung vieler ihrer Mitglieder trafen alle Parteien in gleicher Weise.

Die gemeinsame Erfahrung der Verfolgung und Entrechtung führte jedoch keineswegs schlagartig zur Überwindung alter politischer Gegensätze und Konflikte zwischen den verbotenen Parteien. Auch innerparteiliche Kontroversen wurden, vor allem im Exil, mit der gewohnten Schärfe fortgesetzt. Die Konfrontation mit dem wachsenden Totalitätsanspruch des Staates und die Erfahrung ständig eskalierender Willkür und Gewalt ließen die politischen Gegensätze der Weimarer Zeit jedoch zunehmend in den Hintergrund treten. Hatten viele unterschiedliche Wege in die Gegnerschaft zum Nationalsozialismus geführt, so schien es bald nur noch eine gemeinsame Haltung im Widerstand gegen das Regime zu geben. Sie war durch den Willen gekennzeichnet, um des gemeinsamen Zieles willen auch den politisch Andersdenkenden zu akzeptieren und einen Kompromiß mit ihm zu suchen. Erst dieser Grundkonsens ermöglichte die Vereinigung oppositioneller Dissidenten unterschiedlicher politischer und konfessioneller Traditionen in Gesinnungsgemeinschaften und Zirkeln.

Diese Gruppen waren zunächst keineswegs Zellen des Umsturzes, sondern wollten gedanklich die Grundlagen für eine Neuordnung Deutschlands nach dem Ende der nationalsozialistischen Herrschaft schaffen. In diesem Bemühen um eine geistige und moralische Erneuerung deutscher Politik machten Oppositionelle aller Richtungen einen Lernprozeß durch, der überkommene politische Traditionen und ideologische Zielsetzungen in den Hintergrund treten ließ. Wenn auch die konkrete Gestalt der Nachkriegsordnung noch weitgehend im dunkeln blieb, so war die Durchsetzung der demokratischen Herrschaft des Rechts unumstrittener Grundsatz neuer Politik.

Dieses umfassende Bekenntnis zum Recht beinhaltete gleichermaßen liberales Verfassungsverständnis, sozialstaatliches Gleichheitsdenken und christliche Wertvorstellungen.

Ein vergleichbarer Klärungsprozeß läßt sich auch in den politischen Exilgruppen beobachten. Insbesondere angelsächsische Demokratievorstellungen prägten zunehmend das politische Grundverständnis der Emigranten und ließen ihre unterschiedliche Herkunft zunehmend in den Hintergrund treten.

II.

Trotz dieser unbestreitbaren Klärung ihrer eigenen Positionen sind keineswegs alle zentralen Fragen der Widerstandsgeschichte geklärt. Zu der wohl mit am leidenschaftlichsten umstrittenen Frage der deutschen Zeitgeschichte gehört dabei das Problem, weshalb Hitler an die Macht kommen und sich dort behaupten konnte. Diese Frage zielt auch auf die politischen Möglichkeiten des Widerstands und kann nur vergleichend beantwortet werden. Als im Laufe des 30. Januar 1933 Gerüchte bestätigt wurden, der deutsche Reichspräsident von Hindenburg habe Hitler, der augenscheinlich schon seit den letzten Wahlen den Zenit seines Erfolges überschritten hatte, das Reichskanzleramt angeboten, meinten selbst politisch wache Menschen, damit sei lediglich eine neue, ebenfalls vorübergehende Präsidialregierung berufen worden. Ohne jede Hektik traten die Führungsgremien von SPD und Allgemeinem Gewerkschaftsbund zusammen. In ersten Aufrufen warnten sie ihre Anhänger vor den Nationalsozialisten; die prinzipielle Gefährdung von Demokratie und Rechtsstaat, von Grundrechten und republikanischer Verfassung lag jedoch jenseits ihrer politischen Phantasie. Auch die Führung der KPD ließ damals jene Klarsicht vermissen, die ihr die eigene Parteigeschichtsschreibung später gern zubilligte. Sie erwartete die Zuspitzung der gesellschaftlichen Krise, nicht aber ihre scheinbare Bewältigung; deshalb rief die KPD zum Generalstreik gegen die »brutalste, unverhüllteste Kriegserklärung an die Werktätigen« auf. Kaum jemand leistete diesem Aufruf Folge – hatten doch erst kurz zuvor KPD und NSDAP in Berlin gemeinsam einen gegen die SPD gerichteten Streik organisiert; lediglich in einem württembergischen Industrieort namens Mössingen standen alle Räder still.

Die SPD-Fraktion bekannte sich zur Weimarer Reichsverfassung, mußte aber hinnehmen, daß die politische Initiative von der Stunde der Regierungsübernahme an auf die wenigen nationalsozialistischen Minister übergegangen war. Die Übernahme der preußischen Polizei durch Göring, die Position Himmlers in Bayern waren für die effektive Machtausübung entscheidend – mochte die demokratische Arbeiterpartei dagegen auch »Kaltblütigkeit, Entschlossenheit, Disziplin, Einigkeit und nochmals Einigkeit« beschwören. Nur in wenigen Städten waren Sozialdemokraten in der Lage, sich in der Konfrontation mit den nationalsozialistischen Sturmtrupps zu behaupten; so blieb nur die Hoffnung, die bevorstehenden Reichstagswahlen würden Hitler eine Niederlage bringen. Angesichts der Rechtsbrüche, der Zerstörung der föderativen Ordnung und des Grundrechtssystems durch die Februarverordnungen stellte sich eine Stimmung der Lähmung ein; das Bekenntnis zur Legalität der geschändeten Verfassungsordnung war eher ein beschwörender Appell und Hilferuf als Ausdruck von

Zukunftshoffnung und Vertrauen in Humanität und Rationalität. Offenen Widerstand leisteten die Parteien der Linken ebensowenig wie die Gewerkschaften: Mit Wandaufschriften und Flugblättern, mit Gesinnungspflege und politischem Bekenntnis ließ sich die nationalsozialistische Machtergreifung um so weniger verhindern, als die NS-Führung die übertragene Chance zur Festigung ihrer Herrschaft entschlossen nutzen wollte und überdies große Teile der Bevölkerung begannen, Hitler zu feiern und die Zerstörung des für sie enttäuschenden Weimarer Systems zu begrüßen.

Diese republikanische Ordnung mobilisierte kaum noch Anhänger. Nicht allein der Makel ihrer Entstehung aus einer militärischen Niederlage und umstrittenen politischen Revolution, ihre außenpolitische Belastung durch das Versailler Friedensdiktat und generationenlange Reparationsverpflichtungen auf der Grundlage des aufgezwungenen Kriegsschuldartikels, ihre Erfolglosigkeit bei der Überwindung wirtschafts- und arbeitsmarktpolitischer Katastrophen bestimmten das Bild der Republik in breiten Kreisen der politischen Mitte und nationalkonservativer Flügel, sondern auch das Unverständnis für die Notwendigkeit von politischem Ausgleich in einer parlamentarischen Demokratie durch Diskussion und Kompromiß. Das entscheidende politische Defizit der Weimarer Zeit war die Unfähigkeit von Parteien und Staatsbürgern, von Presse und Verwaltung, politische Kontroversen in einer grundsätzlich verfassungsbezogenen Weise auszutragen, die Minderheiten schützte und den politischen Gegner respektierte. Wo immer absolute Feindschaftsverhältnisse proklamiert werden, fragmentiert und atomisiert sich die Gesellschaft, wird das Individuum in der Vereinzelung hilflos staatlichen und gesellschaftlichen Kräften ausgeliefert, sofern diese die Mehrheit erringen. Die Tragik vieler der später von den Nationalsozialisten Verfolgten und Unterdrückten war, daß sie zunächst den totalen Herrschaftsanspruch der Nationalsozialisten nicht erkannten oder ihn sogar als wünschenswert empfanden.

Diese Illusionen fanden sich nicht zuletzt bei vielen Offizieren der Reichswehr, die keine republikanischen Traditionen ausbilden konnten und wollten. Allerdings ist zu bedenken, daß manche dieser Offiziere in einer konservativ motivierten Distanz gegenüber den neuen Bewegungen und Bestrebungen verharrten und sich auf diese Weise wenn schon keine bewußte Nonkonformität, so doch eine latente Resistenz bewahrten. Ihr Gesellschaftsbild war durch den deutschen Obrigkeitsstaat, nicht aber durch die nationalsozialistische Bewegungsdiktatur geprägt worden. Vor allem jüngere Offiziere begrüßten das Ende des verachteten Weimarer Systems freudiger und erwartungsvoller als viele ihrer älteren Kameraden, die sich aus sozialer Distanz gegenüber der nationalsozialistischen Ideologie der Volksgemeinschaft heraus gegenüber der »Bewegung der Gosse« reserviert hielten. Vielleicht erklärt diese Haltung sozialer Distanz die heute vielfach unverständlich anmutende Teilnahmslosigkeit angesichts der Verfolgung von Kommunisten und Sozialdemokraten, von Pazifisten und Gewerkschaftsmitgliedern, schließlich auch des Verbots der KPD, der SPD und der Gewerkschaftsorganisationen aller Richtungen. Die Selbstauflösung der liberalen Mittelparteien und der Zentrumspartei, des Christlichen Volksdienstes und der DNVP atmeten hingegen augenscheinlich weniger den Geist der Unterdrückung als der Freiwilligkeit; deshalb konnte der Untergang dieser Parteien kaum die Empörung der bewußt politikfernen Offiziere wecken. Am Ende des Jahres 1933 hatten die Nationalsozialisten schließlich ohne nennenswerten Widerstand ihre politische Herrschaft konsolidiert. Hitler hatte in den ersten Monaten seiner Herrschaft die Stellung und das Selbstwertgefühl der Reichswehr strikt beachtet; gerade dadurch hatte er ein »systemkonformes Verhalten« vieler Offiziere ermöglicht und sie, wenn nicht gewonnen, so doch auch nicht zum Gegner gemacht.

Eine Ausnahme bildete lediglich der »rote General« und Chef der Heeresleitung, Kurt Freiherr von Hammerstein-Equord. Ihm trauten viele zu, Hitler aktiv zu bekämpfen oder zumindest zu arrestieren. Nach seiner Versetzung zur Truppe war jedoch nicht damit zu rechnen, daß Hitler ausgerechnet einen Truppenführer besuchen würde, der als vergleichsweise republiktreu galt. Hitler wußte, daß ihm zu dieser Zeit allein die Reichswehr gefährlich werden konnte – deshalb umwarb er ihre Führung. Seine Rechnung ging auf: Entscheidende Jahre verhielt sich die Führung der bewaffneten Macht still.

Hitlers Berücksichtigung der Stimmung hoher Reichswehroffiziere und die scheinbare Respektierung der politikfernen Stellung der Truppe sicherten und verstärkten möglicherweise die politische Isolation der Reichswehrangehörigen. Partielle Übereinstimmung mit politischen Zielen und Respekt vor den außenpolitischen Erfolgen – Lösung des schon von Brüning, Papen und Schleicher beharrlich bearbeiteten Reparationsproblems, Anerkennung durch die päpstliche Kurie beim Abschluß des Reichskonkordats, Verlassen des Völkerbundes, Aufrüstung und allgemeine Wehrpflicht, Besetzung des Rheinlandes – ließen über manche Schatten hinwegsehen. Hierzu gehörte neben dem Straßenterror der SA-Hilfspolizei und der Errichtung »wilder Konzentrationslager« vor allem der Arierparagraph aus dem »Gesetz zur Wiederherstellung des Berufsbeamtentums« vom 7. April 1933, der in der Folgezeit auch die Reichswehr berührte, aber wegen der verschwindend geringen Zahl der Offiziere jüdischen Glaubens hier kaum Bedeutung hatte. Der Boykott jüdischer Geschäfte am 1. April 1933 – von Goebbels als Reaktion auf Demonstrationen gegen die »deutsche Regierung« gerechtfertigt – verstärkte bei einigen Offizieren das Unbehagen gegenüber der NS-Führung. Auch die Diffamierung deutscher jüdischer Soldaten ließ Nachdenklichkeit aufkommen, führte aber ebensowenig zu Konsequenzen wie die Errichtung des Konzentrationslagersystems.

III.

Deshalb sind aus der Reichswehr zu dieser Zeit kaum Äußerungen oder kritische Stimmen über Verfolgung und Terror, über Entrechtung und Unterdrückung überliefert. Dies gilt auch für die Gruppen, die später die »zivile Opposition« bildeten. Diese Haltungen waren charakteristisch für die allgemeine politische Unsensibilität gegenüber dem Schicksal der Menschen, die schutzlos der Willkür ausgeliefert waren. Bücherverbrennungen, Gleichschaltung von Staat und Gesellschaft, Vertreibung vieler Intellektueller in das Exil oder in die innere Emigration erregten die allgemeine Stimmung wenig; das »Gesetz zur Verhütung des erbkranken Nachwuchses« wurde ebensowenig als Schändung alles dessen, »was menschliches Antlitz« trägt, begriffen wie die Vertreibung der Juden aus dem deutschen Wirtschaftsleben. Allerdings begannen hier die ersten Konflikte zwischen dem abstrakten rassenpolitischen Postulat und der konkreten Auswirkung für den einzelnen: Bei vielen der später entschlossensten Widerstandskämpfer entstand Unsicherheit angesichts der Rechtlosmachung guter Bekannter, von Nachbarn, Familienfreunden, Vereinskameraden und Studienfreunden. Die Auseinandersetzungen zwischen »Deutschen Christen« und »Bekenntnistreuen« berührten dann stärker manches bis dahin unbeteiligte Mitglied der späteren militärischen und zivilen Opposition. Andererseits war der Kirchenkampf nicht nur ein Kampf zwischen Kreuz und Hakenkreuz, sondern unübersehbar ein innerkonfessioneller und innerkirchlicher Streit vor allem des Protestantismus – von Theologen geführt und von Laien nachvollzogen. Die Bedeutung dieser Auseinandersetzung liegt zum einen in der breiten Resonanz innerhalb der deutschen Öffentlichkeit und der Mobilisierung von kritischem Geist, zum anderen in der Schaffung und Festigung eines resistenten Milieus, das innen- und rassenpolitische Vorstellungen des Nationalsozialismus nicht ungefragt und undifferenziert in das eigene Weltbild integrierte, schließlich aber in der Festigung von Maßstäben der Mitmenschlichkeit und des Glaubens, der Unbedingtheit des Gewissens.

Drückte sich im Kirchenkampf zum erstenmal eine vergleichsweise breite Dissonanz zwischen landläufiger Meinung und nationalsozialistischer Praxis aus, so wurde diese Stimmung bei sensibilisierten Vertretern der späteren »deutschen Opposition« durch den sogenannten Röhm-Putsch verstärkt und konkretisiert. Dies ist in besonderer Weise bei den Militärs zu beobachten, die der SA stets außerordentlich ablehnend gegenüberstanden. Diese Haltung verband sie mit den Angehörigen der gebildeten und wohlhabenden bürgerlichen Schichten, welche die SA als Ausdruck nationalsozialistischer Pöbelherrschaft einschätzten. Die Ausschaltung der SA, die Hitler zur Klärung der innerparteilichen Fronten ebenso wie zur Erhöhung seiner Reputation bei Reichswehr und Bürgertum anstrebte, erschreckte dennoch die von der NS-Führung umworbenen Kreise, weil auch allgemein respektierte Politiker wie der Führer der Katholischen Aktion, Klausener, und die Generäle von Schleicher und Bredow im Zuge der Mordaktion umgebracht worden waren. Schien die allgemein erwartete SA-Revolte auch abgeschlagen, so war zugleich ein erster Umsturzversuch gescheitert, den Schleicher mit Hilfe des Chefs der Heeresleitung Werner Freiherr von Fritsch und mit Unterstützung durch den Vizekanzler Papen angestrebt hatte.

So heftig die nachträgliche politische Rechtfertigung der Mordtaten auch abgelehnt wurde, so problematisch ist es, diese Abscheu zum Beginn einer kontinuierlichen Entwicklung zu machen, die schließlich mit dem Attentat des 20. Juli 1944 endete. Denn die Stoßrichtung der Unterdrückung richtete sich weiterhin gegen die politischen und weltanschaulichen, gegen die »rassischen« und kulturellen Gegner der NS-Herrschaft. Organisierte Widerstandsbestrebungen der Anhänger von KPD und SPD, die sich zu kleinen Gruppen wie »Neu Beginnen«, »Roter Stoßtrupp« oder »Sozialistische Aktion« zum Zwecke der Gesinnungspflege und Vorbereitung auf die Zeit nach dem bald erwarteten Zusammenbruch des Regimes zusammengefunden hatten oder weiterhin – wie vor allem die kommunistischen »Kader« – zur Verfügung der emigrierten Parteiführungen standen, wurden 1935 und 1936 fast vollständig entdeckt und von Gestapo und Sicherheitsdienst zerschlagen. Die Exilparteien konnten zwar noch unter Schwierigkeiten die Verbindung zu ihren Anhängern halten, mußten sich aber zunehmend darauf konzentrieren, die Welt über die deutsche Lebenswirklichkeit aufzuklären. Auch dieser Kampf um die Weltmeinung drohte verloren zu gehen, denn das NS-Regime galt in Ost und West als vertragswürdig. Verträge mit Polen, mit Großbritannien, mit dem Papst, mit den Staaten

Zwischeneuropas belegten dies – trotz der Verfolgung Andersdenkender und der offen verkündeten Entrechtung der deutschen Juden auf dem Nürnberger Parteitag von 1935.

Wer sich dem nationalsozialistischen Unrecht und Terror widersetzen wollte, schwieg verunsichert still oder vertraute sich nur den allerengsten Freunden und Familienmitgliedern an. Wer aber Haft und Folter schließlich entkommen war, der suchte vielfach bewußt jede antinationalsozialistische Tätigkeit zu vermeiden. Ein beeindruckendes Beispiel stellt der Lebensweg des ehemaligen sozialdemokratischen Reichstagsabgeordneten und Militärpolitikers Julius Leber dar, der lange Jahre der Einzel- und Dunkelhaft überstand und mit seiner Frau in Berlin-Schöneburg eine Kohlenhandlung betrieb. Auch der sozialdemokratische Innenminister des Landes Hessen, Wilhelm Leuschner, gründete eine Fabrik für Apparatebau; andere Sozialdemokraten fristeten ihre Existenz als Dorflehrer, wie Adolf Reichwein. Immer wieder hatten sie mit Verhaftungen zu rechnen, da Vorbeuge- und Schutzhaftbestimmungen jeden polizeilichen Zugriff aus den Bindungen des Rechts befreit hatten. Hunderttausende von Gegnern des Nationalsozialismus befanden sich zwischen 1933 und 1936/37 in Gefängnissen und Lagern. Ihr politischer Wille zerbrach häufig in der Haft, und so hatten viele kaum mehr den Mut, offen und aktiv gegen die NS-Herrschaft zu kämpfen. Innerlich blieben sie zwar vielfach nonkonform und restistent; zur Tat konnten sie sich freilich nur noch in seltenen Fällen aufraffen. Für einige der verfolgten Sozialdemokraten und Gewerkschaftsmitglieder führte aus der Distanz der weitere Weg dann in die Nähe der »militärischen Opposition«.

Auch die oppositionelle Haltung in den Kirchen konnte sich nicht auf Dauer gegen den Druck von Polizei, Justiz und Partei behaupten. Im Unterschied zur politisch-sozialistischen und gewerkschaftlichen Opposition konnten die Kirchen immerhin institutionelle Grundlagen ihres Wirkens verteidigen. Deshalb zeichnete sich ihre Praxis in der Regel durch politische Ambivalenz und das Bestreben aus, die Institution Kirche nicht zu gefährden. Teilweise stießen die Kompromisse mit dem NS-Staat bei Geistlichen und Gläubigen auf Unverständnis oder Ablehnung; teilweise machten diese Kompromisse aber gerade die Kirchen für den Staat, aber auch bei den vom Nationalsozialismus nur partiell beeinflußten Menschen akzeptabel. Gerade wegen ihrer Flexibilität, die die Kirchen vielleicht in jedem totalitären oder diktatorischen System beweisen müssen, gelang es den Kirchenführungen, auf die Substanz des Christentums und des christlichen Glaubens zielende Vorstöße der Interpreten nationalsozialistischer Weltanschauung wie Alfred Rosenberg abzuwehren. Der machtpolitische Realismus der Kirchen forderte zuweilen aber einen hohen Preis: Viele Vertreter der Bekennenden Kirche hatten in den Gemeinden lediglich ein Gastrecht und waren deshalb finanziell völlig ungesichert; katholische Geistliche, Mönche und Nonnen waren überdies durch falsche Anschuldigungen wie Devisenvergehen, Homosexualität und Unzucht mit Abhängigen bedroht – denunziatorische Praktiken, die sich später in der »antifaschistischen« DDR, wie auch andere Formen totalitärer Verfolgung, wiederholen sollten.

Die Geschichte des Kirchenkampfes zwischen Kreuz, Hakenkreuz und »verhakenkreuztem Kreuz« (Eberhard Bethge), zwischen Katholizität und Rassenmythos, zwischen christlichem Judenhaß und rassistischer Judenverfolgung kann hier nur angedeutet werden. Diese Auseinandersetzung erfolgte zwischen einzelnen Nationalsozialisten und Gläubigen, zwischen kirchlichen Landesleitungen und Pfarrern, zwischen Staat und Kirche selbst, aber auch innerhalb der Kirchen zwischen den verschiedenen Strömungen und Gruppierungen. Viele Geistliche wurden inhaftiert oder durch stets drohende Hausdurchsuchungen verunsichert und gelähmt. Auch an dieser Front des Weltanschauungskampfes erzielten die Nationalsozialisten Erfolge: Die Bekennende Kirche verlor an Entschiedenheit und schmolz schließlich zu einem kleinen Kern von wenigen hundert ganz entschiedener Geistlicher zusammen – unter ihnen Dietrich Bonhoeffer und Eberhard Bethge, Helmut Gollwitzer und Martin Niemöller, die keinerlei Kompromiß mit den Machthabern erstrebten. Die Stellung der katholischen Kirche schien wegen ihrer institutionellen Festigkeit und Hierarchisierung günstiger zu sein; dennoch litten gerade katholische Geistliche, die individuell den Unterdrückten geholfen hatten, in den Geistlichen-Blocks der Konzentrationslager und zweifelten an der politischen Weisheit ihrer Oberen. Trotz der weitgehenden Zerschlagung der politischen Oppositionsgruppen und der Schwächung der kirchlichen Opposition ist unbestreitbar, daß sich in der Regimegegnerschaft in beeindruckendem Ausmaß Maßstäbe einer christlichen, sozialistischen, liberalen und kommunistischen Tradition aufrechterhielten, die immer wieder neu Regimegegner motivierten, ihnen Kraft gaben oder jenen Überlebenswillen wachriefen, der Zukunftsoptimismus und Selbstbewußtsein stärkte.

IV.

Angesichts des nationalsozialistischen Terrors mag dies als wenig erscheinen. Es war aber viel, wenn wir die Entwicklung zwischen Widerständigkeit und Widerstand, zwischen Protest, Resistenz, Verweigerung, Umsturzhoffnungen und aktiver Konspiration im Auge behalten. Denn das System konnte nur von innen heraus beseitigt werden, von Trägern der Macht, die aus dem System heraus zum Gegenschlag ansetzten. Zu ihnen zählten Verwaltungsbeamte, Diplomaten, auch Angehörige der NSDAP, die vereinzelt sogar schwere moralische Schuld auf sich geladen und keineswegs den Anfängen gewehrt hatten. Sie rafften sich aus ganz unterschiedlichen Motiven auf: Teilweise ertrugen sie die Beteiligung an Verbrechen nicht, wie Axel von dem Bussche, der als dreiundzwanzigjähriger eine Massenerschießung beobachtet hatte und Hitler mit sich töten wollte. Sie wollten aus Notwehr handeln. Teilweise opponierten sie gegen eine dilettantische Kriegsführung, die Deutschland zum Trümmerfeld machte. Teilweise strebten sie bewußt nach neuen politischen Formen und Inhalten und suchten die Verbindung zwischen ehemaligen politischen Gegnern. Eines aber zeichnete sie nicht aus: Der Wille zum Militärputsch aus Selbstzweck, zum Ruhme und zum alleinigen Nutzen der bewaffneten Macht, der sie angehörten und die sie durch Pflicht, Befehl und Gehorsam mit Skrupeln und Zweifeln, schließlich mit Schuld beladen hatte. An einen Eid fühlte sich der enge Kreis der Konspiration nicht mehr gebunden, wohl aber unterstellte er sich einer höheren Verantwortung.

Das politische Ziel ihrer langwierigen und gefährlichen Bestrebungen war zweifellos nicht die Verfassungsstruktur, wie sie das Grundgesetz verwirklichte. Dazu blieb der Widerstand seiner Gegenwart und Herkunft verhaftet. Diese Zeit mit ihren Wirrnissen schien aus dem Scheitern einer parlamentarischen, rechtsstaatlichen, liberalen Demokratie hervorgegangen. Der demokratischen Ordnung mißtrauten deshalb viele und orientierten sich lange Zeit an ständischen Grundvorstellungen, deren Brüchigkeit die Kreisauer, aber auch Stauffenberg erkannten. Allmählich wurde seit 1943 die Lage der Gegner des Nationalsozialismus im Inneren hoffnungslos, denn ihre eigene Verstrickung in die Gewaltverbrechen unmittelbar hinter der Front und im Hinterland des Generalgouvernements in Tötungslagern wurde vielen bewußt. Mit den militärischen Niederlagen drohte auch der staatlichen Einheit große Gefahr. Bald ging es weniger um einen sicheren Umsturz, als vielmehr um die Demonstration eines anderen Deutschland, um die Verdeutlichung, daß es in Deutschland eine Alternative zum NS-Regime gab.

Der Umsturz selbst verkörperte die Hoffnung vieler Gegner des Nationalsozialismus, so wenig ihnen seine Bedeutung zunächst bewußt war. Denn der Versuch zum Attentat mußte aus einer konspirativen Praxis erfolgen, die viele der Beteiligten und weiteren Sympathisanten im Dunkeln ließ und auch die Politiker im Exil – wie die Alliierten überhaupt – überraschte. Konspiration bedeutet, daß eine Tat ohne jede politische und gesellschaftliche »Deckung« geplant und ausgeführt wird. Aus der Einsamkeit, die viele Gegner des NS-Regimes schon seit 1933 kannten und die sie in ihrem nachbarschaftlichen, familiären und auch politischen Umfeld vielfach isoliert hatte, mußte der Umsturz erfolgen – im Bewußtsein nicht nur der Gefährdung des eigenen Lebens und der Mitverschwörer, sondern auch der engen Familienangehörigen: Frauen, kleiner Kinder, Eltern.

Es zählt zu den besonderen Leistungen des Widerstands, daß er an der »doppelten Front zwischen Bomben und Gestapo« seine grundlegenden Wert- und Zielvorstellungen niemals aus den Augen verlor und auf diese Weise dem nationalsozialistischen Gegner den Anspruch auf die Zukunft streitig machte. So kreisen die Gedanken immer wieder um Fragen der Gerechtigkeit und der Verantwortung, schließlich auch der Wiedergutmachung des Unrechts, welches im Namen der Deutschen verübt worden war. Die immer wieder erhobenen Vorwürfe, der Widerstand habe antisemitische wie antibolschewistische Strömungen aufgenommen, außenpolitisch hegemoniale Ziele verfolgt und somit wesentliche Ziele nationalsozialistischer Politik geteilt, sind vor dem Hintergrund dieser Grundüberzeugungen nicht haltbar. In seiner Orientierung an den Prinzipien des Menschenrechts und der Menschenwürde verkörperte der Widerstand die einzige historische Alternative zum NS-Regime.

Gleichwohl fragen wir uns immer wieder nach der Motivation der Attentäter. Diese Frage zielt auf unser Verständnis der Beweggründe eines heute nur noch schwer nachvollziehbaren Handelns. Läßt sich die Tat moralisch rechtfertigen als »exemplarische Beschwerde des Menschen«? Wird in ihr die abwehrende Reaktion auf die Ansprüche eines totalitären Staates sichtbar? Können wir Ordnungsvorstellungen erkennen, die für uns wichtig sind oder die den engen Vorstellungshorizont einer Zeit überwinden, die aus Angst vor politischen Auseinandersetzungen und gesellschaftlicher Vielfalt die Zerstörung von Rechtsstaat, Parlamentarismus, Meinungs- und Pressefreiheit ersehnt oder hingenommen und mehr als zehn Jahre willig ertragen hatte?

Viele Widerstandskämpfer spürten in der letzten Phase vor dem letzten Schritt in völlige Unsicherheit und Tod die Fragen ihrer Nachwelt. Einige erlagen nach dem 20. Juli 1944 dem Schrecken der Verhöre, dem Terror der Verfahren vor dem Volksgerichtshof, der Todesfurcht angesichts des Galgens und der Verantwortung für ihre zurückbleibenden nächsten Angehörigen. Andere blickten in die Zukunft, denn sie wußten, daß der Nationalsozialismus nicht überleben konnte. In dieser Gewißheit verkörperten sie einen Zukunftsoptimismus, der dem Gegner den Anspruch auf die Zukunft bestreiten konnte. Der moralische Rigorismus, etwa des Grafen Schwerin, von Rüdiger Schleicher oder von Dietrich Bonhoeffer, beeindruckt uns bis heute als Zeugnis menschlicher Selbstbehauptung und eines zivilen Muts, der zugleich von der Verantwortung für Versagen, Schuld und Verstrickung in die NS-Zeit geprägt scheint.

Die Frage nach der Motivation des Widerstands ist aber nicht nur eine Frage an die Geschichte, so kontrovers heute auch über Verfassungsvorstellungen des Widerstands diskutiert wird. Sie richtet sich zugleich an uns, denn wir können die Voraussetzungen und Zielvorstellungen einer zum Letzten vorstoßenden und die Grenze zwischen Leben und Tod überschreitenden Tat nur begreifen, wenn wir uns innerlich mit dem Widerstand auseinandergesetzt haben. So bleibt der Widerstand ein Stachel, eine unausweichliche Frage an uns selbst, weil wir uns stets Rechenschaft ablegen müssen über unser Verhältnis zu den politischen Prinzipien und Alternativen, welche sich im Widerstand verkörpert fanden und die uns mitbeeinflußt haben. Denn wir können uns nicht aus unserer Geschichte fortstehlen – zumal nicht durch einen propagandistischen »Antifaschismus«.

Im Widerstand fanden sich viele Motive und Traditionen der deutschen Geschichte in einer gemeinsamen und einenden Tat zusammen. Diese Vielfalt wurde gegen den nationalsozialistischen Anspruch auf Vereinheitlichung zu einem neuen Konsens gebündelt, der soziale, politische und weltanschauliche Vielfalt bewältigen, aber nicht beseitigen wollte. In diesem Anspruch verkörperte sich ein zukunftsorientierter Neuansatz deutschen politischen Denkens, der auch die Denkvorstellungen der Weimarer Zeit überwandt. Neue Wege der Kooperation mußten gebahnt werden: Christen fanden sich neben Sozialisten, Demokraten neben ständisch geprägten Konservativen, Fabrikanten neben Gewerkschaftern, und schließlich wurde auch der Kontakt zu den Kommunisten gesucht. Diese Kooperation war nur möglich vor dem Hintergrund eines politischen Grundverständnisses, das Maßstäbe setzte: das geschändete Recht zu sühnen, in streng rechtlich gebundener Weise Verantwortung zu fordern und den Menschen wieder in sein Menschenrecht einzusetzen. Der Respekt vor dieser Würde sollte Orientierungspunkt staatlichen Handelns sein, nicht aber eine rassisch motivierte Zukunftsvision oder das nackte politische Überlebens- und Machtinteresse jede Handlung rechtfertigen können. Auch der Krieg sollte als Mittel der Politik zwischen Nationalstaaten ausscheiden, die in eine Staatenkonföderation einzubinden waren. Das Prinzip des Nationalstaats schien überwunden, ohne daß eine Zerschlagung Deutschlands als denkbare Möglichkeit akzeptiert wurde.

Die konkrete Ausgestaltung Deutschlands sollte erst die Zeit nach dem Anschlag bringen. Das Attentat konnten zwar nur Menschen ausführen, die in den Sperrkreis der Macht bis zu Hitler vorzudringen vermochten, also Zugang zu Lagebesprechungen hatten und in den Besitz von Waffen und Bomben gelangen konnten. Niemals stand jedoch bei den beteiligten Militärs der intellektuelle und politische Führungsanspruch ziviler Gruppen in Frage, und keiner der beteiligten Militärs hat jemals diesen Anspruch der Zivilisten bestritten. Es handelte sich um ein Miteinander ziviler und militärischer Gruppierungen, um die Verwirklichung eines umfassenden Umsturzes des Systems – nicht um einen Militärputsch. Die Tat sollte den Weg in eine politische Ordnung freimachen, als deren Grundprinzipien Toleranz, Pluralität, Solidarität und

Nächstenliebe zu gelten hatte. Aufgrund dieser ethisch normierten Pluralität sollte man vermeiden, heute allzu vorschnell politische Bewegungen und Zielvorstellungen aus der Tradition des Widerstands gegen den Nationalsozialismus legitimieren zu wollen.

V.

Der Widerstand verkörpert das Gegenbild des Nationalsozialismus und angesichts des bis heute sich konkreter Vorstellungskraft entziehenden Massenmordes an den Juden Europas, an Ausgegrenzten aus der Gesellschaft, an politischen Gegnern eine Hoffnung der Menschlichkeit. Er bietet die Chance, über den »Grund von Politik« nachzudenken; also über jene Beziehung zwischen Menschen, die ein Gemeinwesen hervorbrachten, um als Menschen leben zu können – und die dennoch erfahren müssen, daß dieses Gemeinwesen zu einer Gefahr werden kann. Deshalb haben Widerstandskämpfer sich dafür eingesetzt, das »Bild des Menschen im Herzen« ihrer Mitbürger wieder aufzurichten. Sie haben sich dabei gewiß nicht für die konkrete Verfassungsordnung des Grundgesetzes eingesetzt. Aber sie wollten eine politische Ordnung, die ihren entscheidenden Bezugspunkt im Recht und in der Entfaltungsmöglichkeit des Individuums, nicht zuletzt auch in der dienenden Funktion der Wirtschaft finden sollte. Deshalb traten sie für Menschenrechte und Menschenwürde ein – und dies nicht abstrakt, sondern konkret, mitmenschlich. Die Widerstandskämpfer bekannten sich zur »Majestät des Rechts« und setzten sich deshalb für eine rechtsstaatliche Ordnung ein. Sie wollten den NS-Staat beseitigen und lebten zugleich aus ihrer Erfahrung, nichts von dem, was sie am Gegner verachteten, sei ihnen selbst ganz fremd. So setzten sie auf Institutionen und nicht nur auf Aktionen. Allein der Anschlag konnte jedoch die Möglichkeit für einen Umsturz und damit für die Beseitigung und sich anschließende Bewältigung des Nationalsozialismus bieten. Die Widerstandskämpfer riefen nicht zur Selbstjustiz, sondern zur Besonnenheit auf. Sie bekannten sich zur Vergangenheitsbewältigung im Gehäuse des Rechtstaats – und gerade dadurch begründeten sie eine neue Form der Auseinandersetzung mit individueller Verantwortung für kollektiv verübte, staatlich befohlene Verbrechen. Die Überlegungen des Widerstands zur Überwindung des Nationalsozialismus in Gesellschaft, Politik, Bildung und im Denken des einzelnen dürften nicht zuletzt heute von großer Bedeutung, ja von Aktualität sein.

Die Widerstandskämpfer gegen den Nationalsozialismus wollten nicht den Krieg, denn er bedeutete für sie die Zerstörung des deutschen Nationalstaats. Sie erkannten den Zusammenhang zwischen verbrecherischer Politik und Kriegführung – deshalb zogen sie die Zusammenarbeit mit dem militärischen Gegner einer Unterstützung von Hitlers Krieg vor, auch wenn sie damit des Verrats verdächtigt wurden. Sie isolierten sich auf diese Weise von vielen Zeitgenossen, die sich später als »Mitläufer« bekannten, denn sie wünschten aus nationalem Interesse die militärische Niederlage der deutschen Wehrmacht. Dadurch legten manche Widerstandskämpfer einen festen Grund für die Einbindung des besiegten Deutschland in eine europäische Ordnung. Kriegerische Mittel als Instrumente nationaler Interessenpolitik lehnten sie für alle Zeiten ab – insofern stehen sie in der Tradition einer neuen politischen Zusammenarbeit in Europa, die mit der Aufweichung der Blöcke auch die mitteleuropäischen Revolutionen des Jahres 1989 ermöglicht hat.

Die Widerstandskämpfer gegen den Nationalsozialismus begriffen ihr Handeln als Alternative zum Dritten Reich. Sie wollten politische, kulturelle und geistige Vielfalt. Sie strebten in einer Zeit nach Heterogenität und Auseinandersetzungen, die durch die Tendenz zur totalitären Homogenisierung der Gesellschaft geprägt war. Sie wußten, daß ein Gemeinwesen untergehen muß, wenn es ohne Konflikte, ohne Prozesse der Angleichung ihrer vielfältigen Gruppen und ohne den Ausgleich von Interessen auszukommen meint. Im Widerstand wurde gestritten über die Grundlinien des Danach – aber die Kontrahenten verachteten sich nicht, sondern schöpften ihr Selbstbewußtsein, dem Gegner nicht die Zukunft überlassen zu können, aus den Erfahrungen, die sie durch ihre Kontroversen gewannen.

Als größte Herausforderung empfanden sie nicht den Sturz des Regimes, sondern die Neuordnung der Beziehungen zwischen Staat, Gesellschaft und Individuum. Die Regimegegner dachten nicht nur über den Tag X nach, sondern wollten die Weichen für eine völlige Neugründung deutscher Innen- und Außenpolitik stellen. Sie wußten, daß nur eine erneuerte Gesellschaft die Aussicht bot, die Nazifizierung des Denkens, die Entdemokratisierung der Politik, die Militarisierung der Gefühle und die Biologisierung der Geschichte zu überwinden. Deshalb ließen sie sich auf die politische Praxis ein und durchdachten die Herausforderungen einer umfassenden Politik- und Vergangenheitsbewältigung. Sie wollten Erneuerung verwirklichen, nicht nur denken – deshalb handelten sie unter größtem Risiko und gaben so ein Zeichen für stellvertretendes mitmenschliches Handeln. Wohl bei keinem Datum zuvor war die Geschichte der Welt im 20. Jahrhundert so von dem Handeln einzelner Deutscher abhängig wie am 20. Juli 1944 – ein Erfolg hätte Millionen Leben gerettet, den Krieg abgekürzt und eine Nachkriegsordnung als Friedensordnung errichtet. Mehr als fünfundvierzig Jahre später werden durch die demokratische Revolution in den Staaten Osteuropas jene Fundamente gegossen, die bereits mit Kriegsende hätten realisiert werden können.

Die Widerstandskämpfer des 20. Juli 1944 gehören so auch zu den Geschlagenen des Jahres 1945 – dies ist unbestreitbar. Aber in ihnen verkörpert sich eine Alternative deutscher Politik, eine Vision europäischen Zusammenlebens und innenpolitischer Neuordnung. Ihre Ziele und Erfahrungen verkörpern eine Tradition, die ständig durchdacht werden und so anerkannt werden muß. Ihre Tat galt nur den Nationalsozialisten als Verrat, allen Regimegegnern hingegen erschien sie der Ausdruck eines reinen Patriotismus zu sein.

Im Widerstand verkörpert sich das Ende des NS-Regimes, denn er machte die Grenzen der nationalsozialistischen Herrschaft deutlich. Der Untergang des Dritten Reiches war die Voraussetzung einer Neuordnung und eines Neuanfangs – insofern gehört der Widerstand in die Vorgeschichte der deutschen und europäischen Nachkriegsordnungen. Zugleich aber äußert sich im Widerstand eine beeindruckende Autonomie des Denkens und Wollens. Sie stellt die Voraussetzung für politisch-moralische Selbstbestimmung und für mitverantwortliches Handeln dar. Der sich im Widerstand verkörpernde ethische Grund von Politik symobilisiert so Freiheitswillen auch aus dem Gefühl, in eine Zeit verstrickt und deshalb für sie verantwortlich zu sein. Widerstandskämpfer waren keine Aussteiger, sondern bekannten sich zum Risiko, das mit ihrem paktizierten Verantwortungsgefühl zwingend verbunden war. So wurden sie zu Repräsentanten einer neuen politischen Qualität, die sich mit den Begriffen »Recht« und »Freiheit« als Gegenentwurf zu einem totalitären Unrechtsstaat beschreiben läßt.

I. Ausgangslagen des Widerstands

Der Widerstand gegen den Nationalsozialismus hat in Deutschland nach 1945 wohl jedes Nachdenken über die Ziele und Grenzen des modernen Staates und die Rechtfertigung des Widerstands im 20. Jahrhundert beeinflußt – gerade dadurch gerät aber aus dem Blick, daß es ganz unabhängig von unseren Erfahrungen mit dem Widerstand im Europa der Diktaturen im abendländischen politischen Denken seit der Antike lange Traditionen des Nachdenkens über das Widerstandsrecht gibt, die immer wieder das vorstaatliche Recht des Menschen auf seine Entfaltung und Erfüllung seiner Bestimmung betont haben. Jedem ist wohl die Gestalt der Antigone vertraut, die das Recht des Menschen auf seine Selbstbestimmung und -erfüllung gegenüber dem Staat proklamiert und zugleich das Dilemma verkörpert hat, das sich nicht selten aus der Verpflichtung zum gleichzeitigen Gehorsam gegenüber menschlichen Gesetzen und dem göttlichen Recht ergibt. In der Tragödie des Sophokles wird ein Spannungsverhältnis sichtbar, das jeder Mensch, der in einer politischen Ordnung lebt, zu ertragen hat.

Mit der Durchsetzung eines modernen Naturrechts in der Neuzeit wurde diese Spannung nicht gelöst – im Gegenteil, sie verstärkte sich, weil der politische Gestaltungsanspruch der Menschen sich immer deutlicher ausprägte und im 20. Jahrhundert in dem Versuch kulminierte, die gesellschaftlichen Verhältnisse mit Hilfe des Staates grundlegend und dauerhaft zu gestalten – oft ohne Beachtung der Ansprüche des einzelnen Menschen auf Pluralität, Menschenwürde und Toleranz. In der Reaktion auf die aus diesem umfassenden Gestaltungsanspruch folgenden politischen Zwänge, die aus dem totalen Gestaltungs- und weltanschaulichen Führungsanspruch diktatorisch verfaßter Staaten resultierten, besannen sich die Gegner totalitärer Regime nicht selten auf das klassische Widerstandsrecht und entdeckten jene von Hans Maier *und* Klemens von Klemperer *beleuchteten Traditionen, die zu Beginn unseres Jahrhunderts vielfach durch den Rechtspositivismus und den Obrigkeitsstaat verschüttet waren. Sie rückten nicht selten erst bei dem Versuch, Widerspruch und Widerstand gegen das NS-Regime prinzipiell zu rechtfertigen, erneut in den Blick der Mit- und Nachlebenden.*

Unbezweifelbar ist allerdings, daß der Widerstand gegen den NS-Staat nicht voraussetzungslos erfolgte. Neben den theologischen und philosophischen, den historischen und juristischen Rechtfertigungen des Widerstands, mit denen sich die Regimegegner häufig im Zuge einer Klärung ihres eigenen Verhaltens auseinandersetzten, prägte auch die Erfahrung, die die deutschen Regimegegner mit der Weimarer Republik – mit ihrer Entstehung, ihrer politischen Entwicklung, mit ihren inneren Konflikten und außenpolitischen Belastungen, vor allem aber mit ihrem Scheitern – gemacht hatten, das Denken und die Ziele derjenigen, die den Nationalsozialismus überwinden wollten. Sie hatten nach 1933 die vor der nationalsozialistischen Machtergreifung gemachten politischen

Erfahrungen zu verarbeiten, die eng mit der Existenz, mit der krisenhaften Entstehung, mit den immer wieder Rückschläge zeitigenden politischen und sozialen Entwicklungen dieser Republik zusammenhingen. Und sie mußten schließlich trotz ihrer negativen Erfahrungen mit der ersten deutschen Republik politische Grundorientierungen entwikkeln, die an die Substanz der Weimarer Verfassung anzuknüpfen vermochten und zugleich eine neue, doch stabilere nachdiktatorisch-demokratische Ordnung begründen konnten.

Der Weimarer Staat konnte trotz seiner insgesamt bemerkenswert guten formalen Verfassung dabei, wie Heinrich August Winkler *und* Klaus Megerle *in ihren Beiträgen deutlich machen, aber kein positiv bewertetes Ziel der Regimegegner sein oder gar zum Richtpunkt einer Entwicklung werden, die nach einem erfolgreichen Sturz der nationalsozialistischen Diktatur wiederhergestellt werden sollte. »Hatten nicht gerade«, so fragten sich die Gegner des NS-Staates, »die relativistisch klingenden demokratischen Verfassungsbestimmungen den Verfassungsfeinden seit 1930 zum entscheidenden Durchbruch verholfen?« Hatten die Nationalsozialisten nicht gerade mit allen ihren demagogischen Künsten das Instrumentarium der plebiszitären Demokratie immer wieder ausgenutzt, um ihre eigenen Ziele pseudodemokratisch zu legitimieren und nach außen hin deutlich zu machen, wie breit ihr Rückhalt in der deutschen Bevölkerung war? Und hatte so der Gedanke einer demokratisch legitimierten Herrschaft nicht gerade durch diese zwar manipulativen, aber dennoch beeindruckenden plebiszitären Demonstrationen einer breiten Verankerung des Nationalsozialismus im Volk in den Augen der ausländischen Regierungen, mit denen die Vertreter des deutschen Widerstands in Kontakt kommen wollten, zusätzlich an Rückhalt verloren? Zeigte nicht gerade die Verführbarkeit der Deutschen durch die pseudodemokratischen Methoden der Nationalsozialisten, wie wenig reif sie für die Demokratie waren, und erklärte sich daraus nicht mancher Vorbehalt, den die gegen die NS-Diktatur eintretenden Regimegegner gegenüber der parlamentarischen, parteienstaatlich organisierten Demokratie haben mußten? Erklärt sich nicht aus dem Zwiespalt der Gefühle angesichts der Ambivalenz der Demokratie ein guter Teil der Reserviertheit gegenüber demokratischen Prinzipien, die man immer wieder als Beweis für die undemokratische Grundorientierung des deutschen Widerstands bezeichnen wollte?*

So sehr das deutsche Nachdenken über den Widerstand um die Erfahrungen der Weimarer Republik wie der NS-Zeit kreiste, so problematisch ist die isolierte Hervorhebung dieser Erfahrungen als Ausdruck einer angeblich festen obrigkeitsstaatlich-vordemokratischen Gesinnung des Widerstands in dessen Auseinandersetzung mit grundsätzlichen Problemen staatlicher Ordnung. Immer wieder haben Philosophen, Theologen, Historiker, Dichter und Juristen versucht, die Ziele und Zwecke eines Gemeinwesens – einer polis, einer res publica oder eines Staates – zu bestimmen, um so auch die Grenzen von Gehorsam, Bürgerpflichten und Staatstreue festzulegen. Der Ausgangs- und Bezugspunkt dieses Denkens konnte sich wandeln: Betonten die einen eher die Bedeutung des Individuums und seiner Rechte, so hoben andere stärker die größere Bedeutung des Gemeinwesens hervor, dem der einzelne zu dienen habe. Die Bestimmung der Voraussetzungen und der Grenzen des Widerstands erwuchs dabei aus dem Spannungsverhältnis, das zwischen Mensch und Gemeinwesen, zwischen Bürger und Herrscher bestand. Auf klassische Weise wurde dies in der erwähnten Tragödie des Sophokles »Antigone« ausgedrückt, die gerade im 20. Jahrhundert eine große Aktualität erhielt und vielfach nachgedichtet wurde.

Bereits in der antiken politischen Philosophie findet man den Grundgedanken, daß ein Gemeinwesen der Menschen wegen existiere und eine wesentliche Rechtfertigung aus seiner Aufgabe gewinne, die Bedingungen einer menschenwürdigen, der Bestimmung des Menschen entsprechenden Existenz zu sichern. Wenn Aristoteles den Menschen als ein polisbildendes Wesen charakterisierte, so bedeutete dies, daß dieser nur in der polis die Möglichkeit hatte, ein Leben entsprechend seiner Möglichkeiten und Ziele, seines telos und seiner »Natur« gemäß zu führen. Naturrechte, die dem positiven Staatsrecht vorgeordnet waren, legten somit die letzten Ziele und entscheidenden Zwecke, aber auch die Grenzen staatlicher Gemeinschaft und die Begrenzungen des Handelns von Trägern staatlicher Gewalt fest. Manche Herrscher unterwarfen sich freiwillig diesem Naturrecht und akzeptierten so die normative Begrenzung ihrer Macht, andere wollten die Absolutheit ihres Willens durchsetzen, andere wiederum akzeptierten die Vorstellung, ihnen sei die politische Macht nur durch einen Herrschaftsvertrag übertragen worden und dieser jederzeit bei mißbräuchlicher Verwendung der übertragenen Befugnisse kündbar. Vertragsverletzung schuf somit die Voraussetzungen für den Widerstand der Untertanen.

Vor dem Hintergrund dieser Erfahrungen ist der Wunsch verständlich, Rechte und Pflichten des Herrschers, aber auch der Untertanen festzuschreiben und so festzuhalten. Vor allem im Mittelalter wurde das Widerstandsrecht als ein wichtiger Schutz der Untertanen, konkret der Stände, vor Herrscherwillkür betrachtet. Man suchte nach den Traditionen der Begrenzung von Macht und Herrschaft, etwa in der Magna Charta libertatum, fixierte die Grenze des staatlichen Zugriffs, etwa in der Bill of Rights und in der Petition of Rights, und formulierte, wie in der Amerikanischen Verfassung, die Verpflichtung des Staates, dem individuellen Wohl und Glück zu dienen.

In der Antike wie auch in den folgenden Jahrhunderten kreiste das politische Denken dabei immer wieder um die Frage, welche Abhilfe dem Individuum bei einer Verletzung dieser Ziele, Zwecke und Grenzen durch willkürliche, tyrannische Vertreter staatlicher Gewalt möglich sei. Denn immer war der Mensch mit »entarteten«, »schlechten« Verfassungsordnungen konfrontiert, wollten Herrscher sich nicht am Gemeinwohl oder dem allgemeinen Besten orientieren, sondern nur ihre eigenen Interessen befördern. In der gesamten menschlichen Geschichte finden sich so neben den guten, die individuelle Entfaltung des Menschen gemäß seiner naturrechtlichen Bestimmung ermöglichenden politischen Ordnungen auch Herrschaftsverhältnisse, die Widerspruch und Widerstand – d. h. ein aktives Handeln aus einer Art Notwehr gegen die Übergriffe des willkürlichen, nicht mehr an Rechte und Pflichten gebundenen Herrschers und seiner Vertreter – herausforderten. Dieser Widerstand konnte allerdings ebenfalls ein Gemeinwesen in das Chaos stürzen und so eine allgemeine Rechtlosigkeit des einzelnen erzeugen, die ein gutes Gemeinwesen gerade beseitigen sollte. Es kam also darauf an, das tatsächlich ausgeübte Widerstandsrecht in ein angemessenes Verhältnis gegenüber den Gefahren zu bringen, die von einer Zerstörung der verabscheuten Ordnung der Rechtlosigkeit und Willkür ausgehen konnten.

Vor allem der Tyrann, der gewissenlos handelte oder seine Untertanen von den Gewissenspflichten entband, sie gar durch seine Anordnungen schuldig werden ließ, rückte in das Zentrum des Widerstandsdenkens, das in den Umkreis der Tyrannislehre gehörte. Einer seiner wichtigsten Vertreter wurde Thomas von Aquin, mit dessen Rechtfertigung des Tyrannenmordes sich auch Gegner des NS-Staates intensiv auseinandersetzten. Das antityrannische Widerstandsrecht wurde seit dem Mittelalter aller-

dings immer wieder aus dem Bewußtsein verdrängt. Die während der Reformation vor allem durch Luther noch einmal theologisch abgesicherte »Zwei-Reiche-Lehre« schränkte die Möglichkeiten des einzelnen zum Widerstand aus Gewissensgründen erheblich ein, ohne ihn jedoch völlig auszuschließen: Gehorsam gegenüber der Obrigkeit hatte auch nach Luther dort eine Grenze, wo der Glaube in seiner Substanz berührt und gefährdet wurde.

Die moderne Staatslehre, die etwa an die Vertragstheorien von Grotius und vor allem von Hobbes anknüpfen konnte, versuchte vor allem, das Gewaltmonopol des Staates theoretisch zu begründen und zugleich hohe Schwellen eines Widerstands zu fixieren, der selbst im Fall einer Gefährdung des einzelnen nicht riskieren dufte, ein Gemeinwesen zu zerstören. Widerstand mußte ein mit verhältnismäßigen Mitteln angewandtes Instrument der Rechtsverteidigung, nicht aber des Staatsumsturzes sein; durch Widerstand durften die Bürger nicht in den Zustand extremer Rechtlosigkeit entlassen werden, gleichsam in einen neuen Naturzustand, in dem jeder als der Wolf des anderen galt und nicht mehr nur der Willkür des Herrschers schutzlos ausgeliefert war, sondern in seiner Verteidigung ganz auf sich gestellt nun viele Gefahren durch jeden seiner Mitmenschen zu gewärtigen hatte.

Jeder, der einem Tyrannen widersteht, hat nach dieser Theorie deshalb zuvörderst abzuwägen, ob nicht das aus dem Widerstandsakt folgende und geradezu unvermeidliche Chaos noch größere Opfer als die weitere Duldung und das Erleiden des bisherigen Schreckens verlangt. Erst in der folgenreichen, die Entwicklung zur modernen konstitutionellen Demokratie entscheidend prägenden politischen Theorie von John Locke, dem Zeitgenossen der Glorreichen Revolution des Jahres 1688, wird ganz besonders deutlich die Verpflichtung des Herrschers formuliert, Leben, Sicherheit, Eigentum und Freiheit eines jeden seiner Untertanen zu schützen. Jede Verletzung dieses Zieles schafft die Voraussetzung für eine legitime und individuelle Ausübung des Widerstandsrechts, auf das der einzelne auch schon im Zuge der Staats- und Gesellschaftsbildung nicht verzichten kann.

Auf dieses Recht zum individuellen Widerstand beriefen sich seitdem immer wieder Revolutionäre, die den freiheitlichen Verfassungsstaat schufen: Im amerikanischen Unabhängigkeitskrieg im letzten Drittel des 18. Jahrhundert bekannte man sich zum Recht des Menschen auf die Verwirklichung seines Glücks und zum Widerstand, falls dieses Ziel durch den Staat nicht in der gebotenen Weise gefördert würde. Besonders deutlich wurde dieser Anspruch in der Französischen Revolution formuliert, die neben Freiheit, Gleichheit und Brüderlichkeit auch das Widerstandsrecht als ein Menschenrecht proklamierte.

Die aus den Revolutionen des 18. und 19. Jahrhunderts hervorgehenden Verfassungsordnungen konnten es aber um so mehr bei der Proklamation dieses fundamentalen Rechtes belassen, als sie beanspruchten, eine rechtsstaatliche Verfassungsordnung zu schaffen, in der die Festlegung von Menschen- und Bürgerrechten dem einzelnen Staatsbürger einen sicheren Schutz vor staatlicher Willkür und damit Chancen für die Entfaltung seiner Persönlichkeit bot. Überdies wurden in den Verfassungsordnungen des 19. Jahrhunderts politische Entfaltungsrechte integriert, die – wie die Presse-, die Versammlungs- und die Vereinigungsfreiheit – eine angemessene Kritik krisenhafter politischer Entwicklungen gestatteten. Vereine, Verbände und Parteien organisierten die Anhänger vielfältiger politischer Ziele, die im Zuge von Wahlen ihre Vertreter in die Repräsentativkörperschaften zu entsenden vermochten und sich auf parlamentarischer

Ebene zur Opposition zusammenfanden. Das politische Widerstandsrecht wurde also im konstitutionellen Verfassungsstaat allmählich domestiziert, und die Opposition erschien als legitimer Ausdruck widerstreitender Interessen. Minderheitenrechte leisteten einen weiteren Beitrag zum Schutz des einzelnen und begrenzten das Recht der Mehrheit bzw. der Exekutive.

Das Recht zum Widerstand erhielt so einerseits eine nachgerade revolutionäre Bedeutung, wurde andererseits aber besonders als Mittel zur Abwehr staatlicher Willkür präzisiert und vor allem als theoretische Möglichkeit einer Verteidigung des Bürgers, seiner Rechte und seiner Vereinigungen akzeptiert. Gefahren schienen überdies weniger von den durch Recht und Gesetz gebundenen Trägern staatlicher Macht, als vielmehr von gesellschaftlichen Kräften auszugehen, die mit Hilfe von Wahlrecht und Parteien nach der Macht im Staate strebten. Der »Albdruck der Revolutionen«, der das 19. Jahrhundert tief zu prägen und nicht selten auch aufstrebende politische Kräfte zu lähmen schien, bezog sich vor allem auf die Erfahrung von Straßenkämpfen während der Revolutionen in der ersten Hälfte des 19. Jahrhunderts oder auf Unruhen und Umsturzversuche wie jenem der Pariser Commune, in dem deutlich wurde, daß im Zuge der Demokratisierung nicht mehr allein das Spannungsverhältnis zwischen Individuum und Staat, sondern zwischen Individuum, Staat und Gesellschaft bestimmend wurde. Gesellschaftlich verankerte politische Bewegungen strebten nach staatlicher Macht, um die Gesellschaft selbst umzugestalten: Seit dem 19. Jahrhundert muß das Widerstandsrecht deshalb eine Antwort auf die Herausforderung geben, die die Tendenz zur Vergesellschaftung des Staates ebenso wie der Anspruch von politischen Bewegungen auf die Durchstaatlichung der Gesellschaft darstellt. Beide Tendenzen spiegeln die Entwicklung zur Massendemokratie, aber auch die Gefährdung, in die das Individuum im Zeitalter der Weltanschauungskämpfe und der totalitären Versuchungen geraten kann.

Im 20. Jahrhundert wurden die Grenzen des liberaldemokratischen Verfassungsstaates, wie er sich im 19. Jahrhundert herausgebildet hatte, vor allem nach den großen und extrem gewaltsamen Revolutionen sichtbar. Die Umwälzungen der russischen Oktoberrevolution waren das Ergebnis eines Umsturzes, den eine politische Bewegung bewirkte, die sich selbst als Instrument des Fortschritts darstellte und ihre Ziele im Rückgriff auf eine totalitäre Weltanschauung legitimierte, indem sie alle anderen gesellschaftlichen Kräfte und Gruppen beseitigte, die sich ihrem vor allem geschichtsphilosophisch legitimierten Führungsanspruch entgegenstellten. Revolutionen des 20. Jahrhunderts waren so immer auch Bürgerkriege und zielten deshalb stets auf die Beseitigung der Prinzipien von Gleichheit, Sicherheit und des Persönlichkeitsschutzes, die im 19. Jahrhundert liberaldemokratische, freiheitliche Verfassungen durch Gewaltenteilung und die Bindung politischer Herrschaft an das Recht durchsetzen wollten. Widerstandsrecht konnte sich unter dem Einfluß der Erfahrungen mit totalitären Diktaturen nicht mehr nur als Abwehr von staatlicher Willkür rechtfertigen, sondern es bekam zunehmend auch eine Stoßrichtung, die sich gegen die umfassenden Herrschaftsansprüche gesellschaftlicher Bewegungen wandte, die danach strebten, sich des Staates zu bemächtigen und nach ihrer Machtergreifung eine totalitäre Herrschaft zu errichten.

Mit der Regierungsübertragung an Hitler als den Führer der NSDAP durch Hindenburg wurde auch in Deutschland eine totalitäre Diktatur etabliert, die von den Nationalsozialisten als eine »deutsche Revolution« bezeichnet wurde und die sich innerhalb kürzester Zeit mit terroristischen Mitteln, aber auch infolge einer Selbstentmachtung des Reichstags konsolidierte. Prinzipien der Gewaltenteilung wurden durch den entstehen-

den zentralistischen Führerstaat beseitigt. Parteien wurden aufgelöst und verboten, das geistige und politische Leben wurde gleichgeschaltet, die Rechtsprechung durch ihre nunmehrige politische Funktion bestimmt. Die deutsche Gesellschaft schien diese umfassende politische Gleichschaltung in erstaunlichem Maße hinzunehmen. Deshalb sprachen manche nicht nur von einer Gleichschaltung, sondern von einer Selbstgleichschaltung der Deutschen, deren Fähigkeit zum Widerspruch gegen die Verfolgung Andersdenkender, gegen die Entrechtung der jüdischen Bevölkerung oder auch nur zur Wahrung der eigenen Interessen erschreckend erlahmt schien.

Mit der »Machtergreifung« Hitlers schien so zugleich deutlich geworden zu sein, wie schwach und erschöpft die erste deutsche Demokratie in den vierzehn Jahren ihres Bestehens geworden war. Es fanden sich zwischen der Regierungsübernahme durch Hitler und den letzten Wahlen vom 5. März 1933 kaum noch politische Kräfte, die in der Lage oder auch nur willens waren, die Verfassungsprinzipien und -strukturen der ersten deutschen Republik zu verteidigen. In der sich zuspitzenden sozialen, politischen und auch politisch-kulturellen Krise der Weimarer Republik hatte sich der Wille zur Verteidigung der Verfassung weitgehend verflüchtigt. Der nach 1933 ausgetragene Streit in den Kreisen des Widerstands ging denn auch vor allem darum, ob es sich bei der Weimarer Demokratie um eine von vornherein lebensunfähige, um eine von ihren Bürgern preisgegebene oder um eine von ihren Gegnern auf der Rechten und der Linken zerstörte Republik gehandelt hatte. Diese Auseinandersetzung wurde auch und stets mit besonderem Engagement im Exil geführt, wie Detlef Lehnert *zeigen kann.*

Der Rückgriff auf die Weimarer Verfassungsordnung bot nur dann eine Möglichkeit, die Entscheidung zum Widerstand gegen den NS-Staat zu legitimieren, wenn es um die grundlegenden Verfassungsprinzipien – Anerkennung der Grundrechte, Gewaltenteilung, Rechtsstaatlichkeit, Selbstverwaltung, Pluralität – ging. Was die Preisgabe dieser Prinzipien bedeutete, machten die Exzesse nationalsozialistischer Gewaltanwendung deutlich, die sich 1933 und 1934 vor den Augen der Öffentlichkeit abspielten: Insbesondere die Mordaktionen vom 30. Juni 1934, die innerparteilichen Rivalen wie auch Regimegegnern den Tod brachten und von Hitler nachträglich für rechtens erklärt wurden, öffneten manchem die Augen oder wurden später in Verbindung mit anderen Rechtsverletzungen, Übergriffen und Verbrechen gebracht, die sich schließlich zum Völkermord an den Juden steigerten. Klaus Drobisch *unternimmt in seinem Beitrag, den engen Zusammenhang zwischen dem Widerstand gegen den NS-Staat und jenen Staatsverbrechen aufzuzeigen, der für entschiedene Regimegegner schon damals bereits auf die politisch-moralische Substanz der deutschen Nation zu zielen schien. Die Kenntnis dieser Verbrechen bestimmte in einer entscheidenden Weise die Ausgangs- und Motivationslage der deutschen NS-Opposition.*

Hans Maier

Das Recht auf Widerstand

Der Widerstand gegen Hitler war keine einheitliche Bewegung. Demgemäß verfügte er auch nicht über eine einheitliche Begründung für sein Handeln – er entwickelte keine systematische, in sich geschlossene Tyrannomachie. Wie die Formen des Widerstands vielgestaltig waren, so auch die Begründungen, mit denen man ein Recht auf Widerstand in Anspruch nahm[1]. Sie reichten von schlichter Empörung über die Rechtsbrüche der Regierenden bis zu der Überzeugung, Hitler sei der »Antichrist« und man müsse ihm aus Christenpflicht »ins Angesicht widerstehen«. Juristische und politische, ethische und religiöse Argumente wurden bemüht – bis hin zur Wiedererweckung alter Tyrannenmordlehren, die sich jetzt, *in extremis malis,* als Probierstein allen Nachdenkens über Recht und Pflicht des Widerstands erwiesen.

Das Profil dieser Widerstandstheorien tritt um so schärfer hervor, je mehr die praktischen Erfolgsaussichten der Verschwörer angesichts der sich beschleunigenden Katastrophe, der ideologischen Verblendung der Nationalsozialisten und der Uneinsichtigkeit der alliierten Kriegsgegner[2] auf Null sanken. Das war spätestens Mitte 1944 der Fall. Lange Zeit hatten die »Realpolitiker« unter den Widerstandskämpfern gehofft, durch einen Regierungswechsel eine günstigere Ausgangsstellung für Verhandlungen zu schaffen, die den Krieg beenden konnten.

Diese Hoffnung war bereits mit der Konferenz von Casablanca vom Januar 1943 und der dort aufgestellten Forderung nach bedingungsloser Kapitulation dahin. Auch die Pläne Goerdelers für ein Sonderabkommen mit den Westmächten, das den deutschen Osten vor der »bolschewistischen Überflutung« retten sollte, zerschlugen sich an der harten politischen Wirklichkeit. Während im Osten eine militärische Katastrophe drohte und die Nachrichten von der Invasionsfront im Westen erkennen ließen, daß den Alliierten der Sieg nicht mehr streitig zu machen war, schrumpfte der außenpolitische Handlungsspielraum der deutschen Opposition mehr und mehr zusammen.

---

1 Zur Differenzierung des Widerstandsbegriffs siehe Eberhard Bethge, Dietrich Bonhoeffer, Bonn 1970[3], S. 890 (Bethge unterscheidet den einfachen passiven Widerstand, den offenen ideologischen Gegensatz, die Mitwisserschaft an Umsturzvorbereitungen, aktive Vorbereitungen für das Danach und endlich die aktive Konspiration); Martin Broszat (Hrsg.), Bayern in der NS-Zeit, Bd. 4, München 1981, S. 691 ff., weitet den Widerstandsbegriff aus in die Sphäre der »alltäglichen« Verweigerungen, Loyalitätsentzüge, Proteste der einzelnen. Eine Systematisierung sowohl nach Trägerschaft wie nach Intensität des Widerstands findet sich bei Klaus Gotto/Hans Günter Hockerts/Konrad Repgen, Nationalsozialistische Herausforderung und kirchliche Antwort. Eine Bilanz, in: Klaus Gotto/Konrad Repgen, Die Katholiken und das Dritte Reich, Mainz 1990[3], S. 173 ff.

2 Bedrückende Darstellung »am grünen Holz« bei Gerhard Leibholz, Die Deutschlandpolitik Englands im Zweiten Weltkrieg und der Widerstand, in: Bruno Heck (Hrsg.), Widerstand – Kirche – Staat. Eugen Gerstenmaier zum 70. Geburtstag, Frankfurt am Main 1976, S. 40 ff.; siehe auch Hans Rothfels, Die deutsche Opposition gegen Hitler, Krefeld 1951[2], S. 156 ff.

In dieser Lage setzte sich gegenüber dem zögernden, einem Attentat abgeneigten Goerdeler die Gruppe um Graf Stauffenberg durch, der es nicht so sehr auf die unmittelbare außenpolitische Wirkung des Anschlags ankam als vielmehr darauf, daß Deutschland in einer Stunde äußerster Erniedrigung seine Ehre rette. Die verhängnisvolle Gleichung der alliierten Politik und Propaganda, »Hitler ist Deutschland«, sollte aufgelöst werden. Die Existenz des »anderen Deutschland« sollte sichtbar hervortreten[3]. Wichtiger als ein unmittelbarer politischer Erfolg, der 1944 mehr als zweifelhaft erschien, war die Symbolik der Tat. Es sollte deutlich werden, daß es selbst im Deutschland Hitlers Kräfte gab, die fähig und entschlossen waren, den notwendigen Wandel von innen heraus zu vollziehen.

Dieser Symbolcharakter des Handelns der Verschwörer des 20. Juli 1944 (der keiner apolitischen Haltung entsprang, vielmehr »die Zeit danach« ausdrücklich einbezog!) ist wichtig für unser Problem. Viele der Verschwörer waren Christen; für sie war der Aufstand eine Gewissensfrage, die sie zwang, über die Probleme des Widerstands von Grund auf nachzudenken. Notwendigerweise stießen sie dabei auf die alten, lange verschütteten Tyrannei- und Widerstandslehren[4]. Ob sie sich dabei als Katholiken mehr an die thomistische Tradition anlehnten oder als Protestanten mehr an die lutherische oder calvinistische, machte wichtige Unterschiede im politischen Denken aus und erhellt Modifikationen innerhalb der einzelnen Gruppen der Widerstandsbewegung, die bis in politische Tagesfragen hineinreichten.

In der Tat: Widerstandsrecht und Tyrannenmord sind zentrale Probleme in der ethischen Begründung des Widerstands gewesen. Hier ist ein Kristallisationspunkt der Bemühungen um eine tiefere Begründung der politischen Opposition, von hier aus lassen sich wesentliche Aspekte der Widerstandsbewegung erfassen, die dem Historiker, der nur nach den politischen Motiven fragt, entgehen müssen[5]. Das Problem so zu formulieren, heißt zugleich, eine Antwort zu suchen auf die Frage, welche Stellung die Verschwörer des 20. Juli innerhalb der abendländischen Widerstandstradition einnehmen.

Tyrannislehre und Widerstandsrecht

Wie schwierig es freilich ist, die Ereignisse des 20. Juli 1944 mit den traditionellen Begriffen zu erfassen, zeigt sich schon darin, daß das Wort Tyrann im modernen und im älteren Sprachgebrauch etwas durchaus Verschiedenes bedeutet. *Wir* denken bei diesem Wort zunächst an einen Herrscher, der seine Stellung zu egoistischen Zwecken mißbraucht, Recht und Freiheit unterdrückt und seine Herrschaft auf Gebiete ausdehnt, die in die Verantwortung des einzelnen gehören. Im älteren

---

3 Die eindrucksvollsten Zeugnisse für diesen Willen bei Ulrich von Hassell, Vom anderen Deutschland, Frankfurt am Main 1964, passim; siehe auch H. Rothfels (Anm. 2), S. 189ff.

4 Ein frühes Beispiel erwähnt Christiane Blumenberg-Lampe, Das wirtschaftspolitische Programm der »Freiburger Kreise«, Berlin 1973, S. 17ff., bereits für die Zeit nach dem 9. November 1938.

5 Fabian von Schlabrendorff meinte sogar, daß »die christliche Theologie aller Konfessionen den geistigen Grundstein für den Widerstand gegen Hitler und den Nationalsozialismus gelegt hat«, siehe ders., Sub specie aeternitatis, in: B. Heck (Anm. 2), S. 19ff., Zitat S. 21.

Sinn aber ist Tyrann einfach der Herrscher, der unrechtmäßig, als Usurpator, zur Macht gelangt ist[6].

Allerdings ist der Sprachgebrauch nicht einheitlich; vor allem entwickelt sich mit der Zeit ein moralischer Tyrannenbegriff, der mit dem staatsrechtlichen konkurriert. Er ist schon bei Plato vorgebildet, bei dem Tyrann schlechthin der Nichtphilosoph ist. Entfaltet und mit religiösem Pathos erfüllt hat ihn Augustinus, dessen Tyrannenbegriff für das christlich gewordene Abendland verbindlich wurde.

Dabei ist der ältere staatsrechtliche Sinn des Wortes nie ganz verlorengegangen. Zwischen ihm und dem moralischen Tyrannenbegriff entwickelt sich in der Folgezeit eine lebhafte Dialektik, die uns voll ausgebildet bei Thomas von Aquin entgegentritt. Thomas von Aquin unterscheidet zwei Tyrannentypen: den Usurpator, der von Beginn seiner Herrschaft an Tyrann ist, und den an sich rechtmäßigen Herrscher, der sich jedoch im Lauf seiner Herrschaft zum Tyrannen entwickelt. Dies ist kein gradueller, sondern ein qualitativer Unterschied. Denn daß sich ein rechtmäßiger Herrscher, der zum Tyrannen wird, jahrelang unangefochten in seiner Stellung behaupten kann, setzt offenbar die göttliche Duldung seiner Herrschaft voraus, wohingegen der Usurpator von Gott niemals geduldet wird, seine Herrschaft also nichtig ist und beseitigt werden darf, ohne daß sich jemand der Verletzung des biblischen Gebots, der Obrigkeit zu gehorchen, schuldig macht.

Man erkennt sogleich die grundsätzliche Schwierigkeit, in die ein katholischer Moraltheologe geriet, wenn er die Herrschaft Hitlers in dieses System einordnen sollte. Usurpation lag nicht vor[7]; gegen den zum Tyrannen entarteten Herrscher aber war der Widerstand sehr viel schwieriger zu begründen. Immerhin war dies nicht unmöglich; denn aufgrund der Unterscheidung, daß Gott bei dieser Form der Tyrannis allenfalls zulassend, permissiv mitwirke, war ja der Widerstandsaktion, sofern sie sich in gesetzlichen Bahnen hielt (und damit den göttlichen Anteil an der Herrschaft des Tyrannen respektierte!), freier Raum gegeben. In diesem Rahmen vollzog sich bereits in der mittelalterlichen Theorie eine Anpassung an die staatliche Wirklichkeit, wenn auch Thomas von Aquin bei aller Bereitschaft, mögliche Entartungen des monarchischen Prinzips in Rechnung zu stellen, noch innerhalb des monarchischen Denkens seiner Zeit verharrte.

Erst die oberitalienischen Juristen des 12. Jahrhunderts tilgten die monarchischen Elemente des christlichen Tyrannenbegriffs. So gibt es bei Bartolus von Sassoferrato bereits den *tyrannus velatus et tacitus,* den heimlichen Tyrannen, der vor allem in Republiken auftritt; selbst der »moderne« Fall, daß Demokratie in Tyrannis umschlägt, tritt hier schon in den Blick[8]. Das traditionelle System wird juristisch verfeinert – nur erschöpft sich, da nun der moralische Antrieb fehlt, aller Widerstand in juristischen Vorkehrungen, die im entscheidenden Augenblick versagen müssen.

---

6 Beste neuere Zusammenfassung bei Hella Mandt, Tyrannislehre und Widerstandsrecht, Darmstadt-Neuwied 1974, S. 23–101; aus der älteren Literatur immer noch unentbehrlich Kurt Wolzendorff, Staatsrecht und Naturrecht in der Lehre vom Widerstandsrecht des Volkes gegen rechtswidrige Ausübung der Staatsgewalt, Breslau 1916 (Neudruck 1961).

7 Auch wenn man die erheblichen Legalitätszweifel berücksichtigt, die sich bezüglich des (späteren) »Ermächtigungsgesetzes« ergeben, so vollzog sich doch die Bestellung Hitlers am 30. Januar 1933 noch in verfassungsmäßigen Formen.

8 Bartolus a Sassoferrato, Tractatus de tyrannia, Basileae 1588.

Die Reformatoren bringen dann den moralischen Einschlag der alten Tyrannis- und Widerstandslehre wieder stärker zur Geltung. Für Luther[9] ist der Tyrann, ganz im augustinischen Sinn, der verblendete Mensch, der sein Amt mißbraucht; tyrannisch aber ist auch der »Antichrist«, das Tier aus dem Abgrund, das aus Recht Unrecht macht und das Gemeinwesen in *anomia,* Gesetzlosigkeit, stürzt. Diese eschatologisch bestimmte Auslegung eröffnet zur modernen Problematik des Widerstands ebenso einen Zugang wie die stärker staatsrechtlich und ständisch gefärbte Lehre Calvins, die den Akt der Tyrannis vor allem in der Verhinderung des Gehorsams gegen Gott sieht und für den Christen ein Widerstandsrecht in Anspruch nimmt, das später geradezu zur Widerstandspflicht, zur Forderung, die Tyrannis zu vernichten, gesteigert wird[10].

Das Zeitalter des staatsrechtlichen Positivismus hatte die Überreste der alten Tyrannis- und Widerstandslehren aus den Lehrbüchern und aus dem akademischen Unterricht getilgt[11]. So standen die zum Widerstand Entschlossenen den Ungeheuerlichkeiten des Nationalsozialismus ohne rechte philosophische und juristische Auskunft gegenüber. Dies zwang sie, unmittelbar an die verschütteten Traditionen der Hochscholastik und der Reformation anzuknüpfen. Es kam im Widerstand zu einer Renaissance rechtsphilosophischen und theologischen Denkens[12]. Dabei zeigte sich, daß die moderne Tyrannis nicht mehr, wie in der klassischen Theorie, als Entartung des monarchischen Prinzips begriffen werden konnte. Vielmehr handelte es sich beim Nationalsozialismus, der auf einer Massenbewegung beruhte und zur Zeit seiner Erfolge breitester Zustimmung sicher sein konnte, um eine neue Form »demokratischer« Tyrannis. Demgemäß rückten gegenüber der älteren Thematik des unrechten Herrschaftserwerbs andere Probleme in den Vordergrund: der schwer faßbare Umschlag vom legitimen Führungsauftrag zu persönlicher Willkür, die Aushöhlung und Zerstörung der Verfassung, die Identifikation von Partei und Staat.

Das Wort Tyrann war bei den Verschwörern des 20. Juli ein geläufiges Wort. Es wurde in den meisten Fällen in ähnlichem Sinn gebraucht wie bei Augustinus, Luther oder Calvin, nämlich um die innere Verderbtheit, die *perversitas* eines Menschen zu kennzeichnen. Dieses Tyrannenbild hatte zahlreiche Schattierungen und war durchaus nicht einheitlich; es konnte das Gegenteil einer verfassungsmäßigen Ordnung bezeichnen[13] oder – als Spitze neuzeitlicher Entwicklungen – die von moralischen Bindungen freigesetzte »Dämonie der Macht«[14]; es konnte aber auch

9 Gute Zusammenfassung bei Johannes Heckel, Widerstand gegen die Obrigkeit? Pflicht und Recht zum Widerstand bei Martin Luther, in: ders., Das blinde, undeutliche Wort »Kirche«. Gesammelte Aufsätze, Köln-Graz 1964, S. 288ff.

10 Umfassende Darstellung der »Politique calviniste« bei Pierre Mesnard, L'essor de la philosophie politique au XVIe siècle, Paris 1969, S. 269–385.

11 Siehe H. Mandt (Anm. 6), S. 105ff. und S. 205ff.

12 Das Thema harrt noch der umfassenden Darstellung; viel Material bei E. Bethge (Anm. 1) (zu Bonhoeffer und seinem Kreis); sensibel für diese Thematik auch H. Rothfels (Anm. 2), S. 104ff. und S. 122ff.; zu Alfred Delp vgl. Roman Bleistein, Alfred Delp. Geschichte eines Zeugen, Frankfurt am Main 1989, bes. S. 255ff.; ferner Klemens von Klemperer, Naturrecht und der deutsche Widerstand gegen den Nationalsozialismus, in: Vierteljahrshefte für Zeitgeschichte, 40 (1992), S. 323ff.

13 Hier liegt (aus persönlichem Erleben erwachsen) ein Ursprung der modernen Totalitarismustheorien bei Ernst Fraenkel, Carl Joachim Friedrich, Gerhard Ritter.

14 So das vielgelesene Buch von Gerhard Ritter, dessen Titel auf ein Referat im »Freiburger Konzil« zurückging; siehe Chr. Blumenberg-Lampe (Anm. 4), S. 19.

ein eschatologischer Zug hineinspielen, vor allem, wenn man den lutherischen Begriff der *anomia* auf die konkrete staatliche Situation anwandte.

Motive des Widerstands

Entsprechend der inneren Differenziertheit des Tyrannenbildes konnte auch der Widerstand verschieden angesetzt werden, und seine Stoßkraft mochte unterschiedliche Grade aufweisen. Auch wenn unsere Kenntnis der inneren Vorgänge in der deutschen Opposition noch immer unvollständig ist, soviel läßt sich sagen, daß sich der Widerstand aus sehr grundsätzlichen Motiven naturrechtlicher, ethischer und religiöser Art speiste.

Zunächst waren sich die Beteiligten darin einig, daß ein Regime, das seine feierlichsten Versprechungen – man denke an Hitlers Friedensgarantien im Sommer 1939! – nicht gehalten hatte, seinerseits keinen Anspruch auf Treue erheben konnte. Dieser Gedanke kehrt in den Äußerungen der Widerstandskämpfer häufig wieder[15]; er spielte auch in der Diskussion über den politischen Eid eine Rolle. Goerdeler pflegte zögernden Parteigängern die Äußerung Hitlers entgegenzuhalten, Staatsautorität als Selbstzweck könne es nicht geben, da in diesem Fall jede Tyrannei der Welt unangreifbar und geheiligt wäre. In »Mein Kampf« nennt Hitler jene, die einen aktiven Widerstand mit allen zur Verfügung stehenden Mitteln nicht wagen, »Prinzipienreiter«, »bebrillte Theoretiker«, »Kulturjünger«, »Spießer«, »staatliche Fetischinsulaner«. Eine klarere Legitimation für die Verschwörer des 20. Juli konnte es schwerlich geben.

Ein Regime, das grundlegende Menschenrechte verletzte und dies nicht einmal bestritt, so daß Göring sagen konnte: »Ich bin stolz darauf, nicht zu wissen, was Recht ist« – ein solches Regime konnte sich in der Tat nicht auf Recht und Treue berufen. Dennoch, der Widerstand war mehr als bloße Reaktion, und die Einsicht, daß Hitler – wie man es ausdrückte – zum Hochverräter am deutschen Volk geworden war, vermochte zwar die Schranken vermeintlicher Bindungen und Gewissenspflichten wegzuräumen, eine grundsätzliche Wegweisung für die politische Opposition war sie nicht.

Vor allem im Kreis jener katholischen Theologen, die der Widerstandsbewegung nahestanden, neigte man deshalb dazu, in Ergänzungen thomistischer Ansätze ein Recht der kollektiven Notwehr zu entwickeln – wie es als Prinzip bereits der alten Lehre vom »gerechten Krieg« zugrunde lag. Bei Thomas von Aquin war jedes gewaltsame Vorgehen gegen den Tyrannen streng an die *publica auctoritas,* die öffentliche Ermächtigung, gebunden, sofern es sich nicht um einen Usurpator handelte, der durch jedermanns Hand fallen durfte. Eine Weiterentwicklung dieses Gedankens mußte vor allem in Rechnung stellen, daß die Möglichkeiten eines modernen Tyrannen, zum Angreifer auf ein Volk zu werden, durch die Mittel der Technik und der Massensuggestion ins Ungeheure gesteigert worden waren. Auch konnte die Ermächtigung zum Handeln in einem modernen, mit totalitären Mitteln bewehrten Staat nur

---

15 Zu den psychologischen Problemen der Begründung einer Widerstandshaltung anschaulich F. von Schlabrendorff (Anm. 5), S. 24ff.

stillschweigend von der besseren Mehrheit des Volkes gegeben werden. Verfügte doch das Regime über genügend Möglichkeiten, öffentliche Zeichen des Widerstands zu unterdrücken – so daß nicht einmal mehr der Akt des Martyriums ausstrahlende und aufrüttelnde Kraft gewinnen konnte.

Wieweit bei diesen Erwägungen im Extremfall auch der Tyrannenmord gerechtfertigt oder doch erlaubt wurde, muß nach den Quellen offenbleiben. Der SS-Bericht über die Sitzungen des Volksgerichtshofes erwähnt ein bezeichnendes Detail: Demnach habe der Freiherr von Leonrod, einer der Verschwörer, sich bei seinem Beichtvater, Kaplan Wehrle, erkundigt, ob Tyrannenmord Sünde sei. Dieser habe nach genauer Überlegung verneint, jedoch von einer Beteiligung am Attentat abgeraten. Vom Volksgerichtshof wurde Kaplan Wehrle später zum Tod verurteilt, bezeichnenderweise mit der Begründung, er habe wissen müssen, daß mit dem Tyrannen nur Hitler habe gemeint sein können[16]!

Eine Verpflichtung zum Widerstand ergab sich für beide Konfessionen auch aus der Tatsache, daß der Nationalsozialismus die Kirchen verfolgte. In der Tat scheint hier besonders für evangelische Kreise ein Ansatzpunkt zur Opposition gelegen zu haben. Es war ja das Kriterium des Tyrannen bei Calvin gewesen, daß er den Gehorsam gegen Gott zu hindern suchte. Mit zunehmender Deutlichkeit zeigte sich aber auch, daß der Staat selbst einem Zustand der Gesetzlosigkeit entgegentrieb, daß er aus einem Rechtsstaat zu einem Unrechtsstaat wurde. Hans-Joachim Iwand hat später[17] den Charakter dieses Umschlags mit einem Lutherwort gekennzeichnet: »Sie wollen, daß wir glauben, was sie glauben, und denken, was sie denken – das heißt Gott ins Regiment greifen.« In der Vermischung geistlicher mit weltlichen Ansprüchen lag für viele evangelische Christen das Widergöttliche des NS-Staates: Der religiöse Widerstand erwachte, als der Staat selbst zu einem pseudoreligiösen Gebilde wurde. Ob dabei der Begriff der *anomia* (der bei Luther allein im Hinblick auf die als »tyrannisch« empfundene Papstkirche gebraucht wird) auch auf den weltlichen Staat und seine möglichen Entartungen anwendbar ist, kann hier außer Betracht bleiben; entscheidend ist, daß der Protestantismus sich an dieser Stelle auf seine ursprünglichen Widerstandstraditionen besann, die seit dem pietistischen Rückzug aus der Welt verlorengegangen waren.

Da und dort stößt man auf noch radikalere Ansätze einer theologischen Widerstandsbegründung. Dabei herrschten meist eschatologische Blickrichtungen vor. So hat Dietrich Bonhoeffer bereits im Jahre 1940 gegenüber dem Bischof von Chichester die Überzeugung geäußert, Hitler müsse »eliminiert« werden. Bischof Bell berichtet über das Gespräch: »We know of the despair which seized all those who were engaged in subversive activities in July and August 1940. We know of a meeting held at that time where it was proposed that further action should be postponed, so as to avoid giving Hitler the character of a martyr if he should be killed. Bonhoeffer's rejoinder was decisive: ›If we claim to be Christians, there is no room for expediency. Hitler is the Anti-Christ. Therefore we must go on with our work and eliminate him whether he be successful or not.‹«[18]

---

16 Vgl. Benedicta Maria Kempner, Priester vor Hitlers Tribunalen, München 1966, S. 453–458.

17 In seinem Gutachten zum Remer-Prozeß.

18 E. Bethge (Anm. 1), S. 811; es sei erwähnt, daß Bethge aufgrund genauer Kenntnis des Bonhoefferschen Denkens die Authentizität des vielzitierten Satzes über Hitler als »Antichrist« bezweifelt.

So entzündete sich der Widerstand gegen Hitler an sehr verschiedenen Dingen. Von Erwägungen politischer Zweckmäßigkeit bis zu der Überzeugung, in einer endgeschichtlichen Bewährungsprobe zu stehen, reichten die Motive, welche die Verschwörer zu gemeinsamem Handeln zusammenschlossen. Dabei lag das Problem von Anfang an in der Unschärfe des Tyrannenbegriffs und im Fehlen klarer juristischer Abgrenzungen in der Lehre vom Widerstandsrecht. Das rein moralische Verständnis des Tyrannen führte immer wieder zu Orientierungsschwierigkeiten. Die praktischen Formen des Widerstands schwankten daher auf einer breiten Skala von aktiver zu passiver Resistenz. Die wechselnde Kriegslage spielte dabei ebenso eine Rolle wie die immer wieder aufflammende grundsätzliche Diskussion über die Widerstandsziele.

Aktiver und passiver Widerstand

Die Differenz zwischen einer mehr aktiven und einer mehr passiven Haltung des Widerstands – welche die deutsche Opposition gegen Hitler in deutlich unterschiedene Gruppen teilt – ist keineswegs nur der Ausdruck einer besonderen zeitgeschichtlichen Lage. Sie rührt vielmehr an grundsätzliche Fragen christlicher Lebens- und Glaubenshaltung und gehört daher in einen größeren Zusammenhang.

Das Christentum hatte der griechischen Verherrlichung des Tyrannenmordes den Gedanken der Duldung entgegengesetzt. Das paulinische Wort »Jedermann sei untertan der Obrigkeit!« wurde bekräftigt durch den Hinweis, daß jede Gewalt von Gott sei, Widerstand daher Auflehnung gegen Gott bedeute. Freilich war dieser Satz bereits im alten Christentum nicht unumstritten[19], und wenige Jahrhunderte später hat der Zusammenprall geistlicher und weltlicher Gewalten im Investiturstreit die überlieferte Dulder- und Märtyrerphilosophie gegenüber neuen, zum Teil sehr radikalen Widerstandstheorien zurücktreten lassen. Wir sahen bereits, wie Thomas von Aquin, um der Schwierigkeiten Herr zu werden, zwischen göttlicher Einsetzung und bloßer Zulassung des Herrschers durch Gott unterschied: Widerstand gegen unrechte Gewalt war also möglich; doch von einer generellen Erlaubnis für Widerstand – und gar Tyrannenmord – konnte noch keine Rede sein.

Fragen dieser Art entziehen sich ja meist einer Festlegung im vorhinein; fast immer kann nur nachträglich entschieden werden, ob eine Tat verwerflich oder billigenswert sei; im voraus sind nur gewisse Anhaltspunkte, historische Erfahrungen, Analogieschlüsse gegeben. Aus der göttlichen Duldung des zum Tyrannen entarteten Herrschers ergibt sich, daß der Widerstand sich zunächst in gesetzmäßigen Formen halten muß; erst wenn diese erschöpft sind, kommen andere Mittel in Betracht. Ein solches Vorgehen in Schritten ist aber in einem totalitären Staat moderner Prägung ausgeschlossen; der Widerstand käme auf diese Weise nicht zum Ziel.

Der katholische Theologe Angermair hat in seinem Gutachten zum Remer-Prozeß aus diesem Dilemma die Folgerung gezogen, eine objektive Lösung der Frage in

19 Der Widerstand gegen den Kaiserkult war die älteste Ausnahme von der Regel der sonstigen politischen Indifferenz des frühen Christentums; vgl. Arnold A. T. Ehrhardt, Politische Metaphysik von Solon bis Augustin, Bd. 2: Die christliche Revolution, Tübingen 1959, S. 21ff.; Leo Koep, Antikes Kaisertum und Christusbekenntnis im Widerspruch, in: Richard Klein (Hrsg.), Das frühe Christentum im römischen Staat, Darmstadt 1971, S. 302ff.

einem generell bejahenden Sinn sei unmöglich. In der Tat ist der Tyrannenmord ein äußerster Grenzfall des allgemeinen Widerstandsrechts; er ist eine höchst gefährliche Waffe, die nur unter sehr eingeschränkten, scharf umrissenen Voraussetzungen wirksam werden darf. Seinem Wesen nach kann er nichts anderes sein als Notwehr in einer hoffnungslosen, mit normalen Rechtsmitteln nicht zu wendenden Situation[20]. Für seine sittliche Beurteilung ist die verantwortungsvolle Vorbereitung auf den Erfolg ebenso wesentlich wie die stillschweigende (freilich nur ideell vorauszusetzende) Legitimation durch die Volksmehrheit. Dies alles war bei den Widerstandskämpfern des 20. Juli 1944 zweifellos gegeben. Das macht ihre Lage und ihre Tat unvergleichbar mit »normalen« politischen Konstellationen, wie sie innerhalb von Verfassungsstaaten auftreten[21].

Daß der Widerstand der Christen sich nur in defensiven Formen äußern dürfe – diesen Vorbehalt hatten zahlreiche Gruppen der Widerstandsbewegung für sich gemacht. Vor allem der Kreisauer Kreis um den Grafen Helmuth James von Moltke hat sich lange – wenn auch nie ausschließlich – in solchen Gedankengängen bewegt. »Ich sterbe nicht für meine Handlungen oder Verschwörungen, sondern allein für meine Gedanken«, hatte Graf Helmuth James von Moltke in seinem Abschiedsbrief geschrieben, damit einen Trennungsstrich ziehend zwischen sich und der aktiven Gruppe der Widerstandskämpfer[22]. Wir wissen heute freilich, daß auch der Kreisauer Kreis die Anwendung von Gewalt nicht prinzipiell ausgeschlossen hat[23]. Um diese Fragen wurde in den vierziger Jahren zwischen den Teilnehmern heftig gerungen. Der entschiedenste Nachdruck wurde von Anfang an auf die geistige Überwindung des Nationalsozialismus gelegt: Das Wirken der Kreisauer zielte vor allem auf die Wiederherstellung des zerstörten Menschenbildes.

Am weitesten gingen die Forderungen dort, wo den Beteiligten der religiöse Charakter der Entscheidung bewußt war. War Hitler tatsächlich der »Antichrist«, so war gegen ihn auch das äußerste Mittel erlaubt; mit der Gewissenspflicht zum Widerstand verband sich dann das Motiv der Bewährung in einer endgeschichtlichen Stunde. Zusammenfassend wird man sagen dürfen, daß sich der erste Eindruck einer mehr aktiven katholischen und einer mehr passiven evangelischen Widerstandsfront bei näherem Zusehen nicht bestätigt: Hier wie dort waren die Formen des Widerstands verschieden und bemaßen sich nach der persönlichen Gewissensentscheidung jedes einzelnen.

---

20 Die totalitäre Perversion, die eine rechtsstaatliche Ordnung in einen Zustand der Gesetzlosigkeit verwandelt hat, ist die Vorbedingung für jedes Widerstandsrecht.

21 Daher ist auch die Problematik von Regelverletzungen, Gesetzesverstoß aus politischen Gründen, »civil disobedience« usw. nicht mit der Widerstandsproblematik im Dritten Reich zu vergleichen; vgl. hierzu Widerstand in der Demokratie, mit Beiträgen von Claus Arndt, Helmut Juros, Wilhelm A. Kewenig und Ingo von Münch, Hamburg 1983, und Rudolf Wassermann, Gibt es ein Recht auf zivilen Ungehorsam, in: Zeitschrift für Politik, 30 (1983), S. 343ff.; Heinrich Oberreuter, Widerstandsrecht als Aspekt politischer Kultur, in: Peter Steinbach (Hrsg.), Widerstand. Ein Problem zwischen Theorie und Geschichte, Köln 1987, S. 293–310.

22 Helmuth James Graf von Moltke, Letzte Briefe aus dem Gefängnis Tegel, Berlin 1963[9]; zur Interpretation beachte man jedoch Peter Hoffmann, Widerstand – Staatsstreich – Attentat, München 1969, S. 428f., S. 438ff. und S. 794 (Anm. 248 und Anm. 251).

23 So schon H. Rothfels (Anm. 2), S. 135ff., bes. S. 152; siehe auch P. Hoffmann (Anm. 22), S. 794, Anm. 254.

Gewissensnot und moralische Reinigung

Daß der Fall »demokratischer« Tyrannis eines »Führers« im streng monarchischen System des Thomas nicht auftaucht und nicht auftauchen kann, berechtigt nicht zu dem Schluß, die äußerste Konsequenz des Widerstands, der Tyrannenmord, sei nur auf den *ex defecto tituli* zur Herrschaft gelangten Herrscher, den Usurpator, anzuwenden. Eine solche mechanische Übertragung thomistischer Grundsätze auf eine politisch ganz andersartige Welt würde den Unterschied verkennen, der zwischen dem klassischen und dem modernen Legitimationsbegriff besteht. Seitdem an die Stelle der charismatischen Legitimation des Königs die zweckrationale »Ermächtigung« des politischen »Führers« (Max Weber) getreten ist, haben sich die Kriterien für den Mißbrauch des Amtes verschoben: Nicht mehr das Streben nach Macht als solches, sondern der Mißbrauch dieser Macht durch Verletzung von Recht und Menschenwürde erscheint als das schlechthin Verwerfliche. Die *perversitas* des modernen Tyrannen liegt also nicht so sehr im äußeren Akt der Besitzergreifung als vielmehr im inneren der Amtsverwaltung, darin, daß die demokratische »Ermächtigung« zur Regierung zum entgegengesetzten Zweck persönlicher Machtsteigerung oder zur Begründung einer totalitären Parteiherrschaft mißbraucht wird und daß im Namen des Gemeinwohls eine Politik geführt wird, die im höchsten Maß geeignet ist, das Gemeinwohl zu schädigen.

Aus der Gewissensnot, in die der einzelne angesichts dieser Fragen immer wieder gerät, erwächst der Wunsch nach Sicherungen, die verhindern sollen, daß Entscheidungen von solchem Gewicht überhaupt gefällt werden müssen. So hat sich mit den Tyrannenmord- und Widerstandslehren immer wieder ein umfangreiches System juristischer Vorkehrungen verflochten[24]. Wir berühren hier noch einmal die eingangs erwähnte Dialektik zwischen dem moralischen und dem juristischen Tyrannenbegriff. Es zeigt sich freilich, daß die juristischen Versuche, das Tyrannenmordproblem zu bewältigen, an jener unlösbaren Antinomie scheitern, die schon Kant gesehen hat: »Um nämlich zum Widerstand befugt zu sein, müßte ein öffentliches Gesetz vorhanden sein, welches den Widerstand des Volkes erlaubte, d.i. die oberste Gesetzgebung enthielte eine Bestimmung in sich, nicht die oberste zu sein und das Volk als Untertan in einem und demselben Urteile zum Souverän über den zu machen, dem es untertänig ist.«[25]

Der politische Widerstand *in extremis malis* ist kein juristisches, er bleibt ein religiöses Problem. Mag eine genaue Analyse der Planungen und Absichten der Verschwörer noch soviel an politischen Motiven zutage fördern – unerklärt bleibt, weshalb die Tat gerade in einem Augenblick geschah, in dem diese Motive so stark an Geltung verloren hatten. Angesichts der möglichen Aussichtslosigkeit des Attentats gewann der Entschluß zum Handeln von Anfang an einen besonderen Rang; es war ausgeschlossen, daß sich persönlicher Ehrgeiz geltend machte und daß sich unlautere Motive unterschoben. Die Tat war ein Symbol. Die persönliche Tragik der Verschwörer war dabei, daß sie von allen Seiten mißverstanden wurden: vom Ausland, das sie

24 Guter Überblick über die rechtsgeschichtliche Entwicklung seit dem Mittelalter bei Klaus Stern, Das Staatsrecht der Bundesrepublik Deutschland, Bd. 2, München 1980, S. 1487ff.

25 Immanuel Kant, Metaphysik der Sitten, Erster Teil: Metaphysische Anfangsgründe der Rechtslehre, Königsberg 1798², S. 204ff.

für Reaktionäre hielt[26], ebenso wie von den Nationalisten in Deutschland, die gegen sie den antiquierten Vorwurf des Landesverrats[27] ausspielten.

Was wäre geschehen, wenn sich das Attentat vier Jahre früher ereignet hätte? Sicherlich wären die Verschwörer von der Empörung einer im Siegesrausch verblendeten Nation hinweggefegt worden. Die Stunde mußte abgewartet werden, in der sich die Niederlage klar und unverkennbar abzeichnete. Nicht eher konnten die Widerstandskämpfer damit rechnen, im Auftrag des Volkes zum Besten des »anderen Deutschland« zu handeln. Der politische Betrachter wird immer wieder feststellen müssen, daß die Tat des 20. Juli 1944 ungenügend vorbereitet war und daß sie zu spät kam; als ein Akt moralischer Reinigung aber gehört sie einem Bereich an, für den das Gesetz des »zu wenig und zu spät« nicht gilt.

26 Siehe H. Rothfels (Anm. 2), S. 156ff.

27 Zu diesem Thema P. Hoffmann (Anm. 22), S. 40, S. 79 und S. 208ff., der mit Recht ebenda, S. 228, feststellt: ». . . bei der Widerstandsbewegung gegen Hitler hat man es nicht mit einer Verschwörung im üblichen Sinn, sondern vorwiegend mit dem Versuch einer Erhebung aus den tiefsten religiösen und moralischen Überzeugungen zu tun. *Deshalb* findet man hier wenig Machiavellismus, wie nötig er auch zum Erfolge sein mochte. Andererseits sind es aber gerade die Verfassungsentwürfe und Programme, die Aufschluß geben über das Denken und die Motive der Opposition. Sie und die Tagebücher und sonstigen Aufzeichnungen erlauben den eindeutigen Nachweis, daß bei den Staatsstreichversuchen von Verrat nur im formalen Sinne, im eigentlichen Sinne aber von Patriotismus und selbstlosem Opfer die Rede sein muß.«

Klemens von Klemperer

Naturrecht und der deutsche Widerstand gegen den Nationalsozialismus

Ein Beitrag zur Frage des deutschen »Sonderwegs«

Das Naturrecht kann sich auf eine eindrucksvolle Tradition berufen; es hat in der Antike seine Wurzeln und in christlichem sowie in aufklärerischem Rechtsdenken seinen Niederschlag gefunden. Es wurde weitgehend als höchste Instanz aller Rechtsprechung – allem positiven Paragraphenwerk überlegen – angerufen. In der Neuzeit aber, das heißt im Laufe der Konsolidierung der modernen Nationalstaaten, ist die Berufung auf das Naturrecht immer mehr in Frage gestellt und von dem Rekurs auf positive Rechtsnormen verdrängt worden. Zur Betonung des Besonderen im deutschen National- und Staatswesen entfernte sich die öffentliche Rechtsauffassung besonders (auf deutschem Boden/im deutschsprachigen Bereich) unter dem Einfluß des Luthertums, der Romantik und des Historismus immer mehr von den allgemeinmenschlichen Werten naturrechtlichen Gedankengutes, die sich mehr im westeuropäischen Denken eingebürgert hatten. So kam es zu dem von Ernst Troeltsch besprochenen »Sonderweg« des deutschen Geistes, der – vorwiegend im Zeichen der deutschen Romantik – seine Entfremdung von der universalen Tradition des Naturrechtes und der Humanität und von dem europäischen Westen bedeutete[1].

Es soll hier nun die Frage untersucht werden, inwieweit trotz alledem der deutsche Widerstand gegen den Nationalsozialismus sich berufen sah, auf das Naturrecht zurückzukommen, um von daher sein Denken und Handeln zu rechtfertigen. Theodor Heuss hat am 10. Jahrestag des Staatsstreichs gegen Hitler vom 20. Juli 1944 die »Grenzsituation der sittlichen Entscheidungen«[2] hervorgehoben, die in extremer Lage die Infragestellung positiver gesetzlicher Normen und die Auflehnung gegen sie erlaubt. In diesem extremen Fall ist dann der Widerstand gegen das Gesetz frei vom Stigma des »Ungesetzlichen«; er ist übergesetzlich und empfängt seine Rechtfertigung von höherer Instanz. Besonders in solch extremer Lage, die auch rechtmäßig als »Staatsnotstand« bezeichnet worden ist[3], kommt das Naturrecht zu seinem Recht.

Wir können allerdings nicht umhin, auf die vorwiegend obrigkeitliche Haltung gerade jener Kreise zu verweisen, die in der Lage und daher dazu berufen waren, die

1 Vgl. Ernst Troeltsch, Naturrecht und Humanität in der Weltpolitik, in: Hans Baron (Hrsg.), Deutscher Geist und Westeuropa. Gesammelte kulturphilosophische Aufsätze und Reden, Tübingen 1925, S. 3–27.

2 Theodor Heuss, Zur 10. Wiederkehr des 20. Juli, in: Europäische Publikation e. V. (Hrsg.), Vollmacht des Gewissens, Bd. 2, Frankfurt am Main-Berlin 1960, S. 538 und S. 545.

3 Siehe Oberstaatsanwalt Hölper aus München, in: Europäische Publikation e. V. (Anm. 2), S. 29.

Leitung eines Widerstandes zu übernehmen. Zweifellos hat das Defizit naturrechtlicher Normen im deutschen Geistesleben sich auch auf die Wertbegriffe des deutschen Widerstands ausgewirkt. Zweifellos geht es auch auf die lutheranische Tradition zurück, daß infolge der Betonung des augustinischen Gegensatzes zwischen den »Zwei Reichen«, der *civitas dei* und der *civitas terrena,* das Naturrecht als Bindeglied zwischen Gott und Mensch zurücktrat. Gottes Wort offenbarte sich demgemäß weniger auf dem Wege des Rechts als der Gnade. Dabei ist daran zu erinnern, daß Luthers »Zwei-Reiche-Lehre« im deutschen Raum eine besonders einseitige Rezeption gefunden hat, die die weltliche Obrigkeit mit verbindlicher Autorität bestallte und darüber hinaus noch die besondere deutsche Sendung des Reformators betonte. Die Berufung auf eine »ewige, Moral und Recht gemeinsam begründende rationale und gottgesetzte Ordnung«[4] wurde daher auch im deutschen Widerstand weitgehend, besonders innerhalb der älteren Generation der traditionellen Führungsschichten, von einer Rückbesinnung auf spezifisch deutsche National- und Staatstugenden verdrängt. Als Gegenmodell zum Nationalsozialismus waren diese aber letzten Endes unvergleichlich weniger geeignet, ein entschiedenes Mandat zum Widerstehen zu bieten, nicht zuletzt weil der Widerstand damit auch ein Vokabular benutzte, das dem des Nationalsozialismus täuschend ähnlich war.

Trotzdem wäre es jedoch verfehlt, das Naturrecht als bewußten Leitsatz in deutschen Widerstandskreisen pauschal abzuschreiben. In der Familie von Adam von Trott zum Beispiel gehörte es sozusagen zur Tradition. Es ist hier daran zu erinnern, daß er mütterlicherseits von John Jay, dem ersten Chief Justice der Vereinigten Staaten, abstammte. Die Mutter, besonders stolz auf diese puritanische Abstammung, erinnerte Adam dann auch eigens daran: »Both of us have inherited, apart from our good German blood, something of the fighters against slavery in America.«[5] Wiederum setzte der dreiundzwanzigjährige Adam seinem alten Vater, dem ehemaligen königlich-preußischen Kultusminister, auseinander, daß er in einer Frage »verantwortlicher Staatsführung« nicht mit ihm übereinstimmen könne; es war die Frage der »positiven Rechte des Einzelnen und der Masse«, die unbedingt »heilig gehalten« werden müßten: »Der Dienst an den Rechten des einzelnen – des ›Menschen‹ wie die Naturrechtler sagen – im Zusammenhang und im Konflikt mit all den äußerlichen Ordnungen und Hindernissen ist mir ungleich wichtiger als der Dienst am ›Staat‹ (der zur Willkür geworden ist) . . .«[6]

Dieser Brief war von Oxford aus geschrieben, wo Adam damals das zweite Jahr als Rhodes-Stipendiat absolvierte. Auf jeden Fall ist die Annahme gerechtfertigt, daß die »angelsächsische Verbindung« dem jungen Trott dazu verholfen hat, dem naturrechtlichen Denken gegenüber eine gewisse Offenheit zu bewahren.

Auch Trotts Freund Helmuth James von Moltke war mit dem Angelsachsentum verbunden. Sein Großvater mütterlicher Seite, Sir James Rose Innes, war ein bedeutender südafrikanischer Jurist und zuletzt Oberster Richter der Union; weiter führten

4 E. Troeltsch (Anm. 1), S. 7.

5 Im Original englisch geschrieben. Brief Eleonore von Trott an Adam von Trott zu Solz vom 16. August 1930, in: Privatsammlung Dr. Clarita von Trott zu Solz, Berlin, Briefe von den Eltern.

6 Diese Überlegung, so erklärte er auch dem Vater, gebiete ihm, »einstweilen mit dem autoritären Nationalsozialismus keinerlei Bündnisse ein[zu]gehen«; Brief Adam von Trott an seinen Vater vom 13. Februar 1933, in: Clarita von Trott zu Solz, Adam von Trott zu Solz. Eine erste Materialsammlung, Reinbek 1958, S. 46f.

Helmuths eigene Rechtsstudien und besonders sein Interesse für internationales Recht ihn immer wieder nach England, das ihm, genau wie Trott , zu einer zweiten Heimat wurde. Der »Triumph des Bösen«, wie er es wiederholt nannte[7], das sich zu Hause ausgebreitet hatte, drängte ihn, auch in der Kriegszeit die Verbindung mit seinen Freunden in England aufrechtzuerhalten – ganz einfach »for sanity's sake«, wie man auf englisch zu sagen pflegt. So schrieb er im April 1942 von Schweden aus an seinen englischen Freund und Mentor Lionel Curtis: »Wir haben nur dann Aussicht, unser Volk dazu zu bringen, diese Schreckensherrschaft schließlich zu stürzen, wenn wir ihm ein Bild jenseits der schrecklichen, hoffnungslosen nächsten Zukunft zeigen können... Für uns ist Europa nach dem Krieg weniger eine Frage von Grenzen und Soldaten ... Europa nach dem Krieg ist die Frage: Wie kann das Bild des Menschen in den Herzen unserer Mitbürger wiederhergestellt werden?«[8]

Sonst setzte naturrechtliches Denken sich immer noch und immer wieder in den Kreisen der im Kaiserreich allgemein stigmatisierten sogenannten »vaterlandslosen Gesellen« durch. Innerhalb des Katholizismus wirkte vor allem die Tradition der Scholastik nach. Thomas von Aquin hatte das Naturrecht als die Anteilnahme der vernunftmäßigen Geschöpfe am Ewigen Gesetz definiert, ist es doch »nichts anderes als der Abglanz des göttlichen Lichts in uns«[9]. Wenn dagegen ein menschliches Recht vom Naturrecht abweicht, so kann es als nichts anderes als eine »Entartung« des Rechts[10] betrachtet werden. Ein tyrannisches Regime ist somit unrechtmäßig. Auflehnung gegen ein solches Regime ist kein Aufruhr, denn es ist der Tyrann, der sich des Aufruhrs schuldig macht[11]. So setzte auch Papst Pius XI. für die von der Tyrannei im Dritten Reich bedrohten deutschen Katholiken mit seiner scharfen Verurteilung des Nationalsozialismus den Ton in der Enzyklika »Mit brennender Sorge« vom 14. März 1937, in der er sich in einem langen Abschnitt ausführlich mit der »Anerkennung des Naturrechtes« befaßte[12].

Gesetze, die das Bekenntnis und die Betätigung dieses Glaubens unterdrücken oder erschweren, stehen infolgedessen im Widerspruch zum Naturgesetz: Dabei obliegt es der Kirche als »berufene Hüterin und Auslegerin des göttlichen Naturrechts« zu dienen[13]. Demgemäß konnten die Katholiken im Widerstand ohne weiteres ihre Opposition – gegen den Nationalsozialismus ebenso wie auch gegen den Bolschewismus – mit Berufung auf das »natürliche und göttliche Recht« begründen; denn positives Recht, welches gegen Naturrecht und Gottes Gebot verstößt, ist »Unrecht«[14]. Also waren die Kirchen »verpflichtet«, wie Pater Alfred Delp betonte, das *ius na-*

---

7 Brief Helmuth James von Moltke an Freya von Moltke, Berlin, vom 31. Mai 1940, in: Beate Ruhm von Oppen (Hrsg.), Helmuth James von Moltke. Briefe an Freya 1939–1945, München 1988, S. 142; Brief Helmuth James von Moltke an Peter Yorck von Wartenburg vom 7. Juli 1940, in: Ger van Roon, Neuordnung im Widerstand. Der Kreisauer Kreis innerhalb der deutschen Widerstandsbewegung, München 1967, S. 481.

8 Brief Helmuth James von Moltke an Lionel Curtis, Stockholm, vom 18. April 1942, in: Freya von Moltke/Michael Balfour/Julian Frisby, Helmuth James von Moltke 1907–1945. Anwalt der Zukunft, Stuttgart 1975, S. 185.

9 St Thomas Aquinas, Summa Theologiae, New York-London 1963, 1a2ae., quae. 91, art. 2.

10 Ebenda, quae. 95, art. 2.

11 Ebenda, 2a2ae., quae. 42, art. 2.

12 Simon Hirt (Hrsg.), Mit brennender Sorge. Das päpstliche Rundschreiben gegen den Nationalsozialismus und seine Folgen in Deutschland, Freiburg 1946.

13 Ebenda, S. 16f.

14 Paulus von Husen, zit. nach G. van Roon (Anm. 7), S. 197.

tivum der Kreatur sowie »die durch die Offenbarungsordnung über die naturrechtlichen Gegebenheiten hinausgehenden positiven göttlichen Gesetze und Wirklichkeiten« zu erhalten[15]. »Wer soll überhaupt noch für Naturrecht und Gottesgebote einstehen, wenn nicht die kirchliche Führung?« fragte Delps Ordensbruder Pater Augustin Rösch[16], seit 1935 Provinzial der Oberdeutschen Provinz der Gesellschaft Jesu und wie Delp auch zum Kreisauer Kreis gehörend. Er ist von Eugen Gerstenmaier als »der stärkste Mann des Katholizismus in Deutschland« bezeichnet worden[17], und als solcher hat er im Namen der »ewigen, unumstößlichen Gesetze Gottes«[18] den Kampf mit der nationalsozialistischen Kirchenpolitik aufgenommen.

Auch in den Reihen des »linken« Widerstandes war die Bezugnahme auf das Naturrecht ein klares Motiv[19], wenngleich hier der Akzent auf den übernationalen Menschenrechten lag. Ganz unzweideutig drückte Julius Leber, Sozialdemokrat und in den letzten Kriegsjahren Mitglied des Kreisauer Kreises um Moltke, seine Haltung aus, als er sich vom Untersuchungsgefängnis in einem Brief an seine Frau Annedore auf »Menschlichkeit und Gerechtigkeit« bezog[20]. Der Glaube daran begleitete ihn durch die Zeit des Leidens und Kampfes. Allerdings ist zu beachten, daß das Naturrechtsverständnis der »Linken« sich ganz und gar von den theologischen Voraussetzungen der Scholastiker gelöst hatte. Von ihrer Perspektive aus hatte wohl Hugo Grotius mit der Behauptung recht, daß das Naturrecht seine Gültigkeit behalten würde, auch wenn Gott nicht existiere. Doch waren dem Naturrecht, wie es die Scholastiker verstanden, keine göttlichen Gesetze mehr übergeordnet. An die Stelle der Offenbarungsordnung trat nun der Rationalismus der Aufklärung als Wegweiser.

Mit alledem ist das Thema des Verhältnisses des deutschen Widerstands zur Naturrechtsfrage keineswegs erschöpft; ganz im Gegenteil. Auch im Kreis der sogenannten »Jungen«, wie Ulrich von Hassell die Gruppe um Helmuth James von Moltke[21] im Gegensatz zu den »Alten« um Generaloberst Ludwig Beck nannte, machte man sich über das Naturrecht ernsthaft Gedanken. Vor allem stand natürlich bei Dietrich Bon-

---

15 Diese Formulierung findet sich in den Unterlagen zu den Vorbesprechungen vom 2. August 1942 für die zweite Tagung des Kreisauer Kreises (16.–18. Oktober 1942) und geht auf den Einfluß Pater Delps zurück; Roman Bleistein (Hrsg.), Alfred Delp. Gesammelte Schriften, Bd. 5, Frankfurt am Main 1985, S. 401 f.; siehe auch ders. (Hrsg.), Dossier: Kreisauer Kreis. Dokumente aus dem Widerstand gegen den Nationalsozialismus. Aus dem Nachlaß von Lothar König S.J., Frankfurt am Main 1987, S. 184 ff.

16 Denkschrift Röschs etwa vom 20. Juni 1941, zit. nach ders. (Hrsg.), Augustin Rösch. Kampf gegen den Nationalsozialismus, Frankfurt am Main 1985, S. 77.

17 Brief Helmuth James von Moltke an Freya von Moltke, Berlin, vom 9. April 1943, in: B. Ruhm von Oppen (Anm. 7), S. 468.

18 Augustin Rösch, Bericht für die Fuldaer Bischofskonferenz vom 14. August 1943, in: R. Bleistein (Anm. 16), S. 214; zu diesen Gesetzen, so führte er aus, gehörten die »naturgesetzlichen« Rechte auf Schutz des privaten Eigentums, auf Schutz von Wahrheit und Ehre, auf persönliche Freiheit und auf das Leben; Entwurf eines gemeinsamen Hirtenworts, Fulda, vom 15. November 1941, in: ebenda, S. 127 f.

19 Vgl. Institut für Marxismus-Leninismus (Hrsg.), Erkämpft das Menschenrecht. Lebensbilder und letzte Briefe antifaschistischer Widerstandskämpfer, Berlin (Ost) 1958.

20 Brief Julius Leber an Annedore Leber, Lübeck, vom 27. Juli 1933, in: Dorothea Beck, Julius Leber. Sozialdemokrat zwischen Reform und Widerstand, Berlin 1983, S. 257.

21 Siehe Friedrich Freiherr Hiller von Gaertringen (Hrsg.), Ulrich von Hassell. Die Hassell-Tagebücher 1938–1944. Aufzeichnungen vom Anderen Deutschland, Berlin 1988, S. 341; er bezeichnete – den ihm »wenig sympathischen« – Moltke als den »angelsächsisch-pazifistischen Generalstabschef« der Gruppe.

hoeffer diese Frage im Mittelpunkt seiner theologischen Erwägungen. Diese »Notlage«, wie Bonhoeffer sich ausdrückte, in der die Widerstandskämpfer sich befanden und der sie sich voll bewußt waren, schickte sie auf die Suche nach einem Mandat zum Widerstehen.

In dem schon zitierten Brief Moltkes vom April 1942, in dem er von Schweden aus seinen Freund in England, Lionel Curtis, von dem Ausmaß der »Tyrannei«, des »Terrors«, des »Zerfalls aller Werte« im »Dritten Reich« in Kenntnis setzte, begründete er auch seine Haltung dem NS-Regime gegenüber: »Vielleicht erinnern Sie sich, daß ich in Gesprächen vor dem Kriege der Meinung war, daß der Glaube an Gott nicht wesentlich sei, um dahin zu kommen, wo wir jetzt sind. Heute weiß ich, daß ich unrecht hatte, ganz und gar unrecht. Sie wissen, daß ich die Nazis vom ersten Tag an bekämpft habe, aber der Grad von Gefährdung und Opferbereitschaft, der heute von uns verlangt wird und vielleicht morgen von uns verlangt werden wird, setzt mehr als gute ethische Prinzipien voraus, besonders da wir wissen, daß der Erfolg unseres Kampfes wahrscheinlich den totalen Zusammenbruch unserer nationalen Einheit bedeuten wird. Aber wir sind bereit, dem ins Gesicht zu sehen . . .«[22]

Mehr als »gute ethische Prinzipien«, das heißt der »Glaube an Gott«. Moltke, in einem Christian-Science-Haus aufgewachsen und selbst lutheranisch getauft und konfirmiert, war eher ein Agnostiker, jedenfalls bis er sich im Laufe des Krieges einer »Wandlung« bewußt wurde, die er »einer tieferen Erkenntnis christlicher Grundsätze« zuschrieb[23]. Ähnlich drückte Adam von Trott sich aus, als er um dieselbe Zeit seinem jüngeren Bruder Heinrich die »Gefahr« vor Augen hielt, das »Christliche« und das »Natürliche« »kurzschlüssig« zu vermengen oder gar zu verwechseln[24]. So war für Moltke wie für Trott das Naturrecht doch nicht das rechte Gegenmodell zur Schreckensherrschaft im Vaterland, und so mußten sie sich letzten Endes auch von ihrem angelsächsischen Hintergrund absetzen, insbesondere von ihrer positiven Einstellung zur Naturrechtslehre. Dabei müssen wir uns daran erinnern, daß diese sie nicht auf dem Wege der Scholastik, sondern ihrer weltlichen Spielart erreicht hatte, in der das Göttliche sozusagen überflüssig geworden war. Dazu aber war die »Not« zu groß. Ähnliche Überlegungen stellte auch Hans-Bernd von Haeften an, indem er eine »immanente Sinnverwirklichung in der Geschichte« verwarf: »Das Erleben der Zeitgeschichte mit ihrem namenlosen Leiden, Grauen und Entsetzen«, so schrieb er im November 1942, »macht es uns Heutigen besonders schwer, in der Geschichte eine göttliche Fügung und Führung zu sehen«. Nicht *»menschliche* Anstrengung«, nicht »der erkennende Verstand« könnten den »Heilsplan« Gottes entziffern, denn sie können nur »eine schauerliche Anhäufung von Unheil, Unsinn und Unrecht in der Geschichte« wahrnehmen[25]. Ebenso kam Moltke, ein sonst eher nüchterner und undramatischer Mensch, zur »Erkenntnis der Sinnlosigkeit alles Handelns«[26]. Diese

---

22 Moltke/Balfour/Frisby (Anm. 8), S. 176.

23 Brief Helmuth James von Moltke an Freya von Moltke, Berlin, vom 11. Oktober 1941, in: B. Ruhm von Oppen (Anm. 7), S. 300.

24 Brief Adam von Trott an Heinrich von Trott vom 28. September 1941, in: Privatsammlung Dr. Clarita von Trott zu Solz, Berlin.

25 Brief Hans-Bernd von Haeften an Pfarrer Herbert Krimm, Berlin, vom 14. November 1942, in: Barbara von Haeften, Aus unseren Briefen 1931–1944, masch., o. O., o. J., S. 146f.

26 Brief Helmuth James von Moltke an Freya von Moltke, Berlin, vom 11. Oktober 1941, in: B. Ruhm von Oppen (Anm. 7), S. 300.

Gedankengänge führten Moltke und seine Freunde nicht zu einem Fatalismus oder gar Zynismus, sondern ganz im Gegenteil zur Tat. Die Erkenntnis, daß das, was er tue, »sinnlos« sei, so führte Moltke weiter aus, hindere ihn nicht, dies zu tun, weil er »viel fester« davon überzeugt sei, daß »nur das«, was man in der Erkenntnis der Sinnlosigkeit allen Handelns täte, »überhaupt einen Sinn« habe[27]. Doch sollte nunmehr die Rechtfertigung des Handelns auf der Ebene des Glaubens gefunden werden. Ganz in diesem Sinn sprach auch Dietrich Bonhoeffer vom »verantwortlichen Handeln«[28].

Nicht überraschen kann, daß eine systematische Auseinandersetzung mit der Naturrechtsfrage Dietrich Bonhoeffer vorbehalten war. Sie findet sich in seiner unvollendeten »Ethik«, an der er seit 1939 arbeitete und die er als seine »Lebensaufgabe«[29] betrachtete. Dieses Werk beginnt mit einem monumentalen Satz: »Das Wissen um Gut und Böse scheint das Ziel aller ethischen Besinnung zu sein. Die christliche Ethik hat ihre erste Aufgabe darin, dieses Wissen aufzuheben.«[30] Damit machte Bonhoeffer eine ganz grundlegende Aussage über das Verhältnis zwischen dem weltlichen und dem sakralen Bereich. Hier schloß er sich den bahnbrechenden Gedankengängen des großen Schweizer Theologen Karl Barth an. Barth, der Vater der sogenannten »dialektischen Theologie«, hatte den Generalangriff gegen die »liberale Theologie« an der Berliner Universität um die Jahrhundertwende geführt. Jene Theologie lehrte, daß die »Zwei Reiche« miteinander in Verbindung stünden und christliche Leitbilder die Welt durchdringen und diese wiederum den Zugang zur göttlichen Gnadenwelt eröffnen solle. Darauf antwortete Barth mit donnernden Worten: »Gottes Wille ist keine bessere Fortsetzung *unseres* Willens. Er steht unserem Willen gegenüber als ein gänzlich anderer.«[31] Bonhoeffer selbst sah die Schwäche der »liberalen Theologie« darin, »daß sie der Welt das Recht einräumte, Christus seinen Platz in ihr zuzuweisen«[32]. So folgerte er: »Das Ende der Geschichte ist nicht die Verwirklichung des Reiches Gottes auf Erden, sondern die tiefste Kluft zwischen Christenheit und Welt.«[33]

Und weiter: »Nicht von der Welt zu Gott, sondern von Gott zur Welt geht der Weg Jesu Christi und daher der Weg alles christlichen Denkens ... Daher gibt es auch für die Kirche kein anderes Verhältnis zur Welt als durch Jesus Christus; d.h.

---

27 Ebenda.

28 Dietrich Bonhoeffer, Ethik, München 1975, S. 249.

29 Eberhard Bethge, Dietrich Bonhoeffer, München 1967, S. 804.

30 D. Bonhoeffer (Anm. 28), S. 19.

31 *Totaliter aliter;* Karl Barth, Das Wort Gottes und die Theologie, München 1924, S. 15; ähnlich war auch Trott zu der Einsicht gekommen, daß das Reich der zweiten Bitte des Vaterunsers keinen »Idealzustand« darstelle, sondern das Hineinwirken in die natürliche Welt »einer total anderen Macht«; Brief Adam von Trott an Heinrich von Trott, Berlin, vom 6. Juli 1942, in: Privatsammlung Dr. Clarita von Trott zu Solz, Berlin.

32 Brief Dietrich Bonhoeffer an Eberhard Bethge aus Tegel vom 8. Juni 1944, in: Eberhard Bethge (Hrsg.), Dietrich Bonhoeffer. Widerstand und Ergebung. Briefe und Aufzeichnungen aus der Haft, München 1964, S. 160f.; es muß hier auch darauf hingewiesen werden, daß gewisse Formen des »liberalen« Protestantismus sowie der sozial orientierte Protestantismus (das »social gospel«), dem Bonhoeffer im Union Theological Seminary in New York City zuerst 1930/31 begegnete, ihm wohl relativ harmlos – wenn auch vollständig untheologisch – erschienen. Dagegen mußte er in den »Deutschen Christen«, welche die Rassenlehre des Nationalsozialismus in das Evangelium hineinlesen zu können glaubten und denen er im Kirchenkampf gegenüberstand, eine extreme und höchst gefährliche Abart des »liberalen« Protestantismus sehen.

33 Eberhard Bethge (Hrsg.), Dietrich Bonhoeffer. Gesammelte Schriften, Bd. 1, München 1965, S. 110.

nicht von einem Naturrecht, Vernunftrecht, allgemeinen Menschenrecht aus, sondern allein vom Evangelium von Jesus Christus aus ergibt sich das richtige Verhältnis der Kirche zur Welt.«[34]

Dabei ist aber bemerkenswert, daß Bonhoeffer im Text der »Ethik« die Naturrechtsfrage einer sorgfältigen Abwägung unterwarf[35]. Erst einmal befaßte er sich eingehend mit der Revolution in der europäischen Neuzeit, wobei er auf einen wesentlichen Unterschied zwischen der amerikanischen und der französischen verwies. Die letztere bedeutete »das Signal des modernen Abendlandes« und den Triumph der *ratio,* die bei all ihrer Betonung der Menschenwürde und Menschenrechte doch am Ende zur »Selbstzerstörung des Menschen« führen mußte. Am Ende des Weges, der mit der Französischen Revolution beschritten wurde, standen also der Nihilismus und die *»abendländische Gottlosigkeit«.* Nicht einmal die »Sonderentwicklung« in den angelsächsischen Ländern und insbesondere der Spiritualismus der amerikanischen *Founding Fathers,* die, wie Bonhoeffer betonte, »um die Erbsünde und um die Bosheit des menschlichen Herzens wußten«, konnten diese vor »schweren Säkularisationserscheinungen« schützen. Ähnlich der späteren »liberalen Theologie« war es auch hier eine Frage der »mangelnden Unterscheidung« der »Zwei Reiche«, des Staates und der Kirche. So jedenfalls erklärte sich Bonhoeffer das Aufkommen des »spezifisch abendländischen Nichts«, d.h. »die höchste Entfaltung aller widergöttlichen Kräfte« in der westlichen Welt.

Dennoch mußte Bonhoeffer in Hinsicht auf die »Jahre der Bedrängnis alles Christlichen«[36] sich die Frage seines Verhaltens diesem »Nichts« gegenüber stellen. Genügte in diesem Fall der Appell an die »Vernunft«, an das »geschriebene Recht«, an »Bildung und Humanität, an »Freiheit, Toleranz und Menschenrechte« – an »alle diese Begriffe, die noch bis vor kurzem als Kampfparolen gegen die Kirche, gegen das Christentum, gegen Jesus Christus selbst gedient hatten« –, um der neuen Barbarei Einhalt zu gebieten? So glaubte er zumindest eine »Bundesgenossenschaft« der genannten Begriffe mit dem bedrängten Christentum feststellen zu können, die mehr als eine bloße Kampf- oder Zweckgemeinschaft, eine »Rückkehr zum Ursprung« bedeutete. Eine »Rückkehr« in diesem Sinne war sicher bei Moltke und Trott, sowie auch bei dem sozialistischen Kreisauer Theo Haubach, vorangegangen.

Die Richtschnur für Bonhoeffers Widerstand war und blieb letzten Endes Martin Luther, ungeachtet der Tatsache, daß sich Bonhoeffer der »Verkrustung des Luthertums«[37], besonders im deutschen Raum, deutlich bewußt war[38]. Gewiß war die

34 D. Bonhoeffer (Anm. 28), S. 378f.

35 Siehe ebenda, auch für die folgenden Gedankengänge und Zitate in diesem Abschnitt, besonders das Kapitel »Erbe und Verfall«.

36 Siehe ebenda, auch für die folgenden Zitate in diesem Abschnitt, vor allem den Anfang des Kapitels »Kirche und Welt«.

37 Hermann Kunst, Evangelischer Glaube und politische Verantwortung. Martin Luther als politischer Berater seiner Landsherrn und seine Teilnahme an den Fragen des öffentlichen Lebens, Stuttgart 1976, S. 400.

38 Auch sein Freund und Mitstreiter im Widerstand, der theologisch gut bewanderte Hans-Bernd von Haeften, hatte zwischen Luther und dem Luthertum zu unterscheiden gewußt: »In der Tat hat die Resignation des Luthertums (nicht Luthers), daß die Welt nun einmal des Teufels sei, ganz wesentlich dazu beigetragen, die Welt erst recht des Teufels werden zu lassen.« Brief Hans-Bernd von Haeften an Pfarrer Krimm, Berlin, vom Mai 1941, in: B. von Haeften (Anm. 25), S. 118; die Freundschaft zwischen Bonhoeffer und Haeften geht auf die Zeit zurück, als sie zusammen Konfirmandenunterricht in der Grunewaldkirche nahmen.

»Zwei-Reiche-Lehre« ein Grundpfeiler in Bonhoeffers theologischer Sicht; aber er konnte sich nicht der fraglos obrigkeitlichen Folgerung, die den deutschen Geist und die deutsche Politik so entscheidend geprägt hatte, anschließen[39].

Gleich in den ersten Monaten des Naziregimes hatte er Thesen über die Haltung der Kirche zur »Judenfrage« entworfen, in denen er die »unbedingte« Verpflichtung der Kirche den Opfern gegenüber betonte und forderte, nicht nur die Opfer unter dem Rad zu verbinden, sondern »dem Rad selbst in die Speichen zu fallen«[40].

Damit allerdings sollte Bonhoeffer, wie sich herausstellte, in der Kirche ziemlich alleine stehen.

In der Rechenschaft, die Bonhoeffer Ende 1942 für seine Freunde über die vergangenen zehn Jahre der Schreckensherrschaft ablegte, ging er auch auf die Frage des sprichwörtlichen deutschen Mangels an »Zivilcourage« ein. So verständlich eine solche Haltung im Lichte der deutschen Geschichte auch sei, so liefe sie doch auf eine Verkennung der Welt hinaus und werde allzu leicht »zum Bösen« mißbraucht. Was den Deutschen fehle, sei die »Notwendigkeit der freien, verantwortlichen Tat«: »Die Deutschen fangen erst heute an zu entdecken, was freie Verantwortung heißt. Sie beruht auf einem Gott, der das freie Glaubenswagnis verantwortlicher Tat fordert und der dem, der darüber ein Sünder wird, Vergebung und Trost zuspricht.«[41]

Die augustinisch-lutheranische »Zwei-Reiche-Lehre« also bedeutete keineswegs eine Verpflichtung zur Enthaltsamkeit des Christen in den Dingen dieser Welt und zu fraglosem Gehorsam der weltlichen Obrigkeit gegenüber. Ganz im Gegenteil, der Ruf nach »freier, verantwortlicher Tat« bringt ihn in diese Welt zurück auf dem Wege des Heilsplans des christlichen Gottes, in dem der handelnde Mensch sich der Gnade Gottes überläßt. Bonhoeffers Verstrickung in den »weltlichen Sektor« gab ihm, wie er selbst zugab, »zu denken«[42], und er wies auch bestimmt nicht leichten Herzens die Mahnung seines Schwagers Hans von Dohnanyi von sich, »wer das Schwert nimmt, der soll durchs Schwert umkommen« (Matth. 26, 52). Letzten Endes fand Bonhoeffer seinen Weg ins Märtyrertum als ein Sünder, der als solcher vor Gott steht und sich als solcher Gott anvertraut. In der Tiefe seiner und seines Volkes Not beschwor er die Majestät Gottes und bekräftigte so das Drama von Sünde und Vergebung.

Sicher liegt ein gewisses Paradox darin, daß gerade die Wahrnehmung des »gänzlich anderen«, gänzlich jenseitigen Gottes dessen Rückkehr in das Diesseits ermöglicht. Bonhoeffers Ringen um den verborgenen Gott *(deus absconditus)* – auch Haeften schrieb über die »›Verborgenheit‹ des göttlichen Wachstums«[43] – verstärkte

39 Siehe in dieser Beziehung auch die wichtige Arbeit von H. Kunst (Anm. 37), S. 400, der aufgrund seiner Untersuchung von Luthers Verhältnis zu seinen Landsherren, den Grafen von Mansfeld und Kurfürsten von Sachsen, zu dem Schluß kam, daß der Reformator keineswegs unbedingtem »leidenden Gehorsam«, sondern, wenn nötig, »leidendem Ungehorsam« das Wort redete: »Der Staat und seine besondere Gesetzlichkeit finden ihre Grenze nicht nur da, wo Glaube, Gottesdienst und Kirche beginnen, sondern auch da, wo die Gerechtigkeit und die Ordnung menschlichen Zusammenlebens verletzt werden. Das gilt nicht nur für den sozialen Bereich, sondern für alle Gebiete menschlichen Lebens. Das Gebot des Evangeliums bedeutet eine unübersteigbare Schranke auch für den Staat und alle seine Repräsentanten. Wo diese Schranke überschritten wird, hat der Widerstand einzusetzen.«

40 Dietrich Bonhoeffer, Die Kirche vor der Judenfrage, in: E. Bethge, Bd. 2 (Anm. 33), S. 48.

41 Dietrich Bonhoeffer, Nach zehn Jahren, in: E. Bethge (Anm. 32), S. 12f.

42 Brief Dietrich Bonhoeffer an Eberhard Bethge vom 25. Juni 1941, in: E. Bethge, Bd. 2 (Anm. 33), S. 246.

43 Brief Hans-Bernd von Haeften an Pfarrer Krimm vom 14. November 1942 (Anm. 25).

in ihm das Bewußtsein der Menschwerdung dieses Gottes. So war es die Wiederentdeckung Luthers, die es Bonhoeffer erlaubte, seinen Weg in den Widerstand zu rechtfertigen. Damit hat er auch stellvertretend, wenn nicht führend, für die vielen anderen im Widerstand die »Sinnlosigkeit alles Handelns«, von der Moltke sprach, als Herausforderung angenommen, die nicht mit einer verführerischen Ideologie und dem »Triumph des Bösen« vorliebnahm, sondern sich auch dagegen auflehnte und zugleich den Weg zu dem »freien Glaubenswagnis verantwortlicher Tat« wies. Damit zeichnete Bonhoeffer die Umrisse einer »Theologie der Krise«.

Nun wäre es ganz verfehlt, eine starre Schematik in Bonhoeffers Theologie hineinlesen zu wollen. Nichts war ihm fremder, war doch seine Ablehnung des Nationalsozialismus unter anderem in seiner Kritik an jeglichem ideologischen System begründet, das den unerforschlichen Plan Gottes vorwegnehmen wollte[44]. Er war kein Systematiker; er war ein ständig Suchender. Dies erklärt auch, warum Bonhoeffer in seinem Denken das Naturrecht nie aus dem Blick verlor. Ob dies darauf zurückzuführen ist, daß er um die Jahreswende 1940/41 bei den Benediktinern im Kloster Ettal Schutz fand und dort in einen Austausch mit katholischem theologischen Denken trat? Jedenfalls war es in Ettal, wie uns Bonhoeffers Freund und Biograph Eberhard Bethge bezeugt, wo er bei der Arbeit an seiner »Ethik« das Kapitel über »Das natürliche Leben« entwarf[45]. Dort finden wir den folgenden Satz: »Die Rechte des natürlichen Lebens sind der Abglanz der Schöpfungsherrlichkeit Gottes mitten in der gefallenen Welt.«[46] Hatte nicht schon Thomas von Aquin das Naturrecht als den »Abglanz des göttlichen Lichts in uns« beschrieben? Also war die Dialektik, mit der Bonhoeffer die »Ethik« einleitete, doch nicht so streng, wie sie auf den ersten Blick hin erscheinen mag. Bethge zufolge bahnte Bonhoeffer den Weg »für eine auf protestantischem Boden so seltene Wiederentdeckung einer Theologie des ›Natürlichen‹«[47]. Er setzte es wieder in seinen ihm gebührenden Platz ein, das heißt bestimmt nicht autonom oder souverän, sondern dem Evangelium von Jesus Christus untergeordnet: »Es muß ... der Begriff des Natürlichen vom Evangelium her wieder gewonnen werden.«[48]

Die thomistische Einstellung zur Auflehnung gegen ein tyrannisches Regime fand auch ganz eindeutig in der studentischen Widerstandsgruppe der Weißen Rose um die Geschwister Scholl ihren Niederschlag. Hans und Sophie Scholl stammten aus einer protestantischen Familie. Doch fanden sie in München in Carl Muth, dem bedeutenden katholischen Publizisten und Herausgeber der im Juli 1941 verbotenen Zeitschrift »Hochland«, einen väterlichen Freund, der sie wiederum in Verbindung mit seinem Kreis katholischer Intellektueller brachte. Auch übernahm Hans die Aufgabe der Katalogisierung von Muths Bibliothek, in der ihm das zeitgenössische katholische Schrifttum – so die Werke von Georges Bernanos, Alois Dempf, Romano Guardini, Jacques Maritain – zur Verfügung stand. Jedenfalls wurde der Studentengruppe auf diesen Wegen naturrechtliches Denken zugänglich[49]. Das erste Flugblatt der Weißen Rose setzte sich dann auch mit der spartanischen Gesetzgebung des Lykurgus ausein-

44 Siehe in dieser Beziehung D. Bonhoeffer (Anm. 28), S. 248f.
45 E. Bethge (Anm. 29), S. 807f.
46 D. Bonhoeffer (Anm. 28), S. 161.
47 E. Bethge (Anm. 29), S. 807f.
48 D. Bonhoeffer (Anm. 28), S. 153.
49 Zu alledem vgl. Inge Jens (Hrsg.), Hans Scholl, Sophie Scholl. Briefe und Aufzeichnungen, Frankfurt am Main 1984.

ander und stellte dessen unmenschlichem Staatsgesetz die »Grundfesten des Naturrechts und der Sittlichkeit«[50] gegenüber. Diese also gaben den Scholls und ihren Freunden das Mandat zum Aufruf zum Widerstand.

Nicht zuletzt ist es auch von Bedeutung, daß Claus von Stauffenberg und seine Freunde in der Frage des Tyrannenmordes sich auf die theoretische Dimension des Arguments bezogen. In einem Zwiegespräch mit Axel von dem Bussche, das im November 1943 in der Ausweichstelle des Ersatzheeres in Düppel bei Berlin stattfand, »dozierte« Stauffenberg, daß die Katholiken in dieser Beziehung es »leichter« hätten, wobei er zugestand, daß auch Luther sich über das Widerstandsrecht geäußert hätte. Von dem Bussche wiederum, der mit dieser Formulierung nicht zufrieden war, entgegnete ganz entschieden, daß die lutheranische Religion es erlaube, verrückte Tyrannen zu erschießen, und daß jegliche Vorbehalte dagegen ohnehin »nicht mehr wesentlich« seien[51].

Es bleibt nun, auf die These von Ernst Troeltsch bezüglich des deutschen »Sonderwegs« in der Naturrechtsfrage zurückzukommen. Es ist zu wiederholen, daß, wenn Naturrecht auch überall in der westlichen Welt im Zeitalter des modernen Nationalstaates hinter dem Prärogativ des positiven, verbrieften Rechts zurückgetreten war, im deutschen Bereich ein besonderes Defizit in der Wahrnehmung des Naturrechts festzustellen ist. Davon abgesehen haben wir im Laufe unserer Untersuchung des Zusammenhanges zwischen Naturrecht und Widerstand in Deutschland selbst ein ganzes Spektrum von Einstellungen feststellen können. Die ältere Generation der traditionellen Führungsschichten hat sich von obrigkeitlicher Gesinnung nur schwer trennen können und sich allzu lange (»die Schwäche des Anfangs«!)[52] auf deutsche National- und Staatstugenden berufen. Dagegen war in allen anderen Fällen eine ausdrückliche Auseinandersetzung mit der Naturrechtsfrage festzustellen. Die ehemaligen und nun erneut verfolgten »Reichsfeinde« brauchten nur auf ihre jeweilige eigene Tradition, sei es die scholastische oder die sozialistische, zurückzugreifen. Die »Jungen« wiederum, so besonders Moltke und Trott, bewegten sich zwischen einer herkömmlichen, zum Teil an der angelsächsischen Kultur orientierten Bejahung der Menschenwürde und Menschenrechte und an einer in der Bedrängnis der Zeit neugewonnenen christlichen Gläubigkeit. Sogar im Falle Bonhoeffers haben wir beobachten können, daß die Unterscheidung zwischen Jenseits und Diesseits, oder, wie er sie zu bezeichnen pflegte, zwischen »Letztem« und »Vorletztem«[53], das »Vorletzte« keineswegs entwertete, sondern heiligte. So konnte sich die »dialektische Theologie« Bonhoeffers, wenn sie auch meilenweit von der »liberalen Theologie« seiner Lehrer an der Berliner Theologischen Fakultät entfernt war, schließlich doch in die Tradition der Scholastik einreihen. Wohl bejahte er Menschen- und Naturrechte, doch gebe es sie, dies betonte er, »nur von Christus her, d.h. aus Glauben«[54]. Als solche aber gälten sie in der Welt und seien so ein Antrieb zur »freien, verantwortlichen Tat«.

Es mag der List der Geschichte zuzuschreiben sein, daß eine ähnliche Auseinandersetzung mit einer so erhabenen Frage wie der Geltung des Naturrechts außerhalb

---

50 Inge Scholl, Die weiße Rose, Frankfurt am Main 1955, S. 121f.

51 Die Information über dieses Zwiegespräch verdanke ich Peter Hoffmann, der sie wiederum einem Interview mit Axel von dem Bussche vom 19. Juli 1984 entnahm.

52 Pater Max Pribilla, in: Europäische Publikation e.V., Bd. 1 (Anm. 2), S. 21f.

53 Siehe bes. D. Bonhoeffer (Anm. 28), S. 128ff., und auch E. Bethge (Anm. 29), S. 807.

54 D. Bonhoeffer (Anm. 28), S. 383.

der Reichsgrenzen in den Widerstandskreisen der besetzten Gebiete nicht stattfand[55]. Ob das wohl mit dem sprichwörtlichen Hang der Deutschen zur Theorie zusammenhängt? Sicher aber fanden sich die deutschen Widerständler dank jener »Maskerade des Bösen«, die, wie Bonhoeffer schrieb, alle ethischen Begriffe »durcheinander gewirbelt« hatte[56], einem Nichts gegenüber und sahen sich gezwungen, ihre Stellung *de novo* zu bestimmen. Daher auch die vielen grundsätzlichen Denkschriften, die in den Kreisen des deutschen Widerstands verfaßt wurden. In den besetzten Gebieten bot die Auflehnung gegen die Fremdherrschaft den verschiedensten Gruppen einen gemeinsamen Nenner, und so brauchte man nicht auf das Naturrecht zu rekurrieren. *La grandeur nationale* ging ganz selbstverständlich in die *Droits de l'Homme* und das *Droit des Peuples* über[57]. Das erklärt, warum die Naturrechtsfrage in Deutschland mehr als andernorts auf der Tagesordnung stand.

Es kommt hinzu, daß auch jenseits aller theoretischen Erwägungen das Naturrecht als höheres Recht auf das Denken und Handeln des deutschen Widerstands entscheidend eingewirkt hat. Luthers Aufschrei »aus tiefster Not« hallte auch im Widerstand wider. Es war die »Grenzsituation« – Bonhoeffer schrieb von einem »Grenzfall«[58] –, die dem Widerstand den Auftrag zum Handeln gab. In seinem Schlußwort vor dem »Volksgerichtshof« betonte auch Professor Kurt Huber, der Mentor der studentischen Widerstandsgruppe der Weißen Rose, daß es »für alle äußere Legalität« eine »letzte Grenze« gebe, soweit sie ein »ungeschriebenes Recht, das ›im gesunden Volksempfinden‹ noch immer lebendig war«, verletze[59]. So war es denn auch das »ewige ethische Gesetz«, welches Carl Goerdeler – wie auch seinen Mitverschwörern – die Berechtigung gab, an die Grenze des Verrats zu gehen, um die Ehre des Vaterlandes zu retten[60]. Jedenfalls können wir sagen, wenn auch mit einiger Vorsicht, daß der deutsche Widerstand unter dem Eindruck des Schocks seiner Notlage dabei war, den von Troeltsch angesprochenen »Sonderweg« in den allgemeinen europäischen Weg zurückzuführen. Dies meinte Helmuth James von Moltke, als er an seinen englischen Freund Lionel Curtis schrieb, daß es sein dringendes Anliegen sei, »die Verbindung mit der großen Welt« herzustellen[61].

---

55 Vgl. den wichtigen Quellenband von Walter Lipgens (Hrsg.), Documents on the History of European Integration, Bd. 1: Continental Plans for European Integration, Berlin-New York 1985.

56 E. Bethge (Anm. 32), S. 10.

57 Libération-Sud, Our task: beyond the nation vom 1. September 1943, in: W. Lipgens, Bd. 1 (Anm. 55), S. 308ff.

58 Brief Dietrich Bonhoeffer an Eberhard Bethge vom 18. Februar 1943, in: E. Bethge (Anm. 32), S. 70.

59 Kurt Huber, Schlußwort des Angeklagten, in: Helmut Gollwitzer u.a. (Hrsg.), Du hast mich heimgesucht bei Nacht. Abschiedsbriefe und Aufzeichnungen des Widerstandes 1933–1945, München-Hamburg 1964, S. 110f.

60 Carl Goerdeler, paraphrasiert in: A. P. Young, The ›X‹ Documents, London 1974, S. 203.

61 Brief Helmuth James von Moltke an Lionel Curtis, London, vom 12. Juli 1935, in: Nachlaß Lionel Curtis, Bodleian Library, Oxford University, Fasz. 28.

HEINRICH AUGUST WINKLER

Requiem für eine Republik

Zum Problem der Verantwortung für das Scheitern der ersten deutschen Demokratie

I.

»In der Tat: Die Demokratie ist in Gefahr, in einer Gefahr solchen Ausmaßes, wie sie seit Bestehen der Republik noch nicht war, aber nicht in erster Linie durch die Kraft ihrer Gegner, sondern durch die Schwäche ihrer Anhänger.« Mit diesen Worten endete ein Artikel, der im September 1930 unter der Überschrift »Staatskrise?« in den »Neuen Blättern für den Sozialismus« erschien. Verfasser war der ehemalige Reichsjustizminister Gustav Radbruch, Strafrechtslehrer und Rechtsphilosoph, einer der wenigen deutschen Professoren der Weimarer Republik, die sich der Sozialdemokratie angeschlossen hatten[1].

Als Radbruch seinen Aufsatz schrieb, war die parlamentarische Demokratie von Weimar bereits gescheitert. Die letzte Mehrheitsregierung, ein Kabinett der Großen Koalition unter dem Sozialdemokraten Hermann Müller, hatte am 27. März 1930 ihren Rücktritt erklärt. Unmittelbarer Anlaß war das Nein der SPD zu einem Kompromißvorschlag, den der Vorsitzende der Zentrumsfraktion, Heinrich Brüning, unterbreitet hatte, um den seit langem schwelenden Streit um die Reform der Arbeitslosenversicherung zu beenden – oder besser gesagt: in der Hauptsache, um die Frage der Erhöhung der Beiträge oder Senkung der Leistungen zu vertagen. Am 30. März ernannte Reichspräsident von Hindenburg Brüning zu Müllers Nachfolger. Brüning stand an der Spitze eines bürgerlichen Minderheitskabinetts, das sich eine Zeitlang mit Hilfe von Zufallsmehrheiten im Reichstag behaupten konnte.

Mitte Juli 1930 trat dann die Situation ein, mit der seit Brünings Ernennung zu rechnen war: Die Regierung erlitt eine Abstimmungsniederlage. Hindenburg antwortete darauf mit zwei Notverordnungen auf Grund von Artikel 48 der Weimarer Reichsverfassung; der Reichstag setzte die Verordnungen mit den Stimmen der SPD außer Kraft, worauf der Reichspräsident den Reichstag auflöste und eine neue Notverordnung erließ. Aus der Reichstagswahl vom 14. September 1930 gingen die Nationalsozialisten als die großen Gewinner hervor: Statt bisher über 12 verfügte die Partei Hitlers nunmehr über 107 Sitze und war damit die (nach der SPD) zweitstärkste Fraktion.

Über die Frage, wer die Verantwortung für das Scheitern der parlamentarischen Demokratie trägt, streiten sich die Gelehrten seit Jahrzehnten. Radbruchs These, die

1 Gustav Radbruch, Staatskrise?, in: Neue Blätter für den Sozialismus, 1 (1930) 9, S. 388.

Schwäche der Republikaner habe die Republik in Gefahr gebracht, fand ihr Echo im Titel eines 1980 von Karl Dietrich Erdmann und Hagen Schulze herausgegebenen Aufsatzbandes »Weimar. Selbstpreisgabe einer Demokratie«. Besonders scharf kritisierten manche Historiker lange Zeit die Sozialdemokraten und die mit ihnen verbündeten Freien Gewerkschaften. In der Tat hatte die SPD einen schweren Fehler begangen, als sie Ende März 1930 unter dem Druck des Allgemeinen Deutschen Gewerkschaftsbundes den »Brüning-Kompromiß« verwarf. Den einsichtigen Zeitgenossen war die Folge des Neins von Anfang an klar: Da es keine parlamentarische Alternative zur Großen Koalition aus SPD, Zentrum, Bayerischer Volkspartei, Deutscher Demokratischer Partei und Deutscher Volkspartei gab, mußte nach dem Sturz des Kabinetts Hermann Müller früher oder später die präsidiale »Reserveverfassung« Weimars in Kraft treten: Der Reichspräsident konnte seine außerordentlichen Vollmachten nach Artikel 48 ausüben und als Ersatzgesetzgeber, ja als Inhaber der kommissarischen Diktaturgewalt auftreten.

Der tiefere Grund für den Bruch der Großen Koalition war allerdings nicht die Entscheidung der sozialdemokratischen Reichstagsfraktion vom 27. März 1930. Die SPD nahm den Sturz des Kabinetts Müller in Kauf, wollte ihn aber nicht. Dagegen hatte die Führung der rechten Flügelpartei der Koalition, der Deutschen Volkspartei (DVP), in engem Zusammenspiel mit der Großindustrie ganz bewußt auf das Ende der Regierung Müller hingearbeitet und es gleichzeitig darauf angelegt, den Sozialdemokraten den »Schwarzen Peter« zuzuschieben. Zu den Architekten des Regierungswechsels gehörten außerdem die Großlandwirtschaft, die Reichswehrführung und die engste Umgebung Hindenburgs, die »Kamarilla«. Sie alle wollten den Bruch mit der Sozialdemokratie und den Übergang von der parlamentarischen Demokratie zum Präsidialsystem. Die SPD hätte durch Zustimmung zum »Brüning-Kompromiß« den Bruch der Großen Koalition wohl um ein paar Monate, etwa bis zum Herbst 1930, hinausschieben können. Längerfristig aber hatte das Regierungsbündnis angesichts des Konfrontationskurses der Rechten und der zunehmenden Rechtstendenzen im Zentrum keine Chance mehr.

Da die Kräfte, die die Hauptverantwortung für den Bruch der Großen Koalition trugen, sich nicht als »Demokraten« verstanden, führt die Formel von der »Selbstpreisgabe einer Demokratie«, bezogen auf die Ereignisse vom März 1930, in die Irre. Im Juli 1930 gab es dann erst recht keine Möglichkeit mehr, die parlamentarische Demokratie zu retten. Der Hauptstreitpunkt war damals die Einführung einer einheitlichen, also für alle Einkommensgruppen gleich hohen »Bürgersteuer«. Die Sozialdemokraten hätten dem Minderheitskabinett Brüning wohl zu einer Mehrheit verholfen, wenn dieses bereit gewesen wäre, die neue Steuer nach sozialen Gesichtspunkten zu staffeln. Da die mitregierende DVP einen solchen Kompromiß aber strikt ablehnte, blieb der SPD nichts anderes übrig, als gegen die Regierung und damit indirekt für die Auflösung des im Mai 1928 gewählten Reichstags zu stimmen[2].

2 Zusammenfassend zum Bruch der Großen Koalition im März 1930 Heinrich August Winkler, Der Schein der Normalität. Arbeiter und Arbeiterbewegung in der Weimarer Republik 1924–1930, Berlin 1988[2], S. 733ff.; zur Julikrise von 1930 ders., Der Weg in die Katastrophe. Arbeiter und Arbeiterbewegung in der Weimarer Republik 1930–1933, Bonn 1990[2], S. 158ff. (jeweils mit weiterer Literatur); zur These von der »Selbstpreisgabe einer Demokratie« Karl Dietrich Erdmann/Hagen Schulze (Hrsg.), Weimar. Selbstpreisgabe einer Demokratie, Düsseldorf 1980.

Radbruchs Verdikt ist damit aber noch nicht widerlegt. Faßt man die Entwicklung der parlamentarischen Demokratie von Weimar insgesamt ins Auge, so spricht manches für die These vom Versagen der demokratischen Kräfte. Die häufigen Regierungskrisen hatten ihre Ursache regelmäßig darin, daß den Partnern eines Koalitionskabinetts die Pflege ihrer je eigenen Parteiidentität mehr bedeutete als das Erscheinungsbild der Regierung. Das galt vor allem für die letzte Große Koalition unter Hermann Müller, die immer wieder schweren Zerreißproben ausgesetzt war. Fehlende Kompromißbereitschaft bedrohte aber nicht nur bestehende Koalitionen, sondern verhinderte auch mehr als einmal ihr Zustandekommen. Im Sommer 1926 etwa scheiterte eine Große Koalition vor allem daran, daß die Sozialdemokraten sich im Zuge eines Volksentscheids über die entschädigungslose Enteignung der ehedem regierenden Fürsten auf eine zeitweilige taktische Allianz mit den Kommunisten eingelassen hatten und danach nicht mehr die Kraft zur Verständigung mit den Mittelparteien aufbrachten. Wäre es damals zu einer Großen Koalition gekommen, hätte diese vielleicht das Problem lösen können, das das Kabinett Müller nach 1928 nicht zu bewältigen vermochte: die Sanierung der Staatsfinanzen.

Koalitionspolitik auf Reichsebene war deshalb so schwierig, weil die Verfassungsparteien von 1919 – die SPD, das katholische Zentrum und die linksliberale Deutsche Demokratische Partei – schon bei den ersten Reichstagswahlen im Juni 1920 die Mehrheit eingebüßt hatten, die ihnen im Januar 1919 bei der Wahl zur Verfassunggebenden Nationalversammlung zugefallen war. Eine Mehrheitsregierung war seitdem zunächst nur noch in Gestalt einer Großen Koalition unter Einschluß der rechtsliberalen, ursprünglich monarchistischen DVP, seit 1924 dann auch in Form einer Rechtskoalition vom Zentrum über die DVP bis zu den monarchistischen Deutschnationalen möglich. Die eine wie die andere Mehrheitsregierung war konfliktträchtig: Drohten Große Koalitionen an wirtschafts- und sozialpolitischen Streitfragen zu zerbrechen, so Rechtskabinette an Gegensätzen in der Außen- oder Kulturpolitik. Bürgerliche Minderheitsregierungen waren erst recht fragile Gebilde: Sie konnten sich nur behaupten, wenn sie von Nichtkoalitionsparteien, in der Regel den Sozialdemokraten, toleriert wurden.

Die Abneigung gegen Koalitionspolitik und gegen den damit verbundenen Zwang zum Kompromiß hatte viel zu tun mit einem fortwirkenden Erbe des Kaiserreichs. Bis zum Oktober 1918 hatte es in Deutschland keine parlamentarisch verantwortliche Regierung gegeben. Der Reichstag wirkte entscheidend an der Gesetzgebung mit, der vom Kaiser ernannte Reichskanzler aber war nicht auf das Vertrauen einer parlamentarischen Mehrheit angewiesen. Da die Parteien in diesem System von der Regierungsverantwortung ausgeschlossen waren, beschränkten sie sich in der Regel darauf, die Interessen ihrer jeweiligen Wählerschaft zu vertreten und dieses Interesse ideologisch zu überhöhen. Die Weimarer Verfassung vom 11. August 1919 machte den Reichskanzler und die Reichsminister vom Vertrauen des Reichstags abhängig. Die entscheidende politische Trennlinie hätte nun nicht mehr wie in der konstitutionellen Monarchie zwischen Regierung und Parlament, sondern zwischen Regierungsmehrheit und Opposition verlaufen müssen. Doch nach wie vor empfanden viele Parlamentarier, nicht zuletzt in den Reihen der SPD, die Regierung auch dann als Gegnerin, wenn die eigene Partei Minister oder gar den Kanzler stellte.

Die Schwierigkeiten, die linke Demokraten mit der parlamentarischen Demokratie von Weimar hatten, erklären sich zum Teil aus der Entstehungsgeschichte dieses

Staates. Was die Revolution von 1918/19 an den gesellschaftlichen Machtverhältnissen in Deutschland geändert hatte, blieb weit hinter den Erwartungen großer Teile der Arbeiterschaft zurück. Die regierenden Sozialdemokraten um Friedrich Ebert, denen am 9. November 1918 die Macht unverhofft zugefallen war, fühlten sich nicht als Gründerväter einer Demokratie, sondern, wie Ebert es am 6. Februar 1919 vor der Verfassunggebenden Nationalversammlung ausdrückte, als »Konkursverwalter des alten Regimes«[3]. Hauptziel der Revolutionäre wider Willen war es, die dringlichsten Probleme des Tages zu lösen: die Rückführung von Millionen Soldaten in die Heimat, die Versorgung der Bevölkerung mit Lebensmitteln, den Übergang von der Kriegs- zur Friedenswirtschaft, die Bewahrung der Reichseinheit. Über die Grundfragen der künftigen gesellschaftlichen Ordnung sollte dagegen erst die Nationalversammlung entscheiden, die am 19. Januar 1919 gewählt wurde.

Was Ebert und seine Freunde im Rat der Volksbeauftragten sich vorgenommen hatten, *mußte* getan werden. Es *konnte* nur getan werden, wenn die Inhaber der revolutionären Regierungsgewalt in gewissem Umfang mit den alten Eliten in Militär, Behörden und Wirtschaft zusammenarbeiteten. In einer hochentwickelten, arbeitsteiligen Industriegesellschaft wie Deutschland war eine klassische Revolution kaum noch vorstellbar. Die Massen, die meisten Arbeiter eingeschlossen, wünschten die Aufrechterhaltung der gewohnten Dienstleistungen von Staat und Gemeinden und eine möglichst rasche Normalisierung des Wirtschaftslebens. Nichts fürchteten sie mehr als Chaos und Bürgerkrieg – Zustände, wie sie seit der Oktoberrevolution von 1917 in Rußland herrschten.

Aber neben dem Bedürfnis nach Kontinuität gab es auch ein Bedürfnis nach Erneuerung. Die meisten Deutschen wollten Ende 1918 mit dem »preußischen Militarismus« und dem Obrigkeitsstaat brechen, und unter den Arbeitern waren wenige Forderungen so populär wie die nach einer Sozialisierung des Steinkohlebergbaus – einer Hochburg der schärfsten Gewerkschaftsgegner im Unternehmerlager. Die Chancen, ein republikloyales Heerwesen aufzubauen, einige besonders belastete Beamte auszuwechseln und die Kohlegruben zu vergesellschaften, waren am größten in der Zeit zwischen dem Sturz der Monarchie am 9. November 1918 und der Wahl der Nationalversammlung am 19. Januar 1919. Doch zu solchen Eingriffen glaubten die sozialdemokratischen Volksbeauftragten kein Mandat zu haben. Falls sie gehofft hatten, dies werde nach der Wahl anders sein, sahen sie sich getäuscht: In der Nationalversammlung hatten die beiden sozialistischen Parteien – die Mehrheitssozialdemokraten und die Unabhängigen Sozialdemokraten, die sich aus Gegnerschaft gegen die Bewilligung von Kriegskrediten von der Mutterpartei getrennt hatten – keine Mehrheit. Änderungen der überkommenen Gesellschaftsordnung waren nun sehr viel schwerer durchzusetzen als in der revolutionären Übergangsperiode.

Was immer im Winter 1918/19 versäumt wurde: es ist keineswegs sicher, daß die Republik von Weimar überlebt hätte, wenn die Volksbeauftragten in den ersten Wochen nach dem Novemberumsturz weniger moderat zu Werke gegangen wären. Von den alten Machteliten hat keine so früh, so aktiv und so erfolgreich an der Zerstörung der Weimarer Demokratie gearbeitet wie das ostelbische Junkertum. Die Enteignung des Rittergutsbesitzes wurde aber 1918/19 von keiner Seite betrieben – weder von den

3 Gerhard A. Ritter/Susanne Miller (Hrsg.), Die deutsche Revolution 1918–1919. Dokumente, Hamburg 1975^2, S. 208.

Volksbeauftragten noch von den Massen der Landarbeiter und Kleinbauern. Die Justiz, auch sie ein fester Rückhalt des alten Obrigkeitsstaates, stand nach der Revolution ebensowenig zur Disposition, und dasselbe gilt von den deutschen Universitäten und Gymnasien.

In der Tat gehörten nicht nur einzelne Machteliten, sondern auch große Teile des gebildeten Bürgertums von Anfang an zu den Gegnern der jungen Demokratie. Wer diese Demokratie wollte, konnte wohl fordern, daß einzelne, offen illoyale Richter, Staatsanwälte und Beamte abgelöst wurden. Aber für ein Revirement auf breiter Front fehlten erstens die personellen Ressourcen. Und zweitens hätte eine Kampfansage an ganze Berufsstände oder gar die »Bourgeoisie« insgesamt den Bürgerkrieg bedeutet, den nicht wollen konnte, wer eine Demokratie erstrebte. Infolgedessen mußte die Republik mit einem Beamtentum leben, in dem die überzeugten Republikaner nur eine kleine Minderheit bildeten[4].

Das hohe Maß an Kontinuität zwischen Republik und Kaiserreich machte es vielen Arbeitern schwer, in der Weimarer Demokratie den Staat wiederzuerkennen, den sie 1918 mit revolutionären Mitteln ins Leben gerufen hatten. Auf dem linken Flügel der SPD, der nach der Wiedervereinigung der Mehrheitspartei mit dem gemäßigten Teil der Unabhängigen Sozialdemokraten im September 1922 an Einfluß gewann, verstärkten diese Vorbehalte die traditionelle, ideologisch begründete Abneigung gegen eine Zusammenarbeit mit bürgerlichen Parteien. Die Kommunisten, die erst nach dem Zusammenschluß mit dem linken Flügel der USPD im Dezember 1920 zur Massenpartei aufstiegen, führten den Fortbestand der gesellschaftlichen Machtverhältnisse auf den »Klassenverrat« der rechten Sozialdemokratie zurück. Die Weimarer Republik war aus der Sicht der KPD ein »bürgerlicher Ausbeuterstaat«, den die Arbeiterklasse auf revolutionärem Weg beseitigen mußte, um anschließend eine »Diktatur des Proletariats« nach sowjetischem Vorbild zu errichten.

Während die extreme Linke von sozialdemokratischem »Klassenverrat« sprach, erhob die radikale Rechte gegen die »Marxisten«, gleichviel ob sozialdemokratischer oder »bolschewistischer« Prägung, den Vorwurf, sie hätten im November 1918 dem »im Felde unbesiegten« deutschen Heer einen Dolchstoß in den Rücken versetzt, also die Nation verraten. Mit dem Odium des Verrats war infolgedessen auch die neue Demokratie behaftet. Sie galt den Nationalisten der Rechten, allen voran den Nationalsozialisten, als ein fremdes, von den Siegern oktroyiertes System, von dem das deutsche Volk sich ebenso befreien müsse wie vom »Diktat« von Versailles.

Den radikalen Gegnern der Demokratie standen die gemäßigten Kräfte in Arbeiterschaft und Bürgertum gegenüber. Nur weil *sie* zur Zusammenarbeit bereit waren, konnte die parlamentarische Demokratie von Weimar errichtet werden. Und nur solange diese Bereitschaft einen hinreichenden Rückhalt in der Gesellschaft besaß, konnte in Deutschland parlamentarisch regiert werden.

Die 1929 einsetzende Wirtschaftskrise machte eine Verständigung zwischen »Kapital« und »Arbeit« immer schwieriger. Das hatte Auswirkungen auf das Verhältnis zwischen bürgerlichen Parteien und Sozialdemokratie. Beim Konflikt um die Reform der Arbeitslosenversicherung, an dem im März 1930 die Große Koalition zerbrach, wurde deutlich, daß die Befürworter einer Kompromißlinie in beiden »Lagern« in die

---

4 Ausführlicher zum Vorstehenden Heinrich August Winkler, Weimar 1918–1933. Die Geschichte der ersten deutschen Demokratie, München 1993.

Minderheit geraten waren. Der Umschlag einer Regierungs- in eine Systemkrise läßt sich aber nicht einfach allein aus ökonomischen Gründen ableiten. Es war die Existenz der präsidialen »Reserveverfassung« in Gestalt des Notverordnungsartikels 48, die die verfassungskonforme Abkehr von der parlamentarischen Demokratie ermöglichte.

Die Schöpfer der Weimarer Reichsverfassung hatten aus Mißtrauen gegenüber einem möglichen »Parlamentsabsolutismus« dem Reichspräsidenten zu seiner großen, im Ernstfall diktatorischen Machtfülle verholfen. Die Direktwahl durch das Volk verschaffte dem Reichspräsidenten eine plebiszitäre Legitimation, die es Gegnern des parlamentarischen Systems leicht machte, ihn zum eigentlich demokratischen Verfassungsorgan hochzustilisieren und gegen den von den Parteien beherrschten Reichstag auszuspielen. Aber auch Demokraten bezogen die außerordentlichen Vollmachten des Reichspräsidenten in ihr Kalkül ein: Für sie war es ein beruhigender Gedanke, daß Deutschland auch dann weiterregiert würde, wenn sie sich der Logik parlamentarischer Koalitionspolitik, dem Zwang zum Kompromiß, verweigerten. So gesehen gab es eine Mitschuld der Demokraten am Scheitern der parlamentarischen Demokratie von Weimar: Es war die von der Verfassung prämierte Neigung der Parteien, sich der eigenen Verantwortung zu entziehen und sie nach »oben«, auf den Reichspräsidenten abzuschieben.

II.

Die Reichstagswahl vom 14. September 1930 hatte für das Präsidialkabinett Brüning eine unangenehme Konsequenz. Da seine parlamentarische Basis nun noch schwächer war als zuvor, mußte es sich um die Unterstützung der Sozialdemokraten bemühen – derjenigen Partei, die die Kreise um den Reichspräsidenten im März 1930 für immer aus dem Zentrum der Macht hatten verbannen wollen. Doch es gab keine Alternative zu dem Versuch, sich mit der SPD zu arrangieren. Die einzige andere Gruppierung, die der Regierung zu einer Mehrheit im Reichstag hätte verhelfen können, waren die Nationalsozialisten. Die NSDAP aber galt noch als eine revolutionäre Bewegung, mit der man kein politisches Bündnis eingehen konnte. Davon abgesehen wäre Hitler zu einem Pakt mit Brüning auch gar nicht bereit gewesen.

Eine formelle Koalition zwischen der SPD und den Parteien der Mitte und der gemäßigten Rechten, die bisher das Kabinett Brüning getragen hatten, kam freilich aus zwei Gründen nicht in Frage. Einmal waren Hindenburg und der rechte Flügel des Regierungslagers nicht bereit, die Sozialdemokraten wieder direkt an der Macht zu beteiligen. Zum anderen hätte die SPD schwerste innere Konflikte, vermutlich sogar eine Parteispaltung riskiert, wenn sie ein Regierungsbündnis mit jenen ehemaligen Deutschnationalen eingegangen wäre, die den äußersten rechten Flügel der Koalition bildeten.

Etwas anderes war eine parlamentarische Tolerierung des Kabinetts Brüning. Für eine solche Lösung sprachen aus der Sicht der sozialdemokratischen Führung zwei Überlegungen. Erstens erschien eine Stützung des bisherigen Kabinetts als ein Mittel, eine noch weiter rechts stehende Reichsregierung, womöglich mit Einschluß der Nationalsozialisten, zu verhindern. Zweitens gab es einen engen Zusammenhang zwischen der Macht im Reich und der Macht in Preußen. Im größten deutschen Staat regierte eine »Weimarer Koalition« aus SPD, Zentrum und Deutscher Staatspartei, der früheren Deutschen Demokratischen Partei. Die Sozialdemokraten waren in Preußen also auf die Partei Brünings, das Zentrum, angewiesen. Würde die SPD im Reich Brüning zu Fall bringen, so würde mit großer Wahrscheinlichkeit kurz darauf Otto Braun in Preußen stürzen. In diesem Fall hätte die SPD auch das preußische Innenministerium und damit die Kontrolle über die preußische Polizei, das wichtigste staatliche Machtmittel im Kampf gegen den Nationalsozialismus, verloren.

Mit der Entscheidung der sozialdemokratischen Reichstagsfraktion vom 3. Oktober 1930, die Regierung Brüning zu tolerieren, begann die Phase des gemäßigten, von einer Mehrheit des Reichstags hingenommenen Präsidialsystems. Sie dauerte bis zum Sturz Brünings am 30. Mai 1932. Für die Sozialdemokratie war die Tolerierung Brünings mit schweren inneren Belastungen verbunden. Sie mußte die Mitverantwortung für den rigorosen Deflationskurs des Zentrumskanzlers und den damit verbundenen Sozialabbau ebenso übernehmen wie für die nationalistische Politik, die Brüning in der Frage der deutschen Reparationen an die ehemaligen Kriegsgegner betrieb. Aber im Sinn des »kleineren Übels« war die Tolerierung eine Politik ohne Alternative: Wenn die Sozialdemokraten die Nationalsozialisten von der Macht im Reich fernhalten und selbst in Preußen an der Regierung bleiben wollten, mußten sie Brüning stützen.

Doch je länger die Tolerierung dauerte, desto deutlicher wurde auch eine Konsequenz dieser Politik: Die Nationalsozialisten zogen Nutzen aus der Tatsache, daß die SPD als Opposition gegen das Präsidialkabinett Brüning ausfiel. Sie konnten sich nun als einzige volkstümliche Alternative zur Regierung rechts von den Kommunisten präsentieren, die die Tolerierungspolitik der Sozialdemokraten natürlich ebenfalls agitatorisch auszuschlachten wußten. Die weitgehende Ausschaltung des Reichstags – er trat nur noch selten zusammen, um sich dann rasch wieder für mehrere Monate zu vertagen – trug mit dazu bei, daß sich die politische Auseinandersetzung auf die Straße verlagerte. Die Entparlamentarisierung förderte die Radikalisierung.

Hitler hatte das parlamentarische System seit jeher als ein den Deutschen wesensfremdes Regime attackiert. Vor 1930 waren häufige Regierungskrisen willkommene Anlässe, von einem Versagen des Parlamentarismus zu sprechen. Aber erst die Selbstentmachtung des Reichstags im Zuge der Tolerierungspolitik gab den Nationalsozialisten die Chance, als Anwälte des »entrechteten« Volkes aufzutreten. Hitler konnte nun an *beides* appellieren: an die verbreiteten Ressentiments gegenüber der parlamentarischen Demokratie *und* an den Anspruch der Massen auf politische Teilhabe – einen Anspruch, der auf die Einführung des allgemeinen, gleichen Wahlrechts unter Bismarck (1867 im Norddeutschen Bund, 1871 im Deutschen Reich) zurückging und damit sehr viel älter war als die ungeliebte Republik von Weimar.

Im Frühjahr 1932 lief die siebenjährige Amtszeit Paul von Hindenburgs aus, der das höchste Staatsamt seit April 1925 innehatte. Der kaiserliche Generalfeldmarschall war ein überzeugter Monarchist, hatte aber die republikanische Verfassung bislang respektiert. Falls er nicht mehr antrat, hatten die Nationalsozialisten gute Aussichten, beim zweiten Wahlgang, bei dem die relative Mehrheit der Stimmen ausreichte, das Amt des Reichspräsidenten für sich zu erobern. Um das zu verhindern, setzte Brüning alles daran, Hindenburg zu einer erneuten Kandidatur zu bewegen. Nachdem der Vierundachtzigjährige sich widerstrebend hierzu bereiterklärt hatte, gaben ihm auch die Sozialdemokraten Rückendeckung. »Schlagt Hitler! Darum wählt Hindenburg!« Mit dieser Parole stimmte der Parteivorstand der SPD am 26. Februar 1932 die eigenen Anhänger auf die Notwendigkeit ein, den greisen Marschall im Amt zu bestätigen.

Das Kalkül ging auf: Beim zweiten Wahlgang am 10. April 1932 entfielen auf Hindenburg 53, auf Hitler 36,8 und auf den kommunistischen Parteiführer Ernst Thälmann 10,2 Prozent der abgegebenen gültigen Stimmen. Keinem anderen Kandidaten als Hindenburg wäre es damals gelungen, die Stimmen der Weimarer Parteien und der gemäßigten Rechten auf sich zu vereinigen und Hitler auf den zweiten Platz zu verweisen. Insofern war die Entscheidung der Sozialdemokraten konsequent und ein Triumph ihrer im Oktober 1930 eingeschlagenen Linie, die Nationalsozialisten durch eine »Politik des kleineren Übels« von der Macht fernzuhalten. Hätte die größte demokratische Partei anders gehandelt, wäre der 10. April 1932 als der Beginn des »Dritten Reiches« in die Geschichte eingegangen[5].

Für Hindenburg aber war es ein schmerzender Stachel, daß er seine Wiederwahl nicht den nationalen Rechten, sondern »Sozis« und »Katholen« zu verdanken hatte. Den Groll des alten Herrn bekam vor allem Brüning zu spüren, der sich in beiden Wahlgängen mit letztem Einsatz für Hindenburg geschlagen hatte. Die Spannungen zwischen Reichspräsident und Reichskanzler kamen Kräften gelegen, die auf eine Kurskorrektur nach rechts, einen Brückenschlag zu den Nationalsozialisten, drängten: der Reichswehrführung unter General Kurt von Schleicher, dem ostelbischen Rittergutsbesitz, dem rechten Flügel der rheinisch-westfälischen Schwerindustrie und der Deutschnationalen Volkspartei unter dem »Pressezaren« Alfred Hugenberg. Schleicher wurde hinter den Kulissen gegen das Verbot der Privatarmeen Hitlers, SA und SS, aktiv, das die Regierung Brüning am 13. April verfügt hatte. Der Reichslandbund und die Deutschnationalen nahmen den Entwurf einer Siedlungsverordnung zum Anlaß, dem Kabinett »agrarbolschewistische« Absichten zu unterstellen. Am 30. Mai 1932 waren die Initiatoren des Kesseltreibens am Ziel ihrer Wünsche: In brüsker Form entließ Hindenburg den Mann, der in seinem Auftrag über zwei Jahre lang die Richtlinien der Politik bestimmt hatte.

Brünings Entlassung markierte das Ende des gemäßigten, parlamentarisch tolerierten Präsidialsystems und den Beginn seiner zweiten, offen antiparlamentarischen Phase. Der konservative Katholik Brüning mußte gehen, weil seine Politik den Anhängern eines autoritären Kurses nicht rechts genug, und das hieß insbesondere: nicht genügend »antimarxistisch« war. Tatsächlich hatte Brüning, um sich die Tolerierung der SPD zu sichern, den Sozialdemokraten gegenüber gelegentlich sozialpolitische Zugeständnisse machen müssen. Für seinen Nachfolger, den »Herrenreiter« Franz von Papen – bis zu seiner Ernennung zum Reichskanzler am 1. Juni 1932 Mitglied des Zentrums und dort ein Vertreter des äußersten rechten Flügels –, verboten sich solche Rücksichtnahmen von selbst. Der neue Kanzler verdankte sein Amt vorrangig der Tatsache, daß er einst im gleichen Generalstabskurs gesessen hatte wie der neue Reichswehrminister, Kurt von Schleicher, und von diesem als »lenkbar« beurteilt wurde. Schleicher war es auch, der Hitler zu einer Art »Tolerierung« des neuen »Kabinetts der Barone« (so die Schlagzeile des sozialdemokratischen »Vorwärts« vom 1. Juni) bewog. Die Bedingungen, die Hitler hieran knüpfte, wurden erfüllt: Hinden-

5 Vgl. H. A. Winkler, Weg (Anm. 2), S. 210ff. und S. 511ff.

burg löste den im September 1930 gewählten Reichstag auf, schrieb Neuwahlen zum 31. Juli 1932 aus und hob das Verbot von SA und SS auf.

Die Urheber des Regierungswechsels vom Mai und Juni 1932 luden eine schwere Verantwortung auf sich. Spätestens seit den Landtagswahlen vom 24. April 1932 – in Preußen, Bayern, Württemberg, Anhalt und Hamburg – mußte man davon ausgehen, daß die Nationalsozialisten aus einer Reichstagswahl im Sommer 1932 als weitaus stärkste Partei hervorgehen würden. Verfassungsrechtlich gab es nicht den geringsten Grund, den Reichstag in der Mitte seiner vierjährigen Legislaturperiode aufzulösen. Wer von Weimar retten wollte, was noch zu retten war, mußte vielmehr darauf setzen, daß sich Deutschland nach Ablauf dieser Periode, im September 1934, in einer besseren Situation befinden würde als derzeitig: wirtschaftlich auf dem Weg der Erholung und politisch weniger anfällig für die Versprechungen der extremen Parteien. Doch die Architekten des Kabinetts von Papen *wollten* die Zuspitzung der Krise und den Ruck nach rechts – nicht, um die Macht an Hitler auszuliefern, sondern in der Hoffnung, ein dauerhaftes Arrangement zwischen der alten und der neuen Rechten zuwege zu bringen und damit Weimar endgültig zu überwinden.

Zur Abkehr von der demokratischen Ordnung gehörte auch die Schleifung der bisher stärksten Bastion der republikanischen Kräfte: Preußen. Gestützt auf eine Notverordnung des Reichspräsidenten, setzte Papen am 20. Juli 1932 das Weimarer Koalitionskabinett unter Otto Braun ab, das bei den Landtagswahlen vom 24. April seine Mehrheit verloren hatte und nur noch geschäftsführend amtierte. Der »Preußenschlag« *war* ein Staatsstreich. Er diente in erster Linie der weiteren Entmachtung der Sozialdemokratie.

Daß SPD und Gewerkschaften den Coup ohne aktive Gegenwehr hinnahmen, ist ihnen von manchen Zeitgenossen wie auch von späteren Historikern immer wieder vorgeworfen worden. Aber an einen Generalstreik war bei sechs Millionen offiziell registrierten Arbeitslosen nicht ernsthaft zu denken und an bewaffneten Widerstand erst recht nicht. Einem gemeinsamen Vorgehen von Sozialdemokraten und Kommunisten, wie es einige Kritiker rückblickend als möglich unterstellen, stand ein unüberwindliches Hindernis im Weg: der Gegensatz zwischen einer staatserhaltenden Partei und einer Partei des gewaltsamen Umsturzes. Die Sozialdemokraten hatten ihr »Bollwerk« Preußen auch nur deswegen so lange behaupten können, weil sie seit dem Herbst 1930 alles auf eine Karte setzten: das strikte Festhalten an der Legalität und die Abwehr des Nationalsozialismus im Bunde mit den gemäßigten bürgerlichen Parteien[6].

Bei der Reichstagswahl vom 31. Juli 1932 verschwanden die Parteien der bürgerlichen Mitte – mit Ausnahme der beiden katholischen Parteien, des Zentrums und der Bayerischen Volkspartei – faktisch von der Bildfläche. Der politische Liberalismus hörte auf, eine parlamentarisch relevante Größe zu sein. Siegerin der Wahl war die NSDAP, die von 18,3 Prozent im September 1930 auf nunmehr 37,4 Prozent anstieg. Die KPD wuchs von 13,1 auf 14,5 Prozent. Zusammen hatten die beiden totalitären Parteien die Mehrheit der Sitze im Reichstag. Eine parlamentarische Krisenlösung war nur noch möglich in Gestalt einer »schwarz-braunen« Koalition zwischen der NSDAP und den beiden katholischen Parteien, die beide leichte Zuwächse verbuchen konnten. Zentrum und BVP waren zu einem solchen Bündnis bereit – vorausge-

6 Vgl. H. A. Winkler, ebenda, S. 646ff.

setzt, die NSDAP verpflichtete sich glaubwürdig zu einer Politik auf dem Boden der Verfassung. Dieses Versprechen aber wollte und konnte Hitler nicht geben. Er erstrebte eine Position, die ihm den Zugriff auf die *ganze* Macht erlaubte.

Am 13. August 1932 scheiterte er mit diesem Vorhaben: Hindenburg weigerte sich nach einem Gespräch mit Hitler, die Macht an den Führer der NSDAP auszuliefern. In einer Presseerklärung begründete der Reichspräsident sein Nein damit, »daß er es vor seinem Gewissen und seinen Pflichten dem Vaterlande gegenüber nicht verantworten könne, die gesamte Regierungsgewalt ausschließlich der nationalsozialistischen Bewegung zu übertragen, die diese Macht einseitig anzuwenden gewillt sei«[7]. Für Hitler war das die schwerste Niederlage seit seinem fehlgeschlagenen Münchener Putsch vom 8. und 9. November 1923.

Da Hitler sich weder an einer »schwarz-braunen« Koalition beteiligen noch die Rolle übernehmen wollte, die ihm Hindenburg zugedacht hatte, nämlich die eines Juniorpartners der alten konservativen Eliten, war eine Beibehaltung des offen antiparlamentarischen Präsidialkabinetts, für das sich der Reichspräsident mit der Beauftragung Papens entschieden hatte, unausweichlich. Staatsautorität zu zeigen, erschien um so nötiger, als Deutschland sich seit der Aufhebung des SA-Verbots am 16. Juni am Rand des Bürgerkriegs befand: Der Reichstagswahlkampf war der blutigste, den es je in Deutschland gegeben hatte, und nach der Wahl verging kein Tag, an dem die Zeitungen nicht von neuen politischen Morden berichteten.

Das Reichskabinett antwortete auf die neue Welle von Gewalt am 9. August 1932 mit einer Verordnung gegen den politischen Terror, die die Todesstrafe für Totschlag aus politischen Beweggründen vorsah. Reichsinnenminister von Gayl deutete die Radikalisierung als Folge von grundlegenden Mängeln der Weimarer Verfassung. Um diese Mängel zu beheben, forderte er eine Verfassungsreform im autoritären Sinn. Als Kernpunkt der Reform nannte er in einer Rede zum Verfassungstag am 11. August die Heraufsetzung des Wahlalters, die Gewährung von Zusatzstimmen an Familienernährer und Mütter, eine Verselbständigung der Regierungsgewalt und die Schaffung einer berufsständischen Kammer, die ein Gegengewicht zum Reichstag bilden sollte.

Am 30. August 1932 ging der »Kabinettskern«, bestehend aus Reichskanzler von Papen, Innenminister von Gayl und Reichswehrminister von Schleicher, noch einen entscheidenden Schritt weiter. In einer Besprechung mit dem Reichspräsidenten, die auf dessen Gut Neudeck in Ostpreußen stattfand, ließen sich die Mitglieder der Reichsregierung von Hindenburg nicht nur eine Blankovollmacht zur neuerlichen Auflösung des Reichstages, sondern auch die Zusage geben, er, der Reichspräsident, werde sich gegebenenfalls über die verfassungsmäßige Frist für die Neuwahl des Reichstags (spätestens sechzig Tage nach dessen Auflösung) hinwegsetzen und diese Abweichung von der Verfassung mit dem Vorliegen eines besonderen Notstands begründen[8].

Eine Entscheidung Hindenburgs, die Neuwahl des Reichstags zu vertagen, *hätte* gegen die Verfassung verstoßen. Aber unter Umständen wäre ein solcher Schritt zu rechtfertigen gewesen. Da seit der Reichstagswahl vom 31. Juli 1932 zwei offen ver-

7 Karl-Heinz Minuth (Bearb.), Akten der Reichskanzlei. Weimarer Republik. Das Kabinett von Papen, 1. Juni bis 3. Dezember 1932, 2 Bde., Boppard 1989, S. 391f. (Aufzeichnung von Staatssekretär Meissner über eine Besprechung Hindenburgs mit Hitler am 13. 8. 1932).

8 Ebenda, S. 474–479 (Besprechung in Neudeck am 30. 8. 1932).

fassungsfeindliche Parteien, NSDAP und KPD, über die absolute Mehrheit der Sitze verfügten, fiel der Reichstag als handlungsfähiges Verfassungsorgan aus. Damit war nach Meinung des Staats- und Kirchenrechtlers Johannes Heckel der Zustand der »Verfassungslähmung« eingetreten. Eine Änderung dieses Zustands durch Neuwahlen war nicht zu erwarten. Der Reichspräsident konnte sich in dieser Situation des akuten »Verfassungsnotstands« Heckel zufolge auf seine Pflicht berufen, dem »politischen Gesamtzweck der Verfassung trotz der abnormen Lage und in Anpassung an sie« gerecht zu werden. Freilich durfte er den Aufschub von Neuwahlen nicht zu dem Zweck nutzen, den Papen und Gayl im Sinn hatten: die Durchsetzung einer autoritären Verfassung. Als Inhaber der kommissarischen Diktaturgewalt durfte der Reichspräsident seine Vollmachten nur zum Schutz der bestehenden Verfassung, nicht aber zum Erlaß einer neuen gebrauchen[9].

III.

Die Proklamation des Staatsnotstands fand nicht statt. Der Reichstag wurde am 12. September 1932 aufgelöst, doch für den verfassungswidrigen Aufschub von Neuwahlen sprach sich am 17. September nur eine Minderheit des Kabinetts aus. Die Reichstagswahl vom 6. November 1932 brachte den Nationalsozialisten zwar starke Verluste und den Kommunisten einen deutlichen Zuwachs, beseitigte aber nicht die negative Mehrheit beider Parteien.

Für Hitler bedeutete das Zusammentreffen von eigener Niederlage und Erfolg der extremen Linken, so paradox es klingt, die letzte Chance, doch noch an die Macht zu kommen. Die Furcht, bei Neuwahlen im Winter 1932/33 könnten die Kommunisten noch stärker und die Nationalsozialisten noch schwächer werden, bewog Teile der alten Machteliten, darunter maßgebende Unternehmer der Schwerindustrie, auf ein Arrangement zwischen Hitler und Papen zu setzen. Papen selbst neigte wohl schon im November zu einer konservativ »eingerahmten« Kanzlerschaft Hitlers, ließ sich dann aber von Hindenburg doch auf die Staatsnotstandslösung verpflichten. Die Mehrheit des Kabinetts dagegen folgte der Linie des Reichswehrministers von Schleicher. Dieser wollte zunächst versuchen, der Regierung eine breitere gesellschaftliche Basis, womöglich in Form einer »Querfront« von den Gewerkschaften bis zu den Nationalsozialisten, zu verschaffen. Den Aufschub von Neuwahlen schloß Schleicher keineswegs aus. Aber die Entscheidung darüber sollte erst fallen, wenn der Massenrückhalt der Regierung so stark war, daß man nicht mehr befürchten mußte, durch die Proklamation des Staatsnotstands einen blutigen Bürgerkrieg auszulösen.

Nachdem Schleicher am 3. Dezember 1932 Papens Nachfolge als Reichskanzler angetreten hatte, bemühte er sich, sein Konzept in die Tat umzusetzen. Es gelang

9 Vgl. Johannes Heckel, Diktatur, Notverordnungsrecht, Verfassungsnotstand mit besonderer Rücksicht auf das Budgetrecht, in: Archiv des öffentlichen Rechts, Neue Folge, 22 (1932), S. 257–338, Zitate S. 230 und S. 310f.; dazu Dieter Grimm, Verfassungserfüllung – Verfassungsbewahrung – Verfassungsauflösung. Positionen der Staatsrechtslehre in der Staatskrise der Weimarer Republik, in: Heinrich August Winkler (Hrsg.), Die deutsche Staatskrise 1930–1933. Handlungsspielräume und Alternativen, München 1992, S. 183–199; Eberhard Kolb/Wolfram Pyta, Die Staatsnotstandsplanung unter den Regierungen Papen und Schleicher, in: ebenda, S. 155–181.

ihm, das Verhältnis zu den Gewerkschaften zu entspannen, aber die nationalsozialistische Bewegung vermochte er weder als Ganzes für sich zu gewinnen noch zu spalten. Er konnte auch nicht den Bruch mit den Agrariern verhindern, die seit dem 11. Januar 1933 offen seinen Sturz betrieben. Mindestens ebenso gefährlich war für ihn, daß sein Amtsvorgänger im Kanzleramt mit der Rückendeckung eines Teiles der Schwerindustrie auf ein »Duumvirat« Papen-Hitler hinarbeitete, das die Regierung Schleicher ablösen sollte.

Als das Kabinett am 16. Januar 1933 beschloß, Hindenburg um die Auflösung des Reichstags und den Aufschub von Neuwahlen bis zum Herbst 1933 zu bitten, fehlte für das Gelingen des Plans die wichtigste Voraussetzung: die Entschlossenheit des Reichspräsidenten, den Weg des Staatsnotstands mit Schleicher zu gehen. Im Ringen um Hindenburg setzten sich im Januar 1933 jene durch, denen der alte Herr vertraute. Dazu gehörte Schleicher seit längerem nicht mehr, wohl aber adlige Rittergutsbesitzer aus dem persönlichen Freundeskreis des Reichspräsidenten, sein Sohn Oskar, sein Staatssekretär Meissner und, nicht zuletzt, Franz von Papen. Dem »böhmischen Gefreiten« mißtraute Hindenburg zwar auch noch Ende Januar 1933. Aber es war nicht zu leugnen, daß der Führer der stärksten Partei einen wichtigen Trumpf in der Hand hielt: Er hatte die »nationalen« Massen hinter sich. Da alle, auf deren Urteil der Reichspräsident Wert legte, ihm versicherten, daß Hitler an der Spitze eines überwiegend konservativen Kabinetts eine sehr viel weniger gefährliche Lösung sei als die von Hindenburg gewünschte neue Kanzlerschaft Papens , gab er schließlich nach. Am 30. Januar ernannte er Hitler zum Reichskanzler und Papen zum Vizekanzler eines »Kabinetts der nationalen Konzentration«.

So wenig wie Hindenburg im Mai 1932 Brüning entlassen und Papen zu seinem Nachfolger ernennen *mußte,* so wenig war er zum Kanzlerwechsel vom 30. Januar 1933 *gezwungen.* Er hätte Schleicher, der bei seinem letzten Gespräch mit dem Reichspräsidenten am 28. Januar gar nicht mehr den verfassungswidrigen Aufschub von Neuwahlen, sondern nur noch die Auflösung des Reichstags forderte, im Amt belassen oder einen Kanzler ernennen können, der politisch nicht polarisierend wirkte. Aber Hindenburg sah nur noch die Alternative eines von konservativen Kräften kontrollierten Kabinetts Hitler-Papen und eines deutschnational ausgerichteten »Kampfkabinetts« Papen-Hugenberg, also ausschließlich »rechte« Optionen, von denen die zweite als die riskantere erschien, weil sie keinen Rückhalt im Volk hatte und also leichter zum Bürgerkrieg führen konnte.

Hindenburg folgte mit seiner Entscheidung für Hitler wieder einmal dem Rat derer, die Zugang zu ihm hatten. Die industriellen Spitzenverbände, der Reichsverband der Deutschen Industrie und der Deutsche Industrie- und Handelstag, die sich Ende Januar für eine weitere Kanzlerschaft Schleichers aussprachen, besaßen dieses Privileg nicht, wohl aber einige hochverschuldete Gutsbesitzer aus Ostpreußen. Selten war der Abstand zwischen wirtschaftlicher Macht und politischem Einfluß größer als in den letzten Wochen der Weimarer Republik.

Die demokratischen Parteien schienen im Januar 1933 nur eine Sorge zu haben: einen offenen Verfassungsbruch zu verhindern. Schleichers Absicht, den Reichstag aufzulösen, Neuwahlen bis zum Herbst 1933 zu verschieben, die Verfassung aber ansonsten unangetastet zu lassen, stieß bei Sozialdemokratie und Zentrum auf schärfste Ablehnung. Die beiden katholischen Parteien verfolgten bis zuletzt das Ziel, die NSDAP in eine »echte« parlamentarische Koalition einzubinden, in der ihnen selbst eine Art politischer Sperrminorität und damit die Rolle eines Hüters der Verfassung zufiel. Daß Schleicher inzwischen zur letzten Barriere gegen die Auslieferung der Macht an Hitler geworden war, verkannten Zentrum und Bayerische Volkspartei ebenso wie die SPD, die nach dem »Preußenschlag« allerdings kaum noch zu den politischen Akteuren zählte.

Ob die Ermahnungen von SPD und Zentrum, der Reichspräsident möge sich unter allen Umständen an den Buchstaben der Verfassung halten, auf Hindenburg irgendeinen Einfluß hatten, steht dahin. Tatsache ist, daß die demokratischen Parteien durch eine Haltung, die der sozialdemokratische Jurist Ernst Fraenkel im Dezember 1932 als »Verfassungsfetischismus« kritisierte, Hitler den Griff nach der Macht zuletzt erleichtert haben. Fraenkel sah den entscheidenden und dringend korrekturbedürftigen Fehler der Weimarer Verfassung darin, daß der Reichstag Kanzler und Minister stürzen konnte, ohne sich auf ihre Nachfolger einigen zu müssen[10]. Einige der konservativen Gegner Hitlers gingen sehr viel weiter und machten das demokratische Mehrheitsprinzip für die Staatskrise und deren Ausgang verantwortlich. Die Alternative zur nationalsozialistischen Diktatur konnte von diesem Standpunkt aus folgerichtig nicht die Wiederherstellung der Demokratie, sondern nur ein autoritär verfaßter Staat sein. Der Anteil, den die alten Eliten an der Zerstörung der Weimarer Republik hatten, blieb im Denken der konservativen Opposition gegen Hitler meist ebenso ausgeblendet wie die Frage, warum ein autoritäres Regime *nach* Hitler mehr Anklang im Volk finden sollte als *vor* 1933[11].

Ein Zurück nach Weimar konnte es spätestens seit dem Sommer 1932 freilich auch nicht mehr geben. Die Mehrheit der Wähler hatte sich gegen die Demokratie von 1919 entschieden, und die Verfassung hinderte den Souverän nicht daran, den Reichstag als konstruktives Verfassungsorgan lahmzulegen. Die Staatskrise enthüllte alle Schwächen der Reichsverfassung und am deutlichsten ihren Hauptfehler: einen konsequenten Werterelativismus.

In seiner Anfang Juli 1932 abgeschlossenen Schrift »Legalität und Legitimität« machte einer der bekanntesten deutschen Staatsrechtler, Carl Schmitt (der damals noch kein Parteigänger der Nationalsozialisten, sondern ein Verteidiger des Präsidialsystems war), die Weimarer Verfassung für eine »funktionalistisch-formalistische Entleerung des Gesetzgebungsstaates« verantwortlich. Diese Entleerung führe »zu einem inhaltlich indifferenten, selbst gegen seine eigene Geltung neutralen, von jeder materiellen Gerechtigkeit absehenden Legalitätsbegriff. Die Inhaltslosigkeit der bloßen Mehrheitsstatistik nimmt der Legalität jede Überzeugungskraft: die Neutralität ist vor allem Neutralität gegen den Unterschied von Recht und Unrecht.«[12]

Schmitts Kritik traf die Weimarer Verfassung an ihrer schwächsten Stelle. Aus dem Bewußtseinshorizont von 1919 war jedoch an eine abwehrbereite Demokratie,

10 Vgl. Ernst Fraenkel, Um die Verfassung, in: Die Gesellschaft, 9 (1932), S. 297–312; zum Vorstehenden insgesamt H. A. Winkler, Weg (Anm. 2), S. 802 ff. (mit Quellenbelegen und Literaturhinweisen).

11 Vgl. Hans Mommsen, Gesellschaftsbild und Verfassungspläne des deutschen Widerstandes, in: Walter Schmitthenner/Hans Buchheim (Hrsg.), Der deutsche Widerstand gegen Hitler, Köln 1966, S. 73–167; ders., Der lange Schatten der untergehenden Republik. Zur Kontinuität politischer Denkhaltungen von der späten Weimarer Republik zur frühen Bundesrepublik, in: Karl Dietrich Bracher/Manfred Funke/Hans-Adolf Jacobsen (Hrsg.), Die Weimarer Republik 1918–1933. Politik, Wirtschaft und Gesellschaft, Bonn 1988², S. 552–586.

12 Carl Schmitt, Legalität und Legitimität, Berlin 1932, S. 32.

die ihren Feinden vorsorglich den Kampf ansagte, gar nicht zu denken. Wenige Monate nach dem Zusammenbruch des Kaiserreichs wäre jeder Versuch, die Entscheidungen der Wähler an konstitutionelle Vorgaben zu binden, als Rückfall in den Obrigkeitsstaat erschienen. Es bedurfte der Erfahrungen des Scheiterns von Weimar, der nationalsozialistischen Diktatur und des Sieges der westlichen Demokratien im Zweiten Weltkrieg, um in Deutschland das Fundament einer funktionstüchtigen parlamentarischen Demokratie zu legen, die der Geltung des Mehrheitsprinzips normative Grenzen setzt. Anders und kürzer gewendet: Daß »Bonn« nicht »Weimar« wurde, liegt auch daran, daß es »Weimar« gegeben hat.

KLAUS MEGERLE

Die Erfahrung der Weimarer Republik: Fehlender Grundkonsens in einer fragmentierten Gesellschaft

Keine Rückkehr zur Weimarer Republik

»Für die Geschichte des deutschen Widerstands gegen den Nationalsozialismus ist es charakteristisch, daß keine der daran beteiligten Richtungen an eine bloße Restauration der vor der nationalsozialistischen Machteroberung bestehenden gesellschaftlichen und politischen Verfassung gedacht hat.« Mit dieser Feststellung hat Hans Mommsen einen Beitrag über die Verfassungs- und Verwaltungsreformpläne der nationalkonservativen Widerstandsgruppen eingeleitet[1]. Bei den Kommunisten hielt er dies »aufgrund ihrer massiven Frontstellung gegen das parlamentarische System von Weimar« – trotz einiger taktischer Zäsuren – ohne weiteres für gegeben, und beim sozialdemokratischen Widerstand habe sich bei aller Differenzierung zwischen den illegalen sozialistischen Gruppen und der sozialdemokratischen Emigration »ebenfalls eine Distanzierung von der als Fehlentwicklung eingeschätzten Weimarer Republik« eingestellt. Weit bemerkenswerter erschien jedoch, daß auch alle bürgerlichen Oppositionskreise eine »Neuordnung anstrebten, die über die Beseitigung des nationalsozialistischen Herrschaftssystems hinausreichte ... Eine Rückkehr zur Weimarer Reichsverfassung, die trotz zahlreicher verfassungsdurchbrechender Gesetzgebungsakte vom nationalsozialistischen Regime nicht formell derogiert wurde, ist auf keiner Seite erwogen worden ... Die parlamentarisch-demokratische Regierungsform schien durch den Gang der Entwicklung definitiv widerlegt zu sein. Die Weimarer Republik war in den Augen der Verschwörer nicht nur hoffnungslos diskreditiert; sie wurde für den Aufstieg des Nationalsozialismus verantwortlich gemacht, und sie galt als Notgeburt des Friedensvertrags von Versailles und der Novemberrevolution.«[2]

Gleichwohl erschien diese »völlige Eliminierung der Weimarer parlamentarischen Tradition, die zur bloßen Vorgeschichte des Nationalsozialismus derangierte, erstaunlich«[3]. Schließlich hatte dieselbe Generation vor zwanzig Jahren zur Beendigung

1 Hans Mommsen, Verfassungs- und Verwaltungsreformpläne der Widerstandsgruppen des 20. Juli 1944, in: Jürgen Schmädeke/Peter Steinbach (Hrsg.), Der Widerstand gegen den Nationalsozialismus. Die deutsche Gesellschaft und der Widerstand gegen Hitler, München 1985, S. 570; siehe auch Peter Steinbach, Wiederherstellung des Rechtsstaats als zentrale Zielsetzung des Widerstands, in: ebenda, S. 617 ff.

2 H. Mommsen (Anm. 1), S. 570 f.

3 Ebenda, S. 571.

des Ersten Weltkrieges und als politischen Neuanfang zu einem umfassenden Kompromiß gefunden: Unternehmer und Gewerkschaften trafen sich in der Zentralarbeitsgemeinschaft und verständigten sich über die sozialpolitischen Grundsätze, die bisher als »Reichsfeinde« diskreditierten Sozialdemokraten, Linksliberalen und Vertreter des politischen Katholizismus erhielten bei den Wahlen zur Nationalversammlung über drei Viertel der Stimmen und bildeten gemeinsam die ersten Reichsregierungen; bei den Verfassungsberatungen votierten fast alle Parteien für eine Stärkung der Reichseinheit sowie für den Ausbau des Grundrechteteils, und bei der Schlußabstimmung über die Weimarer Verfassung ergab sich die eindrucksvolle Mehrheit von 262 gegen 75 Stimmen bei einer Enthaltung. Zählten diese früheren Gemeinsamkeiten nach dem Scheitern der Demokratie nicht mehr, oder war der eigentliche Grund für die Abkehr vom Weimarer Staat darin zu suchen, daß es sich damals vielleicht doch nur um oberflächliche Vereinbarungen gehandelt hatte, daß weder 1918/1919 noch in den späteren Jahren ein tragfähiger Kompromiß zustande gekommen, die Republik deshalb stets latent bedroht war und daß nun für die Zukunft nach einem stabileren Fundament gesucht werden mußte? Zur Beantwortung dieser Frage soll ein Blick auf einige Aspekte der politischen Kultur in der Weimarer Republik, deren Fragmentierung und die Fähigkeit der einzelnen gesellschaftlichen Gruppen zur Konsensfindung geworfen werden.

Formelkompromisse und Werterelativismus

Die während der Gründungsphase der Republik erreichte breite Verständigung in zentralen politischen Bereichen war nach dem »innenpolitischen Kampfkurs« des Kaiserreichs[4] zwar durchaus beachtlich, sie blieb jedoch äußerst zerbrechlich. Vielfach nur aufgrund der revolutionären Situation zur Absicherung der beteiligten Parteien und Verbände getroffen, waren die Vereinbarungen lediglich ein Ausfluß der Zeitumstände und somit bei einer Veränderung der Kräfteverhältnisse sofort gefährdet. Dies galt nicht nur für das Abkommen zwischen Unternehmern und Gewerkschaften, das einen gesellschaftspolitischen Umsturz abblockte und zunächst den Weg zur verstärkten Sozialreform wies[5], sondern auch und vor allem für die Grundlegung der formalen Demokratie. Der Weimarer Verfassungskompromiß war nur zustande gekommen, weil widersprüchliche Aussagen sowie zahlreiche Kann- und Sollvorschriften in Kauf genommen wurden, der Grundrechtekatalog die unterschiedlichen Vorstellungen der Koalitionspartner einfach summierte und die SPD ihre schweren Bedenken gegen die in der dritten Lesung von den bürgerlichen Parteien noch durchgesetzten Änderungen lediglich zu Protokoll gab[6]. Die bereits hier eingeleitete Aufkündigung der »Weimarer Koalition« von SPD, DDP und Zentrum ließ zwar trotz

4 So Wolfgang Sauer, Das Problem des deutschen Nationalstaates, in: Hans-Ulrich Wehler (Hrsg.), Moderne deutsche Sozialgeschichte, Köln–Berlin 1986², S. 430.

5 Dazu nach wie vor Ludwig Preller, Sozialpolitik in der Weimarer Republik, Düsseldorf 1949 (Nachdruck 1978), S. 226ff.

6 Siehe Gotthard Jasper, Improvisierte Demokratie? Die Entstehung der Weimarer Verfassung, in: Theo Stammen (Hrsg.), Die Weimarer Republik, Bd. 1: Das schwere Erbe 1918–1923, München 1987, S. 142.

gravierender Reibungspunkte mangels tragfähiger Alternativen noch ein Jahr auf sich warten, doch dann wurde sie durch das Votum der Wähler unumgänglich. Bei den Reichstagswahlen vom Juni 1920 erhielten die vordem so starken Gründungsparteien der Weimarer Republik zusammen nur noch 43,6 Prozent der Stimmen[7]; das Deutsche Reich war zur Demokratie ohne Demokraten, zur Republik ohne Republikaner geworden.

Die Weimarer Republik war 1920 von der Bevölkerung aufgegeben worden, ihre eigene Verfassung hatte sie aber von vornherein zur Disposition gestellt. Gemäß Artikel 76 konnte die Weimarer Verfassung im Wege der Gesetzgebung geändert werden. Dies galt für alle Verfassungsbestimmungen »ohne Unterschied des Inhalts und der politischen Tragweite«[8], wobei nicht einmal ein besonders hohes Quorum erforderlich war[9]. Diese Relativierung und Dynamisierung der Verfassung war gewollt. Demokratisch-republikanische Verfassungstheoretiker verteidigten die Idee der unbeschränkten freien demokratischen Selbstbestimmung[10] – selbst wenn dabei die Grundsäulen der demokratischen Ordnung umstürzen sollten –, und die Verfassungsväter waren in der latenten Bürgerkriegssituation des Jahres 1919 daran interessiert, auch die grundsätzlichen Entscheidungen für die jeweilige Mehrheit offenzuhalten[11]. Reichsinnenminister Eduard David brachte dies bei der Schlußdebatte um die Reichsverfassung gegenüber den opponierenden Parteien der politischen Rechten unumwunden zum Ausdruck: »Die Verfassung gibt Ihnen die Möglichkeit, auf legalem Wege die Umgestaltung in Ihrem Sinne zu erreichen, vorausgesetzt, daß Sie die erforderliche Mehrheit des Volkes für Ihre Anschauung gewinnen ... Die Bahn ist frei für jede gesetzlich friedliche Entwicklung. Das ist der Hauptwert einer echten Demokratie.«[12] Damit konnten die Rechtsparteien ihre Restaurationspläne offen weiterverfolgen und die sozialistische Linke hoffen, auf parlamentarischem Wege zur sozialistischen Gesellschaftsordnung zu gelangen; eine Verpflichtung der verschiedenen politischen Kräfte auf die Prinzipien der demokratischen Republik bestand nicht.

---

7 Zu Wahlergebnissen siehe Jürgen Falter/Thomas Lindenberger/Siegfried Schumann, Wahlen und Abstimmungen in der Weimarer Republik. Materialien zum Wahlverhalten 1919–1933, München 1986, hier S. 41 ff.

8 Gerhard Anschütz, Die Verfassung des Deutschen Reiches. Ein Kommentar für Wissenschaft und Praxis, Berlin 1933[14], S. 403.

9 Eine Verfassungsänderung im Wege der Gesetzgebung kam zustande, wenn im Reichstag »zwei Drittel der gesetzlichen Mitglieder anwesend sind und wenigstens zwei Drittel der Anwesenden zustimmen«. Damit war nicht einmal die Zustimmung der Mehrheit der Abgeordneten notwendig. Auch wenn dies nur eine theoretische Feststellung ist, zeigte die »Regie« der Nationalsozialisten beim »Ermächtigungsgesetz«, wie nahe man dieser Möglichkeit kommen konnte. Für einen verfassungsändernden Beschluß des Reichsrats schrieb Art. 76 »eine Mehrheit von zwei Dritteln der abgegebenen Stimmen«, bei einem Volksentscheid »die Zustimmung der Mehrheit der Stimmberechtigten« vor.

10 Dazu ausführlich Wolfram Bauer, Wertrelativismus und Wertbestimmtheit im Kampf um die Weimarer Demokratie. Zur Politologie des Methodenstreites der Staatsrechtslehrer, Berlin 1968.

11 Siehe Gotthard Jasper, Der »Geist von Weimar«. Die Grundentscheidungen der Weimarer Verfassung und ihre Bewährung, in: Th. Stammen (Anm. 6), S. 156 ff.

12 Verhandlungen der verfassunggebenden Deutschen Nationalversammlung. Stenographische Berichte, Bd. 329, Berlin 1920, S. 2194.

Die fragmentierte Gesellschaft

Der fehlende normative Zwang zum demokratischen Konsens traf auf die mangelnde Kompromißbereitschaft der bereits im Kaiserreich polarisierten politischen Teilkulturen. Gegen die agrarkonservative Führungskaste des preußisch-deutschen Obrigkeitsstaates hatten sich im Laufe des 19. Jahrhunderts das bürgerlich-liberale und nach der Reichsgründung auch das katholische sowie das proletarisch-sozialistische Milieu als separate Oppositionsbewegungen breiter Bevölkerungsschichten formiert. Diese »sozial-moralischen Milieus« waren durch ihre jeweilige soziale Lage, Konfession, tradierten Wert- und Verhaltensorientierungen voneinander getrennt, ihr Selbstverständnis und Zusammenhalt wurden ebenso wie die gegenseitige Abgrenzung durch ein Geflecht von Organisationen und Vereinen bestimmt und bewahrt. Obwohl die von ihnen ausgehenden Demokratisierungsimpulse vom Herrschaftssystem abgewehrt oder durch Mechanismen »sekundärer Integration« kanalisiert werden konnten, wurzelte in ihrem Nährboden die für das deutsche Parteiensystem charakteristische klassenpolitische, konfessionelle und regionale »Versäulung«[13]. Diese war durch die gesellschaftliche Ausgrenzung und den verfassungspolitischen Ausschluß von der Regierungsverantwortung so zementiert worden, daß sie auch durch den ohnehin lediglich nach außen gerichteten »Burgfrieden« von 1914 oder die begrenzte parlamentarische Zusammenarbeit von SPD, Fortschrittlicher Volkspartei und Zentrum im Interfraktionellen Ausschuß nicht aufgebrochen wurde.

Durch die Erschütterung und die haßgeladenen, zum Teil blutigen Auseinandersetzungen der Kriegs-, Revolutions- und Nachkriegszeit vollzog sich in der Weimarer Republik eine weitere Auffächerung des Spektrums dieser politischen Teilkulturen[14]. Unter dem Eindruck der russischen Oktoberrevolution formierten sich die Kommunisten als Fortsetzung und Verschärfung des innersozialistischen Zwiespaltes, der im Zusammenhang mit der Kriegskreditbewilligung und Burgfriedenspolitik bereits die Trennung in SPD und USPD bewirkt hatte. Der Sozialdemokratie fiel nach 1918 eine besondere Verantwortung für die Etablierung und das Funktionieren des parlamentarischen Systems zu. Sie war nicht nur maßgeblich an der Gründung der Republik beteiligt, sondern bildete – vom kurzen Zeitraum zwischen Mai und Dezember 1924 abgesehen – bis Juli 1932 auch die stärkste Fraktion im Reichstag. Der gegenüber der Kaiserzeit – trotz aller Kontroversen zwischen den Parteiflügeln über das Verhältnis zum Weimarer Staat – doch wesentlich stärkeren nationalpolitischen Integration der Sozialdemokraten entsprach auf kommunistischer Seite eine mit demonstrativer Anlehnung an das sowjetische Vorbild einhergehende Dynamik der innen- und außenpolitischen Distanzierung und Ausgrenzung. Insofern kann die nach der Angliederung des linken USPD-Flügels gegebene Massenverankerung der KPD als damals größter kommunistischer Partei außerhalb der Sowjetunion nicht allein mit der auch Nachbarländer erfassenden sozialen Verelendung und den enttäuschten Erwartungen an

---

13 Vgl. M. Rainer Lepsius, Parteiensystem und Sozialstruktur. Zum Problem der Demokratisierung der deutschen Gesellschaft, in: Gerhard A. Ritter (Hrsg.), Deutsche Parteien vor 1918, Köln 1973, S. 56–80.

14 Zum Folgenden siehe Detlef Lehnert/Klaus Megerle, Politische Identität und nationale Gedenktage, in: dies. (Hrsg.), Politische Identität und nationale Gedenktage. Zur politischen Kultur in der Weimarer Republik, Opladen 1989, S. 14ff.; jetzt auch Heinrich A. Winkler, Weimar 1918–1933. Die Geschichte der ersten deutschen Demokratie, München 1993, S. 285ff.

die Sozialdemokratie erklärt werden; sie war darüber hinaus – und ungeachtet der internen Auseinandersetzungen im Zuge der Stalinisierung der Partei – mit den wachsenden Hoffnungsprojektionen und Identifikationsbedürfnissen in Richtung eines »Vaterlands der Werktätigen« zugleich eine sozialistische Variante des deutschen Identitätsproblems.

Die Trennungslinie im linkssozialistischen Übergangsbereich zwischen mehr der sozialdemokratischen Tradition bzw. der kommunistischen Neugründung nahestehenden Gruppierungen läßt sich deshalb daran festmachen, inwieweit die Vorbildfunktion der »Diktatur des Proletariats« propagiert oder aber die Weimarer Republik trotz zum Teil heftiger Kritik als ein tragfähiges Modell der parlamentarischen Demokratie in Deutschland akzeptiert wurde. Ebenso scharf grenzten sich die Kommunisten über eine zwar zunehmend schwächer werdende, beiderseits aber doch nicht zu leugnende Alltagssolidarität des proletarischen Arbeitermilieus hinweg von der Bereitschaft und dem Bemühen des sozialdemokratischen Lagers ab, mit Verfechtern konträrer Interessen kompromißfähig bleiben oder wenigstens auf der Basis eines relativen Klassengleichgewichts einen latenten oder manifesten Bürgerkrieg vermeiden zu wollen[15].

Das bereits im Kaiserreich mehrfach gespaltene liberale Bürgertum geriet in der Nachkriegszeit in weitere Erosionsprozesse[16], was nicht zuletzt darauf zurückzuführen ist, daß ihm im Gegensatz etwa zur sozialistischen Arbeiterbewegung oder zum politischen Katholizismus die enge, durch Vereine und Organisationen bewirkte Vernetzung eines soziokulturellen Milieus weitgehend fehlte. Wird berücksichtigt, daß im Liberalismus der Glaube an die Rolle der Persönlichkeit unerschütterlich, die Rückkoppelung der politischen Führung an die Basis demzufolge gering war, so wird die schwache Bindekraft innerhalb des liberalen Bürgertums plausibel. Selbst die gegenüber der demokratischen Neuordnung nach 1918/19 aufgeschlossenen Strömungen sind zu differenzieren[17]; Linksintellektuelle und Gesinnungsliberale unterschieden sich in mehrfacher Hinsicht. Die Grenzlinie zwischen diesen politischen Teilkulturen wurde einmal dadurch markiert, daß die linksintellektuellen Kreise ihre Identität über pazifistische Leitbilder und eine schonungslose Abrechnung mit dem deutschen Anteil an der Kriegsschuld suchten, während die Gesinnungsliberalen einen »demokratischen Nationalismus« durchaus nicht im Widerspruch zu den Zielen der internationalen Völkerverständigung sahen. In staatspolitischer Hinsicht blieb die Identifikation des gesinnungsliberalen Anhangs mit der Weimarer Republik grundlegend, während für linksintellektuelle Tendenzen der Zwiespalt zwischen Berufung

15 Richtungweisend für die gesamte Problematik ist jetzt die dreibändige Studie von Heinrich A. Winkler, Arbeiter und Arbeiterbewegung in der Weimarer Republik, Bd. 1: Von der Revolution zur Stabilisierung 1918–1924, Bd. 2: Der Schein der Normalität 1924–1930; Bd. 3: Der Weg in die Katastrophe 1930–1933, Berlin–Bonn 1984–1987.

16 Dazu Lothar Albertin, Die liberalen Parteien in der Weimarer Republik. Etappen ihres Niedergangs, in: Hans Vorländer (Hrsg.), Verfall oder Renaissance des Liberalismus?, München 1985, S. 57–89; Rudolf von Thadden (Hrsg.), Die Krise des Liberalismus zwischen den Weltkriegen, Göttingen 1978; Dieter Langewiesche, Liberalismus in Deutschland, Frankfurt am Main 1986.

17 Ergänzend zu den in Anm. 14 genannten Studien vgl. nun Detlef Lehnert, Verfassungsdispositionen für die Politische Kultur der Weimarer Republik. Die Beiträge von Hugo Preuß im historisch-konzeptiven Vergleich; Elfi Bendikat, Der Glaube an den »Sieg der Vernunft« als politisches Ideal. Zum politischen Denken des Publizisten Hellmut von Gerlach in der Weimarer Republik, beide in: Detlef Lehnert/Klaus Megerle (Hrsg.), Pluralismus als Verfassungs- und Gesellschaftsmodell. Zur politischen Kultur in der Weimarer Republik, Opladen 1993, S. 11–47 und S. 49–76.

auf die demokratisch-republikanischen Verfassungsprinzipien einerseits und zunehmender Distanzierung von der Verfassungswirklichkeit andererseits symptomatisch war. Schließlich zweifelten die Linksintellektuellen an den gesellschaftspolitischen Vorstellungen des deutschen Bürgertums, so daß für sie vielfach die Arbeiterbewegung zum Hoffnungsträger avancierte. Demgegenüber gingen die Gesinnungsliberalen trotz sozialpolitischer Aufgeschlossenheit niemals so weit, die auf das Privateigentum gestützte Gesellschaftsordnung und einen über Besitz und Bildung legitimierten bürgerlichen Elitegedanken grundsätzlich in Frage zu stellen.

An der Bereitschaft zu sozialpolitischer Kooperation schieden sich weitere, ursprünglich dem Liberalismus entstammende politische Teilkulturen. Die Linksintellektuellen hatten den politischen Aufstieg der Arbeiterschaft durch die Revolution von 1918/19 durchweg begrüßt. Die Gesinnungsliberalen akzeptierten ihn zumindest insoweit, wie er sich im Rahmen der parlamentarischen Demokratie bewegte, und bemühten sich, trotz ihrer besonders in den Anfangsjahren der Republik bestehenden Beziehungen zur Finanzwelt, als Brücke zwischen Bürgertum und Arbeiterschaft zu fungieren. Demgegenüber wurden in den industriellen und kleingewerblichen Schichten des Bürgertums spezifische Elemente liberaler Traditionen noch stärker als im Kaiserreich von einer unverhohlenen Interessenorientierung zurückgedrängt. Diese Tendenz zeigte sich in der Verfolgung eines reinen Wirtschaftsliberalismus oder gar in einer zunehmenden Hinwendung zu antiliberalen protektionistischen Vorstellungen, wie sie bereits vor dem Ersten Weltkrieg die handwerklichen und bäuerlichen Kreise des alten Mittelstandes geprägt hatten. Das Handwerk war spätestens seit dem »Gründerkrach« der 1870er Jahre in der doppelseitigen Bedrohung durch »Proletarisierung« und »Großkapitalismus« überwiegend konservativ ideologisiert worden. Ihm folgte der größere Teil des Kleinhandels und des Dienstleistungsgewerbes angesichts der Konzentrationsbewegung im tertiären Sektor und somit wachsender Konkurrenz und Verdrängung, die von den Warenhäusern auf der einen und von den Konsumgenossenschaften und kommunalen Eigenbetrieben auf der anderen Seite ausgingen.

Im Bereich der primär interessengeleiteten Sozialgruppen wurde eine eigenständige politische Teilkultur durch die weitgehende Integrationskraft des konservativen Agrarsektors bestimmt[18]. Nach einer vorübergehenden Verunsicherung und Lockerung während des Weltkrieges und im Verlauf der Revolution gelang es der agrarischen Führungselite – von regionalen Sonderentwicklungen abgesehen – erneut, die landwirtschaftliche Gesellschaft zu homogenisieren, divergierende Interessen zu überspielen und die ländlichen Kommunikationssysteme zu befestigen. Zur Stabilisierung des traditionellen Bündnisses wurden einmal die Sozialisierungsdebatte und die Abneigung der landwirtschaftlichen Produzenten gegen die Zwangswirtschaft geschickt gegen SPD, Regierung und letztlich auch gegen die Weimarer Demokratie insgesamt instrumentalisiert. Zum anderen diente hierfür auch der Umstand, daß nicht nur die Großgrundbesitzer, sondern ebenso die klein- und mittelbäuerlichen

18 Vgl. u.a. Dieter Gessner, Agrarverbände in der Weimarer Republik. Wirtschaftliche und soziale Voraussetzungen agrarkonservativer Politik vor 1933, Düsseldorf 1976; Jürgen Bergmann/Klaus Megerle, Protest und Aufruhr der Landwirtschaft in der Weimarer Republik 1924–1933. Formen und Typen der politischen Agrarbewegung im regionalen Vergleich, in: Jürgen Bergmann u.a. (Hrsg.), Regionen im historischen Vergleich. Studien zu Deutschland im 19. und 20. Jahrhundert, Opladen 1989, S. 200–287.

Schichten und in bemerkenswertem Umfang sogar die Landarbeiterschaft vorindustriell geprägte Vorstellungen verfolgten. Die Integrationskraft hielt allerdings nur, bis im Gefolge der Agrarkrise große Teile dieses agrarischen Milieus radikalisiert wurden; enttäuscht und politisch desorientiert bot das »Landvolk« dann einen hervorragenden Nährboden für die nationalsozialistische Integrationsideologie.

Diffiziler war die Situation bei den Industriellen[19], deren parteipolitische Bindungen von der linksliberalen DDP (z. B. Carl Friedrich von Siemens) bis zur DNVP und schließlich auch bis zur NSDAP (z. B. Emil Kirdorf) reichten. Trotz derartiger unterschiedlicher Parteipräferenzen kann jedoch davon ausgegangen werden, daß die Großunternehmer sich an einem Kernbestand gemeinsamer gesellschaftspolitischer Leitbilder orientierten, der es erlaubte, vor allem in Entscheidungssituationen divergierende Ideologien zu überlagern oder ohne größere Identitätsprobleme die Partei zu wechseln. So verließen vornehmlich wirtschaftsliberale Exponenten wie von Siemens oder auch der Reichsbankpräsident Hjalmar Schacht die gegen den »Bürgerblock« mit der DNVP opponierende und in der Frage der Fürstenabfindung uneinige DDP, an deren Gründung sie doch beteiligt waren und für die sie politische Mandate bekleidet hatten. Umgekehrt sorgte 1924 knapp die Hälfte der DNVP-Abgeordneten unter dem massiven Druck der industriellen und agrarischen Interessenverbände bei der Schlußabstimmung im Reichstag für eine Annahme der Dawes-Gesetze; sie maßen der angeblichen »Versklavung« an die Siegermächte eine geringere Bedeutung bei als den in Aussicht gestellten ausländischen Krediten.

Eine weitere interessenorientierte Sozialgruppe stellte schließlich der Mittelstand dar. Trotz ihrer Heterogenität können die alten und neuen Mittelschichten der Handwerker und Kleinhändler einerseits, sowie der Angestellten, kleinen und mittleren Beamten andererseits aufgrund ihrer »sozialen Geltung« zu einer relativ einheitlichen Teilkultur zusammengefaßt werden. Dieser komplexe Schlüsselbegriff ermöglichte nicht nur die eigene Identifikation, sondern bewirkte auch eine subjektiv empfundene Abgrenzung des gesamten Standes nach außen. »Mittelstand« war demnach eine »umfassende Existenzform, in der sich soziale, kulturelle, ökonomische und politische Dimensionen in spezifischer Weise verknüpften«[20]. Aufgrund der Sonderstellung des katholischen Milieus ist bei der Abgrenzung hier wie bei der agrarkonservativen und der besitzbürgerlichen Teilkultur allerdings stets der Zusatz »nicht praktizierend katholisch« mitzudenken. Außerdem bekannte sich ein Teil der Angestellten und Beamten trotz mancher übergreifender berufsständischer Leitbilder aufgrund seiner Herkunft zur sozialdemokratischen oder gesinnungsliberalen Teilkultur. Für Handwerk und Kleinhandel wiederum ist in den vorindustriellen Mentalitäten eine gewisse Nähe zum agrarkonservativen Milieu nicht zu übersehen. Zugleich empfanden sich diese mittelständischen Sozialgruppen in der Republik zunehmend als poli-

19 Dazu stellvertretend Bernd Weisbrod, Schwerindustrie in der Weimarer Republik. Interessenpolitik zwischen Stabilisierung und Krise, Wuppertal 1978; neuerdings Klaus Megerle, Verhaltensdispositionen und politische Orientierungen bei gesellschaftlichen Führungsgruppen. Richter und Großunternehmer in der Weimarer Republik, in: D. Lehnert/K. Megerle (Anm. 17), S. 215–270.

20 Jürgen Kocka, Die Angestellten in der deutschen Geschichte 1850–1980. Vom Privatbeamten zum angestellten Arbeitnehmer, Göttingen 1981, S. 162; vgl. auch Hans Speier, Die Angestellten vor dem Nationalsozialismus, Göttingen 1977; Jürgen Bergmann, Politische Anschauungen und politische Kultur des Handwerks in der Weimarer Republik im Spannungsverhältnis von Tradition, Ideologie und materiellen Interessen, in: D. Lehnert/K. Megerle (Anm. 17), S. 131–213.

tisch heimatlos. Dies führte neben der Radikalisierung der berufsständischen Organisationen zur Entstehung von mittelständischen Interessen- und Regionalparteien und zur Kompensation der Identitätsschwäche durch einen »extremen Nationalismus«, was schließlich die »Sammlung« durch die nationalsozialistische Bewegung begünstigte[21].

Eine wesentlich stärker ausgeprägte Teilkultur bildete der politische Katholizismus[22]. In vielfältigen »Vorfeldorganisationen« war zumindest der Bevölkerungsteil, der sich zum katholischen Glauben bekannte und am Gemeindeleben beteiligte, erfaßt und in das Milieu eingebunden. Aufgrund dieser – bei den Frauen nach wie vor stärker wirksamen – Integrationsmechanismen und dem seit der Kulturkampfära tief verwurzelten Zusammengehörigkeitsgefühl einer diskriminierten Minderheit überstand der politische Katholizismus den Übergang zur Massendemokratie – anders als die stärker der Honoratiorentradition verhafteten Gesinnungsliberalen – zunächst ohne nennenswerten Substanzverlust. Allerdings bedeuteten dann die 1920 mit der Gründung der extrem föderalistischen Bayerischen Volkspartei erfolgte Spaltung und der Wählerverlust von 1928 zur Linken hin eine spürbare Schwächung dieser besonderen Teilkultur.

Beide Erosionsprozesse sind als Reaktion auf die Bündnispolitik des Zentrums – zunächst mit SPD und DDP in der »Weimarer Koalition«, später mit der DNVP im »Bürgerblock« – zu interpretieren, die das Dilemma des politischen Katholizismus offenbarte, weder prinzipiell republikanisch noch monarchistisch, sondern im Kaiserreich wie im Weimarer Staat jeweils verfassungstreu auftreten zu wollen. Diese Anpassungsfähigkeit war zugleich Ergebnis und Notwendigkeit der Heterogenität des konfessionellen Integrationsmilieus, dessen Sozialprofil vom Arbeiter bis zum Großindustriellen – mit einem überproportionalen Gewicht der bäuerlichen und kleinbürgerlichen Gefolgschaft – und dessen politisches Spektrum in der Weimarer Republik vom sozialrepublikanischen Flügel um Matthias Erzberger und Joseph Wirth bis zur konservativen BVP reichte. Um die divergierenden sozialen und politischen Orientierungen zu integrieren, wurde auf die gemeinsamen Glaubensüberzeugungen zurückgegriffen. Dies war in der Weimarer Republik schwieriger geworden, da in der Reichsverfassung wichtige konfessionelle Forderungen erfüllt waren. Dennoch konnten auf diese Weise die unterschiedlichen Positionen noch am besten überdeckt und dadurch eine gewisse Stabilität ebenso wie die Abgrenzung dieser politischen Teilkultur erreicht werden.

In der wilhelminischen Ära hatten sich mit Alldeutschem Verband, Flottenverein, Kolonialverein oder auch dem Deutschnationalen Handlungsgehilfen-Verband politische Organisationen gebildet, die ihrer Orientierung und Handlungsmaxime das »nationale« Motiv zugrunde legten. Bis 1918 beinhaltete dies die agitatorische Förderung der expansiven deutschen Großmachtrolle. In der Weimarer Republik formier-

---

21 Vgl. M. Rainer Lepsius, Extremer Nationalismus. Strukturbedingungen vor der nationalsozialistischen Machtergreifung, Stuttgart 1966.

22 Vgl. u.a. Ulrich von Hehl, Staatsverständnis und Strategie des politischen Katholizismus in der Weimarer Republik, in: Karl Dietrich Bracher/Manfred Funke/Hans-Adolf Jacobsen (Hrsg.), Die Weimarer Republik 1918–1933. Politik, Wirtschaft, Gesellschaft, Bonn 1987, S. 238ff.; Karl-Egon Loenne, Politischer Katholizismus im 19. und 20. Jahrhundert, Frankfurt am Main 1986; zuletzt Karsten Ruppert, Im Dienst am Staat von Weimar. Das Zentrum als regierende Partei in der Weimarer Demokratie 1923–1930, Düsseldorf 1992.

ten sich die Rechtsparteien und die gesamten außerparlamentarischen Vereinigungen nationaler Couleur – vom Jugend- bis zum Wehrverband und vom politischen Verein bis zum intellektuellen Debattierklub; als Kristallisationspunkte dienten dabei der »Verrat der Novemberverbrecher«, die »nationale Schmach« des »Versailler Diktats«, der »Niedergang des Vaterlandes« und das Versagen des republikanischen »Systems« sowie die Vision einer »nationalen Erhebung«[23]. Hinter der einheitlichen Fassade, die aus pathetisch aufgeladener Symbolik, kämpferischen Parolen, paranoider Agitation gegen vermeintliche innere und äußere Feinde sowie in der Negation des Gegenwärtigen bestand, versammelten sich allerdings sehr unterschiedliche Gruppierungen. Den sozialreformistisch eingestellten »Jungkonservativen« und den Vertretern der nationalen Gewerkschaftsverbände standen unbeugsame Monarchisten und Sozialreaktionäre, erzkonservative Großgrundbesitzer und völkisch orientierte Mittelständler gegenüber.

Aus diesem antidemokratischen Ferment traten schon in den Anfangsjahren der Weimarer Republik die völkischen Strömungen des Rechtsradikalismus hervor, die in gewisser Weise als Symbiose des massenwirksamen konservativen Antimodernismus mit dem ursprünglich elitären extremen Nationalismus begriffen werden können. Seit Mitte der zwanziger Jahre gerieten diese völkischen Gruppen, Geheimbünde und Kampfverbände in den Sog der NSDAP und wurden zusehends von ihr monopolisiert. Die Nationalsozialisten waren in dieser Hinsicht nicht nur eine weitere politische Teilkultur[24], sondern wurden in der Staats- und Wirtschaftskrise der Weimarer Demokratie zur Sammlungsbewegung politisch-kultureller Fragmente. Das schichtenübergreifende Integrationskonzept der »deutschen Volksgemeinschaft«, als Stichwort vom politischen Katholizismus übernommen und ohne dessen konfessionelle Begrenzung den sich nach nationaler Identifikation sehnenden bürgerlichen Gruppen präsentiert, war für die zur Macht drängende NSDAP ein Faktor, der nicht nur zur Eroberung einer Massengefolgschaft beitrug, sondern nach 1933 auch die Anpassungsbereitschaft und Eingliederung bisher zögernder, skeptischer und teilweise sogar gegnerischer Gruppen erleichterte.

Verhältniswahlrecht – Vielparteiensystem – Regierungskrisen

Die Fragmentierung der politischen Kultur der Weimarer Republik spiegelte sich auch in den Wahlergebnissen wider. Nachdem die Wahl zur Nationalversammlung noch entscheidend vom Ende des verlorenen Krieges und den Ereignissen der Novemberrevolution beeinflußt worden war, hatten sich ein Jahr später die Kräfteverhältnisse stabilisiert. Dabei war die Kontinuität zum Kaiserreich verblüffend[25]. Das

23 Dazu zusammenfassend nach wie vor Kurt Sontheimer, Antidemokratisches Denken in der Weimarer Republik. Die politischen Ideen des deutschen Nationalismus zwischen 1918 und 1933, München 1968[2].

24 Vgl. u.a. James M. Rhodes, The Hitler Movement. A Modern Millenarian Revolution, Stanford 1980.

25 Siehe Gerhard A. Ritter, Kontinuität und Umformung des deutschen Parteiensystems 1918–1920, in: ders., Arbeiterbewegung, Parteien und Parlamentarismus, Göttingen 1976, S. 116ff.

»sozialistische Lager« erzielte 1920 bei der Reichstagswahl zwar noch 41,7 Prozent der gültigen Stimmen gegenüber 34,8 Prozent der SPD im Jahre 1912, doch bei den Wahlen im Mai und Dezember 1924 waren es dann auch nur noch 33,9 Prozent bzw. 35,3 Prozent. Die übrigen Gruppierungen konnten – wenn die Änderung des Wahlrechts und die Gebietsverluste des Reiches entsprechend berücksichtigt werden – ihre Vorkriegsergebnisse im wesentlichen wieder erreichen: kleinere Gewinne des politischen Katholizismus und der Rechten, mäßige Verluste der (Links-)Liberalen[26]. Damit wurde deutlich, daß es trotz der revolutionären Ereignisse von 1918/19, der Etablierung eines parlamentarischen Regierungssystems und des dadurch bedingten Funktionswandels der Parteien zu keinen gravierenden gesellschaftlichen Umbrüchen gekommen war.

Gefestigt wurden diese Verhältnisse – so paradox es auch klingen mag – nicht zuletzt durch die geänderte Wahlgesetzgebung. Das nahezu reine Verhältniswahlrecht mit Reststimmenverteilung, das an Stelle des bisher geltenden sogenannten romanischen Mehrheitswahlsystems mit Stichentscheid in Einmannwahlkreisen eingeführt worden war[27], trug auf der einen Seite ganz entscheidend zu der starken Zersplitterung bei, die das Weimarer Parteiensystem kennzeichnete. Auch wenn viele der kleinen und kleinsten Parteien oft nur bei einer Wahl oder in einem Wahlkreis kandidierten und dann wieder verschwanden oder sich neu gruppierten und jeweils nur fünf bis maximal sieben größere Parteien mit einem Stimmenanteil zwischen knapp fünf und dreißig Prozent tatsächlich politische Bedeutung erlangten[28], entstand der Eindruck einer partikularistischen Deformierung des politischen Willensbildungs- und Entscheidungsprozesses. Andererseits jedoch konservierte das Verhältniswahlrecht vor allem die sozial-moralische Fragmentierung: Zumindest für die größeren Teilkulturen bestand absolute Gewißheit, ihre Repräsentanten auch ohne politische Absprachen mit anderen Gruppierungen in den Reichstag entsenden zu können; die bestehenden Milieu- oder spezielle Interessenparteien bildeten hierbei die politische Organisationsform. Eine derartig segmentierte Form pluralistischer Interessenvertretung durch politische Parteien mag in der konstitutionellen Monarchie angemessen gewesen sein, im parlamentarischen Regierungssystem war sie äußerst problematisch. Die enge Milieubindung verhinderte die soziale und programmatische Öffnung der Parteien gegenüber anderen politischen Teilkulturen und damit die Herausbildung moderner Volksparteien ebenso wie den Ausgleich der unterschiedlichen gesellschaftlichen und politischen Interessen. Durch die einseitige Ausrichtung auf ihre jeweilige Klientel waren die Parteien nämlich weitgehend unfähig zum Kompromiß, was angesichts einer fehlenden dominanten politischen Kultur in der Weimarer Republik zur Systemintegration jedoch unabdingbar gewesen wäre. Wie schwer es den Parteien fiel, die in einer Demokratie zur Entscheidung nun einmal erforderliche Mehrheitsfindung herbeizuführen, wurde bei den Regierungsbildungen und der von den Parteien verfolgten Koalitionspolitik besonders deutlich.

---

26 Stimmenanteil des Zentrums 1912: 16,4 %, Zentrum + BVP 1920: 17,8 %; Fortschrittliche Volkspartei 1912: 12,3 %, DDP 1920: 8,3 %; Nationalliberale 1912: 13,6 %, DVP 1920: 13,9 %.

27 Dazu J. Falter/Th. Lindenberger/S. Schumann (Anm. 7), S. 23ff., sowie ausführlich Eberhard Schanbacher, Parlamentarische Wahlen und Wahlsystem in der Weimarer Republik. Wahlgesetzgebung und Wahlreform im Reich und in den Ländern, Düsseldorf 1982, S. 23–86.

28 Dies wird bei der Kritik allerdings meist übersehen, z. B. Hagen Schulze, Weimar. Deutschland 1917–1933, Berlin 1982, S. 84.

In der Weimarer Republik war es keiner Partei gelungen, bei den Reichstagswahlen jemals eine Mehrheit zu erzielen; Kooperationen, Absprachen und Koalitionen waren also unerläßlich. Bei der Suche nach Partnern für die Bildung einer Koalitionsregierung boten sich theoretisch zunächst die einander soziokulturell verbundenen Parteien an. In der Praxis der Weimarer Republik waren derartige Kooperationsmöglichkeiten allerdings äußerst begrenzt. Sozialdemokraten und Kommunisten – und dies hatte nach der Jahreswende 1918/19 mit zunehmender Tendenz bereits für SPD und USPD gegolten – unterschieden sich in zentralen Wertvorstellungen, besonders in ihrer Stellung zu Demokratie, Parlamentarismus und zum Weimarer Staat. Bei den Liberalen gab es trotz vielfältiger Zusammenarbeit bei konkreten politischen Entscheidungen doch grundsätzliche Differenzen beim Bekenntnis zur bestehenden Republik. Im politischen Katholizismus existierten organisatorische Spannungen, und auf der politischen Rechten trennten sich die Geister bei der Frage: unbedingte Systemfeindschaft oder begrenzte Mitarbeit in der Republik zur Durchsetzung sozialer Interessen. Aber auch ungeachtet dieser Unterschiede in den Einstellungen und Verhaltensweisen blieben diese einander sozial-moralisch stärker verbundenen Lager schon zahlenmäßig ohne größere Bedeutung. Die Liberalen konnten bei den Reichstagswahlen selbst unter Einbeziehung der mittelständischen Interessenparteien nie mehr als ein Fünftel der Stimmen mobilisieren. Ähnlich begrenzt war die Anhängerschaft des politischen Katholizismus: Zentrum und Bayerische Volkspartei erreichten jeweils zwischen 14,8 Prozent (1928) und 17,8 Prozent (1920) der Wähler. Einen etwas größeren Zuspruch fand das »nationale Lager«[29], aber erst durch den Aufschwung der NSDAP stieg der Anteil 1930 auf über 30 Prozent, 1932 dann auf über 40 Prozent. Ein nahezu kontinuierlich stärkeres zahlenmäßiges Gewicht kam der sozialistischen Arbeiterbewegung zu. Zu ihr bekannten sich – vom starken Einbruch im Mai 1924 abgesehen – zwischen 35 Prozent und 45 Prozent der Wähler.

Programmatische Differenzen und mangelnde Stärke der soziokulturellen Milieus machten für die Regierungsbildung übergreifende Koalitionen erforderlich. Prinzipiell kamen dafür verschiedene Kombinationen in Frage: eine Linkskoalition der sozialistischen Parteien mit einem bürgerlichen Partner, die »Weimarer Koalition« der drei republikanischen Gründerparteien SPD, DDP und Zentrum, deren Erweiterung zur »Großen Koalition« durch Einbeziehung der DVP und eventuell auch der BVP, eine Koalition der bürgerlichen Mittelparteien (DDP, Zentrum, DVP, BVP), der »Bürgerblock« vom Zentrum bis zur DNVP, eine Regierung aus »Fachministern« ohne direkte parteipolitische Anbindung und schließlich ein »Kabinett der nationalen Konzentration«.

Die erste Kombination, die bis zur Vereinigung der USPD-Flügel mit der KPD bzw. der SPD rechnerisch machbar gewesen wäre, kam nicht zustande, da die USPD eine Koalition mit bürgerlichen Parteien ablehnte. Alle anderen aufgezählten Möglichkeiten wurden im Laufe der Republik – zum Teil mehrfach – ausprobiert[30]. Die

29 Dies galt nicht für die Wahlen zur Nationalversammlung und zum 1. Reichstag: DNVP: 10,3 % bzw. 15,1 %, Zentrum + BVP: 19,7 % bzw. 17,8 %.

30 Zur Frage der Regierungsbildung vgl. insbesondere Günther Arns, Regierungsbildung und Koalitionspolitik in der Weimarer Republik 1919–1924, Clausthal-Zellerfeld 1971; Klaus Megerle, Friedrich Ebert, die deutsche Sozialdemokratie und die Koalitionsfrage 1919–1925, in: Rudolf König/Hartmut Soell/Hermann Weber (Hrsg.), Friedrich Ebert und seine Zeit. Bilanz und Perspektiven der Forschung, München 1990, S. 131 ff.; Peter Haungs, Reichspräsident und parlamen-

Regierungsbildung war jedoch nicht einfach: Die Furcht, bei Zusammenarbeit und Kompromissen mit dem politischen Gegner Anhänger und Wähler zu verlieren, minderte die Koalitionsbereitschaft der Parteien zumindest so lange, als der jeweilige unmittelbare Konkurrent um Wählerstimmen nicht ebenfalls am Kabinettstisch vertreten war. So äugte die SPD bei ihren Koalitionsüberlegungen immer ängstlich nach links. Dennoch war sie mehrheitlich zum Bündnis mit den Linksliberalen und dem Zentrum bereit. Die »Weimarer Koalition« ließ sich aber nur während der hegemonialen Stellung der SPD 1919/20 und als Minderheitskabinett unter Joseph Wirth, dem Vertreter des linken Zentrumsflügels, von Mai 1921 bis November 1922 verwirklichen. Danach war dieses Regierungsbündnis, das ohne Mehrheit geblieben wäre, in der nach rechts gerückten Zentrumsfraktion des Reichstags nicht mehr durchzusetzen.

Die DDP wiederum wollte zusätzlich zu ihren Partnern von Weimar unbedingt mit der DVP koalieren; ihre Wunschregierung war die Große Koalition. Aber dafür gab es zwischen der Arbeitnehmerpartei SPD und der Unternehmerpartei DVP bei innenpolitischen Fragen nur wenig Gemeinsamkeiten. Auch wenn die DDP zu vermitteln versuchte und sich einige namhafte Politiker von SPD und DVP trotz aller Bedenken immer wieder für eine gemeinsame Koalition einsetzten, waren die Interessengegensätze und Aversionen meistens zu groß. Die Sozialdemokraten wollten eine Zusammenarbeit und damit verbundene Kompromisse aus innerparteilichen Gründen nicht eingehen, die Mehrheit der Volkspartei tendierte – wie übrigens auch die BVP – eindeutig nach rechts. So blieb das Experiment der Großen Koalition auf die von beiden Seiten gleichermaßen als existenzbedrohend empfundene Phase des Jahres 1923 und das in starkem Maße von den außenpolitischen Revisionsbemühungen Gustav Stresemanns geprägte Zwischenspiel vom Sommer 1928 bis Frühjahr 1930 beschränkt.

Die Mehrheit der Nationalliberalen hingegen bemühte sich – als die DVP selbst durch Kleine und Große Koalitionen regierungsfähig geworden war –, die SPD, wann immer es ging, hinauszudrängen und dafür die überwiegend antirepublikanisch gesinnten Deutschnationalen mit allen Mitteln in die Regierungsverantwortung einzubinden. Dazu war die DNVP zweimal auch bereit, allerdings selbstverständlich unter Vorbehalten gegenüber der Republik und ohne Beteiligung von Marxisten. Beim ersten Versuch mußte das »Bürgerblockkabinett« nach außen allerdings noch kaschiert werden. Offiziell handelte es sich bei der von Hans Luther im Januar 1925 gebildeten Regierung nicht um eine Koalition, sondern um ein »überparteiliches Kabinett« aus Fachministern, in dem die unterstützenden Parteien mit »Vertrauensmännern« vertreten waren. Nur so ließen sich die Vorbehalte des Zentrums überwinden, das sich ohne den Flankenschutz der DDP ursprünglich an einer Rechtsregierung nicht beteiligen wollte. Bei der Bildung des zweiten Bürgerblocks 1927 war eine derartige Hilfskonstruktion nicht mehr nötig; der Zentrumsvorsitzende Wilhelm Marx übernahm sogar das Kanzleramt dieser rechtsgerichteten Koalitionsregierung[31].

Wenn andere Kombinationen nicht zu erreichen waren, blieb eine Minderheitsregierung der bürgerlichen Mittelparteien als Ausweg. Während des nur elfjährigen Zeitraums parlamentarischer Regierungsbildung in der Weimarer Republik wurde fünfmal zu dieser Lösung Zuflucht genommen. Da die bürgerliche Mitte im Reichstag

tarische Kabinettsregierung. Eine Studie zum Regierungssystem der Weimarer Republik in den Jahren 1924 bis 1929, Köln 1968; Michael Stürmer, Koalition und Opposition in der Weimarer Republik 1924–1928, Düsseldorf 1967.

31 Dazu zuletzt K. Ruppert (Anm. 22).

aber niemals über eine Mehrheit verfügte, mußte sie sich für die einzelnen Gesetzesvorhaben um Unterstützung entweder der SPD oder der DNVP bemühen. Die Regierungsarbeit, die zwischen den liberalen und katholischen Parteien verhältnismäßig reibungslos verlief, erhielt dadurch einen großen Unsicherheitsfaktor. Die kleinen Koalitionen waren gezwungen, zwischen Zustimmung, Billigung und Tolerierung sowie Vertagung von Regierungsvorhaben und Drohung mit der Reichstagsauflösung zu lavieren.

Eine noch größere Verlegenheitslösung im Rahmen des in der Verfassung zwar angelegten, aber nicht explizit normierten Weimarer Parteienstaates stellte das sogenannte Fachkabinett dar, das Wilhelm Cuno 1922 aus Politikern der bürgerlichen Mittelparteien und parteilosen Ministern bildete. Ohne jegliche Bindung an die Reichstagsfraktionen, aber abhängig von deren Tolerierung und gestützt auf das Vertrauen des Reichspräsidenten, blieb diese Regierungsmöglichkeit zunächst eine Episode. Erst als ab 1930 das Weimarer Verfassungssystem stufenweise durchbrochen wurde, konnten wieder parteienunabhängige Konstruktionen etabliert werden, jetzt allerdings in Form der »Präsidialkabinette« mit einer dezidiert antiparlamentarischen Ausrichtung[32], die schließlich in die Kollaboration mit der systemfeindlichen »nationalen Opposition« mündete. Wahrlich eine verworrene Situation! Nicht umsonst gab es während der nur 14 Jahre bestehenden Weimarer Republik 21 Regierungen[33]. Keines der Kabinette überstand eine reguläre Legislaturperiode. Am längsten hielt sich die Große Koalition unter Hermann Müller. Sie regierte 21 Monate, während die zweite von Gustav Stresemann 1923 gebildete Koalition bereits nach vier Wochen wieder auseinanderfiel. Zu Mißtrauensvoten und Regierungsstürzen waren die Fraktionen bei Meinungsverschiedenheiten schnell bereit, sie zogen ihre Minister aus den Koalitionen zurück oder sträubten sich gegen Kabinettsumbildungen. Die nachfolgenden Regierungskrisen dauerten oft mehrere Wochen, die Koalitionsverhandlungen waren mitunter äußerst mühsam, und teilweise gelang die Kabinettsbildung nur, weil »eine Regierung sein muß«[34]. Es verwundert deshalb nicht, wenn sich in der Öffentlichkeit vielfach der Eindruck vom unverantwortlichen Parteienhader im ungezähmten Parlamentarismus eines den Herausforderungen der Nachkriegszeit nicht gewachsenen politischen Systems festsetzte.

Außenpolitischer Revisionismus und Revisionsagitation

Wenn innergesellschaftliche Integrationsmomente fehlen, der nationale politische Konsens einer Gesellschaft gefährdet oder gar zerbrochen ist, dann dienen häufig tatsächliche oder angebliche äußere Bedrohungen, als national postulierte außenpoli-

32 Siehe hierzu die grundsätzliche Kontroverse zwischen Werner Conze, Die Krise des Parteienstaates in Deutschland 1929/30, in: Historische Zeitschrift, 178 (1954), S. 47ff., und Karl Dietrich Bracher, Demokratie und Machtvakuum. Zum Problem des Parteienstaates in der Auflösung der Weimarer Republik, in: Karl Dietrich Erdmann/Hagen Schulze (Hrsg.), Weimar. Selbstpreisgabe einer Demokratie. Eine Bilanz heute, Düsseldorf 1980, S. 109ff.

33 Die Regierung Hitler wurde dabei mitgezählt. Aber spätestens mit ihrer Bildung war die Weimarer Republik »beendet«.

34 Diese Erklärung gab die Germania, Nr. 25 vom 16. Januar 1925, dafür, daß sich das Zentrum nun doch an der von Hans Luther geführten Regierung mit Politikern der DNVP beteiligte.

tische Interessen oder auch nationales Zusammengehörigkeitsgefühl, Ehrbewußtsein und Prestigebedürfnis als Kompensation[35]. In der Weimarer Republik schienen die Voraussetzungen hierfür durch den verlorenen Krieg, den Friedensschluß mit den alliierten Mächten und den sich daraus ergebenden Folgen für die deutsche Politik und das politische Selbstbewußtsein in Deutschland geradezu in optimaler Weise gegeben. Zunächst war es der Versailler Vertrag selbst, der den nationalen Schulterschluß in der Nachkriegszeit ebenso herausforderte wie schon die Einbildung, das Deutsche Reich sei von seinen Feinden eingekreist und müsse sich besonders gegen den Ansturm des russischen Despotismus verteidigen, der zu Beginn des Weltkrieges den innenpolitischen »Burgfrieden« gestiftet hatte. Und in der Tat wurde der Versailler Friedensschluß in Deutschland von allen politischen Kräften und der gesamten Bevölkerung mit Ausnahme von einigen kaum beachteten pazifistischen Gruppen abgelehnt; insofern brachte der demokratisch gesinnte Max Graf von Montgelas den nahezu einhelligen Vorbehalt der Deutschen gegenüber dem als ungerecht empfundenen »Diktat« zum Ausdruck, als er im »Berliner Tageblatt« schrieb: »Innerlich anerkennen werden wir ihn nie und nimmer ...«[36]

Doch trotz »nationaler Schmach« und äußerer Bedrückung als Folge des verlorenen Krieges war die Revisionsstimmung nur ein dünner Schleier, der in extremen nationalen Notlagen wie etwa nach der Besetzung des Ruhrgebiets durch französische und belgische Truppen im Januar 1923 kurzfristig die politischen Grundpositionen und Verhaltensweisen der einzelnen gesellschaftlichen Gruppen verdecken konnte, der aber sofort zerriß, wenn es darum ging, aus den Revisionsforderungen konkrete Schritte abzuleiten. Schon in den grundsätzlichen Zielen der Außenpolitik zeigten sich tiefgreifende Unterschiede. Dachten demokratische Kräfte an Erleichterungen und auch an die Beseitigung der als verletzend empfundenen Vertragsbestimmungen (»Kriegsschuldlüge«), um dann zu einer aufrichtigen Verständigung mit den ehemaligen Kriegsgegnern kommen zu können, so verstanden nationalistische Politiker und ihre Anhänger unter Revision die vollständige Beseitigung der Friedensregelung; sie wollten zumindest zum Ausgangspunkt des Jahres 1914 zurück, ihre imperialistischen Vorstellungen waren ungebrochen[37]. Wird noch berücksichtigt, daß sich die Kommunisten eine Beseitigung des »Versailler Raubfriedens« nur »auf dem Wege der sozialen Befreiung der werktätigen Völker von der Klassenherrschaft der Bourgeoisie ... im engsten Bruderkampf mit dem russischen, britischen und französischen Proletariat« denken konnten[38], dann deutete sich an, daß die Fragmentierung der Weimarer politischen Kultur auch im Bereich der Außenpolitik bestand.

Es schien zwar, als habe es bei den großen außenpolitischen Entscheidungen engere Verbindungen zwischen einzelnen politischen Gruppierungen gegeben. So exi-

---

35 Dazu Klaus Megerle, Element nationaler Integration und politischer Konsensstiftung? Zum Stellenwert der Außenpolitik für die politische Kultur der Weimarer Republik, in: Detlef Lehnert/Klaus Megerle (Hrsg.), Politische Teilkulturen zwischen Integration und Polarisierung. Zur politischen Kultur in der Weimarer Republik, Opladen 1990, S. 219ff.; zur Außenpolitik generell Peter Krüger, Die Außenpolitik der Republik von Weimar, Darmstadt 1985.

36 Max Graf von Montgelas, Nach der Unterzeichnung, in: Berliner Tageblatt vom 28. Juni 1919.

37 Siehe Andreas Hillgruber, Unter dem Schatten von Versailles. Die außenpolitische Belastung der Weimarer Republik. Realität und Perzeption bei den Deutschen, in: K. D. Erdmann/H. Schulze (Anm. 32), S. 51ff.

38 Walter Stoecker, Die Außenpolitik der Kommunistischen Partei Deutschlands, in: Europäische Gespräche, 4 (1926), S. 365.

stierten vergleichsweise größere Gemeinsamkeiten einmal zwischen Sozialdemokraten, Demokraten und Zentrum, obwohl die DDP die Annahme des Friedensvertrages abgelehnt und deshalb zeitweilig die Regierung verlassen hatte. Zum anderen gab es in der Frühphase der Republik zwischen den Nationalliberalen und den Konservativen Affinitäten in außenpolitischen Grundsätzen und bei den zu verfolgenden Methoden, die im Votum gegen die Unterzeichnung des »Versailler Diktats« und im Kampf gegen die »Erfüllungspolitik« der Weimarer Koalition zum Ausdruck kamen. Neue Verbindungslinien eröffneten sich mit der von ökonomischen Interessen geförderten Annäherung der Volkspartei an die demokratische Republik und den realpolitischen Kurs in der Außenpolitik einerseits, und die dagegen opponierende nationale Rechte aus Deutschnationalen, Völkischen und Nationalsozialisten andererseits.

Doch trotz dieser entstandenen Gemeinsamkeiten und der dadurch veränderten Konfrontationslinien hatte sich auch in der Außenpolitik keine die einzelnen Teilkulturen übergreifende Lagerbildung ergeben. Dies galt zunächst für die Gegner der »Locarno-Politik«. Ein Teil der Konservativen setzte sich von den übrigen Opponenten schon insofern grundsätzlich ab, als er die Legalität der getroffenen außenpolitischen Entscheidungen in keiner Weise in Frage stellte. Aber auch bei den radikalen Gegnern jeglicher Verständigungspolitik mit den westlichen Siegermächten kam es nur zwischen den Kräften der extremen Rechten und lediglich in der Endphase der Republik angesichts des »Hugenberg-Kurses« der DNVP zu einer gemeinsamen Formierung bei den außenpolitischen Auseinandersetzungen. Mit den Kommunisten bestand hierbei wie bei der innenpolitischen Frontstellung gegen die demokratische Republik ein Konsens nur in negativer Hinsicht; aus der Ablehnung des »Versailler Diktats« und aller Folgeabkommen ergab sich eine unheilige Allianz gegen die dafür in Deutschland verantwortlich gemachten Politiker, die Parteien und die Regierung sowie gegen das »Weimarer System« insgesamt, dem diese verwerfliche Außenpolitik angelastet wurde.

Keine übergreifende Lagerbildung war aber auch bei den Gruppierungen der »großen außenpolitischen Koalition« festzustellen. Obwohl sie den Kurs Stresemanns einhellig stützten, verfolgten sie nicht nur unterschiedliche Grundsätze in der Außenpolitik, sondern setzten jeweils auch andere Akzente hinsichtlich der generell anzuwendenden Mittel; in dieser Beziehung zeigte die DVP, ungeachtet der außenpolitischen Verständigungsbemühungen ihres Vorsitzenden, teilweise weit größere Affinitäten zu den Deutschnationalen als zur SPD. Entscheidend war jedoch, daß sich aus dem realpolitischen Zweckbündnis in auswärtigen Angelegenheiten keine darüber hinausreichenden Gemeinsamkeiten entwickelten. Angesichts der soziokulturellen Fragmentierung in der Republik sowie der antagonistischen Gegensätze, die damals selbst zwischen dem reformistischen Flügel der Arbeiterbewegung und dem gemäßigten Bürgertum bestanden, blieb die »außenpolitische Koalition« eine Konstellation von sekundärer Bedeutung. Dies zeigte sich mehrfach: 1923 brach die Regierung Stresemann den Ruhrkampf ab, stellte mit der Währungsstabilisierung die Weichen für eine Reparationsregelung mit den Siegermächten, zerstritt sich dann aber schnell bei innenpolitischen Themen. Nachdem das Vertragswerk von Locarno, das zum Austritt der DNVP aus der Regierung geführt hatte, mit den Stimmen der SPD gebilligt und der Beitritt Deutschlands zum Völkerbund vollzogen waren, wurde im Januar 1927 die »Bürgerblockregierung« wiederhergestellt. 1928 wurde die Große Koalition in erster Linie zur Änderung der Reparationsverpflichtungen gebildet und schließlich im März 1930 aufgegeben, als die »Young-Gesetze« verabschiedet waren und angesichts der Krisensituation wirtschafts- und sozialpolitische Kontroversen in den Vordergrund rückten.

Unter diesen Umständen konnte der von allen relevanten gesellschaftlichen Gruppierungen vertretene außenpolitische Revisionismus nicht als »Kitt« der Republik dienen. Die trennenden Elemente waren dem Revisionismus von Anfang an immanent: Die nach Veröffentlichung der Versailler Friedensbedingungen geweckten nationalistischen Emotionen richteten sich schnell gegen die Regierung und die sie tragenden Kräfte, nachdem das von Gustav Bauer geführte Kabinett aus SPD und Zentrum die unvermeidliche Vertragsunterschrift doch geleistet hatte. Von diesem Zeitpunkt an ließ sich die Revisionsstimmung für die Agitation in der innenpolitischen Auseinandersetzung instrumentalisieren. Vor allem die Nationalsozialisten erkannten dies und die sich daraus ergebende Möglichkeit, nationalistisch aufgeputschte Massen in den Kampf gegen das mit Versailles belastete Weimarer »System« einzubeziehen; nicht umsonst führten sie ihre Attacken gegen die Republik überwiegend mit außenpolitischen Themen. Als Element zur demokratischen Konsensstiftung war die Außenpolitik deshalb trotz des weitverbreiteten Revisionismus nicht geeignet.

Fazit

Die Weimarer Republik war der erste Versuch, in Deutschland ein demokratisches Regierungssystem einzuführen. Schon allein dieser Umstand und die Tatsache, daß damit – wenn auch mit starker Verspätung und nur vorübergehend – Anschluß an die westliche Entwicklung gefunden werden konnte, läßt das Experiment in der auch durch Legitimationsbedürfnisse verklärten Rückbetrachtung in einem günstigeren Licht erscheinen. Gleichwohl diente Weimar nicht als Anknüpfungspunkt für die zweite deutsche Demokratie: Die Väter des Grundgesetzes haben sich bemüht, alle »Fehler« der Verfassung von 1919 zu vermeiden, bei jeder mehr oder weniger gravierenden Krisensituation in der Bundesrepublik wird mit der Feststellung: »Bonn ist nicht Weimar« Trost und Mut zugesprochen, und ohnehin kann nicht von dem abstrahiert werden, »was nach Weimar kam«[39]. Selbst Historiker und Politikwissenschaftler, die eine gewisse von »Weimar« ausgehende Faszination nicht verhehlen können, sprechen von der »ungeliebten Republik«, der »improvisierten Demokratie«, der »belagerten Civitas« oder dem Staat ohne »intellektuelle Repräsentanz«[40]. Einige von ihnen urteilen dabei auch aus dem Schatz der eigenen Erfahrung. Ihnen war noch vor Augen, was hier nur historiographisch dargelegt werden konnte: Der Wertrelativismus stellte die demokratische Verfassung der Republik zur Disposition; die politische Rechte konnte ihre Restaurationspläne mit legalen Mitteln ebenso verfolgen wie die Linke das Ziel einer sozialistischen Gesellschaftsordnung.

---

39 So Eberhard Kolb, Die Weimarer Republik, München 1988², S. 143.

40 Diese Kennzeichnungen verwandten Wolfgang Michalka/Gottfried Niedhart, Theodor Eschenburg und Michael Stürmer als Titel oder Untertitel ihrer Bücher. Zur intellektuellen Repräsentanz Karl Dietrich Erdmann, Die Zeit der Weltkriege, Stuttgart 1978, S. 287 ff.

Die politische Kultur der Republik blieb fragmentiert, ohne daß es eine Integrationsinstanz in Form einer dominierenden Teilkultur oder eines pluralistischen Interessenausgleichs gegeben hätte; die sozial-moralischen Milieus waren durch ihre jeweilige soziale Lage, Konfession, tradierten Wert- und Verhaltensorientierungen voneinander getrennt und durch ein Geflecht von Organisationen und Vereinen gegeneinander abgegrenzt. Das zersplitterte Parteiensystem vermittelte den Eindruck einer partikularistischen Deformierung des politischen Willensbildungs- und Entscheidungsprozesses, die Milieuverankerung der Parteien verhinderte längerfristig tragfähige Kompromisse und führte ständig zu Regierungskrisen. Es schien, als wäre der durch Parteienhader geprägte Parlamentarismus den Anforderungen nicht gewachsen gewesen. Auch die in der Bevölkerung nahezu einhellige Ablehnung des Versailler Friedensvertrags als Diktat der Sieger bewirkte keine Konsensstiftung; der außenpolitische Revisionismus wurde für die Agitation im Kampf gegen das »Weimarer System« instrumentalisiert.

Den Frauen und Männern des deutschen Widerstands, die die schreckliche Zeit des nationalsozialistischen Regimes überwinden und durch eine bessere Zukunft ersetzen wollten, war diese Erfahrung präsent. Die verschiedenen Widerstandsgruppen besaßen zwar fast alle kein fest umrissenes Bild für eine gesellschaftliche und politische Neuordnung – aber sollten oder konnten sie deshalb ihre Erfahrung mit der Realität der Republik, mit der »Vorläuferin« der nationalsozialistischen Diktatur vergessen?

Detlef Lehnert

Die unterschätzte Republik

Ein fragwürdiger Negativkonsens über das Scheitern von »Weimar« in zeitgenössischer Sicht der politischen Gegner des Nationalsozialismus

Zur historisch-politischen Problemlage

Der Weg von der pluralistischen Verfassungsdemokratie in die totalitäre Diktatur war in nur wenigen Jahren mit zerstörerisch voranschreitender Konsequenz, aber über mehrere Zwischenstufen und deshalb für viele Zeitgenossen schwer identifizierbar zurückgelegt worden:

- Einer Abkehr von parlamentarisch-demokratischen Intentionen der Weimarer Verfassung seit dem Präsidialkabinett Brüning folgten unter Papen 1932 als »kalter Staatsstreich« die verfassungsdurchbrechenden Akte einer Absetzung der preußischen Regierung und der Ausschaltung des Reichstags;
- das »Ermächtigungsgesetz« vom März 1933 bedeutete daraufhin die – mit begleitender Gewalt und Drohungen gegen eine entmündigte Volksvertretung herbeigezwungene – vermeintliche »Selbstpreisgabe« des Verfassungsstaates und die Machtübergabe an ein autoritäres »Notverordnungs«-Regime;
- nach einem fortschreitenden Vollzug nationalsozialistischer »Gleichschaltung« und der Entledigung von unkalkulierbaren Weggefährten durch den »Röhm-Putsch« entfiel 1934 mit dem Tode Hindenburgs noch das letzte, faktisch längst seiner Funktion enthobene Relikt der präsidialen Übergangsperiode zum totalitären »Führerstaat«.

Vergegenwärtigt man sich diese Stufenfolge der Destruktion einer parlamentarischen Demokratie, hätte es naheliegen können, den Minimalkonsens eines Großteils der politischen Gegner des NS-Regimes in der Rekonstruktion des Kerns dieser verfassungsmäßigen Ordnung – mit ihren »Spielregeln« der Willensbildung und den Grundrechten – zu vermuten. Eine perspektivische Anschauung solcher Optionen mag das benachbarte Österreich vermitteln, wo 1945 die (auch dort vor der NS-Ära bereits mehrfach durchbrochene) Verfassung der Ersten Republik einfach wieder in Kraft gesetzt wurde; sie konnte dann unter allmählich günstigeren Rahmenbedingungen ähnlich zum Garanten einer stabilen Demokratie[1] avancieren wie die »Neuschöp-

---

1 Allerdings wurde diese – mit den Kategorien der Ersten und Zweiten Republik begrifflich dokumentierte – Variante relativer Kontinuität dadurch begünstigt, daß im Nachkriegsösterreich die NS-Ära gewissermaßen als »Fremdherrschaft« aus dem Zeitbewußtsein verdrängt war und das Besatzungsregime zu keiner Staatsteilung führte.

fung« des Bonner Grundgesetzes. Statt einer anfangs immerhin von parlamentarischen Dreiviertelmehrheiten konstituierten Weimarer Republik neue Chancen eröffnen zu wollen, sollte jedoch unter NS-Gegnern der kleinste gemeinsame Nenner gerade darin liegen, am vormaligen politischen System *nicht* wieder anzuknüpfen: Ein späteres Motto, daß »Bonn nicht Weimar« sein dürfe, wurde insofern bereits durch einen weithin akzeptierten Negativkonsensus über das Scheitern der ersten deutschen Demokratie angebahnt.

Die bis in die Gegenwart hineinragende Neigung, mit dem Stichwort »Weimar« im wesentlichen die Merkmale der Staatszerrüttung und des politischen Versagens zu verbinden, liegt zunächst in einer mangelnden Differenzierung der Urteilskriterien begründet, die Nachgeborene von Zeitgenossen übernommen haben: Ganz selbstverständlich konnte niemand die Wiederkehr jener »Weimarer Verhältnisse« herbeiwünschen, die besonders 1923/1924 und nach 1929 von Wirtschaftskrisen und Massenelend, fast durchgängig vom äußeren Druck des Versailler Vertrags und der offenen Reparationsfragen sowie punktuell gar durch Bürgerkriegsaktionen gekennzeichnet waren. Doch sollte im Bannkreis der situativen Rahmenfaktoren nicht in Vergessenheit geraten, daß mit dem Weimarer Verfassungswerk von 1919 der Anschluß deutscher Staatlichkeit an die Traditionen der westlichen Demokratien gelungen war, auf den sich auch die spätere Bundesrepublik gründen konnte. Dieses Bewußtsein, daß der zukunftsweisende Verfassungsentwurf eines Hugo Preuß entgegen dem Ursprungskonsens der »Weimarer Koalition« nicht ausreichend in die Wirklichkeit umgesetzt, vielmehr zunehmend ignoriert, sabotiert und verfremdet wurde, fand sich auch unter den Widersachern der NS-Diktatur nur selten in hinreichender Klarheit[2].

Es gehört zu den Eigentümlichkeiten der Unterschätzung des Projektes von Weimar, daß schon zur Republikzeit in einem Richtungsspektrum vom »linken« Otto Kirchheimer bis zum »rechten« Carl Schmitt die »Verfassung ohne Entscheidung« bemängelt worden ist, die im »dilatorischen Formelkompromiß« auch Grundfragen der politischen und gesellschaftlichen Ordnung vieldeutig offen gelassen habe[3]. Vor dem Hintergrund der realhistorischen Ausgangslage interessenbezogener und weltanschaulicher Vielfalt zeigte diese Kritik freilich eine gründliche Verkennung der Einsicht, daß in einer pluralistischen Demokratie die Verfassung nicht inhaltliche »Entscheidungen« vorwegnehmen darf, sondern nichts anderes als Leitprinzipien und Verfahrensregeln den sich jeweils in öffentlicher Debatte und Wahlen legitimierenden Akteuren vorzugeben hat. Insofern sollte die landläufige Vermutung, daß die Weimarer Republik auch an einem Übermaß von falschverstandener Liberalität (gegenüber den »Feinden der Freiheit«) zugrunde gegangen sei, in gegenläufiger Perspektive nicht minder auf den Prüfstand kontroverser Erörterungen befördert werden: inwieweit es nämlich das wesentliche Defizit der verschiedenen Teilkulturen gewesen ist, ein für das Funktionieren dieser Verfassungsdemokratie unabdingbares

2 In zeitgenössischer Perspektive fanden sich im Vorfeld der NS-»Machtergreifung« die in ihrer Differenziertheit überzeugendsten Darlegungen von Verfassungspositionen bei Ernst Fraenkel, Abschied von Weimar, in: Die Gesellschaft, 9 (1932) 8, S. 109–124; ders., Um die Verfassung, in: Die Gesellschaft, 9 (1932) 10, S. 297–312.

3 Dies ist die Kernthese der – anders als E. Fraenkels »Abschied« (Anm. 2) – mit ihrer Titelschöpfung programmatisch zu nehmenden Schrift von Otto Kirchheimer, Weimar – und was dann?, Berlin 1930, wieder abgedruckt in: ders., Politik und Verfassung, Frankfurt am Main 1964, S. 9–56, Zitat S. 52; zur zweiten Belegstelle in systematischem Kontext Carl Schmitt, Verfassungslehre, München 1928, S. 32.

Mindestmaß an jener wohlverstandenen Liberalität faktisch nicht anzuerkennen, die den eigenen Standpunkt als stets ergänzungsbedürftige Komponente in der politischen Willensbildung relativiert. Wo nicht allein bei antiparlamentarischen Kräften die Demokratie als Mehrheitsregime des Gesamtwillens gesehen, und zwar auf »Homogenität« und die »Vernichtung des Heterogenen«[4] angelegt, und liberale Staatsbürgertugenden wie Toleranz und Kompromiß verächtlich gemacht wurden, verengte sich der Grundrechtekatalog auf Herrschaftstechniken der Massengewinnung und den innenpolitischen Machtkampf nach einer Freund-Feind-Polarisierung. Auf diese Weise ließ sich Politik als mißverstandene Auffassung der »Fortsetzung des Krieges mit anderen Mitteln« organisieren, nicht aber eine parlamentarisch-rechtsstaatlich verfaßte Zivilgesellschaft.

Viele der späteren NS-Gegner waren vor 1933 keine Demokraten

Bei den einstigen Verbündeten Hitlers aus dem Spektrum der »nationalen Opposition«, die meist nur zum partiellen Dissens gegenüber »Auswüchsen« des Regimes fähig waren, liegen die zwiespältigen Motive auf der Hand: Wer am Bruch mit der parlamentarisch-demokratischen »Systemzeit« politisch aktiv handelnd oder kritisch publizierend mitgewirkt hatte, vermochte sich in der Regel selbst dann nicht von dieser Grundhaltung diametral abzuwenden, wenn die totalitären Konsequenzen des autoritären Verfassungsbruches abgelehnt wurden. Die unpopulären Präsidialkabinette mit ihrer Deflationspolitik und elitären Attitüde hatten schwankende Bevölkerungsgruppen erst recht der Republik entfremdet und sie den Nationalsozialisten als den einzigen »unverbrauchten« Hoffnungsträgern aller Orientierungslosen und Enttäuschten zugetrieben. Die wohlbegründete Frontstellung zu den altbekannten »Reaktionären« aus Adel und Großgrundbesitz, Schwerindustrie und hoher Beamtenschaft hatte auf der Linken und in der Mitte gewiß weithin zur Unterschätzung der Gefahren einer NS-Regierung, wenn nicht gar zu deren unbegründeter Relativierung als eher noch kleineres, weil mutmaßlich vergänglicheres Übel beigetragen. Umgekehrt reproduzierten die in *national-konservativen* Kreisen im Zeichen einer »gescheiterten Zähmung«[5] verbreiteten Reserven gegen den Parvenü-Charakter der NS-Herrschaft, die sozialmoralische Zügellosigkeit dieser »Emporkömmlinge«, ihrerseits Vorstellungen einer hierarchischen Gesellschaftsordnung. Auf einer Kontrastfolie, wie sie zuvor nicht hinreichend aufgebrochene Elitenkartelle darboten, mochten die neuen Machthaber jenseits ihrer archaischen Ideologien teilweise geradewegs als Exponenten eines weiteren Modernisierungsprozesses durch erzwungene soziale Mobilität erscheinen.

Aus vergleichbaren Gründen kamen die *Kommunisten* vor dem Hintergrund ihrer republikfeindlichen Vergangenheit nicht ernstlich als Gewährsleute einer Rückfüh-

---

4 Dazu als die einschlägige Quelle solcher intellektuell vermeintlich subtilen Kritik an Weimar: Carl Schmitt, Die geistesgeschichtliche Lage des heutigen Parlamentarismus, München–Leipzig 1926^2, S. 13f., und passim.

5 Als komprimierter Überblick mit überzeugender Einordnung der Übergangsperioden von der Republik zur Diktatur vgl. Gotthard Jasper, Die gescheiterte Zähmung. Wege zur Machtergreifung Hitlers 1930–1934, Frankfurt am Main 1986.

rung von einer diktatorischen zur demokratischen Ordnung in Betracht. Wer die Weimarer Republik noch in Phasen sozialdemokratisch geführter Regierungen im Reich und in Preußen als Wegbereiterin und Vorform des Faschismus – wenn nicht gar schon als eine seiner besonders heimtückischen Varianten – denunziert hatte, konnte die historische Bedeutung des Übergangs zum NS-Regime von vornherein nicht angemessen begreifen und beantworten. Auch strategische Kalküle der KPD mit »Einheits-« und »Volksfront« waren, als abhängige Variablen der jeweiligen Moskauer National- und Hegemonialpolitik, weder glaubwürdige noch verläßliche Grundlagen für etwaige Bundesgenossenschaft nach einem Sturz der Rechtsdiktatur. In die Versuchung eines Anpassungskurses gerieten die Kommunisten angesichts eines unzweifelhaften antibolschewistischen Vernichtungswillens der Nationalsozialisten gar nicht erst. Deshalb sollte die unübertroffene Anzahl der Blutopfer aktiven Widerstandes der ersten Jahre zwar respektiert, aber nicht heroisiert werden: entsprang sie doch – über krasse Fehleinschätzungen der Bestandsdauer des »braunen Spuks« hinaus – zugleich einer menschenverachtenden Desperadostrategie, die »Parteisoldaten« in eine zusehends ebenso opferreiche wie aussichtslose Offensive abkommandierte[6].

Nicht umstandslos den Befürwortern von Diktaturkonzepten lediglich anderer Prägung zuzuordnen sind jene in Widerstandskreisen anzutreffenden Exponenten einer *gemäßigten Rechten,* die Weimar immerhin in seiner verfaßten Staatlichkeit toleriert hatten, diese »vernunftrepublikanische« Loyalität aber nicht auf ein Willkürregime zu übertragen bereit waren. Zwar fand sich dort in den Diagnosen eines Scheiterns des parlamentarischen Systems auch restauratives Gedankengut, das die Parteien- und Massendemokratie zugunsten von Persönlichkeiten und der Berufsstände zurücknehmen wollte. Insofern erschien auch noch der Nationalsozialismus als Übersteigerung des Parteienabsolutismus sowie der Massenmobilisierung und wurde nicht zuletzt in der entfesselten Zivilisationsmodernität seiner Techniken des Machterwerbs und Machterhalts bekämpft. Der Beschwörung aristokratischer und bürgerlicher Tugenden eines deutschen (nicht selten auch preußisch akzentuierten) Kulturerbes hafteten in solcher Frontstellung deshalb auch anachronistische Züge an. Dieser Einwand trifft analog einen – dem Wertgefüge der Demokratie verbundenen – Gesinnungsliberalismus mit seinem von wirksam inszenierten Manipulationen der Massenpsychologie unbeirrbaren individualistischen Vernunftglauben.

Die Anschlußfähigkeit eines gouvernementalen Konservatismus zum parlamentarischen Verfassungsstaat (wie freilich zuvor auch zum monarchischen Obrigkeitsstaat) wurde letztlich über die unhintergehbare Forderung vermittelt, daß eine politische Ordnung ihre normative Geltung nicht allein durch faktisch exekutierten Machtanspruch, sondern aus einer inneren Legitimität des Regierens zu erwerben hatte. In mentalen Vorbehalten gegenüber der westlichen Demokratie dem nationalen Sonderbewußtsein verpflichtet, war die gemäßigte Rechte auch in der Rückblende geneigt, der Weimarer Republik zumindest der frühen dreißiger Jahre diese bestandskräftige Legitimität abzusprechen. Zwar konnte man sich mit dem Nationalsozialismus in keiner Phase seiner Entwicklung mehr als nur in Teilaspekten identifizieren, doch galt dessen Aufstieg immerhin als begreifliches Resultat eines krisengeschüttel-

6 Vgl. zum Verständnis der Voraussetzungen und Hintergründe die eindrucksvolle Dokumentation Hermann Weber/Johann Wachtler (Bearb.), Die Generallinie. Rundschreiben des Zentralkomitees der KPD an die Bezirke 1929–1933, Düsseldorf 1981.

ten Parlamentarismus, der Erwartungen an die Durchsetzungskraft im Inneren und nach außen nicht befriedigt hatte[7].

Konkurrierende Prioritäten der verfassungstragenden Kräfte

Neben einer Bildungselite von Gesinnungsliberalen, die wegen relativ geringer Anzahl nicht entscheidend ins Gewicht fiel und somit als eigenständige Gruppierung im organisierten Widerstand kaum greifbar sein konnte, mußten sich demnach Perspektiven einer Orientierung an demokratischen Verfassungsprinzipien auf zwei noch leidlich intakte gesellschaftliche Subkulturen mit beachtlicher Massenbasis konzentrieren: einerseits das *sozialdemokratisch-freigewerkschaftliche Organisationsnetzwerk,* andererseits ein soziokulturell verankertes Milieu des *Politischen Katholizismus.* In unterschiedlichen Anteilen und Dimensionen blieb für diese beiden Trägergruppen des Weimarer Gründungskonsenses allerdings die parlamentarische Demokratie wesentlich nur ein geeignetes Mittel für einen jeweils letztlich höherrangigen Endzweck.

Innerhalb der katholischen Glaubenslehre war ohnehin keine weltliche Ordnung dermaßen wertvoll, um für sie die Bestandsinteressen der Amtskirche in Opposition gegen ein herrschendes Regime zu riskieren. Die staatstragende Position der Zentrumspartei mit kontinuierlichster Regierungsbeteiligung im Reich und in Preußen zwischen 1919 und 1932 erscheint rückblickend mehr in der geschichtlichen Konstellation als in einer gesinnungsethischen Bindung an dieses politische System begründet: Zum einen konnte der preußisch-deutsche Katholizismus als Vertretung einer Bevölkerungsminderheit mehr Verständnis für den Grundrechteschutz einer Demokratie entwickeln; hingegen tendierten, abgesehen von Frankreich (in seiner fortgeschrittenen Trennung von Kirche und Staat), die vorwiegend katholischen Nationen seinerzeit eher zu autoritären Regimen mit ihren »gottgewollten« Ordnungen. Da die Mehrzahl der Zentrumskatholiken einen stabilen parlamentarischen Rechtsstaat stärker berufsständisch als parteienpluralistisch verfaßt sehen wollte, zumal der organisierte Interessenausgleich im Vergleich mit weltanschaulichem Meinungsstreit den Glaubensprimat der Kirche weniger gefährdete, erwuchs die Distanz zur NS-Diktatur folglich nicht primär aus der Verteidigung von Weimar: Gegenüber der tradierten Rückzugsposition auf christliches Naturrecht, das in Menschenrechtsfragen der Anpassung immerhin Grenzen zog, blieben die politischen Verfassungsprinzipien wie schon im Übergang vom Kaiserreich zur Republik ein zweitrangiger »Boden der Tatsachen«. Zum anderen hatte sich die Zentrumspartei als für jede Mitte-Links- wie Mitte-Rechts-Koalition unverzichtbar erwiesen. Die 1932 einzig noch mehrheitsbildende Variante eines Arrangements mit der NSDAP war mehr an deren Monopolanspruch als an der prinzipiellen Verweigerung des Politischen Katholizismus gescheitert[8].

---

7 Aufschlußreiche Zeitzeugnisse der Staatsauffassungen gerade auch dieses Spektrums finden sich bei Klaus Scholder (Hrsg.), Die Mittwochs-Gesellschaft. Protokolle aus dem geistigen Deutschland, Berlin 1982.

8 Als neueste und breiteste Überblicksdarstellung zu diesem politisch-sozialen Milieu vgl. Heinz Hürten, Deutsche Katholiken 1918–1945, Paderborn u. a. 1992.

Die rückblickende Bindung der *Sozialdemokraten* an die Weimarer Republik mußte allein schon deshalb ausgeprägter bleiben, weil diese Verfassungsordnung ihnen erstmals aktiv gestaltende Mitwirkung ermöglicht hatte. Demgegenüber waren unter den einst von Bismarck zu »Reichsfeinden« erklärten politischen Gruppierungen das Zentrum häufiger, die Linksliberalen seltener in spätere Mehrheitsbildungen mit den regierungsnahen Konservativen und Nationalliberalen einbezogen worden. Wenn die sozialdemokratische Reichstagsfraktion mit der Ablehnung des Ermächtigungsgesetzes als einzige der Staatsgründungsparteien zugleich die Weimarer Republik bis zuletzt gegen die scheinlegale Zerstörung verteidigen wollte, lag darin eine über den Anlaß hinausweisende Symbolkraft. Ganz in diesem Sinne hatte sich der Republikschutzverband Reichsbanner Schwarz Rot Gold, die sichtbarste Initiative wehrhafter Demokraten, faktisch zu 90 Prozent aus dem SPD-Milieu rekrutiert, obgleich er ursprünglich bis hin zu einem Proporz in Führungsgremien überparteilich konzipiert war[9].

Allerdings zeigte sich in der Orientierung an verfassungsdemokratischen Leitprinzipien eine graduelle Abstufung: Insoweit Organisationen im sozialdemokratischen Umfeld vorrangig materielle Interessen ihrer Mitglieder zu vertreten hatten, wie dies in besonderer Weise für die *Freien Gewerkschaften* (aber ebenso für Mieterverbände usw.) zutraf, bestanden hier die nachhaltigsten Tendenzen zum partiellen Arrangement mit den jeweiligen Machthabern. Das Grundmuster einer sozialpolitischen Befriedung von Protestpotentialen war teilweise seit dem Kaiserreich, vor allem jedoch durch den Ersten Weltkrieg dergestalt vorgeprägt, daß Interessenorganisationen regierungsseitig einbezogen wurden, um parlamentarischen Einfluß oder gar politische Alternativen gar nicht erst zur Entfaltung kommen zu lassen. Zumal die anfängliche Begeisterung für eine »Republik des Achtstundentags« längst durch sozialpolitische Enttäuschungen verdrängt war, präsentierten sich neben den christlich-nationalen auch die freigewerkschaftlichen Verbände zwischen Neigungen zur Teilnahme an Schleichers »Gewerkschaftsachse« bis zur Selbstverleugnung am 1. Mai 1933 als »Tag der nationalen Arbeit« zunehmend anpassungsbereit. Durchaus zwiespältig blieben in solcher Perspektive auch die aus dem Scheitern von Weimar gezogenen Lehren, daß man über die parteinahen Richtungsverbände hinaus zu einer schlagkräftigen Einheitsgewerkschaft vordringen wollte, für deren Aufbau freilich nach einem Sturz des NS-Regimes selbst die Übernahme des Organisationsrahmens der »Deutschen Arbeitsfront« vorstellbar erschien[10].

Den ideologischen Gegenpol zu den pragmatischen Gewerkschaften hatten innerhalb des sozialdemokratischen Lagers die vielfältigen Trägerkreise der Kultur- und Bildungsaktivitäten repräsentiert. Zwar waren sie wegen ihres dezidiert linksgerichteten Profils kaum bereit oder auch nur in der Lage, sich mit dem neuen Herrschaftssystem zu arrangieren. Indem sie jedoch in der Republik teilweise an einer gegenkulturellen Orientierung festgehalten hatten, worin sich fließende Übergänge zu einem *linksintellektuellen* Gesinnungsmilieu dokumentierten, wurde die Zäsur der Jahre

9 Vgl. das Standardwerk von Karl Rohe, Das Reichsbanner Schwarz Rot Gold. Ein Beitrag zur Geschichte und Struktur der politischen Kampfverbände zur Zeit der Weimarer Republik, Düsseldorf 1966.

10 Zur gewerkschaftlichen Organisationsgeschichte der NS-Periode vgl. die Studie von Gerhard Beier, Die illegale Reichsleitung der Gewerkschaften 1933–1945, Köln 1981.

1932/1933 gleichfalls unterschätzt. Die verbreitete Analogie zu den zwölf Jahren des Sozialistengesetzes, die von der Sozialdemokratie nicht nur unbeschadet, sondern weiter gestärkt überstanden worden waren, diente als Rechtfertigung für eine auf die eigene Solidargemeinschaft konzentrierte Haltung. In deren Deutungsmustern sollte die parlamentarische Demokratie von Weimar nicht viel mehr als der relativ günstigere »Kampfboden« für jene sozialistischen Fernziele gewesen sein, die in einem festgefügten Sozialmilieu auch gegen eine feindliche Umgebung bereits angebahnt werden könnten[11].

Wenn erwartungsgemäß bei politischen, administrativen und parlamentarischen *Funktionsträgern* der SPD auch in der Rückblende die ausgeprägteste Identifikation mit der republikanischen Staatsordnung im Reich und in Preußen anzutreffen war, entsprang dies nicht einer dort konzentrierten höheren Einsichtsfähigkeit, sondern dem Kontrast zu früheren Einflußpositionen, die im Regimewechsel verlorengegangen waren. Überdies richteten sich Repressionsakte der NS-Diktatur vornehmlich gegen Mandats- und Amtsinhaber des ihr verhaßten »Systems«, dessen verfassungsmäßige Schutzrechte auch und gerade für jeweils Oppositionelle dadurch zusätzlich eine besondere Wertschätzung erfahren mußten. In ähnlicher Weise hatte auch die sozialdemokratische Presse mit der Weimarer Republik zugleich die Bedingungen ihrer eigenen Existenz und Bewegungsfreiheit engagiert verteidigt, zumal das gestörte Verhältnis sämtlicher Antidemokraten zur Meinungsvielfalt und politischen Streitkultur bereits aus einer Straf- und Zensurpraxis im Kaiserreich wie auch aus den Berichten aus dem faschistischen Italien und stalinistischen Rußland bekannt war. Indem 1933 alsbald die bisherigen Wirkungsfelder mit dem rücksichtslosen Vollzug der »Gleichschaltung« abgesperrt waren, umgekehrt aber eine Vorbereitung auf Aktionen aus dem Untergrund weitgehend fehlte, konnte sich gerade die publizistische Opposition in verdeckter Inlands- und offener Auslandsarbeit sogar als die der eigenen Tradition und der Situation angemessenste Strategie darbieten[12].

Die keineswegs erstaunliche Feststellung, daß die politische Demokratie selbst für die großen verfassungstragenden Weltanschauungs- und Interessenparteien nicht durchweg ein höchstes Leitprinzip bildete, verweist auf ein noch in der Opposition zum NS-Regime spürbares Defizit im Entwicklungsverlauf der Weimarer Republik: Wenngleich linksliberale Demokraten am Zustandekommen einer westlich orientierten Verfassungsordnung noch wesentlichen Anteil hatten und teilweise Garanten eines politischen Konsenses waren, ließ sich seit Beginn der dreißiger Jahre kein eigenständig handlungsfähiger oder auch nur koalitionsbildend mitgestaltender *Liberalismus* mehr ausmachen. Dementsprechend fanden sich in den Widerstandsgruppen zwar einzelne Liberale, ohne daß aber von einer selbständigen liberalen Opposition gegen das NS-Regime analog zu den sozialdemokratisch-freigewerkschaftlichen oder auch christlichen Teilkulturen die Rede sein könnte. Da gleichzeitig die SPD als mögliche Garantin liberaler Verfassungspolitik nahezu die Hälfte ihrer Wähler von 1919

---

11 Im thematischen Kontext wird das Konzept der »Solidargemeinschaft« entfaltet bei Peter Lösche/Michael Scholing, In den Nischen des Systems. Der sozialdemokratische Pressespiegel »Blick in die Zeit«, in: Jürgen Schmädeke/Peter Steinbach (Hrsg.), Der Widerstand gegen den Nationalsozialismus. Die deutsche Gesellschaft und der Widerstand gegen Hitler, München 1986², S. 207–224.

12 In diesem Kontext informativ Richard Albrecht, Exil-Forschung. Studien zur deutschsprachigen Emigration nach 1933, Frankfurt am Main 1988.

an die Kommunisten und teilweise auch nach rechts hin verloren hatte, mußte der Niedergang des freiheitlich-demokratischen Modells noch vor der Etablierung der NS-Diktatur als besiegelt gelten. Einzig die qualitativ wie quantitativ bis zuletzt eindrucksvolle Position der linksliberalen Hauptstadtpresse – flankiert von Regionalorganen mit Weltgeltung wie der »Frankfurter Zeitung« – hatte in- und ausländische Beobachter noch am Vorabend der »Machtergreifung« über die Einflußgewichte der öffentlichen Meinung insgesamt hinwegtäuschen können[13].

Aktivitäten des Widerstands im Exil

Das in militärischen Konstellationen begründete Bündnis der Westmächte im Ersten Weltkrieg mit dem zaristischen Rußland und im Zweiten Weltkrieg mit der stalinistischen Sowjetunion konnte vorübergehend die wesentliche Einsicht in die zeitgeschichtliche Situation überdecken, daß nach dem obrigkeitsstaatlichen Kaiserreich erst recht das totalitäre »Dritte Reich« unter den entwickelten Industriegesellschaften einen historischen Anachronismus in der internationalen Formierung von Länderallianzen darstellte. Dennoch wurde angesichts der bedeutsamen Tatsache, daß Exponenten der innerdeutschen Opposition durch ihre diversen Zufluchtsnationen als integraler Bestandteil der globalen Anti-Hitler-Koalition auftraten, ein nur selten gebührend berücksichtigter Lernprozeß noch vor der bedingungslosen Kapitulation des NS-Regimes auf den Weg gebracht. Während nämlich die frühen Diagnosen über das Scheitern der Republik in den nationalspezifischen Denkmustern des jeweiligen Sonderbewußtseins von politischen Teilkulturen befangen geblieben waren, eröffneten Erfahrungshorizonte in den Gastländern der westlichen Demokratien – nach deren Vorbild die Weimarer Verfassung ursprünglich konzipiert, aber eben nicht zulänglich praktiziert wurde – universellere Blickperspektiven auf mögliche Zukunftschancen.

Es kann als die besondere Pointe dieser Exilsituation betrachtet werden, daß sie gerade im Abstand zur negativen Fixierung auf das Ende von Weimar ein Wiederanknüpfen an diese zuvor weithin unverstandenen Verfassungstradition ermöglichte, ohne im Regelfalle den handelnden Personen eine solche hintergründige Dialektik ins Blickfeld treten zu lassen: So wenig nach 1918 – mit Ausnahme einiger Vordenker kosmopolitischen Formats – selbst die staatstragenden Gruppierungen sich bewußt eingestehen wollten, daß in Deutschland die erfolgreichen Freiheitsbewegungen der englischen, amerikanischen und französischen Revolutionen gewissermaßen zeitversetzt und beschleunigt nachzuholen waren, ließ sich nunmehr das Erfordernis eines weitaus direkteren äußeren Eingreifens zur Durchsetzung solcher Fortschritte leugnen. In dieser Hinsicht waren die Verfechter von Illusionen einer rein innerdeutschen Lösung der Entmachtung Hitlers weitgehend mit früheren Skeptikern gegenüber der Weimarer Republik identisch. Hingegen mußten – neben weltanschaulich ohnehin festgelegten »Internationalisten« – gerade die überzeugten Demokraten zunehmend ohne nationale Scheuklappen die Zusam-

13 Exemplarisch und für die weiteren Perspektiven einschlägig Günter Gillessen, Auf verlorenem Posten. Die Frankfurter Zeitung im Dritten Reich, Berlin 1986.

menarbeit mit außerdeutschen Machtfaktoren und dabei auch zusätzliche geistig-politische Anregungen suchen[14].

Überhaupt erwies sich die Exilsituation in dem Zwiespalt, aus der existentiellen Not der Verfolgung die Tugend einer Horizonterweiterung machen zu müssen, als wesentliches Element des nunmehr entschiedeneren Ausbruchs aus einer vorbelasteten Kontinuität der deutschen Geschichte. Auch wenn aufrechterhaltene Inlandsverbindungen eine wichtige Voraussetzung für realistische Lagebeurteilungen bildeten, war die Zuflucht vor dem Terrorapparat in den jeweils noch nicht von deutschen Truppen kontrollierten Nachbarländern vor allem für prominentere NS-Gegner die einzige Alternative, um weder einer selbstzerstörerischen Aufopferung noch zumindest teilweiser Anpassung zu verfallen. Die Bereitschaft zur offenen Distanzierung von einem nationalsozialistisch okkupierten Deutschland, das jedenfalls in der ersten Hälfte seiner Existenz von wachsender Massenunterstützung getragen wurde und noch in den ersten Kriegsjahren schwerlich Ansatzpunkte für Umsturzversuche bot, setzte doppelgleisig zusätzliche Potentiale des nationenübergreifenden Widerstandes frei: Die unmittelbare und intensivierte Begegnung mit politischen Kulturen von gefestigten Bürgergesellschaften, denen ein größenwahnsinniges imperialistisches Regime einen Krieg an nahezu sämtlichen Fronten erklärt hatte, hinterließ einerseits nachhaltige Eindrücke, die keine Lektüre und auch nicht gelegentliche Besuche mit begleitendem Gedankenaustausch hätten ersetzen können. Durch die Übertragung solcher Erfahrungsdimensionen z. B. auf Politikstile und die Medienöffentlichkeit wurde so ein Beitrag dazu geleistet, daß an die Stelle der deutsch-nationalen Selbstüberhebung gerade der Bildungsschichten früherer Epochen insbesondere bei ihren nachwachsenden Generationen ein ungewöhnliches Maß an europäischen und transatlantischen Identifikationen trat. Andererseits erwies sich die NS-Propaganda über die vermeintliche »Dekadenz« des französischen und die »Krämerseelen« des angelsächsischen Bürgertums als fatale Selbst- und Massentäuschung; denn es wurde nach anfänglicher Kollaboration die »Résistance« zum Stammwort eines modernen Widerstandsbegriffs, und die deutsche Zivilbevölkerung hatte in den Bombennächten unter erbarmungsloser Härte bei der Bekämpfung von möglichen Reserven des Aggressors zu leiden. Insofern erfuhr der geschichtliche Prozeß einer Öffnung zu den westlichen Demokratien gewissermaßen auch eine machtgestützte Flankierung im Sinne einer normativen Kraft des Faktischen.

Mit einer außenpolitischen und militärischen Expansion der NS-Diktatur ging nicht nur geographisch eine zunehmende Entfernung der Exilländer vom gewohnten Kulturkreis einher, was nicht ohne Einfluß auf die Bewältigungsmuster einer immer mehr in den Hintergrund tretenden Vergangenheit der deutschen Republik bleiben konnte. Als Zufluchtsgebiete der ersten Jahre und Erscheinungsorte oppositioneller Publikationen spielten zunächst grenznahe Regionen mit überwiegenden oder jedenfalls bedeutsamen Anteilen deutschsprachiger Bevölkerung eine wesentliche Rolle, vor allem die böhmischen Landesteile der tschechoslowakischen Republik, daneben auch das Saarland (mit seinem Sonderstatus bis 1935) und die Schweiz. Letztere war

14 Als Problemaufriß und im Hinblick auf die Rolle von aktivistischen Minderheiten wie der linkssozialistischen Gruppe Neu Beginnen instruktiv Richard Löwenthal, Konflikte, Bündnisse und Resultate der deutschen politischen Emigration, in: Vierteljahrshefte für Zeitgeschichte, 39 (1991), S. 626–636.

als neutraler Staat zwar anders als die ersten vom NS-Imperialismus nicht zu annektieren, aber durchaus massiv unter Druck zu setzen, während im ohnehin bald »anschlußfähigen« Österreich bereits 1933/1934 die verfassungsmäßige Ordnung einer parlamentarischen Demokratie beseitigt war. In einem zweiten Ausbreitungsradius nicht allein des reichsdeutschen Truppenvormarsches, sondern auch der Exilaktivitäten waren (für Teilgruppen auch von vornherein) Frankreich und die skandinavischen Staaten wichtige Stützpunkte von antifaschistischen Widerstandsbewegungen. Nachdem im Kriegsverlauf selbst diese Gebiete vor dem Zugriff des Repressionsapparates nicht mehr als sicher gelten konnten, erhielten Großbritannien und die USA einen zentralen Stellenwert für die NS-Gegner[15].

Mit Vertiefung der Erkenntnis, daß Demokratie und Menschenrechte keineswegs nur im nationalen Rahmen, vielmehr gegenüber expansionistischen Diktaturen einzig im Staatenverbund zu verteidigen waren, mußte sich zugleich die Reichweite der Kooperation von Exilgruppen mit Organisationen und Institutionen der Gastländer intensivieren. Das Spektrum solchen Zusammenwirkens erstreckte sich von publizistischer Aufklärungsarbeit über Informationsdienste für Regierungsstellen bis hin zur Teilnahme an Kampfeinsätzen. Eine Sonderrolle im Vergleich mit allen westlichen Exilbedingungen kam in dieser Hinsicht den aus der Sowjetunion operierenden deutschen Kommunisten zu, weil sie im »Vaterland der Werktätigen« jedenfalls als ideologisch liniengetreue Parteigenossen mit keiner typischen Auslandserfahrung konfrontiert zu sein vermeinten. Wenngleich die Abhängigkeit von der Moskauer Zentrale seit den zwanziger Jahren etabliert war, bedeutete das sowjetische Exil auch für KP-Funktionäre eine neue Qualität der Distanz zum Herkunftsland. Auf der einen Seite war die Todfeindschaft des Nationalsozialismus besonders wörtlich zu nehmen und deshalb zusätzliche Identifikation mit dem Aufenthaltsort gegeben, auf der anderen Seite gestalteten sich dortige Konfrontationen mit politischen »Säuberungen« und Intrigen im Zeichen des stalinistischen Terrors für nicht wenige Beteiligte um so schmerzlicher. Insofern gelang die Emanzipation von einem organisatorischen und ideologischen Machtapparat mit Absolutheitsanspruch wiederum am ehesten, wenn bei Auslandsaktivitäten die Begegnung mit alternativen Konzepten des vielbeschworenen »Antifaschismus« möglich wurde. Während der »Hitler-Stalin-Pakt« eine schwerwiegende Identitätskrise bei vielen überzeugten Kommunisten ausgelöst hatte, führte der seit »Stalingrad« kriegsentscheidende Beitrag einer die höchste Zahl von Opfern beklagenden Sowjetunion ihrem Herrschaftssystem allerdings wieder neue Legitimation zu.

Zeitgenössische Analysen des Scheiterns der Weimarer Republik

Eine vom politischen Zeitgeschehen eindeutig geschiedene wissenschaftliche Auseinandersetzung mit dem Scheitern der Weimarer Republik und der Machtübergabe an das NS-Regime hat sich begreiflicherweise im Bannkreis einer historischen Konstella-

15 Eine Zusammenschau der vielfältigen Befunde zu einzelnen Exilländern liefert Peter Steinbach, Widerstand gegen den Nationalsozialismus aus dem Exil? Zur politischen und räumlichen Struktur der deutschen Emigration 1933–1945, in: Geschichte in Wissenschaft und Unterricht, 41 (1990), S. 587–606.

tion, die unmittelbar zur Parteinahme und zum Engagement herausfordern mußte, nicht entfalten können. So durfte Arthur Rosenbergs – im tschechischen Exil (Karlsbad 1935) erstmals publizierte – »Geschichte der Weimarer Republik« vor Brachers bahnbrechender Gesamtdarstellung[16] als bedeutendstes Werk gelten, ohne freilich seinerzeit gebührend zur Kenntnis genommen zu werden. Doch selbst Rosenbergs in vielem klarsichtige Interpretation unterschied sich grundlegend von herkömmlichen Fachstudien, indem der Verfasser – freilich als geschulter Althistoriker und mit intensiver Quellenkenntnis ausgestattet – pointierte Urteile formulierte, die nicht abgelöst von seinen zeitgenössischen Überzeugungen zu verstehen sind: Zwar läßt sich insgesamt durchaus im Sinne einer republiktragenden Auffassung eine sozialdemokratische Perspektive mit gleichzeitigen Sympathien für verbündete Demokraten liberaler und reformkatholischer Prägung ausmachen; aber mit der eigentümlich wohlwollenden Darstellung des Militärstrategen Ludendorff in seinem vorausgegangenen Werk »Die Entstehung der Deutschen Republik« (Berlin 1928) wurden frühere nationale Positionen Rosenbergs sichtbar, wie auch im entgegengesetzten Pendelschlag sein Gastspiel als KPD-Reichstagsabgeordneter mit einer Stilisierung der revolutionären Situation des Herbstes 1923 im zweiten Band »verewigt« worden ist. Vor allem hoben sich diese gleichermaßen eigenwilligen und gedankenreichen Schriften darin von späteren Schwerpunkten der Historiographie ab, daß Rosenberg die Weimarer Republik mit dem Präsidialkabinett Brüning als epochal abgeschlossen betrachtete.

Obschon in heutiger Gesamtschau mehr der zwiespältige Übergangscharakter der Jahre 1930 bis 1932 – bereits jenseits des ursprünglichen Verfassungsprojekts und noch diesseits eines offen antiparlamentarischen Regimes – hervorzuheben wäre, bleibt der anderweitige Blick von scharfsichtigen Zeitgenossen auf die Krisenjahre vor 1930 durchaus bedenkenswert. So konnte Kolb seine richtungweisenden Forschungen zur Revolution 1918/1919 mit Überlegungen des früheren Finanzministers Hilferding aus dem September 1933 einleiten, inwieweit nicht schon in einer noch »plastischen« Situation zu Beginn der Republik die entscheidenden Fehler gemacht worden sind, die seit 1923 kaum mehr erfolgversprechend zu korrigieren waren[17]. Erstaunlicherweise ist (ganz in diesem Sinne) nicht einmal berücksichtigt worden, daß mit dem Verfassungsautor Preuß gewissermaßen ein authentischer Interpret diese Zäsur um das Jahr 1923 in Form schwerwiegender Verstöße gegen Buchstaben und Geist der ursprünglichen demokratischen Ordnung bereits unmißverständlich kritisiert hat[18]. Tatsächlich ist gegen nachträgliche Legendenbildung und Fehlgewichtungen an solche frühzeitigen Diagnosen anzuknüpfen, die eine in der Inflations- und Stabilisierungskrise gewissermaßen folgenschwer mißratene Generalprobe für die nicht isoliert zu betrachtende Endphase der Weimarer Republik erkennen lassen: Schon das Kabinett Cuno seit dem November 1922 entsprach gerade so viel – oder genauer: so wenig – der Regierungsform einer parlamentarischen Demokratie wie

16 Karl Dietrich Bracher, Die Auflösung der Weimarer Republik. Eine Studie zum Problem des Machtverfalls in der Demokratie, Villingen 1955.

17 Siehe Eberhard Kolb, Die Arbeiterräte in der deutschen Innenpolitik 1918–1919, Düsseldorf 1962, S. 7.

18 Siehe Detlef Lehnert, Verfassungsdispositionen für die Politische Kultur der Weimarer Republik. Die Beiträge von Hugo Preuß im historisch-konzeptiven Vergleich, in: ders./Klaus Megerle (Hrsg.), Pluralismus als Verfassungs- und Gesellschaftsmodell. Zur politischen Kultur in der Weimarer Republik, Opladen 1993, S. 11–47, bes. S. 37–40.

jenes unter Brüning; der Mißbrauch des Notverordnungsartikels 48 zu wirtschaftspolitischen Zwecken war in dieser frühen Krisenzeit nicht minder extensiv als in einer späteren (bevor das Papen-Regime darin staatspolitisch neue Dimensionen erreichte); bei den Reichstagswahlen im Mai 1924 zählte man ebenso kaum 40 Prozent Stimmen für zuverlässige Verfassungsdemokraten (SPD, DDP, Zentrum) wie im September 1930 – jeweils ziemlich genau auch die Gesamtstärke der drei größten antidemokratischen Parteien (DNVP, NSDAP/Völkische, KPD)[19].

Diese Parallele ist in der zeitgenössischen Wahrnehmung, wie sie sich im breiten Spektrum der veröffentlichten Meinung repräsentativer als anhand einzelner Autoren erfassen und gewichten läßt[20], durchaus gesehen worden – und zwar mit dem voreiligen Analogieschluß, den radikalisierten Krisen-Reichstag von 1930 zum bloßen Konjunkturphänomen wie jenen von 1924 zu bagatellisieren. Tatsächlich lag eine maßgebende Differenz bereits darin begründet, daß rechtzeitig vor erneuten Reichstagswahlen im Dezember 1924 (Bilanzgewinn für die drei Verfassungsparteien: + 6,3 Prozent) und zu jenen vom Mai 1928 (zusätzlich + 1 Prozent, mit erheblichem Mandatszuwachs wegen der konservativen Aufsplitterung) die wirtschaftliche und außenpolitische Lage konsolidierter erschien. Demgegenüber hat sich auf dem »Weg in die Katastrophe«[21] der Jahre 1930 bis 1932/1933 die wirtschaftliche und soziale Destabilisierung noch immer weiter vertieft. Überdies wurden die Deutschnationalen sowie die Kommunisten in ihrer Handlungsfähigkeit als politische Kontrahenten einer demokratischen Republik in der Inflationskrise *über*schätzt, die seit 1930 in atemberaubendem Tempo erstarkenden Nationalsozialisten jedoch als neue Herausforderung von vornherein *unter*schätzt. Die während und im Gefolge des »Dritten Reiches« anzutreffenden Neigungen, der Weimarer Republik das Stigma einer zum Scheitern verurteilten Ordnung aufzuerlegen, dienten Zeitgenossen (und deren politischen Erben nach 1945) letztlich auch zur bequemen Entlastung von kritischen Anfragen, ob nicht erst *ihre* Fehler und Versäumnisse die Chancen dieser Verfassungsdemokratie auch unter widrigen Bedingungen verspielt haben.

---

19 Zu den Stimmenverteilungen vgl. Jürgen Falter/Thomas Lindenberger/Siegfried Schumann, Wahlen und Abstimmungen in der Weimarer Republik. Materialien zum Wahlverhalten 1919–1933, München 1986 (Übersicht: S. 44).

20 Auf der Materialbasis sämtlicher Tageszeitungen, die in Berlin und Wien mit regelmäßiger überregionaler politischer Berichterstattung überliefert sind, bereitet der Verfasser derzeit (zus. mit Gabriele Melischek und Josef Seethaler an der Österreichischen Akademie der Wissenschaften) eine entsprechende Publikation mit Analyse und Dokumentation vor, die 1994 mit dem Buchtitel erscheinen soll: »Die ›Erfolgsspirale‹ der Ungleichzeitigkeit: Wahrnehmungs- und Bewertungsmuster des nationalsozialistischen Masseneinflusses in der Berliner und Wiener Tagespresse 1927–1932«.

21 Dazu als über das Themenfeld des Untertitels hinausgreifendes Standardwerk einer Gesamtdarstellung Heinrich August Winkler, Der Weg in die Katastrophe. Arbeiter und Arbeiterbewegung in der Weimarer Republik 1930 bis 1933, Berlin-Bonn 1987.

Klaus Drobisch

Nationalsozialistische Verbrechen und widerständige Reaktionen

»Unabhängig von jeder Bindung« müsse die politische Polizei »jedes zur Erreichung des notwendigen Zwecks geeignete Mittel anzuwenden« in der Lage sein, propagierte der SS-Oberführer Werner Best, Regierungsdirektor und Leiter der Abteilung Verwaltung im Geheimen Staatspolizeiamt 1936. »Denn nach richtiger Auffassung haben im nationalsozialistischen Führerstaat die zum Schutz des Staats und des Volkes und zur Durchsetzung des Staatswillens berufenen Einrichtungen grundsätzlich jede zur Erfüllung ihrer Aufgabe erforderliche Befugnis, die sich allein aus der neuen Staatsaufgabe ableitet, ohne daß es einer besonderen Legitimation bedarf.« Und noch deutlicher: »Allein die Wehrmacht im Kampf gegen den äußeren Feind und die Geheime Staatspolizei im Kampf gegen den inneren Feind müssen von solchen Bindungen [rechtlichen Normen, d. Verf.] freibleiben, um ihre Aufgaben erfüllen zu können.«[1] Die solcherart umrissene rechtliche Ungebundenheit sicherheitspolizeilichen Vorgehens gegen kritische Äußerungen über das NS-Regime und dessen Politik, gegen jeden vermeintlichen oder tatsächlichen Widerstand und bei dem forciert vorbereiteten Eroberungskrieg hatten die Vordenker der Gestapo seit 1933 schon weitgehend durchgesetzt und praktiziert.

Jeden Entgegenstehenden mit allen Mitteln aus dem Weg zu räumen, den die neuen Gewalthaber einschlugen, charakterisierte von Anfang an ihr Vorgehen. Heinrich Himmler, Reichsführer SS und gerade ernannter Chef der deutschen Polizei, gab im Oktober 1936 bei der konstituierenden Sitzung des Ausschusses für Polizeirecht der Akademie für Deutsches Recht zu: »Wir Nationalsozialisten haben uns dann ... nicht ohne Recht, das wir in uns trugen, wohl aber ohne Gesetz an die Arbeit gemacht. Ich habe mich auf den Standpunkt gestellt, ob ein Paragraph unserem Handeln entgegensteht, ist völlig gleichgültig ... Ob die anderen Leute über die ›Brechung der Gesetze‹ jammerten, war in diesen Monaten und Jahren, in denen es um Leben und Sterben des deutschen Volkes ging, gänzlich gleichgültig. Das Ausland – nicht am wenigsten genährt durch zahlreiche Kräfte des Inlands – sprach natürlich von einem rechtlosen Zustand in der Polizei und damit im Staat.«[2]

Himmler mußte einräumen, daß Deutsche in beunruhigender Zahl dem Unrechtsregime ablehnend gegenüberstanden, hauptsächlich zuerst wegen der Verhaftungen, Mißhandlungen und Morde in der »Schutzhaft« und in den Konzentrationslagern,

1 Werner Best, Die Geheime Staatspolizei, in: Deutsches Recht, 6 (1936) 7/8, S. 126.
2 Zit. nach Hans Buchheim, Die SS – das Herrschaftsinstrument, in: ders./Martin Broszat/Hans-Adolf Jacobsen/Helmut Krausnick, Anatomie des SS-Staates, Bd. 1, Olten u. a. 1965, S. 108.

wegen der einsetzenden und rasch ausufernden politischen Judikatur, der antijüdischen Hetze, den Entrechtungen, Repressionen, der Vertreibungspolitik und den Pogromen. Später folgten Gewalttaten in annektierten und besetzten Gebieten, eine menschenunwürdige Behandlung von Kriegsgefangenen und ausländischen Zwangsarbeitern, die Tötung geistig und körperlich Behinderter, die Deportation und systematische Ermordung der Juden Europas, schließlich Mordtaten und Zerstörungen bei Kriegsende.

Aus grundsätzlichen, politischen oder humanen Beweggründen unterstützten Deutsche individuell oder organisiert Opfer, halfen ihnen, äußerten sich mündlich und schriftlich über die Verbrechen, protestierten gegen diese und erwogen, wie das Unrecht zu beseitigen und zu sühnen sei. Deswegen oft selbst von Polizei, SS, Gestapo oder Justiz bedroht, versuchten sie, auch in Konzentrationslagern und Strafanstalten durch Selbstbehauptung und gegenseitigen Beistand ihre geistige Ungebrochenheit zu bewahren.

Widerstand gegen Inhaftierungen und Mißhandlungen

Die Verhaftungen politischer Gegner – von Ende Februar bis April 1933 schätzungsweise 46 500 bis 48 500 – durch SA und SS, die die Gefangenen in Prügelstätten und Konzentrationslager warfen, bildeten einen ersten Bestandteil der NS-Herrschaftsetablierung und -sicherung. Die Inhaftierungen erregten ebenso wie die Mißhandlungen in Lagern und Gefängnissen alsbald beträchtliche Aufmerksamkeit. Diesbezügliche Gerüchte wurden zum einen von den Machthabern zur Abschreckung genutzt, während Zeitungsberichte und Besichtigung von Konzentrationslagern durch in- und ausländische Journalisten ein verharmlosendes Bild hervorbringen sollten. Zum anderen suchten die Nationalsozialisten mit Verurteilungen durch Sondergerichte die Quellen mißliebiger Schilderungen zu verstopfen, die meist von Entlassenen und deren Familienangehörigen ausgingen, welche unter dem Siegel der Verschwiegenheit ihre Erlebnisse erzählten. Besuche von KZ-Häftlingen trugen Demonstrationscharakter ebenso wie Beisetzungen von Ermordeten. Hilfsorganisationen der Arbeiterbewegung, aber auch Geistliche unterstützten die Inhaftierten und bemühten sich um deren Familien.

Berichte der Opfer verbanden sich auf Flugblättern und in mehrseitigen, heimlich hergestellten und verbreiteten Schriften mit Protesten gegen die Willkür und mit Forderungen nach der Freilassung der Gefangenen, wobei prominente Namen wie die des parteilosen Rechtsanwalts Hans Litten, des SPD-Funktionärs Carlo Mierendorff, des Publizisten und Kriegsgegners Carl von Ossietzky und des KPD-Vorsitzenden Ernst Thälmann für alle standen. Exilperiodika schilderten die Zustände in den frühen Konzentrationslagern ebenso wie ausführliche Publikationen von aus Lagern Geflohenen, so die des Kommunisten Hans Beimler über Dachau (1933) – auf die sich u. a. ein Münchener katholischer Stadtpfarrer und dessen Vikare beriefen –, die des SPD-Reichstagsabgeordneten Gerhart Seger über Oranienburg (1934) mit Anzeigen beim preußischen Ministerpräsidenten und beim Reichsjustizministerium oder zusammenfassend wie im kommunistischen »Braunbuch« über Reichstagsbrand und Hitler-Terror (1933) und im sozialdemokratischen Sammelband »Konzentrationslager. Ein Appell an das Gewissen der Welt« (1934). Nach Deutschland geschmuggelt, fanden solche Enthüllungen heimliche Leser.

Als sich Mitte der dreißiger Jahre die Widerstandskraft aus der Arbeiterbewegung wegen der zunehmenden Repressionen reduzierte, bezogen die Männer der Kirche Stellung: Im Juli 1935 zeigte der katholische Berliner Dompfarrer Bernhard Lichtenberg in einer Eingabe an Göring Mordtaten im KZ Esterwegen an. Sonntägliche Fürbitten der oppositionellen Bekennenden Kirche erinnerten an das Unrecht, zuerst wohl im Januar 1935 in St. Annen in Berlin-Dahlem. Eine Denkschrift der Leitung der Bekennenden Kirche an Hitler vom Mai 1936 geißelte neben der Einschränkung der Gewissensfreiheit und Religionsausübung auch die Tätigkeit der Gestapo und die Vergehen in den Konzentrationslagern. In Kurzfassung von Kanzeln verlesen, ausführlich massenhaft gedruckt verbreitet und ins Ausland geschmuggelt, fand diese Denkschrift beträchtlichen Widerhall. Einen Monat darauf beschrieben zwei aus dem KZ Sachsenburg entlassene evangelische Geistliche ihre dortigen Erlebnisse und mahnten zu Protesten; die erfolgten mündlich und schriftlich im großen Maße, bis hin zum Vordringen von Delegationen in die Reichskanzlei, als Pastor Martin Niemöller im März 1938 in das KZ Sachsenhausen geworfen wurde. Dabei wurdc allerdings auch davon gesprochen, daß Niemöller unter »politischen Verbrechern« sei.

Gefangene leisteten sich auch gegenseitig Beistand durch Hilfe für Geschundene und in Arrest Geworfene oder medizinische Betreuung von Kranken und Mißhandelten. Dabei griffen sie manchmal zum Hungerstreik, um gegen die Haft und ihre Bedingungen zu protestieren. Sie gedachten in Schweigeminuten ihrer Toten und versuchten, Kriminelle aus Lagerfunktionen oder – als Kalfaktoren – in Justizvollzugsanstalten zu verdrängen, da diese mit den NS-Schergen gemeinsame Sache machten. Die Selbstbehauptung in KZ- und Justizhaft förderte den engeren Zusammenhalt der politischen Gefangenen[3]. Auf dieser Basis konnte in ähnlichen Formen und unter Mitwirkung ausländischer Häftlinge das Widerstehen in den großen Konzentrationslagern während der Kriegszeit ein größeres Gewicht einnehmen[4].

Verglichen mit der Kritik an der »Schutzhaft« und an den Konzentrationslagern traten die Proteste gegen die NS-Justiz und den Strafvollzug zurück; gleichwohl äußerte sich – wohl einmalig – solcher Protest neben traditioneller Hilfe für die Opfer in der Messe des katholischen Stadtpfarrers Alois Dangelmaier in Metzingen (Württemberg) für sechs im November 1933 in Köln hingerichtete Kommunisten, aber auch in Flugblättern und Exilschriften, so der SPD-Denkschrift anläßlich des Internationalen Strafrechts- und Strafpflegekongresses in Berlin im August 1935 oder den Enthüllungen in dem Band »Das deutsche Volk klagt an« (1936). Um derartige Aussagen zu widerlegen, durften namhafte Teilnehmer der Tagung Haftanstalten besichtigen, wo sie sich – ebenso wie Carl Burckhardt vom Internationalen Komitee des Roten Kreuzes kurz darauf in den Konzentrationslagern Dachau, Esterwegen und Lichtenburg – von Augenscheinlichkeiten täuschen ließen. Hingegen bewegten der genaue Einblick in die Realität der Judikatur und des Strafvollzugs und ihre christliche Ethik beispielsweise die Berliner Pfarrer Peter Buchholz, August Ohm und Harald Poelchau, den

3 Siehe Klaus Drobisch/Günther Wieland, System der NS-Konzentrationslager 1933–1945, Berlin 1993, S. 37f., S. 141ff., S. 228ff. und S. 311ff.

4 Vgl. Hermann Langbein, ... nicht wie die Schafe zur Schlachtbank. Widerstand in den nationalsozialistischen Konzentrationslagern, Frankfurt am Main 1980.

Inhaftierten nicht nur Trost zu geben, sondern auch Mitteilungen hinein- und herauszuschmuggeln, ihnen Nahrungsmittel und anderes zuzustecken und sich insbesondere den ab 1942 immer zahlreicheren Todeskandidaten zu widmen[5].

Aufstehen gegen Judenverfolgung

Der pogromartige »braune« Einbruch in das von Juden bewohnte Berliner Scheunenviertel, die gewaltsame Verjagung von Rechtsanwälten und Richtern jüdischer Herkunft aus den Gerichten im März 1933, der reichsweite »Boykott« des 1. April und das »Berufsbeamtengesetz« vom 7. April 1933, verbunden mit einer zügellosen antijüdischen Hetze, offenbarten die antisemitische Seite der NS-Gewaltherrschaft. Hierauf äußerten manche Deutsche ihre Ablehnung durch Bedauern und Hilfeleistung, aber auch durch Mißachtung des Verbots, jüdische Geschäfte, Arzt- und Rechtsanwaltspraxen zu betreten. Noch konnten von einzelnen, darunter Pfarrer, die Rassendoktrin und die antisemitische Politik öffentlich verworfen werden; gleichzeitig erschienen im Exil Berichte über die Untaten nicht zuletzt im »Braunbuch«, im »Schwarzbuch« (1934), im Band »Der gelbe Fleck« (1936), und die Deutschland-Berichte der Sopade enthielten darüber ständig Einzelheiten. In der Folgezeit wagten es einige Geistliche, Bescheinigungen aus Kirchenbüchern mit falschen Angaben über getaufte Vorfahren auszustellen. In der Bekennenden Kirche erhoben sich einzelne Stimmen gegen die Anwendung der »Arierparagraphen« in der evangelischen Kirche.

Mißbilligungen verstärkten sich dann bei lokalen Ausschreitungen im Vorfeld und nach Erlaß der »Nürnberger Gesetze« vom September 1935, die freilich nicht lange anhielten. Der Novemberpogrom 1938 mit Brandschatzungen, Massenverhaftungen und Morden löste weit mehr Entsetzen unter der Bevölkerung aus. Von den Kanzeln verurteilten Pfarrer Julius von Jan in Oberlenningen (Württemberg) die Verbrechen, Dompropst Lichtenberg in Berlin die Brandstiftung in Gotteshäusern. Lichtenberg schloß seitdem bis zu seiner Denunziation im Oktober 1941 Juden in seine öffentlichen Gebete ein. Neben einigen wenigen, die sakrale Schätze retteten und bei Aufräumarbeiten halfen, erfolgte mehr Hilfe bei der erzwungenen Auswanderung, sowohl individuell als auch organisiert. Dies geschah insbesondere durch die katholische Hilfsstelle Lichtenbergs mit Unterstützung von Margarete Sommer und Gertrud Luckner sowie durch das Büro des Berliner evangelischen Pfarrers Heinrich Grüber mit Verbindungsleuten in anderen Städten, überwiegend für »Judenchristen«[6].

Die zentrale Stellungnahme der KPD hob die Gleichheit aller Menschen hervor und rief dazu auf, jüdischen Mitbürgern mit allen Mitteln zu helfen. Dies konnte – ähnlich der schon seit 1933 vorwiegend für politische Häftlinge aus jüdischen Familien oder Gemeinden erfolgenden Hilfe – vor allem in den KZ Buchenwald, Dachau und

5 Siehe Harald Poelchau, Die letzten Stunden. Erinnerungen eines Gefängnispfarrers, Berlin 1949; Brigitte Oleschinski, Mut zur Menschlichkeit. Der Gefängnisgeistliche Peter Buchholz im Dritten Reich, Königswinter 1991, S. 76ff.

6 Siehe u. a. Helmut Eschwege (Hrsg.), Kennzeichen J. Bilder, Dokumente, Berichte zur Geschichte der Verbrechen des Hitlerfaschismus an den deutschen Juden 1933–1945, Berlin 1981, S. 46ff. und S. 121ff.

Sachsenhausen geschehen. Die dort gewachsene Verbundenheit, die christliche Gefangene einschloß, bewährte sich in dem Chaos, das die Masseneinlieferungen hervorriefen, und in den unbeschreibbaren Verhältnissen, die die KZ-Verantwortlichen bewußt herbeiführten.

Gegen Verbrechen in den annektierten und okkupierten Gebieten

Die ersten bewaffneten Schritte über die deutschen Grenzen mit den darauffolgenden Verhaftungen lösten vor allem bei Kommunisten, Sozialdemokraten und pazifistisch Gesinnten Widerspruch aus. Nach dem Überfall auf Polen appellierten beide Parteiführungen und ihre Anhänger, sich dem Krieg entgegenzustellen und ihn durch den Sturz des Regimes zu beenden, da dieses über das deutsche Volk und die Bevölkerung Europas neues Unheil brächte. Die wenigen Militärs und Beamten, die 1938 überlegten, ob sie Hitler entmachten sollten, distanzierten sich von den Annexionen und Kriegsvorbereitungen 1939 nicht; hingegen sammelten manche Offiziere im Herbst 1939 Berichte über die Verbrechen an Polen, die mehrere Armee- und Oberbefehlshaber auf dem Dienstweg weitergaben, vor allem im Hinblick auf die Untaten von SS-Einheiten und in Sorge um die »Manneszucht«. Die beginnenden Deportationen von Polen, insbesondere Juden, die erste Verschleppung österreichischer und tschechischer Juden nach Südostpolen und die Morde an Geisteskranken tauchten in solchen Meldungen nicht auf, die später nach einer Mahnung des Oberbefehlshabers des Heeres ganz unterblieben[7].

Massenerschießungen – auch durch Wehrmachteinheiten – wurden von Frontstäben nach dem Überfall auf die UdSSR im Juni 1941 kaum noch kritisch reflektiert, richteten sie sich doch gegen die »bolschewistische Gefahr«. Wohl aber versuchten einige Offiziere, dort Exekutionen zu unterbinden. Auch in der Abteilung Ausland/Abwehr des Oberkommandos der Wehrmacht (OKW) fanden die Mordbefehle und Gewaltverbrechen Aufmerksamkeit. Von dem Völkerrechtsexperten Helmuth James Graf von Moltke zusammengestellt, legte der Abwehrchef Wilhelm Canaris im September 1941 eine Erinnerung an die Grundsätze zur Behandlung von Kriegsgefangenen vor, die gegenüber der Sowjetunion mißachtet worden waren. [Moltke registrierte das organisierte Massensterben und die Exekutionen sowjetischer Soldaten ebenso wie die Geiselmorde in Griechenland, Serbien und Westeuropa.] Der Chef des OKW, Wilhelm Keitel, wies die Demarche jedoch zurück[8].

Mitglieder der Berliner Widerstandsorganisation um Arvid Harnack und Harro Schulze-Boysen erhielten Fotos von Erschießungsszenen. Das Bild eines ermordeten Kindes bewegte sie zu einem als Flugblatt hergestelltem fiktiven »Brief des Haupt-

---

7 Siehe Raul Hilberg, Die Vernichtung der europäischen Juden, Bd. 1, Frankfurt am Main 1990, S. 199 ff.; Ludwig Nestler/Wolfgang Schumann (Hrsg.), Europa unterm Hakenkreuz. Die faschistische Okkupationspolitik in Polen 1939–1945, bearb. von Werner Röhr, Berlin 1989, S. 142 ff.; Helma Kaden/Ludwig Nestler (Hrsg.), Dokumente des Verbrechens. Aus den Akten des Dritten Reiches 1933–1945, Bd. 2: Dokumente 1933–Mai 1941, Berlin 1993, S. 164 ff.; viele der in den beiden letztgenannten Dokumentationsreihen edierten dienstlichen Berichte über Verbrechen erhellen, was davon Wehrmacht und Behörden bekannt war.

8 Siehe Hans-Adolf Jacobsen, Kommissarbefehl und Massenexekutionen sowjetischer Kriegsgefangener, in: H. Buchheim/M. Broszat/H.-A. Jacobsen/H. Krausnick (Anm. 2), Bd. 2, S. 251 ff.

manns Denken an seinen Sohn« und einen »Offenen Brief an die Ostfront«, die – von dem Foto ausgehend – aufwühlend die Untaten an Zivilisten schilderten, den Völkermord anprangerten, zur Verweigerung und Unterbindung der Verbrechen aufforderten sowie eine Abrechnung voraussagten. Die Diskussion über den Völkermord auf dem besetzten sowjetischen Territorium nahm einen solchen Umfang an, daß Martin Bormann in einem Rundschreiben der Parteikanzlei der NSDAP am 9. Oktober 1942 konstatieren mußte: »Im Zuge der Arbeiten an der Endlösung der Judenfrage werden neuerdings innerhalb der Bevölkerung in verschiedenen Teilen des Reichsgebietes Erörterungen über ›sehr scharfe Maßnahmen‹ gegen die Juden, besonders in den Ostgebieten, angestellt. Die Feststellungen ergaben, daß solche Ausführungen – meist in entstellter oder übertriebener Form – von Urlaubern der verschiedenen im Osten eingesetzten Verbände weitergegeben werden, die selbst Gelegenheit hatten, solche Maßnahmen zu beobachten.« Weiter verzeichnete das Rundschreiben, »daß nicht alle Volksgenossen für die Notwendigkeit solcher Maßnahmen das genügende Verständnis aufzubringen vermögen«[9]. Fast am selben Tag erfuhr Moltke, wohl durch einen Gleichgesinnten, von den Gaskammern in den Menschenvernichtungsstätten in Polen. Schon im Sommer 1942 bezeichnete aufgrund von Berichten eines anderen Augenzeugen das zweite Flugblatt der Weißen Rose den Mord an 300000 polnischen Juden als »das fürchterlichste Verbrechen an der Würde des Menschen, ein Verbrechen, dem sich kein ähnliches in der ganzen Menschengeschichte an die Seite stellen kann«[10].

Menschlichkeit gegenüber Kriegsgefangenen und ausländischen Zivilarbeitern in Deutschland

Als im September 1941 die ersten gefangenen sowjetischen Soldaten durch Oranienburg in das KZ Sachsenhausen getrieben wurden, schüttelten Einwohner den Kopf über ihr Aussehen. Manche mochten Mitleid gefühlt oder sich empört haben. Doch was die sowjetischen Soldaten hinter den Lagermauern erwartete, blieb ihnen verborgen: Dahinvegetieren, Tod durch Erschießen, später durch Zwangsarbeit. Politische Häftlinge versuchten hier wie in Buchenwald und Dachau den Kriegsgefangenen zu helfen und sie über ihr Schicksal zu unterrichten. In Dachau berechneten dann zwei Kommunisten die Zahl der Erschossenen anhand ihrer Stiefel, in Buchenwald hielt sie ein Sozialdemokrat heimlich nach den SS-Vollzugsmeldungen fest.

Die Verordnung vom 25. November 1939 sah für privaten Umgang von Deutschen mit Kriegsgefangenen eine Zuchthausstrafe vor; spätere Anweisungen bedrohten Zivilarbeiter aus dem Osten bei Kontakten zu Deutschen mit dem Tod. Dennoch durften – dessen unbewußt oder bewußt – auf dem Lande vielfach polnische und sowjetische Arbeitskräfte am selben Tisch mitessen, kam es zu freundschaftlichen oder sogar intimen Beziehungen, die mit Anprangerung der Frauen, Einweisung der Ausländer in Konzentrationslager oder mit ihrer – manchmal öffentlichen – Hinrichtung endeten.

---

9 Parteikanzlei der NSDAP (Hrsg.), Verfügungen, Anordnungen, Bekanntgaben, Bd. 3, München o. J., S. 131.

10 Rudolf Lill (Hrsg.), Hochverrat? Die Weiße Rose und ihr Umfeld, Konstanz 1993, S. 197.

Wie oft sich einzelne Deutsche über die Verschleppung, Existenz- und Arbeitsbedingungen von Männern, Frauen, Greisen, Jugendlichen, sogar Kindern wie auch von KZ-Häftlingen empörten, ein freundliches Wort an sie richteten, sie seelsorgerisch betreuten, ihnen Nahrungsmittel zusteckten oder ein Kleidungsstück überließen, Arbeitszurückhaltung und Sabotage übersahen oder gar Fluchthilfe leisteten, läßt sich nicht erfassen. Allein die Zahl der wegen Umgangs mit Ausländern Verhafteten betrug von Juni bis Dezember 1941 über 2800, 1942 fast 5000, zwischen Januar und September 1943 mehr als 15300, von April bis Juni 1944 knapp 1200[11]. Vor allem während der zweiten Kriegshälfte arbeiteten deutsche Widerstandsgruppen mit Ausländern zusammen, so in München mit sowjetischen Kriegsgefangenen, in Berlin, Magdeburg und Leipzig sowie in Konzentrationslagern.

Engagement für die Rettung von Kranken

Etwa ab Frühjahr 1940 kamen Gerüchte auf, daß aus Heil- und Pflegeanstalten geistig und körperlich Behinderte abtransportiert würden und bald an anderen Orten verstürben. Manche Familien holten deswegen ihre Angehörigen aus den Anstalten zurück; Pflegepersonal und Ärzte einiger Einrichtungen suchten die »Verlegung« hinauszuzögern oder durch positive Diagnosen abzuwenden. Dies rettete einigen zehntausend Patienten das Leben.

Als die Vermutungen sich zur Gewißheit verdichteten, intervenierten Leiter von evangelischen und katholischen Pflegestätten und die Bischöfe der beiden großen Kirchen bei Reichsministerien und Reichskanzlei. Der Brandenburger Amtsrichter Lothar Kreyssig wandte sich wegen seiner Pfleglinge an das Reichsjustizministerium. Einzelne Geistliche sprachen darüber vor ihren Gemeinden und bei Beisetzungen von ermordeten geistig oder körperlich Behinderten. Es gab Protestschreiben, die auch vervielfältigt wurden, wie etwa durch eine Ärztin und einen Arzt in Frankfurt am Main; beim Prozeß gegen die beiden durften auf Berliner Anweisung die Morde nicht erwähnt werden.

Als der katholische Bischof von Münster, Clemens August Graf von Galen, in seiner Predigt am 3. August 1941 den Mord an Kranken förmlich anzeigte, erfuhren durch die Wiedergabe der Predigten an anderen Orten, aber auch über ihre Verbreitung durch Kommunisten in Berlin, Hamburg und München, viele davon. Zu ihnen gehörte Hans Scholl, den der Protest zu eigenen Schriften anregte. Die Enthüllung der Mordtaten und die daraus folgende Befürchtung, daß diese auch auf Verwundete ausgeweitet werden würde, trug maßgeblich zur »offiziellen« Einschränkung der »Euthanasie« bei[12]. Gleichwohl gelangte die Galensche Predigt ins Ausland, wo sie auch die in Stockholm erscheinende Wochenzeitschrift der Kommunistischen Internationale »Die Welt« Ende 1941 als Zeugnis nazistischer Verbrechen und des Widerstandes publizierte.

---

11 Siehe Autorenkollektiv (Ltg. Wolfgang Schumann), Deutschland im zweiten Weltkrieg, Berlin-Köln 1974–1985, Bd. 2, S. 86 und S. 412, Bd. 3, S. 241, Bd. 4, S. 407, Bd. 5, S. 219.

12 Siehe Kurt Nowak, »Euthanasie« und Sterilisation im »Dritten Reich«. Die Konfrontation der evangelischen und katholischen Kirche mit dem Gesetz zur Verhütung erbkranken Nachwuchses und der »Euthanasie«-Aktion, Weimar-Göttingen 1984[3].

Widerstand gegen Deportation und Ermordung deutscher Juden

Als ab 19. September 1941 das NS-Regime Juden im Reichsgebiet durch den Gelben Stern brandmarkte, drückten manche Deutsche ihre Abscheu über die Kennzeichnung und ihre Sympathie mit den Verfolgten durch ostentatives Übersehen des Sterns oder durch freundliche Begrüßung aus. Fünf Wochen nach der Stigmatisierung setzten in Großstädten die Deportationen ein. Sie und ihre Form lösten bei Augenzeugen Erschrecken, bei anderen mißbilligende Diskussionen aus. Moltke etwa erfuhr sogleich die Verschleppungsziele: Litzmannstadt (Łódź) und Smolensk, und meinte, daß die Deportierten durch Hunger und Kälte »verrecken« würden. Deshalb versuchte er, eine gegen die Verschleppten gerichtete Verordnung zu Fall zu bringen[13].

Flugblätter wie die der Weißen Rose wollten aufrütteln, wenn sie von der Mitschuld eines jeden Deutschen sprachen und von jedem verlangten, die »abscheulichste aller Mißgeburten von Regierungen aus der Welt zu schaffen, um nicht noch mehr Schuld auf sich zu laden«[14] – ein einmaliger Aufruf von NS-Gegnern bürgerlicher Herkunft 1942. Ähnlich argumentierten später Stellungnahmen wie die der Christen vom Nationalkomitee »Freies Deutschland« in Veröffentlichungen über Exhumierungen in Babi Jar bei Kiew vom Juli 1944, über das Vernichtungslager Majdanek im folgenden Oktober oder über Auschwitz im März und April 1945.

Ungeachtet der Gefahr für Leib und Leben, stand eine nicht mehr festzustellende Zahl Deutscher – einzelne, Gruppen oder Organisationen – den Bedrohten im Alltag bei: mit Nahrungsmitteln, Geld, Ausweispapieren, medizinischer Hilfe und Verstekken, teilweise für mehrere, teilweise für ein- und denselben Menschen durch verschiedene Helfer. Nur wenigen konnte die Flucht in die Schweiz ermöglicht werden, etwa über Gertrud Luckner in Freiburg im Breisgau und ihre Helfer[15]. Einmalig setzte Hans von Dohnanyi im Amt Ausland/Abwehr des OKW durch, daß im Herbst 1942 fünf Frauen, drei Männer und sechs Kinder als angebliche Agenten nach Basel ausreisen durften[16]. Ebenfalls unvergleichlich bemühte sich der Unternehmer Oskar Schindler, Häftlinge im Lager Kraków-Płaszów mit Lebensmitteln zu versorgen, vor den Vernichtungsstätten zu schützen, und bewahrte schließlich bei Kriegsende ungefähr 1 200 vor dem Tod. Nicht wenige Helfer nahmen selbst Verhaftung und Tod auf sich.

Häftlingsgemeinschaften, vor allem in den großen Konzentrationslagern, sorgten sich ebenfalls um jüdische Mitgefangene und konnten einige vor dem Tod retten, andere in den Zusammenhalt einbeziehen oder zum Widerstand aktivieren.

Auflehnung gegen blinde Zerstörungen und Morde bei Kriegsende

Den letzten Verbrechen, der Vernichtung von Vorräten, der Sprengung von Betrieben und Verkehrsanlagen, der sinnlosen Verteidigung von Orten und der Ermordung von kriegsmüden Soldaten und Häftlingen widersetzten sich zahlreiche Deutsche, bis

13 Helmuth James von Moltke, Briefe an Freya 1939–1945, München 1988, S. 308 und S. 420.
14 R. Lill (Anm. 10), S. 197.
15 Vgl. Kurt R. Grossmann, Die unbesungenen Helden. Menschen in Deutschlands dunklen Tagen, Berlin 1961^2; Anton Maria Keim (Hrsg.), Die Judenretter aus Deutschland, München 1988.
16 Vgl. Winfried Meyer, Unternehmen Sieben. Eine Rettungsaktion für vom Holocaust Bedrohte aus dem Amt Ausland/Abwehr im OKW, Frankfurt am Main 1993.

hin zu desillusionierten Anhängern des NS-Regimes. Sie behinderten den »Endkampf« auf vielfältige Weise.

Als Kolonnen von Häftlingen über Straßen und durch Orte getrieben wurden, versuchten – ungeachtet der gegen sie erhobenen Waffen der Bewacher – Bewohner spontan, den sich gegenseitig stützenden Elendsgestalten Wasser und Nahrungsmittel zu reichen. Manche verhalfen Gefangenen zur Flucht oder nahmen Entflohene auf. Vor allem im KZ Buchenwald rissen vor dem befohlenen Abtransport Gefangene den gelben Stern herunter, etliche fanden Unterschlupf in anderen Baracken, während Häftlingsfunktionäre die »Evakuierung« zu verzögern suchten. Ein kommunistischer Blockältester bewahrte jüdische Kinder und Jugendliche vor dem Marsch ins Verderben. Der Staat Israel ehrte ihn wie Dutzende andere deutsche Retter von Juden später als »Gerechten unter den Völkern«[17].

Einsatz für die Bestrafung der Verbrechen

Im April 1933 wählte der Theologe Dietrich Bonhoeffer in seiner Ausarbeitung über die Kirche vor der Judenfrage das Bild: Man dürfe nicht nur die Opfer unter dem Rad verbinden, sondern müsse ihm in die Speichen fallen[18]. Das hieß nicht nur Nothilfe, sondern – zu Ende gedacht –: Widerstand mit dem Ziel, den Tätern das Steuer zu entreißen. Ob nun politische Anschauungen, christlicher Glaube, humanistische Ethik oder auch Bekanntschaft mit den Opfern einige Deutsche bewegten, bei NS-Untaten nicht wegzusehen, sondern – oft nicht unmittelbar zum politischen Widerstand im engeren Sinn zu zählen – über die eigene Gruppe und ihr eigenes Umfeld hinaus zu helfen und sich gegen das Gewaltregime zu engagieren, es vereinte sie – wie Peter Graf Yorck von Wartenburg bei seiner Vernehmung darlegte – ein Widerstehen gegen »die nationalsozialistische Auffassung von Recht, die über die Nürnberger Gesetze hinausgehenden Ausrottungsmaßnahmen gegen das Judentum und das Vorgehen, welches wir teilweise in den besetzten Gebieten an den Tag legten«[19]. Daraus ergab sich zum einen die skizzierte humanitäre Hilfe, ein Charakteristikum vor allem nicht konspirativ Organisierter, insbesondere auch Frauen, zum anderen die wachsende Entschlossenheit, das Regime aus den Angeln zu heben.

Die Empörung über die zahllosen Verbrechen verlangte nach Sühne. Wohl als erste forderte im Zusammenhang mit programmatischen Zukunftsvorstellungen die SPD in ihrem Prager Manifest vom Januar 1934 den Sturz der Gewaltherrschaft, Verurteilungen wegen Verfassungsbruchs, Freiheitsberaubung und Mordens. 1943, im Wendejahr des Zweiten Weltkrieges, häuften sich solche Forderungen: im letzten Flugblatt der Weißen Rose (Februar), in den Ausarbeitungen des Kreisauer Kreises über die »Deutsche Beteiligung an der Bestrafung von Schandtaten«, die »Bestrafung

17 Siehe Autorenkollektiv (Anm. 11), Bd. 6, S. 659ff.

18 Siehe Eberhard Bethge/Renate Bethge/Christian Greumels (Hrsg.), Dietrich Bonhoeffer. Sein Leben in Bildern und Texten, München 1986, S. 206.

19 Archiv Peter für historische und zeitgeschichtliche Dokumentation (Hrsg.), Spiegelbild einer Verschwörung. Die Kaltenbrunner-Berichte an Bormann und Hitler über das Attentat des 20. Juli 1944. Geheime Dokumente aus dem ehemaligen Reichssicherheitshauptamt, Stuttgart 1961, S. 100.

von Rechtsschändern« sowie den »Instruktionen für die Verhandlungen über die Bestrafung von Rechtsschändern durch die Völkergemeinschaft«, die Befehle als Strafausschließungsgrund nicht gelten ließen (Juni/Juli)[20], oder im Manifest des Nationalkomitees »Freies Deutschland« (Juli), das eine Kommission zur kritischen Darstellung des NS-Unrechts und zur Zusammenstellung von Unterlagen über die Verbrechen berief[21]. Die Verurteilung des durch das NS-Regime begangenen Unrechts setzte sich fort in kommunistischen Ausarbeitungen in Thüringen und Berlin Anfang und in Moskau Ende 1944 für ein Nachkriegsprogramm oder in den für den 20. Juli 1944 vorbereiteten Aufrufen, die als erstes die Wiederherstellung des Rechts vorsahen[22]. Unmittelbar Betroffene verlangten nach ihrer Befreiung, wie etwa in Buchenwald Sozialdemokraten und Kommunisten, in getrennten oder gemeinsamen Erklärungen die Verhaftung und Verurteilung aller Kriegs- und NS-Verbrecher[23].

Wie wohl auch anderswo holten in Buchenwald Opfer 1945 heimliche Notizen aus ihren Verstecken heraus oder brachten die im Kopf fixierten Anschuldigungen und Namen der Gewalttäter zu Papier. Eugen Kogon stellte die Berichte noch im April 1945 zusammen und publizierte sie zumeist wörtlich unter dem Titel »Der SS-Staat«, eine der ersten Aufklärungsschriften über KZ-Verbrechen. Aussagen bei internationalen, ausländischen und deutschen Gerichtsverfahren und weitere Enthüllungen sahen die Betroffenen als Konsequenz der im Widerstand gefaßten Entschlüsse; Polizei und Justiz, die nach den Tätern fahndeten und über sie Urteile fällten, betrachteten darin überwiegend ein Vermächtnis des Widerstandes gegen die NS-Verbrechen.

---

20 Siehe Ger van Roon, Neuordnung im Widerstand. Der Kreisauer Kreis innerhalb der deutschen Widerstandsbewegung, München 1967, S. 553ff.

21 Siehe Erich Weinert, Das Nationalkomitee »Freies Deutschland« 1943–1945. Bericht über seine Tätigkeit und Auswirkung, Berlin 1957, S. 21 und S. 31.

22 Siehe Archiv Peter (Anm. 19), S. 147ff. und S. 213ff.

23 Siehe Nationale Mahn- und Gedenkstätte Buchenwald (Hrsg.), Konzentrationslager Buchenwald Post Weimar/Thüringen. Katalog zu der Ausstellung aus der DDR im Martin-Gropius-Bau Berlin (West) April–Juni 1990, o. O. o. J., S. 161ff.

II. Widerstand aus der Arbeiterbewegung

Die politische Arbeiterbewegung wurde von den Nationalsozialisten schon vor 1933 besonders heftig bekämpft und ohne jegliche Unterscheidung ihrer Richtungen pauschal als »marxistisch« diffamiert. Die NSDAP beanspruchte, eine andere, nämlich nationale Prägung des Sozialismus zu verkörpern, in dem sie vor allem einen besseren Ausdruck der »Volksgemeinschaft« verwirklicht sehen wollte, durch die Klassengegensätze – etwa in einer neuen Form der Betriebsgemeinschaft – aufgehoben werden sollten. Innerhalb der nationalsozialistischen Partei erhob vornehmlich der linke Flügel um Gregor Straßer den nationalrevolutionären Anspruch der nationalsozialistischen Bewegung: Ihm waren zumal diejenigen Elemente des Parteiprogramms wichtig, die in der Öffentlichkeit den Eindruck hervorriefen, die NSDAP stelle eine antikapitalistische Bewegung mit sozialistischen Zielen dar.

Trotz ihrer vereinzelten »linken« Programmpunkte kündigten die Nationalsozialisten an, den Marxismus »radikal« auszurotten. Eines ihrer tragenden politischen Prinzipien schien so – neben dem Antisemitismus und dem Antiliberalismus – auch der Antimarxismus zu sein. Dabei machten sie keinerlei Unterschied zwischen Anhängern der KPD und der Sozialdemokratie, zwischen Sozialisten oder Anhängern der verschiedenen Richtungsgewerkschaften. Eine Differenzierung hätte ihrem Politikverständnis widersprochen, das von unbedingten inneren Feindschaftsverhältnissen ausging: Der politische Gegner stellte einen »absoluten Feind« der eigenen Bewegung dar. Sie drohten deshalb für den Fall ihres Sieges an, »Köpfe rollen zu lassen«, um die politischen Kräfte der »Systemzeit« auszuschalten, denen sie die Novemberrevolution und die Weimarer »Judenrepublik« anlasteten. Kampf gegen den Marxismus – dies bedeutete für den Nationalsozialismus Vollendung der »deutschen Revolution« und Überwindung der Herrschaft der »Novemberverbrecher« in gleichem Maße.

Aber nicht nur die Vertreter des von den Nationalsozialisten im Reichstag, in den Länderparlamenten und in der Sozialpartnerschaft so heftig attackierten »Marxismus« sollten Opfer der nationalsozialistischen Verfolgung werden. Auch die Vereine und Verbände der Katholischen Arbeiterbewegung hielt die NSDAP-Führung letztlich für den Ausdruck eines zu bekämpfenden marxistischen Denkens; sie proklamierte statt dessen eine »Volksgemeinschaft«, in der alle sozialen Gegensätze ausgeglichen und die »Klassenkämpfe« beendet werden sollten. Deshalb propagierte sie den Gedanken einer »Deutschen Arbeitsfront«, die Arbeiter, Angestellte und Unternehmer umfassen sollte.

Diesem weitgehenden, pauschalen antimarxistischen Denken entsprach auf der anderen Seite, daß sich die so diffamierten Gegner der Nationalsozialisten aus der Arbeiterbewegung selbst häufig als »Antifaschisten« bezeichneten. Sie übernahmen damit einen politischen Kampfbegriff, den zuerst die Gegner der Faschisten in Italien nach der

Regierungsübernahme durch Benito Mussolini geprägt hatten. Die Vorstellungen, die in der Arbeiterbewegung mit dem Begriff »Antifaschismus« verbunden wurden, differierten allerdings stark: Sahen darin die Vertreter der Sozialdemokratie und der kleineren sozialistischen Gruppen, die Hartmut Mehringer *analysiert, vor allem den politischen Gegensatz zum italienischen Faschismus und dem – wie man formulierte – »Hitlerfaschismus« bzw. zum »deutschen« Faschismus, so waren die Kommunisten der Ansicht, die faschistische Herrschaftsform stelle nur eine – allerdings besonders radikale – Variante bürgerlich-kapitalistischer Herrschaft dar. »Kapitalismus führt zum Faschismus« erklärten sie und machten auf diese Weise deutlich, daß der Faschismus nur eine extreme Form des Kapitalismus darstelle. Eine Folge dieser verhängnisvollen ideologischen Überzeugung war die Inflationierung des Faschismus-Begriffs bei der politischen Linken, die sogar Reichskanzler wie Brüning, Papen und Schleicher als Faschisten bezeichnete und deshalb auch nach dem »Brüning-«, »Papen-« und »Schleicher-Faschismus« im neuen »Hitler-Faschismus« zunächst nur eine weitere Variante der bereits als »faschistisch« bezeichneten Regierungen sah. Siegessicher gingen die Kommunisten davon aus, daß sich die angebliche Krise des Kapitalismus angesichts der außerordentlichen hohen Arbeitslosenzahlen in Deutschland auch weiterhin von Regierungskrise zu Regierungskrise zuspitzen mußte und so die Voraussetzungen für eine proletarisch-kommunistische Revolution schaffen sollte, die unmittelbar nach dem als sicher erwarteten Zusammenbruch des »Hitler-Faschismus« erfolgen müßte. Daß der kommunistische Widerstand sich allerdings nicht allein auf diese Ziele konzentriert hat, macht* Klaus-Michael Mallmann *deutlich.*

Diese Fehleinschätzung erklärt mit, weshalb die »Machtergreifung« Hitlers von der politischen Linken vergleichsweise ruhig aufgenommen wurde. Die Zäsur, die der 30. Januar 1933 für die deutsche Geschichte darstellte, haben nur wenige ganz bewußt wahrgenommen. Deshalb erkannten auch nur wenige die Gefahr, die Hitlers Herrschaft bedeutete. Ältere Sozialdemokraten erinnerten sich an die Verfolgung der Sozialisten unter Bismarck und erklärten selbstbewußt, auch die drohenden neuen Verfolgungen überstehen zu können; so beschworen sie wiederum, wie bereits nach Papens Preußenschlag 1932, die Grundsätze ihres unbedingten Willens zur Legalität. Vor allem die Gewerkschaftsführung bekannte sich zu diesem Prinzip und versuchte frühzeitig, auch mit der Regierung unter Hitler einen modus vivendi zu finden. Diese verhängnisvolle Fehleinschätzung belastete den gewerkschaftlich motivierten Widerstand, ohne daß deshalb die These aufgestellt werden könnte, daß der Widerstand aus der freien Gewerkschaftsbewegung nicht besonders wichtig gewesen sei. Michael Schneider *zeigt auf, wie die ersten Fehleinschätzungen überwunden wurden und daß Gewerkschafter in der Regimegegnerschaft eine wichtige Bedeutung bei der Überwindung von Gegensätzen zwischen den verschiedenen Widerstandskreisen hatten, vor allem aber auch den Anspruch auf eine breitere Fundierung der Regimegegnerschaft in der Bevölkerung verkörperten. Immer wieder hatte man es später als große Belastung empfunden, daß der Widerstand gleichsam eine Bewegung ohne Unterstützung in der Bevölkerung war – Gewerkschaftsvertreter wie Wilhelm Leuschner sollten hier die Voraussetzungen für die unverzichtbare Rückkoppelung schaffen und verkörperten die Aussicht auf eine Verankerung der Umsturzbestrebungen auch im Volk.*

Lediglich Mitglieder des Republikschutzverbandes »Reichsbanner Schwarz-Rot-Gold« schienen vereinzelt bereit, auch gewaltsam die republikanische Verfassungsordnung verteidigen zu wollen. Insgesamt waren SPD und Gewerkschaften aber nicht auf einen Widerstand vorbereitet, der aus der Illegalität geleistet werden mußte. Das unterschied sie von der KPD, deren Mitglieder sich früher auf das Überleben im Untergrund eingestellt hatten, vor allem aber von den Mitgliedern der sozialistischen Gruppierungen, die teilweise schon innerhalb der Parteien konspirativ operiert hatten.

Entscheidend für das Ausbleiben eines aktiven Widerstands gegen die Machtübernahme der Nationalsozialisten waren aber die extremen Gegensätze der Parteien, Richtungen, Gruppen und innerparteilichen Flügel der Arbeiterbewegung. Obwohl sie sich deutlich voneinander abgrenzten und es deshalb zu keiner gemeinsamen Frontstellung kommen konnte, warfen sie sich später gegenseitig vor, durch ihr eigenes Verhalten die Machtergreifung der Nationalsozialisten wenn nicht begünstigt, so doch ermöglicht zu haben. Dies führte dann zu Überlegungen, eine Einheits- oder Volksfront gegen den »Faschismus« zu bilden, die allerdings nach kommunistischer Überzeugung von Vertretern der KPD dominiert werden sollte und deshalb zwangsläufig scheitern mußte, weil Anhänger der bürgerlichen Parteien und der Sozialdemokratie diesen Führungsanspruch einer stalinistisch geprägten und instrumentalisierten KPD nicht anerkennen konnten.

Unüberbrückbar schienen so die Gegensätze zwischen Sozialdemokratie und freien Gewerkschaften auf der einen und den Kommunisten auf der anderen Seite zu sein. Sie wurden nicht nur im Exil, sondern häufig sogar unter den Lebensbedingungen des Konzentrationslagers ausgetragen, allen späteren Versuchen zum Trotz, die Tatsache gemeinsamer Verfolgung auch als Voraussetzung gemeinsamer Solidarität und Aktionseinheit zu deuten.

Die Frontstellung war schon früher derart unerbittlich gewesen, daß bei Streiks eher eine Kooperation zwischen Nationalsozialisten und Kommunisten als zwischen Sozialdemokraten und Kommunisten möglich schien, wie sich während des Streiks gegen die Berliner Verkehrsbetriebe 1932 zeigte. Während die Kommunisten zwischen Nationalsozialisten und Sozialdemokraten viele Gemeinsamkeiten ausmachen wollten und die Führung der Sozialdemokraten sogar als »Sozialfaschisten« diffamierten, die auf der Grundlage des kapitalistischen Staates vor allem durch soziale Reformen die proletarisch-kommunistische Revolution zu verhindern trachteten und sich deshalb an der revolutionären Theorie von Marx und Lenin vergingen, in der sie die einzig mögliche Antwort auf den »Hitlerfaschismus« sahen, vertraten die Sozialdemokraten eine antidiktatorische Totalitarismustheorie, die von der weitgehenden Gleichartigkeit der nationalsozialistischen und der kommunistischen Diktatur ausging, die sich auf die Abschaffung des Rechtsstaats und der parlamentarischen Verfassungsordnung mit Parteienvielfalt, Grundrechten und Anerkennung des sozialen Pluralismus richtete. »Weder Stalins Sklaven noch Hitlers Knechte!« lautete eine oft skandierte und vielzitierte sozialdemokratische Wahlparole.

In diesem Gegensatz kamen die grundsätzlichen Frontstellungen zwischen Sozialdemokraten und Kommunisten zum Ausdruck, die ihre ersten Wurzeln bereits in den sozialdemokratischen Richtungskämpfen der Vorkriegszeit hatten und durch die Spaltung der Arbeiterbewegung im Ersten Weltkrieg verstärkt worden waren. Seit 1917 hatte sich eine Gruppe besonders radikaler Vertreter des linken Flügels im Spartakusbund gebildet mit dem Ziel, die deutsche Gesellschaft und das politische System revolutionär zu verändern. Unter dem Eindruck der Russischen Oktoberrevolution bekannten sich auch einige linke Sozialdemokraten zur sozialistischen Revolution; sie billigten zwar nicht uneingeschränkt die blutigen und abschreckenden bürgerkriegsartigen Gewaltex-

zesse, in denen die Bolschewiki ihre Gegner ausschalteten, darunter auch die Anhänger der russischen Sozialdemokratie und die Vertreter des russischen Liberalismus, bekannten sich aber entschieden zu einer deutschen Sowjetrepublik. Sie hätte nicht nur das gewaltsam und blutig herbeigeführte Ende der deutschen Sozialdemokratie bedeutet, sondern auch jede Möglichkeit ausgeschlossen, die am 9. November 1918 in Berlin ausgerufene Republik auf eine breite politische Grundlage von politischem Katholizismus, Linksliberalismus und Sozialdemokratie zu stellen.

Innerhalb der deutschen Arbeiterbewegung, die durch heftige politische Gegensätze geprägt blieb, wurde immer über die Bewertung der Novemberrevolution gestritten. Während die Kommunisten die Sozialdemokraten als »Arbeiterverräter« bezeichneten und die Ziele einer Räterepublik nach sowjetisch-leninistischem Vorbild verfochten, bekannten sich reformistisch orientierte Sozialdemokraten, nicht zuletzt auch in der Erinnerung an die Verfolgung der Sozialdemokratie durch Bismarck, strikt zu den Prinzipien der Legalität, des Kompromisses zwischen liberalen und sozialdemokratischen Kräften und zum Grundsatz evolutionärer Veränderung des politischen und gesellschaftlichen Systems. Sie wollten kein neues politisches System ohne breite Anerkennung in der Bevölkerung durchsetzen. Als sich die KPD nach dem Tode Lenins immer offensichtlicher an den Zielen und Interessen der Sowjetunion orientierte und in Stalin das politische Vorbild erblickte, wurde die Kluft zwischen den beiden großen Arbeiterparteien unüberbrückbar. Sie prägte auch die Auseinandersetzungen im Exil und selbst in den Konzentrationslagern, wo sich Kommunisten und Sozialdemokraten keineswegs immer zu der einheitlichen Haltung durchrangen, die man nach dem Ende der NS-Herrschaft oftmals unter Hinweis auf Volksfront- und Einheitsfrontbestrebungen oder gemeinsame politische Programme wie das »Buchenwalder Manifest« beschwor.

Es waren vor allem die Mitglieder von kleinen sozialistischen »Brückenparteien«, die in vereinzelten Gruppen versuchten, die Gegensätze zwischen Sozialdemokratie und Kommunismus zu klären oder abzumildern. Hartmut Mehringer *zeichnet ein Bild ihrer Bestrebungen, die nach dem Ende des NS-Staates die programmatische Entwicklung der SPD entscheidend beeinflussen konnten. Zu diesen sozialistischen Splitterparteien, etwa der Sozialistischen Arbeiterpartei (SAP), gehörten vor allem jüngere Anhänger, die die Möglichkeiten einer einheitlichen, zugleich revolutionären und demokratischen Arbeiterbewegung, also einen Standort zwischen SPD und KPD, zu bestimmen versuchten. Sie zielten auf die Konsolidierung ihrer eigenen Gruppen, hatten aber auch den Anspruch, die politischen Diskussionen in den großen Parteien und in den Gewerkschaften zu beeinflussen. Weil die Anhänger dieser Gruppierungen in gewisser Weise konspirative Verhaltensweisen gewohnt waren, bildeten sie früh kleinere Widerstandsgruppen und versuchten bewußt, die Phase der Unterdrückung für die »Gesinnungsbildung« zu nutzen. Der Einfluß der Anhänger dieser Gruppen wuchs vor allem im Exil, wo sie die Haltung der Exil-SPD entscheidend prägen konnten.*

Hingegen blieb die emigrierte Führungsgruppe der KPD weiterhin auf die Weisungen fixiert, die aus Moskau kamen, strebte nach der Führung in der Arbeiterbewegung und versuchte, zentralistische Führungsstrukturen in den Widerstandskampf zu tragen, den kommunistische Regimegegner im Reich wagten. Während Sozialdemokraten stärker darauf abzielten, Gesinnungsfreunde zu sammeln, wollten Kommunisten immer wieder beweisen, daß es in Deutschland eine Oppositionsbewegung gab, die durch Flugblätter und Wandparolen die von den Nationalsozialisten propagierte Gemeinschaftsideologie vor aller Augen ad absurdum führte. Gerade dieser öffentlich spürbare

Protest forderte zwar das Regime heraus, führte aber zur Verfolgung von Funktionären der KPD und damit schon in den ersten vier Jahren der NS-Diktatur zur weitgehenden Zerschlagung kommunistischer Widerstandsgruppen. Ihre Mitglieder wurden häufig durch V-Leute der Gestapo, die heimlich in die Gruppen eingeschleust worden waren, verraten und in politischen Massenprozessen verurteilt. Hinzu kam, daß kommunistische Regimegegner zunehmend an der Kompetenz der Auslandsleitungen zweifelten, von außen den Widerstand zu koordinieren oder sich gar in politische Kontroversen einzuschalten. So bildeten sich seit der Mitte der dreißiger Jahre Gruppen kommunistischer Regimegegner, die unabhängig von der Führung der Exil-KPD handeln wollten, die nach Prag und Paris schließlich ihren Sitz in Moskau genommen hatte und dort unter der Leitung von Walter Ulbricht und Wilhelm Pieck die politische Linie Stalins vertrat. Die offizielle kommunistische Parteigeschichtsschreibung hat immer wieder behauptet, daß die kommunistischen Widerstandsgruppen im Reich die Führungsrolle von Ulbricht anerkannt und dieser sogar die Führung im gesamten Widerstand ausgeübt hätte – diese Aussage ist jedoch in keiner Weise zu bestätigen. Vielmehr war es so, daß neben den Zweifeln an der Kompetenz der emigrierten KPD-Spitze die Erfahrung der politischen Säuberungen durch Stalins Willkürjustiz und schließlich der deutsch-sowjetische Nichtangriffspakt vom 23. August 1939, der Hitler den Überfall auf Polen erleichterte und die Zusammenarbeit der beiden gefährlichsten europäischen Diktatoren bei der Aufteilung Ostmitteleuropas offenbarte, eine weitgehende Lähmung des kommunistischen Widerstands bewirkten. Stalin ließ zu dieser Zeit sogar kommunistische Regimegegner an die Gestapo ausliefern.

Neben der politischen Arbeiterbewegung, die in der Tradition von Marx und Lassalle stand, war auch die Katholische Arbeiterbewegung ein wichtiges Potential des Widerstandes. Michael Kißener *beschreibt diese dem politischen Katholizismus nahestehende Bewegung, die ihre Wurzeln in den katholischen Arbeiter- und Gesellenvereinen der Kolping-Bewegung und den christlichen Gewerkschaften hatte, im Zusammenhang der Gesamtregimegegnerschaft der Arbeiterbewegung. Die Anhänger der Katholischen Arbeiterbewegung hatten vor 1933 besonders engagiert und mutig die Auseinandersetzung des politischen Katholizismus mit dem Nationalsozialismus geführt und gehörten deshalb auch vielfach zu den Verfolgten der ersten Stunden nach der Machtergreifung. Aus diesen frühen Verfolgungserfahrungen heraus reagierten sie weitgehend verständnislos auf den Abschluß des Reichskonkordats zwischen dem Vatikan und dem Deutschen Reich und fanden rasch den Anschluß an die gewerkschaftliche Widerstandsbewegung, deren führender Kopf Wilhelm Leuschner werden sollte. Vor allem die Mitglieder der Gruppe um das Kölner Ketteler-Haus verharrten in entschiedener Distanz zum NS-Staat und suchten später die Nähe zu Vertretern der freien Gewerkschaftsbewegung, zu den Berliner Widerstandsgruppen um Goerdeler und Beck und beteiligten sich auch an der Vorbereitung einer Einheitsgewerkschaft, für die sich vor allem Jakob Kaiser und Wilhelm Leuschner einsetzten.*

Die Gewerkschaftsführung hatte zunächst am hilflosesten auf die nationalsozialistische Machtergreifung reagiert und in ersten Stellungnahmen zur Enttäuschung mancher Mitglieder lediglich den Wunsch bekräftigt, wie mit den bisherigen Regierungen so auch mit der Regierung Hitlers zusammenarbeiten zu wollen. Diese Taktik der Anpassung scheiterte schon nach wenigen Monaten, als die Zerschlagung der Gewerkschaften nach dem 1. Mai 1933 und die Verhaftung der führenden Gewerkschafter deutlich machte, daß die Nationalsozialisten die Ausschaltung der gesamten Arbeiterbewegung anstreb-

ten und durch die Einweisung führender Gewerkschaftsmitglieder in die Konzentrationslager einen möglichen gewerkschaftlichen Widerstand wirkungslos machen wollten. Nach kurzer Zeit sammelten sich aber oppositionelle Gewerkschafter und bildeten eine illegale Leitung, die den Gedanken der Richtungsgewerkschaft zu überwinden trachtete und die Bildung einer Einheitsgewerkschaft nach dem Ende des NS-Staates vorbereiten wollte. Sie fand bald auch Verbindung zur politischen Opposition und war schließlich an der Vorbereitung des Umsturzes vom 20. Juli 1944 und an den Beratungen des Kreisauer Kreises beteiligt.

Die Anhänger der Arbeiterparteien und der Gewerkschaften empfanden sich als die ersten, die wichtigsten und nicht selten sogar als die »geborenen« Gegner des Nationalsozialismus; sie fühlten sich in dieser Überzeugung durch die unmittelbar nach der Machtergreifung einsetzende Verfolgung ihrer Anhänger bestätigt. Die Nationalsozialisten sahen vor allem in den Anhängern der Sozialdemokratie die entschiedenen Verteidiger der republikanischen Verfassungsordnung und bezeichneten sie deshalb als Anhänger jenes »Systems«, das auch als »Novemberrepublik« oder »Judenrepublik« apostrophiert wurde. In dieser Gleichsetzung wird bereits deutlich, daß nach dem 30. Januar 1933 die Verfolgung der politischen Gegner des NS-Staates auch rassenpolitische Ziele hatte. Weil führende Vertreter der SPD und der Gewerkschaften das Scheitern der Weimarer Republik nachträglich aus den Belastungen und Fehlentwicklungen der ersten deutschen Demokratie erklärten, sahen sie in der Restauration der Weimarer Verfassungsordnung kein positives Ziel ihres Widerstands; sie boten vielmehr ihre Beteiligung an den Neuordnungsplanungen an. Die Regimegegner im Umkreis von Beck, Goerdeler und Stauffenberg suchten ihrerseits die Verbindung zu den Vertretern der Arbeiterbewegung, weil sie hofften, mit ihrer Hilfe den unverzichtbaren Rückhalt in der deutschen Bevölkerung zu finden. Aus diesem Grunde waren die Vertreter der Gewerkschaften, der SPD und der KPD noch 1944 bestrebt, die Voraussetzungen für ihre Zusammenarbeit und die Unterstützung eines Umsturzes zu klären. Dies wurde der Gruppe um Julius Leber und Adolf Reichwein, aber auch dem Kommunisten Anton Saefkow zum Verhängnis, der unabhängig von Stalins und Ulbrichts Einflüssen eine eigenständige Linie verfolgt hatte. Zu den Geschlagenen des 20. Juli 1944 gehörten so auch Vertreter der politischen Arbeiterbewegung und der Gewerkschaften, die in den großen Kompromiß einbezogen worden waren, den der deutsche Widerstand über die alten politischen Lagergrenzen hinweg verkörperte.

Klaus-Michael Mallmann

Kommunistischer Widerstand 1933–1945

Anmerkungen zu Forschungsstand und Forschungsdefiziten

Es ist wenig verwunderlich, daß kommunistischer Widerstand immer im besonderen Maße in einem politischen Spannungsfeld stand, gehörte er doch als »antifaschistisches Erbe« zu jener moralischen Ursubstanz, auf die sich die DDR stets bezog und aus der sie ihre Existenz ableitete. Diese eminent gegenwartsbezogene Funktion des Erinnerns, die Instrumentalisierung von Geschichte für Zwecke der Herrschaftslegitimation und der Traditionalisierung in Gestalt eines volkspädagogisch intendierten Heroismus, verstellte jedoch notwendigerweise den kritischen Blick auf die Zeit zwischen 1933 und 1945, ja bedingte gewissermaßen strukturelle Einäugigkeiten, und dies galt in gleicher Weise für Ost und West. Solange Bedrohungsszenarios – manifestiert im 17. Juni 1953 und im KPD-Verbot, im Mauerbau und im Ausschluß praktizierender Kommunisten aus der Wiedergutmachung – die jeweilige Perspektive bestimmten, mußte Unbefangenheit Illusion bleiben, überlagerten sie das innerwissenschaftliche und öffentliche Deutungs- und Meinungsklima in beiden deutschen Staaten, sicherten sie dem Thema eine Beschäftigung *cum ira et studio*.

In der DDR waren die Interpretationsspielräume durch die SED-offizielle Geschichte der deutschen Arbeiterbewegung abgesteckt[1], gab es Vorgaben durch das dem ZK unterstehende Institut für Marxismus-Leninismus, das so zu einer Art Leitinstanz der Forschung avancierte. Die damit geschaffene Verkoppelung von Geschichte und Gegenwart mit der Absicht, die Fiktion aufrechterhalten zu können, Erbe des »besseren Deutschland« zu sein, führte zwangsläufig zu Rückprojektionen und Begradigungen, schuf Tabuzonen und Artefakte. Bereits der *a posteriori* allen kommunistischen Aktivitäten übergestülpte Oberbegriff des Antifaschismus schuf eine Tapetentür für Unliebsames. Daß die KPD bereits seit 1930 den Faschismus an der Macht sah, daß sie zwar den »Nationalfaschismus« bekämpfte, aber den Hauptstoß gegen den »Sozialfaschismus« der SPD richtete, wurde damit ausgeblendet. Der illusionäre Glaube, an der Schwelle der proletarischen Revolution zu stehen, verhinderte es, in der Abwehr der drohenden nationalsozialistischen Gefahr die dominante Aufgabe zu sehen; statt dessen wurde zum einen der Offensive gegen den Kapitalismus alles andere untergeordnet, galt also ein »Antifaschismus«, der sich ebenso gegen die SPD wie gegen die Republik und erste deutsche Demokratie ins-

1 Vgl. Geschichte der deutschen Arbeiterbewegung, Bd. 5: Von Januar 1933 bis Mai 1945, Berlin (DDR) 1966; Timothy W. Mason, Der antifaschistische Widerstand der Arbeiterbewegung im Spiegel der SED-Historiographie, in: Das Argument, 43 (1967), S. 144–153.

gesamt richtete[2]. Heruntergespielt wurde damit ebenso, daß sich an dieser Orientierung auch nach dem 30. Januar 1933 nichts änderte, daß der »Sozialfaschismus«-Vorwurf zunächst sogar forciert wurde und daß der kommunistische Widerstand der Anfangszeit noch ganz im Zeichen des Kampfes gegen die Sozialdemokratie und für die Revolution stand.

Zum zweiten gab es die Tendenz, das Ausmaß der Niederlage, die ja bis 1935 geleugnet worden war und deren Behauptung in der KPD als Ausschlußgrund gegolten hatte, nach wie vor zu verkleinern, indem man das Bild einer geschlossen in den Untergrund abtauchenden Partei zeichnete, die alle Schläge nach dem Motto: »Der eine fällt, die andern rücken nach«, überwand. Diese Vorstellung beruhte auf einem Ensemble von Grundannahmen, die durch einzelne Fakten selektiv illustriert, nie aber bezüglich ihrer Tragfähigkeit diskutiert wurden. Dazu zählte die Behauptung einer ungebrochenen organisatorischen Kontinuität, einer politischen Synchronität zwischen Illegalen und Politbüro, einer führenden Rolle des ZK auch im Widerstand, einer grundsätzlich richtigen, durch Korrekturen vervollkommneten Linie[3]. Irritierendes in diesem Bild heldenhafter Stringenz wurde nicht diskutiert. Daß der kommunistische Widerstand etwa in beträchtlichem Maße Gestapo-V-Leuten aus den eigenen Reihen – »umgedrehten« Illegalen oder freiwilligen Zuträgern, die sich so für ihre Vergangenheit rehabilitieren wollten und gleichzeitig daraus Kapital zu schlagen suchten – zum Opfer fiel, wurde nicht thematisiert, bestenfalls zum Einzelfall verkleinert.

Zum dritten neigte man dazu, die Wirkungen des kommunistischen Widerstandes grotesk zu überzeichnen, jede noch so unpolitische Renitenz von Arbeitern als Klassenkampf zu interpretieren[4]. Dabei berief man sich häufig recht unkritisch auf Aussagen der Akteure: »Die Ergebnisse unserer illegalen Arbeit mögen im einzelnen kaum greifbar oder meßbar sein«, so etwa der damalige Grenzinstrukteur Alfred Richter, »aber alle mündeten sie in den großen Strom kleiner und kleinster Widerstandsaktionen jeder Art, deren Summierung den Nazis so große Schwierigkeiten bereitete«[5]. Derartige Vorstellungen waren gewiß ehrenwerte Strohhalme der Illegalen, die wohl unentbehrlich waren für das subjektive Sendungsbewußtsein – historiographisch aber sind es Schimären, die den Beweis schuldig bleiben. Für das Reichssicherheitshauptamt etwa stand im Oktober 1939 lapidar fest: »Ausgesprochene Fälle von Arbeitsniederlegung oder -verweigerung u. ä., denen eine kommunistische oder marxistische Tendenz zugrunde liegt, sind bis jetzt bei II A nicht bekanntgeworden.«[6] Die Unterstellung von Kettenreaktionen aber, die den kommunistischen Widerstand zum kollektiven Inspirator proletarischer Aktivität aufwertete, projizierte die marxistisch-leninistische Wunschvorstellung vom »richtigen« Verhältnis zwischen »Avantgarde«

2 Vgl. Hermann Weber, Hauptfeind Sozialdemokratie. Strategie und Taktik der KPD 1929–1933, Düsseldorf 1982.

3 So etwa Klaus Mammach, Die KPD und die deutsche antifaschistische Widerstandsbewegung 1933 bis 1939, Frankfurt am Main 1974; Heinz Kühnrich, Die KPD im Kampf gegen die faschistische Diktatur 1933–1945, Berlin (DDR) 1983.

4 So erstmals Otto Winzer, Zwölf Jahre Kampf gegen Faschismus und Krieg. Ein Beitrag zur Geschichte der Kommunistischen Partei Deutschlands 1933 bis 1945, Berlin (DDR) 1955.

5 Zit. nach Ernst Schmidt, Lichter in der Finsternis. Widerstand und Verfolgung in Essen 1933–1945, Frankfurt am Main 1980[2], S. 72.

6 Aktenvermerk Reichssicherheitshauptamt IV (II A) vom 28. Oktober 1939, in: Bundesarchiv Koblenz (BAK), R 58/312, Bl. 5.

und »Klasse« zurück auf die Vergangenheit und preßte sie in die Zwangsjacke des Klassenkampfschemas, dessen Deutungsmuster gerade hinsichtlich der NS-Zeit versagen. Damit aber gewannen die Defizite der historischen Arbeiterbewegung, deren Denkschablonen, Irrtümer und Selbsttäuschungen, eine axiomatische Bedeutung für die Geschichtsschreibung.

Die Behauptung, daß »der antifaschistische Widerstandskampf seinem Wesen nach Klassenkampf zwischen der Arbeiterklasse sowie anderen Werktätigen und dem Monopolkapital«[7] gewesen sei, erschwerte es überdies, die soziale und politische Breite, die unterschiedlichen Zielsetzungen und Motivationen unter den Regimegegnern angemessen zur Kenntnis zu nehmen. Der ursprüngliche Exklusivanspruch des kommunistischen Widerstandes wurde zwar seit den siebziger Jahren nicht mehr aufrechterhalten, das Postulat der Hegemonie – gewöhnlich umkleidet durch den Terminus »konsequenteste Kraft« – blieb aber bestehen. Nichtkommunistischer Widerstand wurde zum kommunistischen bestenfalls in Beziehung gesetzt oder an ihm gemessen, kaum jedoch in seiner Eigenwertigkeit wahrgenommen.

Vice versa allerdings galt dasselbe in der Bundesrepublik für den kommunistischen Widerstand. Jahrzehntelang blieb er ausgegrenzt, erschien seine Würdigung wie eine Anerkennung des »Pankow-Regimes« – wie man damals sagte – und dessen Spitzen Pieck und Ulbricht, die ja bereits im Moskauer Exil die KPD repräsentiert hatten. Bestimmte in der DDR die Galerie kommunistischer Märtyrer von Thälmann bis Saefkow das öffentliche Bild des Widerstandes, so verengte es sich in der Bundesrepublik mit derselben Ausschließlichkeit auf die Troika Graf Stauffenberg, Dietrich Bonhoeffer und die Geschwister Scholl, auf den Dreiklang von Offizierskorps, Kirche und bürgerlicher Jugend. Die Totalitarismustheorie begründete diese Perspektive, rückte die Bewertung der Motive und Ziele des Widerstandes in den Mittelpunkt, richtete die Beurteilung also normativ am Maßstab der Nachkriegsdemokratie aus. Diese Vorgaben waren ahistorisch und einäugig, denn auch die Verfassungsvorstellungen des 20. Juli haben bei näherem Hinsehen mit dem Grundgesetz nur wenig gemein[8], aber sie machten – analog zur DDR – eine Unterscheidung zwischen »gutem« und »schlechtem« Widerstand plausibel.

Positionen dieser Art blieben bis in die Gegenwart hinein existent; die Anregung etwa, die Versuche der Kommunisten zur Aufrechterhaltung ihrer Organisation in der Illegalität nicht als Widerstand zu bewerten und statt dessen »eine Spur anfänglicher Zustimmung« und einen »späteren Wandel der Einstellung« zum »Begriffsmerkmal« des Widerstandes zu erheben[9], machte absurderweise die Bejahung der »Machtergreifung« zum Kriterium, während sie die Linken als die geborenen Gegner des Nationalsozialismus ausgrenzte. Allerdings besitzen derartige Positionen längst Außenseiterstatus, denn – und gerade dies kennzeichnet die unterschiedlich normierte politisch-gesellschaftliche Basis der entwickelten Interpretationsmuster in Ost und West – bereits in den sechziger Jahren begann man in der Bundesrepublik die

7 Klaus Mammach, Die deutsche antifaschistische Widerstandsbewegung 1933–1939, Berlin (DDR) 1974, S. 255.

8 Vgl. Hans Mommsen, Gesellschaftsbild und Verfassungspläne des deutschen Widerstandes, in: Walter Schmitthenner/Hans Buchheim (Hrsg.), Der deutsche Widerstand gegen Hitler. Vier historisch-kritische Studien, Köln-Berlin 1966, S. 73–167.

9 Ernst Nolte, Der europäische Bürgerkrieg 1917–1945. Nationalsozialismus und Bolschewismus, Frankfurt am Main-Berlin 1987, S. 440.

Anstrengungen der DDR-Historiographie auf diesem Feld als Herausforderung zu begreifen und damit die Ausgrenzungshermetik zu verlassen. Die frühen westlichen Arbeiten[10] blieben jedoch zunächst eindeutig im Hintertreffen gegenüber denen der DDR: Sie waren von der Materialbasis her benachteiligt, stützten sich notwendigerweise fast ausschließlich auf gedruckte Quellen, konzentrierten sich reaktiv auf die Widerlegung der Thesen von DDR-Historikern und stellten etwa die Einflußlosigkeit der exilierten Führung, den frühen Zusammenbruch der illegalen Organisationen und die Isolation der KPD heraus. Erst der seit den späten sechziger Jahren intensivierten Beschäftigung mit dem regionalen und lokalen Widerstand[11] gelang es jedoch, die anfängliche Negativfixierung zu überwinden, allmählich den Vorsprung der DDR-Historiographie abzubauen und durch differenziertere Vorstellungen zu ersetzen[12].

Gleichwohl ist auch hier oftmals ein besserwisserischer Zug zu beobachten. Im Rückblick ist es etwa leicht, den kommunistischen Massenwiderstand 1933/34 als politisch illusionär abzutun, ihn gar als »Selbstzerstörungsprozeß« zu diffamieren[13]; *ad hoc* aber waren die Kommunisten nahezu die einzigen, die gegen das neue Regime auftraten, während viele spätere Angehörige des nationalkonservativen Widerstandes Hitler damals noch für einen Hoffnungsträger hielten. Vor allem aber reflektierte man viel zu wenig, daß man aufgrund der Quellenlage im allgemeinen ja nur den von der Gestapo entdeckten kommunistischen Widerstand zu Gesicht bekam, nur das, was in Verhören zugegeben werden mußte, letztlich nur die Spitze des Eisbergs; daß man also von einem – wie sich im Einzelfall zeigen läßt[14] – beträchtlichen Dunkelfeld auszugehen hat, ohne diese verbleibende Restgröße jedoch jeweils bestimmen zu können[15]. Statt aber die quellenbedingte Beschränkung auf Polizei- und Justizakten und die dadurch verursachte Reduktion des Blicks auf den der Verfolgerinstanzen zu problematisieren, wurde diese Perspektivenverengung oft

10 Vgl. Siegfried Bahne, Die Kommunistische Partei Deutschlands, in: Erich Matthias/Rudolf Morsey (Hrsg.), Das Ende der Parteien 1933, Düsseldorf 1960, S. 655–739; Horst Duhnke, Die KPD von 1933 bis 1945, Köln 1972.

11 Vgl. insbesondere Heike Bretschneider, Der Widerstand gegen den Nationalsozialismus in München 1933 bis 1945, München 1968; Hans-Robert Buck, Der kommunistische Widerstand gegen den Nationalsozialismus in Hamburg 1933 bis 1945, München 1969; Kurt Klotzbach, Gegen den Nationalsozialismus. Widerstand und Verfolgung in Dortmund 1930–1945. Eine historisch-politische Studie, Hannover 1969; Hans-Josef Steinberg, Widerstand und Verfolgung in Essen 1933–1945, Hannover 1969; Kuno Bludau, Gestapo – geheim! Widerstand und Verfolgung in Duisburg 1933–1945, Bonn 1973; Helmut Beer, Widerstand gegen den Nationalsozialismus in Nürnberg 1933–1945, Nürnberg 1976.

12 Dies gilt insbesondere für Detlev Peukert, Die KPD im Widerstand. Verfolgung und Untergrundarbeit an Rhein und Ruhr 1933 bis 1945, Wuppertal 1980, und Hartmut Mehringer, Die KPD in Bayern 1919–1945. Vorgeschichte, Verfolgung und Widerstand, in: Martin Broszat/Hartmut Mehringer (Hrsg.), Bayern in der NS-Zeit, Bd. 5, München-Wien 1983, S. 1–286.

13 Günter Plum, Die KPD in der Illegalität. Rechenschaftsbericht einer Bezirksleitung aus dem Jahre 1934, in: Vierteljahrshefte für Zeitgeschichte, 23 (1975), S. 228.

14 Für Stuttgart, Solingen und Hamburg etwa Willi Bohn, Transportkolonne Otto, Frankfurt am Main 1970; Willi Dickhut, So war's damals ... Tatsachenbericht eines Solinger Arbeiters 1926–1948, Stuttgart 1979, S. 231 ff.; Helmuth Warnke, »Bloß keine Fahnen«. Auskünfte über schwierige Zeiten 1923–1954, Hamburg 1988, S. 40 ff.

15 Vgl. Reinhard Mann, Was wissen wir vom Widerstand? Datenqualität, Dunkelfeld und Forschungsartefakte, in: Christoph Kleßmann/Falk Pingel (Hrsg.), Gegner des Nationalsozialismus. Wissenschaftler und Widerstandskämpfer auf der Suche nach historischer Wirklichkeit, Frankfurt am Main-New York 1980, S. 35–54.

nachträglich aufgewertet, ja geradezu veredelt, indem man eine »Allwissenheit der Gestapo« unterstellte[16], gläubig und kritiklos deren Lageberichte für bare Münze nahm und ihr beispielsweise zutraute, Kommunisten »unter permanente Beobachtung« gestellt zu haben, auch wenn – wie in diesem Fall – die betreffende Stapo-Außenstelle nur mit vier bis sechs Beamten besetzt war[17].

An dieser Malaise, daß der Kenntnisstand der Gestapo im wesentlichen auch den der westdeutschen Historiographie bestimmte und begrenzte, hätten vor allem die im Zentralen Parteiarchiv der SED lagernden Akten aus KPD-Provenienz, aber auch die dort gesammelten Erinnerungen und Nachlässe kommunistischer Widerstandskämpfer, die jedoch vor der Wende nur in Ausnahmefällen von westlichen Historikern benutzt werden durften, etwas ändern können; die kommunistische Veteranenliteratur der Bundesrepublik[18] war gewöhnlich allzu schlicht gestrickt, um ein Korrektiv der beschriebenen Eindimensionalität bilden zu können. Nicht zuletzt aber resultierte aus dieser spezifischen Quellenbasis auch eine selektive Wahrnehmung von Widerstand, die in den allseits beliebten Organisationsdiagrammen ihren Ausdruck fand. Salopp formuliert lenkte die Frage, wer wem wann welches Flugblatt in die Tasche steckte, den Blick, bestimmte die Polizeiperspektive des Hochverrats auch die der Wissenschaft. Die sozialhistorische Dimension des kommunistischen Widerstandes aber, die Frage nach seiner Zusammensetzung, politischen Kultur und gesellschaftlichen Rezeption, die Untersuchung seiner Milieueinbindung, -kohärenz und -erosion, fehlte jedoch fast vollständig.

Das Resultat der bisherigen Forschung in Ost und West gleicht darum einem Paradox: Nach der Zahl der Veröffentlichungen zu urteilen, gehört der kommunistische Widerstand zu den am besten aufgearbeiteten Bereichen der NS-Zeit. Bei näherem Hinsehen aber entpuppt sich das Wissen um ihn als fragmentarisch, bestimmten – vereinfacht gesagt – die Scheuklappen, die die SED seiner Aufarbeitung verordnete, die Erkenntnisgrenzen in der DDR, die der Gestapo umgekehrt die in der Bundesrepublik. Es ist symptomatisch für diesen Torso, daß etwa über die Taktik des »Trojanischen Pferdes« zur getarnten Arbeit in den NS-Massenorganisationen, die von der »Brüsseler Konferenz« 1935 immerhin zur Leitlinie erklärt wurde[19], nicht einmal ein Aufsatz existiert. Dieses Thema war gewiß für einen DDR-Historiker politisch zu heikel, sein westdeutscher Kollege wiederum stand vor beträchtlichen Quellenproblemen – die Relevanz aber läßt sich nicht einfach mit der Behauptung vom Tisch wischen, der Widerstand habe die neue Taktik nicht akzeptiert[20]; denn genauer betrachtet zeigt sich, daß Teile der illegalen Partei sie ausdrücklich begrüßten und bereits praktizierten, andere sie auf recht unterschiedliche Weise

16 Reinhard Bein, Widerstand im Nationalsozialismus. Braunschweig 1930 bis 1945, Braunschweig 1985, S. 39.

17 Frank Bajohr, Verdrängte Jahre. Gladbeck unter'm Hakenkreuz, Essen 1983, S. 153 und S. 160.

18 Etwa Willi Bohn, Stuttgart: Geheim! Widerstand und Verfolgung 1933–1945, Frankfurt am Main 1978^3; Fritz Salm, Im Schatten des Henkers. Vom Arbeiterwiderstand in Mannheim gegen faschistische Diktatur und Krieg, Frankfurt am Main 1973; Karl Schabrod, Widerstand gegen Flick und Florian. Düsseldorfer Antifaschisten über ihren Widerstand 1933–1945, Frankfurt am Main 1978.

19 Siehe Klaus Mammach (Hrsg.), Die Brüsseler Konferenz der KPD (3.–15. Oktober 1935), Berlin (DDR) 1975, S. 268 ff., S. 348 ff. und S. 372 ff.

20 Siehe Hermann Weber, Kommunistischer Widerstand gegen die Hitler-Diktatur 1933–1939, Berlin 1988, S. 15.

erprobten[21]. Ob sich dieses Experiment des »braun getünchten Roten« lohnte oder ob es verheerende Folgen hatte, diese Frage aber – nur eine von vielen – wurde bisher nicht einmal gestellt.

Es bleibt ein disparates, von der Perspektive der NS-Verfolgungsorgane wie der SED überfrachtetes Bild des zerschlagenen, aber heroischen Widerstandes, das, korrigiert und ergänzt, zu einer neuen Synthese zusammengeführt werden muß. Dabei geht es wohlgemerkt nicht darum, Götzen vom Sockel zu stürzen, sondern das im Blickwinkel unterschiedlicher Überlieferungen verschwimmende, oft sogar konträre Bild neu zu ordnen, endlich in die sozialhistorische Dimension vorzustoßen und so auch auf diesem Feld Anschluß zu gewinnen an eine gesellschaftszentrierte Interpretation der NS-Zeit. Die Gelegenheit dazu ist so günstig wie nie zuvor, stehen doch jetzt bzw. demnächst bisher verschlossene Quellengruppen endlich zur Verfügung. Dabei kommen in erster Linie die Bestände des ehemaligen Zentralen Parteiarchivs der SED in Frage, aber auch die von dort an das Bundesarchiv abgegebenen staatlichen Akten, die in großem Umfang die Gestapo- und Justizüberlieferung komplettieren. Des weiteren ist an die vielen KPD-Betreffe in den Moskauer Archiven[22] zu denken, nicht zuletzt auch an die in Bälde zugänglichen Akten der Wiedergutmachungsbehörden in den einzelnen Bundesländern, die die Chance der kollektiven Biographie eröffnen.

Insbesondere vier Themenkomplexe besitzen klärungsbedürftige Relevanz: Zum einen ist das Sozialprofil des kommunistischen Widerstandes noch konturenlos, wurden Lebensgeschichte, Erfahrungshintergrund und Parteitradition der Illegalen bislang nicht systematisch untersucht[23]. Zum zweiten ist die politische Kultur des kommunistischen Widerstands, sind seine Feind- und Selbstbilder, seine Deutungs- und Orientierungsmuster, seine Vorstellungen über Vergangenheit, Gegenwart und Zukunft höchst unscharf. Dies begründet sich darin, daß man sich bisher fast ausschließlich auf die Verlautbarungen der Parteiführung stützte, obwohl Exil und Widerstand »trotz zeitweise enger subsidiärer Beziehungen autonome Handlungsebenen sui generis«[24] waren und das Bewußtsein der Illegalen primär von ihrer Reaktion auf die innerdeutschen Entwicklungen bestimmt wurde. Zum dritten bleibt das Verhältnis von Kommunisten und Sozialdemokraten an der Basis unklar, denn man spiegelte bislang allzusehr die Zerstrittenheit der Parteispitzen auf die Mitglieder zurück, obwohl es bereits in der Weimarer Ära keine chinesische Mauer zwischen den Anhängern beider Richtungen der Arbeiterbewegung gegeben hatte[25]. Gerät etwa in den Blick, daß 1934 nicht nur legal im Saargebiet, sondern auch in der Illegalität von

21 So jede Nummer der bislang überhaupt noch nicht ausgewerteten Deutschland-Informationen des ZK der KPD; für das Saargebiet etwa der Bericht über Hochwald (undatiert/1936), Stiftung Archiv der Parteien und Massenorganisationen der DDR Berlin (SAPMO), I 2/3/318, Bl. 82ff.; Bericht der KPD-Abschnittsleitung Forbach vom 12. Juli 1939, ebenda, I 2/3/321, Bl. 197ff.

22 Als jüngstes Beispiel jetzt Reinhard Müller, Die Akte Wehner. Moskau 1937 bis 1941, Berlin 1993.

23 Als wichtige Ausnahme Barbara Dorn/Michael Zimmermann, Bewährungsprobe. Herne und Wanne-Eickel 1933–1945, Bochum 1987, S. 166ff.

24 Werner Röder, Zum Verhältnis von Exil und innerdeutschem Widerstand, in: Exilforschung, 5 (1987), S. 36.

25 Dazu Klaus-Michael Mallmann, Milieu, Radikalismus und lokale Gesellschaft. Zur Sozialgeschichte des Kommunismus in der Weimarer Republik, erscheint demnächst in: Geschichte und Gesellschaft.

Hessen und Nordbaden »Einheitsfrontabkommen« zwischen den Bezirksleitungen von SPD und KPD geschlossen wurden[26], daß lokal sogar gemischte Gruppen existierten, kooperationswillige Sozialdemokraten selbst die Moskauer Prozesse bejahten, für eine künftige Einheitspartei eintraten und die Demokratie für überlebt hielten[27], daß die Sozialdemokraten in Sachsen und Thüringen 1945 als erste nach der »Einheit der Arbeiterbewegung« riefen, während die Kommunisten noch abweisend die Hände hoben[28], dann wird deutlich, daß es nicht genügt, nur die Ebene der Spitzenfunktionäre zu betrachten. Zum vierten sollte die Aufdeckung des kommunistischen Widerstandes genauer untersucht werden, insbesondere die unbekannte Schattenseite seiner Kollaboration mit dem Regime, der freiwilligen Agententätigkeit und der erzwungenen Einwilligung in Zuträgerdienste, um dem KZ oder den Verhörtorturen zu entkommen. Die bislang in aller Regel zu findenden Floskeln wie »ging der Gestapo ins Netz« überspielen dieses Problem, denn bei näherem Hinsehen waren deren Netze gar nicht so dicht gespannt[29]. Auch die These, die KPD habe durch ihre Beibehaltung hierarchischer Organisationsformen die Möglichkeit polizeilicher Eingriffe geradezu gefördert[30], bietet nur eine Scheinerklärung; denn zuvor mußte der Gestapo der Einstieg in die illegalen Verbindungen erst einmal gelingen.

Als sicher kann gelten, daß es nur ein kleiner, aber bemerkenswerter Teil der KPD-Mitglieder war, der das Risiko illegaler Arbeit auf sich nahm, besser gesagt: illegale Strukturen meist aus eigener Initiative schuf, um die im März/April 1933 vollständig zerbrochene KPD lokal und regional wiederaufzubauen und zu vernetzen. Denn die seit 1929 entwickelten Pläne, die Partei geschlossen in den Untergrund zu überführen, erwiesen sich in beträchtlichem Maß als Seifenblasen, scheiterten an der unvermuteten terroristischen Dynamik des neuen Regimes und an ihrer eigenen Widersprüchlichkeit, konspirativ und volksnah zugleich sein zu wollen; von Kontinuität konnte darum kaum die Rede sein, sondern in aller Regel nur von Reorganisation[31]. Das Politbüromitglied Hermann Schubert brachte dieses Scheitern auf den Punkt, als er intern befand: »Es wäre sicher schlecht mit uns bestellt, wenn die Arbeiter nicht so gut wären.«[32] Gleichwohl sank die Mitgliederzahl nach parteioffiziellen Angaben bis Juni 1933 auf 37 Prozent der Januar-Daten, belief sich also auf rund 110000 Genos-

26 Siehe für Nordbaden Heinz Hoffmann, Mannheim-Madrid-Moskau. Erlebtes aus drei Jahrzehnten, Berlin (DDR) 1985³, S. 248ff.; für Hessen Barbara Mausbach-Bromberger, Arbeiterwiderstand in Frankfurt am Main. Gegen den Faschismus 1933–1945, Frankfurt am Main 1976, S. 86ff.; zum Saargebiet Klaus-Michael Mallmann, »Lieber republikanisch sterben als faschistisch verderben«. Zum Widerstand saarländischer Sozialdemokraten, in: Zehn statt tausend Jahre. Die Zeit des Nationalsozialismus an der Saar (1935–1945), Saarbrücken 1988, S. 171–185.

27 Etwa Sitzungsprotokoll KPD-Abschnittsleitung Forbach vom 24. August 1938, in: SAPMO, I 2/3/320, Bl. 276ff.; Instrukteursbericht Saarland vom 3. Januar 1939, in: ebenda, I 2/3/321, Bl. 1ff.

28 Siehe Franz Walter/Tobias Dürr/Klaus Schmidtke, Die SPD in Sachsen und Thüringen zwischen Hochburg und Diaspora. Untersuchungen auf lokaler Ebene vom Kaiserreich bis zur Gegenwart, Bonn 1993, S. 27ff., S. 124ff. und S. 266ff.

29 Siehe Reinhard Mann, Protest und Kontrolle im Dritten Reich. Nationalsozialistische Herrschaft im Alltag einer rheinischen Großstadt, Frankfurt am Main-New York 1987, S. 287ff.; Robert Gellately, The Gestapo and German Society. Enforcing Racial Policy 1933–1945, Oxford 1990, S. 130ff.; Klaus-Michael Mallmann/Gerhard Paul, Herrschaft und Alltag. Ein Industrierevier im Dritten Reich, Bonn 1991, S. 214ff.

30 D. Peukert (Anm. 12), S. 128.

31 Grundlegend dazu Johann Wachtler, Zwischen Revolutionserwartung und Untergang. Die Vorbereitung der KPD auf die Illegalität in den Jahren 1929–1933, Frankfurt am Main u. a. 1983.

32 Schubert an Pieck vom 16. Februar 1934, in: SAPMO, I 2/3/250, Bl. 15f.

sen. Die für die Bezirke Halle-Merseburg, Baden-Pfalz, Ruhr, Nieder- und Mittelrhein vorliegenden Zahlen der verkauften Beitragsmarken für 1934 signalisierten einen relativ einheitlichen Trend; demnach blieben etwa zehn Prozent der Mitglieder in der Illegalität aktiv[33].

Es waren längst nicht nur die Schläge der Gestapo, die zu schaffen machten. Denunziationen aus der Arbeiterschaft und V-Leute in den eigenen Reihen waren Fakten, die sich mit den bisherigen politischen Vorstellungen nicht vereinbaren ließen und die an ihnen nagten. »Fast hinter jedem Prozeß in Köln stand irgendein Spitzel, der in der Arbeiterbewegung organisiert gewesen ist«[34]; diese bittere Bilanz eines kommunistischen Widerstandskämpfers galt nicht nur im Rheinland. Dennoch erscheint der Schluß aus dem Beispiel eines V-Mannes, der 1935/36 an die Spitze der illegalen KPD in Südbayern gelangte, dieser sei ein »typisches Produkt eben dieses Milieus in seiner Entwicklung unter dem Druck nationalsozialistischer Verfolgung«[35], als stark überzogen. Ebenso ist die zeitgenössische Auffassung, die KPD sei mit Spitzeln völlig durchsetzt gewesen, in dieser Allgemeinheit unzutreffend[36].

Denn wenn es überhaupt einen kontinuierlichen Träger kommunistischen Widerstandes gab, dann waren dies jene familiarisierten, häufig zwei Generationen umfassenden und oft miteinander verwandten lokalen Milieukerne, die der KPD in aller Regel bereits in ihrer Gründerzeit beigetreten waren oder aber aus der USPD kamen[37]. Gerade dort bewirkte der äußere Druck seit 1933 vielfach eine fast konservative Verhärtung, dachte man in Analogien zum November 1918 und zum »Kapp-Putsch«. Infolge der vielen erlebten Rückschläge und Enttäuschungen war man gewöhnlich aber auch realitätsgerecht genug, den geweissagten Zerfall des NS-Regimes und die daraus resultierende revolutionäre Krise nicht gewissermaßen übermorgen zu erwarten. Das Moment der Hoffnung auf den bald bevorstehenden Umsturz spielte gewiß eine Rolle, aber es bildete nicht den allein ausschlaggebenden Faktor[38]. Weit eher galt dort eine trotzige Intransigenz, gepaart mit einer historisch gewachsenen Ausdauer, gestützt durch die Erfahrung der Stigmatisierung und Ausgrenzung – Einstellungsmuster insgesamt, die in beträchtlichem Maße an die während des Sozialistengesetzes erinnern.

Auch die zunächst plausibel anmutende These, daß die 1935 beschlossene »Einheitsfrontpolitik« den kommunistischen Untergrund destabilisiert habe, weil sie das Eingeständnis der Niederlage bedeutete und damit gewissermaßen den Himmel bisheriger Revolutionserwartungen einrollte, daß also gerade die Korrektur der bislang beflügelnden Illusion »zu einer schweren Vertrauenskrise und zur Weigerung vieler Kommunisten (führte), die nunmehr aussichtslose illegale Arbeit fortzusetzen«[39],

33 Siehe Siegfried Vietzke, Die KPD auf dem Wege zur Brüsseler Konferenz, Berlin (DDR) 1966, S. 48; D. Peukert (Anm. 12), S. 165; G. Plum (Anm. 13), S. 225.

34 Dirk Gerhard, Antifaschisten. Proletarischer Widerstand 1933–1945, Berlin 1976, S. 98f.

35 H. Mehringer (Anm. 12), S. 157.

36 Siehe für das Ruhrgebiet D. Peukert (Anm. 12), S. 121ff.; für das Saarland K.-M. Mallmann/G. Paul (Anm. 29), S. 215ff.

37 Exemplarisch dazu dies., Das zersplitterte Nein. Saarländer gegen Hitler, Bonn 1989, S. 43ff., 87ff., 103ff., 182ff., 197ff., 213ff., 281ff.; ausführlich demnächst meine Studie: Die geschlagenen Sieger. Kommunistischer Widerstand an der Saar und im Exil 1933–1945.

38 Dieser Motivationsstrang wird eindeutig überschätzt von D. Peukert (Anm. 12), S. 109ff.

39 Ebenda, S. 192, ähnlich S. 231f.

steht auf empirisch dürftigen Beinen. Dagegen spricht die Bildung neuer illegaler Bezirksorganisationen in der Zeit danach, so in Nordbaden 1936 unter Leitung von Georg Lechleiter, in Berlin 1937 unter der von Robert Uhrig[40]. Eindeutig falsifiziert wird diese These auch im Saargebiet, wo sich trotz zweijähriger nationalsozialistischer Herrschaft, trotz der verheerenden Niederlage beim Plebiszit am 13. Januar 1935 und trotz der kommunistischen Massenemigration seit 1935 ein breitgefächerter Widerstand der verbliebenen KPD-Mitglieder feststellen läßt.

Motiviert wurde dieser Widerstand nach wie vor von traditionellen Glaubensgrundsätzen, von der Vorstellung vor allem, daß sich die Arbeiterschaft ähnlich wie im Ersten Weltkrieg erst vom chauvinistischen Rausch ernüchtern müsse, daß dann aber wieder – verkatert zwar, doch von allen reformistischen Schlacken gereinigt – das »gute alte Proletariat« auftauchen werde. Die neue Linie der »Brüsseler Konferenz«[41] war allen Illegalen im Land durch Schulungen, Flugblätter und Radio Moskau bekannt, ohne daß es zu den behaupteten Krisensymptomen gekommen wäre[42]. Überdies kann von einem Einschlafen des kommunistischen Widerstandes zu diesem Zeitpunkt noch keine Rede sein. »Die KPD schreitet mit ungebrochener Energie weiter vorwärts in der Organisierung ihres gesamten Apparates«, stellte damals das Amt Information, der interne Nachrichtendienst der »Deutschen Arbeitsfront«, fest; »ihre Organisation läßt, entgegen den Erfahrungen aus der früheren Kampfzeit, ein hohes Maß von fachmännischer und intelligenter Arbeit erkennen«. Das für die Linksparteien zuständige Referat II 1 A des Gestapa bestätigte diese Einschätzung und sprach gleichzeitig von einem »systematische(n) Anwachsen der kommunistisch-marxistischen Bewegung«[43].

Sicher ist jedoch, daß sich die Formen des kommunistischen Widerstandes seit 1933 erheblich änderten und sich denen der illegalen sozialdemokratischen Gruppen annäherten. Zugleich orientierten sich die anfangs fast ausschließlich nach außen gerichteten Energien tendenziell immer stärker nach innen, und der Schwerpunkt verschob sich von der Massenagitation auf die Erhaltung der Organisation. Zum einen erzwang dies die opferreiche Offensive der Anfangszeit, die trotz massenhafter Verbreitung von Flugblättern relativ wirkungslos verpuffte[44]. Zum anderen band die nunmehr konspirativ besser abgesicherte Arbeit mit ihrem verschachtelten System der Kuriere, Instrukteure und Anlaufstellen, der Technikspezialisten und Grenzapparate, die die Verbindung mit den jeweiligen Abschnittsleitungen im Ausland hiel-

---

40 Siehe F. Salm (Anm. 18), S. 136ff.; Erich Matthias/Hermann Weber (Hrsg.), Widerstand gegen den Nationalsozialismus in Mannheim, Mannheim 1984, S. 323ff.; Luise Kraushaar, Berliner Kommunisten im Kampf gegen den Faschismus 1936 bis 1942. Robert Uhrig und Genossen, Berlin (DDR) 1981, S. 45ff.

41 Siehe K. Mammach (Anm. 19), S. 581ff.; Arnold Sywottek, Deutsche Volksdemokratie. Studien zur politischen Konzeption der KPD 1935–1946, Düsseldorf 1971, S. 55ff.

42 Vgl. die regionale Studie von Ludwig Eiber, Arbeiter unter der NS-Herrschaft. Textil- und Porzellanarbeiter im nordöstlichen Oberfranken 1933–1939, München 1979, S. 150f.

43 Amt Information der Deutschen Arbeitsfront an Robert Ley vom 17. April 1935; Aktenvermerk Gestapa vom 18. April 1935, in: BAK, R 58/379, Bl. 3 und Bl. 12.

44 Zusammenfassend dazu Allan Merson, Communist Resistance in Nazi Germany, London 1985, S. 71ff.; zur Parteipublizistik Margot Pikarski/Günter Uebel, Die KPD lebt! Flugblätter aus dem antifaschistischen Widerstandskampf der KPD 1933–1945, Berlin (DDR) 1980; Jürgen Stroech, Die illegale Presse. Eine Waffe im Kampf gegen den deutschen Faschismus. Ein Beitrag zur Geschichte und Bibliographie der illegalen antifaschistischen Presse 1933 bis 1939, Frankfurt am Main 1979; Heinz Gittig, Illegale antifaschistische Tarnschriften 1933 bis 1945, Leipzig 1972.

ten[45], beträchtliche Kräfte. Vielfach »beschränkte sich die Aktivität darauf, zu beweisen, daß wir nicht unterzukriegen waren«, wie Karl Mewis, 1935 Leiter der illegalen Bezirksorganisation Mittelrhein, rückwirkend befand[46]. Die Parole: »Die KPD lebt!« – wie gelegentlich an Hauswänden zu lesen war – wurde oft zur einzigen Botschaft an die Außenwelt, während im Inneren der verbliebenen Zusammenhänge die getarnte Diskussion im vertrauten Kreis, das Abhören von Radio Moskau oder des von der KPD bei Madrid betriebenen Deutschen Freiheitssenders 29,8 dominierten[47].

Allerdings bedeutete dieser Trend keinen Automatismus und keine Einbahnstraße, denn die noch existenten illegalen Gruppen nahmen keinen rein attentistischen, lediglich zusammenhaltswahrenden Charakter an. Vielmehr konnten sie die Art ihrer Aktivität durchaus wieder ändern und insbesondere nach »Stalingrad« – in weit bescheidenerem Maße freilich, dafür aber gezielter – zu propagandistischen Formen zurückkehren. Belege dafür bieten etwa die von der Gruppe um Wilhelm Knöchel seit 1941 im Ruhrgebiet, dann die in Berlin forcierten Kontakte zur erneuten Bildung einer operativen Reichsleitung[48], die sich im Hamburger Raum 1941 formierende Bezirksorganisation unter Leitung von Bernhard Bästlein[49], die in Thüringen um Theodor Neubauer[50], die Leipziger Organisation um Georg Schumann[51], das Volksfrontkomitee Freies Deutschland in Köln-Klettenberg[52], die sich im November 1943 konstituierende KPD-Reichsleitung um Anton Saefkow, Bästlein und Franz Jacob[53]. Kaum irgendwo handelte es sich dabei jedoch um einen aus neuen Kräften rekrutierten, sich regenerierenden kommunistischen Widerstand, sondern in aller Regel um alte Funktionäre, die vielfach bereits Konzentrationslager oder Zuchthaus

45 Vgl. Beatrix Herlemann, Die Emigration als Kampfposten. Die Anleitung des kommunistischen Widerstandes in Deutschland aus Frankreich, Belgien und den Niederlanden, Königstein 1982.

46 Karl Mewis, Im Auftrag der Partei. Erlebnisse im Kampf gegen die faschistische Diktatur, Berlin (DDR) 1972², S. 19.

47 Exemplarisch dazu Georg Fischer, Vom aufrechten Gang eines Sozialisten. Ein Parteiarbeiter erzählt, Berlin-Bonn 1979, S. 123ff.

48 Vgl. Beatrix Herlemann, Auf verlorenem Posten. Kommunistischer Widerstand im Zweiten Weltkrieg. Die Knöchel-Organisation, Bonn 1986; aus DDR-Perspektive dazu Klaus Mammach/Gerhard Nitzsche, Zum antifaschistischen Kampf der KPD in den Jahren von 1939 bis 1941, in: Beiträge zur Geschichte der Arbeiterbewegung, 13 (1971), S. 911–935.

49 Siehe H.-R. Buck (Anm. 11), S. 103ff.; Ursel Hochmuth/Gertrud Meyer, Streiflichter aus dem Hamburger Widerstand 1933–1945. Berichte und Dokumente, Frankfurt am Main 1969, S. 341ff.; Klaus Bästlein, »Hitlers Niederlage ist nicht unsere Niederlage, sondern unser Sieg!« Die Bästlein-Organisation. Zum Widerstand aus der Arbeiterbewegung in Hamburg und Nordwestdeutschland während des Krieges (1939–1945), in: Beate Meyer/Joachim Szodrzynski (Hrsg.), Vom Zweifeln und Weitermachen. Fragmente der Hamburger KPD-Geschichte, Hamburg 1988, S. 44–89.

50 Vgl. Gertrud Glondajewski/Heinz Schumann, Die Neubauer-Poser-Gruppe. Dokumente und Materialien des illegalen antifaschistischen Kampfes (Thüringen 1939–1945), Berlin (DDR) 1957.

51 Vgl. Ilse Krause, Die Schumann-Engert-Kresse-Gruppe. Dokumente und Materialien des illegalen antifaschistischen Kampfes (Leipzig 1943 bis 1945), Berlin (DDR) 1960; Kurt Baller, Der antifaschistische Widerstandskampf unter Führung der KPD im Gebiet des ehemaligen KPD-Bezirkes Leipzig-Westsachsen (1941–1945), Diss. Leipzig 1973.

52 Vgl. Jacob Zanders, Der antifaschistische Widerstand des Volksfrontkomitees »Freies Deutschland« in Köln im Jahre 1943–1944, in: Beiträge zur Geschichte der Arbeiterbewegung, 2 (1960), S. 720–741; Bernd-A. Rusinek, Gesellschaft in der Katastrophe. Terror, Illegalität, Widerstand – Köln 1944/45, Essen 1989, S. 392ff.

53 Vgl. Gerhard Nitzsche, Die Saefkow-Jacob-Bästlein-Gruppe. Dokumente und Materialien des illegalen antifaschistischen Kampfes (1942 bis 1945), Berlin (DDR) 1957.

durchlitten hatten; es war – zugespitzt formuliert – das letzte Aufgebot an Intransigenz.

Insgesamt scheint weder die Behauptung einer ungebrochenen Kontinuität kommunistischen Widerstandes noch die seiner weitgehenden Zerschlagung 1935/1936 die Realität angemessen zu erfassen, denn beide Thesen sind allzusehr geprägt von den jeweiligen Perspektivenverengungen in Ost und West. Es gab Städte, ja Regionen, wo der kommunistische Widerstand lange vor Kriegsbeginn ausgeblutet war, aber auch solche, wo insbesondere nach der Kriegswende 1943 noch einmal eine beachtliche Reaktivierung gelang[54]. War die DDR-Historiographie diesbezüglich auf einen klandestinen Siegeszug fixiert, so orientierte sich die westdeutsche Forschung allzusehr an den Kamikazeaktionen der Anfangszeit, unterschätzte die kommunistische Lernfähigkeit und ihre erzwungene Anpassung an die konspirativen Bedingungen der Illegalität. Im Saargebiet beispielsweise war im Frühjahr 1937 der letzte Gestapo-Agent aus dem kommunistischen Grenzapparat ausgeschaltet; seitdem kam es dort bis Kriegsende nicht mehr zu Einbrüchen in die illegale Organisation.

Gleichwohl blieb der feststellbare Prozeß einer Verhärtung des Parteikerns untermischt mit einer schleichenden Sinnkrise. Die anthropologische Prämisse, daß das Proletariat gut und in seinem Kern revolutionär sei, wenn man es richtig und genügend aufkläre, begann zu zerbröseln. »Es sei doch alles nutzlos, die Arbeiter seien unbelehrbar«, begründeten etwa Solinger Funktionäre 1935 ihren Austritt aus der illegalen Partei[55], und im Saargebiet vertraten Mitglieder damals die Meinung: »Für die doofen Proleten arbeite ich nicht mehr, alle Mühe ist doch vergebens.«[56] Ließ sich die wachsende Kluft zwischen Weltbild und Realitätserfahrung nicht überbrücken und eskalierte somit der Widerspruch zur Zerreißprobe, dann blieb gelegentlich nur noch der Ausweg des Suizids. »Auf der Arbeitsstelle meines Mannes, der Grube Hirschbach, wurde ihm von Arbeitskollegen wiederholt gedroht, daß man ihn in den Förderschacht werfen oder einmauern wolle«, heißt es etwa in der Wiedergutmachungsakte über den Freitod eines KPD-Gründungsmitglieds in der früheren kommunistischen Hochburg Dudweiler[57]. Es war eben nicht ein anonymer »Pöbel«, den man in hergebrachter Weise als verhetzt und bestochen abtun konnte; es waren die Kollegen, die Nachbarn, die Wähler von einst, reale Vertreter der als revolutionär verhätschelten Arbeiterklasse, die nun mit gewaltsamer Rache an den Besiegten drohten.

Kommunistischer Widerstand hieß darum immer auch Kampf gegen die Sinnkrise. Er war immer weit mehr als das Erlernen konspirativer Techniken; er bestand auch – vielleicht sogar vor allem anderen – in einer permanenten Interpretationsleistung, einem Prozeß parteilicher Perzeption und Rezeption von Wirklichkeit, um die neue Umwelt mit dem erlernten Weltbild in Übereinstimmung zu halten, die eigenen Erfahrungen in diesem Sinne zu ordnen, Querstehendes umzudeuten, kognitive Dissonanzen zu beseitigen. Kommunistischer Widerstand war darum immer auch selektive Wahrnehmung; er implizierte die verzweifelte Pflege von Illusionen, die partielle Ab-

---

54 Signifikant etwa für diese Differenz Inge Marßolek/René Ott, Bremen im Dritten Reich. Anpassung-Widerstand-Verfolgung, Bremen 1986, S. 261 ff. und S. 374 ff.; Gerhard Hetzer, Die Industriestadt Augsburg. Eine Sozialgeschichte der Arbeiteropposition, in: Martin Broszat/Elke Fröhlich/Anton Grossmann (Hrsg.), Bayern in der NS-Zeit, Bd. 3, München-Wien 1981, S. 173 ff.

55 KPD-Landesleitung an Politbüro vom 1. Februar 1935, in: SAPMO, I 2/3/262, Bl. 40 ff.

56 Instrukteursbericht an KJVD-ZK vom 20. Februar 1935, in: ebenda, I 4/1/50, Bl. 590 ff.

57 Landesarchiv Saarbrücken (LAS), Bestand Landesentschädigungsamt (LEA), 9163.

schaffung der Realität, die Verdrängung all dessen, was nicht ins Wunschdenken paßte, war auch – überspitzt formuliert – die Geschichte fortgesetzten Selbstbetrugs. Denn ohne das Vermögen, in den Geschehnissen trotz alledem die gesetzmäßige Entwicklung hin zum Sozialismus zu erkennen, drohten die Risiken des Untergrundes ihren teleologischen Bezugspunkt ebenso zu verlieren wie ihren bereits vor Hitlers Machteinsetzung implantierten Motivationskern. Dies bedeutete vor allem Ausblendung aller sozialrevolutionären Seiten des Nationalsozialismus, Reduktion des Regimes auf die Dimension der Ausbeutung und Unterdrückung, Umdeutung der bis in die eigenen Milieukontexte hineinwuchernden Denunziationsgesellschaft in einen anonymen, omnipotenten Überwachungsstaat und Interpretation jedes sozialen Protests als Klassenkampf, um die Arbeiterschaft nach wie vor als revolutionäres Subjekt begreifen zu können[58].

Trotz all dieser Imaginationen kam der kommunistische Widerstand jedoch immer weniger daran vorbei, daß sich das Proletariat eben nicht als der Fackelträger des Fortschritts erwies. Mancherorts mündete die einsetzende Desillusionierung darum in neuen Konzeptionen: »Während des ganzen Krieges habe ich einer Widerstandsbewegung unter Führung von Fräulein Dr. Lobe angehört«, schrieb etwa ein Saarbrükker Kommunist. »Unsere Aufgabe war Sabotage + Kriegsgefangene zu befreien.«[59] Die deutsche Arbeiterklasse war hier bereits abgeschrieben, Agitation und Propaganda tauchten als Aufgabe nicht mehr auf; statt dessen warf man Sand in die Kriegsmaschinerie, setzte auf das importierte Subproletariat. Auch die Parteiführung im sowjetischen Exil wurde zusehends skeptischer, je mehr sie sich in den deutschen Kriegsgefangenenlagern umhörte. »Eine Anzahl der besser bezahlten Arbeiter erklärte, in Deutschland sei der Sozialismus begonnen und werde nach dem Krieg vollendet«, hieß es beispielsweise in einem Bericht von 1941[60]. Wilhelm Pieck hatte das Denken in Klassenkategorien gegen Kriegsende bereits verlernt: »Unser Volk ist in tiefster Seele krank, vergiftet von der Nazipest«, schrieb er in einer Lagebeurteilung am 9. November 1944. »Und doch dürfen wir den Glauben an unser Volk nicht verlieren, weil wir sonst unsere Arbeit als Kommunisten einstellen können.«[61] Was blieb, war Umerziehung, um dem eigenen Ideal gerecht zu werden.

Der 8. Mai 1945 war darum für die sich restituierende KPD kein Tag der reinen Freude. Der Traum von der revolutionären Mission der Arbeiterklasse war endgültig ausgeträumt, konnte jedoch nicht einfach als Illusion *ad acta* gelegt werden, wollte man nicht die eigene – die kollektive wie die subjektive – Sinngebung verlieren, die eigenen Opfer in Frage stellen. Daß der Partei gerade in dieser Situation gesteigerter Ohnmacht, in der ihre Glaubensgrundsätze ebenso zerschlissen waren wie ihre soziale Basis, die politische Macht in den Schoß fiel, daß die KPD ausgerechnet auf den Trümmern ihrer Utopien aus fremder Hand das Mandat zur Staatspartei erhielt – das macht die unfreiwillige Pointe dieser Geschichte der geschlagenen Sieger aus.

---

58 Zur politischen Vorstellungswelt der Illegalen im Krieg Georg Kennan/Hermann Weber, Aus dem Kadermaterial der illegalen KPD 1943, in: Vierteljahrshefte für Zeitgeschichte, 20 (1972), S. 422–446; am Mannheimer Beispiel Max Oppenheimer, Der Fall Vorbote. Zeugnisse des Mannheimer Widerstandes, Frankfurt am Main 1969, S. 48 ff. und S. 157 ff.

59 LAS, LEA, 5878.

60 Zit. nach Karl Heinz Jahnke, Jungkommunisten im Widerstandskampf gegen den Hitlerfaschismus, Berlin (DDR) 1977, S. 364.

61 Wilhelm Pieck, Gesammelte Reden und Schriften, Bd. 6, Berlin (DDR) 1979, S. 288.

Der Widerstand ohne Volk mündete so zwangsläufig nach 1945 in eine Erziehungsdiktatur, in der sich das doppelte Faschismustrauma der deutschen Kommunisten institutionalisierte: die Erfahrung des ungeahnten Terrors, aber auch die der Passivität der Arbeiterschaft, der proletarischen Kollaboration mit dem NS-Regime. Das Selbstverständnis der DDR als »Besserungsanstalt« – so läßt sich vermuten – war im Bewußtsein der einstigen Illegalen bereits präformiert und besaß dadurch einen breiten lebensgeschichtlichen Hintergrund[62]. Der Antifaschismus als ideologisierte Staatspropaganda bildete das weiterwirkende, das vergiftete Erbe des kommunistischen Widerstandes und gehört damit zu jenen langen Schatten, die das Hakenkreuz auch nach 1945 noch über Deutschland warf.

62 Siehe Detlev Peukert, Volksfront und Volksbewegungskonzept im kommunistischen Widerstand, in: Jürgen Schmädeke/Peter Steinbach (Hrsg.), Der Widerstand gegen den Nationalsozialismus. Die deutsche Gesellschaft und der Widerstand gegen Hitler, München-Zürich 1985, S. 875–887, bes. S. 884ff.

Hartmut Mehringer

Sozialdemokratischer und sozialistischer Widerstand

In den Ausgangsjahren der Weimarer Republik verstrickte sich die sozialdemokratische Arbeiterbewegung zunehmend in teils selbstverschuldete, teils von außen aufgezwungene Lähmung, politische Ohnmacht und organisatorische Zerrissenheit[1]. Neben der aus dem Ersten Weltkrieg herrührenden grundsätzlichen Spaltung der Arbeiterbewegung in Sozialdemokraten und Kommunisten war es auf beiden Seiten zu weiteren Fraktionsbildungen und organisatorischen Brüchen gekommen; wesentlich ab der zweiten Hälfte der zwanziger Jahre hatte sich an den Rändern der beiden großen Arbeiterparteien eine Reihe von sog. linken Zwischengruppen[2] gebildet, die den Führungen von KPD und SPD vor allem illusionäre Politik gegenüber dem erstarkenden Nationalsozialismus vorwarfen und sich selbst als Kristallisationspunkte einer erneuerten einheitlichen und revolutionären Arbeiterbewegung verstanden.

Die linken Zwischengruppen haben im Widerstand gegen den Nationalsozialismus eine weit bedeutendere Rolle gespielt, als es ihrem tatsächlichen numerischen Anteil an der Arbeiterbewegung entsprach. Dies lag vor allem an ihrer geringeren Polizeibekanntheit, ihrer Struktur als zumeist hochqualifizierte Kaderorganisationen und ihrem Verzicht auf massenhafte Außenagitation. Die wichtigsten – es gab daneben noch eine Fülle von linken Grüppchen, Sekten und oppositionellen Zirkeln – waren die Sozialistische Arbeiterpartei Deutschlands (SAPD bzw. SAP), der Internationale Sozialistische Kampfbund (ISK), die Leninistische Organisation (LO oder auch ORG, ab 1933 nach dem Titel ihrer Programmschrift als Neu Beginnen bekannt) sowie die vor allem in Nord- und Mitteldeutschland aktiven Roten Kämpfer; die Kommunistische Partei Deutschlands/Oppostion (KPDO bzw. KPO) rekrutierte sich vor allem aus langjährigen KPD-Kadern, die von der ultralinken Politik der Parteiführung und ihrem intransigenten Kampf gegen die als »sozialfaschistisch« etikettierte Sozialdemokratie enttäuscht waren; die trotzkistische Linke Opposition der KPD (Bolschewiki-Leninisten) separierte sich als linker Flügel von der KPD, und auch die anarchosyndikalistische Freie Arbeiterunion Deutschlands (FAUD) war im Widerstand gegen den Nationalsozialismus aktiv.

1 Vgl. dazu vor allem Heinrich August Winkler, Der Weg in die Katastrophe. Arbeiter und Arbeiterbewegung in der Weimarer Republik 1930 bis 1933, Berlin-Bonn 1987; nach wie vor von zentraler Bedeutung Erich Matthias, Die Sozialdemokratische Partei Deutschlands, in: Erich Matthias/Rudolf Morsey (Hrsg.), Das Ende der Parteien 1933, Düsseldorf 1960, S. 101–278.

2 Zur Geschichte der linken Zwischengruppen in der Weimarer Republik allgemein und speziell zum linkssozialistischen Widerstand siehe Jan Foitzik, Zwischen den Fronten. Zur Politik, Organisation und Funktion linker politischer Kleinorganisationen im Widerstand 1933 bis 1939/40, Bonn 1986.

Sozialdemokratie und linkssozialistische Zwischengruppen repräsentieren zwei ganz unterschiedliche Organisationstypen innerhalb der deutschen Arbeiterbewegung, die auf die Bedrohung durch die NS-Machtübernahme am 30. Januar 1933 auch unterschiedlich reagierten.

Widerstand der Sozialdemokratie

Der Prozeß der nationalsozialistischen Machtergreifung von der Ernennung Hitlers zum Reichskanzler (30. Januar 1933) bis zum Verbot bzw. der Selbstauflösung der Parteien (Ende Juni/Anfang Juli 1933) vollzog sich in teils bewußt und gezielt herbeigeführten Einzelschritten, teils über zufällig eingetretene, von der NS-Führung jedoch entschlossen genutzte Gelegenheiten wie etwa den Reichstagsbrand in der Nacht vom 27. auf den 28. Februar 1933. Ihm entsprach in jeweiliger Wechselwirkung auf sozialdemokratischer Seite ein Prozeß zunehmender Auflösung und organisatorischer Desintegration.

Charakteristisch für die pseudolegale Vorgehensweise der NS-Führung scheint die Tatsache, daß sich die Repressions- und Verbotsmaßnahmen gegenüber der Sozialdemokratie nach den Presse- und Versammlungsverboten des Wahlkampfs vor der Reichstagswahl vom 5. März 1933 zunächst nicht gegen die SPD als Partei, sondern gegen ihr Umfeld richteten, d.h. gegen die sozialdemokratische Wehrorganisation Reichsbanner Schwarz-Rot-Gold und gegen das breitgefächerte Arbeitervereinswesen. Neben dem Bemühen, den äußeren demokratischen Anschein des Prozesses der NS-Machtübernahme zu wahren, stehen dahinter vermutlich sowohl eine für den Nationalsozialismus typische Überschätzung (pseudo)militärischer Organisationen wie auch die wohl instinktive Erkenntnis, daß die eigentliche Konsistenz der Arbeiterbewegung weniger in ihren politischen Parteien als vielmehr in ihren Freizeit-, Bildungs-, Sport-, Jugend-, Selbstschutz- und Selbsthilfeorganisationen lag.

Am 2. Mai 1933 wurden die Freien Gewerkschaften – trotz des Versuchs ihrer Führung, durch Anpassung und Eingliederung in die »nationale Einheitsfront« ihren organisatorischen Bestand auch unter den neuen Verhältnissen zu wahren – reichsweit aufgelöst und ihr Vermögen beschlagnahmt. War schon dieser Versuch vergeblich, die Verbotsdrohung durch formale Anpassungstaktik zu unterlaufen, so mußte auch die SPD mit ihrem Versuch einer Doppelstrategie – Weiterführung ihrer Tätigkeit im Reichstag bei gleichzeitiger Schaffung eines Parteivorstands im Exil (Sopade)[3] und anderer Vorbereitungen für eine Tätigkeit in der Illegalität – scheitern: Am 10. Mai 1933 wurde das Parteivermögen der SPD beschlagnahmt, soweit sie es nicht ins Ausland hatte retten können, am 22. Juni 1933 wurde der Partei jegliche weitere politische Betätigung untersagt, die Kassierung der sozialdemokratischen Mandate auf allen parlamentarischen Ebenen verfügt und massive »Schutzhaft«-Maßnahmen gegen sozialdemokratische Funktionsträger angeordnet. Das Regime hatte zum letz-

3 Zur Sopade, ihrer Geschichte und ihrer Rolle in Widerstand und Exil siehe Lewis J. Edinger, Sozialdemokratie und Nationalsozialismus. Der Parteivorstand der SPD im Exil von 1933–1945, Hannover-Frankfurt am Main 1960; Brigitte Seebacher-Brandt, Biedermann und Patriot. Erich Ollenhauer – Ein sozialdemokratisches Leben, Diss. phil. Rheinbreitbach 1984; Hartmut Mehringer, Waldemar von Knoeringen. Eine politische Biographie, München u.a. 1989.

ten Schlag gegen die SPD und das gesamte Weimarer Parteiensystem ausgeholt; in den folgenden Wochen wurden auch die noch bestehenden Reste des Vereinswesens aus dem Umkreis der Arbeiterbewegung endgültig aufgelöst.

Die Sozialdemokratie und ihr organisatorisches Umfeld zerfielen 1933 in drei bzw. vier große Gruppen: Viele Mitglieder resignierten und zogen sich aus der aktiven Politik ins private Überleben zurück, wobei sie freilich in großer Zahl politische Gesinnung und Weltanschauung mehr oder minder verborgen zu wahren suchten und vielfach – innerhalb der Schutzräume sozialdemokratischen Milieus in den Arbeitervorstädten und -siedlungen der größeren Städte – im Rahmen des Nachbarschafts-, Arbeits- und Vereinslebens lockere Verbindungen zu ehemaligen Genossen aufrechterhielten. Dies war zahlenmäßig ohne Zweifel die bei weitem größte Gruppe. Hierher gehören auch jene Organisations- und Kommunikationsformen des sozialdemokratischen Milieus, die es in Form von Tischgesellschaften und Stammtischen, mehr oder minder geplanten und regelmäßig zusammenkommenden Diskussionszirkeln, Abhörgemeinschaften, Cliquen und Freundeskreisen offensichtlich in Hülle und Fülle gab und die nur zum kleinsten Teil aktenkundig geworden oder als Erinnerung überliefert sind, etwa Läden und Gaststätten, die von ehemaligen Sozialdemokraten betrieben wurden.

Die Resistenzkraft dieser Form sozialdemokratischen Milieus schwächte sich freilich deutlich ab, als ab Mitte der dreißiger Jahre aufgrund von Vollbeschäftigung und zunehmender Leistungs- und Arbeitszeitanforderungen weniger Zeit blieb für die zuvor auch durch Arbeitslosigkeit und Kurzarbeit beförderten Männerzusammenkünfte im heimischen Stadtviertel; durch die Auswirkungen des Krieges – Einberufung der wehrfähigen Männer, kriegsbedingte Bevölkerungsverschiebungen etc. – wurde sie noch stärker beeinträchtigt. Schon ab Mitte der dreißiger Jahre reduzierte sich die latent vorhandene oppositionelle Haltung solcher weiter bestehenden Gesinnungsgemeinschaften vielfach auf den Meinungs- und Erinnerungsaustausch an Rentner- und Invalidenstammtischen[4].

Eine weitere Gruppe bildeten ehemals hauptamtliche Partei-, Gewerkschafts- und Genossenschaftsfunktionäre, die zu ihren langjährigen Freunden und Organisationskollegen, durchaus auch in überregionalem Maßstab, lockere Kontaktnetze aufrechterhielten, die auf privater Ebene angesiedelt waren, im Bedarfsfall jedoch – dies zeigte sich etwa noch im Zusammenhang mit dem 20. Juli 1944 – nicht nur punktuell aktiviert werden konnten.

Eine dritte, zahlenmäßig zunächst starke Gruppe bestand aus den sozialistischen Illegalen im engeren Sinn, die zum eigentlichen Träger der sozialistischen Untergrundarbeit in den Jahren nach 1933 wurden. Sie stammten vielfach nicht aus der Parteiorganisation der SPD, sondern aus ihren Umfeld- und vor allem Jugendorganisationen.

Als vierte – relativ kleine – Gruppe könnte man schließlich die emigrierten Partei- und Gewerkschaftsfunktionäre bezeichnen, die im benachbarten Ausland Grenzsekretariate und Grenzstellen (z.B. die Sopade und ihr Kreis von Grenzsekretariaten rings um das Deutsche Reich), Auslandsleitungen und sonstige Unterstützungsorgane

---

4 Vgl. ausführlich dazu Hartmut Mehringer, Die bayerische Sozialdemokratie bis zum Ende des NS-Regimes. Vorgeschichte, Verfolgung und Widerstand, in: Martin Broszat/Hartmut Mehringer (Hrsg.), Bayern in der NS-Zeit, Bd. 5, München-Wien 1983, Kap. X.

für die Illegalen im Reich aufbauten, diese mit Schriften und Nachrichten versorgten und von ihnen Berichte und Informationen aus Deutschland übermittelt bekamen. Diese »Parteiemigration« erhielt bis in die Kriegsjahre hinein ständigen Zuzug von durch Verhaftung bedrohten Mitgliedern sozialistischer Widerstandsorganisationen.

Bei dieser Einteilung muß man sich freilich bewußt sein, daß es sich hier nicht um tatsächlich scharf voneinander abgrenzbare Gruppen handelt, sondern daß sie in unterschiedlichem Maß miteinander verbunden waren und daß es im lokalen Umfeld jeweils mannigfache Misch- und Zwischenformen und Übergänge zwischen ihnen gab – gerade in der Periode des Massenwiderstands während der ersten Jahre der NS-Herrschaft. Da es auf seiten der SPD und ihres organisatorischen Umfelds in realistischerer Einschätzung der Lage keinen organisatorischen Zentral- und Bezugspunkt für eine straff gelenkte, nach außen hin gewendete Arbeit im Untergrund oder für eine »Überführung« der »Organisation« in die Illegalität gab und auch nicht der Anspruch hierauf bestand, waren auch die lokalen Parteisektionen, die Gliederungen der Neben- und Unterorganisationen sowie die Gruppen des verbotenen bzw. gleichgeschalteten Arbeitervereinswesens zunächst ganz auf sich selbst zurückgeworfen.

Eine besonders häufige Reaktion solcher Gruppierungen auf die neuen Umstände bestand in meist unmittelbar und höchst spontan unternommenen Versuchen ihrer aktivsten Mitglieder, sich nach der polizeilichen Auflösung ihrer Organisationen einfach weiter zu treffen und das gewohnte Organisations- und Vereinsleben, nur notdürftig getarnt, weiter zu pflegen – Versuche, die freilich häufig von Dilettantismus, naiver Unterschätzung des Gegners, seiner politischen Machtmittel und seiner Überwachungsmöglichkeiten sowie von fehlender Erfahrung in konspirativer Arbeit gekennzeichnet waren. Nichtsdestoweniger entstand aus solchen Gruppen, gerade aus dem Jugendbereich, eine Reihe höchst aktiver illegaler Organisationen, sofern es ihnen nur gelang, mit der Sopade in Prag oder ihren Grenzsekretariaten in Verbindung zu treten und von dort illegale Literatur zu erhalten.

Diese Organisationen, die als Widerstandsgruppen klassischen Zuschnitts firmieren und in diesem umfangreichen, vielschichtigen und differenzierten Substrat sozialdemokratischer Opposition von Nonkonformismus, Bewußtseinswahrung und Anpassungsverweigerung gewissermaßen die Spitzen des Eisbergs bildeten, konnten sich freilich nur begrenzte Zeit halten. Sie formierten sich zumeist in der Zeit von Herbst 1933 bis Frühjahr 1934 nach Kontaktaufnahme mit der Sopade bzw. den Grenzsekretariaten jenseits der deutschen Grenzen, und ihre geographischen Schwerpunkte lagen naturgemäß neben Berlin als dem Schnittpunkt von Kontakten von außerhalb in den Industrierevieren Oberschlesiens, Sachsens, des Rhein-Main-Neckarraums, im Ruhrgebiet und am Niederrhein sowie an der Waterkant, aber auch in den großen Häfen der Ostseeküste; auch in den süddeutschen Großstädten Nürnberg, München, Augsburg und Stuttgart bildeten sich, ausgehend von den Grenzsekretariaten in Mies, Eger, Neuern und St. Gallen, derartige Organisationszusammenhänge, die sich alsbald auf der Grundlage persönlicher Parteibekanntschaften auf die umliegenden mittelgroßen Städte ausdehnten. Ihr eigentliches Lebenselement bildete die Verfügungs- und Verteilungsmöglichkeit über die seitens der Sopade gelieferte Literatur, die freilich bei ihnen primär an bekannte und zuverlässige Genossen verteilt und nicht nach außen gestreut wurde. Hier ging es vornehmlich um Information und Bewußtseinswahrung im eigenen Kreis und nicht um zu Recht als selbstmörderisch angesehene Massenagitation nach außen; es sollte ja, wie von einem damaligen Aktivisten rückblickend treffend formuliert wurde, »keine Massenbewegung daraus werden, sondern Rückgratstärke für Leute, die in der Sache fest sind«[5].

Aufgrund ihrer eher defensiven Aktionsformen kam die Gestapo diesen Gruppen zunächst sehr viel langsamer auf die Spur als vergleichbaren kommunistischen Untergrundgruppen; ihre Hochzeit lag im Jahr 1934, das folgende Jahr überlebte freilich kaum eine der Widerstandsgruppen dieses Typs. Sie fielen nahezu ausnahmslos der engmaschiger gewordenen Überwachung durch die Gestapo zum Opfer und wurden bis 1937 von der NS-Justiz abgeurteilt, z. T. in Mammutprozessen mit Dutzenden oder gar Hunderten von Angeklagten[6].

Deutlich höheren konspirativen Anspruch und Organisationsgrad zeigte eine Reihe weiterer Gruppen aus dem sozialdemokratischen Milieu; sie legten unzweifelhaft Reserve gegenüber der Sopade an den Tag, die für sie die direkte Nachfolgerin der alten Parteiführung war, welche sie für die kampflose Niederlage und das Versagen der Partei gegenüber dem Nationalsozialismus verantwortlich machten; sie weisen, was Selbstverständnis, Organisationsformen und auch kritische Einschätzung bzw. Ablehnung der von der Sopade stammenden Literatur betrifft, starke Ähnlichkeit mit den linken Zwischengruppen auf. Zu nennen ist hier vor allem die Sozialistische Front Hannover[7] um Werner Blumenberg, die zwar untypischerweise eine relativ hohe Mitglieder- bzw. Mitarbeiterzahl aufwies und über Jahre hinweg das Untergrundorgan Sozialistische Blätter in hoher Auflagenzahl verbreitete, aufgrund ihrer hochentwickelten Organisationsform und intensiven Verankerung im sozialdemokratischen Milieu Hannovers aber lange Zeit unangefochten arbeiten konnte. Erst im Spätsommer 1936 gelang es der Gestapo, über einen Spitzel in die Organisation einzudringen und sie schließlich weitgehend zu zerschlagen; rund 250 ihrer Mitglieder wurden verurteilt.

Ähnlich strukturierte, wenn auch bei weitem nicht so breit dimensionierte Gruppen gab es in einer ganzen Reihe von anderen Großstädten. Hier seien noch der Rote Stoßtrupp[8] in Berlin, den die Gestapo freilich bereits Ende 1933 zerschlagen konnte, die Gruppe Winzen[9] in Dortmund, als relativ esoterischer und exklusiver Diskussionszirkel erst 1940 von der Gestapo aufgerollt, sowie ebenfalls bis in den Krieg hinein

5 Christof Schardt/Hof, letzter Unterbezirksvorsitzender der SAJ in Nordost-Oberfranken, zit. nach Ludwig Eiber, Arbeiter unter der NS-Herrschaft. Textil- und Porzellanarbeiter im nordöstlichen Oberfranken 1933–1939, München 1979, S. 134.

6 Etwa der Prozeß gegen die Angehörigen der illegalen sozialdemokratischen Organisation in Nordbayern vor dem Oberlandesgericht Nürnberg von Anfang 1935 (OJs 80/34) gegen 171 Angeklagte, siehe dazu H. Mehringer (Anm. 4), S. 369f., oder die Prozesse gegen westdeutsche Sozialdemokraten vor dem Volksgerichtshof (9 J 479/35) und dem Oberlandesgericht Hamm (6 OJs 548/35), dazu Kurt Klotzbach, Gegen den Nationalsozialismus. Widerstand und Verfolgung in Dortmund 1930–1945, Hannover 1969, S. 143f.

7 Vgl. dazu Bernd Rabe, Die »Sozialistische Front«. Sozialdemokraten gegen den Faschismus 1933–1936, Hannover 1984; Herbert Obenaus, Probleme der Erforschung des Widerstands in der hannoverschen Sozialdemokratie 1933–1945, in: Niedersächsisches Jahrbuch, 62 (1990), S. 77–95; vgl. auch den zeitgenössischen Bericht (1936) von Werner Blumenberg, veröffentlicht in: Vierteljahrshefte für Zeitgeschichte, 4 (1956), S. 201–226.

8 Vgl. dazu Rudolf Küstermeier, Der Rote Stoßtrupp, Berlin 1972.

9 Siehe dazu K. Klotzbach (Anm. 6), S. 151ff.

bestehende Untergrundgruppen in Leipzig und anderen mitteldeutschen Städten[10] angeführt.

Je länger solche Gruppen sich strikt nach außen hin abschlossen und die konspirativen Vorsichtsmaßregeln im Verkehr untereinander beachteten, desto länger konnten sie sich im allgemeinen halten – desto weniger war ihnen jedoch auch irgendwelche Breitenwirkung vergönnt. Der Versuch, nach außen hin wirksam zu werden oder überregionale Verbindungen aufzunehmen, zog fast ausnahmslos den Einbruch der Gestapo in die illegalen Organisationsstrukturen nach sich.

Widerstand der linken Zwischengruppen

Wesentlich realistischer hatten die linken Zwischengruppen vorhergesehen, daß es für sozialistische Organisationen unter dem NS-Regime keine legalen Überlebensmöglichkeiten geben werde, und sich deshalb meist schon vor der Machtübernahme konkret auf die Illegalität vorbereitet. Manche wie SAP und ISK lösten sich sogar formell auf, um polizeiliche Überwachung und Verfolgung schon im voraus zu unterlaufen. Sie blieben infolgedessen von der Welle der Massenverhaftungen im Frühjahr 1933 weitgehend verschont. Begünstigt wurden sie dabei durch ihren relativ kleinen personellen Umfang von zumeist nur einigen Hundert oder wenigen Tausend aktiven Mitgliedern – lediglich die SAP erreichte mit (1933) über 17 000 ansatzweise den Charakter einer Massenpartei. Die linken Zwischengruppen stellten sich ganz überwiegend als Eliteorganisationen mit hochqualifizierten Kadern – freilich auch mit entsprechend hochgestecktem politischem Führungsanspruch – dar, die noch aus der Weimarer Zeit über entsprechende Erfahrung und Schulung verfügten; dazu kam, daß sie aufgrund ihres Umfangs, ihres relativ späten Entstehungsdatums, ihrer bisherigen Arbeitsweise und ihres häufig schon vor 1933 konspirativ getarnten Auftretens wenig polizeibekannt waren[11].

Ihre Vorbereitungsmaßnahmen, wenn auch unterschiedlich konzipiert und ungleich stringent durchgeführt, beruhten zumeist auf einem nur scheinbar unkomplizierten und konspirativ abgeschotteten System von Fünfer- bzw. Dreiergruppen als Organisationsbasis, von denen, um die Gefahr von Einbrüchen seitens der Gestapo nach Verhaftungen möglichst zu reduzieren, nur jeweils ein Mitglied Kontakt zu einer benachbarten Einheit bzw. zur nächsthöheren Organisationsebene besitzen sollte – ein System, das häufig genug schon daran scheiterte, daß sich gerade die aktiven Mitglieder der Arbeiterbewegung aus gemeinsamer politischer Tätigkeit während der Weimarer Republik auch über künstlich aufgebaute konspirative Gruppengrenzen hinweg nur allzu gut persönlich kannten. Man vernichtete oder versteckte Mitgliederlisten und Organisationsarchive bzw. verlagerte sie ins sichere Ausland, wo fast alle genannten Organisationen ebenso wie die beiden großen Arbeiterparteien Exilzentren und -stützpunkte aufbauten, besorgte konspirative Wohnungen, bereitete falsche

10 Siehe Patrik von zur Mühlen, Sozialdemokraten gegen Hitler, in: Richard Löwenthal/Patrik von zur Mühlen (Hrsg.), Widerstand und Verweigerung in Deutschland 1933 bis 1945, Berlin-Bonn 1982, S. 62.

11 Allgemein dazu und zum Folgenden J. Foitzik (Anm. 2).

Papiere oder zumindest die Möglichkeit ihrer Beschaffung vor, entwickelte Geheimcodes und unsichtbare Tinten und baute Kuriersysteme auf.

Entsprechend ihrem Charakter und Selbstverständnis als Kaderorganisationen, hatten die linken Zwischengruppen schon vor 1933 keine Mitgliederwerbung in breitem Maßstab durchgeführt und verzichteten dementsprechend – auch aus konspirativen Gründen – in der Illegalität auf expansives Auftreten mit massenhafter Flugblatt- und Literaturverteilung und ähnliche Aktionsformen. Sie legten das Schwergewicht ganz überwiegend auf die Bewahrung von Kontakten und des organisatorischen Zusammenhalts, auf interne Kaderschulung und ein im Lauf der Jahre teilweise hochentwickeltes Berichtswesen an die Auslandszentralen, um auf diese Weise das Nachrichten- und Informationsmonopol des NS-Regimes zu brechen, das sie nicht zu Unrecht als eine seiner stärksten Waffen ansahen; in diesem Zusammenhang ist vor allem Neu Beginnen anzuführen. Hier gab es freilich auch aufgrund andersgearteter und grundsätzlicherer Faschismus-Analysen realistischere Einschätzungen der Dauer des Regimes sowie seiner realen Verfolgungskapazitäten und ihrer Konsequenzen für die illegale Arbeiterbewegung als 1933 bei SPD und KPD. Ziel war infolgedessen weniger die illegale Propaganda nach außen als vielmehr die theoretische Ausbildung und Schulung der Kader für den – ihrer Analyse nach freilich noch in zeitlicher Ferne liegenden und letztlich erst als Folge eines neuen Weltkriegs realistisch zu erwartenden – Zusammenbruch der Hitler-Herrschaft, bei dem die aufgesparten Kader die Führungsrolle in der dann prognostizierten revolutionären Massenbewegung würden übernehmen können.

Die Sozialistische Arbeiterpartei Deutschlands (SAPD bzw. SAP)

Die SAP war sowohl quantitativ wie programmatisch zunächst zweifellos die bedeutendste der linken Zwischengruppen. Sie wurde 1931 von linken SPD-Reichstagsabgeordneten (Kurt Rosenfeld, Max Seydewitz u.a.) gegründet und rekrutierte sich zunächst vor allem aus der SPD-Linken um die Zeitschrift Klassenkampf[12]. Sie versuchte, angesichts des erstarkenden Nationalsozialismus eine Einheitsfront der Arbeiterbewegung zu erreichen, konnte jedoch, von Anfangserfolgen abgesehen[13], nicht einmal ihren eigenen Anspruch einlösen, ein Sammelbecken für die zahlreichen linken Splittergruppen zu werden: Die persönlichen und programmatischen Differenzen zwischen den vielen in Frage kommenden Gruppen und Sekten erwiesen sich – trotz allseits erkannter Notwendigkeit von Zusammenarbeit und Zusammenschluß – zumeist als zu stark.

Ursprünglich rund 25000 Mitglieder stark, sank die SAP-Mitgliederzahl bis 1933 auf rund 17000 ab – trotz des zahlenmäßig nicht unbedeutenden Zuwachses, den sie Anfang 1932 von der Ende 1931 abgespaltenen Minderheitsfraktion der KPO um Jacob Walcher und Paul Frölich erhielt, der es alsbald gelang, in der Führung der

12 Zur SAP allgemein siehe vor allem Hanno Drechsler, Die Sozialistische Arbeiterpartei Deutschlands (SAPD). Ein Beitrag zur Geschichte der deutschen Arbeiterbewegung am Ende der Weimarer Republik, Meisenheim am Glan 1965.

13 So gelang es ihr beispielsweise in ihrer Anfangsphase, die Rest-USPD um Theodor Liebknecht zum Anschluß zu bewegen; siehe dazu ebenda, S. 139.

SAP wichtige Positionen zu erringen. Die Propagierung der Einheitsfront sowohl »von unten« wie »von oben« für eine gemeinsame Politik der Arbeiterbewegung gegenüber dem Nationalsozialismus scheiterte vor allem an der Intransigenz der KPD, die die SAP sogar als die »gefährlichste Spielart des Sozialfaschismus« diffamierte[14].

Die SAP genoß auch noch zu Beginn der Illegalität aufgrund ihres konsequenten und glaubwürdigen Eintretens für die Einheitsfront in der proletarischen Öffentlichkeit einen erheblichen Vertrauensvorschuß, der sie zunächst zu einem der wichtigsten Bezugsrahmen im Widerstand der Arbeiterbewegung gegen den Nationalsozialismus machte. In den Jahren 1933/1934 besaß sie ihre Schwerpunkte in Berlin und Mitteldeutschland, verfügte jedoch darüber hinaus über Bezirksorganisationen und Großstadtstützpunkte in Schlesien, in Nord-, Südwest- und Süddeutschland, im Rhein-Ruhr-Gebiet sowie in Frankfurt am Main[15]; diese letztgenannte Gruppe spielte insofern eine bedeutende Rolle, als sie in den ersten Jahren der NS-Herrschaft Anlaufstelle für gefährdete Mitglieder bildete, die von hier aus ins zunächst noch sichere Saargebiet geschleust wurden. Die illegale Reichsleitung um Walter Fabian wechselte ihre Zusammensetzung aufgrund von Verhaftungsdrohung und Emigration ihrer Mitglieder häufig, bestand aber bis Mitte der dreißiger Jahre. Ihre emigrierten Mitglieder stießen zumeist zur SAP-Auslandszentrale um Jacob Walcher und Paul Frölich, die von Paris aus bis Kriegsausbruch die illegalen SAP-Gruppen zu unterstützen und zu koordinieren suchte. Während Mitte der dreißiger Jahre nach einer zeitgenössischen internen Lageeinschätzung noch 4000–5000 SAP-Illegale im Reich arbeiteten, gelangen der Gestapo ab diesem Zeitpunkt die entscheidenden Einbrüche. 1937 verfügte die SAP noch über drei funktionierende Gebietsorganisationen in Berlin, Mannheim und im Raum Hamburg, deren Bestehen bis 1939 belegt ist. Auch wenn sie alle schließlich der Gestapo zum Opfer fielen, bestanden Organisationsreste zweifellos bis weit in den Krieg hinein oder sogar bis Kriegsende.

Neu Beginnen

Unter den linken Zwischengruppen besitzt die Leninistische Organisation (LO oder auch ORG genannt), deren Geschichte bis in die späten zwanziger Jahre zurückreicht und die ebenfalls die Spaltung der Arbeiterklasse in einer neuen revolutionären Einheitspartei aufheben zu können glaubte, mit einiger Berechtigung einen besonderen Stellenwert. Sie wurde 1933 unter dem Titel ihrer Programmschrift als Neu Beginnen bekannt[16]. Hinter ihrem Verfasserpseudonym (Miles) verbarg sich der Berliner Linkssozialist Walter Loewenheim, Sproß einer jüdischen Kaufmannsfamilie, der, ursprünglich KJVD- und KPD-Mitglied, 1927 mit der KPD gebrochen und 1929 der SPD beigetreten war – sicher nicht aus sozialdemokratischer Überzeugung, sondern weil er innerhalb der SPD ein entsprechendes politisches Wirkungsfeld erblickte. Sein

14 Ebenda, S. 135ff.

15 Vgl. dazu Jörg Bremer, Die Sozialistische Arbeiterpartei Deutschlands (SAP). Untergrund und Exil 1933–1945, Frankfurt am Main-New York 1978, sowie J. Foitzik (Anm. 2), S. 47–59 und passim.

16 Allgemein dazu Kurt Kliem, Der sozialistische Widerstand gegen das Dritte Reich, dargestellt an der Gruppe »Neu Beginnen«, Diss. phil. masch. Marburg 1957, sowie H. Mehringer (Anm. 3).

theoretisches Konzept lag quer zu der gängigen Überzeugung der Arbeiterbewegung, daß sich die historische Entwicklung insgesamt naturnotwendig in Richtung Sozialismus bzw. proletarische Revolution bewege; vielmehr sei, vor allem als Folge der weltweiten wirtschaftlichen Krise, eine Kette von faschistischen Diktaturen und neuen europäischen Kriegen zu erwarten. Dem könne man nur zuvorkommen, wenn es gelinge, die historische Spaltung der Arbeiterbewegung progressiv zu überwinden – und dies sei nur möglich auf der Grundlage einer Selbstbefreiung des wissenschaftlichen Bewußtseins und eines daraus abgeleiteten planvollen politischen Handelns von Eliten, um eine neue proletarisch-revolutionäre Einheitspartei zu schaffen, welche nicht nur die Spaltung der Arbeiterklasse überwinden, sondern auch den unerläßlichen subjektiven Faktor im historischen Prozeß einbringen könne; nur so sei die Entwicklung der Gesellschaft in Richtung auf die Revolution voranzutreiben, die den einzigen Garanten für den Fortbestand der menschlichen Kultur darstelle. Und der Kampf gegen den Faschismus, so die Analyse nach der NS-Machtübernahme, sei keine Sache kurzen Atems und kurzschlüssiger Massenagitation, die von einem raschen Zusammenbruch des neuen Systems ausging, sondern erfordere langfristige Perspektiven, vorsichtige Organisationsarbeit, Schulung und vor allem ein umfassendes Berichtswesen.

Auf Grund dieser Konzeption, die in der Programmschrift Neu Beginnen auch angesichts der historischen Niederlage der Arbeiterbewegung gegenüber dem Nationalsozialismus noch einmal umfassend formuliert und begründet wurde, begann Loewenheim schon ab etwa 1929 unter Anwendung strengster Konspiration und strikter Orientierung an Leninschen Organisationsprinzipien die LO bzw. ORG aufzubauen, die ihren Schwerpunkt in Berlin besaß, bald jedoch auch Anhänger und Sympathisanten im Studenten- und Intellektuellenmilieu Frankfurts und anderer deutscher Großstädte fand. Belegt sind Kontaktnetze in Mannheim, Düsseldorf und Breslau sowie Verbindungen nach Thüringen und möglicherweise nach München. Das Rekrutierungsfeld bildeten vor 1933 vor allem Aktivisten und Teilnehmer der politischen Schulungsarbeit der beiden großen Arbeiterparteien, aber auch enttäuschte KPD- und vor allem KPO-Mitglieder; 1931 gelang es der ORG zudem, eine Reihe führender Funktionäre der Berliner Sozialistischen Arbeiterjugend zu kooptieren. Ziel war die Infiltration und langfristig die Eroberung der Leitungen der Arbeiterorganisationen auf konspirativem Weg, um auf diese Weise die Voraussetzungen für eine von ORG/ Neu Beginnen-Kadern geleitete revolutionäre Einheitspartei zu schaffen.

Freilich können diese Verbindungslinien nicht im Sinne normaler Mitgliedschaften wie etwa bei SPD und KPD betrachtet werden. Den Kern von Neu Beginnen bildete eine hochentwickelte und in mehrfacher Hinsicht konspirativ arbeitende Organisation von wohl nicht mehr denn 150 Kadern, häufig, ganz im Sinne der von Neu Beginnen verfolgten Infiltrationsstrategie, Funktionäre anderer Arbeiterorganisationen oder organisatorisch nicht gebundene Informanten aus den politischen und wirtschaftlichen Eliten, die in sensiblen Bereichen wirksam waren. An ihrer Spitze stand eine Kreis genannte Zentrale, der die Brüder Walter und Ernst Loewenheim sowie einige weitere Spitzenkader angehörten. 1933 stießen noch der ehemalige zentrale KJVD-Funktionär Richard Löwenthal sowie der frühere leitende KPD-Mitarbeiter Karl Frank dazu, der das Auslandsbüro von Neu Beginnen in Prag aufbaute.

Um diese relativ kleine Kaderorganisation gruppierte sich eine sog. Peripherie aus Sympathisanten und Mitarbeitern ganz unterschiedlicher Herkunft und Prägung, vom gewerkschaftlich-politischen bis zum kirchlichen Bereich: Sowohl Hans Gottfurcht, Mitglied der Berliner Zentralleitung der illegalen Angestelltengewerkschaften, wie Hans Jahn aus der Führung der illegalen Eisenbahner-Gewerkschaft standen bis zu ihrer Emigration in den Jahren nach 1933 in enger, freilich nicht immer konfliktfreier Verbindung zur ORG/Neu Beginnen, und in Berlin bestanden bereits 1933 gute Kontakte zu der rund 100 Mitglieder zählenden Gruppe der Religiösen Sozialisten, deren maßgeblicher Vertreter Erich Kürschner, evangelischer Gefängnispfarrer in Berlin-Tegel, in die Kaderorganisation aufgenommen wurde; der ehemalige KPD-Funktionär Werner Peuke, der nach der NS-Machtübernahme unabhängig vom KPD-Apparat in Berlin illegale Betriebsgruppen aufgebaut hatte, stieß spätestens im Frühjahr 1934 zu Neu Beginnen und spielte alsbald eine zentrale Rolle. Die ursprünglich scharfe Trennung zwischen Kern und Peripherie der Organisation verwischte sich ab 1933 zusehends; die Stärke der ORG/Neu Beginnen läßt sich in den ersten Monaten der Illegalität auf rund 500 Aktivisten schätzen.

Ihren unverhohlenen Anspruch auf die Führung der Arbeiterbewegung in der Illegalität meldete die Gruppe bereits in den sog. Pfingstthesen von 1933 und noch deutlicher in Loewenheims Broschüre Neu Beginnen an. Diese Programmschrift wurde im Oktober 1933 in der Tschechoslowakei im Graphia-Verlag der Sopade veröffentlicht; sie trug den Untertitel »Faschismus oder Sozialismus. Als Diskussionsgrundlage der Sozialisten Deutschlands«; sie erregte in der sozialistischen Öffentlichkeit des Auslands wie auch – da in großer Zahl nach Deutschland geschmuggelt – unter den sozialistischen Illegalen im Reich ungeheures Aufsehen, weil sie die theoretische Antwort auf die neuartigen praktischen Notwendigkeiten der Illegalität zu bieten schien und vor allem Stimmungslage und Richtungsvorstellungen der sozialistischen Illegalen im Reich genau entsprach.

Im Exil trat Neu Beginnen damit in einen organisatorischen Konkurrenzkampf mit dem SPD-Exilparteivorstand, in dem sich die Sopade freilich langfristig durchsetzen konnte, auch wenn mit Waldemar von Knoeringen, Erwin Schoettle und Franz Bögler drei der Sopade-Grenzsekretäre insgeheim Neu Beginnen angehörten. Knoeringen avancierte sogar zum Verantwortlichen für die gesamte Inlandsarbeit der Gruppe und brachte ein Netz von rund einem Dutzend illegaler Gruppen in Südbayern in den Organisationszusammenhang von Neu Beginnen ein[17].

Nicht zuletzt anhand dieser Konflikte im Exil kam es freilich 1934/35 zu einem scharfen innerorganisatorischen Konflikt innerhalb der Organisation Neu Beginnen, bei dem sich vor allem der alte Kreis um Walter Loewenheim und das Auslandsbüro um Karl Frank sowie Teile der inländischen Kaderorganisation gegenüberstanden. Grundsätzlich ging es dabei wohl um einen Gegensatz in der Einschätzung und den Perspektiven der illegalen Arbeit, bei der die Loewenheim-Gruppe eine eher defensiv-»defätistische«, die Gruppe um Karl Frank eine stärker offensive Position einnahm. Im Sommer 1935 kam es zu einer Art innerorganisatorischem Putsch und zu einer förmlichen Absetzung der Leitung um Loewenheim; die neue Reichsleitung von Neu Beginnen bildeten daraufhin Karl Frank, Richard Löwenthal und Werner Peuke.

Diese Leitungskrise trug sicherlich mit dazu bei, daß es der Gestapo gelang, in die Berliner Organisation einzubrechen und sie im Herbst 1935/Frühjahr 1936 durch eine

17 Siehe dazu H. Mehringer (Anm. 3), Kap. II/3 und Kap. II/4.

Verhaftungswelle weitgehend zu zerschlagen. Von der Verhaftung verschont gebliebene Kader, unter denen vor allem Fritz Erler anzuführen ist, setzten jedoch die Arbeit fort und versuchten, neue Netze aufzubauen.

1937 konnten sie durch Vermittlung der Auslandsleitung enge Verbindung zu der sogenannten Gruppe Deutsche Volksfront/Zehn-Punkte-Gruppe in Berlin um Otto Brass und Hermann Brill aufnehmen, die sich aus älteren SPD-, KPD- und Gewerkschaftsmitgliedern gebildet hatte; ihr zehn Punkte umfassendes Programm zielte vor allem auf die Einheit der Arbeiterbewegung ab, und sie spielte als legitimatorischer Bezugspunkt in der Volks- und Einheitsfrontdebatte des Exils eine nicht unwesentliche Rolle. Im Herbst 1938 wurde im Zusammenhang mit der Verhaftung der Zehn-Punkte-Gruppe auch die Berliner Neu Beginnen-Organisation endgültig zerschlagen. Weiter Bestand hatte jedoch die von Knoeringen betreute Neu Beginnen-Organisation in Südbayern um Bebo Wager (Augsburg) und Hermann Frieb (München), die sich nach dem »Anschluß« Österreichs auf Tirol und Wien (Johann Otto Haas) ausweiten konnte. Sie fiel der Gestapo erst im Jahr 1942 zum Opfer[18].

Der Internationale Sozialistische Kampfbund

Mit seiner spezifischen elitär-lebensreformerischen Ideologie stellt der Internationale Sozialistische Kampfbund eine der eigenartigsten linken Zwischengruppen dar. Seine Entstehungsgeschichte reicht in Auseinandersetzungen innerhalb der deutschen Jugendbewegung in der Zeit vor dem Ersten Weltkrieg zurück, an denen Leonard Nelson, philosophischer Mentor und Gründer des ISK und bis zu seinem Tode 1927 Philosophieprofessor an der Universität Göttingen, aktiv beteiligt gewesen war[19]. Obwohl der deutschen Arbeiterbewegung politisch verbunden und in der SPD aktiv, waren die Grundaxiome Nelsons und seiner Anhänger aus der deutschen idealistischen Philosophie – vor allem dem Kantianismus – abgeleitet; sie lehnten sowohl den Marxschen historischen Materialismus wie das aufklärerische Demokratieprinzip strikt ab und vertraten einen ethischen Sozialismus, der politisch in Staat und Gesellschaft eine Diktatur der ethisch und intellektuell Besten anstrebte. Der ISK war nach einem streng hierarchisch gegliederten Führerprinzip aufgebaut und forderte von seinen Mitgliedern vegetarische Lebensweise, Abstinenz von Alkohol und Nikotin sowie Kirchenaustritt.

Diese ideologische Diskrepanz und der jugendbewegte Aktivismus der Nelsonianer innerhalb der SPD, vor allem bei den Jungsozialisten, führte 1925 zu ihrem Ausschluß und zur Gründung des ISK. Seiner elitär-voluntaristischen Ideologie entsprechend, gab sich der ISK eine streng hierarchische, geradezu leninistische Organisationsform und widmete sein Hauptaugenmerk der Erziehung seiner Mitglieder zur politischen Führerschaft. Der ISK verstand sich als eigene Partei, und zwar bewußt

18 Siehe dazu ebenda, S. 116ff. und S. 228ff.

19 Ausführlich dazu Werner Link, Die Geschichte des Internationalen Jugend-Bundes (IJB) und des Internationalen Sozialistischen Kampf-Bundes (ISK). Ein Beitrag zur Geschichte der Arbeiterbewegung in der Weimarer Republik und im Dritten Reich, Meisenheim am Glan 1964, Kap. I und Kap. II.

als Kaderpartei mit hohen Anforderungen[20]; seine politische Arbeit konzentrierte sich auf die Gewerkschaften sowie auf die Freidenkerorganisationen, den Arbeiter-Abstinentenbund und andere Kulturorganisationen der Arbeiterbewegung. Unumstrittener Führer des ISK wurde nach dem Tod Leonard Nelsons dessen bisheriger Sekretär Willi Eichler[21]. In der Endphase der Weimarer Republik zählte der ISK 32 ordentliche Ortsvereine bzw. der Bundesleitung direkt unterstehende kleinere Mitgliedergruppen und mehrere Hundert aktive Mitglieder, um die sich freilich ein je nach Örtlichkeit um ein Vielfaches größerer Sympathisanten- und Mitarbeiterkreis gruppierte.

Nach dem Reichstagsbrand unmittelbar von Verhaftung bedroht, mußte Eichler emigrieren und baute in Paris die Exilzentrale des ISK auf. Im Reich begann die Organisation im Untergrund mit vorsichtiger, langfristig geplanter und zielgerichteter Aufbauarbeit. Nach rund zwei Jahren umfaßte die illegale ISK-Organisation sechs Bezirkseinheiten, die mit der Exilzentrale in Paris unter Willi Eichler in enger Verbindung standen. Wichtigste Zentren der illegalen Arbeit waren fünf organisationseigene vegetarische Gaststätten sowie ein Brotgeschäft, die als unauffällige Stützpunkte zu illegaler Schriftenherstellung und -verteilung dienten und darüber hinaus mit ihren Gewinnen den Finanzbedarf der illegalen Organisation weitgehend decken konnten. Ab Oktober 1933 erschienen (bis Ende 1937) in monatlicher Reihenfolge die Neuen Politischen Briefe, nach Eichlers *nom de guerre* auch Reinhart-Briefe genannt, die aus dem Ausland eingeschmuggelt wurden und sich unter Verzicht auf Eigenpropaganda vor allem durch hohen Informationswert und betont sachlichen Stil auszeichneten. Die Zerschlagung des ISK begann Ende 1936. Nach Einzelverhaftungen hatte die Gestapo Hinweise auf den reichsweiten organisatorischen Zusammenhang des ISK gewonnen; sie richtete daraufhin eine eigene Dienststelle ein, der es im Sommer 1937 gelang, den zentralen Inlandsfunktionär Julius Philippson zu verhaften. Ende 1937/Anfang 1938 erfolgten über 100 Verhaftungen im gesamten Reichsgebiet, im Spätsommer 1938 fielen als letzte auch die süddeutschen Gruppen des ISK der Verfolgungswelle zum Opfer. Einzelne Organisationskerne im Rhein-Ruhr-Gebiet konnten den Krieg überdauern und bei Kriegsende noch eine gewisse Rolle spielen.

Die Roten Kämpfer

Die Organisation der Roten Kämpfer um Arthur Goldstein, Alexander Schwab und Karl Schröder umfaßte 1933 mehrere Gruppen in Berlin, Sachsen und im Rhein-Ruhrgebiet mit rund 400 Mitgliedern vor allem aus dem Umkreis der sozialistischen Bildungsarbeit. Entstanden aus der Berliner Sozialwissenschaftlichen Vereinigung[22], waren die Roten Kämpfer ein insbesondere von rätedemokratischen Vorstellungen geprägter Debattierzirkel mit geheimbündlerischen Organisationsformen[23]. Der be-

20 Dies betraf u. a. sowohl die nach Einkommen gestaffelten hohen Mitgliederbeiträge wie die Anforderungen zeitlichen Aufwands für die Mitarbeit.

21 Vgl. dazu auch Sabine Lemke-Müller, Ethischer Sozialismus und soziale Demokratie. Der politische Weg Willi Eichlers vom ISK zur SPD, Bonn 1988.

22 Allgemein siehe Olaf Ihlau, Die Roten Kämpfer. Ein Beitrag zur Geschichte der Arbeiterbewegung in der Weimarer Republik und im Dritten Reich, Meisenheim am Glan 1969.

23 Ebenda, Kap. VII, sowie J. Foitzik (Anm. 2), S. 90f.

wußte Verzicht auf expansive Propagandatätigkeit bot allerdings wirksamen Schutz vor polizeilicher Verfolgung, und die Gestapo stieß erst 1936 und mehr aus Zufall auf die Gruppe. Bis Frühsommer 1937 wurden rund 150 Mitglieder festgenommen und die Organisation damit nahezu vollständig zerschlagen.

Kommunistische Partei Deutschlands/Opposition (KPDO bzw. KPO)

In der Ende 1928, nach dem VI. Weltkongreß der Komintern, gegründeten KPO formierte sich die sog. »rechte« Opposition der KPD[24] um Heinrich Brandler, August Thalheimer und andere (ehemals) führende Vertreter der KPD, d.h. vor allem die Kräfte, die nicht bereit waren, den von der Kominternführung verordneten ultralinken Kurs mitzutragen, für den die »sozialfaschistische« SPD den Hauptfeind darstellte. Als eine der größeren linken Zwischengruppen besaß sie zunächst eine Stärke von etwa 3500 Mitgliedern. Ungeachtet ihrer massiven Kritik an der KPD-Führung und vor allem an deren Haltung zur Gewerkschaftseinheit und zur SPD setzte sich die KPO als politisches Ziel die Eroberung der KPD, was den eigenen organisatorischen Bestrebungen enge Grenzen setzte.

Die KPO war in den Ausgangsjahren der Weimarer Republik heftigen internen Fraktionsstreitigkeiten ausgesetzt. An der Frage des Verhältnisses zur SAP kam es Ende 1931 zur Spaltung: Die Mehrheit, ihrem Selbstverständnis nach die Kaderorganisation einer künftigen wiedervereinigten KPD, lehnte ein Zusammengehen mit der SAP ab, während die Minderheit sich als Kern einer neuen radikalsozialistischen Partei begriff und die Fusion beider Organisationen betrieb; nach der Spaltung stieß die KPO-Minderheit großteils zur SAP.

Anfang 1933 umfaßte die KPO – nach der SAP, wenn auch mit deutlichem Abstand, zweitgrößte der linken Zwischengruppen – noch rund 3000 Mitglieder. Von den Verhaftungswellen im Frühjahr 1933 war sie – im Unterschied zu den anderen linken Zwischengruppen – relativ stark betroffen: Sie verlor etwa ein Fünftel ihres Mitgliederbestandes. Dies lag wesentlich daran, daß sich die KPO vor allem aus dissidenten KPD-Kadern zusammensetzte, die in der Weimarer Zeit politisch hervorgetreten und somit polizeibekannt waren, und daß die KPO auch in der Anfangsphase der Illegalität noch ihre aktivistische Einheitsfrontlinie fortsetzte, was den angestrebten konspirativen Sicherungsmaßnahmen natürlich bis zu einem gewissen Grad zuwiderlief.

Ende 1932 hatte die KPO die Umstellung der Organisation auf die Bedingungen der Illegalität beschlossen; die Umbildung der Führungsspitze erfolgte am Tag nach dem Reichstagsbrand: Jeweils drei führende Vertreter der Partei bildeten die Inlandsleitung, das sog. Berliner Komitee (BK), und die Auslandsleitung (Auslandskomitee – AK) unter Heinrich Brandler und August Thalheimer. Letzteres konstituierte sich Anfang März 1933 in Straßburg, wo im Mai 1933 die erste Exilausgabe des KPO-

24 Zur KPO allgemein siehe Karl Heinz Tjaden, Struktur und Funktion der »KPD-Opposition« (KPO). Eine organisationsgeschichtliche Untersuchung zur »Rechts«-Opposition im deutschen Kommunismus zur Zeit der Weimarer Republik, Meisenheim am Glan 1964 (zur Entstehungsgeschichte Kap. I), sowie Theodor Bergmann, »Gegen den Strom«. Die Geschichte der Kommunistischen-Partei-Opposition, Hamburg 1987.

Organs Gegen den Strom erschien; wenig später wurde der Sitz des AK nach Paris verlegt, nach Kriegsausbruch 1939 übersiedelte es nach Stockholm[25].

Als Politische Leiter des BK fungierten 1933–1937 nacheinander Heinz Tittel, Erich Hausen, Karl Bräuning, Fritz Wiest und schließlich Theo Gabbey. Entsprechend den organisatorischen Schwerpunkten der KPO in der Weimarer Zeit, hatte die illegale KPO ihre Hauptstützpunkte in Berlin und in Mitteldeutschland, daneben bestanden bedeutende Gruppen in Hamburg, Frankfurt am Main, Stuttgart und Breslau sowie im Rhein-Ruhr-Gebiet; weitere Gruppen, mit denen das BK in Verbindung stand, existierten in Thüringen, Sachsen, Ostpreußen, Württemberg, Bayern und Bremen. Illegale Bezirkskonferenzen im Inland sind bis in das Jahr 1935 belegt, 1936 soll die Organisation noch rund 1 200 Mitglieder umfaßt haben.

Im Februar 1937 gelang es der Gestapo, den zentralen Kurier Hans Löwendahl zu verhaften und umfangreiche Aussagen zu erpressen; Folge waren die Verhaftung der Inlandsleitung und schließlich die Zerschlagung der Gesamtorganisation der KPO. Lokale KPO-Gruppen in Mitteldeutschland, die dieser Verhaftungswelle entgingen, bestanden bis weit in die Kriegszeit hinein. Nach 1945 bildeten ehemalige KPO-Mitglieder in Bremen die Gruppe Arbeiterpolitik, die als politische Kleinorganisation noch lange Bestand hatte.

Linke Opposition der KPD/Trotzkisten

Die Geschichte der organisierten kommunistischen Linksopposition geht bis ins Jahr 1925 und den bekannten Offenen Brief der Komintern zurück, der die Verdrängung der trotzkistischen und sinowjewistischen Opposition aus der KPD einleitete. Sie war im wesentlichen 1927 abgeschlossen und führte zu einer Unzahl von linksoppositionellen Organisationen, Gruppen und Grüppchen, deren bedeutendste der 1928 gegründete Leninbund[26] unter Ruth Fischer und Hugo Urbahns mit etwa 5 000–6 000 Mitgliedern war. Er zerfiel jedoch in den frühen dreißiger Jahren und spielte im Widerstand gegen den Nationalsozialismus nach 1933 keine Rolle mehr. 1930 wurde die trotzkistische Minderheit aus dem Leninbund ausgeschlossen und konstituierte sich zur Vereinigten Opposition der KPD (Bolschewiki-Leninisten), der ersten trotzkistischen Organisation in Deutschland; führender Vertreter war Anton Grylewicz[27].

1931 spaltete sich eine Minderheitsgruppe um Kurt Landau, Alexander Müller und Hans Schwalbach ab und bildete eine eigene Organisation. Beide Gruppen, von Trotzki selbst als gleichberechtigte trotzkistische Organisationen anerkannt, bezeichneten sich als Linke Opposition der KPD (Bolschewiki-Leninisten), zu unterscheiden nach dem jeweiligen Zentralorgan Die Permanente Revolution bzw. Der Kommu-

25 Zu Widerstand und Exil der KPO siehe vor allem J. Foitzik (Anm. 2), S. 60ff. und S. 122ff.

26 Dazu Rüdiger Zimmermann, Der Leninbund. Linke Kommunisten in der Weimarer Republik, Düsseldorf 1978.

27 Dazu und zum Folgenden siehe vor allem Wolfgang Alles, Zur Politik und Geschichte der deutschen Trotzkisten ab 1930, Diplomarbeit masch. Universität Mannheim 1978; Hans Schafranek, Das kurze Leben des Kurt Landau. Ein österreichischer Kommunist als Opfer der stalinistischen Geheimpolizei, Wien 1988.

nist. Die erste Gruppe zählte etwa 600, die zweite rund 100 Mitglieder, konzentriert vor allem in Berlin.

Die erste und größere trotzkistische Gruppe konzentrierte sich in der Illegalität vorwiegend auf die Betriebsarbeit und blieb hierbei keineswegs nur auf Berlin beschränkt. Ihr führender Vertreter war Erwin Ackerknecht, der im Frühsommer 1933 zum Aufbau eines Auslandskomitees nach Paris emigrierte. In diesen Monaten wuchs die Gruppe, vor allem durch Zustrom unzufriedener KPD-Mitglieder, auf rund 1 000 Sympathisanten an, eine Zahl, die sich jedoch rasch wieder reduzierte. Führende Vertreter der Reichsleitung, die sich allerdings in der Illegalität wiederum in zwei Fraktionen spaltete, waren u. a. Joachim Unger und Walter Nettelbeck. Neben Berlin umfaßte die Organisation Gruppen in Hamburg, Sachsen (Magdeburg, Halberstadt, Leipzig, Dresden), Westdeutschland (Gelsenkirchen, Neuss, Solingen, Essen, Köln), in Mainz, Frankfurt am Main, München sowie in der unter Völkerbundsverwaltung stehenden Freien Stadt Danzig. All diese Gruppen, die insgesamt wohl an die 200 Kader umfaßten, wurden zwischen 1934 und 1936 von der Gestapo zerschlagen.

Auch die zweite trotzkistische Organisation suchte ihren Erfolg in der Betriebsarbeit, blieb freilich weitgehend auf Berlin beschränkt. Ihre führenden Vertreter waren der Österreicher Kurt Landau – bis zu seiner Emigration nach Paris, wo er ein Auslandszentrum aufbaute –, anschließend Hans Schwalbach, Erich Rätzke und Reinhold Schädlich. Die rund 40 Personen starke Gruppe, die ursprünglich aus der ultralinken sog. Weddinger Opposition hervorgegangen war (nach ihrem illegal verbreiteten Organ auch Gruppe Funke genannt), wurde im März 1934 von der Gestapo aufgerollt; ungefähr 170 Mitglieder/Sympathisanten wurden verhaftet, unter ihnen Henry Jacoby, der in der Illegalität eine zentrale Rolle spielte[28].

Die besondere Tragik der trotzkistischen Gruppen bestand darin, daß sie aufgrund der spezifischen Frontstellungen in der Arbeiterbewegung schon vor 1933 vom Abwehr-Apparat der KPD observiert und attackiert worden waren. Das Abwehr-Archiv der KPD fiel im Dezember 1933 der Gestapo in die Hände und bot ihr die Grundlage für eine langfristige, teilweise über Monate und Jahre hinweg durchgeführte Beobachtung und schließlich die umfassende Ausschaltung der trotzkistischen Gruppen und Organisationsansätze. Die Zahl der Verhafteten aus diesem Spektrum betrug insgesamt mehrere Hundert.

Anarchosyndikalisten

Die anarchosyndikalistischen Organisationen nehmen unter den linken Zwischengruppen insofern eine Sonderstellung ein, als es sich bei ihnen nicht um Abspaltungen von KPD oder SPD in den letzten Jahren der Weimarer Republik handelt, sondern ihre Anfänge bis zur Revolution von 1918/19 bzw. in die Jahre des Sozialistengesetzes zurückreichen. Die Anarchosyndikalisten bildeten somit von Anfang an einen autonomen Strang der Arbeiterbewegung in Kaiserreich und Weimarer Republik, und ihre grundsätzlich außer- bzw. antiparlamentarische Orientierung machte Fragen der

28 Siehe dazu Henry Jacoby, Von des Kaisers Schule zu Hitlers Zuchthaus. Eine Jugend links-außen in der Weimarer Republik, Frankfurt am Main 1980, S. 174ff.

Konspiration und der illegalen politischen Arbeit von Anfang an zu konstitutiven Rahmenbedingungen ihrer politischen Existenz.

Die 1919 gegründete Freie Arbeiterunion Deutschlands (FAUD)[29] nahm bewußt die Traditionen anarchosyndikalistischer Gewerkschaftsarbeit aus den Jahrzehnten vor 1914 wieder auf. Sie begriff sich als Alternative zu den Freien Gewerkschaften und war zunächst mehr denn 100000 Mitglieder stark. Sie grenzte sich von der am Legalismus orientierten politischen Arbeiterbewegung (KPD wie SPD) ab, lehnte die Einflußnahme von Parteien und Verbänden auf politische Prozesse ab und war auf lokaler Ebene nach Berufszweigen organisiert. Gleichwohl waren die sog. Geschäftskommission in Berlin und die Zeitschrift Der Syndikalist (später Arbeiter-Echo) wichtige überregionale Organe. Die Hochzeit der FAUD wie anderer anarchosyndikalistischer Organisationen und Gruppierungen – hier wären vor allem noch die Kommunistische Arbeiterpartei Deutschlands (KAPD), aus der sich die Roten Kämpfer entwickelten, die 1920 gegründete Allgemeine Arbeiter-Union Deutschlands (AAUD) und die 1921 gebildete Allgemeine Arbeiter-Union Einheitsorganisation (AAUE) anzuführen – lag im ersten Jahrfünft der Weimarer Republik, später gingen Mitgliederstärke und politischer Einfluß deutlich zurück. Die FAUD zählte am Ende der Weimarer Republik noch zwischen 6000 und 10000 Mitglieder und hatte ihre organisatorischen Stützpunkte neben Berlin vor allem in Mittel- und Westdeutschland.

Auf die interne Entwicklung der anarchosyndikalistischen Gruppen und die Geschichte ihrer wechselseitigen Fraktionskämpfe kann hier nicht näher eingegangen werden. Im Widerstand spielte vor allem die FAUD eine Rolle[30]. Sie löste sich bereits im Februar 1933 formell auf, um dem Anfang März ausgesprochenen Verbot zuvorzukommen. Die Führung der illegal weiterarbeitenden Organisation übernahm zunächst Gerhard Wartenberg in Berlin, wenig später Emil Zehner in Erfurt mit seinen Mitarbeitern Karolus Heber und Johannes Zühlke. Sehr rasch kristallisierten sich vier regionale Zentren der illegalen FAUD heraus: neben Berlin und Mitteldeutschland noch West- und Südwestdeutschland.

Im Rhein-Ruhr-Gebiet entstand ein weitverzweigtes Netz mit zahlreichen lokalen Schwerpunkten unter Führung von Julius Nolden. Eine weitere zusammenhängende Organisation bildete sich im Raum Mannheim/Ludwigshafen, Darmstadt und Frankfurt/Offenbach; sie begann im Sommer 1934 mit der Herstellung und Verbreitung der hektographierten Monatszeitung Fanal. In Sachsen (Leipzig, Bitterfeld, Gotha, Erfurt, Chemnitz, Dresden) formierte sich eine FAUD-Organisation unter Ferdinand Götze und später Richard Thiede. Breitere lokale Zentren illegaler FAUD-Gruppen bestanden in Hamburg, Stettin, Königsberg, Breslau und Ratibor.

Obwohl der Gestapo in Süddeutschland und im Rhein-Ruhr-Gebiet 1935 kleinere Einbrüche in die FAUD-Organisation gelangen, blieb die Inlandsorganisation zunächst intakt; freilich hatte man ab Mitte der dreißiger Jahre die Außenaktivitäten deutlich reduziert.

Nach Beginn des Spanischen Bürgerkriegs intensivierte die Gestapo ihre Fahndungs- und Verfolgungsmaßnahmen gegen die FAUD beträchtlich, da sie politische

---

29 Dazu Hans Manfred Bock, Syndikalismus und Linkskommunismus von 1918 bis 1923, Meisenheim am Glan 1969, Kap. I; Angela Vogel, Der deutsche Anarcho-Syndikalismus, Berlin 1977.
30 Siehe dazu J. Foitzik (Anm. 2), S. 88–90.

Attentate mit entsprechender Signalwirkung fürchtete. Im Frühjahr 1937 gelang es ihr, die Organisation der FAUD definitiv aufzurollen und auszuschalten. Allein in Westdeutschland wurden über 100 Aktivisten verhaftet, in Leipzig etwa 40, in Berlin rund zwei Dutzend.

Das Ende des Dritten Reiches

Die im Untergrund aktiven, gewissermaßen extravertierten Organisationsformen und Strukturelemente des sozialdemokratischen Milieus waren im allgemeinen spätestens in der zweiten Hälfte der dreißiger Jahre dem Zugriff der Gestapo zum Opfer gefallen. Dies gilt auch – von wenigen Ausnahmen wie etwa den Neu Beginnen zuzuordnenden Revolutionären Sozialisten abgesehen – für den Bereich der linken Zwischengruppen. Erst ab der zweiten Hälfte 1944, als das Ende des Krieges und damit das Ende der NS-Herrschaft absehbar wurde, kam es vielerorts, vor allem auch aus dem personellen Umkreis der ehemaligen linken Zwischengruppen, zu erneuten Versuchen vorsichtiger Sammlung und Herstellung überregionaler Kontaktnetze. Die wohl spektakulärste Aktion in diesem Zusammenhang bildete der Fallschirmabsprung des ISK-Emigranten Jupp Kappius über dem Emsland im September 1944, dem es, gestützt auf vorbereitende Kurierdienste seiner Frau Änne von der Schweiz aus, erfolgreich gelang, in den folgenden Monaten in Norddeutschland und im Ruhrgebiet ein dichtes Verbindungsnetz ehemaliger Genossen zur Vorbereitung auf die »Stunde Null« des Endes der Hitler-Herrschaft aufzubauen[31].

Aber auch zum Umkreis des 20. Juli 1944 gehörten mit Julius Leber, Wilhelm Leuschner, Theodor Haubach und Carlo Mierendorff an führender Stelle Vertreter des sozialdemokratischen Widerstands, Angehörige jener weiter oben angeführten Gruppe führender Partei- und Gewerkschaftsfunktionäre, die während der gesamten Dauer des Dritten Reichs zu ihren Freunden und ehemaligen Organisationskollegen in lockerem, doch jederzeit aktivierbarem Kontakt standen. Die drei ersten wurden hingerichtet, Carlo Mierendorff wurde Opfer eines Luftangriffs[32].

Sozialdemokratie und sozialistische Arbeiterbewegung überlebten das Dritte Reich nicht in Form strukturierter Untergrundorganisationen, sondern in ihrem tradierten Lebens- und Milieuzusammenhang. Der Resistenzkraft sozialdemokratischen Milieus, deren Substanz zumeist in dem mehr instinktiven als bewußten Bestreben

---

31 Siehe dazu W. Link (Anm. 19), S. 313 ff.

32 Vgl. Peter Hoffmann, Widerstand, Staatsstreich, Attentat. Der Kampf der Opposition gegen Hitler, München 1979³; Ger van Roon, Neuordnung im Widerstand. Der Kreisauer Kreis innerhalb der deutschen Widerstandsbewegung, München 1967; Annedore Leber (Bearb.)/Willy Brandt/Karl Dietrich Bracher (Hrsg.), Das Gewissen steht auf. Lebensbilder aus dem deutschen Widerstand 1933–1945, Frankfurt am Main 1959⁸; Walter Hammer, Theodor Haubach zum Gedächtnis, Frankfurt am Main 1955; Karl Dietrich Bracher, Julius Leber, in: Hermann Graml (Hrsg.), Widerstand im Dritten Reich. Probleme, Ereignisse, Gestalten, Frankfurt am Main 1984, S. 239–243; Joachim G. Leithäuser, Wilhelm Leuschner. Ein Leben für die Republik, Köln 1962; Hans Mommsen, Wilhelm Leuschner und die Widerstandsbewegung des 20. Juli 1944, in: Ursula Büttner (Hrsg.), Das Unrechtsregime. Festschrift für Werner Jochmann zum 65. Geburtstag, Hamburg 1986, S. 347–361; Richard Albrecht, Der militante Sozialdemokrat Carlo Mierendorff 1897–1943. Eine Biographie, Berlin-Bonn 1987.

bestand, im Kontakt mit ehemaligen Genossen an eingeübten politisch-moralischen Normen und an dem zum Teil über Generationen hinweg gewachsenen Zusammenhalt trotz Zerstörung seiner organisatorischen Strukturen durch das NS-Regime festzuhalten, muß eine bemerkenswerte Konsistenz und Tragfähigkeit attestiert werden. Das sozialdemokratische Milieu überdauerte weithin – auch wenn es sich nach Erreichen der Vollbeschäftigung ab Mitte der dreißiger Jahre und durch die Kriegsauswirkungen zunächst zusehends abschwächte – die zwölf Jahre des NS-Regimes in letztlich tragfähiger Substanz. Dies war eine der wesentlichen Voraussetzungen für die unglaublich rasche Rekonstruktion der Organisation der SPD unmittelbar nach Kriegsende.

Michael Schneider

Gewerkschaftlicher Widerstand 1933–1945

Wohl selten hat ein Regime einen stärkeren Kult der Arbeit und des arbeitenden Menschen betrieben – und zugleich die Arbeiterschaft dermaßen politisch entmachtet: Der nationalsozialistische Staat schüchterte die Arbeiterschaft ein, beraubte sie binnen weniger Monate ihrer politischen und gewerkschaftlichen Vertretung – aber er umwarb sie mit einer geradezu mythischen Überhöhung des Arbeiterbildes in Kunst und politischer Propaganda sowie mit einer Reihe sozialer Wohltaten, die um so mehr ins Gewicht fiel, als sie auf die katastrophale Verarmung der Weltwirtschaftskrise folgte. Mögen weite Kreise der Arbeitnehmerschaft auch dem Wortgeklingel der Propaganda skeptisch gegenübergestanden haben, so haben jedoch die im Zuge des wirtschaftlichen Aufschwungs verringerte Arbeitslosigkeit und die verbesserte Lebenssituation viele über die politische und gewerkschaftliche Entrechtung hinweggetröstet. Aber selbst wenn sich der Kern der ehemaligen Gewerkschaftsmitgliedschaft, wenn sich die industriellen Facharbeiter als resistent gegen die Verlockungen der nationalsozialistischen Politik erwiesen hätten, so hieße das keineswegs, daß »die« Arbeiterschaft ein Potential des aktiven Widerstandes gewesen wäre. Realitätsnäher ist es wohl, von einer »Bändigung« der Arbeiterschaft auszugehen. Bändigung – das heißt vor allem: Unterwerfung durch Terror und Entrechtung, Neutralisierung etwaiger Unruhe durch begrenzte Konzessionen sowie Integration der Arbeiter in die vorgebliche Volksgemeinschaft des NS-Staates[1].

Gewerkschaftlicher Widerstand/Gewerkschafter im Widerstand

Zerschlagung der Arbeiterbewegung und Bändigung der Arbeiterschaft – das sind die Bedingungen, unter denen sich der Widerstand ehemaliger Gewerkschafter formierte. Für die auf Massenanhang und damit zwangsläufig auf Öffentlichkeit angewiesenen Gewerkschaften stellten sich damit Probleme, auf die sie von ihrer Struktur her nicht vorbereitet waren; und die Gewerkschaftsführer konnten sich in ihrer Mehrheit kaum mit konspirativen Kampfpraktiken anfreunden, zumal sie selbst, wenn sie nicht verhaftet waren, zumeist unter besonderer polizeilicher Kontrolle standen. Was aber kann unter den Bedingungen von Terror und Verfolgung, von Überwachung, Bespitzelung und ständiger Denunziationsfurcht Widerstand sein?

---

1 Dazu Timothy W. Mason, Die Bändigung der Arbeiterklasse im nationalsozialistischen Deutschland, in: Carola Sachse u. a., Angst, Belohnung, Zucht und Ordnung. Herrschaftsmechanismen im Nationalsozialismus, Opladen 1982, S. 11–53.

Der Begriff des gewerkschaftlichen Widerstandes kann sich wegen der Zerschlagung der gewerkschaftlichen Organisationen nicht normativ auf die Fortführung der überkommenen Gewerkschaftsarbeit beziehen[2]. Obwohl z.B. von Heinrich Schliestedt, einem der wichtigsten Organisatoren der Widerstandsarbeit bei den Metallarbeitern, in einem Memorandum aus dem Jahre 1935 anvisiert, konnte eine Verbindung von illegaler politischer Arbeit und auf Öffentlichkeit angewiesenen Lohnkämpfen nur sehr selten hergestellt werden. Aber natürlich sollen die Versuche nicht unerwähnt bleiben, unter extrem schwierigen Bedingungen in einzelnen Bereichen gewerkschaftsähnliche Aktivitäten bis hin zu Streiks zu organisieren[3]. Diese in kleinen Gruppen durchgeführten Aktionen, die oftmals von früheren Betriebsräten oder Gewerkschaftern geleitet wurden, folgten aber im Grunde der Devise: »Lohnpolitik auf eigene Faust«[4]. Und diese Devise war bei genauerem Zusehen mit den auf breite kollektive Regelungen abzielenden Prinzipien der traditionellen Gewerkschaftspolitik nur begrenzt vereinbar.

Trotz des totalen Unterordnungs- und Strafanspruchs des nationalsozialistischen Staates sollen hier nicht alle Formen unangepaßten Verhaltens – so mutig und opferreich sie auch waren – als Widerstand bezeichnet werden. Widerstand, das war vielmehr praktisches Handeln zur Behinderung oder Zerstörung von Kernbereichen der nationalsozialistischen Diktatur, z.B. durch die Versuche zur Schaffung einer illegalen Gegenöffentlichkeit. Daran ist auch der gewerkschaftliche Widerstand, verstanden als Widerstand »ehemaliger« Gewerkschafter, zu messen.

Gewerkschaftlicher Widerstand, das war zunächst einmal der Versuch, den persönlichen Zusammenhalt oppositioneller Gewerkschafter aufrechtzuerhalten und zudem auf illegalem Wege Informationen über die Situation in den Betrieben zu sammeln und zu verbreiten; es war der Versuch, den Propagandatiraden politische Aufklärung entgegenzuhalten und damit den menschenverachtenden Charakter des nationalsozialistischen Systems, insbesondere Terror und Kriegsvorbereitung, zu beleuchten; es war der Versuch, den Kontakt zwischen Widerstandsgruppen im Reich und im Exil, auch zwischen deutschen und ausländischen Gewerkschaftern zu halten; und es war der Versuch, Vorbereitungen für die »Zeit danach« zu treffen. Widerstand von Gewerkschaftern – das war auch »Wartestand«[5].

Mit diesen vielleicht bescheiden anmutenden Aufgaben- und Zielbestimmungen reagierten die gewerkschaftlichen Widerstandsgruppen auf die gegebene Situation: Angesichts der sofort einsetzenden Terrormaßnahmen einerseits, der sich ausbreitenden abwartend-wohlwollenden Haltung weiter Kreise der Bevölkerung zum Regime

---

2 Siehe dagegen Jürgen Harrer, Gewerkschaftlicher Widerstand gegen das »Dritte Reich«, in: Frank Deppe/Georg Fülberth/Jürgen Harrer (Hrsg.), Geschichte der deutschen Gewerkschaftsbewegung, Köln 1989[4], S. 343–413, hier 371 f. und 387.

3 Vgl. dazu Günter Morsch, Streiks im »Dritten Reich«, in: Vierteljahrshefte für Zeitgeschichte, 36 (1988), S. 649–689; Stefan Karner, Arbeitsvertragsbrüche als Verletzung der Arbeitspflicht im »Dritten Reich«, in: Archiv für Sozialgeschichte, 21 (1981), S. 269–328.

4 Detlev J. K. Peukert, Die Lage der Arbeiter und der gewerkschaftliche Widerstand im Dritten Reich, in: Ulrich Borsdorf (Hrsg.)/Gabriele Weiden (Bearb.), Geschichte der deutschen Gewerkschaften von den Anfängen bis 1945, Köln 1987, S. 447–498, Zitat S. 470.

5 Ulrich Borsdorf, Arbeiteropposition, Widerstand und Exil der deutschen Gewerkschaften, in: Erich Matthias/Klaus Schönhoven (Hrsg.), Solidarität und Menschenwürde. Etappen der deutschen Gewerkschaftsgeschichte von den Anfängen bis zur Gegenwart, Bonn 1982, S. 291–306, Zitat S. 299.

andererseits war wohl an eine großangelegte Widerstandsaktion ohnehin nicht zu denken; jeder Versuch, eine breite illegale Organisation aufzubauen, war zum Scheitern verurteilt. Das zeigten die Bemühungen der KPD, zunächst am Konzept der Roten Gewerkschaftsoppostion (RGO)-Zellenbildung festzuhalten, was 1933/1934 zu Massenverhaftungen führte. Und auch die Vorstöße in Richtung auf eine verdeckte Gewerkschaftsarbeit, die mit der Taktik des »Trojanischen Pferdes« innerhalb der Deutschen Arbeitsfront (DAF) unternommen wurden, blieben erfolglos; sie trugen überdies gewiß durch die – vorgebliche – Mitarbeit von Kommunisten in der DAF zur Verunsicherung der Arbeiterschaft bei.

Gruppen im Untergrund

Erste Voraussetzung für die Formierung eines gewerkschaftlichen Widerstandes war, den Kontakt zu halten, um damit die eigene politische Überzeugung gegen den wachsenden Druck der nationalsozialistischen Propaganda zu stärken und Informationen auszutauschen. Dank geschickter Tarnung gelang es sogar bekannten Gewerkschaftsführern, diese Aufgabe zu erfüllen; das gilt z.B. für Alwin Brandes von den Metallarbeitern, für Fritz Husemann von den Bergarbeitern, und das gilt für Jakob Kaiser von den Christlichen Gewerkschaften; Kaiser hatte die Aufgabe übernommen, die Renten- und Versorgungsansprüche der 1933 entlassenen christlich-nationalen Gewerkschafter zu vertreten; das erlaubte ihm vielfältige »legale« Besuche bei ehemaligen Funktionären[6]. Auch der Beruf des Vertreters bot offenbar – Bernhard Göring reiste als Zigarrenhändler, Hans Gottfurcht als Versicherungsagent durch Deutschland – gute Möglichkeiten zu verdeckten Kontakten. Relativ günstige Bedingungen fanden sich zudem in allen Berufen des Transportwesens; so ist es nicht verwunderlich, daß der Anteil z.B. der Eisenbahner unter Hans Jahn und der Transportarbeiter unter Adolph Kummernuss an der Widerstandsarbeit der dreißiger Jahre hoch war, zumal diese die Unterstützung der Internationalen Transportarbeiter-Föderation unter Edo Fimmen fanden[7]. Nach Jahns Angaben besaß seine Organisation im März 1936 137 Stützpunkte mit 284 Stützpunktführern und 1320 Funktionären. Auch die Metallarbeiter hatten wohl ein gut ausgebautes Netz von Kontakten, zu dessen Organisatoren Alwin Brandes, Heinrich Schliestedt, Max Urich, Richard Teichgräber, Hans Böckler und Walter Freitag gehörten. So berichtete Brandes von Kontakten zu 748 ehemaligen Metallern. Aber die »Hochrechnungen« der Zahlen von Kontaktpersonen über die »normale« Relation von Funktionären zu Mitgliedschaft (ein bis zwei Funktionäre auf ca. 1000 Mitglieder), mit denen eine Massenorganisation von vielen hunderttausend Gewerkschaftern im Untergrund rekonstruiert werden sollte, basieren wohl auf Illusionen[8]. Die von den gewerkschaftlichen Widerstandszirkeln gebildete »Illegale

6 Vgl. detailliert Elfriede Nebgen, Jakob Kaiser. Der Widerstandskämpfer, Stuttgart u.a. 1967.

7 Dazu ausführlich Helmut Esters/Hans Pelger, Gewerkschafter im Widerstand. Mit einem forschungsgeschichtlichen Überblick von Alexandra Schlingensiepen, Bonn 1983.

8 Dazu Gerhard Beier, Die illegale Reichsleitung der Gewerkschaften 1933–1945, Köln 1981; ders., Gewerkschaften zwischen Illusion und Aktion. Wandlungen gewerkschaftlicher Strategie vom potentiellen Massenwiderstand zur Technik der Verschwörung, in: Jürgen Schmädeke/Peter Steinbach (Hrsg.), Der Widerstand gegen den Nationalsozialismus. Die deutsche Gesellschaft und der Widerstand gegen Hitler, München 1985, S. 99–112, hier 108.

Reichsleitung der deutschen Gewerkschaften« verfügte wohl nicht über einen Mitgliederstamm im eigentlichen Sinne, gewiß aber über ein Informations- und Kontaktnetz von mehreren Tausend ehemaligen Gewerkschaftern.

Diese Kontakte und Gruppenbildungen wird man dem Widerstand zuordnen können, da sie zu gegen das Regime gerichteten Aufklärungsaktionen und zur Ausarbeitung von Zukunftsplänen für ein »anderes Deutschland« führten; zu denken ist etwa an Transport und Austausch von Tarnschriften und Informationsblättern und – natürlich – an die Anfertigung und Verteilung von Flugblättern. Weder die unter dem Deckmantel von Vertreterbesuchen verborgenen Treffen mit allein mündlicher Kommunikation noch die Zirkel, die z.B. mit Flugblattaktionen wirksam wurden, waren indessen vor dem Zugriff der Gestapo sicher: Hans Gottfurcht und Heinrich Schliestedt mußten ins Ausland fliehen. Schliestedt kam 1938 bei einem Flugzeugabsturz ums Leben. Hermann Schlimme wurde 1937 verhaftet; auch das von Hans Jahn aufgebaute Netz von Stützpunkten der Eisenbahner wurde 1937 durch Massenverhaftungen fast völlig zerschlagen; ebenso erging es dem illegalen Kreis um Alfred Fitz vom Verband der Nahrungsmittel- und Getränkearbeiter.

Auffallend ist, daß mit der Bildung des Führerkreises der vereinigten Gewerkschaften im April 1933 und dann mit der gemeinsamen Erfahrung der Verfolgung die Grenzen zwischen den Richtungsgewerkschaften nahezu bedeutungslos wurden. In fast allen Gruppen, die damit Vorläuferinnen der späteren Einheitsgewerkschaft waren, arbeiteten ehemalige christliche, liberale und freie Gewerkschafter zusammen.

Tief blieb der Graben indessen zwischen diesen und den kommunistischen Gewerkschaftern. Nicht übersehen sei jedoch, daß es auch vereinzelt zu gemeinsamen Aktionen sozialdemokratischer und kommunistischer Gewerkschafter kam. Am bekanntesten wurden die auf betrieblicher Ebene gebildeten Gruppen von Textil- und Metallarbeitern im Wuppertaler Raum, die im Herbst 1934 mehrere Hundert Mitglieder zählten. Sie druckten und verteilten Flugblätter, hatten auch eigene Zeitungen. Im Januar 1935 wurden diese Gruppen durch Massenverhaftungen zerschlagen. Die Betroffenen der mit großem Propagandaaufwand geführten »Wuppertal-Prozesse« fanden im übrigen ausländische Unterstützung, insbesondere durch das holländische »Wuppertal-Komitee«.

In der Folgezeit – ab 1936/37 etwa – beschränkte sich der gewerkschaftliche Widerstand im Grunde darauf, in der Illegalen Reichsleitung der deutschen Gewerkschaften, d.h. in Kontaktzirkeln ehemaliger Spitzenfunktionäre, Planungen für die »Zeit danach« zu diskutieren. Einen Massenkontakt konnten die Gewerkschaftsführer sicherlich nicht aufbauen, wohl aber ein verdecktes Informationsnetz, das sie zu wichtigen Ansprechpartnern gerade auch für die ins Ausland geflohenen Kollegen machte.

Anlaufstellen im Ausland

Angesichts von Verfolgung und Bedrohung der Gewerkschafter wurden frühzeitig Versuche unternommen, Anlaufstellen im benachbarten Ausland zu schaffen. Bis zum Anschluß an das Deutsche Reich (1935) bot zunächst das Saargebiet einen Fluchtpunkt für exilierte Gewerkschafter; dann übernahmen die Tschechoslowakei (bis 1938) sowie die Grenzregionen der Niederlande, Belgiens, Frankreichs und Dänemarks diese Funktion, bis auch sie vom Krieg überzogen wurden. Aber es ging nicht nur darum, erste Auffangpositionen für aus Deutschland vertriebene Gewerkschafter zu schaffen, sondern eine zentrale Aufgabe war es, von diesen Stützpunkten aus die Arbeit zu koordinieren, den Informations- und Schriftenaustausch zwischen Reichsgebiet und Ausland zu organisieren.

So wurde im Herbst 1934 in der Tschechoslowakei, auf der Konferenz in Reichenberg, unter der Führung von Heinrich Schliestedt die Auslandsvertretung der deutschen Gewerkschaften gegründet. Nach Schliestedts Tod (1938) verlagerte sie ihren Sitz nach Kopenhagen zu Fritz Tarnow, dem früheren Vorsitzenden des Holzarbeiterverbandes, der indessen nicht von allen Auslandsvertretern als Leiter anerkannt wurde. Die Auslandsvertretung wurde vom Internationalen Gewerkschaftsbund (IGB) finanziell unterstützt – was angesichts der Verstimmung, die der Anpassungskurs des Allgemeinen Deutschen Gewerkschaftsbundes (ADGB) im Frühjahr 1933 und speziell der Austritt aus dem IGB am 22. April 1933 ausgelöst hatten, keineswegs selbstverständlich war.

Auch im Ausland zeigten sich vereinzelt Ansätze zur Zusammenarbeit sozialdemokratischer und kommunistischer Gewerkschafter. Doch letztlich fanden die von der Kommunistischen Internationale 1935 ausgegebenen Einheitsfrontparolen keinen großen Niederschlag. Zwar wurde in Frankreich parallel zu Heinrich Manns »Volksfrontinitiative« der Koordinationsausschuß deutscher Gewerkschafter gebildet, doch mit dem Scheitern des Volksfrontversuchs und vor allem mit den »Moskauer Säuberungen« war 1937/38 auch das Ende des Koordinationsausschusses besiegelt. Zu nennen ist auch der Arbeitsausschuß freigewerkschaftlicher Bergarbeiter, der auf einer Tagung des Exekutivkomitees der Bergarbeiterinternationale in Paris gegründet wurde. Hier arbeiteten u.a. Franz Vogt, Richard Kirn und Hans Mugrauer vom (sozialdemokratischen) alten Verband zusammen mit dem Kommunisten Wilhelm Knöchel. Nach dem deutschen Einmarsch in die Niederlande nahm sich Vogt das Leben; Knöchel, der in den folgenden Jahren kommunistische Widerstandsgruppen in Deutschland organisierte, wurde 1943 verhaftet[9].

Widerstand im Krieg

Im Krieg wurde die Situation für den innerdeutschen Widerstand von Gewerkschaftern vollends aussichtslos. Der Ausbau des Verfolgungsapparates, die Integration der Arbeiterschaft in die Kriegsanstrengungen und die Erschwerung von grenzüberschreitenden Kontakten – all das ließ die Aktivitäten der Gruppen ehemaliger Gewerkschafter im Reich fast zum Erliegen kommen. Auf die wichtigste Ausnahme – das Attentat vom 20. Juli 1944 – wird noch einzugehen sein.

Besonders hervorgehoben werden muß, daß man auch im Krieg nicht von einem etwaigen Massenrückhalt des Widerstands der Gewerkschafter sprechen kann. Mit dem Beginn des Krieges veränderten sich die Lebensbedingungen der Arbeiter und

9 Vgl. Beatrix Herlemann, Auf verlorenem Posten. Kommunistischer Widerstand im Zweiten Weltkrieg. Die Knöchel-Organisation, Bonn 1982.

Arbeiterinnen – abgesehen von Umstrukturierungen in der Arbeiterschaft, von zunehmendem Arbeitsdruck, von den Einberufungen und der bald steigenden Zahl von Kriegstoten – zunächst erstaunlich wenig: Gerade aufgrund der Erfahrungen des Ersten Weltkrieges schien eine erfolgreiche Kriegführung auch und vor allem von der sozialen Ruhe an der »Heimatfront« abzuhängen, die durch Sicherung der »Normalität« garantiert werden sollte. Erst mit dem Rückzug der deutschen Truppen, der nach der Schlacht bei Stalingrad im Januar 1943 an allen Fronten einsetzte, begann der Krieg immer drastischer seine Auswirkungen in Deutschland zu zeigen. Dennoch kam nicht die explosive Stimmung auf, die gerade die Ernährungslage im Ersten Weltkrieg verursacht hatte. Die allgegenwärtige Bespitzelung und Denunziation einerseits, das Gefühl der Hilflosigkeit gegen dic sich in Bombennächten ankündigende Katastrophe andererseits trugen zu einem Klima der Passivität bei, das von Hoffnung und Angst, von mürrischer Kritik und Unterordnung gekennzeichnet war. Daraus stachen allenfalls die Aktionen Jugendlicher hervor, ohne daß das betont unangepaßte Verhalten z. B. der »Edelweißpiraten« eindeutig als politischer Widerstand gelten kann. Und auch die im Laufe des Krieges trotz der damit verbundenen Risiken zunehmende »Bummelei«, das »Krankfeiern« oder die »Aufsässigkeit« mancher Arbeiter wird man kaum ohne weiteres als Widerstand ansprechen können. Allerdings muß man berücksichtigen, daß das für Arbeiter und Arbeiterinnen die einzigen Möglichkeiten waren, eine oppositionelle politische Haltung durch Taten zu beweisen. Und mit hohem persönlichen Risiko behaftet waren auch diese Formen des individuellen Protests – vom Erzählen politischer Witze über das »Meckern« bis hin zu den als Sabotage gewerteten Arbeitsverfehlungen.

Im Exil: Pläne für die Zeit »nach Hitler«

Für die ins Ausland vertriebenen Gewerkschafter bedeutete der Krieg, daß sie vor den deutschen Truppen weiter fliehen mußten: Schweden, England und die Schweiz wurden im Krieg zu den wichtigsten Aufnahmeländern.

In Schweden und in England wurden Landesgruppen deutscher Gewerkschafter gebildet, die den Flüchtlingen zunächst einmal Hilfestellung bei der Sicherung des nötigsten Lebensbedarfs leisteten. Sie unterstützten die Reste des Widerstandes in Deutschland, sammelten und verbreiteten Informationen, und sie versuchten, die Deutschlandpolitik der Alliierten zu beeinflussen, insbesondere durch die Zusammenarbeit mit den Gewerkschaften des jeweiligen Gastlandes, durch eigene Öffentlichkeitsarbeit und durch die Mitarbeit in den Informationsdiensten der Alliierten. Gerade letztere folgte vielfach der Einsicht, daß die nationalsozialistische Diktatur nur von außen zerschlagen werden könne. Und schließlich arbeiteten die Landesvertretungen Pläne und Programme für den Neuaufbau der Gewerkschaften, aber auch für die Gestaltung des Arbeitsmarktes und der politischen Ordnung der »Nach-Hitler-Zeit« aus[10].

Da ist z. B. an das von Fritz Tarnow im Dezember 1941 dem Stockholmer Arbeitskreis deutscher Sozialdemokraten vorgelegte Programm zu denken, das für die Wie-

10 Programme abgedruckt in: Ulrich Borsdorf/Hans O. Hemmer/Martin Martiny (Hrsg.), Grundlagen der Einheitsgewerkschaft. Historische Dokumente und Materialien, Köln–Frankfurt am Main 1977, S. 248 ff.

dergründung von Gewerkschaften nach dem Kriege von der Übernahme der Organisationsstruktur und -prinzipien der DAF ausging. Dieses Konzept fand weder in Stockholm noch in London nachhaltige Zustimmung: 1944/1945 legte darum die Landesgruppe der deutschen Gewerkschaften in Schweden Vorschläge zu Problemen des Wiederaufbaus in Deutschland vor, die von der Auflösung der DAF und vom Aufbau einer demokratischen und unabhängigen Gewerkschaftsorganisation ausgingen.

Und auch die Landesgruppe deutscher Gewerkschafter in England, die eng mit dem Exilvorstand der SPD in London zusammenarbeitete, entwickelte 1945 – Mitautoren waren u. a. Willi Eichler, Hans Gottfurcht, Hans Jahn und Ludwig Rosenberg – einen Plan für »Die neue deutsche Gewerkschaftsbewegung«, dessen Organisationsgrundsätze lauteten: »Alle Gewerkschaften und der Gewerkschaftsbund müssen von Anfang an unabhängig von Unternehmern, Staat und Behörden sein. Die Bildung einheitlicher Industrieverbände sollte angestrebt werden. Die Gewerkschaften sind freiwillige Zusammenschlüsse von Arbeitnehmern und machen die Aufnahme weder von der Zugehörigkeit zu einer bestimmten Rasse, zu einem Religionsbekenntnis oder zu einer bestimmten politischen Auffassung abhängig.« Und weiter unten hieß es: »Gewerkschaften dürfen in keinem Abhängigkeitsverhältnis zu politischen Parteien stehen. Mit sozialistischen und anderen demokratischen Parteien verbindet sie die gleiche Zielsetzung: Demokratische Umgestaltung von Staat und Gesellschaft, wirtschaftliche Sicherheit und soziale Gerechtigkeit und Völkerverständigung. Sie erstreben daher die Zusammenarbeit mit allen Parteien, die diese Ziele vertreten und bereit sind, gewerkschaftlichen Forderungen in Parlamenten und Öffentlichkeit Geltung zu verschaffen.«[11] Hier war also die Bildung von Industriegewerkschaften vorgesehen, die auf den Prinzipien freiwilliger Mitgliedschaft und politischer Unabhängigkeit basieren sollten. Zwar diskutierten Emigranten auch in der Schweiz und in Frankreich Konzepte für den Wiederaufbau der Gewerkschaften, doch den stärksten Einfluß übten in der Folgezeit ohne Zweifel die im Londoner Exil entworfenen Pläne aus.

Gewerkschafter und das Attentat vom 20. Juli 1944

Die von der Landesgruppe deutscher Gewerkschafter in England entfaltete programmatische Tätigkeit leistete also eine überaus wichtige Vorarbeit für die Wiedergründung der Gewerkschaften in Deutschland nach dem Kriege; zu dessen Beendigung oder zum Sturz der Diktatur konnte sie indessen nicht direkt beitragen. Eben dies aber war das Ziel einzelner Gewerkschafter, die Kontakt zu den Widerstandsgruppen des 20. Juli 1944 hatten. Zu nennen sind vor allem Wilhelm Leuschner[12] von den Freien Gewerkschaften, Jakob Kaiser von den Christlichen Gewerkschaften und Max Habermann vom Deutschnationalen Handlungsgehilfenverband (DHV). Die Beteiligung der Gewerkschafter am Umsturzversuch folgte zum einen dem Interesse der Widerstandsgruppen daran, die (ehemals) organisierte Arbeitnehmerschaft in den ge-

11 Die neue deutsche Gewerkschaftsbewegung. Programmvorschläge für einen einheitlichen deutschen Gewerkschaftsbund, o. O., o. J. (London 1945), S. 5 ff.

12 Dazu detailliert Joachim G. Leithäuser, Wilhelm Leuschner. Ein Leben für die Republik, Frankfurt am Main u. a. 1962.

planten Aufstandsversuch einzubinden, sie mit dem neuen Staatsaufbau von vornherein zu verknüpfen und ein Aufkommen revolutionärer oder auch kommunistischer Bewegungen zu verhindern. Andererseits war den Gewerkschaftern klar, daß sie ohne und erst recht gegen das Militär kaum wirksam ein Ende des nationalsozialistischen Regimes würden herbeiführen können.

Trotz der Vorbehalte und des immer wieder aufflackernden Mißtrauens gegen eine politische Zusammenarbeit von Vertretern so unterschiedlicher Schichten und Gruppen wie Adel, Arbeiterbewegung, Industrie, Kirche und Militär bildeten die Verwurzelung in christlichen Moralvorstellungen sowie die Prinzipien von Rechtsstaatlichkeit und sozialer Reform eine starke Klammer, die ausreichte, ein Regierungsbündnis für dic Zeit nach dem Umsturz zu vereinbaren: Neben Ludwig Beck und Carl Friedrich Goerdeler waren Leuschner und Julius Leber (SPD) als Kanzler bzw. Vizekanzler oder Innenminister im Gespräch; die christliche Arbeiterbewegung sollte – so der letzte Entwurf einer Ministerliste vom Juli 1944 – durch Bernhard Letterhaus im Kabinett vertreten sein.

Waren auch Vertreter der früheren Richtungsgewerkschaften an den Beratungen der Widerstandskreise vor dem 20. Juli 1944 beteiligt, so bedeutete dies noch nicht, daß sie sich mit ihrem im Frühjahr 1933 vereinbarten Konzept der Einheitsgewerkschaft durchgesetzt hätten: Das Programm Goerdelers zum Aufbau einer »Deutschen Gewerkschaft« war allzu weitgehend an der Realität der DAF orientiert. Es sah Zwangsmitgliedschaft, berufsständische Ordnung und Streikverbot vor. Und die Pläne des Kreisauer Kreises folgten werksgemeinschaftlichen Harmonievorstellungen, so daß Gewerkschaften nur für eine Übergangszeit eingeplant waren[13].

Die Gruppen, die das Attentat vom 20. Juli 1944 vorbereiteten, waren gewiß nicht durch ein geschlossenes Programm geeint, wohl aber durch den Willen, der Gewaltherrschaft der Nationalsozialisten ein Ende zu bereiten. Das Attentat scheiterte, und diejenigen, die es vorbereitet hatten, mußten mit schärfster Verfolgung rechnen. Einige seien erwähnt: Jakob Kaiser gelang es, rechtzeitig unterzutauchen und sich bis zum Kriegsende zu verstecken. Max Habermann vom DHV wurde verhaftet und beging Selbstmord, um unter der drohenden Folter keine Mitverschwörer zu verraten. Bernhard Letterhaus vom Vorstand des Christlichen Textilarbeiterverbandes wurde ebenso wie Wilhelm Leuschner verhaftet und zum Tode verurteilt. Leuschners häufig zitiertes Vermächtnis lautete: »Schafft die Einheit!«[14]

Bilanz

Es ist festzuhalten, daß die nationalsozialistische Diktatur nicht durch die Aktionen des Widerstandes – welcher Gruppe auch immer – gestürzt wurde. Das Dritte Reich endete mit der Kriegsniederlage und der Besetzung Deutschlands durch die alliierten Truppen. Doch für den Neuanfang war es von unschätzbarer Bedeutung, daß es Widerstand gegeben hatte. Dieser Widerstand hatte einen hohen Preis gefordert: Tau-

13 Dazu Michael Schneider, Zwischen Standesvertretung und Werksgemeinschaft. Zu den Gewerkschaftskonzeptionen der Widerstandsgruppen des 20. Juli 1944, in: J. Schmädeke/P. Steinbach (Anm. 8), S. 520–532.
14 Nach G. Beier (Anm. 8), S. 83.

sende von Frauen und Männern wurden mit Gefängnis und Zuchthaus bestraft, wurden in die Konzentrationslager verschleppt, wurden Opfer von Folter, Mord und Hinrichtung. Allein 1936 wurden im Reich 11 687 Personen wegen illegaler sozialistischer Tätigkeit festgenommen; bei Kriegsbeginn betrug die Zahl der aus politischen Gründen verfolgten Häftlinge in Konzentrationslagern rund 21 000; sie stieg bis März 1942 auf knapp 100 000. Mindestens 25 000 Menschen wurden nach der amtlichen Statistik als politische Oppositionelle zum Tode verurteilt[15]. Dazu zählten viele Gewerkschafter aller Richtungen.

Es waren diese Opfer, die dem politischen Neubeginn 1945 Glaubwürdigkeit verliehen; und es war der Widerstand, nicht *der* Gewerkschaften, aber *aus den* zerschlagenen Gewerkschaften, der – nach der hilflosen Politik zwischen Protest und Anpassung im Jahre 1933 – ihrem Anspruch auf politische Mitwirkung im Deutschland der Nachkriegszeit Berechtigung und Nachdruck verlieh.

15 Angaben nach Manfred Funke, Gewerkschaften und Widerstand. Zwischen Ausharren und Orientierung auf die Zukunft, in: Bundeszentrale für politische Bildung (Hrsg.), Widerstand und Exil 1933–1945, Bonn 1985, S. 60–75, hier 66.

Michael Kißener

»Nach außen ruhig, nach innen lebendig«[1]

Widerstand aus der katholischen Arbeiterschaft

»Fulda, 20. August 1935, 19:45 Uhr. An das Sicherheitshauptamt, Berlin: Prälat Müller ... ist, wie ich in meinem gestrigen Kommunique über Kassel bereits meldete, in Fulda eingetroffen und im Mutterhaus der Vinzentienerinnen (!) abgestiegen. Er hat einen großen Koffer und eine große Aktentasche mit sich gehabt und es ist anzunehmen, daß er alles wichtige geheime Material über die Angelegenheit der Verbände aus den letzten Jahren mit sich führt und am Ende der Bischofskonferenz auch Material von dieser Seite her noch hinzubekommen hat ... Wäre es nicht gut, am Freitag oder Samstag, wenn die Bischofskonferenz zuende geht, offiziell eine Haussuchung bei ihm im Haus der Vinzentienerinnen (!) durch den Kommissar Schmitz von Kassel machen zu lassen, der in Fulda weilt?«[2]

Der Mann, über den ein Berichterstatter des Sicherheitsdienstes (SD) per Telegramm so eilig und interessiert bei seiner Berliner Behörde berichtete, entsprach nicht gerade der üblichen Vorstellung von einem staatsgefährdenden Verschwörer. Es war der Generalpräses der Katholischen Arbeiterbewegung (KAB) in Westdeutschland, Otto Müller, der sich anläßlich der deutschen Bischofskonferenz in Fulda (August 1935) um eine wirksame Unterstützung des deutschen Episkopats für seine durch die Nationalsozialisten bedrängte Organisation bemühte. Dennoch stuften die Geheime Staatspolizei (Gestapo) und der Sicherheitsdienst der SS Müller als gefährlich ein und sorgten für seine strenge, geheimdienstliche Überwachung.

Was machte Müller, was machte die katholische Arbeiterschaft so bedrohlich für das nationalsozialistische Deutschland Adolf Hitlers? Um diese Frage hinreichend zu beantworten, ist es notwendig, zunächst einen Überblick über die 1933 bestehenden vielfältigen Zusammenschlüsse der katholischen Arbeiterschaft zu gewinnen. Danach soll das Verhalten der Verbände gegenüber dem Nationalsozialismus vor und nach 1933 beleuchtet und schließlich der Widerstand von Einzelpersonen aus der katholischen Arbeiterschaft an einigen Beispielen verdeutlicht werden.

1 Zitat Theodor Hürth, Generalpräses des Katholischen Gesellenvereins. Siehe Heinz-Albert Raem, Katholischer Gesellenverein und deutsche Kolpingsfamilie in der Ära des Nationalsozialismus (Veröffentlichung der Kommission für Zeitgeschichte, B 35), Mainz 1982, S. 224.
2 Bundesarchiv Potsdam (BAP Dahlwitz-Hoppegarten), ZB 1-1409, Bl. 51/52.

Seit der Mitte des 19. Jahrhunderts hatte sich in Deutschland ein reges katholisches Vereinswesen entwickelt, das sich sehr bald auch der durch die zunehmende Industrialisierung entstehenden sozialen Probleme angenommen hatte. Weit über die immer schon vorhandene karitative Tätigkeit der Kirche hinaus erstrebte diese katholisch-soziale Bewegung unter ihrem wohl bekanntesten Repräsentanten, dem Mainzer Bischof Wilhelm Emmanuel von Ketteler, die Überwindung der sozialen Not der Arbeiter und eine eigene katholische Antwort auf die Anforderungen der sich entwickelnden Industriegesellschaft. Zugleich galt es, den Ideen des Liberalismus und Sozialismus eine Alternative entgegenzustellen. Mit der von Papst Leo XIII. 1891 erlassenen Enzyklika »Rerum novarum« wurde die Lösung der »sozialen Frage« als kirchliche Aufgabe anerkannt und erörtert[3]. Schon vorher aber hatte sich eine Reihe engagierter Geistlicher in Deutschland dieses Problems in eigener Initiative angenommen. 1847 hatte Adolf Kolping die Leitung eines Kölner Gesellenvereins übernommen, den er sehr bald nach seinen Vorstellungen umbildete. Den katholischen Handwerksgesellen im Alter von 17 bis 25 Jahren wollte er Glauben, Sittlichkeit und Wissen in gesamtheitlicher Betreuung vermitteln, um sie vor sittlicher Verwahrlosung in den Industriestädten zu bewahren. Kolpings katholische Gesellenvereine breiteten sich rasch aus und umfaßten im Jahre 1931 weltweit ca. 125000 Mitglieder[4].

In ähnlicher Weise bemühten sich seit den achtziger Jahren des 19. Jahrhunderts Geistliche, katholische Industriearbeiter in Vereinen zusammenzufassen. Durch ein umfassendes Bildungsangebot sollten die Arbeiter politisch-gesellschaftlich emanzipiert und von der »Klasse« zum »Stand« erzogen werden. Auch diese Arbeiter- und Knappenvereine konnten bald einen Anstieg ihrer Mitgliederzahlen verzeichnen. 1914 gehörte jeder dritte katholische Industriearbeiter einem solchen Verein an. Der 1903 gegründete Westdeutsche Verband beispielsweise, dessen Betreuungsgebiet Regionen mit einem sehr starken katholischen Bevölkerungsanteil umfaßte, zählte 1913 alleine 220000 Mitglieder[5].

Die Arbeiter- und Knappenvereine standen ähnlich wie Kolpings Gesellenvereine unter der Führung von Geistlichen und wandten sich nur dem katholischen Bevölkerungsteil zu. Geistige, später auch politische Bildung, charakterliche Erziehung und Pflege der Religiosität waren ihre Hauptanliegen, nicht aber die Vertretung wirtschaftlicher Interessen der Arbeiter. Diese Aufgabe übernahmen die seit den 1890er Jahren gegründeten christlichen, interkonfessionell geprägten Gewerkschaften unter der Führung von Laien. Konfessionell gebundene Industriearbeiter sollten durch sie von den Freien Gewerkschaften, die sich schon bald sozialistischen Ideen angeschlossen hatten, ferngehalten werden. Dies gelang in einem nicht unerheblichen Ausmaß. Mit rund 1,1 Mio. Mitgliedern im Jahre 1920 stellten sie bald die zweitgrößte deutsche Gewerkschaft dar, gleichwohl mit einem deutlichen Abstand zu den großen Freien

3 Oskar Köhler, Die Ausbildung der Katholizismen in der modernen Gesellschaft, in: Handbuch der Kirchengeschichte, Bd. 6, 2, Freiburg 1985, S. 232–235; Emil Ritter, Die katholisch-soziale Bewegung Deutschlands im Neunzehnten Jahrhundert und der Volksverein, Köln 1954, S. 18f., 28, 93f., 164–173.

4 Siehe H.-A. Raem (Anm. 1), S. 1–12.

5 Siehe grundlegend Jürgen Aretz, Katholische Arbeiterbewegung und Nationalsozialismus, Mainz 1978, S. 7–13, 17.

Gewerkschaften und rückläufigen Mitgliederzahlen in der Zeit der Weimarer Republik. 1931 gehörten knapp 600000 Arbeiter der Organisation an[6].

Eine derartig umfassende, weltanschaulich geprägte Organisation eines auch zahlenmäßig nicht unbedeutenden Teils der Arbeiterschaft vermochte eine totalitär ausgerichtete Partei wie die NSDAP keinesfalls zu dulden. Schon in ihrem Parteinamen erhoben die Nationalsozialisten ja den Anspruch, eine »Arbeiterpartei«, und zwar einschränkungslos für alle Arbeitnehmer, zu sein. Dies galt umso mehr, als die verbandsmäßig organisierte katholische Arbeiterschaft ebenso wie die Kirchenführung sich weitgehend immun, ja entschieden ablehnend gegenüber den nationalsozialistischen Werbungen gezeigt hatten[7]. Die Verbände waren überwiegend für die von den Nationalsozialisten diffamierte demokratische Weimarer Verfassungsordnung eingetreten, und viele ihrer Funktionsträger hatten zugleich für die Zentrumspartei politische Ämter auf allen Ebenen eingenommen. Bereits 1923 hatte sich die Westdeutsche Arbeiterzeitung, das Verbandsorgan der katholischen Arbeitervereine Westdeutschlands, offen gegen den Nationalsozialismus ausgesprochen und seit 1929 eine systematische Auseinandersetzung mit der als unchristlich und gefährlich entlarvten nationalsozialistischen Weltanschauung geführt. Bisweilen waren sogar Spottgedichte auf die NSDAP abgedruckt worden, die an Deutlichkeit nichts zu wünschen übrig gelassen hatten:

»Das Dritte Reich kennt keine Not,
wer's glaubt, mein Schatz, wird selig,
da kriegt der Ärmste noch sein Brot,
ich zweifle zwar allmählich.
Herr Hitler stammt aus Österreich,
jetzt ist er deutscher Bürger,
und als Gendarm vom Dritten Reich
der deutschen Freiheit Würger.
Der Nazi weiß, was heut ihm frommt,
schlägt blutig manche Näsen,
doch wenn es zur Verhandlung kommt,
dann ist er's nicht gewesen ...«[8]

Der weltanschaulich-religiös fundierte Gegensatz hatte sowohl in den Arbeitervereinen (1923) wie in den Kolping-Gesellenvereinen (1932) zu Unvereinbarkeitsbeschlüs-

---

6 Siehe ebenda, S. 12f.; dazu auch Dieter Fricke u. a. (Hrsg.), Lexikon zur Parteiengeschichte, Bd. 2, S. 729–768; Michael Schneider, Zwischen Gegnerschaft und Unterwerfung. Die christlichen Gewerkschaften und der Nationalsozialismus, in: Manfred Scharrer (Hrsg.), Kampflose Kapitulation. Arbeiterbewegung 1933, Hamburg 1984, S. 183–185; zur unterschiedlichen Entwicklung der Mitgliederzahl der Zusammenschlüsse katholischer Arbeiter nach 1919 (auch Doppelmitgliedschaften) siehe Heinz Hürten, Deutsche Katholiken 1918–1945, Paderborn 1992, S. 129f.

7 Zur Stellung der Kirchen gegenüber dem Nationalsozialismus vor und nach 1933 siehe Ulrich von Hehl, Die Kirchen in der NS-Diktatur. Zwischen Anpassung, Selbstbehauptung und Widerstand, in: Karl Dietrich Bracher/Manfred Funke/Hans-Adolf Jacobsen (Hrsg.), Deutschland 1933–1945. Neue Studien zur nationalsozialistischen Herrschaft, Düsseldorf 1992, S. 153–181, hier insbes. S. 160–164.

8 Zit. nach J. Aretz (Anm. 5), S. 60 (Westdeutsche Arbeiterzeitung Nr. 11 vom 12. März 1932); im süddeutschen Verband hatte man sogar schon 1921 Stellung gegen den Nationalsozialismus bezogen; siehe dazu auch Dorit-Maria Krenn, Die christliche Arbeiterbewegung in Bayern vom Ersten Weltkrieg bis 1933, Mainz 1991, S. 293.

sen einer Doppelmitgliedschaft in NSDAP und konfessionellem Verband geführt[9]. In Süddeutschland hatte die KAB versucht, durch die Schaffung eines elitär-intellektuellen Kreises von Mitgliedern, der Licht-Schar, nationalsozialistischem Gedankengut in Wirtschaft und Gesellschaft entgegenzutreten[10]. Selbst der Vorstand des Gesamtverbandes der christlichen Gewerkschaften, der sich wegen des Engagements vieler protestantischer Mitglieder in der DNVP bei der Auseinandersetzung mit dem Nationalsozialismus vorsichtiger verhalten mußte[11], hatte am 1. März 1932 eine Erklärung, in der die prinzipielle Gegnerschaft deutlich zum Ausdruck gebracht wurde, beschlossen:

»Das Nationalbewußtsein, das die christliche Arbeiterschaft im ganzen deutschen Volke lebendig sehen möchte, ist der Wille, sich als einheitliches, schaffendes Volk der Arbeit gleichberechtigt im Kreise aller Völker der Welt zu behaupten. Dieses Bewußtsein nährt die christliche Arbeiterschaft aus ihrer christlichen Weltanschauung, die ihr festes Richtbild ist für alle Erscheinungen des menschlichen Lebens. Dieses feste Richtbild fehlt dem Nationalsozialismus. Wo er geistige Richtlinien aufstellt, verletzt er christliches Gefühl. Sein Rassenglaube ist unchristlich ... Das äußere Gebaren des Nationalsozialismus, seine Gewaltanwendungen, die dem Terror des Kommunismus gleichkommen, sind barbarisch und stehen im Gegensatz zu jeder christlichen Lebensform.«[12]

Es war daher nicht verwunderlich, daß die Nationalsozialisten nach der »Machtergreifung« am 30. Januar 1933 der Ausschaltung dieses alten, erbitterten Gegners besondere Bedeutung beimaßen. In der Situation zunehmender Rechtlosigkeit und politischer Gewalttätigkeit, die bereits die Monate vor der »Machtergreifung« gekennzeichnet hatten, waren die Organisationen der katholischen Arbeiterschaft in erster Linie auf den Erhalt ihrer Institutionen als Freiraum politischen und gesellschaftlichen Lebens bedacht. Dieses Ziel schien den Zeitgenossen im Jahre 1933 noch auf sehr unterschiedlichen Wegen erreichbar zu sein; sie verfügten noch nicht über jene Erfahrungen, die unser heutiges Denken prägen. Das gilt es grundsätzlich zu beachten, wenn im folgenden neben mutigem Einstehen für die Ideale der katholischen Arbeiterschaft auch das Versagen von Einzelpersonen und Institutionen angesichts der konkreten Bedrohung zu beschreiben ist.

Das Verhältnis katholischer Verbände zum Nationalsozialismus

Der erste Angriff des nationalsozialistischen Staates galt den Gewerkschaften. Schon im Laufe des Jahres 1932 waren die christlichen Gewerkschaften von ihrer strikten Ablehnung des Nationalsozialismus zu einer eher vorsichtigen, gemäßigten Haltung übergegangen – machten sich doch auch im protestantisch geprägten Deutschen Handlungsgehilfenverband (DHV) immer mehr Anhänger der extremen Rechtsparteien immer lauter bemerkbar[13]. Nachdem die Nationalsozialisten die Exekutivgewalt

9 Siehe J. Aretz (Anm. 5), S. 46; H.-A. Raem (Anm. 1), S. 26.
10 Michael Ammich, Die katholischen Arbeitervereine im Bistum Regensburg 1849–1939, Kallmünz 1991, S. 154.
11 Siehe Michael Schneider, Die Christlichen Gewerkschaften 1894–1933, Bonn 1982, S. 711.
12 Zit. nach M. Schneider, ebenda, S. 709.
13 Siehe ders., ebenda, S. 711 und S. 713.

im Staate erlangt hatten, versuchte Bernhard Otte, seit 1929 Vorsitzender des Gesamtverbandes der christlichen Gewerkschaften, einerseits durch Betonung des Mitwirkungswillens am »neuen« Staat, und andererseits durch den Zusammenschluß mit den Freien Gewerkschaften und den liberalen Hirsch-Dunckerschen Gewerkvereinen das Überleben seiner Organisation zu sichern. Wie aussichtslos dieser Versuch und wie illusionär Ottes Hoffnung auf Hitlers gute Endabsichten waren, sollte sich schon bald erweisen. An dem zum nationalen Feiertag der Arbeit erklärten 1. Mai wirkten die Christlichen Gewerkschaften bereits geschwächt mit, weil sich der DHV schon im April 1933 freiwillig mit den NS-Arbeiterorganisationen »gleichgeschaltet« hatte. Schon am 3. Mai mußten sie sich dem nationalsozialistisch geleiteten »Aktionskomitee zum Schutz der deutschen Arbeit« unterstellen, was das praktische Ende der christlichen Gewerkschaftsbewegung zur Folge hatte. Otte und andere Gewerkschaftsführer wurden mit Blick auf das Ausland zwar noch bis Juni 1933 zur Mitwirkung in der nationalsozialistischen Deutschen Arbeitsfront (DAF) Roberts Leys herangezogen, dann jedoch ausgestoßen und als »charakterlose Gesellen« von der NS-Presse diffamiert[14].

Wie alle Gewerkschafter sahen sich auch die Mitglieder und Funktionäre der christlichen Gewerkschaften von nun an Verfolgung, Unterdrückung und Benachteiligung ausgesetzt. Stellvertretend für viele sei an den christlichen Gewerkschafter und ehemaligen preußischen Wohlfahrtsminister Heinrich Hirtsiefer erinnert, der am 11. September 1933 in Essen verhaftet wurde. Hirtsiefer wurde gezwungen, mit aufgespanntem Regenschirm und einem umgehängten Schild, das die Aufschrift trug »Ich bin der Hungerleider Hirtsiefer«, durch Essen zu laufen. Wegen angeblich korrupter Amtsführung angeklagt – 1934 gleichwohl freigesprochen –, wurde er in ein Konzentrationslager eingeliefert, gedemütigt, mißhandelt und in der Nationalzeitung öffentlich verspottet[15].

Weit schwieriger als die Ausschaltung der christlichen Gewerkschaften erwies sich für die Nationalsozialisten die Zerschlagung und Unterdrückung der katholischen Arbeiter- und Gesellenvereine. So umstritten das Konkordat zwischen dem Heiligen Stuhl und dem Deutschen Reich vom 20. Juli 1933 bis zum heutigen Tage ist, so wenig ist die – wenn auch eingeschränkte – Existenz der katholischen Arbeiter- und Gesellenvereine bis 1945 ohne diese vertraglichen Absicherungen hinreichend zu erklären. Denn nachdem Adolf Hitler im »Ermächtigungsgesetz« vom 24. März 1933 abschließend diktatorische Vollmachten zugebilligt worden waren und sich am 5. Juli 1933 die Zentrumspartei und die Bayerische Volkspartei (BVP) als letzte der demokratischen Weimarer Parteien selbst aufgelöst hatten, war das Konkordat zwischen Kirche und Staat das einzige Sicherungsinstrument für die Fortexistenz der katholischen Verbände. In Artikel 31 garantierte der Vertrag das grundsätzlich uneingeschränkte Fort-

---

14 Dazu Herbert Hömig, Bernhard Otte (1883–1933), in: Jürgen Aretz/Rudolf Morsey/Anton Rauscher (Hrsg.), Zeitgeschichte in Lebensbildern, Bd. 3, Mainz 1979, S. 186–189; Tilman Mayer (Hrsg.), Jakob Kaiser. Gewerkschafter und Patriot, Köln 1988, S. 26–29; M. Schneider (Anm. 11), S. 714, 722–727, 761f.; die Verkennung der Situation führte bei einigen christlichen Gewerkschaftsführern sogar so weit, daß sie nicht nur eine weitgehende Übereinstimmung mit den Nationalsozialisten sahen und suchten, sondern deren brutales Vorgehen gegen SPD und KPD auch noch guthießen; siehe dazu Michael Schäfer, Heinrich Imbusch. Christlicher Gewerkschaftsführer und Widerstandskämpfer, München 1990; M. Schneider (Anm. 11), S. 723.

15 Siehe Günter Buchstab u. a., Verfolgung und Widerstand 1933–1945. Christliche Demokraten gegen Hitler, 1990^2, S. 51–53.

bestehen konfessioneller Vereine, insofern diese sich auf rein religiösem, kulturellem oder karitativem Gebiet betätigten. Auch darüber hinausgehende Zielsetzungen etwa sozialer oder berufsständischer Art wurden vorbehaltlich einer Eingliederung in nationalsozialistische Organisationen unter staatlichen Schutz gestellt. Damit war der nationalsozialistische Staat gezwungen, die angestrebte Unterdrückung der Vereine in der für ihn innen- wie außenpolitisch ungünstigsten Form, nämlich der permanenten Rechtsverletzung, vorzunehmen[16].

Ungewollte Hilfe erfuhren die Nationalsozialisten dabei allerdings durch die ungenaue Formulierung des Konkordatsartikels und eines durchaus ungeschickten Verhaltens deutscher Bischöfe bei Verhandlungen mit den deutschen Dienststellen um Auslegungsgrundsätze zum Kirchenvertrag[17]. So wurde der Kampf gegen die Arbeiter- und Gesellenvereine durch offene Anschuldigungen und indirekten Zwang geführt. Auf die Erklärung Robert Leys am 22. Juni 1933, die konfessionellen Arbeitervereine seien »staatsfeindlich«, folgte am 29. Juni der Versuch, die Verbände durch plötzliche Vorladung ihrer Vorsitzenden quasi handstreichartig aufzulösen. Der Plan scheiterte in letzter Minute an der Zuständigkeitserklärung der deutschen Bischöfe, die eine Auflösung oder Unterstellung ohne Billigung des Episkopats verboten. Am 27. April 1934 versuchte Ley, seinem Ziel durch das Verbot einer Doppelmitgliedschaft in DAF und konfessionellem Arbeiter- und Gesellenverein näherzukommen. Für die Mitglieder der Arbeiter- und Gesellenvereine bedeutete dies die Gefahr des Arbeitsplatzverlustes, war doch schon bald die DAF-Mitgliedschaft in den allermeisten Fällen Voraussetzung für die Einstellung bzw. Weiterbeschäftigung eines Arbeitnehmers. An der Treue der katholischen Arbeiter zu ihrem Verein änderte das dennoch nichts. Erst als das Doppelmitgliedschaftsverbot strenger durchgesetzt wurde und der Disziplinar- und Ehrenhof der DAF eine systematische Aufspürung der Doppelmitgliedschaften forderte, war ein formaler Mitgliederschwund in erheblichem Ausmaß zu verzeichnen. Darüber hinaus wurden immer wieder einzelne Ortsgruppen, Diözesan- und Landesverbände unter fadenscheinigen Gründen drangsaliert und z. T. auch zwangsweise aufgelöst. Die katholischen Arbeiter- und Gesellenvereine als Ganzes aufzulösen, wagten die Machthaber bis zum Untergang des Dritten Reiches allerdings nicht[18].

Welchen Durchhaltewillen, welche Standhaftigkeit der unablässige staatliche Druck vor Ort von den Mitgliedern verlangte, verdeutlicht das Beispiel des Augsburger Arbeitersekretärs Hans Adlhoch, der zwischen 1933 und 1945 neunmal festge-

---

16 Siehe J. Aretz (Anm. 5), S. 101–103; Konrad Repgen, Kardinal Frings im Rückblick. Zeitgeschichtliche Kontroverspunkte einer künftigen Biographie, in: Historisches Jahrbuch, 100 (1980), S. 303 f.; Ludwig Volk, Die Fuldaer Bischofskonferenz von Hitlers Machtergreifung bis zur Enzyklika »Mit brennender Sorge«, in: D. Albrecht (Hrsg.), Katholische Kirche im Dritten Reich, Mainz 1976, S. 48; auch unter den katholischen Arbeiterführern war das Konkordat umstritten. Während der Vertrag einerseits viel Zustimmung erfuhr, lehnten ihn andere wie z. B. Jakob Kaiser ab, weil seiner Auffassung nach vielen dadurch der Blick für das wahre Gesicht des Nationalsozialismus getrübt werde; Bernhard Letterhaus wünschte sich, die deutschen Bischöfe würden angesichts der staatlichen Drangsalierungen in vollem Ornat nach Berlin ziehen und mit ihren Stäben an die Türen der Machthaber klopfen. Siehe J. Aretz (Anm. 5), S. 101 f.; Elfriede Nebgen, Jakob Kaiser, Bd. 2: Der Widerstandskämpfer, Stuttgart 1967, S. 34.

17 Siehe J. Aretz (Anm. 5), S. 110–112 und S. 129–134.

18 Siehe ebenda, S. 158 f., 171, 186, 221 f.; H.-A. Raem (Anm. 1), S. 91, 100–102, 128–130, 135, 139 f., 146–149, 169–175, 185–188, 214–220; zur regionalen Situation siehe M. Ammich (Anm. 10), S. 160–166.

nommen und fünfzehnmal verhört wurde. Zehn bis fünfzehn Haussuchungen mußte er erdulden und insgesamt 14 Monate KZ-Haft mit mehrfachen Mißhandlungen über sich ergehen lassen. Und dennoch bekundete er zum Verdruß der örtlichen Parteileiter immer wieder, daß er seine Haftzeit nicht als Schande, sondern als Ehre ansehe[19].

Die Antwort der Verbandsleitungen auf die Angriffe und die Verfolgung des Staates war recht unterschiedlich. Zwar suchten sowohl die Gesellen- wie die Arbeitervereine durch eine zunehmende Beschränkung auf religiöse Aufgaben und eine immer engere Anlehnung an den Episkopat den Schutz des Konkordats und der Kirche. Beide Organisationen bemühten sich, durch äußerliche Einhaltung der einschlägigen Gesetze und Verordnungen den staatlichen Behörden möglichst wenig Gelegenheit zum Eingreifen zu bieten, und strebten danach, durch Umbenennung der Verbände und ihrer Publikationsorgane mögliche Angriffsflächen zu beseitigen[20]. Dennoch läßt sich feststellen, daß die Arbeitervereine die vorhandenen Spielräume oftmals offensiver nutzten als die Gesellenvereine.

Im Juni 1933 hielten die katholischen Gesellenvereine unter Führung ihres Generalpräses Theodor Hürth und des Generalsekretärs Johann Christoph Nattermann in München, der »Hauptstadt der Bewegung«, ihren auch von den ausländischen Verbänden des Kolpingwerkes besuchten Gesellentag ab. Das mit Unterstützung des Vizekanzlers von Papen geplante Fest wurde zum Fiasko. Sechs Tage vor der Eröffnung verbot die Bayerische Politische Polizei die Versammlung unter fadenscheinigen Begründungen. Als sie nach vielfältigen Bemühungen schließlich doch stattfinden durfte, griffen SA-Prügelbanden die friedlich Versammelten so massiv an, daß die Polizei nicht einmal die ungestörte Abhaltung von Gottesdiensten garantieren konnte. So mußte der Gesellentag vorzeitig beendet werden[21].

Trotz dieser im Verband unvergessenen Ereignisse glaubte Generalsekretär Nattermann das Überleben der Kolpingidee im nationalsozialistischen Deutschland durch Anpassung an die neuen Gegebenheiten retten zu können. Immer wieder versicherte er den staatlichen Dienststellen das Einstehen der Gesellenverbände für den »neuen« Staat und schreckte auch nicht vor dem Bekenntnis zu nationalsozialistischen Positionen zurück. Nattermanns Politik stieß bei der katholischen Arbeiterschaft, vor allem aber bei den Auslandsverbänden des Kolpingwerkes, z.T. auf erhebliche Kritik, zumal das Ziel, den Bestand des Verbandes durch Anpassung zu sichern, dadurch keineswegs erreicht wurde. 1934 wurde Nattermann seines Postens enthoben, und Hürth leitete als Generalpräses die katholischen Gesellenvereine alleine weiter[22]. Er suchte durch eine strikte politische Abstinenz und die Beschränkung auf religiös-erzieherische Aufgaben das Überleben der immer kleiner werdenden Vereine zu sichern. Damit war zwar eine erhebliche Beeinträchtigung der Wirkungsmöglichkeiten gegeben, doch gelang somit immerhin die Bewahrung von Freiräumen, die alleine schon vom Regime als Widerstand angesehen wurden[23].

---

19 Gerhard Hetzer, Die Industriestadt Augsburg. Eine Sozialgeschichte der Arbeiteropposition, in: Martin Broszat u.a. (Hrsg.), Bayern in der NS-Zeit, Bd. 3, München 1981, S. 226–231.

20 Dazu J. Aretz (Anm. 5), S. 98–100, 104–106, 147, 156f.; H.-A. Raem (Anm. 1), S. 98f., 108, 181, 202–206, 220f.

21 Siehe H.-A. Raem (Anm. 1), S. 54–74.

22 Siehe ebenda, S. 84f., 114, 117, 132f., 141–143.

23 Siehe ebenda, S. 203–206, 210, 220, 246; ein lokales Beispiel Cornelia Rauh-Kühne, Katholisches Milieu und Kleinstadtgesellschaft. Ettlingen 1918–1939, Sigmaringen 1991, S. 381–384.

Einen ganz anderen Weg verfolgten die katholischen Arbeitervereine unter Führung des Westdeutschen Verbandsvorsitzenden Otto Müller und des Verbandssekretärs Bernhard Letterhaus. Eine Denkschrift des SD des Reichsführers SS aus dem Jahre 1935 bescheinigte ihnen eine »jesuitisch gerissene Handhabung« verbliebener konkordatärer Freiräume[24]. Natürlich mußten auch Müller und Letterhaus die seit 1923 betriebene offene Agitation gegen den Nationalsozialismus einstellen, Arbeitsgebiete aufgeben und sich zunehmend auf religiöse Aufgaben beschränken. Doch zeigte die zu diesem Zweck 1933 erlassene neue Satzung auch dem SD, daß »trotz der geschickten religiösen Tarnung die Politik in den katholischen Arbeitervereinen weiterbetrieben wird, ja sogar stärker wie je in den Vordergrund tritt«. Müller und Letterhaus gelang es immer wieder, selbst bei Vorträgen über das Wirken der Heiligen ihren Zuhörern in Anspielungen und geschickten Vergleichen die Problematik der gegenwärtigen politischen Situation zu verdeutlichen. Der Schriftführer der Westdeutschen Arbeiterzeitung (1935 in Kettelerwacht umbenannt, 1938 verboten), Nikolaus Groß, entwickelte eine wahre Meisterschaft in der Behandlung aktueller politischer Themen in thematisch völlig anderen Zusammenhängen[25]. Der SD konstatierte: »Die Presse der katholischen Verbände trägt unentwegt den Kampf gegen die nationalsozialistische Weltanschauung voran. Systematisch wird hier der Geist des Verfolgtseins, des Märtyrertums gepflegt, der in seiner psychologisch wirksamen Form die krasseste Hetze gegen die bestehende Regierung darstellt.«

Vor allem Wallfahrten und eine nunmehr erheblich gesteigerte Verehrung des Vordenkers der katholischen Arbeiterbewegung, Bischof Ketteler, boten Gelegenheit zur Manifestation einer antinationalsozialistischen Haltung und zur Arbeit gegen die menschenverachtende Weltanschauung. Anläßlich des gemeinhin wenig feierwürdigen 57. Todestages Bischof Kettelers konnten 1934 ca. 30000 Anhänger der KAB zu einer Großkundgebung in Mainz versammelt werden. Wenn bei solchen Gelegenheiten die von Müller ansonsten bemängelte Unterstützung des Episkopats für die Arbeiter dann durch einzelne Bischöfe wie beispielsweise durch den Münsterer Clemens August Graf von Galen geleistet wurde, stellte der SD fest, daß dieser »Versöhnung und Einigung (von Adel und Arbeiterschaft) grösste Bedeutung zuzulegen sei«. Die Arbeitervereine müßten daher, so schließt die Denkschrift, »im Interesse des Staates verschwinden«[26].

Widerstand von Einzelpersonen

Neben diesem Widerstand in und durch die Verbände der katholischen Arbeiterschaft entschloß sich eine Reihe ihrer Mitglieder zu einem noch weitergehenderen, aktiven Widerstand gegen das nationalsozialistische Regime. Das dabei bezeugte Eintreten gegen die Machthaber entzieht sich in seiner Vielfältigkeit einer Gesamtdarstellung im vorgegebenen Rahmen. Daher soll im folgenden stellvertretend für viele

24 Bundesarchiv Potsdam (BAP Dahlwitz-Hoppegarten), ZB I-1162, Akte 9, Bl. 930; dieser Denkschrift sind auch die nachfolgenden Zitate entnommen.

25 Zu Nikolaus Groß vgl. Günter Beaugrand/Heiner Budde, Nikolaus Groß. Zeuge und Bekenner im Widerstand der KAB 1933–1945, Augsburg 1989.

26 J. Aretz (Anm. 5), S. 84f., 104f., 140–147, 194–201; zur Lage in dem bereits 1939 aufgelösten süddeutschen Verband D.-M. Krenn (Anm. 8), S. 294–306, 436, 443.

andere Bemühungen nur die Mitwirkung von Frauen und Männern aus der katholischen Arbeiterschaft an dem Attentatsversuch des 20. Juli 1944 näher erläutert werden.

Als am 3. Mai 1933 die christlichen Gewerkschaften ihren Beitritt zum nationalsozialistischen »Aktionskomitee zum Schutz der deutschen Arbeit« erklären sollten, um ihre Organisation faktisch aufzulösen, verweigerte einer der Verhandlungsführer, der Landesgeschäftsführer der christlichen Gewerkschaften in Westfalen, Jakob Kaiser, seine Unterschrift unter das Dokument. Kaiser wurde daraufhin bald entlassen, bemühte sich aber nach der endgültigen Zerschlagung der christlichen Gewerkschaften als eine Art Treuhänder der aufgelösten Organisation, die Anerkennung von Versorgungsansprüchen der entlassenen Gewerkschaftsmitglieder bei den zuständigen Behörden durchzusetzen[27]. Dadurch kam er mit einer Vielzahl ehemaliger Gewerkschaftler und Politiker in Kontakt und konnte im Laufe der Zeit weitgespannte Verbindungen zu oppositionellen Kreisen herstellen. Das Zentrum dieser Kontakte wurde sein Berliner Büro, in dem er mit dem Sozialdemokraten Wilhelm Leuschner, der 1934 aus dem Konzentrationslager entlassen worden war, und (ab 1935) mit Max Habermann, der dem DHV angehört hatte, den Aufbau eines neuen Staates und die Möglichkeiten gewerkschaftlicher Arbeit nach einer Beseitigung der NS-Herrschaft diskutierte. 1936 erweiterte sich der Kreis um den früheren Berater der christlichen Gewerkschaften Rechtsanwalt Josef Wirmer.

Daß der ersehnte Umsturz nicht alleine von der Arbeiterschaft zu leisten war, mußte man bald einsehen. Daher wurden 1935/1936 Kontakte zu regimefeindlichen Kreisen im Militär geknüpft, vor allem zu Generaloberst Kurt von Hammerstein-Equord und Generaloberst Werner Freiherr von Fritsch, denen sie in Denkschriften die Haltung der Arbeiterschaft verdeutlichten. Für die oppositionellen Kräfte in der Wehrmacht war eine enge Verbindung mit den Arbeiterführern von großer Bedeutung, hoffte man doch, sich so der Arbeiterschaft bei einem eventuellen Umsturz versichern zu können. Ende 1941 kam der Kontakt zu dem ehemaligen Leipziger Oberbürgermeister Carl Goerdeler zustande, der selbst wiederum Verbindungen zum Militär und anderen Widerstandsgruppen pflegte[28]. Mit Otto Müller verband Jakob Kaiser ohnehin eine langjährige Freundschaft. Da Bernhard Letterhaus seit 1942 als Hauptmann im Oberkommando der Wehrmacht, Amt Ausland/Abwehr, tätig war, intensivierten sich die Kontakte zur Kölner Verbandszentrale, dem sogenannten »Kettelerhaus«, noch. Dort pflegten schon seit den dreißiger Jahren die Verbandsführer Otto Müller, Bernhard Letterhaus, Nikolaus Groß und der ehemalige Schriftleiter der Westdeutschen Arbeiterzeitung Josef Joos[29] politische Gespräche mit einem wechselnden Kreis von Arbeitersekretären und Gästen. Obwohl Joos im Juni 1940 das Opfer einer Denunziation geworden war, die zu seiner Inhaftierung im KZ Dachau führte, wurden die Gespräche und Planungen, z.T. auch unter Einbeziehung von Kontaktleuten aus anderen Widerstandskreisen, fortgeführt. Auch der Jesuitenpater Alfred Delp, selbst Mitglied des Kreisauer Kreises, war gelegentlich als

---

27 Dazu Erich Kosthorst, Jakob Kaiser (1888–1961), in: Rudolf Morsey (Hrsg.), Zeitgeschichte in Lebensbildern, Bd. 2, Mainz 1975, S. 143–158.

28 Siehe G. Buchstab (Anm. 15), S. 180f.; Rudolf Lill, Josef Wirmer, in: Rudolf Lill/Heinrich Oberreuter (Hrsg.), 20. Juli – Porträts des Widerstands, München 1989, S. 335–347; E. Nebgen (Anm. 16), S. 50, 54, 128.

29 Zu Josef Joos vgl. Oswald Wachtling, Josef Joos. Journalist, Arbeiterführer, Zentrumspolitiker. Politische Biographie 1878–1933, Mainz 1974.

Gast anwesend, und die Dominikanerpatres Laurentius Siemer und Eberhard Welty referierten dort zu sozialethischen Grundsatzfragen[30], deren praktische Bedeutung für den Aufbau eines von Hitler befreiten Deutschland heftig diskutiert wurden.

Wie unterschiedlich, z. T. auch weit entfernt von unseren heutigen demokratischen Staatsvorstellungen die in diesen Kreisen geäußerten Ansichten in Einzelfällen waren, ist in der historischen Literatur und Publizistik der letzten Jahre oft betont worden. Es sollte darüber aber nicht vergessen werden, daß es wenig sinnvoll ist, die Bedeutung des Widerstandes an dem Grad der Übereinstimmung mit der Ordnung des Grundgesetzes zu messen. Den versammelten Hitlergegnern ging es zuerst um die Beseitigung des totalitären, alles Recht mit Füßen tretenden Regimes. Dafür stellten sie sich unter Lebensgefahr zur Verfügung und erklärten sich bereit, in einer nach dem Umsturz neu zu bildenden rechtsstaatlichen Regierung in verantwortlichen Positionen mitzuwirken. Daß dabei den unterschiedlichsten Auffassungen Rechnung getragen werden sollte, belegen die Listen politischer Beauftragter und möglicher Minister einer künftigen Regierung, die Carl Goerdeler nach langen Gesprächen und Diskussionen anlegte. Sozialdemokraten, Zentrumspolitiker, Arbeiter und Militärs fanden sich darin zum Aufbau eines neuen Deutschland vereint. Auch die Vertreter der katholischen Arbeiterschaft wurden um Mitwirkung gebeten: Joseph Wirmer sollte das Justiz-, Bernhard Letterhaus das Ministerium für Wiederaufbau übernehmen[31].

Jakob Kaiser, Carl Goerdeler und das Kölner »Kettelerhaus« unterhielten ihrerseits wiederum Beziehungen zu regimefeindlichen Kreisen an anderen Orten. So bestanden u. a. Kontakte zu einer Gruppe um den Düsseldorfer Stadtsyndikus Walther Hensel, der auch der Sekretär der christlichen Gewerkschaften, Karl Arnold angehörte[32]. In Bonn-Bad Godesberg trafen sich bei dem ehemaligen Reichsernährungs- und -finanzminister Andreas Hermes Heinrich Körner, ein enger Mitarbeiter Kaisers, Wilhelm Elfes[33], der ehemalige Sekretär des Holzarbeiterverbandes Bernhard Deutz und andere. Ebenso versammelten Heinrich Strunk, (Verband christlicher Metallarbeiter) in Essen und der ehemalige Landesgeschäftsführer der christlichen Gewerkschaften in Sachsen, Reimer Mager, in Dresden Gleichgesinnte um sich. In Breslau suchte der Sekretär des christlichen Bauarbeiterverbandes Franz Leuninger vor Ort Oppositionelle für den Umsturz[34].

Und auch im Südwesten hatte man Kontaktleute. Hier war es vor allem der ehemalige Landesgeschäftsführer der christlichen Gewerkschaften in Süddeutschland, Joseph Ersing, über den vielfältige Verbindungen geknüpft werden konnten. Ersing

30 J. Aretz (Anm. 5), S. 226–232.

31 Siehe Peter Hoffmann, Widerstand, Staatsstreich, Attentat. Der Kampf der Opposition gegen Hitler, München 1985^4, S. 239–246 und S. 440–458; T. Mayer (Anm. 14), S. 41; Hans Mommsen, Politische Perspektiven des aktiven Widerstands gegen Hitler, in: Hans-Jürgen Schultz (Hrsg.), Der zwanzigste Juli. Alternative zu Hitler?, Stuttgart-Berlin 1974, S. 25–35; E. Nebgen (Anm. 16), S. 168 und S. 172.

32 Dazu Detlev Hüwel, Karl Arnold. Eine politische Biographie, Wuppertal 1980, bes. S. 19–60; in diesem Zusammenhang siehe auch Edmund Forschbach, Edgar J. Jung. Ein konservativer Revolutionär. 30. Juni 1934, Pfullingen 1984, S. 134–148.

33 Zu Elfes siehe Albert Esser, Wilhelm Elfes 1884–1969. Arbeiterführer und Politiker, Mainz 1990.

34 Siehe G. Buchstab (Anm. 15), S. 189; E. Nebgen (Anm. 16), S. 42–48; zu weiteren Widerstandszirkeln siehe Franz Focke, Sozialismus aus christlicher Verantwortung. Die Idee eines christlichen Sozialismus in der katholisch-sozialen Bewegung und in der CDU, Wuppertal 1978, S. 178–181.

war durch seine Mitgliedschaft im Kolping-Gesellenverein geprägt und suchte aus christlichem Verantwortungsbewußtsein schon seit 1934 Gewerkschaftler und Politiker der Weimarer Zeit zum gemeinsamen Kampf gegen den Nationalsozialismus zusammenzuführen. Da er als Mitglied des Reichstages und durch seine dortige Beschäftigung mit Wehrpolitik Beziehungen auch zur Wehrmacht hatte, verfügte er oft über weitgehende interne Informationen. Als sich 1942 Carl Goerdeler auf Veranlassung Jakob Kaisers an ihn wandte, vermittelte er den Kontakt zu dem ehemaligen württembergischen Staatspräsidenten Eugen Bolz, der von Goerdeler später für das Amt des Innen- bzw. des Kultusministers vorgesehen wurde[35]. Ersing gelang es auch, lokale Unterstützung für die Verschwörung zu organisieren. So z.B. über den katholischen Gewerkschaftler August Kuhn aus Mannheim, der die brutale nationalsozialistische Verfolgungspolitik sehr schnell erkannt hatte und politisch Verfolgten in seinem Haus Zuflucht bot.

Angehörige der KPD fanden bei ihm ebenso Hilfe wie Juden. Ende März 1933 war er als Leiter des Mannheimer Arbeitsamtes abgesetzt und dann vielfach in Baden versetzt worden – meist verbunden mit einer dienstlichen Herabstufung. Dennoch hielt er Kontakt mit Gleichgesinnten am Ort, so auch mit dem Mannheimer Gewerkschaftssekretär Heinrich Wittkamp, den er nach Information durch Ersing grob über die Planungen zum Umsturz informierte[36]. Kuhn hielt sich – wie die anderen Mitverschwörer, Helfer und Sympathisanten des Widerstands – bereit, um im Falle eines geglückten Umsturzes zur Stelle zu sein und Verantwortung für den Aufbau eines besseren Deutschland zu übernehmen[37].

Doch dazu kam es nicht. Nachdem der Attentatsversuch des Obersten Graf Schenk von Stauffenberg am 20. Juli 1944 mißglückt war, vermochte die Gestapo aufgrund der bei Goerdeler gefundenen Unterlagen sehr schnell die Hauptbeteiligten zu entlarven und zu verhaften. So mußten auch viele Mitverschwörer aus der katholischen Arbeiterbewegung die entwürdigende Behandlung der Gestapo und des Volksgerichtshofs über sich ergehen lassen. Die Urteile standen zumeist schon im vorhinein fest: Todesstrafe, KZ-Haft, langjährige Zuchthausstrafen. Die Liste der Opfer ist lang[38]. Erinnert sei stellvertretend für viele andere an Bernhard Letterhaus und Nikolaus Groß[39], die hingerichtet wurden, und an Otto Müller, der in der Haft starb. Ihr Einsatz und das Engagement so vieler bezeugen die bedeutende, gleichwohl zu wenig beachtete Stellung der katholischen Arbeiterschaft im Widerstand gegen den Nationalsozialismus.

---

35 Siehe Helmut Fidler (Hrsg.), Arbeiterbewegung in Stuttgart 1933. Erinnerungen, Berichte, Dokumente, Tübingen 1984, S. 132f.; Roland Müller, Stuttgart zur Zeit des Nationalsozialismus, Stuttgart 1988, S. 509–517; Rudolf Reinhard, Joseph Ersing, in: B. Ottnad (Hrsg.), Badische Biographien N.F., Bd. 2, Stuttgart 1987, S. 82–84.

36 Dazu Erich Matthias/Hermann Weber (Hrsg.), Widerstand gegen den Nationalsozialismus in Mannheim, Mannheim 1984, S. 393–395.

37 Siehe hierzu im einzelnen die Beiträge von Joachim Scholtyseck, Der »Stuttgarter Kreis«, und Michael Kißener, Für das Recht, in: Rudolf Lill/Michael Kißener (Hrsg.), 20. Juli 1944 in Baden und Württemberg, Konstanz 1994, S. 19–123.

38 Siehe Ulrike Eich, Suizid. Volksgerichtshof. Standgerichte: Die Opfer des 20. Juli, in R. Lill/H. Oberreuter (Anm. 28), S. 393–409.

39 Die letzten Briefe von Nikolaus Groß, in: Jürgen Aretz (Hrsg.), Nikolaus Groß. Christ – Arbeiterführer – Widerstandskämpfer. Briefe aus dem Gefängnis, Mainz 1993.

III. Widerstehen aus christlichem Glauben

Der Widerstand von Christen beider Konfessionen und von Mitgliedern der kleineren religiösen Gemeinschaften, die unter dem besonderen Schutz der Weimarer Reichsverfassung standen, läßt sich aus dem von vielen Gläubigen empfundenen und nicht überbrückbaren Gegensatz von Nationalsozialismus und Christentum, aber auch aus innerkirchlichen Auseinandersetzungen erklären. Die Grundsätze der Religions- und Bekenntnisfreiheit mußten zudem mit dem weltanschaulichen Führungsanspruch der NSDAP kollidieren, welcher den totalitären Charakter der NS-Führung belegte.

Die Gegensätze wurden besonders sichtbar bei der Klärung von Problemen, die mit dem Versuch zusammenhingen, die Grenzen der Kooperation zwischen kirchlichen Institutionen und dem nationalsozialistischen Staat festzulegen. Eine Bewertung der Konfrontation und Kooperation ist bis heute vor allem deshalb schwierig, weil man als Nachgeborener in Kenntnis der Entwicklungen Urteile fällt, die den Zeitgenossen in den dreißiger und vierziger Jahren verborgen bleiben mußten. Vielfach werden deshalb die Urteilsebenen verwischt, und für nur wenige Bereiche der Widerstandsgeschichte gilt, daß gerade in der Bewertung des kirchlichen Widerstands zusätzlich auch ganz aktuelle Beurteilungsmaßstäbe die Diskussionen über die Leistung oder das Versagen der Kirchen und ihrer Vertreter bestimmen können. Dabei spielt neben den Legitimationsbedürfnissen von Trägern kirchlicher Institutionen auch das Interesse an ihrer Stabilität und Funktionssicherung eine Rolle. Aus diesem Grunde gehört bis heute Rolf Hochhuths Drama »Der Stellvertreter«, das in den sechziger Jahren eine heftige Auseinandersetzung über die Rolle der Katholischen Kirche in der NS-Zeit entfacht hatte, zu den umstrittendsten Positionsbestimmungen in dieser Auseinandersetzung. Aber auch das Reichskonkordat, dessen Bewertung in den fünfziger Jahren im Mittelpunkt einer heftig ausgetragenen Kontroverse stand, ist bis heute in seinen Folgen umstritten und wird dabei oft in Beziehung mit später eingetretenen Ereignissen der Verfolgungsgeschichte gesetzt.

Demgegenüber ist die kritische Einschätzung der Rolle der Evangelischen Kirche in der Weimarer Republik und im NS-Staat eindeutiger. Hier wirkt sich ohne Zweifel das andere Kirchenverständnis aus, demzufolge Kirchen auch fundamental irren können und menschlicher Fehlbarkeit ausgeliefert sind. Vor allem die Prägung des Protestantismus durch den Gedanken des Obrigkeitsstaates und die in Jahrhunderten gewachsene autoritäre Fixierung auf den Staat als Folge des engen Zusammenhangs zwischen »Thron und Altar« wirkte sich auf die innerkirchlichen Auseinandersetzungen in den evangelischen Landeskirchen aus und führten zur Erstarkung einer nazifizierten deutschchristlichen Bewegung, die dem rassistischen Antisemitismus den Einbruch in den seit Jahrhunderten tief im Christentum verwurzelten Antijudaismus eröffnete.

Bis heute sind also die Voraussetzungen und die Folgen des Widerstands von Christen in der Forschung, vor allem aber in der Öffentlichkeit umstritten. Dabei vermengen sich in der Urteilsbildung allerdings sehr häufig konfessionelle und politische Argumente, die sich sowohl aus der Absicht erklären, die Kirchen, ihre Institutionen und Vertreter von dem Vorwurf zu entlasten, dem NS-Staat zu sehr entgegengekommen zu sein, oder aber gerade dies der Kirche zum Vorwurf machen.

Während der politische Katholizismus und die Katholische Arbeiterbewegung gegenüber der nationalsozialistischen Weltanschauung unübersehbar auf Distanz gegangen war und auch viele Bischöfe insbesondere in der Auseinandersetzung mit Alfred Rosenbergs Buch über den »Mythus des 20. Jahrhunderts« die nationalsozialistische »Irrlehre« in klaren Worten verurteilt hatten, versuchte in der Evangelischen Kirche ein großer Teil der Gläubigen, die nationalsozialistische Weltanschauung mit dem herrschenden Verständnis kirchlicher Verkündigung in Einklang zu bringen. Ihren organisatorischen Ausdruck fand diese Bestrebung in der Bewegung »Deutsche Christen«, die sich als Anhänger der NSDAP in der Evangelischen Kirche verstanden. Sie wollten ein »artgemäßes Christentum« verkündigen und lehnten deshalb Glaubensvorstellungen ab, die vor allem die enge Verbindung zwischen Christentum und Judentum hervorhoben.

In den innerkirchlichen Auseinandersetzungen vertraten die Deutschen Christen einen entschieden nationalsozialistischen Standpunkt; sie wollten sowohl eine zentralisierte evangelische Reichskirche unter einem »Reichsbischof« bilden, um die Vielfalt der evangelischen Landeskirchen abzuschaffen, als auch die Mehrheit der kirchlichen Gemeinderäte stellen. Aus diesem Grunde führten sie im Frühjahr 1933 einen sehr politisierten Kirchenwahlkampf und riefen nicht zuletzt dadurch ihre Gegner auf den Plan. Deren Wortführer wurde der Dahlemer Pastor Martin Niemöller, der mit Gleichgesinnten den »Pfarrernotbund« ins Leben rief, um den Zugriff der Deutschen Christen und damit des NS-Staates auf die evangelischen Gemeinden abzuwehren. Sie wollten die Freiheit ihres Bekenntnisses verteidigen, hielten an der Einheit von Altem und Neuem Testament fest und lehnten insbesondere auch die Übernahme des Arierparagraphen für die Kirche ab. Lähmend wirkte sich allerdings weiterhin die jahrhundertelange enge Verbindung von Exekutive und Kirche aus, die gerade den deutschen Protestantismus geprägt hatte; so standen auch viele Mitglieder des Pfarrernotbundes eher dem deutschnationalen Parteienspektrum nahe als den konsequent republikanischen Parteien. Die »Religiösen Sozialisten«, die den Protestantismus mit Grundsätzen der Sozialdemokratie verbinden wollten, bildeten eher eine verschwindend geringe Minderheit.

Entscheidende Impulse gingen hingegen von evangelischen Theologen aus, die sich dem weltanschaulichen Führungsanspruch des Nationalsozialismus widersetzten und die völlige Unabhängigkeit des Bekenntnisses wie die Autorität der Schrift als die Grundlagen des evangelischen Glaubens betonten. Politische oder gar staatliche Einflüsse konnten sie niemals akzeptieren. Sie bestritten den weltanschaulichen Führungsanspruch des »totalen Staates« und verteidigten ihre eigene Glaubenssphäre – dadurch wurden sie zu einer geistigen Fundamentalopposition. Einer ihrer wichtigsten Sprecher wurde der Bonner Theologe Karl Barth, der im Nationalsozialismus eine Herausforderung »christlicher Existenz« erblickte und entschieden für die Trennung von Glauben und Politik eintrat. Dies mündete unvermeidlich in den Konflikt mit dem nazifizierten Staat und der weltanschaulichen Vorherrschaft NSDAP, die er als Ausdruck des totalitären Führungsanspruchs der Nationalsozialisten bekämpfte.

Karl Barth wurde von einer großen Anzahl evangelischer Christen unterstützt, die sich in der »Bekennenden Kirche« zusammengefunden hatten, um die kirchenpolitischen Übergriffe der Deutschen Christen abzuwehren. Dieser Kirchenkampf wurde auch von Katholiken mit großer Aufmerksamkeit verfolgt und in seiner grundsätzlichen Bedeutung anerkannt. Auf mehreren Synoden der »Bekennnisgemeinden« wurden Erklärungen erarbeitet, die zuweilen in den Rang eines »Bekenntnisses«, also einer sehr grundsätzlichen theologischen Erklärung von bindender Kraft, erhoben wurden. Von besonderer Bedeutung wurde das »Barmer Bekenntnis«, in dem der geistliche Führungsanspruch des »totalen Staates« zurückgewiesen wurde. Es wird in seinen Voraussetzungen und Folgen von Günther van Norden *gewürdigt. Allerdings darf man sich nicht von der nachträglich immer wieder betonten Bedeutung dieser Erklärung über den Erfolg des Kirchenkampfes täuschen lassen. Denn ohne Zweifel hatte dieses Bekenntnis in der NS-Zeit weniger Spuren hinterlassen, als die intensive Rezeption dieser Schrift nach 1945 vermuten läßt.*

Die Gruppe der entschiedenen Gegner des Nationalsozialismus wurde in den ersten Jahren nationalsozialistischer Herrschaft vielmehr immer kleiner. Barth verlor 1935 seinen Bonner Lehrstuhl und konnte nur noch von der Schweiz aus auf den Kampf der prinzipientreuen Protestanten in Deutschland aufmerksam machen. Viele Landeskirchen suchten eine tragfähige Grundlage für ihr Wirken im NS-Staat, paßten sich teilweise an oder versuchten, eine Art Minimalkonsens zu finden. So schmolz der Kreis der weiterhin unbedingten NS-Gegner auf wenige hundert Mitglieder, deren geistiger Wortführer Dietrich Bonhoeffer wurde. Er prägte ganz entscheidend die Ausbildung der jungen Theologen, die zur »Bekennenden Kirche« hielten, bis auch ihre Ausbildungsstätten geschlossen wurden. Bonhoeffer wurde in der Auseinandersetzung mit dem Nationalsozialismus zu einem der wichtigsten Theologen des 20. Jahrhunderts, dessen Wirkung insbesondere auch auf die ökumenische Bewegung nicht hoch genug eingeschätzt werden kann. Er prägte einen kleinen Kreis von evangelischen Geistlichen, die nach dem Zusammenbruch des NS-Staates die Erneuerung der Evangelischen Kirche tief beeinflussen konnten. Bonhoeffer gehörte auch zum Kreis der Verschwörer, die den Sturz Hitlers vorbereiteten, denn mit Kriegsbeginn wurde er von Gesinnungsfreunden als Mitarbeiter des Amtes Ausland/Abwehr (Amt Canaris) verpflichtet, um Kontakte des deutschen Widerstands im Umkreis des Oberkommandos der Wehrmacht mit europäischen Kirchenleitungen herzustellen. Er gehörte schließlich zum engsten Kreis der Verschwörer des 20. Juli 1944 und war sich seines Risikos immer bewußt. Sein Freund Eberhard Bethge bezeichnete deshalb die »aktive Konspiration«, die keine Deckung durch Institutionen mehr kannte, als letzte Steigerung des Widerstands. Bonhoeffer wurde nach langer Haft wenige Tage vor Kriegsende ohne jedes Verfahren ermordet.

In der Katholischen Kirche gab es im Unterschied zum Protestantismus eine lange Tradition des Widerstandsdenkens, aber auch ein Gefühl für die Notwendigkeit, Verfolgung aus Glaubensüberzeugung auf sich zu nehmen. Heinz Hürten *hat sich in zahlreichen anregenden Studien mit den Voraussetzungen katholischer Selbstbehauptung befaßt und dabei Zusammenhänge zwischen den Traditionen des Märtyrertums, das aus der Verpflichtung des Christen zum Ablegen eines Glaubenszeugnisses resultierte, und dem Widerstand hergestellt. Die beeindruckende Haltung, die der einzelne Gläubige bewies, indem er Verfolgten half, stellvertretend für andere sein Leben riskierte und schließlich auch den Weg in den engsten Kreis der Konspiration fand, die die geistigen Grundlagen einer Neuordnung schaffen wollte, und im Zusammenhang mit dem Umsturzversuch des 20. Juli 1944 gar sein Leben opferte – wie der Jesuitenpater Alfred Delp –, diese Haltung erschien als ein starker Gegensatz zu dem nicht selten als Ausdruck des Kleinmutes oder sogar der Anpassungsbereitschaft gedeuteten Verhalten einzelner Bischöfe, die den nationalsozialistischen Übergriffen nicht entschieden und offen entgegentraten. Hürten erinnert in diesem Zusammenhang daran, daß die beeindruckende Geschichte des Widerstands katholischer Regimegegner nicht allein aus der Perspektive des bis heute umstrittenen Reichskonkordats vom Sommer 1933 interpretiert werden darf, das zwar das Ende des politischen Katholizismus zu bedeuten schien, zugleich aber eine Grenze markierte, deren Verletzung die Bereitschaft zum Angriff auf den Katholizismus und seine Verbände durch den NS-Staat sinnfällig machte. Die Bestrebungen der katholischen Geistlichen und Gläubigen wandten sich zunächst gegen Verletzungen des Reichskonkordats und die Einschränkung des kirchlich geprägten Vereinslebens, nahmen aber bald an prinzipieller Schärfe zu, deren Voraussetzungen die 1937 in deutscher Sprache veröffentlichte und durch Regimegegner wie Bischof Preysing und Kardinal Faulhaber beeinflußte päpstliche Enzyklika »Mit brennender Sorge« reflektiert hatte. Hier wurde dem NS-Staat verdeutlicht, daß es Grenzen der Anpassung an die politischen Herrschaftsverhältnisse gab.*

Zu den entschiedenen Wortführern eines katholischen Widerstands, der sich auch der Opfer des Staates annahm, gehörte der Berliner Domprobst Lichtenberg, aber auch Katholikinnen wie Margarete Sommer, die versuchten, den verfolgten Juden beizustehen. Sie fanden ihren Wirkungskreis im Berliner Bistum, wo Bischof Preysing immer wieder versuchte, dem Anspruch des NS-Regimes entgegenzutreten. Besondere Aufmerksamkeit erregte allerdings in Münster Bischof Clemens von Galen, als er die Ermordung von Geisteskranken anprangerte. Seine Predigten wurden abgeschrieben und von einzelnen Gläubigen, aber auch von Regimegegnern verteilt, die nicht im Katholizismus wurzelten.

Immer wieder ist die Frage aufgeworfen worden, weshalb die Kirchen nicht vernehmbarer und schärfer gegen den Völkermord an den Juden protestiert hätten, der systematisch nach dem Beginn des Zweiten Weltkrieges vorbereitet und mit einer Intensität realisiert wurde, daß Historiker die »Endlösung der Judenfrage« geradezu als eine Art Kriegsziel der NS-Führung benannt haben. Ansätze zur Verteidigung der Menschenrechte lassen sich in Hirtenworten nachweisen, deren öffentliche Wirkung allerdings wesentlich begrenzter war als die Verbreitung der Predigten des Bischofs von Münster. Auch die Vermischung der antibolschewistischen Grundhaltung des Katholizismus, der nicht selten zum Kreuzzugsgedanken gegen die Sowjetunion gesteigert wurde, mit der Passivität gegenüber den Verbrechen an den osteuropäischen Völkern ist bis heute nicht hinreichend geklärt worden. Dabei wird deutlich, in welchem Maße auch Vertreter des Katholizismus in den Sog der Zeit geraten waren und Positionen einer Anpassung überwunden werden mußten. Diese Neuorientierung auf die überkommenen Wertvorstellungen wurde durch Regimegegner erleichtert, die den Zeitströmungen weniger erlagen als ihre Kirchenführer und deshalb die Kraft des christlichen Bekenntnisses auch in dunkler Zeit verkörperten.

Daß sich neben den Anhängern und Vertretern der großen Kirchen auch einzelne Mitglieder kleinerer religiöser Gemeinschaften auf die Auseinandersetzung mit dem NS-Staat einließen und für ihre geistliche und geistige Selbstbehauptung einen hohen Preis zu zahlen bereit waren, macht Brigitte Oleschinski *deutlich. Sie kann auch daran erinnern, daß es dabei nicht nur um die Wahrung der eigenen Glaubensgrundlagen ging, sondern daß manche Angehörige kleiner Gemeinschaften aktiv für Verfolgte eintraten. Insofern verkörpert sich hier wie in vielen anderen Bereichen des christlich motivierten Widerstands die Bereitschaft zum Eintreten für den bedrängten Mitmenschen und die Fähigkeit zum stellvertretenden mitmenschlichen Handeln – gerade dadurch wird aber um so deutlicher, daß die berufenen Vertreter der großen Kirchen oft auf eine belastende Weise bereit schienen, politische Fehlentwicklungen, ja offenes Unrecht hinzunehmen und zu schweigen, wo lauter Protest die notwendige Reaktion gewesen wäre.*

Günther van Norden

Die Barmer Theologische Erklärung und ihr historischer Ort in der Widerstandsgeschichte

Barmen im historischen Kontext

Ende Mai 1934 tagte in Wuppertal-Barmen die Bekenntnissynode der Evangelischen Kirche. Aus allen Teilen Deutschlands waren 139 Abgeordnete – 53 Presbyter und 86 Theologen – und viele Gäste aus 18 Landeskirchen nach Barmen gekommen, entsandt von ihren Landeskirchen (z. B. Bayern und Württemberg) oder den Bruderräten der Freien Synoden (z. B. aus den preußischen Provinzen). Ihre Absicht war, ein deutliches Zeichen des Widerstandes gegen die »Deutschen Christen« und die von ihnen beherrschte »Reichskirche« zu setzen. Die Synode verabschiedete drei Erklärungen: die Theologische Erklärung zur gegenwärtigen Lage der Deutschen Evangelischen Kirche, eine Erklärung zur Rechtslage und eine Erklärung zur praktischen Arbeit der Bekenntnissynode[1]. Mit diesen grundlegenden Dokumenten trat die Bekennende Kirche den Herrschaftsansprüchen der »Deutschen Christen« in aller Öffentlichkeit entgegen.

Was war das für eine Öffentlichkeit? Sie stand in diesen Tagen unter dem Eindruck der großen Reden des »Führers und Reichskanzlers«, der um Vertrauen warb und die »Volksgemeinschaft« beschwor. Er wolle, so hatte er am 1. Mai auf dem Tempelhofer Feld in Berlin gesagt, nicht äußere Gleichschaltung, sondern die Gleichschaltung der Herzen und Überzeugungen. Er wolle nichts anderes, als daß das deutsche Volk »glücklich und selig« werde. Darum hatte er es wie ein Prediger aufgerufen, nicht zu vergessen, »demütig dem zu danken, der uns durch ein ganzes Jahr unsere Arbeit so erfolgreich gedeihen ließ«, und ihn zu bitten, »auch für die kommende Zeit unserem Volk seinen Segen nicht zu versagen«[2]. Solche frommen Worte hatten die Zeitgenossen in Ohr und Herz, und auch viele der Kirchenrepräsentanten von Barmen mochten für die »große Wende« des Jahres 1933 danken. Am 7. Mai hatte Hitler eine bedeutende Rede vor 400 Schriftleitern der NSDAP gehalten, unentwegt berichtete die Presse von den dynamischen Aktivitäten des »Führers«, der sich gerade in diesen Wochen zu bemühen schien, die deutsche Kultur aus den Niede-

1 Aus der Fülle der Literatur sei hier lediglich genannt Alfred Burgsmüller/Rudolf Weth (Hrsg.), Die Barmer Theologische Erklärung. Einführung und Dokumentation, Neukirchen-Vluyn 1993^5.

2 Max Domarus (Hrsg.), Hitler. Reden und Proklamationen 1932–1945, Bd. 1: Triumph, Wiesbaden 1973, S. 381.

rungen des »internationalen Asphaltjudentums« emporzuheben. So weilte er vom 27. bis 30. Mai zur »Reichstheaterfestwoche« in Dresden, wo er auch den weltberühmten Komponisten Richard Strauß empfing, der ihm seine Huldigung zu Füßen legte. Die Zeitungen waren voll davon. Das war in den Tagen der Barmer Erklärung. Aber die Öffentlichkeit stand auch unter dem Eindruck einer »umfassenden Versammlungs- und Propagandaaktion«, zu der Reichsminister Goebbels aufgerufen hatte und die bis Ende Juni über Deutschland hinwegrollte. Die Kampagne, so hieß es, sollte sich »insbesondere gegen die Miesmacher und Kritikaster, gegen die Gerüchtemacher und Nichtskönner, gegen Saboteure und Hetzer richten ..., die immer noch glauben, die klare Aufbauarbeit des Nationalsozialismus stören zu können, ... gegen diese Landplage, die ein für allemal verschwinden muß. Nach den in Kampfzeiten geübten Methoden werden die Versammlungen alle erfassen, bis ins letzte Dorf hinein, mit jeder Woche in ihrem Tempo stärker, in der Unerbittlichkeit der Forderungen härter, an Durchschlagskraft und Erfolgen alle bisher durchgeführten Aktionen in den Schatten stellend.«[3] Im Rahmen dieser Aktion hielten Goebbels, Mergenthaler und andere NS-Aktivisten programmatische Reden, in denen vor allem die Kirchen angegriffen wurden.

Hier wird die meisterhafte Methode deutlich, mit der die Propagandaregie die Bevölkerung zu manipulieren verstand: auf der einen Seite die um Vertrauen werbenden Reden des »frommen Führers«, auf der anderen Seite die bedrohliche Sprache der Propaganda. Dies war auch die Wirklichkeitserfahrung der Barmer Kirchenleute. Sie spiegelte deutlich die Krise des Systems. Das Dritte Reich war (mindestens zu dieser Zeit) alles andere als ein totalitärer Monolith. Nachdem seit März 1934 nicht länger verborgen bleiben konnte, daß der Gesundheitszustand des Reichspräsidenten von Hindenburg sich merklich verschlechterte, drohten die labilen Autoritätsstrukturen in Deutschland – besonders die unentschiedenen Machtverhältnisse zwischen den konservativen Funktionseliten, etwa in der Reichswehr, und den Trägern der nationalsozialistischen Bewegung, vor allem in der SA – aus den Fugen zu geraten. Hitler konnte sich in diesem Kräftespiel nur durchsetzen, wenn er sein Amt als Reichskanzler mit dem des Reichspräsidenten vereinigte, denn der mit dem Reichspräsidentenamt verbundene Oberbefehl über die Reichswehr würde ihm einen erheblichen Autoritätsgewinn bringen und damit zugleich konservative Resistenzen schwächen.

Es war deutlich, daß nicht nur in der Arbeiterbevölkerung die schlechte Stimmung wuchs[4], sondern auch bisherige Bündnispartner aus dem konservativen Lager begannen, sich zu distanzieren. Einer ihrer führenden Sprecher war der Publizist Edgar Jung, der im Amt des Vizekanzlers Franz von Papen beträchtlichen Einfluß und Machtrückhalt besaß. Er hatte im Februar 1934 in der Deutschen Rundschau einen Aufsatz über Europa ohne Deutschland veröffentlicht, in dem er vor einer völligen Säkularisierung Deutschlands warnte: dann würde es unchristlich, es verlöre die (christlich definierte!) Humanität. Der Hintergrund seines Denkens war nach wie vor antiliberal und antidemokratisch, geprägt von der Vorstellung einer »konservativen

3 Ebenda, S. 382.

4 Neben der immer noch hohen Arbeitslosigkeit bedrängten Preiserhöhungen den Lebensstandard vor allem der Arbeiterbevölkerung. Die Unzufriedenheit machte sich an manchen Stellen bemerkbar, z.B. besonders auf der Reichstagung der Betriebsgruppe IV (Metall) der Deutschen Arbeitsfront, die – wie die Bekenntnissynode – Ende Mai 1934 stattfand und auf der es geradezu zu verbalen Rebellionen der Obmänner kam.

Revolution«: Gegen die westlichen Traditionen der Aufklärung und der Französischen Revolution, dem Irrweg Europas seit 200 Jahren, müsse eine deutsche, christliche konservative Revolution durchgeführt werden mit dem Ziel der Wiederherstellung der guten, gottgewollten Ordnung, in der der einzelne seinen Platz habe im organischen Gefüge der Gemeinschaft[5]. So hatte er schon 1933 in seiner Schrift »Sinndeutung der deutschen Revolution« den autoritären christlichen Staat als Alternative zum totalen Staat der Nationalsozialisten gefordert. In diesem werde »der Staat zur Kirche, die Staatsbürgerschaft zur Religion, die Volksversammlung zum Gottesdienst«[6]. Und er ergänzte 1934, daß nur die gottgewollte echte Herrschaft Recht und Gerechtigkeit bewahren könne. In einer theologisch aufschlußreichen Wendung erklärte der evangelische Publizist mit »leisen Sympathien« für die dialektische Theologie[7]: »Die Heiligkeit findet ihre diesseitige Ergänzung in der Gerechtigkeit ... Man kann nicht einfach den Geist der Macht zum Gott machen; das wäre Dämonie ... Gott ist Macht und Liebe, echte Herrschaft deshalb ohne Gerechtigkeit und ohne Liebe undenkbar. Wer Macht nicht in der Verantwortung gegenüber Gott ausübt, ist ein Usurpator ...«[8]

Dieses Denken war in differenzierten Varianten paradigmatisch für Teile einer bürgerlich-konservativen Schicht, besonders aus dem protestantischen Bereich[9]. Es war Ausdruck einer tief verwurzelten Mentalität, die auch einen Großteil der Barmer Synodalen prägte, relativ unabhängig davon, inwieweit sie politisch engagiert waren oder nicht. Immerhin war ein erheblicher Teil der Delegierten politisch engagiert, vor 1933 überwiegend in rechtsorientierten Parteien, besonders in der DNVP[10]. So ist es

---

5 Kurt Sontheimer, Antidemokratisches Denken in der Weimarer Republik, München 1992, S. 120.

6 Edgar Jung, Sinndeutung der deutschen Revolution, Oldenburg 1933, S. 99; siehe auch K. Sontheimer (Anm. 5), S. 202; Christoph Strohm, Der Widerstandskreis um Dietrich Bonhoeffer und Hans von Dohnanyi. Seine Voraussetzungen zur Zeit der Machtergreifung, in: Jürgen Schmädeke/Peter Steinbach (Hrsg.), Der Widerstand gegen den Nationalsozialismus. Die deutsche Gesellschaft und der Widerstand gegen Hitler, München-Zürich 1986^2, S. 303.

7 So – ohne nähere Begründung – Karl Martin Graß, Edgar Jung, Papenkreis und Röhmkrise 1933/34, Diss. phil. Heidelberg 1966, Anm. 47.

8 Edgar Jung, Europa ohne Deutschland, in: Deutsche Rundschau, 61 (1934), S. 73ff.; siehe hierzu K. M. Graß (Anm. 7), S. 204ff.; jetzt auch Stefan Breuer, Anatomie der Konservativen Revolution, Darmstadt 1993; Jung erarbeitete in diesen Wochen zugleich die Rede, die Vizekanzler Franz von Papen am 17. Juni 1934 in der Marburger Universität hielt und in der er u. a. auch auf die kirchlichen Konflikte einging: »Um diese Entscheidung, ob das neue Reich der Deutschen christlich sein wird oder sich im Sektierertum und halbreligiösen Materialismus verliert, wird gerungen werden. Sie wird einfach sein, wenn alle Versuche, sie von der Staatsgewalt her in der Richtung einer gewaltsamen Reformation zu beeinflussen, unterbleiben. Es ist zuzugeben, daß in diesem Widerstand christlicher Kreise gegen staatliche und parteiliche Eingriffe in die Kirche ein politisches Moment liegt. Aber nur deshalb, weil politische Eingriffe in den religiösen Bezirk die Betroffenen zwingen, aus religiösen Gründen den auf diesem Gebiet widernatürlichen Totalitätsanspruch abzulehnen.« Zit. nach Wolfgang Michalka (Hrsg.), Das Dritte Reich, Bd. 1: Volksgemeinschaft und Großmachtpolitik 1933–1939, München 1985, S. 51. Man kann vermuten, daß Edgar Jung die Barmer Theologische Erklärung kannte, auch wenn er sie in diesem Passus nicht expressis verbis erwähnte. Die Rede war insgesamt die schärfste öffentliche Anklage gegen den nationalsozialistischen Machtanspruch von seiten der konservativen Opposition. Jung wurde am Abend des 25. Juni verhaftet, in die Prinz-Albrecht-Straße gebracht und in der Nacht zum 1. Juli 1934 – wie auch viele SA-Führer aus der Umgebung Röhms – erschossen.

9 Siehe Chr. Strohm (Anm. 6), S. 298; ders., Theologische Ethik im Kampf gegen den Nationalsozialismus. Der Weg Dietrich Bonhoeffers mit den Juristen Hans von Dohnanyi und Gerhard Leibholz in den Widerstand, München 1989, S. 93.

10 Siehe Martin Greschat, Die Bedeutung der Sozialgeschichte für die Kirchengeschichte. Theoretische und praktische Erwägungen, in: Historische Zeitschrift, 256 (1993) 1, S. 67–103, hier 81–86.

sicher nicht schwerwiegend, aber doch immerhin bezeichnend, daß der Präses der Synode, Karl Koch, zeitweise Mitglied der deutschnationalen preußischen Landtags- und Reichstagsfraktion war. Der Hinweis mag überflüssig erscheinen – aber auch die Delegierten der Barmer Bekenntnissynode lebten natürlich nicht in einem geschichtslosen Raum, sondern in einem historisch-politischen Kontext[11]. Von daher ist es nicht angemessen, die Barmer Theologische Erklärung nur in einer theologischen Isolation zu analysieren[12].

Als Asmussen in seiner großen Eröffnungsrede am 30. Mai 1933 betonte, daß der Protest der Synode sich nicht gegen den neuen Staat richte, konnte er sich des Einverständnisses mit den Synodalen sicher sein. Denn dieser Staat war ihr Staat: mit dem höchsten Repräsentanten, dem verehrten evangelischen Reichspräsidenten Feldmarschall von Hindenburg an der Spitze, mit einem Kreis betont christlich-konservativer Minister im Kabinett, mit einer selbstbewußten Reichswehr, die sich dem Machtanspruch der SA und, so konnten viele hoffen, dem unberechenbaren Gewaltpotential der Nationalsozialisten erfolgreich widersetzte, und mit einem »Führer«, der offensichtlich um Vertrauen warb und sein Volk scheinbar zur Dankbarkeit vor Gott ermahnte.

Das war die Wirklichkeitserfahrung der meisten Synodalen, das Segment der Realität, das sie sahen. Der Protest der Synode richtete sich vielmehr gegen die »Erscheinung, die seit mehr als 200 Jahren die Verwüstung der Kirche« vorbereitet habe. So wie man seitdem die Vernunft oder den Fortschritt als »bindende Ansprüche an die Kirche« genannt habe, so behaupteten heute die »Deutschen Christen«, daß es neben dem Wort Gottes in der Heiligen Schrift »auch noch andere Ereignisse und Mächte, Gestalten und Wahrheiten als Gottes Offenbarung« gäbe[13]. Asmussen formulierte hier den theologischen Aspekt des Protestes[14], den eine Gruppe konservativer Denker, wie z.B. Edgar Jung, in den vergangenen Jahren gegen Aufklärung und Säkularismus gerichtet hatte. Und wie diese zum Teil auch den Nationalsozialismus als eine Folge der verwüstenden Entwicklung betrachtete[15], so sahen viele Bekenntnischristen in den nationalsozialistischen »Deutschen Christen« die Erben der liberalen kulturprotestantischen Häresie. Daher stimmten sie den sechs theologischen Sätzen zu, die ihren kirchlichen Widerstand gegen die Deutschen Christen legitimierten. Diese Sätze sind in erster Linie bedeutsame theologische Aussagen, deren kirchengeschichtliche Wirkung kaum überschätzt werden kann. Sie enthalten auch unausgesprochene politische Folgerungen, insbesondere die zweite These mit ihrem Verwerfungssatz, daß es Bereiche des Lebens gebe, in denen Christen anderen Herren als Jesus Chri-

---

11 Vgl. meinen Aufsatz Die Barmer Theologische Erklärung und die »Judenfrage«, in: Ursula Büttner (Hrsg.), Das Unrechtsregime. Internationale Forschung über den Nationalsozialismus, Bd. 1: Ideologie – Herrschaftssystem – Wirkung in Europa, Hamburg 1986, S. 315ff.

12 Dazu auch M. Greschat (Anm. 10).

13 A. Burgsmüller/R. Weth (Anm. 1), S. 48.

14 Siehe auch Enno Konukiewitz, Hans Asmussen. Ein lutherischer Theologe im Kirchenkampf, Gütersloh 1984, S. 98, bes. Anm. 243. In dieser *theologischen* Denkfigur befand sich Asmussen in völliger Übereinstimmung mit Karl Barth, der jedoch im Gegensatz dazu die *ideologische* Abwehr des westlichen Säkularismus durch die Konservativen nicht mitvollzog.

15 Diese Sicht wurde auch nach 1945 vertreten: Der Säkularismus habe den Boden für den Nationalsozialismus bereitet, und folgerichtig werde eine Rechristianisierung, die auch Jung schon seinerzeit angemahnt hatte, zur Begründung eines neuen Deutschland führen. Die Kontinuität ist unübersehbar.

stus »zu eigen« seien[16]. Aber lediglich die fünfte These nennt politische Inhalte beim Namen: 1. Der Staat hat »für Recht und Frieden« zu sorgen; 2. Hierfür tragen sowohl die Regierenden als auch die Regierten »Verantwortung«; 3. Der Anspruch des Staates auf Totalität wird zurückgewiesen.

Diese Inhalte bezeichnen den historischen Ort der Barmer Theologischen Erklärung in der Widerstandsgeschichte. Es mindert nicht ihren Wert, wenn man sie im Kontext der konservativen Opposition erkennt, die eben auch die Forderung von Recht und Gerechtigkeit und den Widerspruch gegen den totalen Staat zu ihrem Programm erhob. Aber diese Aussage – im Mai 1934 gesprochen – zeigt zugleich auch ihre Brüchigkeit: Seit dem Februar 1933 waren Recht und Gerechtigkeit in Deutschland gebrochen, war der Rechtsstaat aufgehoben, war mit der Zerschlagung der kommunistischen und sozialdemokratischen Organisationen die Demokratie zerstört worden, sahen sich auch die deutschen Juden wachsender Diskriminierung ausgesetzt. Diese »Erneuerung der deutschen Volksgemeinschaft« war mit der entscheidenden Unterstützung der starken konservativen Bündnispartner Hitlers geschehen, und auch die Kirchen hatten sie bejaht. Sie waren scheinbar nicht betroffen. Es war offenbar nicht ihr Problem: Kommunisten, Sozialisten und Juden standen ihnen seit jeher fern; sie hatten die Gewaltmaßnahmen als Abwehr der weltumstürzenden atheistischen, kommunistischen Bedrohung verstanden[17]. Dies war ihre Wahrnehmung, ihre aufgrund ihrer mentalen Disposition eingeschränkte Realitätssicht.

Und auch jetzt, nach mehr als einem Jahr, sprach man in Barmen nicht konkret von den vergangenen Rechtsbrüchen, auch nicht von den gegenwärtigen brutalen Verfolgungen und Folterungen politischer Gegner. Trotzdem bleibt auch in der Brüchigkeit und Inkonsequenz ihrer Aussage die fünfte These der Barmer Theologischen Erklärung eine deutliche Mahnung der entstehenden Bekennenden Kirche an den Staat, für das Recht zu sorgen, klarer Hinweis auf seine Verantwortlichkeit und Widerspruch gegen den von den Nationalsozialisten erhobenen Totalitätsanspruch. Insofern ist hier schon ein Aspekt von Widerständigkeit zu erkennen, eine Resistenz, die sich gerade aus der national-konservativen Mentalität heraus gegen den vordringenden, gewaltbereiten Fanatismus der Nationalsozialisten richtete[18].

Der historische Ort in der Wirkungsgeschichte Barmens

Die unmittelbare gesellschaftliche und auch kirchliche Wirkung der Barmer Bekenntnissynode war gering. Sie stoppte weder den gefährlichen Machtzuwachs der Nationalsozialisten um Hitler, die einen Monat später ebenso die rivalisierende SA-Führung wie auch die konservative Opposition vernichteten; noch beeinträchtigte sie den

16 Siehe Wolf Krötke, Gottes Anspruch und menschliche Verantwortung, in: Hans-Ulrich Stephan (Hrsg.), Das eine Wort für alle. Barmen 1934–1984. Eine Dokumentation, Neukirchen-Vluyn 1986, S. 74–86.

17 Dazu Martin Broszat, Zur Sozialgeschichte des deutschen Widerstands, in: Vierteljahrshefte für Zeitgeschichte, 34 (1986) 3, S. 299.

18 Siehe M. Greschat (Anm. 10), S. 89; Karl Dietrich Bracher, Kirche in der Diktatur: Die deutsche Erfahrung von 1933/34, in: U. Büttner (Anm. 11), S. 272–290.

dynamischen Elan der »Deutschen Christen« bei der Schaffung einer einheitlichen deutschen evangelischen Reichskirche. Dennoch sind die mittelbaren Wirkungen, auch hinsichtlich einer Stärkung des Protestpotentials in der Kirche, beträchtlich. Dies hängt damit zusammen, daß sich das anfänglich noch relativ homogene Mentalitätsspektrum der Bekennenden Kirche nach 1934 allmählich aufspaltete. Die zweite Bekenntnissynode in Berlin-Dahlem überdeckte noch die Differenzen in der Einigkeit darüber, daß aus dem theologischen Konsens von Barmen die kirchlichen Konsequenzen gezogen werden müßten. Man proklamierte gemeinsam mit dem kirchlichen Notrecht die neue Bekennende Kirche (BK) – immer noch ausschließlich gegen die »deutschchristliche« Reichskirche gerichtet, nicht gegen den Staat. Aber indem Dahlem den Widerstand gegen die »deutschchristliche« Gleichschaltungsideologie und -praxis postulierte, stieß es aus dem engen theologischen Interessenbereich *(Solus Christus)* in den gesellschaftlichen Raum des »Dritten Reiches« vor und erschloß damit eine neue Dimension von Widerständigkeit.

Insofern ist die Bekenntnissynode von Dahlem für den Historiker von erheblich größerer Relevanz als die von Barmen[19]. Aber eben diese Erschließung des gesellschaftlichen Raumes als notwendige Konsequenz aus Barmen, vor allem der zweiten These, begründete die beginnende Spaltung der Bekennenden Kirche. Während die Mehrheit in Barmen stehen und auch in ihrer national-konservativen Mentalität verhaftet blieb, ging eine Minderheit konsequent weiter und versuchte in den folgenden Jahren, die neue Bekennende Kirche mit selbstgewählten und aus dem Bekenntnis legitimierten Leitungsorganen zu realisieren (Bruderrats-BK). Diese Minderheit begann, sich auch langsam aus dem national-protestantischen Paradigma zu lösen oder es zu verändern. Das wurde möglich in der zunehmenden Distanzierung vom Staat, der sich immer erkennbarer als Unrechtsstaat erwies (»Nürnberger Gesetze« 1935) und der immer eindeutiger vor allem die Jugend in seinen totalen Anspruchsbereich hineinzwang. Gleichzeitig damit verstärkte sich der politische Druck auf die Bekennende Kirche. Daraus erwuchs ihr Widerstand. Sie beschränkte sich nicht mehr darauf, sich dem Totalitätsanspruch der Nationalsozialisten zu widersetzen und ihre Übergriffe auf den kirchlichen Bereich zurückzuweisen, wie es die fünfte Barmer These gefordert hatte. Vielmehr erkannte sie die Verpflichtung, auch im gesellschaftlich-politischen Bereich ein Wächteramt wahrzunehmen, wie es sich aus der zweiten Barmer These ergab. Insofern liegt der historische Ort der Barmer Erklärung in der Historiographie des Widerstandes vor allem in ihrer Wirkungsgeschichte.

Es ist auffallend, daß gerade in dem Jahr, in dem der »Führerstaat« die vermutlich breiteste Unterstützung durch die Bevölkerung fand – im Jahr 1936 –, die sogenannte »Vorläufige Leitung« der Bruderrats-BK so unabhängig von der Stimmung der Mehrheit der Gesellschaft war, daß sie eine Denkschrift an Hitler schickte, in der sie eindeutig den »Judenhaß« verurteilte, die Vereidigung von Kindern in der Hitlerjugend am Geburtstag des »Führers« als »unerträglich« bezeichnete, die Manipulationen der Reichstagswahl vom 29. März 1936 ebenso anprangerte wie die Tatsache, daß es immer noch Konzentrationslager und Rechtlosigkeit gab. Dieser Protest war keine Kampfansage gegen den Staat, vielmehr Teilwiderstand, partielle

19 Dazu jetzt mein Aufsatz »Dahlem« im Kirchenkampf, in: Karl-Adolf Bauer (Hrsg.), Predigtamt ohne Pfarramt? Die Illegalen im Kirchenkampf, Neukirchen-Vluyn 1993.

Opposition – aber er zeigte den Herrschenden, daß es hier eine Kirche gab, die bei aller erkennbaren Loyalität sich Teilbereichen der Ideologie und der politischen Praxis widersetzte[20].

Als die Denkschrift gegen den Willen ihrer Verfasser durch die ausländische Presse an die Öffentlichkeit kam und die deutsche Regierung sich damit an den Pranger gestellt sah, reagierte der Staat massiv mit Verhaftungen[21]. Die Kirchenleitung sah sich ihrerseits genötigt, an die Öffentlichkeit zu gehen, und ließ ihre Pfarrer eine Kanzelabkündigung verlesen und in einer Auflage von rund einer Million Exemplaren verbreiten. In dieser öffentlichen Erklärung zog sie sich weitgehend wieder auf die eigentlich kirchlichen Angelegenheiten zurück – KZ, Gestapo, Führerkult wurden nicht mehr erwähnt –, aber die Gläubigen wurden ermahnt, Christen seien es schuldig, »der Obrigkeit Gehorsam zu leisten, soweit sie nicht verlangt, was gegen Gottes Gebot ist«; Christen seien daher schuldig, »zu widerstehen, wenn von ihnen verlangt wird, was wider das Evangelium ist«[22]. Diese öffentliche Ermahnung der Christen, der Obrigkeit – also dem »Führer« – zu widerstehen, wenn Gottes Gebot es fordert, war in einer Zeit, da eben diesem »Führer« gegenüber unbedingter und rückhaltloser Gehorsam höchste Pflicht und Tugend war, von bemerkenswerter Tapferkeit.

Zwei Jahre später verlangten die Leitungen aller evangelischen Landeskirchen – außer denen der beiden reformierten Landeskirchen, die resistent blieben – in der patriotischen Hochstimmung nach der »Heimkehr Österreichs ins Reich« von ihren Pfarrern den Treueid auf den »Führer« Adolf Hitler. Die überwiegende Mehrheit der 18 000 Pfarrer schwor. Nur die kleine radikale Bekennende Kirche, die entschieden zu Barmen und Dahlem stand, widersetzte sich in langen Verhandlungen den Eidesterminen, bis nur noch wenige Pfarrergruppen, vor allem die Pfarrer der Kirchlich-Theologischen Sozietät in Württemberg (etwa 80) und des Bruderrates im Rheinland (etwa 190), den Eid verweigerten, wobei sie sich zumeist auf die Zustimmung in ihren Gemeinden stützen konnten. Vor dieser kollektiven Resistenz schreckte die Partei zurück[23]: In einer geschickten taktischen Wendung schrieb Reichsleiter Martin Bormann am 13. Juli 1938 an alle Gauleiter, bei der Eidesfrage handele es sich um eine innerkirchliche Angelegenheit, denn der »Führer« habe einen Eid der Pfarrer gar nicht verlangt. Damit hatte Bormann die Blamage zum Teil auf die düpierten Kirchenleitungen abgewälzt, die immer argumentiert hatten, der Staat wünsche den Eid. Da das Rundschreiben aber zunächst intern blieb, steigerte sich der öffentliche und kirchliche Druck noch weiter, bis die preußische Bekenntnissynode am 31. Juli ihren Pfarrern empfahl, den Eid zu leisten. Bormanns Schreiben wurde erst am 8. August 1938 veröffentlicht[24].

---

20 Vgl. Martin Greschat (Hrsg.), Zwischen Widerspruch und Widerstand. Texte zur Denkschrift der Bekennenden Kirche an Hitler (1936), München 1987.

21 Der Bürochef der Vorläufigen Leitung, Dr. Friedrich Weißler, wurde ein halbes Jahr später, am 19. Februar 1937, im KZ Sachsenhausen brutal ermordet, während die Informanten wieder freikamen. Dr. Weißler war durch seine jüdische Herkunft den Brutalitäten der KZ-Schergen besonders ausgesetzt.

22 M. Greschat (Anm. 20), S. 194.

23 Siehe M. Broszat (Anm. 17), S. 301.

24 Vgl. zu diesen Vorgängen die immer noch vorzügliche Untersuchung von Angelika Gerlach-Praetorius, Die Kirche vor der Eidesfrage. Die Diskussion um den Pfarrereid im »Dritten Reich«, Göttingen 1967.

Eine ähnliche Situation kollektiver Resistenz läßt sich für den Herbst 1938 ausmachen, wieder – wie im Frühjahr 1934 – in zeitlicher Nähe zu konservativen, militärischen Oppositionsplänen, jetzt aber auch konform mit breiten Stimmungen in der Bevölkerung. Angesichts der aggressiven deutschen Politik gegenüber der Tschechoslowakei und der sich daraus entwickelnden Kriegsgefahr empfahl die Vorläufige Leitung ihren Pfarrern, am Sonntag, dem 30. September, in den Gottesdiensten eine Gebetsliturgie durchzuführen, in der nicht nur um Frieden gebetet, sondern auch die Sünden des Volkes bekannt werden sollten: »Dein Name ist in ihm verlästert, Dein Wort bekämpft, Deine Wahrheit unterdrückt worden. Öffentlich und im Geheimen ist viel Unrecht geschehen ...«[25] Dies war eine öffentliche Anklage der Herrschenden, auch wenn sie nicht direkt angesprochen waren. Die Gebetsliturgie kam in der vorgesehenen Form jedoch nirgendwo zum Zuge, weil am 29. September Chamberlain, Daladier und Mussolini der Annexion des Sudetenlandes durch Deutschland zustimmten und damit zunächst den Frieden retteten – womit auch die Putschpläne hoher Heeresoffiziere scheiterten. Aber nun ergoß sich eine Verleumdungskampagne der Partei und der Kirchenregierung über »die Volksschädlinge« und die »religiös fanatisierten Kreise« der Bekennenden Kirche, die sich bis zum Vorwurf des Volks- und Vaterlandsverrates steigerte. Auch die »gemäßigten« Landeskirchenführer, die Landesbischöfe Meiser und Wurm, Marahrens und Kühlewein, distanzierten sich »aus religiösen und vaterländischen Gründen« von den »radikalen« Bruderräten und der »Vorläufigen Leitung«[26].

Hier zeigt sich deutlich die Spaltung der Bekennenden Kirche. Sie ist nicht begründet in einem Dissens des Bekenntnisses – die Bekenntnisfrage spielt hier keine Rolle mehr –, sondern vielmehr in einer allmählichen Veränderung der Mentalität: Während die größere Gruppe der Bekennenden bei ihrer konservativen nationalprotestantischen Grundhaltung und auch bei Barmen *(Sola Ecclesia, Solus Christus)* blieb, veränderte der historische Kontext – also die zunehmende nationalsozialistische Gewaltpolitik, die jetzt immer mehr auch die eigenen Leute der Bekennenden Kirche betraf (Ermordung Weißlers und des Pfarrers Schneider, Verhaftung Niemöllers u. a.) – die Verhaltensdisposition der Minderheit, die die Konsequenzen von Barmen (zweite These) und Dahlem zu realisieren versuchte. Das bedeutete für die Frage der Widerständigkeit eine anfänglich klare Scheidung zwischen der defensiven Selbstverteidigung der relativen landeskirchlichen Autonomie und Nischen-Legalität durch die Kirchenleitungen, die der Staat bis zuletzt nicht antastete[27], und dem manchmal sogar auch offensiven Protest der bruderrätlichen Bekennenden Kirche im politischen Bereich.

Sicher war die Verteidigung volkskirchlicher Bestände, soweit sie überhaupt angegriffen wurden, innerhalb des differenzierten Systems des »Dritten Reiches« von Bedeutung, so wie die Bewahrung relativer Autonomien und Schutzräume in der Armee, der Wirtschaft und der hohen Bürokratie von erheblicher Relevanz war. Aber

25 Joachim Beckmann (Hrsg.), Kirchliches Jahrbuch für die Evangelische Kirche in Deutschland 1933–1944, Gütersloh 1976², S. 257.

26 Ebenda, S. 261.

27 Hierzu gehören selbstverständlich auch die erheblichen finanziellen Staatsleistungen für die Kirchen, z. B. die Besoldungszuschüsse für die Geistlichen. Reichsfinanzminister Graf Schwerin von Krosigk war in der Herrschaftselite des »Dritten Reiches« einer der Fürsprecher der Evangelischen Kirche.

ihre apologetische Überbewertung ist angesichts der freiwilligen Beflissenheit fast aller Kirchenleitungen – nicht nur der »deutschchristlichen« und neutralen – und ihrer beständigen politischen Loyalitätsbekundungen, verbunden mit der Abwehr der »radikalen« Bekennenden Kirche (z. B. in der Eidesfrage und der Gebetsliturgie), nur dann einleuchtend, wenn man lediglich die Kirchen als unangepaßte Größen in einem totalitären nationalsozialistischen Monolith erkennt. Allerdings sollten auch die Verweigerungen, Proteste und Aktionen[28] der Bruderrats-BK nicht überschätzt werden. Dies erübrigt sich vor allem angesichts der Tatsache, daß auch sie zu den beginnenden Pogromen gegen die jüdischen Bürger (»Reichskristallnacht« und Folgen) schwieg. Hier protestierten lediglich einzelne.

Im Krieg veränderte sich das Einstellungsverhalten wiederum, da sich der historische Kontext änderte: Zunächst zeigte es sich, daß die Verhaftung im nationalprotestantischen Paradigma eben auch für die Mehrheit der Bruderrats-BK galt, bei der eine partielle Distanzierung gegenüber den traditionellen Bindungen an die Obrigkeit zwischen 1936 und 1939 begonnen hatte. Jetzt aber war die Einigkeit des Vaterlandes gegenüber seinen Feinden – seit 1941 besonders gegenüber dem »Ansturm des atheistischen Bolschewismus aus dem Osten« – wieder höchster Wert. Die Wahrnehmungsbeschränkung ist auch hier aufgrund der Überschwemmung durch die alten mentalen Orientierungsmuster deutlich erkennbar (fast wie 1933/1934). Die allmähliche Loslösung davon schien vergessen. Neben dieser mentalen Hemmung sahen sich die Organe der »radikalen« Bekennenden Kirche aber auch durch fortgesetzte »kriegsbedingte« Behinderungen, Einberufungen, Ausweisungen, Redeverbote und Verhaftungen teilweise gelähmt.

Eine Minderheit dieser Gruppierung aber ging in den politischen Widerstand und verzichtete auf öffentliche Erklärungen, um Gefährdungen zu vermeiden[29]. Die Bereitschaft zum dann auch öffentlich werdenden Protest verschob sich zunächst weitgehend auf den landeskirchlichen Repräsentanten einer legalen Institution, den württembergischen Landesbischof Wurm, der sich seinerseits auch wieder den norddeutschen, speziell preußischen Bruderräten annäherte. Seine zum Teil sehr taktisch argumentierenden Mahn- und Protestschreiben an die verschiedenen Machthaber des Dritten Reiches gegen die »planmäßige Ausrottung« der Geisteskranken[30] und die »systematische Ermordung von Juden und Polen«[31] wurden vor allem auch dadurch immer mehr zum Zeugnis der Kirche, daß sie zunehmend ihren zunächst nichtöffentlichen Charakter verloren und in mannigfachen Vervielfältigungen in den evangelischen Gemeinden kursierten.

1943 traten aber erneut die Repräsentanten der Bruderrats-BK wieder auf den Plan, es ist das Jahr der vernichtenden Niederlage in Stalingrad. Die preußische Be-

---

28 Sie richtete immerhin im Jahre 1938 das Büro Grüber ein, das bis 1941 vielen Juden half. Pfarrer Grüber wurde Ende 1940 verhaftet, sein Nachfolger Pfarrer Sylten Ende Februar 1941; er wurde 1942 in der Gaskammer der Vernichtungsanstalt Hartheim/Linz ermordet. Hartmut Ludwigs große Monographie über das Büro Grüber, Die Opfer unter dem Rad verbinden, wird demnächst erscheinen.

29 Siehe unten, S. 180.

30 So in einer Denkschrift, die Wurm auf Wunsch des Oberkommandos der Wehrmacht im Oktober 1940 verfaßte, zit. nach Gerhard Schäfer (Bearb.), Landesbischof D. Wurm und der nationalsozialistische Staat 1940–1945. Eine Dokumentation, Stuttgart 1968, S. 134–139.

31 So in einem Schreiben vom 28. 1. 1943 an den württembergischen Ministerialdirektor Dr. Dill, zit. nach ebenda, S. 159.

kenntnissynode in Breslau erinnerte im Oktober 1943 »die Obrigkeit« daran, daß das ihr von Gott gegebene Schwertamt sie nicht legitimiere, Menschen zu vernichten, »lediglich weil sie Angehörige eines Verbrechers, alt oder geisteskrank sind oder einer anderen Rasse angehören«. Begriffe wie »ausmerzen«, »liquidieren« und »unwertes Leben« kenne die göttliche Ordnung nicht[32].

Widersetzliche Aktionen von Gruppen und einzelnen

Neben dem Protestwort der Kirche, das sich hier und in den vorhergenannten Beispielen verdeutlicht, müssen die widersetzlichen Aktionen genannt werden, die einzelne Christen gegen die zunehmende weltanschauliche Verhetzung unternahmen, z. B. der sogenannte Münchner Laienbrief lutherischer Christen, der Ostern 1943 die Kirche aufforderte, dem Staat »aufs äußerste zu widerstehen« bei dem Versuch, »das Judentum zu vernichten«. In klarem Bezug auf die fünfte These der Barmer Theologischen Erklärung wies er auf die Pflicht der Kirche hin, den Staat »zu erinnern an seine Aufgabe einer gerechten Rechtsprechung« und darüber hinausgehend an »die Respektierung gewisser ›Grundrechte‹ seiner Untertanen«[33]. Der Brief – wohl die eindeutigste Stellungnahme für die verfolgten Juden aus dem Raum des deutschen Protestantismus überhaupt – fand zwar nicht die erhoffte Unterstützung bei den kirchlichen Oberen, z. B. bei seinem Adressaten, Landesbischof Meiser, aber er erhielt einen hohen Öffentlichkeitscharakter dadurch, daß er in evangelischen Gemeinden kursierte und von einzelnen tapferen Pfarrern im Gottesdienst als kirchliches Zeugnis bekanntgegeben wurde.

Einige weitere Beispiele sind die Hilfeleistungen, die die Breslauer Stadtvikarin Staritz für die verfolgten Juden durchführte, wofür sie 1942 ins Frauenkonzentrationslager Ravensbrück kam[34]; oder der Konfirmandenunterricht des rheinischen Hilfspredigers Thurmann, der wegen Verstoßes gegen das »Heimtückegesetz« 1940 verhaftet und verurteilt wurde und 1941 ins KZ Dachau kam, wo er bis zu seiner Befreiung blieb[35]; oder die »staatsabträglichen« Aktionen des bayerischen Pfarrers Steinbauer (Verweigerung von Beflaggungen und Glockengeläut u. a.), die ihm einige Monate Haft im KZ Sachsenhausen einbrachten[36]. Vermutlich war in den meisten Fällen die Motivation dieser von Barmen und Dahlem geprägten Christen weniger politisch als ethisch-theologisch. Aber immer traf ihre Widersetzlichkeit das Regime politisch. Die Begründungen auf den Haftbefehlen (»staatsfeindliche Äußerungen«, »Jugendverhetzung«, »Vergehen gegen das Heimtückegesetz«, »Ablehnung des Hitlergrußes«, »Gebet für die Juden«, »Wehrkraftzersetzung«, »Hetze gegen die

32 J. Beckmann (Anm. 25), S. 385.

33 Markus Wurster, Der Münchner Laienbrief (1943), in: Günther van Norden/Volkmar Wittmütz (Hrsg.), Evangelische Kirche im Zweiten Weltkrieg, Köln 1991, S. 77–102, hier 101 f.

34 Dazu Hannelore Erhart, Theologinnen in Kirche und Gemeinde im Zweiten Weltkrieg – das Beispiel Katharina Staritz, in: ebenda, S. 167–189; H. Erhart bereitet eine größere Untersuchung über Katharina Staritz vor.

35 Sein Bericht über die Haft im KZ Dachau wurde veröffentlicht in: Günther van Norden, Das 20. Jahrhundert, Düsseldorf 1990, S. 248–253.

36 Vgl. Friedrich Mildenberger/Manfred Seitz (Hrsg.), Gott mehr gehorchen. Kolloquium zum 80. Geburtstag von Karl Steinbauer, München 1986.

NSDAP«) zeigen das deutlich. Die Kriegsdienstverweigerungen der beiden evangelischen Christen Hermann Stöhr (Todesurteil und Vollstreckung 1940) und Martin Gauger (ermordet in Buchenwald 1941) gehören auch in diesen Zusammenhang[37].

Politischer Widerstand

Eine sehr viel stärkere politische Dimension hatten die Aktionen derjenigen, die in Verbindung zur militärischen und bürgerlichen Widerstandsbewegung standen, d.h. die den Umsturz des Hitler-Regimes anstrebten. Hier ist in erster Linie Dietrich Bonhoeffer zu nennen. Der ganz entschieden von Barmen und Dahlem geprägte Theologe ging konsequent den Weg in den Widerstand mit allen damit verbundenen notwendigen Konspirationen und auch mit der Bejahung des Attentats. Er unterrichtete seine ausländischen Gesprächspartner über die deutsche Widerstandsbewegung und ihre Pläne. Bereits 1943 wurde er verhaftet und kurz vor der Befreiung im April 1945 zusammen mit Admiral Canaris und General Oster in Flossenbürg ermordet[38].

In Freiburg bestand mit dem Freiburger Konzil der politische Widerstandskreis, der am stärksten von Mitgliedern und Sympathisanten der Bekennenden Kirche bestimmt war. Die nationalkonservative Gruppierung um die Professoren Gerhard Ritter, Constantin von Dietze und Adolf Lampe arbeitete Denkschriften aus, die einer Neuordnung Deutschlands nach der Befreiung zugrunde gelegt werden sollten. Die erste entstand nach der »Reichskristallnacht« im Herbst 1938 und trug den Titel »Kirche und Welt. Eine notwendige Besinnung auf die Aufgaben des Christen und der Kirche in unserer Zeit«. 1942 veranlaßte Bonhoeffer nach Rücksprache mit der »Vorläufigen Leitung« die Abfassung einer grundlegenden Programmschrift »Politische Gemeinschaftsordnung. Ein Versuch zur Selbstbesinnung des christlichen Gewissens in den politischen Nöten unserer Zeit«, an der namhafte Männer der Bekennenden Kirche mitarbeiteten[39].

Eine der wichtigsten Persönlichkeiten, die diesem Kreise nahestanden, war Friedrich Justus Perels, juristischer Berater der preußischen Bruderrats-BK, der sehr weitreichende Widerstandskontakte hatte. An seinem wie an Bonhoeffers Beispiel wird deutlich, wie eng die Verbindung einer bedeutenden Minderheitsgruppe der »radikalen« Bekennenden Kirche zur politischen Widerstandsbewegung seit 1941 war[40]. Es ist im einzelnen noch nicht geklärt, wieweit die passive »Mitwisserschaft« führender

37 Vgl. Eberhard Röhm, Sterben für den Frieden. Spurensicherung. Hermann Stöhr (1898–1940) und die ökumenische Friedensbewegung, Stuttgart 1985; eine Monographie über Martin Gauger fehlt bisher.

38 Neben der in Anm. 6 und 9 erwähnten Literatur sei hingewiesen auf die nach wie vor unentbehrliche exzellente Bonhoeffer-Biographie von Eberhard Bethge, Dietrich Bonhoeffer, München 1983.

39 Hierzu kritisch hinsichtlich eines »traditionellen Antisemitismus« in dieser Denkschrift, Anlage 5: »Vorschläge für eine Lösung der Judenfrage in Deutschland«, Christof Dipper, Der Widerstand und die Juden, in: J. Schmädeke/P. Steinbach (Anm. 6), S. 608f.

40 Dazu Matthias Schreiber, Friedrich Justus Perels. Ein Weg vom Rechtskampf der Bekennenden Kirche in den politischen Widerstand, München 1989. Perels wurde im Zusammenhang mit dem 20. Juli verhaftet, zum Tode verurteilt und am 23. 4. 1945 mit Dietrich Bonhoeffers Bruder Klaus, Bonhoeffers Schwager Rüdiger Schleicher, Albrecht Haushofer und anderen Widerstandskämpfern in der Nähe des Lehrter Bahnhofs in Berlin durch Genickschuß getötet.

Repräsentanten der Bekennenden Kirche, z.B. in der von Bonhoeffer und Perels angeregten Berliner Arbeitsgemeinschaft, ging. Der Kreis der aktiven kirchlichen »Verschwörer« war vermutlich quantitativ relativ klein. Von Barmen und Dahlem her hatten sie seit 1934 die Eigenständigkeit der Kirche verteidigt und sich seit 1936 darüber hinaus auch im politischen Bereich für Recht und Frieden eingesetzt.

Seit 1940/41 wuchs bei ihnen mehr oder weniger die Erkenntnis, daß sie es nicht mehr bei diesem Teilwiderstand belassen könnten, sondern daß nur noch ein Umsturz des Regimes zur Wiederherstellung von Recht und Freiheit führen würde. Diese Erkenntnis wurde wohl durch Barmen und Dahlem erleichtert, aber keineswegs verursacht. Weniger sogar die wachsende Erfahrung kirchlicher Bedrückung als vielmehr die wachsende Erfahrung der Verbrechen des Regimes, der Massentötung Behinderter (»Euthanasie«) und der Verfolgung, Deportation und Ermordung der Juden hatten sie zum Widerstand motiviert. Weniger ihr Barmer oder Dahlemer theologisches Bekenntnis trug zum aktiven Widerstehen bei als vielmehr ihre politische Klarsicht, ihre ethische Empörung und ihr betroffenes Gewissen. Angesichts dessen wird verständlich, daß aus dem kirchlichen Bereich auch solche Persönlichkeiten zum Widerstand kamen, die durchaus nicht der Bekennenden Kirche angehörten, wie etwa Eugen Gerstenmaier. Das gilt selbstverständlich für den nichtkirchlichen Bereich, z.B. für den Kreisauer Kreis, sowieso.

Auch hier war – oft auf dem Grunde einer tief gelebten Frömmigkeit – die Vernichtung des Humanen die Triebfeder zum Widerstand.

Die Barmer Theologische Erklärung und das Dahlemer Notrecht haben also nicht notwendig zum politischen Widerstand von Christen geführt. Aber sie haben ihn vorbereitet, erleichtert, vielleicht sogar legitimiert. Dieser Widerstand war auch nicht ein politischer Widerstand der Bekennenden Kirche, nicht einmal der Bruderrats-BK. Aber er war auch nicht nur ein Widerstand einsamer einzelner, sondern der politische Widerstand einer bedeutenden Gruppe entschiedener Christen.

HEINZ HÜRTEN

Katholische Kirche und Widerstand

Als die Nationalsozialisten in der Krise der Weimarer Republik durch ihre Wahlerfolge zu einer Gefahr für die politische Ordnung Deutschlands wurden, hatte die katholische Kirche ihre Ablehnung dieser Partei und der sie tragenden Ideologie offen bekundet. Alle Bischöfe hatten in gemeinsamen Hirtenbriefen die Gläubigen vor ihr gewarnt, nicht primär aus kirchenpolitischem Eigeninteresse, sondern wegen der Rassenideologie, die im Parteiprogramm der Nationalsozialisten der christlichen Sittenlehre übergeordnet wurde und wegen des Kults von Gewalt, der Ablehnung des Alten Testaments und der Tendenz zur Nationalkirche[1]. Die fast ausschließlich aus kirchentreuen Katholiken bestehende Zentrumspartei und die ihr nahestehende politische Tagespresse waren in ihrer Polemik nicht zaghaft gewesen[2], und die großen katholischen Verbände haben noch zu den Märzwahlen des Jahres 1933 einen Aufruf veröffentlicht, der in der Schärfe, mit der er die »nationale Regierung« des neuen Kanzlers Hitler ablehnte, kaum zu übertreffen war[3].

Die über den 30. Januar 1933 hinaus dauernde Konfrontation von katholischer Kirche und Nationalsozialismus wurde jedoch schon gegen Ende des Monats März in großem Umfang abgebaut, als nach beruhigenden Erklärungen Hitlers und seiner Regierung der Vorsitzende der Fuldaer Bischofskonferenzen, der Breslauer Erzbischof Bertram, im Namen der deutschen Bischöfe die Ansicht vertrat, unbeschadet der früher ausgesprochenen Verurteilungen der nationalsozialistischen Irrlehren »das Vertrauen hegen zu können, daß die vorbezeichneten Verbote und Warnungen nicht mehr als notwendig betrachtet zu werden brauchen«[4]. Das aufgrund eines Angebots von deutscher Seite in den folgenden Wochen ausgehandelte und am 20. Juli 1933 unterzeichnete Reichskonkordat bot die Möglichkeit zu weiterer Entspannung, weil die Kirche gegen eine weitgehende Garantie ihres nun nicht mehr durch die Verfassung gesicherten rechtlichen und gesellschaftlichen Besitzstandes ihren Klerus ebenso wie die ihrer Jurisdiktion unterstehenden Verbände der Laien aus der Parteipolitik zurückzuziehen versprach[5]. Mit diesen Zugeständnissen stellte sich die Kirche auf die

1 Diese Verlautbarungen sind zusammengestellt in der großen Edition Bernhard Stasiewski/Ludwig Volk (Bearb.), Akten deutscher Bischöfe über die Lage der Kirche 1933–1935, Bde. 1–6, Mainz 1968–1985.

2 Siehe hierzu jetzt Heinz Hürten, Deutsche Katholiken 1918–1945, Paderborn 1992, S. 166–174; hier auch weitere Ausführungen mit Belegen und Literaturhinweisen zum Gegenstand dieses Aufsatzes und seinem historischen Kontext.

3 Siehe B. Stasiewski/L. Volk (Anm. 1), Bd. 1, Nr. 2.

4 Ebenda, Bd. 1, Nr. 14a.

5 Der Text des Reichskonkordats u. a. bei Ludwig Volk, Das Reichskonkordat vom 20. Juli 1933, Mainz 1972, S. 234–244.

sichtbar werdende Realität des Einparteienstaates ein; sie bezog eine Rückzugsposition, die allerdings kaum aufzubrechen war. Denn das Reichskonkordat garantierte ihr in aller Form ein Wirkungsfeld in der Öffentlichkeit, das nicht durch Zugeständnisse an die nationalsozialistische Ideologie erkauft werden mußte. Die bald einsetzenden – und von der Kirche erwarteten – Übergriffe der Nationalsozialisten auf ihre im Reichskonkordat umschriebene Position waren somit offener Vertragsbruch, gegen den sich die Kirche wehren konnte, ohne damit das Feld der Parteipolitik zu betreten, das ihr nach diesem Vertrag vorenthalten war. Darum machte die von Hitler erstrebte Vereinbarung die Kirche ganz gegen seine Intention zu einem Faktor des Politischen und zu einem möglichen Träger von Widerstand.

Die katholische Kirche hatte stets die Lehre vertreten, daß die Menschen volle Freiheit hätten, die Regierungsform ihres Staates nach eigenem Ermessen zu bestimmen, mit der einzigen Bedingung, daß durch die gewählte Staatsform das Gemeinwohl verwirklicht werde[6]. Die Kirche sah sich darum sowenig berufen wie berechtigt, durch ihre amtlichen Organe den Wechsel in der Regierungsform des Deutschen Reiches zu beurteilen, wie sie dies in anderen Ländern zu früheren Zeiten getan hatte. Dadurch wurden allerdings die Gläubigen als Bürger nicht aus ihrer politischen Verantwortung entlassen oder zu geduldiger Hinnahme eines jeden Regimes verpflichtet. Im Jahre 1937 schrieb Papst Pius XI. – zwar mit Blick auf Mexiko, aber ohne jede sachliche Einschränkung –, daß die Bürger eines Staates die Verletzung der natürlichen Menschenrechte nicht widerspruchslos hinnehmen dürften, wenn man ihnen auch nicht vorschreiben könne, in welcher Weise sie reagieren sollten. Jedenfalls seien sie nicht zu tadeln, wenn sie sich zusammentäten, um mit gerechten Mitteln Abhilfe zu schaffen[7]. Die Frage nach dem Widerstand der Kirche gegen den Nationalsozialismus ist also in doppelter Weise zu stellen: als Frage an die amtlichen Organe, die den Gläubigen die Freiheit des Urteils und der Entscheidung als Bürger nicht nehmen dürfen, wie als Frage an eben diese Bürger, die im Rahmen des von der kirchlichen Lehre Gebotenen in eigener Verantwortung handeln sollen.

Für die katholische Kirche als verfaßte Institution dürfte nach ihrem Selbstverständnis gelten, was der evangelische Kirchenhistoriker Klaus Scholder für diese Kirche gesagt hat: »Die Kirche ist auch dort, wo sie politisch gerufen ist, als Kirche gerufen und kennt keine anderen als kirchliche Mittel«[8]. Da sich die Kirche also nicht als Größe des Politischen, sondern als Repräsentantin des Religiösen verstand, ist zunächst die Ebene zu bestimmen, auf der sich der Konflikt zwischen Kirche und Staat entwickelte und die Haltung der Kirche vom nationalsozialistischen Regime als Widerstand aufgefaßt wurde.

Der maßgebliche Unterschied des von Hitler in Deutschland errichteten Regimes zu den autoritären und diktatorialen Systemen lag in dessen totalitärem Charakter. »Der Nationalsozialismus«, so erklärte einmal der Propagandist des Systems, Joseph Goebbels, »ist eine neue, totale Auffassung des menschlichen Lebens, und weil er total ist, deshalb bezieht er alle Bezirke des menschlichen Denkens, Fühlens und

6 Papst Leo XIII., Enzyklika Diuturnum illud vom 29. Juni 1881, Acta Sanctae Sedis, 14 (1881), S. 3–14.
7 Papst Pius XI., Enzyklika Firmissimam constantiam vom 28. März 1937, in: Acta Apostolicae Sedis, 19 (1937), S. 189–199.
8 Klaus Scholder, Die theologische Grundlage des Kirchenkampfes, in: Evangelische Theologie, 44 (1985), S. 523.

Handelns in seinen Wirkungskreis mit ein«[9]. Dieser totale Geltungsanspruch des Nationalsozialismus ließ ihn konsequent jede Gruppe oder Institution in der Gesellschaft als Konkurrenten, darum als Gegner und Widersacher betrachten, die nicht von ihm beherrscht und durchdrungen, »gleichgeschaltet« war.

Eine Kirche, die ihre Identität nicht aufgeben, nicht wie die »Deutschen Christen« das Evangelium mit der Ideologie der Nationalsozialisten verschmelzen wollte, war darum für das nationalsozialistische Regime ein »weltanschaulicher Gegner«, den es zu bekämpfen, in seinem Einfluß auf die Menschen zurückzudrängen galt. Denn »Kirchen und Konfessionen« hatten nach der Auffassung des Reichskirchenministers »nichts mit den praktischen Dingen des Lebens zu tun«. Nicht Religion, sondern Weltanschauung war für ihn Gestaltungsprinzip allen irdischen Handelns. Da das nationalsozialistische Regime nach den Worten des Reichskirchenministers »im deutschen Raum für sich das alleinige Recht der Weltanschauung« beanspruchte, bedeutete es bereits einen unerlaubten Eingriff der Kirche in die Politik, wenn sie im Namen der Religion Forderungen an die Menschen richtete, die ihr praktisches Tun betrafen[10]. Eine Kirche, die sich einem solchen totalen Machtanspruch nicht beugte, auch wenn sie nichts anderes wollte, als ihrem Auftrag treu zu bleiben, wie sie ihn seit jeher verstanden hatte, wurde dadurch schon zum Gegner des Nationalsozialismus, der diesem vollständigen Machtanspruch widerstand.

Die katholische Kirche war freilich in dem durch die totalitäre Struktur des politischen Systems vorgegebenen Konflikt nicht nur passives, leidendes Objekt nationalsozialistischer Übergriffe, sondern auch handelndes Subjekt in der Distanzierung ihrer Lehre von jener des Nationalsozialismus. Diese Auseinandersetzung vollzog sich einmal in der Ablehnung des »Neuheidentums«, der im Gefolge der nationalsozialistischen Ideologie auftretenden und von dieser kaum unterscheidbaren Pseudoreligion angeblich nordischen oder germanischen Ursprungs. Als ihr wichtigster Vertreter, Alfred Rosenberg, im Januar 1934 zum offiziellen Beauftragten für die Reinheit der nationalsozialistischen Ideologie ernannt wurde, setzte die Kirche sein Hauptwerk, den »Mythus des 20. Jahrhunderts«, prompt auf den Index der verbotenen Bücher. Seither war es jedem Katholiken verboten, dieses Buch zu lesen, das die Grundlage für die meisten der zahllosen Schulungskurse abgab, mit denen die nationalsozialistische Partei die Deutschen zu indoktrinieren suchte. Wenn die Partei auch stets behauptete, die »neuheidnischen« Auslassungen ihrer »Führer« seien lediglich deren Privatmeinung, so registrierte sie intern deren Abwehr durch die Kirche als Kritik an ihrer Ideologie. Umgekehrt verdeutlichte die fehlende Grenzziehung zwischen angeblichen Privatmeinungen der Parteiführer und der offiziellen Weltanschauung des Nationalsozialismus die Gefährdung des christlichen Glaubens durch den Nationalsozialismus.

Ein weiterer Punkt, an dem sich schon früh die Auseinandersetzung entwickelte, waren Theorie und Praxis der nationalsozialistischen Rassenlehre. Die einfache Darlegung der gegenteiligen Auffassungen der Kirche macht den Konflikt bereits deutlich: Als das »Gesetz zur Verhütung erbkranken Nachwuchses« vom 14. Juli 1933 die Sterilisierung bestimmter Personengruppen vorschrieb, erklärte die Kirche ihren

9 Zit. nach der Wiedergabe eines Vortrags vor Künstlern in Wien in: Reichspost, Nr. 90 vom 30. März 1938.
10 Siehe H. Hürten (Anm. 2), S. 300f.

Gläubigen, daß es ihnen nicht erlaubt sei, sich sterilisieren zu lassen oder andere dafür vorzuschlagen. Einige Jahre später, 1938, erstellte die Kirche einen »Syllabus« von Lehren, die sie verurteilte, und nahm darin (in lateinischer Übersetzung, aber im übrigen fast wortgleich) die These Adolf Hitlers auf, daß der Abstand zwischen der höchsten und der niedersten Menschenrasse größer sei als der zwischen Mensch und Tier[11]. Bereits im Jahre 1934 hat der Sicherheitsdienst der SS, der immer mehr zur zentralen Instanz für die Herrschaft im Innern wurde, die kirchlichen Darlegungen über die Rassenfrage als »Aufforderung zum Widerstand gegen die nationalsozialistische Staatsführung« bezeichnet, und die Erklärung der Bischöfe über die Sterilisierung nannte der Reichsinnenminister eine »Aufforderung zum Ungehorsam gegen ein Reichsgesetz«[12].

Eine weitere Konfliktzone entstand durch das Reichskonkordat, dessen ständige Verletzung durch die nationalsozialistischen Machthaber dem kirchlichen Vertragspartner zahlreiche Anlässe zu Protesten auf diplomatischem Wege und zu distanzierender Abgrenzung der kirchlichen Position von Ideologie und Praxis der Nationalsozialisten bot.

Der Widerstand der katholischen Kirche gegen die von den Nationalsozialisten betriebene Verdrängung des Christentums durch eine Pseudoreligion eigener Konstruktion, gegen ihre Vergötzung der Rasse und gegen die totalitäre Umgestaltung der deutschen Gesellschaft fand ihren weltweit beachteten Ausdruck in der Enzyklika Papst Pius' XI. »Mit brennender Sorge« vom 14. März 1937. Bereits die gleichzeitige Verlesung dieses geheim verbreiteten Schreibens in allen katholischen Kirchen mit öffentlichem Gottesdienst war ein Akt des Widerstands[13]. Denn hier wurde einer Millionenzahl von Deutschen und darüber hinaus der Weltöffentlichkeit ein Text bekanntgemacht, der vom Regime als »Kampfansage« verstanden und im diplomatischen Verkehr von der Regierung auch so bezeichnet wurde.

Die Enzyklika bündelte die verschiedenen Stränge der bisherigen Auseinandersetzung. Einleitend ging sie auf das Reichskonkordat ein, dessen Abschluß sie trotz schwerer Bedenken mit dem Versuch rechtfertigte, den Katholiken in Deutschland Belastungen zu ersparen, die sonst unvermeidlich gewesen wären. Die Schuld am Scheitern der Bemühungen um eine friedliche Existenz der Kirche in Deutschland war nach den Ausführungen des Papstes ausschließlich der Gegenseite anzulasten, wo »Machenschaften« am Werk gewesen seien, »die von Anfang an kein anderes Ziel kannten als den Vernichtungskampf« und wo »die Vertragsumdeutung, die Vertragsumgehung, die Vertragsaushöhlung, schließlich die mehr oder weniger öffentliche Vertragsverletzung zum ungeschriebenen Gesetz des Handelns« geworden seien. Gleichwohl wollte der Papst die »geringen Aussichten« auf die Rückkehr des Konkordatspartners zur Vertragstreue nicht fallenlassen und deshalb mit unverminderter Energie auf die Erfüllung der Pflichten aus dem Konkordat drängen.

Der eigentliche Zweck der Enzyklika lag jedoch in der Ermahnung und Ermunterung der Gläubigen. Sie wurden in langen und eindringlichen Ausführungen angehal-

11 Siehe Reskript der Studienkommission vom 13. April 1938, in: B. Stasiewski/L. Volk (Anm. 1), Bd. 4, Nr. 473/IIa.

12 H. Hürten (Anm. 2), S. 256.

13 Vgl. Heinz-Albert Raem, Pius XI. und der Nationalsozialismus. Die Enzyklika »Mit brennender Sorge« vom 14. März 1937, Paderborn u. a. 1979; Text der Enzyklika in: Acta Apostolicae Sedis, 29 (1937), S. 168–188.

ten, am wahren Glauben festzuhalten, und vor der synkretistischen »Umdeutung heiliger Worte und Begriffe« in der nationalsozialistischen Ideologie gewarnt. Die Abgrenzung zu den Lehren, »die gewisse Wortführer der Gegenwart aus dem sogenannten Mythos von Blut und Rasse herleiten wollen«, geschah mit rückhaltloser Schärfe. »Wer die Rasse, oder das Volk, oder den Staat, die Träger der Staatsgewalt oder andere Grundwerte menschlicher Gemeinschaftsgestaltung – die innerhalb der irdischen Ordnung einen wesentlichen und ehrengebietenden Platz behaupten – aus dieser ihrer irdischen Wertskala herauslöst, sie zur Norm aller, auch der religiösen Werte macht und sie mit Götzenkult vergöttert, der verkehrt und fälscht die gottgeschaffene und gottbefohlene Ordnung der Dinge.«

Den Abschluß dieses langen Dokuments bilden Worte der Ermutigung und des Trostes an die Jugend, die Priester und Ordensleute und schließlich an die »Getreuen aus dem Laienstande«. Für ihren Einsatz für die Rechte der Kirche galt ihnen allen, vornehmlich den Priestern, der Dank und die Anerkennung des Papstes, »für manche bis in die Kerkerzelle und das Konzentrationslager hinein«.

Diese Enzyklika war weitaus mehr als ein lehramtlicher Akt der obersten Kirchenführung, denn sie beschrieb zugleich die Lage der Priester und Gläubigen, die durch ihre Treue zur Kirche, durch das Beharren auf den ihnen vom Reichskonkordat zugestandenen Rechten mit dem Regime in Konflikt geraten und dessen Repressalien ausgesetzt waren. Mit ihrer an Priester und Laien gerichteten Ermutigung, in ihrer Haltung, die sie politisch in Gefahr gebracht hatte, nicht nachzulassen, bedeutete diese Enzyklika einen Akt der Mobilisierung der Gläubigen gegen das Regime, formell freilich nur gegen seine Kirchenpolitik. Aber es konnte zu diesem Zeitpunkt schon keinem Kundigen mehr unklar sein, daß das Regime seinen Konflikt mit der Kirche nur dann beseitigen konnte, wenn es aufhörte, ein totalitäres Regime zu sein.

In welchem Umfang die Mobilisierung bereits eingetreten war, macht das Verfahren deutlich, das die Verlesung dieser Enzyklika ermöglichte. Die große Zahl derer, die mit der Vervielfältigung und Zustellung der Texte beschäftigt waren, schwieg so zuverlässig, daß die Geheime Staatspolizei zu spät davon erfuhr, um die Bekanntgabe von der Kanzel verhindern zu können. Obwohl jeder ein unkalkulierbares Risiko einging, hat sich kein Geistlicher geweigert, die Enzyklika zu verlesen, hat eine unbekannte Zahl von Personen die Verteilung an die Pfarreien übernommen und haben die Verlage der kirchlichen Verlautbarungen den gefährlichen Text gedruckt. Letztere traf auch die Rache des Regimes. Gegen die Tausende von Priestern vorzugehen, welche die Enzyklika verlesen hatten, konnte das Regime nicht wagen, ohne noch gewichtigere Reaktionen in Kauf zu nehmen; die Verteiler erwischte man nicht. Aber die Drucker wurden enteignet, und keine Fürsprache der Bischöfe, in deren Auftrag sie gehandelt hatten, brachte ihnen ihr Eigentum zurück.

Der vatikanischen Kurie und den deutschen Bischöfen war zu diesem Zeitpunkt bereits klar, daß nicht kirchliche Lehrschreiben und diplomatische Aktivitäten den Schutz der Kirche vor dem nationalsozialistischen Vernichtungswillen bewirken konnten, sondern allein ein »Widerstand ..., der vom Standpunkte der allgemeinen Machtpolitik des Gegners als bedenklich erscheint«[14]. Bei den Beratungen, die dem

---

14 Stellungnahme des Kölner Erzbischofs Schulte für den Kardinalstaatssekretär vom 16. Januar 1937, in: B. Stasiewski/L. Volk (Anm. 1), Bd. 4, Nr. 346.

Erlaß der Enzyklika vorausgegangen waren, hatte der Kölner Erzbischof Kardinal Schulte diesen Gesichtspunkt ebenso vertreten wie wenige Monate später der Bischof von Berlin, Konrad Graf von Preysing[15]. Der Widerstand der katholischen Kirche, soweit dieser von den Bischöfen ausging, ist darum stets im Zusammenhang mit der entsprechenden Mobilisierung der Gläubigen zu sehen, für die freilich auch gilt, daß sie von der Kirche nur auf kirchliche Weise und zu kirchlichen Zwecken bewirkt werden konnte. Weitergreifende politische Zielsetzungen mußten darum ausscheiden, mochte auch das Regime mit seinen publizistischen Organen der Kirche immer wieder vorwerfen, sie greife in das ihr verbotene Gebiet der Politik ein. Die staatsbürgerliche Loyalität der Katholiken ist von den Bischöfen nie in Frage gestellt worden.

Diese Feststellungen können freilich nicht den Schluß rechtfertigen, die katholische Kirche habe durch ihr Verhalten in der nationalsozialistischen Zeit keinerlei politische Wirkungen ausgeübt, den Prozeß der Machteroberung und Machterhaltung willentlich und praktisch unbeeinflußt gelassen. Denn schon mit ihrer Kritik am »Neuheidentum«, ihren Protesten gegen die Verletzungen des Konkordats, ihren Hinweisen auf die bedrückende Lage der Katholiken im Deutschen Reich machte sie, wo immer ihre Stimme gehört wurde, deutlich, daß das politische System Deutschlands den Maßstäben westlicher Staaten nicht entsprach, nicht vertragstreu war und keine Gewalt scheute, um seine Ziele durchzusetzen. Überdies brachte die katholische Kirche ihre Gläubigen in kritische Distanz zum Regime, wenn sie diese aufforderte, an den katholischen Institutionen und Organisationen festzuhalten, in deren Existenz das Regime ein Hindernis bei der Verwirklichung der nationalsozialistischen »Volksgemeinschaft« erblickte. Aber die politische Wirkung der katholischen Kirche ergriff weitaus größere Dimensionen, weil sie nicht nur ihre eigenen Interessen vertrat, sondern darüber hinaus sich mehr und mehr für die sittlichen Grundnormen der deutschen Gesellschaft verantwortlich sah.

Bereits in ihrem gemeinsamen Hirtenbrief vom 3. Juni 1933[16], in dem sie Bedingung und Möglichkeit einer Koexistenz mit der sich damals noch christlich gebärdenden »Nationalen Regierung« Hitlers beschrieb, hatte sie – noch in allgemeinen Ausdrücken – vor Völkerverhetzung, vor Mißbrauch der staatlichen Autorität, vor sittlich nicht zu billigenden Maßnahmen der Rassenpolitik und vor Ungerechtigkeiten im Umgang mit politischen Gegnern gewarnt. Die katholische Kirche hatte damit bereits im Ansatz eine Funktion für das Ganze wahrgenommen. Daß in einem totalitär werdenden Regime für die Kirche eine solche Aufgabe, die jenseits der Wahrung ihrer Interessen und der Verteidigung ihrer gesellschaftlichen Position lag, zunehmendes Gewicht erhalten mußte, dürfte unter den deutschen Bischöfen Clemens August Graf von Galen als einer der ersten erkannt haben. Bei einer Konferenz mit den Dechanten seines Bistums Münster am 19. April 1934 dankte er Priestern und Laien, die sich für die kirchlichen Rechte engagiert und den »Gleichschaltungsbestrebungen« der Nationalsozialisten widersetzt hatten. Er warnte in diesem Zusammenhang ausdrücklich davor, die Linie zu überschreiten, durch die er das Handeln der Kirche begrenzt

15 Siehe Walter Adolph, Geheime Aufzeichnungen aus dem nationalsozialistischen Kirchenkampf 1935–43 (bearb. v. Ulrich von Hehl), Mainz 1979, S. 170f.

16 Hirtenbrief der deutschen Bischöfe vom 3. Juni 1933, in: B. Stasiewski/L. Volk (Anm. 1), Bd. 1, Nr. 45.

sah. Aber diese Linie verlief dort, »wo tatsächlich das Recht verletzt und Wesentliches angegriffen, wo einwandfrei feststeht, daß Wahrheit, Recht oder Freiheit gefährdet werden«. Daß hier nicht allein Recht und Freiheit der Kirche gemeint waren, daß es vielmehr um die gesellschaftliche Ordnung als Ganze ging, hob Galen deutlich hervor: »Wenn aber diese tiefsten Grundlagen des Volkswohls von Gewalthabern angegriffen werden, da wollen wir auf dem Posten sein. Gegenüber dem Liberalismus, der die Freiheit des Individuums und der Menschheit von jeder Bindung verkündete, hat die Kirche stets das in Gott gegründete Recht der Autorität verteidigt. Wenn aber wirkliche oder angemaßte Autorität ihre Macht und ihren Einfluß mißbraucht, um Wahrheit und Gerechtigkeit und die Freiheit der Kirche zu beeinträchtigen, so werden wir mit der Kirche auf Seiten der Freiheit stehen.«[17]

Dies war ein politisches Programm, aber kein Programm zu politischem Umsturz, sondern zur Resistenz, nicht zum Machtwechsel, sondern zum Widerstreben gegen die Übergriffe der Macht. In einem totalitären System, das seiner Macht keine Grenzen zu setzen bereit und fähig war, wuchs es freilich darüber hinaus. Insofern ein solches Programm auf der Unterscheidung und Trennung von staatlicher Macht und gesellschaftlicher Freiheit bestand, war es antitotalitär, nicht allein gegen einzelne Auswüchse gerichtet, sondern gegen das System als solches. Aber dies dürfte damals auch Galen noch nicht erkannt haben.

Für die Kirche entstand durch die Herrschaftspraxis der Nationalsozialisten mit der Zeit das immer drängendere Problem, ob sie sich darauf verlassen könne, daß jeder, der sie zu hören bereit war, ihren sittlichen Normen auch dann folgen würde, wenn diese bei aktuellen Anlässen nicht noch einmal eigens in Erinnerung gerufen würden und die Kirche dem äußeren Anschein nach Ereignisse nicht verurteilte, die moralisch nicht zu billigen waren. Eine derartige Klarstellung der verletzten sittlichen Prinzipien mußte naturgemäß politisch als Disqualifizierung des verantwortlichen Systems wirken. Die Bischöfe sind viele Jahre hindurch der Auffassung des Vorsitzenden ihrer regelmäßigen Fuldaer Konferenzen gefolgt, daß die Kirche Protest und Einspruch auf die Vorgänge begrenzen solle, durch die ihre eigensten Aufgaben, Verkündigung und Seelsorge, beeinträchtigt wurden. Die Bischöfe haben – wahrscheinlich aus solchen Gründen – zur Mordaktion (»Röhm-Putsch«) vom 30. Juni 1934 geschwiegen, während emigrierte Katholiken vom Boden der Schweiz aus energisch forderten, daß die Kirche ihre Stimme erheben müsse, um die sittliche Ordnung vor Verschleierung und Erosion zu bewahren[18].

Aber selbst bei einer solchen Konzentration der kirchlichen Entgegnungen auf Maßnahmen des Regimes wurde der Bereich katholischer Sonderinteressen fast zwangsläufig überschritten, wenn die Kirche einklagte, was nicht Privileg, sondern allgemeines Recht war. Indem sie auf den allgemeinen Menschenrechten bestand, die der Willkür der Machthaber entzogen waren, verteidigte sie einen Bestand an Rechten, die nicht nur ihr, sondern allen zustanden. Die Bischöfe haben es wenigstens einmal gesagt, daß sie ihren Kampf um die Position der Kirche auch in diesem Sinne verstanden: In ihrem üblichen Hirtenschreiben von der Fuldaer Konferenz berichte-

17 Protokoll der Dechantenkonferenz vom 19. April 1934, in: Peter Löffler (Bearb.), Bischof Clemens August Graf von Galen. Akten, Briefe und Predigten 1933–1946, Mainz 1988, Bd. 1, Nr. 43.

18 Vgl. Stefan Kirchmann (i.e. Waldemar Gurian), St. Ambrosius und die deutschen Bischöfe, Luzern 1934.

ten sie im Jahre 1936 von ihrer Entschlossenheit, die ihnen »durch das natürliche und positive Gesetz ... verbürgten Rechte und Freiheit im Interesse des ganzen deutschen Volkes zu wahren und zu schützen«[19]. Den Zusammenhang von kirchlicher und individueller Freiheit hat wiederum Galen früh erkannt und in mitreißenden Predigten herausgestellt. Verkündigung und Verteidigung »nicht nur der geoffenbarten Wahrheit, sondern auch der von Gott gewollten natürlichen Rechte und Freiheiten der Menschen« war für ihn nicht nur legitime Aufgabe der Kirche, sondern auch die Funktion, die den Kampf der Kirche einband in den Kampf »für Gerechtigkeit und Freiheit« gegen den Nationalsozialismus[20].

Galen hat sich allerdings durch das Verhalten seiner von ihm für klüger und erfahrener eingeschätzten Amtsbrüder noch einige Jahre zur Zurückhaltung bewogen gesehen, bis er sich im Mai 1941 fragte, ob die Abwehr der nationalsozialistischen Angriffe auf die Kirche »in der bisherigen, fast ganz passiven Weise noch zu verantworten« sei[21]. Er stand mit solcher Kritik nicht allein. Vor allem der Bischof von Berlin, Konrad Graf von Preysing, hatte schon vor Jahren auf eine energische und publizitätswirksame Gegenwirkung gegen die antikirchlichen Maßnahmen des Regimes gedrängt[22]. Aber es war doch Galen, der dieses Programm mit größter Wirkung realisierte.

Es war nicht rationale Taktik, die ihn zur Forderung brachte, daß die Kirche »freimütig und öffentlich für die Wahrung von Recht und Freiheit einzutreten« habe, sondern »die Liebe zur gesunden Entwicklung unseres Volkslebens« verlangte von den Bischöfen ein solches Vorgehen »als deutsche Männer«[23]. Als Galen unbezweifelbare Informationen über die Ermordung von Geisteskranken besaß und seine Einsprüche gegen die Enteignungen von Klöstern in seiner Diözese wirkungslos verhallten, trat er mit drei Predigten im Juli und August 1941 hervor[24], deren unerschütterliche Bindung an die Kirche verbunden mit ungebrochenem Patriotismus sie zum wirkungsvollsten Protest machte, den das Regime der Nationalsozialisten jemals in der Öffentlichkeit erfahren hat. Die Klage über das der Kirche angetane Unrecht wurde zur Anklage des Herrschaftssystems. »Keiner von uns ist sicher, und mag er sich bewußt sein, der treueste, gewissenhafteste Staatsbürger zu sein, mag er sich völliger Schuldlosigkeit bewußt sein, daß er nicht eines Tages aus seiner Wohnung geholt, seiner Freiheit beraubt, in den Kellern und Konzentrationslagern der Geheimen Staatspolizei eingesperrt wird ... Wir haben es in den letzten Jahren leider immer wieder beobachten müssen, daß mehr oder weniger schwere Strafen, meist Freiheitsstrafen verhängt und vollzogen wurden, ohne daß den Bestraften in einem ordnungsgemäßen Gerichtsverfahren eine Schuld nachgewiesen wäre, und ohne daß ihnen Gelegenheit gegeben wurde, ihr Recht zu verteidigen, ihre Schuldlosigkeit nachzuweisen. Wie viele deutsche Menschen schmachten in Polizeihaft, in Konzentrationslagern, sind aus ihrer Heimat ausgewiesen, die niemals von einem ordentlichen Gericht verurteilt worden sind, oder die nach Freispruch vor Gericht oder nach Verbüßung

19 Hirtenbrief der deutschen Bischöfe vom 19. August 1936, in: B. Stasiewski/L. Volk (Anm. 1), Bd. 3, Nr. 316.
20 Denkschrift Galens vom 31. Juli 1937, in: P. Löffler (Anm. 17), Bd. 1, Nr. 225.
21 Brief Galens an Berning vom 26. Mai 1941, in: B. Stasiewski/L. Volk (Anm. 1), Bd. 5, Nr. 657.
22 Wie Anm. 15.
23 Wie Anm. 21.
24 Die drei Predigten Galens vom 13. Juli, 20. Juli und 3. August 1941, in: P. Löffler (Anm. 17), Bd. 2, Nr. 333, Nr. 336 und Nr. 341.

der vom Gericht verhängten Strafe erneut von der Geheimen Staatspolizei gefangengenommen und in Haft gehalten werden.«[25]

Galen machte seinen Zuhörern klar, daß ein Staat, der solches tat oder zuließ, seine Autorität verlor, aber er ging nicht so weit, Gesetzesgehorsam und staatsbürgerliche Loyalität aufzukündigen. Vielmehr mahnte er weiterhin zur Pflichterfüllung in allem, was der Staat rechtens von seinen Bürgern verlangen durfte. »Wir Christen machen keine Revolution.« Was er hingegen aufkündigte, war die »Gemeinschaft im Fühlen und Denken« mit den Deutschen, die für das von ihm beklagte Unrecht verantwortlich waren. Die nationalsozialistische »Volksgemeinschaft« war unmöglich; der Parole »ein Volk, ein Reich, ein Führer« wurde eine Absage erteilt. In Tat und Gesinnung kein Nationalsozialist zu sein, aber dennoch loyaler Staatsbürger zu bleiben, war die Forderung, die Galens Zuhörer – und die noch viel größere Zahl derer, die seine durch Abschriften und alliierte Flugblätter tausendfach verbreiteten Predigten lasen – seinen Worten entnehmen mußten. Ihnen konnte Galen keine Aussichten auf eine rasche Wende eröffnen, sondern sie nur ermutigen, auszuharren: »Hart werden! Fest bleiben! Wir sind in diesem Augenblick nicht Hammer, sondern Amboß... Der Amboß kann nicht und braucht auch nicht zurückzuschlagen, er muß nur fest, nur hart sein. Wenn er hinreichend zäh, fest, hart ist, dann hält meistens der Amboß länger als der Hammer.«[26]

Das Beispiel Galens hat einige seiner Amtsbrüder mitgerissen, und im Namen aller deutschen Bischöfe erging am 22. März 1942 ein Hirtenwort, das sich die von Galen beschriebene Position der Kirche zu eigen machte: »Wir legen größten Wert darauf, nicht nur für die religiösen und kirchlichen Rechte an zuständiger Stelle einzutreten, sondern auch für die allgemein menschlichen gottverliehenen Rechte der Menschen.« Darum wurden hier allgemeine Menschenrechte eingeklagt, das Recht auf Freiheit, auf Leben, auf Eigentum und Ehre, und dies in einer Weise, die Verharmlosungen ausschloß. »Wir verlangen gerichtliche Nachprüfung aller Strafmaßnahmen und Freilassung aller Volksgenossen, die ohne Nachweis einer mit Freiheitsberaubung bedrohten Straftat ihrer Freiheit beraubt sind.« Zu solcher Sprache fühlten die Bischöfe sich berechtigt, weil sie nicht allein für die Kirche eintraten, sondern »auch um des Gemeinwohls willen und als Verteidiger der Grundlagen der von Gott gewollten Sozialordnung«[27].

Solange die reale Lage in Deutschland dieser Gesellschaftsordnung nicht entsprach, war deren Verkündigung zugleich eine politische Forderung. Das Regime hätte sich grundlegend ändern müssen, um den von der Kirche vertretenen Normen gerecht zu werden, und den Widerspruch zwischen der Realität und der sittlichen Forderung öffentlich festzustellen, war die große Leistung dieses Hirtenbriefes. Sein Effekt wäre möglicherweise größer gewesen, wenn er tatsächlich überall gleichzeitig verlesen worden wäre. Hier hat Uneinigkeit über die taktische Situation einige Verwirrung gestiftet und dem Text die volle Wirkung genommen[28].

Aber damit war die einmal erreichte Positionsbestimmung der Bischöfe als Verteidiger der Menschenrechte und der sittlichen Ordnung nicht aufgegeben. Das gemein-

---

25 Voranstehendes Zitat aus der Predigt vom 13. Juli 1941, ebenda.
26 Die voranstehenden Zitate aus der Predigt vom 20. Juli 1941, ebenda.
27 Hirtenbrief der deutschen Bischöfe vom 22. März 1942, in: B. Stasiewski/L. Volk (Anm. 1), Bd. 5, Nr. 751.
28 Zur Problematik der Verlesung siehe ebenda, Bd. 5, S. 700 und S. 705.

same Hirtenwort über den Dekalog als »das Lebensgesetz der Völker« vom 19. August 1943 interpretierte die göttlichen Gebote in kritischer Zuspitzung auf die gegebene Situation, so etwa bei der Darlegung des fünften Gebots »Du sollst nicht töten«: Jede Tötung wird hier als »in sich schlecht« bezeichnet, »auch wenn sie angeblich im Interesse des Gemeinwohls verübt würde: An schuld- und wehrlosen Geistesschwachen und -kranken, an unheilbar Siechen und tödlich Verletzten, an erblich Belasteten und lebensuntüchtigen Neugeborenen, an unschuldigen Geiseln und entwaffneten Kriegs- oder Strafgefangenen, an Menschen fremder Rassen und Abstammung... Das Gemeinwohl darf nur mit sittlich erlaubten Mitteln angestrebt und verwirklicht werden.«[29]

Wenn es gilt, daß die Kirche Widerstand nur in ihrer Qualität als Kirche, mit kirchlichen Mitteln und auf kirchliche Weise leisten konnte, dann war mit Verlautbarungen solcher Art, die Sein und Sollen unübersehbar kontrastierten, die Grenze der kirchlichen Möglichkeiten erreicht. Es bleibt dann lediglich die Frage, ob die Kirche diese Möglichkeiten öfter und nachhaltiger noch hätte nutzen sollen.

Die Kirche bestand freilich nicht allein aus ihren Leitungsorganen, sondern auch aus einer Millionenzahl von Gläubigen, die von ihrem Wort erreicht wurden. Wenn sie dem Nationalsozialismus nicht völlig verfallen und dadurch schon in kritische Distanz zu ihrer Kirche geraten waren, mußte in ihnen mindestens Skepsis gegenüber einem politischen System entstehen, das ihrer Kirche in unheilbarem Konflikt gegenüberstand. Mehr oder weniger verweigerten sie sich innerlich dem Regime und entzogen sich in ihrer Lebensführung dem totalitären Gleichschaltungsanspruch. Einige – eine Zahl, die niemals zu ermitteln sein wird – leisteten aktiven Widerstand in den vielfältigen Formen, die er in Deutschland annahm: Hilfe für Verfolgte und Gefangene, Vervielfältigung und Weitergabe unerlaubten oder unerwünschten Schrifttums von den Sonetten Reinhold Schneiders bis zu den Predigten Galens, Produktion und Verteilung von Flugblättern, öffentliche Demonstrationen ihrer Treue zu Kirche und Klöstern[30]. Andere scheuten auch nicht den Vorwurf des Hochverrats, nahmen an den Beratungen des Kreisauer Kreises teil, wie verschiedene Jesuiten, deren intensive Verbindungen zu Helmuth James Graf von Moltke erst neuerdings in vollem Umfang bekannt geworden sind[31], oder wie die Führungsgruppe der Katholischen Arbeiterbewegung Westdeutschlands, die im Zusammenhang mit dem gescheiterten Putschversuch vom 20. Juli 1944 ihr Leben verlor, oder wie Willi Graf, der zur Weißen Rose stieß.

Viele von den Männern und Frauen des aktiven Widerstands gegen Hitler haben sich bei diesem Tun als Christen, als Katholiken verstanden. Wenn sie in ihrem persönlichen Entschluß aus politischer Verantwortung weiter gingen, als die Kirche ihnen befahl, sahen sie dies nicht als Konflikt mit ihr, sondern als Konsequenz ihres kirchlichen Glaubens. Alfred Delp, der Freund Moltkes, schrieb in der Haft, er habe alles, was man ihm vorwerfe, »als katholischer Christ und als Jesuit« getan[32], und sein Orden nahm ihn während dieser Zeit unwiderruflich als Mitglied an. So hat auch die Kirche sich von keinem ihrer Priester oder Laien distanziert, der wegen aktiven Widerstands verurteilt und hingerichtet wurde, und sie hat niemals den aktiven Wider-

---

29 Hirtenbrief der deutschen Bischöfe vom 19. August 1943, in: ebenda, Bd. 6, Nr. 872/II.

30 Eine Reihe von Beispielen bei H. Hürten (Anm. 2), passim.

31 Vgl. Roman Bleistein (Hrsg.), Dossier: Kreisauer Kreis, Frankfurt am Main 1987.

32 Alfred Delp, Im Angesicht des Todes, Frankfurt am Main 1947, S. 180.

stand gegen Hitler in einer ihrer Verlautbarungen verurteilt. Mochten die Bischöfe auch Staatsstreich und Attentat ablehnen, wie wir von einigen wissen, so haben andere keine Bedenken getragen, Verbindung mit dem Kreisauer Kreis oder dem Widerstandskreis der Katholischen Arbeiterbewegung zu halten. Bischof Preysing von Berlin hat den Attentäter Stauffenberg empfangen und mit Moltke regelmäßig Gespräche geführt[33].

Weil sich der Widerstand der katholischen Kirche auf zwei Ebenen vollzog, auf der Ebene der kirchenleitenden Bischöfe und auf der Ebene der politisch selbstverantwortlichen Gläubigen, läßt er sich nicht in einer glatten Formel zusammenfassen. Von den Bischöfen läßt sich feststellen, daß sie durch die Wahrung der Rechte ihrer Kirche wie der Rechte aller Menschen, durch Verkündigung der sittlichen Grundordnung das der Kirche Gemäße getan und durch die Konfrontation der Herrschaftspraxis des Regimes mit den unverbrüchlichen ethischen Normen den Menschen eine Hilfe gegeben haben zum »Leben in der Wahrheit«, das nach den Worten und dem Beispiel Vaclav Havels den entscheidenden Widerpart zu den »von Lüge und Heuchelei durchsetzten« totalitären Regimen abgibt[34].

Bereits im Jahre 1938 stand in der Pariser Emigrantenzeitschrift »Kulturkampf« über diesen Widerstand der Kirche, was durch alle spätere Forschung nicht in Frage gestellt worden ist. Der unbekannte Autor sah die politische Bedeutung der kirchlichen Haltung darin, daß sie zum Ausdruck des christlichen Gewissens werde. Dieses sei notwendigerweise ein öffentliches Gewissen: »da es bekennt, da es manifestiert, wird es politisch«. Das Entscheidende des christlichen Widerstands gegen den Nationalsozialismus lag für den Verfasser darin, »daß er der dämonischen Verantwortungslosigkeit einer Kastendiktatur ein öffentliches Gewissen entgegenstellt und die Forderungen der Menschenwürde und der Verantwortung hochhält«[35].

Für den Widerstand des einzelnen Gläubigen mag gelten, daß er je auf seine Weise die Haltung seiner Kirche in der Praxis des Alltags umzusetzen suchte und in der unlöslichen Verbindung des *idem civis et christianus* (Christ und Bürger sind ein und derselbe) in seiner politischen Verantwortung Wege ging, die ihm vorzuschreiben die Kirche keine Kompetenz besaß, ihm aber als Konkretion ihrer Lehre in seiner Situation gelten konnten. Nach den Worten von Hans Rothfels, einem der ersten Historiker des deutschen Widerstands, empfing der Widerstand von der Kirche das, was sein Handeln »mit einem härteren Kern und einer schärferen Schneide« versah[36].

33 Vgl. Beate Ruhm von Oppen (Hrsg.), Helmuth James von Moltke, Briefe an Freya 1939–1945, München 1988, passim.

34 Vaclav Havel, Versuch in der Wahrheit zu leben, Reinbek bei Hamburg 1989, S. 18.

35 Kulturkampf, Nr. 64 vom 9. August 1937.

36 Hans Rothfels, Die deutsche Opposition gegen Hitler, Frankfurt am Main 1962, S. 48.

SS auf dem Parteitag der NSDAP, Nürnberg 1936.

Appell im Konzentrationslager Sachsenhausen bei Berlin.

Wachablösung am Ehrenmal, Unter den Linden, Berlin.

Frauen nach der Selektion in einem Vernichtungslager.

Wilhelm Leuschner.

Liselotte Herrmann.

Max Westphal.

Toni Pfülf.

Julius Leber.

Jakob Kaiser.

Wilhelm Leuschner (dritter von links) und Carlo Mierendorff (links) als Häftlinge im Konzentrationslager Lichtenburg, 1934.

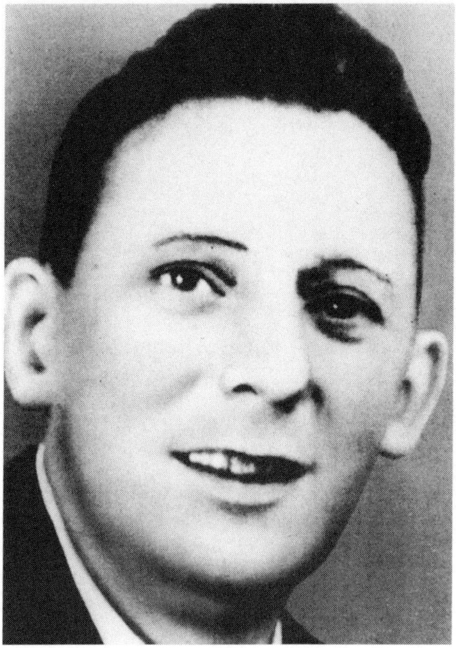

Anton Saefkow.

Theodor Neubauer.

Die ABC-Kolonne. Von links: Robert Abshagen, Unbekannter, Hein Bretschneider, Hans Christoffers, Hamburg, Winter 1941.

Arvid und Mildred Harnack, Saalfeld 1931.

Hans und Hilde Coppi.

Harro und Libertas Schulze-Boysen.

Johanna (Hanna) Solf.

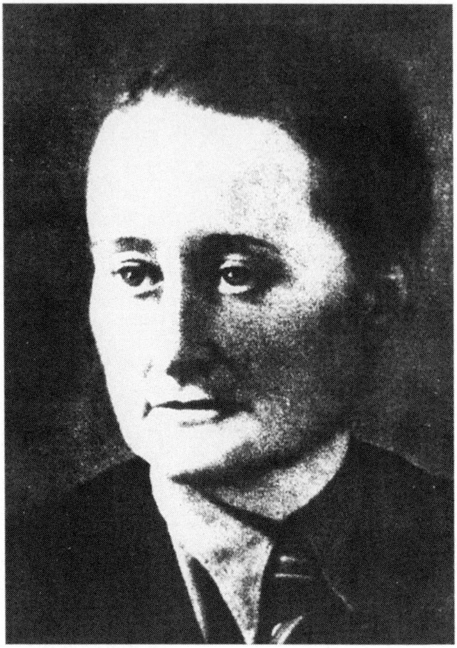

Elisabeth von Thadden.

Otto Carl Kiep mit seinen Kindern Albrecht, Hanna, Hildegard in Berlin, 1942/43.

Johann Adlhoch.

Heinrich Körner.

Josef Wirmer.

Andreas Hermes.

Eugen Bolz.

Heinrich Imbusch.

Cuno Raabe.

Robert Lehr.

Friedrich Muckermann.

Dietrich Bonhoeffer (2. v. r.) im Gefängnis, Berlin-Tegel, 1944.

Paul Schneider mit seiner Familie.

Bischof Clemens August Graf von Galen in der Großen Prozession in Münster, Sommer 1937.

Erich Klausener auf dem Berliner Katholikentag in Hoppegarten, 24. Juni 1934.

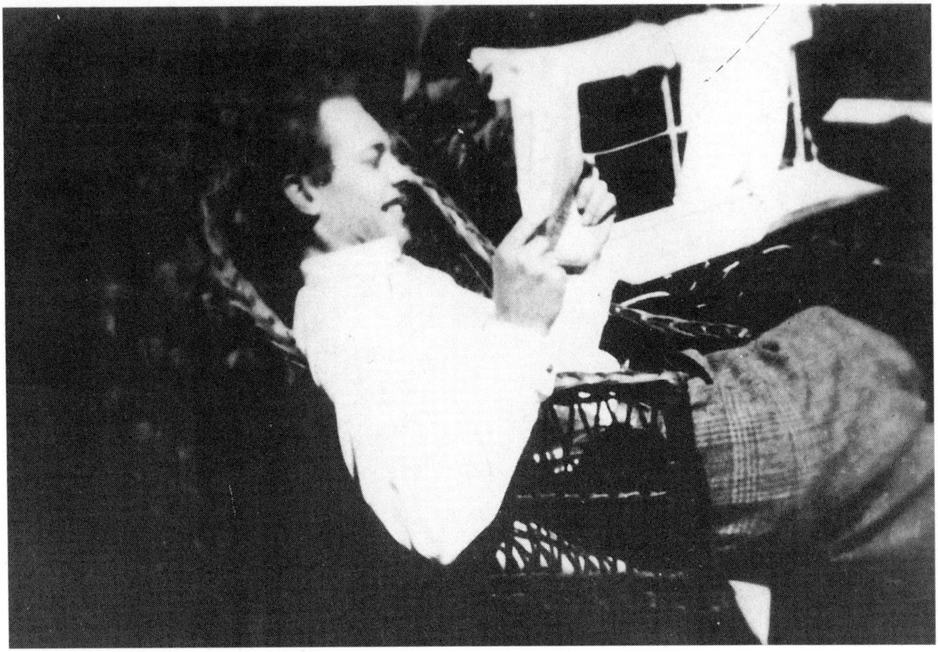

Peter Graf Yorck von Wartenburg in Zolchow, 1934.

Adam von Trott zu Solz 1. Reihe, 2. von rechts auf der Konferenz des Institute for Pacific Relations, Virginia, USA, 1939/40.

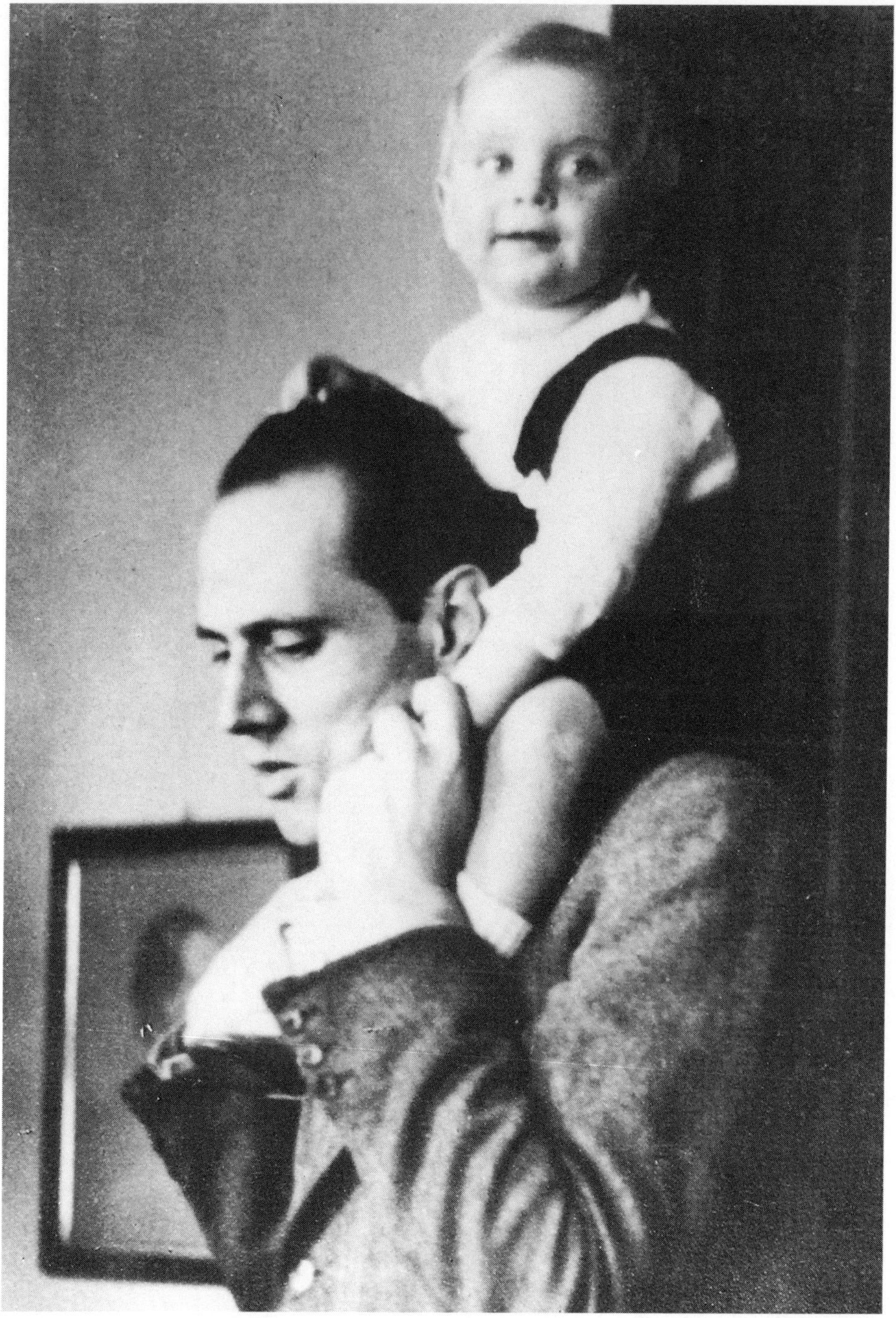

Helmuth James Graf von Moltke mit seinem Sohn Caspar.

Alfred Delp.

Lothar König.

Carlo Mierendorff.

Theodor Haubach.

Emigrantengruppe beim Sprachunterricht, Kopenhagen 1939.

Internierte Emigranten im französischen Lager Gurs im Département Basses Pyrénées, Frühjahr 1939.

Waldemar Gurian.

Richard Löwenthal.

Walter Löwenheim.

Johanna Kirchner.

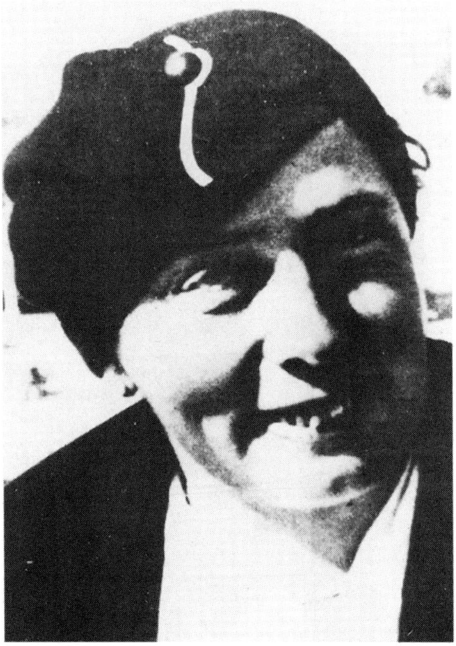

BRIGITTE OLESCHINSKI

Religiöse Gemeinschaften im Widerstand

Als sich in der Nachkriegszeit in den beiden deutschen (Teil-)Staaten die Auseinandersetzung um den Begriff des Widerstands zu entfalten begann, war sie vom Begriff der Verfolgung noch kaum zu trennen. Wurde um Motive, Aussichten und Verdienste des Widerstands gegen die nationalsozialistische Diktatur auch bald erbittert gestritten, so schienen doch wenigstens die Opfer festzustehen, die ihre Opposition gegen das NS-Regime mit dem Verlust von Gesundheit und Leben bezahlt hatten. Sie bildeten den ersten Bezugspunkt, an dem die Debatten sich zu orientieren versuchten. Dabei erzeugte vor allem das Ausmaß der deutschen Verbrechen im besetzten Europa und in den planmäßig angelegten Vernichtungslagern in Gedenkreden und politischen Willenserklärungen ein spezifisches Pathos der Erschütterung, das sich in allgemeiner Form auch auf die Zehntausende von Gequälten und Ermordeten in den inländischen Konzentrationslagern und Haftanstalten des Dritten Reiches beziehen ließ. Im Einzelfall – etwa in der Frage der Rehabilitierung und Entschädigung für überlebende Opfer oder ihre Angehörigen, aber auch im Hinblick auf die politische »Genealogie« bestimmter Opfergruppen – zeigte sich jedoch in beiden Nachkriegsgesellschaften rasch, daß die nachgewiesene Verfolgung unter dem Nationalsozialismus in der Regel nur dann wirklich zählte, wenn sie mit den west- oder ostdeutschen Widerstandsdefinitionen übereinstimmte[1]. So konnte es nicht nur geschehen, daß bedeutende Gruppen von Verfolgten gleichsam spiegelbildlich entweder in der SBZ/DDR oder der westlichen Bundesrepublik nicht anerkannt wurden, wie es zum Beispiel in der wechselseitigen Ausblendung von konservativem und kommunistischem Widerstand der Fall war. Darüber hinaus gab es auch Gruppen, deren bedrückendes Verfolgungsschicksal – aus ganz unterschiedlichen Gründen – auf beiden Seiten der deutsch-deutschen Grenze so wenig Beachtung fand, daß die Betroffenen nicht einmal gegen neue Anwürfe gefeit waren.

Zu diesen »vergessenen Opfern« zählen nicht zuletzt die Menschen, die im Dritten Reich als Angehörige von religiösen Gemeinschaften – sogenannten »Sekten« – verfolgt und drangsaliert wurden. Obwohl ein Teil von ihnen dem nationalsozialistischen System eine offensive, weltanschaulich begründete Verweigerung entgegensetzte, deren Radikalität in den beiden großen christlichen Kirchen keine Entsprechung hatte, müssen gerade diese Menschen bis in die jüngste Zeit um eine angemessene Würdi-

---

1 Vgl. Deutscher Bundestag, Referat Öffentlichkeitsarbeit (Hrsg.), Wiedergutmachung und Entschädigung für nationalsozialistisches Unrecht. Öffentliche Anhörung des Innenausschusses des Deutschen Bundestages, Bonn 1987.

gung ihrer Leiden und Verdienste im Rahmen der doch so weitgefächerten Historiographie zum Widerstand kämpfen.

Dafür gibt es Ursachen, die nicht nur ein bezeichnendes Licht auf die wechselnden Konjunkturen in der Geschichte der Widerstandsforschung werfen, sondern auch die damit verbundenen ethischen Fragestellungen um Verstrickung und Gegenwehr, Schuld und Ohnmacht im nationalsozialistischen Herrschaftssystem auf eine vielfach schon als überwunden geltende Weise aktualisieren. Denn so überaus fruchtbar die sozial- und strukturgeschichtliche Perspektive der siebziger und achtziger Jahre mit ihrer methodisch ausdifferenzierten Einbeziehung von Alltags- und Milieubedingungen für die (west-)deutsche Widerstandsforschung gewesen ist[2], so wenig hat sie letztlich jene Grundfrage zu entschärfen vermocht, die schon früher am Beispiel des idealtypisch interpretierten Widerstands der Kirchen, der Parteien, des Militärs usw. nicht befriedigend zu lösen war: Sollen die Meriten des Widerstands vornehmlich an den Wünschen, Absichten und Zielen gemessen werden, die seinerzeit die Beteiligten damit verbanden – oder heute, »aus der Geschichte lernend«, die Überlebenden und Nachgeborenen? Oder ging und geht es uns eher um die Effizienz von Widerstand, um das Ausmaß also, in dem er tatsächlich zur Bekämpfung, Schwächung und Verunsicherung der NS-Herrschaft beitrug, d.h. nach Zeit und Ort verschiedene Ziele verfolgte, unterschiedliche Kompromisse und Bündnisse einging und überhaupt eher in seinem sozialen Kontext als in den Absichten der Beteiligten zu fassen ist[3]?

Darauf eine angemessene Antwort zu finden, fällt gerade im Hinblick auf das Schicksal der religiösen Gemeinschaften im Dritten Reich nicht leicht. Außerhalb der beiden großen Kirchen angesiedelt, die ihre je eigenen Schwierigkeiten mit einer klaren Positionsbestimmung gegenüber dem Nationalsozialismus hatten, sahen sich die Freikirchen und Glaubensgemeinschaften unterschiedlichster Richtungen, die in den vielfältigen Teilkulturen der Weimarer Republik einen deutlichen Wachstumsschub erlebt hatten, seit 1933 einem massiven staatlichen Druck ausgesetzt[4]. Bis 1939 wurden über dreißig solcher pauschal als »Sekten« bezeichneten Gruppen durch polizeiliche oder ministerielle Verfügungen aufgelöst und verboten[5]. Wie in anderen Bereichen des nationalsozialistischen Systems ergab sich daraus ein abgestuftes Wechselspiel zwischen Verfolgungsintensität und Gegenwehr, von dem längst nicht alle Glaubensgemeinschaften in gleicher Weise betroffen waren.

Gleichsam die Eckpunkte dieser fließenden Skala sollen im folgenden an zwei sehr unterschiedlichen religiösen Gemeinschaften aufgezeigt werden. Dabei handelt es sich zum einen um die Zeugen Jehovas[6], die sich bis 1931 offiziell Ernste Bibelfor-

---

2 Vgl. Peter Steinbach (Hrsg.), Widerstand. Ein Problem zwischen Theorie und Geschichte, Köln 1987.

3 Vgl. Jürgen Schmädeke/Peter Steinbach (Hrsg.), Der Widerstand gegen den Nationalsozialismus. Die deutsche Gesellschaft und der Widerstand gegen Hitler, München 1985.

4 Bibliographische Hinweise auf die insgesamt dürftige Literatur zur Lage der Freikirchen und Religionsgemeinschaften im Dritten Reich finden sich bei Detlef Garbe, Zwischen Widerstand und Martyrium. Die Zeugen Jehovas im »Dritten Reich«, München 1993, S. 10 und S. 111, Anm. 116.

5 Siehe Bundesarchiv Koblenz (BAK), R 58/405, fol. 81–83.

6 Eine umfassende Darstellung über die Gratwanderung »zwischen Widerstand und Martyrium« der Zeugen Jehovas, der ich hier im wesentlichen folge, hat kürzlich D. Garbe vorgelegt (Anm. 4). Dort ist auch die bis zum Frühsommer 1993 erschienene einschlägige Literatur erschöpfend bibliographiert.

scher nannten, und zum anderen um die Quäker, die sich in der von ihnen so bezeichneten Religiösen Gesellschaft der Freunde zusammengeschlossen haben[7].

Obwohl diese beiden Glaubensgemeinschaften von gänzlich verschiedenen religiösen Prämissen ausgingen und sich auch in der Zahl ihrer Anhänger in Deutschland stark unterschieden, bieten sie auf den ersten Blick Ähnlichkeiten, die es genauer voneinander abzugrenzen gilt. Sowohl die zu Beginn des 17. Jahrhunderts entstandenen Quäker-Vereinigungen wie die im letzten Drittel des 19. Jahrhunderts auftretenden Zeugen Jehovas haben ihren Ursprung in anglo-amerikanischen freikirchlichen Bewegungen, die als späte Abkömmlinge der christlichen Glaubenskriege in Europa gelten können, und verfügten über internationale Sekretariate bzw. Zentralen, zu denen die deutschen Glaubensgemeinschaften auch während der NS-Zeit enge Kontakte unterhielten. Darüber hinaus war ihnen gemeinsam, daß sie – damals wie heute – aus ihren jeweiligen Glaubensinhalten hohe Anforderungen an das alltägliche Verhalten der einzelnen Mitglieder ableiteten, die im Konfliktfall oft nur um den Preis einer existenziellen Verleugnung an die Maßstäbe der sie umgebenden Gesellschaft angepaßt werden konnten.

Eben darin kollidierten die Interessen der meist völlig unpolitischen Glaubensgemeinschaften mit dem weltanschaulichen Totalitätsanspruch des Dritten Reiches. So war es für die Zeugen Jehovas eine religiöse Pflicht, ihre strenge und darin als »buchstabengetreu« verstandene Auslegung der biblischen Apokalypse, auf der ihre Endzeiterwartung beruhte, in persönlichen Bekehrungsversuchen anderen nahezubringen, wenngleich ihr einziges Mittel dazu die Überzeugung durch Wort und Schrift war. Von diesem beharrlichen Missionierungswerk abweichen zu müssen, bedeutete für sie eine unmittelbare Behinderung in der Ausübung ihres Glaubens. Darüber hinaus verweigerten sie in der Regel staatliche Eide, die Teilnahme an Wahlen und die Ableistung von Wehrdienst sowie bestimmte medizinische Eingriffe, weil sie darin einen Gegensatz zu ihrer Auslegung der Bibel erkannten. Die als »Versammlungen« bezeichneten national bzw. regional gegliederten Glaubensgruppen wurden nach dem »theokratischen Prinzip« durch die amerikanische Zentrale angeleitet. Für die Quäker stand hingegen der unmittelbare, ohne religiöse Dogmen oder autorisierte Schriftauslegung reglementierte Zugang jedes einzelnen Menschen zu Gott im Mittelpunkt ihrer in »stillen Andachten« und tätiger Nächstenliebe ausgeübten religiösen Überzeugung. Ihre karitative Hilfe war an keine religiösen Vorleistungen der Bedachten gebunden. Da die Gruppen der Quäker – ebenfalls »Versammlungen« genannt – auf dem Konsensprinzip aufgebaut sind und keine hierarchische Struktur

7 Eine wissenschaftlichen Bedürfnissen genügende Studie zum Verhalten der Quäker im Dritten Reich fehlt bisher. Als Geschichtsschreibung in eigener Sache versteht sich die 1972 in Wien erschienene Monographie über Werden und Wesen des Quäkertums und seine Entwicklung in Deutschland von Heinrich Otto, die sich auf den Seiten 297–373 mit der NS-Zeit beschäftigt. Ebenfalls den Innenansichten zuzurechnen sind der 1982 in Washington edierte Bericht des 1940/1941 als Kontaktmann des Internationalen Sekretariats der Quäker in Berlin tätigen Leonard S. Kenworthy, An American Quaker inside Nazi Germany. Another Dimension of the Holocaust, sowie Anna-Sabine Halle, Die Gedanken sind frei. Eine Jugendgruppe der Berliner Quäker 1935–1941, Berlin 1982. Weitergehende Versuche, die internationalen Bemühungen der Quäker um in Deutschland von den Nationalsozialisten Verfolgte darzustellen, unternehmen darüber hinaus die Arbeiten von Lawrence Darton, An Account of the Work of the Friends Committee for Refugees and Aliens, First Known as the Germany Emergency Committee of the Society of Friends, o. O. [London] 1954, und Michael Seadle, Quakerism in Germany. The Pacifist Response to Hitler, Diss., Chicago 1977.

akzeptieren, galten gemeinsame Stellungnahmen stets in der Begrenzung auf die tatsächlich Beteiligten. In politischen Fragen blieb jedes Mitglied für seine eigenen Entscheidungen verantwortlich.

Sprechen scheinbare Ähnlichkeiten wie die Ablehnung jeden staatlichen Zwangs, der familienähnliche Zusammenhalt der Glaubensgruppen oder die jeweiligen internationalen Verbindungen für eine gleichartige Behandlung der Bibelforscher und der Quäker durch das NS-Regime, so konnte allerdings davon keine Rede sein. Tatsächlich warf die unterschiedliche Verfolgungsintensität für die beiden Gemeinschaften Fragen auf, die sich bislang nicht hinreichend beantworten lassen. So bildeten die Zeugen Jehovas zweifellos die von den Nationalsozialisten am härtesten verfolgte Gruppe von religiös-weltanschaulichen Gegnern[8]. Jüngsten Erkenntnissen zufolge lag die Zahl der Inhaftierungen von Bibelforschern, die oft mit schweren Mißhandlungen und zermürbenden Schikanen verbunden waren, bei etwa 10 000, darunter rund 2 000 Einweisungen in ein Konzentrationslager. Etwa 1 200 Zeugen Jehovas verloren dabei ihr Leben, »von denen ungefähr 250 – überwiegend aufgrund einer wehrmachtgerichtlichen Verurteilung wegen Kriegsdienstverweigerung – hingerichtet wurden«[9].

Dem stehen keine vergleichbaren Verfolgungszahlen für die Quäker gegenüber. In Deutschland lebten nur wenige hundert Quäker[10]; zwischen 1933 und 1945 »19 were imprisoned by the Nazis, 10 more lost their jobs, five more suffered other forms of persecution, and 13 more were rigorously examined by the Gestapo«[11]. Was hier jedoch besonders aufgeführt zu werden verdient, ist eine andere Art »Bilanz«: In den Jahren von 1933 bis 1941 halfen die international vernetzten Quäker Tausenden von Verfolgten aus Deutschland heraus, darunter vielen Menschen jüdischer Herkunft. Obwohl es bisher nicht gelungen ist, die Gesamtzahl solcher Flucht- und Auswanderungshilfen zu rekonstruieren, steht der bedeutende Beitrag vor allem der amerikanischen und britischen Quäker, ohne den auch die vergleichbaren Bemühungen der katholischen und evangelischen Hilfsbüros in Berlin[12] nicht denkbar gewesen wären, außer Zweifel. Die beiden konfessionellen Berliner Hilfsstellen, die in der evangelischen Kirche kaum einen und in der katholischen Kirche nur einen begrenzten Rückhalt hatten, nahmen sich vor allem der »christlichen Nichtarier« an und arbeiteten seit dem Novemberpogrom 1938 eng mit dem Internationalen Sekretariat der Quäker in Berlin zusammen.

Zeigte sich also am Schicksal der Bibelforscher im Dritten Reich die drakonische Verfolgung einer zwar unpolitischen, aber beharrlich öffentlich wie einzeln bezeugten religiösen Gesinnung, so gehörten die im nationalsozialistischen Deutschland wirkenden amerikanischen und englischen Quäker und einige ihrer deutschen Freunde trotz

---

8 Dies gilt außerhalb der Zahl von jüdischen Opfern. Da jedoch der nationalsozialistische Völkermord an den europäischen Juden nicht auf einem »religiösweltanschaulichen Dissens« beruhte, sondern in einem rassenideologischen Programm wurzelte, erscheint ein darauf bezogener Vergleich der Opferzahlen nicht sinnvoll.

9 D. Garbe (Anm. 4), S. 488; Garbes Zahlen korrigieren bisherige Schätzungen, die teils höher und teils niedriger lagen.

10 L. Kenworthy (Anm. 7), S. 57, spricht für die Zeit um 1940/1941 von etwa 275 Mitgliedern und nennt sie selbst »in a nation of over 60,000,000 . . . a very small group«.

11 Ebenda, S. 64; die Angaben stammen offenbar von der deutschen Jahresversammlung.

12 Vgl. Hartmut Ludwig, Zur Geschichte des Büros Pfarrers Grüber, in: Beiträge zur Berliner Kirchengeschichte, Berlin-Ost 1987, sowie Brigitte Oleschinski, »Daß das Menschen waren, nicht Steine . . .«. Hilfsnetze katholischer Frauen für verfolgte Juden im Dritten Reich, in: Zeitgeschichte, 9/10 (1990), S. 395–416.

ihrer geringen Zahl bis in die Kriegszeit hinein zu den effektivsten Helfern für Verfolgte, die verzweifelt einen Weg außer Landes suchten.

Die Zeugen Jehovas gerieten gleich zu Beginn des Dritten Reiches ins Fadenkreuz nationalsozialistischer Verfolgungsmaßnahmen, war doch ihre öffentliche Missionierungsarbeit schon in der Weimarer Republik als staats- und kirchenfeindlich diffamiert und gleichermaßen mit einer angeblichen »jüdischen Weltverschwörung« wie der »bolschewistischen Weltrevolution« in Zusammenhang gebracht worden. In mehreren deutschen Ländern wurde die Internationale Bibelforscher-Vereinigung, die ihren deutschen Hauptsitz in Magdeburg hatte, bereits im April und Mai 1933 durch polizeiliche Verfügungen verboten. Das fand im übrigen den Beifall der beiden großen Kirchen, die schon früher staatlichen Beistand gegen das öffentliche Auftreten der Bibelforscher gefordert hatten. Die Verbote, die juristisch umstritten blieben und erst im April 1935 durch ein reichsweit wirkendes Verbot abgelöst wurden[13], betrafen zu diesem Zeitpunkt eine Gesamtzahl von etwa 25 000 bis 30 000 Zeugen Jehovas.

Während die deutschen Repräsentanten der Bibelforscher sich zunächst um Verhandlungen mit den zuständigen Regierungsstellen bemühten und insbesondere auch über die amerikanische Zentrale internationalen Druck auf die deutsche Führung auszuüben versuchten, gerieten bereits 1933/1934 Hunderte von Zeugen Jehovas durch die nationalsozialistische Okkupation des alltäglichen gesellschaftlichen Lebens in schwere Bedrängnis. Obwohl sie die öffentliche Verkündigung ihres Glaubens vorübergehend eingeschränkt hatten, fielen sie vielerorts durch die beharrliche Verweigerung des Hitlergrußes[14] und der Beflaggung oder durch die Ablehnung von Wahlen und Volksabstimmungen auf. Zwar sahen sie darin keinerlei politische Demonstration, sondern ausschließlich ein Zeugnis ihres Glaubens, doch nahmen ihre Verfolger darauf keine Rücksicht. In vielen Fällen waren brutale Schikanen durch örtliche SA-Trupps oder die einstweilige Einweisung in ein Konzentrationslager der bittere Preis für die Prinzipientreue. Ebenso wurde daraus von Disziplinarinstanzen und Gerichten eine Verletzung von Beamtenpflichten gefolgert, und die rasche Entlassung von Postbeamten, Justizbediensteten oder Reichsbahnern nach dem »Berufsbeamtengesetz« für rechtens erklärt. Allein die Weigerung, sich über die »Großtaten« des nationalsozialistischen Staats aus der Zeitung zu informieren, kostete beispielsweise im November 1936 einen als Bibelforscher »entlarvten« Polizeibeamten nach dem Willen des Preußischen Oberverwaltungsgerichts das Dienstverhältnis – der im übrigen als vollkommen redlich geltende Mann hatte angegeben, ihm genüge die tägliche Lektüre der Bibel[15]. In Sachsen wurde gar einer im öffentlichen Dienst angestellten Hebamme gekündigt, weil das Gericht befürchtete, sie könne in einem gedachten künftigen Konflikt zwischen religiösen und staatlichen Anforderungen »grundsätzlich nicht davor zurückschrecken, sich gegen das Volk und seine Führung zu entscheiden«[16].

---

13 Siehe D. Garbe (Anm. 4), S. 127f.

14 Da die Zeugen Jehovas das Wort »Heil« nur im biblischen Zusammenhang gebrauchen durften, war seine Verknüpfung mit dem Namen Hitlers für sie nicht zulässig. In ähnlicher Weise sahen sie sich außerstande, einen Beamten- oder Fahneneid auf die Person Hitlers abzulegen.

15 D. Garbe (Anm. 4), S. 166.

16 Ebenda, S. 167; die besondere Lage von Zeuginnen Jehovas hat jüngst Christl Wickert anhand von Düsseldorfer Gestapoakten in ihrem Beitrag »Frauen im Hintergrund. Das Beispiel von Kommunistinnen und Bibelforscherinnen« unter dem Aspekt des Frauenwiderstands untersucht, in: Helga Grebing/Christl Wickert (Hrsg.), Das ›andere Deutschland‹ im Widerstand gegen den Nationalsozialismus, Essen 1994.

Als deutlich wurde, daß die nationalsozialistischen Verfolgungsinstanzen Mittel und Wege fanden, jede noch so zurückhaltende Form der religiösen Betätigung von Zeugen Jehovas – und seien es Bibellesungen im engsten Familienkreis – als »staatsfeindlich« zu brandmarken, verlor der von den in Deutschland lebenden Zeugen Jehovas praktizierte Verzicht auf das öffentliche Zeugnis seinen Sinn. Nach einer internationalen Zusammenkunft in der Schweiz im Oktober 1934 entschlossen sich deshalb – in Absprache mit der amerikanischen Führung der Zeugen Jehovas – auch die deutschen Bibelforscher, ihre verbotene Missionierungsarbeit wieder aufzunehmen. Erneut wurden die religiösen Schriften der Bibelforscher in großer Zahl aus dem Ausland nach Deutschland geschmuggelt und dort vervielfältigt und verteilt. Obwohl die illegalen Bibelforscher-Gruppen zunehmend konspirative Vorkehrungen trafen, um sich gegen die ständige Beobachtung durch die Gestapo und die hohe Zahl der Verhaftungen bzw. Konzentrationslagereinweisungen abzusichern[17], blieb das »offene« Glaubenszeugnis eines ihrer wichtigsten Ziele. Dafür nahmen sie, oft unter schweren Gewissenskonflikten, auch schlimme Mißhandlungen und die unvermeidliche Gefährdung anderer in Kauf[18].

Nach einer systematischen Verhaftungswelle im Frühherbst 1936, die rund 1000 Bibelforscher in Haft brachte, verteilten die weiterhin konspirativ geführten Gruppen am 12. Dezember 1936 in einer minutiös geplanten Aktion etliche zehntausend Flugblätter im gesamten Reichsgebiet. Beruhend auf der sogenannten Luzerner Resolution, die bei einem internationalen Treffen im Herbst 1936 in Luzern ausgearbeitet und aus dem Ausland bereits an Hitler und andere geschickt worden war, prophezeiten die Zeugen Jehovas darin dem NS-Staat die »Vernichtung« durch das göttliche Gericht und machten auf die fortgesetzte Verfolgung ihrer Anhänger durch Gestapo und Gerichte aufmerksam[19]. Trotz zahlreicher weiterer Verhaftungen gelang im Juni 1937 noch eine ähnliche Flugblattaktion, deren Text unter anderem einige Gestapo-Beamte in Dortmund, Gelsenkirchen und Bochum namhaft machte, die besonders grausame Mißhandlungen begangen hatten[20].

Davon unterschied sich die Lage der Quäker in Deutschland beträchtlich. Zwar wurden auch sie im Frühjahr 1933 durch die ersten Verhaftungswellen und Gleichschaltungsmaßnahmen in große Unruhe versetzt, doch mußten sie selbst sich davon nur in geringem Maße bedroht fühlen. Ihre Sorge galt in erster Linie dem Schicksal anderer. Allerdings zogen ihre pazifistischen Grundsätze und die vielfältigen internationalen Verbindungen bekannter Quäker unweigerlich die Aufmerksamkeit der Gestapo auf sich. So wurde ein in Deutschland für die Quäker tätiger Vertreter der englischen Jahresversammlung, der ausländischen Freunden unter anderem über die nationalsozialistischen »Boykottaktionen« gegen Juden berichtet hatte, im April 1933 verhaftet und erst nach zwei Tagen wieder freigelassen. Auch der bekannte evangelische Theologe Emil Fuchs, der sich seit längerem den Quäkern verbunden fühlte, war nach seiner Entlassung von der Pädagogischen Akademie in Kiel in Untersuchungshaft genommen und zu einer kurzen Gefängnisstrafe verurteilt worden, weil er – in

17 Die Vielzahl von polizeilichen und gerichtlichen Verfolgungsmaßnahmen gegen die Zeugen Jehovas wird bei D. Garbe (Anm. 4) ausführlich dokumentiert.
18 Hier ist besonders zu erwähnen, daß Bibelforscherfamilien Gefahr liefen, das Sorgerecht für ihre Kinder zu verlieren. Siehe ebenda, S. 179 ff.
19 BAK, ZSg. 2, Mappe 215.
20 Siehe dazu Hauptstaatsarchiv Düsseldorf, RW 58, 4502.

einem privaten Gespräch – den NS-Staat »verunglimpft« haben sollte. Nach solchen Vorkommnissen begannen Mitarbeiter der deutschen Jahresversammlung, die ihren Sitz in einem neuerrichteten Gebäude in Bad Pyrmont hatte, im Herbst 1933 damit, private Hilfen für die Flucht und die Auswanderung von bedrohten Menschen aus Deutschland zu organisieren. So gründeten sie unter anderem in Holland eine Schule, in die die Kinder jüdischer Emigranten geschickt werden konnten. In Berlin entstand in Zusammenarbeit mit dem von amerikanischen und englischen Quäkern gemeinsam betriebenen Internationalen Sekretariat ein sogenanntes Hilfswerk der örtlichen Quäkergruppe, das zunächst nur einzelne aus rassischen oder politischen Gründen Verfolgte zu betreuen vermochte, mit Hilfe der ausländischen Freunde seine Arbeit in den späten dreißiger Jahren jedoch stetig erweiterte.

Gemäß dem traditionellen weltweiten Engagement von Quäkern für die allgemeine Reform des Gefängniswesens gab es darüber hinaus gezielte Versuche, Einfluß auf die Verhältnisse in den Konzentrationslagern zu nehmen. Im September 1934 wandte sich das englische Quäkerbüro aus London an den preußischen Ministerpräsidenten Göring und andere Regierungsmitglieder und forderte die Auflösung der Lager sowie die Erlaubnis zu Besuchen bei den Gefangenen[21]. Obwohl Himmler solche Besuche entschieden ablehnte, gelang es später einzelnen Delegierten, unter anderem die Lager Dachau und Esterwegen zu besuchen; im Konzentrationslager Esterwegen traf Corder Catchpool beispielsweise mit Carl von Ossietzky zusammen, um dessen Freilassung sich die Quäker verzweifelt bemühten[22]. Über persönliche Kontakte zum Auslandspressechef der NSDAP Hanfstaengl erreichte die englische Quäkerin Elisabeth Fox Howard im September 1934 die Freilassung und Ausreise des deutschen Sozialdemokraten Ernst Reuter und setzte sich ein Jahr später auf demselben Wege vergeblich für Carlo Mierendorff ein[23].

Von besonderer Bedeutung war jedoch die Hilfe der internationalen Quäker-Vereinigungen für alle Bemühungen, bedrohten Juden und anderen politisch Verfolgten die Ausreise in sichere Aufnahmeländer zu ermöglichen. Für diese Gruppen setzte sich unter dem NS-Regime keine der beiden großen Kirchen ein. Doch gerade die kirchenoffizielle Untätigkeit forderte in beiden Konfessionen einzelne Geistliche und Gemeindemitglieder dazu heraus, kirchliche Einrichtungen zum Schutz und zur Unterstützung der Bedrohten zu mobilisieren, die auch mit den jüdischen Organisationen zusammenzuarbeiten versuchten. Dabei konzentrierten sich die Hilfsleistungen in den ersten Jahren des Dritten Reiches auf Wohlfahrtsunterstützung und Auswanderungshilfe. Zwischen 1933 und 1939 verließen rund 250 000 Juden Deutschland. Für viele von ihnen mußten ausländische Hilfskomitees in den Aufnahmeländern Visa besorgen, Unterbringungsgarantien übernehmen und Devisen beschaffen. Hier erwiesen sich die Quäkerbüros als unschätzbare Hilfe. Noch bis zum Juni 1941 arbeitete im Internationalen Sekretariat in Berlin ein amerikanischer Vertreter der in England und den USA bestehenden Hilfskomitees, der von den jüdischen und christlichen Hilfsstellen einzelne »Fälle« übernahm, die ohne seine Unterstützung nach den komplizierten und laufend verschärften Ausreisevorschriften der deutschen Behörden kaum noch Aussicht auf Erfolg gehabt hätten. Danach blieb den wenigen Quä-

---

21 Dokumente hierzu im Geheimen Preußischen Staatsarchiv Berlin, Rep. 90 P, 104, Orig. Bl. 69f.
22 Vgl. Gerhard Fischer, Quäkerhilfe für Ossietzky, in: Die Weltbühne vom 13. Dezember 1988.
23 Siehe dazu Institut für Zeitgeschichte München, ED. 106, Bd. 32 (Howard).

kern in Berlin und im Südwesten Deutschlands nur noch die individuelle Hilfe für einzelne Verfolgte, zu der sich einige von ihnen unter großem persönlichem Risiko bereitfanden.

Die Schwierigkeiten und Gefahren solcher konkreten Hilfen, von denen sich bis heute kaum ein quantitatives Bild hat gewinnen lassen, können hier nicht annähernd beschrieben werden. Die Bereitschaft dazu war jedenfalls nicht auf die Angehörigen bestimmter religiöser Gruppen beschränkt, hatte jedoch Schwerpunkte in diesem durch viele Querverbindungen miteinander verflochtenen Milieu der christlichen Hilfsbüros[24]. Denn verfolgte einzelne – »untergetauchte« Juden zum Beispiel, entflohene Konzentrationslagerhäftlinge, ausländische Zwangsarbeiter, halbverhungerte Kriegsgefangene, illegal lebende Wehrdienstverweigerer oder Deserteure und viele mehr – waren auf besonders vielfältige Hilfen angewiesen. Sie brauchten Unterschlupf und Kleidung, Essen und Lebensmittelkarten, ortskundiges Geleit von Versteck zu Versteck oder, über scharf bewachte Grenzen hinweg, falsche Papiere, rechtzeitige Warnungen vor bevorstehenden Razzien oder der drohenden Deportation. Wer hier helfen wollte, konnte es nur selten allein tun. Nötig waren flexible Netze und Verbindungen, die unauffällig in den Alltag eingebettet blieben. Dabei waren die Gefahren für Helferinnen und Helfer kaum geringer als für die Verfolgten selbst. Jedes unbedachte Vertrauen, jede spontane Äußerung konnte auch die Unterstützer in die Hände der Gestapo liefern. Andererseits zahlte sich hier die Strategie der alltäglichen Kompromisse und der begrenzten Kooperation mit dem Regime aus, die auch die Quäker-Vereinigung im Dritten Reich verfolgt hatte, um ihre Arbeit so lange wie möglich legal fortsetzen zu können: Wirksame Hilfe für einzelne konnte in den letzten Kriegsjahren oftmals nur noch von denjenigen kommen, die bis dahin nicht selbst in das Visier der Verfolgungsbehörden geraten waren.

Das konnte für die Bibelforscher kaum gelten. Weder gehörte systematische Hilfe für Menschen außerhalb ihrer Glaubensgruppe zu den Anliegen der Zeugen Jehovas, noch erlaubte ihnen der unerbittliche staatliche Druck, der auf den meisten lastete, mehr als das Augenmerk auf das Überleben der Glaubensgeschwister. Bot ihre Lage im Dritten Reich schon bis 1939 ein bedrückendes Bild, so verschärfte sich die Situation mit Beginn des Zweiten Weltkriegs noch einmal dramatisch. Nun sahen sich viele Zeugen Jehovas, die bis dahin bereits die Rekrutierung nach dem 1935 erlassenen »Wehrgesetz« verweigert hatten, mit der Einberufung zum Kriegsdienst konfrontiert. Hatte ihnen die Verweigerung bis dahin Haft und Konzentrationslager unter kaum erträglichen Bedingungen eingetragen – wobei manche sich, der aberwitzigen Logik militärischer Begriffe folgend, zunächst als »wehrunwürdig« vor einer Einberufung zum »Ehrendienst« in der kämpfenden Wehrmacht geschützt glaubten –, drohte ihnen nunmehr nach der mit Kriegsbeginn in Kraft gesetzten Kriegssonderstrafrechtsverordnung die Todesstrafe.

Sowohl die Kriegsdienstverweigerung wie jene Fälle von »Wehrkraftzersetzung«, die Zeugen Jehovas angelastet wurden, lagen in der Zuständigkeit des Reichskriegs-

24 Siehe Barbara Schieb-Samizadeh, Die kleinen Schritte der Forschung. Über die Schwierigkeiten, die Geschichte der Helfer während der NS-Zeit versteckter Juden zu recherchieren, in: Zeitgeschichte, 11/12 (1990), S. 419–431.

25 Erst 1944 wurde die alleinige Zuständigkeit des Reichskriegsgerichts für diese Fälle aufgehoben. Vgl. Norbert Haase, Das Reichskriegsgericht und der Widerstand gegen die nationalsozialistische Herrschaft, Berlin 1993; der Band dokumentiert auch einige Einzelschicksale von Zeugen Jehovas.

gerichts[25]. Dort wurden mehr als 250 Bibelforscher wegen Kriegsdienstverweigerung zum Tode verurteilt. Daß sie ausschließlich religiöse Gründe für ihre Verweigerung geltend machten, wozu etliche von ihnen auch den Weg der Wehrdienstentziehung, der Eidesverweigerung und ähnliches mehr wählten, half ihnen in den Augen ihrer Richter nicht. Nur wenn sie angesichts der drohenden Urteilsvollstreckung zu einem Widerruf bereit waren, konnten sie mit einer milderen Verurteilung rechnen, die ihnen dann, da die Verbüßung bis Kriegsende ausgesetzt wurde, den unmittelbaren Kriegseinsatz nicht ersparte. Hinzu kam in solchen Fällen oft der Ausschluß aus ihrer Glaubensgemeinschaft, nach deren strengen Regeln sie »nicht standhaft« geblieben waren. Die Angst davor verstärkte die Gewissensqualen ins Unerträgliche, wie briefliche Zeugnisse beweisen, erlaubte doch das autoritative, nach einem einfachen »Gut-und-Böse-Schema« eingeteilte religiöse Weltbild kaum eigene Entscheidungen. Vermochten die betreffenden Bibelforscher jedoch allen Angeboten zum Widerruf zu widerstehen, konnten sie auf die selbstlose Hilfe der Glaubensgeschwister rechnen. So versteckte beispielsweise die den Zeugen Jehovas angehörende Zeitungsausträgerin Emmy Zehden in Berlin ihren Pflegesohn und zwei seiner Freunde, die sich der drohenden Einberufung rechtzeitig entzogen hatten, in einem Laubengelände. Wegen »landesverräterischer Feindbegünstigung und Wehrdienstentziehung« wurde sie daraufhin vom Volksgerichtshof zum Tode verurteilt und am 9. Juni 1944 im Hinrichtungsgefängnis Berlin-Plötzensee ermordet. Ein ähnliches Schicksal teilten im Krieg, neben den genannten etwa 250 Kriegsdienstverweigerern aus den Reihen der Zeugen Jehovas, nach Schätzungen etwa 50 weitere Angehörige der Glaubensgemeinschaft[26]. Die von den Nationalsozialisten so brutal auf die Probe gestellte religiöse Gesinnungstreue der Bibelforscher erlebte hier ein letztes Martyrium.

Soll also diesem christlichen Begriff im Rahmen der Bewertung des Widerstands tatsächlich eine Bedeutung zukommen, so kann er redlicherweise dem Leben und Sterben der Zeugen Jehovas im Dritten Reich nicht verweigert werden, ebensowenig, wie der Begriff des christlichen Zeugnisses sich zurückweisen läßt für die Gratwanderung jener Quäker, die mit ihren Hilfsbemühungen Tausenden von Menschen ein Überleben außerhalb Deutschlands ermöglichten.

---

26 Siehe D. Garbe (Anm. 4), S. 342f.

IV. Widerstand aus politischen Grundüberzeugungen

Bis heute ist die Frage ungeklärt, welche politischen Traditionen das Scheitern der Weimarer Republik und den Erfolg des Nationalsozialismus begünstigt haben. Die Bereitschaft, die Weimarer Verfassungsordnung als Grundlage deutscher Politik zu akzeptieren und zu verteidigen, war vor 1933 nur schwach ausgeprägt: »Herzensrepublikaner« waren selten, und die »Vernunftrepublikaner« waren kaum bereit, sich mit ihrer ganzen Kraft für einen Staat einzusetzen, in dem sie nach dem Untergang der Monarchie nur das kleinere Übel sahen. Diese Distanz gegenüber der ersten deutschen Demokratie prägte aber nicht nur die Jahre zwischen der Novemberrevolution und dem Ende der Weimarer Republik, sondern auch die geistige Ausgangslage in Deutschland unmittelbar nach der nationalsozialistischen »Machtergreifung«, deren Wucht viele Deutsche ebenso lähmte wie der Terror, den Anhänger der NSDAP auf den Straßen praktizierten.

Vor allem in Kreisen des Liberalismus und des Konservatismus war die Neigung verbreitet, zunächst einmal die unmittelbaren politischen Folgen und nicht zuletzt auch die ersten Ergebnisse der Regierungsübertragung an Hitler abzuwarten. Hinzu kam die Erwartung, Hitler werde entweder scheitern oder sei auf die Unterstützung der rechten politischen Mitte angewiesen, die die Kraft habe, die nationalsozialistische Bewegung einzurahmen, gar zu zähmen, und Hitler an die Wand zu drücken »bis er quiekt«, wie Hitlers Vizekanzler Franz von Papen selbstbewußt verkündete. Diese abwartende Haltung veränderte sich allerdings bald in dem Sog einer von Hitler und Goebbels inszenierten Begeisterungsstimmung und unter dem Eindruck, sich im Rahmen einer »nationalen Konzentration« der Kräfte einer »nationalen Erneuerung Deutschlands« nicht versagen zu können. So gerieten die Vertreter politischer Kräfte, die zunächst in distanzierter Haltung glaubten verharren zu können, in politische Positionen hinein, die eine Verhaltensweise begünstigten, die auf die breite und nicht selten auch demonstrative Unterstützung innen- und außenpolitischer Forderungen Hitlers zielte. In den folgenden Jahren mußten deshalb nach einer belastenden Phase der Anpassung an die Zeitstimmungen kritische Positionen gegenüber dem NS-Staat entwickelt werden, ohne daß die Möglichkeit bestand, aktiv einen Umsturz aus dem Mittelpunkt der Macht herbeizuführen. Denn im nationalsozialistischen Führerstaat, der die Einheit von Partei und Staat verkörpern sollte, konnten Anhänger der großen Weimarer Parteien – bis auf ganz wenige Ausnahmen, die vor allem Deutschnationale betrafen – keine einflußreichen Positionen einnehmen.

Nicht selten mußten deshalb die Regimegegner, die in den Traditionen des liberalen und konservativen Denkens standen, ihre aus der Distanz zum Weimarer Staat resultierende partielle – allerdings oftmals auch vergleichsweise weitgehende – Übereinstim-

mung mit den Zielen nationalsozialistischer Außen- und Gesellschaftspolitik überwinden. Eines ihrer wichtigsten Ziele hatte sich nach 1919 stets auf die Revision des Versailler Vertrages gerichtet, den vor allem die Anhänger der liberalen und konservativen Parteien ablehnten wegen der Festschreibung der deutschen Kriegsschuld und der Verpflichtung Deutschlands zur Zahlung von unvorstellbar langfristigen und hohen Reparationen, aber auch wegen der erzwungenen Gebietsabtretungen, Rüstungsbegrenzungen und Verteidigungsbeschränkungen.

Die nach 1933 entwickelten politischen Grundüberzeugungen der Opposition ließen sich deshalb kaum auf Versuche gründen, die Weimarer Verfassungsordnung wiederherzustellen – trotz ihrer unbestreitbaren Vorzüge, die sie auch nach heutigem Urteil bot: Sie formulierte in ihrem neuen Grundrechtsteil einen klaren Katalog individueller Entfaltungsrechte, markierte die Grenzen und benannte die Ziele des Staates, sie bekannte sich zu den Grundlagen des parlamentarischen Rechtsstaates, des Sozialstaates und auch des politischen Pluralismus. Ihr Nachteil lag in dem Verzicht auf die konsequente Sicherung des Repräsentativsystems und der Durchsetzung einer unteilbaren politischen Verantwortung des Parlaments, aber auch in der augenfälligen Zurückhaltung, die neue Demokratie streitbar gegen Verfassungsfeinde zu verteidigen. Das Scheitern der Weimarer Republik wurde so zunächst weniger den Mitbürgern angelastet, die ihren Staat den Nationalsozialisten überlassen hatten, als vielmehr dem Weimarer System selbst – zu ihm sollte deshalb auch aus dem Widerstand kein Weg zurückführen. Im Gegenteil: Weil die Nationalsozialisten die plebiszitären Herrschaftstechniken beherrschten und ihren Rückhalt in der Bevölkerung als Ausdruck einer wahrhaft demokratischen Gesinnung betonten, verstärkten sich sogar noch Vorbehalte gegenüber demokratisch-plebiszitären Ordnungsvorstellungen.

Dies bedeutete aber, daß die Grundlagen einer neuen politischen Ordnung, die nach dem Scheitern des NS-Staates errichtet werden sollte, in der Auseinandersetzung mit dem Staat Hitlers und seiner Politik entwickelt werden mußte. Die Verfolgung der oppositionellen Kräfte, die sich dem totalen politischen und weltanschaulichen Führungsanspruch des NS-Staates nicht beugen wollten, verstärkte zunächst vor allem ihre Absicht, im Untergrund zu überleben und sich »für die Zeit nach Hitler aufzuheben«. So bildeten sich vielfältigste Kreise Gleichgesinnter, die verschiedene Ziele im Auge hatten. Einige wollten den Verfolgten helfen, andere hingegen bewußt an die verfemten Traditionen deutscher Kultur anknüpfen, wieder andere versuchten, sich Klarheit in politischen Grundfragen zu verschaffen. Dabei wurde immer deutlicher, daß Hitlers außenpolitische Erfolge keinem die Berechtigung gaben, die Übergriffe des Staates auf Andersdenkende im Innern zu akzeptieren.

Kennzeichen des Widerstands, der bis 1938 die außenpolitischen Ziele nationalsozialistischer Politik geteilt hatte, war der Versuch, die aus den seit 1937 nicht mehr bezweifelbaren Kriegsvorbereitungen resultierenden Gefahren für den Bestand des deutschen Nationalstaats abzuwehren. Hingegen fielen vielfach die Reaktionen auf die Verfolgung politisch Andersdenkender, die Vertreibung von Regimegegnern in das Ausland oder gar auf die bereits seit den ersten Tagen nationalsozialistischer Herrschaft spürbare, und sich seit den Nürnberger Rassengesetzen von 1935 steigernde Entrechtung der Juden und ihre Verdrängung aus dem Wirtschaftsleben nach dem Novemberpogrom des Jahres 1938 vergleichsweise verhalten aus. Diese Zurückhaltung in einer ganz fundamentalen Form des politischen Umgangs verdunkelt bis heute das Bild des konservativ motivierten deutschen Widerstands.

Es wäre aber unangemessen, wenn man behauptete, die nationalsozialistischen Übergriffe seien kaum auf den Widerspruch der Anhänger von politischen Prinzipien gestoßen, die durch die nationalsozialistische »Machtergreifung« vom politischen und öffentlichen Leben ausgeschlossen worden waren. Vielfach ist überliefert, daß sich Regimegegner nicht von der Propaganda der NS-Führung beeindrucken ließen, sich gegen die Grundlagen der NS-Weltanschauung wandten und sich vor allem auch das Gespür für die Gefahren bewahrten, die von der nationalsozialistischen Politik für Deutschland ausgingen. Sie deuteten die politischen Erscheinungen aus dem Blickwinkel einer in ihren Grundlagen festen Weltsicht und eines Weltverständnisses, welches die überkommenen Traditionen bewahrt hatte. Viele suchten dabei Rückhalt bei gleichgesinnten, zuverlässigen alten oder auch neuen Freunden.

Diese Entscheidungen waren sehr häufig das Ergebnis eines vielfältigen Prozesses, zu einer gemeinsamen Oppositionshaltung zu finden. Dessen Dynamik können wir bisher noch nicht in allen Fällen überschauen. Besonders gut ist die Geschichte des Kreisauer Kreises dokumentiert, in dem sich Anhänger verschiedener Richtungen fanden. Seine Voraussetzungen und Möglichkeiten werden von Hans Mommsen *analysiert. Wesentlich unsicherer sind wir im Hinblick auf die Aktivitäten liberaler Regimegegner. Hier hat erst* Horst R. Sassin *mit einer aus den Quellen geschöpften Untersuchung größere Klarheit schaffen können. Er faßt hier wichtige Ergebnisse seiner Untersuchungen zusammen. Hingegen waren die Leistungen des konservativen Widerstands bereits früh von der Forschung erarbeitet worden; allerdings stand diese Gruppe von Regimegegnern in besonderer Weise im Kreuzfeuer späterer öffentlicher Kritik, weil man ihr immer wieder eine partielle Übereinstimmung mit nationalsozialistischen Zielen anlastete.* Ekkehard Klausa *bietet hier eine neue Zusammenschau, die kritische Einwände aufnimmt, aber die eigenständige Leistung konservativer Regimegegner, die vielfach mit der militärischen Opposition verzahnt waren, hervorhebt.*

Sicher ist, daß die Entscheidung gegen den Nationalsozialismus durch konkrete Erfahrungen der eigenen Verfolgung und Entrechtung erleichtert wurden. Dies wird besonders deutlich in der Untersuchung des Widerstands aus den Traditionen des politischen Katholizismus. Deutlich wird dabei jedoch zugleich, daß die eigenen Verfolgungserfahrungen niemals allein als die entscheidende Voraussetzung für den Weg in den Widerstand gedeutet werden dürfen. Vielfach wurde die Regimegegnerschaft nämlich durch andere moralische Instanzen geprägt und gerechtfertigt. Dies macht Winfried Becker *in seinem Beitrag deutlich, wenn er an die Bedeutung päpstlicher Stellungnahmen oder bischöflicher Hirtenworte für die Motivation des katholischen Widerstands erinnert.*

Die meisten Regimegegner, die dann den Widerstand im Kreis um Stauffenberg, Beck, Goerdeler oder Moltke mittrugen, kamen aus den Traditionen politischer Parteien und entschieden sich aus prinzipieller Ablehnung der nationalsozialistischen Weltanschauung oder aus einer neu gewachsenen Verantwortung für die deutsche Gesellschaft und ihre Nation zum Kampf gegen den Nationalsozialismus – von innen und von außen. Dabei spielte sicherlich die Bereitschaft eine entscheidende Rolle, überhaupt ein kritisches Bewußtsein für die Folgen der Entrechtung anderer entwikkelt zu haben und aus den beobachteten Übergriffen und Einschränkungen politischer Selbstbestimmung und individueller Selbstentfaltung persönliche moralische und politische Konsequenzen ziehen zu können.

Unbestreitbar ist, daß sich in allen politischen Lagern und Gruppierungen Menschen fanden, die aus den überlieferten Traditionen die Kraft zum Widerspruch entwikkelten und den Nationalsozialismus als Angriff auf ihre Wertvorstellungen, aber auch auf gewachsene Formen der Gesittung und des politisch-mitmenschlichen Verhaltens empfanden. Im Unterschied zu den Regimegegnern, die aus der Arbeiterbewegung kamen und von den Nationalsozialisten stets besonders vehement als »Marxisten« diffamiert und bekämpft worden waren, wurden die Anhänger der »bürgerlichen Parteien« – der »Deutschen Staatspartei« als Nachfolgerin der Deutschen Demokratischen Partei, des Zentrums als der Partei des politischen Katholizismus, des »Christlichen Volksdienstes« als dem Versuch einer evangelischen Konfessionspartei, der Deutschnationalen Volkspartei und der Deutschen Volkspartei – zunächst von den Nationalsozialisten umworben. Diese politische Taktik war insofern erfolgreich, als die Abgeordneten dieser Parteien dem »Ermächtigungsgesetz« und der befristeten Entmachtung des Parlaments zustimmten und sich in den folgenden Monaten selbst – wenngleich unter starkem Druck des NS-Terrors – als politische Bewegung auflösten.

Allerdings ist diese Tendenz zur Gleichschaltung nicht allein durch den Zwang zu erklären, den die NS-Führung ausübte. Viele Deutsche waren bis weit in die Reihen von KPD und SPD hinein von den Erfolgen fasziniert, die Hitler insbesondere bei der Revision des Versailler »Diktats« erringen konnte. Auch die nationalsozialistische Volksgemeinschaftsideologie entfaltete einen kräftigen Sog und verstärkte die Neigung vieler zur Selbstgleichschaltung. Ansätze eines politisch motivierten Widerstands aus den Traditionen der von den Nationalsozialisten unterdrückten Bewegungen konnten sich so nur allmählich entfalten, verharrten zunächst in den vertrauten Kreisen, die aus gewachsener politischer Freundschaft resultierten. In der fortwährenden Auseinandersetzung mit der nationalsozialistischen Diktatur bildeten sich dann Ansatzpunkte eines Nachdenkens über die Grundzüge einer neuen, nachnationalsozialistischen Ordnung; es verstärkte sich zugleich der Wunsch, mit den ehemaligen politischen Gegnern nach gemeinsamen Grundlagen der Ablehnung eines Staates zu suchen, dessen verbrecherische Ziele immer deutlicher wurden.

Es wäre unangemessen, die Auseinandersetzungen mit den Strukturen des NS-Staates und seiner Politik als einen kontinuierlich verlaufenden Prozeß zu deuten. Immer wieder scheiterten Versuche, gemeinsam die Voraussetzungen für ein wirkungsvolles Handeln zu schaffen. So ist die Geschichte des Widerstands auch als eine Abfolge ständig neuer Versuche zu beschreiben, eine gemeinsame politische Basis zu finden, konspirative Netze zu bilden, Phasen der Entmutigung zu überwinden oder durch Versetzung, Umzug, Verhaftungen und Einschüchterungen zerstörte Kontakte neu aufzubauen oder den jeweils anderen Bedingungen anzupassen. Diese Schwierigkeiten konnten nur überwunden werden, weil gegen alle Widrigkeiten ein Kern fester politischer Überzeugungen bei den Anhängern der verschiedenen politischen Parteien erhalten geblieben war. Sie verfolgten das Ziel, ihre Überzeugungen mit Vertretern anderer politischer Anschauungen und Kräfte abzustimmen und auf diese Weise nicht nur über das »Danach« nachzudenken, sondern auch konkret Verantwortung für den »Umsturz«, dessen Vorbereitung und Folgen zu übernehmen. In dieser Phase ihrer politischen konspirativen Auseinandersetzung ließen sie sich auch nicht mehr durch die Erfolge nationalsozialistischer Außenpolitik – wie 1938 nach dem »Anschluß« Österreichs – oder die militärischen Triumphe Hitlers – wie den Sieg über Polen 1939 und über Frankreich im Sommer 1940 – blenden.

Andreas Hillgruber hat betont, daß sich die politischen Ziele des Widerstands nicht nur in ihrem Gegensatz zum NS-Staat, sondern auch als Produkt ihrer Zeit deuten lassen. Dies gilt auch für die außenpolitischen Vorstellungen, die vielfach von dem traditionellen Ziel ausgingen, in der Mitte Europas Deutschland als Großmacht zu sichern, deren Einfluß weit in den Osten und Südosten des Kontinents reiche. Zugleich muß man bedenken, daß gerade im Widerstand traditionelle Auffassungen deutscher Großmachtpolitik überwunden wurden. Dabei wirkte sich auch die für viele Regimegegner deprimierende Vorstellung aus, daß das deutsche Volk nicht die Kraft zu seiner eigenen Befreiung von der nationalsozialistischen Herrschaft aufbringen könnte. Führende Köpfe des Widerstands hatten überdies in den dreißiger Jahren Gelegenheit, die Prinzipien westlicher Verfassungsstaaten kennenzulernen; ihre Erfahrungen wurden durch Regimegegner bestätigt, denen die Emigration gelungen war. Aus der Überzeugung, daß sich nach dem Zusammenbruch des NS-Staates neue Grundlagen des staatlichen Miteinanders herausbilden würden, wurden so vielfach die Konturen einer neuen europäischen Gemeinschaftsordnung entworfen. Lediglich die Frage nach dem Machtanspruch der von Stalin beherrschten Sowjetunion beunruhigte viele Regimegegner und verstärkte die Suche nach einer außenpolitischen Konzeption, die eine Einbindung Deutschlands in den russischen Machtbereich verhindern sollte. Umstritten blieb daher, ob es neben der Westbindung auch eine Ostbindung geben könnte oder ob Deutschland nicht vielmehr ganz bewußt eine Brückenfunktion zwischen Ost und West wahrzunehmen hätte.

Die Teilung Deutschlands und Europas im Zuge des Kalten Krieges machte alle diese Überlegungen folgenlos – so, wie sich auch nicht die Hoffnung erfüllte, durch die Befreiung Deutschlands von der nationalsozialistischen Herrschaft den deutschen Nationalstaat zu bewahren. An die Stelle eines besiegten, aber souveränen Deutschland trat die Verantwortung der vier großen Siegermächte für Deutschland als Ganzes. Damit war deutlich, daß der Widerstand aus den politischen Traditionen bürgerlicher Parteien doppelt gescheitert war: Er hatte die Selbstbefreiung der Deutschen vom NS-Staat nicht erreichen können und damit auch die nationale Souveränität nicht zu wahren vermocht. Erst der Hinweis auf den Widerstand als Ausdruck eines »anderen Deutschland« eröffnete wenigstens die Möglichkeit, Achtung in der internationalen Staatengemeinschaft zu erbitten.

Horst R. Sassin

Liberalismus und Widerstand

Das Verhältnis zwischen Liberalismus und Nationalsozialismus läßt sich unter verschiedenen Aspekten untersuchen, die zu sich ausschließenden Resultaten führen. Geht man von der marxistischen Alternative des Klassenkampfes zwischen Bourgeoisie und Proletariat aus, erscheinen Liberalismus und Faschismus als zwei Varianten bürgerlicher Herrschaft, wobei auf die liberale wirtschaftliche Expansionsperiode die wirtschaftlich-soziale Krisenperiode folgt, die in Abwehr der revolutionären Arbeiterklasse den Faschismus hervorbringt[1]. In scharfem Kontrast dazu steht der Vergleich der ideologischen Ansätze von Liberalismus und Nationalsozialismus. Der Liberalismus wird gekennzeichnet durch seine philosophischen Grundlagen in der Aufklärung, die Erkämpfung der Bürger- und Menschenrechte, des Rechts- und Verfassungsstaats, der freien Konkurrenz der Individuen, der öffentlichen Kritik als Voraussetzung der permanenten Korrektur von Systemschwächen, während der Nationalsozialismus von einer Staatskonstruktion ausgeht, die den Staat als lebendigen, von metaphysischen Werten beseelten Organismus überhöht und ihm das Privileg der totalen Macht sichert; zugespitzt findet diese Staatsidee sich im Verhältnis zwischen »Führer« und »Volk« (Gefolgschaft) wieder, ein Herrschaftsverhältnis, das der »Führer« angeblich im mythischen Einverständnis mit dem »Volk« aufgrund der gemeinsamen biologisch-seelischen Bande ausübt[2]. Hier erweist sich ein krasser ideologischer Gegensatz[3], der die Frage aufwirft, wieso der deutsche Liberalismus nicht in der vordersten Front des Widerstands gekämpft und wieso er nicht von Anfang an die strikte, kompromißlose Opposition gegen den Nationalsozialismus gesucht hat.

Auf diese Frage kann hier nur anhand exemplarischer Fälle eingegangen werden. Dabei sollen im folgenden weder die Stellungnahmen der liberalen Parteien in den Wahlkämpfen noch parlamentarische »Fensterreden« (bis 1933) berücksichtigt werden, deren Erkenntniswert aufgrund ihres deklamatorischen Charakters nicht allzu hoch zu veranschlagen ist[4]. Vielmehr interessiert die Frage, wie Liberale sich in Ent-

1 Dazu Reinhard Kühnl, Formen bürgerlicher Herrschaft. Liberalismus – Faschismus, Reinbek 1971.

2 Vgl. allgemein: Rudolf Vierhaus, Liberalismus, in: Otto Brunner/Werner Conze/Reinhard Koselleck (Hrsg.), Geschichtliche Grundbegriffe. Historisches Lexikon zur politisch-sozialen Sprache in Deutschland, Bd. 3, Stuttgart 1982, S. 741–785; ebenda Ernst Nolte, Faschismus, in: Bd. 2, Stuttgart 1975, S. 329–336; Reinhart Beck, Nationalsozialismus, in: Christian Zentner/Friedemann Bedürftig (Hrsg.), Das große Lexikon des Dritten Reiches, München 1985, S. 403–406.

3 Diese antiliberale Position war ein Strukturmerkmal des deutschen Nationalsozialismus; so stellte Arthur Moeller van den Bruck das Kapitel »Liberal« seines Hauptwerkes »Das Dritte Reich«, Hamburg 1931[3], S. 79ff., unter das Motto: »An Liberalismus gehen die Völker zu Grunde«; siehe auch Kurt Sontheimer, Antidemokratisches Denken in der Weimarer Republik. Die politischen Ideen des deutschen Nationalsozialismus zwischen 1918 und 1933, München 1962[4], S. 181–188.

4 Vgl. die Ausführungen unten über Reinhold Maier.

scheidungssituationen konkret verhalten haben: ob sie, bildlich gesprochen, die Barrikaden besetzt oder letztlich die Fronten zum NS-Regime hin gewechselt haben.

Der deutsche Parteienliberalismus erlebte den Jahreswechsel 1932/33 politisch gebrochen. Der tendenzielle Niedergang, der schon in der Bismarckzeit eingesetzt hatte, schien seinen Schlußpunkt erreicht zu haben. Mit Wahlergebnissen um ein Prozent waren weder die nationalliberale Deutsche Volkspartei (DVP) noch die aus der linksliberalen Deutschen Demokratischen Partei (DDP) hervorgegangene Deutsche Staatspartei (DStP) in der Lage, den Ansturm der Nationalsozialisten zu brechen. Wie sehr diese Parteien ideell den Bezug auf elementare liberale Errungenschaften verloren hatten, zeigt die Zustimmung nicht nur des DVP-Abgeordneten Otto Hugo, sondern auch der fünf DStP-Abgeordneten zum »Ermächtigungsgesetz«.

Prüfstein »Ermächtigungsgesetz«

Das euphemistisch »Gesetz zur Behebung der Not von Volk und Reich« genannte »Ermächtigungsgesetz«, das vom Reichstag am 23. März 1933 gegen die Stimmen der SPD (bei Abwesenheit der unterdrückten KPD) mit Zweidrittelmehrheit beschlossen wurde, gab die Gewaltenteilung preis, indem es der Regierung das Recht der Gesetzgebung einräumte, die sogar verfassungsändernde Qualität haben konnte und mithin den Reichstag entmachtete. Daß die liberalen Parteien einem derart illiberalen Gesetz ihre Zustimmung gaben, war ein verheerendes Signal der Desorientierung an die verbliebenen Anhänger.

Merkwürdigerweise ist bisher nie untersucht worden, wo die liberalen Abgeordneten in den innerparteilichen Meinungsspektren der beiden liberalen Parteien einzuordnen sind. Die Klärung dieser Frage könnte dann von Bedeutung sein, wenn es etwa eine klare Präferenz der rechtsliberalen Abgeordneten für das »Ermächtigungsgesetz« und eine klare Opposition linksliberaler Abgeordneter dagegen gegeben hätte. Dann wäre der politische Abstand zum Nationalsozialismus das entscheidende Motiv für ihr Abstimmungsverhalten gewesen. Wer also waren die DVP- und DStP-Politiker, die 1933 über Zustimmung oder Ablehnung zu entscheiden hatten?

Für die DVP hatte nur der westfälische Abgeordnete Otto Hugo zu entscheiden, da der andere DVP-Vertreter, der Parteivorsitzende Eduard Dingeldey, sein Mandat krankheitshalber nicht ausüben konnte. Hugo hatte bereits seit 1905 eine Parteikarriere bei den Nationalliberalen hinter sich, deren Generalsekretär er wurde. Zudem hatte er in der Geschäftsführung wirtschaftlicher Verbände gearbeitet. 1924 wurde er Erster Syndicus der Industrie- und Handelskammer Bochum, weshalb er als politischer Repräsentant der schwerindustriellen Ruhrkonzerne galt[5]. Hugo führte den nationalistischen Flügel der DVP-Reichstagsfraktion, der in zentralen Fragen innerparteilich gegen Stresemanns Koalitionspolitik (große Koalition mit dem Reichskanzler Hermann Müller, SPD), gegen verschiedene finanz- und sozialpolitische Gesetzesinitiativen und gegen die als »Erfüllungspolitik« diffamierte Außenpolitik Stresemanns

5 Siehe dazu Larry Eugene Jones, Gustav Stresemann und die Krise des deutschen Liberalismus, in: Wolfgang Michalka/Marshall M. Lee (Hrsg.), Gustav Stresemann, Darmstadt 1982, S. 276–303.

opponierte[6]. Damit wirkte Hugo schon zu Lebzeiten Stresemanns und noch vor der Zeit der Präsidialkabinette als Schrittmacher der nationalliberalen Annäherung an die republikfeindlichen nationalistischen Kräfte.

Anders liegt die politische Orientierung der DStP-Abgeordneten. Drei Mandatsträger kamen aus der klassischen liberalen Hochburg Südwestdeutschland: der ehemalige Finanzminister Hermann Dietrich aus Baden, der württembergische Wirtschaftsminister Reinhold Maier und der gleichfalls württembergische Schriftsteller Theodor Heuss. Hinzu kamen der Gewerkschaftsführer Ernst Lemmer, der in seinem Wahlbezirk Pommern über vergleichsweise starken Rückhalt verfügte, und der Oberlehrer Heinrich Landahl aus dem linksliberalen Musterland Hamburg. In einer internen Vorabstimmung, die der Festlegung einer gemeinsamen Haltung im Reichstag diente, lehnten Heuss und Dietrich das »Ermächtigungsgesetz« ab, während Maier, Lemmer und Landahl zustimmten und damit den Ausschlag gaben.

Zunächst zu den Nein-Stimmen: Dietrich, der bis 1918 in der Nationalliberalen Partei gewesen war, hatte mit seiner deflationären Finanzpolitik in der Ära Brüning kein brauchbares Mittel zur Gegensteuerung gegen die Auswirkungen der Weltwirtschaftskrise gefunden und damit zur sozialen Deklassierung des Mittelstandes beigetragen[7]. Die linksliberalen Theorien des Briten John Maynard Keynes, der – mit heutigen Begriffen – eine antizyklische Konjunkturpolitik forderte, waren ihm fremd. Schon vor 1930 hatte er eine Agrarpolitik betrieben, die die agrarprotektionistischen Interessen der Großagrarier, etwa in Form der »Ostpreußenhilfe«, einseitig begünstigte[8]. Auch Heuss, der aus Friedrich Naumanns National-Sozialem Verein kam, gehörte zum gemäßigt liberalen Flügel seiner Partei. Heftige Angriffe zog er auf sich, als er 1926 das »Schmutz- und Schund-Gesetz« parlamentarisch befürwortete, das die Meinungsfreiheit einschränkte. Damals verlor er sein Amt als Vorsitzender des Schutzverbandes deutscher Schriftsteller[9]. Eng verbunden war er dem langjährigen Reichswehrminister Otto Gessler, der wie kein anderer DDP-Politiker seine Partei polarisierte, indem er die proklamierte Republikanisierung der Reichswehr nur lustlos betrieb, dafür aber die illegale und die offene Aufrüstung energisch förderte.

Wie sieht demgegenüber die Mehrheit der Befürworter des »Ermächtigungsgesetzes« in der DStP-Reichstagsgruppe aus? Problematisch ist die politische Einordnung Reinhold Maiers, der sich im Wahlkampf zur letzten halbwegs freien Reichstagswahl am 5. Mai 1933 noch entschieden gegen den Sinn des »Ermächtigungsgesetzes« ausgesprochen hatte[10]. Als württembergischer Wirtschaftsminister in einer Koalition von

---

6 Ebenda, S. 289–295.

7 Siehe Ursula Büttner, Politische Alternativen zum Brüningschen Deflationskurs. Ein Beitrag zur Diskussion über »ökonomische Zwangslagen« in der Endphase von Weimar, in: Vierteljahrshefte für Zeitgeschichte, 37 (1989), S. 209–251, bes. S. 223–225 und S. 249.

8 Siehe Dieter Geßner, Industrie und Landwirtschaft 1928–1930, in: Hans Mommsen/Dietmar Petzina/Bernd Weisbrod (Hrsg.), Industrielles System und politische Entwicklung in der Weimarer Republik, Bd. 2, Kronberg-Düsseldorf 1977, S. 762–778, hier S. 769–771.

9 Siehe Ralf Dahrendorf/Martin Vogt (Hrsg.), Theodor Heuss. Politiker und Publizist, Tübingen 1984, S. 169f.

10 Rede vom 2. März 1933 in der Stuttgarter Liederhalle, in: Reinhold Maier, Die Reden. Eine Auswahl, Bd. 1, Stuttgart o. J. (1982), S. 19–30; dort heißt es am Schluß: »Wir wollen, daß Hitler zeigt, ob er und wie lange er regieren kann, aber wir wollen, daß eine Volksvertretung da ist, welche ihn unter Kontrolle hält.« Zum Folgenden siehe Werner Schneider, Die Deutsche Demokratische Partei in der Weimarer Republik 1924–1930, München 1978, S. 195–200.

Zentrum, Deutschnationalen, DDP und DVP machte er keine wirtschaftsliberale, sondern eine protektionistische und subventionistische Politik zugunsten der einheimischen Wirtschaft. Im Zusammenhang mit dem »Ermächtigungsgesetz« ist die jüdische Herkunft seiner Frau von Bedeutung[11]. Ernst Lemmer war als Vorsitzender des Reichsbundes der Deutsch-Demokratischen Jugend (DDJ, Jungdemokraten) und als Generalsekretär des Gewerkschaftsrings der Arbeiter-, Angestellten- und Beamtenverbände 1924 in den Reichstag gewählt worden. Obwohl er sich als »linker Flügelmann seiner Partei«[12] für die sozialen Belange der Arbeitnehmer einsetzte, wuchs seine Distanz zum linksliberalen Lager, als er dem Bau des Panzerkreuzers A zustimmte. Er gehörte 1930 zu den Initiatoren der DStP, deren Gründung zur breiten Abwanderung des linken DDP-Parteiflügels führte. Entschieden linksliberal war demgegenüber der Hamburger Landahl. Als jüngster DStP-Abgeordneter war er führendes Mitglied der Jungdemokraten sowie Vorsitzender des Hamburger »Klubs vom 3. Oktober«, dessen Ziel die Verteidigung der Republik gegen die politische Restauration war. Andererseits war Landahl 1930 Unterzeichner des DStP-Gründungsaufrufs, was zeigt, daß er damals schon bereit war, die DDP nach rechts zu öffnen[13].

Dieser personelle Überblick zeigt, daß die Unterscheidung zwischen rechtem und linkem DStP-Parteiflügel wenig taugt, um das Abstimmungsverhalten der fünf Abgeordneten zu erklären. Zumindest von den ausgeprägten Linksliberalen wäre dann die Ablehnung des »Ermächtigungsgesetzes« zu erwarten gewesen. Im Bewußtsein des Niedergangs des politischen Liberalismus war eine Anpassungsbereitschaft an die neuen Machthaber zu erkennen, die die Grenze des liberalen Selbstverständnisses nicht nur erreichte, sondern überschritt.

Widerstand aus liberalem Selbstverständnis?

Es liegt auf der Hand, daß nicht einmal der eingangs skizzierte scharfe ideologische Kontrast zwischen Liberalismus und Nationalsozialismus den führenden Repräsentanten beider liberalen Parteien den nötigen Rückhalt zur strikten Opposition gab. Da nimmt es nicht wunder, daß über die Führungsgremien hinaus ein breiter Strom von Liberalen in das nationalsozialistische Lager konstatiert werden muß[14]. Wenn

11 Siehe Wilhelm Hofmann, R. Maier (Anm. 10), S. 9–15.

12 Werner Stephan, Aufstieg und Verfall des Linksliberalismus 1918–1933. Geschichte der Deutschen Demokratischen Partei, Göttingen 1973, S. 396; zum Panzerkreuzer siehe ebenda, S. 442f., sowie Ernst Lemmer, Manches war doch anders. Erinnerungen eines deutschen Demokraten, Frankfurt am Main 1968, S. 142–145 und S. 170–172.

13 Vgl. Ursula Büttner, Vereinigte Liberale und Deutsche Demokraten in Hamburg 1906–1930, in: Zeitschrift des Vereins für Hamburgische Geschichte, 63 (1977), S. 1–34; Horst Sassin, Liberale im Widerstand. Die Robinsohn-Strassmann-Gruppe 1934–1942, Hamburg 1993, S. 29–34; Zum Gründungsaufruf der DStP siehe W. Stephan (Anm. 12), S. 446.

14 Dies gilt im besonderen Maße für die DVP in Rheinland-Westfalen und in Hamburg. Zum Rheinland: Peter Hüttenberger, Solidarität der Gegner. Die Kirchen und die Arbeiterbewegung zwischen Anpassung, Abwehr und Anteilnahme, in: Anselm Faust (Hrsg.), Verfolgung und Widerstand in Rheinland und in Westfalen 1933–1945, Köln 1992, S. 65–76, hier 66; zu Westfalen: Dieter Hein, Zwischen liberaler Milieupartei und nationaler Sammlungsbewegung. Gründung, Entwicklung und Struktur der Freien Demokratischen Partei 1945–1949, Düsseldorf 1985, S. 140; zu Hamburg: Werner Jochmann, Die Errichtung der nationalsozialistischen Herrschaft in Ham-

dieses opportunistische Verhalten kennzeichnend für alle verbliebenen Flügel des Parteienliberalismus – abgesehen von der Radikaldemokratischen Partei, einer bedeutungslosen Splittergruppe[15] – war, erscheint es fraglich, ob der Liberalismus über die geeignete geistige Basis verfügte, um zum Widerstand gegen das NS-Regime beizutragen. Die Eignung des Liberalismus als geistige Grundlage für den Widerstand ist jedenfalls von prominenten Historikern und Soziologen bestritten worden[16]. Dieser Befund als richtig vorausgesetzt würde darüber hinaus den Liberalismus als politische Theorie generell in Frage stellen.

Offenbar haben auch viele Liberale, die trotz des Versagens der liberalen Parteien den Weg in die Opposition wählten, dem liberalen Gedankengut die antinationalsozialistische Tragfähigkeit nicht zugetraut. Im In- und Ausland schlossen sie sich Widerstandsgruppen verschiedenster Prägung an: von enttäuschten Völkischen wie Otto Straßers Schwarzer Front oder der Volkssozialistischen Bewegung (Fritz Max Cahen, DDP/DStP) über bürgerliche Mittelgruppen wie die Deutsche Freiheitspartei (August Weber, DDP/DStP, und Hans-Albert Kluthe, DDP/DStP) bis hin zum kommunistisch beeinflußten Ausschuß zur Vorbereitung einer deutschen »Volksfront« (Wilhelm Abegg, DDP/DStP, und Georg Bernhard, DDP/DStP). Zwischenstufen verschiedenster Art könnten ergänzt werden[17].

Was nun die Frage spezifisch liberaler Widerstandsgruppen angeht, ist von den weit über 100 000 DDP-Mitgliedern Mitte der zwanziger Jahre und von den annähernd ebensovielen DVP-Mitgliedern auch Jahrzehnte nach dem Zusammenbruch des Dritten Reiches keine wissenschaftlich gesicherte Spur in den Widerstand auszumachen. Eine vergleichsweise frühe journalistische Darstellung aus der DDR, die in erster Linie der antifaschistischen Legitimation der Liberaldemokratischen Partei Deutschlands (LDPD) diente, fand keine wissenschaftliche Beachtung[18]. Die erste historiographische Wahrnehmung Liberaler als Widerstandskämpfer erfolgte in einem kleinen Aufsatz erst 1981[19]. Was also sind die Voraussetzungen für den Ausnahmefall liberalen Widerstandes?

Eine Antwort läßt sich anhand der einzigen reichsweit angelegten, dauerhaft arbeitenden liberalen Widerstandsgruppe geben, die von dem Hamburger Textilkaufmann Hans Robinsohn und dem Berliner Landgerichtsrat Ernst Strassmann in Ver-

---

burg, in: Ursula Büttner/Werner Jochmann, Hamburg auf dem Weg ins Dritte Reich. Entwicklungsjahre 1931–1933, Hamburg 1983², S. 39–73, hier 63f.

15 Siehe dazu Burkhard Gutleben, Volksgemeinschaft oder Zweite Republik? Die Reaktionen des deutschen Linksliberalismus auf die Krise der 30er Jahre, in: Tel Aviver Jahrbuch für deutsche Geschichte, 17 (1988), S. 259–284, hier 281f.

16 Siehe Hans Mommsen, Der Widerstand gegen Hitler und die deutsche Gesellschaft, in: Jürgen Schmädeke/Peter Steinbach (Hrsg.), Der Widerstand gegen den Nationalsozialismus. Die deutsche Gesellschaft und der Widerstand gegen Hitler, München-Zürich 1985, S. 3–23, hier 13; Ralf Dahrendorf, Deutschland und die Liberalen 1933 und 1983, in: liberal, 25 (1983), S. 227–231, hier 227.

17 Zu allen genannten vgl. Institut für Zeitgeschichte München/Research Foundation for Jewish Immigration New York (Hrsg.), Biographisches Handbuch der deutschsprachigen Emigration, Bd. 1, München 1980.

18 Vgl. Carlheinz Brück, Im Namen der Menschlichkeit. Bürger gegen Hitler, Berlin (DDR) 1964, überarbeitete Neuauflage unter dem Titel: Bürger gegen Hitler. Demokraten im antifaschistischen Widerstand, Berlin (DDR) 1986; beide Ausgaben erschienen im Buchverlag Der Morgen, dem Verlag der LDPD.

19 Wolfgang Benz, Eine liberale Widerstandsgruppe und ihre Ziele, in: Vierteljahrshefte für Zeitgeschichte, 29 (1981), S. 437–447.

bindung mit dem stellungslosen Berliner Journalisten Dr. Oskar Stark im Mai 1934 gegründet wurde. Die Zusammenarbeit dieser Gründer ist aufschlußreich für die Klärung der Bedingungen liberalen Widerstandes[20]. Robinsohn und Strassmann, beide Jahrgang 1897, waren 1918/1919 Mitgründer der Jungdemokraten gewesen und hatten dort und in der DDP wichtige Ämter bekleidet. Zum Schutz der Republik vor reaktionären Angriffen und zur Entwicklung langfristiger republikanisch-demokratischer Perspektiven jenseits parteipolitischer Interessen hatten sie 1924 zusammen mit Heinrich Landahl (DDP) und jungen Sozialdemokraten wie Gustav Dahrendorf und Theodor Haubach den »Klub vom 3. Oktober« gegründet. Nicht nur in dieser Klubarbeit, sondern auch in ihren parteipolitischen Initiativen zeigte sich regelmäßig die kritische Distanz, die sie von der häufig opportunistischen Haltung der DDP-Minister und -Abgeordneten trennte. So kämpfte der Klub erfolgreich gegen die geplanten Ausführungsbestimmungen zum Notstandsartikel 48 der Weimarer Verfassung und entwarf Konzepte zur entschiedenen Republikanisierung der Reichswehr. Der DStP schlossen Robinsohn und Strassmann sich 1930 nicht an, da sie den damit verbundenen Rechtstrend der DDP nicht hinnehmen wollten. Offenbar fiel es innerparteilichen Kritikern des Parteikurses, die den Zusammenschluß mit den Volkskonservativen des Jungdeutschen Ordens und anderen konservativen Splittergruppen nicht mitvollzogen hatten, leichter als gemäßigten DDP-Mitgliedern, die Initiative zum Widerstand zu ergreifen, weil sie auch unter dem Nationalsozialismus ihrer linksliberalen Grundauffassung treu bleiben wollten.

Der dritte Gründer, Oskar Stark, Jahrgang 1890, hatte als Redakteur renommierter liberaler Tageszeitungen gearbeitet: der Münchner Neuesten Nachrichten, der Frankfurter Zeitung und zuletzt des Berliner Tageblatts, bis er im März 1933 aus politischen Gründen entlassen wurde. In den zwanziger Jahren war er Vorstandsmitglied des Deutsch-Demokratischen Pressevereins gewesen. Stark schied schon Ende 1935 aus der Gruppe aus, als er in die Redaktion der Frankfurter Zeitung eintrat.

Von Bedeutung ist auch der frühe Gründungstermin der Robinsohn-Strassmann-Gruppe, zumal die Gründer eine jahrelange Existenz des NS-Regimes erwarteten. Bis zum Gründungstermin, dem Mai 1934, hatte es schon eine Reihe von Massenverhaftungen von Sozialdemokraten, Kommunisten und Gewerkschaftern gegeben. Die Phase der Machtergreifung war weit vorangetrieben, aber noch nicht ganz abgeschlossen. Die »Röhm-Affäre« hatte noch nicht stattgefunden, während einerseits der revolutionäre, »sozialistische« Flügel der NSDAP unter dem Beifall des Bürgertums zerstört, andererseits aber der ungeschminkt terroristische und Unrechtscharakter des NS-Regimes offenbar wurde. Hitler hatte noch nicht das Amt des Reichspräsidenten inne, die Reichswehr war noch nicht auf ihn vereidigt. Auch der erste außenpolitische Interventionsversuch, der NS-Putsch gegen das österreichische Dollfuß-Regime, hatte noch nicht stattgefunden. Die drei Politiker reagierten mit der Gründung ihrer Gruppe also nicht auf konkrete, aufsehenerregende Vorkommnisse, sondern knüpften an grundsätzliche Überlegungen an.

Diese Gedanken hatte Robinsohn in seiner Denkschrift »Der Nationalsozialismus«[21] schon im Frühling 1933 niedergelegt. Beim Vergleich zwischen dem gerade

20 Hierzu und zum Folgenden H. Sassin (Anm. 13), passim.
21 Handschriftliche Fassung: Bundesarchiv Koblenz (BAK), Nachlaß (NL) Robinsohn, 31; die Denkschrift ist im Anhang von H. Sassin (Anm. 13), S. 257–275, auszugsweise abgedruckt.

erst untergegangenen demokratischen mit dem siegreichen nationalsozialistischen System gelangte er zu dem Schluß, daß das demokratisch-pluralistische System letztlich das überlegene sei, weil es die Notwendigkeit der permanenten Selbstkorrektur enthalte, während im Nationalsozialismus der absolute »Führerwille« nur Korrekturen von oben her zulasse und damit die Fehler des »Führers« nicht zu korrigieren seien. Robinsohn kritisierte das spurlose Verschwinden der Träger liberalen Gedankenguts, zumal der Angriff des Nationalsozialismus sich mittlerweile gerade gegen den Liberalismus richte. Seine bemerkenswerte Schlußfolgerung lautete: »... eine Neufundamentierung des liberaldemokratischen Gedankenguts wäre also die dringendste geistig-politische Aufgabe!«[22] Als andere Liberale resignierten, entwickelte Robinsohn Ansätze einer fundamentalen Opposition. Am Schluß seiner Denkschrift beharrte Robinsohn auf der Möglichkeit, die parlamentarische Demokratie in Deutschland wiederherzustellen, für die er allerdings »eine große Erfahrung und sehr viel Zeit«[23] reklamierte, Voraussetzungen also, die der Weimarer Republik fehlten.

In seiner Denkschrift betonte Robinsohn wiederholt die Notwendigkeit des Kampfes gegen den Nationalsozialismus: »... gerade sie [die Liberalen] hätten alle Veranlassung, auf dem Kampfplatz zu erscheinen«. »Für die Demokratie schlägt sich niemand, und ohne Kampf, ohne daß man sich schlägt, dankt dieses Regime nicht ab.«[24] Die kämpferische Grundeinstellung war eine wesentliche Voraussetzung für die Gründung einer Widerstandsgruppe von zunächst nur drei Personen in dem Bewußtsein einer lang anhaltenden Dauer des NS-Regimes. Soweit es um Robinsohn persönlich geht, zeigte sich seine Kämpfernatur auch an dem Umstand, daß er nicht etwa 1933 emigrierte, sondern den Versuch unternahm, für sich und das Unternehmen seiner Familie den Weg der Selbstbehauptung zu gehen[25]. Erst nach dem Novemberpogrom 1938 emigrierte er nach Dänemark, später nach Schweden.

Wie konträr Robinsohn zum Nationalsozialismus eingestellt war, zeigt auch eine andere Stelle in der erwähnten Denkschrift, in der es um die Spannung zwischen autoritär befohlener »Volksgemeinschaft« und Pluralismus geht. Da hier nicht nur eine graduelle, sondern eine fundamentale Opposition zum Nationalsozialismus nachgewiesen werden kann, sei der Gedankengang im Zusammenhang zitiert: »Die ›Ganzheits‹vorstellung der Nat[ional]-Soz[ialisten] führt zu dem Gedanken des totalitären Staates, der wiederum nur denkbar ist auf der Annahme der Einigkeit aller im Staat organisierten Menschen oder der Irrelevanz ihres individuellen Denkens und Fühlens. Wenn das letztere der Fall ist, so wird die ganze reiche Mannigfaltigkeit beschnitten, um das konstruierte Staatsgebilde mit unumschränkter Macht zu bekleiden. Bei der Annahme der Einigkeit Aller aber kann es sich nur um ein sehr primitives Staatswesen handeln, denn nur über außerordentlich primitive Fragen kann Einigkeit erzielt werden. In beiden Fällen ist das Resultat eine Verarmung des individuellen wie des Gesamtheitslebens zu Gunsten der Machtfülle eines Staatsbegriffes, dessen Inhalt durchaus unbekannt und noch zu untersuchen ist. Demgegenüber steht die Anschauung, daß der Staat nur das Minimum der Anforderungen dar-

22 Ebenda, S. 9.
23 Ebenda, S. 49.
24 Ebenda, S. 9 und S. 48.
25 Siehe Hans Robinsohn, Ein Versuch, sich zu behaupten, in: Tradition. Zeitschrift für Firmengeschichte und Unternehmerbiographie, 4 (1958), S. 197–206.

stellt, die aus den allgemeinsten Bedürfnissen nach Sicherheit und Gewährleistung des Lebens gestellt werden, wobei die Inhalte dieser Forderungen je nach der Kulturhöhe verschieden sind. Über diesem Minimum liegen nur die individuellen Strebungen, liegt der ganze Reichtum der mannigfaltigen persönlichen Lebensäußerungen. Bei dieser Anschauung sind dann allerdings ›politische Fragen‹ nur solche, auf die es mehrere Antworten gibt, d.h. über deren Beantwortung eben keine Einigkeit herrscht. Die politische Entwicklung ist dann die Resultante aus den zahllosen Komponenten des wirklichen Lebens und nicht die gewaltsam simplifizierende Konstruktion eines Reißbrettorganisators. Damit ist... der Gegensatz zwischen selbstregulativer und leitregulativer Verfassung, zwischen liberaler, vom Menschen ausgehender, den Menschen als Maß aller Dinge auffassender Staatsordnung und autoritärer, nicht vom Leben, sondern von den Begriffen ausgehender konstruierter Staatsordnung erreicht.«[26]

Robinsohns Ausführungen sind nichts anderes als ein leidenschaftlicher Appell für die Meinungsfreiheit zu einem Zeitpunkt, als Länder, Gemeinden, andere öffentliche Einrichtungen, Parteien, Verbände und Vereine gleichgeschaltet oder verboten wurden. Trotz der enttäuschenden Erfahrungen mit der Weimarer Demokratie erkannte Robinsohn dieser Staatsform – gerade wegen des Pluralismus – ihre systemimmanente Überlegenheit über jede Form der Diktatur zu.

In den ersten Jahren ihrer Existenz entwickelte die Gruppe ein liberaldemokratisches Grundsatzprogramm, das leider verschollen ist. Aus den erhalten gebliebenen Denkschriften, Berichten und Briefen lassen sich allerdings die Umrisse des Programms erschließen. Obenan stand die Wiederherstellung des Rechts- und Verfassungsstaates. Allerdings sollte die neu zu errichtende Republik keine Neuauflage der Weimarer Republik sein. Vielmehr dachte die Gruppe an die Installierung einer Regierung mit stärkerer Machtstellung, um die häufigen Regierungskrisen und -wechsel der Weimarer Zeit zu vermeiden. Für Liberale erstaunlich war die Forderung, die politischen Rechte der Bürger nicht auf einmal wiederherzustellen, sondern mit »Erziehungszöllen«[27] zu belegen. Dieser konservativ-autoritär anmutende Gedanke diente bewußt dem Zweck, die Bürger die Einschränkungen der Freiheit fühlen zu lassen, damit sie kämpferisch die unbeschränkten Freiheitsrechte einfordern könnten. Sogar bei der Frage der rechtlichen Gleichstellung der Juden, für Liberale eigentlich kein strittiges Thema, sollte die Wiederherstellung des Rechts nur schrittweise und erst auf Initiative der Bürger erfolgen[28]. In der Wirtschaftspolitik beabsichtigte die Gruppe die Beendigung der Autarkiepolitik und die Rückkehr Deutschlands auf den Weltmarkt. Verbunden war die wirtschaftspolitische Konzeption mit einer starken sozialen Komponente; dabei erkannten die liberalen Widerstandskämpfer, daß angesichts der Auswirkungen der Weltwirtschaftskrise auf die relative Verbesserung der sozialen Lage, die jedoch eingeschränkt wurde durch die maßlose Aufrüstungspolitik, Unentschiedenheit in sozialen Fragen nicht tragbar

26 Denkschrift Robinsohn (Anm. 21), S. 31f.

27 Robinsohn an Strassmann, 2. Mai 1947, in: BAK, NL Robinsohn, 24; vgl. Denkschrift vom Herbst 1941, S. 32 und S. 34, in: BAK, NL Robinsohn, 31, auszugsweise abgedruckt in: H. Sassin (Anm. 13), S. 345–370.

28 Vgl. Horst Sassin, Liberals of Jewish Background in the Anti-Nazi Resistance, in: Leo Baeck Institute, Year Book, 37 (1992), S. 381–396.

war, weil sie zur schnellen Abkehr breiter Volksschichten von der Nach-Hitler-Regierung führen konnte. »Butter statt Kanonen« könnte das Schlagwort der Gruppe in Anlehnung an Görings umgekehrte Parole gelautet haben[29]; denn die Gruppe trat auch für die internationale Abrüstung ein – übrigens mit deutschen Vorleistungen. Schließlich sollte Deutschland eingebunden werden in ein föderativ gegliedertes Europa, was es der Gruppe erleichterte, bei gegenseitigem Minderheitenschutz auf Hitlers Annexionen zu verzichten.

Politische Verbindungen des liberalen Widerstands

Bis 1937 verfügte die Gruppe über ein in Teilen Deutschlands ausgebautes Netz von Verbindungsleuten und ihnen angeschlossenen Gruppen. Besonders beachtlich ist die Situation in Hamburg, wo aufgrund der entschieden linksliberalen Tradition eine vergleichweise hohe Anzahl einstiger DDP- und DStP-Mitglieder in verschiedenen Widerstandsgruppen mitarbeitete, die der Robinsohn-Strassmann-Gruppe angeschlossen waren: in der Abteilung Q (vor 1933 ein Geselligkeits- und Wanderkreis), im Verein der Hafenfreunde e. V., in der Friedrich Ablass-Gruppe (benannt nach dem Rechtsanwalt Friedrich Ablass, der bis 1918 in der Fortschrittlichen Volkspartei und seither in der DDP/DStP mitgearbeitet hatte), in der Gesellschaft der Freunde des Vaterländischen Schul- und Erziehungswesens (wo es eine enge Zusammenarbeit mit sozialdemokratischen Oppositionellen gab) und im Reform-Freimaurerbund zur aufgehenden Sonne, der im Gegensatz zur übergroßen Mehrheit der deutschen Freimaurer internationalistisch und pazifistisch orientiert war. Aufgrund der entschieden linksliberalen Prägung der Hamburger DDP/DStP wurde die Kooperation mit sozialdemokratischen Widerstandsgruppen um den abgesetzten Polizeipräsidenten Erich Wentker und den Volksschullehrer Hermann Lange erleichtert.

Von vornherein hatten sozialdemokratische NS-Gegner vom gemäßigten Parteiflügel an der Robinsohn-Strassmann-Gruppe mitgearbeitet, vor allem in Hamburg, aber auch in anderen Industriestädten Norddeutschlands. 1937 gelang es auch, Kontakte zu sozialdemokratischen Widerstandsorganisationen in Berlin zu knüpfen. Etwa zur selben Zeit begann Strassmann, mit der militärischen Abwehr (Canaris, Oster) zusammenzuarbeiten. Der entscheidende Durchbruch war allerdings um die Jahreswende 1937/38 die erste Fühlungnahme Strassmanns mit einem führenden Deutschnationalen, dem ehemaligen Leipziger Oberbürgermeister Carl Goerdeler, aus der sich schnell ein vertrauensvolles Arbeitsverhältnis entwickelte. Der frühe Zeitpunkt der Zusammenarbeit verdient Beachtung, denn nach bisheriger Darstellung hat Goerdeler den Kontakt zu Linkskreisen (zu denen die Gruppe sich zählte, nämlich zur bürgerlichen Linken) erst im Zweiten Weltkrieg aufgenommen[30]. Über Goerdeler bekam die Robinsohn-Strassmann-Gruppe noch 1938 Fühlung mit den

29 Vgl. Hans Robinsohn, Die Deutsche Opposition. Tätigkeit und Ziele, in: Vierteljahrshefte für Zeitgeschichte, 29 (1981), S. 447–471.

30 Siehe H. Sassin (Anm. 13), S. 148–150; Elfriede Nebgen-Kaiser, Jakob Kaiser. Der Widerstandskämpfer, Stuttgart 1967, S. 76; Joachim G. Leithäuser, Wilhelm Leuschner. Ein Leben für die Republik, Köln 1962, S. 191.

oppositionellen Generälen. Allerdings sollten Goerdelers Hoffnungen auf die Generäle sich als illusorisch erweisen. Der von der zivilen Opposition dringend erwartete militärische Staatsstreich fand vor oder in den ersten Kriegsmonaten nicht statt, und als er am 20. Juli 1944 schließlich kam, war die Niederlage Deutschlands schon besiegelt.

Eine andere Strategie zur Ablösung des NS-Regimes entwickelte die Gruppe nicht. Vielmehr ging es ihr darum, am »Tag danach«, also nach Ende des NS-Regimes, mit einem Netz kompetenter Vertrauensleute Schlüsselpositionen zu übernehmen, um ein mögliches Machtvakuum mit allen daraus folgenden Gefahren zu vermeiden. Daß die Gruppe nicht einfach personelle Pfründe zu gewinnen trachtete, zeigt der Umstand, daß das oben skizzierte, langfristig vorbereitete Grundsatzprogramm unmittelbar nach dem Umsturz zügig in die Tat umgesetzt werden sollte.

Die strategische politische Mittelstellung der Robinsohn-Strassmann-Gruppe zwischen den Sozialdemokraten einerseits, der nationalkonservativen Opposition und den Generälen andererseits weist der Gruppe annähernd diejenige Position im Widerstand zu, die in den Jahren 1941–1944 der Kreisauer Kreis innehatte. Auf seiten der Sozialdemokraten gab es seit 1939 enge Kontakte Strassmanns zu den Führungspersönlichkeiten Theodor Haubach (der schon im »Klub vom 3. Oktober« mitgewirkt hatte), Julius Leber und Wilhelm Leuschner; der Kontakt zu der innerdeutschen Zentrale des sozialdemokratischen Widerstands war also 1939 hergestellt. Nachdem Goerdeler seit 1939 weniger Möglichkeiten zu Auslandsreisen hatte, wurde auch mit ihm die Zusammenarbeit enger. Zwischen dem Sommer 1939 und dem Winter 1939/40 entwickelte neben der Kooperation zwischen sozialdemokratischer, christlich-konservativer und liberaler Opposition auch diejenige mit den Generälen eine solche Intensität, daß die zivilen Widerstandsgruppen ihre Verbindungsleute im Reichsgebiet bereits vom Bevorstehen des Putsches gegen Hitler informierten[31].

Die Verbindungen zur »Abwehr« konnte Strassmann 1939 verstärkt nutzen, um auf britische Regierungsvertreter einzuwirken, die verhängnisvolle, von Hitler ausgenutzte Appeasementpolitik aufzugeben und Hitlers Expansionsdrang entschieden entgegenzuwirken. Nach dem deutschen Überfall auf Polen und dem Beginn des Zweiten Weltkriegs wurde diese Verbindung über verschiedene neutrale Staaten wiederholt aktiviert[32].

Die zentrale Arbeit der Gruppe endete mit der Verhaftung Strassmanns im August 1942. Die angeschlossenen lokalen Gruppen arbeiteten teils auf der bisherigen, teils auf neuer Grundlage weiter. Die Berliner Gruppen, die sich jetzt vor allem um den ehemaligen Berliner Bürgermeister Fritz Elsas (DDP/DStP) und um den städtischen Angestellten Erwin Bennewitz (SPD) scharten, waren in die Vorbereitung des Aufstandsversuches vom 20. Juli 1944 eingeweiht. Fritz Elsas, der am 4. Januar 1945 im Konzentrationslager Sachsenhausen ohne reguläres Verfahren erschossen wurde, ist der einzige liberale Blutzeuge der Robinsohn-Strassmann-Gruppe[33].

---

31 Siehe Harold C. Deutsch, Verschwörung gegen den Krieg. Der Widerstand in den Jahren 1939–1940, Frankfurt am Main u. a. 1969, S. 47 f.

32 Eine solche Episode beschreibt H. C. Deutsch, ebenda, S. 78–80.

33 Vgl. Manfred Schmid (Hrsg.), Auf dem Stuttgarter Rathaus. Erinnerungen von Fritz Elsas (1890–1945), Stuttgart 1990.

Fazit

In dem hier vorgenommenen Überblick erweist der politische Liberalismus des Jahres 1933 sich als völlig desorientiert. Das Beispiel der Robinsohn-Strassmann-Gruppe zeigt, daß nicht nur die Herkunft ihrer Mitstreiter aus den liberalen Parteien DDP und DStP konstatiert werden kann – ihr Antrieb zum Widerstand hätte auch eine andere Basis als den Liberalismus haben können; dafür wären z. B. das Christentum etwa in Form der Bekennenden Kirche, der menschliche Anstand oder der Zufall einer Bekanntschaft mit einem Widerstandskämpfer aus anderen politischen Gruppen in Frage gekommen. Vielmehr bot der entschiedene, kämpferische Liberalismus eine krisenfeste antinationalsozialistische Grundlage zum Widerstand gegen die schlimmste Diktatur, die es auf deutschem Boden gegeben hat.

Ekkehard Klausa

Politischer Konservatismus und Widerstand

Was wurde nach 1933 aus den zahlreichen konservativen Strömungen der Weimarer Zeit? Wo haben sie die »braune Flut« zum Steigen gebracht, wann und wie haben sie ein eigenes Flußbett gesucht, wo sind sie in Gegenströmungen eingemündet?

Weimarer Alt- und Neukonservative

Als »konservativ« verstanden sich in der Weimarer Zeit sehr unterschiedliche politische Strömungen[1]. Eine allgemeine Definition kann nur der erste Schritt sein. Denn unterschiedliche Geschichte bringt ganz andersartige Konservative hervor. Den britischen Tory des 19. Jahrhunderts mit seinem politikgeübten Pragmatismus verbindet sehr wenig mit jenem wild-ideologischen »konservativen Revolutionär« von Weimar, der dem »Bronnen unseres Blutes ... Gesetze unseres Seins und Lehren des Ewigen« ablauschen will[2]. Konservatismus ist notwendigerweise von Land zu Land unterschiedlich, denn der Konservative beruft sich auf geschichtliche »Herkunft« und will ihren wertvollen Kern bewahren. Deshalb war Konservatismus in den Vereinigten Staaten von Anfang an demokratisch, in Kontinentaleuropa lange Zeit der Monarchie und dem Feudalismus verbunden[3].

Allgemein verteidigt der Konservative die überlieferte Ordnung mit ihren Traditionen gegen rationalistische Apriori-Konstruktionen, die sich vermessen, eine ganze Gesellschaft auf dem Reißbrett zu entwerfen. Der Konservative setzt sich also gegen die Aufklärung und ihren Planungsoptimismus zur Wehr; nicht erst gegen die Französische Revolution, sondern schon gegen den rational-»künstlichen« Staat des Absolutismus[4]. Insbesondere betont er die Abhängigkeit des Menschen von Gott und zieht

1 Hierzu grundlegend Klemens von Klemperer, Konservative Bewegungen zwischen Kaiserreich und Nationalsozialismus, München-Wien o.J. Die folgende Skizze der Entwicklung des Konservatismus in Deutschland orientiert sich an Klemens von Klemperer, Der deutsche Widerstand gegen den Nationalsozialismus im Lichte der konservativen Tradition, in: Manfred Funke/Hans-Adolf Jacobsen/Hans-Helmuth Knütter/Hans-Peter Schwarz (Hrsg.), Demokratie und Diktatur, Festschrift für Karl Dietrich Bracher, Bonn 1987, S. 266ff.

2 Das schrieb Rudolf Pechel in dem von Arthur Moeller van den Bruck und Heinrich von Gleichen 1922 herausgegebenen jungkonservativen Manifest »Die Neue Front«, zit. nach Kurt Sontheimer, Antidemokratisches Denken in der Weimarer Republik, München 1962, S. 66.

3 Vgl. Martin Greiffenhagen, Artikel »Konservatismus«, in: Meyers Enzyklopädisches Lexikon, Bd. 14, Mannheim u.a. 1975, S. 157–161.

4 Schon *vor* der Französischen Revolution schalt der große deutsche Gesellschaftsdenker Justus Möser: »Die Herrn beim Generaldepartment möchten gern Alles ... auf einfache Grundsätze zurück-

daraus politische Folgerungen. Dabei wird Gott freilich leicht als Garant der bestehenden Privilegienordnung in Anspruch genommen, der Altar etwa als Bollwerk für Thron und Eigentum. Gewiß muß sich die Gesellschaft auch nach konservativer Auffassung ändern und entwickeln, aber nur »organisch« und nicht nach erklügelten Rezepten. So dachten Clemens Fürst von Metternich, Friedrich von Gentz, Karl Ludwig von Haller, Leopold von Ranke und Ernst Ludwig von Gerlach.

In Preußen kam mit Georg Friedrich Wilhelm Hegel die Staatsfrömmigkeit hinzu, die den Unterschied zwischen religiöser Fügung in Gottes Ordnung und Untertanengeist verwischte. Otto von Bismarck fügte, sehr zum Mißfallen von Gerlach, einen »Blut-und-Eisen-Realismus« hinzu, der sich später »Realpolitik« nannte. Das Ethos und die religiöse Orientierung des altkonservativen Denkens wichen in der wilhelminischen Epoche einem äußerlichen Prunk und einer machtpolitischen Hybris.

Der Erste Weltkrieg wurde auch für den Konservatismus zum Umbruch. Es waren vorwiegend die Älteren, die sich nach 1918 eine wilhelminische Restauration wünschten. Viele jüngere Konservative waren durch das »Fronterlebnis« verändert. Den Glauben an die traditionelle Ordnung hatten sie weithin verloren. Zu ihrem Patron war ein nihilistisch verstandener Friedrich Nietzsche geworden, der mit seinem sarkastischen Radikalismus die altkonservativen ebenso wie die liberalen Werte beschädigt hatte. Die an dem Kulturpessimisten Oswald Spengler geschulten »Jungkonservativen« hingegen wollten gern an Werte glauben und konnten nicht recht. Der Gott der Altkonservativen samt Thron und Altar sagte ihnen nichts mehr. Sie gaben sich antibürgerlich, wollten »Helden« sein und nicht »Händler«, »Krieger« statt »Krämer«. In ihrer Suche nach irgendeinem Glauben flohen sie aus dem Kulturpessimismus in ein neues Mittelalter. Dieses hatte schon der Romantiker Novalis zum Goldenen Zeitalter erwählt. Andere gingen zurück bis zur idealisierten germanischen Frühzeit. Dieser paradoxe Rückgriff auf immer weiter entfernt liegende Zeiten findet sich bei keinem anderen europäischen Konservatismus[5]. Die Herolde der »konservativen Revolution« (Paul de Lagarde, Arthur Moeller van den Bruck, Ernst Jünger) ersetzten Tradition und Religion durch willkürlich gesetzte, oft barbarische Mythen wie »Blut und Boden« oder den Kampf um seiner selbst willen (Ernst Jünger 1922: »Nicht wofür wir kämpfen, ist das Wesentliche, sondern wie wir kämpfen«). Der Dezisionismus (Martin Heidegger, Carl Schmitt) pries die Kraft zur Entscheidung, egal wofür, und die Macht als solche.

Dieses romantische Aufbegehren versteht sich vielfach als »konservative Revolution«; im Gegensatz zur linken Revolution geht es ihr nicht um das Niederreißen von Fortschrittshemmnissen, sondern um das Wegschneiden des lebensbehindernden Faulenden[6]. Anders als die Fortschrittsgläubigen wollen sie nicht eine bessere Zukunft nach Plan erzwingen, anders als die »Reaktionäre« nicht an dem hängen, was gestern war, sondern »ein Leben aus dem, was immer gilt« (Moeller van den Bruck)

---

geführet sehen. Wenn es nach ihrem Wunsche ginge, so sollte der Staat sich nach einer academischen Theorie regieren lassen ... In der That entfernen wir uns dadurch von dem wahren Plan der Natur, die ihren Reichthum in der Mannigfaltigkeit zeigt, und bahnen den Weg zum Despotismus ...« (zit. nach M. Greiffenhagen, ebenda, S. 157). Hier findet sich ein konservativer Standpunkt, wenngleich dieser Begriff erst nach der Französischen Revolution geprägt wurde.

5 Siehe ebenda, S. 159.

6 Siehe Armin Mohler, Die Konservative Revolution in Deutschland 1918–1932, Darmstadt 1989, S. 116.

und in einem ewigen Kreislauf unverändert bleibt (Nietzsche). Im Grunde ist eine »konservative Revolution« ein Widerspruch in sich. Der Urtyp des Konservativen verteidigt das Gewachsene gegen Macher und Ideologen; der »konservative Revolutionär« wird selbst zum ideologischen Macher. Und da »jede Revolution ... einengende Formen zersprengen« will[7], berührt sich die konservative in ihrem antibürgerlichen Affekt mit der linken Revolution: Davon zeugen die »Nationalbolschewisten« (Ernst Niekisch) als Fraktion innerhalb der »Nationalrevolutionäre«.

Die »konservative Revolution« ist vielgestaltig und zerstritten. Die Völkischen schwören auf den germanisch-rassischen Mythos, die »Jungkonservativen« auf einen romantischen Reichsmythos als Rechtfertigung deutscher Hegemonie in Mitteleuropa, die »Nationalrevolutionäre« auf den Mythos einer verselbständigten vitalistischen Dynamik unter Wegschmelzen des Inhalts[8]. Einig sind sich diese Neukonservativen aber untereinander und mit den meisten Altkonservativen in einem: in der unversöhnlichen Ablehnung des »toten Zahlenmechanismus« Demokratie, des »westlich-mechanischen« Parlamentarismus mit seinen Parteien, die als »Schwärme von Parasiten am Körper des Reichs« gelten (Moeller van den Bruck). Sie alle glauben an die konfliktfreie politische »Gemeinschaftsordnung« eines autoritären Staates, in dem sich zwischen Volk und Führung keine eigensüchtigen Gewerkschafts- und Parteiinteressen schieben dürfen. Das macht die Schwäche und die Gefährlichkeit des Weimarer Konservatismus aus – vom altpreußischen (Ewald von Kleist-Schmenzin) über den wilhelminischen (Alfred Hugenberg, Ulrich von Hassell) bis zum revolutionären (Edgar Jung, Harro Schulze-Boysen): Einig ist er lediglich als Antibewegung, stark genug ist er nur zur tatkräftigen Mitzerstörung von Demokratie und liberaler Tradition.

In diesem konservativen Denken gibt es nicht sehr viele Antikörper gegen das Gift nationalsozialistischer Parolen. Hitler schöpft aus den gleichen ideologischen Quellen und hält überdies für jede Klientel das Passende bereit – für die Deklassierten eine Art von Antikapitalismus, für die Preußengläubigen den Ritus des »Tages von Potsdam«, für »konservative Revolutionäre« germanische Mythen und den autoritären Staat. Auf Distanz gehen viele Konservative zu Beginn des Hitlerreiches am ehesten aus einer alt- oder neu-aristokratischen Arroganz gegen den braunen Pöbel in der SA und die braunen Spießer in der Kreisleitung.

So nimmt es nicht wunder, daß der Konservatismus von Weimar in seinen Organisationsformen nach Hitlers Machtantritt rasch zerfällt. Es ist kaum möglich zu sagen, was nun aus der ehemaligen Deutschnationalen Volkspartei, was aus dem Tatkreis, dem Juniclub oder dem Stahlhelm wird. Sie verschwinden spurloser als die vom Nationalsozialismus weit härter bekämpften »geborenen« Gegner wie die sozialistischen Parteien. Deren Exilvertreter behalten wenigstens noch eine – schwindende – illegale Basis im Reich; dagegen können konservative Gruppierungen anscheinend nur noch, wie der Stahlhelm, in der SA aufgehen oder sich im Privaten verlieren. Lange scheint es, als habe der Nationalsozialismus die konservativen Ideen und Personen teils aufgesogen, teils zum Schweigen gebracht. Erst im Todesjahr des Reiches meldet sich der preußisch-deutsche Konservatismus am 20. Juli 1944 zurück und verabschiedet sich zugleich aus der Geschichte.

---

7 Hermann Rauschning, Die Konservative Revolution. Versuch und Bruch mit Hitler, New York 1941, S. 63.

8 Siehe A. Mohler (Anm. 6), S. 150f.

»Nationalkonservative« zwischen Mitmachen und Opposition

Konservative Opposition trieben in den Jahren bis 1938 nur wenige Einzelgänger wie Ewald von Kleist-Schmenzin. Was die Konservativen 15 Jahre heiß ersehnt hatten, erreichte Hitler in fünf Jahren scheinbar spielend: er nahm sich die »Wehrhoheit«, formierte die Gesamtgesellschaft nach dem Vorbild des Militärs, zerriß das »Schanddiktat von Versailles« und schuf »Großdeutschland«[9]. Deshalb blieben die außenpolitischen und selbst manche innenpolitischen Ziele konservativer Regimegegner bis tief in den Krieg hinein teilidentisch mit denen des Regimes. Die territorialen Forderungen von Goerdeler und Hassell an die Alliierten wuchsen und schrumpften mit Hitlers militärischen Eroberungen[10]. Seine ruchlosen Methoden mißbilligten sie gewiß; jedoch erging es ihnen ähnlich wie der weichherzigen Kaiserin Maria-Theresia bei den polnischen Teilungen, die sie als brutal empfand. Gleichwohl, so spottete ihr robusterer Teilungspartner Friedrich der Große: »Sie weinte, doch sie nahm«.

Wie lange und weshalb standen die alten konservativen Eliten in Militär, Diplomatie und Verwaltung zu Hitler, wann und unter welchen Umständen standen kleine Gruppen gegen ihn auf? Eine rein interessenpolitische Deutung gibt die einflußreiche Theorie des »nationalkonservativen Widerstandes«. Sie geht auch mit den anerkannten Vertretern des konservativen Widerstandes hart ins Gericht. Vor 1938, wenn nicht 1942, vermag sie eine systemfeindliche konservative Opposition nicht zu erkennen. Zunächst, so heißt es, schlossen die alten konservativen Eliten, vor allem die Militärführung, eine »Entente« mit Hitler. Denn dieser Bündnispartner lieferte den durch das Chaos der Republik verunsicherten preußisch-deutschen Führungsschichten die fehlende Massenbasis. Er sicherte damit ihre Privilegien und verhieß ihnen einen Staat auf zwei gleichberechtigten »Säulen«, Wehrmacht und Partei. Er sanierte durch Streikverbot und Aufrüstung die depressionsgeschwächte Industrie, durch Schutzzölle und Autarkiepolitik den notleidenden Großgrundbesitz. Die Heeresvermehrung ließ einen warmen Regen von goldenen und silbernen Sternen auf die Schulterstücke der Militärs niedergehen[11].

Hitler erwies sich als zuverlässiger Bündnispartner, als er der Armee am 30. Juni 1934 die SA-Konkurrenz vom Halse schaffte. Die begleitenden Morde an Generalen

9 »Großdeutschland« im Sinne des Österreich-Anschlusses war allerdings kein eigenes Ziel von Altkonservativen wie Ernst von Weizsäcker und Ewald von Kleist-Schmenzin, wohl aber die Revision des »Diktatfriedens von Versailles«; so forderte Kleist in England den polnischen Korridor, noch ehe Hitler dies offiziell tat.

10 Goerdelers Friedensplan vom 30. Mai 1941, zit. nach Gerhard Ritter, Carl Goerdeler und die deutsche Widerstandsbewegung, München 1964, S. 551, fordert »die Wiederherstellung der Grenzen Deutschlands von 1914 gegenüber Belgien, Frankreich, Polen«, dazu Österreich und das Sudetenland. Hierzu bemerken manche Apologeten, die dem konservativen Widerstand nach Möglichkeit unsere heutigen politischen Wertvorstellungen attestieren wollen, Goerdeler habe solche territorialen Kriegsgewinne nicht wirklich gewollt, habe aber die Generale ohne derartige Lockmittel nicht zum Mitmachen bewegen können. Dieser Versuch übersieht, daß nach Ansicht der meisten konservativen Regimegegner ein gerechter Friede auch die »Revision von Versailles« erforderte, dazu die Anerkennung der Annexionen bis 1938 und eine deutsche Hegemonie in Mitteleuropa. Siehe zu Hassells Zielen Gregor Schoellgen, Ulrich von Hassell, München 1990, S. 151.

11 Wer 1933 als Hauptmann oder Major in den Startlöchern der Reichswehr saß, der konnte sich seiner endlichen Beförderung zum General praktisch nur durch Selbstmord entziehen; so eine militärische Redensart aus dem Kriege.

(Schleicher, Bredow) und jungkonservativen Intellektuellen (Bose, Jung) wurden deshalb schweigend hingenommen und schreckten die Konservativen zugleich von jeder weiteren Machtkonkurrenz mit Hitler ab. In der glücklichen Vernunftehe zwischen dem »Führer« und der konservativen Elite konnten die innenpolitischen Verbrechen des Regimes höchstens Irritation, aber keine systemfeindliche Opposition auslösen. Erst als Hitler in der Blomberg-Fritsch-Krise 1938 der »Entente« untreu wurde und die Armee zum bloßen Instrument degradierte, konnte eine Art Widerstand keimen, der aber nie über isolierte Netzwerke hinausging[12].

So wäre das Versagen des Konservatismus als Gegenkraft erklärt. Tatsächlich aber verfügten allein die konservativen Eliten im Staatsdienst, vor allem in der Armee, über die Machtmittel zu wirksamem aktivem oder wenigstens passivem Widerstand. Ohne ihr Wohlwollen wäre Hitlers »Machtergreifung« nicht geglückt, und zumindest in den ersten Jahren war Hitler auf ihren – reichlich vorhandenen – guten Willen angewiesen. Selbst Ludwig Beck, der 1933 den »erste(n) große(n) Lichtblick seit 1918« sah, bewies brennenden Eifer bei der Erfüllung und Übererfüllung der Rüstungsziele seines Obersten Befehlshabers[13].

So eindrucksvoll stimmig und geschlossen diese Analyse ist, in einigen Punkten bleibt sie fragwürdig, unterstellt sie doch stillschweigend: die Armee hätte die Regierung gestürzt, wäre sie dagegen gewesen. Das tun hin und wieder südamerikanische Armeen, aber die Reichswehr tat es nicht einmal in der Weimarer Zeit[14]; dergleichen gehörte in der preußisch-deutschen Tradition nicht zur Rolle des Militärs, so überzogen seine Bedeutung vielfach auch war. Deshalb wäre es ebenso unrealistisch wie unfair, von der deutschen Armee zu verlangen, sie hätte die demokratischen und humanistischen Barrikaden gegen Hitler bemannen müssen, als die deutschen Politiker und Wähler sie 1933 fast kampflos geräumt hatten. Mit anderen Worten: selbst wenn die Reichswehr gegenüber der Regierung Hitler so kühl-distanziert geblieben wäre wie gegen viele Regierungen der Weimarer Zeit, so hätte sie dadurch die Gewaltherrschaft nicht verhindert; diese stützte sich auf Propaganda, Populismus und Polizei, nicht auf Bajonette. Ebensowenig wurde der Krieg dadurch verhindert, daß die Wehrmacht ihn nicht wollte.

Eine weitere Unstimmigkeit der Theorie: nach ihr stünde zu erwarten, daß die höchsten Militärs Hitler unterstützten, weil er ihren Interessen diente. Beim ranghöchsten Soldaten des Jahres 1933, Kurt Freiherr von Hammerstein-Equord, traf das schon einmal nicht zu. Er war skeptisch und trat bald in Opposition zu Hitler. Nicht die Reichswehr suchte sich ihren Kanzler, sondern der Kanzler besetzte die Militär-

12 Vgl. Hans Mommsen, Der Widerstand gegen Hitler und die deutsche Gesellschaft, in: ders., Der Nationalsozialismus und die deutsche Gesellschaft, Reinbek 1991, S. 338–361; Klaus-Jürgen Müller, Die national-konservative Opposition vor dem Zweiten Weltkrieg: Zum Problem ihrer begrifflichen Erfassung, in: Manfred Messerschmidt/Klaus A. Maier u. a. (Hrsg.), Militärgeschichte. Probleme – Thesen – Wege, Stuttgart 1982, S. 215–242.

13 Siehe Klaus-Jürgen Müller, Armee, Politik und Gesellschaft in Deutschland 1933–1945, Paderborn 1979, S. 65.

14 Hier kann man auch nicht den Sturz Brünings oder Papens als Gegenbeispiel anführen, obwohl der »politische General » von Schleicher seine Hand im Spiele hatte. Er war aber nur einer von vielen Darstellern im Intrigenspiel um den alles entscheidenden Reichspräsidenten, nachdem die politische Willensbildung in der Volksvertretung zusammengebrochen war. Keinesfalls kann man sagen, daß sich hier die Reichswehr als Machtfaktor gegen die zivilen Gewalten durchsetzte oder auch nur durchzusetzen versuchte.

spitze mit ihm ergebenen Offizieren wie Blomberg und (damals noch) Beck. Freilich ist richtig, daß die große Mehrheit des Offizierskorps Hitlers Militär- und Gesellschaftspolitik begrüßte. Die Distanz vieler Offiziere der alten Schule zur Partei war mehr gesellschaftlicher als politisch-moralischer Natur, und der »Oberste Befehlshaber« genoß allgemein hohen Respekt[15].

Auch wird die Darstellung einer »nationalkonservativen« Opposition den Motiven des Einzelnen nicht immer gerecht, sondern subsumiert sie mitunter zu flink und vollständig dem interessenpolitischen Kalkül. So reduziert etwa Müller den Versuch des Staatssekretärs von Weizsäcker, Hitlers Kriegspläne konspirativ zu hintertreiben, auf einen »systemimmanenten Machtkampf um Einfluß bei Hitler«.[16] Das klingt so, als wäre es Weizsäcker lediglich darum gegangen, seinen Chef Ribbentrop beim »Führer« an Beliebtheit auszustechen. Hitler würde es, wenn er es erfahren hätte, wohl weniger milde beurteilt haben: handelte es sich doch um eine illegale, ja »landesverräterische« Aktion gegen das Herzstück der nationalsozialistischen Politik, nämlich den imperialistischen Raubkrieg. Mit solchen Motivverkürzungen erleichtert die Theorie des »nationalkonservativen« Widerstandes die Abwehr gegen ihre unbequemen und im ganzen überzeugenden Einsichten[17].

Wurzeln konservativen Widerstands

Keine Großgruppe leistete als solche Widerstand, ob Arbeiterschaft oder Kirche, Großgrundbesitz oder Militär; in allen Schichten der deutschen Gesellschaft blieb Widerstand die Ausnahme. Mithin geht es bei der Erinnerung an den deutschen Widerstand wesentlich um Einzelmenschen, oft sehr einsame, und um Kleingruppen. Deren Motive sind uns hier wichtig, soweit sie zu oppositionellem Handeln geführt haben. Die interessante, leider oft nur sehr schwer zu beantwortende Frage dabei ist, zu welchem Zeitpunkt der einzelne Konservative den Widerstand als notwendig erkannte und innerlich dazu bereitstand. Viele waren ja längst bereit, ehe sie Gelegenheit fanden; andere, z.B. Frontsoldaten unterhalb der oberen Führung, hatten praktisch keine Gelegenheit. Wenn wir feststellen, daß zahlreiche Offiziere im Potsdamer Ersatztruppenteil des hochkonservativen Infanterieregiments 9 zu den Verschwörern des 20. Juli 1944 gehörten, so dürfen wir vermuten, daß auch im Feldregiment dieses Potential nicht fehlte; wohl aber fehlte dort, Hunderte oder Tausende Kilometer von Berlin und Rastenburg entfernt, die Handlungschance. Hemmend für den Entschluß zum Widerstand war auch die Teilidentität konservativer und nationalsozialistischer Ziele; fördernd ein konservatives Gewissen, das die Verbrechen der Staatsgewalt auf die Dauer nicht hinnehmen konnte.

15 Vgl. Ekkehard Klausa: Preußische Soldatentradition und Widerstand. Das Potsdamer Infanterieregiment 9 zwischen ›Tag von Potsdam‹ und 20. Juli 1944, in: Jürgen Schmädeke/Peter Steinbach (Hrsg.), Der Widerstand gegen den Nationalsozialismus. Die deutsche Gesellschaft und der Widerstand gegen Hitler, München 1985, S. 533–545, hier 537.

16 K.-J. Müller (Anm. 12), S. 220.

17 Damit ist Müllers These nicht widerlegt, daß Weizsäcker keine Grundsatzopposition betrieb, ja, daß er sogar lange Zeit verkannte, wie fundamental der Krieg für Hitlers Politik war. Insofern mag Müllers Begriff »Gegendiplomatie« Weizsäckers Handeln im Jahre 1938 in der Tat besser beschreiben als »Widerstand«. Gleichwohl wollte er nicht Hitlers Gunst gewinnen, sondern seine Ziele vereiteln.

Wer waren nun die Konservativen oder Nationalkonservativen im Widerstand? Kleist-Schmenzin gehörte gewiß dazu – er war Ideologe einer sich selbst konservativ nennenden Weltanschauung[18]. Aber gehörten auch Moltke und Bonhoeffer dazu, die Hans Mommsen zu den »Nationalkonservativen« rechnet?[19] Moltke war nicht einmal Patriot[20], sondern radikaler Humanist und Weltbürger. Gewiß stammte er aus derselben traditionellen konservativen Führungsschicht wie Kleist-Schmenzin, aber politisch hätten sich beide vor 1933 nur gestritten. Dennoch kann man sie als gewissensstarke Wertkonservative betrachten. Wurzel ihrer Opposition war ein moralisches Unwerturteil über den Nationalsozialismus schon in den Jahren seiner äußeren Erfolge.

Viele andere, darunter zahlreiche Offiziere, waren in eher konventioneller Weise konservativ. Sie vertraten die politischen Ideale und die politisch-ökonomischen Interessen der alten Führungsschichten aus dem Kaiserreich, aber ihnen fehlte ein scharf konturiertes konservatives Gewissen. Hitler erschien ihnen als Vollstrecker ihrer politischen und sozialen Ideale, zumindest aber im Vergleich zu den »Systempolitikern« von Weimar als erheblich geringeres Übel. Diesem »konventionell-konservativen« Typus entspricht etwa General Walther von Seydlitz-Kurzbach: Von ihm heißt es, er habe vor der Schlacht um Stalingrad an Hitler lediglich auszusetzen gehabt, daß er schlechtsitzende Uniformen trug und keine Tischmanieren hatte[21]. Zum aktiven Hitlergegner (aber nicht zum Widerstandskämpfer; der Begriff Widerstand paßt nur für den Kampf von innen, im Machtbereich des Diktators; sonst würde jeder amerikanische GI zum Widerstandskämpfer) wurde Seydlitz erst, als er sich und seine Truppe in Stalingrad verraten sah und erkannte, daß dieser skrupellose Oberste Befehlshaber ganz Deutschland in ein riesiges Stalingrad verwandeln werde[22]. Zu einem solchen Entschluß im Angesicht von Hitlers sicherem Untergang bedarf es keines feingesponnenen konservativen Gewissens; es genügen Patriotismus, Verantwortungsbewußtsein und moralischer Mut (Seydlitz hätte schließlich auch bequem und wohlgenährt im Generalslager das Kriegsende abwarten und sich den Haß vieler Kameraden, Todesurteile von Hitler und Stalin und die Drangsalierung seiner Familie ersparen können).

Ähnliches gilt von dem Entschluß des jungen Frontoffiziers Axel von dem Bussche, ein Selbstmordattentat auf Hitler zu verüben. Nachdem er in Dubno Augenzeuge des Völkermordes an den Juden geworden war, bedurfte es zur Einsicht in den verbrecherischen Charakter des Regimes keines konservativen Feinsinns mehr. Gefragt waren wiederum Verantwortungsbewußtsein und moralischer Mut, und der war selten und verdient hohe Achtung. Zwar mangelte es damals nicht an Ritterkreuzträ-

---

18 Vgl. Bodo Scheurig, Ewald von Kleist-Schmenzin. Ein Konservativer gegen Hitler, Oldenburg-Hamburg 1968.

19 H. Mommsen (Anm 12), bes. Anm. 5. K.-J. Müller schränkt den Begriff neuerdings ein und rechnet die Kreisauer nicht mehr dazu (vgl. seinen Beitrag in diesem Band).

20 So äußerte sich seine Witwe, Freya Gräfin Moltke, in dem Film von Hava Kohav-Beller, The Restless Conscience, 1991. Diese Äußerung ist offenbar so verwirrend, daß die Übersetzer sie für einen Lapsus linguae hielten und das Gegenteil in den deutschen Untertitel schrieben: »Er *war* ein Patriot«.

21 Persönliche Mitteilung an den Autor 1990 von Heinrich Graf Einsiedel, der als Vizepräsident des Nationalkomitees »Freies Deutschland« Seydlitz genauer kennenlernte.

22 Seydlitz Anfang 1943: »Deutschland wird einmal Stalingrad im Quadrat sein«. Zit. nach Bodo Scheurig, Freies Deutschland. Das Nationalkomitee und der Bund Deutscher Offiziere in der Sowjetunion 1943–45, Köln 1984, S. 33. Auf S. 57 kennzeichnet Scheurig die Haltung von Seydlitz gegenüber Hitler treffend als »das Aufbegehren noch intakten Soldatentums«.

gern, aber der Mut des Soldaten richtete sich viel leichter nach vorn als nach oben. Vielleicht war diese seltenere Art von Mut, man mag sie Zivilcourage nennen, tatsächlich ein konservatives Reservat – und ein kommunistisches dazu: Martin Broszat sieht die Bereitschaft zur Selbstgefährdung im Widerstand bei Aristokraten und Arbeitern sehr viel ausgeprägter als beim bürgerlichen *»juste milieu«*[23].

Konservative Regimegegner: Eine Typologie

Wie weit wollen wir nun unser Begriffsnetz »Konservatismus« ausspannen, welche Kreise der aktiven und passiven Regimegegner damit fassen? Einfach ist es, wenn man einen engen »nationalkonservativen« Begriff wählt, der nur die Gegner der Weimarer Demokratie von rechts umfaßt. Damit wäre aber vorausgesetzt, was erst zu beweisen wäre: daß Konservatismus antidemokratisch und antiliberal sein muß. Aber auch Konrad Adenauer gilt mit Recht als konservativ, und er gehörte doch zu den demokratischen Politikern von Weimar.

Auch die meisten kirchentreuen Katholiken, die dem Zentrum nahestanden, dachten konservativ. Gerade sie waren bis 1933 gegen den Nationalsozialismus vergleichsweise immun und bewahrten sich auch danach, in dem von den Nationalsozialisten entfachten verschärften Kulturkampf, durchaus mehr Antikörper gegen die nationalsozialistische Vergiftung als die Mehrzahl ihrer Mitbürger. Es ist deshalb unrichtig und ungerecht, einen katholischen Widerstand nur bei Individuen zu konstatieren und der Institution abzusprechen. Eine derart schallende öffentliche Ohrfeige wie das päpstliche Sendschreiben »Mit brennender Sorge« hat Hitler sonst niemand versetzt, und mancher, der sie druckte oder von der Kanzel verlas, riskierte Freiheit und Eigentum. Daß eine öffentliche und damit öffentlich kontrollierbare Institution wie die Kirche ungeeignet ist, Attentatspläne zu schmieden, versteht sich wohl von selbst. Der Anteil katholischer Kirchenführer, die wenigstens in Teilbereichen Widerstand durch entschiedenen Widerspruch leisteten, war erheblich größer als der bei den Wehrmachtführern. Im übrigen ist natürlich richtig, daß der katholische Widerstand überwiegend Selbstbehauptung war und im wesentlichen durchaus obrigkeitsfromm. Selbst der bewundernswert tapfere Bischof Galen, der mit seinen Eingaben und Predigten die Machthaber ständig bis aufs Blut reizte, bejubelte in einem Hirtenbrief den Überfall auf die Sowjetunion[24].

Und wie steht es mit Hermann Stöhr, dem einzigen vom Reichskriegsgericht zum Tode verurteilten und hingerichteten evangelischen Wehrdienstverweigerer? Er war

---

23 Martin Broszat, Widerstand: Der Bedeutungswandel eines Begriffs in der Zeitgeschichte, in: Süddeutsche Zeitung vom 22./23. November 1986 S. 10f. Nicht zuletzt die Professoren, von denen viele heute den Widerstand gern von oben herab oder durch das umgedrehte Fernglas betrachten, gehörten zu diesem behutsamen *juste milieu.*

24 »Gott ist mein Zeuge, daß ich mit heißem Herzen dem Kampf der deutschen Heere gegen den gottlosen Kommunismus vollen Erfolg wünsche und täglich im Gebet von Gott, dem Lenker der Schlachten, erflehe.« Hirtenbrief vom 14. September 1941, in: Peter Löffler (Hrsg.), Bischof Clemens August Graf von Galen. Akten, Briefe und Predigten 1933-1946, Mainz 1988, Bd. 2, S. 907; vgl. auch Walter Adolph, Geheime Aufzeichnungen aus dem nationalsozialistischen Kirchenkampf 1935–43 (bearb. v. Ulrich von Hehl), Mainz 1979, S. 229; dort heißt es 1938 über Galen, er habe »einen starken Haß gegen Parlamentarismus und Marxismus« und wolle »aus seiner autoritären Grundeinstellung heraus noch gern mit dem System übereinkommen«.

im Ersten Weltkrieg begeisterter Kriegsfreiwilliger und wurde danach zum Pazifisten im »Internationalen Versöhnungsbund« um den evangelischen, ökumenisch denkenden Theologen Friedrich Siegmund-Schultze. War er nicht ein wertkonservativer Christ so gut wie Ewald von Kleist-Schmenzin? Beide wollten Gott mehr gehorchen als der Obrigkeit, wenngleich sie Gottes Gebot sehr unterschiedlich deuteten[25].

Jetzt haben wir in unserer konservativen Sammlung von Regimegegnern schon eine buntgemischte Schar: den reaktionären pommerschen »Junker« Kleist-Schmenzin, der den Parlamentarismus und seine »Systempolitiker« kompromißlos bekämpfte; daneben gerade einen solchen Politiker, den Oberbürgermeister von Köln; den christlichen Pazifisten Stöhr neben dem christlichen Militaristen Galen und zahlreichen Wehrmachtshaudegen. Sie alle hatten soziale und ideologische Wurzeln in der konservativen Tradition. Die Unterschiedlichkeit ihrer politischen Ziele zeigt, daß diese konservative Grundanschauung nur eine gemeinsame Teilmenge ihrer politischen Philosophie war[26]. Dennoch ist diese Gemeinsamkeit wesentlich, denn sie führte viele von ihnen, wenn auch spät, in die Opposition.

Auf welchen gemeinsamen weltanschaulichen Nenner lassen sich so unterschiedliche Hitlergegner bringen wie Edgar Jung, Ewald von Kleist-Schmenzin, Ludwig Beck und Claus Schenk Graf von Stauffenberg, Johannes Popitz und Ulrich von Hassell, Carl Goerdeler und Gerhard Ritter, Helmuth James Graf von Moltke und Adam von Trott zu Solz, Wilhelm Leuschner und Julius Leber, Fritz-Dietlof Graf von der Schulenburg und Wolf Graf von Helldorf, Alfred Delp und Dietrich Bonhoeffer?[27] Das auf Nationalismus abstellende gemeinsame Etikett »nationalkonservativ« scheint hier überdehnt. Die Stellung von Moltke zu Nation und Nationalismus hat mit der von Helldorf überhaupt nichts gemein, die von Bonhoeffer wenig. Für eine kleinere Gruppe, die rechtskonservativen Staatsdiener und Offiziere, die 1933 bewußt Partner der »Entente« wurden, mag der Begriff passen, solange man nicht an feineren Unterscheidungen interessiert ist (preußisch-altkonservativ, wilhelminisch, jungkonservativ). Will man aber die ganze oben genannte Gruppe zusammenfassen, so ist als gemeinsamer Nenner der von Klemperer vorgeschlagene Begriff konservativer Widerstand treffender[28]. Dieser sagt zwar, wie wir sahen, noch längst nicht alles über die politischen Ziele, wohl aber einiges über innere Antriebe zur Opposition.

---

25 Vgl. Eberhard Röhm, Sterben für den Frieden. Spurensicherung: Hermann Stöhr (1898–1940) und die ökumenische Friedensbewegung, Stuttgart 1985.

26 Hierzu ein Parallelbeispiel: Eine katholische Grundposition war gemeinsame weltanschauliche Teilmenge bei Demokraten und Antidemokraten. Seit dem Kulturkampf entfremdeten sich zunehmend eine rechtskatholische und eine demokratische, im Zentrum an Einfluß gewinnende Fraktion im politischen Katholizismus. Sie blieben jedoch gemeinsam zur Verteidigung gewisser katholischer Grundwerte in der Politik bereit, also zu einer (Teil-)Politik aus konservativ-religiöser Wurzel. Das führte den Rechtskatholiken Hermann von Lüninck zu dem allerdings gescheiterten Plan eines »katholischen Kartells« im Reichstag, das in solchen Grundwertefragen die demokratischen und die antidemokratischen Katholiken vereinen sollte. Vgl. dazu Horst Gründer, Rechtskatholizismus im Kaiserreich und in der Weimarer Republik unter besonderer Berücksichtigung der Rheinlande und Westfalens, in: Westfälische Zeitschrift 134 (1984), S. 107–155.

27 Diese Namen führt K. von Klemperer, Widerstand (Anm. 1), S. 267, auf, um die Vielfalt des konservativen Widerstands zu umreißen.

28 K. von Klemperer, Widerstand (Anm. 1), S. 279.

Motive und Zeitpunkte

Zu welchem Zeitpunkt traten Konservative aus Gewissens- oder Interessengründen in Opposition oder Widerstand zum Nationalsozialismus? Nicht einmal biographische Einzelstudien werden das in vielen Fällen klären können, weil die Quellen fehlen. Die Frage ist, wann und warum ein Konservativer den Schritt von der Regimekritik zum »potentiellen Widerstand« vollzieht. So wollen wir die Überzeugung nennen, daß hochverräterisch gehandelt werden müsse, und die Bereitschaft, sich bei Gelegenheit daran zu beteiligen. Wenige Menschen werden sich selbst diese Frage abstrakt gestellt und beantwortet haben, wenn sie kein handlungsfähiges Amt in einer historischen Situation mit Handlungschancen hatten. Freilich kam diese Situation auch nicht zustande, so lange nicht genügend Menschen abstrakt handlungsbereit waren. Wenn wir jetzt also für einige Konservative Zeitpunkte und Motive nennen, so geht es nicht ohne Spekulation und erhebliche Lücken. Beabsichtigt ist nicht biographische Gerechtigkeit für möglichst viele Konservative, sondern eine typisierte Übersicht der Zeitpunkte und Motive ihrer Bereitschaft zum Widerstand.

Ewald von Kleist-Schmenzin repräsentiert die winzige Schar der Altkonservativen, die von Anfang an aus Gewissensgründen kompromißlos gegen Hitler standen. Er war fest im agrarischen, wirtschaftlich rückständigen Pommern und im vorbismarckschen Preußen verwurzelt. Bismarck war für ihn kein echter Konservativer, sondern ein Opportunist[29]. Wenn es im konservativen Widerstand einen »Ritter ohne Furcht und Tadel« gab, dann diesen. Er brauchte keinen Holocaust, auch keine »Nürnberger Gesetze«, um zum kompromißlosen Hitlergegner zu werden. Schon vor der »Machtergreifung« führte Kleist-Schmenzin eine erbarmungslose Feder gegen das barbarische und widerchristliche nationalsozialistische Blendwerk, und anders als die katholische Kirche nahm er kein Wort zurück, als der braune Pöbel zur Obrigkeit geworden war. Die Nationalsozialisten drangsalierten ihn, wo sie konnten, sperrten ihn mehrfach ein, nahmen dem passionierten Nimrod wegen »politischer Unzuverlässigkeit« den Jagdschein weg. Er ließ sich nicht einschüchtern und nicht ab von seinem Kampf. Im Sommer 1938, während der »Sudetenkrise«, steckte er seinen Hals in die Schlinge. Er flog im Auftrag oppositioneller Militärkreise (Beck, Canaris) nach London und trat Vansittart und Churchill als »Christ, Konservativer und Preuße« gegenüber, Härte und Klarheit gegenüber Hitlers Imperialismus fordernd. In seiner Schrift »Der Nationalsozialismus – eine Gefahr« zerschnitt Kleist-Schmenzin schon 1931 das Tischtuch zwischen dem (alt-)konservativen und dem nationalsozialistischen Denken. Er geißelte Rassismus, Religionsfeindschaft, Menschenvergottung und Führerglauben. Hitler war für ihn eine »Gefahr für die Nation und Feind selbstloser vaterländischer Anschauungen«[30].

Edgar Julius Jung und Herbert von Bose waren unter den ersten Konservativen, die ihre Opposition gegen Hitler mit dem Leben bezahlten. Als Jungkonservative sahen sie mit Entsetzen, wie Hitler die konservativen Koalitionspartner, die ihn 1933 »einrahmen und zähmen« wollten, ausschaltete und den Terrorstaat errichtete. Sie versuchten, den unzuverlässigen Vizekanzler von Papen als Sprachrohr einer konservativen Gegenrevolution zu benutzen. Seine von Jung verfaßte »Marburger

---

29 Siehe B. Scheurig (Anm. 18), S. 28.
30 Ebenda, S. 96.

Rede«, eine Anklage gegen die Vernichtung von Rechtsstaat und Freiheit, sollte Hindenburg und die Reichswehr aufrütteln, das Kräfteverhältnis vom Januar 1933 zugunsten der Konservativen wiederherzustellen.

War das Widerstand oder war es nur ein Machtkampf innerhalb der »Entente« der Konservativen mit Hitler? Es wird behauptet, Jung habe sogar ein Attentat auf Hitler geplant, habe erkannt, daß dem Unheil anders nicht mehr zu wehren sei[31]. Richtig ist aber auch, was Jung selbst 1933 in seiner »Sinndeutung der deutschen Revolution« als Anspruch anmeldete: Der von ihm begrüßte Umbruch von 1933 sei ohne die geistige Mittäterschaft der Konservativen nicht möglich gewesen[32]. Gleichzeitig versuchte Jung, mit systemimmanenten Argumenten Hitler zur Milderung der Gewaltherrschaft zu überreden: Zwar sei der westlich-liberale Rechtsstaat (glücklicherweise) passé, aber »Willkür und Gewalt« wären ein »geistiger Einfall Asiens in Europa«; als »vorübergehende Maßnahme« sei die Gleichschaltung »ohne Gefahr«, auf die Dauer aber wirke sie »mechanistisch«; zwar müsse die »relative Vorherrschaft der Juden in Deutschland« gebrochen werden, aber unter Schonung ihrer »menschlichen Träger«. Jung warnte vor dem »totalen Staat« und vor der »Massenagitation« als Grundlage der Staatsführung; mithin dürfe es allgemeine Wahlen nur auf der untersten, kommunalen Ebene geben. Er forderte eine vom Wählerwillen emanzipierte »Herrschaft auf den ewigen Grundtatsachen des Gemeinschaftslebens« durch »Führerauswahl« und einen starken Staatswillen von oben. So könnten »Freiheit und Autorität zusammenklingen«. Gemeint war wohl eher die Freiheit konservativer Eliten, die sich nicht »gleichschalten« lassen wollten, als die Meinungsfreiheit der ausgeschalteten Linksparteien und Liberalen[33].

Jung vermochte den Flächenbrand nicht mehr auszutreten, den er und die Seinen hatten entzünden helfen. Aber sein mutiger Versuch zeigt, daß die »Entente« zwi-

---

31 So Larry E. Jones, The Limits of Collaboration. Edgar Jung, Herbert von Bose and the Origins of the Conservative Resistance to Hitler 1933–34, in: Larry E. Jones/James Retallack (Hrsg.), Between Reform, Reaction and Resistance: Studies in the History of German Conservatism from 1789 to 1945, Providence R.I.-Oxford 1993, S. 465–501, hier 487.

32 Edgar J. Jung, Sinndeutung der deutschen Revolution, Oldenburg 1933, S. 9f. Schon vor Hitlers Machtantritt schrieb Jung 1932 in der Deutschen Rundschau: »Der Nationalsozialismus ... ist zu einer stolzen Macht geworden. Wir freuen uns darüber nicht nur, sondern wir haben das Unsrige zu diesem Wachstum beigetragen.« Der Konservative sei der »geistige Vorkämpfer« des Nationalsozialismus; zit. nach K. Sontheimer (Anm. 2), S. 363.

33 Ein anderer konservativer Revolutionär, Harro Schulze-Boysen, nimmt 1933 Bezug auf das Göring-Wort, es gehe ihm nicht um Gerechtigkeit, sondern allein darum, seine Feinde zu vernichten und auszurotten, und schreibt: »Wir sind weit davon entfernt, über dieses Wort in ein großes Wehgeschrei zu verfallen, obwohl es vielleicht besser nicht gefallen wäre. Sondern wir finden, daß jede Unterdrückung und Verfolgung einen tiefen geschichtlichen Sinn hat: den der Destillation wertvoller Kräfte. Diejenigen, die ausgerottet werden müßten und sollten, sind ja längst verschwunden oder außerhalb der Reichsgrenzen. Ihre Rolle ist für immer ausgespielt. Sie werden nie wieder kommen, und niemand wird ihnen eine Träne nachweinen.« Siehe Harro Schulze-Boysen, Videant Consules, in: Gegner. Zeitschrift für neue Einheit, Nr. 3 vom 15. März 1933, S. 3f.; die schon vernichtete Freiheit der Andersdenkenden, ein liberales Erbe, ist auch für diesen Nationalrevolutionär kein Problem. Es geht lediglich darum, ob die nationalsozialistische Revolution, deren erster Akt kleinbürgerlich gewesen sei, im sozialistischen Sinne vollendet werde: »Viel alter Ballast wurde über Bord geworfen ... In den kommenden Kämpfen um die wirtschaftliche und religiöse Gestaltung des nationalen *Sozialismus* wollen wir der Vortrupp eines *dritten Preußen sein«;* siehe Harro Schulze-Boysen, Signal zum Aufbruch!, in: Gegner. Zeitschrift für neue Einheit, Nr. 4 vom 20. April 1933, S. 3f.; es handelte sich um das letzte Heft vor dem Verbot der Zeitschrift!

schen Hitler und den Konservativen bis 1938 keineswegs durchweg harmonisch war. Vielmehr wurde am 30. Juni 1934 nicht nur die revolutionäre SA den konservativen Interessen geopfert, sondern zugleich wurden die Konservativen mit dem Mittel des vielfachen Mordes terroristisch in die Schranken gewiesen und auf Jahre hinaus eingeschüchtert. Sie wagten erst wieder zu handeln, als Hitlers Vabanquespiel das Überleben des Reiches gefährdete.

Für die Mehrzahl der »Honoratioren«, also die ältere Generation des 20. Juli von Beck und Canaris über Goerdeler und Popitz bis zu Hassell, die zumeist wilhelminisch-konservativen Staatsdiener, trifft die Theorie über den »nationalkonservativen Widerstand« im wesentlichen zu. Sie unterstützten das Regime, solange es ihrem autoritären Gesellschaftsideal und ihren revisionistischen außenpolitischen Zielen entsprach. Der Bruch kam frühestens 1938, als Hitler die »Entente« aufkündigte und das Reich militärisch in tödliche Gefahr brachte. Eine Ausnahme ist Goerdeler, der trotz seiner autoritären Staatsauffassung wirtschaftsliberal dachte und als rechtsstaatlich denkender Beamter zunehmend Anstoß am Machtmißbrauch nahm. Noch 1932 hatte er sich für eine »Diktatur über Jahre hinaus« erklärt, um die vom »Fluch des Parlamentarismus« geschlagenen Wunden zu heilen. Dementsprechend bemühte er sich anfänglich um eine alternative Politik innerhalb des Regimes. Im April 1937 trat er aber aus eigenem Antrieb als Oberbürgermeister von Leipzig zurück und wurde im In- und Ausland zum Motor des Widerstandes[34].

Andere Konservative der jungen Generation wie Adam von Trott zu Solz[35] und Albrecht Haushofer lehnten den Nationalsozialismus von Anfang an ab, wurden aber nicht vor 1938 aktiv (vielleicht muß man hinzusetzen: wie sollten sie auch, ämter- und einflußlos wie sie waren?). Bei ihnen mag, wie bei Moltke und Bonhoeffer, ein starker angelsächsischer Einschlag in ihrer Biographie zur Immunität gegen den Nationalsozialismus beigetragen haben. Der jungkonservativ beeinflußte Haushofer versuchte anfänglich, als Mitarbeiter von Ribbentrop und Heß alternative Diplomatie zu treiben. Welches waren seine Motive für Distanz und später Widerstand? Als elitärer Individualist lehnte er den nationalsozialistischen Massenwahn von Anfang an noch stärker ab als die gleichfalls von ihm bekämpfte Weimarer Demokratie. Dennoch hatte er als »Volkstumspolitiker« vieles mit der völkischen Ideologie Hitlers gemeinsam. Wieder ein Beispiel dafür, daß eine jungkonservative Position eine entschiedene politisch-moralische Opposition von Anfang an selbst denen erschwerte, die sich 1933 von Hitler nicht täuschen ließen. So stellt sich Haushofers Weg als »komplexe Verbindung von Kollaboration und Widerstand« dar[36]. Für Adam von Trott zu Solz und Haushofer gilt ebenso wie für Carl-Hans Graf von Hardenberg und andere, die dem Regime von Anfang an ablehnend gegenüberstanden: zum potentiellen Widerstand, also der Bereitschaft zum Umsturz, fanden sie wohl

34 Vgl. Michael Krüger-Charlé, Carl Goerdelers Versuche der Durchsetzung einer alternativen Politik 1933 bis 1937, in: J. Schmädeke/P. Steinbach (Anm. 15), S. 383–404.

35 Henry O. Malone, Adam von Trott zu Solz. Werdegang eines Verschwörers 1909–1938, Berlin 1986, S. 86f., zitiert eine Äußerung, die Trott schon am 30. Januar 1933 gegenüber einem englischen Freund tat: »Ein schreckliches Unglück« habe sein Land befallen. Freilich setzte er sich durch seine »sehr empfindliche« patriotische Reaktion auf Kritik an Deutschland manchem Mißverständnis in England aus; siehe ebenda, S. 91f.

36 So Ronald Smelser, Auslandsdeutschtum vor der Wahl. Kollaboration und Widerstand am Beispiel Albrecht Haushofers, in: J. Schmädeke/P. Steinbach (Anm. 15), S. 763–776, hier S. 765.

erst im Kriege[37]. Das verband sie mit anderen Konservativen wie Claus Schenk Graf von Stauffenberg, die dem Nationalsozialismus lange in wohlwollender Distanz gegenüberstanden.

Dagegen betrieben einzelne Angehörige des Auswärtigen Amtes wie die Brüder Theo und Erich Kordt schon in der »Sudetenkrise« 1938 aktiven Widerstand, weil sie Hitlers und Ribbentrops frivole Kriegspolitik aus der Nähe erlebten und durchkreuzen wollten. Ihr primäres Ziel war damals freilich wohl nicht der Umsturz, sondern die Kriegsverhinderung; ein Staatsstreich war nur geplant, falls Hitler sich anders vom Kriege nicht abbringen ließe. Nur eine kleine radikale Widerstandsgruppe um Oberst Hans Oster und Hans-Bernd Gisevius, die von Generalstabschef Halder mit der Eventualstaatsstreichplanung beauftragt war, wollte den Umsturz mittels Attentat als Primärziel[38].

Unter den konservativen Offizieren waren es Hans Oster und Henning von Tresckow, die nach anfänglicher Zustimmung schon in Hitlers ersten Erfolgsjahren zu konsequenten Gegnern aus moralischem Prinzip wurden und unermüdlich den Widerstand organisierten[39]. Zahlreiche konservative Offiziere traten ab 1941 unter dem Einfluß der Persönlichkeit Tresckows zum Widerstand über (in der Führungsabteilung der Heeresgruppe Mitte); ab 1943 warb der mitreißende Stauffenberg weitere Offiziere an; in ähnlicher Weise Fritz-Dietlof Graf von der Schulenburg[40] im Potsdamer Ersatzbataillon des Infanterieregiments 9. Für manchen konservativen Offizier im Widerstand war der persönliche Einfluß von vorbildhaften Kameraden wohl prägender als die eigene politisch-moralische Distanz zum Regime.

Auch sonst spielten persönliche Beziehungen für den Widerstandsentschluß gerade bei den Konservativen eine wichtige Rolle. Die »Organigramme« der Widerstandsgruppen um Dietrich Bonhoeffer oder Ulrich-Wilhelm Graf Schwerin von Schwanenfeld lesen sich zum Teil wie Stammbäume. In einer Zeit, als formale Organisationen zerschlagen oder gleichgeschaltet waren, fand man das knappe Gut Vertrauen, das zur Diskussion und Entscheidung im Widerstand unentbehrlich ist, mitunter am ehesten im Kreis von Verwandten, alten Schul- und Studienfreunden. Gerade bei den traditionellen Eliten gab es ja noch die Großfamilie bis zum entfernten Vetter als Einheit der Interaktion und Loyalität[41]. Manchen Konservativen hatte ihre Familientradition den Widerstand gewissermaßen in die Wiege gelegt. So ist es

37 H. O. Malone (Anm. 35), S. 217, sieht freilich schon in Trotts » Gegendiplomatie » in England, Sommer 1939, ein Hinarbeiten auf den Umsturz. Zu Hardenberg vgl. Horst Mühleisen, Patrioten im Widerstand. Carl-Hans Graf von Hardenbergs Erlebnisbericht, in: Vierteljahrshefte für Zeitgeschichte, 41 (1993), S. 419–477.

38 Vgl. dazu Klaus-Jürgen Müller, Struktur und Eigenart nationalkonservativer Opposition bis 1938. Innenpolitischer Machtkampf, Kriegsverhinderungspolitik und Eventual-Staatsstreichplanung, in: J. Schmädeke/P. Steinbach (Anm. 15), S. 329–344.

39 Vgl. Bodo Scheurig, Henning von Tresckow, Oldenburg-Hamburg 1973; Romedio Graf von Thun-Hohenstein, Der Verschwörer. General Oster und die Militäropposition, Berlin 1982.

40 Schulenburg war ein typischer Angehöriger der Generation der konservativen Revolutionäre, ein idealistischer Nationalsozialist mit einer rückwärtsgerichteten Preußen-Utopie, deren Verwirklichung er sich noch stärker vom »sozialistischen« Otto Strasser als von Hitler erhoffte. Erst in den späten dreißiger Jahren wandte er sich schrittweise vom Regime ab. Vgl. Ulrich Heinemann, Ein konservativer Rebell. Fritz-Dietlof Graf von der Schulenburg und der 20. Juli, Berlin 1990.

41 Vgl. Detlef Graf Schwerin, Der Weg der »Jungen Generation« in den Widerstand, in: J. Schmädeke/P. Steinbach (Anm. 15), S. 460–471. Auch der Untersuchungsbericht der Gestapo betonte die »sippenmäßige« enge Verknüpfung des Verschwörerkreises.

kein Zufall, daß sich unter den Helfern Stauffenbergs in der Bendlerstraße am 20. Juli die Söhne Ewald Heinrich von Kleist-Schmenzin und Ludwig von Hammerstein finden. Was nicht nur den Freundes- und Vetternkreis um Schwerin zum Widerstand antrieb, war »ihr Selbstverständnis, als Mitglieder einer traditionellen Elite zu einer besonderen Verantwortung für das deutsche Volk berufen zu sein«[42].

Wie schwankend die Stimmungslage von Konservativen sein konnte, zeigt sich am deutlichsten an Generaloberst Franz Halder. In den militärischen Krisensituationen vor der Münchener Konferenz und vor dem Frankreichfeldzug war er Motor einer Eventualstaatsstreichplanung; nach dem Sieg in Frankreich versagte er sich dem Widerstand ein für allemal. Andere konservative Oppositionszirkel betrieben jahrelang eher eine geistige Selbstbehauptung als politische Opposition. Hierfür mag der bayrische Monarchist und spätere Kreisauer Karl-Ludwig Freiherr von und zu Guttenberg mit seinen »Weißen Blättern« stehen. Diese nicht im Handel erhältliche Zeitschrift pflegte christlichen Konservatismus in einer kultiviert-elitären Zurückgezogenheit. Einzelne Angehörige des Widerstandes wie Hassell und Klaus Bonhoeffer schrieben in ihr. Unter dem Deckmantel historischer Betrachtungen wurde leise Kritik am »Dritten Reich« geübt. Zum aktiven Widerstand stieß der Herausgeber erst, als es nur noch darum gehen konnte, das Reich vor der militärischen Katastrophe zu retten[43].

Ethische Motive spielten eine zunehmende Rolle für den Entschluß zum Widerstand, seit Hitler in der Kriegsmitte als Verderber Deutschlands erkennbar wurde. In dieser Situation gewann das Gewissen die Kraft, zahlreiche Konservative zum persönlichen Opfer bereit zu machen. So war bei vielen der Entschluß durch die Wahrnehmung des Massenmordes an den europäischen Juden bestimmt oder mitbestimmt[44].

Der Kreisauer Kreis schließlich hatte sich vollends von »nationalkonservativen« Positionen entfernt und zu einem wertkonservativen Denken gefunden, das sich am Naturrecht angelsächsischer Prägung und am Christentum orientierte[45]. In ihm war die Borniertheit der deutschen konservativen Tradition überwunden, der Nationalstaat relativiert und die Tür zum westlichen Europa aufgestoßen.

Konservative Möglichkeiten des Widerstands

Wir haben Ewald von Kleist-Schmenzin als frühesten kompromißlosen Regimegegner im konservativen Lager kennengelernt. Haben wir ihn hier vor uns, den »wahren« Konservatismus, der zur Bastion gegen Hitler hätte werden können, wenn Ge-

42 D. von Schwerin (Anm. 41), S. 470.

43 Vgl. Maria Theodora Freifrau von dem Bottlenberg-Landsberg, Die »Weißen Blätter« des Karl-Ludwig Freiherrn von und zu Guttenberg. Zur Geschichte einer Zeitschrift monarchistisch-religiöser Opposition gegen den Nationalsozialismus 1934–1943, Berlin 1990, sowie Karl Otmar von Aretin, Der bayrische Adel. Von der Monarchie zum Dritten Reich, in: Martin Broszat/Elke Fröhlich/Anton Grossmann, Bayern in der NS-Zeit, Bd. 3, München-Wien 1981, S. 514–567, hier S. 560.

44 Peter Hoffmann, Motive, in: J. Schmädeke/P. Steinbach (Anm. 15), S. 1089–1096, zählt »wenigstens zwanzig« auf, die bei der Gestapo ihre Ablehnung der Judenverfolgung als Motiv angaben.

45 Siehe K. von Klemperer, Widerstand (Anm. 1), S. 274.

nerale und hohe Staatsbeamte wahrhaft konservativ und nicht opportunistisch gedacht hätten?

Ja und nein. Gewiß hätte ein altkonservatives Gewissen von Kleistscher Schärfe und Kompromißlosigkeit den Pakt mit dem Teufel verhindert. Aber Kleist-Schmenzin wurzelte in der altmodischen, wirtschaftlich und politisch längst überholten Lebenswelt des rückständigen agrarischen Pommern. Für sie kämpfte er als bekennender Reaktionär, der weit hinter Wilhelm II. und Bismarck zurück wollte. Jenes alte Preußen pries er in fast religiöser Weise als den »erhabenste(n) sittliche(n) Gedanke(n), der je auf Erden Macht gewonnen hat«[46]; hier habe »der Glaube die bisher vollkommenste politische Darstellung gefunden ..., von der die Geschichte zu berichten weiß«[47].

Der Ideologiekritiker hätte hier leichtes Spiel: War diese altpreußische Ordnung gottgewollt, so war es auch die politische Machtstellung eines wirtschaftlich kränkelnden Junkertums, das in Preußen bis 1918 quasi unter Naturschutz gestanden hatte. Mit anderen Worten: Gott selbst wollte, daß Kleist-Schmenzin unter seinen Bauern der Herr blieb und daß diese in Pommern blieben und nicht in die Stadt abwanderten (»Erst wenn der Glaube wieder herrschend ist, ... wenn *Beständigkeit der Zustände wieder einkehrt,* erst dann wird das Streben zur Stadt und die Gefahr des Volkstodes beseitigt sein«, schrieb er noch 1944 im Gefängnis)[48]. Dieser altpreußische Gott war damals längst nicht mehr vermittelbar; ebensowenig Kleist-Schmenzins Konservatismus, der nach seiner Meinung einzig von Gott her begründbar war[49]. Deshalb ist es nicht verwunderlich, daß Kleist-Schmenzin selbst unter seinen Standesgenossen und den Konservativen isoliert blieb. Das ist nicht allein der Verblendung der anderen anzulasten, sondern auch der Starrheit von Kleist-Schmenzins politischem Weltbild. Das Fundament für eine breite gesellschaftliche Resistenz abzugeben, also eine geistige Widerstandsfähigkeit gegen den Nationalsozialismus, dazu war es nicht geeignet. Dagegen war es leider sehr wohl geeignet, seinen Teil zur Demontage der Weimarer Demokratie beizutragen. Kleist-Schmenzin hatte sich 1920 sofort dem Kapp-Putsch angeschlossen und bekämpfte auch danach die Demokratie, wo er konnte; er erklärte gar die Beseitigung des Parlamentarismus zur »vaterländische(n) und religiöse(n) Pflicht«[50].

Diese altkonservative, religiös argumentierende Denkweise war nicht einmal durchweg gegen den Nationalsozialismus resistent. Der westfälische Grundbesitzer und Rechtskatholik Ferdinand Freiherr von Lüninck etwa war als Oberpräsident eine politische Ernennung des Jahres 1933 und fand erst Jahre später in die Opposition und schließlich in den Widerstand. Dabei war sein politisches Credo – ständische »reichstheologische« Romantik und ein heiliger Zorn auf die unorganische »Zahlendemokratie« – ausdrücklich vom katholischen Katechismus abgeleitet und

46 B. Scheurig (Anm. 18), S. 17.

47 Ewald von Kleist-Schmenzin, Glaubt ihr nicht, so bleibt ihr nicht, in: ebenda, S. 269–274, Zitat S. 271.

48 Ewald von Kleist-Schmenzin, Letzte Aufzeichnungen in der Haft, 27. Dezember 1944, in: ebenda, S. 289.

49 Ewald von Kleist-Schmenzin, Grundsätze und Aufgaben konservativer Arbeit (1929), in: ebenda, S. 245: »Daher heißt der Fundamentalsatz unserer Richtlinien, daß es die Aufgabe der Menschen ist, diesen Willen Gottes zu erkennen und zu tun, oder, mit anderen Worten, Religion zu leben.«

50 B. Scheurig (Anm. 18), S. 38; siehe auch S. 70, und passim.

nahe verwandt mit Kleist-Schmenzins protestantischer Version: Beide sahen in der Restauration der Monarchie Gottes Gebot[51]. Vor der Gestapo erklärte Lüninck nach dem 20. Juli 1944 dann mutig, daß »die Not des Vaterlandes« »Hochverrat« rechtfertigen könne. Mit dieser Not meinte er und meinten die meisten seiner konservativen Mitkämpfer gegen Hitler bis hin zu Stauffenberg in erster Linie die militärische, nicht die moralische. Die Schandtaten des Regimes von der Rechtsschändung in den Nürnberger Rassegesetzen bis zur Menschenschinderei in den Konzentrationslagern trieb die Mehrzahl der staatsgläubigen Konservativen noch lange nicht in den Widerstand, allenfalls in die Entfremdung; für viele war der Kirchenkampf verwerflicher als das Konzentrationslager.

Erst als die militärische Katastrophe schon besiegelt war, fanden sich handlungsfähige Gruppen im konservativen Widerstand zusammen. Nun endlich schlug das deutschnationale Herz, das den hegemonialen Machtstaat erhalten wollte, in gemeinsamem Rhythmus mit dem ethischen, das Hitlers Verbrechen verabscheute. Damit soll nicht gesagt sein, daß der von Konservativen geführte Aufstand von 1944 allein ein nüchtern-rationaler Versuch gewesen wäre, die Sozialinteressen der Beteiligten zu retten. In der Beinahe-Hoffnungslosigkeit des Juli 1944 wurde das Selbstopfer von Konservativen wie Stauffenberg und Tresckow durchaus zum Aufstand des gequälten Gewissens[52]. Eine Chance erhielt dieses allzu lange gelähmte konservative Gewissen aber erst, als es das Ideal des deutschen Machtstaates nicht mehr gegen sich, sondern hinter sich hatte.

Gewiß dürfen wir nicht wohlfeil aus dem nachträglichen Wissen urteilen, dem das gesamte »Dritte Reich« als konsequenter Weg nach Auschwitz erscheint. Selbst die Skepsis der meisten konservativen Widerstandskämpfer gegen Demokratie und Parlamentarismus sollten wir nicht mit den Augen heutiger Verfassungsschützer betrachten: Es gibt kaum einen Zweifel, daß Hitler auch 1944 noch jede freie Wahl gewonnen hätte und daß nur eine zunächst autoritäre Widerstandsregierung den Weg zurück in den Rechtsstaat hätte bahnen können. Doch auch ohne moralische Beckmesserei bleibt als Bilanz: die Konservativen haben vor 1933 Hitler um vieles mehr genützt, als sie ihm nach 1933 schaden konnten oder wollten.

51 Vgl. Ekkehard Klausa, Vom Bündnispartner zum »Hochverräter«. Der Weg des konservativen Widerstandskämpfers Ferdinand von Lüninck, in: Westfälische Forschungen, 43 (1993), S. 530–571. Für Lüninck ergibt sich das Daseinsrecht des Staates aus der »ersten Frage des Katechismus ... Wozu bist du auf Erden? ... Gott zu dienen und dadurch zur ewigen Seligkeit zu gelangen«.

52 Siehe Klaus-Jürgen Müller, Der deutsche Widerstand und das Ausland, in: Beiträge zum Widerstand 1933–1945, Gedenkstätte Deutscher Widerstand, Berlin 1986, S. 25: »Als in der Katastrophensituation des Sommers 1944 ... General von Tresckow ... die entscheidende Parole ausgab ... und als er zur freien Tat jenseits allen realpolitischen Kalküls aufrief, da war *dies* das eigentliche, das ›echte Politikum‹, das Zeichen aufgerichtet ›vor der Welt und der Geschichte‹ – und damit die eigentliche Quelle der geschichtlichen Wirksamkeit des Widerstandes.«

WINFRIED BECKER

Politischer Katholizismus und Widerstand

Bereitschaft zum Widerstand?

Bis in die ständischen Versammlungen des Vormärz und in die Zeit der Kölner Wirren (1837) reicht die spezifische politische Organisation des Laienelements der katholischen Kirche Deutschlands zurück. Sie gewann feste Gestalt im Kaiserreich. Trotz der Selbstauflösung der bürgerlich-katholischen Zentrumspartei 1933 bildete der politische Katholizismus mit den zahlreichen ihm zugehörigen Organisationen ein demokratisches Potential, das christliche Widerstandsgruppen inspirierte und an welchem nach dem Zusammenbruch 1945 angeknüpft werden konnte[1]. Der Beitrag katholischer Laien zum Widerstand im weiten Sinne erschließt sich aus dem vor die Weimarer Republik zurückreichenden Kontinuitätsphänomen des politischen Katholizismus.

Wie an der Auflösung des Zentrums und der Aufhebung des katholischen Vereinslebens sichtbar wurde, ist auch diese politische Bewegung in den Untergrund und in den Raum der Ungesetzlichkeit gedrängt worden. Es genügt also nicht, unter katholischem Widerstand allein bestimmte Verhaltensweisen der durch das Reichskonkordat in ihrer Verfassung und seelsorglichen Funktion vorläufig gesicherten katholischen Kirche zu verstehen. Allerdings hat der Verlust der gewohnten politischen Heimat, hat die vom NS-Regime erzwungene Entlassung vieler katholischer Journalisten, Verbandsführer und Beamten 1933/34 die Mitglieder des politischen Katholizismus zutiefst verunsichert und im Lebensnerv getroffen[2]. In politischer, kultureller und materieller Hinsicht forderte der Einheitsstaat der nationalsozialistischen Weltanschauungsgemeinschaft seinen Tribut. Doch mit der schlagartigen Beseitigung der bisherigen politischen Organisationen verschwanden nicht sogleich alle Voraussetzungen, auf denen die Staatsform der Republik bis zum 30. Januar 1933 beruht hatte. Langfristig gehegte Einstellungen und Gesinnungen, aus denen die parteipolitischen Optionen erwachsen waren, wurden zur Grundlage von Resistenzhaltungen, die in aktiven Widerstand münden konnten.

1 Dazu Josef Joos, Am Räderwerk der Zeit. Erinnerungen aus der katholischen und sozialen Bewegung und Politik, Augsburg o. J., S. 150.

2 Vgl. Rudolf Morsey, Christliche Demokraten in Emigration und Widerstand 1933–1945, Köln 1987; ders., Der Untergang des politischen Katholizismus. Die Zentrumspartei zwischen christlichem Selbstverständnis und nationaler Erhebung 1932/33, Stuttgart 1977; Hugo Stehkämper, Protest, Opposition und Widerstand im Umkreis der (untergegangenen) Zentrumspartei. Ein Überblick, in: Jürgen Schmädeke/Peter Steinbach (Hrsg.), Der Widerstand gegen den Nationalsozialismus. Die deutsche Gesellschaft und der Widerstand gegen Hitler, München-Zürich 1986[2], S. 113–150 und S. 888–916; Winfried Becker, Politische Neuordnung aus der Erfahrung des Widerstands. Katholizismus und Union, in: Peter Steinbach (Hrsg.), Widerstand. Ein Problem zwischen Theorie und Geschichte, Köln 1987, S. 261–292.

Für die Anhänger des Zentrums bedeutete das Prinzip des Rechtsstaats sehr viel, weil es Rückhalt in jenen staatlich-kirchlichen Auseinandersetzungen gegeben hatte, aus denen die Partei entstanden war. Das Festhalten am Naturrecht und an moralischen Kategorien des staatlichen Zusammenlebens bildeten weitere Kerne der gesinnungsmäßigen Existenzvergewisserung. Wenn solche Haltungen nun kein öffentliches Wirkungsfeld mehr besaßen, so wurden sie dennoch durch die subtilen Unterdrückungs- und die offenen Terrormaßnahmen des Staates herausgefordert.

Stets hatte die Zentrumsidee allerdings den Staat als Ordnungsmacht aufgefaßt. Diesen und andere konservative Grundsätze machte sich die geschickte Taktik des Nationalsozialismus zunutze, um nach den krisenhaften Jahren der Republik als effektive Ordnungsmacht aufzutreten. Zugleich setzte die Verfolgung ein. Dadurch wurde die Ausbildung konspirativer, auf den Sturz des Regimes gerichteter Komponenten des sich frühzeitig zeigenden Gesinnungswiderstands aus Zentrumskreisen sehr erschwert. Es kam hinzu, daß der Katholizismus auch während der Weimarer Republik den Ruf nicht hatte abschütteln können, eine mehr geduldete als zur Führung im Staat berufene politische Kraft zu sein. Das hing mit den konfessionspolitischen Entwicklungen zusammen, die für die neuere deutsche Geschichte charakteristisch gewesen waren. Konnte angesichts der immer noch gehegten Erinnerung an den Kulturkampf die nationalsozialistische Periode nicht als ein Phänomen angesehen werden, das in kirchenpolitischer Hinsicht manches von dem, was man erlitten hatte oder gewohnt war, wiederbescherte? War der Machtwechsel insofern als nicht ganz ungewöhnlich einzuschätzen? Während langer Jahrzehnte der Sonderexistenz war auch die psychologische Bereitschaft gewachsen, der alle Kräfte zusammenfassenden »nationalen Erhebung« zur Verfügung zu stehen. Mußte man in der nationalen Notlage um der Gemeinschaft willen nicht für das Wesentliche einstehen und Formales opfern?

Obwohl das Zentrum keine Ausnahme im allgemeinen Prozeß des Untergangs der Parteien bildete – obwohl der Abschluß des Reichskonkordats seine kirchenpolitische Aufgabe überflüssig zu machen schien –, wirkte seine Selbstauflösung erstaunlich. Danach blieb dennoch eine beachtliche Substanz politischer und prinzipieller Artikulationsfähigkeit erhalten. Sie äußerte sich nach den Parteien- und Vereinsverboten in individuellen und spontanen Akten, die hier nicht zu untersuchen sind, sowie in der Bildung örtlicher, stets durch polizeilichen Zugriff gefährdeter Zirkel von Gleichgesinnten[3]. Alte persönliche und politische Verbindungen aus den Jahren vor der Machtergreifung wurden genutzt, um nach dem betäubenden Umsturz allmählich Klarheit über die Lage zu gewinnen und um gewohnte Standpunkte zu erhalten, wiederzufinden oder zu modifizieren.

Gruppen und Kreise des Widerstands aus christlicher Gesinnung

In Bonn wurde das Büro des bis 1935 amtierenden Geschäftsführers der katholischen deutschen Studentenvereine, Paul Franken, ab Herbst 1933 zum Treffpunkt der »geistigen Opposition« auf katholischer Seite[4]. Verbindungen dieser Akademiker zu evangelischen Kreisen sowie zu früheren Arbeitervereinen ergaben sich seit Mitte der

---

3 Vgl. Günter Buchstab/Brigitte Kaff/Hans-Otto Kleinmann, Verfolgung und Widerstand 1933–1945. Christliche Demokraten gegen Hitler, Düsseldorf 1986.

4 Siehe Lebenslauf Dr. Franken, Institut für Zeitgeschichte, München (IfZ), Fa 705/1, S. 28f.

dreißiger Jahre. Zu dem Bonner Kreis gehörten Michael Rott, von 1921 bis 1933 Sekretär der Christlichen Eisenbahner-Gewerkschaft, die Rechtsanwälte Johannes Henry, Hermann Müller und andere. Verbindungen ergaben sich zu einem Kölner, Düsseldorfer und einem Berliner Kreis.

Um die früheren Zentrumsmitglieder Walther Hensel, seit 1929 Stadtsyndikus, und Karl Arnold, vor 1933 Kartellsekretär der christlichen Berufsverbände für Rheinland und Westfalen, bildete sich eine Düsseldorfer Gruppe von Gegnern des Nationalsozialismus. Robert Lehr von der DNVP, der von den Nationalsozialisten verhaftete frühere Oberbürgermeister von Düsseldorf, und Freiherr Max Hildebrand von Gumppenberg wurden weitere wichtige Mitglieder dieses Kreises. Die Düsseldorfer erschlossen über Hensels Bekanntenkreis die Kontakte zu Gleichgesinnten in Köln (Heinrich Körner, Edmund Forschbach), Duisburg (Franz Etzel), Bonn (Paul Franken), Essen, Mönchengladbach und Koblenz. Lehr besorgte Verbindungen zum aktiven Widerstand um Hammerstein und Goerdeler sowie zu dem General Erich Hoepner (1939/1940). Wegen des Hörens von Auslandsnachrichten und der Vorbereitung »hochverräterischer Schriften« wie der Enzyklika *Ardenti cura* wurde Hensel von der Gestapo als »gemeingefährlicher Saboteur« eingestuft[5]. Für diesen Kreis waren nicht nur weitverzweigte Beziehungen, sondern auch Ansätze zur Diskussion einer interkonfessionellen christlichen Parteibildung »nach Hitler« kennzeichnend. In solchen Erwägungen trafen sich evangelische und katholische Geistliche und Studienräte, so Helmut Lauffs, Franz Merzbach und Will Praetorius.

Die Tradition Kölns als des bevorzugten Sitzes katholischer Organisationen vor 1933 fand gewissermaßen Fortsetzung in dem Kölner Widerstandskreis um das Ketteler-Haus. Der Prälat Otto Müller, Generalpräses der katholischen Arbeitervereine, Nikolaus Groß aus dem Gewerkverein christlicher Bergarbeiter, Bernhard Letterhaus als Verbandssekretär der katholischen Arbeiter- und Knappenvereine Westdeutschlands, Heinrich Körner als früherer Landesgeschäftsführer der christlichen Gewerkschaften Westdeutschlands, Johannes Albers, der ehemalige Kommunalpolitiker des Zentrums, sowie die Walberberger Dominikaner Laurentius Siemer und Eberhard Welty waren herausragende Vertreter dieses Kreises[6]. Der Kölner Sozialwissenschaftler Benedikt Schmittmann, der sich zum großen Ärger der Nationalsozialisten maßgeblich an den Diskussionen über den Föderalismus im Weimarer Staat beteiligt hatte, machte in unvorsichtigen Reden, die er vor Essener Pfarrgemeinden hielt, Hoffnung auf ein baldiges Ende der Herrschaft Hitlers. Maßgebliche Diskussionsanstöße zur Neugestaltung Deutschlands waren diesem Kreis ebenso zu verdanken wie die Immunisierung der katholischen Arbeiterbewegung gegen nationalsozialistische Infiltration. Im Kriege gewann der Kreis nähere Beziehungen zum Berliner Widerstand, nachdem die Verbindung zu dem 1934 von Köln nach Berlin gegangenen Jakob Kaiser nie abgerissen war. Kaiser, der Berliner Rechtsanwalt Josef Wirmer

5 Auszüge aus den Akten der Geh. Staatspolizei, I, Personalien Hensel AZ II.A.2/1531/77, in: IfZ, Fa 705/1, S. 55.

6 Vgl. Jürgen Aretz, Katholische Arbeiterbewegung und Nationalsozialismus. Der Verband katholischer Arbeiter- und Knappenvereine Westdeutschlands 1923–1945, Mainz 1978; biographische Beiträge bei Jürgen Aretz/Rudolf Morsey/Anton Rauscher (Hrsg.), Zeitgeschichte in Lebensbildern. Aus dem deutschen Katholizismus des 19. und 20. Jahrhunderts, Bde. 2–6, Mainz 1975, 1979, 1980, 1982, 1984; Konrad-Adenauer-Stiftung (Hrsg.), Christliche Demokraten der ersten Stunde, Bonn 1966.

und der ehemalige Präsident der christlichen Bauernvereine, Andreas Hermes, hielten aus den konspirativen Berliner Widerstandsgruppen, die zum 20. Juli 1944 führten, Fühlung nach Köln.

Rückhalt und Tarnung für katholischen Gesinnungswiderstand bot die 1937 im Auftrag des Fuldaer Koadjutors Johannes Dietz ins Leben gerufene Hauptarbeitsstelle für Männerseelsorge in Fulda, am traditionellen Konferenzort der deutschen Bischöfe. Unter der Leitung des Domkapitulars Anton Wohlgemuth trafen hier die führenden Köpfe der »katholischen Männerarbeit« zusammen. Der Fuldaer Heinrich Gellings war vor 1933 Generalsekretär der Zentrumspartei im Regierungsbezirk Kassel gewesen. Einen führenden Kommunalpolitiker des Zentrums, Cuno Raabe, sah Carl Goerdeler als Verkehrsminister in seinem Kabinett vor[7]. Aus den Reihen der christlichen Gewerkschaften stammten Josef Joos und Anton Sabel, der 1957 Präsident der Bundesanstalt für Arbeit wurde. Über den früheren Generalsekretär der KAB, Hermann-Joseph Schmitt, über Joos (bis 1940) und über den Generalpräses Otto Müller bestanden enge Verbindungen zum Kölner Kreis. Zu den Referenten des polizeilich beobachteten, aber bis Kriegsende bestehenden Fuldaer Kreises zählten die Jesuiten Alfred Delp und Pater Wellen, der Münsteraner Dompropst Adolf Donders und der 1933 mutig für die Juden eintretende Frankfurter Stadtpfarrer Alois Eckert. Sie übten Kritik an den Rassegesetzen, an den übertriebenen Arbeitseinsätzen und an der zwangsweisen Entchristlichung des Berufs- und Alltagslebens. Delp vermittelte Kontakte des Fuldaer Bischofs Dietz zum Kreisauer Kreis um Helmuth James Graf von Moltke.

Aus mehreren Quellen speiste sich der katholische Widerstand in Augsburg. Bereits vor das Umbruchjahr 1933 gingen die Auseinandersetzungen der Augsburger Postzeitung und des erfahrenen Publizisten Hans Rost mit dem Nationalsozialismus zurück. Nach der Machtergreifung versuchte sich das alte Zentrumsblatt vergeblich als Herd des Widerstands zu halten. Auch der Kampf der Augsburger Jugendverbände machte den Nationalsozialisten noch einige Zeit zu schaffen[8]. Als Märtyrer für seine Sache starb noch nach der Verlegung aus dem Konzentrationslager Dachau 1945 der Augsburger Stadtrat der Bayerischen Volkspartei und Arbeitersekretär Hans Adlhoch. Die fünfmalige Verhaftung aufgrund mutiger Kritik an den Machthabern hatte er sich als Ehre angerechnet. Ende 1941 oder Anfang 1942 bildete sich ein »Augsburger Kreis« um Fürst Josef Ernst von Fugger-Glött[9], den Oberst und bayerischen Reichsratsgesandten a. D. Franz Sperr, den Rechtsanwalt Franz Reisert und Angehörige der Augsburger Wirtschaft. Fugger-Glött hatte Verbindung zu Kronprinz Ruprecht von Bayern und war seit der Jahreswende 1942/43 auf Zusammenarbeit mit dem Kreisauer Kreis bedacht. Bei der Zusammensetzung der Augsburger Widerstandsgruppe war es nicht verwunderlich, daß in deren Zukunftsplanungen die Unabhängigkeit Bayerns nach dem Modell des Bismarckreiches und der Föderalismus einen besonderen Stellenwert einnahmen.

---

7 Siehe J. Joos (Anm. 1), S. 152f.; Brigitte Wiest-Raabe, Dr. Cuno Raabe im Widerstand, in: Fuldaer Geschichtsblätter, 60 (1984), S. 174–200.

8 Siehe Gerhard Hetzer, Kulturkampf in Augsburg 1933–1945. Konflikte zwischen Staat, Einheitspartei und christlichen Kirchen, dargestellt am Beispiel einer deutschen Stadt, Augsburg 1982, S. 41ff.

9 Siehe dazu Sammlung Zeller, in: IfZ, ED 88/1, S. 73–75; Sammlung W. Hammer, in: IfZ, ED 106, Bd. 29 (Eugen Gerstenmaier).

Beispiele für Einzelwiderstand nach der gewaltsamen Beseitigung der von der Bayerischen Volkspartei getragenen Regierung Heinrich Helds in Bayern boten Fritz Gerlich und Fritz Schäffer. Der 1933 dem Zentrum nahestehende Konvertit Gerlich wurde wegen seiner Angriffe auf Hitler, die er in seiner Zeitschrift »Der gerade Weg« veröffentlichte, unter schweren Mißhandlungen gefangen genommen und schon 1934 in Dachau ermordet. Schäffer, Landesvorsitzender der BVP seit 1929, übte eine indirekte politische Resistenz, indem er als Rechtsanwalt die Verteidigung geistlicher Anstalten und Personen übernahm. Josef Müller, gleichfalls Rechtsanwalt, wurde im Widerstandskreis der Abwehr um Admiral Wilhelm Canaris tätig und fand damit Zugang zum aktiven Widerstand im Vorfeld des 20. Juli.

Zu wenig gewürdigt wird bisher eine wohlorganisierte Münchener Widerstandsgruppe, die großenteils aus früheren Mitgliedern der BVP oder deren Jugendorganisation Bayernwacht bestand. Zu der sich zunächst um den städtischen Bauaufseher Josef Zott scharenden Gruppe aus Handwerkern und Mittelständlern gehörten Heinrich Weiß, Heinrich Pflüger, Gebhard Fahrner, Wilhelm Seutter von Lötzen, Franz Xaver Fackler, die Bildhauerin Elisabeth Freiin von Stengel. Intellektueller »Wortführer« der Gruppe wurde 1936 der aus der Oberpfalz stammende Rechtsanwalt Dr. Adolf Freiherr von Harnier. In Oberschwaben, Ober- und Niederbayern wurde eine in Zellen, Ortsgruppen (Gemeinden), Bezirke und Kreise gegliederte Organisation mit einer Landesleitung in München, (die eine eigene Organisation erhielt), aufgebaut. Die Gruppe wurde entdeckt, genau ausspioniert und 1939 ausgehoben. Dabei gerieten 125 Personen in Haft. Die Programm- und Werbeaktivitäten der Gruppe erwuchsen aus der vom Volksgerichtshof beanstandeten Pflege von Gesinnungsfreundschaft aus der »Systemzeit«[10]. Am 16. März 1938 stellte Zott in dem Kreis ein wahrscheinlich von den päpstlichen Sozialenzykliken beeinflußtes sozialpolitisches Sechs-Punkte-Programm zur Diskussion. Die Fundamentalkritik am Regime erstreckte sich auf den ehrlosen Ämterschacher und das Günstlingswesen, auf die den Mittelstand und die Industrie bedrückenden »hitlerischen Sowjetmethoden« in der Wirtschaft, auf die Rechtlosigkeit, die Rassentheorie und auf die Deutschlands Ansehen in der Welt mutwillig zertrümmernde Außenpolitik. Adolf Hitler wurde als pathologisch, ja »absolut irrsinnig« gebrandmarkt[11]. Die Gruppe entwarf eine Strategie, um die Stimmung der Bevölkerung gegen die »nationalsozialistische Staatsführung« »zu schüren«. Sie wollte damit bei den ehrenamtlichen Bürgermeistern ansetzen, aber auch in die nationalsozialistischen Gliederungen SA, Luftschutz und Deutsche Arbeitsfront (DAF), eindringen. Die Gruppe hielt Versammlungen in Gasthäusern ab, wirkte durch Mundpropaganda und Werbefahrten, bei denen sie nach dem Urteil der Gestapo »selbstsicher und frech« auftrat. Gegen Zott ist nach grausam langer Haft erst 1944 das Todesurteil gefällt worden. Als Urteilsgründe wurden konspirative Tätigkeit wie das Entwerfen von Flugblättern, die Organisation der Gruppe, die Stimmungsmache gegen den Nationalsozialismus aus feindlicher Gesinnung, sodann

---

10 Urteil des Volksgerichtshofs vom 26. Oktober 1944, in: Bundesarchiv, Abteilungen Potsdam, NJ 1724, Bd. 1, S. 3.

11 Anklageschrift des Oberreichsanwalts vom 13. März 1944, in: IfZ, Fa 117/374, S. 4–6, 13ff., 24ff., 33, 42, 52–54; siehe auch James Donohoe, Hitler's Conservative Opponents in Bavaria 1930–1945. A Study of Catholic, Monarchist and Separatist Anti-Nazi-Activities, Leiden 1961, S. 133–135, 281–308 (Harnier-Bericht 5. 5. 1944); Heike Bretschneider, Der Widerstand gegen den Nationalsozialismus in München 1933 bis 1945, München 1968, S. 137–142, 147.

die kurzen Kontakte zu Kommunisten und Zotts Bekenntnisse zur Monarchie und zum Föderalismus angegeben[12].

Koalitionen im Widerstand

In Bonn, Düsseldorf, Köln, Fulda, Augsburg und München fanden sich meist Menschen aus einem gemeinsamen konfessionellen Umfeld zusammen, obwohl die interkonfessionelle Öffnung hier bewußt, wie z.B. in Düsseldorf, erstrebt werden konnte. Auch in mehrheitlich evangelischen Gebieten machte sich der Einfluß des politischen Katholizismus bei der Bildung der spärlichen Widerstandszirkel geltend. Aber hier war die Lage, abgesehen von der Gleichartigkeit der nationalsozialistischen Unterdrückung, doch anders. Das Zentrum hatte zwar in Mittel-, Nord- und Ostdeutschland seine Repräsentanten besessen. Doch war es in diesen Regionen wie auch auf Reichsebene – wollte es nicht in der Außenseiterrolle verharren – auf die Zusammenarbeit mit anders gesinnten politischen Kräften besonders angewiesen. Seine ehemaligen Angehörigen zeigten sich nun zur Koalition mit Menschen anderer, zuweilen gegensätzlicher (partei-)politischer Orientierung im Widerstand bereit.

Auf die Gleise interkonfessioneller Zusammenarbeit hatten sich die christlichen Gewerkschaften schon seit dem Kaiserreich begeben. Von Köln und seit 1934 von Berlin aus führte Jakob Kaiser langwierige Verhandlungen mit Reichsbehörden zur Sicherung der Rentenansprüche für 600 entlassene Angestellte der christlichen Gewerkschaften des westdeutschen Verbandes. Er tat dies mit der Absicht, die Beziehungen zu den ehemaligen Kollegen und Kameraden nicht abreißen zu lassen. Dieser vertraute Umkreis aber wurde verlassen, als er 1935/1936 und während des Krieges in Kontakt mit Carl Goerdeler und Klaus Bonhoeffer und mit Wehrmachtskreisen um Generaloberst Beck und Hammerstein trat[13]. In Gesprächen mit Wilhelm Leuschner, dem vormaligen hessischen Innenminister und Bezirkssekretär des Bundesvorstands des Allgemeinen Deutschen Gewerkschaftsbunds in Hessen (SPD), mit dem früheren Sekretär des Deutschnationalen Handlungsgehilfenverbands, Max Habermann, und mit dem langjährigen Generalsekretär der Hirsch-Dunckerschen Gewerkschaften, Ernst Lemmer (DDP), erörterte Kaiser Ideen eines demokratischen Neuaufbaus. Den Teilnehmern erschien es als erstrebenswert, die weltanschaulich allzu zerklüftete Gewerkschafts- und Parteienlandschaft Deutschlands nach dem Kriege zu überwinden. Die Herkunft aus den christlichen Gewerkschaften ließ Kaiser als geeigneten Partner eines von einer breiteren Front getragenen politischen Neubeginns erscheinen. Nach dem ruhmlosen Untergang freier Gewerkschaften und Parteien konnte sich hier allerdings nur ein Hoffnungsschimmer zeigen, und die Absicht künftiger Zusammenfassung trug autoritäre Züge.

Joseph Ersing in Stuttgart, ehemals Reichstagsabgeordneter und Sekretär der christlichen Gewerkschaften, hielt nach 1933 Verbindung zu Jakob Kaiser und

12 Urteil gegen Zott vom 26. Oktober 1944 (Anm. 10), S. 14.
13 Elfriede Nebgen, Jakob Kaiser. Der Widerstandskämpfer, Stuttgart 1970^2, S. 12ff., 24f., 45, 64f., 95ff.

Andreas Hermes, zu dem ehemaligen württembergischen Staatspräsidenten Eugen Bolz (Zentrum), zu Wilhelm Leuschner und anderen. Als ehemaliger Militär- und Haushaltsexperte des Zentrums im Reichstag suchte Ersing nun seine früheren Beziehungen zu Vertretern der Reichswehr für widerständiges Verhalten zu nutzen, hatte aber nach dem Urteil Kaisers dabei wenig Erfolg[14].

Eine 20 Personen umfassende Gruppe um den Kaufmann Heinrich Steffensmeier in Essen, der vor 1933 der Zentrumspartei angehört hatte und ihr nach 1945 wieder beitrat, nahm Kontakte zu Personen auf, die dem früheren deutschnational-konservativen und dem linksliberalen Lager entstammten[15].

Zu den schlesischen Vertrauensleuten der Widerstandsgruppe um Goerdeler und Beck zählte Franz Leuninger in Breslau, von 1928 bis 1933 Bezirksleiter der christlichen Gewerkschaften in Schlesien, dann Geschäftsführer einer gemeinnützigen Siedlungsgesellschaft. Leuninger stellte mit dem abgesetzten Polizeipräsidenten von Breslau, Fritz Voigt, und mit anderen ehemaligen Mandatsträgern der SPD 1943 Überlegungen für den Fall an, daß nach einem Regimewechsel Neubesetzungen von Regierungsstellen in Niederschlesien notwendig werden würden[16].

Ein informeller Freundeskreis um den ehemals stellvertretenden Vorsitzenden der Zentrumspartei in Hannover, Hans Wellmann, unterhielt Beziehungen zu einer Widerstandsgruppe um den Sozialdemokraten Albin Karl, zu dem auch Anton Storch gehörte. Diesem zunächst im christlichen Holzarbeiterverband organisierten vormaligen Vorsitzenden des Dachverbands der christlichen Gewerkschaften der Provinz Hannover war von der DAF fristlos gekündigt worden. Die Pläne Leuschners und Kaisers über eine eventuelle Neubildung der Gewerkschaften dürften schon vor 1945 christlichen und sozialdemokratischen Gewerkschaftern in Wilhelmshaven bekannt geworden sein.

In einer Zeit persönlicher Bedrängnis und geistiger Orientierungskrisen wurden offenbar alte Freundschaften und Bekanntschaften existentieller empfunden. Aber die Gesinnungsopponenten gegen das NS-Regime waren, soweit Berichte Aussagen darüber zulassen, auch bereit, gewohnte Einstellungen und Denkweisen zu Ausgangspunkten für neue Fragen zu nehmen. Auf der Suche nach Gründen für den Erfolg des Nationalsozialismus glaubten sie Fehlentwicklungen der Vergangenheit, etwa im Parteienwesen, zu erkennen. Sie wurden empfänglicher für Gemeinsamkeiten politischer, geistiger und religiöser Grundüberzeugungen, die gewissen partei- oder konfessionspolitischen Stellungnahmen und Organisationsformen der Vergangenheit vorauszuliegen schienen. Die zaghaft bis entschlossen betriebene Sammlung von Gleichgesinnten fand Ergänzung durch eine die hergebrachten politischen Einteilungen überspringende Koalitionsbereitschaft: Sie führte Personen aus dem vormals konservativen, dem sozialdemokratischen und dem (links-)liberalen Lager auf der Suche nach Widerstandsbereitschaft mit Vertretern des politischen Katholizismus zusammen. Selbst partielle Fühlungnahmen mit den Kommunisten scheuten einzelne nicht.

---

14 Vgl. dazu Sammlung W. Hammer, in: IfZ, ED 106, Bd. 28 (Jakob Kaiser).

15 Vgl. ebenda, Bd. 25 (Walter Bacmeister).

16 Vgl. ebenda (Kulik); Alois Leuninger, Franz Leuninger zum Gedenken. 20. Juli 1944, o. O. [1970], S. 45–47, 49.

Formen des Widerstands

In Abwandlung einer vierstufigen Systematisierung des kirchlichen Widerstands[17] gehen die folgenden Ausführungen von einem zweistufigen Modell aus, das jedoch in jedem seiner Grade differenziert werden soll. Beide Stufen können für den »Gesinnungswiderstand« und für die »Koalition« zutreffen.

1. Nichtanpassung und Verweigerung zwecks Identitätswahrung können positiv als Strategien der Abgrenzung und Selbstbewahrung und als Versuche der Sammlung angesehen werden. Nach ihrer Zielrichtung und Funktion läßt sich diese erste Stufe der Resistenz in drei Formen einteilen:

a) Es war bereits Widerstand, den aus weltanschaulichen Gründen entlassenen, vom Regime geächteten Menschen – denen nun auch viele Glaubensgenossen aus dem Wege gingen – konkrete Hilfe beispielsweise durch Vermittlung von Arbeit zu gewähren. Viele der in Not geratenen blieben allerdings auf sich allein gestellt. Der ehemalige Redakteur Heinrich Krone mußte als Vertreter für Kaffee und Bohnerwachs sein Leben fristen. Der entlassene Oberpräsident von Westfalen, Johannes Gronowski, erhielt sich und seine Familie mit einer sehr geringen Rente. Erwähnt wurde schon die private Hilfsinitiative, die von Jakob Kaiser ausging, der geduldig mit der Reichsfeststellungsbehörde um die Rentenansprüche der entlassenen Angestellten des westdeutschen Verbandes stritt. Hilfsorganisationen mit sehr begrenzter Reichweite waren die 1927 von Pater Paul Schulte gegründete Missions-Verkehrs-Arbeitsgemeinschaft e. V. und das Notwerk des Deutschen Caritasverbands in Freiburg. Dessen Versuchen, stellungslose Journalisten und Angestellte zu vermitteln, begegneten nach dem Zeugnis des Generalsekretärs auch in katholischen Kreisen fast unüberwindliche Widerstände.

b) Die Versuche zur materiellen Hilfe waren oft von dem Motivationskomplex der geistigen Sammlung, eines »geistigen Widerstands« (Konrad Adenauer) umgriffen und getragen. Gespräche im Freundes- und Bekanntenkreis, aber auch »stumme Proteste«[18], etwa die Weigerung, bei von NS-Organisationen veranstalteten Sammlungen etwas zu geben, boten den Beteiligten oder Beobachtern ermutigende Zeugnisse eines geistigen Zusammenhaltens gegen den Unrechtsstaat. Vortragsveranstaltungen mit zuweilen unvorsichtig bekenntnishaftem Charakter dienten der Selbstvergewisserung über die eigenen, nun lautstark und offiziell attackierten Ideale, der Information und der Orientierungshilfe. Der geistige Ertrag dieser klandestinen oder parabelhaften Auseinandersetzungen ist nicht zu unterschätzen. Die Abhandlung historischer oder philosophischer Themen mit religionsgeschichtlichem Hintergrund im Kreisauer oder im Kölner Kreis erbrachte neue Einsichten in die Notwendigkeit der Grenzziehung staatlicher Gewalt und der naturrechtlichen und sittlichen Grundlegung aller staatlichen Macht. Die nationalsozialistische Propaganda forderte bei intellektuell regen Menschen dieses Ringen um den Staatsbegriff geradezu heraus. Verführerischen Sozialofferten des Regimes, die dem Aufkommen von Unzufriedenheit in breiten Schichten der Bevölkerung vorbeugen sollten, begegneten Alfred Delp im Kreisauer Kreis und Josef Zott in seiner Münchener Widerstandsgruppe mit dem

---

17 Siehe Klaus Gotto/Hans Günter Hockerts/Konrad Repgen, Nationalsozialistische Herausforderung und kirchliche Antwort, in: Klaus Gotto/Konrad Repgen (Hrsg.), Die Katholiken und das Dritte Reich, Mainz 1990[3], S. 173–190.

18 A. Leuninger (Anm. 16), S. 45.

Rückgriff auf die Sozialenzykliken Papst Leos XIII. und Pius' XI. Der Freiburger Kreis evangelischer Theologen und Wissenschaftler um Helmut Thielicke, Constantin von Dietze, Erik Wolf und Gerhard Ritter setzte der nationalistischen Überstrapazierung der Idee der Volksgemeinschaft die moralisch-sittliche Begründung des staatlichen Gemeinwesens entgegen[19]. Kreisau und andere christliche Widerstandskreise entwickelten Denkanstöße zur Neugestaltung der Grundlagen des öffentlichen Lebens und des Verhältnisses von Staat und Kirche. Die nationalsozialistischen Verfolgungsbehörden waren sich über die innere Bedrohung des Regimes durch den Faktor Geist durchaus im klaren.

c) Die Methode des geduldigen, allerdings wenig aussichtsreichen Verhandelns mit den Staats- und Parteistellen kann der Resistenzform der materiellen und ideellen Sammlung zugeordnet werden. Wie Kaiser bei seiner Verhaftung erfuhr, vermochten die dadurch aufgebauten Behördenkontakte vor Belastungen und Überraschungen zu schützen. Der Anschein des *modus vivendi* erleichterte das Überleben: Konfrontationsvermeidung zwecks Sicherung der bedrohten Existenz und der damit dennoch gegebenen geringen Wirkungsmöglichkeiten. Unter diesem Aspekt ist die oft mißverstandene Eingabenpolitik der deutschen Bischöfe, sind die Verhandlungen zwischen dem Caritasdirektor Benedict Kreutz und Erich Hilgenfeldt, dem Hauptamtsleiter der Nationalsozialistischen Volkswohlfahrt, zu würdigen, wenn auch Kreutz dadurch die örtlichen Caritasverbände vor schweren Übergriffen nicht schützen konnte. In den Anfangsjahren des Regimes war auch noch ein Kampf um die Doppelmitgliedschaft in der DAF und in den Katholischen Arbeitervereinen möglich[20]. Für diese Resistenzform der Verhandlungsmethode war die Berufung auf Verordnungen und Gesetze des nationalsozialistischen Staats nützlich, wie Clemens August von Galens Einspruch gegen die Zwangsabtreibungen bei Ostarbeiterinnen bewies[21]. Die theoretische Grundlage für Galens Einspruch bildete die katholische Naturrechtslehre, wonach für Angehörige verschiedener Völker und Rassen kein Unterschied hinsichtlich ihres Lebensrechts zu machen war.

2. Die zweite Stufe, der aktive Widerstand, erscheint aufgeteilt in einen engeren konspirativen Bereich und in ein viel breiteres, diesen überlappendes Feld des tendenziell aktiven Widerstands. Gemäß den am »Führerrecht« ausgerichteten Kriminalisierungskategorien des Regimes umfaßte aktiver Widerstand alles, was an konkreten Maßnahmen und geistigen Anstrengungen auf die Gestaltung der staatlichen Ordnung »nach Hitler« zielte. Dabei war es gleich, ob der Umsturz wirklich betrieben oder nur als bald bevorstehend vorausgesetzt wurde. Auch wer potentiell Täter war, wer regimekritische Denkschriften verfaßte, Vorträge über das bald zu erwartende Ende des »Dritten Reichs« hielt, wer Zukunftsperspektiven für die Zeit nach dem Ende des Nationalsozialismus entwarf und dessen Ablösung in regimekritischer Absicht erörterte, wurde im Grunde als Widerständler betrachtet, der die Autorität des

19 Siehe G. Buchstab/B. Kaff/H.-O. Kleinmann (Anm. 3), S. 249–252; Christine Blumenberg-Lampe, Das wirtschaftspolitische Programm der »Freiburger Kreise«. Entwurf einer freiheitlich-sozialen Nachkriegswirtschaft. Nationalökonomen gegen den Nationalsozialismus, Berlin 1973, S. 48 ff.

20 Siehe dazu Polizeibericht vom 1. August 1935, in: Martin Broszat u. a. (Hrsg.), Bayern in der NS-Zeit, Bd. 1, München 1977, S. 238.

21 Einspruch vom 30. Juli 1943; siehe Peter Löffler (Bearb.), Bischof Clemens August Graf von Galen. Akten, Briefe und Predigten 1933–1946, Bd. 2: 1939–1946, Mainz 1988, S. 989 f.

Bestehenden untergrub, und mit Sanktionen von der »Inschutzhaftnahme« bis zur Todesstrafe bedroht, sofern solche Aktivitäten aktenkundig wurden[22].

Demnach wäre das Merkmal der »Aktivität« nicht nur direkt konspirativen Aktionen, sondern auch jenen Planungen zuzuschreiben, die mit dem Untergang Hitlers und des Nationalsozialismus wie selbstverständlich rechneten: Delps präzisen Überlegungen über die Schaffung eines sozialen Rechtsstaats, eventuell unter Berücksichtigung der Enzyklika *Quadragesimo anno,* den Referaten und Erörterungen des Kölner Kreises – insbesondere der Walberberger Dominikaner – über die Neuordnung Deutschlands, Otto Müllers Plänen von 1943 über einen Neuanfang der KAB sowie dem systematischen Austausch von Informationen und der Knüpfung von Kontakten mit gleichgesinnten Wehrmachtsoffizieren durch den Düsseldorfer Kreis seit 1936. Als »Hoch- und Landesverrat« galten auch die Flugschrift des Münchners Zott »Die ersten tausend Tage des Dritten Reiches« von 1936, Leuningers Absprachen mit Voigt 1943 über in Schlesien vorzunehmende Stellenbesetzungen und Schmittmanns Aufrufe zur Fortsetzung der katholischen Vereinsarbeit auf Pfarrebene in Erwartung der baldigen Beendigung der Hitlerherrschaft. Anklage und Verurteilung legten Zott besonders die Planung des Sturzes der »gegenwärtigen Regierung« zur Last, weniger seine Einstellung zur »Art der künftigen Staatsform«[23]. Aus offenbar ähnlichen Gründen war auch sein Monarchismus den Anklagebehörden weniger verdächtig als sein Hinwirken auf neue staatliche und gesellschaftliche Zustände überhaupt. Selbst das »illoyale« Kontakthalten unter Mitgliedern früherer politischer Organisationen wie der christlichen Gewerkschaften und des Zentrums konnte unter diesem Gesichtspunkt als ernsthafter Versuch zur Wiedererweckung der verhaßten »Systemzeit« ausgedeutet werden.

Der Übergang zum aktiven Widerstand schien in den Augen des NS-Regimes bereits gegeben zu sein, sobald die im Umkreis des »geistigen Widerstands« oft noch unverbindlich und tastend, mehr verschlüsselt als offen angestellten Überlegungen eine konkrete Ausrichtung auf das Ende der Diktatur erhielten, ja schon, wenn deren kurz bevorstehender Fall unbesehen oder indirekt angenommen wurde. Sobald aus dem Gesinnungswiderstand nicht mehr die Konsequenzen der inneren oder äußeren Emigration[24] oder des durch Martyrium abzulegenden Zeugnisses[25] gezogen wurden, sondern bestimmte Personen zur Zukunftsplanung einer neuen demokratischen oder autoritären Staatsordnung schritten, war gemäß den Kategorien des nationalsozialistischen Systems die Schwelle zur Aktivität erreicht. Aktenkundig gewordene Intentionalität wurde als Aktivität gewertet.

Mit diesen Systematisierungsvorschlägen soll das besondere Gewicht des aktiven Widerstands gemäß herkömmlichen Definitionen – auf Beseitigung Hitlers zielende Handlungen, konspirative Zellenbildung mit Alternativregierung – keineswegs geschmälert, soll dessen Wert und Würde nichts genommen werden. Ein mit Bedacht

---

22 Siehe Hans-Adolf Jacobsen (Hrsg.), »Spiegelbild einer Verschwörung«. Die Opposition gegen Hitler und der Staatsstreich vom 20. Juli 1944 in der SD-Berichterstattung. Geheime Dokumente aus dem ehemaligen Reichssicherheitshauptamt, Bd. 2, Stuttgart 1984, S. 721f.

23 Anklageschrift vom 13. März 1944, S. 71; Urteil gegen Zott vom 26. Oktober 1944 (Anm. 10, 12).

24 Vgl. Michael Schäfer, Heinrich Imbusch. Christlicher Gewerkschaftsführer und Widerstandskämpfer, München 1990.

25 Vgl. Heinz Hürten, Verfolgung, Widerstand und Zeugnis. Kirche im Nationalsozialismus. Fragen eines Historikers, Mainz 1987.

derart eng definierter Widerstandsbegriff steht ganz im Einklang mit den Traditionen des europäischen, auf konkrete Beseitigung der ungerechten Herrschaft gerichteten Widerstandsrechts.

Fordert die Eigenart der totalitären Herrschaft aber nicht einen besonderen, der neuen historischen Situation angemessenen Begriff von Widerstand statt einer Reproduktion der klassischen Muster? Die auf die Beseitigung der totalitären Diktatur zielende Resistenz findet nur bedingt Vorbilder in herkömmlichen Widerstandsformen, die vormals an bestehende Institutionen, an »Freund« und »Feind« umfassende, gemeinsam gehegte Vorstellungen von Recht oder Moral anknüpfen konnten. Da der Selbstschutz des totalitären Systems die gängigen Rechtsgrundsätze beiseiteschob und Denkinhalte inkriminierte, gewannen – historisch-immanent betrachtet – auch die solchermaßen erstmals erfaßten Resistenzkategorien eine neue, aktive Qualität.

Eine andere Frage freilich ist, ob die im Geist, in hergebrachten Begriffen von Sitte, Ordnung, Natur und Recht wurzelnde Resistenz katholischer Widerstandskreise nicht ein Aufbäumen europäischer Denktraditionen gegen die mit dem Nationalsozialismus nicht endende Versuchung repräsentierte, sich des Staatseingriffs zur Manipulation der Gesinnung und des Zusammenlebens auf eine neue, ungewohnte Weise zu bedienen. Die Absicht zur Transformation der Gesellschaft, die das Regime hegte, seine Negation und Verfolgung solcher bewährter Lebensformen der Vergangenheit, ließ diejenigen, die sich auf jene Werte positiv zurückbesannen, als aktiv Resistierende erscheinen, sofern sie damit Erwägungen über die Beendigung und Beseitigung des Regimes verbanden.

Während der dunklen Jahre der ersten Nachkriegszeit suchten die politisch Denkenden Halt in bewährten lebensweltlichen Erfahrungen. Dies galt für die Repräsentanten des Liberalismus, der Sozialdemokratie und auch des Kommunismus, denn sie schritten zur Wiedergründung ihrer Parteien. Die Zentrumsanhänger hingegen sahen den politischen Katholizismus und Konfessionalismus nun grundlegend in Frage gestellt. Nach einer gewissen Entgrenzungsphase und Koalitionsbereitschaft im Widerstand brachten sie ihre Wertorientierung in neue, spezifische Parteibildungen ein, betrachteten jene darüber hinaus als Ordnungskraft einer neuen Gesellschaft.

Hans Mommsen

Die künftige Neuordnung Deutschlands und Europas aus der Sicht des Kreisauer Kreises*

Von den Neuordnungsplänen des Kreisauer Kreises geht bis heute eine eigentümliche Faszination aus. Größerer historischer Abstand läßt hinter ihren zeitgebundenen Elementen aktuelle Bezüge hervortreten, die es lohnend erscheinen lassen, sie in ihrem Zusammenhang darzustellen. Das Kreisauer Programm, so weit es aus den überlieferten Dokumenten und Denkschriften erschlossen werden kann – Helmuth James Graf von Moltke war stets um deren sorgfältige Verwahrung bemüht – stellt einen umfassenden Zukunftsentwurf dar, dessen Kühnheit und innere Stringenz von anderen politischen Reformkonzepten des deutschen Widerstands gegen Hitler nicht übertroffen worden ist[1].

Das Kreisauer Programm entstand als ein umfassendes Gegenkonzept zum totalen Machtanspruch des Dritten Reiches und zielte auf dessen welthistorische Überwindung. Das nationalsozialistische Herrschaftssystem erschien den Kreisauern nicht als das Resultat einer einmaligen historischen Konstellation, sondern als das notwendige Ergebnis einer im Spätmittelalter einsetzenden und in der deutschen Reformation sichtbar werdenden Fehlentwicklung des abendländischen Europa, die durch den Zerfall des christlichen Universalismus, durch den Verlust der personalen Bindung des Individuums und die Auflösung der »natürlichen Ordnungen« gekennzeichnet war.

Die geschichtsphilosophische Perspektive Kreisaus ist aufs engste mit den Ideengängen Helmuth James Graf von Moltkes und Peter Yorck von Wartenburgs verknüpft, die sie seit 1939 einem zunächst sehr kleinen Freundeskreis vortrugen. Daraus ging seit 1940 der Widerstandskreis hervor, den die Gestapo später nach dem Gut Kreisau benannte. Ansätze dazu reichen in das Jahr 1930 zurück (leider

---

* Der nachstehende Beitrag ist die geringfügig gekürzte Fassung des in den Vierteljahrsheften für Zeitgeschichte 42 (1994), S. 1–17 veröffentlichten Aufsatzes »Der Kreisauer Kreis und die künftige Neuordnung Deutschlands und Europas«.

1 Zur Geschichte des Kreises vgl. die grundlegende Studie Ger van Roons, Neuordnung im Widerstand. Der Kreisauer Kreis innerhalb der deutschen Widerstandsbewegung, München 1967, sowie ders. (Hrsg.), Helmuth James Graf von Moltke. Völkerrecht im Dienste des Menschen, Berlin 1986; Wilhelm Ernst Winterhager, Der Kreisauer Kreis. Porträt einer Widerstandsgruppe. Begleitband zu einer Ausstellung der Stiftung Preußischer Kulturbesitz, Mainz 1985, sowie meinen Aufsatz Kreisauer Vorstellungen als Antwort auf die Herausforderung des Nationalsozialismus, in: Dietmar Petzina/Jürgen Reulecke (Hrsg.), Bevölkerung, Wirtschaft, Gesellschaft seit der Industrialisierung. Festschrift für Wolfgang Köllmann, Dortmund 1990, S. 389–397.

läßt die Teilveröffentlichung des Briefwechsels Moltkes mit seiner Frau keinen Rückschluß zu), doch gewann das Vordenken der künftigen fundamentalen Wende erst seit dem Spätherbst 1938 festere Gestalt[2].

In einem Brief aus London ist im Oktober 1938 »vom letzten Aufflackern des Alten« und der Gefahr eines »Sieges über das Neue« sowie von der Befürchtung die Rede, Großbritannien könne faschistisch werden[3]. Im November kehrte Moltke »in tiefster Besorgnis über Europas Zukunft« nach Deutschland zurück und stellte sich – einem Brief an Lionel Curtis zufolge – die Frage, wie es gelingen könne, den Westen vor dem Durchbruch »cäsaristischer Regime« zu schützen. Er sah sich vor die Alternative gestellt, entweder nach Kreisau zurückzukehren und dort sein Land zu bestellen »mit allen Annehmlichkeiten und Nachteilen des Landlebens und mit der absoluten Gewißheit, daß ich niemals im Leben etwas Nützliches tun kann«, oder zusammen mit seinen britischen Gesinnungsgenossen das in seinen Kräften Stehende zu tun, um das »europäische Glaubensbekenntnis gegen das cäsaristische zu verteidigen und vielleicht neu zu formulieren«.

Es sei seine »Pflicht und Schuldigkeit«, schrieb Moltke Anfang Februar an Lionel Curtis, »den Versuch zu unternehmen, auf der richtigen Seite zu sein, was immer es für Unannehmlichkeiten, Schwierigkeiten und Opfer mit sich bringen mag«[4]. Diese Überlegungen bildeten den Ursprung des Kreisauer Programms – gerade weil Moltke den Entschluß faßte, nicht nach England zu gehen. Die ersten Neuordnungspläne, die sich vor allem in der im Sommer 1939 abgefaßten Denkschrift »Die kleinen Gemeinschaften« niederschlugen, gehören in diese Phase[5].

Den Vorwurf, sich als »liberaler Landedelmann« in die bloße Beschaulichkeit Kreisaus zurückzuziehen, wehrte Moltke mit großer Entschiedenheit ab: »Es ist unsere Pflicht, das Widerliche zu erkennen, es zu analysieren und es in einer höheren, synthetischen Schau zu überwinden und damit für uns nutzbar zu machen.«[6] Gleichzeitig kreisten seine Gedanken um die Frage, ob ihm vergönnt sei, die Phase »zwischen geistiger Überwindung und tatsächlichem Umschwung« noch zu durchleben, und er tröstete sich mit dem Hinweis darauf, daß die Spanne zwischen der Ankündigung der Großen Französischen Revolution durch Voltaire und deren Eintreten in der Rückschau nur kurz bemessen gewesen sei[7].

Gerade auf dem Höhepunkt der deutschen Erfolge über Frankreich, die er gegenüber Yorck als »Triumph des Bösen« bezeichnete[8], was dieser im Hinblick auf die inneren Wirkungen in Frankreich nicht ganz gelten lassen wollte – er sprach vom »pathetischen Abschluß einer Epoche« und von Anzeichen des aufkeimenden Neuen –, äußerte Moltke, daß der Krieg durch seine abräumende Kraft eine »wirklich große Chance« biete, »zu einer Zeit wirklicher Stabilität vorzustoßen«. Zum

2 Siehe G. v. Roon (Anm. 1), S. 210f.

3 Brief vom 1. Oktober 1938, zit. nach Freya von Moltke/Michael Balfour/Julian Frisby, Helmuth James von Moltke 1907–1945. Anwalt der Zukunft, Stuttgart 1975, S. 86f., sowie Brief an die Großmutter vom 5. Oktober 1938, ebenda, S. 87.

4 Brief an Lionel Curtis vom 15. Februar 1939, ebenda, S. 91.

5 Vgl. G. v. Roon (Anm. 1), S. 154–158.

6 Brief an Freya von Moltke vom 1. Juni 1940, in: Beate Ruhm von Oppen (Hrsg.), Helmuth James von Moltke, Briefe an Freya 1939–1945, München 1988, S. 142.

7 Brief an Einsiedel vom 16. Juni 1940, in: F. v. Moltke/M. Balfour/J. Frisby (Anm. 3), S. 127.

8 Moltke an Yorck vom 17. Juni und Yorck an Moltke vom 7. Juli 1940, in: G. v. Roon (Anm. 1), S. 479, 481.

Jahresende schrieb er von der »Aufgabe, das Chaos bei uns zu meistern«. Wenn das gelänge, stünde eine »Periode des sicheren Friedens« bevor, denn »hier ist ein Krieg, der die brennenden Fragen wirklich entscheidet, dem nicht ein neuer Krieg über die gleichen Fragen folgt«[9]. In diesen Äußerungen schlug Moltkes ausgeprägte optimistische Grundhaltung durch, und zugleich formte sich die Vision, daß das Ende des Krieges mit der Chance eines wirklichen Neuanfangs verbunden sein werde.

In die Monate nach dem deutschen Triumph über Frankreich fiel der Entschluß, für eine bevorstehende Zukunft systematisch zu planen. Daß das NS-Regime dem äußeren Siege entgegentrieb, beirrte Moltke nicht. Aus seiner Sicht vollendete sich in der mit steigenden militärischen Erfolgen vollzogenen Überdehnung der Ressourcen des Regimes nur der Lauf der Dinge. Das Dritte Reich stand aus seiner Sicht am Endpunkt einer universalen Entwicklung, die mit der Entstehung des säkularisierten absolutistischen »Anstaltsstaats« irreversibel geworden war. In der Herrschaft des nationalistischen Denkens, der Entfaltung eines egalitär »entarteten« Liberalismus[10] und einer materialistisch geprägten kapitalistischen Massengesellschaft habe diese sich fortgesetzt, um im Massenwahn des Dritten Reichs zu kulminieren[11].

Moltke war davon überzeugt, daß diese Epoche des Verlustes der »natürlichen« gesellschaftlichen Ordnungen und der Ausdruckskraft der religiös-kulturellen Symbole, der doppelzüngigen politischen Rede und der eskalierenden sozialen Gegensätze dem Untergang entgegentrieb[12]. Aus dieser Sicht der Dinge heraus galt es, das Alte sich ausbrennen zu lassen und sich bereit zu halten, um den nach der definitiven »Zerstörung des Staatsidols«[13] – und damit war nicht nur das NS-Regime, sondern der säkularisierte Staat als solcher gemeint – entstehenden »Hohlraum« auszufüllen[14].

Der Zusammenhang zwischen Theorie und Praxis stand für Moltke fest. Wenn die Einsicht in die Notwendigkeit der Dinge richtig war, indizierte dies zugleich, daß der geschichtliche Prozeß zu sich selbst kam. In seiner Denkschrift über »Ausgangslage, Ziele und Aufgaben«, die im Frühjahr 1941 bereits aus Beratungen im engeren Freundeskreis hervorging, hieß es, daß »das Kriegsende eine Chance zur günstigen Neugestaltung der Welt bietet, wie die Menschheit sie seit dem Zerfall der mittelalterlichen Kirche noch nicht gehabt hat«[15]. Er konzipierte diese Wende von vornherein in einem europäischen Zusammenhang.

Diese Vision, die Moltke von dem »Tag X« eines fundamentalen Neubeginns und von einer »neuen Zeitrechnung« sprechen ließ[16], ist – was das zeitgenössische Denken angeht – weniger isoliert, als es deren eigenständige Formulierung vermuten läßt. Die Vorstellung, in einem Endzeitalter zu stehen oder doch einem fundamentalen Epochenbruch entgegenzugehen, findet sich im neokonservativen Denken der zwanziger

9 Brief an Freya vom 10. Oktober 1940, in: ebenda, S. 207.
10 Brief an Freya vom 25. August 1940, in: ebenda, S. 198: »... der Liberalismus entarteter Form ...«. Gleichzeitig bezeichnete sich Moltke als »liberalen Landmann«.
11 Ganz ähnlich dachte Adam von Trott zu Solz; siehe Hans Mommsen, Gesellschaftsbild und Verfassungspläne, vollständ. bibl. Angaben, S. 255f.
12 Siehe Yorck an Moltke vom 7. Juli 1940, in: G. v. Roon (Anm. 1), S. 482: Er hoffe, daß »wir zur Zeit den pathetischen Abschluß einer Epoche erleben«.
13 »Ausgangslage, Ziele und Aufgaben«, ebenda, S. 507f., 511.
14 »Ausfüllung des Hohlraums«, ebenda.
15 Ebenda.
16 Ebenda, S. 515: Die »Aufstellung von Grundsätzen für die neue Zeitrechnung« sei »das Wichtigste«.

Jahre allenthalben[17]. Das gilt auch für die apokalyptische Färbung, die bei Moltke anklingt, wenn von »schrecklichen Gefahren, durch die alles zerstört werden kann«, die Rede war[18]. Der Hauptstrom neokonservativer Ideen proklamierte eine Revolution gegen die Ideen von 1789, gegen Aufklärung und Liberalismus, wandte sich aber gleichzeitig vom 19. Jahrhundert als Inkarnation des bürgerlichen Materialismus ab und hatte daher ganz wie Moltke eine säkulare Wende vor Augen, die das mit der Aufklärung einsetzende individualistische Zeitalter beenden sollte[19].

Analog dazu, aber mit unterschiedlicher historischer Perspektive, gingen die Verfechter des Reichsgedankens von der Vorstellung aus, daß die abendländische Fehlentwicklung mit der Reformation und dem Verlust des christlichen Universalismus eingesetzt habe. Das galt insbesondere für den Wiener Sozialphilosophen Othmar Spann und fand weite Resonanz im katholischen Lager[20]. Vermittelt durch die Schriften Edgar Julius Jungs wurde diese Perspektive auch von protestantischen Autoren aufgegriffen[21]. Die Vorstellung von der Notwendigkeit eines grundlegenden Neuanfangs der abendländischen Gesellschaft war weit verbreitet. Hannah Arendt griff sie mit der Philosophie des »Neuanfangs« nach 1945 wieder auf[22].

Direkte Einflüsse auf Moltke und Yorck sind nicht nachzuweisen, obwohl Ideengänge dieser Art im Boberhaus-Kreis geläufig waren, zumal Moltke sich wohl wesentlich weniger mit dem Arbeitslagergedanken identifiziert hat[23]. Es ist zu vermuten, daß die Ideengänge des Sozialphilosophen Eugen Rosenstock-Huessy, der im weitesten Sinne der »Konservativen Revolution« zuzurechnen ist, nur indirekt eingewirkt haben[24]. Die Anregungen, die Moltke im Schwarzwald-Kreis in Wien empfing, waren eher sozialistisch gefärbt[25]. Es spricht vielmehr alles dafür, daß Moltke seine Denkschriften aus eigenem Antrieb, häufig dialogisch im Gedankenaustausch mit Yorck, Einsiedel und anderen Briefpartnern entwickelte und keine unmittelbaren literarischen Vorbilder zu Rate zog.

Das früh formulierte Konzept der »kleinen Gemeinschaften«, das den gedanklichen Kern der Neuordnungspläne ausmachte und völlig originäre Züge trägt, steht gleichwohl ideengeschichtlich nicht isoliert da. Die dort vorgetragenen Ideen besitzen eine gewisse Entsprechung zu Othmar Spanns Theorie des »organischen Staats«, die

---

17 Siehe Klaus Vondung, Die Apokalypse in Deutschland, München 1988, S. 189ff.; Bernhard Jentschke, Zur Kritik der konservativ-revolutionären Ideologie in der Weimarer Republik. Weltanschauung und Politik bei Edgar Julius Jung, München 1971, S. 52.

18 Brief an Freya vom 10. Oktober 1940, in: B. Ruhm von Oppen (Anm. 6), S. 107.

19 Siehe Klaus Fritzsche, Politische Romantik und Gegenrevolution. Fluchtwege in der Krise der bürgerlichen Gesellschaft, Frankfurt am Main 1976, S. 42f.

20 Vgl. Klaus Breuning, Die Vision des Reiches. Deutscher Katholizismus zwischen Demokratie und Diktatur (1919–1934), München 1969, S. 17ff.

21 B. Jentschke (Anm. 17), S. 148ff.; Hans-Jürgen Schwierskott, Artur Moeller van den Bruck und der revolutionäre Nationalismus in der Weimarer Republik, Göttingen 1962, S. 92ff.

22 Siehe Hannah Arendt, Elemente und Ursprünge totalitärer Herrschaft, Frankfurt am Main 1955, S. 698f.

23 Dies betonte Rosenstock-Huessy in einem Schreiben an Ger von Roon vom 23. Februar 1963: »In Moltkes Bewußtsein hat kein Zusammenhang zwischen Arbeitslager und Kreisauer Kreis bestanden«; Materialsammlung von Roon, Institut für Zeitgeschichte (IfZ), ZS/A-18, Bd. 6.

24 So scheint Moltkes Interesse an revolutionären Zeitrechnungen von Rosenstock-Huessy beeinflußt gewesen zu sein; siehe Eugen Rosenstock-Huessy, Die europäischen Revolutionen und der Charakter der Nationen, Stuttgart 1951[3], S. 20f., und durchweg ist die Rede von »dem Anfang der neuen Zeit«, ebenda, S. 490, 553, und passim.

25 Siehe F. v. Moltke/M. Balfour/J. Frisby (Anm. 3), S. 33f.

ebenfalls den gesellschaftlichen Organismus auf die kleinen Einheiten der Familie, des Berufszusammenhangs und der lokalen Bindungen gründete[26]. Eine nur äußerliche Übereinstimmung bestand auch zu dem Nachbarschaftsgedanken Artur Mahrauns, dessen »Jungdeutsches Manifest« der schlesischen Arbeitslagerbewegung nicht unbekannt sein konnte[27]. Moltke – und ihm folgend die engeren Gesinnungsgenossen des Kreisauer Kreises – hat diese zeitgenössisch diskutierten Ideengänge teilweise aufgegriffen und fortgebildet.

Für Moltkes und Yorcks Selbstverständnis war das Programm, das sie konsequent weiterzuentwickeln suchten, stets ein »revolutionäres«, und es darf nicht übersehen werden, daß sie größte Anstrengungen darauf verwandten, es nicht zu verwässern und nicht durch Formelkompromisse aufzuweichen. Moltke führte daher einen beständigen Kampf, neugewonnene Partner zu innerer Übereinstimmung zu bewegen oder – wie zeitweise Mierendorff – vor einem Abfall zu bewahren[28]. Im November 1943 sprach er von der »grundsätzlichen Gefahrenzone, in der manche hoffen, das Boot schwimmfähiger zu machen, indem sie Grundsätze opfern, dabei aber vergessen, daß sie dadurch dem Boot die Steuerbarkeit nehmen«[29]. Er setzte dem eine intransigente Haltung entgegen.

Für Moltke stellte sich gerade mit dem Fortgang des Krieges das Problem, wann der richtige Zeitpunkt für den auch von ihm unterstützten militärischen Umsturz gekommen sei. Ursprünglich war für die Kreisauer eine solche Überlegung tabu, weil sie davon ausgingen, daß der Zusammenbruch durch einen selbsttätigen Prozeß herbeigeführt werde. Indessen stellte sich im Zusammenhang mit der Aufnahme engerer Beziehungen zum Kreis um Carl Goerdeler und der militärischen Verschwörung unter Claus Schenk Graf von Stauffenberg die Frage, wie weit eine politische Aktion, die schließlich in Form des Attentats vom 20. Juli erfolgte, dem historischen Prozeß vorgreifen sollte. Zugleich verstärkte sich der Druck auf die Verschwörer, der Eskalation des Verbrechens und der Gewalt endlich ein Ende zu setzen.

Wie alle Revolutionäre unterschätzte auch Moltke die Zeitspanne bis zum »Tage X«, aber er fürchtete gelegentlich auch, daß dieser sich hinauszögern werde. Seine Hauptsorge in den folgenden Jahren kreiste um die Frage, ob der Umsturzversuch, den Goerdeler und Stauffenberg planten und mit dem die Mehrheit der Parteigänger Kreisaus sympathisierte, zum rechten Zeitpunkt und auf der Grundlage der inzwischen entwickelten Prinzipien erfolgte. Trotz größter Anstrengungen zur Herstellung der gemeinsamen Plattform – wobei insbesondere der Ausgleich mit den Sozialisten im Vordergrund stand – rückte Moltke in den Augen seiner engeren Gesinnungs-

26 Othmar Spann, Der wahre Staat. Vorlesungen über Abbruch und Neubau der Gesellschaft, 1931^3, S. 154f., spricht zwar vom »Gesetz der inneren Gleichartigkeit der Gemeinschaften«, doch bringt er dies sogleich mit der Notwendigkeit ihrer »herrschaftsmäßigen« Schichtung in Verbindung. Bei Moltke steht dagegen ein identitätsphilosophischer Ansatz im Vordergrund.

27 Artur Mahraun, Das Jungdeutsche Manifest, Berlin 1927, S. 97ff.; allerdings unterscheidet sich dies von den Kreisauer Überlegungen durch die Propagierung des Führergedankens und die institutionelle Verfestigung des Nachbarschaftsprinzips.

28 Siehe Briefe an Freya vom 7., 9., 11. und 14. November, in: B. Ruhm von Oppen (Anm. 6), S. 562ff.: »Es wird mir wohl nicht gelingen, Friedrich wieder auf den rechten Weg zu bringen . . .«; siehe auch Hans Mommsen, Der 20. Juli und die deutsche Arbeiterbewegung, in: Klaus Schönhoven/Dietrich Staritz (Hrsg.), Sozialismus und Kommunismus im Wandel. Hermann Weber zum 65. Geburstag, Köln 1993, S. 254f.

29 Brief an Freya vom 9. November 1943, in: B. Ruhm von Oppen (Anm. 6), S. 563.

freunde zunehmend in die Rolle des Bremsers. Er wehrte sich gegen »all die Geschäftigkeit der anderen« und meinte damit vor allem die Tätigkeit des Goerdeler-Kreises. »Warten ist eben viel schwieriger als Handeln«, meinte er Anfang 1943, als sich der Gedanke eines Staatsstreichs verfestigte[30].

Ein Zusammentreffen mit Beck und Goerdeler, das am 8. Januar 1943 stattfand, deckte schwerwiegende Meinungsverschiedenheiten in der Frage der Durchführung des Attentats auf. Moltkes polemische Formulierung von der »Kerenski-Lösung« zielte einerseits auf die vorzeitige Durchführung, andererseits auf die mangelnde revolutionäre Entschiedenheit des Attentatsversuchs[31]. Moltke notierte sarkastisch, daß es besser sei, Haeften, Yorck und Gerstenmaier »tanzen diese Extratour ohne mich«[32].

Dies wiederholte sich Anfang März. Nur mit Mühe vermochte er seine Kreisauer Freunde zurückzuhalten und sich mit seiner, wie er zugab, »verhältnismäßig intransigenten Linie« nicht nur gegenüber Yorck und Gerstenmaier, sondern auch gegenüber König und Delp durchzusetzen[33]. In einem Brief an Curtis erläuterte er seine Kritik am bisherigen Vorgehen der Opposition mit dem Argument, »daß wir eine Revolution brauchen, nicht einen Staatsstreich«[34]. Der Kampf »um die richtige Form und die richtige Formel« hielt an[35]. Anfang August 1943 klagte Moltke erneut, daß Leuschner »unter ziemlich üblen Begleiterscheinungen zu dem Exzellenzen-Club getreten ist, womit die Reaktion soviel Auftrieb erhalten hat, daß wir wohl in die Kerenski-Lösung hineinschlittern werden«[36]. Diese Äußerungen verraten nicht nur den scharfen richtungspolitischen Gegensatz zu Carl Goerdeler, sondern auch Bedenken, die den Zeitplan betrafen.

In der Tat erblickte Moltke im Frühjahr 1943 noch keine Gelegenheit zum Handeln. Bei dieser Überlegung spielte mit, daß die Kreisauer Planungen noch nicht ausgereift waren. Jedenfalls wandte er sich gegen die »Geschäftigkeit der Anderen« und wies auf die Schwierigkeit hin, die Mitstreiter, von denen er sich in dieser Frage nur mit Steltzer und Mierendorff einig wußte, zum Abwarten zu bewegen. Anfang August 1943 äußerte er sich zwar ein wenig optimistischer, aber schon Tage später plädierte er erneut für eine Verschiebung des Umsturzversuchs. Eine »gesunde, organische Lösung« werde durch einen vorzeitigen Umsturz und bloßen Staatsstreich verschüttet werden. In der Halbherzigkeit der Umsturzplanung sah er »ein ernstes Symptom der Unreife unseres Volkes und unserer Situation«. Er meinte damit, daß die Bereitschaft zu einem grundlegenden Neuanfang noch nicht sichtbar sei. »Tatsächlich«, fügte er hinzu, »muß noch viel mehr in Schutt und Asche liegen, ehe die Zeit reif ist«[37].

---

30 Brief vom 21. Januar 1943, in: ebenda, S. 454; dazu auch Peter Hoffmann, Widerstand, Staatsstreich, Attentat. Der Kampf der Opposition gegen Hitler, München 1969, S. 329ff.; Fabian von Schlabrendorff, Offiziere gegen Hitler, Berlin 1984, S. 65f.

31 Brief vom 9. Januar 1942, in: B. Ruhm von Oppen (Anm. 6), S. 450, sowie Friedrich Freiherr Hiller von Gaertringen (Hrsg.), Die Hassell Tagebücher. Aufzeichnungen Ulrich von Hassells vom anderen Deutschland, Berlin 1988, S. 347, Eintragung vom 22. Januar 1943.

32 Brief an Freya vom 22. Januar 1943, in: B. Ruhm von Oppen (Anm. 6), S. 455.

33 Briefe an Freya vom 26. Januar und 4. März 1943, in: ebenda, S. 457f.

34 Brief an Lionel Curtis vom 25. März 1943, in: F. v. Moltke/M. Balfour/J. Frisby (Anm. 3), S. 217.

35 Brief an Freya vom 24. Januar 1943, in: B. Ruhm von Oppen (Anm. 6), S. 456.

36 Brief an Freya vom 4. August 1943, in: ebenda, S. 519.

37 Ebenda.

Die Kreisauer Neuordnungspläne müssen aus diesem Erwartungshorizont heraus verstanden werden. In den Grundzügen waren sie bereits in der von Moltke verfaßten Denkschrift über die »Grundlagen der Staatslehre« vom Oktober 1940 enthalten[38]. Ihre volle Ausformung erhielten sie in der auf den 24. April 1941 datierten Denkschrift »Ausgangslage, Ziele und Aufgaben«, die in einer Reihe weiterer Fassungen fortgeschrieben wurde. Sie kann als Grundschrift des Kreisauer Kreises gelten[39]. Darin werden drei prinzipielle Gesichtspunkte – die Wiedererweckung des »Gefühls der inneren Gebundenheit« an transzendentale Werte, des Verantwortungsgefühls des Einzelnen und der »Ausdrucksformen« – in den Vordergrund gestellt. Die Denkschrift zielt auf die vollständige Überwindung von Machtpolitik, Nationalismus, Rassismus und Staat. »Es soll«, heißt es darin, »ein Zustand angestrebt werden, bei dem Parteiungen und Entzweiungen unter den Menschen des Erdballs nur sekundäre Bedeutung haben, weil die in einer Partei zusammengefaßten Menschen« von dem gleichen ethischen Kraftfeld bestimmt sein würden[40]. Dies habe die Wiederherstellung der Freiheit und des Verantwortungsgefühls zur Voraussetzung.

Das klang reichlich utopisch, aber Moltke sah diese »Gesinnungsrevolution« im geschichtlichen Prozeß selbst angelegt, der durch den Krieg beschleunigt und an seinen Umschlagspunkt geführt würde. Denn die völlige Zerschlagung aller Vergemeinschaftungen unterhalb der Ebene des wegen seiner Unfähigkeit zur Friedensstiftung diskreditierten Staates würde mit dessen Zerstörung das »angeborene Bedürfnis des Menschen nach einer Bindung« wachrufen und einen Leerraum schaffen, den es auszufüllen gelte. »Das Kriegsende«, heißt es dort mit fast euphorischem Unterton, werde daher »eine Bereitschaft zu Einkehr und Buße finden wie noch niemals seit dem Jahre 999, als das Ende der Welt erwartet wurde«[41].

Moltkes Konzept atmete visionäre und chiliastische Züge, und es stellte in gewissem Sinne eine Transposition des nationalen Aufbruchsyndroms der zwanziger Jahre in die Vision der Überwindung des Nationalsozialismus als eines »Reichs des Bösen« dar. Der Gedanke, daß der Nationalsozialismus nur eine Übergangsstufe zu einer grundlegenden Neuformierung der Gesellschaft sei, war auch von Hans Zehrer und einer Reihe neokonservativer Publizisten vertreten worden. Eigentümlich war bei Moltkes Zielprojektion, daß sie sich von dem Syndrom des »deutschen Weges« gelöst hatte und betont gesamteuropäische Züge trug. Mit den nationalen Regenerierungsmythen der Weimarer Jahre hatte sie gemeinsam, daß Träger des Neuanfangs die Angehörigen der jüngeren Generation waren[42]. Dies trug zu den intergenerativen Spannungen in der Bewegung des 20. Juli maßgeblich bei[43].

Was die außenpolitische Lage bei Kriegsende anbetraf, erwartete Moltke 1941 noch keinen totalen militärischen Zusammenbruch Deutschlands, sondern eine allgemeine Ermattung der Kriegsparteien und zugleich die – im Zerfall des NS-Herr-

38 Vgl. G. v. Roon (Anm. 1), S. 498–505.

39 Abgedruckt in: ebenda, S. 507–517; die knappere dritte Fassung ebenda, S. 518ff.

40 Ebenda, S. 509.

41 Ebenda, S. 511.

42 Siehe Hans Mommsen, Regierung ohne Parteien. Konservative Pläne zum Verfassungsumbau am Ende der Weimarer Republik, in: Heinrich A. Winkler (Hrsg.), Die deutsche Staatskrise 1930–1933. Handlungsspielräume und Alternativen, München 1992, S. 7ff.

43 Siehe Hans Mommsen, Gesellschaftsbild und Verfassungspläne des deutschen Widerstands, in: ders. (Hrsg.), Der Nationalsozialismus und die deutsche Gesellschaft. Ausgewählte Aufsätze, Hamburg 1991, S. 242 und S. 318.

schaftssystems begründete – Unfähigkeit des Deutschen Reiches, den Krieg fortzusetzen. Er hoffte, daß in allen europäischen Ländern die Kriegsgegner an die Spitze gelangen und daß sie auf einen »wahrhaft europäischen Friedensschluß« drängen würden. Bis 1944 verdüsterte sich diese Perspektive, aber es blieb die Hoffnung bestehen, daß auch die Sieger von dem einsetzenden Neuordnungsimpuls erfaßt und damit die Grundlagen für einen umfassenden Neuanfang geschaffen würden[44].

Moltke prognostizierte eine politische Einigung des europäischen Kontinents auf der Grundlage einer Zweiteilung der Welt, in dem eine angelsächsische Union mit Schwerpunkt in den USA einem Kontinentaleuropa gegenüberstand, dem Teile Afrikas zugeschlagen waren, jedoch nicht das auf seine alten Grenzen zurückgeführte Rußland[45]. Im Frühjahr 1943 verwandelte sich dies in den Gedanken, daß sich »der deutsche Ordnungsbeitrag in Europa« wohl »im Spannungsfeld des amerikanisch-englisch-russischen Dreiecks« vollziehen müsse, das »direkte und indirekte Möglichkeiten zur Verhinderung einer organisatorischen Vergewaltigung des europäischen Lebens« gewährleisten werde[46]. Dies war, wie wir heute wissen, eine Illusion und entsprang dem Wunschdenken, die erstrebte Neuordnung doch noch in Gang setzen zu können.

1941 hoffte Moltke, daß die europäische Demobilmachung in die Schaffung einer »großen Gemeinwirtschaftsorganisation« einmünden werde, die in wirtschaftliche Selbstverwaltungskörper gegliedert war. Zukunftsweisend war die Idee, an die Stelle der bisherigen großen Nationalstaaten »historisch gewordene Selbstverwaltungskörper« zu setzen, die bei unterschiedlichen Verfassungen im einzelnen durch eine direkt gewählte europäische Legislative und ein Kabinett von Fachministern regiert werden sollten, denen ein Länderkabinett aus Vertretern der Länderregierungen zur Seite stand[47]. Hier liegen die Wurzeln der dann weit ausgefächerten Europapläne des Kreisauer Kreises[48].

Die außenpolitischen Entwürfe im Umfeld Kreisaus zielten konsequent auf eine politische Einigung Europas, verlangten allerdings mit gutem Grund ein »europäisches Mitbestimmungsrecht« für Deutschland, und sie hofften, die politische Willensbildung im Nachkriegseuropa ideell präfigurieren zu können. Der Kreisauer Kreis oder zumindest dessen »linker« Flügel um Moltke und Yorck unterschied sich durch den konsequent vertretenen Internationalismus und durch die kompromißlose Verwerfung jeder Form von Nationalismus als politischem Ordnungsprinzip vom übrigen nichtsozialistischen Widerstand. Allerdings muß dahingestellt bleiben, inwieweit die betont föderalistische Position Moltkes, die die Idee eines Europas der Regionen vorwegnahm, von der Mehrheit der Kreisauer geteilt worden ist, welche, wie Delp, Gerstenmaier, Leber und Trott, stärker national dachte. Moltke schrieb im Dezember 1941, daß jedenfalls er und Yorck damit rechneten, »daß der Erfolg unseres

44 Siehe dazu die im Vorfeld der 3. Kreisauer Tagung im Frühjahr 1943 entstandene Denkschrift »Außen- und Innenpolitik«, abgedruckt in: Roman Bleistein, Dossier: Kreisauer Kreis. Dokumente aus dem Widerstand gegen den Nationalsozialismus, Frankfurt am Main 1987, S. 241 f.

45 Siehe »Ausgangslage, Ziele und Aufgaben«, in: G. v. Roon (Anm. 1), S. 512.

46 Denkschrift »Außen- und Innenpolitik«, in: R. Bleistein (Anm. 44), S. 248.

47 »Ausgangslage, Ziele und Aufgaben«, in: G. v. Roon (Anm. 1), S. 512 f.

48 Dazu E. Winterhager (Anm. 1), S. 122 ff.; Walter Lipgens (Hrsg.), Europa-Föderationspläne der Widerstandsbewegungen 1940–1945, München 1968; die Denkschriften, in: R. Bleistein (Anm. 44), S. 127 ff., 249 ff. und 260 ff.; ferner Klemens von Klemperer, German Resistance Against Hitler. The Search for the Allies Abroad, Oxford 1992, S. 328.

Kampfes wahrscheinlich den totalen Zusammenbruch unserer nationalen Einheit bringen wird«, doch seien sie bereit, »dem ins Gesicht zu sehen«[49]. Demgegenüber wurde in den Grundsätzen für die Neuordnung am Reich als der »obersten Führungsmacht des deutschen Volkes« festgehalten[50]. Die Bereitschaft Moltkes, die Konsequenzen aus der sich abzeichnenden deutschen Niederlage schon zu einem so frühen Zeitpunkt zu ziehen, ist bemerkenswert und macht deutlich, wie wenig ihm ein bloß utopisches Denken unterstellt werden kann.

Die bewußte Ausstattung der Landesverweser – und damit der wiederherzustellenden territorialen Einheiten – mit allen Attributen der Souveränität für den Fall, daß das Reich handlungsunfähig sein werde[51], entsprach der föderalistischen Zielsetzung. Dies verband sich im übrigen mit der Hoffnung, auf dieser Ebene die Debellation durch die Siegermächte zu unterlaufen und deren Anerkennung für den sich aus eigenem Antrieb vollziehenden Neuaufbau zu erreichen. »Wie weit auch immer die Unterwerfung der deutschen Initiative unter fremden Machteinbruch gehen mag, wird doch das spontane Fortwirken der kleinen und mittleren Selbstverwaltungskörper und technischer Organisationen notwendig bleiben«, heißt es in einer im Frühjahr 1943 abgefaßten Denkschrift[52]. Der hier praktizierte »personale Sozialismus« müsse »als Lösungsform des europäischen Sozial- und Wirtschaftsproblems« in die Bemühungen um einen europäischen Frieden als deutscher »konstruktiver Beitrag« eingebracht werden. Es ging also durchaus darum, auf diesem Wege »die friedliche Entfaltung nationaler Kultur« sicherzustellen, die, wie es in den »Grundsätzen für die Neuordnung« hieß, »mit der Aufrechterhaltung absoluter einzelstaatlicher Souveränität nicht mehr zu vereinbaren« sei[53].

Im engeren Kreis um Moltke bestand nie ein Zweifel daran, daß die gemeinsam entwickelten innenpolitischen Grundsätze unmittelbar auf die Außenpolitik zu übertragen seien und daß die Bedingungen einer europäischen Friedensordnung auf einer weitgehenden »Übereinstimmung in Fragen der unmittelbaren moralischen und rechtlichen, sozialen und wirtschaftlichen Lebensordnung« beruhen müßten. Die gegenwärtige Weltkrise, hieß es in einer im Vorfeld der dritten Kreisauer Zusammenkunft entstandenen Denkschrift, habe letztlich ihre Ursache in der »moralischen und politischen Entwurzelung des Menschen«. Die »innere Festigung und äußere Sicherung der Person« ebenso wie die »Neugestaltung der kleinen und großen Lebensordnungen« seien die Voraussetzung für jedes »zwischenstaatliche Gespräch«[54]. Angesichts der postulierten Identität von innerer und äußerer Politik tauchten Begriffe wie derjenige der Staatsräson im Denken der Kreisauer nicht auf.

»Europa nach dem Krieg« schien dergestalt, wie Moltke 1942 in seinem bekannten Brief an Lionel Curtis formulierte[55], weniger eine Frage wasserkopfartiger Organisationen als der Wiederherstellung »des Bildes des Menschen im Herzen unserer Mitbürger« zu sein. Diese pathetisch anmutende Wendung traf jedoch insofern den Kern

49 Denkschrift »Grundlage der Außenpolitik der Nachkriegszeit«, in: G. v. Roon (Anm. 1), S. 550 ff., sowie R. Bleistein (Anm. 44), S. 269 ff.
50 G. v. Roon (Anm. 1), S. 562.
51 Siehe die »Erste Weisung an die Landesverweser« vom 9. August 1943, in: ebenda, S. 568.
52 R. Bleistein (Anm. 44), S. 246 f.
53 G. v. Roon (Anm. 1), S. 562.
54 R. Bleistein (Anm. 44), S. 243 ff.
55 Brief an Curtis vom 18. April 1942, in: F. v. Moltke/M. Balfour/J. Frisby (Anm. 3), S. 155.

der Dinge, als die deutsche Gesellschaft infolge der fortschreitenden Brutalisierung des Regimes und der immer desolater werdenden Lebensbedingungen im Kriege von einer tiefgreifenden Anomie erfaßt war, die den Einzelnen auf die Sphäre eines bloß vegetativen Überlebenswillens zurückwarf und jedes höhere Interesse abtötete. Die teils mutwillig, teils als Folge der millionenfachen Umsiedlung der »Volksgenossen« herbeigeführte Zerschlagung der primären Sozialbindungen und gewachsenen Sozialmilieus verstärkte diesen Effekt.

Ein längeres Fortbestehen des NS-Regimes werde zum Verlust der moralischen, geistigen und physischen Substanz des deutschen Volkes führen und in eine »germanische Bolschewisierung« einmünden, warnte eine im Vorfeld der zweiten Kreisauer Zusammenkunft vom Oktober 1942 entstandene Denkschrift, die von Alfred Delp und Lothar König überarbeitet wurde[56]. Wenn das System »bis zur inneren Abnutzung« und bis zum »inneren Zusammenbruch« bestehen bliebe, werde das einen »geistigen und physischen Nihilismus« bei den breiten Massen zur Folge haben und einen »Kampf aller gegen alle« heraufbeschwören.

Aus dieser Sicht hatte es nur wenig Sinn, den Zusammenbruch abzuwarten, und es war zugleich zu prüfen, wie sich die Wende vollziehen werde. Eine Beseitigung des Regimes durch »Revolten von unten« würde eine nur »negative Destruktion und ›Befreiung‹« bringen und sei mit der Gefahr des Auftretens »neuer Demagogien« verknüpft. Diese Formulierungen zeigen, daß das Trauma des November 1918 auch bei den Verschwörern fortwirkte.

Auf Grund der geschilderten Konstellation bot sich als einzig gangbarer Ausweg – und das bezog sich auf den Kreisauer Kreis – die »Beseitigung des Systems durch eine ideologisch bestimmte und einheitliche Gruppe« an, deren Erfolg aber davon abhänge, hinreichend Zeit zu haben, um diese Grundhaltung allgemein durchzusetzen. Zudem müsse diese mit einer »machtmäßig genügend starken Gruppe« zusammenarbeiten, die sich der Idee zur Verfügung stelle. Damit war auf das Zusammengehen mit der Militäropposition angespielt. Eine bloße Militärdiktatur erschien allerdings obsolet, sie sollte vielmehr in erster Linie der Herstellung einer Situation dienen, in der die Möglichkeit einer »echten politischen Willensbildung« gegeben sein werde[57]. Auch im Umsturz galt es also, den Primat der Politik zu erhalten.

In einem weiteren Schritt umschrieb die Denkschrift das zentrale Ziel, das in der Wiederherstellung von »Volk, Reich und Staat, die innerlich zersetzt und bedroht sind«, und in der »Rettung der tragenden Grundkräfte des deutschen Menschen« bestehe. Die ausgeprägt nationale Färbung zeigt, daß der Text nicht von Moltke und Yorck konzipiert war, ebensowenig wie die Forderung einer »echten Demokratie« ihrem Vokabular entsprach[58]. Aber die Überlegung, daß es einer neuen »inneren Verfassung und Haltung des deutschen Menschen« bedürfe, die ihn befähigte, »Ver-

---

56 Bleistein gab ihr die Überschrift »Ziele und Vorstellungen des Kreises«, in: R. Bleistein (Anm. 44), S. 61–83. Der Verfasser war Georg Angermaier, der mit dem Ausschuß für Ordensangelegenheiten in Verbindung stand. Vgl. Antonia Leugers, Georg Angermaier, Diss. jur., Freiberg 1993.

57 Ebenda, S. 63f.; zur Frage der Mitwirkung des Kreisauer Kreises am Umsturzversuch des 20. Juli 1944 siehe Thomas Childers, The Kreisau Circle and the Twentieth of July, in: David C. Large (Hrsg.), Contending with Hitler. Varieties of German Resistance in the Third Reich, Cambridge, Mass. 1991, S. 99–118.

58 Ebenda, S. 66.

antwortung für das Ganze« zu übernehmen, kam ihrem Denken nahe. Das galt auch für die Diagnose, daß die gegenwärtige Lage durch den »Verlust des Persönlichkeitsbewußtseins«, durch »Vermassung und Entgeistigung«, durch »amoralische Vitalität« und eine Beschränkung des Individuums ausschließlich »auf die primitiven Lebenssicherungen und Bedürfnisbefriedigungen« geprägt sei[59]. Dieser Entwicklung wurde das Ziel einer »Entmassung«, einer »Bildung der gebundenen Persönlichkeit« auf der Grundlage der Rechts- und Eigentumssicherheit und eine »Wiederherstellung des Privatlebens« sowie »des Verständnisses für geistige und ideale Werte« entgegengestellt. Dazu gehörte auch, ganz im Sinne Moltkes, die Zurückgewinnung der Glaubensfähigkeit des Menschen. Wir seien, heißt es weiter, zu einem »Volk auf der Straße« geworden, dessen »Heimatgefühl« durch die Politik des Regimes zerstört worden sei.

Die Denkschrift Angermaiers, die in der Folge die künftig anzustrebende politische Struktur des Reiches entwirft, beschreibt mit seltener Klarheit die anthropologischen Leitvorstellungen, die den Kreisauer Planungen zugrundelagen. Innerhalb der Gruppe der Jesuiten wandte sich insbesondere Pater Alfred Delp diesen Fragen, die sich eng mit seinen seelsorgerlichen Aufgaben berührten, mit größter Aufmerksamkeit zu; er scheute nicht vor dem selbstkritischen Eingeständnis der »Ohnmacht der Kirche« und der Unangemessenheit ihrer theologischen Antworten auf die »Verlassenheit« des Menschen zurück[60]. Delp konstatierte einen »Verlust der religiösen und geistigen Substanz«, eine fortschreitende »Vermassung«, ja einen »Verlust der naturhaften Instinktsicherheit« und betonte, daß es neben der Frage ideologischer Indoktrination der Einzelnen um die Behebung des allgemeinen psychischen Zerfalls ginge, der zu einer »erstaunlich und erschreckend großen Interessenlosigkeit für die allgemeinen Anliegen« geführt habe[61]. In der Tat war es schlechthin notwendig, zunächst einmal die Kommunikationsfähigkeit zwischen den Individuen wiederherzustellen und ein Mindestmaß an Vertrauen zu schaffen, bevor Politik im eigentlichen Sinne des Wortes wieder möglich war.

Delp scheute sich nicht, vom »Menschen in der Agonie« zu reden, der sich »im Kampf und der Angst um sein nacktes Dasein« erschöpfe und jeder »echten Erschütterung unfähig« werde. Was not tue, sei die »Wiederfindung einer abendländischen Lebensform«[62]. Er nahm damit auf, was Moltke schon in der Denkschrift »Ausgangslage, Ziele und Aufgaben« unter den Begriff der »Wiederherstellung der Ausdrucksformen« gefaßt hatte[63].

Die sich nicht nur in Deutschland ausbreitende Mentalität zynischer Anpassung und moralischer Indifferenz erschien gleichermaßen als Ursache und Folge der nationalsozialistischen Diktatur. Es bedurfte der bewußten Wiederherstellung alltäglich normaler Sozialbeziehungen, um jeden Einzelnen in den Stand zu versetzen, gemeinschaftliche Verantwortung zu akzeptieren und Politik als Verwirklichung gemein-

---

59 Ebenda, S. 67.
60 Roman Bleistein (Hrsg.), Alfred Delp. Gesammelte Schriften, Bd. V, Frankfurt am Main 1988, S. 236.
61 Denkschrift »Lage und Seelsorge« vom Herbst 1943, in: ebenda, S. 246.
62 Alfred Delp, Drei Fragen an die Kirche, 1943, in: ebenda, S. 237 und S. 239.
63 G. v. Roon (Anm. 1), S. 510.

schaftlicher Interessen wahrnehmen zu können[64]. Delp hat diesem Anliegen Roland Freisler gegenüber in der prophetisch klingenden Forderung nach revolutionärer Einkehr unvergeßlichen Ausdruck verliehen: »Diese Revolution des 20. Jahrhunderts braucht ihr endgültiges Thema und die Möglichkeit der Schaffung erneuter beständiger Räume des Menschen.«[65]

Vor diesem Hintergrund gewinnt Moltkes Konzept der »kleinen Gemeinschaften« einen tieferen Sinn. Es zielte darauf ab, jede Form vorstaatlicher Kommunikation genossenschaftlicher Prägung – ob es sich um die Familie, die Nachbarschaft, freie Vereinsbildungen, Studiengruppen, Wohngemeinschaften, Jugendgruppen handelte oder soziale und kulturelle Einrichtungen aller Art bis hin zu Gemeinschaftsleistungen wie der Feuerwehr, Kindergärten, aber auch Kirchen, Sekten, kulturelle und wissenschaftliche Vereinigungen, wenn sie nur eine gemeinnützige Funktion hatten[66] – zum Ausgangspunkt der politischen Verfassung zu machen. Dafür standen nicht zuletzt die angelsächsischen Verhältnisse Pate, die der privaten Initiative gegenüber der öffentlichen den Vorzug geben. Moltke machte sich daher zum Anwalt einer größtmöglichen Partizipation mündiger Bürger, die den Anweisungen zentralistischer Organisationen und bürokratischen Strukturen mißtrauten. Nur in den »kleinen Gemeinschaften« könne sich »das Gefühl der Verantwortung allen anderen gegenüber« entfalten und von hier auf das politische System im ganzen übertragen werden. Die Wiederherstellung der Primärbindungen und die überfällige europäische Neuordnung bedingten, aus der höchst unterschiedliche Handlungsfelder übergreifenden Sicht Moltkes, einander wechselseitig[67].

Die Freisetzung individueller Spontaneität, die Moltke anstrebte, enthielt ein gegen den modernen »Anstaltsstaat« gerichtetes Moment und zielte mit dem Gedanken, die Tätigkeit des Einzelnen in »kleinen Gemeinschaften« zur Voraussetzung für die Wahrnehmung politischer Ämter zu machen, darauf, den Staat primär auf Aufsichtsfunktionen zu beschränken[68]. Die Vorstellung, staatliche Herrschaft durch ein organisch gestuftes System von Selbstverwaltungskörpern zu ersetzen, die auf »kleine Gemeinschaften«, die zwar Organisationen privaten Rechts sein, aber durch Wahlrechtsprivilegien begünstigt werden sollten, gegründet waren, läßt sich als konservative Variante des Rätesystems deuten. Doch liegt ihr eine an Kant geschulte identitätsphilosophische Sicht zugrunde, die durch die Beschäftigung mit dem angelsächsischen Pragmatismus nur wenig modifiziert erscheint[69]. Problematisch wurde die politische Umsetzung des Prinzips der »kleinen Gemeinschaften« deshalb, weil deren beabsichtigte indirekte Institutionalisierung notwendig das Element der Spontaneität und Ehrenamtlichkeit zerstörte. Denn damit ging der Vorteil einer freien Elitenbildung und

---

64 Siehe Hans Mommsen, Der deutsche Widerstand gegen Hitler und die Wiederherstellung der Grundlagen der Politik, in: Die Weiße Rose und das Erbe des deutschen Widerstands. Münchener Gedächtnisvorlesungen, München 1993, S. 198–214.

65 Alfred Delp, Im Angesicht des Todes, Gesammelte Schriften, Bd. IV, Frankfurt am Main 1985^2, S. 313; dazu Roman Bleistein, Alfred Delp. Geschichte eines Zeugen, Frankfurt am Main 1989, S. 245ff.

66 Siehe den Katalog in der Denkschrift »Die kleinen Gemeinschaften«, in: G. v. Roon (Anm. 1), S. 158.

67 Siehe ebenda, S. 154.

68 Siehe die Denkschrift »Über die Grundlagen der Staatslehre«, in: ebenda, S. 166; Brief an Otto Heinrich von der Gablentz vom 31. August 1940, in: ebenda, S. 163f.

69 Siehe H. Mommsen (Anm. 43), S. 246.

Führungsauslese, die den »kleinen Gemeinschaften« zugedacht war, verloren und war eine Rückbildung in eine ständisch gestufte Gesellschaft nicht auszuschließen[70].

Moltke hatte bei diesem Konzept auch im Auge, daß sich Gleichgesinnte über die europäischen Grenzen hinweg zusammenfinden und zu Trägern des Neuanfangs werden würden. Das war mit der »Partei der Gleichgesinnten« gemeint, die schon in der ersten Denkschrift angesprochen worden war und auf deren Solidarität er das künftige Europa aufbauen zu können hoffte. Darüber hinaus betrachteten die Kreisauer »den Gedanken eines in gesunden Selbstverwaltungsformen verwirklichten personalen Sozialismus«, in dem sie eine »allgemeine Lösungsform des europäischen Sozial- und Wirtschaftsproblems« erblickten, als konstruktiven Beitrag für den europäischen Frieden[71].

In der generellen Zielsetzung, neue soziale und politische Lebensformen zu entwickeln, die die bisherigen staatlichen Formationen ablösten und, wie es Trott formulierte, eine Brücke zwischen dem »Realprinzip des Ostens« und zwischen dem »Personalprinzip des Westens« schlugen[72], sahen die Kreisauer ihre eigentliche und damit auch ihre genuin europäische Aufgabe. »Im ganzen muß die innerdeutsche Reform ihre eigene, weder dem kapitalistischen noch dem kommunistischen Extrem entlehnte Sprache entwickeln«, hieß es in einem der Kreisauer Texte, um »aus der tatsächlichen innerdeutschen Reform auf die europäische Vertrauensbildung einzuwirken«[73]. Die Kreisauer hofften, daß sie mit tatkräftiger Unterstützung der christlichen Kirchen zu einem europäischen Neuanfang gelangen könnten[74].

Für die große Mehrheit der Kreisauer verknüpfte sich das Ziel der Wiederherstellung christlicher Lebenshaltung mit der Lösung der sozialen Frage, die aus ihrer Sicht einen wesentlichen Anteil an der im Nationalsozialismus kulminierenden Krise der abendländischen Kultur hatte. Teilweise beruhte dies auf einer irrigen Einschätzung der Ursachen des Aufstiegs und der Machteroberung des Nationalsozialismus, die die Kreisauer mit zahlreichen Neokonservativen teilten[75].

Das sozialpolitische Programm, das Kreisau entwickelte und das sich deutlich von vergleichbaren Planungen des Goerdeler-Kreises abhob, reichte von der Sicherung sozialer Grundrechte bis zu einer eingehenden Regelung der Arbeitsbedingungen, schloß Mitbestimmung am Arbeitsplatz ebenso wie überbetriebliche Mitbestimmung und die Sicherstellung des Rechts auf Arbeit ein. Insoweit stellte es einen sozialistisch geprägten Zielkatalog dar, der auch heute nicht voll ausgefüllt ist. Den Kreisauern ging es in diesem Zusammenhang darum, die Bildung von Massenorganisationen, also auch die Rückkehr zu den überkommenen Gewerkschaften, zu vermeiden. An ihre Stelle sollten die Betriebsgemeinschaften treten, in denen Unternehmer und Arbeitnehmer kooperativ zusammenarbeiteten[76]. Allerdings fanden sich die Kreisauer

70 Siehe ders., Verfassungs- und Verwaltungsreformpläne der Widerstandsgruppen des 20. Juli 1944, in: Jürgen Schmädeke/Peter Steinbach (Hrsg.), Der Widerstand gegen den Nationalsozialismus. Die deutsche Gesellschaft und der Widerstand gegen Hitler, Berlin 1985, S. 580f. und S. 590.

71 R. Bleistein (Anm. 65), S. 246f.

72 Clarita von Trott, Adam von Trott zu Solz (Ms), S. 241f.; siehe H. Mommsen (Anm. 43), S. 320.

73 »Außen- und Innenpolitik«, in: R. Bleistein (Anm. 44), S. 255.

74 In der Tat war von »der Kühnheit einer inneren Wendung Deutschlands« und der »elementaren Echtheit« des den »innerdeutschen Friedenstatsachen« innewohnenden Erneuerungswillens die Rede, die die angloamerikanischen Einwände gegen einen angeblich nur fortschrittlich getarnten, tatsächlich reaktionär-militärischen Staatsstreich beiseiteräumen werden; siehe ebenda, S. 253f.

75 Siehe B. Jentschke (Anm. 17), S. 150f.

76 Siehe H. Mommsen (Anm. 28), S. 247.

schließlich dazu bereit, die von Wilhelm Leuschner konzipierte Deutsche Gewerkschaft eine Übergangsperiode lang anzuerkennen[77].

Im Vordergrund der Kreisauer Überlegungen stand, ebenso wie bei Goerdeler, eine am Mittel- und Kleinbetrieb ausgerichtete Wirtschafts- und Sozialordnung. Unter großbetrieblichen Verhältnissen war das betriebsgewerkschaftliche Konzept Kreisaus nicht praktikabel, zumal es die Freizügigkeit der Arbeitnehmer über Gebühr einschränkte. Was die wirtschaftspolitischen Planungen anging, standen sie überwiegend unter dem Einfluß ordoliberaler Ideengänge, die kaum geeignet waren, den Gegensatz von Kapital und Arbeit strukturell auszuräumen[78]. Überdies ergab sich eine unüberbrückbare Spannung zwischen der Hervorhebung zentralstaatlicher wirtschaftlicher Steuerungskompetenzen und dem Selbstverwaltungsgedanken. Dies hatte das Kreisauer Denken mit der Tradition des demokratischen Sozialismus gemeinsam, die ebenfalls zwischen Selbstverwaltungsgedanken und ökonomischer Zentralsteuerung oszilliert.

Was die Verfassungsvorschläge der Kreisauer im engeren Sinne betrifft – es handelt sich um den am wenigsten innovativen Teil des Kreisauer Denkens –, so wiesen sie eine weitgehende Konvergenz zu den gleichzeitigen Entwürfen des Goerdeler-Kreises auf, wenngleich sie gewisse sozialistische Momente enthielten[79]. Sie waren ebenfalls von der Vorstellung geprägt, daß sich das parlamentarische System als untauglich erwiesen habe und durch eine gemischte Repräsentativverfassung ersetzt werden müsse, die die Politik wieder auf ihre Ordnungsaufgaben zurückführe[80]. Desgleichen wollte man die Einwirkung politischer Parteien, in deren Wirken die Hauptursache für das Hervortreten von Massenleidenschaften und -manipulationen gesehen wurde, möglichst unterbinden. In den frühen Entwürfen werden politische Parteien noch marginal erwähnt, treten aber in den späteren Plänen gänzlich zurück. So begründete Theodor Steltzer die angestrebte korporative Selbstverwaltung nicht zuletzt damit, daß sie »eine Sicherung gegen die Herrschaft zentralistischer Parteien« gewähre, der er unterstellte, daß sie »mit Naturnotwendigkeit die politischen Gegensätze bis in das kleinste Dorf hereinträgt und dadurch das Gefühl korporativer Verantwortung zerstört«[81].

Das schließlich vereinbarte Verfassungsmodell beruhte größerenteils auf einer Überbetonung des Prinzips indirekter Wahlen bzw. Delegationen von der Ebene der

---

77 Siehe »Erste Weisung an die Landesverweser«, in: G. v. Roon (Anm. 1), S. 569; H. Mommsen (Anm. 11), S. 307f.

78 Vgl. Günter Schmölders, Personalistischer Sozialismus. Die Wirtschaftskonzeption des Kreisauer Kreises der deutschen Widerstandsbewegung, Köln 1969, sowie Albrecht von Moltke, Die wirtschafts- und gesellschaftspolitischen Vorstellungen des Kreisauer Kreises innerhalb der deutschen Widerstandsbewegung, Diss. phil. Köln 1989; zu den divergierenden Positionen im Kreis siehe auch E. Winterhager (Anm. 1), S. 105ff.

79 Siehe H. Mommsen (Anm. 11), S. 570f.

80 In einer Unterlage für die Besprechungen vom August 1942 wurde das »Zurücksinken in ein parlamentarisches System« geradezu als untragbar bezeichnet; siehe R. Bleistein (Anm. 44), S. 219.

81 Denkschrift Steltzers vom September 1933, abgedruckt in: Theodor Steltzer, 60 Jahre Zeitgenosse, München 1966, S. 276; konsequent protestierte Steltzer gegen die Verfassungsgebung des Parlamentarischen Rats; vgl. Wolfgang Benz (Hrsg.), Bewegt von der Hoffnung aller Deutschen. Zur Geschichte des Grundgesetzes. Entwürfe und Diskussionen 1941–1949, München 1979, S. 194, sowie Hans Mommsen, Der lange Schatten der untergehenden Republik. Zur Kontinuität

Gemeinden und Kreise in die Landtage und das Reichsparlament, dessen Kompetenzen jedoch im wesentlichen nur auf die Bestellung des Kanzlers beschränkt war. Zudem gewann der Reichsverweser eine ungewöhnlich (und wohl unbeabsichtigt) starke Stellung, die den Entwürfen unversehens autoritäre Züge verlieh. Ebenso ungewollt war die politische Schwächung der vorgesehenen 20 Länder, die auf drei bis fünf Millionen Einwohner beschränkt werden sollten und deren Kompetenzen im Gegensatz zu dem betont föderalistischen Programm extrem beschnitten waren, da man infolge der Überdehnung des genossenschaftlichen Prinzips nicht zu einem bundesstaatlichen Aufbau durchdrang und überdies dem Reichsverweser das Aufsichtsrecht über die Landeschefs übertrug. Mit Sicherheit lag das nicht in der Intention Moltkes, der grundsätzlich den Staat in seine Grenzen zu verweisen suchte und dessen Ideen unverkennbar antiautoritäre Züge trugen[82].

Die Schwächen des Kreisauer Verfassungsmodells, das weitgehend dem von Hans Zehrer 1932 in der Monatsschrift »Die Tat« veröffentlichten Verfassungsplan entspricht[83], gehen auf das Bestreben zurück, korporative und repräsentative Elemente zu kombinieren, den Zugang zur aktiven Politik im wesentlichen verdienten (männlichen) Honoratioren[84] vorzubehalten, und die Exekutive in Abwehr einer Wiederkehr der Weimarer parlamentarischen Verhältnisse unverhältnismäßig zu privilegieren. Diese Ideen sind zum wenigsten auf die unmittelbaren Erfahrungen des Dritten Reiches zurückzuführen. Sie setzen vielmehr den breiten Strom antiliberaler Tendenzen der zwanziger Jahre fast ungebrochen fort.

Der eigenständige Beitrag des Kreisauer Kreises liegt nicht auf dem Feld alternativer Verfassungsentwürfe, die von der zeitgenössischen Verwerfung des parlamentarischen Prinzips, das als völlig überholt galt, geprägt waren und geschichtlich noch nicht »aufgebrauchte« Formen anstrebten[85]. Die zentrale Zielsetzung, die darin bestand, die »seelische Verwüstung« durch die nationalsozialistische Gewaltherrschaft innerlich zu überwinden, reichte darüber deutlich hinaus und überdauert als Postulat der Wiederherstellung der Bedingungen der Politik die zeitgebundene Verfassungsdiskussion. Der nie ganz ausgetragene Konflikt zu den älteren Verschwörern im Umkreis Carl Goerdelers bezog sich eben darauf, einen grundlegenden Umbruch – nicht nur einen Systemwechsel – anzustreben, und zumindest die Angehörigen des inneren Kreises verstanden sich als »Revolutionäre«. Es ging ihnen nicht nur um eine Umwälzung der Gesinnung, sondern auch um die Schaffung der sozialen und materiellen Voraussetzungen für die Existenz eines zur Selbstbestimmung und zu öffentlicher Verantwortung fähigen Individuums. In dieser Hinsicht müssen die Kreisauer als Dissidenten des konservativen Lagers gelten, die mit der gesellschaftlich-moralischen Reform ernst machten und den Menschen und den Bürger in den Mittelpunkt ihres Denkens stellten.

Ein halbes Jahrhundert nach der Niederschlagung des Umsturzversuchs am 20. Juli 1944 treten einzelne Elemente des Kreisauer Denkens wieder schärfer hervor. Das Konzept der europäischen Regionen, das konsequente Eintreten für einen euro-

---

politischer Denkhaltungen von der späten Weimarer Republik zur frühen Bundesrepublik, in: ders. (Anm. 43), S. 383f.

82 Siehe Moltke an Yorck vom 17. Juni 1940, in: G. v. Roon (Anm. 1), S. 480.

83 Hans Zehrer, An der Wende, in: Die Tat, 24 (1932), S. 447–451.

84 Zur Vorenthaltung des passiven Wahlrechts für Frauen siehe H. Mommsen (Anm. 43), S. 293.

85 Siehe ders. (Anm. 11), S. 346f.

päischen Bundesstaat, die entschiedene Frontstellung gegen Nationalismus als politisches Strukturprinzip, die Rückbesinnung auf die im Christentum und Humanismus liegenden gemeinsamen Werte der Europäer gehören ebenso dazu wie der Ruf nach spontaner Solidarität aus christlichem Geiste. In unserer Gegenwart, in der der Ausdruck »Politikverdrossenheit« die Runde macht, gewinnen die grundsätzlichen Erwägungen Kreisaus über das, was not tut, um den Einzelnen zur Übernahme öffentlicher Verantwortung innerlich zu befähigen und zu motivieren, und die Forderung, die Glaubwürdigkeit der öffentlichen Verbände wiederherzustellen, an Gewicht. So wenig diese Ideen zum parlamentarisch-pluralistischen System der Gegenwart passen, so wenig können sie als überholt abqualifiziert werden. Die Haltung, die die Kreisauer, die von jeweils unterschiedlichen politischen Standorten aus das Wagnis des gemeinsamen Aufbruchs in ein neues Europa unternahmen, verband, hätte den bis heute wirklich nicht ausgefüllten Platz eines kritischen und zugleich sozial progressiven Konservativismus im Verfassungsleben der Bundesrepublik eingenommen. Sie repräsentierten jene Seite Europas, die nicht dem Faszinosum faschistischer Diktatoren erlegen war, und sie nahmen das vorweg, was an europäischer Gemeinsamkeit in den letzten vier Jahrzehnten gewachsen ist.

V. Umsturzversuche und militärische Opposition 1937 bis 1943

Zu den gängigsten Vorurteilen über den militärischen Widerstand gegen das NS-Regime gehört die Feststellung, er sei zu spät erfolgt und habe vor allem das Ziel gehabt, in letzter Minute mit dem Attentat auf Hitler die letzten Chancen zur Rettung der eigenen Stellung zu nutzen. Auch die gründlichsten Studien scheinen dieses Vorurteil, das einer Verurteilung gleichkommt, bis heute kaum oder nur sehr schwer widerlegen zu können. Dabei ist nicht zu bezweifeln, daß die ersten Versuche, das Regime im Zuge einer konspirativ vorbereiteten Aktion entscheidend zu verändern, bis weit in die Mitte der dreißiger Jahre zurückgehen.

Unbestreitbar ist, daß es Hitler sehr früh – bereits wenige Tage nach seiner Regierungsübernahme – gelang, die von ihm gefürchtete Opposition der Reichswehr durch eine vielbeachtete Rede auszuschalten. Er sprach dabei übrigens in demselben Raum, in dem am Abend des 20. Juli 1944 Ludwig Beck nach dem Scheitern des Umsturzversuches zum Selbstmord gezwungen wurde. Hitler warb dabei um die Führung der Reichswehr, indem er sich gegen den verbreiteten Pazifismus und Marxismus wandte und zugleich eine Revision der Versailler Rüstungsbegrenzungen ankündigte.

Keinem Zuhörer konnte es zweifelhaft sein, daß dies die Wiederaufrüstung Deutschlands bedeutete. Hitler beschwor die Machtstellung, die Deutschland in Europa, vor allem im Osten, einzunehmen hätte. Er hatte mit dieser Rede nachhaltigen Erfolg. Die meisten Offiziere, unter ihnen sehr viele der später führenden Regimegegner, sahen in der nationalsozialistischen Propaganda nicht die Anfänge einer Diktatur, die sich auf immer breiteren Rückhalt in der Bevölkerung zu stützen schien, sondern ein beeindrukkendes und die nationalen Empfindungen beflügelndes Signal der Wende, ein Zeichen des Aufbruchs in eine neue »Volksgemeinschaft«, die vieles von dem verkörperte, was sich die Weltkriegsgeneration an Gemeinschaftsvorstellungen bewahrt hatte.

Die Ausschaltung der als Parteiarmee empfundenen SA im Sommer 1934 im Zuge der Niederschlagung eines angeblich von Röhm geplanten Putsches als endgültige Entmachtung einer militärischen Konkurrenz wurde von vielen Offizieren begrüßt und schien zu belegen, daß Hitler die nationalsozialistischen »Auswüchse« beendete und die Neigung seiner Parteifreunde, sich als »Bewegung der Gosse« zu profilieren und als Schrecken des Bürgertums darzustellen und so die Empfindungen der alten Führungsschichten zu verletzen, endgültig untersagte. Fast schien es so, als sei an diesem Tage trotz der Ermordung führender Generäle – darunter von Schleicher – und hochangesehener konservativer Oppositioneller wie Edgar Jung sowie Repräsentanten einer katholischen politischen Opposition wie Erich Klausener die Achtung vor Hitler noch ge-

wachsen. Die Vereidigung der Wehrmacht nach dem Tode von Hindenburg stand so in der Kontinuität jenes pseudoreligiös inszenierten »Tages von Potsdam« am 21. März 1933, der Hitler in die Tradition deutsch-preußischer Geschichte zu rücken schien und auch die Versöhnung von Bürgertum und NS-Bewegung sichtbar machen sollte.

Aber nicht alle Offiziere erlagen dem Sog der Zeit. Bereits sehr früh formierte sich ein kleiner Kreis von Militärs, die sich stets ein beeindruckend waches Gespür für nationalsozialistische Übergriffe gewahrt hatten. Nicht selten kannten sie sich von früheren Verwendungen und Lehrgängen oder waren miteinander verwandt. Sie vertrauten einander und konnten nicht selten auch durch gemeinsame Anstrengungen zuverlässige Kameraden in ihren Kreis ziehen. Kennzeichen ihrer Verbindung ist das nichthierarchische Denken: Autorität war in diesem Kreis keine Frage des Ranges, sondern der Persönlichkeit.

Ihre Empörung über die Gewaltanwendungen und Rechtsbrüche ließ sich selbst durch die außenpolitischen Erfolge Hitlers nicht besänftigen – so schwer bis heute auch die Frage beantwortet werden kann, weshalb in Kreisen der bürgerlichen und militärischen Opposition kaum auf die Verfolgung von Andersdenkenden und die Entrechtung der Juden reagiert wurde. Lediglich der Kirchenkampf hatte die Distanz mancher Offiziere und Beamten gegenüber dem NS-Staat verstärkt.

Zu dem früh entstandenen Kreis regimekritischer Offiziere gehörte der ehemalige Reichswehrchef Kurt von Hammerstein-Equord. Er hatte nach seiner Versetzung aber kaum mehr eine Möglichkeit, aus dem Zentrum der Macht gegen Hitler vorzugehen. Führende Kraft der Opposition wurde nun Ludwig Beck, so sehr er dabei auch dem überkommenen außenpolitischen Machtdenken verhaftet blieb. Beck bezweifelte, daß Deutschlands militärische Aufrüstung bereits gute Aussicht auf einen Erfolg in dem von Hitler geplanten Krieg um die Vorherrschaft in Mittel- und Osteuropa gewährte und versuchte, seine Kameraden in der militärischen Führung zum Einschreiten gegen die Kriegspläne und schließlich zum gemeinsamen Rücktritt zu bewegen. Er wurde nach seiner Demission, die er nicht zum Fanal werden ließ, zum intellektuell führenden Kopf der Militäropposition, nachdem er zunächst versucht hatte, von innen heraus auf dem konstruktiv erscheinenden Weg einer »Denkschriftenopposition« einen Wandel der Rüstungspolitik und Kriegsvorbereitung herbeizuführen. Klaus-Jürgen Müller *hat schon früh Becks Absichten nicht nur vor dem Hintergrund seiner späteren Entscheidungen und Entwicklungen interpretiert – gerade dadurch hat er einen wichtigen Beitrag zur Historisierung des Widerstands geleistet, der nicht allein vom Endpunkt des 20. Juli 1944 her gedeutet werden darf, sondern aus den Zeithorizonten seiner eigenen Gegenwart verstanden werden muß.*

Hitler hatte im November 1937 erstmals seine Kriegsabsichten ganz unverblümt in einer Besprechung höherer Befehlshaber und Offiziere bekanntgemacht. Wenig später hatte er sich auch des militärischen Oberbefehls bemächtigt. In verschiedenen Gruppen oppositioneller Offiziere und Abwehrleute, aber auch des Auswärtigen Amtes plante man seitdem, den Krieg zu verhindern – sei es durch eine Beeinflussung der politischen Führung, sei es durch Kontakte mit dem Ausland, wovon man sich durch die Markierung klarer Grenzen der weiteren deutschen Expansion eine entscheidende Unterstützung erhoffte, sei es durch eine Verhaftung oder gar durch eine Ermordung Hitlers. Die Planungen setzten dabei auf eine Verschränkung der Aktionen von Diplomaten und Militärs: Während einerseits die Hoffnung bestand, durch diplomatische Beeinflussungsversuche würde die britische Regierung der deutschen Seite das Kriegsrisiko vor

Augen führen und deshalb auch die deutschen Militärs beeindrucken, zerschlugen sich andererseits diese Pläne durch die Appeasement-Politik, die Hitler nicht nur freie Hand zu geben schien, sondern auch die oppositionellen Diplomaten diskreditierte. Derartige Überlegungen wurden vor allem im Jahre 1938 angestellt, als Hitler nicht nur der Anschluß Österreichs, sondern mit dem Münchener Abkommen auch die Eingliederung des Sudetenlandes gelang.

Die Bedeutung der Appeasementpolitik für den Widerstand ist stets besonders umstritten geblieben und wird in ihren vielfältigen Möglichkeiten, aber auch Grenzen von Rainer A. Blasius erörtert. Nach seinem Münchner Erfolg bereitete Hitler zügig die »Zerschlagung der Resttschechei« und den Angriff auf Polen vor, obwohl dessen Sicherheit und Existenz durch England garantiert worden war. Die Verschränkung von Kriegsvorbereitung und diplomatischen Aktivitäten machte eine Art Doppelspiel der deutschen Regimegegner nötig: Es kam zu einer gleichzeitigen Verstärkung der bereits angedeuteten militärischen und diplomatischen Initiativen, die eine kooperative Verschränkung der Regimegegner im diplomatischen Dienst und in der militärischen Führung begünstigten. Sie wird von Jürgen Schmädeke untersucht.

Ergänzt wurden diese Kreise des diplomatischen und militärischen Widerstands durch eine besonders entschlossene und fest gefügte Gruppe von Oppositionellen, die sich im Amt Canaris zusammengefunden hatte. Ihre Bedeutung lag darin, daß sich nicht nur die bis dahin bestehenden Oppositionsgruppen an diesem Ort zu überschneiden vermochten, sondern daß die hier arbeitenden Regimegegner wie nur wenige über die Wirklichkeit des Dritten Reiches in der ganzen Vielfalt informiert waren und überdies Verbindungen zum Ausland herstellen konnten. Dieser Kreis um Oster, Dohnanyi und Canaris wird von Winfried Meyer dargestellt, während Angela Kaiser-Lahme darauf aufmerksam macht, daß die Kontakte zu fremden Geheimdiensten und ausländischen Regierungen keineswegs das vielfältige Spektrum der Auslandsaktivitäten erschöpft haben.

Die Vorbereitung des Umsturzes ist vergleichsweise gut erforscht – durch umfassende und die schwierige Quellenlage oftmals optimal ausnutzende, aber auch die historische Quellengrundlage durch Befragung von Zeitzeugen erweiternde Studien. Dabei kommt es allerdings bisweilen zu Verzerrungen der Überlieferung: Überlebende prägen das Bild der Ereignisse und verzeichnen dabei nicht selten Situationen und Absichten der Regimegegner in ihrer Erinnerung; vielfach vermengen sich auch eigene Beobachtungen mit den Erzählungen anderer oder angelesenen Erinnerungen; nicht selten werden auch später erfahrene Deutungen der Ereignisse in die Vergangenheit zurückverlängert; sie erhalten damit eine für den Historiker problematische Authentizität.

Insgesamt wurden jedoch in den fünfziger und sechziger Jahren wichtige und zuverlässige Grundlagen gelegt, die bestätigen, daß der Umsturzversuch vom 20. Juli 1944 eine lange, wenngleich keine kontinuierliche Vorgeschichte hatte, die es nicht gestattet, in dem Anschlag des 20. Juli 1944 den in letzter Minute unternommenen Versuch zu sehen, nur die Stellung der Militärs zu sichern. Unbestreitbar ist, daß der Umsturz den Politikern jene Handlungsräume verschaffen sollte, die, wie Hans Mommsen hervorgehoben hat, eine Wiedergewinnung des Politischen und damit letztlich eine Wiederherstellung der moralischen Integrität für Deutschland hätte bedeuten können.

KLAUS-JÜRGEN MÜLLER

Über den »militärischen Widerstand«

Vorüberlegungen

Zunächst: Der Begriff »militärischer Widerstand« erscheint mir nicht präzise genug zu sein. Seit Beginn des Widerstandes waren es nicht nur Militärs, die sich gegen das Hitler-Regime zusammenfanden. Von Anfang an standen Militärs (wie etwa Oster und Witzleben) zusammen mit Zivilisten (wie z. B. Goerdeler und Gisevius). Später, nach Kriegsausbruch, waren unter den entschiedensten Widerstandskämpfern Reserveoffiziere und Sonderführer bzw. Militärbeamte zu finden, die ihre politische und geistige Sozialisation eben nicht primär dem Militär verdankten, sondern durch andere Milieueinflüsse nachhaltig geprägt waren. Und gerade sie brachten ein wichtiges neues Wirkmoment in den Widerstand hinein, falls sie nicht schon zuvor als Zivilisten Regimegegner geworden waren. Es gilt also aufgrund der Unschärfe des Begriffes ein anderes Begriffsinstrument zu finden, um das komplexe Phänomen »Widerstand« angemessen zu benennen und damit auch zu einem erheblichen Teil zu beschreiben.

In Fortentwicklung einer Formulierung Hermann Gramls ist daher der Terminus »national-konservativer Widerstand« vorgeschlagen worden. Das hat zu Mißverständnissen und daher zu Kontroversen geführt[1]. So erscheint ein erklärender und klärender Hinweis zu dieser Begriffswahl angebracht. Dieser Begriff war immer als ein deskriptiver gemeint, nicht als ein wertender Begriff gedacht gewesen. »National« wurde gewählt, weil das Denken und Planen der betreffenden Persönlichkeiten den Rahmen des Nationalstaates, des »Reichs«, nicht überschritten hat – im Gegensatz zum Beispiel zu den Kreisauern, die daher von mir auch nicht länger unter den Begriff »national-konservativ« subsumiert werden[2]. Und »konservativ« können sie ge-

1 Im nachfolgenden werden Anmerkungen nur in dem unbedingt notwendigen Maß gegeben; ansonsten verweise ich für eingehende Belege auf meine Veröffentlichungen: Klaus-Jürgen Müller, 20. Juli 1944: Der Entschluß zum Staatsstreich, Berlin 1985; ders., Nationalkonservative Eliten zwischen Kooperation und Widerstand, in: Jürgen Schmädeke/Peter Steinbach (Hrsg.), Der Widerstand gegen den Nationalsozialismus. Die deutsche Gesellschaft und der Widerstand gegen Hitler, München-Zürich 1985, S. 24–49; ders., Zur Struktur und Eigenart der nationalkonservativen Opposition bis 1938, in: ebenda, S. 329–344; ders., Der nationalkonservative Widerstand 1933–1940, in: ders. (Hrsg.), Der deutsche Widerstand 1933–1945, Paderborn 1990², S. 40–59.
Vgl. zur Begriffsfrage Klemens von Klemperer, Der deutsche Widerstand gegen den Nationalsozialismus im Lichte der konservativen Tradition, in: Manfred Funke/Hans-Adolf Jacobsen u. a. (Hrsg.), Demokratie und Diktatur. Festschrift für Karl Dietrich Bracher, Düsseldorf 1987, S. 266–283; sowie ders., Reflections and Reconsiderations on the German Resistance, in: Kirchliche Zeitgeschichte, 1 (1988) S. 13–28.

2 Damit werden meine zu wenig differenzierten Formulierungen, in: Die deutsche Militäropposition gegen Hitler. Zum Problem ihrer Interpretation und Analyse, in: Klaus-Jürgen Müller, Militär, Politik und Gesellschaft in Deutschland 1933–1945, Paderborn 1986⁴, S. 103 ff., sowie meine Aus-

nannt werden, weil sie die bestehende Sozialstruktur nicht abschaffen oder in ihrem Wesen nicht verändern wollten. Die Begriffsteile »national« und »konservativ« werden daher bei dieser Begriffsbildung und -benutzung nicht im negativen oder positiven Sinne wertend, sondern als rein deskriptiv zur angemessenen Beschreibung einer komplexen und komplizierten historischen Erscheinung verwendet.

Des weiteren: Es wird immer wieder von existentiell Betroffenen mit Betrübnis oder auch Empörung angemerkt, wie unangebracht, ja unerträglich es im Grunde doch sei, wenn Menschen aus Fleisch und Blut, Menschen, die man gekannt und geliebt, verehrt hatte, nun von Historikern mit Begriffen etikettiert werden, welche ihnen aufgrund ihrer Abstraktheit und ihres Abstraktionsgehaltes angesichts des Reichtums einer Persönlichkeit als unangemessen erscheinen. In diesem Zusammenhang ist von fachlich kompetenter und gleichzeitig persönlich betroffener Seite auf ein methodisch gravierendes Problem hingewiesen worden[3], das zwei Aspekte beinhaltet: einmal das allgemeine Problem der Generalisierung. Jede Persönlichkeit im Widerstand war unverwechselbar und einmalig, sowohl als Mensch als auch hinsichtlich der Entstehung und Entfaltung seiner Motivationen und der Art seiner Aktivitäten als Widerstandskämpfer. Wie könnte daher eine generalisierende Bezeichnung je angemessen sein? Dieser Einwand trifft indessen jede Generalisierung, und doch kommen wir ohne sie nicht aus, da sonst jeder Diskurs in Aufzählungen steckenbleiben würde. Daß der Aussagewert von Generalisierungen darüber hinaus je nach Fragestellung und Erkenntnisinteresse variiert, ist ebenfalls klar und, der Natur der Sache nach, unvermeidlich.

Sodann – und dieser Einwand ist viel ernster zu nehmen – ist bislang in der Widerstandsforschung tatsächlich jede Generalisierung nur auf der Grundlage einer relativ geringen Anzahl von Persönlichkeitsbeispielen erfolgt, die obendrein noch von der Begrenztheit und Zufälligkeit der Quellenüberlieferung abhängt. Es gelte daher, ehe man zu Verallgemeinerungen schreitet, die Vielfalt des Widerstandes durch Individualstudien erst einmal so zu erschließen, daß eine wirklich breite und solide Grundlage für derartige generalisierende »Etikettierungen« zur Verfügung steht. Das ist prinzipiell richtig. Wir haben zwar schon eine beachtliche Anzahl biographischer Einzelstudien, aber man kann die berechtigte Frage stellen, ob damit schon die ganze Breite der individuellen Widerstandsmotivationen und -erscheinungen so erfaßt worden ist, daß eine Generalisierung möglich wird. Der Verfasser dieses Beitrags ist sich dieses Problems durchaus bewußt; er hat daher in letzter Zeit gerade diesem Problem seine Aufmerksamkeit gewidmet[4]. Aber das eine zu tun – biographische Untersuchungen vorantreiben – und das andere – die Generalisierung, so vorläufig sie auch ist – nicht

---

führungen: Struktur und Entwicklung der nationalkonservativen Opposition, in: Aufstand des Gewissens, Der Militärische Widerstand gegen Hitler und das NS-Regime 1933–1945, Herford 1985², S. 296, enger gefaßt und präzisiert.

3 Siehe Lothar Graf zu Dohna, Vom Kirchenkampf zum Widerstand. Probleme der Widerstandsforschung im Brennspiegel einer Fallstudie, in: Ralph Melville u. a. (Hrsg.), Deutschland und Europa in der Neuzeit. Festschrift für Karl Otmar Freiherr von Aretin, Stuttgart 1988, S. 857 ff., mit sehr beachtlichen Argumenten.

4 Vgl. abgesehen von meinere Studie: General Ludwig Beck. Studien und Dokumente zur politisch-militärischen Vorstellungswelt des deutschen Generalstabschefs 1933–1938, Boppard 1980, und Klaus-Jürgen Müller, Witzleben – Stülpnagel – Speidel – Offiziere im Widerstand, Berlin 1988; vgl. auch die unter einem anderen Aspekt als dem der national-konservativen »Etikette« versuchte Analyse der Widerstandsmotivation von vier bedeutenden Widerstandsrepräsentanten, die ich un-

zu lassen, erscheint doch ein sinnvolles Vorgehen. Wissenschaftliche Erkenntnis entwickelt sich langsam und meist in dialektischem Prozeß sowie im beständigen Wechsel der Perspektiven.

Schließlich: Wenn hinfort von »Militär-Elite« als Teil der national-konservativen Elite gesprochen wird, dann ist mit diesem Begriff natürlich nicht jedes Mitglied des Offizierskorps gemeint, sondern nur jene relativ kleine Gruppe höherer Offiziere in Entscheidungspositionen oder in zentralen Funktionen, welche herausgehobene Verantwortung trug für den Kurs der Reichswehr/Wehrmacht oder in der Lage war, diesen entscheidend zu beeinflussen. Hinzuweisen wäre allerdings darauf, daß diese Gruppe durchgängig vom Vertrauen des Offizierskorps getragen war.

Der national-konservative Widerstand

Die zentrale Frage bezüglich des national-konservativen Widerstandes besteht darin, daß dieser – im Gegensatz zu jenem von »linker« Seite – sich erst 1938 manifestierte, ungeachtet der Tatsache, daß einzelne Persönlichkeiten schon früher ihre Opposition geltend gemacht hatten. Warum also erst 1938, da doch politisch Bedenkliches und moralisch Verwerfliches bereits lange zuvor sichtbar geworden waren?

Um dies zu erklären, ist zunächst in Erinnerung zu rufen, daß die »Regierung der nationalen Erhebung« 1933 als eine »Entente« von Teilen der national-konservativen Eliten und der Führung der NS-Massenbewegung angesprochen werden kann, in der beide Partner ihre Interessen und Zielsetzungen zu erreichen hofften. Der Reichswehr kam nach dem Willen des Feldmarschall-Präsidenten in dieser Kombination eine entscheidende Rolle zu, was sich in der vom Reichswehrministerium ausgegebenen und von Hitler taktisch geschickt aufgegriffenen Formel von den »Zwei Säulen« ausdrückte, auf denen das neue Reich beruhen sollte, der Armee und der Partei.

Beide »Entente«-Partner glaubten, in dieser politischen Kombination ihre zentralen Zielsetzungen erreichen zu können. Für die national-konservativen Kräfte, insbesondere für die Militärelite, waren dies innenpolitisch die Errichtung eines autoritären Staates, der hinsichtlich der Entscheidungsstrukturen im Zeitalter des totalen Krieges als die geeignetste Staatsform angesehen wurde und die angestrebte Macht- und Entscheidungsteilhabe am besten gewährleistete; und außenpolitisch die Wiederherstellung einer deutschen Großmachtstellung in Mitteleuropa, praktisch also die Errichtung einer deutschen Hegemonie in diesem Raum. Über die konkrete Durchsetzung dieser Ziele und vor allem über die Methode gab es nota bene unterschiedliche Vorstellungen innerhalb der »Militär-Elite«, in der Substanz indessen ließ sich prinzipiell Übereinstimmung konstatieren.

Entscheidend für die weitere Entwicklung des Verhältnisses der »Militär-Elite« zum NS-Regime wurde das Maß der Erfüllung bzw. Nichterfüllung dieser Zielsetzungen. Dabei ist folgendes zu berücksichtigen: Die Entwicklung des national-konservativen Widerstandes vor dem Kriege durchlief mehrere Stadien und gewann dabei jeweils eine andere Qualität. In diesem Prozeß kam es zudem zum Zusammenspiel von sehr verschiedenartigen Elementen. Im übrigen gab es in dieser Entwicklung auch

ter dem Titel: Preußische Elemente im deutschen Widerstand, in: Revue d'Allemagne, 19 (1987) 3, S. 267–277, vorgelegt habe.

rück- und gegenläufige Momente. Eine Auffassung, die im national-konservativen Widerstand eine homogene, gleichsam monolithische und von Anbeginn dem Regime gegenüber antagonistische Erscheinung sehen will, greift angesichts des skizzierten differenzierten Zusammenhanges viel zu kurz. Man spricht daher in der geschichtswissenschaftlichen Diskussion auch vom »Prozeßcharakter« des Widerstandes.

Dessen Entwicklung läßt sich nun in all ihrer Vielfalt mit zwei analytischen Kriterien erfassen. Man hat zu fragen: a) Welche der beiden Zielsetzungen wurden von der »Militär-Elite« als gefährdet bzw. als gefördert angesehen; b) wie war die subjektive Gegnereinschätzung?

Für die Reaktion aus den Reihen der mit dem System kooperierenden Eliten war erstens entscheidend, ob und welche der beiden zentralen Zielsetzungen ihnen gefährdet erschienen, der innenpolitische Bündnischarakter des Systems oder die außenpolitische Großmachtkonzeption. Die zweite Kategorie ist die der jeweiligen subjektiven Gegnereinschätzung, d.h. die Frage, von wem und in welcher Weise die Beeinträchtigung oder Gefährdung der einen oder anderen zentralen politischen Zielsetzung vermeintlich oder tatsächlich erfolgte, hat man Teile der NS-Bewegung oder Hitler selbst als Quelle der abgelehnten Entwicklung des Regimes erkannt? Mit solchen Fragestellungen läßt sich die ganze Bandbreite der unterschiedlichen Reaktionen in Konfliktlagen präzise beschreiben und vor allem erklären: also die Entwicklung etwa von defensiver Sicherung der eigenen Position über offene Stabilisierung dieser Position (z.B. unter der Devise »Säuberung des Regimes von ›radikalen‹ Elementen«) bis zu systemdestabilisierenden Umsturzplanungen und -versuchen.

Mit solchem analytischen Raster lassen sich Eigenart und Qualität der jeweiligen Reaktionen aus den Reihen der traditionellen Machteliten erfassen, was angesichts des Prozeßcharakters und der Inkohärenz des national-konservativen Widerstandes von großer methodischer Bedeutung ist; war doch z.B. ein zeitweiliges Nebeneinander von Opposition und Kooperation mit dem Regime ein durchaus nicht seltenes Verhaltensmuster, das als Durchgangsstufe zu fundamentalem Widerstand typisch für die national-konservative Opposition war.

Bei deren Entstehung und deren Entwicklung spielten drei Ereigniskomplexe eine wesentliche Rolle:

1. die »Röhm-Affäre« vom Juni 1934;
2. die »Blomberg-Fritsch-Krise« vom Frühjahr 1938;
3. die »Sudetenkrise« vom Sommer 1938.

Die »Röhm-Affäre«

Die »Röhm-Affäre« war die erste große Herausforderung der »Militärelite« durch eine Machtgruppe der NS-Bewegung. Der Anspruch der SA ging an die Wurzeln der »Entente« von 1933: Die SA strebte nach Usurpation des gesamten Bereiches der Landesverteidigung; sie stellte sich als eine gefährliche Gegenelite dar, die das Regime grundlegend verändern, es zu einem SA-Staat des braunen Totalitarismus machen wollte.

Es handelte sich somit um einen systemimmanenten Machtkampf: Die SA stellte die »Entente« von 1933 in Frage und damit die Positionen der national-konservativen

Eliten. Die ganze traditionelle Staatsstruktur stand in Frage. Aus der Sicht der »Militär-Elite« erwies sich Hitler in dem darob entbrennenden systeminternen Machtkampf gleichsam als loyaler Bündnispartner, der mit seinem Vorgehen gegen die SA-Führung das System der »Zwei Säulen« stabilisierte. Die Passivität gegenüber den Morden, die Entscheidung für Hitler als Hindenburgs Nachfolger, der Eid der Reichswehr auf Hitler lassen sich auf diese Weise erklären. Nur für einige wenige Persönlichkeiten in wenig herausgehobenen Positionen wurden die damaligen Ereignisse schon zum Beginn einer fortschreitenden Desillusionierung bezüglich des politisch-moralischen Charakters des NS-Systems und damit zum Beginn einer Entwicklung, die schließlich zu fundamentalem Widerstand führte.

Ganz allgemein kann nicht geleugnet werden, daß das, »was seit 1933 in Deutschland ... geschah, ... sie (die Masse der Militärs) wenig irritiert (hat): Kirchenkampf, Judenverfolgung, ›Gleichschaltung‹ ... Gestapopraxis ... Konzentrationslager gehörten offensichtlich zu einer Form der politischen Realität, mit der die Wehrmacht nicht nur leben, in der sie sogar ihre ›teilidentischen‹ Ziele verfolgen konnte«[5]. Andererseits gab es – wie aus Anlaß der »Röhm-Affäre« erkennbar – einige wenige, die all dies aus politischen wie aus moralischen Gründen nicht zu akzeptieren bereit waren. Wir haben dienstliche Berichte aus der Feder hoher Generalstabsoffiziere, in denen in sehr massiver Weise Mißbräuche, Vergehen, Verbrechen, Machtanmaßung von seiten der NS-Organisationen und -Repräsentanten angeprangert und der Heeresleitung unter Hinweis auf ethisch-moralische Pflichten wie auf politische Opportunität ein Eingreifen nahegelegt wurden. Ebenfalls hat der Kirchenkampf im Offizierskorps Unruhe und Protestregungen ausgelöst, die sogar den Oberbefehlshaber des Heeres und den Kriegsminister zu Ermahnungen veranlaßten. Typisch aber war in beiden Fällen, daß in den Äußerungen der Militärs immer noch zwischen einem weitgehend noch positiv gesehenen »Führer« und als minderwertig bezeichneten Vertretern der NS-Bewegung unterschieden wurde, sowie daß ethisch-moralische Argumente sich mit Elementen des innenpolitischen Machtkampfes verbanden.

Die »Blomberg-Fritsch-Krise« 1938

Die nächste Entwicklungsstufe brachte die »Blomberg-Fritsch-Krise« im Frühjahr 1938; sie war entscheidender Markstein in der Entwicklung des national-konservativen Widerstandes, denn in dieser Hinsicht wirkte sie sich über den engeren Rahmen des Militärs hinausgehend aus.

Die Krise wirkte gleichsam als Katalysator: Bisher nur in lockerem Kontakt zueinander stehende Personen fanden nun erstmals zu unmittelbaren Aktionsbeziehungen zusammen. Dabei handelte es sich jedoch nicht um die Bildung einer Art einheitlicher Oppositionsgruppierung, sondern um Aktivitäten auf sehr verschiedenen Ebenen mit unterschiedlichen Motiven und Methoden. Gemeinsam war die Ursprungsmotivation: die Rehabilitierung des Generalobersten von Fritsch; allen Beteiligten gemein-

---

5 So Manfred Messerschmidt, Verschwörer in Uniform. Der militärische Widerstand gegen Hitler und sein Regime, in: ders., Militärgeschichtliche Aspekte der Entwicklung des deutschen Nationalstaates, Düsseldorf 1989, S. 222.

sam war die Stoßrichtung gegen die SS und die von dieser gelenkten Gestapo, also jene Kräfte, die hinter der Intrige gegen den Oberbefehlshaber des Heeres vermutet wurden.

Ein militärisch-ziviler Kreis, dessen Zentrum in der Abwehr lag und von Oberstleutnant Oster und Regierungsrat Gisevius repräsentiert wurde, wollte mit einer gewaltsamen Säuberungsaktion gegen SS und Gestapo die innenpolitischen Kräfteverhältnisse verändern und jene Machtgruppen, welche die »Ententekonstruktion« von 1933 gefährdeten, als Machtfaktor ausschalten. In der Heeresleitung dagegen dachte man eher an eine mit gelindem Druck in die Wege geleitete, amtlich legitimierte Neuverteilung der Kompetenzen und an die Beschneidung von problematischem Wildwuchs im Dschungel der NS-Organisationen. Angestrebtes Ziel war nicht die grundsätzliche Veränderung des Regimes, sondern mittels der Rehabilitierung des Generalobersten von Fritsch die Sicherung und Verstärkung der Machtstellung der Armee innerhalb des Systems im Sinne der ursprünglichen »Ententekonstruktion« von 1933.

Die »Fritsch-Krise« brachte also einen weiteren Höhepunkt im systemimmanenten Machtkampf, in dem nunmehr sowohl Tendenzen zur evolutionären Systemreform wie zu gewaltsamer Systemsäuberung erkennbar wurden; insofern weist diese Aktivität über die intendierte systemimmanente Reform schon hinaus auf das Ziel einer Systemveränderung. Die militärische Opposition kann somit in dieser Phase sehr weitgehend als Ausfluß eines innenpolitischen Machtkampfes zwischen konkurrierenden und konfligierenden Eliten innerhalb des Regimes angesehen werden. Für die weitere Entwicklung der national-konservativen Opposition sollte jedoch bedeutsam werden, daß das Erlebnis der »Fritsch-Krise« für etliche Schlüsselfiguren des späteren Widerstandes (etwa Oster, Tresckow, Canaris) zur entscheidenden Wende, zu grundlegendem Widerstand gegen das Regime selbst führte. Moralische Empörung trieb sie nicht nur zur Bereitschaft, die Position der Armee offensiv zu verteidigen, sondern machte sie fähig, das System als solches in Frage zu stellen.

Die »Sudetenkrise«

Den nächsten Entwicklungsschub brachte dann die internationale »Sudetenkrise« vom Sommer 1938. Sie brachte den Durchbruch vom systeminternen Machtkampf zur Staatsstreichplanung. Man kann dabei zwei Phasen unterscheiden: eine erste Phase wurde durch General Becks Aktivität bestimmt; in dieser Phase erreichte der innerpolitische Machtkampf einen neuen Höhepunkt im Rahmen eines Kampfes gegen den »großen Krieg«.

Jetzt entstand eine kleine Kräftegruppierung, die als »Anti-Kriegs-Gruppe« bezeichnet werden kann. Ihre hervorragenden Vertreter waren damals auf militärischer Seite der Generalstabschef Ludwig Beck, dessen Stellvertreter und späterer Nachfolger General Halder sowie der Abwehrchef Admiral Canaris; auf seiten der Diplomatie waren es der Staatssekretär im Auswärtigen Amt, von Weizsäcker und eine kleine Gruppe von jüngeren Diplomaten. Diese Aktivitäten der »Anti-Kriegs-Gruppe« gewannen dadurch eine besondere Dynamik, daß nun Bestrebungen zur Kriegsverhinderung zusammenflossen mit jenem akuten innenpolitischen Machtkampf, von dem schon die Rede war. So waren es also drei Elemente – die Kriegsverhinderungsbestrebungen, die den internen Machtkampf kennzeichnenden Tendenzen zur evolutionären Regimereform und jene zur gewaltsamen Regimesäuberung –, die damals die Eigenart der national-konservativen Opposition ausmachten. Für die Aktionsmöglichkeiten der »Anti-Kriegs-Partei« und ihre Erfolgschancen spielte ihre politische Motivation eine wesentliche Rolle. Die klassische Zielvorstellung der national-konservativen Elite bestimmte auch ihr außenpolitisches Denken: die Gewinnung einer hegemonialen Großmachtposition des Reiches in Mitteleuropa bzw. Abwendung einer jeglichen Gefährdung dieser Zielsetzung und ihrer Voraussetzungen. Bezüglich der Realisierung dieser Zielsetzung schlossen sie den Einsatz militärischer Machtmittel nicht grundsätzlich aus; dabei wurde allerdings zur Bedingung gemacht, daß ein militärischer Konflikt in Europa – war er schon nicht zu vermeiden – nie zu einem gesamteuropäischen Krieg führen dürfe.

General Beck kritisierte daher in seinem Memorandum vom 12. November 1937 – seiner Antwort auf Hitlers Ausführungen vom 5. November 1937 – auch nicht des Diktators unmittelbare Zielsetzung; mit ihr stimmte er prinzipiell überein: Verschiedene Gründe – so schrieb er – sprächen durchaus für eine baldige gewaltsame Lösung der »tschechischen Frage«. Im übrigen sei auch die Tschechoslowakei »in ihrer jetzigen Gestalt« für Deutschland »unerträglich«. Er stimmte allerdings nicht mit dem von Hitler ins Auge gefaßten Zeitpunkt und nicht in der Frage der außenpolitischen Opportunität überein. Es war also damals noch kein prinzipieller Konflikt über das »Ob«, sondern eher ein allerdings grundsätzliche Dimensionen annehmender Konflikt, der über das »Wie« und »Wann« ausbrach.

Für General Beck wurde die berühmte »Wochenendkrise« von Ende Mai 1938 zum entscheidenden Wendepunkt. Bis Frühjahr 1938 hatte er die militärische Planung gegen die ČSR in der Annahme vorangetrieben, es sei ab 1940–43 mit einer militärischen Intervention gegen die Tschechoslowakei zu rechnen, bis Hitler in Reaktion auf die »Wochenendkrise« nicht nur von einem kriegerischen Konflikt mit der ČSR, sondern unter Umständen auch mit den Westmächten schon für 1938 sprach. Damit brachen für Beck nahezu alle Voraussetzungen seiner Militärpolitik zusammen. Seit Ende Mai – so bekannte er im November desselben Jahres gegenüber einem Vertrauten – habe er nur noch einen Gedanken gehabt: »Wie verhindere ich einen Krieg?« Auch für Canaris und für Halder war die »Mai-Krise« der entscheidende Zeitpunkt ihrer Desillusionierung hinsichtlich des außenpolitischen Vabanque-Spiels Hitlers.

Die Sorge, daß eine allzu aggressive deutsche Politik zum unrechten Moment das Risiko eines nicht zu isolierenden Krieges um die Tschechoslowakei herbeiführte, solange die deutsche Rüstung unvollständig und die außenpolitische Absicherung nicht erfolgt waren, ließ diese Männer zu entschiedenen Gegnern einer bedenkenlosen Machtpolitik werden, deren Voraussetzungen sie indessen zu einem erheblichen Teil mitgeschaffen hatten und deren Ziele, wenn auch unter bestimmten Bedingungen, die ihren waren. Der Widerstand – wie ihn damals die »Anti-Kriegs-Partei« verkörperte – stellte also zu jener Zeit noch keine Systemalternative dar, sondern eine über Differenzen hinsichtlich der Opportunität, Methoden und Risikofaktoren deutscher Machtpolitik sich herausbildende systemimmanente Opposition hoher staatlicher Amtsträger, die eine alternative Außenpolitik durchzusetzen sich bemühten. Dabei kam es zum Konflikt zwischen dem Generalstabschef und dem »Führer«, in dessen Verlauf sich jedoch ein weiterer qualitativer Entwicklungssprung abzeichnete. Den Konflikt zwischen Hitler und Ludwig Beck, in dem Halder und Canaris ihm zur Seite standen, als ersten Staatsstreichversuch darzustellen, greift gewiß fehl; die Quellen erlauben keineswegs eine solch weitgehende Interpretation. Ihn jedoch lediglich als »Kampf gegen den Krieg« zu bezeichnen, ist eine unzutreffende Verkürzung, da sie seinen Charakter als innenpolitischen Machtkampf verkennt und vor allem die geschilderte militärpolitische Tiefendimension übersieht[6].

Gegen eine eindimensionale Betrachtung, die bei der Interpretation der Sachzusammenhänge ausschließlich nur den Widerstandsaspekt kennt, sind also diese drei wesentlichen Komponenten hervorzuheben, welche damals die Aktivitäten des Generalstabschefs bestimmten: der Kampf gegen den Krieg, der innenpolitische Machtkampf und die militärische Dimension. Jede einseitige Hervorhebung nur einer dieser drei Komponenten wäre eine unzutreffende Verkürzung eines sehr komplexen Ereigniszusammenhanges.

Becks Aktivitäten und Planungen waren damals der massivste Ausdruck der Bestrebungen jener »Anti-Kriegs-Gruppe« hoher Amtsträger im Rahmen der Auseinandersetzung antagonistischer Machteliten. Ihre Schärfe und ihren grundsätzlichen Charakter gewann diese Auseinandersetzung für Beck aus zwei Gründen: Erstens, weil Krieg gegen die ČSR zum damaligen Zeitpunkt seiner Meinung nach nicht zu isolieren war und daher das von ihm beschworene »finis Germaniae« bedeutet hätte, und zweitens, weil die leichtfertige Art der Entschlußfassung und Entscheidungsfindung des Diktators, noch dazu unter Ausschaltung der zuständigen militärischen Führung, angesichts dessen, was auf dem Spiel stand, in Becks Augen einfach unmoralisch war. Hier kommt erneut das moralische Motivelement in den Blick des Betrachters, und zwar wiederum gebunden an eine ganz konkrete Situation.

Becks Aktivitäten im Sommer 1938 entwickelten sich in drei Stufen: Zunächst versuchte der Generalstabschef vergeblich, auf dem Wege normaler dienstlicher Einwirkungen (Denkschriften und Vorträge) über den Oberbefehlshaber des Heeres auf Hitler einzuwirken, um ihn von seinen kriegerischen Plänen abzubringen. Auf einer zweiten Stufe, auf der offenbar Canaris einen wichtigen Einfluß auf den Generalstabschef ausübte, erwog Beck ungewöhnliche Maßnahmen: Durch den kollektiven Rücktritt der höchsten Generale sollte massiver Druck auf Hitler ausgeübt werden, damit dieser von seinen Kriegsplänen Abstand nehme. Die Formulierung dieser Kollektivrücktrittsdrohung könne – so schrieb er – »nicht eindrucksvoll, hart und brutal genug« sein. Drittens nahm er einen während der »Fritsch-Krise« von Canaris und Hoßbach erarbeiteten Plan in modifizierter Form wieder auf: Er faßte eine Aktion des Militärs gegen jene vermeintlich »radikalen Kräfte« der NS-Bewegung ins Auge, die er und andere Mitglieder der »Militär-Elite« hinter Hitlers Kriegsabsichten am Werk sahen. Die durch die Kollektivrücktrittsdrohung der Generalität wahrscheinlich entstehenden Spannungen sollten zu einer »innerpolitischen Flurbereinigung« benutzt werden, zur Entmachtung jener »radikalen Kräfte« innerhalb des Systems, die in seinen Augen für das außenpolitische Vabanque-Spiel mitverantwortlich waren

6 So Peter Hoffmann, Widerstand, Staatsstreich, Attentat. Der Kampf der Opposition gegen Hitler, München 1985[4], und ders., Ludwig Beck – Oberhaupt der Verschwörung, in: »Für Deutschland«. Die Männer des 20. Juli, hrsg. von Klemens v. Klemperer, Enrico Syring, Rainer Zitelmann, Berlin 1994, S. 26–43. Dagegen vgl. Klaus-Jürgen Müller, Militärpolitik, nicht Militäropposition!, in: Historische Zeitschrift (HZ), 235 (1982), S. 355–371.

und die sich schon früher als innenpolitischer Gegner der Armee demaskiert hatten. So floß in diesen Vorschlägen der Kampf gegen den Krieg zusammen mit dem langjährigen Machtkampf um die Bewahrung bzw. Wiederherstellung des »Ententecharakters« des Regimes.

Dies scheint die dominierende subjektive Motivation gewesen zu sein, wie sie sich aus den Quellen erschließen läßt; sehr wahrscheinlich ist jedoch, daß bei der Durchführung der ins Auge gefaßten Maßnahmen sich für den Charakter des Regimes eine wesentliche Modifikation und damit eine grundlegende Wandlung im Endeffekt ergeben hätte. Bezüglich der Motivation indessen kann man noch von systemimmanenten Aktivitäten sprechen, vom möglichen Effekt her dagegen wohl nicht mehr[7], aber der Versuch wurde ja nicht gemacht.

Beck drang mit seinen Vorschlägen nicht durch; die Generalität, an der Spitze der neue Oberbefehlshaber des Heeres, folgten ihm nicht. So trat der Generalstabschef allein zurück.

Der Entschluß zum Staatsstreich

Becks letztlich systemimmanenter Oppositionsansatz wurde im Laufe der zweiten Augusthälfte 1938 von General Halder im Prinzip aufgegeben. Dieser plante nunmehr schlichtweg den Staatsstreich. Dazu zog er die Gruppe um Oster und Gisevius heran und erhielt die Unterstützung von Canaris. So begann eine neue Phase der Entwicklung: Die »Anti-Kriegs-Gruppe« hatte mit der Idee eines Staatsstreiches eine neue Handlungsdimension entwickelt, die auf die Regimebeseitigung abzielte.

Jetzt kann erstmals von einer direkt gegen die Führung des Regimes gerichteten Aktivität national-konservativer Kräfte die Rede sein, die man mit den Begriffen Fundamentalopposition oder Widerstand bezeichnen könnte.

Dabei ist jedoch nachdrücklich auf die Mehrschichtigkeit des Phänomens zu verweisen. Diese Opposition war nämlich von prinzipiellen Divergenzen in Motiven und Zielsetzungen gekennzeichnet. Für Halder und Canaris sollte der Staatsstreich die letzte und verzweifelte Möglichkeit zur Kriegsverhinderung und damit zur Abwehr der durch Hitlers Politik verursachten Gefährdung der deutschen Machtstellung sein. Für den »Oster-Gisevius-Kreis« (wie übrigens auch für die Brüder Kordt im Auswärtigen Amt) dagegen war er das eigentlich anzustrebende Ziel, das – wie sie meinten – aus Anlaß eines unmittelbar drohenden Kriegsausbruches am besten erreichbar wäre. Diese Gruppe begann daher Umsturzvorbereitungen mit sehr viel weitergehenden Absichten, als sie Halder im Sinne hatte. Zugespitzt kann man von der Existenz einer »Verschwörung innerhalb der Verschwörung« (F. W. Heinz) sprechen. Mehr noch: Planten Oster und Gisevius im Zusammenwirken mit

7 Vgl. hierzu die Ausführungen von M. Messerschmidt, ebenda, S. 221ff., insbes. das Zitat S. 225, wo Messerschmidt diese oben im Text gemachte Differenzierung nicht vornimmt: »Ein solches Ziel läßt sich nicht mehr als ›system-immanent‹ ansprechen. In seiner Konsequenz hätte die national-konservative Rückorientierung der Staatszielbestimmung des Reiches und seiner politischen Realität gelegen. Darum (sei es) gerechtfertigt, in Becks Vorschlägen ... die äußerste Position systemverändernder Oppositionshaltung unterhalb der Attentatsschwelle zu sehen ... Diese Position war in nicht überbietbarer Weise illusionär und darum ... ergebnislos. Sie fehlinterpretierte sowohl Hitler wie die politisch-moralische Potenz der Generalität, an ihrer Spitze Brauchitsch.«

General von Witzleben, Hitler im Rahmen eines Staatsstreiches zu verhaften, so beschlossen die meist dem Freikorpsmilieu entstammenden Führer des für die Durchführung der Aktion gegen Hitler vorgesehenen Kommandos (F. W. Heinz und Liedig) in selbständiger Ausweitung ihres Auftrages, den Diktator sofort zu töten.

Mit der Münchener Konferenz aber war für die Repräsentanten der »Anti-Kriegs-Gruppe« das eigentliche Ziel – die Kriegsverhinderung – erreicht, ohne ihr Zutun und ohne Staatsstreich. Die kleine Umsturzgruppe dagegen sah sich durch die britische Politik, die zur Konferenz von München führte, der entscheidenen Aktionsvoraussetzung für einen Staatsstreich – eine spektakuläre diplomatische Niederlage Hitlers oder eine britische Kriegserklärung – beraubt. Sie fühlte sich gleichsam durch Chamberlains geglückte Friedensinitiative um die Chance zum Systemumsturz betrogen. »Chamberlain hat Hitler gerettet« – so meinten auch die in die »September-Verschwörung« einbezogenen Goerdeler und Hassell.

Das Verhältnis von Moral und Sachkonflikt

Bislang war nur von innerpolitischem Machtkampf und von Kriegsverhinderung durch außergewöhnliche Pressionen oder durch Umsturz die Rede. Es gilt jedoch, die Analyse noch in eine tiefere Dimension voranzuführen.

In der »Fritsch-Affäre« wie in der »Sudetenkrise« war bereits bei einigen Beteiligten ein moralischer Impuls erkennbar, der unlösbar mit den zur Diskussion stehenden Sachfragen verbunden war: Für Oberstleutnant Oster z. B. war der perfide Angriff auf Fritsch bereits eine prinzipielle Frage der Moral; und für General Beck war Hitlers verantwortungsloser Leichtsinn in der »Sudetenkrise« sowie sein Übergehen der militärischen Fachleute bei der Entschlußfassung über Krieg und Frieden ebenfalls nicht zuletzt eine unmoralische Handlungsweise. Moralische Problematik und Sachproblematik waren für diese beiden Männer unlösbar miteinander verbunden – treffende Beispiele dafür, daß sich moralische Entscheidungen meist nicht abgehoben von konkreten Problemstellungen, gleichsam in luftleerem Raum, rein und unvermischt, darstellen. Nicht abstraktes, von der konkreten Lebenswirklichkeit abgehobenes ethisch-moralisches Theoretisieren war es, was diese Männer in den Widerstand trieb, sondern die aus konkretem Erleben und aus unmittelbarer Einsicht erwachsenen moralischen Impulse. Wer ihnen ausschließlich rein abstrakte moralische Motivationen zuschreibt, der unterschätzt auch ihre Gebundenheit an Situationen und überkommene Maßstäbe, unterschätzt auch die Schwere ihres inneren Ringens, ihrer persönlichen Entwicklung zum prinzipiellen Widerstand. Es wäre unrealistisch anzunehmen, sie hätten von Anfang an und ausschließlich den »Aufstand des Gewissens« geplant, losgelöst von konkreten Tatbeständen und Gegebenheiten. Eine solche Annahme würde ihre historische Größe schmälern.

Jedoch: nach Kriegsausbruch 1939 wandelte sich dieses Verhältnis von Moral und Sachkonflikt im Laufe einer vielschichtigen, komplizierten Entwicklung in entscheidender Weise.

Nach Ausbruch des Krieges ging es zunächst um die Sicherung bzw. um die Rettung der deutschen Großmachtmöglichkeiten. Dies beeinflußte auch die Verschwörung in der Zeit zwischen Ende des Polenfeldzuges und Beginn der Westoffensive:

General Halder ließ von Karl Heinrich von Stülpnagel, Groscurth und der Gruppe um Oster im Kontakt mit Beck, Goerdeler und Canaris erneut den Staatsstreich vorbereiten, um Hitler an der Fortsetzung und Ausweitung des Krieges zu hindern, zumal die Westoffensive als aussichtslos angesehen wurde.

Dieser Neuansatz der Staatsstreichplanung war zugleich verbunden mit dem Willen zur grundlegenden Regimeveränderung, die auf die Errichtung einer rechtsstaatlich fundierten neokonservativen Ordnung abzielte. Der jetzt hervortretende dominierende Handlungsimpuls scheint durch Becks damalige Worte hindurch, es gebe sonst nur die Alternative »Krieg mit völliger Vernichtung« oder »Untergang durch Herrschaft der Radikalen«. Er läßt sich auch in den politischen Erörterungen damals erkennen.

Noch wesentlicher für die weitere Entwicklung war es, daß gleichzeitig der moralische Faktor sich verstärkt ins Zentrum der Motivation hineinschob. Die Heeresführung war bis ins Detail über die sogenannte »Volkstumspolitik« in den besetzten Gebieten, über Verbrechen an Polen und Juden informiert. Sie überließ jedoch der SS die vollziehende Gewalt. Der Protest einzelner Generale blieb wirkungslos. Diese Tatbestände trugen erheblich dazu bei, daß sich bei manchen eingeweihten Offizieren ihre politisch-militärisch motivierte Oppositionshaltung mit moralischer Entrüstung auflud. Ebenso gab die Kenntnis vom beabsichtigten Überfall auf kleine neutrale Länder wie Belgien und die Niederlande der Militäropposition neben der machtpolitisch-militärischen Motivationsbasis einen deutlichen moralischen Impuls.

Extremer Ausdruck dessen war das Handeln Osters, der die verschiedenen Angriffstermine dem niederländischen Militärattaché mitteilte. Ihn leitete das Motiv, einerseits die Glaubwürdigkeit des Widerstandes vor den Augen der Welt nach so vielen vergeblichen Anläufen zu retten, und andererseits mit der unbedingten Gegnerschaft gegen das NS-Regime in radikaler Konsequenz Ernst zu machen. Ähnlich handelten Beck und (vielleicht stärker realpolitisch motiviert) auch General von Reichenau.

Der verbrecherische Charakter des Regimes wurde allmählich erkannt; und diese Erkenntnis brachte für den Widerstand einen zunehmend entscheidenden Motivfaktor.

Zwar scheiterte der Neuansatz vom Oktober/November 1939 – der von den verschiedenen Beteiligten wohl auch mit unterschiedlicher Entschlossenheit unternommen worden war. Zwar waren Frustration und innerer Zwist die Folge. Zwar gingen bislang sehr aktiv Beteiligte wie z.B. Halder zeitweilig oder für immer auf Distanz. Zwar wirkte auch bei manchen oppositionell Gesonnenen die Überzeugung lähmend, im Krieg sei zunächst und vor allem Loyalität gefordert. Erst müsse ein Sieg errungen sein. Zwar war es nicht für jeden einfach, sich der Faszination der siegreichen Feldzüge in Polen, Norwegen, Frankreich und auf dem Balkan zu entziehen; zwar hat der Oberbefehlshaber des Heeres, Generaloberst von Brauchitsch, ein von sittlichen Grundsätzen zunehmend sich lösendes Loyalitätsdenken demonstriert und es damit bei anderen nachhaltig gefördert, indem er – trotz mancherlei Proteste aus den Reihen der Generalität – die Verbrechen in den besetzten Gebieten nicht zum Anlaß eines auch völkerrechtlich gebotenen Eingreifens machte, sondern durch beruhigende Befehle um Verständnis für »die für die Sicherung des deutschen Volkstums notwendige und vom Führer angeordnete Lösung volkspolitischer Aufgaben« sogar noch warb.

Aber: auf der anderen Seite erfuhr der militärische Widerstand – außer der schon erwähnten Intensivierung des moralisch-ethischen Faktors – mit Kriegsausbruch einen personell wie ideell entscheidenden Kräftezuwachs durch moralisch und politisch hochmotivierte Reserveoffiziere, Sonderführer, Militärbeamte, durch Kontakte mit der antitotalitären Reformbewegung der Kreisauer sowie im weiteren Fortgang des Krieges durch eine jüngere Generation von Offizieren, die allmählich in wichtige mittlere Positionen hineinwuchsen und deren fortschreitende Desillusionierung über den wahren Charakter des Regimes der Verschwörung wesentliche Handlungsimpulse gab.

Gewiß machte sich in der nächsten Phase, etwa bis 1942, die unheilvolle Dialektik von Widerstand und Kriegslage bemerkbar – Lähmung im Erfolg, Zögern beim ersten Mißerfolg im Felde. Der Sieg über Frankreich und der Krieg gegen die als Hort der bolschewistischen Revolution angesehene Sowjetunion hat bei führenden Offizieren die innere Aufgeschlossenheit für den Widerstand reduziert oder gar innere Schranken gegen ihn aufgebaut, andererseits auch moralische Hemmungen angesichts der von Hitler in Gang gesetzten Verbrechen in Rußland sogar geschwächt: Verbrecherische Befehle wurden im OKW und OKH formuliert, wie die Forschungen von Helmuth Krausnick gezeigt haben.

Andererseits jedoch waren wichtige Persönlichkeiten des Widerstandes von 1938/39 unbeugsam geblieben; Männer wie Beck, Canaris, Oster, Olbricht, Witzleben, Stülpnagel bildeten nun gleichsam eine politisch wie moralisch starke Auffangbasis für neu hinzukommende Offiziere.

Mit der Erweiterung der personellen Basis hatte sich auch die Aktionsstruktur der Oppositionskräfte entscheidend gewandelt. Sie hatte sich radikalisiert, ihre Optionsmöglichkeiten hatten sich reduziert. Seit etwa Ende 1942 ging es nicht mehr primär um Kriegsbeendigung durch Umsturz, sondern angesichts der offenkundigen Verbrechen des Regimes nur noch um Sturz eines unmoralischen Systems. Suchte man zunächst noch – wie zuvor – eine außenpolitische Absicherung der angestrebten Aktion zu erreichen, so wurde spätestens ab 1943 klar, daß angesichts der politischen und militärischen Entwicklung des Krieges dazu keine Chance mehr bestand. Auch konnte es nicht mehr um die Erhaltung des bis 1940/41 Errungenen gehen, sondern nur noch um möglichst rasche Kriegsbeendigung, nur noch darum, die Vernichtung des deutschen Nationalstaates zu verhindern.

Auch was die Methoden der Aktion anging, war eine Radikalisierung eingetreten, die sowohl in der wachsenden Einsicht in den verbrecherischen Charakter des Systems als auch in der offenkundigen Vergeblichkeit gemäßigter Vorgehensweisen begründet lag. Innerhalb der entscheidenden Gruppierungen der Opposition setzte sich allmählich die Überzeugung durch, daß der Tod des Diktators Voraussetzung eines jeden erfolgreichen Umsturzes sei; das Attentat müsse am Beginn der Aktion stehen. Das war das Ergebnis eines inneren Umbildungsprozesses, einer Loslösung von Traditionen und Verhaltensmaßstäben überkommener Eliten, die von jüngeren Mitgliedern der Opposition wie Tresckow, Oster, Olbricht, Bonhoeffer und Stauffenberg angesichts der Herausforderung durch die totalitäre Diktatur für notwendig erachtet wurde. Sie waren bereit, bewußt das Risiko einer neuen »Dolchstoßlegende« auf sich zu nehmen, und wollten aus Gründen der Moral wie aufgrund der Kriegslage bedingungslos den Sturz des Regimes herbeiführen, beginnend mit dem Tyrannenmord. In dieser Radikalisierung und in der Reduktion von Aktionsmethoden spiegelt sich auch die Dialektik von Widerstandsentwicklung und Entwicklung des Kriegsverlaufs sowie das ständig wachsende Gewicht des moralischen Faktors.

Umsturzmotivationen 1943/44

Vom äußeren Ereignisablauf her brachte das Jahr 1943 die ersten konkreten Neuansätze eines Umsturzversuches. Seit Januar hatten Tresckow und seine Vertrauensleute in Berlin die Umsturzplanung der Oppositionskräfte zu koordinieren versucht; Olbricht trieb in technisch-organisatorischer Hinsicht die konkreten Vorbereitungen voran. Im März jedoch scheiterten aus technischen bzw. organisatorischen Gründen verschiedene Attentatsversuche. Andere Attentatsprojekte gelangten nicht über das Stadium der Planung hinaus. Das größte Handicap lag jedoch nicht in diesen Fehlschlägen, sondern darin, daß es nicht gelang, einen prominenten Front-Oberbefehlshaber zu gewinnen. Zudem zerschlug die Gestapo im April 1943 Osters Verschwörerzentrale in der Abwehr, ohne allerdings dem Widerstand in seinen wesentlichen Gruppierungen auf die Schliche zu kommen. Im Sommer 1943 bemühte sich Tresckow unermüdlich um einen Neuansatz. Die Kriegslage hatte sich mit dem Ausscheiden Italiens aus dem Achsenbündnis und durch schwere Rückschläge, die auf die großen Niederlagen des ersten Vierteljahres (Stalingrad, Tunis) nunmehr im Sommer an der Ostfront erneut eintraten (Kursk, Juli 1943), entscheidend verschlechtert. Eile war geboten. Bald schien in Feldmarschall von Kluge ein prominenter Befehlshaber gefunden, aber im Oktober fiel dieser durch einen schweren Autounfall aus. Das Jahr 1943 ging – was den Staatsstreich anbelangte – mit einer negativen Bilanz zu Ende. Aber die beständigen und intensiven Kontakte zwischen den verschiedenen Gruppen in Berlin, Paris, Brüssel und bei der Heeresgruppe Mitte sowie die Zusammenarbeit zwischen den konspirativ tätigen zivilen Persönlichkeiten und den militärischen Kräften hatten sich trotz mancherlei Reibungen als stark genug erwiesen, um derartige Rückschläge zu überdauern. Daher ist auch die Dynamik ihrer auf Umsturz abzielenden Bestrebungen nicht gemindert worden. Tresckow und Stauffenberg – letzterer seit Spätsommer 1943 in zentraler Stellung beim Ersatzheer tätig – trieben die Vorbereitungen weiter voran.

Politisch hatte sich den Verschwörern seit den ersten Planungen und Vorbereitungen für einen Staatsstreich im Hochsommer 1938 die Frage nach der außenpolitischen Absicherung des Umsturzversuches gestellt. Nach Kriegsausbruch wurde das Problem noch komplizierter: Wie ist eine Kriegsbeendigung nach einem gelungenen Staatsstreich möglich? Welche Haltung werden die Kriegsgegner gegenüber einer neuen, aus einem Staatsstreich hervorgegangenen Regierung einnehmen?

Nach dem Überfall auf die Sowjetunion und nach der deutschen Kriegserklärung an die USA kam noch die zusätzliche Frage hinzu, ob ein Arrangement mit nur einer Seite der antideutschen Kriegsallianz möglich sei, mit den Westmächten oder der Sowjetunion.

Nach der Konferenz von Casablanca im Januar 1943 mußten sich die Verschwörer noch zusätzlich dem Problem der »bedingungslosen Kapitulation« stellen; würden die Alliierten auch gegenüber einer von ihnen gebildeten Regierung an dieser Forderung festhalten? Welche Möglichkeiten blieben dem Reich unter einer Anti-Hitler-Regierung nach einem Umsturz jetzt noch, wo die Kriegsgegner auf allen Fronten siegreich im Vormarsch waren, wo die Landung im Westen bevorstand und die Ostfront dem Ansturm der sowjetische Armeen nur mit Mühe standhielt?

Nach dem Gelingen der alliierten Landung Anfang Juni und dem Zusammenbruch der Heeresgruppe Mitte an der Ostfront Ende Juni 1944 war der Verschwörung die letzte Trumpfkarte realpolitischer Art aus der Hand geschlagen. Die einzige Möglichkeit, mit den Westalliierten vielleicht noch zu einem Arrangement zu gelangen, um den Staatsstreich außenpolitisch abzusichern und zu retten, was noch zu retten war, war nunmehr geschwunden. Damit trat das Verhältnis von Politik und Moral in ein neues, ein entscheidendes Stadium. Es blieb nur noch die Entscheidung, ob man auch im Angesicht der unvermeidlichen Niederlage ohne politische Erfolgsaussichten dennoch handeln wolle, noch handeln dürfe. Ein Umsturz zur Rettung des deutschen Nationalstaates schien ja angesichts der alliierten Kriegspolitik und der sich kumulierenden militärischen Katastrophen immer aussichtsloser.

Sollte man nun nicht von einem Staatsstreich Abstand nehmen, statt bei einem zu erwartenden Fehlschlag profilierte Männer, die Deutschlands Zukunftshoffnung darstellten, ohne Erfolgsaussichten zu opfern? – So soll Tresckow sich gefragt haben. Ein praktischer Sinn sei in einem Staatsstreich nun nicht mehr zu erkennen. Die »bedingungslose Kapitulation« war nicht mehr zu vermeiden. Aber Tresckow fand auf diese Fragen und Zweifel eine klare Antwort: Er kleidete sie in die berühmt gewordenen, von Schlabrendorff überlieferten Sätze: »Das Attentat muß erfolgen coûte que coûte. Sollte es nicht gelingen, so muß trotzdem in Berlin gehandelt werden. Denn es kommt nicht mehr auf den praktischen Zweck an, sondern darauf, daß die deutsche Widerstandsbewegung vor der Welt und vor der Geschichte den entscheidenden Wurf gewagt hat. Alles andere ist daneben gleichgültig.« Damit hatte Tresckow auf einer höheren Ebene der Verschwörung wieder einen neuen Sinn gegeben: die freie Tat jenseits allen »realpolitischen« Kalküls; ein Zeichen, das aufgerichtet werden müßte. Er bat Graf Lehndorff, dies Stauffenberg mitzuteilen. Für diesen war die Mitteilung Tresckows offenbar von entscheidender Bedeutung bei seinem Entschluß, ab Mitte Juli 1944 zur Tat zu schreiten.

Tresckows richtungsweisende Parole löste den entscheidenden Motivationsschub aus: Waren bisher realpolitische Erwägungen gleichrangig neben der ethisch-moralischen Motivation die Triebkräfte der Konspiration gewesen – wenngleich individuell gewiß in unterschiedlichem und sich wandelndem Mischungsverhältnis –, so setzte sich nunmehr bei den entscheidenden Persönlichkeiten der ethisch-moralische Beweggrund dominierend, ja exklusiv durch. Das gab ihrem Handeln die letzte Entschlossenheit und die entscheidende Dynamik.

Damit war – historisch gesehen – ein langer Weg durchmessen: Von einer sich als innenpolitischer Machtkampf darstellenden Auseinandersetzung rivalisierender Machteliten innerhalb des Systems über eine als Kriegsverhinderung in Erscheinung tretende alternative Außenpolitik, von systemimmanenten Säuberungsabsichten über gewaltsame Systemveränderung und Umsturzversuche zur Rettung deutscher Staatssubstanz war man schließlich *in extremis* zur freien Tat des Gewissens und zum Selbstopfer gelangt – zum Handeln ohne jegliche konkrete politische Erfolgsaussicht, allein gegründet auf ethisch-moralische Motivation.

Ein solches Denken und Handeln war ohne Vorbild in der preußisch-deutschen Militärgeschichte; es war jedenfalls nicht nur auf dem Boden militärischer Tradition erwachsen.

Rainer A. Blasius

Appeasement und Widerstand 1938

Chamberlain als Retter Hitlers?

Am 3. September 1939, dem Tag der Kriegserklärung Großbritanniens und Frankreichs an das Deutsche Reich, stellte Arthur Neville Chamberlain vor dem britischen Unterhaus zu den Auswirkungen des deutschen Angriffs auf Polen fest: »Alles, wofür ich gearbeitet habe, alles, was ich erhofft habe, alles, was ich geglaubt habe während meines öffentlichen Lebens, ist zertrümmert worden.«[1] Nach einem solchen Eingeständnis fiel es in Großbritannien nicht schwer, den Zweiten Weltkrieg im Rückblick als »unnötig« (Winston Churchill) und als »vermeidbar« (John Wheeler-Bennett) zu bezeichnen: Der allzu friedliebende Chamberlain hätte den allzu kriegslüsternen Hitler stoppen können und stoppen müssen, spätestens in der Krise um die Tschechoslowakei im Jahr 1938.

Die These vom »schuldigen« Chamberlain legte nach 1945 in der Bundesrepublik Deutschland bei der Spurensuche nach dem »anderen Deutschland« zur Zurückweisung der unterstellten Kollektivschuld nahe, das Scheitern des deutschen Widerstandes im September 1938, der über die Umsturzvorbereitung nicht hinausgekommen war, zu einem mehr oder weniger großen Teil der britischen Regierung anzulasten[2]: Whitehall hätte auf Informationen und Bitten aus der Wilhelmstraße und vom Tirpitzufer nicht angemessen reagiert und die ausgestreckte Hand zu einem gemeinsamen Handeln gegen die nationalsozialistische Führung zurückgewiesen. Zeitgenössische Meinungen konnten sogar als Beleg herangezogen werden, wie das Resümee des konsequentesten *Appeasers,* des britischen Botschafters in Berlin, Sir Nevile Henderson, vom 6. Oktober 1938: »Wie die Dinge liegen, haben wir durch die Erhaltung des Friedens Hitler und sein Regime gerettet.«[3] Statt dessen konnte auf das Fazit eines unermüdlichen Widerstandskämpfers, des ehemaligen Leipziger Oberbürgermeisters Carl Goerdeler, hingewiesen werden, der am 11. Oktober 1938 einem amerikanischen Freund mitteilte: »Eine ausgezeichnete Gelegenheit ist verpaßt worden. Das deutsche Volk wollte keinen Krieg; die Armee würde alles getan haben, ihn zu vermeiden.«[4]

---

1 Rainer A. Blasius (Bearb.), Dokumente zur Deutschlandpolitik, Reihe I, Bd. 1: 3. September 1939 bis 31. Dezember 1941. Britische Deutschlandpolitik, Frankfurt am Main 1984, S. 4.

2 So die frühen Arbeiten von Hans Rothfels (1948), Gerhard Ritter (1954) und Helmut Krausnick (1956).

3 Zit. nach Bernd-Jürgen Wendt, München 1938. England zwischen Hitler und Preußen, Frankfurt am Main 1965, S. 10.

4 Zit. nach Gerhard Ritter, Carl Goerdeler und die Deutsche Widerstandsbewegung, Stuttgart 1984[4], S. 204.

Schuldzuweisungen in der Tradition der Appeasement-Ankläger und/oder der Widerstands-Verteidiger haben oft vergessen lassen, welche Empfehlungen im Sommer/Herbst 1938 an das *Foreign Office* herangetragen wurden und wer in Großbritannien um Unterstützung gebeten wurde. Darüber geben die deutsch-britischen Geheimkontakte Auskunft[5]; bei den deutschen »Absendern« ist allerdings zu unterscheiden zwischen den auf Sprengung des nationalsozialistischen Systems hinarbeitenden Regimegegnern einerseits, und den durchaus noch auf das System fixierten, lediglich Einzelpersonen oder -erscheinungen ablehnenden Regimekritikern andererseits. Beiden war gemeinsam, daß sie auf den Kurs der britischen Außenpolitik Einfluß nehmen wollten, um Rückwirkungen in Deutschland zu erzielen.

Hoffnung des Appeasement: Wandel durch Konzessionen

Großbritanniens Außenpolitik in den dreißiger Jahren wurde durch die Krise des Inselstaats als Wirtschafts- und Militärmacht, die Krise des sich in einem Wandlungsprozeß befindenden Weltreichs und die Krise des internationalen Systems seit dem Mandschurei-Konflikt von 1931 maßgeblich bestimmt[6]. Vom europäischen Festland erhoffte sich London eigentlich nur eines: Ruhe, um die vielfältigen innen- und weltpolitischen Probleme bewältigen zu können.

Neben dem rational bestimmbaren Interesse, Störfaktoren nach Möglichkeit zu beseitigen oder wenigstens zu umgehen, kamen emotionale Komponenten hinzu. Zunächst gab es eine sehr weitverbreitete Friedenssehnsucht, weil die britische Öffentlichkeit, von den Ergebnissen des Weltkrieges enttäuscht, die Außenpolitik in der Vorkriegszeit als verfehlt und die Bündnis-Systeme als wesentliche Ursache für den Kriegsausbruch 1914 ansah; Koalitionen und feste Zusagen sollten deshalb lieber gar nicht eingegangen werden. Sodann wuchs die Furcht, bei einer erneuten europäischen militärischen Auseinandersetzung nicht verschont zu bleiben, weil die gegnerischen Bomber »immer durchkämen« und Heim und Herd bedrohen würden[7]. Schließlich herrschte ein schlechtes Gewissen gegenüber Deutschland vor, weil der Versailler Vertrag als zu hart empfunden und die nach dem Weltkrieg in Mitteleuropa gezogenen Grenzen mit Skepsis betrachtet wurden, so daß – verstärkt durch die nationalsozialistische Propaganda – »die meisten Briten die einfach schreckliche Behandlung Deutschlands durch die Alliierten als erwiesen annahmen«[8].

Verständnis für die deutsche Revisionspolitik war durchaus vorhanden, für das – laut nationalsozialistischem Jargon – Abschütteln der »Ketten von Versailles«. Demgegenüber wurde die innenpolitische Entwicklung im Dritten Reich wie z. B. die Ab-

5 Dazu jetzt die materialreiche Darstellung von Klemens von Klemperer, German Resistance against Hitler. The Search for Allies Abroad, 1938–1945, Oxford 1992, S. 86–110.

6 Siehe Gottfried Niedhart, Appeasement: Die britische Anwort auf die Krise des Weltreichs und des internationalen Systems vor dem Zweiten Weltkrieg, in: Historische Zeitschrift, Bd. 226 (1978), S. 74.

7 Richard J. Y. Adams, British Politics and Foreign Policy in the Age of Appeasement, 1935–1939, London 1993, S. 18 (so das zeitgenössische Urteil von Stanley Baldwin und Neville Chamberlain). Zu der zum damaligen Zeitpunkt in London überschätzten deutschen Luftwaffe vgl. auch Richard Lamb, The Ghosts of Peace 1935–1945, London 1987, S. 91.

8 T. E. Jessop, The Treaty of Versailles. Was it just?, London u. a. 1942, S. 153 f.

schaffung der demokratischen Institutionen, die Verfolgung Andersdenkender, die Ausschreitungen gegen Juden, die Polizeistaatmethoden, die Militarisierung des gesamten öffentlichen Lebens eher mit Ablehnung, ja mit Abscheu wahrgenommen. Dies führte schon bald dazu, daß die bereits während des Weltkrieges aufgekommene Vorstellung von den zwei deutschen Lagern – den Junkern, Militaristen und Hohenzollern auf der einen Seite, und einem friedlichen, liebenswürdigen, von der Militärkaste geknechteten Volk auf der anderen Seite – wieder hervorgeholt und aktualisiert wurde zu einer Unterscheidung zwischen Nationalsozialisten und Deutschen[9]. Bald schon wurde eine weitere Differenzierung vorgenommen: Innerhalb der nationalsozialistischen Führung stünde Hitler zwischen »Gemäßigten« und »Radikalen«. Zu letzteren wurden Propagandaminister Joseph Goebbels, der Reichsführer-SS Heinrich Himmler und Reichsaußenminister Joachim von Ribbentrop gezählt. Von einem solchen Deutschlandbild ausgehend, waren die Entscheidungsträger in London von der Notwendigkeit überzeugt, Hitler durch außenpolitische Erfolge von seinen fanatischen Anhängern und böswilligen Beratern trennen und zu einem *moderate* machen zu können[10].

Durch den Besuch von Viscount Halifax, damals noch Lordsiegelbewahrer und Führer des Oberhauses und ab Februar 1938 als Nachfolger des Appeasement-Gegners Anthony Eden sogar britischer Außenminister, wurde dem deutschen Diktator am 19. November 1938 durchaus signalisiert, daß die seit Ende Mai 1937 amtierende Regierung Chamberlain nicht nur Konzessionen auf dem Kontinent – Änderungen des Status quo in Danzig, Österreich und der Tschechoslowakei –, sondern auch im kolonialen Bereich einkalkulierte, keineswegs jedoch Handlungsfreiheit in Europas Osten gewähren wollte. Überhaupt müßten die Veränderungen des Status quo »im Wege friedlicher Evolution zustandegebracht« werden; außerdem wurde erwartet, daß das Deutsche Reich im Gegenzug einem allgemeinen und umfassenden Abkommen zustimmen werde[11].

Daß Hitler vorerst nichts an einem *general settlement* lag, zeigte sein Alleingang beim »Anschluß« Österreichs, der sich unter dem Jubel der dortigen Bevölkerung vollzog und von Großbritannien und Frankreich akzeptiert werden mußte. Daraufhin deutete die britische Regierung allerdings an, daß sie bei einem gewaltsamen deutschen Vorgehen gegen die mit Frankreich verbündete Tschechoslowakei nicht einfach desinteressiert abseits stehen werde. So erwähnte Chamberlain am 24. März 1938 vor dem britischen Unterhaus, »wo es um Krieg und Frieden geht, sind legale Verpflichtungen nicht allein ausschlaggebend, und wenn ein Krieg ausbricht, wird er sich wahrscheinlich nicht auf die beschränken, die solche Verpflichtungen eingegangen sind«[12].

Weder eine solche Erklärung noch die Berichte der deutschen Botschafter in Paris und London von Ende April/Anfang Mai 1938 darüber, daß die dortigen Regierun-

---

9 Siehe Reinhard Meyers, Das Dritte Reich in britischer Sicht. Grundzüge und Determinanten britischer Deutschlandbilder in den dreißiger Jahren, in: Bernd-Jürgen Wendt (Hrsg.), Das britische Deutschlandbild im Wandel des 19. und 20. Jahrhundert, Bochum 1984, S. 132 ff.

10 Zur weiteren Ausformung des britischen Deutschlandbildes siehe Rainer A. Blasius, Weder »gute« noch »böse« Deutsche. Zur politischen Kriegführung Großbritanniens in den Jahren 1939 bis 1943, in: Jost Dülffer u. a. (Hrsg.), Deutschland in Europa. Kontinuität und Bruch. Gedenkschrift für Andreas Hillgruber, Berlin 1990, S. 175–202.

11 Dazu ausführlich Josef Henke, England in Hitlers politischem Kalkül 1935–1939, Boppard am Rhein 1973, S. 113–117.

12 Parliamentary Debates. House of Commons, Band 333, London 1938, Spalte 1407.

gen vor einer militärischen Aktion Deutschlands gegen die Tschechoslowakei gewarnt hatten, die für Frankreich den »Bündnisfall«[13] auslösen und Großbritannien in eine »extremely difficult position«[14] bringen müsse, konnten Hitler bremsen. Aufgrund der durch den »Anschluß« vom 12./13. März stark verbesserten strategischen Position richtete er den Blick nach Prag und schürte mittels der Sudetendeutschen Partei unter Konrad Henlein die Krise um die Tschechoslowakei, zunächst mit der Forderung nach immer umfassenderer Autonomie der Sudetendeutschen innerhalb des tschechoslowakischen Staatsverbandes[15].

Dem vom Anfang an auf einen »kleinen«, lokalisierten deutsch-tschechoslowakischen Krieg fixierten deutschen Diktator kam der tschechoslowakische Staatspräsident Eduard Beneš indirekt sogar noch zu Hilfe, indem er entweder ganz einfach die Nerven verlor oder vielleicht die Beistandsabsichten der Westmächte testen wollte. Jedenfalls ließ er es infolge von Gerüchten über deutsche Truppenzusammenziehungen an der Grenze zur Tschechoslowakei und über einen unmittelbar bevorstehenden Angriff am 20. Mai 1938 zu einer tschechoslowakischen Teilmobilmachung kommen. Demarchen des britischen und französischen Botschafters in Berlin zugunsten Prags[16] und Kommentare der antinationalsozialistischen Weltpresse[17], die die tschechoslowakischen Maßnahmen als Triumph und das zwischenzeitlich erfolgte deutsche Dementi als Niederlage Hitlers darstellten, als Zurückweichen des nationalsozialistischen Führers, folgten sozusagen auf dem Fuße. Hitler nahm daher die »Wochenendkrise« zum Anlaß, bereits am 28. Mai 1938 vor einem größeren Kreis versammelter Offiziere und Beamten seinen »unerschütterlichen Willen« zu verkünden, »daß die Tschechoslowakei von der Landkarte verschwindet«[18]. Zwei Tage später ließ er die militärischen Planungen anlaufen, deren Ausführung bis zum 1. Oktober 1938 sichergestellt sein mußte[19]. Die Zeichen waren damit nicht auf den britischerseits angestrebten *peaceful change* gestellt, sondern auf Krieg.

Einschüchterung Hitlers als Umsturz-Auftakt

Im Frühjahr/Sommer 1938 bildete sich aus Angst vor dem »großen Krieg« gegen die Westmächte, den eine deutsch-tschechoslowakische militärische Konfrontation zu entfesseln drohte, in Deutschland eine Art informeller »Anti-Kriegspartei«[20], der als

13 Akten zur deutschen auswärtigen Politik (ADAP), Serie D, II, Nr. 144 (Der Botschafter in Paris an das Auswärtige Amt, 1. Mai 1938).
14 Ebenda, Nr. 140 (Der Geschäftsträger in London an das Auswärtige Amt, 30. April 1938).
15 Siehe Rainer A. Blasius, Für Großdeutschland – gegen den großen Krieg. Staatssekretär Ernst Freiherr von Weizsäcker in den Krisen um die Tschechoslowakei und Polen 1938/39, Köln-Wien 1981, S. 34f.
16 Siehe Leonidas E. Hill (Hrsg.), Die Weizsäcker-Papiere 1933–1950, Frankfurt am Main-Berlin-Wien 1974, S. 129 (Eintragungen vom 22. und 26. Mai 1938).
17 Siehe dazu Boris Celovsky, Das Abkommen von München 1938, München 1958, S. 209; Dietrich Aigner, Das Ringen um England. Das deutsch-britische Verhältnis. Die öffentliche Meinung 1933–1939. Tragödie zweier Völker, München-Esslingen 1969, S. 327ff.
18 ADAP, Serie D, VII, Anhang II, H (V) (Aufzeichnungen Wiedemanns).
19 Ebenda, D, II, Nr. 221 (Weisung für den Plan »Grün«).
20 Klaus-Jürgen Müller, Die national-konservative Opposition vor dem Zweiten Weltkrieg. Zum Problem ihrer begrifflichen Erfassung, in: Manfred Messerschmidt u.a. (Hrsg.), Militärgeschichte. Probleme – Thesen – Wege, Stuttgart 1982, S. 225ff.

hervorragende Repräsentanten auf dem militärischen Sektor Ludwig Beck und dessen Nachfolger als Generalstabschef, Franz Halder, der Amtschef der Abwehr, Admiral Wilhelm Canaris, sowie auf dem diplomatischen Sektor der Staatssekretär des Auswärtigen Amts, Ernst Freiherr von Weizsäcker, angehörten. Aus fachlichen Bedenken wie der Analyse des militärischen Kräfteverhältnisses und der Beurteilung der internationalen Lage entzündete sich die Kritik an der von ihnen bisher mitgetragenen nationalsozialistischen Außenpolitik; außerdem fühlten sie sich subjektiv im Kampf gegen die »Kriegspartei« in Deutschland: beispielsweise Beck gegen die Mehrheit der höchsten Generalität, die er im August 1938 nicht von einem Kollektivrücktritt überzeugen konnte, um damit Militärs wie Jodl und Keitel, die hinter den Kriegsplänen Hitlers standen, zu desavouieren; beispielsweise Weizsäcker gegen den Reichsaußenminister von Ribbentrop, von dessen antibritischer Orientierung er geradezu schockiert war und dessen Beratung des »Führers« von ihm als falsch und verhängnisvoll eingeschätzt wurde[21]. Was die Spitzen der »Anti-Kriegspartei« – aus britischer Sicht: die »Gemäßigten« – mit den führenden Appeasement-Politikern in London verband, war die Vorstellung, daß Hitler ein rationaler und kompromißbereiter Staatsmann sei und durch territoriale Zugeständnisse saturiert werden könne.

Jeglichen Konzessionen an Hitler, die stets einen weiteren Machtzuwachs und einen zusätzlichen Prestigegewinn bedeuten mußten, möglichst entgegenarbeiten wollte die Umsturzgruppierung, die sich unter dem »Dach« der »Anti-Kriegspartei« – d.h. im direkten Verantwortungsbereich des Abwehr-Chefs und des Außenamts-Staatssekretärs – zusammengefunden hatte. Oberstleutnant Hans Oster, Chef des Stabes bei der Abwehr, und Regierungsrat Hans-Bernd Gisevius, die sich seit der Fritsch-Krise vom Februar 1938 über den verbrecherischen Charakter des Regimes und des Diktators vollkommen im klaren waren, planten nämlich bereits einen Umsturz[22]. Hitlers Vabanquepolitik sollte zum Anlaß für einen Coup d'Etat genommen werden.

Oster kam bei den Vorbereitungen zugute, daß er im Sommer 1938 zum engsten Vertrauten Becks wurde – den er allerdings nicht zu einer politischen Aktion bewegen konnte, da der Generalstabschef am 18. August 1938 zurücktrat – und Erich Kordt, dem konsequenten Regimegegner im Auswärtigen Amt und Chef des Ministerbüros unter Ribbentrop, verbunden war; zudem stand der Abwehr-Offizier mit regimeimmunen Einzelpersönlichkeiten konservativ-nationalistischer Prägung[23], beispielsweise dem pommerschen Gutsbesitzer Ewald von Kleist-Schmenzin und dem am 1. April 1937 aus Protest gegen die Entfernung des Mendelssohn-Bartholdy-

---

21 Dazu Rainer A. Blasius, Weizsäcker kontra Ribbentrop: »München« statt des großen Krieges, in: Klaus-Jürgen Müller/Franz Knipping (Hrsg.), Machtbewußtsein in Deutschland am Vorabend des Zweiten Weltkrieges, Paderborn 1984, S. 93–118.

22 Vgl. Romedio Galeazzo Graf von Thun-Hohenstein, Der Verschwörer. General Oster und die Militäropposition, Berlin 1982, bes. S. 81–118: »Der Vogel muß zurück in den Bauer«. Die Sudetenkrise.

23 Siehe Bernd-Jürgen Wendt, Konservative Honoratioren – Eine Alternative zu Hitler? Englandkontakte des deutschen Widerstandes im Jahre 1938, in: Dirk Stegemann/Bernd-Jürgen Wendt/Peter Christian Witt (Hrsg.), Deutscher Konservativismus im 19. und 20. Jahrhundert. Festschrift für Fritz Fischer, Bonn 1983, S. 366.

Denkmals zurückgetretenen Leipziger Oberbürgermeister Carl Goerdeler, in Verbindung. Aus diesem Bekanntenkreis rekrutierten sich im Sommer 1938 die Emissäre des Widerstandes, die sich um ein Signal aus London bemühten.

Den Auftakt machte der in Großbritannien durch mehrere Aufenthalte nicht unbekannte Goerdeler, der sich am 6./7. August 1938 mit dem einflußreichen schottischen Industriellen Arthur Primrose Young in Rauschen (Ostpreußen) traf. Goerdelers Botschaft an die britische Regierung lautete: Hitler glaube, daß Frankreich und Großbritannien nur bluffen und er daher in die Tschechoslowakei genauso einmarschieren könne wie in Österreich. Im deutschen Volk wachse die Stimmung gegen den Krieg, auch sei »die große Mehrheit der Generale« – die Goerdeler mehrfach als seine Freunde bezeichnete – gegen einen militärischen Schlag; allerdings wolle der zum Krieg entschlossene Hitler die unentschlossenen hohen Offiziere im Herbst absetzen. Goerdeler empfahl nun eine unzweideutige öffentliche Erklärung – am besten über Rundfunk –, daß die britische Regierung, falls die Verhandlungen in der Tschechoslowakei zwischen der Prager Regierung und der sudetendeutschen Führung nicht den erhofften Erfolg hätten, zwar bereit sei, »wie stets in der Vergangenheit den Frieden zu erhalten«, aber »notfalls vor Anwendung von Gewalt nicht zurückschrekken werde«, um eine »Aggression« zu verhindern. Die öffentliche Verbreitung sei erforderlich, um erstens »den Antikriegsgefühlen im Volk Nachdruck zu verleihen« und um zweitens »die Position der Generale, die sich Hitlers Position widersetzen, zu stärken«. Daneben betonte der ehemalige Oberbürgermeister, daß das Sudetenproblem »auf dem friedlichen Wege einer Volksabstimmung gelöst werden sollte, in der die Sudetendeutschen darüber befinden müßten, ob sie lieber Teil der tschechoslowakischen Republik bleiben oder dem Deutschen Reich angeschlossen werden sollten«[24].

Rund zwei Wochen nach der abschreckenden Erklärung sollte sich eine versöhnliche Verlautbarung der britischen Regierung anschließen, die sich mit den »Lebensfragen Deutschlands und seines Volkes« zu beschäftigen hätte: »1. die Kolonialfrage, 2. die Zukunft Mitteleuropas, 3. die Fragen der Währung und des Goldes, 4. das große Problem der Handelsfreiheit, das in allen Ländern unmittelbar verknüpft ist mit der Notwendigkeit, den Rüstungswettlauf zu bremsen«[25]. Daß Goerdeler bei Mitteleuropa Danzig und den »Korridor« einbezog, stand wohl außer Frage. In der Reihenfolge: Peitsche und Zuckerbrot gedachte er, Hitler zum Einlenken zu bringen und die großdeutschen Ziele friedlich umzusetzen.

Als am 11. September 1938 das Gespräch in Zürich fortgesetzt wurde, stellte Goerdeler gegenüber Young heraus, daß Deutschland »derzeit von etwa 100 000 seiner übelsten Elemente beherrscht« werde, während die restlichen 99,85 Prozent »im Kern gesund«, vernünftig, rechtschaffen und friedliebend seien. Um den drohenden Krieg zu verhindern, müsse sofort das britische Parlament einberufen werden und der Premierminister »unzweideutig« herausstellen, daß im Fall eines deutschen militärischen Schlags gegen die Tschechoslowakei Großbritannien Gewalt mit Gewalt beant-

---

24 Sidney Aster (Hrsg.), Arthur Primrose Young, Die »X«-Dokumente. Die geheimen Kontakte Carl Goerdelers mit der britischen Regierung 1938/39, München-Zürich 1989, S. 52f.

25 Ebenda, S. 663; siehe zu den außenpolitischen Zielvorstellungen Goerdelers auch Michael Krüger-Charlé, From Reform to Resistance: Carl Goerdeler's 1938 Memorandum, in: David Clay Large (Hrsg.), Contending with Hitler. Varieties of German Resistance in the Third Reich, New York 1992, S. 75–87.

worten werde. Zweierlei Reaktionen stellte sich Goerdeler vor: »a) Hitler würde selber sein Vorhaben aufgeben und Frieden halten; b) bleibe Hitler zum Krieg entschlossen, so würden ihn die Generale an der Durchführung seines Vorhabens hindern«[26]. Ob Goerdeler den britischen Gesprächspartner damit auf konkrete Staatsstreich-Vorbereitungen hinweisen wollte oder lediglich seinen Erwartungen an die Generalität Ausdruck verlieh, läßt sich nicht feststellen.

Wenige Tage nach dem Goerdeler-Young-Treffen in Rauschen reiste Ewald von Kleist nach London. Diese »so ausschließlich auf Gott gegründete Persönlichkeit«[27] war ein unerbittlicher Feind Hitlers und des Nationalsozialismus seit Ende der zwanziger Jahre. Für Kleist gab es keine Kompromisse mit dem Regime, wenngleich er sich über die opportunistische Haltung der meisten seiner Zeitgenossen keine Illusionen machte: »charakterlos wie ein preußischer Beamter, glaubenslos wie ein protestantischer Pfaffe, feige wie ein deutscher General«[28], so äußerte er einmal. Über seinen Schwager Oscar von der Osten, Oberstleutnant bei der Abwehr, war Kleist mit Oster in Kontakt gekommen, der ihn gemeinsam mit Beck um die Geheimmission nach London gebeten hatte.

Kleist war übrigens vom britischen Botschafter Henderson als »Emissär der Gemäßigten im Generalstab« avisiert worden; die Wege zu den englischen Gesprächspartnern ebnete ihm Ian Colvin, der Mitteleuropa-Korrespondent des »News Chronicle« in Berlin[29]. Kleist führte zwischen dem 17. und 24. August in der britischen Hauptstadt Gespräche mit drei scharfen Kritikern des Appeasement-Kurses: mit dem Anfang des Jahres als Staatssekretär des *Foreign Office* abgelösten und auf den dekorativen, aber wenig einflußreichen Posten des Ersten Diplomatischen Beraters der Regierung Großbritanniens wegbeförderten Sir Robert Vansittart, mit dem in der eigenen konservativen Partei kaltgestellten und auf eine große Aufgabe wartenden Unterhausabgeordneten Winston Churchill sowie mit dem Präsidenten des British Council, Lord Lloyd[30], dem ehemaligen Hohen Kommissar für Ägypten und den Sudan.

Kleist unterrichtete London über den von Hitler geplanten Krieg. Als Vansittart daraufhin am 18. August 1938 den Deutschen fragte, ob »die Extremisten Hitler mit sich fortreißen«, antwortete Kleist, es gebe »nur einen wirklichen Extremisten, und

---

26 A. P. Young (Anm. 24), S. 83 und S. 88.

27 Fabian von Schlabrendorff, Begegnungen in fünf Jahrzehnten, Tübingen 1979, S. 107.

28 Zit. nach ebenda, S. 123.

29 Siehe Bodo Scheurig, Ewald von Kleist-Schmenzin. Ein Konservativer gegen Hitler, Oldenburg-Hamburg 1968, S. 156f.

30 Ohne einen Namen zu nennen, äußerte sich Lord Lloyd dazu am 4. Oktober 1938 im britischen Oberhaus und nahm Bezug auf ein anschließend mit Außenminister Viscount Halifax geführtes Gespräch: »I am sorry that my noble friend the Secretary of State for Foreign Affairs is not in his place at this moment – though I know he needs rest from oratory as well as from other things more than most men – but he knows that I was able to inform him in the very early days of August of the whole German plan which worked out to the actual day. He knows, too, where that information came from, and that there was counsel from that source that to save the situation there should be an immediate declaration. We had an assurance from an authority which has proved right in every other respect that if that declaration had been made before mobilisation things would almost certainly have been saved. I have many other reasons for feeling that. It was the case in 1914. It was the reason and the main justification for the Prime Minister going to Berchtesgaden. Why did we not do it earlier? Why did we not take our courage in both hands?« Vgl. Parliamentary Debates. House of Lords, Band 110, London 1938, Spalte 1419–1420.

das ist Hitler selbst«. Nach dem 27. September würde er den Befehl zum Angriff geben. Die Generalität besäße jedoch nicht die Macht, Hitler aufzuhalten – es sei denn, daß man »sie durch ein Zeichen von außen ermutige und unterstütze«. Daher müsse Hitler unmißverständlich gewarnt werden, daß die entschiedene Haltung der Westmächte in der »Wochenendkrise« kein Bluff gewesen sei und Gewalt mit Gewalt beantwortet würde; die Wirkung von Chamberlains Unterhaus-Erklärung vom 24. März 1938 sei mittlerweile verblaßt und genüge nicht mehr. Außerdem müsse ein führender britischer Staatsmann in einer Rede die Schrecken des Krieges und die unvermeidlich folgende Katastrophe »ausmalen«[31].

Bei der am darauffolgenden Tag in Chartwell Manor stattfindenden Begegnung mit Churchill bat Kleist ebenfalls um eine Geste, um die Fronde deutscher Generale zu motivieren und zu unterstützen, diesmal allerdings nur noch in Form von Mitteilungen einzelner Parlamentarier an die britische Presse oder von privaten Briefen an deutsche Bekannte, die den Ernst der Lage betonen sollten. Churchill fand sich schließlich zu einem Schreiben bereit, das Kleist Ende August über die britische Botschaft in Berlin zugestellt wurde. Dort hieß es u. a., daß ein gewaltsames Überschreiten der tschechoslowakischen Grenzen durch deutsche Truppen »erneut einen Weltkrieg heraufbeschwören« werde: »Ich bin wie Ende Juli 1914 sicher, daß England mit Frankreich marschieren wird«[32]; ausführlich zitierte Churchill dann aus der Chamberlain-Erklärung vom 24. März 1938.

Territoriale Ansprüche auf die Sudetengebiete erhob Kleist übrigens in London nicht, erwiderte jedoch auf ein Angebot Churchills über britisch-französische koloniale Zugeständnisse an eine friedliebende und tolerante deutsche Regierung, daß seinen Freunden »weniger an Kolonien als an Danzig und Westpreußen, also an der Beseitigung des polnischen Korridors gelegen sei«[33].

Nicht an Mittelsmänner oder Appeasement-Kritiker, sondern direkt an die britische Regierung wandte sich der deutsche Geschäftsträger in London, Theodor Kordt. Durch seine Cousine Susanne Simonis war ihm eine »umfassende Botschaft« – verfaßt von seinem Bruder Erich und aus Sicherheitsgründen von der Überbringerin auswendig gelernt[34] – übermittelt worden, die sicherlich Oster initiiert hatte. Kordt sprach am 6. September 1938 zunächst mit dem Chamberlain-Vertrauten und Ersten Berater der Regierung Großbritanniens für Industriefragen, Sir Horace Wilson, und am 7. September in No. 10 Downing Street – nachdem er das Haus durch das Gartentor betreten hatte, um jegliches Aufsehen zu vermeiden – mit Außenminister Viscount Halifax. Der offizielle Repräsentant des nationalsozialistischen Deutschlands in London gab sich nun als Mitglied »der deutschen Widerstandsbewegung« zu erkennen und ersuchte den Außenminister um eine britische Warnung an die deutsche Bevölkerung über Rundfunk. Sollte diese Erklärung abgegeben werden, seien die deutschen Armeeführer bereit, »gegen Hitlers Politik mit Waffengewalt einzutreten«. Denn die per Rundfunk herbeizuführende und als auslösendes Moment dienende

31 B. Scheurig (Anm. 29), S. 157ff.
32 Documents on British Foreign Policy 1919–1939 (DBFP), 3, II, Appendix IV, S. 688; Schlabrendorff holte das Schreiben bei der britischen Botschaft in Berlin ab; vgl. dazu F. von Schlabrendorff (Anm. 27), S. 132.
33 B. Scheurig (Anm. 29), S. 159.
34 Erich Kordt, Nicht aus den Akten ... Die Wilhelmstraße in Frieden und Krieg. Erlebnisse, Begegnungen und Eindrücke 1928–1945, Stuttgart 1950, S. 280ff.

»diplomatische Niederlage würde einen sehr ernst zu nehmenden Rückschlag für Hitler in Deutschland nach sich ziehen und würde praktisch das Ende des nationalsozialistischen Regimes bedeuten«[35].

Viscount Halifax konnte Kordt erst einmal nur versprechen, den Premierminister und das Kabinett zu unterrichten. Immerhin zeigte sich der britische Außenminister nicht abgeneigt, auf die ungewöhnliche Mitteilung des deutschen Geschäftsträgers zu reagieren, weil die Kriegsgefahr offensichtlich dramatisch angestiegen war[36].

Beschwichtigung Hitlers durch großdeutsche Ziele

Parallel zu den geheimen Bemühungen um eine Einschüchterung Hitlers – die präsentierte Wunschskala reichte immerhin von einer Pressemitteilung über eine Unterhaus-Erklärung bis hin zur Radiobotschaft an das deutsche Volk – liefen die Aktivitäten des Staatssekretärs von Weizsäcker. Auch er hielt eine eindeutige Darlegung des Standpunktes der britischen Regierung für unbedingt erforderlich, weil sein Chef Ribbentrop Hitler in der Meinung von einer möglichen Isolierung der Tschechoslowakei und einer so erreichbaren Lokalisierung eines deutsch-tschechoslowakischen Kriegs bestätigte. Weizsäcker ging jedoch mit anderen in der »Anti-Kriegspartei« davon aus, daß ein »mechanisches« Vorgehen in der Sudetenfrage zu einem Eingreifen der Westmächte und damit zu dem »großen Krieg«, an dessen Ende *Finis Germaniae* stünde, führen würde. Deshalb strebte er – auch durch Vorsprache bei Ribbentrop – seit Ende Mai/Anfang Juni 1938 den »chemischen Auflösungsprozeß« des kleinen Nachbarstaates an (der durch einen inneren, von Berlin aus gesteuerten Zersetzungsprozeß zu einer von Großbritannien und Frankreich sanktionierten Abtretung des Sudetengebietes führen sollte)[37].

Weizsäcker glaubte, wie die Appeasement-Politiker in London, daß Hitler beeinflußbar sei. Weil der Staatssekretär jedoch keinen direkten dienstlichen Zugang zu Hitler hatte, mußte er auf Umwegen die Wahrheiten an ihn herantragen lassen, die er für erforderlich hielt. Dementsprechend verlagerte Weizsäcker seine Aktionen ab Mitte August 1938 auf eine »Beeinflussung von außen«, also eine Einwirkung auf Hitler über das Ausland. Weil der Diplomat jedoch den Entschluß zu einem gewaltsamen Vorgehen gegen die Tschechoslowakei als Reaktion Hitlers auf die »Wochenendkrise« im Mai 1938 ansah, mußten nach seiner Auffassung öffentliche britische Erklärungen unter allen Umständen vermieden werden, um eben nicht die Kriegsmentalität Hitlers zu steigern.

Ganz auf Weizsäckers Seite im Kampf gegen die Berliner »Radikalen« stand der vollkommen auf Appeasement-Kurs eingeschworene Botschafter Henderson. Trotz-

35 Zit. nach Marion Thielenhaus, Zwischen Anpassung und Widerstand. Deutsche Diplomaten 1938–1941, Paderborn 1984, S. 73.

36 Nach dem Zweiten Weltkrieg behauptete Theodor Kordt, daß Viscount Halifax ihn am 6. September 1938 sogar gebeten habe, eine entsprechende Erklärung für die britische Regierung vorzubereiten. Theodor Kordt, Wir wollen den Frieden retten, in: Stuttgarter Rundschau, 8 (1948), S. 11.

37 R. A. Blasius (Anm. 15), S. 41–45.

dem sah sich Weizsäcker gezwungen, die offizielle Verbindung nach London durch geheime Kontaktaufnahme zu ergänzen. Diese stellte er über einen alten Freund und Vertrauten, den Hohen Kommissar des Völkerbundes für Danzig, her. Der Schweizer Carl J. Burckhardt suchte Weizsäcker am 1. September 1938 in Berlin auf. Der durch den vollkommen unzugänglichen Reichsaußenminister fast schon verzweifelnde Staatssekretär wollte London zu einer unmißverständlichen Bekundung veranlassen, Hitlers Angriffsabsicht gegen Prag notfalls auch mit militärischen Mitteln entgegenzutreten; gleichzeitig aber sollte deutlich werden, daß eine Regelung des Sudetenproblems auf friedlichem Wege möglich sei. Weizsäcker, der jedes öffentliche Einschüchterungsmanöver für Hitler als höchst gefährlich einstufte, empfahl, die »Warnung aus London« durch einen Kurier überbringen zu lassen, der persönlich ein Schreiben des Premierministers Chamberlain überreichen und dem Führer den Standpunkt der britischen Regierung zusätzlich mündlich darlegen sollte. 1948 – für den Wilhelmstraßen-Prozeß – gab Carl J. Burckhardt dann preis, wie Weizsäcker sich den Kurier wünschte: als »energischen Militär«, der, »wenn es sein muß, auch schreien und mit dem Reitstock auf den Tisch schlagen kann, ein Marschall mit viel Orden und Narben«; allerdings sollte er »nichts Unmögliches verlangen« dürfen, weil »nur vernünftige Transaktionen und gleichzeitig Fertigkeit« Hitler an einem Vabanquespiel hindern könnten[38].

Jedenfalls sollte der »General mit Reitstock«, der in Standardwerken über den Widerstand oft überstrapaziert worden ist[39], keinen Umsturz auslösen, sondern Hitler von der Möglichkeit der »vernünftigen Transaktion« bzw. des *peaceful settlement* hinsichtlich der Sudetendeutschen überzeugen – und zwar nach Art des »chemischen Auflösungsprozesses« der Tschechoslowakei und aufgrund des von Weizsäcker selbst diagnostizierten großen englischen »Ruhebedürfnisses«[40].

Höhepunkt des Appeasement: »München« statt des »großen Krieges«

Selbstverständlich rieten die »Anti-Appeaser« Churchill, Lloyd und Vansittart der britischen Regierung dazu, die gewünschte feste Haltung einzunehmen und keine Konzessionen an Hitler zu gewähren, weil sie sich von den geheimen Nachrichten aus Berlin nur bestätigt fühlen konnten[41]. Fast wäre es infolge der »Kordt-Aktion« und Burckhardts Weiterleitung der Weizsäcker-Bitte[42] sogar zu einer britischen Warnung gekommen – nicht über das Radio, sondern als umgehend zu übergebende Note an Ribbentrop. Noch bevor der Wortlaut vom Kabinett beschlossen war, wußte jedoch

---

38 Paul Stauffer, Zwischen Hofmannsthal und Hitler. Carl J. Burckhardt. Facetten einer außergewöhnlichen Existenz, Zürich 1991, S. 172ff. und S. 301–303; R. A. Blasius (Anm. 21), S. 105–107.

39 So u. a. Peter Hoffmann, Widerstand – Staatsstreich – Attentat. Der Kampf der Opposition gegen Hitler, Frankfurt am Main-Berlin-Wien 1974, S. 89; Klemens von Klemperer (Anm. 5), S. 101.

40 ADAP, Serie D, I, Nr. 21 (Aufzeichnung des Ministerialdirektors Weizsäcker, 10. November 1938).

41 Zu Lloyd und Vansittart vgl. Ian Colvin, Vansittart in Office. An historical survey of the origins of the second world war based on the papers of Sir Robert Vansittart, London 1965, S. 223–240; zu Churchill vgl. Donald Cameron Watt, Churchill and Appeasement, in: Robert Blake u. a. (Hrsg.), Churchill. A Major New Assessment of his Life in Peace and War, Oxford 1993, S. 199–214.

42 DBFP, 3, II, Nr. 775 (Warner an Viscount Halifax, 5. September 1938).

die britische Presse am 9. September 1938 in großer Aufmachung darüber zu berichten. Daraufhin weigerte sich Henderson am späten Abend dieses Tages, den bereits übermittelten Text (Kernsatz: »Wenn Frankreich so verwickelt wird, scheint es Seiner Majestät Regierung unvermeidlich, daß die Abfolge der Ereignisse in einem allgemeinen Konflikt münden muß, aus dem Großbritannien sich nicht heraushalten könnte.«[43]) am 10. September 1938 zu übergeben. Dabei berief sich der britische Diplomat auf Weizsäcker, der die Meinung vertrat, daß eine öffentliche Warnung lediglich »die Tschechen zu sehr ermutige« und daher Hitler nur auf diskrete und versöhnliche Weise »die Entschlossenheit« der britischen Regierung zur Kenntnis gebracht werden sollte[44].

Am 12. September 1938 tobte Hitler in der Abschlußrede auf dem Nürnberger Parteitag »Großdeutschland« und forderte unumwunden das Selbstbestimmungsrecht für die Sudetendeutschen, nachdem deren ständig hochgeschraubte Autonomieforderungen von der Prager Regierung vollständig erfüllt worden waren[45]. Als Chamberlain sich daraufhin zwei Tage später zu dem seit Ende August erwogenen Besuch bei Hitler ankündigen ließ (Plan Z), zeichneten sich im internationalen Bereich die Voraussetzungen für den »chemischen Auflösungsprozeß« der Tschechoslowakei ab.

Gleichzeitig schwanden die Hoffnungen des sich formierenden deutschen Widerstandes, der sein Handeln vom Verhalten des Auslands abhängig gemacht hatte und Großbritannien mindestens zu einer Kriegsandrohung veranlassen wollte; daraus drohte aus britischer Perspektive allzu leicht – nämlich im Fall eines Scheiterns des Umsturzes und eines dann nicht mehr vermeidbaren militärischen Konflikts zwischen Deutschland und der Tschechoslowakei – eine Kriegserklärung zu werden. Überhaupt fühlte sich Chamberlain bei Kleist an die »Jakobiten am Hof von Frankreich[46] – also an die nach Frankreich emigrierten Anhänger der Stuarts – erinnert, deren Unterstützung Beihilfe zum Hoch- und Landesverrat bedeutet hätte und mit dem Verfassungs- und Rechtsdenken des Premierministers nicht vereinbar gewesen wäre[47]. Die von Theodor Kordt angeratene Radiobotschaft empfand der Staatssekretär des Foreign Office, Sir Alexander Cadogan, als »verhängnisvoll« und »gefährlich«; eine solche Bitte um eine Einmischung in die inneren Angelegenheiten des Dritten Reiches machte den deutschen Geschäftsträger in London nur »verdächtig«[48]. Deshalb fanden sich die »Appeaser« nicht in den Appellen der Umsturzbefürworter, sondern in den Ratschlägen eines Weizsäcker wieder. Der deutsche Staatssekretär stand für die wirklich »Gemäßigten«, bestätigte darüber hinaus Londons Hitler-Bild und schien schließlich sogar die vorhandene britische Konzessionsbereitschaft – Konzessionen auf Kosten kleinerer Staaten als Gegenleistung für den Frieden – richtig einzuschätzen.

Nicht nur der Premierminister bediente sich im September 1938 weit hergeholter Analogien. Denn Vansittart fiel bei der internen Diskussion im *Foreign Office* um

---

43 Ebenda, Nr. 815 (Viscount Halifax an Kirkpatrick, 9. September 1938).

44 L. E. Hill (Anm. 16), S. 142, (Eintragung vom 10. bzw. 11. September 1938).

45 Siehe Max Domarus (Hrsg.), Hitler. Reden und Proklamationen 1932–1945. Kommentiert von einem deutschen Zeitgenossen, Bd. 1, 2. Halbbd., Würzburg 1962, S. 904.

46 DBFP, 3, II, Appendix IV (Chamberlain an Viscount Halifax, 19. August 1938). Dazu sehr einseitig Patricia Meehan, The Unnecessary War. Whitehall and the German Resistance to Hitler, London 1992, S. 143: »No German opponent of Hitler was a friend of Chamberlain.«

47 Siehe B.-J. Wendt (Anm. 23), S. 360.

48 David Dilks (Hrsg.), The Diaries of Sir Alexander Cadogan 1938–1945, London 1971, S. 95 (Eintragung vom 7. September 1938).

den Chamberlain-Besuch in Berchtesgaden nur der Vergleich mit dem Bußgang des Königs Heinrich IV. zu Papst Gregor VII. ein: »Canossa« war der lapidare, aber bedeutungsschwere Kommentar[49]. Mit manchen Demütigungen und Erpressungsmanövern Hitlers war der britische Premierminister in den kommenden zwei Wochen tatsächlich konfrontiert, bis es endlich zu dem Treffen der Regierungschefs des Deutschen Reichs, Frankreichs, Großbritanniens und Italiens am 29. September 1938 in München kam. Daß Hitler vom »kleinen Krieg« abgehalten und der »große Krieg« dadurch vermieden werden konnte, lag zum einen an Londons Bereitschaft, Hitler durch die Abtretung der Sudetengebiete an das Deutsche Reich zu beschwichtigen und entsprechend auf Prag und Paris einzuwirken und zum anderen an dem ab 26. September 1938 gezeigten britischen Willen, Hitler durch Ankündigung der Mobilisierung der Flotte[50] sowie durch ein von Wilson nach Berlin überbrachtes unmißverständliches Schreiben[51] einzuschüchtern und gleichzeitig durch eine Rede Chamberlains Entgegenkommen zu signalisieren[52]; hinzu kamen die britischen Demarchen beim italienischen Diktator Benito Mussolini[53] und die geheime Übermittlung eines in Berlin von Weizsäcker, Luftwaffen-Oberbefehlshaber Hermann Göring und dem ehemaligen Reichsaußenminister von Neurath ausgearbeiteten Verhandlungspapiers[54] nach Rom, das Mussolini in München als eigenen Kompromißvorschlag präsentierte, sowie schließlich die mangelnde deutsche Kriegsbegeisterung und die fehlende Siegesgewißheit (Reaktionen der Bevölkerung auf die Rundfahrt einer motorisierten Division durch Berlin am 27. September 1938 überzeugten Hitler davon)[55].

Somit war zum Münchener Abkommen von verschiedenen Seiten, ja zuletzt sogar von dem durch die äußeren Umstände zur Nachgiebigkeit gezwungenen und die Verhandlungslösung innerlich vollkommen ablehnenden Hitler[56] selbst beigetragen worden.

Widerstand und Appeasement: Friedensbewahrung als gemeinsamer Nenner

Enttäuscht über das Münchener Abkommen waren diejenigen Regimegegner in Berlin, die mit den technischen Vorbereitungen für den Sturz Hitlers befaßt waren[57]. Sie fühlten sich durch »München« in einen Lähmungszustand versetzt, von dem sie sich

49 Ebenda, S. 95 (Eintragung vom 8. September 1938).
50 Die Flottenmobilisierung setzte der Erste Lord der Admiralität, Duff Cooper, durch; vgl. Roy Douglas, In the Year of Munich, London 1977, S. 66.
51 Siehe DBFP, 3, IV, Nr. 1097 (Chamberlain an Hitler, 26. September 1938).
52 Siehe ebenda, II, Nr. 1121 (Viscount Halifax an Henderson, 27. September 1938).
53 Siehe ebenda Nr. 1125 und Nr. 1159 (Lord Perth an Viscount Halifax bzw. Halifax an Perth vom 27. bzw. 28. September 1938).
54 Zur Entstehung des Vertragsentwurfs siehe ADAP, Serie D, II, Nr. 670, S. 805, Anm. 1.
55 Siehe E. Kordt (Anm. 34), S. 266–268.
56 Als Beispiel für den zeitgenössischen Eindruck eines Hitlergegners die Tagebucheintragung vom 30. September 1938 bei Helmut Krausnick/Harold C. Deutsch (Hrsg.), Helmuth Groscurth. Tagebücher eines Abwehroffiziers 1938–1940. Mit weiteren Dokumenten zur Militäropposition gegen Hitler, Stuttgart 1970, S. 128: »Münchener Besprechungsergebnis wird bekannt. Starke Konzessionen des Führers!«
57 Siehe Hans-Bernd Gisevius, Bis zum bitteren Ende. Vom Reichstagsbrand zum 20. Juli 1944, Hamburg 1961, S. 378–380. Gisevius vertritt auch die These: »Chamberlain rettete Hitler.«

erst im Winter 1939/40 – im Vorfeld des Frankreich-Feldzugs – erholen sollten. Hingegen sprach Erich Kordt schon am 28. September 1938 – nach der Konferenzankündigung – gegenüber Legationsrat Albrecht von Kessel immerhin von der »zweitbesten Lösung«[58]. Ähnlich positiv urteilte Theodor Kordt im Jahr 1946: »Gleichwohl ist es nicht angängig, die Politik von München *ex post* zu verdammen. Man konnte Ende September 1938 nicht wissen, ob nicht Hitler nunmehr endlich unter dem Druck der überwiegenden Mehrheit des deutschen Volkes zur Besinnung kommen würde.«[59]

Freude empfanden die »Gemäßigten« in den Spitzenpositionen von Diplomatie und Armee, weil das Münchener Abkommen »eine Hegemonialstellung des Reiches in einem erweiterten Mitteleuropa zur Wirklichkeit werden ließ«[60]. Für Weizsäcker beispielsweise war der 29. September 1938 »der letzte glückliche« Tag in seinem Leben[61], weil sich der »Führer« letztlich als einsichtig gezeigt hatte; zudem schien Hitler sogar zu wissen, wann eine Bluff- und Drohpolitik in einer außenpolitischen Krise abgebrochen werden müsse. Kessel stellte rückblickend fest, daß die »Kriegstreiber« um Ribbentrop eine »eklatante Niederlage« erlitten hätten und »im innerdeutschen Mächtespiel« das Abkommen von München »ein Sieg des Auswärtigen Amts mit Herrn von Weizsäcker an der Spitze über die Partei«, also die NSDAP, dargestellt hätte. Allerdings räumte Kessel ein, daß die Westmächte »große Opfer an Prestige bringen« mußten, um »Hitler an den Verhandlungstisch zu bringen, ihm eine Unterschrift zu entreißen und den Frieden zu wahren«[62].

Chamberlain sah zu keinem Zeitpunkt während des Sommers 1938 in den Regimegegnern eine Alternative zu Hitler. Das lag sicherlich auch an den Territorialansprüchen der konservativen Honoratioren, die diejenigen des »Führers« zum damaligen Zeitpunkt entweder übertrafen oder wenigstens auf andere Schwerpunkte abzielten, dann wahrscheinlich auch daran, daß sich Goerdeler und Kleist an die »Anti-Appeaser«, an die Kritiker der Regierung Chamberlain aus den Reihen der eigenen konservativen Partei wandten, um sich in Whitehall Gehör zu verschaffen. Vor allem jedoch konnte und kann man wohl nicht verlangen, daß der die Regierungsverantwortung in London tragende Chamberlain intensiver auf einen Sturz Hitlers setzen würde als die führenden Repräsentanten der »Anti-Kriegspartei« in Berlin[63]. Canaris, Halder und Weizsäcker zogen einen Staatsstreich höchstens als verzweifelten allerletzten Schritt bei einem Angriffsbefehl Hitlers in Betracht; vor den zu hohen Risiken – Scheitern der Putschpläne und eventuell Weltkrieg oder bei geglücktem Umsturz eventuell Bürgerkrieg, vielleicht sogar mit einem »Eingriff dritter von außen«[64], also der fremden Mächte – schreckten sie zurück.

58 E. Kordt (Anm. 34), S. 272.

59 Zit. nach M. Thielenhaus (Anm. 35), S. 83, Anm. 157.

60 Andreas Hillgruber, Die weltpolitische Lage 1936–1939, in: ders., Deutsche Großmacht- und Weltpolitik im 19. und 20. Jahrhundert, Düsseldorf 1977, S. 162.

61 Richard von Weizsäcker (Hrsg.), Ernst von Weizsäcker, Erinnerungen, München 1950, S. 193; zu Weizsäckers Verhalten im Dritten Reich auch Michael Balfour, Withstanding Hitler in Germany 1933–45, London-New York 1988, S. 179: »Yet it is hard to point to anything which he did prevent, except the questionable achievement of avoiding war in 1938.«

62 Peter Steinbach (Hrsg.), Albrecht von Kessel. Verborgene Saat. Aufzeichnungen aus dem Widerstand 1933 bis 1945, Frankfurt am Main 1992, S. 124.

63 Dagegen P. Meehan (Anm. 46), S. 186: »The tragedy of the aborted putsch of 1938 is that it was the moment of maximum opportunity with minimum risk of failure.«

64 Zu dieser Befürchtung in der »Anti-Kriegspartei« vgl. R. A. Blasius (Anm. 21), S. 115ff.

Weder den britischen »Appeasern« in London noch den deutschen »Appeasern« in Berlin ging es in München um die Rettung Hitlers, sondern um die Verhinderung des »großen Krieges«. Insgesamt kann in der – vorübergehenden – Friedensbewahrung der einzige gemeinsame Nenner zwischen Widerstand und Appeasement gesehen werden, schließlich sogar ein – wenn auch durch die internationale Lage des Sommers 1938 und durch die Kriegsbereitschaft Hitlers entscheidender – gemeinsamer Nenner zwischen den Englandkontakten von Regimegegnern wie von Regimekritikern in Berlin und der Politik von »Appeasern« wie »Anti-Appeasern« in London.

JÜRGEN SCHMÄDEKE

Militärische Umsturzversuche und diplomatische Oppositionsbestrebungen zwischen der Münchener Konferenz und Stalingrad

»Der Eine will handeln, wenn er Befehle erhält, der Andere befehlen, wenn gehandelt ist.«
Hauptmann d. R. Hermann Kaiser in seinem Tagebuch, 20. 2. 1943, über das Verhältnis der Generale zum Widerstand[1].

I. Fragen

Von allen Versuchen, Hitler und sein Regime zu stürzen, haben sich letztlich nur diejenigen als erfolgversprechend erwiesen, die aus den Zentren des eigenen Staates und mit dessen Machtmitteln, unter denen das Militär an erster Stelle stand, unternommen wurden. Doch alle diese Umsturzversuche sind gescheitert, oft gar nicht über das Stadium der Vorbereitung hinausgekommen. Vielfach waren es dabei außenpolitische Gründe, die den Verschwörern den Antrieb für den letzten Schritt zur Tat nahmen. So liegt die Frage nahe, ob weniger Rücksichtnahme auf die Haltung des Auslands gegenüber Hitler und der Verzicht auf den Versuch, sich den Umsturz durch eine Garantie der deutschen Großmachtstellung von den anderen Großmächten quasi vorab honorieren zu lassen, die Erfolgschancen erhöht hätten. Aber es muß auch gefragt werden, warum der außenpolitischen Absicherung eines Umsturzversuches von den Verschwörern so lange ein so großer Wert beigemessen worden ist.

Erst nach der Einsicht in die Unabwendbarkeit der militärischen Niederlage, die nur wenige Klarsichtige wie General Ludwig Beck schon 1938 angesichts des Überfalls auf die Tschechoslowakei gehabt hatten, die den meisten Militärs aber erst nach dem Fall Stalingrads 1943 klar vor Augen stand, hat sich wenigstens bei den Verschwörern um Tresckow und Stauffenberg die Erkenntnis durchgesetzt, daß allein die bedingungslos gewagte Tat vielleicht einen politischen und moralischen Neubeginn nach der Niederlage beeinflussen konnte. Auch dann dauerte es noch über ein Jahr, bis die von Stauffenberg mit letzter Konsequenz vorangetriebenen Umsturz- und

1 Zit. nach Peter Hoffmann, Widerstand – Staatsstreich – Attentat. Der Kampf der Opposition gegen Hitler, München 1985[4], S. 370.

Attentatsplanungen nach mehreren mißglückten Versuchen in die Tat des 20. Juli 1944 mündeten. Sie scheiterte am Zufall, der Hitler überleben ließ, an der doppelten Aufgabe, die Stauffenberg als Attentäter in der »Wolfsschanze« und Motor des Staatsstreichs im Berliner Bendlerblock übernehmen mußte, und an der Halbherzigkeit jener Befehlshaber, die auch jetzt noch, wenn überhaupt, nur einen Staatsstreich mit Erfolgsgarantie unterstützen wollten. Und nicht zuletzt sahen viele in dem 1934 Hitler geschworenen persönlichen Treueid ein Hindernis für den Bruch mit dem Diktator bis hin zur letzten Konsequenz des Tyrannenmordes.

Umsturzpläne hat es seit 1938 immer wieder gegeben; warum nicht früher, wird im folgenden ebenfalls zu klären sein, und auch die Frage, warum das Ausland – und besonders England war dabei oft das Ziel deutscher Emissäre – seine Probleme damit hatte, den Gedanken dieser Abgesandten zu folgen und zwischen ihren Vorstellungen und dem, was bis 1938 Hitlers außenpolitische Forderungen waren, zu unterscheiden.

II. Voraussetzungen

Als Adolf Hitler am 30. Januar 1933 das Reichskanzleramt übernommen hatte, blieben zwei staatliche Institutionen von den brachialen politischen Umwälzungen, die bald darauf in Deutschland einsetzten, zunächst weitgehend verschont: Die Reichswehr – 1935 offiziell zur »Wehrmacht« umbenannt, deren Heeresleitung zum »Oberkommando des Heeres« (OKH) wurde – und der Auswärtige Dienst konnten sich bis Ende 1937 einen Handlungsspielraum bewahren, der bis dahin zwar manchen sukzessiven Einschränkungen unterlag, sich aber deutlich von der innenpolitischen »Gleichschaltung« und Polarisierung abhob, die bald nach dem zur »Machtergreifung« entartenden Regierungswechsel alle Bereiche des politischen und gesellschaftlichen Lebens in Deutschland ergriffen.

Hitler befand sich in einer paradoxen Lage: Einerseits spielten für die Durchsetzung seiner »Lebensraum«-Pläne Außenpolitik und militärische Macht eine überragende Rolle, andererseits mußte er erkennen, daß er und die nationalsozialistische Bewegung gerade auf diesen Gebieten am stärksten auf die bestehenden Institutionen angewiesen waren. Weder ließ sich auf absehbare Zeit aus der undisziplinierten »Parteiarmee« der SA, die zum »Volksheer« des NS-Staates werden wollte, eine als politisches Druckmittel und militärisches Kampfinstrument taugliche Armee formen, noch gab es in der Partei genügend Personen oder gar eine Organisation, die an die Stelle des Auswärtigen Amtes hätten treten können. Außerdem hatte der zunächst von seinen konservativen Koalitionspartnern »eingerahmte« Kanzler noch auf den Reichspräsidenten als Oberbefehlshaber Rücksicht zu nehmen, und Hindenburg hatte sich auch die ausschließliche Entscheidung in allen Angelegenheiten des Auswärtigen Amtes und der diplomatischen Missionen vorbehalten[2]. Nicht zuletzt mußte

---

2 Zur Einflußnahme der Nationalsozialisten auf die personelle Struktur des Auswärtigen Amtes vgl. Hans-Jürgen Döscher, Das Auswärtige Amt im Dritten Reich. Diplomatie im Schatten der »Endlösung«, Berlin 1987, hier insbesondere den Abschnitt »Kritik und Zielsetzungen Hitlers«, S. 84–90; Bernd-Jürgen Wendt, Großdeutschland. Außenpolitik und Kriegsvorbereitung des Hitler-Regimes, München 1987, und den Sammelband Manfred Funke (Hrsg.), Hitler, Deutschland und die Mächte. Materialien zur Außenpolitik des Dritten Reichs, Düsseldorf 1978.

es Hitler zweckmäßig erscheinen, »das Ausland mittels der Kontinuität der traditionell konservativen deutschen Diplomatie und ihrer revisionistischen Außenpolitik über seine langfristig revolutionären Zielsetzungen hinwegzutäuschen,«[3] und Gleiches galt für den militärischen Apparat. So bot es sich für Hitler an, zunächst seine Vorbehalte gegenüber Diplomaten, Generalen und der adeligen Oberschicht, der sie großenteils entstammten, zurückzustellen und an die Politik der Revision des Versailler Vertrages anzuknüpfen, die schon am Ende der Weimarer Zeit erste positive Ergebnisse gebracht hatte – so Ende 1932 auf der Genfer Abrüstungskonferenz die Anerkennung des Prinzips der deutschen Gleichberechtigung auf militärischem Gebiet[4]. Da zwischen Hitlers ausgreifenden Zielen und den »revisionistischen« Bestrebungen, Deutschlands politisch-militärische Großmachtrolle in Europa wiederzugewinnen, ohnehin eine partielle Identität der Ziele bestand, brauchte er auf einer ersten Wegstrecke keine prinzipiellen Widerstände zu befürchten, wenn er seine wahren Zukunftsabsichten nicht allzu sehr in den Vordergrund spielte. So ließ sich ein großes Revirement bis zu dem Moment verschieben, an dem die »revisionistische« in die »Lebensraum«-Politik übergehen mußte. Dieser Punkt war um die Jahreswende 1937/38 erreicht.

Andererseits gehörten die führenden Militärs wie die Angehörigen des Diplomatischen Dienstes zu denen, die der demokratischen Republik gegenüber überwiegend kritisch bis negativ eingestellt waren, zwar auch die plebejische und gewalttätige Komponente der NS-Bewegung kritisierten, doch insgesamt von dem neuen Regime eher eine schärfere Gangart bei einer Überwindung der Beschränkungen von »Versailles« erwarten konnten. Charakteristisch war, daß sowohl der neue Außenminister Konstantin von Neurath als auch der noch vor Hitler vereidigte Reichswehrminister General Werner von Blomberg gleichzeitig als Vertrauensleute Hindenburgs galten und für Hitler akzeptable Kandidaten waren. Insgesamt schwankte das Verhältnis der höheren Beamten des Auswärtigen Dienstes zu den neuen Herren »zwischen erwartungsvollem Verständnis, selbstbewußter Überlegenheit und verschämter Abneigung«[5], und ähnlich verhielt es sich in der Reichswehrführung. Neuraths erste Amtshandlung war es, das eingerahmte Telegramm hinter dem Ministertisch entfernen zu lassen, das Stresemann über die Aufnahme Deutschlands in den Völkerbund benachrichtigt hatte[6], während er sich andererseits sehr abfällig über die »braunen Gestalten« äußerte, als der Washingtoner Gesandte Friedrich Wilhelm von Prittwitz und Gaffron, der aus liberal-demokratischer Überzeugungstreue den Dienst quittierte, ihm seinen Abschiedsbesuch machte[7].

---

3 H.-J. Döscher (Anm. 2), S. 85.

4 Zum Verhältnis zwischen Militär und NS-Bewegung bis 1939 siehe P. Hoffmann (Anm. 1), S. 15–225; Manfred Messerschmidt, Die Wehrmacht im NS-Staat. Zeit der Indoktrination, Hamburg 1969; Klaus-Jürgen Müller, Armee und Drittes Reich 1933–1939. Darstellung und Dokumentation, Paderborn 1987; ders., Das Heer und Hitler. Armee und nationalsozialistisches Regime 1933–1940, Stuttgart 1969; Michael Salewski, Wehrmacht und Nationalsozialismus 1933–1939, in: Handbuch zur deutschen Militärgeschichte, München 1975 ff., Bd. 4, Abschnitt 7; Wilhelm Deist, Die Aufrüstung der Wehrmacht, in: Das Deutsche Reich und der Zweite Weltkrieg, Bd. 1, Stuttgart 1979, S. 371–532.

5 H.-J. Döscher (Anm. 2), S. 67; zu Bilanz und Perspektiven der außenpolitischen Lage Deutschlands siehe die Aufzeichnungen des Staatssekretärs im Auswärtigen Amt Bernhard von Bülow vom 13. März 1933, auszugsweise abgedruckt in: Wolfgang Michalka (Hrsg.), Deutsche Geschichte 1933–1945. Dokumente zur Innen- und Außenpolitik, Frankfurt am Main 1993, S. 128–134.

6 Siehe H.-J. Döscher (Anm. 2), S. 62.

7 H.-J. Döscher (Anm. 2), S. 66.

Der neue Regierungschef tat alles, um den Hoffnungen Nahrung zu geben. Schon im »Aufruf der Reichsregierung an das deutsche Volk« vom 1. Februar 1933 wurde die »Wahrung der Lebensrechte und damit der Wiedererringung der Freiheit unseres Volkes« zur höchsten außenpolitischen Mission erklärt, die Entschlossenheit betont, Deutschland »in die Gemeinschaft der übrigen Nationen [als] einen Staat gleichen Wertes und damit allerdings auch gleicher Rechte einzufügen«, und die »Liebe zu unserem Heer als Träger unserer Waffen und Symbol unserer großen Vergangenheit« beschworen, abgeschwächt allerdings noch durch die Hoffnung, daß internationale Rüstungsbeschränkung »eine Vermehrung unserer eigenen Waffen niemals mehr erforderlich machen würde«[8]. Zwei Tage später, am 3. Februar 1933, begab Hitler sich in das Reichswehrministerium im Bendlerblock und wurde deutlicher. Er versicherte den versammelten Befehlshabern des Heeres und der Marine, daß der »Kampf gegen Versailles« zu seinen obersten Zielen gehören werde und der »Aufbau der Wehrmacht wichtigste Voraussetzung zur Erreichung des Ziels: Wiedererringung der pol[itischen] Macht« sei. Die im Versailler Vertrag verbotene »Wehrpflicht muß wieder kommen«. Außerdem kündigte er »straffste autoritäre Staatsführung« und »Beseitigung des Krebsschadens der Demokratie« an und nannte als Fernziel des Gebrauchs der zu gewinnenden politischen Macht die »Eroberung neuen Lebensraumes im Osten und dessen rücksichtslose Germanisierung«.[9] Da konnte, wer wollte, hellhörig werden.

Daß es neben überwiegender Zustimmung und partiellem Weghören auch konsequente Gegnerschaft gab, zeigte sich exemplarisch in der Person des Gastgebers dieser Versammlung, des Chefs der Heeresleitung, Generaloberst Kurt von Hammerstein-Equord, in dessen Dienstwohnung man sich traf. Er wurde Anfang 1934 durch den General der Artillerie Werner von Fritsch abgelöst. Dessen Verhalten war, ebenso wie das des im Amt bleibenden Chefs des Heeresgeneralstabs Generalleutnant Ludwig Beck eher von Ambivalenz gekennzeichnet: Einerseits dem Nationalsozialismus und Hitler gegenüber wegen seiner Revisions- und Aufrüstungsziele positiv eingestellt, lehnten sie doch energisch jeden Übergriff der NSDAP auf die Wehrmacht ab.

Einen dritten Typus repräsentierten schließlich der noch kurz vor der Installierung des Kabinetts Hitler vom Reichspräsidenten Hindenburg berufene neue Reichswehrminister General Blomberg und sein Anfang 1934 ernannter Chef des Ministeramtes Generalleutnant Walter von Reichenau, die einen Schritt weitergingen und die Reichswehr ideologisch auf den Nationalsozialismus ausrichten wollten – allerdings unter eigener Regie und mit dem Ziel, dadurch die Partei aus dem Militär fernzuhalten. Das sollte zugleich dem Ziel dienen, die SA auszumanövrieren, die mit ihrem Anspruch, das künftige »Volksheer« des NS-Staates zu bilden, das Waffenmonopol der Reichswehr bedrohte. So kam es, daß Hammerstein ebensowenig wie Fritsch und Beck und schon gar nicht Blomberg und Reichenau gegen die gewaltsame Ausschaltung der SA mit der Ermordung Röhms und seiner Gefolgsleute prinzipielle Einwände hatten. Selbst die Ermordung der Generale von Bredow und von Schleicher, des letzten Reichskanzlers vor Hitler also, löste keine entschiedenen Proteste aus und

8 W. Michalka (Anm. 5), S. 13–16.
9 Aufzeichnung des Generalleutnants Liebmann vom 3. Februar 1933, in: W. Michalka (Anm. 5), S. 17f.; K.-J. Müller (Anm. 4), S. 263.

wurde von Blomberg und Reichenau gedeckt[10]. Aktiv trieben vor allem sie die Eingliederung des Militärs in die NS-Bewegung, die Ausschaltung kritisch eingestellter Offiziere, die Einführung des »Arierparagraphen« und die ideologische Schulung der Soldaten voran. Konsequent auf dieser Linie lag dann, nur einen Monat nach der Liquidierung der SA, sofort nach dem Tode Hindenburgs und der Übernahme des Amtes des Staatsoberhauptes und Obersten Befehlshabers durch Hitler, die Vereidigung der Wehrmacht auf die Person des nunmehrigen »Führers und Reichskanzlers« am 2. August 1934. »Hinein in den neuen Staat und dort die uns gebührende Position behauptet!« war die Parole, mit der Reichenau diesen Kurs legitimierte[11].

Das mußte auch jene lähmen, deren Haltung distanzierter war, und stützte die Tendenz, sich zunächst hinter diesem Schutzschild vor allem dem Ziel der forcierten Wiederaufrüstung und damit der Wiedererringung der politischen und militärischen »Gleichberechtigung« im europäischen Mächtespiel zu widmen. So wirkten, wenn überhaupt, Vorbehalte gegen die Nationalsozialisten allenfalls im Verborgenen weiter. Unbehagen angesichts der Überraschungsaktionen Hitlers wie der Einführung der allgemeinen Wehrpflicht 1935 und der »Rheinlandbesetzung« 1936, verflog angesichts der ausbleibenden militärischen Reaktionen der alliierten Siegermächte. Das stärkte ebenso wie der schon 1933 vollzogene Auszug aus dem Völkerbund und der Genfer Abrüstungskonferenz das Ansehen Hitlers als eines konsequenten Kämpfers gegen die »Schmach von Versailles«.

Daß sich hinter der äußeren Fassade des Gleichklangs der Ziele zunehmende Differenzen und Dissonanzen auftaten, wurde Anfang 1938 mit der »Blomberg-Fritsch-Affäre« deutlich, auch wenn diese nach außen noch als Konsequenz persönlicher privater Verfehlungen getarnt wurde. Doch ihre Opfer waren nicht nur Minister von Blomberg und der Heeres-Oberbefehlshaber von Fritsch, an dessen Stelle General Walther von Brauchitsch trat, sondern auch Außenminister von Neurath wurde durch Joachim von Ribbentrop abgelöst. Zugleich räumte Hitler unter ihm zu »konservativ« erscheinenden Militärs »durch Massenentlassungen und Versetzungen rangniedrigerer Generale auf«[12], mehrere Botschafter, unter anderen der unbequeme Ulrich von Hassell in Rom und der als Botschafter nach Wien abgeschobene ehemalige Vizekanzler Hitlers, Franz von Papen, mußten gehen, und Walter Funk wurde anstelle von Hjalmar Schacht neuer Reichswirtschaftsminister.

Anstelle der Ernennung eines neuen Kriegsministers aber bestimmte ein Erlaß Hitlers vom 4. Februar 1938: »Die Befehlsgewalt über die gesamte Wehrmacht übe ich von jetzt an unmittelbar persönlich aus.« Aus dem Kriegsministerium wurde das Oberkommando der Wehrmacht (OKW), formal geleitet von dem willfährigen General Wilhelm Keitel. Harold C. Deutsch, der dieses »Komplott« am gründlichsten analysiert hat, urteilte über die Vorgänge: »Der 4. Februar stellt einen der bedeutendsten Marksteine in der Geschichte des Dritten Reiches dar. Dieser Tag brachte eine so ausgedehnte Wende in den innerdeutschen Machtverhältnissen, daß man die Ereignisse ohne Übertreibung als Staatsstreich bezeichnen kann.«[13]

Daß den letzten Anstoß für diesen Coup jene durch eine Niederschrift des Hitler-Adjutanten Hoßbach überlieferte Konferenz gegeben hatte, zu der Hitler am

10 Siehe P. Hoffmann (Anm. 1), S. 43ff.
11 Zit. nach K.-J. Müller (Anm. 4), S. 53.
12 Harold C. Deutsch, Das Komplott oder die Entmachtung der Generale, o. O., o. J. [1974], S. 224.
13 Ebenda, S. 231.

5. November 1937 den Kriegsminister, die Oberbefehlshaber des Heeres, der Marine und der Luftwaffe – Fritsch, Raeder und Göring – sowie Außenminister von Neurath in der Reichskanzlei versammelte, gilt in der Forschung als sicher[14]. Eventuell schon 1938 sollten Österreich und die Tschechei annektiert werden, die »zwangsweise Emigration« von drei Millionen Menschen wurde von Hitler in Erwägung gezogen und, ausgehend vom »Entschluß zur Anwendung von Gewalt unter Risiko«, sei es sein »unabänderlicher Entschluß, spätestens 1943/45 die deutsche Raumfrage zu lösen«.

Die Bedenken, die Fritsch, Blomberg und auch Neurath gegen diese Perspektiven erhoben, die eindeutig über die Politik der Sprengung der »Fesseln von Versailles« hinausgingen, mußten Hitler endgültig zeigen, daß diese Männer für ein unkalkulierbares Kriegsrisiko und für seine »Lebensraum«-Politik, die über konservative Großmachtträume weit hinausging, nicht zu gewinnen waren. Für ihn reihten sich ihre Einsprüche in eine Linie von Vorbehalten, zu denen Blombergs Furcht vor einer Militärintervention bei Einführung der Wehrpflicht 1935 und der »Rheinlandbesetzung« 1936 und seine Bedenken gegen die Beteiligung am Spanischen Bürgerkrieg ebenso gehörten wie Fritschs und Becks Beharren auf Qualität vor Quantität bei der Forcierung der Aufrüstung und der Widerstand der Militärs und der Diplomaten gegen Hitlers taktische Umorientierung von Rußland auf Polen und von China auf das expansionistische Japan[15]. Schließlich gehörte in diesen Zusammenhang auch die hinhaltende Opposition der Militärs gegen die Sonderrolle der Luftwaffe unter Hermann Göring und der aus Hitlers »Leibstandarte« hervorgegangenen SS-Verfügungstruppe unter Heinrich Himmler, die später zur Waffen-SS wurde[16].

III. Widersprüche

All diese Bedenken, Vorbehalte und oppositionellen Ansätze kamen nicht aus einem grundlegenden und prinzipiellen Widerspruch gegen das von Hitler praktizierte Herrschaftssystem, sondern sie richteten sich primär gegen die Bedrohung eigener Machtpositionen und entsprangen einer unterschiedlichen Bewertung der Risiken, die mit Hitlers Forcierung der »Revisionspolitik« verbunden waren. Tiefergehende moralische Bedenken wurden zumeist mit Hinblick auf die vermeintliche Identität der Ziele überspielt. So war, wie Klaus-Jürgen Müller feststellt, »ein zeitweiliges Nebeneinander von Opposition und Kooperation mit dem Regime als häufig anzutreffendes Verhaltensmuster oder als Durchgangsstufe zu fundamentalem Widerstand typisch für

---

14 Siehe B.-J. Wendt (Anm. 2), S. 29, Wortlaut der Niederschrift S. 186–202; zu Hoßbachs Darstellung und Analyse der Zusammenhänge Friedrich Hoßbach, Zwischen Wehrmacht und Hitler 1934–1938, Göttingen 1965².

15 Siehe dazu im einzelnen mit Literaturnachweisen Jürgen Schmädeke, Die Blomberg-Fritsch-Krise: Vom Widerspruch zum Widerstand, in: Jürgen Schmädeke/Peter Steinbach (Hrsg.), Der Widerstand gegen den Nationalsozialismus. Die deutsche Gesellschaft und der Widerstand gegen Hitler, München-Zürich 1985, S. 368–382, hier S. 374ff. und unten, Anm. 112.

16 Zu diesen Zusammenhängen vgl. auch Jürgen Schmädeke, Berlin als Zentrum der Vorbereitung auf Hitlers »Lebensraum-Krieg«, in: Wolfgang Ribbe/Jürgen Schmädeke (Hrsg.), Berlin im Europa der Neuzeit. Ein Tagungsbericht, Berlin-New York 1990, S. 353–366, hier S. 359ff.

die nationalkonservative Opposition«[17]. Zumeist ging es ihr darum, »Schlimmeres zu verhüten«.

Demgegenüber bedeutete, zumindest aus der Rückschau, die Jahreswende 1937/38 eine tiefe Zäsur. Den Ankündigungen vom 5. November folgte im Frühjahr 1938 der Beginn einer die damaligen Reichsgrenzen überschreitenden Politik der militärischen Expansion. Über Österreich, das Sudetenland, die Zerschlagung der restlichen Tschechoslowakei und den Angriff auf Polen führte sie in den Zweiten Weltkrieg, den »Lebensraum«-Eroberungskrieg gegen Rußland und den millionenfachen Judenmord. Von Blomberg und der mit seiner unstandesgemäßen Heirat begründeten Absetzung war bald nicht mehr die Rede, zumal der Minister seiner Pro-NS-Politik wegen in der militärischen Führung wenig Sympathie genoß. Die Empörung über die von Himmler inszenierte falsche Beschuldigung der Homosexualität gegen Fritsch ging im Jubel über den »Anschluß« Österreichs unter und wurde durch die Rehabilitierung im Kriegsgerichtsverfahren gemildert. Carl Goerdeler, der 1937 aus Protest gegen die Entfernung des Mendelssohn-Denkmals als Leipziger Oberbürgermeister zurückgetreten war und – auch unter dem Deckmantel seiner Tätigkeit für die Firma Bosch – bald zu einem der führenden Köpfe des deutschen Widerstands wurde[18], versuchte unter dem Eindruck der Intrige gegen Fritsch, Ende Januar 1938 die Generale List und Olbricht, die an der Spitze des IV. Armeekorps in Dresden standen, zum Eingreifen in Berlin zu bewegen, da es dort zur Zeit keine Führung gebe[19]. Von vergeblichen Versuchen, Fritschs Nachfolger Brauchitsch und andere Militärs zu einer Aktion gegen SS und Gestapo zu bringen, berichtet Hans Bernd Gisevius. Nach 1933 war Gisevius bei der Gestapo und im Reichsinnenministerium tätig gewesen, seit 1934 war er mit Hans Oster befreundet, und seit 1939 arbeitete er als »Sonderführer« im Amt Ausland/Abwehr des OKW[20].

Erst die »Sudetenkrise« im Herbst 1938 führte dann zu einem ernsthaften Staatsstreichversuch, bei dem die diplomatische Ebene eine wichtige Rolle spielte.[21] Auf seiten der Militärs war der Generalstabschef Ludwig Beck die treibende Kraft. Er, der wesentlich eine Aufrüstung vorangetrieben hatte, deren Planungen in die Weimarer Republik zurückreichten, mußte nun erkennen, daß er Hitler das Instrument für

---

17 Klaus-Jürgen Müller, Zu Struktur und Eigenart der nationalkonservativen Opposition bis 1938. Innenpolitischer Machtkampf, Kriegsverhinderungspolitik und Eventual-Staatsstreichplanung, in: J. Schmädeke/P. Steinbach (Anm. 15), S. 329–344, Zitat 331. Müller definiert »nationalkonservative Opposition« als »das Verhalten von oppositionellen Kräften aus den Kreisen der das ›Dritte Reich‹ mittragenden traditionellen Führungseliten vornehmlich aus Militär, Diplomatie und hoher Verwaltung«, ebenda, S. 329; in dieser engen Definition ist der Begriff auch hier brauchbar, wenn bewußt bleibt, daß er bürgerlich-liberal motivierte und aus kirchlich-christlicher Tradition gespeiste Oppositionshaltungen nicht oder nur begrenzt umfaßt, also nicht – wie es bei Müller scheint (ebenda, S. 332) – einfach an die Stelle des Begriffs »bürgerlich-militärischer Widerstand« gesetzt werden kann. Generell ist an Müllers Begriffsbildung freilich unzulänglich, daß in ihr Opposition für die Zeit bis 1938 als rein macht- und interessenorientiert erscheint und systemkritisch-moralische Motive bis zur Fritsch-Krise, der in der Tat eine Katalysatorwirkung zukommt, quasi definitorisch ausschließt.

18 Vgl. die Biographie von Gerhard Ritter, Carl Goerdeler und die deutsche Widerstandsbewegung, Stuttgart 1954.

19 So P. Hoffmann (Anm. 1), S. 63ff.

20 Siehe P. Hoffmann (Anm. 1), S. 65; Hans Bernd Gisevius, Bis zum bittern Ende, Zürich 1954, S. 270f., Kapitel »Die Fritsch-Krise«, S. 249–309; Romedio Galeazzo Graf von Thun-Hohenstein, Der Verschwörer. General Oster und die Militäropposition, Berlin 1982, S. 42–50.

21 Vgl. P. Hoffmann (Anm. 1), S. 67–129.

eine Aggressionspolitik mit unkalkulierbaren Risiken geschaffen hatte. In seinen Denkschriften widerspiegelt sich der immer schärfer werdende Widerspruch, der ihn am 16. Juli 1938 in einer Vortragsnotiz zu einem Gespräch mit Brauchitsch[22] den kollektiven Rücktritt der militärischen Führung fordern ließ und schließlich am 27. August in seinen Rücktritt mündete, als er erkennen mußte, daß er in der Generalität fast alleine stand.

Hinter seinen Warnungen vor einem begrenzten Krieg gegen die Tschechoslowakei, die wegen der konkreten militärischen Überlegenheit schon fast irrational wirkten, stand für ihn, angesichts der Maßlosigkeit Hitlers, die Unausweichlichkeit eines nicht zu gewinnenden Weltkriegs, des *finis Germaniae,* wie es in Becks Vortragsnotiz heißt: »Es stehen hier letzte Entscheidungen für den Bestand der Nation auf dem Spiel; die Geschichte wird diese Führer [der Wehrmacht] mit einer Blutschuld belasten, wenn sie nicht nach ihrem fachlichen und staatspolitischen Wissen und Gewissen handeln. Ihr soldatischer Gehorsam hat dort eine Grenze, wo ihr Wissen, ihr Gewissen und ihre Verantwortung die Ausführung eines Befehls verbietet. Finden ihre Ratschläge und Warnungen in solcher Lage kein Gehör, dann haben sie das Recht und die Pflicht vor dem Volk und vor der Geschichte, von ihrem Ämtern abzutreten. Wenn sie alle in einem geschlossenen Willen so handeln, so ist die Durchführung einer kriegerischen Handlung unmöglich. Sie haben damit ihr Vaterland vor dem Schlimmsten, vor dem Untergang bewahrt.« Bei einer solchen Aktion sei »mit erheblichen innerpolitischen Spannungen« zu rechnen, und daher werde man sich »entschließen müssen, in unmittelbarer oder nachfolgender Verbindung mit einem Einspruch nunmehr eine klärende Auseinandersetzung zwischen Wehrmacht und SS herbeizuführen«. Dazu heißt es in einem Nachtrag vom 19. Juli 1938, ob man diesen Schritt des Einspruchs gegen den Krieg »nicht dahin aktivieren sollte, daß man es zu einer für die Wiederherstellung geordneter Rechtszustände unausbleiblichen Auseinandersetzung mit der SS und der Bonzokratie kommen lassen muß«[23].

Obgleich es dann heißt, es könne und dürfe »kein Zweifel darüber aufkommen, daß dieser Kampf für den Führer geführt wird«, und: »Auch nur die leiseste Vermutung etwa eines Komplotts darf nicht aufkommen«, wird man wohl Hoffmanns Meinung beipflichten müssen, es habe sich hier um einen Staatsstreichplan gehandelt: »Denn Hitler war, selbst wenn er Kanzler blieb, kein Diktator mehr, wenn ihm die Wehrmacht nicht gehorchte und wenn seine Parteiarmee entwaffnet war.«[24] Adressat des Vortrags, auf den sich diese Notizen Becks beziehen, war Fritschs Nachfolger als Oberbefehlshaber des Heeres, der später zum Generalfeldmarschall beförderte Walther von Brauchitsch. Seine Haltung war wichtig, weil er die Befehls- und Komman-

22 Wortlaut der verschiedenen Niederschriften, Denkschriften und Vortragsnotizen Becks seit Hitlers Eröffnungen vom 5. November 1937 bis zu Becks Rücktritt in: Klaus-Jürgen Müller, General Ludwig Beck. Studien und Dokumente zur politisch-militärischen Vorstellungswelt und Tätigkeit des Generalstabschefs des deutschen Heeres 1933–1938, Boppard 1980, S. 498–562, die Vortragsnotiz vom 16. Juli 1938 S. 551–554.

23 Ebenda, S. 554f.

24 P. Hoffmann (Anm. 1), S. 103, gegen K.-J. Müller (Anm. 4), S. 114, der auch in dem hier von Beck geforderten Schritt lediglich »eine (durch Druck herbeizuführende) systemimmanente, im weitesten Sinne auf Reform abgestellte Initiative« sieht: »(notfalls gewaltsame) System-Säuberung, nicht System-Überwindung«, zu der Beck erst später gefunden habe; vgl. die ausführliche Kritik Hoffmanns, ebenda, S. 682ff., Anm. 107, und S. 685f., Anm. 128a, Anm. 130a und Anm. 134, an Müller.

dogewalt ausübte, die dem Generalstabschef als seinem ersten Berater, der nur »im Auftrag« des Oberbefehlshabers handeln konnte, nicht zukam. Brauchitschs Schwäche und Unentschlossenheit, von Hitler sicher bewußt einkalkuliert, konnte jede militärische Aktion gegen das NS-Regime behindern, konnte dem Generalstabschef aber auch Handlungsfreiraum bieten, solange der Oberbefehlshaber sich nicht aktiv gegen ihn stellte[25].

Sicher hängt es nicht nur mit den Hemmungen der Frondeure selbst, der eigenen Staatsführung in den Arm zu fallen, zusammen, sondern auch mit solchen Beschränkungen des Handlungsspielraums und Rücksichtnahme auf Bedenken und Unentschlossenheit bei den Inhabern der konkreten Kommandogewalt – in der Heeresführung wie bei den Truppenkommandeuren, auf deren Unterstützung man hoffte –, daß die Festigkeit der Haltung des Auslands, und besonders Englands, gegenüber Hitler ein so großes Gewicht besaß. Hier wird das einleitend genannte Motiv der außenpolitischen Absicherung eines Staatsstreichs sichtbar. Daher ist es nicht uninteressant, daß Beck als günstigen Zeitpunkt der vorgeschlagenen aktiven Verweigerung den Eingang einer englischen oder französischen Note bezeichnet[26]. Becks Terminvorgabe korrespondiert mit den zahlreichen Versuchen Goerdelers und der wichtigsten Oppositionsgruppen in der Wehrmacht – insbesondere im Amt Ausland/Abwehr[27] um dessen Chef Admiral Wilhelm Canaris[28] und Oberstleutnant Hans Oster[29] – und im Auswärtigen Amt um Ribbentrops Staatssekretär Ernst von Weizsäcker, vor allem die britische Regierung zu Härte in der Ablehnung der Hitlerschen Forderungen gegenüber der Tschechoslowakei zu bringen[30]. Weizsäcker, der durchaus für die »Revisionspolitik« und auch eine Einverleibung der Tschechoslowakei war, hielt andererseits einen Krieg zur Durchsetzung dieser Ziele für unverantwortlich und sah, wie Beck, am Ende eines Krieges *finis Germaniae,* weil ein Krieg nicht örtlich zu begrenzen sei. In diesem Sinne zog er eine »chemische« Lösung, durch Druck auf Prag unterhalb der Schwelle eines Krieges, der »mechanischen«, einer kriegerischen Eroberung vor. Er beeinflußte während des Nürnberger Parteitages Anfang September

---

25 Christian Hartmann, Halder. Generalstabschef Hitlers 1938–1942, Paderborn 1991, S. 87, Anm. 46, verweist mit Recht darauf, wie wenig Literatur über Brauchitsch selbst vorliegt, und gibt ebenda, S. 86–92, eine knappe Charakteristik.

26 Siehe K.-J. Müller (Anm. 22), S. 554.

27 Siehe dazu den Beitrag von Winfried Meyer in diesem Band.

28 Vgl. André Brissaud, Canaris 1887–1945, Frankfurt am Main 1976; Heinz Höhne, Canaris. Patriot im Zwielicht, München 1976.

29 Vgl. R. v. Thun-Hohenstein (Anm. 20).

30 Vgl. P. Hoffmann (Anm. 1), Abschnitt »Außenpolitik und Widerstand« in der Sudetenkrise, S. 74–94. Siehe auch den Abschnitt »Auslandsbeziehungen des Widerstands«, in: J. Schmädeke/P. Steinbach (Anm. 15), S. 639–776, darin insbesondere die kontroversen Beiträge von Leonidas E. Hill, Alternative Politik des Auswärtigen Amtes bis zum 1. September 1939, S. 664–690, und Rainer A. Blasius, Über London den »großen Krieg« verhindern. Ernst von Weizsäckers Aktivitäten im Sommer 1939, S. 691–711. Vgl. dazu auch Ernst von Weizsäcker, Erinnerungen, München 1950, und zum oppositionellen Kreis um Weizsäcker den Ende 1944/Anfang 1945 in Rom niedergeschriebenen Bericht des Diplomaten Albrecht von Kessel: Peter Steinbach (Hrsg.), Albrecht von Kessel, Verborgene Saat. Aufzeichnungen aus dem Widerstand 1933 bis 1945, Berlin-Frankfurt am Main 1992; zu Kessels engsten Freunden zählten Peter Graf Yorck von Wartenburg, Ulrich-Wilhelm Graf von Schwerin, Nikolaus von Halem, Adam von Trott zu Solz und Eduard Brücklmeier, durch den er auch Zugang zu Erich Kordt hatte; siehe zu diesem Freundeskreis auch Detlef Graf von Schwerin, »Dann sind's die besten Köpfe, die man henkt«. Die junge Generation im deutschen Widerstand, München-Zürich 1991.

1938 nicht nur mehrere anwesende deutsche Botschafter, sondern dort und in den folgenden Wochen forderte er – wie Leonidas E. Hill diese Aktivitäten zusammenfaßt – auch den britischen Botschafter Henderson »wiederholt auf, Ribbentrop klarzumachen, daß ›England sich an einem Krieg in Mitteleuropa beteiligen‹ werde, und riet zu einer ›nicht-öffentlichen, einschüchternden‹ Warnung seitens Großbritanniens«. Wie Beck trug er sich mit Rücktrittsgedanken, wurde aber unter anderem gerade von Beck gedrängt, im Amt zu bleiben. Primär ging es ihm um die Bewahrung des Friedens gegen Hitlers aggressive Absichten, und dafür wäre er wohl auch zur Beseitigung des NS-Regimes und Hitlers selbst bereit gewesen. In dieser Logik sah er dann das »Münchener Abkommen« als »beste Lösung« im Sinne der Kriegsvermeidung und nahm auch die Besetzung der »Rest-Tschechoslowakei« im März 1939 hin, auf die er nunmehr auch keine kriegerische Reaktion der Westmächte mehr erwartete[31].

Becks Nachfolger, General Franz Halder, hatte unterdessen die Bemühungen zur Verhinderung des Krieges unmittelbar nach seinem Amtsantritt am 1. September 1938 fortgesetzt. Gisevius zufolge »überraschte er Oster mit der Frage, welche technischen und politischen Vorbereitungen für einen Staatsstreich getroffen wären«, und bei einem Treffen mit dem Reichsbankpräsidenten Hjalmar Schacht »fiel er sofort mit der Tür ins Haus« und fragte Schacht, »ob dieser zur Übernahme der Regierungsgeschäfte bereit sei, falls Hitler die Dinge bis zum Kriege triebe und ein gewaltsamer Umsturz unumgänglich würde«[32]. Andererseits wollte er erst im Falle einer Kriegserklärung durch die Westmächte losschlagen, machte sein Handeln also ebenfalls vom Handeln anderer Mächte abhängig[33]. Letztlich kam es auch Halder primär auf die Verhinderung des Krieges an, und der Sturz des Diktators wäre nur die letzte Möglichkeit gewesen, dieses Ziel zu erreichen, während Goerdeler, Gisevius und Oster in der Verhinderung des Krieges eher den willkommenen Anlaß zum Umsturz sahen. So oder so – Hitlers widerwillige Bereitschaft auf der Münchener Konferenz, sich mit der Einverleibung des Sudetenlandes zufriedenzugeben, ließ unter beiden Zielsetzungen die Begründung für eine Aktion und insbesondere die Hoffnung, zögernde Militärs dafür zu gewinnen, entfallen. Angesichts des zweiten außenpolitischen Erfolges Hitlers nach der Annexion Österreichs fürchteten die Frondeure eine neue »Dolchstoßlegende« während die Westmächte – unter Verkennung oder Verdrängung der weiterreichenden Ziele Hitlers – das Risiko des Krieges scheuten, wenn er durch ein noch durch das »Selbstbestimmungsrecht der Völker« gedecktes Nachgeben zu vermeiden wäre.

Bevor dieser Punkt erreicht war, hatte Halder Anfang September gleich nach seinem Amtsantritt im Kontakt mit Oster den Oberstleutnant a. D. Hans Böhm-Tettelbach zu einer schon von Beck geplanten Mission mit dem Auftrag nach London geschickt, »die englische Regierung auf die eindringlichste Weise zur Unnachgiebigkeit gegenüber allen weiteren Forderungen Hitlers zu drängen«[34]. Wenig vorher waren

---

31 L. E. Hill (Anm. 30), S. 673–679, Zitat 675; R. A. Blasius (Anm. 30), S. 692–696, bezweifelt die Bereitschaft Weizsäckers zum Sturz Hitlers.

32 H. B. Gisevius (Anm. 20), S. 321 f.; siehe auch Ch. Hartmann (Anm. 25), S. 102.

33 Siehe Ch. Hartmann (Anm. 25), S. 103; H. B. Gisevius (Anm. 20), S. 323–328.

34 P. Hoffmann (Anm. 1), S. 86; siehe auch Ch. Hartmann (Anm. 25), S. 102. Hartmann betont Halders Skepsis gegenüber dieser Form illegaler Diplomatie und seine schwankende Haltung in der Frage eines Staatsstreichs.

Ewald von Kleist-Schmenzin mit Unterstützung der Abwehr und Theodor Kordt im Auftrage des Auswärtigen Amtes mit ähnlichen Botschaften nach London gereist, und Weizsäcker hatte den damaligen Hohen Kommissar des Völkerbundes in Danzig, Carl Jacob Burckhardt, gebeten, im selben Sinne auf die britische Regierung einzuwirken – was dieser unverzüglich von der Schweiz aus tat[35]. All diese Beschwörungen zur Härte gegen Hitler, mit im Detail unterschiedlichen Akzenten und verbunden mit einer die Expansion jedenfalls im Sinne der »Revision von Versailles« durchaus bejahenden Haltung, wirkten in London eher fragwürdig bis befremdlich und führten nicht zu der erhofften harten Haltung[36]. Statt dessen kam der britische Premier schließlich am 15. September nach Berchtesgaden zu Hitler und am 22. September zur Godesberger Konferenz – beide Male ohne Ergebnis, denn für Hitler war die »Sudetenfrage« nur der Vorwand für die Besetzung der ganzen Tschechoslowakei. Mobilmachungsmaßnahmen in England, Frankreich und der Tschechoslowakei sollten endlich das Signal zu einem Umsturzplan geben, der vornehmlich von Oster und Gisevius zusammen mit Osters Freund aus der Dresdener Reichswehrzeit, dem jetzigen General Erwin von Witzleben, der seit 1938 als Befehlshaber im Wehrkreis III (Berlin) zum harten Kern der Opposition gehörte, und mit Billigung des zwischendurch immer wieder zaudernden Halder ausgearbeitet worden war[37]. Truppen standen bereit, ein Stoßtrupp sollte die Reichskanzlei besetzen und Hitler gefangennehmen; die Stoßtruppangehörigen planten insgeheim, ihn dabei zu töten. Doch mit dem am 29. September 1938 geschlossenen »Münchener Abkommen« war einer Verschwörung zunächst der Boden entzogen.

IV. Widerstand

Daß nach der völligen Zerschlagung der Tschechoslowakei am 15. März 1939 nun jeder weitere kriegerische Schritt Hitlers unweigerlich zu Kriegserklärungen Englands und Frankreichs führen müsse, war für die an »München« gescheiterten Frondeure dennoch unzweifelhaft, zumal nach der förmlichen englischen Beistandsgarantie, die der britische Premier Chamberlain am 31. März 1939 Polen gegeben hatte[38]. Das hielt den »Kern der Opposition«[39] zusammen in dem Bestreben, Hitler zu stürzen. Andererseits wurde Hitlers unbedingter Kriegswille noch durch die Einsicht angestachelt, daß die forcierte deutsche Aufrüstung zum einen das Reich inzwischen an den Rand einer ernsten Wirtschaftskrise gebracht hatte und daß zum anderen auch

35 Siehe P. Hoffmann (Anm. 1), S. 88ff.

36 Siehe dazu im Abschnitt »Auslandsbeziehungen des Widerstands«, in: J. Schmädeke/P. Steinbach (Anm. 15), S. 639–776, die Beiträge von Klemens von Klemperer, Nationale oder internationale Außenpolitik des Widerstands, S. 639–651, Lothar Kettenacker, Der nationalkonservative Widerstand aus angelsächsischer Sicht, S. 712–731, und Hedva Ben-Israel, Im Widerstreit der Ziele: Die britische Reaktion auf den deutschen Widerstand, S. 732–750.

37 Vgl. R. v. Thun-Hohenstein (Anm. 20), S. 99–108.

38 Zum Folgenden siehe das Kapitel »Staatsstreichpläne 1939–1940« in: P. Hoffmann (Anm. 1), S. 130–225; Ch. Hartmann (Anm. 25), S. 122–206; Harold C. Deutsch, Verschwörung gegen den Krieg. Der Widerstand in den Jahren 1939–1940, Frankfurt am Main-Wien-Zürich 1969.

39 So P. Hoffmann (Anm. 1), S. 132; er rechnet dazu: Beck, Oster, Schulenburg, Gisevius, Witzleben, Schacht, Halder, Goerdeler.

die Westmächte England und Frankreich eine massive Aufrüstung in Gang gesetzt hatten[40].

Zunächst allerdings schien die Kriegsgefahr wieder gebannt, da England und Frankreich es auch im März 1939 bei verbalen Reaktionen beließen. Halder war für ein Abwarten, nachdem er Hitlers Weisung zur Besetzung der »Rest-Tschechei« widerspruchslos durchgeführt und danach – wenn auch weniger enthusiastisch als Brauchitsch, der das Goldene Parteiabzeichen der NSDAP entgegennahm – dem Generalstab und der Truppe für den »Erfolg« gedankt hatte[41]. Auch die gleich danach von Hitler befohlene Vorbereitung des »Falles Weiß«, des Angriffs auf Polen, hat Halder widerspruchslos akzeptiert – vor allem, weil er wie Brauchitsch nicht mehr ernsthaft an eine Intervention der Westmächte glaubte und sich wohl auch von Weizsäcker beeinflussen ließ, der Hitlers Kriegsvorbereitung noch immer für einen »Bluff« hielt. Einem Gespräch mit General Erwin von Witzleben, der nun Oberbefehlshaber der Heeresgruppe 2 in Frankfurt am Main war, wich Halder gemeinsam mit Brauchitsch aus, und auch für Hassell war er nicht zu sprechen. Mit dem deutsch-sowjetischen Nichtangriffsvertrag vom 23. August 1938 schien dann vollends die Furcht vor einem lang andauernden Zweifrontenkrieg gegenstandslos geworden. So marschierte die Wehrmacht am 1. September in Polen ein, das rasch niedergeworfen wurde. Am 3. September erklärten England und Frankreich dem Deutschen Reich den Krieg, doch blieb es zunächst bei diesem demonstrativen Akt.

Hinfällig schienen damit vorerst auch Versuche, doch einen neuen Umsturz zu versuchen: Nach einem von Witzleben zusammen mit Goerdeler im Juni oder Juli 1939 angesichts der zaudernden anderen Generale vereinbarten langfristigen Programm sollten nunmehr bis Frühjahr 1940 in allen Wehrkreisen Verschwörergruppen und Stoßtrupps aufgebaut werden, die dann die »Gauleiter« verhaften, die Rundfunksender besetzen und die Presse unter Kontrolle nehmen sollten; Goerdeler wollte die Gewerkschaftsführer gewinnen[42]. Zum anderen gab es seit dem Winter 1938/39 Bestrebungen zur Zusammenfassung aller zivilen und militärischen Oppositionsrichtungen, und im Frühherbst 1939 wurde durch den Rechtsanwalt Josef Wirmer eine ständige Verbindung zwischen der Gruppe von Gewerkschaftern verschiedener Richtungen um Jakob Kaiser, Wilhelm Leuschner und Max Habermann und der Gruppe um Oster im Amt Ausland/Abwehr des OKW hergestellt.

Noch während der Niederwerfung Polens zeichnete sich dann doch eine neue Chance zum Umsturz ab: Am 27. September 1939 eröffnete Hitler in der Reichskanzlei den Oberbefehlshabern und ihren Stabschefs, daß er in drei bis vier Wochen im Westen angreifen wolle, notfalls unter Verletzung der Neutralität Belgiens und Hollands[43]. Das gab den Bestrebungen, vor allem Brauchitsch, Halder und die Befehlshaber im Westen für einen Staatsstreich zur Verhinderung eben dieser Offensive zu gewinnen, neue Chancen, denn im Oberkommando des Heeres sah man sich selbst frühestens ab Frühjahr 1942 für eine deutsche Offensive gegen Frankreich gerüstet und rechnete kaum vor Frühjahr 1940 mit einem alliierten Angriff.

---

40 Vgl. hierfür zusammenfassend B.-J. Wendt (Anm. 2), S. 134–185, und im Zusammenhang der NS-Weltanschauung Ludolf Herbst, Der Totale Krieg und die Ordnung der Wirtschaft. Die Kriegspolitik im Spannungsfeld von Politik, Ideologie und Propaganda 1939–1945, Stuttgart 1982.

41 Ch. Hartmann (Anm. 25), S. 121; zum Folgenden S. 122–141.

42 Siehe P. Hoffmann (Anm. 1), S. 132f.

43 Siehe Ch. Hartmann (Anm. 25), S. 157f.

Im Amt Ausland/Abwehr spielte nun neben Canaris und Oster der Reichsgerichtsrat Hans von Dohnanyi eine wichtige Rolle, der dort seit Ende August 1939 als »Sonderführer« im Rang eines Majors tätig war und schon 1933 zusammen mit Klaus und Dietrich Bonhoeffer zu einem Kreis konsequenter Hitlergegner gehört hatte[44]. Eine Schlüsselstellung nahm außerdem der Major und spätere Oberstleutnant Helmuth Groscurth als Verbindungsmann zwischen Abwehr und OKH ein, der wiederum in engem Kontakt mit dem Legationsrat Hasso von Etzdorf als Verbindungsmann Weizsäckers im OKH stand[45].

So schloß sich auch hier wieder der Kreis zwischen Militärs und Diplomaten. Beck unterstützte diese Bestrebungen durch zwei Denkschriften im September und Oktober, in denen er vor einem langdauernden Aushungerungs- und Zermürbungskrieg der Westmächte warnte. Im Laufe des Oktober verfaßten alle drei Oberbefehlshaber im Westen – die Generalobersten Fedor von Bock (Heeresgruppe B), Wilhelm Ritter von Leeb (Heeresgruppe C) und Gerd von Rundstedt (Heeresgruppe A) – nacheinander Denkschriften an Brauchitsch, in denen sie die Offensive ablehnten, und sogar der als hitlerhörig geltende Generaloberst von Reichenau, der jetzt die 6. Armee der Heeresgruppe B befehligte, nannte Hitlers Angriffsplan »geradezu verbrecherisch«[46].

Unterdessen hatte Goerdeler seine Verbindung mit der Firma Bosch weiter genutzt, um in London[47], Paris, Rom und Washington Festigkeit gegenüber Hitler zu fordern, zugleich aber auf deutschen Revisionswünschen für ein Deutschland »nach Hitler« zu beharren. Auch Hjalmar Schacht[48], Ulrich von Hassell[49], Adam von Trott zu Solz[50], Fabian von Schlabrendorff[51], Helmuth James Graf von Moltke[52], ferner

---

44 Vgl. dazu R. v. Thun-Hohenstein (Anm. 20), S. 136–140; Christoph Strohm, Der Widerstandskreis um Dietrich Bonhoeffer und Hans von Dohnanyi. Seine Voraussetzungen zur Zeit der Machtergreifung, in: J. Schmädeke/P. Steinbach (Anm. 15), S. 295–313.

45 Vgl. Helmut Krausnick/Harold C. Deutsch (Hrsg.), Helmuth Groscurth. Tagebücher eines Abwehroffiziers 1938–1940. Mit weiteren Dokumenten zur Militäropposition gegen Hitler, Stuttgart 1970.

46 Erste umfassende Darstellung des Angriffsplans P. Hoffmann (Anm. 1), S. 161–165.

47 Dazu jetzt auch die deutsche Ausgabe von A. P. Young, Die »X«-Dokumente. Die geheimen Kontakte Carl Goerdelers mit der britischen Regierung 1938/1939, München-Zürich 1989.

48 Hjalmar Schacht, Abrechnung mit Hitler, Berlin-Frankfurt am Main 1949; ders., 76 Jahre meines Lebens, Bad Wörishofen 1953.

49 Friedrich Freiherr Hiller von Gaertringen (Hrsg.), Die Hassell-Tagebücher 1938–1944. Ulrich von Hassell. Aufzeichnungen vom Andern Deutschland, Berlin 1988.

50 Henry O. Malone, Adam von Trott zu Solz. Werdegang eines Verschwörers 1909–1938, Berlin 1986, S. 213–228 (»Epilog: Im deutschen Widerstand«). Trott gehörte seit Juni 1940 der Informationsabteilung des Auswärtigen Amtes an und hatte dadurch auch die Möglichkeit, ins Ausland zu reisen, ebenda, S. 222–226. Auch gehörte er dem von der Gestapo so genannten »Kreisauer Kreis« um Helmuth James Graf von Moltke und Peter Graf Yorck von Wartenburg an; siehe dazu Ger van Roon, Neuordnung im Widerstand. Der Kreisauer Kreis innerhalb der deutschen Widerstandsbewegung, München 1967.

51 Walter Bußmann (Hrsg.), Fabian von Schlabrendorff, Offiziere gegen Hitler, (nach der Edition von Gero v. Gaevernitz) Berlin 1984, S. 35; durch seine Bekanntschaft mit Oster war Schlabrendorff 1938/39 »bis unmittelbar in das Zentrum der Widerstandsbewegung vorgedrungen«, ebenda, S. 28.

52 Neben G. v. Roon (Anm. 50) siehe Kurt Finker, Graf Moltke und der Kreisauer Kreis, Berlin 1993 (Neubearbeitung; Erstausg. 1978); diese ersten Auslandssondierungen vor der Herausbildung des Kreisauer Kreises sind in beiden Büchern nur sehr knapp behandelt.

Rudolf Pechel, Gerhard Graf Schwerin von Schwanenfeld[53], sowie die Diplomaten und Gebrüder Erich und Theodor Kordt und auch Ernst von Weizsäcker als Staatssekretär im Auswärtigen Amt[54], benutzten ihre Auslandskontakte vor und auch nach dem Angriff auf Polen. Eine besonders vielversprechende Verbindung wurde mit Becks Billigung schließlich Ende September 1939 von Oster und Dohnanyi durch den als Oberleutnant der Reserve in das Amt Ausland/Abwehr einberufenen Münchener Anwalt Josef Müller zu Papst Pius XII. und durch ihn nach England geknüpft[55]. Immer wieder war bei diesen Kontakten ein Hauptmotiv, Zusagen für den Fall eines Umsturzes zu erhalten, mit denen man die Generale gewinnen und zum Handeln bewegen konnte. Daß dies wenig erfolgreich war, lag wieder auch an dieser verwirrenden Vielstimmigkeit, mit der die Vertreter der Opposition sprachen[56].

Wie wichtig unter diesen Umständen die Kontakte zu den Kriegsgegnern genommen wurden, zeigt die Episode um eine »Botschaft« Chamberlains an die deutsche Opposition[57]: Der britische Premierminister hatte schon am 4. September 1939 im Rundfunk betont, daß die Kriegserklärung sich nicht gegen das deutsche Volk, sondern gegen ein tyrannisches Regime richte. Das nahm die Opposition als eine erneute Ermutigung, den Generalen war es zu wenig: Wer garantierte, daß England und Frankreich die Wirren einer Revolte nicht für Angriff und Besetzung ausnutzen würden? Hitler hatte dann zwei Tage später mit einem taktischen Friedensangebot geantwortet, auf das Chamberlain am 12. Oktober mit einer Unterhausrede reagierte, in der er die Friedenssehnsucht der europäischen Völker einschließlich des deutschen betonte, die Verteidigung der Freiheit und nicht Rache als Ziel der britischen Politik nannte und hinzufügte, der Frieden könne nur gesichert werden, wenn die gerechten Ansprüche der Völker einschließlich des deutschen anerkannt und geregelt würden. Zwei Wochen später traf sich Philip Convell Evans, ein Engländer, der an der Universität Königsberg gelehrt und schon mehrfach eine Mittlerrolle zwischen der deutschen Opposition und englischen Regierungskreisen gespielt hatte, mit Erich Kordt, den Weizsäcker nach dem Polenfeldzug an die deutsche Gesandtschaft nach Bern versetzt hatte, um einen Draht nach London zu behalten. Convell Evans überbrachte die Niederschrift einer Äußerung Chamberlains, die Kordt und seine Freunde für eine ausdrückliche, besonders an die Opposition gerichtete Erklärung des britischen Premiers hielten; in Wirklichkeit war es ein Auszug aus der bereits vom Rundfunk gesendeten Rede vom 12. Oktober.

Außerdem ließ der Unterstaatssekretär im britischen Foreign Office Sir Robert Vansittart, der ebenfalls Ansprechpartner deutscher Oppositioneller gewesen war, laut Convell Evans im Auftrage von Chamberlain und Außenminister Halifax mitteilen, die britische Regierung könne mit Hitler oder einem seiner Gesinnungsgenossen nicht mehr in Verhandlungen treten. Es sei Sache der deutschen Opposition, eine verhandlungsfähige deutsche Regierung zu schaffen, zu deren Wort man auf briti-

---

53 Der entfernte Vetter des nach dem 20. Juli 1944 hingerichteten Ulrich-Wilhelm Graf Schwerin von Schwanenfeld war damals Leiter der Untergruppe England/USA im Generalstab des Heeres und wurde später Kommandeur einer Panzerdivision; siehe dazu D. v. Schwerin (Anm. 30), S. 175–182 und S. 191.

54 Siehe E. v. Weizsäcker (Anm. 30), S. 210–279.

55 Siehe dazu H. C. Deutsch (Anm. 38), S. 107–157; P. Hoffmann (Anm. 1), S. 203–212.

56 Vgl. zusammenfassend zu diesen Kontakten P. Hoffmann (Anm. 1), S. 131–146.

57 Siehe P. Hoffmann (Anm. 1), S. 154ff.

scher Seite Vertrauen haben könne. All das war wenig Neues, versprach vor allem nichts Konkretes für den Fall eines Umsturzes. Das alte Dilemma blieb – mit Hoffmanns Worten: »Während die Verschwörer ohne Garantien die Generale nicht zum Handeln bringen konnten, wollten die Westmächte keine Garantien geben, ohne zuvor durch Taten von der Aufrichtigkeit der Verschwörer überzeugt worden zu sein.«[58]

Ob die angebliche Chamberlain-Botschaft auch zu Halder gelangte, steht nicht fest. »Immerhin ließ Halder den Staatsstreich planen und vorbereiten«, wenn er auch selbst dabei nicht aktiv hervorzutreten wünschte, stellt Hoffmann fest[59]. Diese Ambivalenz spricht auch aus Halders Kriegstagebucheintragung vom 14. Oktober 1939 über eine Besprechung mit Brauchitsch: Dieser sehe »3 Möglichkeiten: Angriff, Abwarten, grundlegende Veränderungen. Für keine dieser durchschlagenden Aussichtsmöglichkeiten, letzteres am wenigsten, da im Grunde negativ und Schwächemomente schaffend. Unabhängig davon Pflicht, militärische Aussichten nüchtern klarzulegen und jede Friedensmöglichkeit zu propagieren«[60]. Andererseits sagte der Generalstabschef, wie Groscurth in seinem Tagebuch schrieb, ihm »mit Tränen, er sei seit Wochen mit der Pistole in der Tasche zu Emil [d.h. Hitler] gegangen, um ihn evtl. über den Haufen zu schießen«[61]. In diesem Gespräch am 31. Oktober 1939 erhielt Groscurth offenkundig die am nächsten Tag von Halders Stellvertreter, General Karl-Heinrich von Stülpnagel, bestätigte Erlaubnis, die »Staatsstreichvorbereitungen« anlaufen zu lassen[62]. Das geschah nun unverzüglich, zum Teil unter Rückgriff auf die Planungen vom September 1938.

Halder mußte unterdessen erkennen, daß weder der Befehlshaber des Ersatzheeres, General Friedrich Fromm, ohne dessen Mitwirkung Truppenbewegungen im Reichsgebiet schwerlich möglich waren, noch Rundstedt und Bock, ungeachtet ihrer Ablehnung einer Westoffensive, für einen Staatsstreich zu gewinnen waren. Lediglich von Leeb reagierte anders und schrieb am 31. Oktober an den zögernden Brauchitsch, er sei »bereit, in den kommenden Tagen mit meiner Person voll hinter Ihnen zu stehen und jede gewünschte und notwendig werdende Folgerung zu ziehen«[63]. Noch am 9. November versuchte er vergeblich, Bock und Rundstedt zu einem gemeinsamen Rücktritt der drei West-Oberbefehlshaber oder wenigstens zu einer gemeinsamen Demarche zu veranlassen[64]. Halder blieb, ohne den Rückhalt der Befehlshaber,

58 Ebenda, S. 156f.; das alliierte Mißtrauen gegenüber oppositionellen Kontakten wurde bestärkt durch den »Venlo-Zwischenfall«, bei dem angebliche Verschwörer, die in Wirklichkeit Agenten des Sicherheitsdienstes der SS und der Gestapo einschließlich des Gestapo-Abwehrchefs Walter Schellenberg waren, britische Agenten so nahe an die deutsch-holländische Grenze gelockt hatten, daß sie mit Hilfe von SS-Leuten am 9. November 1939 nach Deutschland verschleppt werden konnten. Hitler wiederum kombinierte aus dem zeitlichen Zusammenfall dieser Kontakte mit dem Attentat Georg Elsers im Münchener Bürgerbräu am Abend des 8. November ein deutschbritisches Mordkomplott gegen seine Person.

59 Hierzu und zum Folgenden P. Hoffmann (Anm. 1), S. 166–180, Zitat S. 166; Ch. Hartmann (Anm. 25), S. 162–172; H. C. Deutsch (Anm. 38), S. 189–289.

60 Zit. nach Ch. Hartmann (Anm. 25), S. 165f.

61 H. Krausnick/H. C. Deutsch (Anm. 45), S. 223, Tagebuchnotiz vom 1. November 1939; nach Anm. 581, ebenda, fand das Gespräch mit Halder schon am 31. Oktober statt.

62 Ebenda, S. 223.

63 Brief vom 31. 10. 1939, abgedruckt in: Georg Meyer (Hrsg.), Generalfeldmarschall Wilhelm Ritter von Leeb. Tagebuchaufzeichnungen und Lagebeurteilungen aus zwei Weltkriegen, Stuttgart 1976, S. 472; vgl. die Tagebucheintragung vom 31. Oktober 1939, ebenda, S. 194f.

64 Siehe G. Meyer (Anm. 63), S. 52.

die mit ihren Truppen ohnehin weit von Berlin standen, ganz auf sich gestellt, nur mit einer Gruppe entschlossener Frondeure ohne Befehlsgewalt im Rücken. Deren Planungen, in Berlin die Zentralen von Partei, Gestapo und SS, Rundfunksender und Telegrafenämter zu besetzen, stützten sich auf Truppen, die großenteils aus Thüringen und Sachsen herangeführt werden sollten. Brauchitsch hoffte man – so Goerdeler am 30. Oktober zu von Hassell – mit Halders Hilfe wenigstens zum Dulden veranlassen zu können. »Die Hauptsache fehlt aber immer noch: der Befehlsgewalt habende und befehlende Soldat. Halder genügt dafür weder als Kaliber noch in seiner Position«, notierte Hassell dazu voller Skepsis[65].

Am 4. November 1939, nachdem er mit Brauchitsch »über künftige Maßnahmen« gesprochen hatte, erörterte Halder die Lage mit dem Chef des Wehrwirtschafts- und Rüstungsamtes, General Georg Thomas, der ihm eine unter Beteiligung von Oster, Dohnanyi und Gisevius erstellte Denkschrift unterbreitete, die auch erste günstige Mitteilungen von Müller über seine Sondierungen beim Vatikan enthielt: Danach hatte der Papst sich bereit erklärt, die Vermittlung zu übernehmen, und die britische Regierung schien zu vom Papst vermittelten Verhandlungen mit dem Vertreter der deutschen Opposition bereit. Groscurth notierte dazu unter dem 20. Oktober 1939 in seinem Diensttagebuch: »Bei allen Friedensvermittlungen stößt man auf die kategorische Forderung der Beseitigung Hitlers ...«.[66]

Nun erschien Halder die Ermordung Hitlers wieder als einziger Ausweg. Zugleich erbot sich Erich Kordt, einen Mordanschlag gegen Hitler auszuführen[67], für den Oster bis zum 11. November, dem Vortag des von Hitler für den Angriff im Westen festgesetzten Termins, den Sprengstoff beschaffen wollte. Das scheiterte an der verschärften Bewachung aller Depots nach dem »Bürgerbräu-Attentat« vom 8. November 1939.

Dazwischen lag jener oft beschriebene Zornesausbruch Hitlers am 5. November gegen den »Geist von Zossen«, den er eines Tages erbarmungslos ausrotten werde[68]. Brauchitsch hatte die Explosion mit seinem Versuch ausgelöst, die katastrophalen Folgen einer West-Offensive im gegenwärtigen Zeitpunkt darzulegen. Halder, der seinen Oberbefehlshaber in die Reichskanzlei begleitet hatte, fuhr mit dem »kreidebleich« von Hitler zurückkommenden Brauchitsch ins OKH-Hauptquartier nach Zossen zurück, während Hitler seinen Angriffsbefehl für den 12. November bestätigte; der Termin wurde dann noch mehrfach bis ins Frühjahr 1940 verschoben. Entsetzt über die Möglichkeit, daß das »Komplott« verraten sei, ordnete Halder in Zossen die sofortige Vernichtung aller Unterlagen für den Putsch an; ein Großteil der Dokumente wurde daraufhin tatsächlich verbrannt.

Die befürchtete Säuberungsaktion blieb aus, doch Halders Elan war gebrochen, obwohl die Umstände seit 1938 nie wieder so günstig waren. Allenfalls wenn Canaris dafür sorge, Hitler durch ein Attentat zu beseitigen, wolle er handeln; der von Groscurth in Halders Auftrag darauf Angesprochene, der sich stets prinzipiell gegen den politischen Mord erklärt hatte, lehnte diese Zumutung entrüstet ab. So geschah nichts, obwohl Brauchitsch am Nachmittag immerhin bekundet hatte, er werde sich

65 F. Freiherr Hiller von Gaertringen (Anm. 49), S. 135f.
66 H. Krausnick/H. C. Deutsch (Anm. 45), S. 299 und Anm. 862.
67 Siehe dazu P. Hoffmann (Anm. 1), S. 320f.
68 H. C. Deutsch (Anm. 38), S. 242–246, erörtert ebenda, Anm. 139, die in Details abweichenden Darstellungen.

nicht wehren, »wenn ein anderer es tut«[69]. Doch Halder baute seit dem 5. November die Staatsstreichvorbereitungen systematisch ab, während Oster, Gisevius, Thomas, Stülpnagel und der damalige Major und zweite Generalstabsoffizier Henning von Tresckow[70] aus der Führungsabteilung der Heeresgruppe A sich noch erfolglos bemühten, die Oberbefehlshaber im Westen für eine Aktion zu gewinnen[71]. Auch der »X-Bericht«, den der darin als »Herr X« bezeichnete Josef Müller Anfang Februar 1940 von seinen römischen Sondierungen als britische Antwort aus Rom mitbrachte, konnte das Blatt nicht mehr wenden[72]. Welche Bedingungen und Zusagen der nicht erhaltene Bericht im Detail enthielt, ist aus den divergierenden Aussagen derer, die ihn lasen, nicht zweifelsfrei zu rekonstruieren. Der Halder-Biograph Hartmann bringt seinen Kern auf die Kurzformel: »Falls das NS-Regime beseitigt werde, sei man in England zum Frieden mit dem Deutschen Reich bereit, das als föderalistischer Staat in den Grenzen von 1937, möglicherweise sogar in denen vom September 1938 akzeptiert werden würde.«[73] Doch Halder, der inzwischen mehrfach, aber ergebnislos von Goerdeler in wenig diplomatischer Weise bedrängt worden war, war auch durch Generalmajor Thomas, der ihn endlich am 4. April zur Lektüre des Berichts brachte, nicht mehr umzustimmen. Immerhin gab er nach nächtlicher Lektüre das brisante Dokument Brauchitsch, der schroff reagierte: »Glatter Landesverrat. Das kommt für uns unter gar keinen Umständen in Frage.« Halder solle »den Mann, der dieses Papier überbracht hat, verhaften ... lassen und dieses Stück Papier auf dem Dienstweg dahin ... geben, wo es hingehöre. Ich [d.h. Halder] habe ihm damals geantwortet: ›Wenn einer verhaftet werden soll, dann bitte verhaften Sie mich.‹«[74] Noch mindestens zehn Tage behielt Halder das Schriftstück, bevor er es Thomas zurückgab, ohne seine resignative Meinung zu ändern – vielleicht auch, weil er an Englands Friedensbereitschaft zweifelte, das er wohl mittlerweile für den eigentlichen Kriegstreiber gegen Deutschland hielt[75].

So blieb in der Tat jener letzte verzweifelte Schritt, zu dem sich Oster entschloß, die einzige realistische Alternative, um Hitler durch einen – formaljuristisch gesehen – Akt klaren »Landesverrats« den Weg zum Angriff zu verstellen. Zwischen dem 7. November 1939 und dem 9. Mai 1940 verriet er seinem Freund Gijsbertus Sas, den er seit 1936 kannte und der seit April 1939 wieder Militärattaché an der Niederländischen Botschaft in Berlin war, die von Hitler mehrfach verschobenen Termine des durch Holland geplanten Angriffs an der Westfront[76]. Doch die immer wieder geänderten Angriffsdaten führten dazu, daß die Warnungen bei den potentiellen Opfern schließlich nicht mehr ernst genommen wurden. Statt Hitler, wie erhofft, durch rechtzeitige Mobilisierungsmaßnahmen doch noch abzuschrecken, waren Holländer wie

69 P. Hoffmann (Anm. 1), S. 178f., nach Gisevius.
70 Vgl. Bodo Scheurig, Henning von Tresckow. Eine Biographie, Oldenburg-Hamburg 1973, S. 74–82.
71 Siehe P. Hoffmann (Anm. 1), S. 179f.
72 Siehe dazu und zum Folgenden H. C. Deutsch (Anm. 38), S. 309–339; P. Hoffmann (Anm. 1), S. 204–214; Ch. Hartmann (Anm. 25), S. 163 und S. 186–191; nach dem Venlo-Zwischenfall vom 9. November 1939 hatte die britische Regierung die Kontakte zunächst für fünf bis sechs Wochen unterbrochen, siehe H. C. Deutsch (Anm. 38), S. 145.
73 Ch. Hartmann (Anm. 25), S. 186.
74 Zit. nach Ch. Hartmann (Anm. 25), S. 188.
75 Siehe dazu ebenda, S. 189f.
76 Vgl. R. v. Thun-Hohenstein (Anm. 20), S. 152–193.

Belgier schließlich völlig überrascht, als die deutschen Truppen im Morgengrauen des 10. Mai 1940 tatsächlich angriffen. Oster sah seine Situation so: »Man kann nun sagen, daß ich Landesverräter bin, aber das bin ich in Wirklichkeit nicht, ich halte mich für einen besseren Deutschen als alle die, die hinter Hitler herlaufen. Mein Plan und meine Pflicht ist es, Deutschland und damit die Welt von dieser Pest zu befreien.«[77]

Hitler hatte sich wieder einmal durchgesetzt und behielt – vordergründig – recht: Wie der Polenfeldzug und die Besetzung Dänemarks und Norwegens im April 1940 wurde auch die Westoffensive zum »Blitzkrieg« der deutschen Wehrmacht, von deren Führung sich die Verschwörer wie ihre ausländischen Gesprächspartner den Sturz des Diktators und seines Regimes erhofft hatten. Am 21. Juni 1939 übergab Hitler im Wald von Compiègne, in jenem Salonwagen Marschall Fochs, in dem am 11. November 1918 die deutsche Niederlage besiegelt worden war, die deutschen Waffenstillstandsbedingungen[78]. Die deutsche Opposition war wieder einmal gescheitert und damit gegenüber dem Ausland desavouiert.

»Um nicht alle Glaubwürdigkeit zu verlieren«[79], wurde Müller Ende April zu einer letzten Mission nach Rom geschickt, um zu erklären, es könne keinen Umsturz geben, da die Generale sich nicht zum Handeln entschließen könnten. Der Angriff im Westen stehe nun mit Sicherheit bevor. Das war ein ähnlicher Akt der Verzweiflung und des »Verrats«, wie ihn Oster gegenüber Sas mehrfach beging und selbst Reichenau schon am 6. November begangen hatte, als er Goerdeler und Fritz Elsas, der von 1931 bis 1933 Zweiter Bürgermeister von Berlin gewesen war, von Hitlers Plan zum Angriff auf Frankreich und die Niederlande berichtete. Durch Elsas gelangte die Botschaft damals über Kopenhagen und Stockholm sowie über die Schweiz nach England[80].

V. Gegen das Böse

Wenn Hitler gehofft hatte, nach dem Sieg in Frankreich England zum Frieden »auf der Basis der Teilung der Welt«[81] zwingen zu können, um dann seinen »eigentlichen« Krieg im Osten gegen Rußland weiterzuführen, sah er sich enttäuscht. Großbritannien war entschlossen, den Krieg unter allen Umständen fortzuführen, nachdem Winston Churchill am 10. Mai 1940, dem Tag des Beginns der Westoffensive, Chamberlain als Premierminister abgelöst hatte. Wieder folgte Hitler seiner eigenen Logik. Während die Militärs die »Operation Seelöwe« planten und mit Italien und Rußland im Rücken »einen jahrelangen Krieg mit England getrost in Kauf nehmen«[82] wollten, zögerte nun Hitler, bei dem seit Anfang Juni 1940 der Entschluß reifte, als nächstes Rußland anzugreifen. Ende Juli gab er die erste konkrete Operationsanweisung und

---

77 Zit. nach Hermann Graml, Der Fall Oster, in: Vierteljahrshefte für Zeitgeschichte, 14 (1966), S. 39.

78 Siehe den Augenzeugenbericht von William Lawrence Shirer, Aufstieg und Fall des Dritten Reiches, Herrsching o. J., S. 679–684.

79 So P. Hoffmann (Anm. 1), S. 214.

80 Zu Reichenaus Alleingang vgl. H. C. Deutsch (Anm. 38), S. 75–81.

81 So Etzdorf zu Halder nach dessen Kriegstagebuch-Eintragung vom 21. Mai 1940, zit. nach Ch. Hartmann (Anm. 25), S. 210.

82 Zit. nach Ch. Hartmann (Anm. 25), S. 213.

eröffnete Halder und Brauchitsch: »Englands Hoffnung ist Rußland und Amerika. Wenn Hoffnung auf Rußland wegfällt, fällt auch Amerika weg, weil Wegfall Rußlands eine Aufwertung Japans in Ostasien in ungeheurem Maß folgt.«[83] Die Planungen zum »Unternehmen Barbarossa«, das Hitler im eigentlichen Sinne als »seinen« Krieg ansah, begannen – allenfalls »gegen die Bedenken, nicht aber den Widerstand seiner militärischen und politischen Berater«[84]. Jene, die noch immer auf einen Sturz des Regimes hinarbeiteten, brauchten auf Halder nun endgültig nicht mehr rechnen.

»Niemand wird die Größe des von Hitler Erreichten bestreiten«, hatte Hassell am 24. Juni 1940 in sein Tagebuch geschrieben. »Aber das ändert nichts am inneren Charakter seiner Erscheinung und seiner Taten und an den grauenhaften Gefahren, denen nun alle höheren Werte ausgesetzt sind. Ein dämonischer Spartakus kann nur zerstörend wirken, wenn nicht noch rechtzeitig die Gegenwirkung eintritt. Man könnte verzweifeln unter der Last der Tragik, sich an den größten nationalen Erfolgen nicht wahrhaft freuen zu können.«[85] Goerdeler zitierte am Schluß einer vom 1. Juli 1940 datierten Denkschrift, deren Adressaten, wie Ritter vermutet, Offiziere der Armee waren, Steins Aufforderung an König Friedrich Wilhelm III. vom 12. Oktober 1808 zum Widerstand gegen Napoleon: »Für den Redlichen ist kein Heil als in der Überzeugung, daß der Ruchlose zu allem Bösen fähig ist ... Zutrauen zu dem Mann zu haben, von dem man mit so vieler Wahrheit sagte, er habe die Hölle im Herzen, das Chaos im Kopf, ist mehr als Verblendung ... Ist also in jedem Falle nichts wie Unglück und Leiden zu erwarten, so ergreife man doch lieber einen Entschluß, der ehrenvoll und edel ist und eine Entschädigung und Trostgründe anbietet im Fall eines übeln Erfolges.«[86]

Hitler als Inbegriff des »Bösen«: Das war keine neue Erkenntnis, aber sie setzte sich immer mehr als eine zentrale Motivation des Widerstands durch, seit Hitler mit seinen Erfolgen zunehmend alle politischen und militärischen Einwendungen gegen seine Politik überspielte. Sie hatte weiterreichende Nahrung schon durch die im Militär weitverbreitete Empörung über das Vorgehen der SS und der »Einsatzgruppen« in Polen erhalten[87]. Doch Proteste des Oberbefehlshabers Ost, Generaloberst Johannes Blaskowitz, in Denkschriften vom November 1939 und Februar 1940 erreichten letztlich nur, daß er auf Betreiben des seit Oktober amtierenden Generalgouverneurs Hans Frank seines Kommandos enthoben wurde[88]; bei den Generalen im Westen blieb Groscurths Versuch, sie damit zum Umsturz anzustacheln, ohne Erfolg. »Ich schäme mich, ein Deutscher zu sein«, schrieb am 21. November 1939 Helmuth Stieff, Major in der Operationsabteilung des Generalstabs des Heeres, nach der Rückkehr von einem Aufenthalt in Polen aus Zossen an seine Frau. »Die blühendste Phantasie einer Greuelpropaganda ist arm gegen die Dinge, die eine organisierte Mörder-, Räuber- und Plündererbande unter angeblich höchster Duldung dort verbricht ... Diese Ausrottung ganzer Geschlechter mit Frauen und Kindern ist nur einem Untermenschentum möglich, das den Namen Deutsch nicht mehr verdient ... Diese Minder-

83 So Halder im Kriegstagebuch am 31. Juli 1940, zit. nach Ch. Hartmann (Anm. 25), S. 214.
84 Ch. Hartmann (Anm. 25), S. 268.
85 F. Freiherr Hiller von Gaertringen (Anm. 49), S. 199.
86 Zit. nach G. Ritter (Anm. 18), S. 268.
87 Siehe dazu P. Hoffmann (Anm. 1), S. 189.
88 Siehe R. v. Thun-Hohenstein (Anm. 20), S. 200.

heit, die durch Morden, Plündern und Sengen den deutschen Namen besudelt, wird das Unglück des ganzen deutschen Volkes werden, wenn wir ihr nicht bald das Handwerk legen.«[89] Die Heeresführung war über das, was die »Einsatzgruppen der Sicherheitspolizei« in Polen anrichteten, vollständig informiert, doch weder Halder noch Brauchitsch waren zu einer offenen Auseinandersetzung darüber bereit und zogen sich nach der Einrichtung der deutschen Zivilverwaltung aus der Verantwortung zurück[90]. Bei der Vorbereitung des Angriffs auf die Sowjetunion ließen sie sich vollends in die Vorbereitung des mörderischen »Weltanschauungskrieges« einbeziehen. Beim sogenannten »Gerichtsbarkeitserlaß Barbarossa« wie beim berüchtigten »Kommissarbefehl« wirkte das OKH mit dem federführenden OKW und der SS zusammen[91].

Unter dem Eindruck dieser Geschehnisse bildete sich im Stab der Heeresgruppe Mitte mit dem Hauptquartier in Posen, die seit April 1941 bestand und von Generalfeldmarschall Fedor von Bock befehligt wurde, eine Gruppe jüngerer Offiziere heraus, deren führender Kopf Oberstleutnant Henning von Tresckow war[92]. Damit trat der militärische Widerstand in ein neues, sein letztes Stadium, das mit Stauffenbergs Anschlag auf Hitler am 20. Juli 1944 endete.

Fabian von Schlabrendorff, als Oberleutnant der Reserve Ordonnanzoffizier Tresckows, den er seit Sommer 1939 kannte, stellte die Verbindung zur Gruppe um Oster her[93]. Zum Stab Tresckows gehörte auch Oberstleutnant Rudolf-Christoph Freiherr von Gersdorff, der am 21. März 1943 vergeblich versuchte, sich im Berliner Zeughaus zusammen mit Hitler in die Luft zu sprengen[94]. Insgesamt gelang es Tresckow, »in der Heeresgruppe Mitte eine der stärksten Oppositionsgruppen zu bilden, die je bestanden hatte«[95]. Den Oberbefehlshaber Bock, seinen Onkel, von der Notwendigkeit eines Putsches zu überzeugen, schaffte Tresckow jedoch nicht. Erst als Bock Ende 1941 durch Generalfeldmarschall Günter von Kluge abgelöst wurde, ergaben sich neue Möglichkeiten, denn Kluge stand Tresckows Argumenten weniger ablehnend gegenüber. Doch zum Handeln konnte er sich letztlich nicht entscheiden. Eine wichtige Stütze erfuhr die militärische Fronde dagegen in General Friedrich Olbricht, der schon 1938/39 in die Überlegungen der Verschwörer einbezogen wurde und seit März 1940 Chef des Allgemeinen Heeresamtes (AHA) und Stellvertreter Fromms als Befehlshaber des Ersatzheeres war. Oster, der ihn aus gemeinsamen Reichswehrzeiten

89 Horst Mühleisen (Hrsg.), Hellmuth Stieff. Briefe, Berlin 1991, S. 108.
90 Vgl. Ch. Hartmann (Anm. 25), S. 151–155.
91 Eine zusammenfassende Darstellung in: Ch. Hartmann (Anm. 25), S. 241–254.
92 Vgl. B. Scheurig (Anm. 70), S. 91–145.
93 Siehe W. Bußmann (Anm. 51), S. 35; über Tresckows Widerstands-Aktivitäten bis zum mißglückten Attentat vom 13. März 1943: S. 41–76; über Tresckows Zusammenwirken mit Oster bis zu dessen Entlassung am 5. April 1943 siehe R. v. Thun-Hohenstein (Anm. 20), S. 209–235; vgl. auch P. Hoffmann (Anm. 1), S. 327–388.
94 Vgl. Rudolf-Christoph Freiherr von Gersdorff, Soldat im Untergang, Frankfurt am Main 1977, S. 81–137.
95 R. v. Thun-Hohenstein (Anm. 20), Zitat S. 212, nennt außer den Genannten die Offiziere Georg Schulze-Büttner, Alexander von Voß, Bernd von Kleist, Graf von Hardenberg, Philipp Freiherr von Boeselager, Graf von Lehndorff, Schach von Wittenau, Graf von Berg, Graf von Matuschka, Pretzell, von Breitenbuch und außerdem Georg Freiherr von Boeselager, der den zeitweilig in die Attentatspläne eingebauten Kavallerieverband Mitte aufstellte. Tresckows Freund Rudolf Schmundt, Hitlers Chefadjutant, half ihm dabei, diese Männer in seinen Stab zu holen, ohne zu wissen, welchen Plänen er damit Vorschub leistete.

kannte, gewann Olbricht 1942 endgültig für die Verschwörung[96]. So liefen, unter dem unumstrittenen Haupt der Fronde, Generaloberst Beck, und mit ständiger Beteiligung von Goerdeler und Hassell, seit Ende 1942 die Fäden der militärischen Staatsstreichplanung bei Oster, Olbricht und Tresckow zusammen, und Schlabrendorff sorgte für den ständigen Kontakt mit der Heeresgruppe Mitte. Ende Februar 1943 will Schlabrendorff von Olbricht das Stichwort empfangen haben: »Wir sind fertig. Die ›Initialzündung‹ kann in Gang gesetzt werden.« Bei einer abschließenden Besprechung, die Canaris am 7. März im Hauptquartier der Heeresgruppe Mitte in Smolensk organisierte, wurde zugleich der Sprengstoff für ein Attentat auf Hitler geliefert[97].

Unterdessen hatte der Kriegseintritt der USA im Dezember 1941 die außenpolitische Lage entscheidend verändert. Angesichts unzureichender deutscher Rüstungsproduktion und der Kapazitäten der US-Industrie machte Oster einen neuen Vorstoß, um zu erkunden, wie die Westmächte sich gegenüber einem Deutschland ohne Hitler verhalten würden. Noch einmal ging es um die außenpolitische Absicherung eines Staatsstreichs[98].

Auch nach dem Angriff auf Frankreich waren die Kontakte nach London nicht völlig abgerissen. Daß sie sich anfangs zum Teil mit Hitlers Bemühungen um einen Ausgleich und Aktivitäten des »Führer«-Stellvertreters Rudolf Heß überschnitten, der am 10. Mai 1941 zu seinem abenteuerlichen Flug nach England startete, machte sie nicht glaubwürdiger. Signale aus England, die Carl Jacob Burckhardt Ende Januar 1941 in Genf an Hassell weitergab, besagten, daß noch ein Verständigungsfrieden denkbar sei, aber »daß man höchst abgeneigt sei, mit Hitler Frieden zu machen. Hauptargument: man kann ihm kein Wort glauben«[99]. Die von Churchill und Roosevelt am 14. August 1941 verkündete »Atlantik-Charta« versprach einen Frieden »nach der endgültigen Vernichtung der Nazityrannei«, aber auch die Entwaffnung der Nationen, die ihre Rüstung »zum Angriff außerhalb der Grenzen« einsetzten[100]. Nicht zuletzt die Befürchtung, das könne die Generale eher zum Weiterkämpfen animieren, führte zu Sondierungen, die unter anderem in einem neuen Gespräch Hassells mit Burckhardt im Januar 1942 ergaben, daß England immer noch zum Frieden mit »einem anständigen Deutschland« bereit sei[101]. All das waren letztlich nicht mehr als vage Ermutigungen, endlich den Putsch zu wagen.

Mehr ergaben auch Kontakte Adam von Trott zu Solz' über den Weltkirchenrat in Genf sowie Dietrich Bonhoeffers und des Pfarrers Hans Schönfeld, der für den Weltkirchenrat und das Außenamt der Evangelischen Kirche in Deutschland arbeitete, mit dem Bischof von Chichester, George Bell, in Schweden in den Jahren 1941/1942 nicht. Außenminister Eden teilte Bell schließlich Anfang August 1942 brieflich mit, niemand könne der Opposition Glauben schenken, bis sie aktive Schritte zur Beseiti-

96 Siehe R. v. Thun-Hohenstein (Anm. 20), S. 208; Helena P. Page, General Friedrich Olbricht. Ein Mann des 20. Juli, Bonn-Berlin 1992, S. 131f. und S. 194–259; nach ihrer Meinung wurde Olbricht »spätestens um die Jahreswende 1940/41 von Beck beauftragt, den Staatsstreich vorzubereiten« (ebenda, S. 203f.); P. Hoffmann (Anm. 1), S. 64, 168.

97 W. Bußmann (Anm. 51), S. 64–66; siehe P. Hoffmann (Anm. 1), S. 338f.

98 Siehe R. v. Thun-Hohenstein (Anm. 20), S. 214ff.

99 F. Freiherr Hiller von Gaertringen (Anm. 49), S. 228f.

100 Zit. nach Johannes Hohlfeld (Hrsg.), Dokumente zur Deutschen Politik und Geschichte von 1848 bis zur Gegenwart, Bd. 5, Berlin-München o. J. [1951], S. 331f.

101 F. Freiherr Hiller von Gaertringen (Anm. 49), S. 297f.

gung des Regimes unternommen habe. Bisher habe sie nur »wenige Beweise ihrer Existenz« gegeben, anders als die Widerstandsbewgungen in den besetzten Ländern. Je länger das deutsche Volk das NS-Regime dulde, desto größer werde seine Verantwortung für dessen Verbrechen[102].

Ähnlich entmutigend verliefen Versuche, über den Berliner Korrespondenten der amerikanischen Nachrichtenagentur Associated Press, Louis P. Lochner[103], Zusicherungen von Präsident Roosevelt zu bekommen. Nach der deutschen Kriegserklärung an die USA im Dezember 1941 zunächst interniert, konnte er erst im Juni 1942 versuchen, Kontakt zum Präsidenten zu bekommen, erhielt aber schließlich nur die Antwort, daß man seine Nachrichten nicht zu erhalten wünsche. Vom Washingtoner Standpunkt aus war, so Rothfels' Analyse, »offenbar schon die bloße Anerkennung der Tatsache, daß in Deutschland oppositionelle Elemente existierten, die fähig und vorbereitet waren für die Übernahme der Regierung, sowie das Angebot authentischer Mitteilungen über diese Tatsache geeignet, ›größte Verlegenheit‹ zu verursachen«[104]. Eine andere Verbindung zu den USA lief über Allen W. Dulles, der seit Ende 1942 Resident des US-Spionagedienstes – Office of Strategic Services (OSS) – in Bern war und insbesondere in engem Kontakt mit Hans-Bernd Gisevius stand, der seit Sommer 1940 eine der Abwehr zur Verfügung stehende Stelle am deutschen Generalkonsulat in Zürich einnahm[105]. Doch unter den gegebenen Umständen konnte auch das Verständnis, das Dulles für den deutschen Widerstand zeigte, an jener negativen Einstellung in Washington nichts ändern.

Von dieser Einstellung bis zur Formel des »Unconditional Surrender«, der bedingungslosen Kapitulation, die Roosevelt und Churchill im Januar 1943 in Casablanca verkündeten, war es nicht mehr weit. »Für uns wäre es undenkbar gewesen, auf den totalen militärischen Sieg zu verzichten und in Deutschland den geringsten Zweifel an der totalen Niederlage zu gestatten«, resümierte auch Dulles[106]. Für jene, die Hitler ernsthaft noch stürzen wollten, konnte das Ziel jetzt nur noch heißen: den Staatsstreich ohne Absicherung von außen zu wagen, die Niederlage einzukalkulieren und zu hoffen, die Gegner durch die Tat von der Existenz eines »anderen Deutschland« zu überzeugen, mit dem ein »gerechter Frieden« möglich sei.

Zur vollen Klarheit über diese Konsequenz bedurfte es allerdings noch der Wende im Rußlandfeldzug, die mit der Einkesselung und Vernichtung der 6. Armee in Stalingrad unübersehbar wurde. Am 2. Februar war die Schlacht beendet, die Niederlage vollends unaufhaltsam. Die Versuche zu Fühlungnahmen mit den Alliierten gingen ungeachtet dessen weiter. Moltke nutzte seine Stellung als Kriegsverwaltungsrat und Sachverständiger für Kriegs- und Völkerrecht in der Abteilung Abwehr/Ausland 1943 zu Reisen in die besetzten Länder, nach Skandinavien, Wien und Warschau. In Stockholm schrieb er am 25. März 1943 einen langen Brief an seinen englischen Freund Lionel Curtis, der diesen und durch ihn das Foreign Office erst im Juli auf

---

102 P. Hoffmann (Anm. 1), S. 265–275, Zitat S. 274.

103 Vgl. Louis P. Lochner, Stets das Unerwartete. Erinnerungen an Deutschland 1921–1953, Darmstadt 1955; Hans Rothfels, Die deutsche Opposition gegen Hitler. Eine Würdigung, Frankfurt am Main 1958, S. 145–147; P. Hoffmann (Anm. 1), S. 263–265.

104 H. Rothfels (Anm. 103), S. 146f.

105 Vgl. Allen Welsh Dulles, Verschwörung in Deutschland, Kassel 1949, S. 157–166; H. B. Gisevius (Anm. 20), S. 486–494.

106 A. W. Dulles (Anm. 105), S. 166.

Umwegen und verkürzt erreichte, ohne etwas zu bewirken[107]. Andere Kontakte bestätigten eine Schwerpunktverlagerung auf die USA, deren materielle Übermacht immer deutlicher wurde. Doch Kontakte, wie sie etwa von Trott im Januar 1943 über die Schweiz zu Dulles und im Juni in die Türkei geknüpft wurden, bewirkten ebensowenig eine Änderung wie Moltkes Türkeireisen im Juli und Dezember[108]. Auch die Hoffnung, die Westmächte mit der »bolschewistischen Gefahr« zu schrekken und – nach der Invasion in der Normandie 1944 – mit ihnen übereinzukommen, die Front im Westen zur Besetzung Deutschlands zu öffnen, zugleich aber im Osten gegen die Rote Armee weiterzukämpfen, erwies sich als Illusion. Auch der umgekehrte Gedanke an eine Übereinkunft mit Stalin war unrealistisch, zumal es zu Kontakten mit dem im Juli 1943 von Emigranten und Kriegsgefangenen in der Sowjetunion gegründeten Nationalkomitee »Freies Deutschland« nicht kam[109]. All diese Bestrebungen der Zeit »nach Stalingrad« gehören indes schon eher zur Vorgeschichte des 20. Juli 1944 mit Stauffenberg als der treibenden Kraft.

Dem ging indes noch eine Serie mißglückter Pläne für jenes Attentat voraus, mit dem Oster, Olbricht und Tresckow, wie oben beschrieben, den Staatsstreich in Gang setzen wollten[110]. Als Hitler am 13. März 1943 das Hauptquartier in Smolensk besuchte, scheiterte ein Anschlag an Hitlers Sicherheitsvorkehrungen und Unberechenbarkeit, aber auch weil man sich scheute, bei einer Schießerei im Kasino das Leben Kluges und anderer Offiziere zu gefährden. Doch gelang es Tresckow, einem Offizier aus der Begleitung Hitlers ein Päckchen mit einer gezündeten Bombe – das angeblich zwei Cognacflaschen für Oberst Stieff im OKH enthielt – ins Flugzeug mitzugeben. Nach einer halben Stunde hätte das Flugzeug kurz vor Minsk abstürzen müssen – doch die Zündung versagte; Schlabrendorff holte das brisante »Geschenk« am nächsten Morgen unter dem Vorwand einer Verwechslung wieder ab und tauschte es gegen ein echtes Cognacpaket aus. Auch der Versuch Gersdorffs, sich am 21. März bei einer Besichtigung im Zeughaus zusammen mit Hitler in die Luft zu sprengen, scheiterte, weil Hitler im Geschwindschritt durch die Ausstellung eilte und das Gebäude verlassen hatte, bevor der auf zehn Minuten eingestellte Zünder die Explosion auslösen sollte; in letzter Minute konnte Gersdorff die Bombe entschärfen.

An diese mißglückten Attentate schloß sich im April 1943 ein anderer schwerer Rückschlag für die Verschwörer an, die ohnehin seit Anfang März durch eine schwere Erkrankung Becks in Sorge waren. Nach Aufdeckung eines Devisenschmuggels in Prag Mitte 1942, in den ein V-Mann der Abwehr, Schmidhuber, verwickelt war, führten dessen Aussagen die Gestapo zu Dohnanyi, der bei Hilfsaktionen für in die Schweiz in Sicherheit gebrachte Juden auch Devisentransaktionen durchgeführt hatte. Am 5. April wurden nicht nur Dohnanyi in seinem Büro in der Abwehr, sondern am selben Tag auch Dietrich Bonhoeffer und dessen Schwester, Frau von Dohnanyi sowie Josef Müller verhaftet. Oster, der noch vergeblich versucht hatte, einige verräterische Zettel von Dohnanyis Schreibtisch verschwinden zu lassen, wurde unter Hausarrest gestellt und schließlich Ende Dezember 1943 aus der

107 Wortlaut in: Freya von Moltke/Michael Balfour/Julian Frisby, Helmuth James von Moltke 1907–1945, Stuttgart 1975, S. 212–220.

108 Zu Moltkes und Trotts Kontakten zusammenfassend P. Hoffmann (Anm. 1), S. 275–295.

109 Vgl. P. Hoffmann (Anm. 1), S. 304–310.

110 Dazu W. Bußmann (Anm. 51), S. 67–76; R.-Ch. v. Gersdorff (Anm. 94), S. 126–132.

»Wehrmacht« entlassen. Ein Kriegsgerichtsverfahren gegen ihn und Dohnanyi lief noch, als der 20. Juli 1944 eine völlig neue Situation schuf[111].

VI. Wandlungen

So war 1943 insgesamt ein Jahr des Übergangs. Was danach kam, ist ein anderes, das letzte Kapitel des Versuchs, Deutschland aus eigener Kraft von der Herrschaft Hitlers zu befreien.

Als am 20. Juli 1944 Stauffenbergs Bombe in Hitlers Hauptquartier explodierte, waren seit Becks Forderung nach einem Kollektivrücktritt der Generale zur Entmachtung Hitlers und damit zur Verhinderung eines Krieges sechs lange Jahre vergangen, die Millionen Menschen den Tod und Deutschland an den Rand des »finis Germaniae« gebracht hatten. Die Motivationen wie die Methoden der militärischen Verschwörer und ihrer Verbündeten hatten in diesen Jahren einen Wandlungsprozeß durchgemacht, der hier in seiner Wechselwirkung von inneren und äußeren Faktoren nur kurz und unter Verzicht auf viele Einzelheiten umrissen werden konnte: Am Beginn war es vor allem der Versuch, einen nicht grundsätzlich abgelehnten Krieg zur »Revision von Versailles« zu verhindern, weil der Erfolg (noch) unkalkulierbar schien. Dem folgte bei denen, die sich nicht durch die ersten Erfolge Hitlers blenden ließen, die Erkenntnis, daß seine maßlosen »Lebensraumziele« nur in der totalen Niederlage enden konnten. Hoffnungen, einen Staatsstreich außenpolitisch absichern zu können, um dem Deutschland »nach Hitler« einen günstigen Frieden zu sichern und schwankenden Generalen die Furcht zu nehmen, der Feind könne Putschwirren für eine Offensive ausnutzen, führten in einen Teufelskreis: Die einen wollten nicht handeln, weil ihnen die Erfolgsgarantie fehlte; die Kriegsgegner verlangten, bevor sie zu Zusicherungen bereit waren, sichtbare Zeichen des Widerstands, dessen Emissäre durch ihre Vielstimmigkeit verwirrten, und diese Bereitschaft nahm ab, je mehr sich

111 Vgl. R. v. Thun-Hohenstein (Anm. 20), S. 236–254.

112 (Ergänzung zu Anm. 15:) Nach Redaktionsschluß dieses Bandes erschien das Buch: Karl-Heinz Janßen/Fritz Tobias, Der Sturz der Generäle. Hitler und die Blomberg-Fritsch-Krise 1938, München 1994. Auf eine nachträgliche Einarbeitung konnte verzichtet werden, weil es keine für unser Thema relevanten neuen Erkenntnisse enthält. Nicht zum erstenmal deuten beide Autoren Hitlers in den Methoden immer flexible, aber in der Sache unverwandt auf den »Lebensraum«-Krieg zielende Politik um in eine Reihung unvorhersehbarer Ereignisse, die den Diktator eher zufällig vorantrieben. So wird die von Hoßbach am 5. November 1937 festgehaltene Enthüllung Hitlers über die nächsten Etappen seiner Kriegsplanung zum »phantastischen Exkurs in die Außenpolitik«, um »vom Verteilungskampf der Ressorts« um Rüstungsrohstoffe abzulenken. Statt einer ernsthaften Auseinandersetzung mit der wissenschaftlichen Literatur findet sich, neben deren pauschaler Abqualifizierung (»Nichts davon ist zutreffend ...«), zu den »heftigen Auseinandersetzungen um die Echtheit und geschichtliche Bedeutung dieses Schriftstücks« der kommentarlose Verweis auf ein im Druffel-Verlag erschienenes Buch von Dankwart Kluge, der die Niederschrift als »gefälschtes Dokument eines tendenziösen Berichts« bezeichnet. Das Revirement vom 4. Februar 1938 reduzieren die Autoren dann »auf eine triviale Sittenaffäre« (Blomberg) und auf die »polizeiliche Panne« der Verwechslung zweier benachbarter Hausnummern und Namen (Fritsch), aus denen vorübergehend eine »Krise des totalitären Regimes« entstand, die Hitler »durch eine genialische Improvisation« verdecken konnte. Was zu dieser Deutung paßt, vornehmlich von Gestapo- und SS-Angehörigen stammende Aussagen, wird selektiv zur historischen Wahrheit, was dem widerspricht, zur Legende erklärt.

das Kriegsglück wendete. Erst die Einsicht in den zutiefst verbrecherischen Charakter des Regimes führte schließlich dazu, die Hemmungen des Hitler geleisteten Treueides abzustreifen, den Tyrannenmord als Voraussetzung des Umsturzes zu akzeptieren und ihn auch im Angesicht eines verlorengegebenen Krieges zu wagen, um so wenigstens die Basis für einen Neubeginn zu schaffen und den Siegern zu zeigen, daß es auch ein »anderes Deutschland« gab[112].

Winfried Meyer

Staatsstreichplanung, Opposition und Nachrichtendienst

Widerstand aus dem Amt Ausland/Abwehr im Oberkommando der Wehrmacht

Unter den nach dem 20. Juli 1944 Festgenommenen war das Führungspersonal keiner vergleichbaren zivilen oder militärischen Einrichtung des Dritten Reiches mit Ausnahme vielleicht des Allgemeinen Heeresamtes so stark vertreten wie dasjenige des Amtes Ausland/Abwehr im Oberkommando der Wehrmacht, der Zentrale des deutschen militärischen Nachrichtendienstes. Unter den Verhafteten befanden sich sowohl der langjährige Amtschef Wilhelm Canaris als auch sein Nachfolger Oberst Georg Hansen, der die Führung des in seinen Zuständigkeiten stark beschränkten und in das Reichssicherheitshauptamt (RSHA) eingegliederten Amtes erst wenige Wochen zuvor übernommen hatte. Mit Hansen und Generalmajor Hans Oster waren außerdem zwei ehemalige Abteilungsleiter des Amtes vertreten, während sich ein dritter, Oberst Wessel Freiherr von Freytag-Loringhoven, einer Festnahme nur durch Selbstmord hatte entziehen können. Der Verhaftungswelle fielen darüber hinaus mit Oberstleutnant Karl Heinz Engelhorn, Oberst Wilhelm Kuebart, Hauptmann Theodor Strünck, Fregattenkapitän Franz Maria Liedig, Sonderführer Justus Delbrück, Hauptmann Karl-Ludwig Freiherr von und zu Guttenberg sowie Hauptmann Ludwig Gehre, der nach seiner bereits im Januar 1944 erfolgten Festnahme hatte fliehen und sich mehrere Monate versteckt halten können, eine Reihe weiterer aktueller und ehemaliger Mitarbeiter des Amtes Ausland/Abwehr zum Opfer. Erfolglos blieb dagegen die Fahndung der Gestapo nach dem im Dienste des Amtes Ausland/Abwehr stehenden Sonderführer Hans Bernd Gisevius, dem mit Hilfe des amerikanischen Offfice of Strategic Services im Januar 1945 die Flucht in die Schweiz gelang. In die Ermittlungen der Gestapo über die Hintergründe des Umsturzversuches wurden aber weitere ehemalige Mitarbeiter des Amtes Ausland/Abwehr einbezogen, die bereits inhaftiert waren wie der seit April 1943 in Haft befindliche Sonderführer Hans von Dohnanyi, ehemaliger Gruppenleiter in der Zentralabteilung des Amtes, sowie der Kriegsverwaltungsrat Helmuth James von Moltke und der Gesandte a. D. Major Otto Kiep, die beide in der Amtsgruppe Ausland des Amtes tätig gewesen und schon im Januar 1944 von der Gestapo verhaftet worden waren. Nur vier der genannten Personen – Delbrück, Gisevius, Kuebart und Liedig – überlebten das »Dritte Reich«, während alle anderen dem Rachebedürfnis Hitlers und dem Vernichtungswillen seines Regimes teilweise noch wenige Tage vor dessen Untergang zum Opfer fielen und ermordet wurden[1].

Die wegen ihrer Beteiligung am Umsturzversuch vom 20. Juli 1944 oder an früheren Umsturzvorbereitungen verfolgten Angehörigen des Amtes Ausland/Abwehr hatten dem Amt zu sehr verschiedenen Zeiten angehört. Hansen, Freytag-Loringhoven und mit ihnen Kuebart und Engelhorn waren erst im Sommer 1943 im Rahmen eines personellen Revirements in das Amt gelangt, während beispielsweise Liedig dem Amt schon zwischen 1936 und 1940 angehört hatte. Ebenso unterschiedlich waren die Zeiträume, die Formen und die Gruppenzusammenhänge, in denen sie am Widerstand gegen Hitler und an den Planungen für dessen Sturz beteiligt waren. Während Helmuth James Graf von Moltke aus religiösen und politischen Gründen ein Attentat auf Hitler ablehnte und sich darauf konzentrierte, mit dem von ihm initiierten und nach seinem Gut Kreisau benannten Kreis von Regimegegnern aus unterschiedlichen gesellschaftlichen und politischen Milieus vor allem Konzepte für die Neuordnung nach dem Zusammenbruch des NS-Regimes mit der für unvermeidlich gehaltenen militärischen Niederlage Deutschlands zu entwickeln, fungierte der Kreis um Hans Oster und Hans von Dohnanyi zwischen 1938 und 1943 als operative Zentrale aller Umsturzbestrebungen des Widerstandskreises um den ehemaligen Generalstabschef Ludwig Beck, in dem immer stärker von der Notwendigkeit einer Beseitigung Hitlers als Voraussetzung eines erfolgreichen Staatsstreichs ausgegangen wurde.

Trotz ihres sehr unterschiedlichen zeitlichen, politischen und organisatorischen Kontextes basierten die Aktivitäten der im Amt Ausland/Abwehr tätigen Regimegegner mehr oder weniger stark auf der Nutzung von Handlungsräumen, die sich aus der dienstlichen Stellung der Akteure in der Zentrale des militärischen Nachrichtendienstes des Dritten Reiches ergaben. In welchem Ausmaß und unter welchen Voraussetzungen Einflußmöglichkeiten und Kompetenzen des Amtes Ausland/Abwehr für Zwecke des Widerstands genutzt werden konnten und welche Chancen und Risiken sich daraus für den Widerstand ergaben, soll im folgenden an einigen Beispielen vor allem aus der Tätigkeit des Kreises um Hans Oster und Hans von Dohnanyi dargestellt werden.

Umsturzvorbereitungen und Schutz für Widerstandsaktionen

Oster und Dohnanyi nutzten ihre Stellungen als Leiter der Zentralabteilung des Amtes Ausland/Abwehr seit dem Herbst 1938 bzw. als Leiter der Gruppe Berichterstattung in dieser Abteilung seit dem Spätsommer 1939 zunächst einmal als Tarnung für ihre Beschäftigung mit der technisch-organisatorischen und politisch-programmatischen Planung eines Staatsstreichs als radikaler Variante der Kriegsverhinderungs- und Regimereformbestrebungen der »nationalkonservativen Opposition«[2]. Wie sich

1 Vgl. den Beitrag von Ulrike Hett/Johannes Tuchel in diesem Band.

2 Klaus-Jürgen Müller, Zu Struktur und Eigenart der nationalkonservativen Opposition bis 1938. Innenpolitischer Machtkampf, Kriegsverhinderungspolitik und Eventual-Staatsstreichplanung, in: Jürgen Schmädeke/Peter Steinbach (Hrsg.), Der Widerstand gegen den Nationalsozialismus. Die deutsche Gesellschaft und der Widerstand gegen Hitler, München u.a. 1985, S. 329–344.

nach der Entdeckung umfangreichen Aktenmaterials der Umsturzgruppe im Amt Ausland/Abwehr am 22. September 1944 im Zossener Ausweichquartier des Amtes durch die Gestapo herausstellte, war Oster der Autor eines mit »Studie« überschriebenen Umsturzszenarios, in dem auch die zu beseitigenden NS-Führer namentlich aufgelistet waren, während Dohnanyi die meisten der Entwürfe für Aufrufe und Regierungserklärungen verfaßt und mit Beck abgestimmt hatte[3].

Da der Kreis um Oster und Dohnanyi sich aus Berufs-, Ersatz- und Reserveoffizieren sowie aus Zivilisten zusammensetzte, die wie beispielsweise Dohnanyi wegen ihrer besonderen fachlichen Qualifikation trotz fehlender militärischer Ausbildung als Sonderführer im Offiziersrang geführt wurden, war er geradezu prädestiniert, als Garant und Katalysator der Integration militärischer und ziviler Zielsetzungen und der Zusammenarbeit von Militärs und Zivilisten innerhalb der nationalkonservativen Opposition zu wirken und diese für die Kooperation mit Regimegegnern aus anderen sozialen Milieus zu öffnen[4]. Die erst bei Kriegsbeginn auf Grund der Personalpolitik Osters zum Amt Ausland/Abwehr einberufenen Zivilisten brachten nicht nur ihre im Gegensatz zur noch wilhelminisch-obrigkeitsstaatlich geprägten Haltung der etwas älteren Berufsoffiziere stärker von Liberalität und sozialem Verantwortungsgefühl bestimmten Überzeugungen in den Kreis ein, sondern verbreiterten dessen personelle und politische Basis auch durch die Aktivierung ihrer zivilen persönlichen, beruflichen und politischen Verbindungen.

So holte Hans von Dohnanyi nicht nur seinen Jugendfreund Justus Delbrück in das Amt Ausland/Abwehr und den dort tätigen Widerstandskreis, sondern bezog auch seinen Schwager, den Theologen Dietrich Bonhoeffer, aktiv in die Umsturzvorbereitungen ein, an denen schließlich auch zahlreiche Freunde Bonhoeffers aus der Bekennenden Kirche und so viele weitere Mitglieder der Familie Bonhoeffer teilnahmen, daß der Kaltenbrunner-Bericht vom 12. Oktober 1944 auf die »gegnerische Einstellung der ganzen Sippschaft« hinwies[5]. Über seinen Schwager Klaus Bonhoeffer und dessen Mitarbeiter Otto John konnte Dohnanyi schon im Herbst 1939 Kontakt zu dem ehemaligen hessischen Innenminister und stellvertretenden Vorsitzenden des Allgemeinen Deutschen Gewerkschaftsbundes Wilhelm Leuschner aufnehmen und Leuschner als Repräsentanten illegaler gewerkschaftlicher und sozialdemokratischer Gruppen mit Beck als Sprecher der Militäropposition zusammenbringen, um einem Staatsstreich des Militärs die Unterstützung durch die Arbeiterschaft zu sichern[6].

Erleichtert wurde den Angehörigen des Oster/Dohnanyi-Kreises ihre Rolle als Kommunikatoren zwischen zivilem und militärischem Sektor der nationalkonservati-

---

3 Siehe Elisabeth Chowaniec, Der »Fall Dohnanyi« 1943–1945. Widerstand, Militärjustiz, SS-Willkür, München 1991, S. 123ff.

4 Vgl. zu diesem Aspekt grundsätzlich Peter Steinbach, Der militärische Widerstand und seine Beziehungen zu den zivilen Gruppen des Widerstandes, in: Militärgeschichtliches Forschungsamt (Hrsg.), Aufstand des Gewissens. Der militärische Widerstand gegen Hitler und das NS-Regime 1933–45, Herford u. a. 1984, S. 219–261.

5 Hans-Adolf Jacobsen (Hrsg.), Opposition gegen Hitler und der Staatsstreich vom 20. Juli 1944 in der SD-Berichterstattung. Geheime Dokumente aus dem ehemaligen Reichssicherheitshauptamt, Bd. 1, Stuttgart 1989, S. 444.

6 Siehe Christine von Dohnanyi an Otto John, o. O., o. J. (1945), S. 2; Institut für Zeitgeschichte, München (IfZ), ZS 603, Bl. 87.

ven Opposition, zwischen dieser und anderen oppositionellen Gruppierungen unterschiedlicher Prägung sowie zwischen der Berliner Zentrale der Opposition und Truppenführern an der Front und den Widerstandsgruppen in den Stäben von Einheiten der kämpfenden Truppe durch die Möglichkeiten ihrer dienstlichen Stellung im Amt Ausland/Abwehr. Dieses war als Verwaltungseinheit des Oberkommandos der Wehrmacht administrativ zwar eine rein militärische Behörde, deren Aufgaben aber eine Ausweitung des Tätigkeitsfeldes weit in den zivilen Bereich und die Abstimmung mit zahlreichen Stellen der zivilen staatlichen Verwaltung und der Wirtschaft bedingten. Auf der anderen Seite boten nach Kriegsbeginn die dienstlich notwendigen Kontakte zu den Abwehrtrupps und den Feindlageoffizieren in den Stäben der an der Front stehenden Armeen und Heeresgruppen Möglichkeiten der Kommunikation zwischen verschiedenen Gruppen der Verschwörung. Diese Möglichkeiten wurden von Oster beispielsweise genutzt, um dem Zivilisten Goerdeler im Herbst 1942 eine Reise nach Smolensk in das Hauptquartier der Heeresgruppe Mitte zu ermöglichen, deren Befehlshaber, Generalfeldmarschall Hans Günther von Kluge, Goerdeler für die Verschwörung gewinnen zu können hoffte[7]. Nachdem im Frühjahr 1943 von der Gruppe um Kluges Chef des Stabes Henning von Tresckow ein Attentat auf Hitler anläßlich eines Besuchs der Heeresgruppe Mitte vorbereitet worden war, wurden die entscheidenden Verabredungen zwischen Tresckow und der Berliner Zentrale der Verschwörung anläßlich einer von Canaris angesetzten Besprechung mit den Feindlageoffizieren der Heeresgruppe Mitte durchgeführt, zu der neben Canaris auch Oster, Dohnanyi und der Chef der Abwehr-Abteilung II Erwin von Lahousen nach Smolensk reisten[8].

Um führende Militärs für einen Staatsstreich gewinnen und diesen nachträglich legitimieren zu können, ergänzte Dohnanyi , der schon als Leiter des Ministerbüros im Reichsjustizministerium von 1934 bis 1938 die Rechtsbrüche des Regimes im offiziellen Diensttagebuch des Ministers dokumentiert und zusätzlich eine private Chronik der Skandale der führenden Persönlichkeiten des »Dritten Reiches« angelegt hatte, seine als »Raritätenmappe« bezeichnete Dokumentation der Verbrechen des NS-Regimes fortlaufend auch mit Berichten, die auf dem Dienstwege in das Amt Ausland/Abwehr gelangten[9]. Wesentlich schwieriger war der Zugriff auf personelle und materielle Ressourcen der spezifisch geheimdienstlichen Abteilungen des Amtes Ausland/Abwehr und deren Verwendung bei Attentats- und Umsturzversuchen, da die entschiedenen Regimegegner in der Abwehrzentrale überwiegend in der mit Verwaltungsaufgaben befaßten Zentralabteilung des Amtes saßen. Trotzdem stammte aus den Arsenalen der für Sabotage zuständigen Abwehr-Abteilung II, deren Leiter Erwin von Lahousen mit der Umsturzgruppe im Amt Ausland/Abwehr sympathisierte, nicht nur der für mehrere vorangegangene Attentatsversuche verwendete Sprengstoff, sondern auch ein Teil des für Stauffenbergs Attentat auf Hitler vorgese-

7 Siehe Gerhard Ritter, Carl Goerdeler und die deutsche Widerstandsbewegung, Stuttgart 1984[4], S. 348.

8 Siehe Peter Hoffmann, Widerstand – Staatsstreich – Attentat. Der Kampf der Opposition gegen Hitler, Frankfurt am Main u. a. 1974, S. 332.

9 Vgl. Christoph Strohm, Das von Hans von Dohnanyi geführte Diensttagebuch des Reichsjustizministers 1934–1938, eine noch unausgeschöpfte Quelle für die Erforschung des Kirchenkampfes, in: Zeitschrift für Kirchengeschichte, 99 (1988) 3, S. 354–375.

henen Sprengmaterials, das aber am 20. Juli 1944 nicht zum Einsatz kam[10]. In den Umsturzplanungen des Frühjahres 1943 wurde auch der Einsatz zumindest des von dem ehemaligen Freikorpsführer und Hitlergegner Friedrich Wilhelm Heinz geführten Regiments der Division Brandenburg, eines zu diesem Zeitpunkt der Abwehr-Abteilung II unterstellten Sonderkampfverbandes, dessen Kommando Lahousen Anfang 1943 interimistisch übernommen hatte, erwogen[11]. Angesichts der personellen Zusammensetzung dieses überwiegend unter Auslandsdeutschen, die in ihrer Mehrheit dem Nationalsozialismus ergeben waren, rekrutierten Verbandes war es aber sehr fraglich, ob sich auch nur eines seiner Regimenter als Staatsstreichtruppe wirklich bewährt hätte[12].

Dagegen konnten wahrscheinlich in einem bisher nicht geklärten Umfang finanzielle Ressourcen des Amtes Ausland/Abwehr für regimefeindliche Zwecke mobilisiert werden. Auf Weisung Osters legte der Finanzchef des Amtes Ausland/Abwehr 1940 ein umfangreiches Devisendepot bei einem deutschen Bankier in der Schweiz an, auf das ausschließlich der der Umsturzgruppe angehörende Abwehr-Resident in Zürich Hans Bernd Gisevius Zugriff hatte. Dieser »Putschfonds« sollte einer nach dem Sturz Hitlers eingesetzten provisorischen Regierung als Finanzreserve zur Verfügung stehen und auch schon bei der Vorbereitung des Umsturzes und bei anderen Widerstandsaktivitäten in Anspruch genommen werden können[13].

Die Regimegegner im Amt Ausland/Abwehr nutzten die Möglichkeiten des Amtes auch, um in anderen Bereichen tätige Regimegegner vor Verfolgungen zu schützen und sie in ihrer oppositionellen Tätigkeit zu unterstützen. Kritiker Hitlers, deren Stellung in anderen Behörden unhaltbar geworden war, wurden zumindest vorübergehend zum Amt Ausland/Abwehr eingezogen wie beispielsweise Werner Haag aus dem Zuständigkeitsbereich des Auswärtigen Amtes, der sich nach einer frühen Karriere als Funktionär der NSDAP-Auslandsorganisation in den USA im Herbst 1939 der Verschwörung als Hitler-Attentäter zur Verfügung gestellt und wegen seiner politischen Haltung die Feindschaft des Ribbentrop-Protégés Martin Luther zugezogen hatte[14]. In noch weit größerem Umfang wurde vor allem von Dohnanyi unter Überschreitung seiner Befugnisse die u(nab)k(ömmlich)-Stellung für Personen aus dem Bereich der Bekennenden Kirche beantragt, die von der Einberufung zum Wehrdienst bedroht waren. Dohnanyis Schwager, der Theologe Dietrich Bonhoeffer, war schon im November 1940 als V(ertrauens)-Mann der Abwehrstelle München verpflichtet worden und wurde auf deren Antrag im Januar 1941 uk gestellt, um weiter aktiv an den Umsturzvorbereitungen mitwirken zu können[15]. Auf die gleiche Weise wurde meistens auf Bitten Bonhoeffers von Dohnanyi auch die Einberufung anderer Pfarrer der Bekennenden Kirche verhindert oder ihnen durch angeb-

---

10 Siehe Erwin Lahousen, Zur Vorgeschichte des Anschlages vom 20. Juli 1944 vom 5. Juli 1956, IfZ, ZS 658.

11 So P. Hoffmann (Anm. 8), S. 325ff.

12 Siehe Heinz Höhne, Canaris und die Abwehr zwischen Anpassung und Opposition, in: J. Schmädeke/P. Steinbach (Anm. 2), S. 405–416, hier S. 409f.

13 Siehe Klaus Urner, Der Schweizer Hitler-Attentäter. Drei Studien zum Widerstand und seinen Grenzbereichen, Stuttgart-Frauenfeld 1980, S. 40ff.

14 Siehe Werner Haag, Stellungnahme vom 15. März 1947, S. 3ff., United States Army Intelligence and Security Command, Fort George G. Meade, Dossier Werner Haag, Bl. 8ff.

15 Siehe dazu Eberhard Bethge, Dietrich Bonhoeffer. Theologe – Christ – Zeitgenosse, München 1967, S. 785ff.

liche V-Mann-Aufträge die Möglichkeit zu Auslandsreisen verschafft, so daß der Oberreichskriegsanwalt im Herbst 1943 feststellte, daß »v. Dohnanyi weitgehend geneigt war, sich mit uk-Stellungen zu befassen«[16]. Mit Einverständnis des Amtschefs wurden im Frühjahr 1942 von Oster und Dohnanyi der dem Kreisauer Kreis angehörende Stellvertretende Vorsitzende des Kirchlichen Außenamtes Eugen Gerstenmaier, dem das Auswärtige Amt nach einer Intervention des RSHA weitere Auslandsreisen nicht mehr ermöglichen wollte, sowie Hans Schönfeld, Direktor des Forschungsinstitutes des Ökumenischen Rates der Kirchen in Genf, der für die wirtschaftliche Erkundungsarbeit im feindlichen und neutralen Ausland zuständigen Gruppe der Abwehr-Abteilung I als V-Leute zugeteilt und wenig später auf Antrag des Amtes Ausland/Abwehr auch uk gestellt, als ihnen die Einberufung drohte[17]. Dohnanyi verfügte uk-Stellungen teilweise auch aus rein menschlichen Erwägungen: den Bekenntnispfarrer Wilhelm Jannasch beispielsweise unterstützte Dohnanyi nicht nur mit juristischem Rat in dessen Verfahren wegen seiner Predigt in einem Fürbittgottesdienst für den im KZ Dachau inhaftierten Martin Niemöller am 14. Januar 1942, sondern er betrieb gleichzeitig auch die uk-Stellung eines von der Einberufung bedrohten Sohnes von Jannasch, der kurz zuvor bereits einen anderen Sohn an der Front verloren hatte[18].

Unter erkennbarem Bezug auf diese Praxis verfügte wenige Wochen nach der Festnahme Dohnanyis und der Amtsenthebung Osters am 5. April 1943 dessen Nachfolger in der Leitung der Zentralabteilung des Amtes Ausland/Abwehr zum »Verfahren bei Zurückstellungen und uk-Stellungen für das Amt Ausl/Abw und seine nachgeordneten Dienststellen«: »Anträge der vorbezeichneten Art sind nur noch dann gerechtfertigt, wenn der Wehrpflichtige für den Abwehrdienst unersetzlich ist, wenn also sein Ausfall eine schwere Schädigung des Abwehrdienstes zur Folge haben würde ... Eine eingehende, auf den Einzelfall abgestellte Begründung ist beizufügen. Allgemeine Redewendungen wie etwa ›Sonderaufträge für den Abwehrdienst‹ oder ›wichtiger V-Mann für die Nachrichtenbeschaffung‹ reichen nicht aus.«[19] Trotzdem funktionierte der Schutz von Angehörigen der Anti-Hitler Verschwörung durch das Amt Ausland/Abwehr in Einzelfällen auch noch nach diesem Zeitpunkt. Als dem in der Rechtsabteilung der Lufthansa beschäftigten und bis dahin uk gestellten Otto John im Herbst 1943 die Einberufung zum Wehrdienst drohte, wurde er der Abwehrstelle Stettin für Sonderaufträge zugeteilt und konnte so weiter im Dienste der Verschwörung tätig sein[20].

---

16 Der Oberreichskriegsanwalt, Anklageschrift gegen Dietrich Bonhoeffer vom 21. September 1943, S. 8, Bundesarchiv-Zwischenarchiv, Dahlwitz-Hoppegarten (BA/ZA), M 1010, A. 1.

17 Eugen Gerstenmaier, Streit und Friede hat seine Zeit. Ein Lebensbericht, Frankfurt am Main-Berlin-Wien 1981, S. 143 f.; wie die Abrechnungen des Amtes Ausland/Abwehr über die Verwendung der dem Amt zur Verfügung gestellten Devisenausfuhrgenehmigungen belegen, unternahm vor allem Gerstenmaier in den folgenden Jahren zahlreiche Auslandsreisen im formalen Auftrag des militärischen Nachrichtendienstes; vgl. Bundesarchiv-Militärarchiv, Freiburg (BA/MA), RW 5/v. 31 b und v. 32.

18 Siehe Wilhelm Niemöller, Verkündigung und Fürbitte. Der Prozeß des Hauptpastors Wilhelm Jannasch, in: Heinz Brunotte/Ernst Wolff (Hrsg.), Zur Geschichte des Kirchenkampfes. Gesammelte Aufsätze, Bd. 2, Göttingen 1971, S. 148 und S. 151.

19 Amt Ausl/Abw, ZO: Verfahren bei Zurückstellungen und uk-Stellungen für das Amt Ausl/Abw und seine nachgeordneten Dienststellen, 22. Juni 1943, BA/MA, RW 5/v. 289, Bl. 54.

20 Siehe Otto John, Zweimal kam ich heim, Düsseldorf-Wien 1969, S. 138.

Nachrichtendienstlich getarnte Auslandsverbindungen

Seit der Herausbildung einer vielfältig differenzierten nationalkonservativen Opposition von Militärs und Zivilisten gegen Hitler zwischen »Fritsch-« und »Sudeten-Krise« 1938 war die Verhinderung bzw. ab September 1939 die Begrenzung und Beendigung des Krieges mit seinen langfristig für Deutschland katastrophalen Auswirkungen eines der wesentlichen Anliegen dieser Opposition. Auf den Erfolg der mehr oder weniger geheimen Verbindungen zum Ausland waren auch diejenigen angewiesen, die die Reform, Säuberung oder Beseitigung des Regimes in erster Linie aus innenpolitischen Gründen wünschten, da sie nur in dem Maße mit der für eine Realisierung ihrer Konzepte notwendigen Unterstützung der führenden Militärs rechnen konnten, indem sie ihnen auch im Bereich der Außenpolitik attraktive oder zumindest realistische Alternativen zur Kriegspolitik Hitlers offerieren konnten. Träger der Bemühungen, durch erfolgreiche Auslandskontakte die notwendigen Grundlagen für den Umsturz im Innern zu schaffen, waren neben oppositionellen Diplomaten des Auswärtigen Amtes wie den Brüdern Erich und Theodor Kordt in der Vorkriegszeit und Adam von Trott zu Solz während des Krieges in erster Linie die Regimegegner in der Zentrale des militärischen Nachrichtendienstes, die sich dabei mit weitgehender Unterstützung durch Canaris der spezifisch nachrichtendienstlichen Möglichkeiten des Amtes bedienten, so daß der »Kaltenbrunner-Bericht« vom 29. November 1944 über die Auslandsverbindungen der Anti-Hitler-Verschwörung zusammenfassend darauf hinwies, »welche unheilvolle Rolle die Oppositionsgruppen, insbesondere auch die Tätigkeit des Amtes Ausland/Abwehr unter seinem Amtschef Canaris für die deutsche Politik gehabt haben«[21].

Die Erkundungsarbeit des deutschen militärischen Nachrichtendienstes im Ausland beruhte in hohem Maße auf personalen Informationsquellen, so daß routinemäßig eine große Zahl von V-Leuten im Ausland eingesetzt wurde, deren Arbeitsergebnisse kaum zuverlässig kontrolliert und überprüft werden konnten, da objektivere technische Formen der Nachrichtengewinnung im Arbeitsbereich des Amtes Ausland/Abwehr eher unterentwickelt waren[22]. Diese Praxis eröffnete die Möglichkeit, Emissäre der innerdeutschen Opposition als V-Leute zu verpflichten und mit offiziellen Erkundungsaufträgen des militärischen Nachrichtendienstes zu versehen, um ihnen Auslandsreisen zu ermöglichen und ihre Gespräche mit ausländischen Regierungsvertretern nachrichtendienstlich zu legitimieren. Offiziell als V-Leute des militärischen Nachrichtendienstes deklariert waren schon der konservative Gutsbesitzer Ewald von Kleist-Schmenzin und der Industrielle Hans W. Böhm-Tettelbach, die bei Londonreisen im August und September 1938 die britische Regierung zur Demonstration einer harten Haltung in der »Sudetenkrise« zu bewegen versuchten[23], wie auch der Berliner Rechtsanwalt Fabian von Schlabrendorff, der ein Jahr später wäh-

21 H.-A. Jacobsen (Anm. 5), S. 510.

22 Siehe W.R.E., The German Intelligence Service and the War vom 1. Dezember 1945, S. 8f., National Archives, Washington D.C. (NAW), RG 319, IRR Impersonal Files, XE 0003641, Folder 3.

23 Dazu Klemens von Klemperer, German Resistance against Hitler. The Search for Allies Abroad, 1938–1945, Oxford 1992, S. 97ff.; Bodo Scheurig, Ewald von Kleist-Schmenzin. Ein Konservativer gegen Hitler, Oldenburg u. a. 1968, S. 150ff.

rend einer offiziell privat motivierten, tatsächlich aber im Auftrage des Amtes Ausland/Abwehr erfolgten Londonreise die führenden Persönlichkeiten der britischen Opposition über den bevorstehenden Abschluß eines deutsch-sowjetischen Nichtangriffspaktes und den unmittelbar darauf zu erwartenden deutschen Angriff gegen Polen unterrichtete[24].

Mit Kriegsbeginn wuchs die Bedeutung der nachrichtendienstlich legitimierten Auslandsverbindungen, da einerseits Auslandsreisen allenfalls noch einem sehr eingeschränkten Personenkreis unter besonderen Voraussetzungen genehmigt wurden, andererseits die Kriegführung nicht nur eine Intensivierung der nachrichtendienstlichen Erkundungsarbeit im Ausland erforderte, sondern auch die Erweiterung des dabei eingesetzten Personenkreises rechtfertigte. Die »Ausnahmestellung der Abwehr hinsichtlich ihrer Auslandsreisen« bestand, wie der Staatssekretär im Auswärtigen Amt Ernst von Weizsäcker in einem Vermerk für den Reichsaußenminister vom April 1942 zusammenfaßte, darin, »daß die von dem Leiter der Abwehr mit Auslandsaufträgen betrauten Persönlichkeiten die Freiheit haben, mit echten oder falschen Pässen, je nach Bedarf und ohne besondere Genehmigung jederzeit ins Ausland zu reisen. Die Einholung einer besonderen Genehmigung für solche Reisen würde die Abwehr in der rechtzeitigen und sachgemäßen Erfüllung ihrer Aufgaben hemmen oder sogar lahm legen«[25].

Unter Ausnutzung dieser Ausnahmestellung des Amtes Ausland/Abwehr wurden von den im Amt tätigen Regimegegnern während des Krieges immer wieder zum Amt eingezogene oder als V-Leute verpflichtete und mit Erkundungsaufgaben versehene Angehörige oder Sympathisanten der Opposition in das neutrale Ausland entsandt, um Kontakte zu Repräsentanten der alliierten Regierungen aufzunehmen und deren Bereitschaft zu Friedensverhandlungen mit einer nach dem Sturz Hitlers eingesetzten Regierung zu sondieren. Der Münchener Rechtsanwalt Josef Müller, der über gute Beziehungen zu vatikanischen Kreisen verfügte, wurde als Oberleutnant der Reserve eingezogen und der Münchener Abwehrstelle zugeteilt, um ihn mit dem offiziellen Auftrag zur Beobachtung der italienischen Politik im Herbst 1939 nach Rom entsenden zu können, wo er tatsächlich für die deutsche Militäropposition über den britischen Botschafter beim Vatikan beziehungsweise über den Papst die Friedensbedingungen der britischen Regierung für den Fall eines Regimewechsels in Deutschland erkunden sollte[26]. Nach mehrmonatigen und mehrfach unterbrochenen Gesprächen konnte Müller seinen Auftraggebern im Februar 1940 schließlich eine vom Papst übermittelte Stellungnahme der britischen Regierung vorweisen, in der nach Meinung des ehemaligen deutschen Botschafters in Rom Ulrich von Hassell »deutlich der

---

24 Schlabrendorff berichtet über seine Londonreise in seinen Erinnerungen, Offiziere gegen Hitler. Mit einer Einführung von Walter Bußmann, Berlin 1984, S. 35, ohne den geheimdienstlichen Kontext zu erwähnen, der sich aber aus einem Schreiben der Abwehrabteilung des OKW an die Devisenstelle des Landesfinanzamtes Berlin vom 25. Mai 1939, in dem eine Ausfuhrgenehmigung für L 10 – für Fabian von Schlabrendorff – beantragt wird, zweifelsfrei ergibt; vgl. Brandenburgisches Landeshauptarchiv Potsdam, Pr. Br. Rep 36A/1679; siehe auch Patricia Meehan, The Unnecessary War. Whitehall and the German Resistance to Hitler, London 1992, S. 216f.

25 Vermerk des Staatssekretärs im Auswärtigen Amt an den Reichsaußenminister vom 30. April 1942, Politisches Archiv des Auswärtigen Amtes Bonn (PA/AA), R 29860.

26 Siehe Friedrich Hermann Hettler, Josef Müller (»Ochsensepp«). Mann des Widerstandes und erster CSU-Vorsitzender, München 1991, S. 56ff.

Wille zu einem anständigen Frieden« unter der Voraussetzung eines Regimewechsels in Deutschland zum Ausdruck gebracht wurde[27].

Nachdem auch die in ihren Details nicht zuverlässig überlieferte britische Stellungnahme die deutsche Heeresführung nicht hatte veranlassen können, der Ausweitung des Krieges zum Weltkrieg mit dem in Aussicht gestellten Staatsstreich zuvorzukommen, nutzten die Angehörigen der Umsturzgruppe innerhalb des Amtes Ausland/Abwehr in den folgenden Jahren jede sich bietende Gelegenheit, zumindest indirekte Kontakte zur britischen Regierung herzustellen. Als im Mai 1942 beispielsweise bekannt wurde, daß sich der der Bekennenden Kirche in Deutschland freundschaftlich verbundene Lordbischof von Chichester George Bell zu Gesprächen mit schwedischen Kirchenführern in Schweden aufhalten würde, wurde der offiziell als V-Mann des Amtes Ausland/Abwehr geführte Theologe Dietrich Bonhoeffer mit einem nachrichtendienstlichen Auftrag nach Schweden entsandt, wo er Bell bitten konnte, die britische Regierung über die Bestrebungen der deutschen Opposition zu informieren und um ein Zeichen der Unterstützung zu ersuchen[28]. In Schweden traf Bonhoeffer auf den dem Kreisauer Kreis nahestehenden Pfarrer Hans Schönfeld, der Bell ebenfalls eine für die britische Regierung bestimmte Botschaft der deutschen Opposition übermittelt hatte, ohne daß die Mission Schönfelds dem Kreis um Oster und Dohnanyi, in dessen Auftrag Bonhoeffer nach Schweden gereist war, bekannt gewesen war[29].

Nach der Zerschlagung des Oster/Dohnanyi-Kreises im Frühjahr 1943 unternahm Helmuth James von Moltke Ende 1943 einen weiteren Versuch, die alliierten Regierungen, die sich inzwischen auf das gemeinsame Kriegsziel der bedingungslosen Kapitulation Deutschlands festgelegt hatten, für eine Zusammenarbeit mit dem deutschen Widerstand zu gewinnen. In Istanbul, wo der im Völkerrechtsreferat der Abteilung Ausland des Amtes Ausland/Abwehr beschäftigte Kriegsverwaltungsrat offiziell Verhandlungen über die Freigabe der von der türkischen Regierung festgehaltenen Donau-Flotte einer französischen Schiffahrtsgesellschaft zu führen hatte, nahm Moltke im Dezember 1943 über deutsche Emigranten Kontakt zur Istanbuler Niederlassung des amerikanischen Office of Strategic Services auf, nachdem sich das erhoffte Treffen mit einem amerikanischen Diplomaten, den Moltke aus dessen Berliner Dienstzeit kannte, nicht hatte realisieren lassen. In den Istanbuler Gesprächen, deren Inhalt nur in amerikanischen Geheimdienstdokumenten überliefert ist, soll Moltke im Namen deutscher Oppositionsgruppen eine Kapitulation im Westen und die Kooperation mit den Westmächten bei der Besetzung Deutschlands und in der Besatzungszeit angeboten haben, wenn die Ostfront gehalten und eine Bolschewisierung Deutschlands verhindert werden könnte[30]. Wenn auch die Authentizität und die Hintergründe dieses Planes ungeklärt sind, scheint Moltke in Istanbul nicht nur in seiner

---

27 Tagebucheintragung vom 19. März 1940, in: Friedrich Freiherr Hiller von Gaertringen (Hrsg.), Die Hassell-Tagebücher 1938–1944, Berlin 1988, S. 179.

28 Siehe E. Bethge (Anm. 15), S. 850ff.; Jorgen Glenthoj, Dokumente zur Bonhoeffer-Forschung 1928–1945, München 1969, S. 299ff.

29 Siehe George Bell, Der Hintergrund der Verschwörung gegen Hitler, in: ders., Kirche in der Welt, Berlin 1948, S. 61f.

30 Vgl. Jürgen Heideking/Christof Mauch, Das Herman-Dossier – Helmuth James Graf von Moltke, die deutsche Emigration in Istanbul und der amerikanische Geheimdienst Office of Strategic Services (OSS), in: Vierteljahrshefte für Zeitgeschichte, 40 (1992) 4, S. 567–623.

offiziellen Funktion im Auftrage von Canaris agiert zu haben. Darauf deutet zumindest die Tatsache hin, daß der mit Canaris befreundete General Georg Thomas nach eigenen Angaben im Herbst 1943 den Militärbefehlshaber in Frankreich, General Karl Heinrich von Stülpnagel, aufsuchte, um Möglichkeiten »eines ›Hereinlassens‹ der Alliierten im Westen, gleichzeitiger Beseitigung der Hitler-Regierung und einer Zusammenfassung aller Kräfte zur Verteidigung des Ostens« zu besprechen[31].

Während Moltke sich in Istanbul zur Übermittlung seiner Vorschläge nur notgedrungen der Kanäle des amerikanischen Geheimdienstes bedient hatte, unterhielt die Umsturzgruppe im Amt Ausland/Abwehr seit Anfang 1943 in der Schweiz über den der dortigen »Kriegsorganisation« als Sonderführer zugeteilten und formal als Vizekonsul am deutschen Generalkonsulat in Zürich beschäftigten Hans Bernd Gisevius regelmäßige und intensive Kontakte zu Allen W. Dulles, der seit November 1942 den Außenposten des Office of Strategic Services in der Alpenrepublik leitete und die Verbindung zu Gisevius von seinen wichtigsten Mitarbeitern, dem deutsch-amerikanischen Geschäftsmann Gero von Schulze-Gaevernitz und der amerikanischen Journalistin Mary Bancroft, halten ließ. Nachdem Gisevius, der auf diesem Wege Dulles nicht nur über die Bestrebungen der deutschen Opposition unterrichtete, sondern auch umfangreiche militär- und rüstungspolitische Informationen lieferte, seine intensive Reisetätigkeit zwischen Berlin und Zürich hatte einstellen müssen, gewährleisteten mit Eduard Waetjen und Theodor Strünck zwei andere Angehörige des Widerstandskreises im Amt Ausland/Abwehr die Kommunikation zwischen dem Zentrum der Umsturzbestrebungen in Berlin und der amerikanischen Geheimdienstniederlassung in Bern[32].

Nicht nur bei diesen Kontakten auf der geheimdienstlichen Ebene, sondern auch bei anderen von den Regimegegnern im Amt Ausland/Abwehr initiierten Auslandskontakten läßt sich nur noch sehr schwer feststellen, wo die Trennungslinie zwischen routinemäßiger Geheimdienstaktivität und getarnter Diplomatie des Widerstandes verlief, da die Sondierung der Haltung der Feindstaaten in der Frage von Krieg und Frieden sowohl im Interesse der innerdeutschen Opposition lag als auch zu den selbstverständlichen Aufgaben des deutschen militärischen Nachrichtendienstes gehörte. So ist beispielsweise Josef Müllers Friedensmission am Vatikan der Charakter als »großer Widerstandsakt« allein deswegen abgesprochen worden, weil seine römischen Gespräche dem RSHA als normales geheimdienstliches Gegenspiel angekündigt worden waren[33]. Tatsächlich wurden in vielen Fällen Berichte von als V-Leuten getarnten Emissären der Opposition zumindest teilweise wie reguläre V-Mann-Berichte an die offiziell zuständigen militärischen und zivilen Auswertungsabteilungen weitergeleitet, womit den Emissären der Opposition nicht nur eine glaubwürdigere Tarnung verschafft, sondern auch mit spezifisch geheimdienstlichen Argumenten politische und militärische Entscheidungen der Staatsführung beeinflußt werden sollten[34]. Zu eben diesem Zweck wurden auch die Berichte routinemäßiger Nachrichten-

31 Georg Thomas, Die Opposition, November 1945, S. 17, IfZ, ZS 310II a.

32 Siehe Kermit Roosevelt (Hrsg.), War Report of the OSS, Bd. 2: The Overseas Targets, Washington D.C. 1976, S. 279ff.; Susanne Sträßer, Hans Bernd Gisevius und der deutsche Widerstand. Eine politisch-biographische Skizze, Magisterarbeit Münster 1992.

33 H. Höhne (Anm. 12), S. 413.

34 Vgl. z. B. Josef Müller, Besprechungen in Rom beim Vatikan, 6.–9. 11. (1939), in: Helmuth Groscurth, Tagebücher eines Abwehroffiziers 1938–1940, Stuttgart 1970, S. 506–509.

lieferanten selektiv weitergeleitet und möglicherweise sogar in großem Ausmaße gefälscht[35]. Andererseits wurden auch professionelle V-Leute wie der Geschäftsmann Edgar Klaus, der in Stockholm Kontakt zu sowjetischen Diplomaten hielt, mit Friedenssondierungen beauftragt, deren Ergebnisse sich auch im Rahmen der Umsturzvorbereitungen als wertvoll erweisen konnten[36].

Gerade die enge Verknüpfung mit nachrichtendienstlichen Operationen, die einen großen Teil der außenpolitischen Aktivitäten des deutschen Widerstandes erst möglich machte, könnte paradoxerweise auch dazu beigetragen haben, daß die Suche der innerdeutschen Opposition nach Bündnispartnern außerhalb Deutschlands weitestgehend erfolglos blieb. Ebensowenig wie die Überwachungsinstanzen des NS-Staates konnten die alliierten Regierungen als Adressaten der Kontaktversuche deutscher Oppositioneller mit letzter Sicherheit feststellen, ob bei derartigen Missionen nachrichtendienstliche Erkundungseinsätze und Gegenspiele für die oppositionelle Diplomatie funktionalisiert wurden oder diese lediglich den fiktiven Rahmen eines geheimdienstlichen Gegenspiels darstellte[37]. Daß es sich bei Friedensfühlern deutscher Oppositioneller in Wirklichkeit um geheimdienstliche Täuschungsmanöver handeln könnte, war zumindest für die britische Regierung spätestens seit dem sogenannten »Venlo-Zwischenfall« vom November 1939 nicht auszuschließen. Dabei waren zwei in den Niederlanden stationierte britische Geheimdienstoffiziere über die deutsche Grenze entführt worden, nachdem sie sich vorher schon mehrfach zu Gesprächen über Friedensmöglichkeiten mit Gestapobeamten unter Führung des späteren Chefs des SD-Auslandsnachrichtendienstes Walter Schellenberg getroffen hatten, die sich gegenüber den britischen Agenten als Wehrmachtoffiziere ausgegeben und sie mit der Aussicht, einen führenden Repräsentanten einer Gruppe oppositioneller deutscher Generale treffen zu können, ins grenznahe Venlo gelockt hatten[38]. Dieser Vorfall markierte das Ende der britischen Versuche, aus eigener Initiative zumindest auf der geheimdienstlichen Ebene Fühlung zur innerdeutschen Opposition zu suchen[39]. Außerdem könnten seine Auswirkungen dazu beigetragen haben, den Fortgang der Friedenssondierungen Josef Müllers am Vatikan so weit zu verzögern, daß vorzeigbare Ergebnisse erst zu einem Zeit-

---

35 Nach Angaben des ehemaligen Gestapobeamten Franz Sonderegger in einem Schreiben an den Präsidenten des Landgerichts München I vom 14. Januar 1951, S. 4, IfZ ZS 303I, Bl. 11, enthielten die am 22. September 1944 in Zossen von der Gestapo entdeckten Unterlagen des Widerstandskreises im Amt Ausland/Abwehr »53 Akten über Fälschungen wichtiger militärischer Nachrichten aus dem Ausland, bearbeitet von v. Dohnanyi und von Guttenberg«.

36 Vgl. Ingeborg Fleischhauer, Die Chance des Sonderfriedens. Deutsch-sowjetische Geheimgespräche 1941–1945, Berlin 1986.

37 Vgl. Bernd Martin, Deutsche Oppositions- und Widerstandskreise und die Frage eines separaten Friedensschlusses im Zweiten Weltkrieg, in: Klaus-Jürgen Müller (Hrsg.), Der deutsche Widerstand 1933–1945, Paderborn 1986, S. 79–107, hier S. 80.

38 Nach Francis H. Hinsley, British Intelligence in the Second World War. Its Influence on Strategy and Operations, Bd. 1, London 1979, S. 57, stellte der britische Secret Intelligence Service erst durch den Venlo-Zwischenfall fest, daß seine Organisation in den Niederlanden schon seit 1935 von der deutschen Gegenspionage infiltriert worden war. Einer der Hauptakteure dieser Infiltration war ein deutscher Emigrant und V-Mann der Abwehr-Abteilung, der aber auch in Kontakt mit führenden Gestapo-Funktionären stand; Walter Schulze-Bernett, Der Grenzzwischenfall bei Venlo/Holland, in: Die Nachhut, Nr. 23/24, S. 1–9, BA/MA, MSg 3/22/1.

39 Vgl. Callum A. Mac Donald, The Venlo Affair, in: European Studies Review, 8 (1978), S. 443–464, hier S. 460.

punkt vorlagen, als die im Herbst 1939 noch vorhandene Bereitschaft der Heeresführung, einer Ausweitung des Krieges mit einem Staatsstreich zuvorzukommen, längst der Sorge um den Erfolg der für unvermeidlich gehaltenen Offensiven im Norden und Westen gewichen war[40].

Noch bevor der britische Premierminister Winston Churchill am 20. Januar 1941 verfügte, daß die britische Reaktion auf alle offiziellen und inoffiziellen deutschen Friedensfühler »absolutes Schweigen« zu sein habe[41], untersagte das Foreign Office am 24. Oktober 1940 den britischen Diplomaten in der Schweiz alle weiteren Kontakte zu dem mit Friedenssondierungen befaßten V-Mann des Amtes Ausland/Abwehr und Ex-Diplomaten Hans-Eduard Riesser, »da Riesser für Canaris arbeite«[42]. Unter Bezug auf Bischof Bells Berichte über seine Gespräche mit Hans Schönfeld und Dietrich Bonhoeffer in Schweden und seine Bitte um ein britisches Zeichen der Ermutigung für die innerdeutsche Opposition stellten die Beamten des Foreign Office in einer Vorlage für das Kriegskabinett am 1. Juli 1942 sogar grundsätzlich fest: »Es gibt guten Grund anzunehmen, daß viele, vielleicht sogar die meisten dieser Fühlungnahmen vom deutschen Geheimdienst ausgehen, der sich auf die Strategie und Taktik der Friedensfühler spezialisiert zu haben scheint. Der Zweck ist offensichtlich – es soll versucht werden, Zwietracht unter den Alliierten zu säen und das Tempo ihrer Kriegsanstrengungen zu verlangsamen.«[43]

Da Oster und Dohnanyi schon im Frühjahr 1940, als es nicht zu dem für den Fall einer von Hitler befohlenen Ausweitung des Krieges angekündigten Staatsstreich gekommen war, fürchteten, Josef Müllers Friedensmission am Vatikan könnte vom Papst und der britischen Regierung rückblickend lediglich als geheimdienstliches Täuschungsmanöver interpretiert und die deutsche Opposition als Gesprächspartner damit auf Dauer disqualifiziert werden[44], ließen sie in Absprache mit Beck von Müller über seine vatikanischen Verbindungen sowohl die britische Regierung als auch die Regierungen der betroffenen Staaten Anfang April und Anfang Mai 1940 über die bevorstehenden deutschen Offensiven im Norden und Westen unterrichten. In der Hoffnung, rechtzeitige Verteidigungsanstrengungen der bedrohten Staaten würden Hitler zur Zurücknahme seines Angriffsbefehls veranlassen oder eine deutsche Offensive schnell und gründlich genug scheitern lassen, um die Ausweitung des Krieges zum Weltkrieg zu verhindern, hatte Oster mit Wissen Dohnanyis schon seit dem Herbst 1939 den niederländischen Militärattaché in Berlin Jacobus Gijsbertus Sas über die deutschen Angriffspläne und über die von Hitler immer wieder verschobenen Angriffstermine im Westen informiert[45]. Obwohl Sas Osters Mitteilungen regelmäßig an seinen belgischen Kollegen in Berlin sowie Anfang April 1940 auch an diplomatische Vertreter der zunächst bedrohten skandinavischen Staaten weitergeleitet hatte, wurden sie von den Regierungen dieser Staaten ebensowenig ernstgenommen

40 Dazu Peter Ludlow, Papst Pius XII., die britische Regierung und die deutsche Opposition im Winter 1939/40, in: Vierteljahrshefte für Zeitgeschichte, 22 (1974), S. 299–341, hier S. 303 und S. 320.

41 K. von Klemperer (Anm. 23), S. 218.

42 Bernd Martin, Friedensinitiativen und Machtpolitik im Zweiten Weltkrieg 1939–1942, Düsseldorf 1974, S. 298, Anm. 181.

43 Zit. nach Richard Lamb, The Ghosts of Peace, Wilton 1987, S. 261.

44 Siehe Walter Huppenkothen, Der 20. Juli 1944, in: IfZ, ZS 259I, Bl. 160.

45 Siehe Romedio Galeazzo Graf von Thun-Hohenstein, Der Verschwörer. General Oster und die Militäropposition, Berlin 1982, S. 154ff.

wie Sas' Berichte von der niederländischen Regierung, so daß Osters mutiger Schritt zur Verhinderung des Weltkrieges ohne die erhofften Folgen blieb[46]. Statt dessen lösten von der deutschen Funküberwachung abgefangene Mitteilungen der gewarnten Diplomaten in Berlin und Rom an ihre Regierungen umfangreiche, unter dem Stichwort »Schwarze Kapelle« geführte Ermittlungen der Gestapo zum »Verrat der Westoffensive« aus, im Zuge derer sich erstmals starke Verdachtsmomente gegen den Widerstandskreis im Amt Ausland/Abwehr ergaben[47].

Kampf gegen Unrechtsakte und Hilfen für Verfolgte

Bei seiner Vernehmung durch die Gestapo nach dem 20. Juli 1944 gab Oster als Motive der an den Umsturzplanungen Beteiligten die »Behandlung der Judenfrage«, die »Behandlung der Kirche« sowie die »Behandlung der Juden und der Polen im besetzten polnischen Gebiet« an, Dohnanyi nannte als seine persönlichen Gründe für die Ablehnung des Regimes dessen »Rechtswillkür« sowie das »Vorgehen des Nationalsozialismus in der Juden- und Kirchenfrage«[48]. Diese aus einem grundsätzlichen Dissens der ethischen Werthaltungen resultierende Ablehnung des Nationalsozialismus wurde dadurch immer wieder bestätigt und verstärkt, daß den Regimegegnern in der Abwehrzentrale auf dem Dienstwege Berichte über Unrechtstaten des Regimes zugänglich wurden, die in Dohnanyi nach dem Zeugnis seines zeitweiligen Mitarbeiters Reinhard Spitzy »einen geradezu alttestamentarischen Haß gegen alles Braune«[49] hervorgerufen hatten. Eine ähnliche Reaktion verrät auch noch die sehr vorsichtige Formulierung Karl Ludwig von und zu Guttenbergs, der in einer Zusammenfassung seiner Aussagen im November 1944 erklärte, durch seine Tätigkeit in der Zentralabteilung des Amtes Ausland/Abwehr habe er Kenntnis bekommen von Vorgängen, »die mir in ihren Auswirkungen für die Kriegführung äußerst gefährlich erschienen und die ich mit meinem Bilde von Deutschland nicht in Einklang zu bringen vermochte«[50].

Aus dieser Motivlage resultierte eine Widerstandspraxis der Regimegegner im Amt Ausland/Abwehr, bei der Versuche zur Verhinderung von Verbrechen und die Hilfe für einzelne Verfolgte mit ähnlicher Energie und Risikobereitschaft betrieben wurden wie die Vorbereitung des Staatsstreichs oder Planungen für die Zeit »nach Hitler«. Moltke, der sich einem »Völkerrecht im Dienste der Menschheit« verpflichtet fühlte, brachte in dienstlichen Gutachten im Herbst 1941 sowohl grundsätzliche

---

46 Siehe Jacobus Gijsbertus de Beus, Morgen bei Tagesanbruch. Dramatische Stunden im Leben eines Diplomaten, Berlin 1982, S. 47ff.

47 Harold C. Deutsch, Verschwörung gegen den Krieg. Der Widerstand in den Jahren 1939–1940, München 1969, S. 370ff.

48 H.-A. Jacobsen (Anm. 5), S. 430 und S. 520.

49 Reinhard Spitzy, So haben wir das Reich verspielt. Bekenntnisse eines Illegalen, München u.a. 1986, S. 406.

50 Karl Ludwig Freiherr von und zu Guttenberg, Zusammenfassung meiner Aussagen vor Standartenführer Huppenkothen am 7. und 9. November 1944, in: James Donohoe, Hitler's Conservative Opponents in Bavaria 1930–1945, Leiden 1961, S. 262; Moltkes Reaktionen auf Nachrichten über Massenverbrechen vor allem ab dem Herbst 1941 sind eindrucksvoll dokumentiert in: Helmuth James von Moltke, Briefe an Freya 1939–45, München 1988.

völkerrechtliche als auch »schwerwiegende abwehrmäßige Bedenken« gegen kriminelle Erlasse wie den Befehl zur Aussonderung und Ermordung sowjetischer Kriegsgefangener oder die Dreizehnte Verordnung zum Reichsbürgergesetz vor, mit der die Enteignung der emigrierten und vor allem der deportierten Juden legalisiert wurde[51]. Canaris deckte und unterstützte nicht nur derartige Vorstöße seines Mitarbeiters Moltke, sondern versuchte auch mit mehr oder weniger Erfolg, die seinem Amt unterstellten Einheiten aus den Verbrechen herauszuhalten, so daß drei ehemalige Offiziere eines an der Ostfront eingesetzten Front-Aufklärungs-Kommandos bei Vernehmungen in amerikanischer Kriegsgefangenschaft berichteten, sie seien bei der Enttarnung feindlicher Agenten unter sowjetischen Kriegsgefangenen durch einen Befehl von Admiral Canaris schwer behindert gewesen, »in dem jegliche physische Gewalt als Hilfsmittel bei Vernehmungen verboten worden sei«[52].

Nachdem Moltkes von Canaris gestützte Proteste den Erlaß und den Vollzug verbrecherischer Befehle allenfalls kurzfristig hatten verzögern können, schrieb er am 25. März 1943 in einem Brief an seinen britischen Freund Lionel Curtis: »Wir können nicht verhindern, daß wilde Befehle gegeben werden, aber wir können einzelne Menschen retten. Und das geschieht in allen Lebensbereichen.«[53] Im Amt Ausland/Abwehr wurden derartige Hilfsaktionen vor allem für Opfer der nationalsozialistischen Judenverfolgung mit Rückendeckung durch Canaris und Oster in erster Linie von Hans von Dohnanyi organisiert, dem deswegen 1943 vom Untersuchungsführer des Reichskriegsgerichts seine Bereitschaft vorgeworfen wurde, »sich unter Zurückstellung dienstlicher Hemmungen bedenkenlos für Dritte einzusetzen«[54]. Nachdem zunächst mit der Autorität des Amtes bei der Gestapo offiziell im Namen der Wehrmacht zugunsten einzelner Verfolgter, bei denen es sich häufig um ehemalige Frontkämpfer des Ersten Weltkrieges handelte, interveniert worden war, wurden ab 1941 angesichts der eskalierenden Verfolgungsmaßnahmen zunehmend auch nachrichtendienstliche Argumente und Mittel eingesetzt, um von Deportation und Vernichtung bedrohte Menschen jüdischer Religion oder Herkunft zu retten oder wenigstens zu unterstützen. Dohnanyi ließ nicht nur den Rittmeister Werner Haag im Sommer 1941 mit einem nachrichtendienstlichen Auftrag ins Baltikum entsenden, wo Haag tatsächlich Möglichkeiten der Hilfeleistung für die drangsalierte und von der Ausrottung bedrohte jüdische Bevölkerung erkunden sollte, sondern in den Jahren 1941/1942 über einen V-Mann der Abwehr auch mehrmals Kleidung, Lebensmittel und Geld für jüdische Häftlinge in das Pyrenäenlager Gurs transportieren[55].

---

51 Vgl. Ger van Roon (Hrsg.), Helmuth James Graf von Moltke, Völkerrecht im Dienste der Menschen. Dokumente, Berlin 1986.

52 Headquarters United States Forces European Theater, Military Intelligence Center, Consolidated Interrogation Report No. 16: German Methods of Combatting the Soviet Intelligence Services, 3. Juni 1946, S. 8, zit. nach John Mendelsohn (Hrsg.), Covert Warfare, Bd. 13: The Final Solution of the Abwehr, New York 1989.

53 Helmuth James von Moltke an Lionel Curtis vom 25. März 1943, zit. nach Michael Balfour/Julian Frisby/Freya von Moltke, Helmuth James von Moltke 1907–1945, Berlin 1984, S. 217.

54 Der Oberreichskriegsanwalt, Anklageschrift gegen Sonderführer Johannes von Dohnanyi und Generalmajor Hans Oster vom 16. September 1943, S. 15, BA/ZA, M 1010, A. 1.

55 Siehe Winfried Meyer, Unternehmen Sieben. Eine Rettungsaktion für vom Holocaust Bedrohte aus dem Amt Ausland/Abwehr im Oberkommando der Wehrmacht, Frankfurt am Main 1993, S. 63ff., S. 107ff. und S. 119f.

Nachdem am 16. Oktober 1941 die systematische Deportation der Juden aus dem Reichsgebiet begonnen und Himmler eine Woche später die ohnehin kaum noch mögliche Auswanderung von Juden grundsätzlich verboten hatte, verhalfen Regimegegner im Amt Ausland/Abwehr und seinen nachgeordneten Dienststellen in mehreren Fällen Juden zur Flucht aus dem deutschen Machtbereich, indem sie nachrichtendienstliche Interessen an der Ausreise geltend machten. Dabei konnten sie sich auf die Tatsache berufen, daß einige der erfolgreichsten und auch von den Auswertungsabteilungen der Generalstäbe von Heer, Luftwaffe und Marine geschätzten Informationslieferanten des Amtes Ausland/Abwehr über politische, militärische und rüstungswirtschaftliche Entwicklungen in der Sowjetunion und den Vereinigten Staaten Agenten jüdischer Herkunft waren wie der Schriftsteller Ivar Lissner in der Mandschurei, der Ingenieur Richard Kauder alias Klatt in Sofia, der Geschäftsmann Edgar Klaus in Stockholm oder der Kölner Bankier Waldemar von Oppenheim, die mit ihrer Tätigkeit für den militärischen Nachrichtendienst sich selbst oder ihren Familienangehörigen Schutz vor Verfolgungsmaßnahmen zu verschaffen hofften[56]. In welchem Umfang von Angehörigen des Amtes Ausland/Abwehr versucht wurde, von der Deportation bedrohten Menschen mit nachrichtendienstlichen Argumenten die Flucht aus dem deutschen Machtbereich zu ermöglichen, läßt die Mitteilung des im RSHA für die Planung und Organisation der »Endlösung der Judenfrage« zuständigen Referenten Adolf Eichmann vom 2. Dezember 1941 an eine örtliche Gestapostelle erahnen, »daß in letzter Zeit bei dem Anlaufen der Evakuierungstransporte in auffälliger Weise von einzelnen Dienststellen oder Offizieren der Wehrmacht für Juden interveniert wird. Unter den verschiedensten Gründen werden neuerdings unter dem Vorwand einer angeblichen Verwendung für Belange der Abwehrstellen nach ihrer Auswanderung im Ausland Zurückstellungen von Juden von Evakuierungsaktionen und Erteilung der Auswanderungsgenehmigung beantragt. Nach Lage der Dinge kann die Vermutung nicht von der Hand gewiesen werden, daß in der Mehrzahl der Fälle persönliche Interessen Anlaß dieser Anträge sind.«[57]

Trotz des wachsenden Mißtrauens im RSHA gegenüber nachrichtendienstlich begründeten Anträgen auf Ausreisegenehmigungen für Juden konnte mit einer von Dohnanyi unter großen persönlichen Risiken initiierten und organisierten Rettungsaktion unter der amtsinternen Tarnbezeichnung »Unternehmen Sieben« im Spätsommer 1942 noch einmal einer Gruppe von der Deportation bedrohter Berliner jüdischer Herkunft die rettende Ausreise in die Schweiz ermöglicht werden. Die Gefährdeten wurden gegenüber dem RSHA, das über die Ausstellung von Pässen und die Erteilung von Ausreisesichtvermerken zu entscheiden hatte, als für einen kriegswichtigen Spionageeinsatz in Lateinamerika vorgesehene Agenten des Amtes Ausland/Abwehr ausgegeben, obwohl eine nachrichtendienstliche Tätigkeit der Flüchtlinge tatsächlich zu keinem Zeitpunkt in Erwägung gezogen worden war. Da die schweizerischen Behörden den Flüchtlingen die Einreise nur unter der Bedingung genehmigen wollten, daß sie mit ausreichenden finanziellen Mitteln ausgestattet wären, wurde ihnen aus dem »Putschfonds« in der Schweiz eine größere Summe zur Verfügung

56 Siehe ebenda, S. 139–177.

57 Reichssicherheitshauptamt IV B 4 b an die Staatspolizeistelle Düsseldorf vom 2. Dezember 1941, Hauptstaatsarchiv Düsseldorf, RW 58/74234, Bl. 12.

gestellt, nachdem sie vor ihrer Ausreise nach Basel am 29. September 1942 ihre Vermögen in Berlin dem Amt überschrieben hatten[58]. Nachdem die eigentlichen Motive des »Unternehmen Sieben« im Zuge der Ermittlungen von Gestapo und Reichskriegsgericht – die die Festnahme Dohnanyis am 5. April 1943 und die Entfernung Osters von seinem Posten zur Folge hatten – aufgedeckt worden waren, wurde Canaris gezwungen, im Juli 1943 die »Verwendung von Juden im Abwehrdienst« grundsätzlich zu untersagen[59].

Canaris, das Amt Ausland/Abwehr und der Widerstand

Bei der Nutzung der Kompetenzen des Amtes Ausland/Abwehr für Zwecke des Widerstands mußten insbesondere Oster und Dohnanyi häufig die mit ihren dienstlichen Stellungen verbundenen Zuständigkeiten und Befugnisse überschreiten, da die Zentralabteilung des Amtes als reine Verwaltungsabteilung hauptsächlich für Personal-, Finanz- und Rechtsangelegenheiten zuständig war, während beispielsweise der Einsatz von V-Leuten ausschließlich Aufgabe der rein geheimdienstlichen Abwehr-Abteilungen I (Geheimer Meldedienst), II (Sabotage) und III (Spionageabwehr und Gegenspionage) war. Viele der mit amtlichen Mitteln realisierten Widerstandsaktionen des Kreises um Oster und Dohnanyi waren daher nur möglich unter der Voraussetzung ihrer Duldung, Deckung und in einigen Fällen auch Unterstützung durch Canaris, der 1938/1939 selbst einer der engagiertesten Förderer einer mehr oder weniger gewaltsamen Aktion gegen Hitler zur Verhinderung des Krieges und zur Erzwingung einer Reform des Regimes gewesen war, sich aber im Frühjahr 1940 resigniert von allen aktiven Umsturzbestrebungen zurückgezogen hatte.

Diese Rückendeckung konnte Canaris seinen Untergebenen wiederum nur auf Grund einer inneren Struktur des Amtes gewähren, die nicht an sachlichen Erfordernissen orientiert, sondern fast ausschließlich auf die Entscheidungsgewalt und Autorität des Amtschefs ausgerichtet war, welche aus dessen persönlicher Biographie und aus der Entwicklungsgeschichte des Amtes erwachsen war. Da Canaris' Amtsantritt 1935 ungefähr mit dem Beginn der forcierten deutschen Aufrüstungspolitik zusammengefallen war, erschien der rasante Ausbau des militärischen Nachrichtendienstes von einer mit nur wenigen Offizieren besetzten Abteilung im Reichswehrministerium zu einer gigantischen Spionageorganisation mit 1942 mehr als 13000 Beschäftigten in erster Linie als sein persönliches Werk[60]. Deshalb glaubten nicht nur Freunde und Mitarbeiter des Abwehrchefs wie Paul Leverkühn, »daß die Abwehr Canaris und Canaris die Abwehr war«[61].

Innerhalb des Amtes wurde die dominierende Stellung von Canaris noch dadurch gestärkt, daß er die meisten der unterhalb der Chefebene angesiedelten Führungspo-

58 Siehe W. Meyer (Anm. 55), bes. S. 243ff.
59 Eintragung vom 14. Juli 1943 im Geheimen Brieftagebuch der Abwehrnebenstelle Bremen 8. August 1941–31. Dezember 1943, BA/MA, RW 49/464, Bl. 140.
60 Siehe David Kahn, Hitler's Spies. German Military Intelligence in World War II, New York 1978, S. 223ff.
61 Paul Leverkühn, Der geheime Nachrichtendienst der deutschen Wehrmacht im Kriege, Frankfurt am Main 1960^3, S. 10.

sitionen mit persönlichen Bekannten oder älteren Offizieren besetzt hatte, die ihre entscheidenden Prägungen noch in der kaiserlichen Armee erhalten hatten, Canaris gegenüber außerordentlich loyal waren und von ihm als »die braven alten Weihnachtsmänner« bezeichnet wurden[62]. Aus der Außenperspektive erschien die ganz auf seine Person konzentrierte Amtsführung von Canaris nicht ungewöhnlich in dem polykratisch strukturierten Herrschaftssystem des Dritten Reiches[63], so daß die personalisierende Kennzeichnung des deutschen militärischen Nachrichtendienstes während der NS-Zeit als »Amt Canaris« selbst heute noch geläufiger ist als die administrativ korrekte Bezeichnung.

Nur auf Grund der relativ uneingeschränkten Machtposition von Canaris war es beispielsweise möglich, daß er an sein Amt gelangende Berichte oder gar Arbeitsergebnisse von Abteilungen seines Amtes, die die in seiner unmittelbaren Umgebung mit Umsturzvorbereitungen befaßten Regimegegner hätten gefährden können, dilatorisch behandeln oder einfach unterdrücken konnte wie beispielsweise den Ermittlungsbericht des Gegenspionageexperten der Abwehr-Abteilung III, Oberst Joachim Rohleder, dem es durch einen am Vatikan eingesetzten V-Mann im Sommer 1941 gelungen war, Josef Müller zweifelsfrei als denjenigen zu identifizieren, der im Frühjahr 1940 über den Vatikan die Termine der bevorstehenden deutschen Offensiven im Norden und Westen weitergegeben hatte[64].

Während der »bürokratische Krieg aller gegen alle«[65] einerseits den Informationsfluß zwischen den Ressorts und damit eine zentralisierte und effektive Kontrolle einzelner Verwaltungen behinderte, war das Amt Ausland/Abwehr andererseits mit den Machtansprüchen von RSHA und Auswärtigem Amt konfrontiert, die die ausschließliche Zuständigkeit in Bereichen für sich reklamierten, auf die sich auch die Tätigkeit des Nachrichtendienstes der Wehrmacht erstreckte. Während Reibungen mit dem RSHA schon deswegen entstehen mußten, weil alle zentralen Aufgabengebiete des Amtes Ausland/Abwehr auch dort mit eigenen Ämtern wie dem Auslandsnachrichtendienst des Sicherheitsdienstes der SS (SD) oder Amtsgruppen wie der Spionageabwehrgruppe der Gestapo vertreten waren[66], ergaben sich mit dem Auswärtigen Amt Konflikte vor allem über die von diesem als ureigenste Domäne betrachtete Zuständigkeit in der außenpolitischen Berichterstattung[67]. Trotz einer partiellen Zusammenarbeit zwischen den Ämtern erhielten die Konflikte dadurch immer wieder neuen Zündstoff, daß die jeweiligen Zuständigkeiten niemals endgültig geregelt, sondern nur befristet gültige Vereinbarungen über Einzelfragen getroffen wur-

---

62 Erwin Lahousen, Geheimorganisation Canaris, Teil II, S. 4, BA/MA, MSg 1/2812.

63 Vgl. Gerhard Hirschfeld/Lothar Kettenacker (Hrsg.), Der »Führerstaat«: Mythos und Realität. Studien zur Struktur und Politik des Dritten Reiches, Stuttgart 1981.

64 Siehe Heinz Höhne, Canaris. Patriot im Zwielicht, München 1976, S. 396ff.; Während bisher diese Episode auf den Sommer 1940 datiert wurde, belegen neue Dokumentenfunde zweifelsfrei, daß die Ermittlungen des V-Manns am Vatikan erst im Juni 1941 stattfanden, so daß Rohleder seinen Bericht auch erst zu diesem Zeitpunkt vorgelegt haben kann.

65 Ronald M. Smelser, Hitlers Mann an der »Arbeitsfront«: Robert Ley. Eine Biographie, Paderborn 1989, S. 296.

66 Siehe Johannes Tuchel/Reinold Schattenfroh, Zentrale des Terrors. Prinz Albrecht-Str. 8. Das Hauptquartier der Gestapo, Berlin 1987, S. 103ff.

67 Siehe dazu u.a. Wilhelm Canaris, Vermerk »Bearbeitung von politischen Meldungen« vom 22. Juli 1942, PA/AA, R 101832.

den, in denen sich die jeweiligen politischen Kräfteverhältnisse zwischen den Institutionen und ihren Chefs widerspiegelten[68].

Nicht nur weil in der SS und im RSHA die radikalsten Exponenten des Nationalsozialismus saßen, sondern auch um den mit ihren dienstlichen Stellungen verbundenen Spielraum für Widerstandsaktivitäten zu bewahren, engagierten sich die Regimegegner in der Abwehrzentrale in vorderster Reihe im systemimmanenten nachrichtendienstlichen Konkurrenzkampf mit der Gestapo und dem SD: »Die Abwehr in Berlin, die insgesamt sehr ineffizient war, fürchtete, der SD würde ihr möglicherweise all ihre Funktionen und Kompetenzen entreißen. Einige Männer in der Abwehr, besonders diejenigen, die mit den Vorgängen am 20. Juli zu tun hatten, kämpften gegen die wachsende Macht des SD, weil sie sich darüber ärgerten, daß der SD bereits angefangen hatte, viele der Aufgaben der Abwehr an sich zu ziehen.«[69]

Die Verteidigung der relativen Selbständigkeit des Amtes Ausland/Abwehr erschien aber schon deswegen aussichtslos, weil die Effizienz des Amtes im Sinne der von Hitler jeweils als vorrangig definierten Ziele des Gesamtsystems kaum noch nachgewiesen werden konnte. Als Folge der unzulänglichen Kontrolle und unsystematischen Führung des Amtes durch Canaris und seiner mehr an persönlichen und politischen Qualitäten als an der fachlichen Eignung orientierten Personalpolitik hatte sich der Nachrichtendienst der Wehrmacht auf dem Wendepunkt des Krieges als so wenig effektiv und treffsicher in seinen Prognosen erwiesen, daß er in Generalstabskreisen als »Canaris-Familien-Gesellschaft mit beschränkter Haftung« bespöttelt wurde[70]. Eine Steigerung der Leistungsfähigkeit des militärischen Nachrichtendienstes aber hätte nicht nur indirekt zur Lebensverlängerung des Gesamtsystems beitragen können, sondern auch eine grundlegende Reform gerade derjenigen personellen und organisatorischen Strukturen des Amtes Ausland/Abwehr zur Voraussetzung gehabt, auf denen auch die Handlungsmöglichkeiten der amtsinternen Widerstandskreise beruhten.

Nicht zufällig gehörten deshalb zu den schärfsten und gefährlichsten Gegnern des Kreises um Oster und Dohnanyi Offiziere, die um eine größere Effektivität des militärischen Nachrichtendienstes des Amtes Ausland/Abwehr bemüht waren, wie der Major im Generalstab der Luftwaffe Walter Brede, der als Leiter der für die Erkundung der feindlichen Luftwaffe zuständigen Gruppe Abwehr I Luft zwischen 1940

68 So wurde eine erste von Canaris schon wenige Wochen nach seinem Amtsantritt mit Heydrich geschlossene Vereinbarung über die »Aufgabentrennung zwischen der Wehrmacht einerseits und der Geheimen Staatspolizei und dem Sicherheitsdienst des Reichsführers SS«, Bundesarchiv Koblenz, R 58/242, Bl. 27–30, schon knapp zwei Jahre später durch die kurz als »Zehn Gebote« bezeichneten »Grundsätze für die Zusammenarbeit zwischen der Geheimen Staatspolizei und den Abwehrdienststellen der Wehrmacht vom 21. Dezember 1936«, BA/MA, RW 5/v. 194, Bl. 217–220, ersetzt, die Gültigkeit hatten, bis im Frühjahr 1942 nach langwierigen Verhandlungen zwischen Canaris und Heydrich neue »Grundsätze für die Zusammenarbeit der Sicherheitspolizei und des SD und den Abwehrdienststellen der Wehrmacht«, BA/MA, RW 5/v. 690, Bl. 160–167, in Kraft traten.

69 3rd US Army, Mobile Field Interrogation Unit 4, Interrogation Report on Wilhelm Kuebart, 1. 6. 1945, zit. nach Office of Strategic Service, Mission for Germany, Dissension in German Intelligence Services, 7. Juli 1945, S. 3, NAW, RG 319, IRR Impersonal Files, XE 003641, Folder 1.

70 SHAEF, Counter Intelligence War Room, War Room Monthly Summary No. 2, 16. Mai 1945, S. 1; NAW, RG 319, IRR Impersonal Files, XE 0003641, Folder 3; die Quelle dieser Darstellung dürfte mit ziemlicher Sicherheit Reinhard Gehlen, der letzte Chef der Abteilung Fremde Heere Ost im Oberkommando des Heeres, gewesen sein.

und 1943 nicht nur eine engere Zusammenarbeit mit den Auswertungsabteilungen der Generalstäbe von Heer, Luftwaffe und Marine sowie die schnellere Übermittlung des Nachrichtenmaterials anstrebte, sondern als grundlegende Voraussetzung einer erfolgreichen Reform die »Einführung einer höheren Moral« und die »rücksichtslose Beseitigung verdorbener Elemente« forderte[71]. Brede war dann auch der Inspirator eines Kreises regimehöriger Offiziere und Beamter des Amtes Ausland/Abwehr, deren Intrigen im Herbst 1942 zur Einleitung des Ermittlungsverfahrens des Reichskriegsgerichts führten, in dessen Verlauf Dohnanyi, Bonhoeffer und Müller am 5. April 1943 festgenommen wurden und Oster von seinem Amt suspendiert wurde[72].

Obwohl im Rahmen des Revirements in der Führungsetage des Amtes Ausland/Abwehr im Sommer 1943 mit Oberst Georg Hansen und Oberst Wessel Freiherr von Freytag-Loringhoven noch einmal entschiedene Hitlergegner in einflußreiche Positionen gelangten, waren die Bestrebungen zum Sturz Hitlers mit der Zerschlagung des Oster/Dohnanyi-Kreises ihres organisatorischen Zentrums beraubt und empfindlich zurückgeworfen worden[73]. Gleichzeitig war die Position von Canaris so nachdrücklich geschwächt worden, daß von Auswärtigem Amt und RSHA angeprangerte vergleichsweise geringfügige Fehlschläge des Amtes Ausland/Abwehr ausreichten, Hitler im Februar 1944 zu bewegen, die Entlassung von Canaris und die Auflösung seines Amtes anzuordnen. Dessen organisatorische Reste wurden unter der Leitung Hansens zunächst als Militärisches Amt dem Reichssicherheitshauptamt eingegliedert und gingen nach dem 20. Juli 1944 im SD-Auslandsnachrichtendienst des ehrgeizigen und machthungrigen Walter Schellenberg auf[74].

In der Nachkriegszeit wurde die Bedeutung des Amtes Ausland/Abwehr als Nachrichtendienstzentrale des Dritten Reiches und als dienstlicher Kontext des Zentrums der Umsturzbestrebungen zwischen 1938 und 1943 sehr unterschiedlich bewertet. Mit dem Hinweis auf die Ermordung fast der gesamten Führungsspitze des Amtes durch die Nationalsozialisten versuchten ehemalige Angehörige der Abwehr die gesamte Institution zu entnazifizieren, um sich persönlich zu rehabilitieren. Walter Herzlieb beispielsweise, ehemaliger Leiter der Gruppe Rechtsangelegenheiten in der Zentralabteilung des Amtes Ausland/Abwehr und einer der regimehörigsten Beamten und Offiziere des Amtes, der seit 1934 dem Volksgerichtshof als Beisitzer angehört hatte und zwischen 1934 und 1944 an mindestens 112 Todesurteilen dieses Terrorgerichts beteiligt gewesen war, begründete 1950 seine Forderung nach völliger Freisprechung von persönlicher Schuld mit seiner bloßen Zugehörigkeit zum Amt Ausland/Abwehr: »Der Hinweis auf Admiral Canaris müßte allein schon genügen, jeden Angriff gegen mich als völlig grundlos aus der Welt zu räumen.«[75] Gegen eine solche für die ersten Nachkriegsjahrzehnte typische Verallgemeinerung des Widerstands bis zur Unkenntlichkeit ist im Falle des Widerstands aus dem Amt Ausland/Abwehr in den folgenden Jahrzehnten vor allem von dem Journalisten und Canaris-Biographen Heinz Höhne angeschrieben worden, der aber seinerseits ebenso undifferenziert dem Amt Aus-

71 W.R.E., The German Intelligence Service and the War, 1. Dezember 1945, S. 10, NAW, RG 319, IRR Impersonal Files, XE 0003641, Folder 3.

72 Siehe W. Meyer (Anm. 55), S. 336ff.

73 Siehe E. Chowaniec (Anm. 3), S. 49f.

74 Siehe H. Höhne (Anm. 64), S. 515ff.

75 Walter Herzlieb an den Entnazifizierungs-Hauptausschuß Hildesheim vom 22. Mai 1950, Niedersächsisches Hauptstaatsarchiv Hannover, Nds. 171 Hildesheim, v. Hi Ju, Nr. 1047, Bl. 40.

land/Abwehr pauschal die Eignung für »eine Rolle in der Geschichte des Widerstands« absprach[76].

Jenseits solcher verallgemeinernder Wertungen kann als Fazit der vorangegangenen Ausführungen festgehalten werden, daß das Amt Ausland/Abwehr auf Grund der polykratischen inneren Struktur des Dritten Reiches, seiner spezifischen Funktion als geheimer Nachrichtendienst mit entsprechenden Sondervollmachten und schließlich der regimekritischen Einstellung seines langjährigen Chefs zahlreichen Dissidenten aus unterschiedlichen Milieus und einer kleinen Gruppe entschiedener NS-Gegner über mehrere Jahre hinweg nicht nur eine wirksame Tarnung ihrer regimefeindlichen Aktivitäten, sondern auch Möglichkeiten bot, Kompetenzen und Ressourcen des Amtes für den Widerstand gegen Hitler zu instrumentalisieren. Die Nutzung der Möglichkeiten des Ressorts verlangte den Regimegegnern in der Abwehrzentrale aber nicht nur eine hohe persönliche Risikobereitschaft, sondern auch eine öffentliche Verleugnung der eigenen Überzeugungen und die äußerliche Identifikation mit den dem Amt vom Regime gesetzten Zielen in einem weit höheren als dem für innere Gegner einer Diktatur ohnehin notwendigen Maße ab. Schon Ende 1942 stellte deswegen Dietrich Bonhoeffer in einer Zwischenbilanz seiner gemeinsam mit Hans Oster und Hans von Dohnanyi geleisteten Widerstandstätigkeit die selbstkritische Frage: »Wir sind stumme Zeugen böser Taten gewesen, wir sind mit vielen Wassern gewaschen, wir haben die Künste der Verstellung und der mehrdeutigen Rede gelernt, wir sind durch die Erfahrung mißtrauisch geworden und mußten ihnen die Wahrheit und das freie Wort oft schuldig bleiben, wir sind durch unerträgliche Konflikte mürbe oder vielleicht sogar zynisch geworden – sind wir noch brauchbar?«[77]

76 H. Höhne (Anm. 12), S. 407.

77 Dietrich Bonhoeffer, Nach zehn Jahren. Rechenschaft an der Wende zum Jahr 1943, in: Eberhard Bethge (Hrsg.), Dietrich Bonhoeffer. Widerstand und Ergebung. Briefe und Aufzeichnungen aus der Haft, München 1970, S. 11.

Angela Kaiser-Lahme

Die Beziehungen deutscher Regimegegner zu den europäischen Widerstandsbewegungen

Zwischen Verurteilung und Verklärung

Im Gedenken an den Widerstand gegen die nationalsozialistische Gewaltherrschaft haben vor allem die Protagonisten des 20. Juli und die Männer und Frauen einen festen Platz, die im Reich selbst gegen das Regime aufbegehrten. Bewußt oder unbewußt ging zumindest in der Bundesrepublik Deutschland die Erinnerung an die deutschen Widerstandskämpfer verloren, die sich in den von der Wehrmacht eroberten Gebieten mit den dortigen Regimegegnern in Verbindung setzten. Während sie in Westdeutschland in dem Verdacht standen, »Vaterlandsverräter« gewesen zu sein, wurden sie in der DDR dagegen, sofern es sich um linientreue Kommunisten handelte, als »antifaschistische internationalistische Vorkämpfer für den Sieg der Weltrevolution«, als die eigentlichen Begründer des ostdeutschen Staates gefeiert[1].

Beide Sichtweisen verstellen allerdings den Blick für das tatsächliche Schicksal dieser Oppositionellen, die – aus welchen Gründen auch immer – auf seiten der Bevölkerung in den okkupierten Ländern den Nationalsozialisten die Stirn boten. Ihrem Kampf gegen das Unrechtssystem des Nationalsozialismus kann aber nur dann Gerechtigkeit widerfahren, wenn die unterschiedlichen Voraussetzungen berücksichtigt werden, die in den verschiedenen Phasen des Widerstandes zwischen 1933 und 1945 in den einzelnen Staaten Europas den Rahmen für eine aktive Bekämpfung des Nationalsozialismus bildeten. Die Erforschung dieses Geflechtes von wechselseitigen Bedingungen personeller, zeitlicher, geographischer und kultureller Natur bleibt auch weiterhin sehr schwierig. Sowohl die zur Verfügung stehenden Quellen als auch zahlreiche Darstellungen sind zum Teil bewußt von Legenden durchwoben und von ideologischem Denken beeinflußt oder aber unter äußerem Zwang entstanden. Solange jedoch Zeugnisse über diese Form des Widerstandes fehlen, die weder ein verklärendes noch ein verteufelndes Bild der Realität malen, können die vorhandenen Beiträge nur unter Vorbehalt ausgewertet werden.

In ganz besonderem Maße trifft dies auf die Historiographie der DDR zu. Sie errichtete aus weltanschaulichen und staatspolitischen Motiven den Mythos von der

1 In der folgenden Darstellung sollen die Kontakte zwischen Juden und europäischen Widerstandsbewegungen sowie zwischen deutschen Widerstandskämpfern und Zwangsarbeitern ausgespart bleiben, da diese Themen bereits Gegenstand anderer Beiträge in dem vorliegenden Sammelband sind. Aus dem gleichen Grunde muß auf eine Darstellung der Arbeit des Nationalkomitees »Freies Deutschland« unter den Kriegsgefangenen verzichtet werden, obwohl die Arbeit des NKFD nur mit der Unterstützung der europäischen Widerstandsorganisationen möglich war.

internationalen Gemeinschaft der europäischen Regimegegner, die in großer Eintracht unter der alleinigen Führung der Kommunisten von Anfang an einen erfolgreichen Kampf gegen die Nationalsozialisten geführt habe[2]. Einer genauen, vorurteilslosen Überprüfung halten die Prämissen der ostdeutschen Forschung aber nicht stand. Entgegen aller Legendenbildung verkörperten die kommunistischen Organisationen nicht das einzige Zentrum der Opposition gegen Hitler. Auch gelang es ihnen nicht, überall und zu jeder Zeit die Führung der Resistance an sich zu reißen. Vielmehr lähmte der Hitler-Stalin-Pakt vom August 1939 bis zum deutschen Angriff auf die Sowjetunion im Juni 1941 die Kommunisten insbesondere in Frankreich, als diese sich infolge neuer Weisungen aus Moskau in den Widerstand gegen die deutschen Besatzer einreihten.

Zudem handelte es sich, zugespitzt formuliert, nicht um eine einheitliche europäische Widerstandsbewegung, obwohl in allen oppositionellen Gruppen außerhalb Deutschlands auch Ausländer mitkämpften, noch waren diese allein schon aufgrund ihrer gemeinsamen Gegnerschaft zu Hitler auch in sich einig. Ganz im Gegenteil: in allen besetzten Gebieten fand neben dem gemeinsam geführten antinationalsozialistischen Widerstand immer ein auch gegeneinander gerichteter ideologischer und nationaler Machtkampf statt, der in der Regel mit der erbitterten und brutalen Bekämpfung von Kollaborateuren und von andersdenkenden Regimegegnern einherging, so daß man von beinahe bürgerkriegsähnlichen Verhältnissen sprechen kann.

In einigen Fällen versuchten Widerstandsgruppen in den unterworfenen Ländern sogar, in ihren Auseinandersetzungen mit rivalisierenden Gruppen die Achsenmächte um Unterstützung anzugehen[3]. Wie leicht konnte es unter solchen Umständen geschehen, daß deutsche Mitglieder der Resistance an die Nationalsozialisten ausgeliefert wurden? Die Situation in diesen Gebieten wurde zugleich dadurch kompliziert, daß die Bereitschaft zur Kollaboration in all ihren Erscheinungsformen zumindest in den ersten Jahren, als der verbrecherische Charakter der nationalsozialistischen Herrschaft insbesondere in Skandinavien und in Westeuropa noch nicht so offensichtlich war, durchaus ausgeprägt war. Der überwiegende Teil der Bevölkerung nahm unter den obwaltenden Verhältnissen eine eher abwartende Haltung gegenüber den Besatzern ein, und auch eine breite Unterstützung des einheimischen Widerstandes blieb aus Angst um das eigene Überleben zumeist aus[4].

Alles in allem sind jedoch Art, Intensität, Dauer und Häufigkeit der Kontakte zwischen deutschen und ausländischen Regimegegnern, zu denen auch oder sogar in erster Linie die Partisanen zählen, bisher nur punktuell erforscht worden. Generell darf man allerdings annehmen, daß der Anteil deutscher Widerstandskämpfer in den europäischen Resistancebewegungen vergleichsweise gering war. Es dürfte sich je

---

2 Stellvertretend für diese Überzeugung vgl. Luise Kraushaar. Die Zusammenarbeit deutscher und ausländischer Antifaschisten während des zweiten Weltkrieges in Deutschland und ihre Darstellung in der Geschichtsliteratur, in: Leo Stern (Hrsg.), Probleme der Geschichte des Zweiten Weltkrieges, Bd. 2, Berlin 1957.

3 Siehe Norman Rich, Resistance and Collaboration: Dilemmas and Paradoxes, in: Klaus Hildebrand/Reiner Pommerin (Hrsg.), Deutsche Frage und europäisches Gleichgewicht. Festschrift für Andreas Hillgruber zum 60. Geburtstag, Köln-Wien 1985, S. 244.

4 Zum Folgenden Gerhard Hirschfeld, Collaboration in Nazi occupied France: Some introductory remarks, in: Gerhard Hirschfeld/Patrick Marsh (Hrsg.), Collaboration in France. Politics and Culture during the Nazi occupation 1940–1944, Oxford-New York-München 1989, S. 7–13, und N. Rich (Anm. 3), S. 243.

nach den Bedingungen in den verschiedenen Staaten und den Möglichkeiten des einzelnen nur ein kleiner Personenkreis in diesen Organisationen engagiert haben. Die Dauer des jeweiligen Engagements schwankte ebenso. Während es durchaus vorkam, daß der Weg eines sozialdemokratischen oder kommunistischen Widerstandskämpfers von der Flucht aus Deutschland im Jahre 1933 ins tschechoslowakische Exil über die Teilnahme am Spanischen Bürgerkrieg zu den Maquis in Südfrankreich führte, traten andere vielleicht erst in den letzten Kriegsmonaten einer ausländischen Widerstandsorganisation bei. Und nahm der eine besondere Kaderfunktionen wahr und bekämpfte die Nationalsozialisten mit der Waffe, so beschränkte sich ein anderer nur darauf, wichtige Informationen an die Resistancebewegungen weiterzugeben.

Formen der Kontaktaufnahme

Obwohl es auf den ersten Blick einfacher schien, im Verbund mit europäischen Hitlergegnern seiner Opposition gegen das Regime durch Taten Ausdruck zu verleihen, war auch außerhalb Deutschlands der Widerstand mit erheblichen Gefahren und ganz spezifischen Schwierigkeiten verbunden. In den Jahren vor Kriegsausbruch stellten die Überwachung in Deutschland und die Reisebeschränkungen das größte Hindernis für eine Kontaktaufnahme zu Gleichgesinnten im Ausland dar, deren Zahl überdies mangels direkter Bedrohung durch das NS-Regime zwangsläufig noch sehr gering war. Ein nennenswerter Widerstand gegen die nationalsozialistische Gewaltherrschaft bildete sich erst im Laufe des Krieges heraus. Von ihm kann im engeren Sinne auch nur in den Ländern gesprochen werden, die von der Wehrmacht erobert wurden, wenn auch Kontakte etwa des Kreisauer Kreises zu Personen in Großbritannien und im Vatikan zum Teil bereits vor Kriegsausbruch bestanden.

Gleichzeitig hatten sich durch die deutsche Besetzung die Voraussetzungen für einen erfolgreichen Widerstand deutlich verschlechtert. Denn nunmehr wurden die Emigranten, die den Nationalsozialisten in der Regel namentlich bekannt waren, in ihren Gastländern von den Auslieferungsbehörden gesucht. Umgekehrt erleichterte gerade diese Verfolgungssituation bei vielen wohl den Entschluß, sich dem ausländischen Widerstand anzuschließen. Allerdings mußten beide Seiten jederzeit damit rechnen, von einem Gestapospitzel kontaktiert zu werden, da es den Deutschen gelungen war, diese in fast alle Widerstandsbewegungen einzuschleusen. Den meisten Exilanten fehlte aber das Wissen darüber, wem sie sich ohne Gefahr anvertrauen konnten. Folglich warteten sie zumeist darauf, von den ausländischen Hitlergegnern angesprochen zu werden.

Verständlicherweise wurden unter diesen Umständen die meisten Kontakte zwischen Personen geknüpft, die sich bereits von früher kannten oder durch Bekannte vorgestellt wurden. In der Praxis führte dies dazu, daß sich in erster Linie Parteimitglieder auf die Untergrundorganisationen ihrer Schwesterpartei verließen. Kommunisten, aber auch Sozialdemokraten unternahmen bereits in den ersten Jahren ihres Exils gemeinsame Aktionen mit ihren Parteifreunden, die sie auch fortsetzten, nachdem jene von den Nationalsozialisten verfolgt wurden.

Zusammensetzung der Widerstandsgruppen im Ausland

Bis zum Jahre 1943 zählten in der Mehrzahl Emigranten und Flüchtlinge aus Internierungslagern zu denjenigen, die mit der europäischen Resistance gemeinsame Sache machten. Seit Kriegsausbruch gesellten sich Angehörige der Wehrmachtsverwaltung bzw. solche Personen hinzu, die sich aus dienstlichen Gründen in den besetzten Gebieten befanden. In den letzten beiden Kriegsjahren wechselten vermehrt Soldaten die Seiten und gingen entweder zur gegnerischen Armee oder zu den Partisanen über[5]. Zuletzt boten auch von den Partisanen gefangengenommene Soldaten, ja selbst ehemalige Nationalsozialisten, ihre Hilfe an.

Ein nicht unbedeutendes Hindernis stellte in diesem Zusammenhang die unterschiedliche Sprache dar. Dort, wo ebenfalls Deutsche lebten oder zumindest einige Bevölkerungsteile Deutsch sprachen, also etwa in der Tschechoslowakei, in Österreich oder in den Niederlanden, konnte diese Barriere ganz oder eher überwunden werden als auf dem Balkan, wo der weitaus größte Teil der Widerstandskämpfer sich nicht einmal in Französisch oder Englisch verständigen konnte.

Noch schwieriger war es, das Vertrauen derjenigen zu gewinnen, die unter der deutschen Besatzung litten und erst lernen mußten, daß es auch unter den verhaßten Okkupanten Menschen gab, die ebenfalls Gegner der Nationalsozialisten waren. Da viele Widerstandsorganisationen zudem durch Verräter und Gestapospitzel schweren Schaden erlitten hatten, begegneten sie Deutschen zunächst mit Mißtrauen, und es konnte einige Zeit dauern, bevor ihre Mitglieder sich diesen zu erkennen gaben. Insbesondere die Vielzahl der deutschen Regimegegner, die ohne die Rückendeckung einer Partei oder Organisation die Verbindung zur Resistance suchten, lief Gefahr, von den Partisanen nicht mit offenen Armen empfangen zu werden. Es sind sogar Fälle – etwa aus Griechenland – bekannt, in denen solche Personen von den Freischärlern getötet wurden[6]. Darüber hinaus waren Deutsche bei den europäischen Widerstandsgruppen auch deshalb nicht immer willkommen, weil sie aufgrund ihrer Sprache und ihrer Unkenntnis der Sitten und Gebräuche des Landes schneller auffielen, insbesondere bei Ausweiskontrollen leicht zu entdecken waren und so die gemeinsamen Unternehmungen gefährdeten.

Diese Schwierigkeiten hielten jedoch zahlreiche Deutsche nicht davon ab, sich der Resistance anzuschließen. Umgekehrt wollte die Resistance nicht völlig auf ihre Hilfe verzichten, ja sie setzte die deutschen Oppositionellen sogar unter Umständen – so etwa in Frankreich – für ganz besonders gefährliche Aktionen ein. Angehörige der Bewährungseinheiten 999 planten ihrerseits zum Teil schon seit geraumer Zeit ihren Übertritt zu den Partisanen, während andere sich ganz spontan zu diesem Schritt entschlossen. Nur in einigen Ausnahmefällen, die fast ausschließlich auf die 999er in Griechenland beschränkt blieben, desertierten sogar ganze Einheiten[7].

---

5 Siehe hierzu Hans-Peter Klausch, Die Geschichte der Bewährungsbataillone 999 unter besonderer Berücksichtigung des antifaschistischen Widerstandes, Köln 1987, S. 539.

6 Vgl. Hans-Peter Klausch, »Wehrunwürdige«. Die Bewährungsbataillone 999 und das Problem der Desertion als eine Form des antifaschistischen Widerstandes, in: Fietje Ausländer (Hrsg.), Verräter oder Vorbilder? Deserteure und ungehorsame Soldaten im Nationalsozialismus, Bremen 1990.

7 Siehe Manfred Messerschmid/Fritz Wüllner, Die Wehrmachtsjustiz im Dienste des Nationalsozialismus. Zerstörung einer Legende, Baden-Baden 1987, S. 91.

Zweifellos war für die Soldaten, die seit 1943 immer zahlreicher aus ihren Verbänden entflohen, hiermit ein großes Risiko verbunden, da seit diesem Zeitpunkt die »Fahnenflucht« generell mit dem Tode bestraft wurde und durch »Sippenhaft« alle Angehörigen ebenfalls in Lebensgefahr gebracht werden konnten. Dennoch ließen sich nach neueren Schätzungen etwa 35 000 Soldaten auf diese Gefahr ein, wobei jedoch offen bleiben muß, wieviele von ihnen aus politischen Gründen desertierten und aus Opposition gegen die Nationalsozialisten auf der Seite des ehemaligen Gegners weiterkämpften[8]. Insgesamt gesehen dürfte es vermutlich jedoch nur eine Minderheit gewesen sein, die ihre »Fahnenflucht« als einen Akt des Widerstandes gegen das Regime verstand[9].

Formen des Widerstandes

So verschieden der Weg einzelner in die europäischen Widerstandsorganisationen verlief und »sich sowohl Anstöße, Motivationen und Empfindlichkeitsgrade des Widerstandes als auch seine realen Handlungsmöglichkeiten« über die Jahre hinweg änderten[10], so vielfältig waren die Methoden, mit denen die deutschen Gegner des Nationalsozialismus im Verbund mit den einheimischen Oppositionellen über einen Zeitraum von zwölf Jahren versuchten, der Wehrmacht und damit den deutschen Besatzern möglichst hohen Schaden zuzufügen[11]. Doch bei aller Gemeinsamkeit in der Gegnerschaft zum Nationalsozialismus, von einem einheitlichen, grenzüberschreitenden Widerstand mit gemeinsamen Zielen kann nicht die Rede sein. Im Gegenteil: es bedurfte der Initiative von außen – etwa durch die SOE oder auch durch Geheimdienste –, um die Aktionen verschiedener Gruppen zu koordinieren und mit dem Vorgehen der militärischen und paramilitärischen Verbände abzustimmen[12].

---

8 Siehe ebenda, S. 90; Mehringer/Schneider stellen hingegen fest, daß die Gesamtzahl der Deutschen, die in europäischen Widerstandsgruppen mitwirkten, nicht genau ermittelt werden kann. Vgl. Hartmut Mehringer/Dieter Schneider, Deutsche in der europäischen Resistance, in: Richard Löwenthal/Patrick von zur Mühlen (Hrsg.), Widerstand und Verweigerung in Deutschland 1933 bis 1945, Berlin-Bonn 1982, S. 280f.

9 Siehe Norbert Haase, Deutsche Deserteure, Berlin 1987, S. 24.

10 So Peter Steinbach, in: Jürgen Schmädeke/Peter Steinbach (Hrsg.), Der Widerstand gegen den Nationalsozialismus. Die deutsche Gesellschaft und der Widerstand gegen Hitler, München-Zürich 1986², S. 1131.

11 In der Literatur gibt es unterschiedliche Auffassungen zur Periodisierung des europäischen Widerstandes und insbesondere des Partisanenkrieges. Siehe hierzu Heinz Kühnrich, Der Partisanenkrieg in Europa 1939–1945, Berlin 1968, S. 20, oder Stanislaw Arnold/Stanislaw Okecki/Alexander Skarzynski/Tadeusz Stepniowski, Der nationale und internationale Charakter der Widerstandsbewegung während des Zweiten Weltkrieges, in: Internationale Hefte der Widerstandsbewegung (IHW), 3 (1963), 8–10, S. 15. In der kommunistischen Literatur werden jeweils die Siege der Roten Armee als die bedeutendsten Wendepunkte im Widerstandskampf betont.

12 Siehe Jorgen Haestrup, Secret Alliance. A Study of the Danish Resistance Movement 1940–1945, New York 1985, Bd. 1, S. 36. Zu den verschiedenen Formen der Resistance siehe Michael Foot, European Resistance to Nazism, 1940–1945, London 1977², S. 9f. »Resistance did in fact make use of terror, and counter-terror, as deliberate tools for breaking Nazi morale and thus breaking the Nazis' hold on occupied Europe.« Ebenda, S. 87; Henri Michel, The Shadow War, Resistance in Europe 1939–1945, New York 1972, S. 42; Stephen Hawes/Ralph White (Hrsg.), Resistance in Europe 1939–1945, London 1975, S. 15 und S. 22; Kenneth Macksey, The Partisans of Europe in the Second World War, New York 1975, S. 45 und S. 251.

Dies lag nicht zuletzt an dem Umstand, daß bis auf die Sowjetunion kein Land darauf vorbereitet war, möglicherweise gegen einen Besatzer Widerstand leisten zu müssen, und folglich zunächst improvisiert und die verschiedenen Formen des Widerstandes erprobt werden mußten. Welche Mittel die Widerstandskämpfer in den jeweiligen Ländern einsetzten, war von mehreren Kriterien abhängig. Neben der inneren Bereitschaft des Einzelnen, Gewalt anzuwenden, bestimmten die Beschaffenheit des Geländes (Wald, Gebirge), der Rückhalt in der Bevölkerung, der Grad der Überwachung durch die Polizei und die Sicherheitsdienste, aber auch das Ausmaß der Industrialisierung und Verstädterung die Art der Auseinandersetzung. Ebenso war von Bedeutung, ob die Resistance auf eine lange demokratische Tradition zurückgreifen konnte, ob neben den Besatzern auch Kollaborateure und andere Bevölkerungsgruppen bekämpft wurden und in welchem Umfang die Gesellschaft homogen oder gespalten war.

Die internationale Lage, die Kriegserfolge beziehungsweise Mißerfolge der deutschen Armee, der Organisationsgrad der Bewegungen und die Hilfe, die ihnen in Form von Waffenlieferungen durch Geheimdienste und ausgebildete Partisanen zuteil wurde[13], beeinflußten ebenfalls die Formen des Kampfes, der, da er im allgemeinen auch gegen Kollaborateure, mitunter aber auch gegen ideologische Gegner in anderen Widerstandsgruppen gerichtet war, mit äußerster Grausamkeit geführt wurde. Daneben richtete sich seine Heftigkeit zum Teil nach dem Ausmaß deutscher Provokationen, die umgekehrt teilweise durch die Brutalität des Partisanenkampfes hervorgerufen wurden. Zudem gelang es den deutschen Besatzern, die Partisanen bis auf die letzten anderthalb Kriegsjahre weitestgehend auszuschalten.

Die Komplexität der äußeren Kriterien diktierte überwiegend die Methoden des deutschen Widerstandes im Ausland, wobei ihm in der Mehrheit der Fälle seine Rollen und Aufgaben von den einheimischen Partisanen zugewiesen wurden. Nur selten gab es rein deutsche Einheiten. Vielmehr wurden internationale Verbände gebildet, die in den Grenzen des jeweiligen Landes operierten, wenn auch einige Gruppen – so in Jugoslawien und Griechenland – Beziehungen zu den Nachbarstaaten besaßen. Ein einziges Mal – im Winter 1944 – trafen sich Vertreter von sieben europäischen Widerstandsgruppen – darunter auch Deutsche – in Genf, ohne jedoch bei dieser Zusammenkunft eine grenzübergreifende Zusammenarbeit zu vereinbaren[14].

Innerhalb der europäischen Resistance – aber auch in den *armées secrètes* und bei den alliierten Streitkräften – wurden die deutschen Oppositionellen bevorzugt im Hinblick auf ihre Deutschkenntnisse und ihre Verbindungen zur Wehrmacht eingesetzt. Sie halfen bei Angriffen auf Armeeverbände oder auf die Gestapo und den Sicherheitsdienst, bei der Sabotage von kriegswichtigen Transportwegen, Fabriken und anderen militärischen und wirtschaftlichen Einrichtungen und setzten ihr Wissen sogar bei der Vorbereitung, Organisation und Durchführung von Volksaufständen – so in der Slowakei im Jahre 1944 – ein, wobei insbesondere die ehemaligen Spanienkämpfer wertvolle Dienste leisteten.

Insgesamt dürfte sich dennoch nur ein kleiner Teil der deutschen Regimegegner an Gewaltakten beteiligt haben. Die Mehrheit förderte die gemeinsame Sache da-

13 Siehe S. Arnold/S. Okecki/A. Skarzynski/T. Stepniowski (Anm. 11), S. 15, und Gerhard Schulz, Englische Geheimdienste und europäische Widerstandsbewegungen, in: Gerhard Schulz (Hrsg.), Geheimdienste und Widerstandsbewegungen im Zweiten Weltkrieg, Göttingen 1982, S. 43.

14 Siehe S. Hawes/R. White (Anm. 12), S. 22.

durch, daß sie der Resistance und damit auch den Verbündeten Informationen über Truppenverschiebungen und -stärken, über die wirtschaftliche und militärische Produktion, Angriffspläne und die sogenannten »Säuberungsaktionen« lieferte, Medikamente und Lebensmittel besorgte und aufgrund der äußeren Umstände in geringerem Maße Verfolgten Unterschlupf gewährte oder zur Flucht verhalf. Letztere Unterstützung wurde den deutschen Exilanten meistens selbst zuteil. Andere stellten oft mit Hilfe ihrer europäischen Freunde Informations- und Propagandamaterial her und verteilten es unter Wehrmachtsangehörigen, um die Soldaten über den wahren Charakter des Regimes aufzuklären und sie zur Desertion zu bewegen. Gerade auf diesem Gebiet erwiesen sich die deutschen Oppositionellen im Ausland wegen ihrer Sprachkenntnisse als unersetzlich.

Kontakte in den einzelnen Ländern

In den einzelnen Ländern nahm der Widerstand der Bevölkerung jeweils ganz unterschiedliche Formen an[15], was zwangsläufig auch die Art und das Ausmaß der Beteiligung deutscher Regimegegner bestimmte. Da die Opposition gegen die Nationalsozialisten immer auch mit einem nationalen Befreiungskampf einherging, setzte sie in der Regel erst dann ein, wenn die Okkupation als zu drückend empfunden wurde oder wenn infolge der Wendungen im Kriegsverlauf ein solcher Kampf erfolgversprechend schien. In diesem Zusammenhang fällt Spanien insofern eine Sonderrolle zu, als es nie von deutschen Truppen okkupiert worden ist[16]. Für die deutschen Regimegegner, die ihr Leben im Spanischen Bürgerkrieg einsetzten, handelte es sich indessen bei diesem Bürgerkrieg auch um eine Auseinandersetzung mit den Nationalsozialisten, zumal diese mit der Legion Condor direkt in den Krieg eingriffen. In Spanien hatten deutsche Oppositionelle zum ersten Mal die Möglichkeit, gleichzeitig *für* die Demokratie und *gegen* den Nationalsozialismus nicht nur mit Worten, sondern auch mit Waffen zu kämpfen. In diesem Kampf gelangten die deutsch-österreichischen Bataillone »Ernst Thälmann«, »Etkar Andre« und »Tschapaiew«, Teile der Internationalen Brigaden, zu Berühmtheit. Mit dem sich abzeichnenden Sieg der Truppen Francos wurden sie im Herbst 1939 aufgelöst und entwaffnet. Damit begann für die deutschen Brigadisten die erneute Flucht vor den Nationalsozialisten, die viele von ihnen in die Internierungslager in Frankreich und, sofern sie nicht aus diesen entkommen konnten, dann in die Konzentrationslager führte.

Wie in Spanien hatte in der Tschechoslowakei und in Österreich die gemeinsame Opposition gegen Hitler ihren Ursprung bereits vor dem Zweiten Weltkrieg[17]. Die Situation in diesen beiden Staaten war besonders dadurch gekennzeichnet, daß das

15 Am umfangreichsten sind die Darstellungen von Kontakten zur französischen Resistance sowie zu Widerstandsbewegungen in der Tschechoslowakei und in Griechenland. Bei der Vielzahl der Einzeldarstellungen seien daher im folgenden jeweils nur auswahlsweise die wichtigsten Arbeiten genannt.

16 Vgl. dazu Patrick von zur Mühlen, Spanien war ihre Hoffnung. Die deutsche Linke im Spanischen Bürgerkrieg 1938–1939, Bonn 1983; Solidaridad Pasaremos. Erlebnisberichte Potsdamer Spanienkämpfer, Potsdam 1967.

17 Vgl. u.a. Horst Köpstein (Hrsg.), Beiderseits der Grenze. Über den gemeinsamen antifaschistischen Widerstandskampf von Deutschen, Tschechen und Slovaken 1939–1945, Berlin 1965: Tilly

gesamte Territorium oder Teile davon dem Reich einverleibt wurden, jeweils eine ausschließlich oder doch als große Minderheit auftretende deutsche Bevölkerung im großen und ganzen die Politik der Nationalsozialisten unterstützte und einer intensiven und erfolgreichen Bespitzelung durch die Gestapo ausgesetzt war. Die wenigen Deutschen, die sich am slowakischen Volksaufstand 1944 beteiligten, bildeten daher wohl eher eine Ausnahme.

Während jedoch die Verhältnisse in diesen Gebieten im Grunde keine breite Widerstandsbewegung hervorriefen, trieb die nationalsozialistische Rassenpolitik im besetzten Polen die dortige Bevölkerung massenweise in den Untergrund. Umgekehrt entschlossen sich dort nur wenige Deutsche für eine Unterstützung der unterdrückten und tausendfach ermordeten Polen[18]. Bisherige Schätzungen gehen davon aus, daß nur etwa 100 Deutsche in den Reihen des etwa 350000 Personen zählenden polnischen Widerstandes kämpften und hier insbesondere der jüdischen Bevölkerung Hilfe leisteten.

In Belgien und den Niederlanden entwickelte sich der Widerstand vermutlich wegen der weniger hart durchgreifenden deutschen Besatzungsmacht hingegen erst recht spät und zögerlich[19]. Zugleich ließen dort die geographischen Gegebenheiten einen offenen, bewaffneten Kampf gegen die Nationalsozialisten wenig ratsam erscheinen. Mit der Zunahme deutscher Terrormaßnahmen erhielt jedoch auch der niederländische Widerstand ab 1943 Zulauf. In den Niederlanden äußerte sich der Widerstand im allgemeinen in der Form der Fluchthilfe, bei der auch deutsche Emigranten mitwirkten. Die meisten von ihnen wurden jedoch von der Gestapo entdeckt und verhaftet.

Ganz anders hingegen gestaltete sich die Situation in Frankreich[20]. Zwar kristallisierte sich auch hier der Widerstand erst relativ spät heraus, wobei sich zudem das besetzte und unbesetzte Frankreich deutlich voneinander abhoben. Aber die Maquis in Südfrankreich lieferte die besten Voraussetzungen für einen Partisanenkampf, an dem auch deutsche Emigranten, die in Frankreich besonders stark vertreten waren, teilnahmen. Allerdings ist das Verhalten der deutschen kommunistischen Widerstandskämpfer in Frankreich auch ein besonders gutes Beispiel dafür, in welcher Abhängigkeit sie von Moskau standen und in welchem Ausmaß der Kampf um die Vorherrschaft innerhalb der Resistance und damit auch im zukünftigen Frankreich die Energien vom eigentlichen Gegner ablenkte. Dafür kam nur in diesem Lande eine übergreifende Organisation aller deutscher Regimegegner in der Resistance zustande

---

Spiegel, Österreicher in der belgischen und französischen Resistance. Monographie zur Zeitgeschichte, Wien-Frankfurt-Zürich 1969.

18 Vgl. Stanislaw Okecki, Die Teilnahme von Ausländern an der polnischen Widerstandsbewegung, in: IHW, 2 (1960) 4, S. 56–72. Ihr gehörten Widerstandskämpfer aus 17 Nationen an.

19 Vgl. Klaus Mammach, Die Organisation emigrierter deutscher Kommunisten in Belgien gegen die Zerschlagung der CSR durch den Hitlerfaschismus 1939, in: Beiträge zur Geschichte der Arbeiterbewegung, 15 (1973) 5, S. 814–821; Kathinka Dittrich/Hans Würzner (Hrsg.), Die Niederlande und das deutsche Exil 1933–1940, Königstein/Taunus 1982.

20 Aus der Vielzahl der Beiträge von Edith Zorn über deutsche Widerstandskämpfer in der französischen Resistance sei hier nur genannt: Edith Zorn, Neue Forschungsergebnisse zur Tätigkeit deutscher Antifaschisten, die an der Seite der französischen Resistance kämpften, in: Beiträge zur Geschichte der Arbeiterbewegung, 7 (1962) 2, S. 298–314; Karlheinz Pech, An der Seite der Resistance. Die Bewegung »Freies Deutschland« für den Westen in Frankreich (1943–1945). Berlin (Ost) 1987².

(MOI: *main d'œuvre immigrée*), die ein einigermaßen koordiniertes Handeln der verschiedenen Gruppierungen ermöglichte.

Gegenüber dem zahlenmäßig recht großen Engagement von Deutschen im französischen Widerstand beruhte die Zusammenarbeit in Skandinavien auf dem Einsatz nur weniger Einzelpersonen, die allerdings in Norwegen durch die Kontakte zwischen der dortigen Wehrmachtführung und dem norwegischen Widerstand ein großes Blutvergießen verhindern konnten[21]. Während Schweden trotz seiner Neutralität als wichtiger Knotenpunkt für Fluchtwege und Kurierdienste fungierte[22], verhielt sich die Bevölkerung in Dänemark[23], wo die alte Regierung zunächst weiterhin im Amt war, abwartend. Eine jedoch weit verbreitete Abneigung gegenüber den Deutschen und die sehr früh einsetzende Verfolgung von Kommunisten engten auch die wenigen Beziehungen zwischen den dort lebenden deutschen Kommunisten und den dänischen Oppositionellen ein.

Partizipierten in all diesen Ländern vor allem deutsche Emigranten am Widerstand gegen den Nationalsozialismus, so traten ihm in der Sowjetunion, in Griechenland, auf dem Balkan und zuletzt in Italien fast ausschließlich desertierte Soldaten, zumeist aus 995- und 999-Einheiten, bei. In Griechenland[24], das erst 1943 ganz von deutschen Truppen okkupiert wurde, suchte eine große Zahl von 999ern die Verbindung zu der griechischen Befreiungsbewegung ELAS, wobei viele Soldaten dieser Einheiten bereits in Deutschland diesen Schritt in Erwägung gezogen hatten. Allein die Tatsache, daß die einzelnen Verbände weit voneinander stationiert waren, verhinderte ein gemeinsames Vorgehen, obgleich einige Oppositionelle eine truppenübergreifende Aktion planten. Es waren auch 999er, die bei ihrem Rückzug aus Griechenland auf dem Balkan zu den dortigen Partisanen desertierten. Gemessen an der großen Zahl der deutschen Soldaten, handelte es sich hierbei jedoch nur um einen ganz geringen Teil.

Das gleiche galt für die Sowjetunion[25]. Auch hier grenzten die geographischen Verhältnisse den Bewegungsspielraum der deutschen Widerstandskämpfer ein. Viel mehr als die geländebedingten Schwierigkeiten trennte deutsche und sowjetische Hitlergegner neben der sprachlichen Barriere der Umstand, daß die von Moskau eingesetzten, ausgebildeten, angeleiteten und versorgten Partisanen weit hinter der Front stationiert und in keinerlei Hinsicht an einer Zusammenarbeit mit deutschen Deserteuren interessiert waren. Gerade in der Sowjetunion war auch die »Greuelpropaganda« der Wehrmacht über die Partisanen besonders wirksam, da die deutschen Landser aufgrund des »Kommissarbefehls« keine gute Aufnahme bei den sowjetischen Kämpfern erwarten konnten.

Fast ohne Wirkung blieb diese Propaganda hingegen in Italien, wo es am Ende des Krieges noch zu einem Zusammengehen zwischen deutschen Fahnenflüchtigen und

21 Vgl. Tore Gjesvik, Norwegian Resistance 1940–1945, London 1979.

22 Vgl. Jan Peters, Die Landesorganisation der KPD in Schweden im gemeinsamen Kampf mit schwedischen Antifaschisten (1933–1943), in: Beiträge zur Geschichte der Arbeiterbewegung, 18 (1976) 6, S. 1070–1086.

23 Vgl. Max Spangenberg, Antifaschistischer Kampf deutscher Kommunisten in Dänemark, in: Beiträge zur Geschichte der Arbeiterbewegung, 19 (1977) 4, S. 617–635, und J. Haestrup (Anm. 12).

24 Vgl. Gerhard Koch, Die deutsche antifaschistische Bewegung im griechischen Widerstand während des 2. Weltkrieges, Dissertation Jena 1972, und H. P. Klausch (Anm. 5).

25 Vgl. Karlheinz Jahnke, In einer Front. Junge Deutsche an der Seite der Sowjetunion im Großen Vaterländischen Krieg, Berlin (Ost) 1989[2].

italienischen Partisanen kam[26]. Als ehemalige Verbündete konnten die deutschen Soldaten die Italiener einigermaßen zuverlässig einschätzen, was den großen Zulauf zu den Freischärlern in Norditalien erklären mag. Für den Übergang zu den Partisanen spielte wahrscheinlich eine ebenso große Rolle, daß der Krieg bereits schon lange andauerte und die Moral der Truppe zermürbt war.

Die wesentlichen Motive für eine Teilnahme am Widerstand bei Deutschen im Reich und bei denjenigen in den besetzten Gebieten stimmten im Kern überein; dennoch zeichneten sich die Regimegegner außerhalb der Reichsgrenzen dadurch aus, daß sie in der überwiegenden Zahl die Form der bewußten aktiven politischen Opposition gegen Hitler wählten. Sie scheuten sich nicht davor, in den Augen der Machthaber und weiter Teile der Bevölkerung nicht nur »Hoch«-, sondern auch »Landesverrat« zu begehen, indem sie mit den unterworfenen Völkern gemeinsam gegen die Wehrmacht kämpften und am Partisanenkrieg teilnahmen.

Das Schicksal der Widerstandskämpfer nach dem Krieg

Es steht außer Zweifel, daß der Weg zu den ausländischen Widerstandsgruppen für die meisten deutschen Hitlergegner eine Bürde darstellte, die sie nicht leichten Herzens trugen, zumal sie häufig hierdurch zwischen alle Fronten gerieten. Gerade ihr spezifisches Verständnis von Patriotismus, dem ein Bild von einem »anderen«, demokratischen, humanitären oder den Idealen des Sozialismus/Kommunismus verpflichteten Deutschland zugrunde lag, bewegte sie dazu, für dessen Befreiung vom Ungeist des Nationalsozialismus einzutreten, wenn auch nach Ansicht der Kommunisten unter ihnen an seine Stelle eine »Diktatur des Proletariats« treten sollte. Eher Ansporn als Hindernis war für sie dabei der Beitrag, den sie durch ihre Mitarbeit in den Resistancebewegungen dazu leisteten, daß die unterworfenen Völker sie als Verbündete gegen die nationalsozialistische Besatzungsmacht schätzen lernten, und sie zugleich durch ihre Hilfe möglicherweise den Grundstein für eine Zusammenarbeit nach dem Ende des Krieges legten.

Die Hoffnungen auf eine Würdigung ihres Kampfes, der mit dem Einsatz ihres Lebens verbunden war, zerschlugen sich indessen sehr bald nach der deutschen Niederlage. Zunächst nahmen – etwa in Frankreich – noch vereinzelt deutsche Widerstandskämpfer an den Siegesparaden der Resistance teil[27]. Doch als einige – vor allem Kommunisten – versuchten, weiterhin deutsche Kriegsgefangene politisch »umzuerziehen«, wurden sie aus denselben Lagern verwiesen, in denen sie noch kurz zuvor nach Anweisung der Lagerleitung diese »Umerziehungsarbeit« geleistet hatten[28]. Denn die jeweiligen Resistancebewegungen hatten nunmehr kein Interesse daran, die Hilfe und den kämpferischen Einsatz der deutschen Oppositionellen hervorzuheben. In den Auseinandersetzungen um politische Macht und Einfluß im eigenen Land er-

26 Siehe Roberto Battaglia, Deutsche Partisanen in der italienischen Widerstandsbewegung, in: IHW, 2 (1960) 4, S. 73ff.

27 Siehe u.a. Martin Kalb. Am nächsten Morgen wurde Nîmes befreit, in: Dora Schaul (Bearb.), Resistance. Erinnerungen, Berlin (Ost) 1985, S. 390ff.

28 Siehe Luise Kraushaar, Überzeugungsarbeit unter deutschen Kriegsgefangenen, in: D. Schaul (Anm. 27), S. 402ff.

schien es ihnen wenig ratsam, durch solche Hinweise ihren eigenen Anteil an der Befreiung zu schmälern.

Auch die Heimat hieß sie nicht mit offenen Armen willkommen. In der geistigen Atmosphäre des Kalten Krieges wollten sich vor allem die kommunistischen Widerstandskämpfer in den Westzonen und später in der Bundesrepublik Deutschland nicht laut zu Wort melden. Bis in die achtziger Jahre hinein wagten sie, – die schnell als »Deserteure« oder »Vaterlandsverräter« abqualifiziert wurden –, es nicht, sich zu ihren Verbindungen zur europäischen Resistance zu bekennen. In der sowjetischen Besatzungszone und späteren DDR hingegen genossen sie zunächst ein hohes Ansehen, da der neue Staat seine Legitimation nicht zuletzt von ihrem »antifaschistischen, internationalistischen Kampf« ableitete. Ehrungen erhielten jedoch nur diejenigen, die streng der jeweiligen Parteilinie des Zentralkomitees der KPD gefolgt waren. Wer dagegen schon während des Krieges oder danach Zweifel an der Richtigkeit der Parteilinie und der Propaganda geäußert hatte oder auch »nur« Sozialdemokrat oder Gewerkschafter war, wurde von allen Ehrungen ausgenommen, ja sah sich unter Umständen sogar gezwungen, die DDR zu verlassen, um erneuter Verfolgung zu entgehen[29].

Viele der deutschen Oppositionellen, die mit großem Idealismus und Mut in den Reihen europäischer Resistancebewegungen gekämpft hatten, mußten in West- und Ostdeutschland die bittere Erfahrung machen, daß für ihren Widerstand weder Verständnis noch Anerkennung vorhanden waren, obwohl sie durch ihre Taten bestimmt dazu beigetragen haben, in Europa ein Bild vom »anderen Deutschland« zu vermitteln.

29 Vgl. dazu u. a. Alfred Kantorowicz, Spanisches Kriegstagebuch, Frankfurt am Main 1982.

VI. Der Umsturzversuch vom 20. Juli 1944

Zu den besonders gründlich erforschten Ereignissen der Geschichte des deutschen Widerstands gehören die Ereignisse des 20. Juli 1944. Die unmittelbare Vorbereitung des Anschlags ist ebenso genau rekonstruiert worden wie der Anschlag selbst und der weitere Verlauf dieses Tages. Die bisher gesicherten Erkenntnisse präsentiert Heinrich Walle *in seinem Beitrag, der sich auf eine genaue Auswertung der verschiedenen Rekonstruktionen des Anschlags, seiner Voraussetzungen und Folgen durch Peter Hoffmann, den Nestor der Erforschung des 20. Juli 1944, und andere Verfasser stützt. Trotz dieser genauen Rekonstruktion des Anschlags sind viele Fragen bis heute ungeklärt, vor allem, soweit sie sich auf die lange Vorgeschichte der entscheidenden Tat Stauffenbergs und die Bedeutung der »Operation Walküre« für den durch das Attentat ausgelösten Umsturzversuch beziehen. Sicher ist, daß die Regimegegner die Ermordung Hitlers anstrebten. Sie hielten ihn für einen Tyrannen und für den Repräsentanten des Bösen schlechthin, für eine nationale Gefahr und vor allem für die Personifizierung jener inneren Bindung, auf die manche ihrer Kameraden wegen des auf Hitler geleisteten Eids hinwiesen, um sich einer Unterstützung des Umsturzversuches zu versagen.*

Als Kennzeichen des Umsturzplanes, der ganz entscheidend von General Friedrich Olbricht entwickelt, von Henning von Tresckow mitbeeinflußt und von Stauffenberg und Mertz von Quirnheim modifiziert worden war, hat die Kombination verschiedener Faktoren zu gelten: Zum einen stützte sich der Umsturzversuch auf ein konspiratives Netz zuverlässiger Freunde und Vertrauensleute, die im Zuge langer Diskussionen und schließlich sogar heftiger Auseinandersetzungen zwischen den Generationen der Regimegegner – den »Jungen« und den »Alten« – ihre Ziele soweit geklärt hatten, daß sie sich einen politischen Neubeginn zutrauten. Zum andern nutzten die Verschwörer bestehende militärische Planungen zum Einsatz des Ersatzheeres, die ursprünglich zur Abwehr innerer Unruhen entwickelt worden waren. Schließlich wurde deutlich, daß die Verschwörer darauf vertrauten, den nicht in ihre Planungen eingeweihten Militärs – deren Einheiten für die Besetzung wichtiger Gebäude in Berlin von zentraler Bedeutung waren – Befehle zu geben, die diese aus ihrer langjährigen Einübung in militärische Handlungsmuster befolgen würden. Darüber hinaus sollte durch den Tod Hitlers die Wehrmacht »eidfrei« und zugleich die Notwendigkeit außerordentlicher Maßnahmen zur Sicherung der inneren Ordnung augenscheinlich gemacht werden.

Dieser Umsturzplan war gut durchdacht und auch sorgfältig vorbereitet, wenngleich mit hohem Risiko belastet, wie Gerd R. Ueberschär *analysiert. Der Anschlag hätte ebenso gelingen können wie der sich anschließende Umsturzversuch. Dennoch richten sich viele Deutungen auf die Fragen, die auf die Erklärung des Scheiterns dieses Umsturzversuches zielen. So etwa darauf, weshalb der Umsturz in den Wehrkreiskommandos kaum Widerhall fand, warum der Anschlag mißlang und die Berliner Walküre-*

Befehle erst nach der Rückkehr Stauffenbergs aus dem Führerhauptquartier nach Berlin ausgelöst wurden, und schließlich, weshalb der Umsturz in Berlin fehlschlug und aus welchen Gründen sich Offizierskameraden, die die Attentäter kannten und wußten, daß der Krieg nicht mehr zu gewinnen war, sich dem Umsturzversuch verweigerten. Alle diese Fragen lassen sich mit letzter Sicherheit kaum beantworten; allerdings ist unbestritten, daß dieser Umsturz nicht wegen der mangelnden Tatkraft der unmittelbar Beteiligten scheiterte. Ebenso unbestritten ist, daß die Militärs nicht die Errichtung einer Militärdiktatur anstrebten, sondern sich der Führung der zivilen Regimegegner unterwarfen.

Bis heute ist nicht genau bekannt, in welcher Weise die Nationalsozialisten den Umsturz nutzen konnten und schließlich auch benutzen wollten, um noch einmal ihren unbedingten Herrschaftsanspruch zu betonen. In dieses Dunkel einiges Licht zu bringen, ist das Ziel von Ulrike Hett *und* Johannes Tuchel. *Viel ist bisher über die große Verhaftungsaktion spekuliert worden, die im Zusammenhang mit dem 20. Juli 1944 stand; sie betraf allerdings nicht nur unmittelbar Beteiligte, sondern zielte auch auf die Ausschaltung einer potentiellen Gegenelite, von der die Nationalsozialisten wußten, daß sie nach dem Zusammenbruch ihres Regimes die »deutschen Dinge« gestalten würde. Sicher ist in diesem Zusammenhang, daß der Anschlag den Vorwand lieferte, um jene denkbare politische Gegenelite im Zuge einer großangelegten Verhaftungsaktion auszuschalten.*

Der Verlauf der unmittelbaren Vorbereitung des Anschlags ist zuerst von der Untersuchungskommission des Sicherheitsdienstes umfassend erforscht worden. Diese Untersuchung ist in den sechziger Jahren als Dokument unter dem irreführenden Titel »Spiegelbild einer Verschwörung« veröffentlicht worden, bleibt aber trotz aller Einwände eine der wichtigsten Quellen zur Geschichte des 20. Juli 1944. Ihre Problematik liegt zum einen in der Tatsache, daß diese Berichte von denjenigen stammen, die ihr ganzes Trachten darauf richteten, die verhafteten Regimegegner zu belasten. Dabei verfolgten sie zugleich politische Ziele, die das Bild des Widerstands noch lange Zeit prägen sollten – etwa, wenn die Regimegegner in den überlieferten Berichten als Angehörige elitärer adeliger Zirkel diffamiert wurden.

Ein weiteres Problem resultiert daraus, daß die oft unter Folter Verhörten die bereits Verurteilten odere Hingerichteten belasteten, weil sie dadurch keine anderen Mitverschwörer in den Verdacht ziehen wollten. Daher sind die sogenannten »Kaltenbrunner-Berichte« als Quelle besonders sorgfältig zu interpretieren. Ferner rückte sehr rasch die langfristige Vorbereitung des Umsturzes in den Blick der Beamten. Sie erkannten zudem, daß die Verschwörer die Pläne zur Niederwerfung eines Aufstandes im Innern für ihre Zwecke genutzt und auf diese Weise einen wirkungsvollen Ansatz für die Selbstbefreiung der Deutschen von der NS-Herrschaft gefunden hatten. Ihr Erfolg hätte den Krieg früher beendet und so das Leben vieler Millionen Menschen gerettet, die nach dem 20. Juli 1944 sterben mußten.

Gerd R. Ueberschär

Der militärische Umsturzplan: Die Operation »Walküre«

Bezeichnenderweise haben nicht nur viele Historiker in ihren Forschungsarbeiten über den 20. Juli 1944 und den Widerstand gegen Hitler, sondern auch viele Hitlergegner selbst in ihren schriftlichen und mündlichen Überlieferungen oder nach Zeugenaussagen betont, daß Wehrmacht und Offizierskorps als *die* entscheidenden Instrumente mit den »nötigen Machtmitteln zum Umsturz« anzusehen waren[1]; denn nur sie verfügten im Falle eines Staatsstreichversuches über die notwendigen Ressourcen für einen direkten Kampf gegen Hitler. Dabei stand allerdings weniger die Frage im Mittelpunkt, inwiefern sich die Verschwörer der Militäropposition über den exakten Ablauf und dessen praktische Durchführung Klarheit verschaffen konnten, obwohl dies gerade für das Gelingen des Umsturzversuches innerhalb des straff organisierten und totalitär kontrollierten NS-Staates von großer Bedeutung war. Tatsächlich waren Bereitstellung und Verfügbarkeit von militärischen Mitteln im Rahmen eines Putschversuches für die an der Spitze der Militäropposition stehenden Offiziere eine zentrale, bereits im voraus zu planende Aufgabe während ihrer Widerstandsbemühungen seit 1938.

Die Suche nach zuverlässigen Truppen für den Militärputsch

Daß die Frage nach einer erfolgversprechenden Vorbereitung des Aufstandsversuches durch die mitbeteiligten Militärs in den ersten Jahren der Hitleropposition ein zentrales Problem war, zeigen insbesondere die wiederholten Bemühungen der an der Opposition gegen Hitler beteiligten Generalstabschefs Ludwig Beck und Franz Halder, eine zuverlässige Truppe für den Umsturz im Raum Berlin in die Hand zu bekommen, ohne daß dies der NS-Führung sogleich auffiel oder deren Mißtrauen hervorrief.

So bemühte sich General Halder im Herbst 1938 in Zusammenarbeit mit General von Witzleben, dem er die militärische Realisierung des Umsturzversuches übertragen hatte, durch Heranziehung der 23. Division unter Generalmajor Graf von Brockdorff-Ahlefeldt im Raum Potsdam und des Infanterieregimentes Nr. 50 unter Oberst Paul von Hase im Raum Landsberg an der Warthe entsprechende Verbände als Ein-

1 Siehe dazu besonders Peter Hoffmann, Widerstand gegen Hitler und das Attentat vom 20. Juli 1944. Probleme des Umsturzes, München-Zürich 1984^{2}, S. 33.

greiftruppen für den geplanten Staatsstreich einsetzen zu können, um zentrale Einrichtungen, Dienststellen, Nachrichtenanlagen und andere wichtige Verwaltungsstellen im Raum Berlin unter Kontrolle zu bekommen[2]. Unklar blieb, ob dafür auch die 1. leichte Infanteriedivision unter dem Kommando des mitverschworenen Generals Hoepner herangezogen werden konnte. Allerdings blieben diese Überlegungen immer wieder unsicher, da das Oberkommando des Heeres die Transportbewegungen oder das Festhalten einzelner Verbände im Raum um Berlin nicht unbemerkt lange aufrechterhalten konnte.

Auch im Rahmen der von General Halder nochmals betriebenen Umsturzplanung im Herbst 1939 erwies sich die Bereitstellung von geeigneten Truppenverbänden der mitverschworenen Befehlshaber als ein besonderes Problem. Da der Befehlshaber des Ersatzheeres, General Friedrich Fromm, seine Teilnahme am Putsch verweigerte, standen damals keine Ausbildungs- und Ersatzverbände der Wehrkreise für einen Umsturz zur Verfügung. Halder mußte sich deshalb auf diejenigen Fronttruppen im Westen stützen, die leicht nach Berlin zu dirigieren waren oder um das jeweilige »Führerhauptquartier« zusammengezogen werden konnten. Für diese Planung war an den Einsatz und die Heranziehung von Einheiten gedacht, die von der noch nicht umkämpften »Westfront« möglichst rasch für den Umsturz in Berlin herangeführt werden sollten. Deshalb versuchte Halders Stellvertreter und Abgesandter, General Karl-Heinrich von Stülpnagel, wiederholt auf mehreren Frontreisen im Westen, sich von der dort bestehenden Bereitschaft zur Beteiligung am Staatsstreich zu überzeugen. Dabei stellten sich aber nur wenige Befehlshaber, wie die Generalobersten von Leeb und von Witzleben, eindeutig zur Verfügung[3]. Letztlich standen somit nur ganz wenige Verbände aus einzelnen Armeen der »Westfront« für einen Umsturz bereit. Es mangelte der Militäropposition unter Halder, Beck, Canaris und Oster im Herbst und Winter 1939/40 in ganz entscheidendem Maße an einsatzbereiten und schlagkräftigen Einheiten, die für die vielfältigen Aufgaben des Umsturzversuches hätten herangezogen werden können.

Diese Situation änderte sich, als Generalleutnant (ab 1. Juni 1940 General der Infanterie) Friedrich Olbricht, der ein entschiedener und energischer Hitlergegner war, im Februar 1940 als neuer Chef des Allgemeinen Heeresamtes unter dem Befehlshaber des Ersatzheeres, General Fromm, neue Möglichkeiten für die rasche Herbeischaffung von Truppen zum Umsturz eröffnete, da er als Vertreter Fromms gegebenenfalls auf das Ersatzheer zurückgreifen konnte[4].

Als es dann zum Jahreswechsel 1941/42 zu intensiven Kontakten zwischen Olbricht und Oster kam, war allerdings die Bereitschaft von Generalstabschef Halder, den Putsch gegen Hitler zu wagen, bereits wieder in erheblichem Maße gesunken. So ist es bezeichnend, daß sich Ulrich von Hassell in seinem Tagebuch Ende März 1942 notierte, mit Generaloberst a. D. Beck sei nun eine neue »Zentrale« für die Opposi-

---

2 Siehe Gerd R. Ueberschär, Generaloberst Franz Halder. Generalstabschef, Gegner und Gefangener Hitlers, Göttingen-Zürich 1991, S. 30f.

3 Siehe ders., General Halder and the Resistance to Hitler in German High Command 1938–1940, in: European History Quarterly, 18 (1988), S. 321ff.; ders. (Anm. 2), S. 39ff.; Georg Meyer (Hrsg.), Generalfeldmarschall Ritter von Leeb. Tagebuchaufzeichnungen und Lagebeurteilungen aus zwei Weltkriegen, Stuttgart 1976.

4 Vgl. Helena P. Page, General Friedrich Olbricht. Ein Mann des 20. Juli, Bonn-Berlin 1992.

tion gegen Hitler konstituiert worden[5]. Daraus wird deutlich, daß sich die Aktionsbasis des militärischen Widerstandes vom OKH-Hauptquartier des Generalstabschefs oder von den Befehlshabern an der Front nunmehr nach Berlin verlagerte und daß von dort aus auch die praktische Durchführung eines Umsturzversuches geleitet werden sollte. Dabei übernahm General Olbricht gleichsam als »Stabschef« der Militäropposition die führende Rolle[6].

Die Heranziehung der »Walküre«-Alarmbefehle für die Umsturzplanung

Nach der verlorenen Schlacht von Stalingrad war es ein vorrangiges Ziel der Militäropposition, die damals bestehenden verschiedenen militärischen Widerstandszentren im OKH, beim Befehlshaber des Ersatzheeres und im Allgemeinen Heeresamt in Berlin, im Stab der Heeresgruppe Mitte an der »Ostfront« um Oberst i. G. von Tresckow und in den Pariser Kommandostäben des Militärbefehlshabers Frankreich, des Oberbefehlshabers West und der Heeresgruppe B besser zu koordinieren und enger zu verknüpfen[7], um dadurch Absprachen für das weitere gemeinsame Vorgehen der Regimegegner zu ermöglichen. In dieser Zeit schrieb Goerdeler mehrere Briefe und Denkschriften an verschiedene Generäle aus dem Umfeld der Militäropposition und drängte darauf, den Staatsstreich gegen Hitler rasch auszuführen, denn die Zahl der Verbrechen des NS-Regimes nehme immer mehr zu[8].

Bei einem Treffen zum Jahresanfang 1943 zwischen Goerdeler, General Olbricht und Oberst Tresckow verständigte man sich, die Verbände des Ersatzheeres für die praktische Durchführung des Umsturzversuches fest einzuplanen. Insbesondere galt es, die Truppeneinheiten im Raum um Berlin durch entsprechende Alarmierungsmaßnahmen heranzuziehen, um die SS-Verbände und sonstige hitlertreuen Stellen in Schach halten sowie den Ausbruch eines Bürgerkrieges verhindern zu können. Olbricht und Tresckow waren überzeugt, die SS überrumpeln zu können, wenn sie mit Hilfe des alarmierten Ersatzheeres rasch über entsprechende Truppen verfügen konnten. Dazu war es nötig, die Alarmorganisation für das gesamte Ersatzheer in Befehlen so vorzubereiten, daß es mit Auslösung des Alarmes in vielen Orten gleichzeitig in Marsch gesetzt werden konnte. Dabei sollten die Regierungsgewalt und -behörden rasch und unmittelbar kontrolliert werden, ohne daß die Kommandeure und Befehlshaber der eingesetzten Verbände die eigentliche Absicht der Verschwörer – nämlich den Sturz der NS-Herrschaft – sofort erkennen konnten.

---

5 Friedrich Freiherr Hiller von Gaertringen (Hrsg.), Ulrich von Hassell, Die Hassell-Tagebücher 1938–1944. Aufzeichnungen vom Andern Deutschland, Berlin 1988, S. 307.

6 Siehe H.P. Page (Anm. 4), S. 205ff.

7 Zu den drei Zentren siehe Peter Hoffmann, Der militärische Widerstand in der zweiten Kriegshälfte 1942–1944/45, in: Militärgeschichtliches Forschungsamt (Hrsg.), Aufstand des Gewissens. Militärischer Widerstand gegen Hitler und das NS-Regime 1933–1945, Herford-Bonn 1987[3], S. 400ff.

8 Dazu Peter Hoffmann, Widerstand, Staatsstreich, Attentat. Der Kampf der Opposition gegen Hitler, München 1969, S. 344; Gerhard Ritter, Carl Goerdeler und die deutsche Widerstandsbewegung, Stuttgart 1984[4], S. 353ff. und S. 359f.

Für diesen Zweck brachte Oberst Tresckow während eines mehrwöchigen Urlaubsaufenthaltes im Sommer 1943 in Berlin die schon von General Olbricht mit Unterstützung von Hermann Kaiser, der als Hauptmann der Reserve im Stab des Chefs der Heeresrüstung und Befehlshabers des Ersatzheeres eingesetzt war, bis zum Frühjahr 1943 vorgenommenen Planungen für den Umsturz in Berlin auf einen aktuellen Stand[9]. Ausgangspunkt waren die bereits von General Olbricht seit Winter 1941/42 vorgeschlagenen und zum Teil bis Mai 1942 ausgearbeiteten sogenannten »Walküre«-Befehle, die das Ersatzheer im Falle »überraschender Bedrohungen« durch Landungen alliierter Fallschirmtruppen oder »sonstige Notstände« alarmieren sollten[10]. Da in der Zwischenzeit mehrfach Ersatzdivisionen (so z.B. bei »Rheingold«-, »Kriemhilde«- und »Brunhilde«-Aktionen) aus dem Bereich des Ersatzheeres in der Heimat als neue Verbände zur Front verlegt worden waren, mußten die Pläne allerdings wiederholt als »Walküre I«- und »Walküre II«-Befehle nachgebessert werden.

Nunmehr wurden die offiziell für das gesamte Ersatzheer bestehenden Alarmmaßnahmen so formuliert und angelegt, daß sie zugleich insgeheim für den Staatsstreich der Verschwörer genutzt werden konnten[11]. Erst mit Hilfe der durch diese »Walküre«-Befehle ausgelösten Alarmmaßnahmen war es möglich, über die sowohl im Raum Berlin als auch in den einzelnen Wehrkreisen stationierten Verbände des Ersatzheeres zu verfügen. Für den gedachten Einsatz beim Umsturz in der Reichshauptstadt standen die dem Stellvertretenden Generalkommando in Berlin unterstellten Einheiten zur Verfügung. Dabei handelte es sich insbesondere um das Berliner Wachbataillon, das Ersatzbataillon des Infanterieregimentes Nr. 9 in Potsdam, die Ersatzeinheiten der Panzertruppenschulen in Krampnitz und Groß-Glienicke, ferner um Einheiten verschiedener Heeresschulen in Döberitz und Potsdam sowie Teile der Division »Brandenburg«, die zum Amt Ausland/Abwehr unter Admiral Canaris gehörte und zeitweilig unter dem Befehl des mitverschworenen Generalmajors von Pfuhlstein stand.

Die neuen Alarmbefehle konnten am 31. Juli 1943 von General Olbricht an die Wehrkreiskommandos herausgegeben werden[12]. Danach hatten die Wehrkreiskommandeure mit Auslösung des Stichwortes »Walküre« aus den Ersatz- und Ausbildungstruppen sowie Schuleinheiten innerhalb weniger Stunden in zwei Alarmstufen einsatzfähige »Kampfgruppen« zu bilden, die »unter Eingliederung aller verfügbaren Waffengattungen« und »Ausnutzung aller verfügbaren Mittel« aufgestellt werden sollten[13].

---

9 Siehe Bodo Scheurig, Henning von Tresckow. Eine Biographie, Oldenburg-Hamburg 1973², S. 162ff.

10 Bundesarchiv-Militärarchiv Freiburg (BA/MA), RH 53-7/v. 995 a und RH 12-21/v. 8: Befehle des Allgemeinen Heeresamtes Nr. 1160/42 vom 13. April 1942 und 1720/42 vom 26. Mai 1942, auch zum Folgenden.

11 Siehe Peter Hoffmann (Anm. 8), S. 357ff.; H. P. Page (Anm. 4), S. 240ff., allerdings ohne Kenntnis der überlieferten Befehle; ebenso Hans Bernd Gisevius, Bis zum bitteren Ende, Hamburg 1961, S. 441ff.

12 BA/MA, RH 53-7/v. 995 b: Chef der Heeresrüstung und Befehlshaber des Ersatzheeres, Allgemeines Heeresamt Ia (I) Nr. 3830/43 vom 31. Juli 1943, abgedruckt in: Hans-Adolf Jacobsen (Hrsg.), Spiegelbild einer Verschwörung. Die Opposition gegen Hitler und der Staatsstreich vom 20. Juli 1944 in der SD-Berichterstattung. Geheime Dokumente aus dem ehemaligen Reichssicherheitshauptamt, Stuttgart 1984, Bd. 1, S. 160ff.

13 Ebenda, Bd. 1, S. 160; weitere Hinweise auf die Befehle auch bei Christian Müller, Oberst i. G. Stauffenberg. Eine Biographie, Düsseldorf 1970, S. 317.

Nachdem Tresckow im Herbst 1943 als Kommandeur eines Infanterieregimentes und danach als Chef des Generalstabes der 2. Armee wieder an die »Ostfront« versetzt wurde, übernahm Oberstleutnant i. G. Claus Schenk Graf von Stauffenberg, der gerade schwer verwundet aus Nordafrika zurückgekehrt war, als neuer Chef des Stabes bei General Olbricht im Allgemeinen Heeresamt in Berlin ab 1. September 1943 die weitere Vervollständigung und Fortschreibung der »Walküre«-Pläne für die eigenen Verschwörerzwecke[14]. Dabei ging es darum, nicht nur die Ersatzeinheiten, sondern auch vorübergehend in die Heimat zur Umgliederung, Neuaufstellung oder Auffrischung verlegte Verbände des Feldheeres in die Alarmplanung »Walküre« einzubeziehen. Gemäß Zusatzbestimmung vom 6. Oktober 1943 hatten diese sich ebenfalls nach den Bestimmungen des »Walküre«-Alarmplanes zur Bekämpfung innerer Unruhen bereitzuhalten und selbständige Kampfgruppen zu bilden. Stauffenberg schuf sich ferner im Februar 1944 die Möglichkeit, nach Bedarf einzelne »Walküre«-Kampfgruppen als besonders verstärkte Grenadierregimenter zusammenziehen zu können, noch bevor der Katalog der gesamten Alarmmaßnahmen eingeleitet worden war, um im Falle des Staatsstreiches ganz rasch auf diese Kampfverbände zurückgreifen zu können[15].

Stauffenberg und Tresckow kannten sich seit 1941; sie wurden nun zusammen mit General Olbricht die wichtigsten Antriebskräfte für die Koordination und Vorbereitung der Verschwörung gegen Hitler. Um seinen Posten im Allgemeinen Heeresamt bei General Olbricht antreten zu können, verschob Stauffenberg sogar eine wichtige Operation für die Anpassung einer künstlichen rechten Hand[16]. Nach seiner schweren Verwundung als Ia-Offizier der 10. Panzerdivision in Nordafrika am 7. April 1943 setzte Stauffenberg in Deutschland seine Planungen eines Attentats gegen Hitler energisch fort. Er nutzte alle Möglichkeiten seiner neuen Stellung als Chef des Stabes bei General Olbricht, der ihm ab 1. Oktober 1943 die weitere Ausarbeitung und Umschreibung der »Walküre«-Maßnahmen für die Verschwörung ermöglichte[17].

Tresckow und die Brüder Claus und Berthold von Stauffenberg entwarfen ferner die ersten politischen Anweisungen und Appelle sowie mehrere Standrechtsverordnungen für den Umsturz. Sie wurden als »Walküre«-Zusatzbefehle von bekannten und mitverschworenen Sekretärinnen insgeheim abgefaßt und teilweise von Generalfeldmarschall Witzleben, der als langjähriger Beteiligter der Militäropposition beim Umsturz den Oberbefehl über die gesamte Wehrmacht übernehmen sollte, im Frühherbst 1943 bereits im voraus unterzeichnet[18]. Zwar war Witzleben inzwischen verabschiedet, doch er galt als ein zuverlässiger Hitlergegner, der nach wie vor Respekt und Ansehen in der Wehrmacht besaß.

---

14 Siehe P. Hoffmann (Anm. 8), S. 360.

15 Siehe H.-A. Jacobsen (Anm. 12), S. 165f.

16 Vgl. dazu nun die neuere Biographie von Peter Hoffmann, Claus Schenk Graf von Stauffenberg und seine Brüder, Stuttgart 1992; siehe ferner Joachim Kramarz, Claus Graf Stauffenberg. 15. November 1907–20. Juli 1944. Das Leben eines Offiziers, Frankfurt am Main 1965; Chr. Müller (Anm. 13); Kurt Finker, Stauffenberg und der 20. Juli 1944, Berlin (Ost) 1967/1989[7]; Wolfgang Venohr, Stauffenberg. Symbol der deutschen Einheit. Eine politische Biographie, Frankfurt am Main 1986, auch zum Folgenden.

17 Siehe Friedrich Georgi, »Wir haben das Letzte gewagt ...« General Friedrich Olbricht und die Verschwörung gegen Hitler. Der Bericht eines Mitverschworenen, Freiburg 1990, S. 74ff.; vgl. auch H. P. Page (Anm. 4).

18 Dazu P. Hoffmann (Anm. 8), S. 37; Fabian von Schlabrendorff, Offiziere gegen Hitler, Frankfurt am Main 1962, S. 108 (Neuausgabe Berlin 1984).

Die Hoffnung von Tresckows, mit Hilfe des Oberbefehlshabers der Heeresgruppe Mitte oder eines anderen Feldmarschalls dem Ersatzheer in der Heimat die nötigen Befehle für die Operation »Walküre« geben zu können, war jedoch nicht zu realisieren. Deshalb bemühte man sich mehrmals um Generaloberst Fromm, der als Chef der Heeresrüstung und Befehlshaber des Ersatzheeres die befehlsgebende Stelle für das Ersatzheer war und im Falle der Verhinderung Hitlers das Stichwort für »Walküre« ausgeben konnte. Er wollte sich jedoch erst im Falle eines gelungenen Staatsstreiches den Verschwörern zur Verfügung stellen[19]. Ob er ahnte, daß die »Walküre«-Befehle für den Umsturzversuch umgeschrieben wurden, läßt sich nicht exakt feststellen. Sollte sich Fromm weiterhin verweigern, mußten Olbricht und Stauffenberg gegen dessen Befehl das Stichwort – gleichsam unbefugterweise – erteilen[20].

Mit Hilfe seiner vielfältigen Kontakte fand Stauffenberg in Major i. G. Ulrich von Oertzen und Major i. G. Peter Sauerbruch, dem Sohn des bekannten Berliner Chirurgen, tatkräftige Unterstützung – insbesondere durch Sauerbruch, der ab Ende 1943 im Allgemeinen Heeresamt Dienst tat und noch im Februar und März 1944 einen Krankenurlaub in Berlin nutzte, um bei der Ausarbeitung der »Walküre«-Pläne für den Staatsstreich behilflich zu sein[21].

Während der intensiven Planung eines militärischen Staatsstreiches im Rahmen der bestehenden »Walküre«-Befehle als Basis für den gewaltsamen Sturz der NS-Herrschaft wurde deutlich, daß es für die Offiziere sehr wichtig und konstitutiv war, durch den herbeigeführten Tod des Diktators einen eidfreien Zustand zu erreichen, um dadurch vorhandene Bedenken gegen den Coup d'etat auszuräumen. Deshalb sah die Staatsstreich-Planung Tresckows vor, »die ›inneren Unruhen‹, die die Auslösung der ›Walküre‹-Befehle und die Übernahme der vollziehenden Gewalt durch das Ersatzheer rechtfertigen sollten«[22], durch ein Attentat auf Hitler erst selbst herbeizuführen; zugleich mit dem Tod des Diktators sollte dann der militärische Umsturz begonnen werden.

Unter der Leitung Tresckows, Olbrichts und Stauffenbergs wurden die geheimen »Walküre«-Befehle folglich so abgefaßt, daß damit nicht nur militärische Alarmmaßnahmen gegen mögliche »innere Unruhen« der vielen ausländischen Arbeitskräfte und Kriegsgefangenen oder gegen alliierte Fallschirmjägerlandungen im Heimatgebiet für die Wach-, Schul- und Ausbildungstruppen des Ersatzheeres eingeleitet werden konnten, sondern daß man damit auch die Regierungsgewalt im Reich übernehmen konnte[23]. Mit der Herausgabe des Stichwortes »Walküre« sollten folglich unter Hinweis auf Hitlers Tod und das angebliche Vorgehen von »frontfremden Parteikreisen« in allen Wehrkreisen die Partei-, SS-, Gestapo-, SD- und andere Dienststellen der NSDAP und des Regimes besetzt und ausgeschaltet werden; ferner sollten wichtige Rundfunk-, Telefon-, Telegraphie- und sonstige Verbindungseinrichtungen übernommen werden. Dabei war vorgesehen, sämtliche NSDAP-»Gauleiter«, »Reichsstatthalter«, »Höhere SS- und Polizeiführer« sowie die Leiter

---

19 Siehe P. Hoffmann (Anm. 8), S. 355f.
20 Siehe H. P. Page (Anm. 4), S. 246.
21 Staatsarchiv Nürnberg, Rep. 502/VI/515: Aussage von Peter Sauerbruch; ebenso Mitteilung von Gräfin Stauffenberg an den Verfasser vom 24. Februar 1987, Privatbesitz d. Verf.
22 P. Hoffmann (Anm. 7), S. 411; siehe ders. (Anm. 8), S. 355ff.
23 Siehe P. Hoffmann (Anm. 7).

von Gestapo-, SS- und SD-Dienststellen und anderen Parteistellen zu verhaften; ebenso sollten die Konzentrationslager alsbald unter die Kontrolle der Verschwörer gebracht werden.

Im nachhinein stellte der Chef des Reichssicherheitshauptamtes, SS-Obergruppenführer Kaltenbrunner, in seinen Berichten an Hitler anerkennend fest: »Insgesamt ergibt sich, daß der ›Walküre‹-Plan in seinem von Stauffenberg und der Verschwörerclique gedachten Verwendungszweck raffiniert getarnt war. Bei mündlichen Erörterungen ist zwar auf die innerpolitische Zielsetzung immer wieder hingewiesen worden, doch deckten sich die Verschwörer ständig mit der Behauptung ab, daß bei dem außerordentlich starken Einsatz ausländischer Arbeitskräfte ein Aufstand und Unruhen im Bereich der Möglichkeit lägen.«[24]

Zudem hatten eingeweihte Verbindungsoffiziere in den 18 stellvertretenden Generalkommandos der einzelnen Wehrkreise und im besetzten Paris Sorge zu tragen für die Beachtung und Ausführung der entsprechenden »Walküre«-Befehle. Zivile Vertrauensleute sollten als politische Beauftragte der neuen Regierung die regionalen und örtlichen Partei- und Verwaltungsinstitutionen überwachen bzw. deren Maßnahmen zugunsten des Umsturzes und der Wiederherstellung der früheren verfassungsmäßigen und rechtsstaatlichen Verhältnisse lenken. Eine Liste dieser »Politischen Beauftragten« in den Regionen wurde auf ausdrücklichen Wunsch von Beck im Herbst 1943 von seiten Goerdelers und anderer ziviler Verschwörer zusammengestellt, obwohl die namentliche Fixierung dieser Personen aus den verschiedenen Widerstandsgruppen schwierig war und die Verteilung des Schriftstückes die Gefahr der Aufdekkung durch die Gestapo mit sich bringen konnte[25]. Um die fortlaufende ergänzende Bereit- und Zusammenstellung dieser »Politischen Beauftragten« aus zivilen Verschwörerkreisen kümmerten sich insbesondere Carl Goerdeler, Jakob Kaiser, Wilhelm Leuschner und Fritz-Dietlof Graf von der Schulenburg[26]. Damit diese »Beauftragten« nicht alle als Mitwisser direkt gefährdet wurden, waren sie in unterschiedlichem Maße und nicht detailliert oder umfassend in das Vorhaben und die Ziele der Verschwörer eingeweiht.

Zur gleichen Zeit konnten die Vorbereitungen für die nachrichtendienstliche Blockade des »Führerhauptquartiers« für den Fall des Attentats fortgesetzt und abgeschlossen werden. Sie war für das Gelingen der »Walküre«-Pläne unerläßlich. Unter der Leitung des mitverschworenen Chefs des Wehrmacht-Nachrichten-Verbindungswesens, General Erich Fellgiebel, der zugleich Chef des Heeres-Nachrichtenwesens im OKH war, und seiner beiden Stabschefs, Generalleutnant Fritz Thiele und Oberst Kurt Hahn, sollten die Fernsprech-, Fernschreib- und Funkverbindungen »im Sinne der Verschwörung« sichergestellt[27] und für alle anderen Benutzer abgeschaltet werden, sobald das Attentat stattgefunden hatte. General Fellgiebel vertraute darauf, bei Auslösung der »Walküre«-Maßnahmen auf dem Befehlswege eine entsprechende vorübergehende Sperre des »Führerhauptquartiers« zur Außenwelt erreichen zu können, obwohl er zuvor keine exakten Vorbereitungen mit möglichen Helfern und Technikern vornehmen konnte.

24 H.-A. Jacobsen (Anm. 12), S. 158.
25 Vgl. die Listen der zivilen Vertrauensleute (der »Politischen Beauftragten«) in: H.-A. Jacobsen (Anm. 12), S. 26–28, 50–53, 76–82; siehe ferner G. Ritter (Anm. 8), S. 620f.
26 Siehe G. Ritter (Anm. 8), S. 372f., abgedruckt bei P. Hoffmann (Anm. 8), S. 440f.
27 P. Hoffmann (Anm. 8), S. 398.

Nachdem mit Fertigstellung der »Walküre«-Pläne ein geeignetes Instrumentarium für den Ablauf des Staatsstreiches zur Verfügung stand, das es den Verschwörern in Berlin gestattete, Auslösemechanismus und Verlauf des Putsches selbst zu steuern, galt das vordringliche Bemühen der Offiziere um Tresckow und Stauffenberg der Suche nach dem geeigneten Attentäter und der günstigsten Anschlagsmöglichkeit für den »Tyrannenmord«. Es bestand kaum Aussicht, einen erfolgreichen Anschlag auf Hitler bei einem seiner wenigen öffentlichen Auftritte ausführen zu können. Als günstigste Gelegenheit bot sich an, einen Anschlag auf den Diktator in seinem jeweiligen »Hauptquartier« durch einen Attentäter aus dem inneren Kreis der Beteiligten an den jeweiligen »Führerbesprechungen« vorzunehmen. Da Stauffenberg als Chef des Stabes im Allgemeinen Heeresamt keinen Zugang zu Hitlers Lagebesprechungen hatte, dachte man vorübergehend an die beiden Mitverschwörer Oberst i. G. Helmut Stieff von der Organisationsabteilung und Oberst d. G. Joachim Meichßner aus dem Wehrmachtführungsstab. Beide zögerten jedoch und lehnten schließlich ab[28]. Danach wurden in den folgenden Wochen mehrere Pläne eines Pistolenattentates durch andere Offiziere entwickelt. Sie führten jedoch alle nicht zum Erfolg.

Währenddessen wurde der Ausbau des Kontaktnetzes der Vertrauensleute in den Wehrkreiskommandos tatkräftig fortgesetzt, soweit die Liste vom Oktober 1943 noch nicht für alle Wehrkreise vollständig war. General Olbricht und Oberst Stauffenberg bemühten sich noch im Juli 1944, weitere Verbindungsoffiziere für die Verschwörung zu gewinnen, um möglichst in allen 18 Wehrkreisen am Stichtag eingeweihte Vertrauensleute zu haben, denen man die Durchsetzung der »Walküre«-Befehle aus der Berliner Zentrale des Ersatzheeres zutrauen konnte; gleichwohl war dies dann doch nicht für alle Wehrkreise möglich[29].

Die Operation »Walküre« am 15. und 20. Juli 1944

Schließlich bot sich durch die Beförderung und Versetzung Stauffenbergs eine neue Chance für die Durchführung des Anschlages auf Hitler. Als Stauffenberg, seit Juni 1944 Oberst i. G., am 1. Juli 1944 offiziell die Stellung des Chefs des Stabes beim Chef der Heeresrüstung und Befehlshaber des Ersatzheeres, Generaloberst Fromm, übernahm[30], eröffnete sich ihm die Chance, gelegentlich Zugang zu Hitlers Lagebesprechungen auf dem Obersalzberg oder im »Führerhauptquartier« in Rastenburg zu erhalten. Er hatte dadurch die Möglichkeit, die dort sorgsam angelegten Sicherheitsmaßnahmen von innen umgehen zu können, zumal angesichts der zahlreichen Sperrkreise, starken Begleitkommandos und Wacheinheiten für den Diktator[31] an einen erfolgreichen Angriff von außen nicht zu denken war. Zudem konnte Stauffenberg als Stabschef Fromms an dessen Stelle die »Walküre«-Befehle auslösen.

Die neue, relativ freie Zugangsmöglichkeit bestärkte Stauffenberg in seinem Entschluß, das Attentat selbst auszuführen, obwohl er nach seiner schweren Verwun-

---

28 Siehe P. Hoffmann (Anm. 8), S. 378ff.
29 Vgl. die Liste der Offiziere und Vertrauensleute in Wehrkreisen in: ebenda, S. 431f.
30 Ab dem 20. Juni 1944 tat er bereits Dienst bei Fromm.
31 Siehe dazu detailliert Peter Hoffmann, Die Sicherheit des Diktators. Hitlers Leibwachen, Schutzmaßnahmen, Residenzen, Hauptquartiere, München-Zürich 1975, S. 205ff.

dung in Nordafrika durch den Verlust eines Auges, der rechten Hand und zweier Finger der linken Hand ein erhebliches physisches Handikap hatte, so daß ein Pistolenattentat gar nicht möglich war. Zudem war es ein Risiko für den Ablauf des Staatsstreiches im Rahmen der »Walküre«-Pläne, daß Stauffenberg – bedingt durch die persönliche Ausführung des Attentates in Ostpreußen – möglicherweise viel zu spät oder überhaupt nicht nach Berlin zurückfliegen konnte, um dort als Stabschef von Generaloberst Fromm die Auslösung und Durchführung des »Walküre«-Alarms sowie die vielfach zu entscheidenden Anordnungen während der Alarmierungsmaßnahmen zu betreiben und zu überwachen.

Die ersten Gelegenheiten für Stauffenberg boten sich am 6., 11. und 15. Juli, als er über personelle Neuaufstellungen des Ersatzheeres und die Mobilisierung von »Sperrdivisionen« für die »Ostfront« bei Sonderbesprechungen mit Hitler vortragen sollte[32]. Schon am 6. Juli nahm Stauffenberg den Sprengstoff mit zum Berghof bei Berchtesgaden. Offensichtlich hoffte er, der Mitverschwörer Generalmajor Stieff könnte ihn an diesem oder am nächsten Tage bei der Vorführung neuer Ausrüstungsgegenstände vor Hitler in Schloß Kleßheim zünden; Stieff vermochte dies aber nicht. Dadurch mußte Stauffenberg den Anschlag am 11. und 15. Juli selbst versuchen. Nach den Vorstellungen mehrerer Verschwörer sollten bei dem beabsichtigten Sprengstoffattentat nicht nur Hitler, sondern auch Himmler und Göring getötet werden. Da jedoch Himmler und Göring an diesen Tagen nicht im »Führerhauptquartier« anwesend waren und Stauffenberg zudem schwerlich Gelegenheit fand, allein in einem separaten Raum den Zeitzünder der mitgebrachten Sprengstoffladungen einzustellen, unterließ er das Attentat, obwohl Stauffenbergs Nachfolger als Stabschef im Allgemeinen Heeresamt, Oberst i.G. Albrecht Ritter Mertz von Quirnheim, im Einvernehmen mit General Olbricht am 15. Juli bereits während Stauffenbergs Abflug zum »Führerhauptquartier Wolfschanze« in Ostpreußen für die Heeresschulen im Berliner und Potsdamer Raum die »Walküre«-Marschbereitschaft angeordnet hatte.

Offensichtlich verlor General Stieff am 15. Juli die Nerven und trug Stauffenbergs Tasche mit dem Sprengstoff aus dem Besprechungsraum heraus, während dieser gerade mit Berlin telefonierte, um doch noch freies Handeln für das Attentat zu erlangen[33]. Zudem dauerte die Besprechung mit Hitler nur kurze Zeit. Nur mit Mühe gelang es dann Olbricht und Mertz von Quirnheim, die befohlene »Walküre«-Alarmierung der Truppen als »gewöhnliche Übung« hinzustellen. Zum Glück fiel die Alarmierung nicht weiter auf[34]. Danach waren Stauffenberg und Mertz von Quirnheim allerdings entschlossen, bei der nächsten Gelegenheit auf das Fehlen von Göring oder Himmler keine Rücksicht mehr zu nehmen und »auch ohne Zustimmung ihrer Mitverschworenen zu handeln«[35].

Am 20. Juli war Stauffenberg wieder in Hitlers Hauptquartier »Wolfschanze« bei Rastenburg, um erneut über die Aufstellung von »Sperrdivisionen« vorzutragen. Auch dieses Mal waren Göring und Himmler nicht anwesend. Gleichwohl setzte Stauffenberg zusammen mit seinem Ordonnanzoffizier, Oberleutnant Werner von

32 Siehe P. Hoffmann (Anm. 16), S. 407; ders. (Anm. 1), S. 44.
33 Siehe P. Hoffmann (Anm. 16), S. 417f.
34 Siehe H.-A. Jacobsen (Anm. 12), S. 158; H. P. Page (Anm. 4), S. 272ff.
35 P. Hoffmann (Anm. 16), S. 419f.

Haeften, in einer Pause zwischen mehreren Vorgesprächen den Zeitzünder in Gang[36]. Allerdings wurden sie dabei gestört, da man Stauffenberg zur Eile drängte, so daß er nur dazu kam, die Hälfte des mitgeführten Sprengstoffes zu zünden. Den zweiten Teil ließ er bei seinem Ordonnanzoffizier von Haeften zurück, der ihn später bei der Rückfahrt nach Berlin aus dem Auto warf. Den Sprengstoff versteckte Stauffenberg in seiner Aktentasche und ließ die Tasche beim Betreten der Besprechungsbaracke am Kartentisch in der Nähe Hitlers, der die Lagebesprechung seit 12.30 Uhr bereits leitete, abstellen[37]. Danach verließ Stauffenberg wieder den Raum unter dem Vorwand, nochmals telefonieren zu müssen. Von General Fellgiebels Arbeitsraum beobachtete er die Zündung des Sprengstoffs. Etwa um 12.45 Uhr detonierte Stauffenbergs Bombe. Die Explosion war jedoch zu schwach, um Hitler zu töten. Der Diktator wurde nur leicht verletzt.

Da Fellgiebel und Stauffenberg die gleichwohl sehr heftige Detonation und die schweren Zerstörungen an der Baracke beobachteten, nahmen sie an, Hitler sei tot. Stauffenberg und Haeften gelang es danach, trotz ausgelöster Alarmierung aus dem »Führerhauptquartier« herauszukommen[38] und nach Rangsdorf zurückzufliegen. Beide kamen erst fast vier Stunden nach dem Attentat in der Bendlerstraße in Berlin an. Dort hatten Olbricht und Mertz von Quirnheim allerdings aufgrund mittlerweile aus Ostpreußen eingegangener widersprüchlicher Meldungen über Hitlers Überleben nach dem Attentat zuerst überhaupt keine und dann nur eine Teil-Alarmierung für »Walküre« ausgelöst, so daß nur die »Walküre«-Truppen der Panzerschule in Krampnitz nach Berlin zur Aufklärung gegen die SS-Kasernen in Lichterfelde und Lankwitz befohlen wurden. Dabei wies General Olbricht jedoch ausdrücklich darauf hin, daß nicht geschossen werden dürfe[39]. Erst nach einem Telefonat mit Stauffenberg in Rangsdorf und dessen Versicherung, Hitler könne die Detonation nicht überlebt haben, gaben General Olbricht und Oberst Mertz von Quirnheim die gesamten »Walküre«-Alarmierungsbefehle sowohl an den mitverschworenen General von Hase, den Stadtkommandanten von »Groß-Berlin« als auch an die übrigen Wehrkreise heraus.

Sie proklamierten nunmehr den Tod Hitlers und befahlen die Einleitung der vollständigen Mobilisierungsmaßnahmen gemäß »Walküre«[40]. Dabei konnten sie aber Generaloberst Fromm nicht bewegen, auf der Seite der Verschwörer mitzuwirken. Fromm mußte vielmehr von Olbricht und Stauffenberg, der um 16.30 Uhr in der Bendlerstraße eintraf, verhaftet werden. An seine Stelle als Befehlshaber des Ersatzheeres und Verantwortlicher für die weiteren »Walküre«-Maßnahmen trat der 1942 von Hitler willkürlich entlassene Generaloberst Hoepner[41].

Sehr bald zeigte sich aber, daß die Verschwörer in der Bendlerstraße den Wettlauf um die rasche Übernahme der vollziehenden Gewalt im Reich, der durch Auslösung der »Walküre«-Befehle von Berlin und Widerruf der Befehle von Rastenburg ent-

---

36 Siehe P. Hoffmann (Anm. 1), S. 77ff.
37 Die rekonstruierte Skizze in: Militärgeschichtliches Forschungsamt (Anm. 7), S. 157.
38 Zum Folgenden P. Hoffmann (Anm. 16), S. 426ff.; ders. (Anm. 1), S. 82ff.
39 Briefwechsel Oberst a.D. Wolfgang Glaesemer mit Oberstleutnant a.D. Werner Rode vom 30. Mai 1986 bis 10. Juni 1986 und jeweils mit dem Verf. sowie Dr. Wiggershaus bis 2. September 1986 bzw. 7. November 1988, alle Privatbesitz d. Verf.
40 Faksimileabdruck in: Militärgeschichtliches Forschungsamt (Anm. 7), S. 161–164.
41 Siehe Heinrich Bücheler, Hoepner. Ein deutsches Soldatenschicksal des 20. Jahrhunderts, Herford 1980, S. 184f.

stand, aufgrund der kommunikationstechnisch nur für kurze Zeit unterbrochenen Befehlsstränge aus dem »Führerhauptquartier« immer mehr verloren. Am späten Abend war der Staatsstreichversuch der Verschwörer unter der Führung Stauffenbergs gescheitert und die Operation »Walküre« niedergeschlagen.

Rückschauend zeigt sich insgesamt, daß es ohne den Tod Hitlers doch nicht möglich war, die »Walküre«-Maßnahmen erfolgreich als Instrument für den militärischen Umsturzversuch von oben einzusetzen und zu nutzen. Der Plan war zweifellos genial. Er offenbarte allerdings seine Schwäche in dem Moment, als es nicht gelang, Hitler zu töten, da er auf das starre System von Befehl und Gehorsam aufgebaut war, das dann aufgrund des Überlebens des Diktators nicht durchbrochen werden konnte.

HEINRICH WALLE

Der 20. Juli 1944. Eine Chronik der Ereignisse von Attentat und Umsturzversuch

Attentat und Umsturzversuch vom 20. Juli 1944 waren trotz des Umstandes, daß die entscheidenden Maßnahmen der Verschwörer von Soldaten durchgeführt worden sind, kein Militärputsch. Die Soldaten unter den Verschwörern handelten dort, wo ihre zivilen Mitverschwörer in ihrer Stellung und Funktion noch keine Gelegenheit hatten. In der Regierung Beck/Goerdeler sollten Soldaten nur die Aufgaben übernehmen, die ihnen aus fachlichen Gründen zustanden.

Der Attentäter, Claus Schenk Graf von Stauffenberg, war lediglich als Staatssekretär im Kriegsministerium vorgesehen. General der Infanterie Friedrich Olbricht, seit 1938 im Widerstand gegen Hitler und das NS-Regime aktiv, hatte in seiner Funktion als Chef des Allgemeinen Heeresamtes Pläne zur Niederschlagung von inneren Unruhen und Aufständen von Zwangsarbeitern 1943/1944 ausarbeiten lassen.

Diese unter dem Stichwort »Walküre« auszulösenden Alarmmaßnahmen hatte er als Tarnung von Aktionen vorgesehen, mit denen die Verschwörer die vollziehende Gewalt im Deutschen Reich an sich bringen wollten, um die nationalsozialistischen Machthaber zu entmachten und einen Umsturz »im Reich« und »an der Front« durchzuführen. Eine zivile Gegenregierung mit Generaloberst z.V. Ludwig Beck als Reichspräsident und Carl Friedrich Goerdeler als Reichskanzler sollte »die Majestät des Rechts« wiederherstellen. Damit haben sich die Soldaten unter den Verschwörern eindeutig zu dem von Clausewitz geforderten »Primat der Politik« bekannt, aber auch neue Wege des soldatischen Selbstverständnisses beschritten, wie sie dann zwölf Jahre später in der Bundeswehr unter dem Leitwort »Staatsbürger in Uniform«, d.h. mit der Integration der Streitkräfte in der Gesellschaft, verwirklicht werden sollten.

Wichtigste Ursache für das Scheitern des Umsturzversuches dürfte die Tatsache gewesen sein, daß Hitler das Attentat nur leicht verletzt überlebte. Damit fühlten sich viele Soldaten, die unter Umständen bereit gewesen wären, sich dem Umsturz anzuschließen, immer noch durch ihren Eid auf Hitler gebunden, zum anderen entfiel damit auch die Grundlage für die Auslösung von »Walküre«.

Ein weiterer nicht weniger bedeutsamer Grund muß in der Tatsache gesehen werden, daß es den Verschwörern nicht gelungen war, die Nachrichtenverbindungen zum »Führerhauptquartier Wolfschanze« zu unterbrechen. So konnten einmal Meldungen vom Überleben Hitlers an die verschiedenen Dienststellen und an die Öffentlichkeit durchgegeben werden, zum anderen wurden vom »Oberkommando der Wehrmacht«, dessen Spitze sich im »Führerhauptquartier Wolfschanze« befand, oft bereits die Gegenbefehle an die jeweiligen militärischen Einheiten früher abgegeben als die von den Verschwörern ausgelösten Alarmbefehle.

Der Umstand, daß es den Verschwörern nicht gelang, sich die Verfügungsgewalt über die Medien zu sichern, muß ebenfalls als wichtige Ursache für das Scheitern angesehen werden. Mit demagogischem Geschick verstand es der Reichspropagandaminister Joseph Goebbels, vor allem durch wiederholt noch am 20. Juli 1944 ausgestrahlte Rundfunkmeldungen und dann durch die Zeitungen seit dem 21. Juli 1944, Attentat und Umsturzversuch propagandistisch als verbrecherische Handlung einiger weniger darzustellen. Die damals von der nationalsozialistischen Propaganda verbreiteten Klischees der Diffamierung des Widerstandes gegen das NS-Regime sollten noch jahrzehntelang virulent bleiben.

Im folgenden werden die zahlreichen Einzelaktionen in Ostpreußen, in Berlin, Paris, Wien und Prag von Attentat und Umsturzversuch als chronologische Fakten eines komplexen Geschehens auf der Zeitachse vom 20. Juli 1944 6 Uhr bis zum 21. Juli 1944 3 Uhr dargestellt[1].

Donnerstag, 20. Juli 1944:

6.00 Uhr: Berlin: Kurz nach 6.00 Uhr fährt Oberst i. G. Claus Schenk Graf von Stauffenberg, Chef des Stabes beim Befehlshaber des Ersatzheeres, von seiner Wohnung in der Tristanstraße 8 in Berlin-Nikolassee zum Flughafen Rangsdorf.
7.00 Uhr: Berlin: Gegen 7.00 Uhr trifft er sich dort mit seinem Adjutanten, Oberleutnant Werner von Haeften, und fliegt mit ihm zusammen nach Rastenburg in Ostpreußen.
Früher Vormittag: Paris: Oberst i. G. Eberhard Finckh, der Stellvertreter des Chefs des Stabes beim Oberbefehlshaber West, Generalfeldmarschall Günther von Kluge, erhält vom Generalquartiermeisteramt des Oberkommandos des Heeres in Zossen das Stichwort »Übung« übermittelt, womit die Durchführung des Attentates gegen Hitler für den 20. Juli 1944 angekündigt wird. Ebenfalls wird Oberstleutnant Cäsar von Hofacker aus dem Stab des Militärbefehlshabers von Frankreich unterrichtet.

---

1 Die Zusammenstellung beruht auf Materialien des Militärgeschichtlichen Forschungsamtes Freiburg und der Gedenkstätte Deutscher Widerstand Berlin. Herangezogen wurden auch: Kurt Finker/Annerose Busse, Stauffenberg und der 20. Juli 1944, Berlin (Ost) 1984; Peter Hoffmann, Die Sicherheit des Diktators. Hitlers Leibwachen, Schutzmaßnahmen, Residenzen, Hauptquartiere, München 1975; ders., Widerstand, Staatsstreich, Attentat. Der Kampf der Opposition gegen Hitler, München 1985; ders., Claus Schenk Graf von Stauffenberg, Stuttgart 1992; Hans-Adolf Jacobsen (Hrsg.), »Spiegelbild einer Verschwörung«. Die Opposition gegen Hitler und der Staatsstreich vom 20. Juli 1944 in der SD-Berichterstattung. Geheime Dokumente aus dem ehemaligen Reichssicherheitshauptamt, Stuttgart 1984; Joachim Kramarz, Claus Graf Stauffenberg. 15. November 1907–20. Juli 1944. Das Leben eines Offiziers, Frankfurt am Main 1965; Gerhard Ritter, Carl Goerdeler und die deutsche Widerstandsbewegung, Stuttgart 1984; Bodo Scheurig, Claus Graf Schenk von Stauffenberg, Berlin 1964; ders., Henning von Tresckow. Eine Biographie, Oldenburg und Hamburg 1973; Eberhard Zeller, Geist der Freiheit. Der 20. Juli, München 1963; Kriegstagebuch des Oberkommandos der Wehrmacht (Wehrmachtführungsstab) 1940–1945. Geführt von H. Greiner und P. E. Schramm. Im Auftrag des Arbeitskreises für Wehrforschung hrsg. von P. E. Schramm, Frankfurt am Main 1965.

9.00 Uhr: Frankreich: Der Oberbefehlshaber West, Generalfeldmarschall Kluge, befindet sich seit 9.00 Uhr im Wald östlich von St. Pierre-Dives auf einer bis zum Nachmittag dauernden Befehlshaberbesprechung.
10.00 Uhr: »Führerhauptquartier Wolfschanze« bei Rastenburg in Ostpreußen: Gegen 10.15 Uhr treffen Stauffenberg und Haeften auf dem Flugplatz des »Führerhauptquartiers« beim Gut Wilhelmsdorf mit dem Flugzeug aus Berlin ein. Sie fahren mit einem Pkw über die Landstraße zum »Führerhauptquartier« und passieren die westliche Wache.
Gegen 10.30 Uhr frühstücken Stauffenberg und Haeften vor dem Kasino im Sperrkreis II mit Rittmeister Leonhard von Möllendorff, dem Adjutanten des Kommandanten des »Führerhauptquartiers«, sowie anderen Offizieren. Es ist ein heißer Sommertag.
11.00 Uhr: »Führerhauptquartier Wolfschanze«: Gegen 11.00 Uhr findet in der Baracke des Chefs des Wehrmachtführungsstabes im Oberkommando der Wehrmacht im Sperrkreis I eine Dienstbesprechung statt. Teilnehmer sind außer Stauffenberg und seinem Adjutanten, General der Infanterie Walther Buhle, Chef des Heeresstabes beim Oberkommando der Wehrmacht und Generalleutnant Henning von Thadden, Befehlshaber im Wehrkreis I (Königsberg).
Gegen 11.00 Uhr: Berlin: Wolf Heinrich Graf von Helldorf , Polizeipräsident von Berlin, führt mit Regierungsrat Hans Bernd Gisevius im Polizeipräsidium ein Gespräch.
Gegen 11.30 Uhr: »Führerhauptquartier Wolfschanze«: Stauffenberg meldet sich beim Chef des Oberkommandos der Wehrmacht, Generalfeldmarschall Wilhelm Keitel. Zwischen 11.30 Uhr und 12.00 Uhr findet in den einzelnen Sperrkreisen die Wachablösung statt.
12.00 Uhr: Berlin: Kurz nach 12.00 Uhr wird der Stadtkommandant von Berlin, Generalleutnant Paul von Hase, von Major i. G. Egbert Hayessen über das beabsichtigte Attentat informiert. Gegen 12.30 Uhr fordert Generalleutnant Hase auf Befehl des Chefs des Stabes beim Allgemeinen Heeresamt, Oberst i. G. Albrecht Ritter Mertz von Quirnheim, beim Berliner Polizeipräsidenten acht bis zehn Kriminalbeamte an, die über die Lage in den verschiedenen Ministerien informiert sind.
In der Bendlerstraße finden sich von den Verschwörern u. a. ein: Hauptmann Ulrich-Wilhelm Graf Schwerin von Schwanenfeld, Generaloberst Erich Hoepner sowie etwas später Polizeivizepräsident Fritz-Dietlof Graf von der Schulenburg, Oberregierungsrat Peter Graf Yorck von Wartenburg, Eugen Gerstenmaier und Marineoberstabsrichter Berthold Schenk Graf von Stauffenberg.
»Führerhauptquartier Wolfschanze«: Kurz vor 12.30 Uhr begeben sich Stauffenberg und Haeften unter dem Vorwand, sich für die Lagebesprechung bei Hitler frischmachen und das Hemd wechseln zu wollen, in das Schlafzimmer von Keitels Adjutanten, Major Ernst John von Freyend.
Hier aktiviert Stauffenberg, dem infolge einer Kriegsverletzung ein Auge, die rechte Hand und an der linken Hand zwei Finger fehlen, mit einer kleinen Spezialzange den Zeitzünder für die Sprengladung. Es ist sein dritter Attentatsversuch (der erste fand am 11. 7., der zweite am 15. 7. statt). Es gelingt Stauffenberg und Haeften, der ihm beim Wechseln des Hemdes hilft, nur bei einer der beiden vorgesehenen 1 kg-Sprengladungen die die Zündung auslösende Säurekapsel zu zerdrücken. Nach dem Scharfmachen der ersten Ladung und deren Unterbringung in Stauffenbergs Aktentasche

werden sie von Oberfeldwebel Werner Vogel gestört, der sie zur Lagebesprechung ruft. Die zweite Sprengladung verbleibt in Haeftens Aktentasche.

Stauffenberg geht zu Fuß zu der 400 m von dem Gebäude des Chefs des Oberkommandos der Wehrmacht gelegenen Lagerbaracke. Die »Führerlagebesprechung« hat soeben begonnen. Generalleutnant Adolf Heusinger hält einen Vortrag über die Lage an der »Ostfront«.

12.37 Uhr: »Führerhauptquartier Wolfschanze«: Keitel stellt Stauffenberg Hitler vor und meldet, daß dieser über den Einsatz von »Sperrdivisionen« berichten werde. Stauffenberg stellt die Tasche mit dem Sprengstoff in die Nähe Hitlers rechts neben den rechten Tischsockel und verläßt dann unter dem Vorwand, telephonieren zu müssen, den Raum. Die Tasche unmittelbar neben Hitler links vom rechten Tischsockel abzustellen, ist ihm wegen des Gedränges in dem kleinen Besprechungsraum, wo sich außer ihm noch 24 Personen befinden, nicht möglich.

Gegen 12.40 Uhr: »Führerhauptquartier Wolfschanze«: Stauffenberg verläßt den »Führersperrkreis« und eilt zum Zimmer des Wehrmachtnachrichtenoffiziers in der Adjutantur der Wehrmacht beim »Führer«, Oberstleutnant Ludolf Gerhard Sander. Dort wartet Haeften auf ihn, und hier trifft er auch auf den General der Nachrichtentruppe Erich Fellgiebel. Sander bestellt für Stauffenberg und Haeften einen Wagen. Ein 8-Zylinder »Horch« mit Leutnant Erich Kretz als Fahrer steht schon bereit.

12.42 Uhr: »Führerhauptquartier Wolfschanze«: Detonation der von Stauffenberg deponierten Sprengladung. Von den 24 Personen in der Lagebaracke erleiden vier tödliche Verletzungen, fast alle anderen werden mehr oder weniger schwer verletzt. Hitler überlebt das Attentat mit leichteren Verletzungen.

Aus 200 m Entfernung beobachtet Stauffenberg die Explosion. Unter dem Vorwand, nicht mehr an der Lagebesprechung teilnehmen zu müssen, sondern sofort das Mittagessen mit dem Kommandanten des »Führerhauptquartiers«, Oberstleutnant Gustav Streve, einzunehmen, beginnen Stauffenberg und Haeften mit dem von Leutnant Kretz gesteuerten »Horch« den Sperrkreis I zu verlassen.

12.43 Uhr: »Führerhauptquartier Wolfschanze«: Der wachhabende Leutnant der Wache 1 ordnet Sperre an. Sperrkreis I wird geschlossen.

12.44 Uhr: »Führerhauptquartier Wolfschanze«: Stauffenberg und Haeften passieren die Wache des Sperrkreises I. Stauffenbergs Ausweis wird von dem wachhabenden Leutnant anerkannt; außerdem ist er diesem vom Sehen her bekannt, so daß der Leutnant keinen Verdacht schöpft.

12.45 Uhr: »Führerhauptquartier Wolfschanze«: Auslösung des Alarms für beide Sperrkreise. Stauffenberg wird an der »Außenwache Süd« durch den Wachhabenden, Oberfeldwebel Kolbe, aufgehalten, erhält aber von Rittmeister Möllendorff nach telephonischer Rücksprache die Erlaubnis zu passieren.

Kurz vor 13.00 Uhr verlassen beide Offiziere »Wolfschanze« und fahren an Gut Queden vorbei in Richtung Gut Wilhelmsdorf zum Flugplatz. Unterwegs wirft Haeften die zweite, nicht gezündete Sprengladung, die in Packpapier eingewickelt ist, aus dem Wagen.

Gegen 13.00 Uhr: »Führerhauptquartier Wolfschanze«: General Fellgiebel verhängt Nachrichtensperre über das »Führerhauptquartier«, nicht jedoch über die Leitungen der SS, die aber nicht vollkommen durchzuführen ist. So erfährt Reichspropagandaminister Goebbels kurz nach 13.00 Uhr in Berlin von dem Attentat, erhält jedoch keine näheren Angaben.

13.15 Uhr: »Führerhauptquartier Wolfschanze«: Stauffenberg und Haeften starten zum Rückflug nach Berlin mit einem Flugzeug vom Typ Heinkel »He 111«, das auf Befehl des Generalquartiermeisters, General der Artillerie Eduard Wagner, bereitgestellt worden ist.
General Erich Fellgiebel und Oberst i. G. Kurt Hahn, Chef des Stabes beim Chef Heeresnachrichtenwesen, rufen Generalleutnant Fritz Thiele, Chef Wehrmachtnachrichtenverbindungen, in Berlin an, melden das Mißlingen des Attentats und teilen mit, daß Hitler nur leicht verletzt worden ist. Reichsleiter Martin Bormann, Leiter der Parteikanzlei, trifft am Tatort ein.
13.45 Uhr: »Führerhauptquartier Wolfschanze«: Reichsführer SS, Heinrich Himmler, trifft am Tatort ein. Der Verdacht richtet sich zunächst gegen die im »Führerhauptquartier« beschäftigten Arbeiter der Organisation Todt. Kurz vor 14.00 Uhr trifft Generalleutnant Wilhelm Burgdorf im »Führerhauptquartier« ein, um die Geschäfte des beim Attentat tödlich verletzten Chefs des Heerespersonalamtes, Generalleutnant Rudolf Schmundt, zu übernehmen. Himmler fordert vom Reichskriminalamt in Berlin Fachleute zur Aufklärung des Attentats an (SS-Obergruppenführer Heinrich Müller). Der Verdacht richtet sich jetzt gegen Stauffenberg. Himmler gibt Weisung, ihn bei der Landung in Rangsdorf festnehmen zu lassen.
13.55 Uhr: Berlin: Gisevius ruft im Reichskriminalamt den Reichskriminaldirektor, SS-Gruppenführer Arthur Nebe, an, um sich über die Situation im »Führerhauptquartier« näher zu informieren. Dort besitzt man jedoch noch keine detaillierten Berichte.
Gegen 14.30 Uhr: Paris: Oberst i. G. Finckh erhält aus Berlin das Stichwort »Abgelaufen« (Attentat vollzogen). Er fährt daraufhin nach St. Germain zu Generalleutnant Günther Blumentritt, dem Chef des Generalstabes des Oberbefehlshabers West.
Gegen 15.00 Uhr: »Führerhauptquartier Wolfschanze«: Oberst i. G. Hahn warnt Oberstleutnant i. G. Johann Adolf Graf von Kielmansegg in der Operationsabteilung des Oberkommandos der Wehrmacht, daß alle Leitungen von der SS überwacht werden.
Zwischen 14.45 Uhr und 15.15 Uhr: Berlin: Stauffenberg und Haeften landen in Rangsdorf. Haeften gibt telephonisch die Nachricht vom Tode Hitlers an die Verschwörer in der Bendlerstraße durch.
15.00 Uhr bis 16.00 Uhr: Berlin: Leutnant Hans W. Hagen, Referent im Propagandaministerium, hält vor den Unteroffizieren des Wachbataillons »Großdeutschland« einen Vortrag über NS-Führungsfragen und berichtet über die Lage.
15.15 Uhr: Berlin: Erst jetzt überbringt Generalleutnant Thiele die Nachricht aus Rastenburg, die er in einem Kurzgespräch mit Fellgiebel und Hahn erfahren hat, daß bei einer Explosion im »Führerhauptquartier« mehrere Personen getötet worden sind.
Generaloberst Hoepner und General Olbricht warten noch mit der Auslösung der Alarmmaßnahmen für »Walküre« ab. Sie wollen erst Gewißheit haben, um nicht, wie am 15. 7., einen zweiten Probealarm aufs Spiel zu setzen.
Gegen 15.30 Uhr: Paris: Oberst Finckh meldet Generalleutnant Blumentritt den Tod Hitlers und die Bildung einer neuen Regierung Beck-Goerdeler.
15.50 Uhr bis 16.00 Uhr: Berlin: Nun endlich löst General Olbricht die Alarmmaßnahmen nach dem Plan »Walküre« mit dem Stichwort »Deutschland« aus. Olbricht meldet dem Befehlshaber des Ersatzheeres, Generaloberst Fritz Fromm, der »Füh-

rer« sei tot; er müsse »Walküre« auslösen. Kurz vor 16.00 Uhr ruft Fromm im »Führerhauptquartier« an und erfährt bei seiner Rückfrage bei Keitel eine Bestätigung des Attentats und die Tatsache, daß Hitler nur leicht verletzt sei.
Gegen 16.00 Uhr: »Führerhauptquartier Wolfschanze«: Die von Fellgiebel verhängte Nachrichtensperre wird aufgehoben.
Der »Duce« Benito Mussolini trifft mit einem Sonderzug auf dem Bahnhof des »Führerhauptquartiers« ein und besucht Hitler. Ab 16.00 Uhr werden vom »Führerhauptquartier« alle Wehrkreiskommandos telephonisch oder über Funk vom Scheitern des Attentats benachrichtigt und es werden Gegenbefehle ausgegeben.
16.10 Uhr: »Führerhauptquartier Wolfschanze«: Keitel meldet den Anruf Fromms, daß dieser sich nach dem Attentat erkundigt habe.
Kurz nach 16.10 Uhr: Berlin: Das Wachbataillon »Großdeutschland« erhält das Alarmstichwort für »Walküre«. Der Bataillonskommandeur, Major Otto Ernst Remer, fährt zur Einweisung zum Stadtkommandanten, Generalleutnant Hase. Bis 17.30 Uhr werden alamiert: Heeresfeuerwerkerschule, Heereswaffenmeisterschule sowie die Landesschützenbataillone 311 und 320.
16.20 Uhr: Berlin: Nach seiner Informierung durch Keitel befiehlt Fromm, »Walküre« nicht einzuleiten. Polizeipräsident Graf von Helldorf wird in die Bendlerstraße befohlen. Generaloberst z. V. Beck in Zivil und Gisevius treffen in der Bendlerstraße ein.
16.30 Uhr: Berlin: Hauptmann Friedrich Karl Klausing vom Allgemeinen Heeresamt überbringt dem Leiter des Nachrichtendienstes des Oberkommandos der Wehrmacht, Leutnant Georg Röhrig, ein Fernschreiben: »Der Führer ist tot . . .«. Nach Abänderung der ersten Zeile in »Innere Unruhen« durch Klausing wird dieses Fernschreiben zwischen 17.35 Uhr und 21.03 Uhr mit höchster Dringlichkeitsstufe von Wachtmeister Tegeder und vier Fernschreiberinnen an 20 Adressen befördert.
Zwischen 16.30 Uhr und 17.00 Uhr: Berlin: Jetzt treffen Stauffenberg und Haeften in der Bendlerstraße ein. Stauffenberg macht Fromm Meldung, bekennt sich dabei zum Attentat und berichtet vom Tod Hitlers. Olbricht meldet Fromm, daß er bereits »Walküre« ausgelöst hat. Als Fromm sich weigert, die Verschwörer zu unterstützen, nehmen ihn die Verschwörer fest. Beck fordert die Verschwörer auf, so zu handeln, als ob Hitler tot sei.
16.30 Uhr: Berlin: Für die Panzer-Ersatzbrigade Döberitz wird »Walküre« befohlen.
Gegen 16.45 Uhr: Berlin: Major Remer kehrt zu seinem Bataillon zurück mit dem Auftrag, das Regierungsviertel abzuriegeln.
16.30 Uhr bis 17.00 Uhr: Paris: Stauffenberg telephoniert mit seinem Vetter Cäsar von Hofacker in Paris und berichtet ihm über das Attentat. Die Aktion in Paris und Frankreich läuft an: Der höhere Nachrichtenführer, Generalleutnant Eugen Oberhäußer, erhält den Auftrag, den gesamten ihm unterstellten Funk- und Fernsprechverkehr zwischen Frankreich und Deutschland bis auf die Linie Berlin zu sperren und die Sender in Paris zu besetzen. Der Stadtkommandant von Großparis, Generalleutnant Hans Freiherr von Boineburg-Langsfeld, und der Chef des Stabes, Oberst Karl von Unger, werden zum Militärbefehlshaber in Frankreich, General der Infanterie Karl Heinrich von Stülpnagel befohlen. Stülpnagel nimmt die Dinge energisch in die Hand.
Gegen 17.00 Uhr: »Führerhauptquartier Wolfschanze«: Himmler ruft das Reichssicherheitshauptamt in der Prinz-Albrecht-Straße in Berlin an und befiehlt, Stauffen-

berg in der Bendlerstraße unauffällig festnehmen zu lassen. Im »Führerhauptquartier« gehen laufend Anrufe der Befehlshaber ein mit der Frage, ob Hitler wirklich tot sei.
Keitel versucht vergeblich, mit Fromm oder Olbricht in Berlin in Verbindung zu treten.
Ab 17.00 Uhr werden jetzt durch das »Führerhauptquartier« Meldungen im Rundfunk veranlaßt, die vom Attentat berichten und darauf hinweisen, daß Hitler lebt und nur leicht verletzt ist. Diese Meldungen ergehen um: 17.42 Uhr, 18.28 Uhr, 18.38 Uhr, 18.42 Uhr, 19.01 Uhr, 19.15 Uhr, 20.00 Uhr und 22.00 Uhr.
17.00 Uhr: Berlin: General der Infanterie Joachim von Kortzfleisch, Kommandierender General des Wehrkreises II, Berlin, erscheint in der Bendlerstraße. Als er sich weigert, den neuen Befehlen Folge zu leisten, läßt Beck ihn festnehmen. Generalleutnant Karl Freiherr von Thüngen übernimmt den Befehl über das Generalkommando.
Nach 17.00 Uhr: Berlin: Beck bestimmt Hoepner zum Befehlshaber des Ersatzheeres. SS-Oberführer Humbert Achamer-Pifrader, der den Auftrag hat, Stauffenberg zu verhaften, wird von den Verschwörern festgenommen.
Gegen 17.20 Uhr: »Führerhauptquartier Wolfschanze«: Blitzgespräch von Hitler mit Goebbels. Goebbels soll eine Rundfunkmeldung bringen lassen, daß ein Attentat verübt worden sei, Hitler aber lebe.
17.00 bis 17.30 Uhr: Berlin: Remer weist die Offiziere seines Bataillons in die befohlenen Aufträge ein. Leutnant Hagen, der durch die Mitteilung Remers über den Grund für die befohlenen Alarmmaßnahmen Verdacht geschöpft hat, bittet um die Erlaubnis, sich bei Goebbels orientieren zu dürfen. Er berichtet Goebbels über das Anlaufen von »Walküre«. Beide vereinbaren, Major Remer kommen zu lassen, um ihn über die wahre Lage aufzuklären.
Ein Ausbildungsverband der »SS-Leibstandarte Adolf Hitler« wird durch Goebbels alarmiert, aber in »Sitzbereitschaft« in der Unterkunft in der ehemaligen Kadettenanstalt in Berlin-Lichterfelde belassen. Remer fährt erneut zum Stadtkommandanten von Berlin. Er wird danach von Hagen über dessen Unterredung mit Goebbels unterrichtet.
17.00 Uhr bis 18.00 Uhr: Paris: Der Oberkommandierende West, Generalfeldmarschall Kluge, kehrt zu seinem Gefechtsstand nach La Roche Guyon zurück. Der Chef des Generalstabes der Heeresgruppe B, Generalleutnant Hans Speidel, unterrichtet ihn über die Vorgänge in Berlin, weist jedoch auf Unklarheiten und die sich widersprechenden Nachrichten hin. Der Chef der Luftflotte 3, Generalfeldmarschall Hugo Sperrle und der Militärbefehlshaber Frankreich werden zur Besprechung nach La Roche Guyon befohlen.
Bis 17.30 Uhr: Berlin: Die Alarmierung der außerhalb Berlins liegenden Truppen, d.h. die Infanterieschule Döberitz, Panzertruppenschule Wünsdorf, Artillerieschule Jüterbog und Schule für Schnelle Truppen Krampnitz, ist durchgeführt.
17.50 Uhr: Berlin: Hauptmann Klausing überbringt der Nachrichtenzentrale das Fernschreiben: »Die vollziehende Kraft wird in den Wehrkreisen den stellvertretenden Kommandierenden Generalen und den Wehrkreisbefehlshabern übertragen.« Dieses Fernschreiben wird von 18.30 Uhr bis 21.22 Uhr an die entsprechenden Adressaten abgesetzt. Die Wehrkreise VII, München, und XX, Danzig, haben es nicht erhalten. Leutnant Röhrig, dem Leiter der Nachrichtenzentrale, kommen erste Bedenken.

Gegen 18.00 Uhr: »Führerhauptquartier Wolfschanze«: Der »Duce« Mussolini beendet seinen Besuch und verläßt »Wolfschanze«.
Hitler läßt im Auswärtigen Amt anrufen, jedoch kein Ergebnis. Er spricht mit Goebbels und fragt nach der Rundfunkmeldung.
18.00 Uhr: Berlin: Leutnant Haeften übergibt Leutnant Röhrig das Fernschreiben, das die zweite Stufe des »Walküre«-Planes auslösen soll. Es wird zwischen 20.45 Uhr und 23.00 Uhr abgesetzt.
Gegen 18.00 Uhr: Paris: Das Sicherungsregiment Nr. 1, dessen Kommandeur Oberstleutnant Kurt von Kraewel ist und das in der Ecole Militaire am Eiffelturm liegt, wird alarmiert. Die Verhaftung der SS- und SD-Führung soll um 23.00 Uhr erfolgen, um kein Aufsehen bei den Franzosen zu erregen.
Gegen 18.00 Uhr: Wien: Das erste Fernschreiben aus Berlin trifft ein. Der Befehlshaber des Wehrkreises XVII, Wien, General der Panzertruppen Hans-Karl Freiherr von Esebeck, bittet den Gauleiter von Wien, Baldur von Schirach, den »Reichsstatthalter« des »Gaues Niederdonau«, SS-Obergruppenführer Hugo Jury, den Gaupropagandaleiter Eduard Frauenfeld, den Höheren SS- und Polizeiführer, SS-Obergruppenführer Wuermer, den Inspekteur der Sicherheitspolizei und des Sicherheitsdienstes, SS-Brigadeführer Karl Scharizer, zu einer Besprechung.
Schirach und Jury befinden sich allerdings außerhalb Wiens. Die übrigen werden von Offizieren des Generalkommandos festgenommen. Es ergeht die Aufforderung, die Konzentrationslager im Inspektionsbereich bekanntzugeben.
Generalleutnant Adolf Sinzinger erhält die Weisung, Festnahme und Sicherungsmaßnahmen entsprechend den Befehlen der Verschwörer aus der Bendlerstraße durchzuführen und jeden Widerstand mit Waffengewalt zu brechen.
Der Chef des Generalstabes beim Wehrkreiskommando, Oberst i. G. Heinrich Kodré bzw. General Esebeck telephonieren mit Berlin. Stauffenberg besteht auf Durchführung der gegebenen Befehle.
Nach 18.00 Uhr: »Führerhauptquartier Wolfschanze«: Hitler unterschreibt den von Himmler ausgearbeiteten Befehlsentwurf, wodurch Himmler zum Befehlshaber des Ersatzheeres mit allen Vollmachten ernannt wird. Generaloberst Heinz Guderian wird mit der Wahrnehmung der Geschäfte des Chefs des Generalstabes des Heeres beauftragt.
Nach 18.00 Uhr (18.45 Uhr ?): Berlin: Die zur Besprechung bei Fromm eintreffenden Amtsgruppenchefs, Generalleutnant Karl-Wilhelm Specht, General der Pioniere Walter Kuntze und Generalmajor Wilhelm Strecker, werden vorübergehend festgenommen. Gegen 20.30 Uhr können sie entkommen.
18.30 Uhr: Berlin: Das Wachbataillon »Großdeutschland« hat befehlsgemäß das Regierungsviertel abgeriegelt.
18.30 Uhr: Prag: Eingang des ersten Fernschreibens, das in Berlin um 16.45 Uhr aufgegeben worden ist.
Gegen 18.45 Uhr: Berlin: Leutnant Röhrig erhält das Fernschreiben mit der Ernennung von Generaloberst Hoepner zum Befehlshaber des Ersatzheeres und Oberbefehlshaber des Heimatkampfgebietes. Dieses Fernschreiben wird erst zwischen 20.20 Uhr und 21.15 Uhr an einen Teil der Adressaten abgesetzt.
Oberst Fritz Jäger meldet sich bei Generalleutnant von Hase mit dem Auftrag, Goebbels festzunehmen.
Oberst Wolfgang Glaesemer, Kommandeur der Panzertruppenschule II in Kramp-

nitz, wird von den Verschwörern in der Bendlerstraße festgesetzt; er kann gegen 22.00 Uhr entweichen.
Bis 19.00 Uhr: Berlin: Teile der Feuerwerkschule beziehen im Zeughaus und Teile der Waffenmeisterschule im Berliner Schloß Alarmstellungen.
Gegen 19.00 Uhr: Berlin: Major Remer meldet sich bei Goebbels und wird von diesem telephonisch mit Hitler verbunden. Hitler befiehlt Remer, den Militärputsch sofort niederzuwerfen. Er verlegt seinen Befehlsstand in das Vorzimmer von Goebbels. Remer telephoniert mit Major Wackernagel in Cottbus. Dieser meldet ihm, daß die Masse der Panzergrenadier-Ersatzbrigade »Großdeutschland« auf Königswusterhausen marschiere, um den Deutschlandsender zu besetzen.
Gegen 19.00 Uhr: Paris: Zwischen Generaloberst z. V. Beck in der Bendlerstraße in Berlin und General der Infanterie Carl Heinrich von Stülpnagel findet ein Telephongespräch statt, in dem sich Stülpnagel rückhaltlos zu Beck bekennt und verspricht, den gesamten Sicherheitsdienst und die SS mit ihren Führern in Frankreich festzusetzen.
In einem Telephonat Becks mit Kluge fordert dieser, zuerst Gewißheit über den Tod Hitlers zu erhalten, bevor er zum Handeln bereit ist. Auf Becks Frage, ob er auf jeden Fall zu handeln bereit wäre, weicht Kluge aus und erklärt, er müsse sich erst ein Bild von den Vorgängen verschaffen, bevor er derartig schwerwiegende Schritte unternehme.
Wenig später meldet sich General der Infanterie Alexander Freiherr von Falkenhausen, der kurz zuvor dienstenthobene und ehemalige Militärbefehlshaber von Belgien und Nordfrankreich, telephonisch bei Generalfeldmarschall von Kluge, um sich über die Lage zu informieren. Kluge empfiehlt, zunächst eine Klärung der Lage abzuwarten.
Kurz nach 19.00 Uhr: Berlin: Es gelingt den Verschwörern, eine Verbindung zur Heeresgruppe Nord im Baltikum herzustellen.
Beck befiehlt deren Chef des Generalstabes, alle Vorbereitungen zu treffen, um die Heeresgruppe Nord auf die Düna und bis Ostpreußen zurückzunehmen.
Die Organisationsabteilung des Oberkommandos des Heeres ruft aus Rastenburg an und teilt mit, daß das Attentat mißglückt ist. Es erfolgen pausenlose Anrufe von den stellvertretenden Kommandierenden Generalen aus dem Reich. Stauffenberg erklärt immer wieder, daß Hitler tot sei und das Heer die vollziehende Gewalt übernommen habe.
19.00 Uhr: Prag: General der Panzertruppen Ferdinand Schaal findet den Befehl Generalfeldmarschalls Erwin von Witzleben vor.
19.15 Uhr: Prag: Schaal telephoniert mit Stauffenberg in Berlin, der ihm die Richtigkeit der Befehle bestätigt. »Es komme darauf an, nun mit allen Mitteln die vollziehende Gewalt in die Hände zu nehmen und Ruhe und Ordnung zu gewährleisten. Die befohlenen Maßnahmen gegen den SD seien beschleunigt durchzuführen.« Schaal befiehlt die Auslösung der Stichworte »Odin« und »Johannes«.
19.15 Uhr: Berlin: Leutnant Röhrig erhält das Fernschreiben: »Rundfunkcommuniqué trifft nicht zu. Führer ist tot.« Es wird von 19.45 Uhr bis 20.12 Uhr abgesetzt.
19.30 Uhr: Berlin: Generalfeldmarschall Erwin von Witzleben, der von den Verschwörern als neuer »Oberbefehlshaber der Wehrmacht« vorgesehen ist, trifft in Uniform in der Bendlerstraße ein. Es erfolgt eine Aussprache mit Beck unter vier Augen.
Gegen 19.30 Uhr: Prag: General Schaal bittet den Deutschen Staatsminister für

Böhmen und Mähren, SS-Obergruppenführer Karl-Hermann Frank, dringend zu sich.
19.45 Uhr: Prag: Nürnberg hat den Befehl über den Belagerungszustand erhalten.
19.45 Uhr: Berlin: Der Leiter des Nachrichtendienstes, Leutnant Röhrig, meldet seinem Abteilungschef, Oberst Otto Köllner, die bei ihm aufgekommenen Bedenken und die von ihm bereits durchgeführten Verzögerungsmaßnahmen.
Kurz vor 20.00 Uhr: Prag: SS-Standartenführer Ministerialrat Robert Gies, der Vertreter Franks, trifft bei General Schaal ein und wird festgehalten.
Gegen 20.00 Uhr: Wien: Die zu verhaftenden Parteifunktionäre und SS-Führer treffen ahnungslos im Wehrkreiskommando ein und werden dort festgenommen.
20.00 Uhr: »Führerhauptquartier Wolfschanze«: Der Oberbefehlshaber der Kriegsmarine, Großadmiral Karl Dönitz, gibt einen Aufruf an die Kriegsmarine über den »heimtückischen Mordanschlag auf den Führer« heraus.
Gegen 20.00 Uhr: Paris: Der erste grundlegende Befehl mit der Unterschrift des neuen »Oberbefehlshabers der Wehrmacht«, Generalfeldmarschall Witzleben, trifft in La Roche Guyon ein und macht auf Kluge großen Eindruck, so daß dieser sich mit seinem Chef des Generalstabes, General der Infanterie Günther Blumentritt, berät, einen Waffenstillstand im Westen einzuleiten und zunächst den V-Waffen-Beschuß gegen England einzustellen.
Ein Fernschreiben Generalfeldmarschalls Keitel trifft ein, in dem die Ungültigkeit aller Befehle von Generalfeldmarschall Witzleben und Generaloberst Hoepner erklärt wird.
Blumentritt spricht mit dem »Führerhauptquartier« und mit SS-Gruppenführer Carl-Albrecht Oberg, dem Höheren SS- und Polizeiführer in Frankreich; beide Gespräche bringen jedoch keine Klarheit.
Erst ein Telephonat mit Generalmajor Helmuth Stieff im Oberkommando des Heeres im Lager »Mauerwald« in Ostpreußen bringt Klarheit darüber, daß Hitler das Attentat überlebt hat. Daraufhin entschließt sich Generalfeldmarschall Kluge, sich nicht der Verschwörung anzuschließen.
Gegen 20.00 Uhr: Berlin: Die auf dem Fehrbelliner Platz in Berlin eingetroffene Panzer-Ersatzbrigade erhält vom Chef des Stabes des Generalinspekteurs der Panzertruppe, Generalmajor Wolfgang Thomale, den Befehl, den Putsch niederzuschlagen.
Im Reichspropagandaministerium trifft SS-Obergruppenführer Ernst Kaltenbrunner, der Chef des Reichssicherheitshauptamtes ein, um sich ein Bild von der Lage in Berlin zu machen.
20.15 Uhr: Berlin: Generalfeldmarschall Witzleben verläßt die Bendlerstraße; er hält den Umsturzversuch offenbar für gescheitert.
20.20 Uhr bis 21.02 Uhr: Berlin: Die Fernschreiben der Verschwörer über die Standrechtsverordnungen 1–5 werden Leutnant Röhrig von einer Vorzimmerdame ausgehändigt. Er setzt sie aber nicht mehr ab.
20.20 Uhr: »Führerhauptquartier Wolfschanze«: Ein Fernschreiben Keitels geht an alle Wehrkreisbefehlshaber. Darin wird befohlen, daß nur noch den Befehlen des neuen Befehlshabers des Ersatzheeres Himmler Folge zu leisten ist.
20.30 Uhr: »Führerhauptquartier Wolfschanze«: Der stellvertretende Chef des Wehrmachtführungsstabes, General der Artillerie Walter Warlimont, berichtet im Offizierheim Offizieren des Oberkommandos der Wehrmacht über das Attentat, das er selbst als Augenzeuge überlebt hat.

20.30 Uhr: Berlin: Es gelingt den Verschwörern, Verbindung mit Wien und Stettin herzustellen, dort hat man bereits die Gegenbefehle erhalten.
20.35 Uhr: Berlin: Die Nachrichtenzentrale in der Bendlerstraße nimmt das Fernschreiben Keitels auf, in dem mitgeteilt wird, daß Himmler zum Befehlshaber des Ersatzheeres ernannt worden ist. General Olbricht untersagt die Weitergabe.
Zwischen 20.30 Uhr und 22.00 Uhr: Wien: General Esebeck ruft nach dem Eintreffen der Gegenbefehle aus dem »Führerhauptquartier« und aus Berlin in der Bendlerstraße an, um die Widersprüche zu klären. Er spricht mit Generaloberst Hoepner.
Gegen 20.45 Uhr: Prag: In einem Telephonat mit Generaloberst Hoepner bittet General Schaal, mit Frank eine Art »Ehrenabkommen« schließen zu können, um der Lage gegenüber den Tschechen gewachsen zu bleiben, Hoepner stimmt einer den örtlichen Verhältnissen angepaßten Regelung zu.
20.50 Uhr: »Führerhauptquartier Wolfschanze«: Der Oberbefehlshaber der Marine Großadmiral Dönitz erteilt eine fernmündliche Weisung an die Seekriegsleitung über das Verhalten der Marine gegenüber den Putschisten.
20.10 Uhr: Paris: Ein Fernschreiben der Verschwörer aus der Bendlerstraße trifft ein: »Der Führer ist tot.«
Nach 20.00 Uhr: Paris: Das Sicherungsregiment 1 wird durch den General beim Stadtkommandanten von Paris, Generalmajor Walther Brehmer, beauftragt, die SS- und SD-Unterkünfte zu besetzen. Die auf 22.30 Uhr festgelegten Verhaftungen sollen nicht »im Namen des Führers« erfolgen.
Beim Oberbefehlshaber West trifft Generalfeldmarschall Sperrle gemeinsam mit Oberstleutnant Hofacker ein, Hofacker schildert den Beginn der Erhebung. Kluge weist auf das Fernschreiben Keitels hin, daß das Attentat mißglückt sei. Es sei »unverantwortlich«, jetzt einzugreifen. Ein Gespräch mit Oberst Mertz von Quirnheim in der Bendlerstraße wird gestört. Kluge läßt die Verbindung nicht wieder herstellen.
General Stülpnagel bekennt, daß er alle Alarmmaßnahmen in Paris habe anlaufen lassen. General Blumentritt ruft im Auftrage Kluges in Paris an, doch gibt der Chef des Stabes beim Militärbefehlshaber, Oberst i. G. Hans-Ottfried von Linstow, zu verstehen, daß die Maßnahmen nicht mehr aufzuhalten seien. Stülpnagel versucht nun vergeblich, Kluge zum Handeln mitzureißen, mit dem Ziel einer Einstellung des Kampfes im Westen und einer Verbindungsaufnahme mit den Alliierten, Hofacker unterstützt Stülpnagel. Kluge betont immer wieder, daß er bereit gewesen sei, mitzumachen, »wenn Hitler tot« gewesen wäre. Hofacker: »Herr Feldmarschall, Sie stehen mit ihrem Wort und mit Ihrer Ehre im Feuer. Das Schicksal von Millionen Deutschen, die Ehre der Armee liegt in Ihrer Hand ...«
21.00 Uhr: Paris: Oberst Linstow telephoniert mit von Stülpnagel. Er erfährt, daß der Oberbefehlshaber West noch unentschlossen ist. Kluge versagt sich endgültig der Verschwörung und enthebt Stülpnagel seines Postens.
Gegen 21.00 Uhr: Berlin: Der Bendlerblock wird von Teilen des Wachbataillons besetzt.
Gegen 21.15 Uhr: Berlin: Hitler befiehlt über Goebbels dem Chef des Allgemeinen Wehrmachtsamtes, General der Infanterie Herrmann Reinecke, die Führung der Truppen des Stadtkommandanten und des Wachbataillons zu übernehmen und gegen die Bendlerstraße vorzugehen. Reinecke orientiert entsprechend von Hase.
Es erfolgt eine Rundfunkdurchsage: Hitler werde bald zum deutschen Volk sprechen.
21.25 Uhr bis 22 01 Uhr: Berlin: Das Fernschreiben Keitels von 20.35 Uhr wird vom

Leiter der Nachrichtenzentrale in der Bendlerstraße durch Funk an 20 Anschriften weitergeleitet. Die bis dahin abgesetzten Fernschreiben werden jetzt gesperrt und für ungültig erklärt.
Zwischen 21.00 Uhr und 22.00 Uhr: »Führerhauptquartier Wolfschanze«: Generalmajor Otto Herfurth, Chef des Stabes des Stellvertretenden Kommandierenden Generals des III. Armeekorps, meldet in der sogenannten Abendlage, es handele sich in Berlin um einen Militärputsch. Er habe jedoch die Zügel fest in der Hand.
Gegen 21.30 Uhr: Paris: Aufgrund einer Rückfrage aus Paris erklären die Verschwörer in der Bendlerstraße die Meldungen des Deutschlandsenders für nichtig.
Nach 21.30 Uhr: Berlin: Generalleutnant von Hase wird verhaftet.
21.35 Uhr: Paris: Admiral Theodor Krancke, Oberbefehlshaber des Marinegruppenkommandos West, dem mehr als 5000 Mann unterstehen, wird durch einen Tagesbefehl von Dönitz zu »heiligem Zorn gegen unsere verbrecherischen Feinde und ihre Mietlinge« aufgerufen.
21.40 Uhr: »Führerhauptquartier Wolfschanze«: Großadmiral Dönitz erteilt den Befehl zur Verhaftung des Marineoberstabsrichters Berthold Schenk Graf von Stauffenberg, dem Bruder des Attentäters.
21.45 Uhr: Prag: General Schaal ruft erneut in Berlin an und spricht mit Generaloberst Hoepner. Dieser schildert ihm die Lage, worauf Schaal SS-Standartenführer Gies freiläßt.
Nach 22.00 Uhr: Wien: Nach Rücksprache mit Generalleutnant Wilhelm Burgdorf und Generalfeldmarschall Keitel im »Führerhauptquartier« wird der Alarm als Putschversuch erkannt und die angelaufenen Maßnahmen gestoppt.
Nach 22.00 Uhr: Paris: Oberst i. G. Stauffenberg teilt Oberst i. G. Linstow in Paris mit, daß in Berlin alles verloren sei.
Nach 22.30 Uhr: Paris: Der Sturm auf die SS- und SD-Unterkünfte beginnt. Der Höhere SS- und Polizeiführer Frankreich, SS-Gruppenführer Oberg, wird verhaftet.
22.30 Uhr: Berlin: Nachdem die Truppen des Wachbataillons aus der Bendlerstraße abgezogen sind, befiehlt General Olbricht Offizieren des Hauses, dessen Schutz zu übernehmen. Sechs Generalstabsoffiziere werden als Wachhabende für die sechs Ausgänge eingeteilt.
Nach 22.30 Uhr: Berlin: Unter Führung der Oberstleutnante i. G. Karl Pridun, Bolko von der Heyde und Franz Herber sammelt sich eine Gruppe von Offizieren, die in die Verschwörung nicht eingeweiht waren, in der Bendlerstraße zur Klärung der Lage und zum »bewaffneten Gegenstoß« gegen die Verschwörer. Dieser beginnt unter der Parole: »Für oder gegen den Führer«.
22.40 Uhr: Berlin: Oberst Wolfgang Müller von der Infanterieschule Döberitz, die seit 17.00 Uhr alarmiert worden ist, meldet sich bei General Olbricht. Da der Schulkommandeur dienstlich abwesend und Müller erst um 20.30 Uhr vom Außendienst zurückgekehrt ist, werden die Alarmmaßnahmen so spät ausgeführt. Müller bittet um schriftliche Vollmacht, damit er mit den Soldaten der Infanterieschule unverzüglich die Rundfunksender in Berlin besetzen und die eingetretene Stockung beseitigen könne. Um 22.45 Uhr kehrt er mit dieser Vollmacht nach Döberitz zurück.
22.50 Uhr: Berlin: Der »bewaffnete Gegenstoß« im Bendlerblock endet gegen 22.50 Uhr mit der Befreiung Fromms, Generaloberst Fromm läßt die Verschwörer verhaften und verkündet ein »standgerichtliches Urteil« wegen »Hoch- und Landesverrat« über Olbricht, Stauffenberg, Mertz von Quirnheim und Haeften.

22.40 Uhr: Prag: General Schaal trifft in der Dienststelle des Befehlshabers der Waffen-SS ein. Auf Forderung von SS-Obergruppenführer Frank ordnet er die sofortige Zurücknahme aller Alarmbefehle an.
22.40 Uhr: Wien: Die angelaufenen Maßnahmen werden gestoppt. Die Alarme laufen aus. Am 21. Juli 1944 um 5.00 Uhr ist die normale Lage in Wien wiederhergestellt.
23.00 Uhr: »Führerhauptquartier Wolfschanze«. General der Nachrichtentruppe Erich Fellgiebel und Generalmajor Helmuth Stieff werden verhaftet.
Gegen 23.00 Uhr: Paris: Die entwaffneten SS- und Polizeiverbände werden ohne Widerstand in die Pariser Gefängnisse, u. a. in Fresnes, eingeliefert. Es befinden sich 1200 Mann im Gewahrsam des Heeres.
Gegen 23.15 Uhr: Berlin: Die Kampfgruppe des Oberleutnants Rudolf Schlee, d.h. die 4. Kompanie des Wachbataillons »Großdeutschland«, besetzt den Bendlerblock.
23.40 Uhr: »Führerhauptquartier Wolfschanze«: Es liegen Meldungen vor, daß in den Wehrkreisen II, Stettin, III, Berlin, VI, Münster, und X, Hamburg, »alles in Ordnung« sei.
Zwischen 23.15 Uhr und 23.45 Uhr: Berlin: Generaloberst z.V. Ludwig Beck erhält Gelegenheit zur Selbsttötung und wird nach Mißlingen von einem Feldwebel erschossen.

Freitag, 21. Juli 1944

Nach 00.00 Uhr: »Führerhauptquartier Wolfschanze«: Himmler berichtet über die Revolte in Berlin.
00.15 Uhr bis 00.30 Uhr: Berlin: Im Hof des Bendlerbocks werden General der Infanterie Friedrich Olbricht, Oberleutnant Werner von Haeften, Oberst i.G. Albrecht Ritter Mertz von Quirnheim und Oberst i.G. Claus Schenk Graf von Stauffenberg durch ein Sonderkommando von zehn Unteroffizieren unter der Führung von Leutnant Werner Schady exekutiert. Stauffenberg stirbt mit dem Ruf: »Es lebe das heilige Deutschland!«
00.10 Uhr bis 00.21 Uhr: Berlin: Generaloberst Fromm sendet ein Fernschreiben an alle Wehrkreiskommandos mit dem Inhalt: »Putschversuch blutig niedergeschlagen.«
Nach 00.00 Uhr: Paris: General Stülpnagel kehrt nach Paris ins Hotel Rafael zurück. Generalleutnant Hans Freiherr von Boineburg-Langsfeld und Oberst i.G. Linstow berichten ihm über das Geschehen in Paris.
Kurz vor 1.00 Uhr: Berlin: Im Rundfunk sprechen Hitler, Göring und Dönitz.
Gegen 1.00 Uhr: Paris: Unter dem Eindruck verschiedener Nachrichten entschließt sich Oberstleutnant Kurt von Kraewel, die Gefängnisse zu öffnen. Generalleutnant Boineburg-Langsfeld begibt sich zu den festgenommenen SS-Führern ins Hotel Continental und bittet SS-Gruppenführer Oberg, ihn ins Hotel Rafael zu begleiten. Dort »entschuldigt« sich General Stülpnagel damit, er sei einem »Mißverständnis« zum Opfer gefallen. Unter dem Hinweis auf die zahlreichen Fernschreiben kann er seine Rolle glaubhaft spielen.
Gegen 2.00 Uhr: Paris: Es kommt zu einer Einigung zwischen beiden Gruppen, das Ganze der Öffentlichkeit als »Übung« bekanntzugeben.
3.00 Uhr: Paris: Alle SS- und SD-Unterkünfte sind vom Heer geräumt. General Stülpnagel wird nach Berlin zur Berichterstattung befohlen.

Ulrike Hett/Johannes Tuchel

Die Reaktionen des NS-Staates auf den Umsturzversuch vom 20. Juli 1944

Der Umsturzversuch vom 20. Juli 1944 war zugleich die letzte große innenpolitische Zäsur des NS-Regimes. Nach dem 20. Juli 1944 setzte nicht nur eine scharfe Verfolgung gegen die direkt oder mittelbar Verschworenen ein, sondern auch eine neue Welle der Repression in Deutschland gegen an diesem Attentat völlig Unbeteiligte. Während auf der einen Seite die »Sonderkommission 20. Juli« die Verfolgung der Verschwörer aufnahm, die nach ihrer Verhaftung aus der Wehrmacht ausgestoßen und in vielen Fällen vom Volksgerichtshof zum Tode verurteilt wurden, löste auf der anderen Seite das Reichssicherheitshauptamt (RSHA) mit der »Aktion Gewitter« eine umfassende Verhaftungswelle aus, die eine Neubildung jeder politischen Opposition verhindern sollte. Zugleich setzte der NS-Staat mit der »Sippenhaft« seit August 1944 erstmals umfassend ein Repressionsinstrument ein, das sich gegen Familienangehörige politischer Gegner richtete. Zwar hatte es bereits kurz nach der nationalsozialistischen Machtübernahme einige Fälle derartiger »Sippenhaft« gegeben; jetzt wurde diese Maßnahme jedoch nicht nur gegen die Familienangehörigen der am Umsturzversuch Beteiligten, sondern auch gegen andere politische Gegner, vor allem gegen Mitglieder des Nationalkomitees »Freies Deutschland« angewandt und seit Februar 1945 in der gesamten Wehrmacht eingeführt.

Der Beginn der Verfolgung

Die ersten Opfer im Berliner Bendlerblock waren Claus Schenk Graf von Stauffenberg, Friedrich Olbricht, Werner von Haeften und Albrecht Ritter Mertz von Quirnheim, die noch in der Nacht zum 21. Juli im Hof des Gebäudes exekutiert wurden. Generaloberst Ludwig Beck war bereits zuvor nach einem mißglückten Selbsttötungsversuch erschossen worden. Einigen der Beteiligten gelang es, das Gebäude zu verlassen, während Generaloberst Erich Hoepner, Oberstleutnant Robert Bernardis, Oberstleutnant Fritz von der Lancken und der Ordonnanzoffizier Barnim von Ramin sowie Peter Graf Yorck von Wartenburg, Ulrich-Wilhelm Graf Schwerin von Schwanenfeld, Fritz-Dietlof Graf von der Schulenburg, Berthold Schenk Graf von Stauffenberg und Eugen Gerstenmaier festgenommen wurden. In der Nacht vom 20. auf den 21. Juli setzten zugleich die ersten Verhaftungen in Berlin und überall im Reich ein.

Insgesamt 29 Namen nannte die den ersten Gestapobericht über den Umsturz vom 20. Juli 1944 begleitende Verhaftungsliste vom 21. Juli 1944[1].

Die »Sonderkommission 20. Juli«

Am 21. Juli 1944 wurde im Amt IV des RSHA, dessen Chef Reichskriminaldirektor und SS-Gruppenführer Heinrich Müller war, die »Sonderkommission 20. Juli« gegründet. Sie besaß insgesamt elf nach Sachgebieten gegliederte Gruppen mit vermutlich bis zu 400 Mitarbeitern[2]. In den folgenden Tagen wurden viele der am Umsturzversuch beteiligten Offiziere und Zivilisten festgenommen. Diese wurden zumeist nach Berlin überführt und dort im Hausgefängnis der Gestapo in der Prinz-Albrecht-Straße 8, in einem besonderen Flügel des Gefängnisses in der Lehrter Straße 3, aber auch im Zellenbau des Konzentrationslagers Ravensbrück sowie in der Schule der Sicherheitspolizei in Drögen bei Fürstenberg inhaftiert. Die Verhöre fanden meist in der Prinz-Albrecht-Straße 8 statt[3].

Die bisherige Literatur nannte oft, von Kiesel ausgehend[4], über 7000 Inhaftierte und mehr als 700 Tote in der unmittelbaren Folge des 20. Juli 1944[5]. Erst das Standardwerk von Peter Hoffmann »Widerstand – Staatsstreich – Attentat« wies darauf hin, daß diese Zahl zu hoch war und tatsächlich etwa 600 bis 700 verhaftet wurden[6]. Die »Sippenhäftlinge« sind in dieser Zahl eingeschlossen[7].

---

1 Diese Berichte, wegen der vom Chef der Sicherheitspolizei unterzeichneten Begleitschreiben oft fälschlich als »Kaltenbrunner-Berichte« bezeichnet, wurden von SS-Obersturmbannführer Walter von Kielpinski zusammengestellt, der zuvor im Referat III C 4 (Presse) des RSHA gearbeitet hatte. Vgl. Hans-Adolf Jacobsen (Hrsg.), Spiegelbild einer Verschwörung. Die Kaltenbrunner-Berichte an Hitler, Stuttgart 1984, Vorbemerkung zur Edition, ohne Seitenangabe. Die Berichte stellen – trotz aller quellenkritischer Bedenken – heute immer noch eine wichtige Quelle zum 20. Juli 1944 dar. In Kielpinskis Berichten sind allerdings auch Wertungen enthalten, die die Position des RSHA wiedergeben und dieses gegenüber Bormann und Hitler stärken sollte. Darauf hat bereits Hans Booms, Bemerkungen zu einer fragwürdigen Quellenedition. Die Veröffentlichung der »Kaltenbrunner-Berichte« vom »Archiv Peter«, in: Der Archivar, 16 (1962), S. 106ff., hingewiesen. Auch der Neuausgabe von 1984 wurde keine Einleitung beigegeben, die die Entstehungs- und Überlieferungsgeschichte der Berichte ausreichend behandelt. Die heute im Original im Bestand NS 6 (NSDAP-Hauptarchiv) im Bundesarchiv Koblenz (BAK) liegenden Berichte wurden 1944 von Bormann dem NSDAP-Hauptarchiv übergeben, von diesem in der Ausweichdienststelle Neumarkt/St.-Veit im September/Oktober 1944 geordnet und verwahrt, vgl. Berlin Document Center Research, Ordner 20. Juli 1944. Viele Berichte wurden hier von amerikanischen Truppen beschlagnahmt, im Berlin Document Center verwahrt, anschließend in der World War II Records Division in Alexandria/Va. mikroverfilmt und erst in den sechziger Jahren an das BAK abgegeben.

2 Siehe die Aufzeichnungen des SS-Obersturmbannführers Dr. Georg Kiesel [richtig Kießel], in: Nordwestdeutsche Hefte, 2 (1947) 2, S. 5ff., sowie Peter Hoffmann, Widerstand, Staatsstreich, Attentat. Der Kampf der Opposition gegen Hitler, Frankfurt am Main u. a. 1970, S. 604ff.

3 Siehe Johannes Tuchel/Reinold Schattenfroh, Zentrale des Terrors. Prinz-Albrecht-Straße 8: Hauptquartier der Gestapo, Berlin 1987, S. 268ff.

4 Siehe G. Kiesel (Anm. 2), S. 33.

5 Siehe Hans Royce/Erich Zimmermann/Hans-Adolf Jacobsen (Bearb.), 20. Juli 1944, Bonn 1964[3], S. 198.

6 Siehe P. Hoffmann (Anm. 2), S. 607ff.

7 Insgesamt leitete die Geheime Staatspolizei zwischen dem 24. Juli und dem 26. September 1944 mindestens 41 Festnahmelisten als Anlagen zu den Berichten der »Sonderkommission 20. Juli« an Bormann weiter, der sie Hitler vorlegte. Davon sind lediglich drei Listen, die Anlage zu den Be-

Prozesse und Hinrichtungen

Am 30. Juli 1944 erschienen Reichsführer-SS Heinrich Himmler und der Chef des Oberkommandos der Wehrmacht, Generalfeldmarschall Wilhelm Keitel, zum Vortrag bei Hitler im »Führerhauptquartier Wolfschanze« bei Rastenburg in Ostpreußen. Hier wurde das weitere Vorgehen gegen die am Umsturzversuch Beteiligten koordiniert. Himmlers Vortragszettel zu diesem Termin erweist sich als ein zentrales Dokument, das die Rachegelüste der NS-Führung deutlich widerspiegelt: »1. Gerichtsverfahren, 2. Familie Stauffenberg, 3. Angehörige Seydlitzfamilie«[8]. Erstes Ergebnis der Besprechung war die Errichtung eines »Ehrenhofes« von Generalen und Feldmarschällen des Heeres, dem neben Keitel Generaloberst Guderian, General der Infanterie Schroth und Generalleutnant Specht angehören sollten[9]. Zwischen dem 4. August und dem 14. September 1944 wurden insgesamt 55 Offiziere des Heeres aus der Wehrmacht ausgestoßen und weitere 29 auf Vorschlag des »Ehrenhofes« entlassen[10]. Die Ausstoßung aus der Wehrmacht war die Voraussetzung dafür, sie dem Volksgerichtshof, und nicht dem eigentlich zuständigen Reichskriegsgericht zur Aburteilung zu überstellen[11]. Das Reichskriegsgericht erschien Hitler nicht als das geeignete Sanktionsinstrument, obwohl es objektiv zu den schärfsten Organen der politischen Verfolgung im Nationalsozialismus gehörte. Bereits am 1. August 1944 teilten Reichsjustizminister Otto Thierack und Volksgerichtshofspräsident Roland Freisler diese Entscheidung Hitlers Ernst Lautz, dem Oberreichsanwalt beim Volksgerichtshof, mit.

Das zweite Ergebnis der Besprechung war der Befehl zur »Sippenhaft« gegen die gesamte Familie Stauffenberg; zuletzt wurde auch über die »Sippenhaft« des seit 1943 in sowjetischer Gefangenschaft lebenden Generals Walther von Seydlitz-Kurzbach entschieden. Seydlitz war bereits im Frühjahr 1944 vom Reichskriegsgericht in Abwesenheit zum Tode verurteilt worden. Dies war der Beginn der Massenverhaftung von Angehörigen der Widerstandskämpfer, die am 20. Juli 1944 beteiligt gewesen waren oder zu den Unterzeichnern des Manifestes des Nationalkomitees »Freies Deutschland« in der sowjetischen Kriegsgefangenschaft gehört hatten.

---

richten vom 24. Juli 1944 waren, im BAK Koblenz überliefert. Die anderen Listen wurden, wie ein undatierter Vermerk aus dem NSDAP-Hauptarchiv zeigt, der allerdings nur auf dem Mikrofilm der National Archives überliefert ist, »entnommen und in die graue Mappe ›Verhaftungslisten‹« einsortiert. Diese »graue Mappe« ist bisher verschollen; lediglich die »Festnahmeliste Nr. 22« vom 16. August 1944, die dem Bericht vom 18. August 1944 als Anlage beigefügt war (vgl. H.-A. Jacobsen [Anm. 1], S. 261), ist im Bundesarchiv, Abteilungen Potsdam, P. St. 434, überliefert. Sie weist die Verhafteten mit den laufenden Nummern 326–347 auf. Da die letzte bekannte Verhaftungsliste Nr. 41 vom 26. September 1944 datiert war, läßt dies die Vermutung zu, daß die Zahl der durch die »Sonderkommission 20. Juli« Verhafteten nicht mehr als 600 betragen haben kann. Darin ist eine unbekannte Zahl von »Sippenhäftlingen« enthalten, da etwa in der »Festnahmeliste Nr. 22« von 22 Verhafteten neun »Sippenhäftlinge« sind.

8 BAK, NS 19/1447, fol. 155f.

9 Bundesarchiv, Zentrale Nachweisstelle Aachen-Kornelimünster, Allgemeine Sammlung. Führererlaß vom 2. August 1944.

10 Ebenda, Erlaß vom 10. September 1944 über den Abschluß der Tätigkeit des Ehrenhofes und Erlaß des Heerespersonalamtes vom 16. September 1944 mit einer Namensliste aller Offiziere.

11 Staatsarchiv Nürnberg, KV-Anklage, Interrogations, Interrogation Ernst Lautz vom 14. Juni 1948.

Wenige Tage später, am 7. und 8. August, fand der erste Prozeß gegen Feldmarschall Erwin von Witzleben, Oberleutnant Peter Graf Yorck von Wartenburg, Generaloberst Erich Hoepner, Generalleutnant Paul von Hase, Generalmajor Helmuth Stieff, Hauptmann Friedrich Karl Klausing, Oberstleutnant Robert Bernardis und Oberleutnant Albrecht von Hagen statt, der mit Todesurteilen für alle Angeklagten endete[12]. Sie wurden am selben Tag in der Berliner Hinrichtungsstätte Plötzensee ermordet. Fast alle Hinrichtungen fanden auch bei den folgenden Prozessen in unmittelbarem Anschluß an die Todesurteile statt.

Viele der Verurteilten konnten geistlichen Zuspruch durch die Gefängnispfarrer Harald Poelchau und Peter Buchholz erhalten[13]. Mindestens gegen sechs Familien der Angeklagten wurde »Sippenhaft« verfügt: gegen vier Angehörige von Bernardis – seine Mutter, seine Frau und seine beiden Kinder –, gegen fünf Angehörige von Hagens – seine Eltern, seine Frau und seine beiden kleinen Kinder –, gegen sechs Angehörige von Hases – seine Frau, seine drei Kinder, seinen Bruder und dessen Frau –, gegen fünf Angehörige Yorcks – seine Frau, seine Mutter, zwei seiner Schwestern und einen Bruder – sowie gegen die Frau und die Schwiegermutter von Helmuth Stieff.

Die Angeklagten erhielten keine Wahlverteidiger; erst kurz vor der Verhandlung bekamen sie und ihre Pflichtverteidiger überhaupt Einsicht in die Anklageschriften. Über den ersten Prozeß wurde in der gelenkten Presse ausführlich informiert, Passagen der Verhandlungen wörtlich abgedruckt[14]. Es war der Auftakt zu einer Serie von mehr als 50 Prozessen, die mit über 110 Todesurteilen endeten. In diese Prozeßserie wurden ab Oktober 1944 auch Fluchthelfer und Unterstützer der Verschworenen einbezogen. Roland Freisler, Präsident des Volksgerichtshofes, führte die meisten Prozesse selbst. Die überlieferten Film-, Foto- und Tondokumente geben einen Eindruck seiner haßerfüllten Verhandlungsführung[15]. Die Reichsanwaltschaft beim Volksgerichtshof bereitete die weiteren Verhandlungen zügig vor. Der zweite Prozeß[16] am 10. August 1944 endete mit Todesurteilen gegen die Offiziere Erich Fellgiebel, Fritz-Dietlof Graf von der Schulenburg, Berthold Schenk Graf von Stauffenberg, Alfred Kranzfelder und Georg Hansen, die am selben Tag in Plötzensee vollstreckt wurden. Dieses und die beiden folgenden Verfahren wurden ebenfalls vor einer breiteren Öffentlichkeit durchgeführt. Am 15. August 1944 verurteilte der Volksgerichtshof Bernhard und Hans-Georg Klamroth, Egbert Hayessen, Wolf Heinrich Graf von Helldorf, Adam von Trott zu Solz und Hans-Bernd von Haeften zum Tode[17].

---

12 Verfahren OJ 1/44. Die Oberreichsanwaltschaft beim Volksgerichtshof führte für die Prozesse gegen Widerstandskämpfer des 20. Juli 1944 die Registraturgruppe OJ neu ein. Für 1944 lassen sich die Verfahren OJ 1/44 bis OJ 67/44 nachweisen, für 1945 die Verfahren OJ 1/45 bis OJ 19/45. Soweit überliefert, befinden sich Fotokopien der Unterlagen in der Gedenkstätte Deutscher Widerstand, Berlin. Im folgenden werden die Verfahren mit ihrem Aktenzeichen angegeben.

13 Vgl. Harald Poelchau, Die letzten Stunden. Erinnerungen eines Gefängnispfarrers, aufgezeichnet von Alexander Graf Stenbock-Fermor, Berlin 1949, und Brigitte Oleschinski, Mut zur Menschlichkeit – Der Gefängnisgeistliche Peter Buchholz im Dritten Reich. Dokumentation zu Leben und Wirken des Gefängnisseelsorgers Peter Buchholz (1888–1953), Königswinter 1991.

14 Völkischer Beobachter und Berliner Lokalanzeiger vom 8. August 1944.

15 Zu den Prozessen vor dem Volksgerichtshof siehe – mit kleineren Ungenauigkeiten – Walter Wagner, Der Volksgerichtshof im nationalsozialistischen Staat, Stuttgart 1974, S. 660ff.

16 Verfahren OJ 2/44.

17 Verfahren OJ 3/44.

Zwischen dem 21. August und dem 29. September 1944 wurden in weiteren sieben Prozessen 30 Menschen ausschließlich zum Tode verurteilt. Im Gegensatz zu den ersten Prozessen wurde über die späteren Verhandlungen nicht mehr berichtet; dies hätte der offiziellen NS-These von der »kleinen Clique gewissenloser Verräter« widersprochen und die Breite der Widerstandsbewegung offenkundig werden lassen.

Am 7. und 8. September 1944 wurde mit Carl Friedrich Goerdeler, Wilhelm Leuschner, Josef Wirmer, Ulrich von Hassell und Paul Lejeune-Jung auch gegen die zivilen Köpfe des Umsturzversuches verhandelt[18]. Die Sozialdemokraten Julius Leber, Hermann Maass und Adolf Reichwein wurden am 20. Oktober 1944 zum Tode verurteilt; der Mitangeklagte Gustav Dahrendorf erhielt eine Strafe von sieben Jahren Zuchthaus[19]. Ende November 1944 wurden von den Fluchthelfern des Generals der Artillerie Fritz Lindemann, der kurz nach seiner Verhaftung an den Folgen einer Schußverletzung gestorben war, Erich und Elisabeth Gloeden, Elisabeth Kuznitzky, Hans Sierks und Carl Marks zum Tode, andere zu Zuchthaus- und Freiheitsstrafen verurteilt[20].

Erst zwischen dem 9. und 11. Januar 1945 fand der große Prozeß gegen die Angehörigen des Kreisauer Kreises statt. Helmuth James Graf von Moltke, der bereits im Januar 1944 verhaftet worden war, weil er eine Warnung an Angehörige des Solf-Kreises weitergegeben hatte, schrieb an seine Frau: »Wir werden gehenkt, weil wir zusammen gedacht haben.«[21] Zusammen mit Franz Sperr und Alfred Delp wurde er zum Tode verurteilt[22]; wenige Tage später verurteilte Freisler Theodor Haubach, Theodor Steltzer und Nikolaus Groß zum Tode[23].

Am 2. Februar 1945 wurde der Kreis um Klaus Bonhoeffer angeklagt. Gegen ihn, seinen Schwager Rüdiger Schleicher, Hans John und Friedrich Justus Perels wurden Todesurteile verhängt; Hans Kloß erhielt vier Jahre Zuchthaus[24]. Dies war der letzte Prozeß, den Roland Freisler führte. Am 3. Februar 1945 wurde er bei einem Luftangriff im Gebäude des Volksgerichtshofes von einem Balken erschlagen.

Fast einen Monat lang kam es nicht zu weiteren Verhandlungen. Erst am 26. Februar wurden Fritz Voigt, Franz Leuninger und Oswald Wiersich zum Tode verurteilt, Otto Winzer erhielt drei Jahre Zuchthaus[25]. Die Spruchpraxis wurde in der Ära nach Freisler etwas milder; es kam zu mehreren Freiheitsstrafen. Im März 1945 wurden noch Arthur Nebe[26] und Fritz Fromm[27] zum Tode verurteilt; spätere Todesurteile lassen sich dokumentarisch nicht mehr belegen. Die letzte Verhandlung fand offenbar am 19. April 1945 statt; Paulus van Husen erhielt drei Jahre Zuchthaus und Hans Lukaschek wurde freigesprochen[28].

---

18 Verfahren OJ 17/44.
19 Verfahren OJ 18/44.
20 Verfahren OJ 43/44 vom 27. und 28. November 1944.
21 Beate Ruhm von Oppen (Hrsg.), Helmuth James Graf von Moltke, Briefe an Freya, München 1988, S. 603.
22 Verfahren OJ 21/44.
23 Verfahren OJ 21/44, OJ 38/44.
24 Verfahren OJ 57/44.
25 Verfahren OJ 51/44.
26 Verfahren OJ 10/45.
27 Verfahren OJ ?/45. Todesurteil vom 7. März 1945.
28 Verfahren OJ ?/45.

Die »Aktion Gewitter«

Am 14. August 1944 kam es im »Führerhauptquartier Wolfschanze« zu einer weiteren Besprechung zwischen Hitler und Himmler. Sie beschlossen an diesem Tag die Ermordung Ernst Thälmanns, der daraufhin am 17. August 1944 im Konzentrationslager Buchenwald erschossen wurde[29], und besprachen auch die Belohnung zur Ergreifung von Carl Friedrich Goerdeler, der am 10. August 1944 durch die Denunziation einer Luftwaffenhelferin festgenommen worden war[30]. Zugleich legten sie fest, die Familienangehörigen von hingerichteten Widerstandskämpfern des 20. Juli durch die SS versorgen zu lassen. Himmler beauftragte damit SS-Gruppenführer Franz Breithaupt, den Chef des SS-Gerichts, der bereits nach der Mordaktion vom 30. Juni 1934 die Hinterbliebenen der Ermordeten zu »betreuen« hatte.

Heinrich Himmler hielt in seinen Notizen auch den Auftrag zur »Verhaftung S.P.D. u. K.P.D. Bonzen« fest. Dies war kein spontaner Entschluß, sondern ging auf eine lange Vorgeschichte zurück. Bereits 1935 hatten die Vorbereitungen für eine »Kartei« der Gestapo begonnen, in der Personen erfaßt wurden, die »im Falle außerordentlicher Ereignisse (Kriegsfall)« sofort verhaftet werden sollten[31]. Im Juni 1939 war zudem durch die Gestapo auf Wunsch Hermann Görings eine »Erfassung führender Männer der Systemzeit« vorgenommen worden, die 553 Personen aus der aktiven Politik der Weimarer Republik umfaßte[32]. Diese – völlig veralteten – Verzeichnisse waren im August 1944 die Grundlage für eine umfassende Verhaftungsaktion unter der Bezeichnung »Aktion Gewitter«[33]. Hitler hatte ein derartiges Vorgehen gegen die mögliche Neubildung jeder politischen Opposition im Kreise seiner Mitarbeiter bereits mehrfach angekündigt[34].

Wenige Stunden nach Hitlers Entscheidung setzten umfangreiche Verhaftungen von Kommunisten und Sozialdemokraten, am 21. August 1944 auch von ehemaligen Funktionären des Zentrums und der Bayerischen Volkspartei ein. Die Leitung der »Aktion Gewitter«[35] lag beim Amt IV des Reichssicherheitshauptamtes. So war SS-Sturmbannführer Karl Neuhaus, der in der »Sonderkommission 20. Juli« für die »kirchlichen Angelegenheiten« und die »Sippenhäftlinge« zuständig war, als Referent

---

29 BAK, NS 19/1447, fol. 161.

30 Vgl. Inge Marßolek, Die Denunziantin. Die Geschichte der Helene Schwärzel 1944–1947, Bremen 1993.

31 Siehe dazu J. Tuchel/R. Schattenfroh (Anm. 3), S. 127ff. und Klaus Drobisch, »Kriegsschauplatz Innerdeutschland«. Sicherheitspolizeiliche Vorbereitungen und Einübungen seit 1935/36, in: Dietrich Eichholtz/Kurt Pätzold (Hrsg.), Der Weg in den Krieg 1935–1939, Berlin (Ost) 1989, S. 63.

32 BAK, R 58/ 235, fol. 1ff.

33 Über die »Aktion Gewitter« liegt noch keine zusammenfassende Arbeit vor, sondern lediglich Studien oder Aufsätze zu einzelnen Regionen, etwa Detlef Korte, »Aktion Gewitter« in Schleswig-Holstein, in: Jahrbuch für Arbeiterbewegung und Demokratie in Schleswig-Holstein, Bd. 3, Kiel 1988, S. 521ff.

34 So am 14. September 1941 und am 7. April 1942. Siehe dazu den Text seiner Äußerungen bei Johannes Tuchel, Konzentrationslager. Organisationsgeschichte und Funktion der »Inspektion der Konzentrationslager« 1934–1938, Boppard 1991, S. 357.

35 Über die Bezeichnung der Festnahmeaktion herrschte auch bei den durchführenden Stellen Unklarheit. Die Festnahmen wurden sowohl als »Aktion Gewitter« oder als »Aktion Gitter« bezeichnet. Vgl. BAK, R 58/775, fol. 15, Fernschreiben der Stapo Bremen an das RSHA IV A 1 a vom 25. August 1944, und ebenda, fol. 18, Fernschreiben an die Gestapo Bremen, undatiert.

IV A 1a (»Politischer Katholizismus«) zugleich für die Verhaftung der ehemaligen Zentrumsabgeordneten verantwortlich[36]. Allein im Zuständigkeitsbereich der Gestapo Bremen wurden, wie aus einer Vollzugsmeldung an das RSHA vom 25. August 1944 hervorging, 206 Personen verhaftet, darunter viele ehemalige Stadtverordnete und Kreistagsabgeordnete[37]. Da die Verhafteten bereits vor 1933 politisch aktiv gewesen waren, handelte es sich bei ihnen nun vorwiegend um ältere und z. T. kranke Menschen. In der Bevölkerung stieß diese Verhaftungswelle auf Unverständnis und löste teilweise Unruhe aus[38]. Sogar höhere NS-Funktionäre beschwerten sich über das Ausmaß und die strikte Durchführung der Verhaftungen[39].

Am 28. August 1944 stellte Gestapo-Chef Heinrich Müller fest, daß die »Aktion Gewitter« nicht die gewünschte Wirkung erzielt habe: »Bei der Festnahme der kommunistischen, sozialistischen und schwarzen Funktionäre wurde offenbar verschiedentlich recht formal vorgegangen, ohne dass die seitherige Haltung des Festgenommenen und seines Familienkreises in Betracht gezogen war. Aus sehr vielen Gauen sind lebhafte Klagen hierüber eingegangen, die das tatsächlich erkennen lassen.«[40] Zwei Tage später ordnete Kaltenbrunner eine beschleunigte Überprüfung der Verhaftungen an, machte aber Einschränkungen: »Nur die Entlassung von Reichstags- und Landtagsabgeordneten behalte ich mir vor. Das gleiche trifft für die Festnahmeaktion gegen schwarze Reaktion zu.«[41]

Die meisten der Verhafteten wurden nach zwei bis vier Wochen wieder entlassen. So wurden im Gau Weser-Ems am 5. September 1944 166 Verhaftete gemeldet, von denen 146 bereits wieder entlassen worden waren[42]. Die »Aktion Gewitter« hatte sich – auch in den Augen der Nationalsozialisten – als Fehlschlag erwiesen, da sie an der »Heimatfront« mehr Unruhe als Zustimmung auslöste. Nach Schätzungen wurden während dieser »Aktion« mehrere tausend Menschen inhaftiert. Beispielhaft läßt sich an der Gruppe der verhafteten Reichstagsabgeordneten zeigen, daß viele von ihnen die Haft nicht überlebten[43].

Die »Sippenhaft«

Seit Anfang August 1944 war die Gruppe XI der Sonderkommission unter Sturmbannführer Karl Neuhaus für den Vollzug der »Sippenhaft« zuständig. Nach den grundsätzlichen Anweisungen Himmlers wurden von den über 180 »Sippenhäftlin-

36 BAK, R 58/775, fol. 7, 11, 12, 23.
37 BAK, R 58/775, fol. 15.
38 BAK, R 58/775, fol. 19, 20. Bericht der Gestapo-Außenstelle Osnabrück an die Gestapoleitstelle Bremen vom 27. August 1944 und Institut für Zeitgeschichte (IfZ), MA 300, Monatsbericht des Regierungspräsidenten von Regensburg zur politischen Lage vom 9. September 1944.
39 BAK, R 58/775 fol. 36f.
40 BAK, R 58/775 fol. 21, 22. Fernschreiben des RSHA an die Leiter aller Stapo(Leit)-Stellen vom 28. August 1944.
41 BAK, R 58/775 fol. 25. Fernschreiben des RSHA an die Leiter aller Stapo(Leit)-Stellen vom 30. August 1944.
42 BAK, R 58/775 fol. 26–28. Meldung an die Gauleitung der NSDAP des Gaues Weser-Ems vom 5. September 1944.
43 Vgl. Martin Schumacher (Hrsg.), M.d.R. Die Reichstagsabgeordneten der Weimarer Republik in der Zeit des Nationalsozialismus. Politische Verfolgung, Emigration und Ausbürgerung 1933–1945. Eine biographische Dokumentation, Düsseldorf 1991.

gen« allein im Juli und August 1944 mehr als 140 verhaftet[44]. Die Häftlinge erhielten keinerlei Haftbefehle; nach allen vorliegenden Quellen erfolgte die Mitteilung der »Sippenhaft« lediglich mündlich. Anordnungen des RSHA zur »Sippenhaft«, die an die einzelnen Gestapo-Stellen weitergeleitet wurden, konnten bisher nicht ermittelt werden[45]. Am 21. November 1944 erfolgte die Institutionalisierung der »Sippenhaft« im neu errichteten Referat IV a 6 c »Sippenhaft« neben den bereits seit der Umgliederung des RSHA vom Februar 1944 bestehenden Referaten IV a 6 a (»Hauptkartei«) und IV a 6 b (»Schutzhaft«). Referatsleiter wurde SS-Hauptsturmführer und Polizeirat Ernst Jarosch[46]. Am selben Tag ordnete Gestapo-Chef Heinrich Müller in einem Erlaß ein einheitliches Verfahren für alle »Sippenhaftfälle« an: »Die Fälle von Flucht ins Ausland bzw. Verbleib im Ausland werden von demjenigen Referat bearbeitet, das mit der zugrundeliegenden Materie zu tun hat ... Aufgabe des Sachreferates ist es: 1. Flucht- bzw. Verratsfall an sich zu bearbeiten. 2. Sippe feststellen und Anhänglichkeitsverhältnis des Flüchtlings zu dieser. Unter Sippe ist zu verstehen: Ehegatte, Kinder, Geschwister, Eltern und sonstige Verwandte, wenn letztere nachteilig bekannt sind.«[47] Über die »Sippenhaft«verhängung sollten Himmler oder Müller selbst entscheiden. Damit war ein Verfahren festgelegt, das – analog zum Verfahren bei KZ-Einweisungen – den Sachreferaten des RSHA die Verantwortung über eine mögliche »Sippenhaft« übertrug und diese nicht mehr – wie vorher bei der »Sonderkommission 20. Juli« – dem Referenten für »Sippenhaft« überließ.

Während also im Reichssicherheitshauptamt eine Bürokratie für die »Sippenhäftlinge« aufgebaut wurde, waren diese in unterschiedlichsten Gefängnissen inhaftiert. Innerhalb der Verfolgungsinstanzen kursierten offenbar Gerüchte über die schlechte Behandlung der »Sippenhäftlinge«, denn am 14. Dezember 1944 ging ein von Walter von Kielpinski entworfenes und von Kaltenbrunner unterzeichnetes Rundschreiben der »Sonderkommission 20. 7. 44« an alle Dienststellen von Gestapo und Sicherheitsdienst[48], weil es »erforderlich (war), den verschiedentlich auftretenden, von blutrünstigen Phantasien getragenen Gerüchten über ›liquidierte Kinder und ausgerottete alte Frauen‹ sachlich entgegenzutreten«. In dieser einzigen vom RSHA jemals vorgelegten Übersicht über die »Sippenhäftlinge« heißt es: »Im Zuge der Untersuchungen zum 20. 7. mußte eine größere Anzahl von Frauen in Haft genommen werden. Gleichzeitig mit der Inhaftnahme wurden die Kinder unter 16 Jahren Heimen der NSV (Nationalsozialistischen Volkswohlfahrt) überstellt. Um sie nicht unnötigen Anfeindungen seitens ihrer Umgebung auszusetzen, wurde ihnen für die Dauer des Aufenthaltes in den betr. Heimen ein neutraler Name gegeben. Der wirkliche Name wurde lediglich dem zuständigen Gauamtsleiter der NSV und der zuständigen Heimleiterin bekannt. Die Kinder wurden in den Heimen normal betreut. Sie kamen, sobald eine der Frauen aus der Haft entlassen werden konnte, wieder zur Mutter zurück. Mit einer längeren Inhaftnahme ist im wesentlichen bei den Frauen des ehemaligen Generalquartiermeisters Wagner, des ehemaligen Generalobersten Höpner [sic!] und des ehe-

44 Ulrike Hett, Die Sippenhaft nach dem 20. Juli 1944. Diplomarbeit, FU Berlin 1992, S. 34.
45 Gestapo-Personalakten sind im Nordrhein-Westfälischen Hauptstaatsarchiv Düsseldorf und im Staatsarchiv Würzburg in größerem Umfang überliefert. An beiden Stellen liegen keine Unterlagen zu »Sippenhäftlingen« vor.
46 Hauptstaatsarchiv Düsseldorf, RW 34/18, fol. 12f.
47 BAK, R 58/1027, fol. 326.
48 BAK, R 58/1027, fol. 327.

maligen Generals der Artillerie Lindemann zu rechnen. Sie sind wegen ihrer reaktionären Einstellung in einem Konzentrationslager untergebracht und haben ein Verfahren wegen Mitwisserschaft und Beihilfe vor dem Volksgerichtshof zu erwarten ... Eine Inhaftnahme der ganzen Sippe wurde für die Familie Stauffenberg (gräfliche Linie) durchgeführt ... Weitere Maßnahmen der Sippenhaftung erstrecken sich auf die Familie Goerdeler sowie auf die näheren Angehörigen der flüchtigen Gisevius und Kuhn sowie des zum Tode verurteilten Oberst von Hofacker.«

Dieses Rundschreiben ist ein Meisterstück politischer Desinformation. Im ersten Absatz wird der Eindruck erweckt, als ob die Kinder lediglich zur besseren Betreuung den NSV-Heimen übergeben wurden. Die Heimeinweisung war aber ebenso wie der Namensentzug der Kinder als gezielte Repressionsmaßnahme gedacht. Die Frauen aus den Familien Wagner, Hoepner und Lindemann waren zwar zu dieser Zeit im KZ Ravensbrück inhaftiert, Vorbereitungen für ein Verfahren gegen sie vor dem Volksgerichtshof lassen sich aber nicht einmal in Ansätzen nachweisen. Sie wurden also als »Sippenhäftlinge« festgehalten.

Himmler wollte die »Sippenhaft« erheblich ausweiten. Bereits am 25. Oktober hatte er Bormann durch Kaltenbrunner mitteilen lassen: »Der Reichsführer hat es nun abgelehnt, im Augenblick besondere Grundsätze zur Frage der Sippenhaftung aufzustellen. Aufrechterhalten bleibt die Haft hinsichtlich der gesamten gräflichen Familie Stauffenberg. Sonst wird jeder Einzelfall für sich geprüft.«[49]

Als eine weitere direkte Folge der oben dargestellten Besprechung vom 2. August bei Hitler erließ General Erich Burgdorf, Nachfolger des am 20. Juli 1944 schwerverletzten Chefs des Heerespersonalamtes, Generalleutnant Schmundt, am 2. August 1944 einen Befehl, der allen Soldaten der Wehrmacht bekanntzugeben war[50]. Der Befehl enthielt zuerst eine offizielle Sprachregelung zum Nationalkomitee »Freies Deutschland« (NKFD) und dem »Bund deutscher Offiziere«, besonders zu General Walther von Seydlitz: »Der ehemalige General der Artillerie von Seydlitz wurde durch das Reichskriegsgericht in Abwesenheit zum Tode, zur Wehrunwürdigkeit und zum Einzug des Vermögens verurteilt. Gegen die weiter belasteten Soldaten wird das Verfahren ebenfalls beschleunigt durchgeführt. Alle Soldaten sind eingehend und wiederholt unter Bekanntgeben der Vorgänge zu belehren, daß jeder Soldat, der sich in den Dienst des Feindes stellt, sein und seiner Familie Leben verwirkt hat.« Die Sanktion drohte jetzt nicht mehr nur dem Überläufer oder Deserteur, sondern auch seiner in der Heimat verbliebenen Familie. Das NS-Regime fühlte sich nicht mehr sicher genug, auf die Treue seiner Soldaten zu bauen, sondern nahm auch deren Frauen und Familien in eine Form der kollektiven Geiselhaftung, die bisher nur gegen Angehörige von Widerstandskämpfern in den deutsch besetzten Gebieten durchgeführt worden war.

Die Ausweitung der »Sippenhaft«

Ende Oktober 1944 schlug dann die Heeresfeldjustizabteilung beim Oberkommando des Heeres dem Oberbefehlshaber West, Generalfeldmarschall Gerd von Rundstedt, die Einführung »einer Art Sippenhaftung« vor: »Die gegen Überläufer in Abwesen-

49 BAK, NS 6/3, fol. 27. Schreiben Kaltenbrunners an Bormann vom 25. Oktober 1944.
50 IfZ, Fd 44, Bl. 237. Befehl vom 2. August 1944.

heit ausgesprochene Verurteilung zum Tode scheint vielfach ihre Wirkung durch die Erwägung eingebüßt zu haben, daß der Krieg ohnehin verloren und der Überläufer deshalb durch die Flucht zum Feinde der Verantwortung endgültig entzogen sei, dafür aber die Aussicht habe, sein Leben zu retten und nach Kriegsende wieder zu seinen Angehörigen zurückkehren zu können. Die bisher in diesen Fällen schon durchgeführte Streichung des Familienunterhalts schreckt demgegenüber anscheinend zu wenig ab. Es wird deshalb erwogen werden müssen, eine Art ›Sippenhaftung‹ in der Weise einzuführen, daß die nächsten Angehörigen für die Tat des Überläufers, der sich dem Zugriff entzogen hat, mit Leben oder Freiheit haften müssen. Praktisch käme zumindest die Verbringung der Angehörigen in ein Konzentrationslager und die Einziehung des Vermögens in Betracht. Um solchen Maßnahmen die gewünschte Wirkung zu sichern, wäre ihre vorherige Androhung und eindringliche Bekanntgabe bei der Truppe erforderlich. Um Weisung wird gebeten.«[51]

In diesen Überlegungen finden sich alle Repressalien wieder, die gegen Überläufer, NKFD-Mitglieder und Beteiligte des 20. Juli 1944 sowie deren Familien angewandt wurden. Sie sollten nunmehr gegen alle Soldaten der Wehrmacht eingesetzt werden. Der Oberbefehlshaber West reagierte sofort und schrieb am folgenden Tag, dem 1. November 1944, an den Chef des Oberkommandos der Wehrmacht, Generalfeldmarschall Wilhelm Keitel: Er habe befohlen, den Soldaten »eindringlichst einzuschärfen«, daß ein Überlaufen nicht nur kriegsgerichtliche Konsequenzen für sie selbst habe, sondern ihre »Sippe« voll für sie hafte. Ein Entwurf, der im November 1944 zwischen Oberkommando der Wehrmacht, Wehrmachtrechtsabteilung und Wehrmachtführungsstab kursierte, erfuhr noch erhebliche Verschärfungen, bevor er am 19. November 1944 von Keitel unterschrieben wurde[52].

Im Text des für die gesamte Wehrmacht geltenden Befehls spiegelten sich sowohl die Ängste vor einem neuen »Dolchstoß« als auch die Ablehnung der Widerstandskämpfer des 20. Juli 1944: »Im entscheidenden Stadium unseres Existenzkampfes sind einige ehrlose Elemente zum Feind übergelaufen, um sich dem Kampf zu entziehen und ihr armseliges Leben in Sicherheit zu bringen ... Der anständige Soldat ... verachtet solche eidbrüchigen Lumpen und erwartet, daß rücksichtslos gegen sie und ihre Sippe vorgegangen wird ... 4.) Die Sippe rechtskräftig zum Tode verurteilter Überläufer haftet für das Verbrechen des Verurteilten mit Vermögen, Freiheit oder Leben. Den Umfang der Sippenhaftung im Einzelfalle bestimmt der Reichsführer SS und Chef der deutschen Polizei. Hierzu sind die Vorgänge dem Reichssicherheitshauptamt unmittelbar zuzuleiten ... 6.) Todesurteil und Einleitung der Sippenhaftung ist in jedem Einzelfalle sofort innerhalb der Division oder ... gleichgestellten Verbandes, dem der Verurteilte angehört hat, bekanntzugeben.«

Am 5. Februar 1945[53] wurde der Befehl vom 19. November 1944 auf »Maßnahmen gegen Wehrmachtangehörige, die in der Kriegsgefangenschaft Landesverrat begehen«, ausgedehnt. Auch hier sollte die Familie von rechtskräftig Verurteilten mit »Vermögen, Freiheit oder Leben« haften. In einer weiteren Ergänzung, ebenfalls vom 5. Februar 1945[54], wurden die Maßnahmen präzisiert. Danach sollte die »Sippen-

51 Bundesarchiv/Militärarchiv Freiburg (BA/MA), RW 4/v. 702, fol. 7. Vortragsvermerk für Generalfeldmarschall von Rundstedt vom 31. Oktober 1944.
52 Entwurf: BA/MA, RW 4 v. 702, fol. 22f., endgültige Ausfertigung ebenda, fol. 11ff.
53 BA/MA, RW 4/v. 702, fol. 51.
54 BA/MA, RW 4/v. 702, fol. 52f.

haft« nur bis zur Festnahme des Flüchtigen oder »Landesverräters« andauern und nur für Taten nach dem 15. Dezember 1944 zur Anwendung kommen. Doch galt sie auch für Wehrmachtangehörige, die in das neutrale Ausland geflohen waren und dort Landesverrat – angeblich allein schon durch ihre Flucht – begangen hatten.

Die Agonie des nationalsozialistischen Regimes und das grundsätzliche Mißtrauen gegenüber der Armee wurde schließlich in einem »Führerbefehl« vom 5. März 1945[55] deutlich erkennbar: »Wer in Gefangenschaft gerät, ohne verwundet zu sein oder nachweisbar bis zum Äußersten gekämpft zu haben, hat seine Ehre verwirkt. Die Gemeinschaft der anständigen und tapferen Soldaten stößt ihn von sich. Seine Angehörigen haften für ihn. Jede Zahlung von Gebührnissen oder Unterstützungen an die Angehörigen fällt fort.« Dieser Befehl wurde allerdings in den letzten Wochen der nationalsozialistischen Herrschaft kaum noch umgesetzt, denn bereits am 9. März 1945 wurden als letztes und schärfstes Repressionsinstrument die »fliegenden Standgerichte« eingesetzt, die »Deserteure« und »Fahnenflüchtige« ohne längeres Verfahren aburteilten[56]. Die Zahl der durch die »fliegenden Standgerichte« Ermordeten ist unbekannt.

Von besonderer Bedeutung ist allerdings, daß die Initiative zum umfassenden Einsatz des neuen Sanktionsinstrumentes »Sippenhaft« aus der Wehrmacht selbst gekommen war. Die Generalität, und hier sind vor allem Rundstedt, Keitel und Jodl zu nennen, wehrte sich nicht dagegen, daß die Familienangehörigen der Soldaten, die sie führten, eingesperrt wurden. Sie forderten im Gegenteil sogar selbst diese Repressalien gegen unbeteiligte Zivilisten, weil sie fürchteten, in dieser Endphase des Krieges zu viele Soldaten durch Desertion zu verlieren.

Der Weg der »Sippenhäftlinge«

Etwa 50 der von der Gestapo verschleppten Kinder der Widerstandskämpfer des 20. Juli 1944 und des NKFD kamen in ein geräumtes Erholungsheim der NS-Volkswohlfahrt in Bad Sachsa. Ein Teil der Kinder wurde im Winter wieder zu ihren aus der Haft entlassenen Müttern gebracht, 16 von ihnen noch am 4. Mai 1945 von der US-Armee in Bad Sachsa befreit.

Die »Sippenhäftlinge« dagegen waren in unterschiedlichsten Gefängnissen inhaftiert, zunehmend auch in Konzentrationslagern. Im Oktober 1944 fiel die Entscheidung zu ihrer Zusammenfassung an zentralen Haftorten. Mehr als 40 Frauen und Kinder wurden in die Schierbach-Baude bei Bad Reinerz in die Glatzer Berge verlegt, mehr als 20 in das Hotel in der Hindenburg-Baude bei Reinerz. Ende November 1944 wurde diese Gruppe in das KZ Stutthof bei Danzig gebracht, von hier aus Ende Januar 1945 in das KZ Buchenwald, wo Ende März 1945 rund 50 »Sippenhäftlinge« untergebracht waren. Am 3. April wurde diese Gruppe in Richtung Süden verlegt und in Schönberg im Bayerischen Wald einquartiert. Mitte April 1945 kamen sie in das KZ Dachau. Ende Januar waren auch die Häftlinge aus der Schierbach-Baude in das KZ Dachau gebracht worden, so daß dort Mitte April rund 200 »Sippenhäftlinge«

---

55 BA/MA, RW 4/v. 702, fol. 67.
56 Vgl. den Artikel von Edgar Wolfrum in diesem Band.

inhaftiert waren. Einige von ihnen wurden zu Fuß auf Transport geschickt und unterwegs befreit. Die größte Gruppe, über 130 Menschen, kam über das Durchgangslager Reichenau bis nach Niederndorf in Tirol. Hier wurde sie am 4. Mai 1945 von amerikanischen Truppen befreit.

Mordaktionen 1945

Nicht alle Verhafteten wurden vor den Volksgerichtshof gestellt, und nicht alle Verurteilten wurden sofort in Plötzensee hingerichtet. Johannes Popitz und Carl Friedrich Goerdeler etwa hatten nach ihrer Verurteilung auf Weisung der NS-Führung Denkschriften über den Neuaufbau des Reiches zu verfassen, was aber die Urteilsvollstrekkung lediglich aufschob. Reichsjustizminister Otto Thierack erkundigte sich persönlich, wann das RSHA die Verurteilten der Justiz zur Hinrichtung übergeben werde. Popitz und Goerdeler wurden erst am 2. Februar 1945 in Plötzensee hingerichtet.

Gegen andere Widerstandskämpfer besaß das RSHA offensichtlich kein ausreichendes Beweismaterial oder hielt einen Prozeß vor dem Volksgerichtshof nicht für opportun. Dennoch sollten viele von diesen nicht überleben. Hans von Dohnanyi war lange Zeit in der Prinz-Albrecht-Straße 8 inhaftiert und wurde am 9. April 1945 im KZ Sachsenhausen ermordet[57]. Abwehrchef Wilhelm Canaris, sein Mitarbeiter Hans Oster und der evangelische Theologe Dietrich Bonhoeffer wurden im Februar 1945 in das KZ Flossenbürg verlegt und dort nach dem Urteil eines SS-Standgerichts am 9. April 1945 zusammen mit dem Reichskriegsgerichtsrat Karl Sack, Oberst Ludwig Gehre und Theodor Strünck gehängt[58].

Am 5. April 1945 gab Heinrich Himmler die Anweisung, daß der Hitler-Attentäter vom 8. November 1939 im Münchener Bürgerbräukeller, Johann Georg Elser, nicht lebend in die Hände alliierter Truppen fallen dürfe[59]. Am 9. April 1945 wurde Elser im KZ Dachau ermordet.

Zwischen dem 22. und 24. April 1945 wurden auf einem Ruinengrundstück in der Nähe des Zellengefängnisses Lehrter Straße insgesamt 18 Häftlinge erschossen. Es ist nicht mit letzter Sicherheit zu klären, ob die Weisung zu diesen Taten direkt von Heinrich Himmler oder von Heinrich Müller, dem Chef des Amtes IV des RSHA (»Gestapo«) kam. Viel spricht für die Vermutung, daß Himmler noch in letzter Minute Mitverschworene des 20. Juli 1944 beseitigen wollte. Am Abend des 22. April 1945 erschoß das RSHA-Sonderkommando u. a. Ernst Munzinger, Wilhelm Staehle, Hans Victor von Salviati und Albrecht Haushofer, kurz darauf Rüdiger Schleicher, Klaus Bonhoeffer, Friedrich Justus Perels, Hans John, Carl Marks, Wilhelm zur Nieden und Richard Kuenzer[60]. In der Nacht vom 23. auf den 24. April erschoß das aus

---

57 Vgl. dazu den Beitrag von Winfried Meyer in diesem Band.

58 Siehe Eberhard Bethge, Dietrich Bonhoeffer. Theologe, Christ, Zeitgenosse, München 1983^5, S. 1036ff. Theodor Strünck war bereits am 12. Oktober 1944 vom Volksgerichtshof zum Tode verurteilt worden.

59 Siehe Anton Hoch, Das Attentat auf Hitler im Münchner Bürgerbräukeller 1939, in: Vierteljahrshefte für Zeitgeschichte, 17 (1969), S. 383ff.

60 Siehe Eberhard Bethge, In Zitz gab es keine Juden. Erinnerungen aus meinen ersten vierzig Jahren, München 1989, S. 195ff.

SS- oder Gestapoangehörigen bestehende Kommando noch Albrecht Graf Bernstorff, Ernst Schneppenhorst und Karl Ludwig Freiherr von und zu Guttenberg. In derselben Nacht soll ebenfalls ein Teil der letzten Häftlinge aus dem Hausgefängnis der Prinz-Albrecht-Straße in einer Ruine in der nahegelegenen Puttkamer Straße erschossen worden sein.

Der nationalsozialistische Staat reagierte mit den härtesten Maßnahmen auf den Umsturzversuch des 20. Juli 1944: Die unmittelbar Beteiligten wurden hingerichtet oder auf andere Weise ermordet; ihre Familienangehörigen waren in Haft, ihre Kinder namenlos. Zugleich wurde die »Sippenhaft« umfassend ausgeweitet, um mit diesem Sanktionsinstrument die Agonie des NS-Regimes aufzuhalten.

Der Terror in Deutschland und die Unterdrückung der inneren Opposition erreichten nach dem 20. Juli 1944 einen Höhepunkt. Die Neubildung jeder demokratischen Struktur in einem Nachkriegsdeutschland sollte mit der »Aktion Gewitter« und den Morden an prominenten Regimegegnern noch kurz vor Kriegsende verhindert werden. Den Zusammenbruch des nationalsozialistischen Staates und die totale militärische Niederlage konnten sie jedoch nicht aufhalten.

VII. Widerstand im Krieg

Die langjährige Konzentration der widerstandshistorischen Forschung auf die Ereignisse des 20. Juli 1944 hat niemals – entgegen vielen anderslautenden Behauptungen – den Blick auf die ganze Breite von Widerstand und Hilfe für Verfolgte verstellen können, die nicht nur von Angehörigen der Funktionselite, sondern auch von Menschen geleistet wurde, die sich als einzelne widersetzten und Zeugnisse zivilen Mutes gaben. Bereits unmittelbar nach dem Ende des Zweiten Weltkrieges erschienen erste Veröffentlichungen über die im »Untergrund« bewiesene Regimegegnerschaft, die sich durch eine weite Vielfalt von Aktivitäten auszeichnete: Von der Übermittlung wichtiger Nachrichten über die Beschaffung von Lebensmitteln für Untergetauchte bis zu Versuchen, bedrohte Mitmenschen in Wohnungen und Schrebergärten zu verbergen oder außer Landes zu bringen.

In der Tat hatten viele Menschen während des Krieges ein Schattendasein geführt, gleichsam ein Leben als »Schattenmann«, und auf diese Weise bewiesen, daß die »Volksgemeinschaft« im Sinne der nationalsozialistischen Weltanschauung durch Elemente der »Widerspenstigkeit« geprägt blieb, wie sie, wenngleich in etwas anderer Argumentationsrichtung, Gerhard Paul *erforscht hat, indem er die Rolle der Gestapo in der deutschen Gesellschaft untersuchte. Dabei wird allerdings nicht nur die Fülle von Handlungsmöglichkeiten deutlich, die eine Alternative zur Anpassung darstellten, sondern ebenso die Breite dieser Anpassung, die nicht zuletzt auch darin ihren Ausdruck fand, daß sich die Geheime Staatspolizei auf eine Vielzahl von namenlosen Helfern stützte, die ihre Mitmenschen durch Denunziationen gefährdeten und die dabei keineswegs immer eine politische Absicht hatten.*

Die einzelnen Untersuchungen, die in diesem siebten Hauptabschnitt aufgenommen worden sind, sollen an die vielfältigen Versuche erinnern, bedrohte Regimegegner vor Verhaftung und Tod zu schützen. Die verschiedenen Beiträge lenken zugleich den Blick auf Bereiche der Widerstandsgeschichte, die im Zuge einer Präzisierung des Widerstandsbegriffs durch sozialgeschichtliche Ansätze – für die der verstorbene Direktor des Münchener Instituts für Zeitgeschichte nachdrücklich plädiert hat – erschlossen worden sind. Gilt für den Bereich des militärischen Widerstands, daß wir aufgrund des Aktenmaterials vergleichsweise gut durch die zeithistorische Forschung informiert sind, so gilt für die in diesem Abschnitt behandelten Bereiche oftmals, daß wir erst am Anfang unserer wissenschaftlichen Bemühungen stehen. Vielfach haben sich dabei auch die neuen Fragestellungen gegen Vorbehalte und Vorurteile durchzusetzen. Dies gilt etwa für die öffentliche Wahrnehmung eines wichtigen Teilbereichs der Geschichte des Widerstands, der sich auf die Erforschung der Rolle und des Verhaltens von Frauen im Kriegsalltag und insbesondere in der vielfältigen Regimegegnerschaft richtet. Mit ihrer

Untersuchung will Christl Wickert *keineswegs dem historischen Zeitgeschmack huldigen, sondern sie wirft die Frage nach den spezifischen Voraussetzungen, Funktionen und Leistungen des Widerstands auf, den Frauen erbrachten. Sie leistet damit keinen weiteren Versuch zur bloßen Legitimation von neuen Gruppenzusammenhängen, sondern sie rückt die Frage nach den Spezifika, aber auch nach den Verbindungen zwischen der Selbstbehauptung und solidarischen Hilfsbereitschaft von Frauen mit der allgemeinen Widerstandsgeschichte in den Mittelpunkt ihres Interesses.*

Die Einengung des Widerstandsbegriffs hatte lange Zeit auch die Forschungen zur Geschichte jugendlicher Opposition überlagert und den Jugendwiderstand zu einem typischen Beispiel einer gleichsam legitimatorisch orientierten Widerstandsgeschichte gemacht, die am Rande des allgemeinen Forschungstrends betrieben worden war, um etwa das Selbstverständnis bündischer Gruppierungen durch die Betonung widerstandsgeschichtlicher Traditionen zu stärken. Wilfried Breyvogel *stellt in seinem Beitrag nachdrücklich die fließenden Grenzen zwischen regimekritisch-oppositionellem und regimefeindlich-widerständigem Verhalten dar; so kann er gerade die Radikalisierung jugendlichen Verhaltens in der teilweise sehr heftigen und für den einzelnen riskanten Auseinandersetzung mit den umfassenden Ansprüchen der HJ deutlich machen. Die Weigerung, sich unter Verleugnung autonomer bündischer Traditionen den Ansprüchen einer Staatsjugend unterzuordnen, mußte unter den Bedingungen einer totalitären Diktatur eine politische Qualität erreichen, die von den Machthabern als Herausforderung ihrer Herrschaft begriffen und schließlich auf das schärfste bekämpft wurde. Hier wird auch sichtbar, daß in modernen Diktaturen die Definition des Widerstands zu einem ganz entscheidenden Teil von staatlichen Vertretern vorgenommen wird.* Christiane Moll *zeichnet in ihrem Beitrag auf einer bisher weitgehend neuen Quellenlage die Geschichte der wohl bekanntesten studentischen Widerstandsgruppe, die sich in München unter dem Namen »Weiße Rose« um die Geschwister Scholl und ihre Freunde gebildet hatte. Sie kann hier erstmals in dieser Intensität ein Bild der vielfältigen Ursprünge dieser Widerstandsgruppe zeichnen, die in den fünfziger Jahren möglicherweise in der Überstilisierung ihrer Reinheit und Politikferne verzeichnet worden ist. Auf ähnlich neuer Quellengrundlage zeichnet der Potsdamer Zeithistoriker* Jürgen Danyel *unbelastet von den Deutungsmustern des Kalten Krieges ein Bild der Widerstandsgruppe um Arvid Harnack und Harro Schulze-Boysen, die in den fünfziger Jahren aus Gründen in das Zwielicht von politischen Verzerrungen und Verurteilungen gerückt wurde, die nur aus der Nachkriegsgeschichte mit ihrer Spaltung Deutschlands und Europas erklärt werden können. Inzwischen hat sich ein neues Bild der »Roten Kapelle« ergeben – vor allem, weil es gelungen ist, die gegensätzliche propagandistische Instrumentalisierung dieser Gruppe in zwei deutschen Diktaturen zu korrigieren und die Entwicklung dieser größten deutschen Widerstandsorganisation aus ihren Anfängen in der Weimarer Republik darzustellen.*

Ähnliche ideologisch-politisch geprägte Bewertungen belasteten die Würdigung der Regimegegnerschaft, die sich von außen gegen den NS-Staat richtete. Zunächst galten die Anhänger des »Nationalkomitees Freies Deutschland« und des »Bundes Deutscher Offiziere« als Verräter des Reiches, später als eine Gruppe, deren Mitglieder sich auf Kosten ihrer Kameraden Vorteile verschaffen wollten. Schließlich diskreditierte man im Westen Deutschlands ihre Entscheidung für eine Stellungnahme gegen Hitler in den Kriegsgefangenenlagern der Roten Armee als Versuch, die nationalsozialistische Diktatur lediglich durch eine kommunistische zu ersetzen. Eva Bliembach *untersucht die propagandistischen Aktivitäten des NKFD, das 1943 in Moskau mit Billigung Stalins unter maßgeblicher Einflußnahme kommunistischer Emigranten wie Wilhelm Pieck und Walter Ulbricht gegründet wurde, allerdings im Zusammenhang auch anderer Aktivitäten deutscher Kriegsgefangener gesehen werden muß, die im Osten wie im Westen von außen aus den Gefangenenlagern einen Beitrag zum Sturz des NS-Regimes leisten wollten.*

Diese Absicht verband das NKFD mit den Bestrebungen des politischen Exils, dessen Angehörige lange Zeit »mit dem Gesicht nach Deutschland« gewandt auf den völligen Zusammenbruch Deutschlands gesetzt hatten und versuchten, ihre Verbindungen zu den ausländischen Regierungen zu nutzen, um sich dort für den erhofften Einsatz in Deutschland auf die Übernahme neuer politischer Verantwortung vorzubereiten. Claus-Dieter Krohn *schildert wichtige Aspekte dieses Kampfes aus dem Exil gegen die nationalsozialistische Diktatur, der es nach 1945 schwer hatte mit seiner Anerkennung in der deutschen Öffentlichkeit – hüben, wie das Beispiel von Willy Brandt gezeigt hat –, aber auch – wie das Schicksal von Walter Janka deutlich macht – drüben. Krohn erschließt wesentliche Ergebnisse einer langjährigen intensiven Widerstandsforschung, die in den vergangenen fünfzehn Jahren kräftig durch Forschungseinrichtungen gefördert worden ist. Bliembach und Krohn machen deutlich, welche Konsequenzen ein Widerstandsbegriff für die Forschung hat, die nicht danach strebt, durch begrifflich trennscharf anmutende Definitionen gewichtige Dimensionen des Widerstands aus den Forschungszusammenhängen auszugrenzen, sondern die durch eine möglichst aspektreiche integrale Widerstandsdefinition unterschiedlichste Felder des Widerstands in die Untersuchungen zur Gesamtgeschichte der antinationalsozialistischen Regimegegnerschaft einzubeziehen versucht.*

Zu den konzeptionell besonders schwierigen Bereichen der Geschichte des Widerstands gehört die Frage nach dem Zusammenhang zwischen der Selbstbehauptung der Bedrohten, Verfemten und Verfolgten und ihrem Versuch, sich durch die Bewahrung ihrer eigenen Identität allen Versuchen zu widersetzen, sie zu willen- und zukunftslosen Opfern des Terrors zu machen. Kaum ein Satz ist derartig oft kolportiert worden wie die Behauptung, die Juden hätten sich apathisch »zur Schlachtbank« führen lassen. Und kein anderer Satz ist derart geeignet, das Selbstverständnis einer hochgradig in ihrer Existenz gefährdeten Gruppe zu verzeichnen, wie diese Feststellung, die häufig vor allem von jüngeren Juden als Vorwurf an die Überlebenden des Völkermords verwandt wurde. Sylvia Rogge-Gau *untersucht in ihrem kulturgeschichtlich orientierten Beitrag Formen kultureller Selbstbehauptung der in ihren Möglichkeiten extrem eingeschränkten deutschen Juden; sie lenkt überdies den Blick auch auf das Verhalten jüdischer Häftlinge, die sich in den Lagern durch ihren Zusammenhalt und die Absicht, zumindest den durchlebten Schrecken der Nachwelt zu überliefern, den Nationalsozialisten entgegenzustemmen versuchten.* Norbert Haase *berührt einen anderen Grenz- und Problembereich der modernen Widerstandsforschung, indem er Desertion und Kriegsdienstverweigerung als Manifestationen der Regimegegnerschaft beschreibt. In jüngster Zeit sind diese Formen individueller Verweigerung und Selbstbehauptung gerade im Zusammenhang mit der Kritik an der Militärstrafjustiz des Dritten Reiches bekannter geworden. Ähnliche Entwicklungen sind aus Österreich zu melden, wo insbesondere der Zusammenhang zwischen der Verweigerung des Dienstes in der Wehrmacht und der Beteiligung am Partisanenkampf im Mittelpunkt der Aufmerksamkeit steht.* Edgar Wolfrum *schließlich stellt Zusammenhänge zwischen Befehlsverweigerung und einem*

Widerstand vor allem in den Kommunen und Betrieben her, dem wir es nicht zuletzt verdanken, daß die NS-Führung ihre Vision von der »verbrannten Erde« in Deutschland nicht verwirklichen konnte. Er erinnert in seinem Beitrag an einen oftmals übersehenen Bereich des Widerstands, der in den Zusammenhang mit der selbstmörderischen Absicht der NS-Führung einzuordnen ist, im Hinblick auf die bevorstehende Niederlage dem deutschen Volk nicht nur das politische Existenzrecht abzustreiten, sondern ihm das historische Überlebensrecht abzusprechen.

Insgesamt gesehen gestattet die Vielfalt der Widerstandsmanifestationen und -dimensionen nicht eine harmonisierende Zusammenschau. Offensichtlich lösten sich in der Kriegsphase viele Gemeinsamkeiten des Verhaltens und Wollens auf und spiegelten so den Zerfall einer Gesellschaft, die mit dem militärischen Zusammenbruch auch auf ihre gesellschaftliche Katastrophe zuzutreiben schien. Es kann der Widerstands- und Zeitgeschichte nur gelingen, die Vielfalt dieser Erscheinungen wahrzunehmen, wenn sich die Forscher die Offenheit des Blicks und die Unbefangenheit des Urteils bewahren, aber auch den Willen haben, das ganze Spektrum von Verhaltensmöglichkeiten zur Kenntnis zu nehmen. Im Widerstand wird dann eine praktizierte Alternative zur Anpassung, zur Folgebereitschaft der meisten Deutschen sichtbar, die Hitlers Befehlen gehorchten – bis in den Untergang des Reiches hinein, in eine ausweglos erscheinende Situation. Aus Gründen der politischen und nationalen Selbstachtung war es nach 1945 – und ist es auch heute noch! – von außerordentlicher Bedeutung, auf Vertreter eines anderen Deutschland verweisen zu können, die die Hoffnung verkörperten, daß die Deutschen aus dem Zusammenbruch eine zweite deutsche Demokratie aufzubauen vermöchten.

Gerhard Paul

Die widerspenstige »Volksgemeinschaft«

Dissens und Verweigerung im Dritten Reich

Keine Formel aus dem Repertoire der nationalsozialistischen Propaganda besaß soviel Faszinationskraft wie die der »Volksgemeinschaft«[1]. Angesichts der vorangegangenen großen Krise und der Erfahrungen der Weimarer Klassengesellschaft war dies keineswegs verwunderlich. Und doch blieb die angestrebte »Volksgemeinschaft« unvollendet, letztlich eine Utopie, die querstand zu den weiterhin wirksamen Klassenantagonismen und kulturellen Fragmentierungen.

Der Gedanke, daß das deutsche Volk eine »Volksgemeinschaft« bilden sollte, die alle sozialen, kulturellen und politischen Unterschiede aufheben oder gar ersetzen sollte, gehörte zum Kernbestand der NS-Weltanschauung, wobei die Volksgemeinschaftsideologie zugleich eine integrative und eine repressiv-ausgrenzende Seite besaß. Die willensmäßige Geschlossenheit des ganzen Volkes, die Wiederbelebung des »Burgfriedens« von 1914, galt als Voraussetzung der »Wiedererhebung der deutschen Nation«. Sozial sollte der angestrebte Egalitarismus in der Teilnahme an Massenkundgebungen, der Partizipation an Gemeinschaftseinrichtungen wie etwa dem »Winterhilfswerk« und im Zusammenschluß von »Betriebsführern« und »Gefolgschaftsmitgliedern« in der »Betriebsgemeinschaft« zum Ausdruck kommen; kulturell wurde die »Gleichschaltung« der kulturtreibenden Verbände, die Ausrichtung auf die NS-Massenmedien und die Begrenzung der Konfessionen auf ausschließlich religiöse Zwecke angestrebt; politisch sollte sich der Konsens im Wahl- und Abstimmungsverhalten und im positiv-bejahenden Verhältnis zu Staat und Partei niederschlagen, die als institutionelle Verkörperungen der »Volksgemeinschaft« konzipiert waren. Gefordert wurden die Übereinstimmung in den zentralen Grundfragen der NS-Ideologie (Führertum, Gemeinschaftsgedanke, Rassenmodell), der sozioökonomische und der kulturelle Konsens sowie schließlich die Zustimmung zum nationalsozialistischen Eroberungskrieg. Rechtlich setzten sich die Konsensansprüche der »Volksgemeinschaft« als »Rechtspflicht« des einzelnen gegenüber der Gemeinschaft[2] – vor allem als Treuepflicht, als Wehrpflicht sowie als Pflicht zur Arbeit – um. Vorrangig der Betrieb und der Krieg galten als jene Orte, in denen sich die »Volksgemeinschaft« realisieren sollte. Während man in den Betrieben die Klassen-

1 Siehe Gerhard Bauer, Sprache und Sprachlosigkeit im »Dritten Reich«, Köln 1988, S. 68ff.; Bernd Stöver, Volksgemeinschaft im Dritten Reich. Die Konsensbereitschaft der Deutschen aus der Sicht sozialistischer Exilberichte, Düsseldorf 1993; zur Bedeutung des Begriffs »Volksgemeinschaft« in Hitlers Denken vgl. Rainer Zitelmann, Hitler. Selbstverständnis eines Revolutionärs, Hamburg u.a. 1987, S. 173ff.

2 Vgl. Michael Stolleis, Gemeinschaftformeln im nationalsozialistischen Recht, Berlin (West) 1974.

gegensätze zum gemeinsamen Nutzen von Staat und Partei aufzuheben hoffte, glaubte man, im Krieg die egalisierende »Schützengrabengemeinschaft« des Ersten Weltkrieges wiederzubeleben. Jene, die nicht den sozialen, politischen und rassischen Bedingungen der »Volksgemeinschaft« entsprachen, vor allem nicht die Kriterien der »rassischen Artgleichheit« erfüllten und »keinerlei Einordnungswillen und -fähigkeit« zeigten, wurden als »Artfremde«, »Fremdvölkische«, »Gemeinschaftsunfähige«, »Staats- und Volksfeinde« durch staatliche Maßnahmen und sonderrechtliche Normen wie etwa das »Heimtückegesetz« von 1934, die »Blutschutzgesetzgebung« von 1935 oder diverse Verordnungen zum »Schutze der Wehrkraft« während des Krieges ausgegrenzt und verfolgt.

Die institutionen- und organisationenfixierte ältere Totalitarismus- und Widerstandsforschung hat den Idealtypus der »Volksgemeinschaft« für weitgehend bare Münze genommen und strukturell angelegte Brüche, Ambivalenzen und Konflikte zumeist übersehen, obwohl – anders als oft angenommen – selbst für Hitler etwa die Fortexistenz wirtschaftlicher Interessengegensätze und damit die Notwendigkeit der Vertretung dieser Interessen außer Zweifel standen[3]. Nicht zu leugnende Widersprüche im »Volksgemeinschafts«-Alltag mußten daher als Formen widerständigen Verhaltens, als »Volksopposition«[4] gar, erscheinen, bekamen mithin eine Würde zuerkannt, die ihnen historisch nicht zustand. Die Durchbrechung der totalitarismustheoretischen Perspektive und die sozialgeschichtliche Öffnung der NS- und Widerstandsforschung nach unten zu den konkret handelnden Menschen – wie sie vor allem Martin Broszat gefordert hat[5] – haben auf die vielfältigen Widerstände bei der Durchsetzung des Volksgemeinschaftspostulats aufmerksam gemacht und unsere Sensibilität für die Anzahl der Formen von Dissens und Verweigerung im Alltag des Dritten Reiches geschärft. Dabei folgte die Entdeckung des »Widerstandes von unten« allerdings oftmals den Wertungen der NS-Sicherheitsbehörden mit ihren utopisch anmutenden Konsensansprüchen. Man verkannte, daß das NS-Regime trotz seiner großmundigen Postulate gar nicht in der Lage war, die Gesellschaft des Dritten Reiches gleichmäßig und total zu durchdringen, daß also Nischen und Randbereiche existent blieben, in denen sich ein einigermaßen »normaler« Alltag entfalten konnte. Michael Prinz hat daher durchaus recht, daß die moralische Aufwertung dieses konflikthaften oder auch nur konventionellen Verhaltens zum Begriff der Resistenz selbst noch dem totalitarismustheoretischen Bild des Dritten Reiches verhaftet ist[6].

Als Gegenbewegung zum älteren Bild der »gleichgeschalteten« NS-Gesellschaft und zur neueren Sicht einer umfassenden Widerständigkeit insbesondere der traditionellen soziokulturellen Milieus artikuliert sich seit Beginn der 80er Jahre ein neuer sozialhistorischer Realismus, der weitgehend frei von den Zwängen und Bedürfnissen der Traditionspflege stärker auf die Ambivalenzen und Gemengelagen im Verhalten der Menschen unter der NS-Herrschaft abhebt. Zu jenen, die die Ambivalenz politi-

---

3 Siehe R. Zitelmann (Anm. 1), S. 174 und S. 176.

4 So etwa Bernhard Vollmer, Volksopposition im Polizeistaat. Gestapo- und Regierungsberichte 1934–1936, Stuttgart 1957; ähnlich schon vorher Günther Weisenborn, Der lautlose Aufstand. Bericht über die Widerstandstätigkeit des deutschen Volkes 1933–1945, Hamburg 1953.

5 Vgl. Martin Broszat, Zur Sozialgeschichte des deutschen Widerstands, in: Vierteljahrshefte für Zeitgeschichte, 34 (1986), S. 293–309.

6 Siehe Michael Prinz, Der Nationalsozialismus – eine »Braune Revolution«?, in: Manfred Hettling (Hrsg.), Revolution in Deutschland? 1789–1989, Göttingen 1991, S. 79f.

schen Handelns unter dem Hakenkreuz betonten und darauf verwiesen, »wie sehr in die Kalkulation von Opposition und Kompromiß immer auch Elemente der ungewollten Anpassung oder auch der bewußten Systembejahung hineinspielen«[7], zählten etwa Detlev Peukert und Ian Kershaw, der vehement bezweifelte, »daß eine Eindämmung des nationalsozialistischen Herrschaftsanspruchs durch gesellschaftliche Resistenz oder Verweigerung die Effektivität des Herrschaftssystems behindert habe«[8]. Statt dessen habe ein weitreichender Grundkonsens gegenüber zentralen Elementen der NS-Herrschaft bis hinein in den Krieg bestanden, der »den Dissens zu neutralisieren und die Ablehnung bestimmter Aspekte des Nationalsozialismus zu kompensieren« vermochte[9]. In Alf Lüdtkes Konzept der Aneignung von Herrschaft hat der neue Realismus eine theoretische Basis gefunden. Nach Lüdtke produziert die je unterschiedliche Aneignung der Verhältnisse eine breite Palette sich widersprechender, aber auch ergänzender Verhaltensweisen, eine Gemengelage aus Mitmachen, Adaption, Umbiegen, Sich-Nutzbar-machen, Eigensinn und Widerstehen[10]. Der damit eingeleitete Perspektiven- und Paradigmawechsel nimmt Abschied von der platten und unfruchtbaren Gegenüberstellung von Verfolgung und Widerstand, von »NS-Schergen« und den »kleinen Helden« des Alltags und richtet das Interesse zunehmend auf die Dialektik zwischen beiden, so daß die Täter nicht ausschließlich nur als Täter und die Opfer nicht länger nur als Opfer erscheinen. Vielmehr werden stärker als in der bisherigen Forschung die gleichzeitigen Widerstände bei der Realisierung der »Volksgemeinschaft« und die loyalen Anteile innerhalb des widerständigen Verhaltens betont[11]. So emanzipiert sich etwa die zeitgeschichtliche Frauenforschung gegenwärtig von ihrer Fixierung auf die historische Opferrolle der Frauen und wendet sich auch deren gleichzeitiger Rolle als Täterinnen z. B. in Gestalt der Denunziantinnen zu[12], während die Widerstandsforschung aus dem Schatten der Traditionspflege herauszutreten beginnt und zunehmend auch Prozesse des Zerfalls, der Entsolidarisierung, des Verrats und der Anpassung in den einst widerständigen Milieus analysiert.

Dieser neue sozialgeschichtliche Realismus läßt auch die Analyse und die Bewertung jener Bereiche der Nichtübereinstimmung mit den umfassenden Konsensansprüchen des NS-Regimes nicht unbeeinflußt, die ich hier mit Ian Kershaw mit dem weni-

---

7 Detlev Peukert, Alltag unterm Nationalsozialismus, in: Beiträge zum Widerstand, (1981) 17, S. 32.

8 Ian Kershaw, »Widerstand ohne Volk?«. Dissens und Widerstand im Dritten Reich, in: Jürgen Schmädeke/Peter Steinbach (Hrsg.), Der Widerstand gegen den Nationalsozialismus. Die deutsche Gesellschaft und der Widerstand gegen Hitler, München 1985, S. 780f.

9 Ebenda, S. 794.

10 Vgl. Alf Lüdtke, Wo blieb die »rote Glut«? Arbeitererfahrungen und deutscher Faschismus. Zur Rekonstruktion historischer Erfahrungen und Lebensweisen, Frankfurt am Main–New York 1989, S. 224–282

11 Vgl. ders., Funktionseliten: Täter, Mit-Täter, Opfer? Zu den Bedingungen des deutschen Faschismus, in: ders. (Hrsg.), Herrschaft als soziale Praxis. Historische und anthropologische Studien, Göttingen 1991, S. 559–590; Klaus-Michael Mallmann/Gerhard Paul, Herrschaft und Alltag. Ein Industrierevier im Dritten Reich, Bonn 1991; dies., Resistenz oder loyale Widerwilligkeit? Anmerkungen zu einem umstrittenen Begriff, in: Zeitschrift für Geschichtswissenschaft, 41 (1993), S. 99–116.

12 So etwa Angelika Ebbinghaus, Opfer und Täterinnen. Frauenbiographien im Nationalsozialismus, Nördlingen 1987; Adelheid von Saldern, Opfer oder (Mit-)Täterinnen? Kontroversen über die Rolle der Frauen im NS-Staat, in: Sozialwissenschaftliche Informationen, (1991) 20, S. 97–104; Inge Marßolek, Die Denunziantin. Die Geschichte der Helene Schwärzel 1944–1947, Bremen 1993.

ger wertbeladenen Oberbegriff Dissens bezeichnen werde[13]. Dissens meint dabei sowohl divergierend-nonkonforme Einstellungen als auch Verweigerungshandlungen, die den erwarteten Konsensansprüchen zuwiderliefen, wobei diese individuell wie kollektiv auftraten und öffentlichen oder auch nur privaten Charakter haben konnten. Die Ursachen für Dissens waren dabei durchaus vielfältig und reichten von der aktuellen Unzufriedenheit mit einer Maßnahme des Regimes, über die Beharrungskraft traditioneller Milieus bis hin zur geringen Eindringtiefe und Durchsetzungskraft des Regimes im Alltag oder bis zum Nachlassen nationalsozialistischer Integrationsmaßnahmen.

Der ideologische Dissens

Wenn auch die Person des »Führers« und die NS-Volksgemeinschaftsideologie durchaus populär waren, so existierte doch nie ein hundertprozentiger Konsens mit ihnen, sondern blieben vor allem bei den Mitgliedern der einst NS-oppositionellen Milieus, bei enttäuschten »alten Kämpfern«, bei übervorteilten und unzufriedenen »Volksgenossen« vielfältige Formen der Ablehnung, des Mißtrauens und der Skepsis bestehen. Im hunderttausendfachen »Heimtückediskurs« etwa verweigerten die Deutschen dem NS-Regime zumindest zeitweise die eingeforderte Zustimmung, indem sie in Form von Witzen und Meckerreimen seine wichtigsten Repräsentanten durch den Dreck zogen, in derben Worten wie ehedem über »die da oben« herzogen, die Symbole und Insignien des neuen Staates verächtlich machten oder auch nur die propagandistische Leistungsbilanz der »braunen Herren« und die Meldungen der NS-Medien anzweifelten. In der Regel war es ein situativ bedingter »Stuhlgang der Seele«, der sich in Worten und Haltungen artikulierte, eine Lust, die Sprache als Sabotagemittel einzusetzen und dadurch Distanz und Unabhängigkeit zu demonstrieren. Daß allerdings der Verlust der politischen Freiheit nennenswert beklagt worden wäre, ist nur selten belegt. Vielmehr handelte es sich beim Massendelikt der »Heimtücke« um Ausdrucksformen von Unangepaßtheit, Zweifel, Distanz und momentaner Unbeherrschtheit, aber kaum um prinzipielle Gegnerschaft[14].

Distanz und Desinteresse zeigten sich auch gegenüber der propagandistischen Selbstdarstellung der »Volksgemeinschaft« in Form von Kundgebungen und Aufmärschen, Parteiversammlungen und NS-Feiern, Gemeinschaftsempfängen und Betriebsappellen, wovon sowohl die internen Berichte der NS-Sicherheitsbehörden als auch die Meldungen der Exilpresse vielfältig Zeugnis geben. Die Bilder der begeisterten und formierten Massen in den Filmen Leni Riefenstahls waren eben weniger Abbildungen der Realität als propagandistische Inszenierungen des Regimes. In die Millionen ging schließlich die Zahl derjenigen, die trotz Verbots ausländische Rundfunk-

13 Ian Kershaw, Popular Opinion and Political Dissent in the Third Reich. Bavaria 1933–1945, Oxford 1983; ders. (Anm. 8): Kershaw kritisiert hier den Resistenzbegriff Broszats und empfiehlt statt dessen, den Begriff Dissens zu verwenden.

14 Vgl. Peter Hüttenberger, Heimtückefälle vor dem Sondergericht München 1933–1939, in: Martin Broszat/Elke Fröhlich/Anton Grossmann (Hrsg.), Bayern in der NS-Zeit, Bd. 4, München-Wien 1981, S. 435–526; G. Bauer (Anm. 1), S. 174ff.; K. M. Mallmann/G. Paul, Herrschaft und Alltag (Anm. 11), S. 330ff.

stationen abhörten und damit dokumentierten, daß sie den Meldungen der deutschen Sender wenig Glauben schenkten[15]. Schon deutlich mehr Mut kostete es, sich den öffentlich geforderten Loyalitätsbezeugungen wie etwa dem Gruß »Heil Hitler« zu verweigern und an traditionellen Grußformeln festzuhalten. Vor allem in den Betrieben vermochte sich der Hitler-Gruß kaum durchzusetzen[16]. Selten indes war die öffentliche Boykottierung von Abstimmungen oder das bewußte Nein-Votum bei Wahlen. Generell gilt, daß alle diese Formen des alltäglichen Dissens besonders in der zweiten Kriegshälfte mit dem Schwinden des Glaubens an den »Endsieg« stark zunahmen, NS-Feiern kaum mehr besucht waren und der Gruß »Heil-Hitler« immer seltener wurde, wie Sicherheitsdienst der SS (SD) und Bürgermeister unisono beklagten[17].

Vor allem der konkret erlebte rassistische Ausgrenzungsterror stieß auf Ablehnung, wie u.a. die Ereignisse während der »Reichskristallnacht« von 1938 zeigten. Die breite Distanzierung von dem Pogrom, die auch ausländische Beobachter registrierten, erfolgte vor allem deshalb, weil das offensichtlich rechtswidrige Vorgehen gegen die Juden eigenen ordnungspolitischen Vorstellungen und Rechtsempfindungen zuwiderlief und Teile der deutschen Gesellschaft das Abgleiten in ein allgemeines rechtsfreies Chaos befürchteten. Vom Antisemitismus hatten sich die Kritiker damit noch keineswegs verabschiedet; gegen das spätere Vernichtungsprogramm erhoben sich kaum Stimmen des Protests[18].

Obwohl eher Indifferenz und der Rückzug ins Private, Ausgrenzungsbereitschaften und Denunziantentum den Alltag unter dem Hakenkreuz prägten, ließen sich Akte der Solidarität und der Hilfe gegenüber Verfolgten und Ausgegrenzten nicht gänzlich unterbinden. Immer wieder fanden sich Menschen, die sich den Kontakt zu »Artfremden« und »Fremdvölkischen«, zu stigmatisierten »Staats-« und »Volksfeinden« nicht verbieten ließen oder Menschen auf der Flucht beistanden. In ihrem Roman »Das siebte Kreuz« hat Anna Seghers diesem Verhaltensmuster ein literarisches Denkmal gesetzt. Trotz der Nürnberger »Blutschutzgesetzgebung« konnten sich jüdische Bürger immer wieder auch der Solidarität von Freunden, ehemaligen Arbeitskollegen und Nachbarn sicher sein. Günther B. Ginzel schätzt die Zahl jener Deutschen, die von der Deportation bedrohten Juden durch die Gewährung von Quartier, durch Hinweise auf bevorstehende Razzien, durch Hilfen bei der Beschaffung von falschen Papieren bis hin zur Organisierung von Lebensmittelkarten zur Seite standen oder wie etwa das Internationale Sekretariat der Quäker in Berlin direkt an Rettungs-

15 Siehe Bernhard Wittek, Der britische Ätherkrieg gegen das Dritte Reich, Münster 1962, S. 187, wonach die BBC 1943 die Zahl ihrer Hörer in Deutschland auf etwa zwei Millionen schätzte; Ansgar Diller, Rundfunkpolitik im Dritten Reich, München 1980, S. 308ff.; zahlreiche Beispiele in: Klaus Behnken (Hrsg.), Deutschland-Berichte der Sopade 1934–1940, 7 Bde., Frankfurt am Main 1980.

16 Siehe G. Bauer (Anm. 1), S. 121ff.

17 Siehe Marlies Steinert, Hitlers Krieg und die Deutschen. Stimmung und Haltung der deutschen Bevölkerung im Zweiten Weltkrieg, Düsseldorf 1970, S. 325ff.; Ian Kershaw, Der Hitler-Mythos. Volksmeinung und Propaganda im Dritten Reich, Stuttgart 1980, S. 176ff., sowie als regionales Beispiel K. M. Mallmann/G. Paul, Herrschaft und Alltag (Anm. 11), S. 409ff.

18 Vgl. Willam S. Allen, Die deutsche Öffentlichkeit und die »Reichskristallnacht« – Konflikte zwischen Werthierarchie und Propaganda im Dritten Reich, in: Detlev Peukert/Jürgen Reulecke (Hrsg.), Die Reihen fast geschlossen. Beiträge zur Geschichte des Alltags unterm Nationalsozialismus, Wuppertal 1981, 5. 397–411; Ian Kershaw, The Persecution of the Jews and German Popular Opinion in the Third Reich, in: Leo Baeck Institute, Year Book, 26 (1981), S. 261–289; B. Stöver (Anm. 1), S. 257ff.

maßnahmen beteiligt waren, auf etwa 100000 Menschen[19]. Aber auch andere Verfolgtengruppen wie fliehende Kriegsgefangene oder Deserteure konnten in Einzelfällen auf Unterstützung und Beistand von »Volksgenossen« zählen. Daß sich anders, als dies das NS-Regime intendierte, der verpönte und unter Strafe stehende Umgang mit »Ostarbeitern« und Kriegsgefangenen nicht unterbinden ließ, machten die Festnahmestatistiken der Gestapo seit 1940 deutlich, in denen Festnahmen wegen »verbotenen Umgangs« und »GV-Verbrechen«, d.h. sexuelle Beziehungen zwischen Deutschen und »Fremdvölkischen«, als Massendelikte weit vor denjenigen wegen politischer Opposition rangierten[20]. Vor allem die bäuerliche Bevölkerung und die Arbeiterschaft in den großen Betrieben mißachteten gründlich die zahlreichen Ge- und Verbote beim Zusammenarbeiten und -leben mit den ausländischen Arbeitskräften. Mitunter allerdings geschah dies weniger aus humanitären Motiven, als aus bloßem Eigennutz oder aus materiellen Zwängen, da sich etwa die bäuerlichen Arbeitgeber aufgrund von Raumnot gar nicht in der Lage sahen, der geforderten Separierung von Kriegsgefangenen und deutschen Helfern nachzukommen und nur einigermaßen zufriedene ausländische Arbeitskräfte willens und in der Lage waren, die geforderten Leistungen zu erbringen[21].

Diese wenigen Beispiele machen deutlich, daß sich der ideologische Konsens bei der Durchsetzung des NS-Rassenprogramms vielfach gar nicht realisieren ließ, daß er auf eingerasterte Denk- und Verhaltensmuster traf, die ihm Grenzen setzten und in etlichen Fällen auch Solidarität noch keineswegs ein Fremdwort war. All dies setzte sich zwar nicht in politische Opposition um und gefährdete damit auch nicht die Ausübung der NS-Herrschaft, sondern demonstrierte eher, daß der totale Konsens mit der Volksgemeinschaftsideologie eine letztlich utopische Vorstellung bleiben mußte. Nur widerspenstig und widerwillig, keinesfalls aber nur fasziniert und total fügten sich die Deutschen in die »Volksgemeinschaft« ein.

Der kulturelle Dissens

Das machte auch der kulturelle Dissens deutlich: das Beharren auf kultureller Eigenständigkeit und auf öffentlich-symbolischen Ausdrucksformen abweichend kultureller Existenz. Dieser zeigte sich nirgends konturierter als im Bereich des katholischen Milieus, dem das Reichskonkordat von 1933 zudem rechtlich abgesichert ein eigenes

---

19 Vgl. Günther B. Ginzel (Hrsg.), Hilfe für Verfolgte während der NS-Zeit, Köln 1993; Leonhard Gross, Versteckt. Wie Juden in Berlin die Nazizeit überlebten, Reinbek 1983; Heinz David Leuner, Als Mitleid ein Verbrechen war. Deutschlands stille Helden 1939–1945, Wiesbaden 1967; Kurt R. Grossmann, Die unbesungenen Helden. Menschen in Deutschlands dunklen Tagen, Berlin 1961[2]; Max Krakauer, Lichter im Dunkel. Flucht und Rettung eines jüdischen Ehepaares im Dritten Reich, Stuttgart 1975; Maria Gräfin von Maltzan, Schlage die Trommel und fürchte dich nicht. Erinnerungen, Berlin-Frankfurt am Main 1986; Marga Spiegel, Retter in der Nacht, Frankfurt am Main 1989.

20 Siehe Ulrich Herbert, Fremdarbeiter. Politik und Praxis des Ausländer-Einsatzes in der Kriegswirtschaft des Dritten Reiches, Berlin-Bonn 1985, S. 122f.; K. M. Mallmann/G. Paul, Herrschaft und Alltag (Anm. 11), S. 397ff.

21 Siehe Beatrix Herlemann, Der Bauer klebt am Hergebrachten. Bäuerliche Verhaltensweisen unterm Nationalsozialismus auf dem Gebiet des heutigen Landes Niedersachsen, Hannover 1993, S. 269ff.

kulturell-konfessionelles Leben zugestanden hatte. Obwohl sich Episkopat und Klerus öffentlich weitestgehend systemtreu gaben und zwischen Katholizismus und Nationalsozialismus durchaus wichtige ideologische und mentale Übereinstimmungen existierten, formierte sich ein deutlicher konfessioneller Dissens, der seinen Höhepunkt im neuen »Kulturkampf« von 1937 fand und sich vornehmlich gegen den »Gleichschaltungsdruck« wandte, dem sich die katholischen Milieuorganisationen ausgesetzt sahen.

Entgegen der älteren Kirchengeschichtsschreibung, die primär auf das Verhalten des deutschen Episkopats gegenüber dem Nationalsozialismus abhob, zeichnet sich in den letzten Jahren ein Paradigmawechsel in den Untersuchungen des Verhältnisses der Katholiken zum Dritten Reich ab, die sich verstärkt dem durchaus ambivalenten Verhalten in den konkreten Milieuzusammenhängen zuwenden[22]. Im einzelnen artikulierte sich der kulturell-konfessionelle Dissens im milieuspezifischen »Heimtücke«-Diskurs, an dem hauptsächlich Pfarrer beteiligt waren, die um traditionelle Glaubensgrundsätze bangten und den Verlust eingebürgerter Privilegien in ihren Gemeinden befürchteten. In unzähligen Kanzelworten appellierten sie an die Gläubigen, der Kirche treu zu bleiben und sich von der nationalsozialistischen Moderne nicht verführen zu lassen[23]. Vor allem die katholischen Jugendverbände entzogen sich dem Gleichschaltungsdruck, indem sie in Form von Wanderfahrten, Heimabenden und Bibelkreisen Kommunikationsstrukturen auch unter Bedingungen der Illegalität bewahrten[24]. Öffentlich drückte sich der konfessionelle Dissens, der sich hauptsächlich gegen die staatliche Politik der Entkonfessionalisierung und damit zugleich gegen die Infragestellung der Autorität von Kirche und Klerus richtete, vor allem in Formen symbolischer Verweigerung aus: im Beharren auf traditionellen christlichen Grußformen, in der Verwendung katholischer Symbole und Abzeichen sowie in der Weigerung, Kirchengebäude mit der NS-Fahne zu schmücken, was zeitweise in einem regelrechten Flaggenstreit eskalierte[25]. Mitunter konnte der Symbolkampf gar öffentlichen und

22 So etwa Cornelia Rauh-Kühne, Katholisches Milieu und Kleinstadtgesellschaft. Ettlingen 1918–1939, Sigmaringen 1991; Werner K. Blessing, »Deutschland in Not, wir im Glauben ...«. Kirche und Kirchenvolk in einer katholischen Region 1933–1949, in: Martin Brozsat/Klaus-Dietmar Henke/Hans Woller (Hrsg.), Von Stalingrad zur Währungsreform. Zur Sozialgeschichte des Umbruchs in Deutschland, München 1988, S. 3–111; Klaus Fettweis, Zwischen Herr und Herrlichkeit. Zur Mentalitätsfrage im Dritten Reich am Beispiel der Rheinprovinz, Aachen 1989; allgemein zum Paradigmawechsel in der zeitgeschichtlichen Katholizismusforschung vgl. Michael Klöcker, Das katholische Milieu, in: Zeitschrift für Religions- und Geistesgeschichte, 44 (1992), S. 241–262.

23 Ulrich von Hehl (Bearb.), Priester unter Hitlers Terror. Eine biographische und statistische Erhebung, Mainz 1984; Heinz Hürten, Deutsche Katholiken 1918–1945, Paderborn u.a. 1992, S. 315ff. und S. 342ff.

24 Vgl. etwa Barbara Schellenberger, Katholische Jugend und Drittes Reich. Eine Geschichte des katholischen Jungmännerverbandes 1933–1939 unter besonderer Berücksichtigung der ehemaligen Rheinprovinz, Mainz 1975, sowie als lokales Beispiel Evi Kleinöder, Verfolgung und Widerstand der katholischen Jugendvereine. Eine Fallstudie über Eichstätt, in: Martin Broszat/Elke Fröhlich (Hrsg.), Bayern in der NS-Zeit, Bd. 2, München-Wien 1979, S. 175ff.

25 Dazu Klaus Heidel/Christian Peters, Nicht nur ein Kampf um Seelen. Die Kirchen und das »Dritte Reich« in Heidelberg, in: Jörg Schadt/Michael Caroli (Hrsg.), Heidelberg unter dem Nationalsozialismus. Studien zu Verfolgung, Widerstand und Anpassung, Heidelberg 1985, S. 152ff.; Gerhard Paul, »gut deutsch, aber auch gut katholisch«. Das katholische Milieu zwischen Selbstaufgabe und Selbstbehauptung, in: ders./Klaus-Michael Mallmann, Milieus und Widerstand, Bonn 1995, für das Saarland.

kollektiven Charakter annehmen und wie anläßlich der Auseinandersetzungen um die Entfernung des Kreuzes aus den Schulen 1936/1937 in Schulstreiks und regelrechte Volkserhebungen umschlagen[26].

Gleichwohl blieben all dies Formen loyaler Widerwilligkeit im Schatten des Kirchturms und Versuche einer defensiven, mitunter gar reaktionären Milieubewahrung, die aus der Enttäuschung über die Mißachtung der Konkordatsbestimmungen und kirchlicher Traditionen, aus persönlichen Statuskonflikten in den Gemeinden und aus allgemeinen Säkularisierungs- und Modernisierungsängsten resultierten. Prinzipiell nämlich blieb auch die katholische Kirche an einer friedlichen Koexistenz mit dem NS-Regime interessiert, und wurde der Verlust der politischen Freiheit innerhalb des katholischen Milieus – ganz im Gegensatz zur Einschränkung religiöser Rechte und Privilegien – nur selten beklagt. Während des Krieges verstummte der katholische Dissens fast völlig. Die grassierende Angst vor dem »gottlosen Bolschewismus« fügte auch jene Katholiken wieder in die »Heimatfront« ein, die zuvor das nationalsozialistische »Heidentum« beklagt hatten.

Der auch in die kirchengeschichtliche Regionalforschung einziehende Realismus führt gegenwärtig auch zu einer Neubewertung der Bekennenden Kirche. Neuere Untersuchungen weisen anschaulich nach, daß eine Gegnerschaft im kirchlich-religiösen Bereich keineswegs mit politischer Opposition identifiziert werden kann, wie dies zahlreiche ältere Studien unterstellten. So konnte etwa am Beispiel der Landeskirche Oldenburg nachgewiesen werden, daß die dortigen zur Bekennenden Kirche gehörigen Pfarrer in ihrer Orientierung an Nation, »Volk« und »Führer« eher ein stabilisierender Faktor für das Dritte Reich waren als ein Hindernis. Wo diese in ihren Gemeinden mit Nationalsozialisten aneinandergerieten, handelte es sich – ähnlich wie in katholischen Gemeinden – primär um persönliche Statuskonflikte[27]. Versuche einer defensiven Milieubewahrung als Ausdrucksform von kulturellem Dissens existierten auch bei anderen Glaubensgemeinschaften wie etwa den Zeugen Jehovas und innerhalb der jüdischen Bevölkerung[28], wobei sich diese aufgrund ihrer formalrechtlichen

---

26 Vgl. etwa Joachim Kuropka (Hrsg.), »Zur Sache – das Kreuz!«. Untersuchungen zur Geschichte des Konflikts um Kreuz und Lutherbild in den Schulen Oldenburgs, zur Wirkungsgeschichte eines Massenprotests und zum Problem nationalsozialistischer Herrschaft in einer agrarisch-katholischen Region, Vechta 1987; Jeremy Noakes, The Oldenburg Crucifix Struggle of November 1936, in: Peter D. Stachura (Hrsg.), The Shaping of the Nazi-State, London 1978, S. 210ff.; Gerhard Paul, Christuskreuz oder Hakenkreuz. Der Frankenholzer Schulstreik 1937, in: Klaus-Michael Mallmann/Gerhard Paul/Ralph Schock/Reinhard Klimmt (Hrsg.), Richtig daheim waren wir nie. Entdeckungsreisen ins Saarrevier 1815–1955, Bonn 1987, S. 183–186; speziell zur Auseinandersetzung um die Einführung der NS-Gemeinschaftsschule in Bayern Franz Sonnenberger, Der neue »Kulturkampf«. Die Gemeinschaftsschule und ihre historischen Voraussetzungen, in: Martin Broszat/Elke Fröhlich/Anton Grossmann (Hrsg.), Bayern in der NS-Zeit, Bd. 3, München-Wien 1981, S. 235–328.

27 Vgl. Karl-Ludwig Sommer, Bekenntnisgemeinden und bekennende Gemeinden in Oldenburg in den Jahren der nationalsozialistischen Herrschaft, Hannover 1993; dazu die biographische Fallstudie von Peter Friedemann, Ein deutsches Pfarrersleben zwischen Kaiserreich und Diktatur, Bielefeld 1990, über einen Pfarrer der Bekennenden Kirche.

28 Vgl. Detlef Garbe, Zwischen Widerstand und Martyrium. Die Zeugen Jehovas im »Dritten Reich«, Diss.phil. Hamburg 1989; Simon Adler-Rudel, Jüdische Selbsthilfe unter dem Naziregime 1933–1939, Tübingen 1974; Solomon Colodner, Jewish Education in Germany under the Nazis, New York 1964; Konrad Kwiet/Helmut Eschwege, Selbstbehauptung und Widerstand. Deutsche Juden im Kampf um Existenz und Menschenwürde 1933–1945, Hamburg 1984.

und politisch schwächeren Stellung allerdings kaum in der Lage sahen, ihren Dissens öffentlich und kollektiv zu artikulieren.

Eine gänzlich andere Form von kulturellem Dissens repräsentierten unangepaßte Jugendcliquen wie die Edelweiß- und Kittelbach-Piraten, die Leipziger Meuten und Hamburger Swings mit ihren Versuchen der Entwicklung einer autonomen Jugendkultur jenseits der Staatsjugend der Nationalsozialisten. Dem Paradigmawechsel in der Kirchengeschichtsschreibung durchaus ähnlich hat die neuere zeitgeschichtliche Jugendkulturforschung die Mythologisierung jugendlicher Dissidenten wie etwa der Edelweißpiraten zum Idealtypus jugendlicher Nonkonformität im Dritten Reich überhaupt überwunden[29] und stärker auf die eigentümlichen Mischungsverhältnisse von Dissens und Konsens, von kulturellem Autonomiestreben und Anleihen beim Nationalsozialismus wie etwa dessen »Führer«-und Männlichkeitskult sowie sozialer Praxis verwiesen[30].

In neueren Studien dominiert ein methodischer Ansatz, der die von Gestapo und Justiz verfolgten »bündischen Umtriebe« nicht länger als originäres Produkt jugendspezifischer Anforderungen des NS-Staates und damit als genuine Jugendrebellion deutet, sondern diese in die Traditionslinien subkultureller Jugendgemeinschaftsformen vom Kaiserreich bis hin zu den »Halbstarken« der Nachkriegszeit einbettet oder als Ausdrucksformen der Katastrophengesellschaft des Zweiten Weltkrieges begreift[31].

Der sozioökonomische Dissens

Die zahlreichen Formen innerbetrieblicher Konflikte und passivindividueller Leistungsverweigerung nach der Wiederherstellung der Vollbeschäftigung wie etwa »Arbeitsbummelei«, Arbeitsvertragsbruch und »Krankfeiern« belegen einen sozioökonomischen Dissens vor allem innerhalb der Industrie[32]. Deutlich im Schatten der massenhaften individuellen Arbeitsverweigerung indes standen Kollektivaktionen wie Streiks. Zwar gab es auch hier spektakuläre Ausnahmen wie etwa anläßlich der

29 So etwa Detlev J. K. Peukert, Die Edelweißpiraten. Protestbewegungen jugendlicher Arbeiter im »Dritten Reich«, Köln 1988³, und Matthias von Hellfeld, Edelweißpiraten in Köln. Jugendrebellion gegen das Dritte Reich. Das Beispiel Köln-Ehrenfeld, Köln 1981.

30 Siehe Alfons Klenkmann, Navajos, Kittelbach- und Edelweißpiraten. Jugendliche Dissidenten im »Dritten Reich«, in: Wilfried Breyvogel (Hrsg.), Piraten, Swings und Junge Garde. Jugendwiderstand im Nationalsozialismus, Bonn 1991, S. 138ff.

31 So etwa ders., Jugendliche Subkulturen an Rhein und Ruhr 1930 bis 1950, Diss.phil. Bochum 1993; Rainer Pohl, »Schräge Vögel, mausert Euch!«. Von Renitenz, Übermut und Verfolgung Hamburger Swings und Pariser Zazous, in: W. Breyvogel (Anm. 30), S. 241–270; Bernd-A. Rusinek, Desintegration und gesteigerter Zwang. Die Chaotisierung der Lebensverhältnisse in den Großstädten 1944/45 und der Mythos der Ehrenfelder Gruppe, in: ebenda, S. 271–294.

32 Vgl. Timothy W. Mason, Sozialpolitik im Dritten Reich. Arbeiterklasse und Volksgemeinschaft, Opladen 1977; Klaus Wisotzky, Der Ruhrbergbau im Dritten Reich. Studien zur Sozialpolitik im Ruhrbergbau und zum sozialen Verhalten der Bergleute in den Jahren 1933–1939, Düsseldorf 1983; Wolfgang Fritz Werner, »Bleib übrig!« Deutsche Arbeiter in der nationalsozialistischen Kriegswirtschaft, Düsseldorf 1983, S. 248f.; K. M. Mallmann/G. Paul, Herrschaft und Alltag (Anm. 11), S. 366ff.

Einführung der Sonntagsschichten 1938 im Bergbau[33]; insgesamt aber blieb die Streikstatistik des Dritten Reiches bescheiden.

Dieser empirische Befund einer widerspenstigen »Betriebsgemeinschaft« ist weithin unstrittig. Wie Qualität und Quantität dieser Formen von Leistungsverweigerung aber politisch zu bewerten sind, darüber ist eine heftige Auseinandersetzung entbrannt. Zwei Positionen stehen sich weitgehend unvermittelt gegenüber. Noch ganz dem Mythos vom kämpferischen Proletariat verhaftet, argumentierten etwa um historisch-politische Legitimation bemühte DDR-Historiker, aber auch westliche Forscher wie etwa Timothy Mason, indem sie Interessendivergenzen zwischen Arbeitern und Unternehmen zu Formen von Opposition und Widerstand stilisierten[34]. Ganz ähnlich ordneten auch Gerhard Hetzer und Michael Voges innerbetriebliches Konfliktverhalten und Leistungsverweigerung dem Begriff der strukturellen Resistenz zu und sahen hierin Belege für eine weitreichende Nichtintegration der Industriearbeiterschaft in die NS-Gesellschaft[35].

Diesen Wertungen ist in der Zwischenzeit vielfach widersprochen worden. Aus der Perspektive einer Historisierung des Nationalsozialismus wurden diese Verhaltensmuster als durchaus typische Phänomene einer Wirtschaft in Zeiten der Hochkonjunktur interpretiert, die von den Nationalsozialisten nicht nur toleriert, sondern vielfach auch gutgeheißen wurden. Von einer auch nur irgendwie politisch motivierten Arbeiteropposition könne keine Rede sein. »Arbeitsbummelei« und der Anstieg der Krankenziffern resultierten vor allem aus der Überbelastung der Arbeiter und aus den Veränderungen innerhalb der Belegschaften, seien somit primär funktionaler Natur[36]. Typisch in den Betrieben vor allem der Schwerindustrie sei eine auch Gegensätze umschließende Ambivalenz, »eine Symbiose aus Mitmachen und Abtauchen, eine Gemengelage aus partieller Zustimmung, widerwilliger Akzeptanz und eigensinniger Widerwilligkeit, eine Kombination aus eingeborenem Klasseninstinkt und eingeübtem Gleichschritt, die sich selbst blockiert«[37]. Trotz zweifellos vorhandener Miß-

33 Hierzu bislang einzig Günter Morsch, Streik im »Dritten Reich«, in: Vierteljahrshefte für Zeitgeschichte, 36 (1988), S. 649–699; ders., Arbeit und Brot. Studien zur Lage, Stimmung, Einstellung und Verhalten der deutschen Arbeiterschaft 1933–1945, Bern 1993.

34 So etwa Klaus Mammach, Widerstand 1933–1939. Geschichte der deutschen antifaschistischen Widerstandsbewegung im Inland und in der Emigration, Köln 1984, S. 181ff., und Horst Bednareck, Die Gewerkschaftspolitik der KPD 1935–1939, Berlin (DDR) 1969, als DDR-Autoren; Timothy W. Mason, Arbeiteropposition im nationalsozialistischen Deutschland, in: D. Peukert/J. Reulecke (Anm. 18), S. 293–313.

35 Gerhard Hetzer, Die Industriestadt Augsburg. Eine Sozialgeschichte der Arbeiteropposition, in: M. Brozsat/E. Fröhlich/A. Grossmann (Anm. 14), S. 1–233; Michael Voges, Klassenkampf in der »Betriebsgemeinschaft«. Die »Deutschland-Berichte« der Sopade (1934–1940) als Quelle zum Widerstand der Industriearbeiter im Dritten Reich, in: Archiv für Sozialgeschichte, 21 (1981), S. 329–383.

36 Dazu Peter Hüttenberger, Nationalsozialistische Polykratie, in: Geschichte und Gesellschaft, 2 (1976), S. 440; Heinrich August Winkler, Vom Mythos der Volksgemeinschaft, in: Archiv für Sozialgeschichte, 17 (1977), S. 488; I. Kershaw (Anm. 8), S. 788; K. Wisotzky (Anm. 32), S. 242; Ulrich Herbert, Arbeiterschaft im »Dritten Reich«. Zwischenbilanz und offene Fragen, in: Geschichte und Gesellschaft, 15 (1989), S. 341; Gunther Mai, »Warum steht der deutsche Arbeiter zu Hitler?« Zur Rolle der Deutschen Arbeitsfront im Herrschaftssystem des Dritten Reiches, in: Geschichte und Gesellschaft, 12 (1986), S. 223; K. M. Mallmann/G. Paul, Resistenz oder loyale Widerwilligkeit (Anm. 11), S. 107ff.; B. Stöver (Anm. 1), S. 134.

37 Klaus-Michael Mallmann/Horst Steffens, Lohn der Mühen. Geschichte der Bergarbeiter an der Saar, München 1989, S. 229.

stimmungen gelang so immer wieder die Fragmentierung des Protests, eskalierten die betrieblichen Konflikte nicht zur Desintegration, und sah sich der illegale Arbeiterwiderstand außer Stande, den Dissens in den Betrieben zu politisieren[38]. Ganz in diesem Sinne haben neuere Untersuchungen auch die Interpretation der Wahlergebnisse der Vertrauensratswahlen 1934/1935 als Zeichen betrieblicher Resistenz[39] relativiert und gezeigt, daß die Zustimmungsraten weitaus höher waren, als die ältere Forschung annahm, und sich das Wahlverhalten primär an betrieblichen, aber keineswegs an allgemein-politischen Gesichtspunkten orientierte[40]. Obwohl insgesamt das Verhalten der Arbeiterschaft im Kriege noch längst nicht erschöpfend erforscht ist, so ist doch kaum zu leugnen, daß der forcierte Terror und die äußere Bedrohung die betrieblichen Konfliktpotentiale auf ein Minimum reduzierten und die Widerspenstigkeit der Vorkriegsphase einer fast schon kämpferischen Leistungsbereitschaft für den »Endsieg« wich, die erst in den letzten Kriegsmonaten nachließ. Aus dem Bergbau ist etwa bekannt, daß der Schock von »Stalingrad« den Anpassungsdruck in den Betrieben verstärkte, so daß die Einführung zusätzlicher Schichten anders als noch 1938 widerstandslos hingenommen wurde, ja daß, motiviert durch die Bereitstellung von Sachprämien, die Beteiligung an den neuen Schichten bis 1944 eine ansteigende Tendenz aufwies[41]. Lockerung und Zwang hatten die Arbeiterschaft weitgehend gebändigt und neutralisiert, was freilich nicht bedeutete, daß diese vollends auf die politischen Ziele des Nationalsozialismus eingeschworen war. Die Mehrheit verharrte eher in loyaler Distanz. Solange die Arbeiter ihre materiellen und sozialen Bedürfnisse einigermaßen befriedigt sahen, ging von ihnen keine systembedrohende Gefahr aus.

Nörgelei und Meckerei über bestimmte agrarpolitische Maßnahmen des NS-Regimes, etwa über das »Erbhofgesetz«, über bestimmte Formen der Zwangswirtschaft und den Arbeitskräftemangel waren auch unter der bäuerlichen Bevölkerung weit verbreitet. Als Reaktion auf die »Kriegswirtschaftsverordnung« von 1939, die die Rechte und Lebensgewohnheiten der Landbevölkerung z. T. erheblich einschränkte, wurde »Schwarzschlachten« zum Massendelikt. Ähnlich wie innerhalb der Arbeiterschaft hörte die nationalsozialistische Gesinnung und Begeisterung dort auf, wo das individuelle Wohl bedroht erschien. Aber auch hier schlug Desillusionierung nicht in eine allgemeine Verweigerungshaltung um. Vielmehr unterstützten die Bauern mit äußerstem Produktionswillen die NS-Kriegführung und bewahrten das Regime so tatsächlich vor einer Wiederholung des »Kohlrübenwinters« des Ersten Weltkrieges. Beatrix Herlemann kommt in einer neueren Studie zu dem überraschenden Ergebnis, daß der begrenzte sozioökonomische Dissens der bäuerlichen Bevölkerung, ihr Sinn fürs Materielle und ihr Pragmatismus objektiv eher den Zielen des Nationalsozialismus gedient als geschadet haben, indem die gezielte Verletzung von Anordnungen

38 Siehe I. Kershaw (Anm. 8), S. 788.

39 So etwa in den zeitgenössischen Wertungen des Exils, aber auch bei Autoren wie Hans-Josef Steinberg, Die Haltung der Arbeiterschaft zum NS-Regime, in J. Schmädecke/P. Steinbach (Anm. 8), S. 870 oder M. Voges (Anm. 35), S. 346f.

40 Vgl. Wolfgang Zollitsch, Die Vertrauensratswahlen von 1934 und 1935. Zum Stellenwert von Abstimmungen im »Dritten Reich« am Beispiel Krupp, in: Geschichte und Gesellschaft, 15 (1989), S. 361–381; M. Rüther, Lage und Abstimmungsverhalten der Arbeiterschaft: Die Vertrauensratswahlen in Köln 1934 und 1935, in: Vierteljahrshefte für Zeitgeschichte, 39 (1991), S. 221–264; B. Stöver (Anm. 1), S. 315ff.

41 Für den Ruhrbergbau siehe dazu W. F. Werner (Anm. 33), S. 246 und S. 251ff., sowie für den Saarbergbau K. M. Mallmann/H. Steffens (Anm. 37), S. 239f.

zuallererst die Aufrechterhaltung der Versorgung ermöglicht habe[42]. Wie der stille Protest der Arbeiter gegen das Bestreben der Unternehmer, durch Formen der absoluten Mehrwertproduktion die Leistungsfähigkeit der Arbeiter und indirekt damit zugleich die Kriegsfähigkeit des NS-Regimes auszuhöhlen, somit durchaus im objektiven Interesse lag, so konnte auch der sozioökonomische Dissens der Landbevölkerung durchaus funktional sein. Es verbietet sich daher, solche Verhaltensmuster vorschnell Begriffen wie Widerstand oder Opposition zuzuordnen. Sie waren es weder intentional noch funktional.

Der soldatische Dissens

Auch die angestrebte »Schützengrabengemeinschaft« blieb unvollendet, wobei sich die vielfältigen Formen des militärischen Dissens höchstens peripher gegen Hitlers Kriegspolitik richteten. Primär trafen die durch Militär und Krieg aufgezwungenen Lebensformen auf Ablehnung und schien vielen Soldaten insbesondere nach Stalingrad ein weiteres militärisches Engagement sinnlos. Während sich nach langem Schweigen die Forschung und die Diskussion der letzten Jahre vor allem den Deserteuren des Weltkrieges zugewandt haben[43], blieb der Blick auf die ganze Bandbreite der Verstösse gegen die »Manneszucht« und auf die zahlreichen Formen soldatischen Ungehorsams unterbelichtet. Ähnlich wie bei den Fahnenflüchtigen lag auch bei jenen, deren Verhalten so sehr dem Ideal des »politischen Soldaten« und der »totalen Wehrgemeinschaft« widersprach, ein regimefeindlicher Widerstandswille nur in den seltensten Fällen zugrunde. In aller Regel handelte es sich um aus spezifischen Situationen geborene Handlungen, kaum um langfristig vorbereitete und bedachte Entscheidungen.

Nach der von Günter Fahle vorgeschlagenen und sinnvoll erscheinenden Systematisierung soldatischer Ungehorsamsformen[44] sind die Handlungsmuster der Kriegsdienstverweigerung vor der Einberufung zur »Wehrmacht« und die Fluchten aus dem militärischen Apparat derzeit am besten erforscht. Obwohl mit der »Kriegssonderstrafrechtsverordnung« 1938 die Verweigerung der Wehrpflicht im Extremfall mit dem Tode bestraft werden konnte, fanden sich bis in den Krieg hinein immer wieder junge Männer, die sich vornehmlich aus religiösen Motiven, teils in der offenen Form der Musterungs-, Einberufungs- und Eidverweigerung, der Dienstpflicht widersetzten oder sich ihr latent durch illegale Auswanderung entzogen. Unter den offenen Kriegsdienstverweigerern stellte die Glaubensgemeinschaft der Zeugen Jehovas dabei die größte Gruppe[45]. Mindestens 35 000 deutsche Soldaten hatten sich vor den Militärge-

42 Vgl. B. Herlemann (Anm. 21).

43 Vgl. den Beitrag von Norbert Haase in diesem Band.

44 Siehe Günter Fahle, Verweigern–Weglaufen–Zersetzen. Deutsche Militärjustiz und ungehorsame Soldaten 1939–1945. Das Beispiel Ems-Jade, Bremen 1990, S. 29f.

45 Allgemein zur Wehrdienstverweigerung im Dritten Reich Albrecht Hartmann/Heide Hartmann, Kriegsdienstverweigerung im Dritten Reich, Frankfurt am Main 1986; Karsten Bredemeier, Kriegsdienstverweigerung im Dritten Reich. Ausgewählte Beispiele, Baden-Baden 1991; speziell zur Wehrdienstverweigerung der Zeugen Jehovas D. Garbe (Anm. 28); Jörg Kammler, Ich habe die Metzelei satt und laufe über ... Kasseler Soldaten zwischen Verweigerung und Widerstand (1939–1945). Eine Dokumentation, Kassel 1985², S. 136ff.; G. Fahle (Anm. 44), S. 153ff.

richten wegen »Fahnenflucht« zu verantworten[46]. Völlig im Dunkel ist noch immer die Zahl derjenigen, die besonders in der letzten Kriegsphase auf die Seite der alliierten Armeen überliefen und sich auf diese Weise dem Kriegsdienst in der »Wehrmacht« entzogen. In 30000 bis 40000 Fällen mußten sich Kriegsgerichte nach 1939 mit Formen der »Wehrkraftzersetzung« als auf Kameraden oder Zivilisten gerichteter Gesprächs- und Verhaltenspropaganda beschäftigen. Wegen Abhörens ausländischer Rundfunkstationen, Gesprächen über die Sinnlosigkeit des Krieges, Zweifeln am »Endsieg«, Bedauern über das gescheiterte Hitler-Attentat vom 20. Juli 1944, Anprangerung von Kriegsverbrechen oder Appellen, sich abzusetzen, erfolgten mindestens 30000 Verurteilungen, was gegen Kriegsende immerhin einer Stärke von 2 Divisionen entsprach[47]. Weitere 10000 Soldaten entzogen sich während ihrer Militärzeit der Dienstpflicht, indem sie sich etwa durch Schußverletzungen selbst verstümmelten[48]. Die Vortäuschung von Krankheiten und die Selbstverstümmelung avancierten zu regelrechten Massendelikten, so daß die an der »Ostfront« agierenden Heeresgruppen Mitte und Nord zentrale Sanitätseinrichtungen bilden mußten, in denen »verdächtige Elemente« gerichtsärztlich untersucht werden konnten. Am wenigsten wissen wir gegenwärtig über die Formen passiver Befehlsverweigerung im Militär wie etwa der Weigerung von Soldaten und SS-Angehörigen, an Exekutionskommandos teilzunehmen oder gegen Kriegsende militärisch sinnlose Zerstörungsbefehle auszuführen[49].

Obwohl das Ausmaß des soldatischen Dissens überraschend erscheint, weitete sich dieser nicht wie während des Ersten Weltkrieges zur offenen Meuterei aus[50]. Die Denunziationsbereitschaft von Kameraden und die Brutalisierung der NS-Militärjustiz bis hin zu den »Fliegenden Standgerichten« gegen Kriegsende verhinderten, daß der individuelle soldatische Dissens kollektiv-desintegrierende Formen annahm. Vom Widerstand der Militärs des 20. Juli blieben die hunderttausendfachen Akte soldatischen Ungehorsams gänzlich abgekoppelt. Für »Simulanten« und »Wehrkraftzersetzer«, für Deserteure und Überläufer stand nur in den seltensten Fällen das NS-Regime und seine Kriegspolitik zur Disposition; vorrangig ging es um das individuelle Überleben. Wenn auch das Bild vom »politischen Soldaten« eine propagandistische Wunschvorstellung blieb, so gefährdete der geschilderte soldatische Dissens doch keineswegs die nationalsozialistische Kriegführung. Das aus dem Ersten Weltkrieg stammende Meutereitrauma, von dem zahlreiche NS-Größen beherrscht wurden, erwies sich als unbegründet.

---

46 Siehe dazu Manfred Messerschmidt/Fritz Wüllner, Die Wehrmachtsjustiz im Dienste des Nationalsozialismus. Zerstörung einer Legende, Baden-Baden 1987, S. 90f.

47 Siehe ebenda, S. 132ff.; Beispiele bei G. Fahle (Anm. 44), S. 83ff. und S. 166ff.; J. Kammler (Anm. 45), S. 89ff.; Hinweise auch bei Ortwin Buchbender/Reinhold Sterz (Hrsg.), Das andere Gesicht des Krieges. Deutsche Feldpostbriefe 1939–1945, München 1982.

48 Siehe Franz Seidler, Prostitution, Homosexualität, Selbstverstümmelung. Probleme der deutschen Sanitätspflege 1939–1945, Neckarsgemünd 1977, S. 271.

49 Einige Beispiele bei J. Kammler (Anm. 45), S. 151f., sowie bei Gerhard Paul, Ungehorsame Soldaten. Dissens, Verweigerung und Widerstand deutscher Soldaten (1939–1945), St. Ingbert 1994.

50 Allerdings berichtet Friedrich Vogl, Widerstand im Waffenrock. Österreichische Freiheitskämpfer in der Deutschen Wehrmacht 1938–1945, Wien 1977, S. 109, von einem lokalen Aufstand österreichischer Soldaten. Dieser Thematik angenommen hat sich auch das Forschungsprojekt »Antifaschistischer Widerstand in bewaffneten Formationen des NS-Regimes« an der Universität Oldenburg.

Vom individuellen Dissens zur kollektiven Gehorsamsverweigerung

Erst gegen Kriegsende, als der Glaube an den »Endsieg« zunehmend schwand, die bisherigen Integrationsmechanismen nicht mehr griffen, vor allem die Ernährung nicht mehr sichergestellt war, weitete sich der individuelle Dissens vereinzelt zur offenen und kollektiven Gehorsamsverweigerung aus. Die politische Zustimmung zum Regime einschließlich der Sympathie für Hitler sah sich einem massiven Erosionsprozeß ausgesetzt. Mit dem Zusammenbrechen der militärischen Fronten korrespondierte der partielle innere Machtverfall der Institutionen und Hierarchien[51]. Am Beispiel Kölns hat Bernd-A. Rusinek das Chaos und den Zerfall dessen, was gemeinhin unter dem Begriff Zivilisation firmiert, eindrucksvoll als den Beginn einer »maskenlosen Zeit« beschrieben, in der die gewohnten Verkleidungen und Rollenmuster zerbrachen[52]. Desertion wurde jetzt zum Massendelikt; Gewaltausbrüche desintegrierter Jugendlicher waren an der Tagesordnung; die Gestapo befand sich auf der Flucht oder verkam vollends zur marodierenden Mörderbande.

Als in dieser Situation das NS-Regime versuchte, Frauen und Kinder aus den luftgefährdeten oder bereits umkämpften Gebieten ins Landesinnere zu evakuieren, kam es erstmals zur offenen Gehorsamsverweigerung der deutschen Arbeiterschaft und anderer Bevölkerungsgruppen während des Weltkrieges, die bis hin zu spontanen Demonstrationen reichte[53]. Aus Furcht vor einem Flüchtlingsschicksal und aus Angst vor Fliegerbeschuß verweigerten sich so etwa im Saarland vor allem Frauen einer erneuten Evakuierung aus der kampfgefährdeten »roten Zone«. Teile der Bevölkerung kamen den Räumungsbefehlen nicht mehr nach und warteten das nahe Ende des Krieges lieber in Bergwerksstollen, Häuserruinen und Kellergewölben ab[54]. Befohlene Schanzarbeiten, die keine militärische, sondern nur noch therapeutische Funktionen besaßen, wurden nicht mehr durchgeführt, so daß es in verschiedenen Fällen der gewaltsamen Rekrutierung durch SS-Einheiten bedurfte. Vereinzelt weigerten sich jetzt auch ganze Betriebsbelegschaften – so auch Penzberger Bergleute –, für einen sinnlosen Krieg weiterzuschuften, oder setzten sich gegen die geplante Zerstörung von Betriebsanlagen zur Wehr[55]. Aus Angst vor der »bolschewistischen Bedrohung« jedoch schlug die offene Gehorsamsverweigerung – anders als gegen Ende des Ersten Weltkrieges – nicht in eine revolutionäre Situation um. Die Nationalsozialisten hatten ihre Lektion aus dem November 1918 bestens gelernt.

---

51 Siehe M. Steinert (Anm. 17), I. Kershaw (Anm. 17), sowie als lokales Beispiel Herfried Münkler, Machtverfall. Die letzten Tage des Dritten Reiches dargestellt am Beispiel der hessischen Kleinstadt Friedberg, Berlin 1985.

52 Vgl. Bernd-A. Rusinek, Gesellschaft in der Katastrophe. Terror, Illegalität, Widerstand. Köln 1944/45, Essen 1989; ders., »Maskenlose Zeit«. Der Zerfall der Gesellschaft im Krieg, in: Ulrich Borsdorf/Mathilde Jamin (Hrsg.), Über Leben im Krieg. Kriegserfahrungen in einer Industrieregion 1939–1945, Reinbek 1989, S. 180–194.

53 Vgl. W. F. Werner (Anm. 33), S. 363 und S. 351 ff.

54 Siehe K. M. Mallmann/G. Paul, Herrschaft und Alltag (Anm. 11), S. 412 ff.

55 Siehe Klaus Tenfelde, Proletarische Provinz. Radikalisierung und Widerstand in Penzberg/Oberbayern 1900–1945, München-Wien 1982, S. 376 ff. Ausführlicher hierzu der Beitrag von Edgar Wolfrum in diesem Band.

Gleichwohl: den »totalen Zugriff«, notierte Peter Brückner selbstkritisch und völlig zu recht, habe der NS-Staat »eben nur in unseren Theorien erreicht«[56]. Zur totalen Überwachung wie zur absoluten Konsensbildung reichten seine Kräfte nicht aus, wobei die skizzierten Grenzen seiner angestrebten politisch-kulturellen Hegemonie aber längst nicht per se eine Eindämmung seiner politischen Herrschaft bedeuteten. »Vielfältige Kritik und ›Meckerei‹ vertrug sich durchaus mit der partiellen Anerkennung des Regimes oder zumindest mit einer passiven Hinnahme der Obrigkeit«, wandte etwa Detlev Peukert schon vor Jahren gegen die Hochstilisierung negativer Grundstimmungen eines großen Teils der Bevölkerung zum »heimlichen Volkswiderstand« ein. Die Brüche und Widersprüche im Bild der NS-»Volksgemeinschaft« dokumentierten weniger eine weite und tiefgreifende »Volksopposition«, »sondern vor allem, daß das Propagandabild verbreiteter heller Begeisterung bloße Fassadenkunst war«[57]. Jenseits der Zwänge kulturell-politischer Traditionsbildung hat eine neuere NS-Forschung Peukerts Vermutung weitgehend bestätigt und darauf verwiesen, daß die Konsensbereitschaft in vielen Bereichen deutlich größer war, als noch die Resistenzforschung unterstellte, daß zugleich der NS-Propaganda deutliche Grenzen gesteckt waren[58] und daß das, was vielfach als Widerstand, Resistenz oder Volksopposition mythologisiert wurde, oft nur Ausdruck einer »gänzlich unpolitischen oder zumindest politisch desinteressierten Haltung« war[59]. Wie wir zeigten, gab es darüber hinaus Formen von Dissens und Verweigerung, die letztlich sogar im objektiv-langfristigen Interesse des NS-Regimes lagen.

Daß es dem Widerstand in Deutschland nicht gelang, vorhandene Unzufriedenheiten und Mißstimmungen zu nutzen und politisch gegen das Dritte Reich zu wenden, hatte mehrere Gründe, die nicht nur aus der weitestgehend gelungenen Isolierung der Opposition durch die NS-Sicherheitsbehörden resultierten. Bei aller Unzufriedenheit mit dem Regime im einzelnen und aller Enttäuschung über dessen nichteingelöste Versprechen produzierte gerade die NS-Volksgemeinschaftspropaganda – dabei materiell fundiert durch einen noch viel zu wenig beachteten »Sozialismus der Tat«[60] – immer noch mehr an konsensstiftenden Kräften als die ferne Utopie einer linken klassenlosen Gesellschaft oder die sozialdemokratische Vision einer sozialen Demokratie. Es waren so beispielsweise nicht wenige Sozialdemokraten, die selbst der NS-Propaganda aufsaßen und die NS-»Volksgemeinschaft«

56 Peter Brückner, Das Abseits als sicherer Ort. Kindheit und Jugend zwischen 1933 und 1945, Berlin 1980, S. 25.

57 D. Peukert (Anm. 7), S. 11.

58 Vgl. etwa David Welch (Hrsg.), Nazipropaganda. The Power and the Limitations, London 1983 (hier vor allem den Aufsatz von Ian Kershaw); Jörg Bohse, Inszenierte Kriegsbegeisterung und ohnmächtiger Friedenswille. Meinungslenkung und Propaganda im Nationalsozialismus, Stuttgart 1988; Peter Longerich, Nationalsozialistische Propaganda, in: Karl Dietrich Bracher/Manfred Funke/Hans-Adolf Jacobsen (Hrsg.), Deutschland 1933–1945. Neue Studien zur nationalsozialistischen Herrschaft, Bonn 1992, S. 291–314.

59 B. Stöver (Anm. 1), S. 421.

60 Vgl. Klaus-Michael Mallmann/Gerhard Paul, Alles nur »schöner Schein« im deutschen Faschismus? Propaganda, ästhetische Inszenierungen und Sozialpolitik in der Perspektive regionaler NS-Forschung, in: Sozialwissenschaftliche Informationen, 21 (1992) 2, S. 124–131; dies., Herrschaft und Alltag (Anm. 11), S. 114ff.

als Vollendung ihres eigenen Traumes begrüßten. Einen neuen »November« hatten die Nationalsozialisten nie ernsthaft zu befürchten. Da sich im alltäglichen Dissens eher Enttäuschung und Frustration als Systemkritik artikulierten, eher das Nichteinlösen großmundiger propagandistischer Versprechungen und die Gefährdung traditioneller Privilegien als der Verlust der politischen Freiheit beklagt wurden, gelang es dem Widerstand nicht, die Brücke zu den unzufriedenen Massen zu schlagen, um die sich vor allem die Kommunisten bemühten.

Geprägt von einem mechanistischen Menschenbild, das Gemengelagen und Ambivalenzen bei der Aneignung von Herrschaft übersah und Verfolgung und Widerstand vereinfachend polarisierte, verkannte man vor allem im Exil die vielfach reaktionären und antimodernistischen Gehalte von Dissens und Verweigerung und überschätzte diese in der Regel als Beginn des »letzten Gefechts«[61]. Auf die unzufriedenen Massen konnte sich der Widerstand zu keinem Zeitpunkt verlassen. Die kommunistische Widerstandsstrategie beruhte daher primär auf Wunschdenken und Fiktion. Anders als dies auch Detlev Peukert in seinem vielzitierten Schema »Formen abweichenden Verhaltens im Dritten Reich«[62] suggerierte, gab es keine zwangsläufig eskalierende Höherentwicklung von der privaten und partiellen Nonkonformität hin zum staatsbezogenen und generellen Widerstand. Unzufriedenheit und abweichendes Verhalten führten nur selten in den Widerstand, so wie umgekehrt dieser nur in Ausnahmefällen aus privater Nonkonformität resultierte. Typisch blieben eher das Versanden von Unzufriedenheit in »Nörgelei« und privatem Rückzug und die Rekrutierung des Widerstandes aus den nicht zerstörten Rudimenten der traditionellen NS-oppositionellen Milieus.

61 Vgl. Lieselotte Maas, Handbuch der deutschen Exilpresse 1933–1945, Bd. 4: Die Zeitungen des deutschen Exils in Europa von 1933 bis 1939, München-Wien 1990; B. Stöver (Anm. 1), S. 414f.

62 Detlev Peukert, Volksgenossen und Gemeinschaftsfremde. Anpassung, Ausmerze und Aufbegehren unter dem Nationalsozialismus, Köln 1982, S. 97.

Christl Wickert

Frauenwiderstand und Dissens im Kriegsalltag

Die Beschäftigung mit der Frage nach politisch motiviertem Widerstand, weltanschaulichem Dissens aus einer meist religiösen Grundhaltung und gesellschaftlicher Verweigerung (Alltagsdissens)[1] von Frauen setzt die Frage nach dem Frauenbild im Nationalsozialismus voraus. Nicht wenige Zeugnisse von Überlebenden verdeutlichen auch immer wieder Konflikte mit den Erwartungen an die Erfüllung der Aufgaben einer »guten Mutter« und der Notwendigkeit bzw. (ab 1939) Pflicht zur Erwerbsarbeit, Verweigerungen gegen daraus resultierende Ansprüche und von den Nationalsozialisten als Widerstand angesehener Handlungen. Die Frauen fanden Nischen, die sie gegen die Ansprüche und Übergriffe des »Maßnahmestaates« auf ihr Leben zu erhalten suchten.

Das NS-Frauenbild: Frauen zwischen Familienpflichten und Erwerbsarbeit

Den »völkischen Staat« hatte Hitler schon in »Mein Kampf« in drei »Klassen« geteilt: Ausländer, Staatsangehörige und Bürger. »Deutsche« Frauen waren von Geburt »nur« Staatsangehörige, denen durch die Heirat oder in Ausnahmen durch besondere Verdienste im Erwerbsleben das Bürgerrecht verliehen werden konnte[2]. Deutschen jüdischer Abstammung wurde seit Verabschiedung der »Nürnberger Gesetze« 1935 das Bürgerrecht sukzessive abgesprochen. Die NS-Propaganda konzentrierte sich auf »die deutsche Frau« als ein quasi entindividualisiertes Konstrukt; ihre Aufgaben wurden je nach den wirtschaftlichen und politischen Erfordernissen neu bestimmt[3].

Bis 1936 galt das Leitbild der »arischen« Frau als Mutter mit einem letztendlich »entleerten, auf Menschenproduktion angelegten Verständnis von Mutterschaft«. Mit dem Mann sollte sie die Leistungsgemeinschaft Familie bilden, deren Erfolg ein zentrales Anliegen der nationalsozialistischen Bevölkerungs- und Rassenpolitik darstellte[4]. Dem diente auch das am 1. Juni 1933 im »Gesetz zur Verminderung der Arbeitslosigkeit« eingeführte Ehestandsdarlehen und das »Gesetz zur Verhütung erb-

1 Siehe dazu auch den Beitrag von Gerhard Paul in diesem Band.

2 Vgl. Adolf Hitler, Mein Kampf, München 1936, S. 488–491.

3 Vgl. Susanna Dammer, Nationalsozialistische Frauenpolitik und soziale Arbeit, in: Hans-Uwe Otto/Heinz Sünker (Hrsg.), Soziale Arbeit und Faschismus, Frankfurt am Main 1989, S. 157–175, hier S. 160.

4 Zit. nach Dagmar Reese-Nübel, Kontinuitäten und Brüche in den Weiblichkeitskonstruktionen im Übergang von der Weimarer Republik zum Nationalsozialismus, in: H.-U. Otto/H. Sünker (Anm. 3), S. 109–129, hier S. 121; Gabriele Czarnowski, Familienpolitik als Geschlechterpolitik, in: ebenda, S. 130–156, hier S. 131.

kranken Nachwuchses« vom 14. Juli 1933, das am 1. Januar 1934 in Kraft trat[5]. Die Rollenzuschreibung, eine Reduzierung auf die Mutterschaft, war – wie alle rassistisch und politisch motivierten Maßnahmen – dem »Ideal der Volksgemeinschaft« untergeordnet, der »wirksamsten Legitimation des Dritten Reiches, hinter dem die objektiven Maßnahmen des Regimes weit zurückblieben«[6]. Die Macht der Gestapo als Instrument der Überwachung und die Maßnahmen zur Vollbeschäftigung sowie ihrer sozialpolitischen Flankierung gründeten auf diesem Ideal, das den Menschen in der Bindung an den neuen Staat Halt geben sollte. Das propagierte Frauen- und Mutterbild baute auf vorhandenen Vorstellungen auf – es grenzte jedoch »nichtarische« und »minderwertige« Frauen aus, die durch Abtreibung und Sterilisation an der Fortpflanzung gehindert werden sollten. Für »arische« Frauen blieb dagegen Abtreibung verboten.

An den Universitäten wurde eine Frauenquote von 10 Prozent eingeführt, die erst in der zweiten Kriegshälfte – die meisten Studenten waren als Soldaten an der Front – gelockert wurde. Frauen wurden aus höheren Positionen, selbst in typischen Frauenarbeitsbereichen wie im Erziehungs- und Fürsorgewesen, willkürlich entlassen, um sie als Konkurrentinnen der Männer auszuschalten[7]. Zur Politik waren Frauen im nationalsozialistischen Verständnis ungeeignet, weshalb sie in der NSDAP auch keine Funktionen übernehmen konnten.

1925 waren noch 51,5 Prozent der Frauen erwerbstätig, infolge der Wirtschaftskrise wurden 1933 nur noch 49,3 Prozent gezählt[8]. Gleichzeitig 1933 setzte eine Umschichtung vor allem der weiblichen Arbeitskräfte ein: Frauen aus der Haus- und Landwirtschaft übernahmen Arbeitsplätze in der Konsumgüterindustrie von jenen Frauen, die in die Rüstungsindustrie abgewandert waren. So erhöhte sich z. B. die Zahl der Industriearbeiterinnen von 1933 1,2 Mio. auf 1,8 Mio. 1938[9]. Mit der Verkündung des ersten »Vierjahresplans« 1936, dem Beginn der Aufrüstung, entstand ein höherer Arbeitskräftebedarf, der zu dem Versuch führte, Frauen verstärkt ins Erwerbsleben zu integrieren. Das gelang jedoch nicht in dem Maße, wie es unter wirtschaftlichen Gesichtspunkten notwendig gewesen wäre. Die Frauenerwerbsquote im Deutschen Reich hatte allerdings zu Kriegsbeginn schon ein Niveau erreicht, das höher lag als in Großbritannien und in den Vereinigten Staaten: 1939 waren 52,8 Prozent Frauen erwerbstätig, 1944 sogar 54 Prozent[10].

---

5 RGBl I, 1933, V, S. 323 (»Ehestandsdarlehen«); RGBl I, 1933, S. 529 (»Gesetz zur Verhütung erbkranken Nachwuchses«).

6 Ian Kershaw, Der Hitler-Mythos. Volksmeinung und Propaganda im Dritten Reich, Stuttgart 1980, S. 132.

7 Vgl. Irmgard Weyrather, Numerus Clausus für Frauen – Studentinnen im Nationalsozialismus, in: Frauengruppe Faschismusforschung (Hrsg.), Mutterkreuz und Arbeitsbuch. Zur Geschichte der Frauen in der Weimarer Republik und im Nationalsozialismus, Frankfurt am Main 1981, S. 131–162, hier S. 143; S. Dammer (Anm. 3), S. 162.

8 Siehe Timothy Mason, Zur Lage der Frauen in Deutschland 1930 bis 1940. Wohlfahrt, Arbeit und Familien, in: Beiträge zur Marxschen Theorie 6, Frankfurt am Main 1976, S. 118–193, hier S. 135.

9 Siehe Ludwig Eiber, Frauen in der Kriegsindustrie. Arbeitsbedingungen, Lebensumstände und Protestverhalten, in: Martin Broszat u. a. (Hrsg.), Bayern in der NS-Zeit. Herrschaft und Gesellschaft im Konflikt, Bd. 3, München 1981, S. 569–644.

10 Siehe Tilla Siegel, Leistung und Lohn in der nationalsozialistischen »Ordnung der Arbeit«, Opladen 1989, S. 173 f.; Zahlen nach Dörte Winkler, Frauenarbeit im »Dritten Reich«, Hamburg 1977, S. 198 und S. 201.

Ab Ende 1939 wurden alle Frauen aufgerufen, in der Kriegswirtschaft »ihren Mann« zu stehen, jedoch waren in der Realität von den Zumutungen der schweren Arbeit per Dienstpflicht nur diejenigen betroffen, die schon vor dem Krieg aufgrund des niedrigen Familieneinkommens erwerbstätig und somit von den Arbeitsämtern mittels Arbeitsbüchern erfaßt worden waren[11].

Widerstandsformen

Politisch aktive Frauen im Widerstand gegen das NS-Regime konnten sich das vorherrschende Frauenbild zunutze machen: Sie waren erst einmal weniger gefährdet als Männer, weil man ihnen politisches Verständnis und Engagement nicht zutraute.

Dem Versuch der Durchdringung des Alltags bis in das Familienleben entzogen sich Frauen zumal im Krieg durch unterschiedliche Formen von Verweigerung und Alltagsdissens, der manchmal Formen von Illoyalität annehmen konnte. Es war zwar unmöglich, alle Verordnungen und Vorschriften zu kennen, die der »Maßnahmestaat« erlassen hatte. Vor einem Gestapoverhör und seinen Folgen konnte dies jedoch nicht schützen, wenn z. B. die Nachbarin angezeigt hatte, daß Wäsche an »Führers Geburtstag« auf der Leine gehangen hatte.

Die religiösen Bindungen von Frauen, gegen die schon die Arbeiterparteien in der Weimarer Republik keine Chancen gehabt hatten, waren den Nationalsozialisten ein Dorn im Auge. Katholizismus und Protestantismus hatten nach Hitlers Vorstellung keine Zukunft mehr: Er werde sich nicht abhalten lassen, so äußerte er verschiedentlich, »mit Stumpf und Stiel, mit allen seinen Wurzeln und Fasern das Christentum in Deutschland auszurotten«[12]. Der Glaube und die Bindung an eine kirchliche Gemeinschaft gaben Frauen Halt, sich z. B. gegen rassistische Diskriminierung und Sterilisation zu wehren, auch wenn die evangelische und die katholische Amtskirche sowie das Zentrum es an klarer Abgrenzung gegen den Nationalsozialismus fehlen ließen[13].

Während die Vorkriegsjahre zunächst noch von der Hoffnung auf Besserung der Lage auf dem Arbeitsmarkt und der Versorgung gemäß Hitlers Versprechungen geprägt waren, mußten Frauen mit Kriegsbeginn – als die Männer nach und nach alle an die Front kamen –, auf sich gestellt, die besonders schwere Arbeit in den rüstungsrelevanten Betrieben leisten, wenn sie nicht Mittel und Wege fanden, sich dem zu entziehen. Zumal in den Großstädten waren sie Bombardements, Zerstörungen und Demoralisierungen ausgesetzt. Die Frauen waren es, die den Widerspruch zwischen Propaganda und Realität im Krieg in besonderer Weise zu spüren bekamen und sich »durchwursteln« mußten, um ihren Kindern und älteren Verwandten das Überleben zu ermöglichen.

---

11 Siehe Rüdiger Hachtmann, Industriearbeiterinnen in der deutschen Kriegswirtschaft 1936 bis 1944/45, in: Geschichte und Gesellschaft, 19 (1993), S. 332–366, hier S. 338.

12 Hermann Rauschning, Gespräche mit Hitler, Zürich 1940, S. 50.

13 Dazu Claudia Koonz, Mütter im Vaterland, Freiburg 1991; Cornelia Rauh-Kühne, Katholisches Milieu und Kleinstadtgesellschaft. Ettlingen 1918–1939, Sigmaringen 1991, S. 355ff.; Jochen-Christoph Kaiser/Martin Greschat (Hrsg.), Der Holocaust und die Protestanten. Analysen einer Verstrickung, Frankfurt am Main 1988.

Die beiden Graphiken verdeutlichen anhand einer Auszählung aller Gestapoakten über Düsseldorferinnen und Essenerinnen den Grad der Verfolgung der drei hier genannten Widerstandsformen (politischer Widerstand, weltanschaulicher Dissens, Alltagsdissens)[14].

Es ist zu vermuten, daß die Werte für 1943 und 1944 aufgrund von Überlieferungsbedingungen (Zerstörung durch Bombenangriffe und Verlagerungen der Akten) stark verzerrt sind, deshalb wurden sie nicht in die Graphiken aufgenommen[15]. Das Ergebnis bestätigt, daß der politische Widerstand auch in bezug auf die Verfolgung von Frauen im Verlaufe des Krieges als Gefahr für den Nationalsozialismus an Bedeutung verlor.

Es fällt auf, daß die verschiedenen Formen von Dissens, die auf Mißstimmung in der Bevölkerung, Kritik an der Regierung und ihren Versprechungen schließen lassen und als Reaktion auf die Verschlechterung der Lage der Menschen gedeutet werden können, 1938 zunahmen und bei den Frauen in den ersten Kriegsmonaten gar einen Höhepunkt erreichten. Dies läßt beim Studium der Akten darauf schließen, daß die Kriegsvorbereitungen und der Polenfeldzug Anlaß zu Sorgen und Unmutsäußerungen boten. Bis 1942 hatte die Gestapo mit einer etwa gleichbleibenden Anzahl derartiger Fälle zu tun. Nach Kershaws Auswertung interner Berichte ist evident, daß sich die Stimmung in der Bevölkerung infolge der Nichtbeendigung des Krieges, der immer neue Opfer forderte, ab 1942 verschlechterte und im Winter 1944/45 ihren Tiefpunkt erreichte[16].

Die Zunahme der Verfolgung weltanschaulich dissidenter Frauen aus Düsseldorf und Essen in den Jahren 1941 und 1942 resultiert aus der Einbeziehung jüdisch religiöser Frauen, die in besonderem Maße aus rassischen Gründen verfolgt wurden. Selbst Juden, die sich bis dato nicht an die jüdischen Organisationen gebunden fühlten, waren ab 1935 an die jüdischen Gemeinden und die jüdischen kulturellen und sozialen Einrichtungen gebunden, die zur Betreuung und Versorgung sowie zur Hilfestellung bei der Auswanderung und Erfassung für die Deportationen qua Verordnungen und Gesetzen verpflichtet waren[17]. Die Hinterlassenschaften (Eigentum, Erbe, Wohnungen, Sparguthaben) von Jüdinnen und Juden wurden nach den großen Deportationen aus dem Rheinland bekanntlich von den Behörden in Kooperation mit der Gestapo »abgewickelt«. – Die vergleichsweise hohen Zahlen aus weltanschaulichen Gründen verfolgter Essenerinnen 1936/1937 und 1941 sind auch beeinflußt durch »Erfolge« der Gestapo im Aufspüren aktiver Zeugen Jehovas (Bibelforscher).

---

14 Kurt Sombert und Wilfried Ettl danke ich für die Aufbereitung des Datenmaterials und die Erstellung der beiden Graphiken. Aus Gründen der archivalischen Aufbereitung fehlen in diesem Zusammenhang allerdings Arbeitskonflikte von Frauen, siehe dazu Christl Wickert, Frauenwiderstand? Überlegungen zu einem vernachlässigten Thema am Beispiel Düsseldorfs und Essens, in: Anselm Faust (Hrsg.), Verfolgung und Widerstand im Rheinland und in Westfalen 1933–1945, Köln 1992, S. 101–113, hier S. 109f.

15 Der Bestand der Gestapoleitstelle Düsseldorf (heute im Hauptstaatsarchiv [HStA] Düsseldorf) war mit dem kriegsbedingten Umzug der Leitstelle nach Ratingen im Bergischen Land ausgelagert worden. Wie viele Akten bei der Zerstörung des Gestapogebäudes bei einem Bombenangriff auf Ratingen 1945 verloren gegangen sind, vermag nicht mehr geklärt zu werden. Es ist jedoch davon auszugehen, daß davon schon laufende Vorgänge aus dem Jahr 1943 betroffen waren.

16 Siehe I. Kershaw (Anm. 6), S. 176; siehe auch den Beitrag von Edgar Wolfrum in diesem Band.

17 Vgl. Kurt Düwell, Die Rheingebiete in der Judenpolitik des Nationalsozialismus vor 1942. Beitrag zu einer vergleichenden zeitgeschichtlichen Landeskunde, Bonn 1968.

Abbildung 1

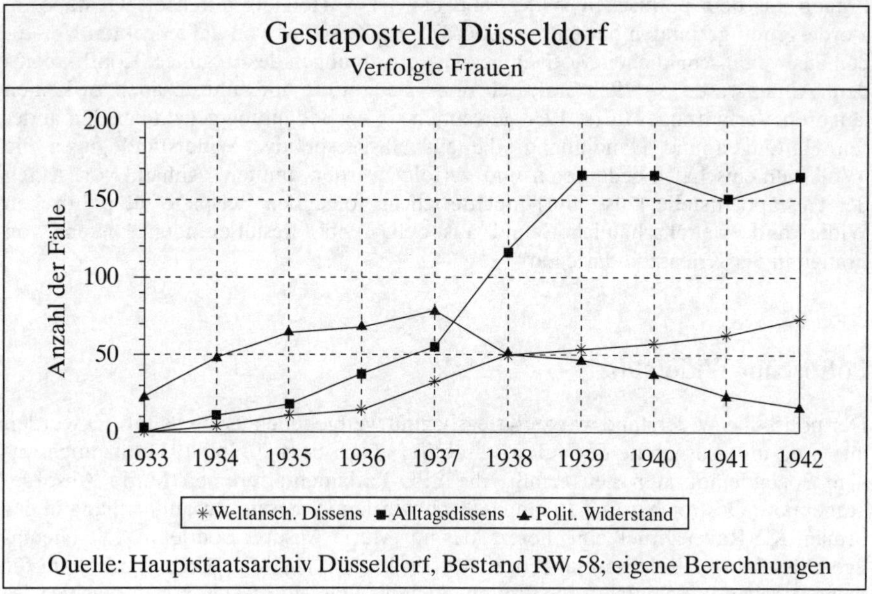

Abbildung 2

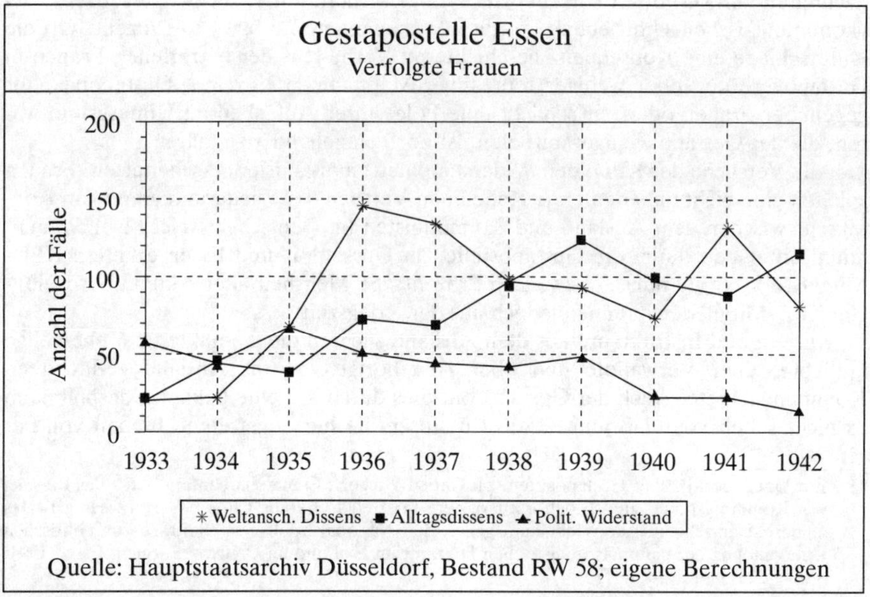

Die Graphiken zeigen, nachdem in den ersten Jahren des Nationalsozialismus Frauen aus dem politischen Widerstand bei der Verfolgung durch die Gestapo im Vordergrund gestanden hatten, ab 1936/37 eine Zunahme von aufgedeckten Verstößen aus weltanschaulichen Motiven gegen Verordnungen des Regimes. Konflikte aus dem Alltag waren bis 1935 praktisch ohne Bedeutung und führten auch zu keinen längeren Verhaftungen. Erst 1938 gewannen sie an Bedeutung gegenüber den anderen Haltungen und Handlungen, die aus NS-Perspektive Widerstand gegen die »Volksgemeinschaft« bedeuteten und verfolgt werden mußten. Anhand von Akten der Gestapoleitstelle Düsseldorf möchte ich im folgenden Beispiele für politischen Widerstand, weltanschaulichen und aus dem Alltag resultierenden Dissens von Frauen in der Kriegszeit darlegen[18].

Politischer Widerstand

Der politische Widerstand war zu Kriegsbeginn weitgehend ausgeschaltet. Es wurden im Krieg mit Ausnahme der »Gewitteraktion« nach dem 20. Juli 1944 nur noch wenige Sozialdemokraten neu erfaßt; die SPD-Parlamentarierinnen Marie Ansorge, Annemarie Oestreicher und Johanna Tesch wurden in diesem Zusammenhang in das Frauen-KZ Ravensbrück eingeliefert, das nur Marie Ansorge überlebte. Die ehemalige Düsseldorfer Reichstagsabgeordnete, 1944 schon 68jährige Lore Agnes kam für sechs Wochen in Schutzhaft ins Frauengefängnis Düsseldorf-Derendorf. Nachgewiesen wurde keiner der Frauen eine Beteiligung an politischen Aktionen gegen das Regime.

Auffallend hoch ist der Frauenanteil unter den der politischen Opposition verdächtigten und verhörten Düsseldorfern und Essenern mit 17,8 bzw. 10 Prozent. Bei »kommunistischen Umtrieben« betrug der Frauenanteil 6 bzw. 10 Prozent. Ob die Unterschiede eine Konsequenz geschickteren Verhaltens der betroffenen Frauen in Gestapoverhören oder weniger repressiver Maßnahmen einzelner Gestapobeamter gegenüber Frauen oder nur schlicht eine Folge ihrer Aufgaben im Hintergrund waren, die der Gestapo weniger auffielen, ist noch eingehender zu klären.

Alle Versuche der KPD, den Widerstand neu zu organisieren, scheiterten. Frauen spielten eine nicht unbedeutende Rolle beim Versuch der Wiederaufnahme von Kontakten zwischen dem Ausland und Kommunisten im Deutschen Reich. Der Frauenanteil unter den durch die Gestapostellen in Düsseldorf und Essen erfaßten KPD-Mitgliedern betrug nur 2,7 bzw. 10,6 Prozent; die Mehrheit aller Akten über weibliche KPD-Mitglieder stammen jedoch aus der Kriegszeit.

Kuriere und Instrukteure aus dem Ausland suchten die Kontakte über ehemalige Geliebte, über Verwandte und über Angehörige von ins Ausland geflüchteten Kommunisten etc. Auch der Gestapo war dies durch V-Leute bekannt; deshalb kam es nicht selten vor, daß junge, selbst politisch nie hervorgetretene Frauen von der

18 Zur Quellenkritik über Gestapoakten vgl. Christl Wickert, Frauen im Hintergrund – das Beispiel von Kommunistinnen und Bibelforscherinnen, in: Helga Grebing/Christl Wickert (Hrsg.), Das ›andere Deutschland‹ im Widerstand gegen den Nationalsozialismus. Beiträge zur politischen Überwindung der nationalsozialistischen Diktatur im Exil und im Deutschen Reich, Essen 1994, S. 200–225, hier S. 201 f.

Polizei verhört wurden, weil sie einmal ein Verhältnis zu einem inzwischen gesuchten Kommunisten hatten. Manchmal bedurfte es nur einer Nachbardenunziation ohne weitere Beweise, um ein junges Mädchen in die Mühlen der Gestapo zu bringen. Inlandsaktivitäten (wie die Herausgabe von Flugblättern und Zeitschriften), sofern sie im Kriege noch zustande kamen, griffen auf die Familienbeziehungen zurück – Töchter, Schwägerinnen, Verlobte, Ehefrauen waren einbezogen. Bei der Gestapo in Düsseldorf und Essen auffällig gewordene Kommunistinnen waren zu 60 Prozent verheiratet, in der Regel mit KPD-Mitgliedern, die vor 1930 zur Partei gestoßen waren. Man mußte sich auf alte, fester in der kommunistischen Tradition verwurzelte Genossen verlassen[19]. Unter geschlechtsspezifischer Perspektive verdienten z. B. die »Rote Kapelle« und der Internationale Sozialistische Kampfbund aufgearbeitet zu werden, da beides Zusammenhänge im politischen Widerstand waren, in denen Frauen eine größere Rolle als in anderen Gruppen spielten[20].

Der Rückgriff auf das familiäre Umfeld und private Beziehungen als Grundlage kommunistischen Widerstands während des Zweiten Weltkrieges läßt sich am Beispiel der im Januar 1943 von der Düsseldorfer Gestapo aufgedeckten Knöchel-Organisation verdeutlichen. Anfang 1942 hatte der 1939 ins ZK der KPD gewählte Wilhelm Knöchel, von Holland kommend, einen Neuaufbau der illegalen Partei innerhalb des Reiches zu organisieren versucht. Vorbereitet hatten dies ab 1939 der für Düsseldorf zuständige Instrukteur Alfons Kaps und ab 1940 Willy Seng für das Ruhrgebiet. Knöchels Ziel war eine eigenständige interne Landesorganisation, die sich besser an den Möglichkeiten der Arbeit unter den Bedingungen der Illegalität orientieren sollte, als dies die Vorgaben der Moskauer Parteileitung zuließen[21]. In die 1943 entfalteten Aktivitäten waren mit Kaps Verlobter Erna Wielke, Maria Rentmeister, der Lebensgefährtin des Mitarbeiters der Abschnittsleitung West der KPD in Paris Wilhelm Beuttel, Berta Fuchs, der Schwägerin eines Verbindungsmanns von Kaps und zahlreichen anderen Frauen überwiegend Familienmitglieder kommunistischer Funktionäre eingebunden. Über den der KPD nahestehenden Kunstmaler Peter Ludwigs erhielt Kaps, der die Hauptarbeit in Düsseldorf leistete, Kontakt zu einer Gruppe junger Frauen und Männer, die sich in Ablehnung der Zwänge der »HJ« und des »BDM« zusammengefunden hatten. Aus dieser Gruppe konnten die Verkäuferin Irmgard Petrowske und ihre Freundin Irmgard Mensching für weitere Kontakte und Unterstützungen gewonnen werden, die 1943 bei der Gestapo aktenkundig werden sollten. Irmgard Mensching tippte für Kaps Berichte über die aktuelle Lage und Stimmung in den Betrieben, Irmgard Petrowske suchte Kontakte zu russischen Arbeiterinnen, die sie u. a. mit Kleidung versorgte. Über die eigentlichen Ziele der Knöchel-Organisation waren sie nicht informiert[22].

---

19 Vgl. Detlef Peukert, Die KPD im Widerstand, Wuppertal 1980; siehe dazu auch Chr. Wickert (Anm. 18), S. 204 ff.

20 Siehe dazu Workshop Verfolgung und Widerstand von Frauen in der Gedenkstätte Deutscher Widerstand in Berlin vom 30. September bis 2. Oktober 1993 mit Beiträgen von Beatrix Herlemann über »Vielfalt in der Einheit. Die Frauen in der Roten Kapelle« und von Susanne Miller über die »Frauen im ISK«.

21 Siehe Horst Duhnke, Die KPD 1933–1945, Köln 1972, S. 374 und S. 461.

22 HStA Düsseldorf, RW 58–16 716, RW 58–16 715, RW 58–16 714, RW 58–16 723; Bundesarchiv Potsdam, Dahlwitz-Hoppegarten (BAP Dahlwitz-Hoppegarten), ZC 16 246; Beatrix Herlemann, Auf verlorenem Posten. Kommunistischer Widerstand im Zweiten Weltkrieg. Die Knöchel-Organisation, Düsseldorf 1986, S. 89.

Die illegal eingereisten Funktionäre benötigten nicht nur Unterstützung für die politische Arbeit, die meist von männlichen Parteimitgliedern geleistet wurde. Die Versorgung mit Nahrungsmitteln war angesichts der Rationierung durch Lebensmittelkarten ebenso zu organisieren wie die Pflege des im Sommer 1942 an Tuberkulose erkrankten Wilhelm Knöchel und die Besorgung ständig neuer Unterkünfte. Dies war die Domäne der Frauen.

Als Kaps Anfang 1943 in Düsseldorf verhaftet wurde, kam es aufgrund seiner ersten Aussagen schon am 11. und 12. Januar zu den Festnahmen von Berta Fuchs und Erna Wielke. Weitere Aussagen führten erst am 20. und am 30. Januar auf die Spuren von Seng und Knöchel[23]. Insgesamt wurden im Zusammenhang mit der Knöchel-Organisation 23 Frauen und 25 Männer angeklagt. Die Zahl der Verhaftungen war weit höher, wenn man bedenkt, daß alle drei Schwestern von Berta Fuchs verhört wurden, denen jedoch keine Beteiligung nachgewiesen werden konnte[24].

Berta Fuchs, eine der beiden Frauen, die neben 20 Männern vom Volksgerichtshof zum Tode verurteilt worden war, wurde am 7. Juli 1944 hingerichtet. Es war aufgedeckt worden, daß sie Mitgliedern der Knöchel-Organisation Quartier gewährt hatte[25]. Gestapo und Gericht erkannten die Bedeutung der Beteiligung der Frauen, die sich im wesentlichen in eigentlich »unpolitischen« Alltagshandlungen erschöpft hatte. In ihren Abschiedsbriefen an ihre älteste Tochter und eine ihrer Schwestern, die von den NS-Behörden nicht an die Angehörigen weitergeleitet wurden, betonte Berta Fuchs, sie sei ihrer Pflicht gefolgt, Menschen zu helfen. Die Schwierigkeiten, die sie ihrer Familie, ihren Kindern und ihren Schwestern, mit ihrer Unterstützung von KPD-Funktionären bereitete, habe sie nicht gewollt.

Ein nach außen normal wirkendes Familienleben, selbst in der Zeit größter Bedrohung, konnte für KPD-Aktive einen nicht zu unterschätzenden Schutz bedeuten. Ähnliches gilt auch für die Verschwörer des 20. Juli 1944, deren Frauen ihre Vertrauten waren und ihnen den Rücken freihielten für Planungen und Vorbereitungen; die sie aber auch nicht in alle Überlegungen ganz einweihen durften, um sie nicht unnütz zu gefährden. Nach dem fehlgeschlagenen Attentat wurden nicht nur ihre Männer verhaftet, gefoltert und hingerichtet, sondern auch ihre Kinder z. T. unter falschem Namen verschleppt und die Frauen selbst in Haft genommen[26].

Weltanschaulich bedingter Dissens

Den bereits erwähnten größeren kirchlichen Bindungen von Frauen muß bei der Betrachtung ihrer Widerstands- und Verweigerungsformen gegen den Nationalsozialismus Rechnung getragen werden. Zunächst hatte die Machtübernahme Hitlers keinen Einschnitt im Alltag und im religiösen Leben der Frauen bedeutet. Eine Brisanz erhält das Thema jedoch in Bezug auf die beiden großen Kirchen dadurch, daß Kirchenführer die Frauenorganisationen als »Faustpfand« zu nutzen suchten, »indem sie bei ihren Verhandlungen den Regierungsvertretern eine staatliche Einflußnahme auf die

23 Siehe B. Herlemann (Anm. 22), S. 122.
24 HStA Düsseldorf, RW 58–27 927, RW 58–23 129, RW 58–14 304, RW 58–43 417.
25 HStA Düsseldorf, RW 58–27 909, RW 58–27 908; BAP Dahlwitz-Hoppegarten, NJ 1480 (hierin auch die im folgenden angesprochenen Abschiedsbriefe), NJ 310, NJ 6462.
26 Vgl. Dorothee von Meding, Mit dem Mut des Herzens. Die Frauen des 20. Juli, Berlin 1992.

Frauen im Tausch gegen die Erhaltung der Autonomie der Kirche in anderen Bereichen anboten«[27]. Beide Kirchen, von einer obrigkeitsstaatlichen Grundhaltung geprägt, hatten zunächst die im Deutschen Reich verbreitete Begeisterung für die neu gebildete Regierung mitgetragen. Davon ist unabhängig, daß einzelne Vertreter und Vertreterinnen sich gegen Maßnahmen des NS-Staates stellten, die Übergriffe auf das private und religiöse Leben darstellten, um den Erhalt ihrer jeweiligen Gemeinschaft zu sichern, nicht jedoch um das Regime in Frage zu stellen. Allen an die entsprechenden Gemeinden gebundenen Frauen war der Rückhalt gemeinsam, der besonders im Krieg wichtig war – als Bombenangriffe und Sorgen um die Angehörigen mehr und mehr den Alltag bestimmten –, obwohl öffentliches kirchliches Leben fast ganz unmöglich geworden war.

Der Frauenanteil unter den wegen weltanschaulichem Dissens verfolgten Laien bewegt sich – soweit Recherchen in Gestapoakten dies am Beispiel von Düsseldorf und Essen ergeben haben – zwischen 20 und 25 Prozent und liegt damit weit höher als im Bereich des politischen Widerstands.

Ein Beispiel von Dissens bezüglich der menschenverachtenden Politik des NS gegen sog. »Minderwertige« bietet das Verhalten der katholischen Sozialarbeiterin Christa Thomas aus Düsseldorf: Sie hatte sich 1937/38 freiwillig zur Familienbetreuung in der Arbeitslosensiedlung Heinefeld gemeldet. Spenden nach einem Aufruf in den Kirchenblättern und Kollekten in Gemeinden sicherten die finanziellen Ressourcen für ihre Arbeit und die Unterstützung der verarmten Familien. Als die Siedlung wegen des geplanten Neubaus eines Ausstellungsgeländes geräumt werden sollte, unterstützte sie die Weigerung der Bewohner, in die ihnen angebotenen engeren Ersatzquartiere umzuziehen. Daraus entstand die Schilderung sozialen Elends in der in einem Leutesdorfer katholischen Verlag erschienenen Broschüre »Die am Rande der Großstadt«. Christa Thomas dokumentierte ihren Einsatz für sozial Benachteiligte aus ihren katholischen Glaubensgrundsätzen heraus und ihre Furchtlosigkeit vor möglichen Repressalien durch das NS-Regime. Bis zu Kriegsbeginn stellte die Düsseldorfer Gestapo nur allgemeine Recherchen über Christa Thomas an[28]. Die Verhöre waren vergleichsweise harmlos, obwohl ihr schon 1935 vorgeworfen wurde, sie habe die Bewohner der »wilden Siedlung« aufgehetzt. 1937 wurde sie wegen des Verdachtes der Prostitution denunziert und wiederholt verhört. Verstärkten Repressalien durch die Gestapo war sie 1941 bis 1943 im Zusammenhang mit der Beschlagnahme von aufgetauchten Restexemplaren der Broschüre über das Heinefeld ausgesetzt. Warum die Gestapo erst sieben Jahre nach ihrem Erscheinen die Broschüre beschlagnahmte, wird nach dem Studium der entsprechenden Akten nicht deutlich. Die neuerliche Aufmerksamkeit der Gestapo hinderte Christa Thomas jedoch nicht daran, an verbotenen Wallfahrten nach Kevelaer oder Fronleichnamsfeiern teilzunehmen. Der Zulauf, den diese kirchlichen Veranstaltungen trotz Behinderungen und Verboten noch verzeichneten, war Ausdruck des Festhaltens der überwiegend weiblichen Teilnehmer an einem Rest Normalität.

---

27 C. Koonz (Anm. 13), S. 32.

28 HStA Düsseldorf, RW 58–13 421; Christa Thomas, Eine goldene Spur. Aufzeichnungen über ein Leben der Stille und inneren Abgeschiedenheit, masch., Historisches Archiv Köln; dies., Nichts tut mir leid, in: Edith Laudrowicz/Dorlies Pollmann (Hrsg.), Wie ich das Leben liebe. Persönliches und Politisches aus dem Leben engagierter Frauen, Köln 1981, S. 11ff.

Die Pfarrer der Bekennenden Kirche waren bei ihrer Arbeit vor Ort auf die Unterstützung von Frauen angewiesen, obwohl die basisdemokratische Organisation der Bruderräte sie nicht für verantwortliche Positionen eingeplant hatte. Ohne die Vikarinnen, die im Krieg sogar eigene Pfarrstellen übernahmen, die Pfarrfrauen, die die Gemeinden ihrer als Soldaten eingesetzten Männer betreuten, Gemeindehelferinnen, Sekretärinnen oder nur engagierte weibliche Gemeindemitglieder wäre die Bekennende Kirche undenkbar gewesen. Der Koordinator der Bekennenden Kirche im Ruhrgebiet, der Essener Pfarrer Heinrich Held (Gemeinde Rüttenscheid), hätte ohne seine »rechte Hand« Irene Thiessies nie ausreichend Informationen sammeln, Flugblätter produzieren und zur Verteilung bringen können. Sie vervielfältigte auf einer Druckmaschine hinter der Bühne des Ernst-Moritz-Arndt-Hauses die Druckschriften, die sie jeweils noch in der gleichen Nacht mit einem Fahrer im Ruhrgebiet verteilte. Für sie bedeutete die nicht gerade ungefährliche Arbeit nicht nur die Unterstützung in der Sache, sondern einen Halt für ihr Leben, nachdem ihr Mann zunächst in Buchenwald interniert gewesen war und sie nach seinem Tod im »Fronteinsatz« mit zwei Kleinkindern alleine stand[29]. – Ilse Kanitz, gelernte Gemeindehelferin, hatte schon während ihrer Ausbildung als Hauslehrerin in einer jüdischen Familie gearbeitet, deren Kinder evangelisch getauft waren[30]. Nachdem ihr Mann an die Front gekommen war, versorgte sie neben ihrem eigenen Haushalt mit vier Kindern die Pfarrstelle in Seefeld am Oderbruch, war Krankenschwester, Hebamme, Tierärztin, Organistin und Predigerin und hielt Bibelstunden ab. Die Fahrten zum Bruderrat in Berlin-Dahlem nutzten sie zu Lebensmitteltransporten für jüdische Mitbürger. Ohne Ilse Kanitz hätte es im Oderbruch keine Bekennende Kirche gegeben.

Zeuginnen Jehovas hielten die Nationalsozialisten – fielen sie erst einmal bei der Gestapo auf – für ebenso gefährlich wie Kommunistinnen und Jüdinnen. Die bewußte Ablehnung jeder weltlichen Ordnung machte sie zu Feinden der »Volksgemeinschaft«, zu »Volksschädlingen«[31]. Erst nach den großen Verhaftungswellen ab 1936/37 hatten Frauen Funktionen innerhalb der illegalen Organisation übernommen, die sie auch konsequent wahrnahmen. Zeuginnen Jehovas warben im Alltag unter den Nachbarn, organisierten Bet- und Bibelstunden in ihren Wohnungen und gaben verbotene Materialien weiter. Hieraus erklärt sich ein Frauenanteil von 33,9 bzw. 24,5 Prozent unter den wegen des Vorwurfs der Betätigung für die Internationale Bibelforschervereinigung bei der Gestapo registrierten Düsseldorfern und Essenern. Besonders wenn sie schulpflichtige Kinder zu versorgen hatten, ließ die Gestapo Frauen nach dem ersten Verhör gleich wieder frei. Seit 1936 versuchte man, Eltern, die Zeugen Jehovas waren, das Sorgerecht für ihre Kinder zu entziehen, um der »Entfremdung« der Kinder von »einer wahren Volksgemeinschaft« vorzubeugen, die »schwere Gewissenskonflikte« mit sich brächten[32]. Bei der nächsten »Auffälligkeit« der Mütter

29 Siehe Gerhard Heidtmann, Heinrich Held, in: Die Religion in Geschichte und Gegenwart, Bd. 3, Stuttgart 1986, S. 207; Videofilm »Wir haben widerstanden« – Essener Frauen im antifaschistischen Widerstand. Ein Film von Monika Grüter, Brigitte Hendricksen und Tamara Frankenberger, 1987.

30 Siehe Heike Bergmann/Heike Scherer, »Wir flaggen mit Stiefmütterchen...« Inge Kanitz, geb. 1911, in: Beate Schröder/Gerdi Nützel (Hrsg.), Die Schwestern mit der roten Karte. Gespräche mit Frauen aus der Bekennenden Kirche, Berlin 1992, S. 69ff.

31 Dazu Chr. Wickert (Anm. 18), S. 213ff.

32 Als ein Beispiel siehe HStA Düsseldorf, RW 58–31 058.

gab es keine Rücksicht mehr. Selbst den stärksten Repressalien der Gestapo wichen erstaunlich viele Frauen nicht aus, wenn ihnen die Freiheit gegen ihren Austritt aus der Sekte angeboten wurde.

Das Festhalten an den Grundsätzen ihrer religiösen Gemeinschaften hat den Nationalsozialismus nicht in Frage gestellt. Es erschien jedoch im Einzelfall den Behörden als so bedrohlich, daß Frauen (ebenso wie Männer) sogar ins KZ kamen. Die Zunahme und augenscheinlich im Einzelfall schärfere Verfolgung von Frauen zu Kriegszeiten, Denzler und Fabricius sprechen im Gegensatz dazu aus offizieller Perspektive von einer »Schonzeit« für die beiden großen Kirchen[33], könnte besonders in kirchlich geprägten Regionen wie im katholischen Rheinland durch eine Nervosität einzelner Gestapovertreter aufgrund der Stimmung in der Bevölkerung bedingt sein.

Zunehmender Alltagsdissens im Krieg

Die Widersprüchlichkeit der Anforderungen an die Menschen kulminierte im Krieg besonders bei den Frauen unterer sozialer Schichten in Großstädten in einer oft unerträglichen Doppelbelastung in den Familien und am Arbeitsplatz bei gleichzeitiger Verschlechterung der allgemeinen Lebensbedingungen. Dies führte zwar nicht zu aktivem Widerstand, jedoch läßt sich beim Studium der Gestapoakten eine Zunahme von Verweigerungen und Dissens erkennen. Kritik an Naziführern und zunehmend auch an Adolf Hitler wurde mehr und mehr zum Gegenstand von Recherchen der Gestapo. Es handelte sich um Unzufriedenheit mit »jeweils einzelnen, konkreten Erscheinungsformen und Zumutungen des Regimes«[34], die ohne die Mithilfe von Denunzianten für die Gestapo nicht so zahlreich zu erfassen gewesen wäre[35]. Dem waren im Nationalsozialismus, besonders durch das »Heimtückegesetz« vom 20. Dezember 1934[36], Schleusen geöffnet worden, die zu einer Belastung der Polizeibehörden und Gerichte geführt haben. Die Zunahme der Aufmerksamkeit für und Verfolgung von dissidenten Alltagshandlungen kann auch auf eine Art Hysterie der Gestapo und des Reichssicherheitshauptamtes in Berlin zurückzuführen sein, denn wie sonst ist zu erklären, daß diese ihre Arbeit trotz Anordnungen zur Mäßigung fortgesetzt haben: Im Richterbrief vom 1. August 1943 über »falsche Anschuldigungen«[37] wurden Gestapo und Gerichte ausdrücklich darauf hingewiesen, daß der bürokratische Aufwand der Verfolgung in derartigen Fällen überhand genommen habe und zukünftig schon auf Gestapoebene ad acta zu legen seien.

Sauckel hatte schon 1942 kurz nach seiner Ernennung zum »Generalbevollmächtigten für den Arbeitseinsatz« Unternehmer und »Reichstreuhänder der Arbeit« an-

---

33 Siehe dazu Georg Denzler/Volker Fabricius, Die Kirchen im Dritten Reich. Christen und Nazis Hand in Hand?, Bd. 1, Frankfurt am Main 1984, S. 95ff.

34 I. Kershaw (Anm. 6), S. 17.

35 Vgl. Robert Gellately, The Gestapo and German Society: Political Denunciation in the Gestapo Case Files, in: The Journal of Modern History, 60 (1988), S. 654–694.

36 Damit wurde die schon am 21. März 1933 erlassene »Heimtücke-Verordnung« abgelöst (RGBl. I, 1933, S. 135; RGBl. I, 1934, S. 1269).

37 Heinz Boberach (Hrsg.), Richterbriefe. Dokumente zur Beeinflussung der deutschen Rechtsprechung 1942–1944, Boppard/Rhein 1975, S. 171f.

gewiesen, Frauen, die wegen Familienpflichten der Arbeit fernblieben, nicht »mit Strafen oder gar dem Gericht zu drohen«[38]. Aber auch diese hielten sich nicht immer daran und gaben entsprechende Anzeigen erst einmal an die Gestapo weiter, die die Androhung von »Schutzhaft« in einem »Arbeitserziehungslager« als eines ihrer Druckmittel einsetzte. Der Frauenanteil der wegen Arbeitskonflikten im Bereich der Gestapoleitstelle Düsseldorf seit 1939 Verfolgten betrug 13,4 Prozent und war damit deutlich höher als der entsprechende Anteil am politischen Widerstand, aber niedriger als im Bereich des weltanschaulichen Dissens[39].

Der Unmut der Frauen verwundert nicht, denn ihr Arbeitstag war per Verordnung auf zehn Stunden ausgedehnt worden bei einem Drittel bis zur Hälfte vergleichbarer Männerlöhne. Mit Kriegsbeginn war bis Dezember 1939 sogar das Nachtarbeitsverbot aufgehoben worden. Frauen zogen ihre Familienpflichten den Anforderungen des »Arbeitseinsatzes« vor, das hatte Sauckel richtig erkannt. Die Beschuldigten klagten über die schwere und monotone Arbeit und unterstrichen dies in mindestens 45 Prozent der Fälle mit dem Hinweis auf Unterleibs- und Monatsbeschwerden. Die Gestapo beließ es in der Regel bei Verwarnungen, im Wiederholungsfall wurden die Frauen für ein oder zwei Monate in ein »Arbeitserziehungslager« eingewiesen. »Fremdarbeiterinnen«, die meist »Ostarbeiterinnen« waren, kamen nicht derart glimpflich davon, außerdem konnten sie keine Familienpflichten als Erklärung für ihr Fehlverhalten angeben. Jüdinnen kamen sofort in ein Konzentrationslager. Unter den Akten der Gestapoleitstelle Düsseldorf finden sich kaum Fälle von verfolgten »Fremdarbeiterinnen«, weshalb Ulrich Herbert auch nicht die Frage nach unterschiedlichem Handeln von Frauen und Männern und dem Verhalten der NS-Behörden gestellt hat. Es wäre jedoch eine lohnende Forschungsaufgabe, die verschiedentlich erwähnte Störung der Produktion (»Sabotage«) auf die Beteiligung von »Fremdarbeiterinnen« zu untersuchen, die dies unter dem Risiko der Einweisung in ein KZ taten[40].

In Betrieben wie bei Krupp in Essen, wo die Rüstungsproduktion mit »Dienstverpflichteten«, »Fremdarbeitern« und Kriegsgefangenen aufrechterhalten wurde, achtete die Betriebsleitung streng auf die Trennung dieser drei Arbeitergruppen. Doch mußte der Werkschutz immer wieder dem »Reichstreuhänder der Arbeit« Bericht erstatten. Meist handelte es sich um Hilfeleistungen (Weitergabe von Butterbroten an »Fremdarbeiter« und Kriegsgefangene), aber auch um Liebesbeziehungen oder rein sexuelle Kontakte zwischen Deutschen und »Fremdarbeitern« oder Kriegsgefangenen, die unter das »Rassenschandegesetz« fielen. Der Frauenanteil war überdurchschnittlich hoch, jedoch kann von einem typischen Frauendelikt nicht gesprochen werden. Bestätigte sich der Verdacht einer Rassenschande bei einer deutschen Frau, gingen die Gestapobeamten in ihren Verhören in alle Details sexueller Praktiken, vermutlich um eine Bestätigung »anormaler« Sexualität »rassisch Minderwertiger« zu erhalten. Genau dies konnte den Widerstand der Beschuldigten herausfordern, weil

38 Fritz Sauckels »Programm des Arbeitseinsatzes«, in: Internationaler Militärgerichtshof, Prozeß gegen die Hauptkriegsverbrecher, Nürnberg 1949, Bd. 25, S. 65 (Dok. 16-PS); vgl. Gestapoakten zu Arbeitskonflikten von Frauen im Bereich der Gestapoleitstelle Düsseldorf.

39 Siehe Chr. Wickert (Anm. 14), S. 110.

40 Vgl. Josef A. Brodski, Die Lebenden kämpfen. Die illegale Organisation Brüderliche Zusammenarbeit der Kriegsgefangenen (BSW), Berlin (Ost) 1968; Ulrich Herbert, Fremdarbeiter. Politik und Praxis des »Ausländer-Einsatzes« in der Kriegswirtschaft des Dritten Reiches, Bonn-Berlin 1986.

in ihrem Intimleben gewühlt wurde; die meist aus der Unterschicht stammenden Frauen waren jedoch den Methoden der Gestapo unterlegen[41].

Die Erfolge sozialpolitisch motivierter Maßnahmen als Konzession an die Frauen in der Industrie (Teilzeitarbeit, Haushaltstage, Nicht-Anrechnung der Familienunterstützung von Soldatenfrauen auf ihren Lohn, Betreuung durch die Deutsche Arbeitsfront [DAF] und »Betriebsfürsorgerinnen«) sollten allerdings nicht so hoch wie bei Hachtmann eingeschätzt werden, wenn auch der relativ niedrige Krankenstand in den letzten beiden Kriegsjahren auffällig scheint[42]. In den Lageberichten des Sicherheitsdienstes wurde der zunehmende Unmut von Frauen im weiteren Verlauf des Krieges thematisiert. Arbeitsunmut und Klagen gegen die Unmöglichkeit, aus dem Erwerbsleben entlassen zu werden, sowie Flucht ins Vergnügen waren unter der weiblichen Bevölkerung weiter verbreitet, als die Propaganda es suggerierte[43].

Witze über Hitler und andere NS-Führer wurden nach dem »Heimtückegesetz« als »Greuelhetze« und »staatsfeindliche« bzw. »defätistische Äußerungen« ebenso verfolgt wie Unmutsäußerungen über mangelnde Unterstützung durch staatliche Stellen bei der Bewältigung von Alltagsproblemen. Weit über 50 Prozent der Anzeigen gegen Frauen in Düsseldorf und Essen stammten aus der Nachbarschaft und dem Freundeskreis. 1939 und 1940 war der Anteil der von der Gestapo unter dem Vorwurf der Heimtücke verfolgten Frauen auf dem Höchststand; er machte zudem mit Ausnahme von 1941 während des ganzen Kriegsverlaufs den größten Anteil der Vorwürfe gegen Essenerinnen und Düsseldorferinnen aus.

Der Krieg und sein Verlauf standen im Mittelpunkt der Kritik, die ambivalente Rolle der NSV bei der Verteilung der Lebensmittelkarten (Parteimitglieder würden bevorzugt), deren aggressive Werbung um Spenden für das Winterhilfswerk oder die Besuche von Blockverwaltern, die zum Eintopfsonntag die Kochtöpfe kontrollierten, wurden immer wieder zum Thema von Anzeigen und Verhören. Ehemänner versuchten sich der ihnen überdrüssig gewordenen Frauen unter dem (erfundenen) Vorwurf heimtückischer Vergehen zu entledigen und mit dieser Begründung die Scheidung einzureichen. Ein solcher – auch im Sinne des Nationalsozialismus – offensichtlicher Mißbrauch muß nicht selten vorgekommen sein, wie am Beispiel des zitierten Richterbriefes gezeigt.

Spätestens nach der Niederlage bei Stalingrad wuchs auch das Mißtrauen gegen die Kriegsberichterstattung und -propaganda. Frauen sorgten sich um das Wohlergehen ihrer Väter, Ehemänner und Söhne an der Front und waren gleichzeitig vor allem in Großstädten mit Rüstungsindustrie wie Essen zunehmend den zermürbenden Bombardements der Alliierten ausgesetzt. Die Kinder wurden vielfach über die Kin-

41 Leider fehlt auch im Bereich der Betrachtung der Gestapo bisher die geschlechtsspezifische Perspektive. Zu den Methoden von Gestapoverhören und Überlegungen zur Quellenhermeneutik von Gestapounterlagen vgl. Bernd-A. Rusinek, Gesellschaft in der Katastrophe: Terror, Illegalität, Widerstand – Köln 1944/45, Essen 1989, S. 50ff.; ders., Vernehmungsprotokolle, in: ders. (Hrsg.), Die Interpretation historischer Quellen – Schwerpunkt: Neuzeit, Paderborn 1992, S. 111ff.

42 Siehe dazu R. Hachtmann (Anm. 11), S. 347.

43 Anke Wappler, Zu einem SD-Lagebericht »Die Gegenwartsstimmung im Blickfeld der Frauen« vom März 1944, in: Bulletin des Arbeitskreises Zweiter Weltkrieg, Nr. 3/4, Akademie der Wissenschaften der DDR – Zentralinstitut für Geschichte 1975, S. 5f.; Marlies G. Steinert, Hitlers Krieg und die Deutschen. Stimmung und Haltung der deutschen Bevölkerung im Zweiten Weltkrieg, Düsseldorf–Wien 1970, S. 589.

derlandverschickung in Sicherheit gebracht, 10- bis 14jährige in ganzen Klassenverbänden. Die Mütter und älteren Familienmitglieder blieben alleine zurück. Gestapoakten zeigen zwar keinen signifikanten Anstieg von Vergehen gegen die Rundfunkverordnung[44], die das Abhören ausländischer Sender bei Strafen bis zur Todesstrafe verbot. Aber in fast allen Berichten aus der Kriegszeit taucht auf, daß man an Informationen vor allem englischer Sender interessiert war, auch wenn es ambivalent war zu erfahren, daß es um die Soldaten an den verschiedenen Fronten schlechter bestellt war, als es die Nachrichten überlieferten. Eine Essener Arbeiterin deutete ihrem Sohn in einem Brief an die Front an, sie habe von Bekannten erfahren, daß die tatsächliche Kriegslage schlechter sei, als sie in offiziellen Quellen dargestellt werde. Der Brief wurde überprüft und hatte zur Folge, daß die Gestapo die Angelegenheit wegen Heimtücke, Wehrkraftzersetzung und verbotenen Abhörens von Feindsendern verfolgte. Die Arbeiterin kam in Schutzhaft nach Ravensbrück, wo sich ihre Spur verliert. Der Fall zeigt symptomatisch das Nachlassen des Glaubens an die Erfolge des Nationalsozialismus. Gleichzeitig verdeutlicht er auch die Unerfahrenheit vieler Menschen mit den Mitteln der Überwachung, sonst hätte der Betroffenen klar sein müssen, daß ein solcher Brief den Adressaten nicht erreichte, sondern nur sie selbst in Gefahr brachte.

Rückzug aus der Volksgemeinschaft, aber kein Widerstand gegen Hitler

Da Frauen die Verantwortung für ihre Familien hatten, waren sie von den zunehmenden Schwierigkeiten, die sich aus den sich widersprechenden Anforderungen des Nationalsozialismus und aus den kriegsbedingten Veränderungen im Alltag ergaben, in besonderer Weise betroffen. Zur Abwendung vom Regime hat es nicht geführt. Aber auch in der NS-Volksgemeinschaft gab es Nischen, in die sich die Menschen zurückzogen. Trotz Arbeitsbuch und Arbeitspflicht gelang es Frauen, sich zu verweigern, wenn Familienpflichten es erforderten. Die Familie war eine solche Nische, die ihnen wichtiger war als die Unterstützung der Kriegsproduktion für den Endsieg. Auch wenn mit dem Heimtückegesetz intendiert war, selbst die Familien in ihren Gesprächen am Küchentisch zu überwachen, hat es offensichtlich kaum Beispiele von Verrat durch Eltern oder Kinder gegeben. Der Glaube an die Versprechungen der Nationalsozialisten ließ nach, auch wenn er nicht ganz erschüttert werden konnte.

Religiöse Bindungen vermochten auch die Nationalsozialisten nicht zu zerstören. Rituale als ein Stück Normalität waren eine Nische, in die sich Frauen vor dem Kriegsalltag retteten, um Kraft zum Überleben und für ihre Verantwortung gegenüber Kindern und Verwandten zu sammeln.

Derartige Einstellungen waren nur aus der Perspektive der Nationalsozialisten Widerstand, tatsächlich haben sie das Regime weder bedroht noch zu seinem Unter-

44 Mit der Verordnung über »Außerordentliche Rundfunkmaßnahmen« vom 1. September 1939 konnte das Abhören feindlicher Sender sogar mit dem Tode bestraft werden; vgl. Dokumentation – Goebbels' »Außerordentliche Rundfunkmaßnahmen« 1939–1942, in: Vierteljahrshefte für Zeitgeschichte, 4 (1963), S. 418–435.

gang beigetragen. Die Angst vor dem Terror der Gestapo mag ihren Anteil daran gehabt haben. Die Macht der Gestapo wäre hingegen nicht so groß gewesen ohne die Hilfe des Heeres von Denunziantinnen und Denunzianten, oft Nachbarn, Freunde oder Arbeitskollegen.

Die Nischen ermöglichten es, die Augen zu verschließen vor dem wahren Charakter des Regimes und z. B. das Verschwinden von Nachbarn und Arbeitskollegen einfach nicht zur Kenntnis zu nehmen. In einer extrem politisierten Gesellschaft waren Frauen qua Ideologie von der Mitbestimmung in politischen Fragen mehrheitlich ausgeschlossen; das trug weder dazu bei, allen Vorschlägen des Regimes ohne weiteres zu folgen, noch ermöglichte es kritische Distanz, um die Situation zu durchschauen und zu ändern.

Frauen lebten zumal im Krieg unter den Extremen verschiedener Anforderungen; die Mehrheit schaffte es, für die Gestapo unauffällig ihren Alltag zu regeln. Politische oder religiöse Bindungen, der Rückzug in die Familie, die Anforderungen der »Volksgemeinschaft« schafften ein Spannungsfeld, in dem Frauen jeweils unterschiedlich auf die Instrumente des »Maßnahmestaates« reagierten. Die Interessen ihrer Familien spielten dabei selbst für Kommunistinnen eine bedeutendere Rolle als für Männer in ähnlichen Situationen.

Wilfried Breyvogel

Jugendliche Widerstandsformen – Vom organisierten Widerstand zur jugendlichen Alltagsopposition

Vorbemerkung

Der Begriff »Widerstand« wird im folgenden summarisch im Sinne einer sprachlichen Abkürzung verwendet. Er setzt die Differenzierung zwischen den Begriffen: Resistenz, Dissidenz, Protest, Widerstand und Konspiration voraus. Er meint also nicht nur eine bestimmte Form des Widerstands im engeren Sinne der älteren Widerstandsforschung, sondern ein Spektrum von Verhaltensweisen, das von der Nichtbeteiligung, vom Abseitsstehen, über die Formen verbaler Kritik und die Erhaltung sozialräumlicher Milieukontakte bis zur konspirativen Widerstandshandlung im engeren Sinne reicht. Vorausgesetzt wird dabei, daß die genauere Zuordnung eines der differenzierenden Begriffe erst das Ergebnis einer methodischen Rekonstruktion der Erfahrungen, Motive und Handlungen der Gruppen oder einzelner sein kann und ihre Gültigkeit erst aus der Bezugnahme auf das historische Material, aus der Rekonstruktion der Erfahrungsgeschichte der Handelnden gewinnen kann[1].

Die zweite Vorbemerkung bezieht sich auf den Begriff »Jugendliche«. Er soll im folgenden die Altersspanne zwischen 15 und 25 Jahren umfassen. Dabei könnte die Öffnung der Altersgrenze über 21 Jahre zur Postadoleszenz der Nachkriegszeit strittig sein. Für die Öffnung sprechen zwei Sachverhalte: Zum einen die Tatsache, daß die Mitglieder der bekannteren Widerstandsgruppen der vierziger Jahre (Swing-Jugend, Weiße Rose, Gruppe um Herbert Baum) häufig zwischen 21 und 25/26 Jahre alt waren und sich in ihrem Verhalten andererseits deutlich Momente des Habitus der Erwachsenen und Jugendlichen überlagern[2]. So gesehen, sind es

1 Vgl. zur Systematisierung der Begriffe und zur Kombination von Situationsanalyse und biographischer Rekonstruktion: Wilfried Breyvogel, Resistenz, Widersinn und Opposition, in: ders. (Hrsg.), Piraten, Swings und Junge Garde. Jugendwiderstand im Nationalsozialismus, Bonn 1991, S. 9–16; ders., Jugendwiderstand im Nationalsozialismus. Ein Überblick, in: Gerhard Ringshausen (Hrsg.), Perspektiven des Widerstands. Der Widerstand im Dritten Reich und seine didaktische Erschließung, Obererlenbach 1994.

2 Zu der Überlagerung des Habitus von Jugend und Erwachsenheit im Verhalten der Mitglieder der Weißen Rose vgl. das Resümee in: Wilfried Breyvogel, Die Gruppe ›Weiße Rose‹. Anmerkungen zur Rezeption und kritischen Rekonstruktion, in: ders., Piraten (Anm. 1), S. 198–201.

bereits frühe Formen der durch verlängerte Bildungsprozesse sich abzeichnenden Postadoleszenz der sozialen Mittelschichten der Städte.

I. Zum Forschungsstand

Grundlage für die folgende Analyse sind die Projekte zum Widerstand Jugendlicher zwischen 1933 und 1945. Das Bayern-Projekt entstand zwischen 1977 und 1983 und konzentrierte sich auf den süddeutschen Raum. Der im vierten Teil des Bayern-Projekts enthaltene Beitrag Arno Klönnes zum Jugendwiderstand wurde die Grundlage seiner die achtziger Jahre prägenden Monographie[3]. Das erstmalig und ausschließlich mit Methoden der oral-history-Forschung arbeitende LUSIR-Projekt im Ruhrgebiet (1983–1985) prägte endgültig eine Trendwende der Widerstandsforschung. Der Beitrag von Alexander von Plato über das Einschmelzen der »Nebengesellschaften« im Nationalsozialismus und besonders der Beitrag von Michael Zimmermann über Jugendliche im Bergarbeitermilieu stellte Formen der Idealisierung, der Lagerromantik und Heldmystifikation im Arbeitermilieu, die sich seit den späten sechziger Jahren stabilisiert hatten, in Frage. Daß häufig gerade Jugendliche in kommunistischen und sozialdemokratischen Elternhäusern die Aufwertung durch die Hitler-Jugend benutzt haben, um im Generationenkonflikt ihren Status gegen Väter und Mütter aufzuwerten, war eines der zentralen Ergebnisse[4]. Die Forschungen machten zugleich darauf aufmerksam, daß neben organisations- und ideologiegeschichtlichen Perspektiven dringend jugendtheoretische, generationsspezifische und alltagsbezogene Zugänge zu verbinden seien.

Zuletzt folgte das von Klaus-Michael Mallmann und Gerhard Paul durchgeführte und in zwei Bänden publizierte Saarland-Projekt. Es unterliegt durch die »Außenstellung« des Saarlandes bis 1935, die Saarabstimmung und »Eingliederung« im Jahre 1935 besonderen regionalen Bedingungen und ist zugleich vor dem Hintergrund der abgelaufenen Kontroversen zu Alltag und Struktur wie Resistenz und Widerstand durch sehr anspruchsvolle theoretisch-methodische Voraussetzungen gekennzeichnet.

Die besondere Qualität des Projekts zeigt sich in der Interaktionsperspektive. Das Handeln der Einzelnen wird nicht mehr auf der üblichen Folie von Einstellungen und Überzeugungen monadischer Subjekte rekonstruiert, sondern resultiert aus einem Geflecht von Handlungsmotiven, die als Gemengelage aus »Mitmachen, Adaption, Umbiegen, Sich-Nutzbarmachen, Eigen-Sinn und Widerstehen« rekonstruiert wer-

3 Vgl. die Zusammenfassung der Ergebnisse für das Bayern-Projekt in: Martin Broszat/Elke Fröhlich, Alltag und Widerstand. Bayern im Nationalsozialismus, München 1987; A. Klönne, Jugendprotest und Jugendopposition. Von der HJ-Erziehung zum Cliquenwesen der Kriegszeit, in: Martin Broszat/Elke Fröhlich/Andreas Grossmann (Hrsg.), Bayern in der NS-Zeit, Bd. 4, Herrschaft und Gesellschaft im Konflikt, München–Wien 1981, S. 527–620.

4 Vgl. zum Forschungsprojekt »Lebensgeschichte und Sozialkultur im Ruhrgebiet 1930–1960« (LUSIR): Lutz Niethammer/Alexander v. Plato (Hrsg.), Lebensgeschichte und Sozialkultur im Ruhrgebiet 1930–1960, (Sonderausgabe in drei Bänden), Bonn 1992; Michael Zimmermann, Ausbruchshoffnung. Junge Bergleute in den dreißiger Jahren, in: Lutz Niethammer (Hrsg.), »Die Jahre weiß man nicht, wo man die heute hinsetzen soll«. Faschismuserfahrungen im Ruhrgebiet, Bd. 1, Bonn 1983, S. 97–132.

den. Alltag ist dabei nicht ein aus Kategorien der Herrschaft und Kontrolle abgeleiteter Zusammenhang, sondern eine eigenständige Kategorie, die »subjektiv-situative Innenseite der Wirklichkeit«. So stehen Alltag und Herrschaft in einer kategorialen Korrespondenz. Herrschaft wirkt auf den Alltag, aber Alltagshandeln konstituiert zugleich Herrschaft. Neben den Darstellungen der Folgen von Überwachung, Propaganda und Verfolgung wird dabei die Bereitschaft Jugendlicher zum V-Mann, zur Spitzel-Frau und zur Denunziation behandelt, die im öffentlichen Sektor durchweg eher von Männern, im privaten allerdings auch von Frauen ausging. Die Zusammenfassungen zum Sicherheitsstaat der dreißiger Jahre zählen mit zu den wichtigsten Ergebnissen des Bandes: »Ebenso wie Dissenz und ... intentionaler Widerstand vorrangig proletarische Phänomene waren, so traf dies auch auf die Denunziation zu. ... Denunziation brachte den Dissenz zur Strecke, V-Leute die konspirativ organisierten Gruppen. Mit anderen Worten: Oppositionelle Regungen und Aktionen der Arbeiterschaft wurden in der Regel aus den eigenen Reihen liquidiert, die Ängste vor der Gestapo waren in hohem Maß hausgemacht.«[5]

Durch diese Ergebnisse bestätigte sich der methodische Vorrang der Regionalforschung. Dank der Genauigkeit des Details konnte es bisweilen gelingen, ganze Mythenkomplexe zum Einsturz zu bringen. Das Bild von der Allmacht und detektivischen Schläue der Gestapo paßte gut in die Legitimationsfassaden der Nachkriegszeit. Der Gestapo-Mythos war einer der Komplexe, der durch das Saar-Projekt relativiert wurde.

Neben diesen großflächigen Regionalstudien, die der Jugendforschung entscheidende Impulse gaben, sind seit Mitte der achtziger Jahre eine Serie von Einzelstudien erschienen, die den Kenntnisstand weiter differenzierten. Das gilt besonders für den westdeutschen Raum mit den Städten Düsseldorf, Duisburg, Köln, das Ruhrgebiet mit den Städten Gladbeck, Essen, Herne, Wanne-Eickel, aber auch für Münster in Westfalen, Bremen und Frankfurt sowie Heidelberg und Mannheim[6].

---

5 Vgl. zum Saarland-Projekt: Klaus-Michael Mallmann/Gerhard Paul, Herrschaft und Alltag. Ein Industrierevier im III. Reich, Bonn 1991, Zitat S. 245; dies., Das zersplitterte Nein. Saarländer gegen Hitler, Bonn 1989; Robert Gellately, »In den Klauen der Gestapo«. Die Bedeutung von Denunziation für das nationalsozialistische Terrorsystem, in: Anselm Faust (Hrsg.), Verfolgung und Widerstand im Rheinland und in Westfalen 1933–1945, Köln–Stuttgart–Berlin 1992, S. 40–49; ders., The Gestapo and Modern Society: Enforcing Racial Policy, 1933–1945, Oxford 1990.

6 Vgl. die Regionalstudien, die herangezogen wurden, soweit sie einer methodenkritischen Haltung verpflichtet sind: Reinhard Mann, Protest und Kontrolle im Dritten Reich. Nationalsozialistische Herrschaft im Alltag einer rheinischen Großstadt (Düsseldorf), Frankfurt–New York 1987; Rudolf Tappe und Manfred Tietz (Hrsg.), Tatort Duisburg 1933–1945. Widerstand und Verfolgung im Nationalsozialismus, Essen 1989; Bernd-A. Rusinek, Gesellschaft in der Katastrophe. Terror, Illegalität, Widerstand – Köln 1944/45, Essen 1989; Horst Matzerath (Bearb.), »... vergessen kann man die Zeit nicht, das ist nicht möglich ...«, Kölner erinnern sich an die Jahre 1929–1945, Köln 1987[3]; Frank Bajohr, Verdrängte Jahre. Gladbeck unter'm Hakenkreuz, Essen 1983; Ernst Schmidt, Lichter in der Finsternis. Widerstand und Verfolgung in Essen 1933–1945, Bd. 2, Essen 1988; Heidi Behrens-Cobet (Hrsg.), Rote Jugend im schwarzen Revier. Bilder aus der Geschichte der Essener Arbeiterjugendbewegung, Essen 1989; dies., Abschiede vom Proletariat? Lebenslagen und Bildungsgeschichten von ehemaligen Mitgliedern der Essener SAJ, Ms. Essen 1993; Frank Bajohr/Michael Gaigalat (Hrsg.), (Essen-)Segeroth. Ein Viertel zwischen Mythos und Stigma, Hamburg 1991[2]; Barbara Dorn/Michael Zimmermann, Bewährungsprobe. Herne und Wanne-Eickel 1933–1945, Bochum 1987; Joachim Kuropka (Bearb.), Meldungen aus Münster, 1924–1944. Geheime und vertrauliche Berichte von Polizei, Gestapo, NSDAP und ihren Gliederungen staatlicher Verwaltung, Gerichtsbarkeit und Wehrmacht über die politische und gesellschaftliche Situa-

II. Der Widerstand Jugendlicher in sozialistischen und kommunistischen Organisationen

Zwischen den Jugendorganisationen der Arbeiterbewegung und der nationalsozialistischen Bewegung existierte eine aus der Weimarer Republik überkommende Gegnerschaft. Denn Verbot und Zerschlagung der Arbeiterbewegung waren zentrale Ziele der nationalsozialistischen Politik. Widerstand war daher bereits der Versuch, die ab Februar und Mai 1933 verbotenen Parteiorganisationen fortzuführen.

Zur offensiven Taktik des Kommunistischen Jugendverbandes Deutschland (KJVD), die er im Zuge der kommunistischen Strategie mit der Partei teilte, gehörten Flugblattaktionen, Formen der Demonstration sowie öffentliche Kundgebungen, und dies selbst unter den Bedingungen der sich etablierenden Diktatur. Diese Offensivtaktik hatte einerseits zur Folge, daß sich ihr an einigen Orten Angehörige der sozialistischen Arbeiterjugend (SAJ) anschlossen, denen die Sozialdemokratie zu legalistisch reagierte. Andererseits brachte sie eine mangelhafte Vorbereitung auf die Illegalität mit sich. Leicht konnte die Parteiorganisation mit V-Leuten und Spitzeln durchsetzt werden, was sehr früh zu Massenverhaftungen, Verhören, Folter und Tod der Mitglieder regimegegnerischer Organisationen führte.

Bereits für Ende 1934 formulierte daher Klönne ein bitteres Fazit: »Angesichts der gnadenlosen Verfolgung ... durch den NS-Staat blutete die junge kommunistische Opposition in dieser Zeit buchstäblich aus ... Im Jahr 1935 war diese organisierte Weiterführung kommunistisch-sozialistischer Organisationen durchweg zerschlagen.«[7] Nicht wenige der KJVD-Funktionäre waren in die Fußstapfen derjenigen getreten, die bereits in der ersten Verhaftungswelle ab Februar 1933 erfaßt worden waren. Sie waren die Opfer der zweiten Stunde, ohne daß die Partei in der Lage war, ihre politische Strategie zu korrigieren und den veränderten Verhältnissen anzupassen.

Was Klönne hier vor dem Hintergrund der Geschichte der süddeutschen Gruppen formulierte, ist inzwischen in der Breite der Regionalforschung bestätigt worden[8]. Am Beispiel Hamburgs zeigte zuletzt Frank Bajohr, daß selbst angesichts der Tatsache, daß Mitglieder des KJVD in Schauprozessen zum Tod durch das Handbeil verurteilt wurden – so Karl Wolff und Bruno Tesch –, noch 200 Jungkommunisten Pfingsten 1933 eine Kurzdemonstration durchführten.

Im Blick auf den Gehalt der illegalen Schriften des KJVD faßt daher Bajohr zusammen: »Schwülstiges Revolutionspathos, realitätsblinde Forderungen nach Mas-

---

tion in Münster, Münster 1992; Inge Marßolek/René Ott, Bremen im Dritten Reich, Anpassung, Widerstand, Verfolgung, Bremen 1986; Wolfgang Wippermann, Das Leben in Frankfurt zur NS-Zeit, Bd. 4, Der Widerstand, Frankfurt am Main 1986; Herbert Westenburger, Platoff preisen wir den Helden, in: Matthias G. von Hellfeld, Davongekommen! Erwachsenwerden im Holocaust, Frankfurt am Main 1990, S. 36–70; Jörg Schadt/Michael Caroli (Hrsg.), Heidelberg unter dem Nationalsozialismus. Studien zu Verfolgung, Widerstand und Anpassung, Heidelberg 1985; Erich Matthias/Hermann Weber (Hrsg.), Widerstand gegen den Nationalsozialismus in Mannheim (im Auftrag der Stadt Mannheim), Köln u. a. 1992.

7 Arno Klönne, Jugend im Dritten Reich. Die Hitler-Jugend und ihre Gegner. Dokumente und Analysen, Düsseldorf 1982, S. 144.

8 Vgl. F. Bajohr, (Anm. 6), S. 101–114, R. Mann, (Anm. 6), S. 196–206, I. Marßolek/R. Ott, (Anm. 6), S. 273–276; vgl. auch für Berlin (-Neukölln): Hans-Rainer Sandvoß, Widerstand in Neukölln, Berlin 1990; für Berlin und Bremen gilt, daß sich einzelne Parteikontakte der KPD, weniger des KJVD, bis 1936 erhalten konnten.

senstreiks und die Diffamierung andersdenkender Antifaschisten bestimmten den Ton. So hieß es in der Jungen Garde vom April/Mai 1934: ›Das Ziel der Eroberung der Macht ist nur durch tägliche Kämpfe, durch Streiks, Massenkämpfe, politische Massenstreiks und durch den Generalstreik bis zum bewaffneten Sturz der faschistischen Kapitalsdiktatur zu erreichen.‹ Gleichzeitig propagierte das Blatt den Kampf gegen die ›konterrevolutionäre Sozialdemokratie‹ sowie den ›konterrevolutionären Lump Trotzki‹ und dessen brandleristische und SAP-Freunde. Mitglieder aus anderen politischen Organisationen waren mit solchen Parolen kaum zu gewinnen ... Im Mai gelang der Gestapo ein erster schwerer Schlag gegen die illegale Organisation des Hamburger KJVD, in deren Gefolge fast 200 Jungkommunisten verhaftet wurden ... im September (folgte) eine zweite Verhaftungswelle, von der etwa 100 illegal arbeitende Mitglieder erfaßt wurden, wodurch das Ende der Organisation faktisch besiegelt war.« Bis auf wenige Reste war der KJVD in Hamburg bereits Ende 1934 von der politischen Bildfläche verschwunden[9].

Ergänzend ist auf die Ergebnisse des Saarland-Projekts hinzuweisen. Das System der V-Leute der Gestapo bildete sich überwiegend aus der »Generation der Ultralinken«, die einen »deutschen Oktober« für greifbar nahe gehalten hatten und durch die überwältigende (90,8 %) Zustimmung für den Anschluß des Saarlandes in ein tiefes politisches Loch aus Angst und Unsicherheit (kognitiver Dissonanz) fielen, was die Flucht nach vorne begünstigen konnte. »Insbesondere für Kommunisten scheint das Moment einer aktivistischen Reinwaschung, eines ruckhaften Abstreifens der eigenen Haut, einer tätigen Reue ... bedeutsam gewesen zu sein.«[10]

Gleichzeitig ist die Kritik von Bajohr zu erwähnen, der die von der DDR-Historiographie vertretene These der Kontinuität des Widerstands der sozialistischen Arbeiterjugend in Frage stellte. Es ist aus seiner Sicht ein zweifaches organisationsgeschichtliches Scheitern zu erklären: Zum einen die Isolation im Untergrundsghetto, zum anderen das Scheitern gegenüber den massenhaften unorganisierten Protestformen Jugendlicher Ende der dreißiger und in den vierziger Jahren[11].

III. Bündische Alltagskultur und jugendliche Widerstandsformen

Ein Vergleich zwischen den KJVD- und den SAJ-Gruppen kam zu dem überraschenden Ergebnis, daß sich Gruppen, die ein jugendtypisches Milieu in der Weimarer Republik ausgebildet hatten, teils länger, teils besser tarnen konnten. So stellte Klönne fest: »Für längere Zeit und mit breiterem Einfluß auf Jugendliche konnten sich sozialdemokratische illegale Gruppen wohl am ehesten dann halten, wenn sie ›jugendgemäße‹ Lebensformen als ›Wandervereine‹ und ähnliches pflegten.«[12] Solche Tarnformen als Wander-und-Fahrtenverein in Kooperation mit anderen Gruppen wie den »Guttemplern« sind für Hamburg, Nürnberg, Frankfurt und Essen überein-

9 Frank Bajohr, In doppelter Isolation. Widerstand der Arbeiterjugendbewegung gegen den Nationalsozialismus, in: W. Breyvogel, Piraten (Anm. 1), S. 17–35.
10 K.-M. Mallmann/G. Paul (Anm. 5), S. 216.
11 Siehe F. Bajohr (Anm. 9), S. 24f.
12 A. Klönne (Anm. 7), S. 149.

stimmend nachgewiesen[13]. Voraussetzung dafür war aber, daß sich diese Gruppen dem bündischen Jugendmilieu der Weimarer Republik nicht vollkommen verschlossen hatten, wie es für den KJVD galt. Andererseits ist auch daran zu erinnern, daß Wandervereine die entscheidende Tarnform der Arbeiterbewegung waren, als es galt, die »Sozialistengesetze« Bismarcks zu unterlaufen. Auch während der Verbotsphase der sozialistischen Jugendorganisationen im Ersten Weltkrieg wurden diese Tarnformen benutzt[14].

Daneben spielte seit der Jahrhundertwende die Wahrnehmung, Adaption und Umformung der Alltagskultur der Jugendbewegung des Wandervogels, die sich in der Bündischen Jugend der Weimarer Zeit fortsetzte, eine entscheidende Rolle. Dem Hinweis von Klönne folgend hat sich in den letzten Jahren das Ergebnis verdichtet, daß diese bündische Alltagskultur nach 1933 wie ein nachschwingender Resistenzboden gewirkt hat, auf den sich Jugendliche in unterschiedlicher Intensität beziehen konnten, um ihre Distanz zur Erfassung in der Hitler-Jugend zu manifestieren. Um dies nachzuvollziehen, ist es notwendig, den Blick von der Organisationsgeschichte der einzelnen Gruppen zu lösen und das Gemeinsame dieser übergreifenden Alltagskultur zu beschreiben[15].

Der Begriff der Alltagskultur ermöglicht es, eine vermittelnde Ebene zwischen dem einzelnen und der Organisation einzuführen. Er beschreibt zum einen – an den Begriff des Alltags angelehnt – das beständig Wiederkehrende, alltäglich routinierte Handeln in den Gruppen, zum anderen – an den Kulturbegriff angelehnt – das Besondere und provokant Freisetzende, das die Jugendlichen von der Erwachsenengesellschaft differenzierte. Betrachten wir also quer durch die »Lager« aus Deutscher Freischar, Nerother Wandervogel, Wanderscharen, SAJ, Naturfreunden, Kreuzfahrern, Sturmscharen, Neudeutschland bis hin zu den Pfadfinderorganisationen das Gemeinsame dieser Alltagskultur.

Am Anfang stand ein zwischen (elitärer) Zuwahl und Eigeninitiative erfolgender Beitritt eines Jugendlichen zu einer Ortsgruppe. Es war im Kern ein Zusammenschluß Gleichaltriger, die Führer erhalten im Konsens durch Bewährung Verantwortung. Nach Probephase und Initiation erfolgt die rituelle Aufnahme in eine Gruppe, meistens im Rahmen eines Festes. In der Gruppe hatte man einen neuen Gruppennamen (»bill«, »scheich«, »gol«, »tusk« und andere). Regelmäßige Gruppenabende, Treffen und kleinere Fahrten am Wochenende, Fahrradtouren, Paddelfahrten und möglichst eine Großfahrt als Alpen-, Balkan-, Ost- und Nordeuropafahrt bestimmten den Alltag.

Symbolisches Zentrum der neuen Gemeinschaft war das Zelt, das Abkochen, die Übernachtung im Freien. Als Musikinstrument rückte die Gitarre in den Mittelpunkt, verknüpft mit der Aufnahme der älteren Volksliedtradition. Sportlich-herausfordernde Mutproben, Wettsingen, gemeinsames Musizieren begleiteten den Alltag.

---

13 Siehe A. Klönne (Anm. 7), S. 150ff.; für die SAJ-Essen vgl. u. a. Achim Mikuscheit, Sozialistische Arbeiterjugend unter dem Hakenkreuz, in: H. Behrens-Cobet (Anm. 6), S. 89–102.

14 Vgl. z. B. Volker Ullrich, Der Konflikt um den Hamburger Jugendbund 1916, in: Jahrbuch des Archivs der deutschen Jugendbewegung (JAJbw), 14 (1982/83), S. 29–46.

15 Neben A. Klönne (Anm. 7) ist besonders Michael Jovy, Jugendbewegung und Nationalsozialismus. Zusammenhänge und Gegensätze. Versuch einer Klärung, Münster 1984 heranzuziehen; vgl. auch Matthias von Hellfeld, Bündische Jugend und Hitlerjugend. Zur Geschichte von Anpassung und Widerstand 1930–1939, Köln 1987.

Das Äußere, Kleidung und Frisur lösten sich von der Erwachsenenwelt. Jungen und Mädchen durchbrachen die bestehenden Kleiderordnungen. Das Inselkleid als Symbol der Insel des Weiblichen erhielt von 1918 bis 1933 auch in den Organisationen der Arbeiterbewegung, besonders der SAJ, die Bedeutung der Körperbefreiung der Frau. Dagegen überformte das soldatische Ideal des Mannes stärker in den (männer-) bündischen Organisationen der Weimarer Republik die ältere Tradition einer eigenen Kluft, die sich vor 1914 am Bauernkittel, der Kleidung der Land- und einfachen Leute orientierte[16].

Das Zentrum dieser Alltagskultur lag vor 1933 in den bündischen Organisationen wie der Deutschen Freischar, der dj.1.11 (Deutsche Jungenschaft vom 1. 11. 1929), dem Nerother Wandervogel, den Wanderscharen, der Freischar Junger Nation und anderen. Das Spektrum der genannten Organisationen macht aber zugleich deutlich, daß die Mitgliedschaft keineswegs eine politische Ambivalenz ausschloß. Oder anders formuliert: Es überlagerten sich im Bewußtsein des einzelnen wie in den Gruppen zwei Ebenen: Eine Ebene bildeten die subjektiven, teils unbewußten Wünsche, die sich auf das Zusammensein in der Gruppe bezogen. Eine andere Ebene bildeten die kognitiv-rational bestimmten Ziele, wie sie sich in politischen Programmatiken und Organisationszielen der Parteien ausdrückten. Entscheidend war, daß in den Bünden die erste Ebene der subjektiven Wünsche nach Nähe und Gemeinsamkeit in der Alltagskultur den Vorrang hatte. Dieser überparteiliche »jugendgemäße« Zuschnitt der Bünde hatte zur Folge, daß eine Vielzahl politischer Optionen ungeklärt nebeneinander bestanden. So fanden sich vereinzelte Parteibeitritte ab 1930 zur KPD neben nationalistischen, konservativen und faschistischen Optionen, die in die SS wechselten. Das breite Mittelspektrum allerdings lag zwischen nationalliberal und linksliberal.

Die »Hitlerjugend« (HJ), die geschichtslos war, besetzte daher zunächst nach der Gleichschaltung und dem Verbot der bündischen Organisationen deren Tradition. Daraus resultierte nach 1945 die falsche »Expost«-Perspektive der Identität von Bündischer Jugend und »Hitlerjugend«. Die Realgeschichte war statt dessen auch hier durch eine Polarität gekennzeichnet. Denn auf der Ebene der Reichs- und Bezirksorganisationen sowie auch einzelner Gruppen gab es Formen einer expliziten Zustimmung zum Nationalsozialismus: die faschistische Bewegung war an diesen Stellen Selbstausdruck und Selbstverwirklichung, nicht Fremdes, Äußeres, das erst eindringen mußte, wie es gerne dargestellt wird.

In dem Maße, in dem die »Hitlerjugend« allerdings ab 1935/1936 militarisierte Massenorganisation wurde, löste sich in ihr der Freiraum für das teilweise mitgenommene Besondere der bündischen Alltagskultur auf. Hier kam es zum Rückzug, zu Brüchen, Kontrollattacken und der Herausbildung oppositioneller Haltungen. Parallel wurde – das ist besonders deutlich an dem Konflikt mit den Sturmscharen 1935/1936 – das provokant Freisetzende der bündischen Tradition im öffiziösen Gegnerbild mit Phantasmen des Fremden als Eros, Sexus und kommunistischer Feind so aufgeladen, daß es als medial-imaginäres Bild eine eigene Wirkungsgeschichte entfachte, die sich weitgehend von den realen Bezügen und Personen löste. So hieß es in der Zeit-

16 Vgl. Wilfried Breyvogel, Der Wandervogel. Die erste Jugendbewegung im Ruhrgebiet, in: ders./ Hans-Hermann Krüger (Hrsg.), Land der Hoffnung, Land der Krise. Jugendkulturen im Ruhrgebiet, Bonn 1987, S. 50–61. Zum Inselkleid vgl. Marion de Ras, Die Heilige Insel – Neue Weiblichkeit zwischen Natur und Kultur, in: JAJbw, 15 (1984–85), S. 87–108.

schrift »Wille und Macht« im Jahr 1935: »Wir können die Drahtzieher erkennen, wenn wir uns das Brauchtum dieser Gruppen näher betrachten. Da werden russische Lieder gesungen, ... Klampfe spielen ist spießerhaft, man singt nur noch zur russischen Balalaika. Man schläft nicht mehr auf Fahrt im Zelt, sondern hat sich längst die Kohte angeschafft. Die Fahrten dieser Gruppen erstrecken sich ausnahmslos nach Osteuropa. Russische Tänze und Geschichte beleben die Gruppenabende. ... Man beginnt mit einem Heimatabend, auf dem Tee, sitzend auf weichen Kissen, getrunken wird, und russische Lieder erschallen und beenden den Kursus mit einer Einladung nach Rußland. ... Wir kennen sie alle, diese Jammergestalten mit langen Haarschöpfen, bleichen Gesichtern, zumeist feminin und mit der allzu kurzen Hose. Man sieht sie in Klübchen zu zwei und drei in den großen Städten ›herumlatschen‹ oder auf Radtour auf den Landstraßen.«[17]

Als Ergebnis ist daher festzuhalten, daß in den meisten bisher bekannten jugendkulturellen Gegenmilieus die bündische Alltagskultur ein resistenter Bezugspunkt geblieben ist. Das galt unmittelbar für die bündischen Gegnergruppen, die dj.1.11, die Bündische Front, die Schwarze Schar, die Schwarze Front, die Südlegion und andere[18]. Es galt aber auch für die wenigen evangelischen Bibelkreise, die Gruppen des CVJM (Christlicher Verein Junger Männer) und die katholischen Sankt-Georgs-Pfadfinder, den Bund Neudeutschland und die Sturmscharen ebenso wie für Mitglieder der Weißen Rose. Zumindest zwei, Hans Scholl und Willi Graf, sind durch ein bündisches Gegenmilieu geprägt worden (dj.1.11 und Bund Neudeutschland). Es galt zum Teil für die Gruppe um Herbert Baum und einige Mitglieder in der Harnack/Schulze-Boysen-Gruppe, letztlich sogar noch für die Kittelbach- und Edelweißpiraten, auch wenn sie nur in Versatzstücken diese kulturelle Tradition beleihen und bis in die Kriegsjahre ihre Wirkung entfalten. Im folgenden sollen diese Hinweise konkretisiert werden.

IV. Beispiele bündischer Gegnergruppen

Die Schwarze Schar

Wie sich das Bündische als resistentes Milieu oder distanzschaffender Resonanzboden entfaltete, belegte ein Bericht eines Sozialdemokraten 1938 aus Berlin an den exilierten Parteivorstand: »Nur die Bündische Jugend versteht noch Betrieb zu machen. Diese Gruppen haben sich in Berlin zusammengeschlossen. Sie diskutieren und machen sehr viele Wochenendfahrten. Im letzten Sommer fiel das so stark auf, daß die SA sie kontrollierte und ihre Namen aufschrieb. ... Die Bündischen kritisieren (weiter), daß sie noch nicht einmal singen können, was sie wollen. Ihre Liedersammlung ›Die weiße Trommel‹ ist verboten. Die Bündischen nehmen sie aber dennoch

17 Wille und Macht. Führerorgan der nationalsozialistischen Jugend, Heft 16, 1935, zit. nach Matthias von Hellfeld/Arno Klönne, Die betrogene Generation. Jugend in Deutschland unter dem Faschismus. Quellen und Dokumente, Köln 1985, S. 77.

18 Vgl. M. von Hellfeld, (Anm. 15), S. 99–186 und Arno Klönne, Südlegion. Ein Bericht über Rudi Pallas und den Jungenbund. Südlegion, in: puls. Dokumentationsschrift der Jugendbewegung Nr. 18 (Sept. 1986).

mit und im Arbeitslager verstecken sie sie in ihren Spinden. Das Summen von bündischen Liedern dient ihnen auch dazu, sich unter sich zu verständigen . . . Die Bündische Jugend ist heute sogar stark antimilitaristisch.«[19] Hintergrund dieses Berichtes war ein Zusammenschluß in Berlin mit dem Namen »Die schwarze Schar«, der von Januar 1934 bis 1945 existierte und in dem sich Ring-Pfadfinder, rote Pfadfinder, Jungpioniere und Mitglieder eines Turnvereins Mariendorf zusammengeschlossen hatten[20].

Rudi Pallas und die Südlegion

Ein anderes Beispiel für das Bündische, das sich innerhalb der HJ zu erhalten suchte, ist die erst in den letzten Jahren durch eine kleine Arbeit von Arno Klönne bekannt gewordene Gruppe um Rudi Pallas mit dem Namen »Südlegion«. Sie versuchte ihren Gruppenzusammenhang als Spielschar in der »Hitlerjugend« beizubehalten. Rudi Pallas war zunächst Mitglied des Deutschen Pfadfinderbundes und der Ringgemeinschaft Deutscher Pfadfinder. Berliner Gruppen dieses Bundes bildeten den »Tahoe-Ring«, aus dem der selbständige kleine Jungenbund »Südlegion« entstand[21]. Die Sammlung »Lieder der Südlegion«, die von vielen Gruppen benutzt wurde, enthielt unter anderem Liedtexte von Karl Wolfskehl und Friedrich Gundolf, die, wie der Hitler-Attentäter Stauffenberg, zum Freundeskreis um Stefan George gehörten[22].

Der Name Südlegion assoziierte nicht nur südliche Fahrtenziele, sondern kennzeichnete eine eigene kulturelle Variante des Bündischen. In Anlehnung an ein Nietzsche-Zitat wird der Süden von Curt Lähn, einem Mitinitator, ausgedeutet: »den süden in sich wiederentdecken und einen hellen glänzenden geheimnisvollen himmel des südens über sich aufspannen, umfänglicher werden, übernationaler, europäischer, morgenländischer, endlich griechischer . . .«[23] Diese Südfahrer, die in vielem den dj.1.11-Gruppen nahestanden und sich lediglich durch die Orientierung auf den Süden statt auf Ost- und Nordeuropa unterschieden, unternahmen nach 1933 weiter ihre eigenen Fahrten, so 1935 über die Schweiz nach Italien und Sardinien.

Bei der Rückkehr von einer Fahrt aus Frankreich 1937 wurde Pallas verhaftet. Aus dem Konzentrationslager Sachsenhausen, in dem er Robert Oelbermann, den Gründer des Nerother-Wandervogel traf, der die Haftzeit nicht überlebte, meldete sich Pallas – vor seiner Haft praktizierender Arzt – zur »Frontbewährung«. Er war ab 1941 als Truppenarzt in der Sowjetunion und zählte zu den Gefangenen bei Stalingrad Anfang 1943. Konzentrationslager und Krieg hatten ihn »zu einem politisch denkenden Menschen gemacht«[24]. So schloß er sich dem Nationalkomitee »Freies Deutschland« an, mit dessen Gründungsmitglied Heinrich Graf von Einsiedel, der vor 1933

---

19 Deutschland-Berichte der Sozialdemokratischen Partei Deutschlands (SOPADE), 5 (1938), S. 1391.

20 Vgl. M. von Hellfeld, (Anm. 15), S. 162–165; Kurt Schilde, Jugendorganisation und Jugendopposition in Berlin-Kreuzberg 1933–1945, Berlin 1983.

21 Siehe A. Klönne (Anm. 18), S. 6.

22 Vgl. zu Claus Schenk Graf von Stauffenberg, Peter Hoffmann, Claus Schenk von Stauffenberg und seine Brüder, Stuttgart 1992; zu Stefan George bes. Klaus Mann, Das Schweigen Stefan Georges, in: Die Sammlung, 1 (1934), S. 89–103, und ders., Der Wendepunkt. Ein Lebensbericht, Reinbek 1984, S. 116f.

23 A. Klönne (Anm. 18), S. 7.

24 A. Klönne (Anm. 18), S. 7.

ebenfalls eine bündische Gruppe geführt hatte, ihn eine enge Beziehung verband. Nach dem Krieg schien ihm das »Bündnis aller Antifaschisten« eine notwendige Konsequenz, ohne daß er einer Partei beitrat. Aber schon früh paßte er nicht in die Frontstellung des Kalten Krieges. Als typischer Vertreter der Haltung »Zwischen den Fronten« pendelte er zwischen Ost und West. Als 1952 dem Ost-Verdächtigen die Polizei in West-Deutschland »wegen der Freundschaft zu einem Jungen nachstellte, nahm er sich das Leben«[25].

Die dj.1.11 und das bündische Gegenmilieu

Die wohl wichtigste Gruppe für die Herausbildung des bündischen Gegenmilieus wurde die dj.1.11 (Deutsche Jungenschaft vom 1. 11. 1929), eine Abspaltung der Freischar Deutscher Nation. Sie war mit dem Namen Eberhard Köbel (tusk) verbunden. Köbel selbst war eine sehr ambivalente Person: 1907 geboren, entstammte er einem großbürgerlichen Milieu. Sein Vater war Gerichtspräsident, seine Mutter eine Fabrikantentochter aus Stuttgart. Als 17jähriger besuchte er spontan Adolf Hitler nach dessen Haftentlassung. Die andere Wegmarke seiner Lebensgeschichte war sein Beitritt zur KPD im April 1932. Zwischen diesen Polen bewegte sich seine Biographie und es ist nicht überraschend, daß er in der bisherigen Rezeption entweder der einen oder der anderen Seite zugeschlagen wurde[26]. Am 1. 11. 1929 gründete er die »deutsche jungenschaft« als Rebellion und Reform des Bündischen gegen die Bundesleitung der Freischar Deutscher Nation. In seinen programmatischen Konzepten findet sich Rebellisches, Demokratisches, Sozialistisches, Freiheitliches und auf Autonomie Verweisendes, neben Elitärem, Nationalem, Frauenfeindlichem und Undemokratischem.

Das Besondere erlangte diese bündische Stilform dadurch, daß es die Folie der Phantasmen und imaginären Gegenbilder ab 1936 wurde. Die Liedersammlung der dj.1.11 nannte sich »Eisbrecher«. In ihr waren zum ersten Mal auch osteuropäische Volkslieder aufgenommen. Als besonderes Zelt brachte Köbel von seinen Nordeuropafahrten die Kote mit[27]. Dies war die Zeltform, die oben offen war, damit ein Lagerfeuer möglich war und dadurch Fahrten während der kalten Jahreszeit stattfinden konnten. An die Stelle der Gitarre trat die Balalaika. Neben Fahrten nach Schweden, Finnland und Lappland besuchten die Gruppen Osteuropa und die Sowjetunion.

Nach seinem Beitritt zur KPD gründete Köbel 16 Jungenwohngemeinschaften (die rot-graue Garnison), in denen es ein kollektives Zusammenleben gab. Die Methode der konsequenten Kleinschreibung übernahm Köbel bei der Gestaltung seiner Zeitschriften, deren Design insgesamt eine Modernisierung der Jugendzeitschriften einleiteten. »Nach der Machtübernahme durch die Nationalsozialisten ruft tusk dazu auf, in der HJ mitzuarbeiten, um sich in ihr Stützpunkte gegen die Nazis und für die heranwachsende Jugend zu schaffen. Doch das Ausbleiben einer breiten Abwehr-

---

25 A. Klönne (Anm. 18), S. 8.

26 Vgl. die jene Ambivalenz aufrechterhaltende Interpretation von Silvia Klein/Bernhard Stelmaszyk, Eberhard Köbel »tusk«. Ein biographisches Porträt über die Jahre 1907–1944, in: W. Breyvogel, Piraten (Anm. 1), S. 102–137.

27 Die Schreibweise »Kote« ist in der dj.1.11 durch »Kohte« ersetzt worden. Die besondere Punktierung bei dj.1.11 ist im Text beibehalten.

front gegen Hitler hat ihn längst resignieren lassen. Nach Verhaftung durch die Gestapo 1934 und zwei Selbstmordversuchen, die ihn zum Krüppel werden lassen, emigriert er schließlich nach England.«[28]

Die dj.1.11 aber lebte im Untergrund weiter. Sowohl vor als auch nach 1933 beeindruckte sie das gesamte Spektrum bündischer Organisationen. Bis zu Köbels Parteibeitritt schlossen sich quer durch die unterschiedlichsten Gruppen ganze Verbände der dj.1.11 an. »Tatsächlich erwies sich das von Köbel geschaffene Milieu als sehr beständig und trotz des zunehmenden Verfolgungsdrucks als außerordentlich attraktiv. Es prägte nachhaltig die illegalen Jugendgruppen des Dritten Reiches. Lieder und Texte von tusk und der autonomen Jungenschaft sicherten den Zusammenhalt der zerstreuten autonomen und bündischen Jugend, als deren übergeordnete Organisationen längst verboten und viele Führer verhaftet waren. Kennzeichnend war einerseits der starke Zusammenhalt der Gruppen, andererseits die Bereitschaft, sich illegal mit Angehörigen früherer Bünde und auch mit Jugendlichen, die nie in der bündischen Jugend gewesen waren, zusammenzuschließen.«[29]

Rezeptionsformen des Bündischen

Nach Bernd Rusinek lassen sich drei unterschiedliche Formen der Rezeption des Bündischen nachweisen: Die direkte Rezeption lag dort vor, wo durch persönliche Kontakte von Mitgliedern der dj.1.11 die jugendkulturellen Stilformen direkt weitergegeben wurden. Diese Form dürfte ab 1936 ausgelaufen sein, denn sie wurde bereits durch die indirekte Rezeption überlagert. Jugendliche, zum Beispiel in der HJ, hörten in Erzählungen von der bündischen Zeit und benutzten dieses Muster, um sich der HJ zu entziehen. Gleichzeitig beginnt auch die indirekt-adversative Rezeption. Sie ist die Umkehr und Identifikation mit dem in den nationalsozialistischen Massenmedien erzeugten Feindbild des Bündischen. Diese indirekt-adversative Rezeption ist die Ursache für das massenhafte Auftreten bündischer Formen in Gestalt unorganisierter Cliquen ab 1942/43, die auch nur entfernt etwas mit den frühen Kittelbach- oder Edelweißpiraten gemeinsam hatten und für Köln mit ca. 3000 Jugendlichen, im gesamten Rheinland mit 15000 bis 20000 Jugendlichen angegeben wurden[30].

In der Abfolge dieser Rezeptionsformen ist zugleich der Übergang von einer realen, über Personen und ihre Erfahrungen erfolgenden, zu einer medialen, imaginären Vermittlung zu erkennen. Dabei liegt das Paradigmatische darin, daß das imaginäre Bild, das die Verfolgungsbehörden – Polizei, Staatsanwälte, Richter und die HJ-Presse – erzeugten, ab 1936 überwiegend auf Phantasmen des Fremden beruhte. Sie sind psychodynamisch in der Nähe der antisemitischen Feindbilder und trugen wie diese dazu bei, die nationalsozialistische Normalität projektiv zu stabilisieren. Das auf diese Weise ein für Jugendliche gefährlicher Ausgrenzungsmechanismus entstand, ist das historisch Neue im Verhältnis Jugend, Staat und Massenmedien.

---

28 Mario Krebs, Die Geschichte der »Weißen Rose«, in: Michael Verhoeven/Mario Krebs, Die Weiße Rose. Der Widerstand Münchener Studenten gegen Hitler, Frankfurt 1982, S. 55.
29 S. Klein/B. Stelmaszyk (Anm. 26), S. 133f.
30 Siehe B.-A. Rusinek (Anm. 6), S. 78f.

V. Jugendliche Widerstandsformen in beispielhaften Gruppen

Evangelische und katholische Jugendgruppen nach 1933

Die Jahre der Weimarer Republik waren dadurch gekennzeichnet, daß parallel zu beiden Großkirchen sich aus der kirchlichen Jugendarbeit herauslösende Jugendorganisationen entwickelten, die zwar dem kirchlichen Auftrag noch nahe standen, aber zugleich sich loslösende, jugendtypische Elemente in ihren Organisationen verwirklichten. Es waren durchweg Elemente der bündischen Alltagskultur, die in den unterschiedlichsten Formen integriert und mit Elementen der kirchlichen Jugendarbeit zusammengeführt wurden. Im evangelischen Bereich gilt letzteres besonders für den CVJM und die Pfadfinder, bei den katholischen Gruppen ist diese Entwicklung am deutlichsten in der Herauslösung der Sturmscharen ab 1929/1930 aus dem katholischen Jungmännerverein (KJMV) nachzuvollziehen.

Der konkurrierende Anspruch der »Hitlerjugend« bedingte auf lange Sicht daher eine konflikthafte, aber im Ergebnis in beiden Kirchen vergleichbare Reintegration der Jugendorganisationen in den kontrollierten Binnenraum der Kirche. Die Grundlinien dieser Entwicklung stellte bereits Klönne dar. Bei Beispiel der süddeutschen und westdeutschen Auseinandersetzungen machte er die Schrittfolge dieses Konfliktverlaufs deutlich.

In einer ersten Reaktion schlossen sich zunächst die an der Jugendbewegung orientierten Gruppen wie beispielsweise die »Bibelkreise«, der »Bund christlicher Jugend« und die »christlicher Pfadfinder« zu einer Arbeitsgemeinschaft zusammen, deren Organ bis 1938 die »Jungenwacht« war. Im Jahre 1933 folgte durch Baldur von Schirach das Verbot der Doppelmitgliedschaft bei HJ und kirchlichen Organisationen. Der Vertrag über die Eingliederung der evangelischen Jugend in die HJ am 18. Dezember 1933 setzte einen ersten Schlußstrich unter die Auseinandersetzung, der an vielen Stellen zum Ende der kirchlich-bündischen Aktivitäten beitrug. So löste sich zum Beispiel auf Reichsebene die Organisation der »Bibelkreise« auf. Im Abschiedsbrief des damaligen Reichsrats der Bibelkreise hieß es: »Der Bund gibt Euch frei und entläßt Euch aus den bündischen Formen einer festgefügten Jungenschaft. Keinen von Euch aber gibt der König frei, unter dessen Gebot wir unseren Bund gestellt haben.«[31]

Auf die Bildung eines der evangelischen Landeskirche unterstellten Jugendwerks reagierte der CVJM in Nürnberg Ende 1934: »Verstummt sind ihre Trommeln und Pfeifen, erloschen ihre Lagerfeuer, die Fahnen wehen nicht mehr, aber heilig brennt es im Herzen: Das Wort sie sollen lassen stahn!«

Damit deutet sich bereits die zweite Konfrontationslinie – die zwischen Bekennender Kirche und Deutschen Christen – an, die auch die Jugendorganisationen in der Folgezeit erfaßte. So konnte Klönne noch feststellen: »(Es) muß gesagt werden, daß es in erster Linie die Bekenntniskirche war, die dem Einbruch der NS-Weltanschauung in den deutschen evangelischen Volksteil und insbesondere in dessen Jugend erfolgreich entgegentrat und daher auch wiederum vielfach die Unterstützung der Jugend selbst, der evangelischen Jugendkreise und ihrer Studentenschaft fand.«[32] Der Grundtenor dieser Aussage kann bestehen bleiben. Allerdings sind zur Einschätzung der Widerständigkeit der Bekennenden Kirche deutliche Differenzierungen erfolgt,

31 A. Klönne (Anm. 7), S. 166.
32 A. Klönne (Anm. 7), S. 168.

die sich besonders an der Auseinandersetzung um die »Judenfrage« festgemacht haben. Ergänzend weisen einige Regionalstudien – so die für Heidelberg, Düsseldorf und besonders Herne und Wanne-Eickel – auf den »Konservatismus« der Bekennenden Kirche hin. So verschränkten sich auch hier an vielen Orten traditionelles Obrigkeitsdenken, Staatsloyalität und ein lediglich konservatives Glaubensverständnis in der Abwehr der Antireligiosität des Nationalsozialismus[33].

Demgegenüber waren die Konflikte zwischen »Hitlerjugend« und den katholischen Jugendorganisationen langwieriger und deutlicher ausgeprägt. Die Untersuchung des politischen Verhaltens nach 1933 begann mit der Arbeit von Schellenberger, der den »Gewissenswiderstand« der einzelnen Organisationen betonte, welches zur Aufrechterhaltung eines eigenen, kirchlich geprägten Jugendraumes geführt hat[34]. Dieser Gewissenswiderstand verweist auf die Auseinandersetzung mit Fragen der Moral, wie sie für Teile der älteren Generation im Widerstand gelten, aber auch für die Jüngeren, zum Beispiel Willi Graf, der zunächst Mitglied im Bund Neudeutschland war.

Eine sehr, bisweilen zu detaillierte Regionalstudie wurde zuletzt von Karl Hoffmann vorgelegt. Er beschreibt zum einen die Stilbildung und die Herauslösung der Sturmschar aus der katholischen Jungmänner-Bewegung zwischen 1926–1932, zum anderen als Regionalstudie die Entwicklung der Sturmschar in den Diözesen Paderborn und Rottenburg. Sein Fazit zu dem Dortmunder Prozeß gegen vierzig fast ausschließlich zur Sturmschar gehörige »Jungführer« verweist darauf, daß nicht selten Kirchenleitung und Gestapo im Stillen kooperierten, wenn es darum ging, bestimmte – in diesem Fall bündisch geprägte – Optionen in den eigenen Reihen auszuschließen: »Die bisherigen Beobachtungen legen den Schluß nahe, daß der Jungmännerverband Paderborn mit Bedacht den Anfang der Auflösungsmaßnahmen bildete. Die Gestapo schätzte offenbar den Verband als schwächstes Glied in der kirchlichen Abwehrkette ein – gerade weil in ihm die Selbstbestimmungstendenzen von Jugend und Jugendpräsides stärker ausgeprägt waren als anderswo. Die Gestapo konnte bei einer Auflösung davon ausgehen, die kirchlichen Behörden eher für als gegen sich zu haben.«[35]

Im Blick auf Verbote und Verfolgungen formulierte Klönne: »In den Zentren des deutschen Katholizismus, vor allem im ländlichen Milieu und in der Arbeiterschaft, war das jugendbündische Leben trotz seiner Verbote nicht ausgelöscht.« Im Gegenteil: Die katholischen Organisationen hatten einen enormen Zulauf. Zwar waren nach der publizistisch breit unterstützten »Frühjahrsoffensive« der HJ in der Stadt Essen 1934 182 Jugendliche aus katholischen Vereinen ausgetreten, von denen 141 bei der HJ eintraten; gleichzeitig jedoch verzeichneten die katholischen Vereine einen Neuzugang von 1044 Mitgliedern, wobei 58 aus der HJ zurückkamen[36].

---

33 Vgl. B. Dorn/M. Zimmermann (Anm. 6), S. 221–236; zur neueren Debatte Jochen-Christoph Kaiser, Protestantismus, Diakonie und »Jugendfrage« 1933–1941, in: Vierteljahrshefte für Zeitgeschichte, 37 (1989), S. 673–714.

34 Zur neueren Literatur vgl. Wilfried Breyvogel/Thomas Stuckert, Kommentierte Bibliographie zum Jugendwiderstand im Nationalsozialismus, in: W. Breyvogel, Piraten (Anm. 1), S. 326–338.

35 Karl Hoffmann, Eine katholische Jugend zwischen Kirche und Welt. Studien zur Sturmschar des katholischen Jungmännerverbandes Deutschlands, Augsburg 1992, S. 281; vgl. auch Christel Beilmann, Eine katholische Jugend in Gottes und dem Dritten Reich. Briefe, Berichte, Gedrucktes 1930–1945. Kommentare 1988/89, Wuppertal 1989.

36 Siehe A. Klönne (Anm. 7), S. 187f.

Die Edelweißpiraten

Wie selten eine Debatte hat der Streit um die Edelweißpiraten die achtziger Jahre gekennzeichnet. Von Michael Jovy 1952 erstmals erwähnt und breiter dargestellt, verlieren sie bis 1977 die Aufmerksamkeit. Ihre Wiederentdeckung erfolgte zeitlich parallel mit der der »Wilden Cliquen« in Berlin. Als erster schlug Detlev Peukert eine Interpretation vor, deren Rahmen aus der englischen Subkulturforschung der Gegenwart übernommen war. Fast notwendig mißachtete er die historischen Rezeptionsformen des Bündischen und postulierte als Entstehungsfocus einseitig den proletarischen Lebenszusammenhang. Auf Widerspruch und Entsetzen stieß seine Argumentation besonders bei den wenigen »echten« Edelweißpiraten wie Paulus Buscher, die sich in einer sozialistisch-bündischen Tradition sahen. Peukerts Argumente, man könne »keine ideelle oder personelle Kontinuität« mit der bündischen Bewegung, die sich »aus bürgerlichen Schichten« rekrutierte, feststellen, stießen auch in der Wissenschaft auf breite Kritik und Ablehnung[37].

Gegenwärtig besteht Einigkeit darüber, daß die Rezeption des Bündischen in den beschriebenen Formen zu einer sukzessiven Steigerung der Beteiligung führte. Von wenigen bündischen Gegnergruppen, die sich anfangs vereinzelt Edelweißpiraten nannten über die Zusammenschlüsse, die sich ab 1936 als Distanzformen gegenüber der »Hitlerjugend« manifestierten, führte die Rezeption zu breiten Cliquen von Gleichaltrigen, die in der Auflösung der Normalität während des Zweiten Weltkriegs eine kompensatorische Sozialisationsinstanz werden.

Insofern müssen gegenwärtige Beschreibungen den historischen Ort der Erscheinungen genauer bestimmen. Es ist daher nicht zufällig, daß die einzige äußerst detaillierte, weil stadtteilbezogene Darstellung solcher Cliquen auch die bisher nüchternste ist[38]. In den drei Essener Cliquen des Segeroth-Viertels mit dem Namen »Texas-Bande«, »Erika-Bande« und »Pillacken-Bande« trafen sich Jugendliche über ihren Bezug zum Stadtteil, zu Straßenzügen oder über den Betrieb. Die »Texas-Bande«, ein Zusammenschluß mehrerer Edelweißgruppen zur Abwehr des HJ-Streifendienstes, umfaßte bis zu 100 Mitglieder und genoß einen legendären Ruf. Schußwaffen waren bei allen drei Gruppen häufig anzutreffen und wurden bei Konflikten, selbst auf der Kirmes, auch eingesetzt. Kennzeichen der Banden war ein Territorialverhalten: jeder, der nicht zu ihnen gehörte, war Feind im eigenen Territorium. Kneipen, Rummelplätze und Ausflugsorte am Rand der Stadt waren die Treffpunkte. Nach Angaben eines Interviewpartners wurden von fünf Edelweißpiraten Parolen »Hitler verrecke!« im Segeroth angebracht und Flugblätter aus der katholischen Pfarrei verteilt.

Zusammenfassend formuliert Kenkmann zur massenhaften Verbreitung der Cliquen: »Sie entwickelten eine an ihren Bedürfnissen orientierte alltagskulturelle Le-

---

37 Detlev Peukert, Die Edelweiß-Piraten. Protestbewegungen jugendlicher Arbeiter im Dritten Reich, Köln 1980, S. 146ff.; vgl. auch Utz Maas, »Als der Geist der Gemeinschaft eine Sprache fand«. Sprache im Nationalsozialismus, Opladen 1984, und Heinrich Muth, Jugendopposition im Dritten Reich, in: Vierteljahrshefte für Zeitgeschichte, 30 (1982), S. 187–222.

38 Alfons Kenkmann, »Fahrtenstenze« und »Edelweiß-Piraten«, in: F. Bajohr/M. Gaigalat (Anm. 6), S. 28–34; ders., Im Visier HJ, Partei und Gestapo – Die »Bündische« Jugend, in: Verfolgung und Widerstand im Rheinland (Anm. 5), S. 175–185; ders., Abweichendes Jugendverhalten zwischen Weltwirtschaftskrise und Währungsreform, MS, Siegen 1994.

bensweise, die sich der NS-Öffentlichkeit insbesondere in ihrem Freizeitverhalten nach Feierabend und an den Wochenenden präsentierte und auf diese Weise gegen die Orientierungsangebote der nationalsozialistischen Erziehungsinstanzen opponierte.«[39] Die politische Bewertung ist von Kenkmann zurecht zurückgenommen. Es sind in dieser Phase jugendliche Cliquen, deren Ideale zwischen Groschenheft-Romantik und »Wilder Fahrt« angesiedelt sind. Ihr Repertoire ist offen gewalthaltig, häufig sexistisch und – wie Klönne anmerkt – »manche ihrer Aktivitäten wären auch unter normalen Verhältnissen als delinquent bezeichnet worden«[40].

Die Swing-Jugend

Am Beispiel der Swing-Jugend wird abschließend deutlich, daß Widerstand und besonders der Widerstand Jugendlicher nie etwas Reines, Einheitliches, Eindeutiges war, sondern immer aus unterschiedlichen Motiven heraus entstand. Jugendlicher Widerstand manifestierte sich durchweg in einer Interaktionsdynamik und besaß keine Statik. An der Swing-Jugend war der Umschlag in den Stilmitteln das entscheidende Moment. Während die bündischen Alltagskulturen in gewissem Sinne retrospektiv und antimodern waren, sich auf vergangene Traditionen und historische Kontexte bezogen, war die Swing-Jugend die erste jugendliche Subkultur, die durch städtische, kulturindustrielle und international vermittelte Einflüsse geprägt war. Hier fand zum ersten Mal das statt, was die Nachkriegsgeschichte der Jugendsubkulturen kennzeichnen sollte: ein Stiltransfer, der im wesentlichen durch die Massenmedien und ihre Ausbreitung vermittelt war.

Die Situationsberichte zur Hamburger Swing-Jugend sind weithin bekannt. Die detailliertesten Informationen stammen aus Spitzelberichten zu der Flottbecker Eisbahnclique. Das Selbstverständnis dieser Jugendlichen zwischen Politik und Spaß soll an einem Beispiel ihrer Aktion erläutert werden. Etwa 60 Hamburger Jugendliche erwarteten verabredungsgemäß auf einem Bahnsteig des Hauptbahnhofs in Hamburg 1941 zwei ihrer Freunde, die sie unter lautem Jubel als »Reichsstatistenführer« empfingen. Die zwei waren erst im Bahnhof Hamburg-Harburg in der typischen Swingkleidung in den Fernzug eingestiegen: langes Jacket, Regenmantel, Schirm bei jedem Wetter. Alle anderen waren genauso gekleidet. Sie inszenierten einen Blitzlichthagel, ein Swing-Spalier, fuhren mit offener Kutsche, von den ihren bejubelt, durch die Stadt[41]. Es folgten Verhaftungen, einfache und »verschärfte« Verhöre, Ver-

---

39 A. Kenkmann, Fahrtenstenze, (Anm. 39), S. 31.

40 A. Klönne, (Anm. 7), S. 252. Auf eine Darstellung der Weißen Rose wird hier verzichtet; vgl. dazu den Beitrag von Christiane Moll in diesem Band. Eine Darstellung des jüdischen Widerstands unterbleibt, weil die politischen, sozialen und kulturellen Voraussetzungen sich von anderen Jugendgruppen grundlegend unterscheiden; vgl. Ferdinand Kroh, David kämpft. Vom jüdischen Widerstand gegen Hitler, Reinbek 1988; Eugen Herman-Friede, Für Freudensprünge keine Zeit. Erinnerungen an Illegalität und Aufbegehren 1942–1948, Berlin 1992^2, darin bes. das Nachwort von Barbara Schieb-Samizadeh, und zuletzt Wilfried Löhken/Werner Vathke (Hrsg.), Juden im Widerstand. Drei Gruppen zwischen Überlebenskampf und politischer Aktion, Berlin 1939–1945, Berlin 1993.

41 Siehe Bernd Polster, Treudeutsch, treudeutsch. Swingheinis unterwandern den Kolonnenzug, in: ders. (Hrsg.), »Swing-Heil«. Jazz im Nationalsozialismus, Berlin 1989, S. 137.

urteilungen, Versetzungen an die Front. Einige wurden in das Jugendkonzentrationslager in Moringen gebracht.

Wie wollte man diese Szene angemessen kategorisieren: Resistenz, Dissidenz, Protest, Widerstand, Konspiration? Es finden sich alle Elemente: Es ist Spaß, Jux und Spott, aber es ist auch Dissidenz, die sich habituell in Kleidung, Körperhaltung und Accessoires zeigt. Es ist Protest, der sich öffentlich gebärdet und Aufsehen erregt, es ist (mit Vorbehalt) Konspiration in Form einer geheimen Verabredung und Vorbereitung, es ist nicht zuletzt Widerstand dadurch, daß in der Figur des »Reichsstatistenführers« höchste Führerautorität verunglimpft wurde. Es ist also in extremer Form eine Vielfältigkeit ihrer Motive anzunehmen; ihr Verhalten resultierte aus einer Interaktionsdynamik und hatte Prozeßcharakter. Diese unterschiedlichen Motivationen, ihre Widersprüche und Ambivalenzen zu erfassen, ist eines der Desiderate der neueren historischen Jugendforschung.

Von weitergehendem Interesse ist, daß die Verfolgung dieser Swing-Jugend mit der Debatte um das »Gemeinschaftsfremden-Gesetz« und seinen Intentionen in Zusammenhang gebracht werden kann. Im Entwurf des »Gemeinschaftsfremden-Gesetzes« hieß es: »Gemeinschaftsfremd ist, 1. wer sich nach Persönlichkeit und Lebensführung insbesondere wegen außergewöhnlicher Mängel des Verstandes oder des Charakters außerstande zeigt, aus eigener Kraft den Mindestanforderungen der Volksgemeinschaft zu genügen.«[42] Die Verfolgung »Gemeinschaftsfremder« ist als Fortsetzung der rassenbiologischen Vorstellungen des Antisemitismus zu sehen. Hier schließen sich zwei Vorgänge zusammen: die phantasmatische Erzeugung des jüdischen »Feindes« und die projektive Erzeugung des bündischen Gegnerbildes, das als Faszinosum von den Jugendlichen aufgegriffen und in einer negativen Identifikation zum magischen Symbol ihrer Gemeinschaft erkoren wurde. Damit erlagen die Jugendlichen der sozialen Falle, die ihnen die Normalität als Ausgrenzungsmechanismus gelegt hatte: Was auf der einen Seite (Edelweißpiraten) teilweise eine Form der Reaktionsbildung sein könnte, ist bei den Swings bewußtes Spiel einer jugendkulturellen Autonomie, die ihre magischen Anleihen beim äußeren Feind in einem Stiltransfer holten. Der sozialen Ausgrenzung unterliegen beide Jugendgruppen in gleicher Weise.

VI. Resümee

Die neue Forschung zum Widerstand Jugendlicher hat in seltener Deutlichkeit zu einer Revision des historischen Wissens geführt:

1. Sie löste eine sukzessive Entidealisierung älterer Traditionen, Verhaltensformen und Werthaltungen aus, hinter denen Ambivalenzen, Widersprüche und Unklarheiten zu Tage traten. Damit wurde deutlich, daß es notwendig ist, Gegensätzliches zu integrieren und nicht im Prozeß der Forschung und Darstellung zu glätten und auszusondern.

---

42 Zit. nach Detlev Peukert, Arbeitslager und Jugend-KZ, in: ders./Jürgen Reulecke (Hrsg.), Die Reihen fast geschlossen, Wuppertal 1981, S. 413–434, Zitat S. 416; vgl. weiterführend Martin Guse/Andreas Kohrs/Friedhelm Vahsen, Das Jugendlager Moringen. Ein Jugendkonzentrationslager, in: Hans Uwe Otto/Heinz Sühnker, Soziale Arbeit und Faschismus, Bielefeld 1986, S. 321–344.

2. Sie hat zu einem Gutteil dazu beigetragen, dualistische Denkweisen und Freund-Feind-Schemata zu überprüfen. Vor diesem Hintergrund ist es zu einer zunächst langsamen und vorsichtigen, aber insgesamt durchschlagenden Neubewertung des Bündischen gekommen, die so manchem älteren Zeitzeugen und seiner Sehweise näher kommt.
3. Widerstandshandlungen sind dabei als Resultate einer Interaktionsdynamik mit biographischem Prozeßcharakter begreiflich geworden, weniger als Ergebnis der Überzeugung, des Starren, Festen und Klaren.
4. Zur Wirksamkeit der Ausgrenzung hat sich ergeben, daß sich Formen der negativen Identifikation mit dem projektiv erzeugten (inneren) Fremden neben der autonomen Wahl kulturell provokativer Stilformen des (äußeren) Fremden finden lassen. Im Resultat haben die unterschiedlichen Widerstands- und Stilformen die gleiche Wirkung.

Der Nationalsozialismus ist in dieser Hinsicht ein paradigmatisches Feld: Es ist vieles ganz neu und vieles ganz alt und jedes für sich besonders kraß, unvorstellbar, ungeschliffen, »barbarisch«. So überlagert sich die Wirkung alter rassistischer Traditionen im Antisemitismus mit ersten Formen eines sozialen Rassismus, der durch öffentliche Bilder, Phantasmen des Schreckens und der Verführung die sozialen Fallen der »Abweichung« der modernen Gesellschaften antizipiert.

CHRISTIANE MOLL

Die Weiße Rose

In seinem Abschiedsbrief an eine russische Freundin schrieb Alexander Schmorell am 18. Juni 1943, ungefähr drei Wochen vor seiner Hinrichtung aus dem Gefängnis in Stadelheim: »Früher, als wir alle dachten, war es mir beschieden, das irdische Leben zu verlassen. Wir arbeiteten mit Wanja (Hans Scholl, d.Verf.) gegen die deutsche Regierung, wir wurden entdeckt und zum Tode verurteilt.«[1]

Mit diesen nüchternen Worten faßte Alexander Schmorell gleichsam im Telegrammstil die Ereignisgeschichte der Weißen Rose mit ihrem tödlichen Ende zusammen. Zugleich formulierte er sein Selbstverständnis von den Widerstandshandlungen der Weißen Rose, die hauptsächlich im Verfassen und Verbreiten von sechs Flugblättern zwischen Juni 1942 und Februar 1943 bestanden und ihr abruptes Ende mit der spektakulären Flugblattaktion der Geschwister Scholl in der Münchener Universität am 18. Februar 1943 fanden.

In zwei Prozessen vor dem Volksgerichtshof in München wurden die sechs Hauptakteure der studentischen Widerstandsgruppe, Hans (24 Jahre) und Sophie Scholl (21 Jahre), Alexander Schmorell (25 Jahre), Christoph Probst (23 Jahre), Willi Graf (25 Jahre) und Professor Kurt Huber (49 Jahre) wegen »Vorbereitung zum Hochverrat«, »Feindbegünstigung« und »Wehrkraftzersetzung« zum Tode verurteilt. Ihre Helfer und Mitwisser erhielten Freiheitsstrafen zwischen sechs Monaten und zehn Jahren[2]. Ende Mai 1943 – die Geschwister Scholl und Christoph Probst waren bereits am 22. Februar hingerichtet worden – lehnte der Oberreichsanwalt Lautz am Volksgerichtshof eine Begnadigung von Alexander Schmorell, Kurt Huber und Willi Graf mit der Begründung ab: »Es handelt sich im vorliegenden Verfahren wohl um den schwersten Fall hochverräterischer Flugpropaganda, der sich während des Krieges im Altreich ereignet hat.«[3]

---

1 Unveröffentlichter Brief Alexander Schmorells an die russische Freundin Nelly, vom 18. Juni 1943, Privatbesitz Dr. Erich Schmorell.

2 Diese beiden Weiße Rose-Prozesse fanden am 22. Februar und 19. April 1943 in München vor dem Volksgerichtshof statt. Die Prozeßakten sind jetzt im Bundesarchiv Potsdam, Dahlwitz-Hoppegarten (BAP Dahlwitz-Hoppegarten) unter den Signaturen ZC 13267, Bd. 1–15 (Prozeß gegen die Geschwister Scholl und Christoph Probst), und NJ 1704, Bd. 1–33 (Prozeß gegen Alexander Schmorell, Willi Graf, Professor Kurt Huber u. a.). Ein weiterer Prozeß wegen Nichtanzeige eines »Hochverrats« gegen Manfred Eickemeyer, Wilhelm Geyer, Harald Dohrn und Josef Söhngen fand am 13. Juli 1943 vor dem Sondergericht beim Landgericht München I statt. Die Ermittlungsakten liegen im Staatsarchiv München (StAM) unter St.Anw. 12530; Anklage- und Urteilsschrift im BAP Dahlwitz-Hoppegarten, NJ 534.

3 Schreiben des Oberreichsanwalts beim Volksgerichtshof an das Reichsjustizministerium vom 31. Mai 1943, BAP Dahlwitz-Hoppegarten, NJ 1704, Bd. 33, S. 95.

In Arbeiten über den Widerstand gegen den Nationalsozialismus[4] und in der umfangreichen Gedenkliteratur[5] wurde die Weiße Rose im Gegensatz zu den Gruppen des 20. Juli geradezu als Symbol des »reinen, des nicht macht- und einflußorientierten, des moralischen Widerstands«[6] interpretiert. Deshalb konnte es nicht ausbleiben, daß ihr Vermächtnis von unterschiedlichen politischen wie ideologischen Richtungen instrumentalisiert und aktualisiert wurde und wird[7].

Eine detaillierte wissenschaftliche Gesamtstudie dieser Widerstandsgruppe ist bis zum heutigen Tag ein Desiderat[8]. Seit Mitte der sechziger Jahre versuchten verschiedene Autoren in Ost- und Westdeutschland die Ereignisgeschichte der Weißen Rose sowie die Motive und Zielsetzungen ihrer Flugblätter und Malaktionen systematischer zu erarbeiten. Westdeutsche Autoren, die eher den unpolitischen, christlich-

---

4 Unter anderem Wolfgang Benz, Deutsche gegen Hitler. Widerstand, Verweigerung, Kampf gegen die NS-Herrschaft, in: ders., Herrschaft und Gesellschaft im nationalsozialistischen Staat. Studien zur Struktur- und Mentalitätsgeschichte, Frankfurt am Main 1990, S. 180–196, bes. S. 187.

5 Siehe dazu Ernst Fleischhack, Die Widerstandsbewegung »Weiße Rose«. Literaturbericht und Bibliographie, Frankfurt am Main 1971, S. 494–497, und Michael Kißener, Literatur zur Weißen Rose 1971–1992, in: Rudolf Lill (Hrsg.), Hochverrat? Die »Weiße Rose« und ihr Umfeld, Konstanz 1993, S. 175–177.

6 Peter Steinbach, »Erinnerung – aktives Gedenken«. Annäherungen an den Widerstand, in: Die Weiße Rose und das Erbe des deutschen Widerstandes. Münchener Gedächtnisvorlesungen 1983–1992, München 1993, S. 132.

7 Auf diese Entwicklung verweist auch M. Kißener (Anm. 5), S. 164.

8 Sehr stark wurde die Literatur zur Weißen Rose nach dem Zweiten Weltkrieg durch Berichte Überlebender, Angehöriger und Freunde der Weißen Rose geprägt. Diese wurden in den sechziger Jahren vom Institut für Zeitgeschichte in München (IfZ), Fa 215, Bd. 1–5, gesammelt. Anfang der fünfziger Jahre veröffentlichte Inge Scholl die erste Monographie, in der sie die Ereignisgeschichte der Weißen Rose aus der Erinnerung an ihre Geschwister schilderte. Dieses Buch, das in viele Sprachen übersetzt wurde, gilt bis zum heutigen Tag als »Klassiker«. Hier zit. nach der neuesten Ausgabe: Inge Scholl, Die Weiße Rose. Erweiterte Neuausgabe, Frankfurt am Main 1993[3]. Darstellungen, in denen ebenfalls die Geschwister Scholl im Mittelpunkt stehen und die eher im Genre der historischen Erzählung gehalten sind, überwiegen bis in die jüngste Zeit, wie z.B. Richard Hanser, Deutschland zuliebe. Leben und Sterben der Geschwister Scholl. Zur Geschichte der Weißen Rose, München 1980; Annette E. Dumbach/Jud Newborn, Wir sind Euer Gewissen. Die Geschichte der Weißen Rose, Stuttgart 1988; Harald Steffahn, Die Weiße Rose mit Selbstzeugnissen und Bilddokumenten, Hamburg 1993[2].
In den achtziger Jahren wurden die Briefe und Tagebuchaufzeichnungen von Hans und Sophie Scholl und Willi Graf veröffentlicht: Inge Jens (Hrsg.), Hans Scholl. Sophie Scholl. Briefe und Aufzeichnungen, Frankfurt am Main 1984, und Anneliese Knoop-Graf/Inge Jens (Hrsg.), Willi Graf. Briefe und Aufzeichnungen, Frankfurt am Main 1988. Einzelporträts finden sich in: Hermann Vinke, Das kurze Leben der Sophie Scholl. Mit einem Interview mit Ilse Aichinger, Ravensburg 1987[2]; Clara Huber (Hrsg.), Kurt Huber zum Gedächtnis. »... der Tod ... war nicht vergebens«, München 1986, und Anneliese Knoop-Graf u.a., »Jeder Einzelne trägt die ganze Verantwortung« – Willi Graf und die Weiße Rose, Gedenkstätte Deutscher Widerstand. Beiträge zum Widerstand 1933–1945, Berlin 1991; dies., Hochverräter? Willi Graf und die Ausweitung des Widerstands, in: R. Lill (Anm. 5), S. 43–88. Die Verflechtung von Rezeptionsgeschichte und kritischer Rekonstruktion der Ereignisgeschichte steht in den folgenden beiden Studien im Vordergrund: Günther Kirchberger, Die »Weiße Rose«. Studentischer Widerstand gegen Hitler in München, München 1980, und Wilfried Breyvogel, Die Gruppe »Weiße Rose«. Anmerkungen zur Rezeptionsgeschichte und kritischen Rekonstruktion, in: ders. (Hrsg.), Piraten, Swings und Junge Garde. Jugendwiderstand im Nationalsozialismus, Bonn 1991, S. 159–201.

ethischen Charakter der Aktionen in den Vordergrund stellten, befaßten sich dabei stärker mit den ersten vier Flugblättern und weniger mit dem fünften Flugblatt[9]. Ostdeutsche Autoren, die der Weißen Rose eine christlich-humanistische Prägung konzedierten, hoben ausführlicher die Bedeutung des fünften Flugblattes und die politische Entwicklung der Gruppe hervor[10], während etwa Petry die Aktion der Geschwister Scholl am 18. Februar 1943 als Akt des Selbstopfers, »des unpolitischen Mittels des Fanals«[11], interpretierte.

Aufgrund der in Berlin und Moskau nach der deutschen Einigung neu entdeckten Ermittlungsakten, vor allem gegen die Geschwister Scholl und Christoph Probst sowie Alexander Schmorell, sollen im folgenden konkretere Erkenntnisse über die Weiße Rose vorgelegt werden[12]. Auf der Basis des neuen Quellenmaterials ist es Absicht dieses Beitrages, Ereignisgeschichte, Motive und Zielsetzungen der Weißen Rose jenseits der beiden Pole des »reinen moralischen« und des »politischen« Widerstandes neu zu deuten. Dabei läßt sich die Arbeit dieser Widerstandsgruppe in drei klar unterscheidbare Phasen einteilen.

In der ersten Phase erschienen im Juni und Juli 1942 die ersten vier Flugblätter der Weißen Rose. In der zweiten Phase zwischen November 1942 und Ende Januar 1943 wurde das fünfte Flugblatt vorbereitet und verbreitet. In der dritten Phase kam es im Februar 1943 einerseits zu den nächtlichen Malaktionen, und andererseits wurde das sechste Flugblatt per Post und schließlich am 18. Februar in der Münchener Universität verbreitet.

---

9 Vgl. Christian Petry, Studenten aufs Schafott. Die Weiße Rose und ihr Scheitern, München 1968; Heike Bretschneider, Der Widerstand gegen den Nationalsozialismus in München 1933 bis 1945, München 1968, S. 179–199.

10 Vgl. Klaus Drobisch (Hrsg.), Wir schweigen nicht! Eine Dokumentation über den antifaschistischen Kampf Münchner Studenten 1942/43, Berlin 1968, hier zit. nach der 4. ergänzten Auflage von 1983; Karl-Heinz Jahnke, Die Weiße Rose contra Hakenkreuz. Der Widerstand der Geschwister Scholl und ihrer Freunde, Frankfurt am Main 1969.

11 Ch. Petry (Anm. 9), S. 151.

12 Mit den schon seit den achtziger Jahren zugänglichen Vernehmungsprotokollen von Kurt Huber, Wilhelm Graf und Falk Harnack, BAP Dahlwitz-Hoppegarten, NJ 1704, Bd. 7–9, und von Heiner Guter, ebenda, NJ 6136, können nun die Ermittlungsakten gegen Hans und Sophie Scholl, Christoph Probst, ebenda, ZC 13267, Bd. 2–4, und gegen Traute Lafrenz, Eugen Grimminger, Gisela Schertling sowie Katharina Schüddekopf, ebenda, ZC 13267, Bd. 6–7 und 15, ausgewertet werden. Dazu kommen noch die Vernehmungsprotokolle Alexander Schmorells, die im Zentrum zur Aufbewahrung historischer dokumentarischer Sammlungen, Moskau (ZAhdS Moskau) unter der Signatur 1361-1-8808 liegen, ferner jene von Hans Hirzel, BAP Dahlwitz-Hoppegarten, ZC 14116, Bd. 1, und von Helmut Bauer, ebenda, ZB II A. 27.
Dieses Material wurde zum Teil schon ausgewertet in der Studie von Michael C. Schneider/Winfried Süß, Keine Volksgenossen. Studentischer Widerstand der Weißen Rose. The White Rose, München 1993. In meinem Beitrag beschränke ich mich verstärkt auf neue Aspekte, die sich aus dieser erweiterten Materiallage und damit aus einem quellenkritischen Vergleich der Aussagen ergeben. Wegen dieses Schwerpunktes erhalten die Aussagen vor allem von Hans Scholl, Alexander Schmorell und Christoph Probst einen größeren Raum, obwohl unbestritten ist, daß die Zentralgruppe aus sechs aktiven Freunden bestand. Die Vernehmungsprotokolle von Willi Graf und Kurt Huber wurden schon von A. Knoop-Graf/I. Jens (Anm. 8) wissenschaftlich ausgewertet und in den substanzvollen Kommentar im Anhang ihrer Edition eingearbeitet. Darüber hinaus wird in meiner Darstellung der weitere Freundeskreis der Weißen Rose, der Helfer und Mitwisser, kaum beleuchtet, da es den Rahmen dieses Beitrages überschreiten würde.

Flugblätter der Weißen Rose: Die erste Phase

Die ersten vier Flugblätter der Weißen Rose versandten Hans Scholl und Alexander Schmorell zwischen dem 27. Juni und 12. Juli 1942 in München, also innerhalb des recht kurzen Zeitraumes von 16 Tagen[13].

Im Zimmer seines Elternhauses in der Benediktenwandstr. 12 hatte Schmorell mit Scholl die Flugblätter heimlich hergestellt. Wer den Vervielfältigungsapparat kaufte, läßt sich nicht mehr eindeutig rekonstruieren. Schmorell besorgte die Schreibmaschine, eine Remington Portable, die für alle sechs Flugblätter benutzt wurde, von einem Kindheitsfreund in unmittelbarer Nachbarschaft. Er lieh sie immer wieder kurzfristig aus[14].

Wie schon bekannt, verfaßten Scholl und Schmorell die ersten vier Flugblätter gemeinsam. Scholl erklärte in seiner Vernehmung: »Den Entwurf (d.h. wohl die Gesamtkonzeption, d.V.) haben wir in gemeinschaftlicher Arbeit gefertigt. Die erste Anregung hierzu ging von mir aus. Schmorell hat sich sofort zur Mitarbeit bereit erklärt.« Scholl bezichtigte sich, das erste und vierte Flugblatt alleine formuliert zu haben. Schmorell habe den jeweiligen zweiten Teil des zweiten und dritten Flugblattes verfaßt[15]. Danach formulierte Schmorell in einer direkteren, eher unideologischen Sprache die Abschnitte im zweiten Flugblatt, die sich konkret mit den Gewaltverbrechen gegen die Juden und Polen und der damit verbundenen Mitschuld der Deutschen auseinandersetzten, sowie die Teile im dritten Flugblatt, die die konkreten Handlungsanweisungen zum passiven Widerstand darstellen, gleichzeitig aber auch einen radikalen Aufruf zu aktivem Widerstand und Umsturz des nationalsozialistischen Systems beinhalten. Dagegen rechtfertigte Scholl in seinen Passagen eher die Legitimität des Widerstands infolge der Illegitimität des nationalsozialistischen Gewaltstaates und forderte in einer an seinen Mentor Theodor Haecker erinnernden metaphysischen Argumentation mit der Beschwörung von apokalyptischen Bildern zur geistigen Umkehr auf[16].

Die Adressaten, an deren Verantwortung in den Flugblättern als Mitglieder »der christlichen und abendländischen Kultur« und als »deutsche Intelligenz«[17] appelliert wurde, können jetzt soziologisch noch enger eingegrenzt werden. Hans Scholl wollte vor allen Dingen Akademiker mobilisieren. Er war der Meinung, daß es höchste Zeit sei, diesen Teil des Bürgertums an seine staatspolitischen Pflichten zu erinnern, denn sie seien die Elite eines Volkes, die das Volk führen sollte. Nicht so sehr die Masse des Volkes habe seit 1918 politisch versagt, sondern die Intelligenz[18]. Alexander

---

13 Diese Datierung, die sich schon in der Urteilsbegründung des dritten Weiße Rose-Prozesses vom 13. Juli 1943, BAP Dahlwitz-Hoppegarten, NJ 534, S. 4, findet, wird jetzt durch das »Verzeichnis der Empfänger der Flugblätter der ›Weisse Rose‹«, ebenda, ZC 13267, Bd. 1, S. 22f., bestätigt.

14 Vernehmung Alexander Schmorells vom 25. Februar 1943, ZAhdS Moskau, 1361-1-8808, S. 7f., und Vernehmung Karl Pötzels vom 10. März 1943, ebenda, S. 28; Vernehmungen Hans Scholls vom 20. und 21. Februar 1943, BAP Dahlwitz-Hoppegarten, ZC 13267, Bd. 2, S. 21 und S. 26 sowie Bd. 1, S. 66–76.

15 Vernehmung Hans Scholls vom 21. Februar 1943, ebenda, Bd. 2, S. 26.

16 Siehe hierzu Inge Jens, Die »Weiße Rose«. Biographische und kulturelle Traditionen, in: W. Breyvogel (Anm. 8), S. 204.

17 Erstes und Zweites Flugblatt der Weißen Rose, zit. nach BAP Dahlwitz-Hoppegarten, NJ 1704, Bd. 32, S. 1f.

18 Verhör Hans Scholls vom 20. Februar 1943, ebenda, ZC 13267, Bd. 2, S. 21.

Schmorell teilte diese elitäre Staatsauffassung, »... denn der einfache Mann kann nicht alles selbst begreifen, selbst entscheiden, er maßt es sich auch gar nicht an, er vertraut seinen Führern, der Intelligenz, die es besser versteht als er«. Dabei ging er von der Forderung einer Identität von Führer und Geführten aus: »Unbedingt muß aber diese Intelligenzschicht verwachsen sein mit ihrem Volk, muß dasselbe denken und fühlen, wie dieses, denn sonst begreift sie ihr Volk nicht und treibt ihre eigene Politik, ohne auf das einfache Volk zu achten, ohne seine Interessen zu verfolgen...«[19]

Der Einfluß Kurt Hubers, dessen Vorlesung »Leibniz und seine Zeit« Hans und Sophie Scholl im Sommersemester 1942 besuchten[20] und in der Huber grundsätzlich die notwendige staatspolitische Verantwortung der akademischen Intelligenz am Werdegang Wilhelm Leibniz' veranschaulichte, ist spürbar[21]. Gleichzeitig entsprach Hans Scholl mit seinen Vorstellungen der Auffassung Carl Muths, für den der Aufstieg des Nationalsozialismus mit der Krise des Liberalismus, in der das Bürgertum sich von seinem Glauben abwandte und einem »sinnentleerten (Wirtschafts-)Liberalismus« ergab, zusammenhing[22].

Um diese »gebildete« Schicht glaubwürdig ansprechen zu können, benutzten die Autoren ganz gezielt die Sprache des klassischen Bürgertums und zitierten »Autoritäten« wie Schiller, Goethe, aber auch Laotse, die Bibel, Novalis und Aristoteles.

Eine Liste der Gestapo mit den Namen der Empfänger der abgelieferten Flugblätter führt vorwiegend Schriftsteller, Professor, Schuldirektoren, Buchhändler und Ärzte aus München und Umgebung auf[23]. Sie sollten als Multiplikatoren den Flugblättern zu einer breiten Wirkung verhelfen: »Bekannte auch aus den unteren Volksschichten«[24] sollten von ihnen aufgeklärt werden. Jedes der vier Flugblätter endete mit dem Aufruf, sie weiterzugeben. Um die publizistische Wirksamkeit scheint es Scholl ebenso wie Schmorell vorwiegend gegangen zu sein. So erhielten auch Besitzer von Cafés, Lebensmittelgeschäften und Gastwirte die Flugblätter. Scholl erklärte vor der Gestapo: »Auch an einige Münchener Wirte habe ich diese Blätter adressiert. Ich wollte dadurch erreichen, daß sie populär werden, denn ich hoffte, daß die Wirte es an ihre Gäste weiter erzählen würden«[25]. Darüber hinaus versuchte Scholl anscheinend auch den Verleger Heinrich Ellermann im Juni und Juli 1942 für seine Ideen zu gewinnen[26].

Freunde, Verwandte, Studienkollegen erhielten ebenfalls die Flugblätter. Obwohl Scholl in seinem Verhör vom 20. Februar 1943 das Gegenteil behauptete, kannten er

---

19 Politisches Bekenntnis Alexander Schmorells vom 8. März 1943, ZAhdS Moskau, 1361-1-8808, S. 30.

20 Einschreibliste zu Kurt Hubers Vorlesung im SS 1942, in: Stadtarchiv München (StadtAM), Nachlaß Prof. Kurt Huber.

21 Vgl. dazu Inge Köck/Clara Huber (Hrsg.), Kurt Huber, Leibniz. Der Philosoph der universalen Harmonie, München–Zürich 1989[2], bes. S. 307.

22 Nicole Andrea Speer, Der Widerstand der Gruppe »Weiße Rose«: Zu Genese, Umfeld und Wirkung studentischen Widerstands gegen den Nationalsozialismus, Magisterarbeit Freiburg 1990, S. 84; vgl. dazu Karl Muth, Die Stunde des Bürgertums, in: Hochland, 28 (1930/31), S. 1–14.

23 Verzeichnis der Empfänger der Flugblätter der ›Weißen Rose‹, BAP Dahlwitz-Hoppegarten, ZC 13267, Bd. 1, S. 22f.

24 Drittes Flugblatt der Weißen Rose, ebenda, NJ 1704, Bd. 32, S. 3.

25 Aussagen Hans Scholls vom 20. Februar 1943, ebenda, ZC 13267, Bd. 2, S. 21, und Verzeichnis der Empfänger der Flugblätter der ›Weißen Rose‹, ebenda, Bd. 1, S. 22f.

26 Verhör von Traute Lafrenz vom 25. März 1943, ebenda, Bd. 6, unpaginiert, und Aussagen Katharina Schüddekopfs vom 24. März 1943, ebenda, Bd. 15, S. 9.

und Schmorell wohl alle Adressaten aus dem täglichen Leben so gut, daß beide annahmen, diese würden mit ihrer »Sache sympathisieren«[27]. Diese angeschriebene Zielgruppe wurde relativ klein gehalten. Wahrscheinlich sind nicht mehr als je 100 Flugblätter versandt worden[28]. Ursprünglich sollten alle Adressaten gleichmäßig mit allen vier Flugblättern beliefert werden, wie, so scheint es, »Abonnenten«[29] eines bildungsbürgerlichen Periodikums. Die Maßnahmen eines totalitären Staates realistisch einschätzend, erläuterte Schmorell ihre Überprüfungsmethode: »Um eine Kontrolle zu haben, ob unsere Flugblätter durch die Post auch zugestellt werden, haben wir uns selbst angeschrieben und festgestellt, daß unser Verfahren funktionierte.«[30]

Zum Kreis der Eingeweihten und Mitwisser gehörten in diesem Stadium wohl nur Sophie Scholl, Traute Lafrenz, eine Freundin von Hans Scholl, und Christoph Probst, der möglicherweise Adressen beisteuerte[31]. Ab wann und inwieweit Sophie Scholl an den Aktionen in dieser Phase aktiv teilnahm, bleibt unklar. Nach den Erinnerungen von Fritz Hartnagel, ihrem Verlobten, versuchte sie schon im Mai 1942, einen Vervielfältigungsapparat zu besorgen. Obwohl sie in ihren Verhören ihre Handlungsanteile an den Aktionen im Winter 1942/43 offen zugab, ja, um Freunde zu schützen, für Handlungen einstand, die sie gar nicht gemacht haben konnte, bestritt sie vehement, an den ersten Aktionen der Weißen Rose beteiligt gewesen zu sein[32].

Um die Wirkung der Flugblätter zu testen, diskutierten die beiden Medizinstudenten sie im Freundes- und Bekanntenkreis, ohne offen ihre Urheberschaft zuzugeben[33], und hörten, ». . . daß sie teils dafür und teils gegen unser Flugblatt waren«[34].

Hans Scholl und Alexander Schmorell hatten also in der kurzen Zeit von zwei Wochen die ersten vier Flugblätter nicht nur auf eine bestimmte Leserschaft hin gezielt systematisch verbreitet, sondern auch so kalkuliert, daß diese Aktionen noch unter Kontrolle zu halten waren. Für Scholl, der sich während der Verhöre als überlegt kalkulierender, politischer Pragmatiker darstellte, war daher die Funktion des Namens Weiße Rose in einer wirksamen Propaganda wichtiger als seine Herkunft: »Der Name ›die Weiße Rose‹ ist willkürlich gewählt. Ich ging von der Voraussetzung aus, daß in einer schlagkräftigen Propaganda gewisse feste Begriffe da sein müssen, die an und für sich nichts besagen, einen guten Klang haben, hinter denen aber ein Programm steht. Es kann sein, daß ich gefühlsmäßig diesen Namen gewählt habe,

---

27 Verhör Hans Scholls vom 20. Februar 1943, ebenda, Bd. 2, S. 21; Verhör Alexander Schmorells vom 25. Februar 1943, ZAhdS Moskau, 1361-1-8808, S. 7.

28 Verhör Alexander Schmorells vom 25. Februar 1943, ebenda, und Verhör Hans Scholls vom 20. Februar 1943, BAP Dahlwitz-Hoppegarten, ZC 13267, Bd. 2, S. 21.

29 Aussagen Hans Scholls vom 20. Februar 1943, ebenda.

30 Aussagen Alexander Schmorells vom 25. Februar 1943, ZAhdS Moskau, 1361-1-8808, S. 7.

31 Siehe dazu Bericht Traute Lafrenz, in: I. Scholl (Anm. 8), S. 132, und Verzeichnis der Empfänger der Flugblätter der ›Weiße Rose‹, BAP Dahlwitz-Hoppegarten, ZC 13267, Bd. 1, S. 22f. Einige Adressaten wohnten im Raum Ruhpolding, wo auch die Familie von Christoph Probst lebte.

32 Siehe H. Vinke (Anm. 8), S. 107; Aussagen Sophie Scholls vom 18. und 20. Februar 1943, BAP Dahlwitz-Hoppegarten, ZC 13267, Bd. 3, S. 9 und S. 16, und Aussagen von Traute Lafrenz am 15. und 25. März 1943, ebenda, Bd. 6.

33 Vernehmungen von Traute Lafrenz am 15., 16. und 25. März 1943, ebenda, Bd. 6, und Verhöre Katharina Schüddekopfs vom 23., 24. und 26. März 1943, ebenda, Bd. 15, S. 5, S. 11 und S. 8, und Auszug aus der Vernehmung Alexander Schmorells vom 25. Februar 1943, StAM, St.Anw. 12530, S. 16.

34 Aussage Alexander Schmorells vom 25. Februar 1943, ZAhdS Moskau, 1361-1-8808, S. 7.

weil ich damals unmittelbar unter dem Eindruck der spanischen Romanze ›Die Rosa Blanca‹ gestanden habe.«[35]

Von den ungefähr 100 Flugblattempfängern lieferten 35 die Flugblätter bei der Gestapo ab. Scholl und Schmorell waren darüber informiert, wenn auch nicht über das Ausmaß[36]. Zu fragen ist daher, ob sie weiterhin Flugblätter verbreitet hätten, wenn sie nicht nach Rußland geschickt worden wären. In seinem Verhör vom 20. Februar 1943 äußerte Scholl Zweifel, ob diese Methode der »rechte Weg« gewesen sei[37]. In Rußland reflektierte er sicherlich auch die Flugblattaktionen, wenn er an seine Familie schrieb: »Wohl waren die letzten Wochen in München schön und wertvoll, aber sie haben doch, ob ihrer Hast, manchen Gedanken nicht ausreifen lassen.«[38]

Die zweite Phase: Das fünfte Flugblatt Flugblätter der Widerstandsbewegung in Deutschland

Schon im Sommer 1942, so sagte Sophie Scholl, wollte die Weiße Rose nun »auf die breite Volksmasse einwirken«[39]. Das fünfte Flugblatt erschien aber erst zwischen dem 27. und 29. Januar 1943, also ein halbes Jahr später.

In der Zwischenzeit hatte sich der aktive Kern der Widerstandsgruppe erweitert, und Freunde und Bekannte waren in anderen Städten für eine neue Aktion geworben worden. Anfang November brachte Traute Lafrenz zwei Weiße-Rose-Flugblätter zu Freunden nach Hamburg, die diese ihrerseits unter Gleichgesinnten weiterverbreiteten[40]. Jürgen Wittenstein, ein Studienfreund Schmorells, versuchte in Berlin Hellmut Hartert, einen Freund Hans Scholls, zur Mitarbeit zu gewinnen[41]. Mitte November besuchten Scholl und Schmorell Falk Harnack und anschließend Eugen Grimminger[42]. In dieser Zeit überlegten sie, vor allem die Studenten zu mobilisieren. Durch Falk Harnack, den Bruder von Arvid Harnack, der einer der führenden Persönlich-

---

35 Verhör Hans Scholls vom 20. Februar 1943, BAP Dahlwitz-Hoppegarten, ZC 13267, Bd. 2, S. 22.

36 Vgl. Verzeichnis der Empfänger der Flugblätter der ›Weiße Rose‹, ebenda, Bd. 1, S. 22f.; Aussagen Hans Hirzels vom 22. Februar 1943, ebenda, ZC 14116, Bd. 1, S. 8, und Aussagen Hans Scholls vom 20. Februar 1943, ebenda, ZC 13267, Bd. 2, S. 20.

37 Verhör Hans Scholls vom 20. Februar 1943, ebenda, Bd. 2, S. 22.

38 Brief Hans Scholls an die Mutter und die Schwestern Inge und Sophie aus Rußland vom 2. September 1942, in: I. Jens (Anm. 8), S. 87.

39 Aussage Sophie Scholls vom 18. Februar 1943, BAP Dahlwitz-Hoppegarten, ZC 13267, Bd. 3, S. 8.

40 Bericht Traute Lafrenz, in: I. Scholl (Anm. 8), S. 132f.; zur Weiße Rose Hamburg bes. Ursel Hochmuth/Ilse Jacob, Weiße Rose Hamburg, in: Ursel Hochmuth/Gertrud Meyer (Hrsg.), Streiflichter aus dem Hamburger Widerstand 1933–1944, Frankfurt am Main 1980^2; ferner Ursel Hochmuth (Bearb.), Candidates of humanity. Dokumentation zur Hamburger Weißen Rose anläßlich des 50. Geburtstages von Hans Leipelt, Hamburg 1971, sowie Angela Bottin, Enge Zeit. Spuren Vertriebener und Verfolgter der Hamburger Universität, Hamburg 1992.

41 Mitteilung Jürgen Wittensteins vom 15. Dezember 1992 an die Verfasserin; siehe auch A. Knoop-Graf/I. Jens (Anm. 8), S. 309.

42 Verhör Falk Harnacks vom 8. März 1943, BAP Dahlwitz-Hoppegarten, NJ 1704, Bd. 9, S. 15f.; Verhöre Alexander Schmorells vom 11., 13. und 18. März 1943, ZAhdS Moskau, 1361-1-8808, S. 21, S. 23 und S. 26; Verhör Eugen Grimmingers vom 3. März 1943, BAP Dahlwitz-Hoppegarten, ZC 13267, Bd. 7, S. 5.

keiten der »Roten Kapelle« war, erfuhren sie von der Existenz dieser Organisation, die seit dem Sommer 1942 von der Gestapo aufgedeckt worden war. Es ist möglich, daß Hans Scholl in Kenntnis dessen seine Organisationspläne zurückstellte[43].

Durch die Vermittlung Falk Harnacks erhofften sich die Studenten auch Kontakt zu Widerstandsgruppen in Berlin[44]. Grimminger, ein Freund der Familie Scholl, baten sie in Stuttgart um Geld für ihre Flugblattaktionen; er wurde der »eigentliche Finanzier« der Weißen Rose[45]. Ab Ende November intensivierte sich der Kontakt zu Kurt Huber, der von diesem Zeitpunkt an einen wesentlichen Einfluß auf die Gruppe gewann. Anfang Dezember entschied sich Willi Graf, dessen Freundschaft sich zu Hans Scholl und Alexander Schmorell durch den gemeinsamen dreimonatigen Fronteinsatz in der UdSSR gefestigt hatte, aktiv an den Widerstandsaktionen teilzunehmen[46]. Christoph Probst, der zwar Anfang Dezember nach Innsbruck versetzt wurde, wurde dennoch bei seinen wiederholten, kurzen Besuchen in München in die Planungen der neuen Flugblattaktionen miteinbezogen[47]. Im Dezember fanden häufig Zusammenkünfte statt, auf denen über den Sinn und Zweck der Aktionen diskutiert wurde. Kurz vor Weihnachten begannen wohl auch schon die Diskussionen über die Neuordnungspläne nach dem Krieg[48].

Im November erhielt Hans Hirzel, ein achtzehnjähriger Schüler aus Ulm, der mit den Geschwistern Scholl befreundet war, von Hans Scholl und Alexander Schmorell Informationen über eine geplante Flugblattaktion in München und anderen Städten. In Ulm sollte dies unterbleiben, da die Eltern Scholl dort zu verdächtig seien. Es scheint, daß der 30. Januar 1943 als Datum ins Auge gefaßt wurde. Nachdem sich Hirzel zur Verbreitung der Flugblätter in Stuttgart bereit erklärt hatte, erhielt er schon in den Weihnachtsferien von Hans Scholl Briefumschläge[49]. Willi Graf, der Anfang Dezember vergeblich den Kreis um Fritz Leist und den Grauen Orden zu gewinnen suchte, reiste dennoch zweimal – in den Weihnachtsferien und zwischen dem 20. und 25. Januar 1943 – nach Saarbrücken, Bonn und Freiburg, um andere Freunde und Bekannte aus dem Bund Neudeutschland und dem Grauen Orden von der Dringlichkeit der Widerstandsaktionen zu überzeugen. Außer den Gebrüdern Heinz und Willi Bollinger erklärte sich aber letztendlich niemand bereit, die Aktion aktiv zu unterstützen[50].

---

43 Aussagen Eugen Grimmingers vom 16. März 1943, ebenda, Bd. 7 und Aussagen Hans Scholls vom 20. Februar 1943, ebenda, Bd. 2, S. 22f.

44 Bericht Falk Harnacks, in: I. Scholl (Anm. 8), S. 147.

45 Michael Kißener, Geld aus Stuttgart. Eugen Grimminger und die Weiße Rose, in: R. Lill (Anm. 5), S. 129.

46 Tagebuchnotizen Willi Grafs vom 1. und 2. Dezember 1942, in: A. Knoop-Graf/I. Jens (Anm. 8), S. 84 und S. 294, Anm. 1.

47 Verhör Christoph Probsts vom 20. Februar 1943, BAP Dahlwitz-Hoppegarten, ZC 13267, Bd. 4, S. 3–7.

48 Tagebucheintrag Willi Grafs vom 17. Dezember 1942, in: A. Knoop-Graf/I. Jens (Anm. 8), S. 88 und S. 300, Anm. 3.

49 Verhör Hans Hirzels vom 22. Februar 1943, BAP Dahlwitz-Hoppegarten, ZC 14116, Bd. 1, S. 8 und S. 12, und Anzeige Wolf Trösters und Gerhard Munz gegen Hans Hirzel vom 29. Januar 1943, ebenda, S. 2; Aussagen Alexander Schmorells vom 13. März 1943, ZAhdS Moskau, 1361-1-8808, S. 23.

50 Siehe hierzu A. Knoop-Graf, in: R. Lill (Anm. 5), S. 62ff.; außerdem Klaus Michael Mallmann/ Gerhard Paul, Die Gebrüder Bollinger, in: Hans-Walter Herrmann (Hrsg.), Das zersplitterte Nein. Saarländer gegen Hitler, Bonn 1989, Bd. 1, S. 32–42.

Das fünfte Flugblatt, das in einer klareren und politischeren Sprache abgefaßt wurde, trug die neue Überschrift »Flugblätter der Widerstandsbewegung in Deutschland« und richtete sich an »alle Deutsche«. Wahrscheinlich entstand das Flugblatt Mitte Januar 1943, wie der Tagebucheintrag Willi Grafs vom 13. Januar 1943 signalisiert: »Besuch bei Hans, auch am Abend bin ich noch dort, wir beginnen wirklich mit der Arbeit, der Stein kommt ins Rollen.«[51] Hans Scholl und Alexander Schmorell legten ihre Flugblattentwürfe jetzt Kurt Huber vor, der Schmorells Entwurf als zu »kommunistisch klingend« ablehnte, Scholls jedoch guthieß, diesen redigierte und den zweiten Teil, der als politischer Teil gilt, entscheidend mitformulierte[52].

Diesmal wurden die Flugblätter in der Wohnung der Geschwister Scholl in der Franz Josephstraße von Hans Scholl, Alexander Schmorell, Sophie Scholl und Willi Graf hergestellt[53].

Das Flugblatt wurde in Augsburg, Stuttgart und Frankfurt am Main sowie in Salzburg, Linz und Wien verbreitet. Die Adressen hatten die Freunde aus den Adreßbüchern im Deutschen Museum entnommen[54].

Diese Verbreitungsorte wurden wahrscheinlich bewußt gewählt. In den Diskussionen der Weißen Rose wurde schon im Sommer 1942, besonders von Kurt Huber, aber auch von Hans Scholl hervorgehoben, daß der Süden eine liberalere Tradition, ein stärkeres Rechtsbewußtsein als der Norden Deutschlands aufweise. Den Norden sah Huber »nationalsozialistisch radikalisierter«, was er mit »bolschewisiert« gleichsetzte. Es klang an, daß im Falle einer Niederlage und des Zusammenbruchs Deutschlands vom Süden her die Verteidigung erfolgen müsse. Auch wurde Überlegungen einer Separation des Südens vom Norden nachgegangen, die aber Huber aus volkswirtschaftlichen und »völkischen« Notwendigkeiten verwarf[55].

Auf jeden Fall war das fünfte Flugblatt in seiner politischen Konzeption, der Propagierung eines »gesunden« föderativen Staatenaufbaus in Deutschland und Europa mit der Stoßrichtung gegen den preußischen Militarismus auf die traditionellen Bedürfnisse des Südens zugeschnitten. Nicht nur Hubers politische Vorstellungen, sondern auch Haeckers massive Gegnerschaft gegenüber der protestantischen Hegemonialmacht Preußen schlugen sich nieder[56]. Im Kern rief das Flugblatt angesichts der drohenden Niederlage dazu auf, sich rechtzeitig vom Nationalsozialismus zu

---

51 Tagebucheintrag Willi Grafs vom 13. Januar 1943, in: A. Knoop-Graf/I. Jens (Anm. 8), S. 99 und S. 308f., Anm. 1; dazu jetzt auch Verhör Sophie Scholls vom 18. Februar 1943, BAP Dahlwitz-Hoppegarten, ZC 13267, Bd. 3, S. 9.

52 Verhör Kurt Hubers vom 2. März 1943, ebenda, NJ 1704, Bd. 7, S. 15, und Schlußwort Kurt Hubers vor dem Volksgerichtshof am 19. April 1943, zit. nach Ch. Petry (Anm. 9), S. 187, außerdem Verhör Alexander Schmorells vom 1. März 1943, ZAhdS Moskau, 1361-1-8808, S. 18.

53 Verhör Alexander Schmorells vom 25. Februar 1943, ebenda, S. 8; Aussagen Gisela Schertlings vom 29. März 1943, BAP Dahlwitz-Hoppegarten, ZC 13267, Bd. 15, S. 11.

54 Vernehmung Sophie Scholls vom 20. Februar 1943, ebenda, Bd. 3, S. 15 und Aussagen Alexander Schmorells vom 25. Februar 1943, ZAhdS Moskau, 1361-1-8808, S. 8.

55 Siehe dazu u. a. Schlußwort Kurt Hubers vor dem Volksgerichtshof vom 19. April 1943, zit. nach Ch. Petry (Anm. 9), S. 184; ferner Vernehmung Kurt Hubers vom 27. Februar 1943, BAP Dahlwitz-Hoppegarten, NJ 1704, Bd. 7, S. 8; Vernehmung Katharina Schüddekopfs vom 23. März 1943, ebenda, ZC 13267, Bd. 15, S. 5; Verhör Manfred Eickemeyers vom 7. April 1943, StAM, St.Anw. 12530, S. 23; Verhör Harald Dohrns vom 2. April 1943, ebenda, S. 44.

56 Siehe dazu N. A. Speer (Anm. 22), S. 84f., und I. Jens (Anm. 8), S. 265f.

trennen. Andernfalls würden die Deutschen »dasselbe Schicksal erleiden, das den Juden widerfahren ist«. Damit waren reale Ängste in der Bevölkerung angesprochen[57].

Insgesamt wurden 6 000–9 000 Flugblätter hergestellt[58]. Sophie Scholl berichtete ausführlich über den Transport der Flugblätter mit dem Schnellzug am 25. Januar: »In einer Aktentasche führte ich rund 250 Briefe an in Augsburg wohnende Adressaten mit. Da etwa 100 dieser Briefe nicht frankiert waren, kaufte ich mir beim Bahnpostamt in Augsburg 100 Briefmarken à 8 Pfennige und habe die unfrankierten Briefe mit Marken versehen und bei der Bahnpost eingeworfen. Ungefähr die Hälfte der Briefe habe ich in den Schalterbriefkasten geworfen und die andere Hälfte in den Hausbriefkasten vor dem Postgebäude.«[59] Anschließend fuhr sie nach Ulm und brachte Hans Hirzel wahrscheinlich 2 000 Flugblätter, von denen dieser einen großen Teil mit seinem Freund Franz Müller in den folgenden zwei Tagen für Stuttgart postfertig machte und am 27. Januar mit seiner Schwester Susanne Hirzel in Stuttgart verbreitete[60]. Als zweiter Kurier fuhr Alexander Schmorell am 26. Januar mit einigen hundert Briefen zuerst nach Salzburg, dann nach Linz, wo er jeweils 100–200 Flugblätter am Bahnhof zur Post brachte. Er fuhr, wie er aussagte, in den späten Abendstunden weiter nach Wien. Dort mietete er sich ein Hotelzimmer unter seinem richtigen Namen und steckte erst am nächsten Tag die verschiedenen Briefsendungen in zahlreiche Postkästen. Hier gab er dann auch noch Flugblätter für Frankfurt am Main auf[61].

Es wurde geplant, diese Flugblätter gleichzeitig in mehreren Städten erscheinen zu lassen, um, so Sophie Scholl, eine größere Wirkung insgesamt zu erzielen und den

57 Fünftes Flugblatt der Weißen Rose, BAP Dahlwitz-Hoppegarten, NJ 1704, Bd. 32, S. 6; siehe auch Ian Kershaw, Resistance without the people? Bavarian attitudes to the Nazi regime at the time of the Weiße Rose, in: Hinrich Siefken (Hrsg.), Die Weiße Rose. Student Resistance to National Socialism 1942/1943. Forschungsergebnisse und Erfahrungsberichte. A Nottingham Symposium, Nottingham 1991, S. 58.

58 Die genaue Auflagenzahl für das fünfte Flugblatt läßt sich natürlich nicht mehr ermitteln. Die Zahlenangaben in den Anklage- und Urteilsschriften differieren; sie gehen wohl einerseits auf die Aussagen von Sophie Scholl zurück und andererseits auf die zusammenfassenden Berichte des Kriminalsekretärs Mahler vom 19. Februar 1943, BAP Dahlwitz-Hoppegarten, ZC 13267, Bd. 1, S. 15, denen die Aussagen Hans Scholls zugrunde lagen. Diese Zahlenangaben wurden dann noch recht willkürlich interpretiert. In ihren Verhören vom 18. und 20. Februar 1943, ebenda, Bd. 3, S. 9 und S. 13, erklärte Sophie Scholl, insgesamt seien 6 000 Flugblätter hergestellt worden, wovon 2 000 in der Nacht vom 28./29. Januar 1943 ausgestreut wurden. In seinen Vernehmungen vom 18. und 20. Februar 1943, ebenda, Bd. 2, S. 13 und S. 16, gestand Hans Scholl hingegen, insgesamt 4 500 Flugblätter mit der Post verschickt und 5 000 ausgestreut zu haben. Die Angaben Hans Scholls über die Höhe der ausgestreuten Flugblätter gingen in die Anklageschrift vom 21. Februar 1943 ein. Nach den Aussagen von Alexander Schmorell vom 25. Februar 1943, ZAhdS Moskau, 1361-1-8808, S. 8 und S. 11, wurden 2 000–3 000 mit der Post versandt und 1 500 ausgestreut.

59 Aussage Sophie Scholls vom 18. Februar 1943, BAP Dahlwitz-Hoppegarten, ZC 13267, Bd. 3, S. 9.

60 Verhöre Hans Hirzels vom 22. und 27. Februar 1943, vom 11. und 23. März 1943, ebenda, ZC 14116, Bd. 1, S. 10f., 18, 39f. und 47; vgl. außerdem hierzu Hans Hirzel, Flugblätter der Weißen Rose in Ulm und Stuttgart, in: R. Lill (Anm. 5), S. 89–119.

61 Aussagen Sophie Scholls vom 18. Februar 1943, BAP Dahlwitz-Hoppegarten, ZC 13267, Bd. 3, S. 9, und Verhör Alexander Schmorells vom 25. Februar 1943, ZAhdS Moskau, 1361-1-8808, S. 8f.

Eindruck einer weitverzweigten Organisation zu erwecken. Die Kurierfahrten wurden auch aus Ersparnisgründen gemacht – statt 12 Pfennige wurden jeweils nur 8 Pfennige für das Porto benötigt[62].

Diese Strategie sollte nicht, wie die Gestapo vermutete, von München ablenken[63], denn auch hier wollte die Weiße Rose mit der Post Flugblätter verbreiten. Doch als es keine Briefumschläge mehr gab, wählten sie eine andere, riskantere Aktionsform[64]: In der Nacht vom 28./29. Januar fand eine »Streuaktion«[65] in München statt, die nach den Angaben der Gestapo den Hauptbahnhof zum Mittelpunkt hatte. Während Hans Scholl wohl von Schwabing aus, also von Norden her zum Bahnhof die Flugblätter ausstreute, verbreitete Willi Graf sie südlich des Sendlinger Torplatzes und Alexander Schmorell eher im Nordosten des Bahnhofes. Den Ermittlungen der Gestapo zufolge hatte das Streugebiet von Norden nach Süden eine Ausdehnung von 4,5 km, und die Wegstrecke betrug 15–18 km. Ungefähr 2000–5000 Flugblätter wurden ausgestreut: davon erfaßte die Gestapo angeblich 1300[66]. Die Aktion wurde in der Nacht von 23.00 Uhr bis 1.00 Uhr morgens durchgeführt. Anschließend trafen sich die Freunde wieder in der Wohnung der Geschwister Scholl, von der aus sie alle drei losgezogen waren. Anfang Februar riskierte Sophie Scholl noch mehr: Sie streute in kleinen Mengen Flugblätter am Tag in München aus, und zwar in Telefonkabinen und auf parkende Autos[67].

Dieses Mal war es den Studenten nicht möglich, die Wirkung ihrer Schriften herauszufinden, »... denn wir hatten keine Gelegenheit, uns mit jemandem zu unterhalten und dessen Urteil zu hören«[68]. Bald wurde ihnen bewußt, daß sie trotz systematischer Planung und Organisation wieder nicht den gewünschten Widerhall erhielten[69].

---

62 Aussagen Sophie Scholls vom 18. und 20. Februar 1943, BAP Dahlwitz-Hoppegarten, ZC 13267, Bd. 3, S. 9 und S. 13; Aussagen Alexander Schmorells vom 25. Februar 1943, ZAhdS Moskau, 1361-1-8808, S. 8; Aussagen Willi Grafs vom 2. März 1943, BAP Dahlwitz-Hoppegarten, NJ 1704, Bd. 8, S. 20; Aussagen Hans Scholls vom 20. Februar 1943, ebenda, ZC 13267, Bd. 2, S. 20.

63 Verhör Sophie Scholls vom 20. Februar 1943, ebenda, Bd. 3, S. 13.

64 Aussagen Alexander Schmorells vom 25. Februar 1943, ZAhdS Moskau, 1361-1-8808, S. 8 und S. 11.

65 Vgl. hierzu insbes. Bericht der Staatspolizeileitstelle München an das Reichssicherheitshauptamt Berlin vom 5. Februar 1943, BAP Dahlwitz-Hoppegarten, ZC 13267, Bd. 1, S. 1ff., und Schreiben des Oberstaatsanwalts München I an den Reichsminister der Justiz in Berlin vom 5. Februar 1943, ebenda, NJ 1704, Bd. 33, S. 3; außerdem die Aussagen Hans Scholls vom 18. Februar 1943, ebenda, ZC 13267, Bd. 2, S. 13; die Aussagen Sophie Scholls vom 18. Februar 1943, ebenda, Bd. 3, S. 9; ferner die Aussagen Alexander Schmorells vom 26. Februar 1943, ZAhdS Moskau, 1361-1-8808, S. 11 und die Aussagen Willi Grafs vom 26. Februar 1943, BAP Dahlwitz-Hoppegarten, NJ 1704, Bd. 8, S. 10f.

66 Schreiben des Oberstaatsanwalts München I an den Reichsminister der Justiz in Berlin vom 5. Februar 1943, ebenda, Bd. 33, S. 3.

67 Sophie Scholl gestand diese Aktionen der Gestapo in ihrem Verhör vom 18. Februar 1943, ebenda, ZC 13267, Bd. 3, S. 10.

68 Aussage Alexander Schmorells vom 25. Februar 1943, ZAhdS Moskau, 1361-1-8808, S. 9.

69 Aussage Hans Scholls vom 20. Februar 1943, BAP Dahlwitz-Hoppegarten, ZC 13267, Bd. 2, S. 18; in diesem Zusammenhang hat Ch. Petry (Anm. 9), S. 114 mit seiner Behauptung unrecht, die Aktionen seien niemals systematisch geplant, sondern eher dem Zufall überlassen gewesen.

Dritte Phase: Das sechste Flugblatt Kommilitoninnen! Kommilitonen! und die Freiheitsparolen

Die offizielle Nachricht von der katastrophalen Niederlage der 6. Armee in Stalingrad, die am 3. Februar 1943 in allen Zeitungen und im Rundfunk verbreitet wurde, war für die Weiße Rose Anlaß und Anstoß für das sechste Flugblatt[70].

Die Ereignisse im Deutschen Museum anläßlich der 470-Jahr-Feier der Münchener Universität am 13. Januar, als es zu Tumulten und Protesten der Studenten gegen die beleidigende Rede des Gauleiters Giesler gekommen war, führten zu einem erneuten Adressatenwechsel. Die Weiße Rose wollte jetzt ganz gezielt nur die Münchener Studentenschaft mobilisieren, »... weil wir die Auffassung vertraten, daß die meisten der Studenten revolutionär und begeisterungsfähig sind, sich vor allem aber etwas zu unternehmen getrauen«, wie Sophie Scholl erklärte[71]. Nach Otl Aicher glaubte Sophie: »Revolutionen entstehen, sie werden nicht vorhergedacht ... Die Geschichte hat nichts von denen, die darüber spekulieren, sondern von denen, die Revolutionen auslösen. Sie müssen ja nicht im großen beginnen. Revolutionen stauen sich auf, wenn es Leute gibt, die im kleinen anfangen.«[72]

Diesmal aber schrieben die Studenten das Flugblatt nicht selber, sondern sie wählten Kurt Huber als akademische Autorität aus, diesen Aufruf »in der Sprache eines jungen Studenten«[73] zu verfassen. War er doch der einzige Hochschullehrer der Philosophischen Fakultät, dem es noch Anfang 1943 in seinen überfüllten Vorlesungen gelang, Hörer aller Fakultäten zu faszinieren[74].

Bei der Übergabe des Flugblattentwurfes am 9. Februar kam es nach den Aussagen Hubers zu einer Kontroverse, da die Studenten darauf bestanden, die folgende Passage wegzustreichen: »Studenten, Studentinnen, Ihr habt euch der deutschen Wehrmacht an der Front und in der Etappe, vor dem Feind, in der Verwundeten-Hilfe, aber auch im Laboratorium und am Arbeitstisch restlos zur Verfügung gestellt. Es kann für uns alle kein anderes Ziel geben, als die Vernichtung des russischen Bolschewismus in jeder Form. Stellt euch weiterhin geschlossen in die Reihen unserer herrlichen Wehrmacht.«[75] Huber, so nach seiner Version, hätte sie verärgert verlassen. Nach Alexander Schmorells Aussagen kam es zu keiner Kontroverse, sondern Huber wäre einverstanden gewesen, einige andere von ihnen kritisierten Sätze wegzulassen. Erst nachdem Huber gegangen wäre, hätten sie »... noch eine Stelle, wo

---

70 Nach A. Knoop-Graf/I. Jens (Anm. 8), S. 320, Anm. 1, soll Kurt Huber am 4. Februar 1943 in seiner Vorlesung diese Nachricht mit der Bemerkung kommentiert haben: »Wir gedenken heute der Opfer von Stalingrad; die Zeit der Phrasen ist vorbei.«

71 Aussage Sophie Scholls vom 20. Februar 1943, BAP Dahlwitz-Hoppegarten, ZC 13267, Bd. 3, S. 14.

72 Otl Aicher, innenseiten des kriegs, Frankfurt am Main 1985, S. 144. Die Kleinschreibung des Zitates wurde im Text der konventionellen Schreibweise angepaßt.

73 Aussage Kurt Hubers vom 27. Februar 1943, BAP Dahlwitz-Hoppegarten, NJ 1704, Bd. 7, S. 11.

74 Zur personellen und institutionellen Entwicklung des Philosophischen Seminars an der Münchener Universität im Dritten Reich, und damit zur Aushöhlung seiner vor 1933 bestehenden Substanz, sowie zur problematischen Stellung Kurt Hubers innerhalb der philosophischen Fakultät, siehe Claudia Schorcht, Philosophie an den bayerischen Universitäten 1933–1945, Erlangen 1990, S. 162–168 und S. 232–255.

75 Aussage Kurt Hubers vom 1. März 1943, BAP Dahlwitz-Hoppegarten, NJ 1704, Bd. 7, S. 13.

Prof. Huber davon sprach, daß unsere herrliche Wehrmacht gerettet werden müßte«, weggestrichen[76].

In diesem Flugblatt wurde sowohl auf die Katastrophe von Stalingrad als auch auf die konkrete Situation der Studenten an der Münchener Universität eingegangen. Mit scharfen Worten wurde das nationalsozialistische Bildungssystem gegeißelt und herausgestellt, wie die Studenten als Frontsoldaten in ihrer persönlichen Freiheit und Ehre durch die NS-Studentenpolitik und die Partei permanent diszipliniert wurden. Mit dem Ruf nach Freiheit und Ehre erging ein Aufruf an die Studenten sich wie 1813 im Befreiungskrieg gegen Napoleon jetzt vom nationalsozialistischen System zu befreien[77].

Am Freitag, den 12. Februar, wurden die Flugblätter in der Wohnung der Geschwister Scholl von Hans Scholl, Alexander Schmorell und Willi Graf hergestellt[78]. Sophie Scholl war vom 5. bis einschließlich 14. Februar 1943 nicht in München, sie pflegte ihre kranke Mutter in Ulm[79]. Es wurden 2000–3000 Flugblätter vervielfältigt[80]. Das Flugblatt trug wahrscheinlich die Überschrift: »Deutsche Studentin! Deutscher Student!«[81] Nachdem nach einer Reihe von Abzügen die Matritze gerissen war, betitelten Hans Scholl und Alexander Schmorell es neu mit: »Kommilitoninnen! Kommilitonen!« Am Montag, den 15. Februar machten die Geschwister Scholl, Alexander Schmorell und Willi Graf die Flugblätter postfertig. Da es wiederum zu wenig Briefumschläge gab, falteten sie die Flugblätter zusammen und adressierten sie auf der Außenseite[82]. Die Adressen wurden aus einem veralteten Studentenverzeichnis des Wintersemesters 1941/42, das Kurt Huber zur Verfügung gestellt hatte, herausgeschrieben[83].

Die Ereignisse von Stalingrad, die in der Bevölkerung als Wendepunkt des Krieges oder als »Anfang vom Ende« gedeutet wurden, erschütterten erstmalig den My-

---

76 Aussagen Alexander Schmorells vom 1. März 1943, ZAhdS Moskau, 1361-1-8808, S. 19.

77 Sechstes Flugblatt der Weißen Rose, BAP Dahlwitz-Hoppegarten, NJ 1704, Bd. 32, S. 5.

78 Siehe zu den Tagebuchnotizen Willi Grafs vom 12. Februar 1943, in: A. Knoop-Graf/I. Jens (Anm. 8), S. 106 und S. 324, Anm. 1, jetzt Aussagen Alexander Schmorells vom 25. Februar 1943, ZAhdS Moskau, 1361-1-8808, S. 9.

79 Siehe I. Jens (Anm. 8), S. 234ff.

80 Nach den Aussagen Hans Scholls vom 18. Februar 1943, BAP Dahlwitz-Hoppegarten, ZC 13267, Bd. 2, S. 13, wurden 800 Flugblätter per Post versandt und 1200 in der Universität ausgestreut. Sophie Scholls Aussagen vom 18. Februar 1943, ebenda, Bd. 3, S. 10, zufolge wurden 1200 Flugblätter mit der Post abgeschickt und 1500–1800 in der Universität verbreitet. Alexander Schmorells Angaben vom 25. Februar 1943, ZAhdS Moskau, 1361-1-8808, S. 9f., entsprechen Sophie Scholls Aussagen. Sophie Scholls Angaben gingen in die Urteilsschrift vom ersten Prozeß wie in die Anklageschrift gegen Alexander Schmorell u. a. vom 8. April 1943 ein.

81 Siehe dazu u. a. Aussage Kurt Hubers vom 1. März 1943, BAP Dahlwitz-Hoppegarten, NJ 1704, Bd. 7, S. 14, und Schriftproben der kriminaltechnischen Untersuchungsstelle vom sechsten Flugblatt, die die gleiche Überschrift tragen, ebenda, ZC 13267, Bd. 5, ferner Aussagen Sophie Scholls vom 20. Februar 1943, ebenda, Bd. 3, S. 13; dagegen Hans Scholl im Verhör vom 18. Februar 1943, ebenda, Bd. 2, S. 13, und Alexander Schmorell in seiner Vernehmung vom 25. Februar 1943, ZAhdS Moskau, 1361-1-8808, S. 9, die beide behaupteten, das sechste Flugblatt habe ursprünglich den Titel »Studentinnen! Studenten!« getragen.

82 Vgl. dazu Aussagen Gisela Schertlings vom 31. März 1943, BAP Dahlwitz-Hoppegarten, ZC 13267, Bd. 15, S. 20f.; Aussagen Willi Grafs vom 26. Februar 1943, ebenda, NJ 1704, Bd. 8, S. 11; Aussagen Sophie Scholls vom 20. Februar 1943, ebenda, ZC 13267, Bd. 3, S. 13, und Aussagen Alexander Schmorells vom 25. Februar 1943, ZAhdS Moskau, 1361-1-8808, S. 9f.

83 Nach Aussagen Kurt Hubers vom 4. März 1943, BAP Dahlwitz-Hoppegarten, NJ 1704, Bd. 7, S. 16, und Sophie Scholls vom 20. Februar 1943, ebenda, ZC 13267, Bd. 3, S. 15, sowie Alexander Schmorells vom 25. Februar 1943, ZAhdS Moskau, 1361-1-8808, S. 9f.

thos Hitlers, seine angebliche Unbesiegbarkeit[84]. Dieser offensichtliche Stimmungseinbruch in der Öffentlichkeit führte die Freunde zu einer noch gewagteren Aktionsform, um sich, wie Alexander Schmorell erklärte, »an die Masse des Volkes« zu wenden[85]. In der Nacht vom 3. auf den 4. Februar 1943 malten Alexander Schmorell und Hans Scholl laut Bericht der Gestapo an 29 Stellen zumeist öffentlicher Gebäude mit schwarzer Teerfarbe die Parole »Nieder mit Hitler« und ein durchgestrichenes Hakenkreuz. Dazu benutzten sie eine Schablone, die Alexander mit seinem handwerklichen Geschick zuvor angefertigt hatte. Den Aussagen von Hans Scholl zufolge hatten sie keinen festen Plan, wo die Schriften angebracht werden sollten: »Wir haben nur den Verputz jeweils abgetastet, ob er zur Anbringung einer Schrift geeignet ist.« Auf dem Rückweg malten sie rechts und links vom Eingang der Universität die Parole »Freiheit« in 75 cm hohen Lettern ohne Schablone[86]. In der Nacht vom 8. auf den 9. Februar schrieben Hans Scholl und Willi Graf mit grüner Farbe, die aus dem Atelier Eickemeyer entwendet worden war, am Eingang der Universität zweimal die Parolen »Nieder mit Hitler« und viermal »Freiheit« in 60 cm hohen Buchstaben an[87].

In der Nacht vom 15. auf den 16. Februar nahmen alle drei Freunde der Kerngruppe an der risikoreichsten Aktion teil: Hans Scholl, Alexander Schmorell und Willi Graf[88]. Diesmal fanden praktisch zwei Aktionen zur gleichen Zeit statt: Einerseits wurden die versandfertigen 800–1 200 Flugblätter in zwei Aktenmappen verpackt und gegen 23.00 Uhr zu verschiedenen Postämtern quer durch die Innenstadt bis hin zum Hauptbahnhof gebracht. Gleichzeitig trugen die Akteure die Schablone, einen Eimer mit Farbe und Pinsel, um auf dem Rückweg an der Bayerischen Staatskanzlei und drei anderen Gebäuden die Parole »Nieder mit Hitler« anzubringen. An der Buchhandlung Hugendubel schrieben sie nicht nur die Parole »Nieder mit Hitler«, sondern auch »Hitler Massenmörder«. In dieser Nacht wurde schwarze Teerfarbe benutzt, und die Buchstaben, die ohne Schablone angeschrieben wurden, sollen einen Meter hoch gewesen sein. Bei allen drei Malaktionen war wohl Hans Scholl trotz seiner gegenteiligen Aussagen mit einer Armeepistole bewaffnet[89].

---

84 Siehe dazu Geheimbericht der SS vom 4. Februar 1943, in: Heinz Boberach (Hrsg.), Meldungen aus dem Reich. Die geheimen Lageberichte des Sicherheitsdienstes der SS 1938–1945, Bd. 12, S. 4751; I. Kershaw (Anm. 57), S. 53.

85 Aussage Alexander Schmorells vom 25. Februar 1943, ZAhdS Moskau, 1361-1-8808, S. 11.

86 Diese Angaben gehen hervor aus einem Bericht der Sonderkommission der Gestapo München vom 19. Februar 1943, einem Bericht der Staatspolizeileitstelle München vom 20. Februar 1943, BAP Dahlwitz-Hoppegarten, ZC 13267, Bd. 1, S. 13 ff., und dem Schreiben des Oberstaatsanwalts München I vom 5. Februar 1943 an den Reichsminister der Justiz in Berlin, ebenda, NJ 1704, Bd. 33, S. 3; außerdem aus den Aussagen von Alexander Schmorell vom 25. Februar 1943, ZAhdS Moskau, 1361-1-8808, S. 10 f., sowie aus dem Verhör Hans Scholls vom 20. Februar 1943, BAP Dahlwitz-Hoppegarten, ZC 13267, Bd. 2, S. 18 ff.

87 Vgl. hierzu Anm. 86 und außerdem Aussagen Willi Grafs vom 2. März 1943, ebenda, NJ 1704, Bd. 8, S. 22; Verhör Gisela Schertlings vom 31. März 1943, ebenda, ZC 13267, Bd. 15, S. 21; Aussagen Manfred Eickemeyers vom 9. April 1943, StAM, St.Anw. 12530, S. 25.

88 Siehe dazu ebenfalls Anm. 86 und ferner Aussagen Willi Grafs vom 26. Februar 1943, BAP Dahlwitz-Hoppegarten, NJ 1704, Bd. 8, S. 11 f.

89 Verhör Hans Scholls vom 20. Februar 1943, ebenda, ZC 13267, Bd. 2, S. 20; dagegen jedoch die Aussage Alexander Schmorells vom 26. Februar 1943, ZAhdS Moskau, 1361-1-8808, S. 16: »Soviel ich weiß, hat bei den Schmierereigängen nur Hans Scholl eine Schußwaffe bei sich geführt, von der er auch Gebrauch gemacht haben würde, wenn wir ertappt worden wären.«; vgl. ferner Bericht der Gestapo vom 18. Februar 1943 über die Hausdurchsuchung der Wohnung der Ge-

Die im Sommer 1942 angelaufenen Untersuchungen der Gestapo gegen die Flugblätter der Weißen Rose, die als »staatsfeindliche Bestrebungen und sinnabträgliches Verhalten« bewertet wurden, blieben ergebnislos und wurden daher bald eingestellt[90]. Erst nach der Streuaktion in der Nacht vom 28. auf den 29. Januar 1943 wurden entscheidende Untersuchungen und Maßnahmen der Gestapo eingeleitet. Ich kann hier nur die wichtigsten Schritte kurz andeuten[91]: Da man herausgefunden hatte, daß der Münchener Hauptbahnhof als Mittelpunkt zur Verbreitung der Flugblätter gedient hatte, vermutete man zuerst, es habe sich bei den Akteuren um »reisende Täter« gehandelt, die aus Wien, wo man am 27. Januar auch Flugblätter gefunden hatte, mit dem Zug abends in München angekommen waren. Daher wurde zuerst der ehemalige Staatsbibliothekar der Münchener Universität, Max Stefl, der wegen seiner »staatsfeindlichen Einstellung« 1934 fristlos aus dem Staatsdienst entlassen worden war und sich in »diesen kritischen Tagen« in Wien aufgehalten hatte, verdächtigt und eine Zeit lang ergebnislos überwacht. Stefl war seit 1919 ein enger Freund Theodor Haeckers gewesen[92].

Am 1. Februar wurden im Rahmen einer Kriegsfahndung Zugkontrollen in München, Stuttgart, Karlsruhe, Nürnberg, Augsburg, Regensburg und Würzburg angeordnet. Außerdem wurde in München am 4. Februar eine Großfahndung eingeleitet, die aber erfolglos verlief. Nachdem die kriminaltechnische Untersuchungsstelle München herausgefunden hatte, daß das fünfte Flugblatt auf der gleichen Schreibmaschine geschrieben worden war wie die ersten vier Flugblätter, folgerte die Gestapo, daß die Täter aus München und Umgebung sein müßten. Am 5. Februar 1943 wurde die Bevölkerung in den Münchener Neuesten Nachrichten und weiteren Zeitungen in verschiedenen Orten Oberbayerns mit Hilfe eines Inserats zur Mitfahndung nach einem »Gewaltverbrecher« gegen »1 000 RM Belohnung« aufgerufen[93].

Auch trotz der riskanten Malaktionen, die von der Gestapo präzise verfolgt und registriert wurden und dazu führten, daß vom 9. Februar an die Münchener Universität ständig bewacht wurde und zwischen dem 5. und 11. Februar eine Sonderkommission eingerichtet wurde, die der Kriminalobersekretär Robert Mohr leitete, hatte die Gestapo in München noch am 17. Februar keine eindeutige Spur. Sie beauftragte daher am 17. und 18. Februar den Gräcisten Professor Harder, eine philologische Analyse der Flugblätter vorzunehmen und die geistesgeschichtli-

---

schwister Scholl, BAP Dahlwitz-Hoppegarten, ZC 13267, Bd. 2, S. 1. Die Gestapo fand eine Armeepistole und ungefähr 200 Patronen.

90 Vermerk vom 9. Juli 1943 im geheimen Monatsbericht der oberbayerischen Verwaltung, zit. nach K. Drobisch (Anm. 10), S. 25, und Bericht des Kriminalobersekretärs bei der Gestapo München, Robert Mohr, in: I. Scholl (Anm. 8), S. 226.

91 Die folgende Zusammenfassung ergibt sich aus den Berichten der Gestapo München vom 5. und 11. Februar 1943 an das Reichssicherheitshauptamt Berlin, dem Gutachten der kriminaltechnischen Untersuchungsstelle vom 18. Februar 1943, einem zusammenfassenden Bericht des Kriminalsekretärs Mahler vom 19. Februar 1943 und dem Gutachten Prof. Harders vom 17. und 18. Februar 1943, alle BAP Dahlwitz-Hoppegarten, ZC 13267, Bd. 1, S. 1–5, S. 9 und S. 15–20.

92 Siehe Hinrich Siefken (Hrsg.), Theodor Haecker 1879–1945 (mit einer Haecker-Bibliographie von Eva Dambacher), in: Marbacher Magazin, 49 (1989), S. 16ff., bes. S. 48.

93 »Gewaltverbrecher gesucht. 1 000 RM Belohnung«, in: Münchener Neuesten Nachrichten vom 5. Februar 1943, S. 5.

chen und politischen Hintergründe herauszuarbeiten, um der Identität der Autoren näherzukommen.

Allerdings hatte die Staatspolizeileitstelle Stuttgart eine Spur aufnehmen können. Hans Hirzel hatte am 10. Januar zwei HJ-Kameraden aus Stuttgart den Plan anvertraut, am 30. Januar Flugblätter in Stuttgart zu verbreiten. Aufgrund einer Anzeige dieser Bekannten vom 29. Januar wurde Hirzel am Nachmittag des 17. Februar in Ulm von der Gestapo das erste Mal verhört und mit dem Namen Sophie Scholl konfrontiert. Hans Hirzel warnte unmittelbar darauf die Familie Scholl in Ulm[94].

Der 18. Februar

Am Donnerstag, den 18. Februar 1943, erreichten Hans und Sophie Scholl gegen 10.45 Uhr den Haupteingang der Universität. Sie trugen einen rotbraunen Koffer und eine Aktentasche, beide voll gefüllt mit dem sechsten Flugblatt und einer kleinen Menge des fünften. Ihnen begegneten in der Universität ihre Freunde Traute Lafrenz und Willi Graf[95].

Die Geschwister Scholl legten vor den noch geschlossenen Hörsälen und in den Gängen der Universität die Flugblätter stoßweise aus. Als sie schon am rückwärtigen Ausgang Amalienstraße waren, kehrten sie um und liefen in den ersten Stock, wo sie nochmals Flugblätter ablegten, dann rannten sie in den zweiten Stock, wo wohl Sophie den Rest der Flugblätter über die Brüstung in den Lichthof warf. Sophies eigene Erklärung vor der Gestapo lautete: »In meinem Übermut oder meiner Dummheit habe ich den Fehler begangen, etwa 80 bis 100 solcher Flugblätter vom 2. Stockwerk der Universität in den Lichthof herunterzuwerfen, wodurch mein Bruder und ich entdeckt wurden.«[96] Der Hausschlosser der Universität, Jakob Schmid, sah unten im fast noch leeren Lichthof, wie die Flugblätter von der linken Balustrade herunterfielen. Er rannte zu den Geschwistern Scholl, hielt sie fest und forderte sie auf mitzukommen. Nach den Aussagen Schmids versuchte sich Hans Scholl mit den Worten zu wehren: »Lächerlich so etwas, es ist eine Unverschämtheit, einen in der Universität herinnen festzunehmen!«[97]

Die letzten Gründe, warum Hans und Sophie Scholl die Flugblätter in den Lichthof warfen, werden wir nie erfahren. Aber wir können aus dem neuen Material folgendes rekonstruieren: Das Auslegen der Flugblätter vor den Hörsälen und in den Gängen in der Universität hatte Hans Scholl mit Alexander Schmorell verabredet, Willi Graf war ebenfalls davon unterrichtet[98]. Doch, so berichtete Schmorell vor der

---

94 Anzeige von Wolf Tröster und Gerhard Munz gegen Hans Hirzel bei der Staatspolizeileitstelle Stuttgart vom 29. Januar 1943 und Verhör Hans Hirzels vom 17. Februar 1943, BAP Dahlwitz-Hoppegarten, ZC 14116, Bd. 1, S. 2ff.; ferner Hans Hirzel, in: R. Lill (Anm. 5), S. 109ff.

95 Zum Auslegen der Flugblätter vgl. bes. Verhör Hans Scholls vom 18. Februar 1943, ebenda, ZC 13267, Bd. 2, S. 13f., und Aussagen Sophie Scholls vom 18. Februar 1943, ebenda, Bd. 3, S. 10; vgl. auch Berichte Traute Lafrenz, in: I. Scholl (Anm. 8), S. 134.

96 Verhör Sophie Scholls vom 18. Februar 1943, BAP Dahlwitz-Hoppegarten, ZC 13267, Bd. 3, S. 10.

97 Aussagen Jakob Schmids vom 18. Februar 1943, ebenda, Bd. 1, S. 6.

98 Vgl. Aussagen Hans Scholls vom 18. Februar 1943, ebenda, Bd. 2, S. 13; Verhör Willi Grafs vom 26. Februar 1943, ebenda, NJ 1704, Bd. 8, S. 12; Aussagen Alexander Schmorells vom 25. und 26. Februar 1943, ZAhdS Moskau, 1361-1-8808, S. 10, 13; Aussagen Gisela Schertlings vom 31. März 1943, BAP Dahlwitz-Hoppegarten, ZC 13267, Bd. 15, S. 20.

Gestapo: »Etwas Näheres, insbesondere wann das geschehen und von wem das durchgeführt werden soll, ist zwischen uns beiden nicht vereinbart worden.«[99] So wurde Alexander Schmorell am Donnerstag Mittag gegen 12 Uhr überrascht, als er mit der Straßenbahn zur Universität fuhr und zufällig von dem Studenten Eichhorn erfuhr, daß in der Universität zwei Studenten wegen Verbreitung von Druckschriften verhaftet worden seien[100].

Es gibt noch eine weitere Erklärung: Auch diesmal hatten sich alle drei Freunde die Flugblätter selbst geschickt, um sicher zu gehen, ob ihre Methode noch funktionierte. Aber weder Alexander Schmorell noch Hans Scholl erhielten sie mit der Post. Die Gestapo hatte von den ungefähr 1 200 verschickten Flugblättern angeblich rund 800 erfaßt[101]. Fand Hans Scholl also am Morgen des 18. Februar heraus, daß das an ihn adressierte sechste Flugblatt nicht angekommen, sondern von der Gestapo abgefangen worden war? Verstärkte sich nun sein schon vorhandener Verdacht, von der Gestapo beobachtet zu werden[102]? Anscheinend stand er unter Zeitdruck. Jedenfalls glaubte er mit seiner Schwester umgehend alleine die Aktion ausführen zu müssen, ohne die übrigen Freunde zu benachrichtigen. Der Abwurf war wohl eine spontane Handlung, möglicherweise durch eine extreme körperliche und seelische Anspannung oder eine euphorisch tollkühne Stimmung verursacht. Die Interpretation, der Abwurf der Flugblätter sei als ein bewußtes, von vornherein geplantes Selbstopfer zu deuten, das bei den Münchener Studenten ein Fanal des Widerstandes entzünden sollte[103], kann nicht einleuchten, da eine Menge die zahlreichen Freunde belastendes Material nicht rechtzeitig beiseite geschafft worden war[104]. Zudem beteuerten Sophie Scholl und Alexander Schmorell vor der Gestapo, daß sie mit der bisher praktizierten Methode der Flugblattverbreitung weiterzuarbeiten gedachten[105].

Für diese Phase läßt sich festhalten: Die Vorbereitung und Herstellung des sechsten Flugblattes scheint nicht langfristig und gezielt geplant gewesen zu sein. Ein veraltetes Vorlesungsverzeichnis wurde für die Adressen der Studenten verwendet, innerhalb der Zentralgruppe gab es erhebliche Differenzen. Die Anfang Februar einsetzenden Malaktionen waren verstärkt von spontanen Einfällen und auch leichtsinnigen Aktionen geprägt. Dies kulminierte schließlich in der Aktion des 18. Februar.

---

99 Aussage Alexander Schmorells vom 26. Februar 1943, ZAhdS Moskau, 1361-1-8808, S. 13.

100 Aussage Alexander Schmorells vom 26. Februar 1943, ebenda.

101 Aussage Hans Scholls vom 18. Februar 1943, BAP Dahlwitz-Hoppegarten, ZC 13267, Bd. 2, S. 13, und Alexander Schmorells vom 26. Februar 1943, ZAhdS Moskau, 1361-1-8808, S. 13; Bericht der Sonderkommission der Gestapo München vom 19. Februar 1943, BAP Dahlwitz-Hoppegarten, ZC 13267, Bd. 1, S. 15.

102 Vgl. dazu Aussage Wilhelm Geyers vom 5. April 1943, StAM, St.Anw. 12530, S. 34: »Sie sprachen wiederholt davon, daß sie sich beobachtet fühlten.«; Josef Söhngen, in: I. Scholl (Anm. 8), S. 128, berichtet ebenfalls, Hans Scholl habe sich von der Gestapo verfolgt gefühlt. Er sei durch einen Informanten der Gestapo gewarnt worden.

103 G. Kirchberger (Anm. 8), S. 40, zeigt, wie sich dieses Bild in der Publizistik unmittelbar nach dem Krieg durchsetzte; siehe auch Bericht Falk Harnack, in: I. Scholl (Anm. 8), S. 149; Ch. Petry (Anm. 9), u. a. S. 119.

104 Vgl. hierzu jetzt auch u. a. Verzeichnis der Beweisgegenstände der Gestapo vom 20. Februar 1943, BAP Dahlwitz-Hoppegarten, ZC 13267, Bd. 1, S. 11, und Ergebnis der Hausdurchsuchung der Wohnung der Geschwister Scholl durch die Gestapo vom 18. Februar 1943, ebenda, Bd. 2, S. 1.

105 Aussage Sophie Scholls vom 18. Februar 1943, ebenda, Bd. 3, S. 10, und Alexander Schmorells vom 25. Februar 1943, ZAhdS Moskau, 1361-1-8808, S. 10.

Ziele und Motive

Die Ziele und die Motivationslage waren natürlich auch bei dieser Widerstandsgruppe differenziert und vielschichtig. Bisher standen in der Literatur konstante, durchgängige Motive der einzelnen Gruppenmitglieder, die mit unterschiedlicher Gewichtung die Widerstandshandlungen prägten, im Vordergrund. So wird als stärkstes Movens die christlich-religiöse und sittliche Empörung über die Gewaltverbrechen gegenüber den Juden und Polen im Osten sowie über die deutsche Okkupationspolitik in den besetzten Ländern gesehen. Besonders Willi Grafs widerständige Haltung ist durch den Vernichtungskrieg in Rußland geprägt worden, dessen Beginn er 1941/1942 mit dem Wüten der »Einsatzgruppen der Sicherheitspolizei und des SD (Sicherheitsdienst)« als einziger der Gruppe miterlebte[106].

Diese verbrecherische Gewaltpolitik wurde von allen als unerträglich und als Hypothek für die Zukunft empfunden. So soll Hans Scholl gesagt haben: »... der heutige Staat ist kein Staat, sondern ein Staat von Verbrechern.«[107] Aber auch die totalitäre Herrschaft im Innern, die die politische Freiheit und damit die geistige (Sophie Scholl), künstlerische (Alexander Schmorell) und religiöse (Willi Graf, Christoph Probst) Toleranz beseitigte, die Autonomie der Wissenschaften und des Rechts unterdrückte (Kurt Huber), verstärkte die Widerstandsmotivationen. Die Sinnlosigkeit eines Krieges überhaupt (Sophie Scholl) und seiner Opfer und die Kritik an der verantwortungslosen Kriegführung spielten ebenfalls eine Rolle. Auf einer ganz anderen Ebene kam das Motiv der Freundschaft hinzu[108].

In der persönlichen Konfrontation mit dem nationalsozialistischen Gewaltstaat hatte die Weiße Rose einen geschärften Blick für diese politische Realität des Dritten Reiches entwickelt[109]. Auf der Suche nach Abgrenzung gaben Werte eines lebendigen Christentums, besonders die eines progressiven Katholizismus, Orientierung. Die wache Auseinandersetzung mit Kunst, Literatur und Philosophie förderte eine Sensibilisierung für die moralische Verantwortung, das Sich-Aufgerufen-Fühlen, die Freiheit des Einzelnen gegen die totalitäre Herrschaft einzuklagen. So schrieb Alexander Schmorell in einer kritischen Auseinandersetzung mit Ernst Jüngers Tagebuch »Gärten und Straßen« am 2. Juni 1942 an die Schwester von Christoph Probst: »Du, ganz herrlich spricht es Jünger aus! Er lehnt die moralische Verantwortung des Einzelnen

---

106 Hierzu Willi Grafs unveröffentlichtes Tagebuch, Privatbesitz Anneliese Knoop-Graf, aus dem hervorgeht, daß Willi Graf seit Oktober 1941 im Mittelabschnitt der deutschen Ostfront im Raum Wjasma-Ghatsk, etwa 150 km westlich von Moskau, eingesetzt war. Zu den Standorten der »Einsatz- und Sonderkommandos« in diesem Raum im Oktober 1941 siehe Helmut Krausnick, Hitlers Einsatzgruppen. Die Truppe des Weltanschauungskrieges 1938–1942, Frankfurt am Main 1989, S. 159f.

107 Siehe dazu H. Hirzel, in: R. Lill (Anm. 5), S. 96f.; ferner Aussage Katharina Schüddekopfs vom 23. März 1943, BAP Dahlwitz-Hoppegarten, ZC 13267, Bd. 15, S. 5.

108 Siehe hierzu bes. I. Jens, in: W. Breyvogel (Anm. 8), S. 208f.

109 Abgesehen von den persönlichen Erfahrungen mit dem nationalsozialistischen Staat im Arbeits- und Militärdienst, mußten Willi Graf und Hans Scholl im Jahre 1937/1938 auch einige Wochen in Untersuchungshaft wegen »bündischer Umtriebe« verbringen. Robert Scholl, der Vater der Geschwister Scholl, wurde Anfang August 1942 vor dem Sondergericht in Ulm wegen »Heimtücke« zu einer viermonatigen Gefängnisstrafe und anschließendem Berufsverbot verurteilt.

ab, damit aber auch seine Freiheit. Und daß diese Unfreiheit wirklich besteht, das kennen wir ja beide nur allzu gut.«[110]

Was aber löste die Aktionen Ende Juni 1942 aus? Schon seit Frühjahr 1942 hatte Hans Scholl von den Gewaltverbrechen im Generalgouvernement durch den Architekten Eickemeyer gehört[111]. Doch anscheinend hatte er Hemmungen, den Weg von der theoretischen Opposition in den praktischen Widerstand zu gehen, da er sich aufgrund seiner Vorstellung des Ordo, des Eingebundenseins in eine göttliche Weltordnung, nicht legitimiert sah, in den Prozeß der Geschichte einzugreifen[112]. Vorerst wurde die Situation im Freundeskreis besprochen, und dort der Empörung Luft gemacht. Aber schließlich kam man zu dem Ergebnis, daß diese Diskussionen nichts veränderten[113].

Ausgehend von den Aussagen der Zentralgruppe und von den Flugblättern können jetzt noch eindeutiger Motive herausgearbeitet werden, die aus der jeweiligen historisch-tagespolitischen und vor allem der militärischen Situation 1942/1943 resultierten.

Die Flugblätter der Weißen Rose erschienen zwischen dem 27. Juni und 12. Juli 1942, also in einem Zeitraum, in dem sich erste Anzeichen einer Kriegswende andeuteten. Einerseits rückte die Front in Form der Radikalisierung der englischen Luftoffensive bedrohlich näher – im ersten Flugblatt wird auf den »1 000-Bomber-Angriff« der Royal Air Force auf Köln Ende Mai Bezug genommen –, andererseits kam Rommels Siegeszug am 3. Juli 1942 bei El Alamein zum Stillstand; zudem wurde die Ernährungssituation für das deutsche Volk immer problematischer. Daher war die Stimmung in der Bevölkerung zu dem Zeitpunkt, als das erste Flugblatt erschien, verunsichert. Der späte Beginn der »Sommeroffensive« gegen die Sowjetunion am 28. Juni 1942 wurde dahingehend interpretiert, daß an dieser Front vor Ausbruch des Winters kein entscheidender Sieg mehr möglich sei[114]. Im vierten Flugblatt, das am 12. Juli abgeschickt wurde, wurde diese militärpolitische Situation realistisch reflektiert, wenn es heißt: »In den vergangenen Wochen hatte Hitler sowohl in Afrika, als auch in Rußland Erfolge zu verzeichnen... Indessen ist der deutsche Angriff auf Ägypten zum Stillstand gekommen, ... aber noch geht der Vormarsch im Osten weiter. Dieser scheinbare Erfolg ist unter den grauenhaftesten Opfern erkauft worden, so daß er nicht mehr als vorteilhaft bezeichnet werden kann. Wir warnen daher vor jedem Optimismus.«[115]

Die eigene Beurteilung der militärischen Lage, nämlich daß der Krieg bald, aber noch nicht ganz verloren sei, geht aus Formulierungen in den Flugblättern wie »eh es zu spät« oder »in dieser letzten Stunde« hervor[116]. Der noch gesehene Handlungs-

---

110 Unveröffentlichter Brief Alexander Schmorells an Angelika Probst vom 2. Juni 1942, Privatbesitz Dr. Erich Schmorell.

111 Siehe dazu Ch. Petry (Anm. 9), S. 40f., und H. Hirzel, in: R. Lill (Anm. 5), S. 96f.: Hans Scholl sei schon im Winter 1941/42 über diese Gewaltverbrechen informiert gewesen.

112 Siehe ebenda.

113 Nach Aussagen von Traute Lafrenz vom 19. März 1943, BAP Dahlwitz-Hoppegarten, ZC 13267, Bd. 6, und von Sophie Scholl vom 18. Februar 1943, ebenda, Bd. 3, S. 8.

114 Siehe dazu Geheimberichte der SS bes. vom 25. und 29. Juni sowie vom 9. und 13. Juli 1942, in: H. Boberach (Anm. 85), Bd. 10, S. 3872f., 3880ff., 3922ff. und 3934ff.

115 Viertes Flugblatt der Weißen Rose, BAP Dahlwitz-Hoppegarten, NJ 1704, Bd. 32, S. 4.

116 Erstes Flugblatt der Weißen Rose, ebenda, Bd. 32, S. 1.

spielraum sollte genutzt werden, der geistigen Elite zu verdeutlichen, was auf dem Spiel stand: »Daher muß jeder Einzelne seiner Verantwortung als Mitglied der christlichen und abendländischen Kultur bewußt in dieser letzten Stunde sich wehren so viel er kann, arbeiten wider die Geisel der Menschheit, wider den Faschismus und jedes ihm ähnliche System des absoluten Staates.«[117] Die Stoßrichtung ging gegen jeglichen Staat totalitärer Art[118].

Die Situation der Kriegswende spiegelte sich auch im Aufruf an die christliche Intelligenz wider. Im Namen des christlich-abendländischen Verantwortungsbewußtseins sollte mit passivem Widerstand die »atheistische Kriegsmaschinerie«[119] angehalten werden. Neben einem Appell zur geistigen und moralischen Umkehr ist dies ein Aufruf, mit Hilfe von Sabotage auf allen Ebenen den Krieg zu verkürzen. Einerseits rekurrierten Hans Scholl und Alexander Schmorell in dieser bedrohlichen Kriegssituation auf das ihnen bildungsbürgerlich Vertraute des idealistisch-philosophischen Gedankengutes, zum anderen klingen die Passagen radikal politisch, wenn es heißt: »Der Sinn und das Ziel des passiven Widerstandes ist, den Nationalsozialismus zu Fall zu bringen, und in diesem Kampf ist vor keinem Weg, vor keiner Tat zurückzuschrecken, mögen sie auf Gebieten liegen, auf welchen sie auch wollen. An allen Stellen muß der Nationalsozialismus angegriffen werden, an denen er nur angreifbar ist. Ein Ende muß diesem Unstaat möglichst bald bereitet werden – ein Sieg des faschistischen Deutschland in diesem Kriege hätte unabsehbare, fürchterliche Folgen. Nicht der militärische Sieg über den Bolschewismus darf die erste Sorge für jeden Deutschen sein, sondern die Niederlage der Nationalsozialisten. Dies muß *unbedingt* an erster Stelle stehn.«[120]

Es ist denkbar, daß diese Passage, die zu fundamentalem Widerstand aufruft, auf Alexander Schmorell zurückgeht. Er geriet Ende Juni als Halbrusse mit einer prorussischen, antikommunistischen und antinationalsozialistischen Einstellung ». . . in eine sehr verwickelte Lage, denn es lag mir daran, wie die Vernichtung des Bolschewismus möglich und die Verhinderung von Landverlust für Rußland möglich wäre . . . Schließlich habe ich auch einen Teil deutschen Blutes in mir, das im gegenwärtigen Krieg massenhaft zugrunde gerichtet wird. Es waren also zwei Momente, die mich veranlaßten etwas zu unternehmen, um einerseits das deutsche Volk vor den Gefahren einer größeren Landeroberung und Erwachsung von weiteren Konflikten zu schützen und Rußland den großen Landverlust zu ersparen.«[121] Daher wollte Alexander Schmorell passiven Widerstand nicht nur an der »Heimatfront«, sondern auch im Felde an der Ostfront praktizieren, wie er sogar vor dem Präsidenten des Volksgerichtshofes erklärte[122].

Da den beiden Medizinstudenten aber bewußt war, daß nur mit Hilfe einer militärischen Macht der Umsturz erfolgen konnte – wie es im vierten Flugblatt heißt –,

117 Ebenda.

118 Siehe Michael Probst, Zuversicht und Klarheit. Der Widerstand der »Weißen Rose«. Sonderdruck aus: Dokumentationsband zum 88. Deutschen Katholikentag München 4.–8. Juli 1984, Paderborn 1984, S. 353f.

119 Erstes Flugblatt der Weißen Rose, BAP Dahlwitz-Hoppegarten, NJ 1704, Bd. 32, S. 1.

120 Drittes Flugblatt der Weißen Rose, ebenda, S. 3.

121 Aussage Alexander Schmorells vom 26. Februar 1943, ZAhdS Moskau, 1361-1-8808, S. 13.

122 Urteilsbegründung im zweiten Weiße Rose-Prozeß vom 19. April 1943, BAP Dahlwitz-Hoppegarten, NJ 1704, Bd. 2, S. 120, und Bericht Falk Harnack, in: I. Scholl (Anm. 8), S. 156.

welche Funktion hatten die Flugblätter? Die Flugblätter sollten sicherlich die geistige Elite wachrütteln, sie sollten mit Gesinnungsgleichen eine Solidarität herstellen, um Feigheit und Passivität des einzelnen zu überwinden, und um »... ein zunehmendes öffentliches Bewußtsein des wahren Charakters des Nationalsozialismus und der realen Situation ...« herbeizuführen[123]. In dieser spezifischen Situation der Kriegswende wurde aber auch aufgezeigt, was auf dem Spiel stand, nämlich der Untergang der abendländisch-christlichen Kultur. Erhofften sich Hans Scholl und Alexander Schmorell tatsächlich das Ende der Herrschaft des »Antichrists«, wie Haecker dies im metaphysischen Sinne prophezeite[124]? Nach der realistischen Einschätzung der militärischen Situation vertrauten sie wohl eher auf publizistische Wirkungsmöglichkeiten, um auch im westlichen Ausland gehört zu werden und Zeugnis von einem »anderen Deutschland« ablegen zu können.

Während ihres dreimonatigen Aufenthaltes an der Ostfront im Herbst 1942 lernten Hans Scholl und Willi Graf durch die Vermittlung Alexander Schmorells, der fließend Russisch sprach, die russische Bevölkerung und die Schönheit der russischen Landschaft lieben und verstehen[125]. Hans Scholls Bild vom kommunistischen System wurde revidiert. Sehr zur Überraschung Kurt Hubers war Scholl zu dem Ergebnis gekommen, daß die Bauern gar nicht bolschewistisch seien, sie würden ihre religiösen Gebräuche aufrechterhalten und seien wirtschaftlich besser gestellt als unter dem Zaren. Die Bauern sähen im Bolschewismus das kleinere Übel[126]. Alexander Schmorell ging noch weiter, er hielt das kommunistische System für überwunden[127]. Nach dem dreimonatigen Aufenthalt in Rußland, der für ihn vor allem die Erfüllung seiner Sehnsucht nach der früh verstorbenen russischen Mutter bedeutete, war er fest entschlossen, sobald wie möglich nach Rußland zurückzukehren. Am 9. Dezember 1942 schrieb er aus München an eine russische Freundin: »Ich würde es hier nicht mehr aushalten, hätte ich nicht hier einige Verpflichtungen. Nur diese geben mir das moralische Recht, hier zu bleiben.«[128]

Nach dieser neuen Einschätzung Rußlands und auch seines politischen Systems klingen die Beweggründe und die Ziele, die die Weiße Rose zur Verfassung des fünften Flugblattes führten, eher überraschend: »Nachdem ich geglaubt hatte«, so erklärte Hans Scholl, »daß die militärische Lage nach der Niederlage an der Ostfront und dem ungeheueren Anwachsen der militärischen Macht Englands und Amerikas eine siegreiche Beendigung des Krieges unsererseits unmöglich sei, gelangte ich nach vielen qualvollen Überlegungen zu der Ansicht, daß es nur noch ein Mittel zur Erhaltung der europäischen Idee gebe, nämlich die Verkürzung des Krieges. Andererseits war mir die Behandlung der von uns besetzten Gebiete und Völker ein Greuel. Ich konnte mir nicht vorstellen, daß nach diesen Methoden der Herrschaft eine friedliche Aufbauarbeit in Europa möglich sein wird. Aus solchen Erwägungen heraus wuchs

---

123 I. Scholl (Anm. 8), S. 97.

124 So die Deutung von G. Kirchberger (Anm. 8), S. 46.

125 Zum Rußlandbild der Weißen Rose, das sehr stark aus der Tradition der Jugendbewegung geprägt wurde, siehe I. Jens, in: W. Breyvogel (Anm. 8), S. 211ff.

126 Aussagen Kurt Hubers vom 27. Februar 1943, BAP Dahlwitz-Hoppegarten, NJ 1704, Bd. 7, S. 8.

127 Unveröffentlichter Brief Alexander Schmorells an die Eltern vom 5. August 1942, Privatbesitz Dr. Erich Schmorell.

128 Unveröffentlichter Brief Alexander Schmorells an die russische Freundin Nelly vom 9. Dezember 1942, Privatbesitz Dr. Erich Schmorell.

in mir die Skepsis gegen diesen Staat und weil ich bestrebt sein wollte, als Staatsbürger dem Schicksal meines Staates nicht gleichgültig gegenüber zu stehen, entschloß ich mich, nicht nur in Gedanken, sondern auch in Taten meine Gesinnung zu zeigen. So kam ich auf die Idee, Flugblätter zu verfassen und zu verfertigen.«[129]

Der Krieg war nach der Einschätzung Hans Scholls verloren, und zwar infolge der Niederlage an der Ostfront und der militärischen Übermacht Amerikas und Englands, deren Invasion »im Westen ... erwartet wird«, wie es im fünften Flugblatt heißt[130]. Die Aussage Scholls zeigt, daß seine Motivation jetzt sehr stark von Ziel- und Zukunftsvorstellungen, also von der Situation »danach« bestimmt wurde. Die verbrecherische Besatzungspolitik in Ost- und Westeuropa verhindere eine friedliche Aufbauarbeit in Europa nach dem Krieg. Die Verteidigung »der europäischen Idee«, also alles, was geistesgeschichtlich und religionsphilosophisch in den ersten vier Flugblättern evoziert und unter abendländischer Kultur verstanden wurde, sei das Ziel.

Im fünften Flugblatt wurde ansatzweise ein alternativer politischer Rahmen für ein Europa nach dem Krieg aufgezeigt, in dem diese europäische Idee realisiert werden sollte: föderativer Staatenaufbau, Zerschlagung des preußischen Militarismus, vernünftiger Sozialismus, die Verankerung der Menschenrechte und das Recht auf Güter für alle.

Gewisse Anhaltspunkte zur Realisierung dieser Ideen gehen aus einem Flugblattentwurf Christoph Probsts hervor. Ende November oder Anfang Dezember 1942, also nach der Landung der Westalliierten in Französisch-Nordafrika am 7. November 1942[131] und der Einschließung der 6. Armee in Stalingrad am 22. November, wurde Christoph Probst von Hans Scholl gebeten, ein Manuskript zu verfassen, »... dessen Inhalt geeignet ist, dem deutschen Volk dahingehend die Augen zu öffnen, daß uns von dem Verlust des Krieges nur eine Annäherung an die anglo-amerikanischen Staaten und England retten kann«. Probst übergab diesen Flugblattentwurf Scholl erst am 31. Januar 1943, also nachdem das fünfte Flugblatt schon erschienen war[132].

Nach dem Abhören einiger BBC-Sendungen hatte Christoph Probst in seinem Flugblatt Roosevelts Forderung nach einer »bedingungslosen Kapitulation« vom 24. Januar 1943 in dem Sinne zitiert, daß sich diese nicht gegen die Völker, sondern gegen die politischen Systeme wende. Als positives Beispiel führte Probst die kampflose Räumung von Tripolis durch deutsch-italienische Truppen am 23. Januar 1943 an, die dank der Engländer ohne große sinnlose Opfer ermöglicht wurde: »Was taten die Engländer, sie ließen das Leben der Bürger in den gewohnten Geleisen weiterlaufen. Belassen sogar Polizei und Beamte in ihren Stellen.« Dagegen stellte er die sinnlose Opferung von 200000 deutschen Soldaten in Stalingrad »... für das Prestige eines militärischen Hochstaplers«. Die nationalsozialistische Propaganda habe die

---

129 Aussagen Hans Scholls vom 18. Februar 1943, BAP Dahlwitz-Hoppegarten, ZC 13267, Bd. 2, S. 12.

130 Fünftes Weiße Rose Flugblatt, ebenda, NJ 1704, Bd. 32, S. 6.

131 Am 11. November 1942 schrieb Christoph Probst an seinen Halbbruder Dieter Sasse: »Was sagst Du zu der neuesten politischen und kriegerischen Entwicklung? Einmarsch der Amerikaner in Afrika und der deutschen Truppen im unbesetzten Frankreich? Die Situation spitzt sich immer mehr zu.« Zuvor hatte er seine Hoffnung auf ein baldiges Kriegsende ausgedrückt. Unveröffentlichter Brief, Privatbesitz Dr. Michael Probst.

132 Verhör Christoph Probsts vom 20. Februar 1943, BAP Dahlwitz-Hoppegarten, ZC 13267, Bd. 4, S. 4, und auch Tagebuchnotiz Willi Grafs vom 31. Januar 1943, in: A. Knoop-Graf/I. Jens (Anm. 8), S. 104, und S. 319, Anm. 7.

menschlichen Kapitulationsbedingungen der Russen verheimlicht. Probst appellierte nun an die Deutschen: »Heute ist ganz Deutschland eingekesselt wie es Stalingrad war. Soll dem Sendboten des Hasses und des Vernichtungswillens alle Deutschen geopfert werden! Ihm, der die Juden zu Tode marterte, die Hälfte der Polen ausrottete, Rußland vernichten wollte, ihm, der Euch Freiheit, Frieden, Familienglück, Hoffnung und Frohsinn nahm und dafür Inflationsgeld gab . . . Entscheidet Euch, Stalingrad und der Untergang, oder Tripolis und die hoffnungsvolle Zukunft. Und wenn Ihr Euch entschieden habt, dann handelt.«[133] Die Sehnsucht nach einer »hoffnungsvollen Zukunft« mußte bei Christoph Probst als Familienvater, dessen drittes Kind am 21. Januar 1943 geboren worden war, besonders stark sein.

In den Aussagen Helmut Bauers und Wilhelm Geyers, die sich auf Gespräche mit Hans Scholl und Willi Graf um die Jahreswende 1942/43 beziehen, spiegelt sich eine starke Hoffnung auf England als die politische Ordnungsmacht, die nach der Niederlage Deutschlands im beginnenden Chaos gewisse Rechte garantieren würde. Auch Überlegungen eines Separatfriedens mit dem Westen klingen an[134].

Der Flugblattentwurf Christoph Probsts wurde nicht veröffentlicht. Hatten die Freunde begriffen, daß Roosevelt und Churchill mit der Forderung nach der »bedingungslosen Kapitulation« eine Zusammenarbeit mit deutschen Widerstandsgruppen und auch einen Separatfrieden der Westmächte mit Deutschland verhindern wollten? Oder machte die offizielle Bekanntgabe der Katastrophe von Stalingrad am 3. Februar 1943 in Deutschland jegliche Hoffnung auf ein baldiges Kriegsende und auf eine Zusammenarbeit mit den Westmächten endgültig zunichte?

Die optimistische Stimmung, etwas bewirken zu können – wenn auch immer wieder hinterfragend, ob dies »der richtige Weg« sei[135] –, spiegelt sich in den Tagebuchnotizen Willi Grafs im Dezember 1942 und Januar 1943. Diese Stimmung, die auch im fünften Flugblatt zu greifen ist, ist im Februar nicht mehr erkennbar. Wir wissen nicht, in welchen Stimmungen sich die Weiße Rose befand. Aber sicherlich nicht nur in einem ungebrochenen »Hochgefühl«, in der Erwartung des baldigen Endes des nationalsozialistischen Staates, sondern auch in der Angst vor einer ungewissen Zukunft[136].

Die Niederlage von Stalingrad, auf die das nationalsozialistische System mit der totalen Mobilisierung aller Kräfte und verstärktem Terror reagierte, löste unmittelbar danach unterschiedliche Reaktionen bei den Hauptakteuren der Weißen Rose aus. Alexander Schmorell berichtete: »Während Scholl über die Ereignisse in Stalingrad sehr bedrückt war, habe ich mich als für Rußland sympathisierend über die nun für die Russen geschaffene Kriegslage förmlich gefreut.«[137] Am 5. Februar schrieb Christoph Probst an seine Stiefmutter aus Innsbruck: »Es ist eine apokalyptische Zeit und

---

133 Flugblattentwurf, den Christoph Probst in seinem Verhör am 21. Februar 1943 rekonstruieren mußte, BAP Dahlwitz-Hoppegarten, ZC 13267, Bd. 4, S. 7.

134 Aussagen Helmut Bauers vom 5. März 1943, BAP Dahlwitz-Hoppegarten, ZB II A.27, S. 11, Wilhelm Geyers vom 5. April 1943, StAM, St.Anw. 12530, S. 35, und Harald Dohrns vom 2. April 1943, ebenda, S. 44.

135 Tagebucheintrag Willi Grafs vom 14. Januar 1943, in: A. Knoop-Graf/I. Jens (Anm. 8), S. 99.

136 So Ch. Petry (Anm. 9), S. 105, der die Stimmung Hans Scholls und Alexander Schmorells in dieser Weise charakterisiert. Siehe dazu auch noch Bericht Elisabeth Hartnagel, in: I. Scholl (Anm. 8), S. 165: nach der ersten Malaktion in der Nacht vom 3./4. Februar 1943, so E. Hartnagel, seien die Freunde »in gelöster Stimmung« gewesen.

137 Aussagen Alexander Schmorells vom 25. Februar 1943, ZAhdS Moskau, 1361-1-8808, S. 9.

wir müssen wohl alle noch bis ins Innerste erschüttert werden, bis endlich Friede einzieht in diese halbzerstörte Welt.«[138]

Kurt Huber, der am 18. April 1943 in der Rückschau seinem Freund Alexander von Müller die Beweggründe seiner Widerstandshandlungen erklärte, hatte wohl ebenfalls die Hoffnung auf ein baldiges Kriegsende durch die Befreiung der Westmächte verloren, als er schrieb: »Der Schlag von Stalingrad, den ich überschätzte, ist auch mein Schicksal geworden. Ich gebe zu, ich war überreizt, überarbeitet, gebrochen – aber einmal wäre ich doch in offenen Konflikt mit einer Staatsentwicklung gekommen, die ich aus innerer Überzeugung auch nicht mehr in passiver Haltung mitmachen kann.« Diese Entwicklung, so erläuterte Huber zuvor, bestand in einer »Linksentwicklung« des Nationalsozialismus[139]. In dieser Erklärung seiner Motivation ist einerseits das auslösende Moment in der militärpolitischen Situation, der verheerenden Niederlage von Stalingrad, zu finden. Zugleich wird deutlich, daß Huber seit langer Zeit mit dem nationalsozialistischen Staat in einem schwelenden Konflikt lag infolge einer »Linksentwicklung« oder, wie er es immer wieder betonte, einer »fortschreitenden Bolschewisierung des deutschen Volkes«[140], worunter er vor allem wie es in seinem Flugblatt steht, die »Zerstörung der materiellen und geistigen Freiheit, aller sittlichen Substanz« verstand[141].

Welche Ziele wurden mit dem sechsten Flugblatt verfolgt? Kampf gegen die Politik der Partei der NSDAP, Aufruf an die deutsche Jugend, die Tyrannis zu rächen, aufzuerstehen für die freie Selbstbestimmung und ein neues geistiges Europa zu errichten. Dieses Ziel erinnert an das fünfte Flugblatt. Mit dem nationalen Aufruf Theodor Körners: »Frisch auf, mein Volk, die Flammzeichen rauchen!« wurde an die deutsche Studentenschaft und Jugend appelliert und der Befreiungskrieg gegen Napoleon von 1813 als eine nationalrevolutionäre Situation heraufbeschworen[142]. Es schien »Jetzt-Zeit« zu sein, und Deutschland schien aus seinen eigenen Kräften den Sturz des nationalsozialistischen Regimes ohne Hilfe von außen erkämpfen zu müssen.

Fazit

Der Kriegsverlauf bzw. die aktuelle Kriegssituation war für alle Aktionen der Weißen Rose – und nicht erst für das sechste Flugblatt – wichtiger, als es bisher gesehen wurde. Die Weiße Rose reflektierte sehr genau die militärpolitischen Ereignisse, die Politik der Alliierten. Insofern waren alle Aktionen nicht nur sittlich-idealistisch, sondern auch politisch motiviert.

In der ersten Phase wurden die Flugblätter der Weißen Rose an die Mitglieder der bildungsbürgerlichen Elite im christlich-abendländischen Kulturverständnis gerichtet,

138 Unveröffentlichter Brief Christoph Probsts an seine Stiefmutter Elisabeth Probst, geb. Rosenthal, vom 5. Februar 1943, Privatbesitz Dr. Michael Probst.

139 Brief Kurt Hubers an Karl Alexander und Irma von Müller vom 18. April 1943, zit. nach Clara Huber (Anm. 8), S. 71.

140 Politisches Bekenntnis Kurt Hubers vom 8. März 1943, BAP Dahlwitz-Hoppegarten, NJ 1704, Bd. 7, S. 21.

141 Sechstes Flugblatt der Weißen Rose, ebenda, Bd. 32, S. 5.

142 Ebenda.

und zwar auch in der Hoffnung auf publizistische Wirkung im In- und Ausland. Dabei war man vor allem durch die totale Diskreditierung Deutschlands nach innen wie außen infolge der Gewaltverbrechen und des Terrors des nationalsozialistischen Staates und damit durch die Diskrepanz des eigenen Wertesystems christlich-abendländischer Prägung motiviert. Diese Flugblätter wurden in einem Zeitraum verbreitet, in dem sich für Deutschland die Kriegswende andeutete. Nach der Art der Ansprache und Auswahl der Adressaten gewinnt man den Eindruck, daß sich die Verfasser der Flugblätter dieser militärpolitischen Situation bewußt waren.

Die zweite Phase war ebenfalls durch die Einschätzung der Kriegssituation gekennzeichnet, nämlich der Niederlage Deutschlands, aber auch der Hoffnung auf ein baldiges Kriegsende und auf die Zusammenarbeit mit den Westmächten, um die abendländisch-christlichen Werte, die sich bei Hans Scholl nun in der europäischen Idee als Ziel manifestierten, zu erhalten. Es wurde der Versuch unternommen, die Aktion und den Adressatenkreis auszuweiten, um hauptsächlich die Bevölkerung in einigen süddeutschen und österreichischen Städten auf die Zeit »danach« vorzubereiten, aber wohl auch, um ein Zeichen für die Westmächte zu setzen.

Für die dritte Phase gilt: Angesichts der endgültigen Niederlage nach Stalingrad und des Verlustes an Hoffnung auf eine baldige Befreiung durch die Westmächte, des dazu noch anwachsenden Terrors des NS-Systems sah sich die Weiße Rose auf sich selbst zurückgeworfen, auf die Studenten. Die Aktionen in dieser Phase lassen den Zwang erkennen, aus eigener Kraft die Wende herbeiführen zu wollen. Da der Widerstandskampf der Weißen Rose keinen sichtbaren Erfolg zeigte, wuchs neben einer verzweifelten Radikalität und Ungeduld wohl auch das Gefühl der Verfolgung durch den Staat. Der Einfallsreichtum der Studenten, realistisch und flexibel, mit ihren Mitteln dem Terrorstaat zu widerstehen, führte zu immer riskanteren Aktionen. Damit reagierte die Weiße Rose auf die doppelte Erfahrung von »totalem Krieg« nach außen und totalem Terror nach innen.

Jürgen Danyel

Zwischen Nation und Sozialismus: Genese, Selbstverständnis und ordnungspolitische Vorstellungen der Widerstandsgruppe um Arvid Harnack und Harro Schulze-Boysen

I.

Die im Herbst 1942 von der Gestapo und der militärischen Abwehr aufgedeckte Berliner Widerstandsorganisation um den Nationalökonomen und Oberregierungsrat im Reichswirtschaftsministerium Arvid Harnack und den Oberleutnant der Luftwaffe Harro Schulze-Boysen gehörte zu den bedeutendsten Gruppierungen der deutschen Opposition gegen den Nationalsozialismus. Die Anfänge der Formierung und die ersten Widerstandsaktivitäten der Gruppe lagen bereits in der Zeit des Beginns der nationalsozialistischen Diktatur und setzten sich von dort aus über einen Zeitraum von mehr als acht Jahren bis zu ihrem gewaltsamen Ende durch die NS-Verfolgungsinstanzen fort. Von anderen, stärker milieu- oder organisationsgebundenen Formen des deutschen Widerstandes unterscheidet sich die Gruppe um Harnack und Schulze-Boysen dadurch, daß ihre Mitglieder höchst unterschiedlichen sozialen Herkunftsbereichen, Berufen und Traditionen entstammten und die individuelle Gegnerschaft zum nationalsozialistischen Regime auf stark variierenden lebensgeschichtlichen Voraussetzungen basierte.

Die politischen und weltanschaulichen Motivationen der Mitglieder, die von christlicher Verantwortungsethik, parteipolitischen Bindungen an die Kommunisten und die Sozialdemokratie über politische Prägungen durch die alternative Jugendkultur der Weimarer Republik oder durch den Liberalismus des Bildungsbürgertums bis hin zu nationalrevolutionären und nationalbolschewistischen Einflüssen reichten, verliefen in ihrer Symbiose quer zu den gängigen politischen Lagern und sperren sich gegen eindeutige politische Zuordnungen[1]. Auch die ordnungspolitischen Vorstellun-

1 Zum neueren Forschungsstand vgl. u. a. Hans Coppi/Jürgen Danyel/Johannes Tuchel (Hrsg.), Die Rote Kapelle im Widerstand gegen den Nationalsozialismus, Berlin 1994; Johannes Tuchel, Weltanschauliche Motivationen in der Harnack/Schulze-Boysen-Organisation, in: Kirchliche Zeitgeschichte, 1 (1989), S. 268–293; Peter Steinbach, Widerstandsorganisation Harnack/Schulze-Boysen. Die »Rote Kapelle« – ein Vergleichsfall für die Widerstandsgeschichte, in: Geschichte in Wissenschaft und Unterricht, 42 (1991), S. 133–152; Kurt Schilde (Hrsg.), Eva Maria Buch und die »Rote Kapelle«, Berlin 1993[2]; Regina Griebel/Marlies Coburger/Heinrich Scheel, Erfaßt? Das

gen der Gruppe für die Zeit nach Hitler, die an der Perspektive eines nationalstaatlichen Wiederaufstiegs Deutschlands festhielten, diese jedoch mit der Option für eine Verständigung mit Sowjetrußland verbanden, verschieben die klassischen Grenzziehungen zwischen prosowjetischen kommunistischem Widerstand und der Westorientierung des Kreisauer Kreises sowie des militärischen Widerstands.

Schon allein aus diesen Gründen kann keine wie auch immer geartete Bilanz des deutschen Widerstandes gegen den Nationalsozialismus an dieser Widerstandsgruppe vorbeigehen. Andererseits ist wohl kaum ein Bereich des deutschen Widerstandes hinsichtlich seiner Zugehörigkeit zur deutschen Opposition gegen Hitler und seiner politisch-ethischen Bewertung nach 1945 so kontrovers diskutiert worden wie diese vielgestaltige Widerstandsgruppe um Harnack und Schulze-Boysen, die von der Gestapo »Rote Kapelle« genannt wurde[2].

Die Auffassung der nationalsozialistischen Verfolgungsinstanzen, nach der die Frauen und Männer der Berliner Widerstandsgruppe »bezahlten Landesverrat« im Dienste einer feindlichen Macht begangen hätten, wirkte weit in die Nachkriegszeit hinein. Der Kalte Krieg und die Ost-West-Konfrontation verhinderten für lange Zeit ein Aufbrechen dieser einseitigen und diffamierenden Sicht auf das politische Profil, die Motive und Zielvorstellungen der am Widerstand Beteiligten. Die »Rote Kapelle« wurde zur »größten sowjetischen Spionageorganiation des II. Weltkrieges« stilisiert und mit einem schier unentwirrbaren Geflecht von Legenden, Halbwahrheiten und politischen Klischees umwoben.

Die militärische Abwehr und die Gestapo wurden auf die Gruppe um Harnack und Schulze-Boysen im Zusammenhang mit der Aufdeckung von Residenturen des sowjetischen militärischen Nachrichtendienstes in Frankreich und Belgien aufmerksam. Aufgrund eines Kontaktes im Herbst 1941 zwischen der von Leopold Trepper geleiteten nachrichtendienstlichen Gruppe in Brüssel zur Berliner Gruppe betrachtete die ermittelnde Sonderkommission der Gestapo die Schulze-Boysen/Harnack-Gruppe als gesteuerten Ableger einer feindlichen Spionageagentur. Schon die Namensgebung »Rote Kapelle« assoziierte das Bild von einer Vielzahl aus Moskau dirigierter Stützpunkte, die verteilt über ganz Europa abgestimmt agieren. Ähnlich subsumierten die Ermittlungsakten der Gestapo ganz unterschiedliche Widerstandszusammenhänge unter einen Untersuchungskomplex, so etwa der vom Dezember 1942 überlieferte Schlußbericht des Referates IV A 2 des Reichssicherheitshauptamtes (RSHA) mit dem Titel »Bolschewistische Hoch- und Landesverratsorganisation im Reich und in Westeuropa (›Rote Kapelle‹)«[3].

Aus widerstandsgeschichtlicher Sicht müssen beim Thema »Rote Kapelle« mindestens vier Bereiche unterschieden werden: Neben den sich – erstens – um 1933 formierenden und eigenständig agierenden Widerstandskreisen um Arvid Harnack und

Gestapo-Album zur Roten Kapelle, Halle 1992; Hans Coppi/Jürgen Danyel, Der »Gegner«-Kreis im Jahre 1932/33 – ein Kapitel aus der Vorgeschichte des Widerstandes, Berlin 1990.

2 Zur Rezeptionsgeschichte der Roten Kapelle vgl. Jürgen Danyel, Die Rote Kapelle innerhalb der deutschen Widerstandsbewegung, in: H. Coppi/J. Danyel/J. Tuchel (Anm. 1); Peter Steinbach, Die Rote Kapelle – 50 Jahre danach, in: Zeitschrift für Geschichtswissenschaft, 41 (1993), S. 771–780; Hans Coppi/Jürgen Danyel, Abschied von Feindbildern. Zum Umgang mit der Geschichte der Roten Kapelle, in: K. Schilde (Anm. 1), S. 55–84.

3 National Archives Washington, OSS (Office of Strategie Services), Archives, RG 319, ZA 020253, Box 59 und 60, Kopie in der Gedenkstätte Deutscher Widerstand Berlin (GDW), Sammlung Rote Kapelle.

Harro Schulze-Boysen, die in der Zeit nach 1939 zusammengeführt wurden und eine Vielzahl von Außenbeziehungen zu anderen Widerstandsbereichen aufnahmen, ist – zweitens – in diesem Zusammenhang das bereits erwähnte, von Leopold Trepper im Auftrag der sowjetischen Militäraufklärung in Frankreich und Belgien aufgebaute Netz nachrichtendienstlicher Stützpunkte zu nennen[4]. Dessen Verflechtung mit der französischen und belgischen Resistance stellt ein eigenes Kapitel der Beziehungen von Nachrichtendiensten und Widerstandsbewegungen während des Zweiten Weltkrieges dar. Die wechselvolle und konfliktreiche Geschichte dieser Gruppen des militärischen Nachrichtendienstes der UdSSR im Spannungsfeld zwischen dem antinationalsozialistischen Impetus der Beteiligten und der Pendelbewegung der außen- und innenpolitischen Interessen der sowjetischen Führung um Stalin und Berija, wie auch die stalinistische Repression gegen ihre überlebenden Akteure nach 1945 liefern interessante Einblicke in die Anatomie des Stalinismus in der Extremsituation von Krieg und militärischer Existenzbedrohung[5].

Ein dritter, weitestgehend autonomer Bereich ist der Fall des Legationsrates im Auswärtigen Amt Rudolf von Scheliha und dessen Umfeld in der Informationsabteilung des Auswärtigen Amtes, aus dem Ilse Stöbe und Carl Helfrich zu nennen sind[6]. Schließlich berührt – viertens – der von der Gestapo benutzte Sammelbegriff »Rote Kapelle« einen Kreis von Personen, der bereits vor 1933 in eine nachrichtendienstliche Arbeit für die Sowjetunion eingebunden wurde. Dazu gehörte Kurt Schulze, der seit einer über die KPD vermittelten Funkerausbildung 1929 in der UdSSR für den sowjetischen militärischen Nachrichtendienst tätig war und 1941 für kurze Zeit Hans Coppi im Funken unterrichtete. Ferner wurden der Chemiker Hans Heinrich Kummerow, der seit 1929 technisches und betriebliches Fachwissen aus seinem Arbeitsbereich an die sowjetische Seite geliefert hatte, und dessen Freund Erhard Thomfor dem Komplex »Rote Kapelle« zugeordnet. Diese bereits vor 1933 erfolgende Verzahnung von politischer Parteiarbeit und nachrichtendienstlicher Tätigkeit innerhalb der KPD und deren Organisationsstrukturen, wie dem sogenannten »BB-Apparat« (Betriebsberichterstattung) oder Kippenbergers militärischer Abwehrapparat (»AM-Apparat«), sind nach wie vor kaum erforscht[7].

Auch bei den im Mai und August 1942 nach Deutschland entsandten Fallschirmspringern handelt es sich um einen gesondert zu behandelnden Grenzbereich zwischen Widerstandsarbeit und militärisch-subversiver Aktion. In der Mehrzahl wurden die beteiligten Personen durch die Komintern aus dem Bereich der kommunistischen

---

4 Siehe dazu Gilles Perrault, L'orchestre rouge, Paris 1967, deutsch: Auf den Spuren der Roten Kapelle, Frankfurt am Main–Wien 1992².

5 Zu den Schicksalen der Beteiligten nach 1945 siehe u. a. Leopold Trepper, Die Wahrheit, München 1975; Bolschoi schef vychodit iz tmy, in: Literaturnaja gazeta, (1989) 19; Tschelowek, kotorogo zwali Kent, in: Nedelja, (1991) 40–42.

6 Vgl. Ulrich Sahm, Rudolf von Scheliha 1897–1942. Ein deutscher Diplomat gegen Hitler, München 1990; ders., Ilse Stöbe, in: H. Coppi/J. Danyel/J. Tuchel (Anm. 1).

7 Bezug auf den sogenannten BB-Apparat, der sich vornehmlich mit Industriespionage für die Sowjetunion beschäftigte, nehmen einzelne Akten des Oberreichsanwalts beim Volksgerichtshof, vor dem Mitarbeiter des Apparates verurteilt wurden. Die wenigen diesbezüglichen Akten befinden sich im Bundesarchiv Potsdam, Dahlwitz-Hoppegarten (BAP Dahlwitz-Hoppegarten). Einige Hinweise zum militärischen Abwehrapparat der KPD enthält, stark durch die offizielle Geschichtsschreibung der DDR geprägt, Paul Heider (Hrsg.), Geschichte der Militärpolitik der KPD 1918–1945, Berlin (Ost) 1987.

Emigranten rekrutiert, ihre Ausbildung und ihr Einsatz erfolgten jedoch im Rahmen des sowjetischen Militärs[8].

In der umfangreichen Literatur zur »Roten Kapelle« wurden diese unterschiedlichen Widerstandszusammenhänge in der Regel unzulässig direkt miteinander verwoben. Auch wenn der von der deutschen Abwehr und der Gestapo ursprünglich in diffamierender Absicht verwandte Begriff »Rote Kapelle« inzwischen von den überlebenden Beteiligten als Teil ihres positiven Selbstverständnisses angenommen wurde und viele Gründe für seine Beibehaltung sprechen, bedarf er der analytischen Differenzierung.

Die Deutung der Widerstandsgruppe um Harnack und Schulze-Boysen als eine sowjetische Spionageagentur war zudem von dem legitimatorischen Interesse der NS-Führung geleitet, innere Oppositionsstrukturen möglichst als vom feindlichen Ausland gesteuerte Kräfte zu deuten. Die verfolgungsgeschichtlichen Quellen und die Berichte der verhafteten Mitglieder der Widerstandsgruppe belegen eine beträchtliche Irritation der Gestapo im Zuge der Untersuchungen. Unter den Verhafteten befanden sich Ministerialbeamte, Wehrmachtsbedienstete und andere Funktionsträger des NS-Staates, zudem zahlreiche Künstler und weit über 40 Frauen[9]. Der hier aufgedeckte Widerstandszusammenhang entsprach somit in keiner Weise den gängigen Feindbildrastern der Geheimen Staatspolizei: »Ein derart informeller Zusammenschluß wie die Harnack/Schulze-Boysen-Organisation aber war der Gestapo fremd. Sie kannte auch in der Zeit nach dem deutschen Überfall auf die Sowjetunion nur die straff organisierte und hierarchisch gegliederte kommunistische Gruppe, die mit geringen Abweichungen immer noch nach den Handlungsmustern der Mittdreißiger Jahre agierte. Die ermittelnden Beamten konnten diese Organisation mit ihren alten Kriterien der Verfolgung nicht in den Griff bekommen.«[10] Während der Verhöre beriefen sich die Verhafteten zudem auf ihre Verantwortung für die nationalstaatliche Weiterexistenz Deutschlands und verwiesen auf ideengeschichtliche Wurzeln und weltanschauliche Motive, die nicht einfach mit den gängigen ideologischen Denunzierungen abgewehrt werden konnten.

Der personelle und organisatorische Aufwand bei den Ermittlungen wie auch die Bemühungen um eine strikte Geheimhaltung des Falles zeigen, in welchem Maße sich die NS-Führung von den Widerstandshandlungen der Gruppe getroffen fühlte. Bei den Frauen und Männern um Harnack und Schulze-Boysen handelte es sich in vielen Fällen um Angehörige von gesellschaftlichen Schichten und Traditionen, derer sich die Nationalsozialisten sicher geglaubt hatten und von deren Loyalität gegenüber dem Regime sie ausgegangen waren. Während die kommunistische Bewegung und deren Untergrundaktivitäten nach 1933 von Anfang an einen für das Selbstverständnis des

---

8 Ähnlich kompliziert wie bei den geheimen KPD-Apparaten verhält es sich mit der Überlieferung zu den Fallschirmspringereinsätzen. Hier müssen die entsprechenden Akten aus russischen Militärarchiven erst noch erschlossen werden. Hinsichtlich der Verfolgungsgeschichte ist insbesondere auf die Fahndungs- und Ermittlungsakten der Stapostelle Hamburg und des Referats IV A 2 des Reichssicherheitshauptamtes zu verweisen, die u.a. einen Schlußbericht zum Gesamtkomplex, die umfangreichen Protokolle der Vernehmungen von Erna Eifler und Material zu Heinrich Fellendorf enthalten. Siehe besonders BAP Dahlwitz-Hoppegarten, ZR 770.

9 Eine Chronik der Verhaftungen liefern R. Griebel/M. Coburger/H. Scheel (Anm. 1), S. 335–339.

10 Johannes Tuchel, Motivationen und Grundüberzeugungen des Widerstands der Harnack/Schulze-Boysen-Organisation. Zum Denken und Handeln von Liane Berkowitz, in: K. Schilde (Anm. 1), S. 87f.

NS-Regimes zentralen Gegenpart und somit wichtigen ideologischen Bezugspunkt darstellten, berührten Widerstandstendenzen in der Ministerialbürokratie, unter den Militärs oder etwa innerhalb der HJ-Generation weit stärker die Selbstgewißheit, die Legitimationsstrukturen und die Identität des NS-Regimes.

Unter dem Druck der NS-Führung, die einen schnellen Abschluß des brisanten Falles »Rote Kapelle« und eine exemplarische Bestrafung der Beteiligten wünschte, reduzierten die Gestapo und die Wehrmachtsjustiz die vielfältigen Motive für den Widerstand innerhalb der Gruppe auf die Dimension des »bezahlten Landesverrates«. Neben der Diffamierung als Spione wurden den Verhafteten moralisch zwielichtige Beweggründe wie »Geltungssucht«, »Hörigkeit« und ein »anstößiger Lebensstil« unterstellt[11].

Weit stärker noch als für andere Bereiche des Widerstandes gilt für die Geschichte der Berliner »Roten Kapelle«, daß sie nicht auf der Grundlage der Überlieferungen der NS-Verfolgungsinstanzen und der darauf basierenden Legendenbildung geschrieben werden kann. Eine angemessene widerstandsgeschichtliche Verortung der Gruppe bedarf vielmehr der Rekonstruktion ihrer Genese, ihrer Beziehungsgeschichte, der Formenvielfalt widerständiger Reaktion auf die NS-Politik und der Analyse der originären politischen Vorstellungswelt ihrer Mitglieder.

II.

Die Ursprünge der zahlreichen Freundeskreise, Freizeitgemeinschaften und Diskussionszirkel, aus denen heraus sich nach 1939 ein relativ konsistenter Widerstandszusammenhang formierte, lassen sich bis in die letzten Jahre der Weimarer Republik zurückverfolgen. Unter dem Eindruck der Weltwirtschaftskrise, angesichts der Unfähigkeit der parlamentarischen Demokratie, die sozialen und politischen Gegenwartsprobleme zu lösen, und mit Blick auf die erstarkende nationalsozialistische Bewegung wurden in intellektuellen Kreisen und in weiten Teilen der jungen Generation die traditionellen politischen Organisationsformen und Frontstellungen zwischen rechts und links als überholt empfunden. Zugleich hatte die westlich-liberale Welt im sowjetrussischen Experiment eine Herausforderung erhalten, die in Deutschland auch bis in das konservative Lager hinein rezipiert wurde.

Auf dem Hintergrund dieser Erfahrungen bildeten sich neben den traditionellen politischen Verbänden und Institutionen neue Formen politischer Gemeinschaften heraus. Zu ihnen gehörte der Kreis um die von Harro Schulze-Boysen herausgegebene Zeitschrift »Gegner«[12] mit ihrem Programm einer »neuen Einheit« jenseits der

11 Siehe dazu u. a. die Aufzeichnungen Kurt Rheindorfs über eine Unterhaltung mit Rechtsanwalt Alexander Kraell (bis 1945 Oberreichskriegsanwalt beim Reichskriegsgericht) am 6. Mai 1951 in Frankfurt am Main, Bundesarchiv Koblenz (BAK), Nachlaß Rheindorf, Bd. 298, Bl. 76f.

12 Zum Profil der Zeitschrift unter der Schriftleitung von Schulze-Boysen und zum »Gegner«-Kreis siehe H. Coppi/J. Danyel (Anm. 1), S. 37ff.; Hans Coppi, Harro Schulze-Boysen – Wege in den Widerstand. Eine biographische Studie, Koblenz 1993, S. 60–113; Alexander Bahar, Sozialrevolutionärer Nationalsozialismus zwischen Konservativer Revolution und Sozialismus. Harro Schulze-Boysen und der »Gegner«-Kreis, Koblenz 1992.

»bloßen Antithesen« des »Klassenkampfes der bisherigen Art«[13]. Die Vorstellungswelt Schulze-Boysens und seiner Anhänger zielte dabei auf einen gesellschaftlichen Umbruch, mit dem die nationale und soziale Frage ihrer Gegensätzlichkeit enthoben würden. Der »Gegner«-Kreis repräsentierte einen neuen Typus politischer Kleinorganisation in der Alternative zu den etablierten Parteien: eine »revolutionäre Querverbindungsgruppe, in der Haltung und Entschlossenheit mehr galten als überlebte Parteidoktrin« und die »sozialistisch und konservativ zugleich« war[14].

In der von Friedrich Lenz und Arvid Harnack 1931 gegründeten »Arbeitsgemeinschaft zum Studium der sowjetrussischen Planwirtschaft« (ARPLAN) fanden sich Akademiker, Publizisten und Vertreter verschiedener politischer Richtungen zusammen, um die Vorzüge und Grenzen einer staatlichen Wirtschaftslenkung und damit verbundener sozialpolitischer Eingriffsmöglichkeiten zu studieren. Die Krise des klassischen liberalen Wirtschaftsmodells und die Frage nach den inneren und äußeren Existenzbedingungen eines zukünftigen deutschen Nationalstaats jenseits des Versailler Systems bildeten den Ausgangspunkt für das Interesse an den Entwicklungen in der UdSSR: »Die Auswirkungen des sowjetrussischen Systems, insbesondere das Schauspiel seiner Gemeinwirtschaft (Fünfjahresplan), sind vornehmlich für uns Deutsche von praktischem Interesse; bilden wir doch den schwächsten und darum gefährdetsten Teil der herrschenden Ordnung. Zugleich bietet jenes grundsätzliche Zusammenfallen von Gemeinwesen und Planwirtschaft in der UdSSR einen systematischen Grenzfall von hohem theoretischen Interesse. Ein systematisches Studium beider Ordnungen und ihrer Wechselwirkung muß von dogmatischen Verallgemeinerungen sich ebenso fernhalten wie von irgendwelcher Propagandaabsicht. Dann aber gibt es kaum einen Gegenstand, der – theoretisch wie praktisch – von gleich hohem Interesse wäre.«[15] Auch die ARPLAN war ein Diskussionsforum politischer Grenzüberschreitung. Neben Vertretern der Staatswissenschaften und der Osteuropaforschung wie Emil Lederer, Alfred Meusel, Otto Hoetzsch und Klaus Mehnert gehörten ihr Georg Lukács, Hermann Duncker und Karl August Wittfogel von der politischen Linken, zahlreiche Vertreter des nationalrevolutionären und nationalbolschewistischen Spektrums wie Ernst Niekisch und Hans Ebeling sowie Graf von Reventlov und Ernst Jünger aus dem konservativen Lager an[16].

Der Schriftsteller und Dramaturg Adam Kuckhoff versuchte mit der Übernahme der Schriftleitung der »Tat« im April 1928 und einem Kreis jüngerer Autoren[17] ein politisch offenes Forum für die Diskussion neuer Gedanken und Entwürfe zu etablieren: »Niemals war es so wesentlich, die großen Gedankensysteme bis zu der letzten Konsequenz zu erörtern und gegeneinander in Wirksamkeit setzen zu dürfen. Geistesfreiheit ist heute gefährlicher bedroht als im wilhelminischen Zeitalter, als man sich um das Sozialistengesetz oder um irgendeine unbekleidete Statue herumschlug:

---

13 Harro Schulze-Boysen, Gegner von heute Kampfgenossen von morgen, Berlin 1932 (Reprint Koblenz 1987), S. 13f.

14 Karl Otto Paetel, Der Gegnerkreis, in: Nürnberger Nachrichten vom 19. Juli 1952.

15 Gründungsbericht über die Arbeitsgemeinschaft zum Studium der sowjetrussischen Planwirtschaft (1931), in: Friedrich Lenz, Wirtschaftsplanung und Planwirtschaft, Berlin 1948, S. 77.

16 Siehe Mitgliederverzeichnis der ARPLAN, Stiftung Archiv der Parteien und Massenorganisationen der ehemaligen DDR (SAPMO BArch), ZPA, V 241/3/10, Bl. 4–6; siehe auch F. Lenz (Anm. 15), S. 90.

17 Vgl. Gerald Wiemers (Hrsg.), Adam Kuckhoff. Eine Auswahl von Erzählungen, Gedichten, Briefen, Glossen und Aufsätzen, Berlin 1970, bes. S. 34.

weil von den Entscheidungen, die jetzt fallen, die Zukunft der Jahrhunderte abhängig sein wird.«[18]

Für zahlreiche spätere Mitglieder der Widerstandsgruppe bildeten die Erfahrungswelt und das Gemeinschaftserlebnis der Jugendbewegung mit ihrem Aufbegehren gegen etablierte Strukturen oder die Begegnung mit reformpädagogischen Projekten wie der von Wilhelm Blume begründeten Schulfarm Scharfenberg und der Odenwaldschule einen wichtigen Bezugspunkt ihrer politischen Sozialisation. Prägungen erwuchsen ebenso aus den Bindungen vieler Gruppenmitglieder an Künstler- und Literatenmilieus und der damit verbundenen Sensibilisierung für die politische und soziale Umbruchsituation zu Beginn der dreißiger Jahre[19].

Die seinerzeit entstandenen Freundschaften, Gesprächskontakte und Gemeinsamkeiten in den politischen Überzeugungen verliefen quer zu den hergebrachten politischen Lagern und sozialen Schichtungen. Sie kreisten um Probleme wie alternative Lebensentwürfe, die Formierung einer neuen Elite jenseits der etablierten Machtstrukturen, um die Vereinbarkeit von nationalstaatlicher Tradition und sozialistischen Ideen. In vielen Fällen bildeten diese vor 1933 entstandenen Bindungen und Beziehungen das Reservoir für die sich später formierenden Widerstandszusammenhänge.

Neben den Erfahrungen früher Verfolgung durch die Nationalsozialisten, wie sie etwa Harro Schulze-Boysen in einem Folterkeller der SS im April 1933 hatte[20], und der prinzipiellen Ablehnung der nationalsozialistischen Ideen war es insbesondere die Vereinnahmung oder Zerstörung der genannten Gemeinschaftsformen durch das NS-Regime, die zum Auslöser oppositioneller Tendenzen in den Gruppen und Kreisen um Harnack und Schulze-Boysen wurde. Widerstand formierte sich zunächst als Behauptung der in den Auseinandersetzungen der späten Weimarer Republik gewonnenen politischen und kulturellen Identität gegenüber dem Konformitätsdruck der Diktatur. Die Gruppenbiographie der Berliner »Roten Kapelle« unterscheidet sich dabei deutlich sowohl von den Organisationsmustern des kommunistischen und sozialdemokratischen Untergrunds als auch von den mit professionellen konspirativen Techniken operierenden nachrichtendienstlichen Gruppen der Komintern und der sowjetischen Militäraufklärung[21].

III.

Der um 1933 entstehende Kreis um Arvid und Mildred Harnack sowie das Ehepaar Kuckhoff rekrutierte sich vor allem aus einer Gruppe von Schülern des Berliner Städ-

---

18 Ebenda, S. 226.

19 Vgl. dazu u. a. Heinrich Scheel, Vor den Schranken des Reichskriegsgerichts, Berlin 1993; ders., Rote Kapelle. Widerstand, Verfolgung, Haft, in: H. Coppi/J. Danyel/J. Tuchel (Anm. 1); ders., Schulfarm Scharfenberg, Berlin 1990; Kurt Hörhold/Nikolaus Molkenbuhr, Oda Schottmüller, Berlin 1983.

20 Siehe H. Coppi (Anm. 12), S. 127.

21 Zur organisationssoziologischen Differenzierung verschiedener Gruppenformen im Widerstand siehe Jan Foitzik, Zwischen den Fronten. Zur Politik, Organisation und Funktion linker politischer Kleinorganisationen im Widerstand 1933 bis 1939/40 unter besonderer Berücksichtigung des Exils, Bonn 1986.

tischen Abendgymnasiums für Erwachsene[22]. Zu ihr gehörten u. a. der Schlosser Karl Behrens, der von der SA über die »Schwarze Front« und den Widerstandskreis um Ernst Niekisch zu marxistischen Ideen gefunden hatte, Cläre Behrens, der Schneider Bodo Schlösinger und dessen als Stenotypistin tätige Frau Rose sowie der arbeitslose Angestellte Wilhelm Utech. Später kamen der Fabrikant Leo Skrzypczynski, der angehende Jurist und Neffe Harnacks, Wolfgang Havemann, und der Konsulatssekretär im Auswärtigen Amt und spätere Mitarbeiter des Oberkommandos der Wehrmacht (OKW) Herbert Gollnow hinzu[23]. Darüber hinaus versuchten Harnack und Kuckhoff, ihre Verbindungen zu akademischen und literarischen Kreisen aus der Zeit vor 1933 aufrechtzuerhalten.

Die regelmäßigen Treffen unter der Leitung Harnacks dienten der Erörterung von Strukturfragen der Wirtschaftsordnung, thematisierten die Rolle des Staates im Zusammenhang mit der sozialen Frage oder widmeten sich möglichen Alternativen deutscher Außenpolitik. Der akademische Stil und der hohe theoretische Anspruch dieser Zusammenkünfte erwuchsen aus der Prägung Harnacks durch die über Generationen lebendige Gelehrtentradition in seiner Familie, die er stets als eine Verpflichtung empfand. In ihrer Grundsätzlichkeit und geistesgeschichtlichen Fundierung erinnern die von Harnack angeregten Debatten an den ordnungspolitischen Diskurs des Kreisauer Kreises. Als Formen der Schulungs- und Bildungsarbeit adaptierten sie zudem Elemente der aus der linken Tradition bekannten marxistischen Zirkel. Der Anspruch war dabei eher intellektuell als vordergründig politisch. Die an den Kursen Beteiligten sollten dazu befähigt werden, wirtschaftliche und politische Zusammenhänge des NS-Systems zu durchschauen. Harnack schwebte die Heranbildung einer Art Führungspotential für den Fall des Sturzes von Hitler und einer sich daran anschließenden Neuordnung Deutschlands vor.

Im Mittelpunkt des Harnackschen Gesellschaftsbildes stand die Idee einer gerechten Verteilung wirtschaftlicher und sozialer Güter in der Tradition eines ethisch fundierten Sozialismus. Die Grundlage für diesen egalitären Anspruch sah er in einer planwirtschaftlichen Organisation des Wirtschaftslebens und der Wiederbelebung der Ordnungsmacht des Staates. Eine zwischen Ost und West ausbalancierte Außenpolitik sollte einen zukünftigen deutschen Nationalstaat sowie die Partizipation an den Ressourcen im sowjetisch-asiatischen Raum ermöglichen und Deutschland so aus der Abhängigkeit des Versailler Systems befreien. Diese Überlegungen prägten entschei-

---

22 Mildred Harnack war ab 1932 als Lehrerin für englische Sprache und Literaturgeschichte an dieser Einrichtung tätig. Vgl. Eberhard Brüning, Mildred Harnack-Fish als Literaturwissenschaftlerin, in: Mildred Harnack-Fish, Variationen über das Thema Amerika. Studien zur Literatur der USA, Berlin–Weimar 1988, S. 166f.; Sophie Ennenbach, Wer war Rose Schlösinger? Erinnerungsbericht, GDW, Sammlung Rote Kapelle, RKA 154; dies., Rote Kapelle. Erinnerungsbericht, ebenda, RKA 153; siehe ferner die im Privatbesitz von Jane Donner-Sweeney (Baltimore/USA) befindlichen Briefe Mildred Harnacks an ihre Familie aus dieser Zeit (Kopien in: GDW, Sammlung Rote Kapelle).

23 Vgl. BAP Dahlwitz-Hoppegarten, Befragung Wilhelm Utechs vom Dezember 1968, vorl. Signatur AST/RK 43/109, S. 3f.; Falk Harnack, Vom anderen Deutschland. Teilbericht über die Harnack-Schulze-Boysen-Widerstandsorganisation, Berlin 1947, SAPMO BArch, ZPA, V 241/3/10; Jürgen Danyel, Profile und Organisationsformen wissenschaftlicher Arbeit in der Widerstandsgruppe um Arvid Harnack, in: Rostocker Wissenschaftshistorische Manuskripte, (1989) 17, S. 29–34; Heinrich Scheel, Ein Schulungsmaterial aus dem illegalen antifaschistischen Widerstand der Roten Kapelle, in: Zeitschrift für Geschichtswissenschaft, 32 (1984), S. 36–46; Brief von Ludwig Emanuel Reindl an Ricarda Huch vom 30. März 1946 (Kopie im Besitz des Verfassers).

dend die politischen Ordnungsvorstellungen der Widerstandsgruppe[24]. Entgegen den zahlreichen Legenden waren sie keine bloße Projektion sowjetischer Verhältnisse auf Deutschland, sondern knüpften vielmehr an den Gedanken einer nationalstaatlich organisierten Gemeinwirtschaft bei Friedrich List, an die Sozialisierungskonzepte der deutschen Sozialdemokratie nach 1918 und an Traditionen der Bismarckschen Außenpolitik an[25].

In der Zeit bis 1939 versuchte der Kreis, sich über die Verbindungen in verschiedene gesellschaftliche Bereiche hinein ein genaues Bild von der Stimmung der Bevölkerung zu machen. Die Berichte aus Betrieben und Institutionen, die politischen Tagesanalysen waren als Vorbereitung auf einen erwarteten Massenwiderstand der Deutschen gedacht, in den man politisch gestaltend und lenkend einzugreifen hoffte. Aus dem Ausbleiben größerer Proteste, dem Beginn des Krieges und den einsetzenden Vorbereitungen für den Rußlandfeldzug ergaben sich dann neue Schwerpunkte für die Widerstandsarbeit.

Der seit Mitte der dreißiger Jahre im Umfeld von Harro Schulze-Boysen entstandene Kreis, zu dem der Bildhauer Kurt Schumacher, dessen als Gebrauchsgrafikerin tätige Frau Elisabeth, die Ärztin Elfriede Paul und ihr Lebensgefährte Walter Küchenmeister, der vor 1933 als Redakteur in kommunistischen Tageszeitungen tätige Walter Husemann und dessen als Schauspielerin arbeitende Frau Marta, die Tänzerin Oda Schottmüller und in der Folgezeit viele weitere Personen gehörten[26], war in dieser Hinsicht weit weniger inhaltlich festgelegt. Als ein offenes Diskussionsforum spiegelte er eher die anhaltende politische Unrast Schulze-Boysens, dem politische »Schlagworte und Parteibücher« fremd waren[27] und der eher etwas bewegen wollte, als daß er auf ein bestimmtes Ideensystem fixiert war. Den Nationalsozialismus lehnte Schulze-Boysen nicht erst seit seiner Verschleppung durch die SS ab: »Ich sehe die geschichtliche Aufgabe meiner Generation in der Synthese der Werte, die in unserem Volke lebendig sind, nicht in der Herrschaft des geistig beschränkten Gummiknüppels. Die Nazis sind gerade auf kulturellem Gebiet absolute Reaktionäre. Im Wirtschaftlichen lassen sie sich von Agitation leiten und haben weder Sachkenntnis noch Verantwortung . . . Ich habe Hitlers ›Kampf‹ gelesen. Danach müßte man ja eigentlich kuriert sein, denn in wenigen Büchern habe ich ein solches Sammelsurium von Plattheiten gefunden wie hier. Die ganze Rassentheorie ist Unsinn.«[28] Gleichzeitig war für ihn auch nach der Machtübernahme der Nationalsozialisten die weitere Ent-

24 Siehe dazu Friedrich Lenz, In memoriam Arvid Harnack, in: ders. (Anm. 15), S. 93f.; Egmont Zechlin, Erinnerung an Arvid und Mildred Harnack, in: Geschichte in Wissenschaft und Unterricht, 33 (1982), S. 400; Heinz Hassmann, »Wo aber Gefahr ist wächst das Rettende auch«. Persönliche Erinnerungen an Fritz-Dietlof Graf von der Schulenburg und Dr. Arvid Harnack, masch. 1946/47, Institut für Zeitgeschichte München (IfZ), Bibliothek, S. 10.

25 Bereits in seiner Jenaer Doktorarbeit von 1924 beschäftigte sich Harnack mit den planwirtschaftlichen Versuchen des sozialdemokratischen Wirtschaftsministers Rudolf Wissell und des Unterstaatssekretärs im Reichswirtschaftsamt, Wichard von Moellendorf, in der Zeit von 1919–1923. Siehe Arvid Harnack, Die vormarxistische Arbeiterbewegung in den Vereinigten Staaten, Jena 1931, S. 161f.

26 Siehe Elfriede Paul, Ein Sprechzimmer der Roten Kapelle, Berlin 1981, S. 87ff.; K. Hörhold/N. Molkenbuhr (Anm. 19); siehe auch die biographischen Darstellungen in: H. Coppi/J. Danyel/J. Tuchel (Anm. 1) und R. Griebel/M. Coburger/H. Scheel (Anm. 1).

27 Vgl. Sonderdruck der Zeitschrift »Gegner« vom Mai 1932 (hektographiert; Kopie in: GDW, Sammlung Rote Kapelle).

28 Brief von Harro Schulze-Boysen an die Eltern vom 25. Oktober 1930, IfZ, ED 335/1.

wicklung noch offen; den »Marsch durch die Institutionen« sah er als Chance, das NS-System von innen auszuhebeln.

Schulze-Boysen hielt auch im Widerstand an seiner Idee von einer Art »Ordensbildung«[29] quer zu den traditionellen politischen Frontstellungen und sozialen Barrieren fest. Ähnlich wie Harnack, jedoch ohne dessen methodischen Rigorismus, versuchte er in seinem Umfeld eine Art Gegenelite aufzubauen, von der Impulse für einen gesellschaftlichen Umbruch ausgehen sollten: »Revolutionen aber werden immer nur von wenigen begonnen.«[30]

In Schulze-Boysens politischer Vorstellungswelt finden sich deutliche Anklänge an die Positionen des nationalrevolutionären Spektrums am Anfang der dreißiger Jahre; zugleich bewahrte er sich eine geistige Unabhängigkeit, die auch nach 1933 immer wieder Impulse aus den politischen Debatten aufnahm[31]. Wie auch die Biographien von Ernst Niekisch, Josef Römer, Eberhard Hielscher und Rudolf Pechel belegt der Werdegang Schulze-Boysens nach 1933, daß die »Richtung der Jungkonservativen mit nationalsozialistisch-revolutionären Zügen«, die sich in deutlicher Distanz zur Weimarer Republik befand und auch »Gegner des nationalsozialistischen Systems in den meisten seiner Äußerungen« wurde, ein »bedeutsames Element permanenten Widerstandes« gegen den Nationalsozialismus darstellte[32].

Die Beziehungsgeschichte des weitgefächerten Kreises um Schulze-Boysen zeigt besonders deutlich, daß das Bild der Berliner »Roten Kapelle« von einer zentral geleiteten, straff organisierten Widerstandsgruppe in das Reich der Legenden zu verweisen ist. Die verschiedenen Gruppen und Freundeskreise definierten sich nicht über verbindliche Organisationsziele, konspirative Rituale und eine entsprechende Mitgliederrekrutierung: »In ihrer Genesis, soziologischen Zusammensetzung und in ihrem Organisationsverhalten unterscheidet sie sich nicht von anderen Widerstandsgruppen der späteren Phase, die nach der Zerstörung der aus der Zeit vor 1933 tradierten Organisationsnetze ab der zweiten Hälfte der dreißiger Jahre entstanden waren. Als gemeinsame Merkmale können gelten, daß die einzelnen Gruppensegmente in tradierten Milieus aufgehoben waren und meistens auf eine Wiederbelebung früherer formeller und informeller Bindungen, Beziehungen und Freundschaften zurückgingen. Bezeichnend war ferner, daß es sich um sogenannte Primärgruppen handelte, also um Verbindungen von Menschen, die sich meistens jahrelang persönlich kannten, die freundschaftliche, soziale und/oder gar verwandtschaftliche Beziehungen miteinander verbanden. Die Pflege der politischen und ethischen Identität oder der persönlichen Integrität war ein zentraler Organisationszweck, ihr ›Widerstand‹ war in einem hohen Maße ein Reflex der äußeren Umstände, der Herrschaftsbedingun-

---

29 Brief von Harro Schulze-Boysen an seine Mutter von Mitte April 1933, ebenda, ED 335/2.

30 Brief von Harro Schulze-Boysen an seine Mutter vom 23. Mai 1932, ebenda.

31 Wie Anm. 12; vgl. ferner Louis Dupeux, Nationalbolschewismus in Deutschland 1919–1933, München 1985, bes. Kapitel XIX: »Harro Schulze-Boysens ›Gegner‹, Januar 1932–April 1933«; Karl Otto Paetel, Versuchung oder Chance? Zur Geschichte des deutschen Nationalbolschewismus, Göttingen 1965, bes. S. 189ff.: »Der Gegnerkreis«; Otto Ernst Schüddekopf, Nationalbolschewismus in Deutschland 1918–1933, Frankfurt am Main 1972, bes. S. 362–365; Thomas Schulz, Gegner. Nationalsozialismus, Nationalbolschewismus und Massenpsychologie, Diss. phil. Frankfurt am Main 1980.

32 Gerhard Schulz, Nationalpatriotismus im Widerstand, in: Vierteljahrshefte für Zeitgeschichte, 32 (1984), S. 337.

gen.«[33] Im Vergleich zu anderen Bereichen des Widerstandes ist auch der hohe Anteil von Frauen und deren weitreichende Partizipation an den politischen Diskussionen und Aktionen der Widerstandsgruppe auffällig[34].

Sowohl die NS-Überlieferung über die »Rote Kapelle« und deren Tradierung nach 1945 im Westen als auch die Deutung der Gruppe in der auf den kommunistischen Untergrund fixierten DDR-Widerstandshistoriographie verkannten diese komplexe und offene Beziehungsgeschichte. Beide Interpretationen – dies belegen die in der Literatur zur »Roten Kapelle« immer wieder auftauchenden Organigramme und Netzwerkschemata mit der Andeutung unzähliger Verbindungslinien und Funktionszuordnungen an einzelne Gruppenmitglieder – unterstellten den Gruppenbeziehungen die Zweckrationalität einer arbeitsteiligen, konspirativen Organisation[35]. Die Vielzahl der inzwischen erschlossenen widerstands- und rezeptionsgeschichtlichen Quellen verdeutlicht, daß diese Deutungen eher den westlichen Feindbildern einer allgegenwärtigen, von Moskau gesteuerten kommunistischen Verschwörung der fünfziger Jahre oder dem ideologisch motivierten Organisationsfetischismus auf östlicher Seite entsprungen sind, als daß sie die Realität des Widerstandes spiegeln würden[36].

Mit ihrer Breite an politischen Positionen, Traditionen und ganz unterschiedlichen lebensgeschichtlichen Zugängen zum Widerstand trug die Widerstandsgruppe insofern deutliche Züge einer Sammlungsbewegung mit einer weitreichenden politischen Konsensfähigkeit. Damit unterschied sie sich sowohl vom kommunistischen Widerstand und dessen sektiererischen Tendenzen als auch von verschiedenen Formen generationsspezifischen Widerstands oder von Oppositionstendenzen, die in relativ homogenen sozialen Milieus entstanden.

IV.

Beginnend mit dem Jahr 1939 kam es zu einer engeren Zusammenarbeit zwischen Harnack und Schulze-Boysen und damit zu einer Verzahnung der in ihrem Umfeld agierenden Gruppen und Freundeskreise[37]. Die Irritationen im Zusammenhang mit dem deutsch-sowjetischen Nichtangriffsvertrag waren der Anlaß für die ersten Gesprächskontakte zwischen Harro Schulze-Boysen und dem Kreis ehemaliger Scharfenberg-Schüler und Jungkommunisten um Hans Coppi[38]. Die Integration dieses

---

33 Jan Foitzik, Gruppenbildung im Widerstand, in: H. Coppi/J. Danyel/J. Tuchel (Anm. 1).

34 Vgl. dazu Marlies Coburger, Die Frauen der Berliner Roten Kapelle, in: ebenda.

35 Siehe Heinz Höhne, Kennwort: Direktor. Die Geschichte der Roten Kapelle, Frankfurt am Main 1972, S. 88f.; Alexander S. Blank/Julius Mader, Rote Kapelle gegen Hitler, Berlin 1979, S. 235.

36 Vgl. J. Danyel (Anm. 2); P. Steinbach (Anm. 2); H. Coppi/J. Danyel (Anm. 2).

37 Harnack und Schulze-Boysen begegneten sich erstmalig 1935. Auslöser für den erneuten Kontakt im Jahre 1939 und die weitere Zusammenarbeit war eine Begegnung zwischen den Ehepaaren Kuckhoff und Schulze-Boysen auf einer Abendgesellschaft im Haus des Produktionsleiters der Filmgesellschaft Tobis, Dr. Engelsing; siehe Greta Kuckhoff, Vom Rosenkranz zur Roten Kapelle, Berlin 1978, S. 226ff.; dies., Interview mit Lew Besymenski, masch. Protokoll der Tonbandaufzeichnung von 1968, GDW, Sammlung Rote Kapelle, S. 19f.; Brief von Rudolf Heberle an Ricarda Huch vom 12. Oktober 1946, IfZ, ED 106, Bd. 98.

38 Vgl. Brief von Heinrich Scheel an Ricarda Huch vom 29. Juni 1946 (Kopie in: GDW, Sammlung Rote Kapelle); ders., Vor den Schranken des Reichskriegsgerichts (Anm. 19). Zu den Auswirkungen des Paktes auf den kommunistischen Widerstand vgl. u.a. Jan Foitzik, Die Kommunistische

Kreises wie auch der Gruppe um den Psychoanalytiker John Rittmeister[39] und des Freundeskreises um den Schauspieler Wilhelm Schürmann-Horster[40] führte zu einer beträchtlichen Erweiterung der Widerstandsgruppe und verstärkte deren innere Differenzierung.

Die Hinzugekommenen waren überwiegend Jugendliche, die unter den Bedingungen des Nationalsozialismus sozialisiert worden waren. Ihre ablehnende Haltung gegenüber dem Regime resultierte nicht mehr aus den politischen Auseinandersetzungen der Weimarer Zeit oder der Bindung an vom NS-Regime unterdrückte Parteien und Verbände. Hannelore und Fritz Thiel, Otto Gollnow, Liane Berkowitz, Friedrich Rehmer, Heinz Strelow, Eva-Maria Buch, Cato Bontjes van Beek und Andre Richter repräsentierten einen lebensgeschichtlichen Zugang zum Widerstand, der durch die Kriegsrealität und damit verbundene Desillusionierungen, durch eine Sensibilität für wahrgenommenes Unrecht und die Spontanietät des Aufbegehrens geprägt war[41]. Hinsichtlich der Motive für oppositionelles Handeln finden sich hier viele Parallelen zur Weißen Rose in München und zu anderen Bereichen des Jugendwiderstands.

Nach 1939 intensivierten sich auch die Verbindungen der Widerstandsgruppe zu illegalen kommunistischen Kreisen. Nach ihrer Haftentlassung aus dem Zuchthaus Luckau kamen mit dem Journalisten und Parteitheoretiker Wilhelm Guddorf und dem Sinologen Philipp Schaeffer zwei ehemalige KPD-Aktivisten in Berührung mit der Gruppe um Harnack und Schulze-Boysen. Über John Sieg existierten zu dieser Zeit bereits Verbindungen zu illegalen KPD-Kreisen in Berlin-Neukölln. Gemeinsam mit Herbert Grasse und Otto Grabowski gab Sieg dort die hektographierte Zeitschrift »Die innere Front« heraus[42].

Wilhelm Guddorf bemühte sich von Berlin aus um den Wiederaufbau zentralisierter Leitungsstrukturen nach den alten KPD-Mustern und nahm zu diesem Zweck Kontakt zum Hamburger Widerstand um Bernhard Bästlein, Robert Abshagen und Franz Jacob auf[43]. Die somit entstandene Verzahnung der Berliner »Roten Kapelle« mit dem Hamburger Widerstand erwies sich jedoch als kaum effektiv. Sie hatte vielmehr die verheerende Konsequenz, daß im Zuge der Aufdeckung der Widerstands-

---

Partei Deutschlands und der Hitler-Stalin-Pakt, in: Vierteljahrshefte für Zeitgeschichte, 37 (1989), S. 499–514.

39 Vgl. dazu Christine Teller (Hrsg.), John Rittmeister. Hier brennt doch die Welt. Aufzeichnungen aus dem Gefängnis 1942–43, Gütersloh 1992.

40 Zu dem sich ab 1938 um Schürmann-Horster formierenden Kreis gehörten u. a. der Bildhauer Cay von Brockdorff und seine Frau Erika, die Bildhauerin Ruthild Hahne, Jutta und Viktor Dubinsky, die Tänzerin Hanna Berger, der Architekt Friedrich Schauer, der Konstrukteur Karl Böhme, Wolfgang Thiess, Herbert Grasse und Eugen Neutert.

41 Vgl. dazu u. a. Mietje Bontjes van Beek, Erinnerungen an Cato Bontjes van Beek, in: Johannes Beck/Heiner Boehnke u. a. (Hrsg.), Terror und Hoffnung in Deutschland 1933–1945. Leben im Faschismus, Hamburg 1980; dies., Momentaufnahmen aus einem Tagebuch, unveröff. Typoskript (Kopie in: GDW, Sammlung Rote Kapelle); R. Griebel, Die weibliche Seite des Widerstands: Cato Bontjes van Beek, in: Kurt Schilde (Anm. 1), S. 128–134; J. Tuchel (Anm. 10); Marlies Coburger/K. Schilde, Eva-Maria Buch. Ihre Lebensgeschichte, in: K. Schilde (Anm. 1), S. 14–28; J. Tuchel (Anm. 1), S. 268–293.

42 Siehe dazu Helmut Schmidt (Hrsg.), John Sieg. Einer von Millionen spricht. Skizzen, Erzählungen, Reportagen, Flugschriften, Berlin 1989, S. 9f.; Luise Kraushaar, Berliner Kommunisten im Kampf gegen den Faschismus, Berlin 1981. Ein erhalten gebliebenes Exemplar der Inneren Front, Nr. 15 vom August 1942, befindet sich in BAP Dahlwitz-Hoppegarten, NJ 2, Bd. 4.

43 Protokolle der Vernehmungen von Guddorf, Bästlein und Abshagen, ebenda, ZC II 21, Bd. 1.

gruppe Schulze-Boysen/Harnack auch gegen den Hamburger Widerstand noch 1942 durch die Gestapo ermittelt wurde[44].

Der Zeitraum von 1940 bis 1942 war durch eine deutliche Intensivierung des Widerstandes in der Gruppe um Harnack und Schulze-Boysen gekennzeichnet. Der Kriegsverlauf und die Kenntnis der militärischen Vorbereitungen für den Überfall auf die UdSSR bildeten dabei den entscheidenden Auslöser für eine ganze Reihe von Aktionen. Die in diesem Kontext entstandenen analytischen Materialien, Flugblätter und illegalen Schriften thematisierten in verschiedenen Variationen den für Deutschland verhängnisvollen Charakter der Kriegsoptionen Hitlers.

Eine in jeweils eigenständigen Bearbeitungen von Arvid Harnack und Wilhelm Guddorf überlieferte Schrift über das »nationalsozialistische Stadium des Monopolkapitalismus«[45] verwies auf die Zusammenhänge zwischen Wirtschaftsstrukturen und militärischer Expansion unter den Bedingungen des Nationalsozialismus und diente vor allem der Selbstverständigung innerhalb der Gruppe. Andere 1941/1942 entstandene Flugblätter und Aufklärungsschriften, wie die von Günther Weisenborn verbürgte »Napoleon«-Flugschrift[46], enthielten differenzierte, auf bestimmte Bevölkerungsgruppen zielende Argumentationsmuster oder richteten sich – wie ein der »Inneren Front« beigelegter, in französischer Sprache abgefaßter Aufruf – an die nach Deutschland zwangsrekrutierten ausländischen Arbeitskräfte[47]. Eine im Kreis um Schulze-Boysen initiierte Zettelklebeaktion wandte sich mit der Frage: »Krieg, Hunger, Lüge, Gestapo – wie lange noch?« gegen die nationalsozialistische Propagandaausstellung »Das Sowjetparadies« im Berliner Lustgarten[48]. An dieser nicht unumstrittenen Aktion in verschiedenen Stadtteilen Berlins nahmen unter anderen Liane Berkowitz, Hans und Hilde Coppi, Ursula Götze, John Graudenz, Werner Krauss, Friedrich Rehmer, Harro Schulze-Boysen, Fritz Thiel und Marie Terwiel teil.

Libertas Schulze-Boysen begann unter dem Eindruck von Gesprächen mit Heimaturlaubern von der Ostfront im Rahmen ihrer Tätigkeit bei der Deutschen Kulturfilmzentrale mit der Dokumentation von Gewaltverbrechern unter der Zivilbevölkerung in den besetzten sowjetischen Gebieten[49]. Teile des Materials fanden Eingang in eine von John Sieg und Adam Kuckhoff verfaßte Schrift »Offene Briefe an die Ost-

---

44 Die Verhaftung Wilhelm Guddorfs erfolgte am 10. Oktober 1942 in Berlin. Wenige Tage später begannen die Verhaftungen in Hamburg, nachdem die Gestapo im Zusammenhang mit der Aufdeckung der Widerstandsgruppe um Harnack und Schulze-Boysen bereits das Umfeld Guddorfs beobachtet hatte und durch die Überwachung der Fallschirmspringer Wilhelm Fellendorf und Erna Eifler auf die Hamburger Widerstandskreise gestoßen war. Zur Aufdeckung der Hamburger Gruppe vgl. Klaus Bästlein, »Hitlers Niederlage ist nicht unsere Niederlage, sondern unser Sieg!« Die Bästlein-Organisation. Zum Widerstand aus der Arbeiterbewegung in Hamburg und Nordwestdeutschland während des Krieges (1939–1945), in: Info Nr. 13 des Arbeitskreises zur Erforschung des Nationalsozialismus in Schleswig-Holstein, Kiel 1988, S. 44–89.

45 H. Scheel (Anm. 23), S. 38f.; die von Guddorf bearbeitete Variante befindet sich im BAP Dahlwitz-Hoppegarten, NJ 1579/13.

46 Vgl. Günther Weisenborn, Der lautlose Aufstand. Bericht über die Widerstandsbewegung des deutschen Volkes 1933–1945, Hamburg 1954, S. 305–313.

47 Wie Anm. 42; das Flugblatt wurde von Eva-Maria Buch ins Französische übersetzt.

48 Vgl. dazu die Meldung wichtiger staatspolizeilicher Ereignisse Nr. 9 vom 20. Mai 1942, in: Gestapo-Berichte über den antifaschistischen Widerstandskampf 1933–1945, Bd. 2: September 1939 bis August 1942, Berlin 1989, S. 227.

49 Dazu Alexander Spoerl, Libertas Schulze-Boysen. Erinnerungsbericht (Kopie in: GDW, Sammlung Rote Kapelle); G. Kuckhoff, Rosenkranz (Anm. 37), S. 307.

Der Freiburger Kreis. Zweite und letzte Tagung der Arbeitsgemeinschaft Volkswirtschaftslehre der Akademie für Deutsches Recht in Wiesbaden, 23./24. Mai 1941. Von links nach rechts: Erich Preiser, Constantin von Dietze, Hero Moeller, Walter Eucken (hinten), Carl Brinkmann, Richard Ritter von Strigl, Jens Jessen, Erwin von Beckerath (hinten), Adolf Lampe (vorn), Hans Peter (Mitte), Günter Schmölders (verdeckt, hinten), unbekannte Dame, unbekannter Herr (verdeckt, hinten), Wilhelm Kromphardt, unbekannter Herr.

Abschiedsfeier für James Franck im Kaiser-Wilhelm-Institut für physikalische Chemie und Elektrochemie in Berlin-Dahlem, 1920. Sitzend, von links nach rechts: Hertha Sponer, Ingrid Franck, James Franck, Lise Meitner, Fritz Haber, Otto Hahn. Stehend, von links nach rechts: Albert Einstein, Walter Grotian, Wilhelm Westphal, Otto von Baeyer, Peter Pringsheim, Gustav Hertz. James Franck, Albert Einstein und viele andere Physiker müssen Deutschland 1933 verlassen.

Hans und Sophie Scholl mit Christoph Probst München, 24. Juli 1942.

Willi Graf im Gespräch mit einer Freundin.

Kittelbachpiraten, Gladbeck 1937.

Verhaftung katholischer Jugendlicher aus der Sturmschar um Heinz Strahtmann und Hans Schmitz-Hübsch, Münster 1934.

Johann Georg Elser.

Rudolf-Christoph Freiherr von Gersdorff.

Maurice Bavaud.

Lordbischof Bell mit Flüchtlingspfarrern u. a. 2. v. l. sitzend: Pfarrer Hildebrand.

Ulrich von Hassell mit seiner Frau.

Von links nach rechts: Erich Weinert, Wilhelm Pieck, Walther von Seydlitz-Kurzbach, 1943.

Gründungsversammlung des Nationalkomitees »Freies Deutschland«, Krasnogorsk, 13. Juli 1943.

Mitglieder des Antifaschistischen Komitees deutscher Soldaten »Freies Deutschland« – A.K.F.D. (3. v. l.: Falk Harnack, 4. v. l.: Gerhard Reinhardt) Kozani, Griechenland, 19. Januar 1945.

»Fünf Minuten vor zwölf« Angehörige einer »Bewährungseinheit« 999 auf dem Rückzug, Griechenland, Herbst 1944.

Kurt Singer.

Auswanderungsberatung, in Berlin 1936.

Aufstand im Warschauer Ghetto. Gefangene Juden werden von deutschen Truppen abgeführt, Warschau, April/Mai 1943.

Propagandaaufnahme aus dem Bericht von SS-Brigadeführer Jürgen Stroop über den Aufstand im Warschauer Ghetto, April/Mai 1943.

Zwangsarbeit jüdischer Männer zur Kartoffelernte, Müncheberg, Herbst 1939. Untere Reihe außen links: Werner Rewald; obere Reihe von links: Herr Hirschberg, Botho Holländer und Heinz Fischer. Die anderen Männer sind unbekannt.

Blindenwerkstatt Otto Weidt, Berlin-Mitte 1943. (1. Reihe 2. v. l. Inge Deutschkron, 2. Reihe 6. v. l. Alice Licht, 2. v. r. Chaim Horn).

Ludwig Beck.

Carl Friedrich Goerdeler.

Adolf Reichwein.

Julius Leber mit seiner Frau Annedore.

Johannes Popitz.

Andreas Hermes.

Ulrich von Hassell.

Hermann Maass.

Henning von Tresckow.

Friedrich Olbricht.

Erwin von Witzleben.

Claus Schenk Graf von Stauffenberg (links) und Albrecht Ritter Mertz von Quirnheim im Führerhauptquartier Winniza, 1942.

Hinrichtungsstätte Plötzensee.

front, 8. Folge. An einen Polizeihauptmann«, die angesichts der Verbrechen an der Ostfront an das Gewissen der dort operierenden Einsatzgruppen des Chefs der Sicherheitspolizei und des Sicherheitsdienstes appellierte[50].

Im Februar 1942 wurde die Gestapo erstmals auf diese Aufklärungsarbeit der Gruppe aufmerksam. Beginnend mit dem 15. Februar 1942 gingen beim Amt IV des Reichssicherheitshauptamtes (RSHA) aus verschiedenen Polizeirevieren Berlins Telegramme über eine auf dem Postweg verbreitete Hetzschrift mit dem Titel: »Die Sorge um Deutschlands Zukunft geht durch das Volk« ein[51]. Sie forderte die »sofortige Räumung der besetzten Gebiete der Sowjetunion«, die »Aufkündigung des Bündnisses mit Italien und Wiedererneuerung des Freundschaftspaktes und Handelsabkommens mit der UdSSR« als Voraussetzung für eine Friedenslösung, bei der »die Unversehrtheit des deutschen Reiches in den Grenzen vom Frühjahr 1939 gewahrt bleiben könnte«[52]. Eine Umkehr von Hitlers Politik sei möglich: »Noch hätte, nach Überwindung der nationalsozialistischen Krankheit, das deutsche Volk hinreichend eigene Kräfte und genug Freunde in der Welt, um seinen ehrlichen Willen zu wirklicher Neuordnung und zu dauerhafter Sicherung des Friedens auch gegen den Widerstand feindlicher Mächte durchzusetzen.«[53] Als Empfänger der im Kreis um Schulze-Boysen entworfenen Schrift weist das Meldeverzeichnis der Gestapo »Vertreter der Presse, des Katholizismus und der Intelligenz« aus[54]. Am 20. Mai 1942 erhielt das Referat IV A 1d des RSHA eine Meldung der Stapoleitstelle Berlin über 260 erfaßte Exemplare der Schrift[55]. Der Brief eines SS-Oberführers machte die zuständigen Gestapo-Stellen darauf aufmerksam, daß die »vornehmlich an die bürgerlichen Intellektuellen« gerichtete und »sehr geschickt« abgefaßte Schrift an sämtliche in Berlin zugelassenen Auslandsjournalisten und Beamte des »Reichspropagandaministeriums« verschickt worden sei[56]. Die Ermittlungen der Gestapo mußten im Verlauf des März 1942 als »aussichtslos« eingestellt werden[57].

V.

Hitlers Abkehr von der Verständigungspolitik mit der Sowjetunion und die Vorbereitung und Durchführung des Rußlandfeldzuges waren die entscheidenden Beweggründe für den Entschluß von Harnack und Schulze-Boysen, ab Frühjahr 1941 militärische Informationen über die Angriffsvorbereitungen an die sowjetische Botschaft in Berlin weiterzugeben. Diese Zusammenarbeit mit der sowjetischen Seite gehört wohl zu den am meisten umstrittenen Kapiteln der Geschichte des deutschen Widerstandes und wurde in Verbindung mit dem Verdikt der »Spionage« immer wieder bei der

50 Siehe H. Schmidt (Anm. 42), S. 131.
51 BAP Dahlwitz-Hoppegarten, St. 3/1104, Bl. 1f.; siehe auch die entsprechende Tagesmeldung in Gestapo-Berichte (Anm. 48), S. 180ff.
52 Zit. nach Heinrich Scheel, Die »Rote Kapelle« und der 20. Juli 1944, in: Zeitschrift für Geschichtswissenschaft, 33 (1985), S. 335.
53 Ebenda.
54 BAP Dahlwitz-Hoppegarten, St. 3/1104, Bl. 26.
55 Ebenda, Bl. 110.
56 Ebenda, Bl. 41.
57 Ebenda, Bl. 100.

Ausgrenzung der Gruppe aus der deutschen Opposition gegen Hitler geltend gemacht.

Die im September 1940 beginnenden Kontakte zwischen Arvid Harnack und dem als Sekretär in der sowjetischen Botschaft tätigen Mitarbeiter beim Volkskommissariat des Inneren (NKWD) Alexander Erdberg, (eigentl. Alexander M. Korotkow) sind nicht ohne ihre Vorgeschichte in der Zeit um 1930/1931 zu verstehen. Im Kontext der Bemühungen der von Friedrich Lenz und Harnack initiierten ARPLAN um eine Verbesserung der Handelsbeziehungen zwischen Deutschland und der Sowjetunion kam es zu einer Zusammenarbeit mit dem leitenden Mitarbeiter der sowjetischen Handelsvertretung in Berlin, Sergej A. Bessonow[58]. Zur gleichen Zeit fanden in der Berliner sowjetischen Botschaft regelmäßige Gespräche mit dem Sekretär der Vertretung A. W. Hirschfeld über den Stand der deutsch-sowjetischen Beziehungen statt, an denen sich neben Lenz und Harnack auch die Osteuropaexperten Otto Hoetzsch und Klaus Mehnert sowie der Herausgeber der Zeitschrift »Widerstand« Ernst Niekisch beteiligten[59]. Eines der Ergebnisse dieser Zusammenarbeit war die Studienreise einer Delegation der ARPLAN vom 20. August bis 12. September 1932 nach Moskau, Leningrad, Odessa, Kiew und in die Dnjepr-Region[60]. Diese Verständigungspolitik mit der sowjetischen Seite entsprach der Grundübrzeugung Harnacks, daß die Anlehnung an den Osten »zwangsläufig weltanschaulich, wirtschaftlich und sozial geboten« sei und die »Mittlerrolle Deutschlands zwischen Ost und West, zwischen Versailles und Moskau« eine Auseinandersetzung »mit der im Bolschewismus erneuerten Großmacht des Ostens« verlange[61].

Nach der Versetzung Hirschfelds und der Rückbeorderung Bessonows 1938 in die Sowjetunion, wo er verhaftet und im »Bucharin-Prozeß« wegen trotzkistischer Aktivitäten zu einer hohen Zuchthausstrafe verurteilt worden war, erfolgten diese Kontakte eher sporadisch und schliefen von 1938 bis 1940 völlig ein[62].

---

58 Siehe F. Lenz (Anm. 15), S. 79 und S. 90; zur Tätigkeit Bessonows in Berlin siehe auch Lew Besymenski, Geheimmission in Stalins Auftrag? David Kandelaki und die sowjetisch-deutschen Beziehungen Mitte der dreißiger Jahre, in: Vierteljahrshefte für Zeitgeschichte, 40 (1992), S. 339–357.

59 Mitteilung des Ministeriums für Auswärtige Angelegenheiten der UdSSR an Hans Coppi vom 8. August 1988. Für die Information danke ich Hans Coppi.

60 Vgl. dazu ARPLAN. Bericht über die Studienreise nach der Sowjetunion (zwei erhalten gebliebene Originalexemplare des Reiseberichts befinden sich in der Universitätsbibliothek der Humboldt-Universität Berlin und in der Deutschen Bücherei in Leipzig). Siehe ferner Ernst Niekisch, Erinnerungen eines deutschen Revolutionärs, Bd. 1: Gewagtes Leben 1889–1945, Köln 1974, S. 216 ff.; ders., Betrachtungen zu einer Rußlandreise, in: Widerstand, (1932) 10, S. 289–298; Otto Hoetzsch, Eindrücke und Probleme von einer abermaligen Rußlandreise (August 1932), in: Osteuropa, 7 (1932) 10, S. 1–10.

61 E. Zechlin (Anm. 24), S. 400.

62 Hirschfeld wurde im September 1935 nach Königsberg versetzt. Zur Verurteilung Bessonows siehe A. J. Wyschinski, Gerichtsreden, Berlin 1951, S. 718. Zu den Kontakten und ihrer zeitweiligen Unterbrechung siehe Oleg Zarew/James Costello, Der Superagent. Der Mann, der Stalin erpreßte, Wien 1993, S. 116 ff.; Oleg Zarew, Sprosi sebja v etot tschas rokowoj. Plany germanskowo rejcha byli iswestny v Kremle sadolgo do napadenii na SSSR, in: Trud vom 26. April 1991. In beiden Publikationen wird Bezug auf die im Archiv des KGB (jetzt Archiv des Auslandsnachrichtendienstes der Russischen Föderation und Archiv des Ministeriums für Sicherheit der Russischen Föderation) vorhandenen Unterlagen zur Harnack/Schulze-Boysen-Gruppe genommen bzw. finden sich erstmals genaue Quellenverweise auf die Akten, die nach wie vor für ausländische Forscher nicht zugänglich sind. Bei dem russischen Autor handelt es sich um einen ehemaligen Mitarbeiter des KGB, der 1990 Zugang zu den Originalakten erhielt. In den genannten Dar-

Im Oktober 1940 erhielt Erdberg von Harnack die Information, »daß Deutschland Anfang nächsten Jahres einen Krieg gegen die Sowjetunion beginnen wird«, dessen Ziel »in der Abspaltung eines Teils des europäischen Territoriums der UdSSR, von Leningrad bis zum Schwarzen Meer« bestünde[63]. Anfang März 1941 informierte Harnack die sowjetische Botschaft über laufende Operationen der deutschen Luftwaffe zur Durchführung von Luftbildaufnahmen des sowjetischen Territoriums – eine Nachricht, die er von Schulze-Boysen erhalten hatte[64].

Die inzwischen anhand russischer Archivquellen dokumentierbaren Inhalte der Gespräche mit Erdberg zeigen, daß Harnack immer wieder auf die laufenden Planungen für den »Rußlandfeldzug« hinwies und dies zusätzlich mit Eindrücken aus Gesprächen mit Funktionsträgern des NS-Staatsapparates und des Militärs zu stützen versuchte[65]. Nach einer ersten, von Harnack vermittelten Zusammenkunft zwischen Erdberg und Schulze-Boysen Ende März 1941 wurde dieser zunehmend in die Kontakte einbezogen. Mit dem Hinweis auf die Pläne der deutschen Luftwaffe zur Bombardierung wichtiger sowjetischer Städte und strategisch bedeutsamer Wirtschafts-, und Militärobjekte versuchte auch er, die sowjetische Seite von der Ernsthaftigkeit der deutschen Angriffsvorbereitungen zu überzeugen[66].

In der Moskauer Zentrale des NKGB, die die genannten Informationen aus Berlin übermittelt erhielt, wurden auf der Grundlage dieser und einer ganzen Reihe gleichlautender Informationen aus diplomatischen und nachrichtendienstlichen Quellen in der ganzen Welt entsprechende Mitteilungen an die sowjetische Führung, das ZK der KPdSU und den Rat der Volkskommissare erarbeitet[67]. Stalin, Berija und ihre engste Umgebung ignorierten diese bis in die letzten Stunden vor dem Überfall eingehenden Warnungen im Glauben an die Vertragstreue Hitlers. Sowjetische Diplomaten und Militärs – wie der Botschafter der UdSSR in Berlin, Dekanossow, und dessen Militärattaché Tupikow –, die die Einschätzungen verschiedener Widerstandskreise und die Erkenntnisse der Nachrichtendienste nicht als bloße »Provokation« einstuften, unterlagen Maßregelungen oder wurden Opfer des Repressionsapparates[68].

Auf eine beträchtliche Unsicherheit der sowjetischen Seite über ihre Berliner Gesprächspartner und deren Warnungen deutet auch eine von dem Leiter der ersten

---

stellungen wird unter Hinweis auf diese Akten eine Kontinuität der geheimdienstlichen Arbeit Harnacks seit 1935 postuliert, die bereits die Gespräche mit Bessonow und Hirschfeld (die laut Zarew keine NKWD-Mitarbeiter waren) einschließt. Darüber hinaus enthält die Darstellung Zarews eine Reihe von Widersprüchen und sachlichen Fehlern, die sich aus der unkritischen Übernahme der NKWD-Quellen ergeben.

63 Boris Chawkin/Hans Coppi/Juri Zorja, Russische Quellen zur Roten Kapelle, Dok. 1, in: H. Coppi/J. Danyel/J. Tuchel (Anm. 1).

64 Ebenda, Dok. 7.

65 Ebenda.

66 Ebenda, Dok. 15.

67 Vgl. dazu u. a. W. A. Nowobranez, Nakanune wojny, in: Znamja, (1990), 6, S. 167–192; N. I. Schljaga, Schiwaja byla bol, in: Voprosi istorii KPSS, (1991) 6, S. 3–16; O. F. Suwenirow, Represii v partorganisazii RKKA v 1937–1938 gg., in: ebenda, S. 18–31; T. B. Toman, Partija v perwyje mesjazy wojny; 22 ijunja – nojabr 1941 g., in: ebenda, (1991) 7, S. 37–49; J. J. Kirschin/N. M. Ramanitschew, Nakanune 22 ijunja 1941, in: Nowaja i nowejschaja istorija, (1991) 3, S. 3–19; A. S. Jakuschewski, Faktor wnesapnosti v napadenii germanii na SSSR, in: Istoria SSSR, (1991) 3, S. 3–28; A raswedka doloschila, in: Sowjetskaja Rossija vom 30. Mai 1991; M. Milsteijn, Po dannym raswedki, in: Nowoje wremja, Nr. 26 vom 22. Januar 1990, S. 31–33; V. Tschernjawski, Macht und Ohmacht der sowjetischen Aufklärung, in: Neue Zeit, (1991) 31, S. 14–17.

68 Vgl. dazu O. Gortschakow, Tragedija Kassandry, in: Gorizont, (1988) 6 und 7.

Hauptverwaltung (Auslandsnachrichtendienst, d. Verf.) des NKGB, Fitin, am 12. März 1941 veranlaßte persönliche Anfrage an Georgi Dimitroff, den Leiter des Exekutivkomitees der Kommunistischen Internationale, in der er um Informationen über Harnack, Schulze-Boysen, Kuckhoff, aber auch über Personen wie Ernst Jünger, Julius Leber, Georg Lukács oder Karl August Wittfogel bat[69].

Die Klärung der Frage, wie die entstandene Verbindung im Kriegsfall aufrechterhalten werden könnte, bedurfte des wiederholten Drängens insbesondere von Schulze-Boysen gegenüber Erdberg. Die sowjetische Seite hatte für einen solchen Fall keinerlei Vorkehrungen getroffen. Mit der letztlich doch noch unmittelbar vor der Schließung der sowjetischen Botschaft und der Abschiebung ihrer Mitarbeiter beschafften Nachrichtentechnik (der Gruppe wurden zwei Funkgeräte, Funkschlüssel und Geld übergeben) unternahm ein kleiner Kreis von Eingeweihten innerhalb der Widerstandsgruppe in der Folgezeit den Versuch, eine Verbindung nach Moskau herzustellen. Dieser scheiterte letztlich an der fehlenden technischen Befähigung der Beteiligten und ging nicht über die Sendung eines Probefunkspruchs mit dem Inhalt: »Tausend Grüße allen Freunden!«[70] hinaus. Die in vielen Darstellungen zum Thema »Rote Kapelle« anzutreffenden Schilderungen eines intensiven Sendebetriebes aus Berlin nach Moskau sind quellenmäßig nicht zu belegen und gehören in das Reich der Legenden über die Widerstandsgruppe[71].

VI.

Über eine Verbindung nach Moskau erhofften sich Harnack und Schulze-Boysen Handlungsspielräume und Einflußmöglichkeiten auf die politische Verfassung eines Deutschland nach dem Sturz Hitlers. Sie gingen dabei von der realistischen Annahme aus, daß eine Neuordnung Deutschlands nach der militärischen Niederschlagung des Nationalsozialismus nicht ohne den beträchtlichen Einfluß der sowjetischen Großmacht erfolgen würde. Eine schnellstmögliche Beendigung des Krieges im Osten und ein substantielles Verständigungsangebot der Opposition innerhalb der Eliten des NS-Staates gegenüber der UdSSR wurden als einziger Weg für die Aufrechterhaltung der politischen Souveränität Deutschlands angesehen. Stalin würde unter diesen Bedingungen »keineswegs auf eine Sowjetisierung Deutschlands drängen, sondern wäre zufrieden, wenn ein nichtfaschistisches, nichtimperialistisches System in Deutschland bestehe, von dem keine aggressiven Tendenzen zu erwarten wären«[72].

In diesem Sinne erfolgte auch die Fühlungnahme mit den Widerstandskreisen im Bereich des Militärs, des Auswärtigen Amtes und im Umfeld des Kreisauer Kreises. Über deren Existenz und Ziele hatten Harnack und Schulze-Boysen über die verschiedensten Kanäle Kenntnis. Die dort diskutierten Pläne für einen Staats-

69 Zentrum für die Aufbewahrung und Nutzung von Dokumenten der neuesten Geschichte der Russischen Föderation, Dimitroff-Fonds, 495–74141, Bl. 36–38. Für die Information danke ich Hans Coppi, der den Bestand 1993 in Moskau ausgewertet hat.
70 Siehe O. Zarew (Anm. 62).
71 Siehe dazu B. Chawkin/H. Coppi/J. Zorja (Anm. 63).
72 E. Zechlin (Anm. 24), S. 400.

streich und die personelle Besetzung einer Regierung nach Hitler wurden jedoch von beiden abgelehnt[73].

Neben den verwandtschaftlichen Kontakten Harnacks zu den Brüdern Bonhoeffer und Ernst von Harnack[74] sind zahlreiche Gesprächskontakte von Harnack und Schulze-Boysen mit Adam von Trott zu Solz, Albrecht Haushofer, Arnold von Borsig, Horst von Einsiedel, Carl Dietrich von Trotha und Fritz Dietlof Graf von der Schulenburg belegbar, die sich insbesondere über die Auslandswissenschaftliche Fakultät und das Reichswirtschaftsministerium ergaben[75]. Die Versuche Egmont Zechlins, zwischen der »westlichen und der östlichen Gruppe« zu vermitteln, kamen wegen der Verhaftung von Harnack und Schulze-Boysen nicht über erste Ansätze hinaus[76].

Ähnlich wie bei den außenpolitischen Sondierungen von Adam von Trott zu Solz, Helmuth James Graf von Moltke, Carl Goerdeler, Dietrich Bonhoeffer bei den Briten und Amerikanern ging es Harnack und Schulze-Boysen letztlich um die Schaffung günstiger äußerer Rahmenbedingungen für einen durch die Opposition beabsichtigten innenpolitischen Wandel in Verbindung mit der Beendigung des Krieges. Auch diese Sondierungen waren eine Form der »Außenpolitik des Widerstandes« (Klemens von Klemperer); sie wollten, »wenn nötig unter Umgehung offizieller Wege, Beziehungen zur Außenwelt herstellen mit dem Ziel, diese Außenbeziehungen dem inneren Zwecke, nämlich der Strategie der Verschwörung und Konspiration dienstbar zu machen»[77]. Insofern können sie nicht allein aus dem nachrichtendienstlichen Kontext erklärt werden, in den sich die Beteiligten dabei begaben.

Problematisch mit Blick auf Hitlers Vernichtungskrieg im Osten sind daher viele der bisherigen Deutungsversuche, die von der Annahme ausgehen, es habe auch für den Widerstand ein Gebot der Loyalität gegenüber dem eigenen Staat bestanden, das die Berliner »Rote Kapelle« mit dem Schritt vom »Hoch-« zum »Landesverrat« aufgekündigt habe. Die Verbindungen der Widerstandsgruppe nach Osten galten einer auswärtigen Macht, die militärisch und ökonomisch in der Lage zu sein schien, Hitler eine Niederlage beizubringen, und nicht der stalinistischen Diktatur, wie dies »aus den Perspektiven des in die NS-Zeit projizierten Kalten Krieges« erschien[78].

Nachdem aus Berlin keine Nachrichten per Funk eintrafen, wandte sich der Auslandsnachrichtendienst des NKWD mit einem Ersuch um Hilfe an den militärischen

---

73 Eine entsprechende Anspielung auf diese Pläne enthält die Flugschrift »Die Sorge um Deutschlands Zukunft geht durch das Volk«; siehe H. Scheel (Anm. 52), S. 335.

74 Siehe F. Harnack (Anm. 23), S. 13 ff.; ders., Bericht von 1983, in: Johannes Tuchel/Reinold Schattenfroh, Zentrale des Terrors. Prinz-Albrecht-Strasse 8: Hauptquartier der Gestapo, Berlin 1987, S. 238 ff.; Adolf von Harnack, Arvid und Mildred Harnack. Erinnerungen an ihren Prozeß 1942/43, in: Die Gegenwart, 2 (1947) 1/2, S. 15–18; Gustav-Adolf von Harnack (Hrsg.), Ernst von Harnack. Jahre des Widerstands 1932–1945, Pfullingen 1989.

75 Siehe dazu die Angaben von Friedrich Lenz, Humboldt Universität zu Berlin, Archiv, UK – Personalakte F. Lenz, Bd. 166/3; ferner H. Hassmann (Anm. 24); Ger van Roon, Neuordnung im Widerstand. Der Kreisauer Kreis innerhalb der deutschen Widerstandsbewegung, München 1967, S. 97; Rainer Hildebrand, Wir sind die Letzten. Aus dem Leben des Widerstandskämpfers Albrecht Haushofer und seiner Freunde, Berlin 1947.

76 Brief von Egmont Zechlin an Falk Harnack vom 31. Mai 1946 (Kopie im Besitz des Verfassers).

77 Klemens von Klemperer, Nationale oder internationale Außenpolitik des Widerstands, in: Jürgen Schmädeke/Peter Steinbach (Hrsg.), Der Widerstand gegen den Nationalsozialismus. Die deutsche Gesellschaft und der Widerstand gegen Hitler, München–Zürich 1986, S. 641 ff.

78 P. Steinbach (Anm. 2), S. 773.

Nachrichtendienst der UdSSR (GRU). Letzterer verfügte mit den Stützpunkten unter Leopold Trepper in Paris und Brüssel über eine funktionierende Organisation, die mit ihrer Tarnung als kommerzielle Unternehmung auch nach Deutschland hinein operieren konnte. Trepper erhielt aus Moskau die Weisung, einen seiner Mitarbeiter nach Berlin zu entsenden, um Kontakt zu Schulze-Boysen und Harnack aufzunehmen und die Gründe für das Ausbleiben der Nachrichtenverbindung herauszufinden. Am 26. August 1941 bekam der für diese Aufgabe ausgewählte Anatoli Gurewitsch (»Kent«, »Vincente Sierra«) über Funk den Auftrag, das Ehepaar Kuckhoff sowie Libertas Schulze-Boysen unter den im Funkspruch angegebenen Adressen und Telefonnummern aufzusuchen[79].

Während des Besuchs von Gurewitsch in Berlin kam es zu einem mehrstündigem Gespräch mit Schulze-Boysen. Die dabei weitergegebenen Informationen etwa zur Situation der deutschen Treibstoffvorräte, zur deutschen Flugzeugproduktion, zu den Möglichkeiten chemischer Kriegsführung, zu Erfolgen der deutschen Abwehr und zur Stimmung innerhalb der Kommandostellen der Wehrmacht wurden nach Gurewitschs Rückkehr nach Brüssel von dem Funker Johannes Wenzel nach Moskau übermittelt[80]. Die Verbindung der Berliner Widerstandsgruppe um Harnack und Schulze-Boysen zum sowjetischen militärischen Nachrichtendienst in Westeuropa reduzierte sich somit auf diese einmalige Begegnung.

Für die Verfolgungsgeschichte der Widerstandsgruppe und deren spätere Deutung sollte sich diese Berührung mit der Organisation Treppers jedoch als um so folgenreicher erweisen. Während die Gruppe über einen Zeitraum von fast neun Jahren unentdeckt blieb, geriet sie nunmehr über die Überwachungs- und Fahndungstätigkeit des OKW-Amtes Ausland/Abwehr und der Geheimen Staatspolizei gegen eben diese Stützpunkte der GRU in das Blickfeld der NS-Verfolgungsinstanzen. Beginnend mit dem 31. August 1942 wurden in einer großangelegten Verhaftungsaktion der Gestapo weit über 100 Männer und Frauen festgenommen, die der Widerstandsgruppe und ihrem weiteren Umfeld angehörten. Die sich anschließende Untersuchung lag in den Händen einer eigens für den Fall »Rote Kapelle« gebildeten Sonderkommission des RSHA[81]. In der noch im Dezember beginnenden Prozeßserie vor dem Reichskriegsgericht[82] wurden mehr als 50 Mitglieder der Berliner Roten Kapelle zum Tode verurteilt und hingerichtet.

Jenseits der Legenden und Diffamierungen erweist sich eine Ausgrenzung der Widerstandsgruppe um Harnack und Schulze-Boysen als überholt und auf dem erreichten Stand der Quellenerschließung ohnehin als widerstandsgeschichtlich nicht zu

---

79 Vgl. dazu Tschelowek (Anm. 5). Anatoli Gurewitsch lebt heute in St. Petersburg. Siehe dazu auch L. Trepper (Anm. 5); G. Perrault (Anm. 4). Im Zusammenhang mit dem Verfahren zur Rehabilitierung von Gurewitsch sind auch die Verhörprotokolle der Gestapo mit Gurewitsch, Trepper u.a. von 1942/43 bei der russischen Militärstaatsanwaltschaft aufgetaucht. Zum Wortlaut des Funkspruchs vgl. B. Chawkin/H. Coppi/J. Zorja (Anm. 63).

80 Siehe ebenda.

81 Siehe Johannes Tuchel, Die Gestapo-Sonderkommission »Rote Kapelle«, in: H. Coppi/J. Danyel/J. Tuchel (Anm. 1).

82 Siehe dazu Norbert Haase, Aus der Praxis des Reichskriegsgerichts. Neue Dokumente zur Militärgerichtsbarkeit zum Zweiten Weltkrieg, in: Vierteljahrshefte für Zeitgeschichte, 39 (1991), S. 379–411; ders., Das Reichskriegsgericht und der Widerstand gegen die nationalsozialistische Herrschaft, Berlin 1993, S. 100ff.; ders., Der Fall »Rote Kapelle« vor dem Reichskriegsgericht, in: H. Coppi/J. Danyel/J. Tuchel (Anm. 1).

halten. Mit dem von ihr beschrittenen Weg der Zusammenführung höchst unterschiedlicher politischer und weltanschaulicher Traditionen sowie ihrem Versuch, Hitlers Krieg gegen die Sowjetunion und die davon ausgehende Bedrohung für die nationalstaatliche Existenz Deutschlands mit den äußersten Mitteln zu verhindern, war auch die Schulze-Boysen/Harnack-Gruppe ein Teil der Geschichte der deutschen Opposition gegen den Nationalsozialismus.

Eva Bliembach

Flugblattpropaganda des Nationalkomitees »Freies Deutschland«

Die Sowjetunion hatte, anders als die Westalliierten, von Anfang an Emigranten und Kriegsgefangene für die Propaganda an der Front eingesetzt – eine Maßnahme, die die internationalen Konventionen nicht ausdrücklich untersagten[1]. Anfängliche Arbeiter- und Bauernverbrüderung[2] wich schon bald nationalen Tendenzen. Auf den sowjetischen Flugblättern für die deutsche Ostfront erschienen nun Friedrich der Große, Moltke, Bismarck, die Germania mit deutschen Geistesgrößen – wer, sollte der Betrachter fragen, war dagegen Hitler[3]? Der Kriegsgefangene Einsiedel wurde als »Urenkel Bismarcks« propagandistisch eingesetzt[4]. Legitimation erhielt diese nationale Propaganda durch den Befehl Stalins vom 23. Februar 1942: »Die Erfahrungen der Geschichte besagen, daß die Hitlers kommen und gehen, aber das deutsche Volk, der deutsche Staat bleibt.«[5]

Die 7. Abteilung der Politischen Hauptverwaltung der Roten Armee – verantwortlich für die Propaganda – und kommunistische Emigranten förderten die Bildung von Kriegsgefangenenkomitees, deren Aufrufe als Flugblätter an der Front verbreitet wurden[6]. Unter diesen Aufrufen beeindruckte eine Rede des Kasseler Studienrats Ernst Hadermann, die, im Mai 1942 vor kriegsgefangenen Offizieren gehalten, die zuständigen Stellen in hoher Auflage drucken ließen[7]. »Frei von lebloser Phraseologie«, so Bodo Scheurig[8], analysierte Hadermann nicht nur die militärische Lage, sondern auch die Verhältnisse im Dritten Reich, den Verlust bisher selbstverständlicher Freiheiten, den Verfall der geistigen Kultur. Er erörterte die Frage des »Verrats« und des Soldateneids, die Frage der politischen und propagandistischen Betätigung der

1 Vgl. die Haager Landkriegsordnung von 1908 und die Genfer Konvention von 1929.

2 Siehe Klaus Kirchner, Flugblattpropaganda im 2. Weltkrieg, Bd. 9: Flugblätter aus der UdSSR. Sept.–Dez. 1941, Erlangen 1988, S. 47.

3 Siehe ebenda, S. 9 (Hitler gegen Bismarck und Moltke), S. 46 (Friedrich der Große), S. 517 (Bismarck); Flugblatt: »Hitler ist nicht Deutschland«, Codez. 1352, dat. Mai 1942 (Germania jagt Hitler, Göring und Goebbels aus dem Tempel des deutschen Geistes) in der Sammlung Klaus Kirchner.

4 Vgl. Klaus Kirchner, Flugblattpropaganda im 2. Weltkrieg, Bd. 13: Flugblätter aus der UdSSR. 1941–1945; Frontillustrierte, Erlangen 1990, Nr. 28 vom November 1942.

5 Dieser Befehl wurde auch als Flugblatt an der deutschen Ostfront verbreitet, vgl. Staatsbibliothek Preußischer Kulturbesitz (Hrsg.), Flugblätter des Nationalkomitees Freies Deutschland. Ausstellungskatalog 36, S. 87, Nr. 1, 9.

6 Ebenda, S. 85, Nr. 1,6, S. 87, Nr. 1,8, 1,10, 1,11, S. 88/89, Nr. 1,14 und 1,15.

7 Ebenda, S. 93, Nr. 1,19, Original aus der Sammlung Klaus Kirchner.

8 Bodo Scheurig, Verräter oder Patrioten. Das Nationalkomitee »Freies Deutschland« und der Bund Deutscher Offiziere in der Sowjetunion 1943–1945, Berlin 1993, S. 8f.

Kriegsgefangenen – kurz, viele Gedanken des Manifests des Nationalkomitees »Freies Deutschland« (NKFD), zu dessen Gründungsmitglieder Hadermann gehören sollte, waren hier vorweggenommen.

Die Gründung des NKFD ist ohne die Tragödie der 6. Armee im Kessel von Stalingrad nicht denkbar. Die Kesselschlacht von Stalingrad war nicht nur der erste große, entscheidende Sieg der Roten Armee – schwerer wog der Vertrauensverlust des Soldaten in die militärische Führung Hitlers. Konnte, durfte eine ganze Armee, 250 000 Mann, einem Durchhaltebefehl geopfert werden[9]? Weitere militärische Rückschläge folgten: Tunis, der Abbruch der letzten deutschen Offensive im Osten bei Orel und Kursk (»Operation Zitadelle«). Die Heimat zermürbte Bombenterror. Erstmals wurde in breiteren Kreisen Kritik auch an Hitler selbst geäußert, der Sicherheitsdienst (SD) der SS registrierte gar Gerüchte über einen Regierungswechsel[10].

Die sowjetischen Propagandisten entnahmen diese Stimmungslage den Berichten von Kriegsgefangenen und erbeuteten Feldpostbriefen und stellten ihre Propaganda darauf ein. Jetzt wurde der deutsche Soldat gezeigt, der mit Hitler »abrechnete«[11]. Andererseits stand die deutsche Wehrmacht noch immer weit in der Sowjetunion am Dnjepr, die Westmächte hatten gerade im Juni die Errichtung einer zweiten Front in Frankreich, die die Rote Armee hätte entlasten können, verweigert[12]. Der Krieg kostete die Sowjetunion Menschenleben und Geld – die von den Westmächten gelieferten Hilfsgüter mußten schließlich irgendwann bezahlt werden. Stalin verschmähte nicht Friedensfühler zum »Dritten Reich« – vergeblich, Hitler war zu sehr auf den Weltanschauungs- und Vernichtungskrieg gegen die Sowjetunion festgelegt[13]. Aber konnte man nicht mit einem Deutschland ohne Hitler Frieden schließen? Eine Basis für dieses Deutschland ohne Hitler sollte das NKFD sein. Die Voraussetzungen dafür schienen vorhanden.

Kriegsgefangene und Emigranten gründeten am 12. und 13. Juli 1943 das NKFD. Die Sowjets räumten dem Nationalkomitee und seiner als Manifest deklarierten Grundsatzerklärung breiten publizistischen Raum ein. Die Prawda und die Istwestija veröffentlichten das Manifest, Millionen Flugblätter verbreiteten es an der Front[14]. Die Sowjetunion lieferte dem Nationalkomitee die Mittel für eine eigene Propaganda, die möglichst unabängig von der sowjetischen erscheinen sollte. Neben der vierseitigen Wochenzeitung Freies Deutschland, der zweiseitigen Bildzeitung Freies Deutschland im Bild, die ab Januar 1944 monatlich erschien, gab es einen eigenen Sender Freies Deutschland und eine eigene Flugblattpropaganda[15]. Die Angabe des Herausgebers NKFD oder Bund Deutscher Offiziere (BDO) hob die Flugblätter aus

---

9 Siehe dazu Heinrich Graf von Einsiedel/Joachim Wieder (Hrsg.), Stalingrad und die Verantwortung des Soldaten, München 1993[4], S. 104 und S. 122.

10 Siehe Heinz Boberach (Hrsg.), Meldungen aus dem Reich. Die geheimen Lageberichte des Sicherheitsdienstes der SS, Bd. 14, Herrsching 1984, S. 5429 (2. Juli 1943), S. 5562 (2. August 1943) und S. 5620 (16. August 1943).

11 Front-Illustrierte, Nr. 17 vom Juli 1943, S. 4.

12 Siehe B. Scheurig (Anm. 8), S. 72; Alexander Fischer, Sowjetische Deutschlandpolitik im Zweiten Weltkrieg 1941–1945, Stuttgart 1975, S. 43.

13 Siehe B. Scheurig (Anm. 8), S. 73–74; A. Fischer (Anm. 12), S. 43 f.; Ingeborg Fleischhauer, Die Chance des Sonderfriedens. Deutsch-sowjetische Geheimgespräche 1941–1945, Berlin 1986, S. 119 und S. 284.

14 Siehe B. Scheurig (Anm. 8), S. 98; Staatsbibliothek Preußischer Kulturbesitz (Anm. 5), S. 197.

15 Vgl. ebenda, S. 101–105.

der üblichen sowjetischen Propaganda ebenso heraus wie ihre betont nüchterne Aufmachung. Außer dem schwarz-weiß-roten Flaggenbalken, Fotos und strategischen Karten fand sich fast kein Schmuck.

Die wechselnde politische Bedeutung des NKFD/BDO ließ sich nirgends besser ablesen als in den Zielen und Vorstellungen der drei Grundsatzerklärungen. Es waren dies das Manifest vom 13. Juli 1943, die »25 Artikel zur Beendigung des Krieges« vom 5. März 1944 und der Aufruf der 50 Generäle »An Volk und Wehrmacht« vom 8. Dezember 1944. Die Erklärungen lösten einander nicht ausdrücklich ab, aber sie wurden durch ausschließliche Kommentierung und auszugsweisen Nachdruck auf Flugblättern als allgemeinverbindlich behandelt[16]. Oberstes Ziel aller Erklärungen war der Sturz Hitlers.

Das Manifest setzte einen souveränen Staat voraus. Nach Hitlers Sturz solle eine starke Demokratie entstehen, die die individuellen Grundrechte und wirtschaftliche Liberalität garantiere. Dieser Staat werde die Rassengesetze annullieren und Kriegsverbrechen bestrafen. Die Wehrmachtführung habe eine große Aufgabe: Sie leite durch ihren geordneten Rückzug auf die Reichsgrenzen den Sturz Hitlers ein und schütze die junge Demokratie. Für diese Staatsvorstellung standen die Farben schwarz-weiß-rot, nichts sollte an die Schwäche der Weimarer Republik erinnern[17].

Den »25 Artikeln«[18] vorausgegangen war die Einigung der Alliierten auf der Konferenz von Teheran über die Errichtung einer zweiten Front und über die Besetzung Deutschlands. Während das Manifest Ergebnis einer Diskussion zwischen Kriegsgefangenen und Emigranten war, erschienen die »25 Artikel« anonym: sie waren »einfach da«, wie es ein Augenzeuge ausdrückte[19]. Der Verfasser wurde im Kreis der kommunistischen Emigranten vermutet. Die »25 Artikel« riefen das Individuum zum Handeln auf. Die Fragen des Einzelnen deuteten auf das künftige Schicksal Deutschlands. Fragen nach einer möglichen »Bolschewisierung«, nach einer Abschaffung des Privateigentums wurden in banger Erwartung gestellt[20].

Dem Aufruf der 50 Generäle »An Volk und Wehrmacht«[21] war der katastrophale Zusammenbruch der Heeresgruppe Mitte im Sommer 1944 vorausgegangen, als dessen Folge die Rote Armee an der Grenze Ostpreußens stand. Im Westen war Aachen als erste deutsche Großstadt in den Händen der Angloamerikaner (Oktober 1944). Die Besetzung Deutschlands wurde nun offen vorausgesetzt. Ein Sturz Hitlers würde die letzte souveräne Tat des deutschen Volkes sein. Der Aufruf enthielt ein Schuldbekenntnis der Unterzeichner, Hitler unbedacht und vorschnell in den Krieg gefolgt zu sein.

Die 50 Generäle – 50 von 80 in der Sowjetunion kriegsgefangenen Generälen, an erster Stelle Friedrich Paulus, der Kommandeur der 6. Armee in Stalingrad, unterzeichneten den Aufruf – stärkten nicht mehr das Nationalkomitee, sondern bekräftigten mit ihrer Autorität die Aussage der sowjetischen Propaganda, daß der Krieg für Deutschland verloren war. Das Nationalkomitee wurde nur in einem Ne-

16 Vgl. ebenda, S. 194–206, S. 296–303 und S. 397–402.
17 Vgl. Ruth von Mayenburg, Blaues Blut und Rote Fahnen, Zürich 1969, S. 305–306.
18 Abgedruckt in: B. Scheurig (Anm. 8), S. 193–202.
19 Heinrich Gerlach, Odyssee in Rot, München 1966, S. 330.
20 Artikel 18 und 19 der »25 Artikel«.
21 Abgedruckt in: B. Scheurig (Anm. 8), S. 206–209.

bensatz als »Bewegung Freies Deutschland« erwähnt; es spielte keine eigenständige politische Rolle mehr, wenngleich es erst im November 1945 aufgelöst wurde.

Den im Manifest angestrebten »geordneten Rückzug der Wehrmacht auf die Reichsgrenzen« oder, wie es entsprechend der militärischen und politischen Lage seit Januar 1944 hieß, den »Übertritt größerer Truppenteile auf die Seite des Nationalkomitees« konnten letztlich nur Generäle verantworten; nur ihnen war es möglich die kommandierenden Generäle der Ostfront zu einem solchen Schritt zu bewegen[22]. Daher waren die kriegsgefangenen Generäle und Offiziere, die fast alle der 6. Armee im Kessel von Stalingrad angehörten, besonders umworben. Ein eigener Offiziersbund sollte die Zögernden gewinnen. Der sowjetische General Melnikow versprach darüber hinaus den Generälen Seydlitz, Korfes und Lattmann, die sowjetische Regierung werde sich für einen Erhalt des Deutschen Reiches in den Grenzen von 1937 (also ohne die Eroberungen Hitlers) einsetzen, falls die Propaganda des Offiziersbundes, insbesondere seiner Generäle, den Rückzug der Wehrmacht auf die Reichsgrenzen und den Sturz Hitlers bewirke[23]. Die Generäle machten sich ihre Entscheidung nicht leicht; politisch zu handeln, waren sie nicht gewohnt, war der Tradition der Reichswehr, in der sie groß geworden waren, auch fremd. Aber war nicht Hitler eine Ausnahmesituation, und konnten sie nicht durch ihr Handeln einen Krieg auf deutschem Boden verhindern[24]?

Am 11./12. September 1943 wurde der Bund Deutscher Offiziere gegründet. General Seydlitz wurde sein Präsident, zugleich war er Vizepräsident des NKFD. In der nun folgenden Propaganda trat Seydlitz stark hervor. Die namhaftesten Generäle der deutschen Ostfront, Guderian, von Manstein, Model, erhielten Briefe, in denen die Ziele des BDO dargelegt wurden. Flugblätter trugen Seydlitz' Unterschrift. Im Kessel von Korsun (Februar 1944) hörten die eingeschlossenen Truppen Seydlitz' Stimme über Lautsprecher. Häufig war er abgebildet[25].

Das kam nicht von ungefähr. Walther von Seydlitz-Kurzbach gehörte einer bekannten preußischen Offiziersfamilie an. Er selbst, in beiden Kriegen hochdekoriert, hatte den Ruf eines ausgezeichneten Truppenführers, der seine Erfolge unter größtmöglicher Schonung von Menschen und Material errang. Für den Einsatz der im Kessel von Demjansk eingeschlossenen Truppen im Februar 1942 wurde er vorzeitig zum General der Artillerie gefördert. Im Kessel von Stalingrad Kommandant des LI. Korps der 6. Armee protestierte er – vergeblich, weil seine Vorgesetzten Paulus und Manstein ihn im Stich ließen – gegen Hitlers bedingungslosen Durchhaltebefehl. Mit nüchternen technischen Fakten hatte er nachgewiesen, daß eine Luftversorgung des Kessels unmöglich wäre[26]. Dank seiner Fähigkeit zur klaren Analyse der Lage gelangte er nach Stalingrad zu der Erkenntnis, daß der Krieg für Deutschland nicht mehr zu gewinnen war – Hitler aber, wie in Stalingrad, nie kapitulieren würde.

Nicht nur die Generäle im BDO sahen in den kommandierenden Generälen der Ostfront wichtige Verbündete gegen Hitler – auch die Männer des 20. Juli versuchten,

---

22 Siehe ebenda, S. 94 und S. 119.
23 Siehe ebenda, S. 60; Walther von Seydlitz, Stalingrad. Konflikt und Konsequenz, Oldenburg–Hamburg 1977[2], S. 286.
24 Siehe ebenda, S. 288.
25 Siehe B. Scheurig (Anm. 8), S. 127; Flugblatt »Walther von Seydlitz ... An den ... Oberbefehlshaber ... der neuen 6. Armee/BDO«, ohne Codez., 4 S., Sammlung Kirchner.
26 Vgl. W. von Seydlitz (Anm. 23), S. 205–211 (Denkschrift vom 25. November 1943).

kommandierende Generäle für ein Vorgehen gegen Hitler zu gewinnen. Oberst Claus Schenk Graf von Stauffenberg wandte sich an Generalfeldmarschall von Manstein[27], Generalmajor Henning von Tresckow[28] und Generalfeldmarschall von Kluge mit der Hoffnung, sie zu überzeugen. Auch die Männer des 20. Juli suchten Kontakt zu den Feindmächten, um Garantien für einen ehrenvollen Frieden mit einem Deutschland ohne Hitler zu erlangen. Ebenso ersuchten sie die Westmächte um Unterstützung[29]; von deren zögerlicher Haltung enttäuscht, dachte Tresckow an eine Verständigung mit der Sowjetunion. Zu einem Vertrauten äußerte er Anfang 1944: »Wenn ein so vorbildlicher Offizier wie Seydlitz, ein Edelmann ohne Fehl und Tadel, sich dazu hergab, müßte es auch für uns möglich sein, dort anzuknüpfen und auf diesem Weg zu retten, was sich retten läßt!«[30]

Die Generäle im BDO und die Männer des 20. Juli blieben in ihrem Bemühen um die kommandierenden Generäle erfolglos. Letztere waren politisches Handeln nicht gewohnt – sie wollten erst Hitler gestürzt sehen. Außerdem mochten sie an die Einsatzgruppen der SS im Hinterland denken, die ein eigenmächtiges Handeln sicher nicht zulassen würden[31]. Ein weiteres Moment für die Erfolglosigkeit der Propaganda des NKFD/BDO war die oft nur allzu berechtigte Angst des Soldaten vor der sowjetischen Kriegsgefangenschaft[32]. Eine Verbindung zwischen den Männern des 20. Juli und dem NKFD/BDO bestand nicht – aber das Attentat wurde vom Nationalkomitee einhellig begrüßt: Man hoffte auf eine allgemeine Erhebung im Reich. Die Zeitung Freies Deutschland würdigte wohl als erste deutschsprachige Zeitung den 20. Juli und die Attentäter[33].

Aufgrund des Weltanschauungs- und Vernichtungskrieges gegen die Sowjetunion wurden keine Post und keine Kriegsgefangenennachrichten zwischen Deutschland und der Sowjetunion ausgetauscht. Das Abhören feindlicher Sender war bei strenger Strafe verboten, ebenso das Aufbewahren und Weitergeben feindlicher Flugblätter[34]. Diese Tatbestände ließen ein Vorgehen der Wehrmacht- und NS-Propaganda zu, das im Verschweigen, in der Androhung von Strafen und in Verleumdung bestand. Seit Oktober 1943 kannten die verantwortlichen Stellen des SD, des Oberkommandos der Wehrmacht (OKW) und des Propagandaministeriums Mitglieder und Ziele des Nationalkomitees. Trotzdem behauptete die Abteilung Wehrmachtpropaganda im OKW in einer eigens herausgegebenen Sondernummer der »Mitteilungen für das Of-

---

27 Vgl. Bodo Scheurig, Claus Schenk Graf von Stauffenberg, Berlin 1964, S. 20–21; Alexander Stahlberg, Verdammte Pflicht. Erinnerungen 1932–1945, Berlin–Frankfurt am Main 1987, S. 269–270.

28 Siehe Bodo Scheurig, Henning von Tresckow, Berlin 1987, S. 139.

29 Vgl. Bodo Scheurig (Hrsg.), Deutscher Widerstand 1938–1944, München 1984^2, Nr. 13; Bernd Martin, Deutsche Oppositions- und Widerstandskreise und die Frage eines separaten Friedensschlusses im Zweiten Weltkrieg, in: Klaus-Jürgen Müller (Hrsg.), Der deutsche Widerstand 1933–1945, Paderborn 1986, S. 79–107.

30 B. Scheurig (Anm. 28), S. 264, Anm. 35.

31 Dazu B. Scheurig (Anm. 28), S. 126; Helmut Krausnick, Hitlers Einsatzgruppen, Frankfurt am Main 1989, bes. S. 179–244.

32 Siehe B. Scheurig (Anm. 8), S. 107; ders., Verrat hinter Stacheldraht? Das Nationalkomitee »Freies Deutschland« und der Bund Deutscher Offiziere in der Sowjetunion 1943–1945, München 1965, S. 172ff.

33 Artikel »Die Wahrheit über den 20. Juli«, in: Freies Deutschland vom 20. August 1944, S. 3; die Augustnummern des Freien Deutschlands brachten Kurzbiographien der Attentäter.

34 Siehe Staatsbibliothek Preußischer Kulturbesitz (Anm. 5), S. 118, S. 124 und S. 126.

fizierskorps«, die Namen, Fotos und Unterschriften auf den Verlautbarungen des NKFD/BDO seien gefälscht oder erpreßt[35].

Nach der Kesselschlacht von Korsun im Februar 1944, als sich die Mitgliedschaft von Generälen und Offizieren im NKFD/BDO nicht mehr leugnen ließ, drohte man mit Strafen, um Sympathisanten und Nachahmungstäter im Heer abzuschrecken. General Seydlitz wurde im April 1944 vom Reichskriegsgericht in Abwesenheit zum Tode verurteilt, einschließlich Ehr- und Vermögensverlust. Später wurden noch andere Persönlichkeiten des NKFD verurteilt, wie Hadermann, Korfes und Lattmann – aber nur Seydlitz' Name und Urteil wurden erst den kommandierenden Generälen, dann der kämpfenden Truppe und schließlich der Reichsbevölkerung bekanntgegeben. Nachahmungstäter wurden mit der Todesstrafe, ihre Familien mit »Sippenhaft« bedroht[36].

Propaganda und Justiz der Nationalsozialisten machten zwischen den Attentätern des 20. Juli und den Angehörigen des NKFD keinen Unterschied[37]. Noch am Abend des 20. Juli stellte Hitlers Parteisekretär und »graue Eminenz« Martin Bormann eine Verbindung zwischen den Attentätern des 20. Juli und dem Nationalkomitee in Moskau her, ohne auch nur die Namen aller am Attentat Beteiligten zu kennen[38]. Himmler und Goebbels wiesen die Schuld am Zusammenbruch der Heeresgruppe Mitte dem NKFD und den Männern des 20. Juli zu. Goebbels drohte: »Die Moskauer Komplizen des Verbrechers Stauffenberg werden, wo und wann immer sie in die Hände deutscher Offiziere und Soldaten fallen, genauso gerichtet und füsiliert werden, wie das deutsche Heer sich am 20. Juli selbst reinigte ...«[39]. So wurden auch die Familien der Attentäter des 20. Juli und die Angehörigen des NKFD gemeinsam in »Sippenhaft« genommen. Im November 1944 mußte der SD dann feststellen, es hätte keine direkte Verbindung zwischen NKFD und den Attentätern des 20. Juli gegeben[40].

In der Präambel des Manifests des NKFD hieß es: »Dem Nationalkomitee gehören an ... Menschen aller politischen und weltanschaulichen Richtungen, die noch vor einem Jahr einen solchen Zusammenschluß nicht für möglich gehalten hätten.« Beispielhaft sei das Leben und Wirken dreier Männer herausgegriffen, die zu diesem Ideal des »runden Tisches« stets gestanden haben: Ernst Hadermann, einer der geisti-

---

35 Vgl. B. Scheurig (Anm. 8), S. 81–85 und Anm. 32, S. 243; richtungsweisend für die Propaganda des OKW ist die Sondernummer der Mitteilungen für das Offizierskorps vom Oktober 1943: »Moskauer Komitee Freies Deutschland«, eine Abschrift befindet sich in: Stiftung Archiv der Parteien und Massenorganisationen der DDR im Bundesarchiv, NL 65, Bd. 24, Bl. 82–88 (den Hinweis verdanke ich Dr. Norbert Haase, Gedenkstätte Deutscher Widerstand, Berlin).

36 Siehe Staatsbibliothek Preußischer Kulturbesitz (Anm. 5), S. 138f. und S. 149.

37 »Später, nach dem 20. Juli 1944, wurden die Angehörigen der Verschwörer und Attentäter von den Nationalsozialisten ebenso behandelt wie diejenigen der NKFD-Mitglieder; für die NS-Führung war nicht zweifelhaft, daß die Regimegegner an der inneren Front dasselbe wollten wie jene an der äußeren, die schon im Sommer 1943 den Anspruch erhoben hatten, für das andere Deutschland zu sprechen«, zit. nach Peter Steinbach, »Es gibt wichtigere Tugenden als den militärischen Gehorsam«. Das Nationalkomitee Freies Deutschland und der Bund Deutscher Offiziere, in: Frankfurter Rundschau vom 10. Januar 1991.

38 Siehe Staatsbibliothek Preußischer Kulturbesitz (Anm. 5), S. 147.

39 Joseph Goebbels (Hrsg.), Die Lage. Zentralinformationsdienst der Reichspropagandaleitung der NSDAP, Nr. 11 vom 8. September 1944, S. 4, in: Bundesarchiv Koblenz, Sammlung Schumacher 210.

40 Siehe Staatsbibliothek Preußischer Kulturbesitz (Anm. 5), S. 145f.

gen Wegbereiter des NKFD, hatte auch in der Zeit des Kalten Krieges seine geistige Unabhängigkeit bewahrt[41]. Die beiden Vizepräsidenten des NKFD, der Soldat Max Emendörfer, Kommunist und Deserteur aus politischer Überzeugung, und der General Walther von Seydlitz, teilten beide trotz so unterschiedlicher Voraussetzungen das Nachkriegsschicksal: Sie wurden ohne Gerichtsverfahren von der sowjetischen Gewahrsamsmacht zu langjähriger Haft verurteilt[42].

Zu einer Zeit, als dies in der DDR noch nicht unbedingt üblich war, erinnert sich Emendörfer mit Respekt und Anerkennung an Seydlitz und zitierte aus dessen Aufruf »An das deutsche Offizierskorps« vom 5. Dezember 1943: »Als Soldaten achten wir jede ehrliche Überzeugung. Wer aus ehrlicher Überzeugung kämpft und für sie leidet – mag er Kommunist oder was immer sein – ist in unseren Augen niemals ein Lump, niemals ein ›Verräter‹. So ist es für uns eine Selbstverständlichkeit und eine Ehre, an einem Vorstandstisch zu sitzen mit dem kommunistischen Schuharbeiter, dem Soldaten Max Emendörfer.«[43] Seydlitz ist von dieser Haltung auch nach dem Krieg nicht abgegangen[44].

---

41 Während des Kalten Krieges unterstützte Hadermann den Westberliner Historiker Dr. Bodo Scheurig durch mündliche und schriftliche Auskünfte, siehe B. Scheurig (Anm. 8), S. 227, Anm. 17; mündliche Auskünfte von Dr. Bodo Scheurig und Heinrich Graf von Einsiedel.

42 Emendörfer wurde im Juli 1945 nach Berlin repatriiert und noch im Rückkehrerlager Berlin-Friedrichsfelde von der sowjetischen Besatzungsmacht wegen angeblicher Zusammenarbeit mit der Gestapo verhaftet. Ohne Überprüfung der Beschuldigungen und ohne Gerichtsverfahren wurde er zu Lagerhaft in Sibirien verurteilt. Die Strafe wurde später in Verbannung umgewandelt. In seiner nach seinem Tod 1974 erschienenen Autobiographie Max Emendörfer, Rückkehr an die Front. Erlebnisse eines deutschen Antifaschisten, Berlin 1975, äußerte er sich nicht über sein Nachkriegsschicksal; in einer eingehenden Darstellung bestritt er jedoch eine Zusammenarbeit mit der Gestapo. Die Angaben zu Emensdörfers Nachkriegserleben verdanke ich seinem langjährigen Freund, dem Frontbeauftragten Gottfried Hamacher. Walther von Seydlitz wurde 1950 noch in der Sowjetunion verhaftet und ohne ordentliches Gerichtsverfahren wegen geringfügiger Vergehen seiner Untergebenen zum Tode verurteilt, dann zu 25 Jahren Haft begnadigt. Von dieser Haftstrafe kam er im Oktober 1955 nach Adenauers Moskaubesuch frei, vgl. W. von Seydlitz (Anm. 23), S. 362–385. Die tatsächlichen Gründe für seine Verurteilung waren seine Weigerung, Stalin Glückwunsch- und Danktelegramme zu senden und in die DDR überzusiedeln, vgl. ebenda, S. 357–363.

43 »Freies Deutschland« vom 5. Dezember 1943; M. Emendörfer (Anm. 42), S. 217f.

44 Siehe W. von Seydlitz (Anm. 23), S. 290.

Claus-Dieter Krohn

Der Kampf des politischen Exils im Westen gegen den Nationalsozialismus

I.

»Emigration ist nicht Schicksal, sondern Aufgabe«, so umschrieb der Schriftsteller Alfred Kantorowicz den zukunftsorientierten Optimismus eines Teils der nach 1933 aus Deutschland Vertriebenen in einer ihrer unzähligen Programmschriften[1]. Im Unterschied zu vielen der politisch und ›rassisch‹ Verfolgten, die die »Erbärmlichkeiten des Exils« (Lion Feuchtwanger) in die Entwurzelung, die Resignation oder gar in private Tragödien getrieben hatten, definierte sich dieser aktivistische Kern als Sprachrohr des stumm gewordenen Volkes. Er verstand sich als das andere, das bessere, an der Vernunft und Menschlichkeit orientierte Deutschland: »Ohne die Emigration«, meinte etwa Heinrich Mann, »könnte es dies heute nicht, sie allein ist übrig als ein Deutschland, das lernt, denkt und Zukunft erarbeitet«[2].

Es mag erstaunen, eine Darstellung über den politischen Kampf des Exils gegen den Nationalsozialismus mit Äußerungen vertriebener Schriftsteller einzuleiten. Kritische, meist linke Intellektuelle jedoch hatten von Anfang an die Dimension der nationalsozialistischen Diktatur erkannt und ihre Vertreibung als politische Herausforderung begriffen, wenngleich sie kaum mehr als das geschriebene Wort einzusetzen hatten. Dieses Instrument allerdings war scharf, denn seine Träger waren es, die zuvor in den zwanziger Jahren die aus der Rückschau so beeindruckenden wissenschaftlichen, literarischen und künstlerischen Aufbrüche bestimmt hatten. Mit ihren urbanen und zivilisatorischen Normen hatten sie sich den philosophischen Ideen des Westens geöffnet. Sie wurden deshalb auch als erste mit besonderer Aggressivität von der »Blut- und Boden«-Provinzialität der Nationalsozialisten verfolgt und durch Verbrennung ihrer Bücher aus dem öffentlichen Gedächtnis gelöscht. Trotz ihrer materiellen Probleme und lebensgeschichtlichen Brüche erlebten viele dieser vertriebenen Intellektuellen das Exil daher auch als eine existenzielle und geistige Bereicherung. Sie fühlten sich nicht als in der Fremde Entwurzelte, sondern gerade dadurch, daß sie gegen ihren Willen aus der deutschen Gesellschaft ausgegrenzt worden waren, in besonderem Maße verpflichtet, ihre Stimme des Protestes zu erheben. Vor allem gilt das für Wissenschaftler, für Journalisten und diejenigen Schriftsteller, die sich von der Muttersprache zu lösen lernten. Nicht von ungefähr waren sie es, die in den Zufluchtsländern in einer kaum überschaubaren Zahl von Publikationen den Kampf ge-

1 Wolf Franck, Führer durch die deutsche Emigration, Paris 1935, S. 57.
2 Heinrich Mann und ein junger Deutscher, Der Sinn dieser Emigration, Paris 1934, S. 43.

gen die Barbarei in Deutschland wie gegen die lange herrschende Gleichgültigkeit der Weltöffentlichkeit prägen sollten.

Ganz anders war dagegen das Erscheinungsbild der exilierten politischen Parteien, und hier sind nur die Arbeiterparteien SPD und KPD sowie einige Splittergruppen nennenswert. Mit bemerkenswerter Realitätsblindheit glaubten sie, daß die nationalsozialistische Herrschaft nur eine kurzfristige Erscheinung sei und bald abgewirtschaftet haben werde. Und je mehr sich das Regime installierte und der staatliche Terror die illegale Organisationsarbeit, zumal von außerhalb der Grenzen, kaum noch möglich machte, desto mehr zeigten sich ihre ideologischen und strategischen Schwächen. Gebunden in traditionellen politischen Denkmustern und unvorbereitet auf den illegalen Kampf entfremdeten sie sich einerseits immer mehr vom innerdeutschen Widerstand, der nach zahlreichen Verhaftungen und der Zerstörung der Verbindungsnetze bald nur noch rudimentär existierte. Andererseits führte ihre Unbeweglichkeit zu keiner gegenseitigen Annäherung im Exil. Die alten kompromißunfähigen Lagermentalitäten aus den zwanziger Jahren existierten fort. Unbeachtet blieben die zahllosen Appelle in den Exilpublikationen zur Geschlossenheit[3]. Im Gegenteil, von den Parteiapparaten spalteten sich unterschiedliche Fraktionen zumeist jüngerer Mitglieder ab, die bei der Exil-SPD, der Sopade, den Immobilismus des Vorstandes in Prag nicht verstanden oder die bei der KPD den von Moskau fremdbestimmten Kurs nicht hinnehmen wollten.

Die 1936 begonnene Volksfrontdiskussion blieb bereits in den Anfängen eines »Vorbereitenden Ausschusses« stecken, da sehr schnell klar wurde, daß sie von den Kommunisten lediglich nach eigenen Interessen instrumentalisiert wurde. Ein für den aktuellen politischen Kampf geeignetes handlungspraktisches Programm ist dort nicht einmal im Ansatz entwickelt worden[4]. Zur Bildung einer Exilregierung wie in den meisten von den deutschen Truppen nach 1939 überfallenen Ländern ist es bei den deutschen Exilanten daher niemals gekommen. Allerdings bleibt auch fraglich, ob eine solche Vertretung des anderen Deutschland bei den Großmächten während der dreißiger Jahre überhaupt Gehör gefunden hätte, denkt man an die britische Appeasement-Politik, den amerikanischen Isolationismus, die stalinsche Abkehr von weltrevolutionären Zielen und den Aufbau des »Sozialismus in einem Land« sowie an die offenen Sympathien gesellschaftlicher Eliten in den westlichen Industrieländern für den Faschismus als Ordnungsmodell zur Überwindung der Weltwirtschaftskrise mit ihren sozialstrukturellen Auswirkungen. Nach 1938 jedoch, als die aggressive Expansion des Nationalsozialismus und die Wahrscheinlichkeit eines Krieges in den westlichen Metropolen nicht mehr geleugnet werden konnten, hätte eine geschlossene Vertretung des deutschen Exils womöglich Einfluß gewinnen können. Zwar ist unwahrscheinlich, daß sie die Entscheidungsprozesse der künftigen »Anti-Hitler-Koalition« direkt hätte mitbestimmen können, Einwirkungsmöglichkeiten darauf und auf den Neuaufbau eines demokratischen Deutschland nach dem Kriege wären aber sicherlich nicht ausgeschlossen gewesen. Belegbar ist das nicht, immerhin läßt sich jedoch nachweisen, daß weder die britische noch die amerikani-

3 So z. B. Kurt Hiller, Emigranten vereinigt euch!, in: Die neue Weltbühne, 31 (1935) 22, S. 682 ff.; Heinrich Mann, Sammlung der Kräfte, in: Die Sammlung, 2 (1935), 1, S. 1 ff.

4 Vgl. Für die deutsche Volksfront! Ein Aufruf, in: Die neue Weltbühne, 33 (1937), S. 64 ff.; genauer dazu Ursula Langkau-Alex, Volksfront für Deutschland?, Bd. 1: Vorgeschichte und Gründung des »Ausschusses zur Vorbereitung einer deutschen Volksfront« 1933–1936, Frankfurt am Main 1977.

sche Regierung im Zweiten Weltkrieg eine hohe Meinung von den politischen Organisationen des deutschen Exils hatten und sie wegen ihrer Zerstrittenheit nicht zur Kenntnis nahmen[5].

Wollte man den Kampf des Exils gegen den Nationalsozialismus allein nach den Aktionen der politischen Parteien bewerten, so fiele die Bilanz dürftig aus. Faßt man das politische Exil, wie angedeutet, jedoch weiter und bezieht auch das intellektuelle Milieu mit ein, das dem Exodus aus Deutschland nach 1933 das spezifische Profil gab, so fällt das Urteil anders aus. Der politische Kampf von Einzelnen oder kleinen Gruppen verdichtete sich aus der Rückschau zu einem Bild, das seine Konturen aus der Vielfalt unterschiedlicher intellektueller Bemühungen und Wirkungen gewann. In den Wissenschaften beispielsweise haben vertriebene Einzelne oder der Transfer ganzer Denkrichtungen die Wissenschaftskultur in den Zufluchtsländern bereichert, insbesondere in den USA, wohin die meisten Gelehrten direkt oder auf Umwegen emigrierten. Der Erfolg dieses Ideenflusses ist für verschiedene Disziplinen, etwa die modernen Sozialwissenschaften, untrennbar mit der Frage verknüpft, was die Emigranten zur Aufarbeitung der Katastrophe von 1933 und später zur Planung der Nachkriegszeit beigetragen haben.

Mit ihren erkennbaren politischen Engagements, ihren umfassenden Analysen und Aufklärungsabsichten wurden exilierte Intellektuelle zu interdisziplinären Vermittlungsinstanzen, die die internationale Öffentlichkeit in deren eigenem Interesse zu sensibilisieren hofften. Ihre Ziele wurden weniger von unmittelbaren, für aussichtslos gehaltenen Aktionen gegen den Nationalsozialismus, sondern von wesentlich grundsätzlicheren Perspektiven bestimmt, sahen sie doch den gesamten modernen Zivilisationsprozeß auf dem Prüfstand. Wie die Parteivertreter hofften viele von ihnen bis weit in den Zweiten Weltkrieg hinein zwar auch auf eine Erhebung der deutschen Bevölkerung aus eigener Kraft gegen Hitler und richteten deshalb ihr Wort in illegalen Schriften, Radiosendungen und über andere Informationskanäle nach Deutschland, zugleich aber, und das ist vielleicht wichtiger, waren ihre Adressaten auch die Führungsschichten in den Zufluchtsländern. Nicht zu vergessen ist, daß die bahnbrechenden und bis heute aktuellen Analysen über das nationalsozialistische Herrschaftssystem und seine historischen Voraussetzungen in jenen Jahren von Emigranten vorgelegt wurden, denkt man etwa an Werke wie Emil Lederers »State of the Masses«, Ernst Fraenkels »Dual State«, Erich Fromms »Escape from Freedom« oder Franz Neumanns »Behemoth«, um nur einige zufällige Beispiele allein aus den Jahren 1940 bis 1942 zu nennen[6]. Hinzu kamen auf der institutionellen Ebene Wissenschaftler, die an Universitäten oder in Forschungsstäben über den Nationalsozialismus arbeiteten und lehrten, schließlich die Versuche von einzelnen Exilanten oder Exilgruppen, einheimische Organisationen als Multiplikatoren für ihre Sache zu gewinnen, wie beispielsweise die kleine sozialistische Gruppe Neu Beginnen, die einen bemerkenswerten Sympathisantenkreis in den USA zusammenzubringen vermochte.

---

5 Vgl. Lothar Kettenacker (Hrsg.), Das »Andere Deutschland« im Zweiten Weltkrieg. Emigration und Widerstand in internationaler Perspektive, Stuttgart 1977.

6 Emil Lederer, State of the Masses. The Threat of the Classless Society, New York 1940; Ernst Fraenkel, The Dual State. A Contribution to the Theory of Dictatorship, New York u.a. 1941; Erich Fromm, Escape from Freedom, New York–Toronto 1941; Franz Neumann, Behemoth. The Structure and Practice of National Socialism, New York u.a. 1942.

II.

Die erste intellektuelle Offensive gegen den Nationalsozialismus begann furios. Der Reichstagsbrand am 27. Februar 1933, der zum Anlaß für die Gleichschaltungspolitik und die erste große Verfolgungswelle der exponierten Gegner des neuen Regimes wurde, lieferte die Chance für eine internationale Öffentlichkeitskampagne, die die Nationalsozialisten völlig unerwartet in die Defensive drängte. Was das bedeutete, mag man daran ermessen, daß die Propaganda nach Gründung des Goebbels-Ministeriums im März 1933 neben dem polizeilichen Terror das zweite Instrument zur Monopolisierung der nationalsozialistischen Herrschaft bildete.

Zu dieser Zeit hatten sich die ersten Exilanten in Paris bereits zum »Gegen-Angriff« formiert, wie programmatisch ihre dann ab 1. Mai erscheinende Wochenzeitung heißen sollte. Ausgestattet mit dem Organisationstalent des kommunistischen Medienfunktionärs und Verlagsgründers Willi Münzenberg und der wortmächtigen Autorität zahlreicher, auch internationaler Schriftsteller – unter anderem Alfred Kantorowicz, Gustav Regler, Egon Erwin Kisch, Ernst Toller, Henri Barbusse oder André Gide – wurde parallel dazu das legendäre »Braunbuch über Reichstagsbrand und Hitlerterror« in wenigen Wochen konzipiert, das bereits Ende Juli erschien und in allen Weltsprachen verbreitet wurde[7]. Bis heute kann es als das Standardwerk moderner Propaganda gelten, das in geschickter Kombination von Presseartikeln, Flüchtlingsberichten, Deduktionen und Bluffs den Nachweis für die Schuld der Nationalsozialisten am Reichstagsbrand führte. Schon der Titel »Braunbuch« suggerierte ein amtliches Dokument mit unanfechtbaren Unterlagen und Beweisen. Und spektakulär sollte sein Erfolg sein. Nicht nur füllten Auszüge, Kommentare und Leitartikel zum »Braunbuch« die Spalten der Weltpresse, sondern bis heute prägt seine Sichtweise auch das historische Bild von den Ursachen des Reichstagsbrandes, obwohl die Alleintäterschaft des holländischen Anarchisten Marinus van der Lubbe seit langem erwiesen ist[8].

Flankiert wurde das »Braunbuch« von weiteren propagandistischen Meisterleistungen, so der Gründung des Welthilfskomitees für die Opfer des Hitlerfaschismus oder der Inszenierung des internationalen Londoner Gegenprozesses zum Reichstagsbrandprozeß in Leipzig, für den renommierte Rechtsgelehrte unter anderem aus Großbritannien, Frankreich, den skandinavischen Ländern oder den USA gewonnen wurden. Seine Verhandlungsergebnisse erschienen im April 1934 als »Braunbuch II«, das ebenfalls in viele Sprachen übersetzt wurde, dazu eine Unzahl von kleineren Broschüren zum Thema, die in Auflagen bis zu 50000 Exemplaren in den europäischen Ländern, in den USA oder Südafrika verbreitet wurden[9]. Wohl stellte die kommunistische Partei die Logistik, Münzenberg, den der »Braunbuch«-Mitarbeiter Gustav

---

7 Braunbuch über Reichstagsbrand und Hitlerterror. Vorwort von Lord Marley, Basel (recte Straßburg) 1933. Zum Vertrieb siehe Klaus Sohl, Entstehung und Verbreitung des Braunbuchs über Reichstagsbrand und Hitlerterror 1933/1934, in: Jahrbuch für Geschichte, 21 (1980), S. 289ff.

8 Zu diesem Nachweis vgl. Fritz Tobias, Der Reichstagsbrand. Legende und Wirklichkeit, Rastatt 1962. Das sog. Internationale Luxemburger Komitee unter der Leitung des Schweizer Historikers Walther Hofer sucht demgegenüber weiterhin die Täterschaft der Nationalsozialisten zu beweisen. Dazu Uwe Backes u. a., Reichstagsbrand – Aufklärung einer historischen Legende, München 1986.

9 Siehe Ein Jahr Hilfskomitee für die Opfer des Hitlerfaschismus, Paris 1934, S. 26f.

Regler einen »in die Wüste versetzten Herkules« nannte[10], schuf mit der Gründung des wahrscheinlich wirkungsvollsten politischen Exilverlages Editions du Carrefour den organisatorischen Rahmen und die Kommunistische Internationale (Komintern) gab das nötige Geld, denn immerhin war Georgi Dimitroff, der Vorsitzende ihres westeuropäischen Büros, während eines Besuches in Berlin als angeblicher Mittäter van der Lubbes verhaftet worden. Dennoch wäre diese einzigartige Propaganda-Offensive ohne die zahlreichen intellektuellen Emigranten vermutlich nicht möglich gewesen und wären ohne sie die vielen internationalen Persönlichkeiten nicht zur Mitarbeit gewonnen worden; schon das Vorwort des »Braunbuchs« stammte von einem britischen Oberhausmitglied.

Wie erfolgreich der Coup war, zeigte die auffallend schwache Reaktion der Nationalsozialisten. Erst nach Erscheinen des »Braunbuchs« wurde in aller Eile eine Broschüre zusammengestellt, die den anwesenden Pressevertretern bei Eröffnung des Leipziger Prozesses im September übergeben wurde und »Enthüllungen über den kommunistischen Umsturzversuch am Vorabend der nationalen Revolution« liefern wollte, tatsächlich aber nur eine Zusammenstellung von Äußerungen aus veröffentlichten kommunistischen Schriften enthielt, garniert mit vielen Bildern von Aufständen aus den frühen zwanziger Jahren[11]. In der Hektik der Publikation hatten die Autoren auch den Widerspruch nicht bemerkt, als sie angebliche Umsturzanweisungen der KPD auf die Zeit nach dem Reichstagsbrand datierten, so daß sich das Propagandaministerium wenige Wochen später von dem Werk distanzierte[12]. Noch hilfloser fiel die Herausgabe eines sogenannten »Anti-Braunbuchs« aus[13]. Der Verfasser Jakow Trachtenberg, vermutlich ein weißrussischer jüdischer Emigrant in Goebbels' Diensten, hatte bereits zuvor im Auftrage des Auswärtigen Amtes quasi als unzweifelhafter Kronzeuge ein dreisprachig aufgemachtes Buch gegen die »Greuelpropaganda« des Auslandes nach dem ersten organisierten Judenboykott vom 1. April 1933 vorgelegt, das über die deutschen konsularischen Vertretungen verbreitet wurde[14]. Sein »Anti-Braunbuch«, das laut Vorwort schon 1933 abgeschlossen worden war, aber erst 1934 publiziert wurde, da es das Urteil des Reichsgerichts nicht beeinflussen wollte, suchte im Stile der berüchtigten antisemitischen »Protokolle der Weisen von Zion« den Nachweis zu führen, daß nicht nur die Kommunisten in Deutschland, sondern eine internationale »jüdisch-bolschewistische Verschwörung« die Welt bedrohe. Die durchschaubaren Absichten des Werks und seine Primitivität waren in jener Phase augenscheinlich dem Propagandaministerium selbst so peinlich, daß es im Selbstverlag erschien und der Verfasser wie der angebliche Übersetzer in vorangestellten eidesstattlichen Versicherungen erklärten, »auf eigene Initiative« gehandelt zu haben.

Die im »Braunbuch« symbolisierte Kooperation flexibler kommunistischer Strategen und intellektueller Multiplikatoren mag einen Eindruck vermitteln, welche

---

10 Gustav Regler, Das Ohr des Malchus. Eine Lebensgeschichte, Köln 1958, S. 221.

11 Adolf Ehrt, Bewaffneter Aufstand. Enthüllungen über den kommunistischen Umsturzversuch am Vorabend der nationalen Revolution, Berlin-Leipzig 1933.

12 Siehe Braunbuch II. Dimitroff contra Goering. Enthüllungen über die wahren Brandstifter, Paris 1934, S. 123.

13 Jakow Trachtenberg, Gegen das Braunbuch (Rotbuch), Berlin 1934.

14 Ders. (Hrsg.), Die Greuelpropaganda ist eine Lügenpropaganda sagen die Juden selbst, o.O.u.J. (Berlin 1933).

Durchschlagskraft erfolgreiche Exilantenoffensiven gegen die nationalsozialistische Bedrohung haben konnten. An diese Wirkung knüpften auch noch andere Publikationen der Editions du Carrefour an, so die ähnlich aufgemachten Schriften »Hitler treibt zum Krieg« über die geheimen Rüstungen, »Das deutsche Volk klagt an« über den NS-Terror oder »Das braune Netz« über NS-Agenten im Ausland, um nur einige Beispiele zu nennen[15]. Hier sind auch die Ursachen für die bald erkennbare Ausgrenzung Münzenbergs und anderer Kommunisten aus der Partei zu suchen. Während seine Publikationen den Kampf in parteiübergreifender Zusammenarbeit auf den Nationalsozialismus ausrichteten, sah die KPD den Hauptgegner zu der Zeit noch in der Sozialdemokratie. Ihre »ständige mechanische Wiederholung schematischer Formeln und Parolen«, so Münzenberg in seiner Austrittserklärung Ende der dreißiger Jahre, kennzeichneten eine Politik, die 1933 den Sieg Hitlers nicht verhindern konnte und deshalb wenig geeignet sei, »die noch größere und schwerere Aufgaben zu lösen, die Hitlerregierung zu stürzen und das nationalsozialistische Diktaturregime zu zerstören«[16].

Zu der Zeit, als die KPD mit ihren Volksfrontstrategien die deutschen Exilgruppen zu binden suchte, knüpfte Münzenberg mit seiner neuen Zeitschrift »Die Zukunft«, für die er Mitarbeiter aus allen politischen und weltanschaulichen Lagern gewann, an jene offene Bündnisstrategie von 1933 an[17]. Französische und englische Sondernummern sowie die Gründung der Union Franco-Allemande dokumentierten den Anspruch, ein exil- bzw. grenzüberschreitendes Netzwerk von Kontakten aufzubauen. Die Zeitschrift verstand sich nicht allein als Sammlung einer neuen, undogmatischen deutschen sozialistischen Bewegung gegen den Nationalsozialismus, sondern, wie es im Untertitel heißt und der internationale Mitarbeiterkreis belegen sollte, als Sprachrohr für ein neues Europa. Münzenbergs noch Anfang 1940 vorgetragene Vision einer geeinten Arbeiterklasse ohne Herrschaftsanspruch einer »Einheitspartei nach stalinistischem Muster« in einem geeinten Europa veranschaulicht, wie weit er sich im Lernprozeß des Exils von seiner eigenen Vergangenheit gelöst hatte[18]. Vor diesem Hintergrund gewinnt sein gewaltsamer Tod vermutlich durch sowjetische Agenten einige Monate später bei seiner Flucht in den unbesetzten Süden nach der Niederlage Frankreichs einige Plausiblität.

III.

Bis Ende 1935 folgte die KPD der seit 1929 vertretenen »ultralinken Generallinie«, nach der eine objektiv revolutionäre Situation in Deutschland diagnostiziert wurde und die Sozialdemokratie als »sozialfaschistischer« Hauptfeind zu bekämpfen sei.

---

15 Dorothy Woodman (Hrsg.), Hitler treibt zum Krieg. Dokumentarische Enthüllungen über Hitlers Geheimrüstungen, Paris 1934; Das deutsche Volk klagt an. Hitlers Krieg gegen die Friedenskämpfer in Deutschland. Ein Tatsachenbuch, Paris 1936; Das braune Netz. Wie Hitlers Agenten im Auslande arbeiten und den Krieg vorbereiten, Paris 1935.

16 Willi Münzenberg (Hrsg.), Alles für die Einheit!, o.O.u.J. (Paris 1939), abgedruckt auch in: Die Zukunft, 2 (1939) 10.

17 Ders. (Hrsg.), Die Zukunft. Organ der Deutsch-Französischen Union, Paris, Oktober 1938–Mai 1940, Reprint Vaduz 1978. Zu dem beeindruckenden Mitarbeiterkreis siehe dort das Register.

18 Die Zukunft, 3 (1940) 1.

Noch die Niederlage der Arbeiterbewegung 1933 deutete sie um in eine unmittelbar bevorstehende Revolution und beruhigte ihre Anhänger damit, daß Hitler lediglich die letzte Karte der Bourgeoisie sei[19]. Nicht viel anders in der Wirkung zeigte sich die Strategie der SPD. Die nach Prag geflohenen Parteivorstandsmitglieder sahen sich als treuhänderische Mandatsträger der zur Zeit in Deutschland zum Schweigen verurteilten »betrogenen Massen«. Geprägt von traditionellem Legalitätsdenken und aus Rücksicht auf die Reste der im NS-Staat gebliebenen Parteiführung verstand die Sopade unter Widerstand vor allem die publizistische »Offensive der Wahrheit« durch Verteilung von illegalen antifaschistischen Druckschriften im NS-Staat. Trotz Rückgriffs auf altes klassenkämpferisches Vokabular in ihrem neuen Aktionsprogramm, dem Prager Manifest vom Januar 1934, ging es ihr vorrangig darum, die erkennbar revolutionären Strömungen unter den jüngeren Mitgliedern aufzufangen und zu verhindern, daß diese aktiven Teile in Deutschland wie im Exil eigene Organisationen bildeten oder sich den verschiedenen sozialistischen Splittergruppen anschlossen. Während die alleingelassenen Widerstandszirkel unter den Verhaftungswellen der Gestapo atomisiert wurden, warteten die Führungen der KPD und der SPD im Exil auf den baldigen Zusammenbruch des Nationalsozialismus, und verbrauchte sich die Sopade darüber hinaus in fruchtloser Abwehr der von ihr so gesehenen Konkurrenzgruppen[20].

Fixiert auf eine vage, lediglich auf die fernere Zukunft ausgerichtete »Politik mit dem Gesicht nach Deutschland«, verlor die Sopade alsbald alle Handlungsspielräume. Die Kontakte zum innerdeutschen Widerstand wurden vor allem von den Grenzsekretären und Kurieren des illegalen Materials aus dem Kreise der dissidenten sozialistischen Gruppen aufrechterhalten. Und auch für die notwendigen internationalen Verbindungen tat sie nur wenig. So war es kein Wunder, daß die britische Labour Party, die den Parteivorstand bei Kriegsausbruch gedrängt hatte, nach London zu kommen, unter dem Eindruck seiner sterilen Rechthaberei als Sachwalter einer Partei, die es längst nicht mehr gab, bald das Interesse an diesen Emigranten verlor. Zu dieser Zeit hatte die Sopade gerade einen neuen internen Kriegsschauplatz eröffnet, denn jetzt stritten sich die Reste des Parteivorstandes mit der 1938 in New York von ehemaligen Sozialdemokraten des rechten Flügels gegründeten German Labor Delegation, wer künftig die treuhänderische Vertretung beanspruchen könne[21].

Die gleiche Politikunfähigkeit zeigte die KPD auch noch nach ihrem Kurswechsel von 1935. Die auf dem 7. Weltkongreß der Komintern in Moskau im Sommer des Jahres gewonnene Einsicht, daß der Nationalsozialismus wohl nicht so bald an den eigenen Widersprüchen zugrunde gehen werde und die deshalb beschlossene »Herstellung einer Aktionseinheit aller Teile der Arbeiterklasse« gaben der Partei als wei-

19 Am 1. April 1933 gab das Exekutivkomitee der Komintern folgende Lagebeurteilung: »Die augenblickliche Stille nach dem Siege des Faschismus ist nur eine vorübergehende Erscheinung. Der revolutionäre Aufschwung in Deutschland wird trotz des faschistischen Terrors unvermeidlich ansteigen.« Zit. nach Theo Pirker (Hrsg.), Utopie und Mythos der Weltrevolution. Zur Geschichte der Komintern 1920–1940, München 1964, S. 180.

20 Siehe Erich Matthias (Hrsg.), Mit dem Gesicht nach Deutschland. Eine Dokumentation über die sozialdemokratische Emigration. Aus dem Nachlaß von Friedrich Stampfer, ergänzt durch andere Überlieferungen, Düsseldorf 1968, S. 30 passim.

21 Siehe dazu Werner Röder, Die deutschen sozialistischen Exilgruppen in Großbritannien 1940–1945. Ein Beitrag zur Geschichte des Widerstandes gegen den Nationalsozialismus, Bonn-

sungsgebundener Sektion das Plazet, auf ihrer eigenen Konferenz in Moskau wenige Monate später – aus Tarnungsgründen »Brüsseler Konferenz« genannt – die in den Exilkreisen vorhandenen Strömungen zur Bildung der »Volksfront« aufzunehmen[22]. Die neue Taktik war jedoch trotz der moralischen Autorität Heinrich Manns und anderer Intellektueller, die dafür als Initiatoren vorgeschoben wurden, sehr schnell durchschaubar. Wie die »Volksfront« von den Kommunisten nämlich verstanden wurde, zeigte sich ab Sommer 1936 in Spanien, wohin nach Ausbruch des Bürgerkrieges mehr als 5000 deutsche Exilanten, darunter zahlreiche Schriftsteller, gegangen waren, um an den jetzt offenbar direkt beginnenden Kämpfen gegen den Faschismus teilzunehmen. Dort erlebten sie hautnah, daß die sowjetische Unterstützung der Republik vor allem dazu diente, die bedeutungslose kommunistische Partei Spaniens in die Schaltstellen der Macht zu bringen, während die originäre anarchistische Aufstandsbewegung gegen den von Italien und Deutschland unterstützten Putsch des Generals Franco von sowjetischen Agenten brutal vernichtet wurde[23]. Zur gleichen Zeit begannen mit den Moskauer Prozessen die stalinschen Säuberungen, denen Hunderttausende der alten Bolschewiki und zahlreiche internationale Kader, darunter viele der aus Deutschland in die Sowjetunion geflohenen kommunistischen Mitglieder, zum Opfer fielen[24].

Für viele der mit dem Kommunismus sympathisierenden Intellektuellen, die in der Sowjetunion nicht nur die radikale Negation des Kapitalismus und das Beispiel einer planbaren neuen und gerechten Gesellschaft bewundert, sondern nach 1933 auch das einzige Bollwerk gegen den Nationalsozialismus erblickt hatten, bedeuteten diese Ereignisse eine lebensgeschichtliche Zäsur. Als nach Abschluß des Hitler-Stalin-Paktes die KPD dann wieder in ihre alte Frontstellung gegen die westlichen Demokratien und die Sozialdemokratie zurückfiel, wurden diese Renegaten endgültig zu vehementen Antikommunisten, welche nach dem Zweiten Weltkrieg – wie etwa Willi Schlamm, Arthur Koestler, Gustav Regler, Manes Sperber und andere – zu den profunden Ideologen des Kalten Krieges zählen sollten[25].

Bei den sozialistischen Kleinorganisationen, zum Beispiel dem Internationalen Sozialistischen Kampfbund (ISK), der Sozialistischen Arbeiterpartei (SAP), der Gruppe Neu Beginnen oder der kommunistischen Opposition (KPD[O]), sollten sich ihre Gruppenstruktur und ihre größere intellektuelle Offenheit nach 1933 von Vorteil erweisen. Ihre meist jüngeren Mitglieder, die sich den bürokratisch schwerfälligen

---

Bad Godesberg 1973, S. 140 ff.; Claus-Dieter Krohn, Exilierte Sozialdemokraten in New York. Der Konflikt der German Labor Delegation mit der Gruppe Neu Beginnen, in: Michael Grunewald/Frithjof Trapp (Hrsg.), Autour du »Front Populaire Allemand«. Einheitsfront – Volksfront, Bern u. a. 1990, S. 81 ff.

22 Vgl. Der neue Weg zum gemeinsamen Kampfe aller Werktätigen für den Sturz der Hitler-Diktatur. Resolution der Brüsseler Konferenz der KPD im Oktober 1935 (Prag 1935).

23 Aus der Vielzahl der Literatur zum Spanischen Bürgerkrieg hier nur Patrick von zur Mühlen, Spanien war ihre Hoffnung. Die deutsche Linke im Spanischen Bürgerkrieg 1936 bis 1939, Berlin-Bonn 1985; Julián Gorkin, Stalins langer Arm. Die Vernichtung der freiheitlichen Linken im spanischen Bürgerkrieg, Köln 1980.

24 Von den Führungsmitgliedern der KPD fanden bei den stalinschen Säuberungen mehr den Tod als durch den Terror der Nazis; siehe Hermann Weber, »Weiße Flecken« in der Geschichte. Die KPD-Opfer der Stalinschen Säuberungen und ihre Rehabilitierung, Frankfurt 1989, S. 19 ff.; Reinhard Müller (Hrsg.), Die Säuberung. Moskau 1936: Stenogramm einer geschlossenen Parteiversammlung, Reinbek 1991.

25 Vgl. Arthur Koestler u. a., Ein Gott, der keiner war, Köln 1952.

und ideologisch verkrusteten großen Parteiapparaten entfremdet hatten, waren politisch noch nicht so profiliert und daher den Verfolgungen der Gestapo anfänglich noch nicht so ausgesetzt. Sie konnten sich vergleichsweise schnell auf den illegalen Widerstand umstellen. Dennoch waren auch ihre handlungspraktischen Möglichkeiten begrenzt, und ihre Aktionen litten unter der Passivität und Zerstrittenheit der politischen Wortführer im Exil. Die etwa von dem ISK-Mitglied Ernst Fraenkel noch im innerdeutschen Widerstand geübte Kritik am passiven »Warten ›auf den Tag‹« der großen Parteien und seine dagegen erhobene Forderung nach »sichtbarem Kampf« zur Verunsicherung des NS-Regimes mögen illustrieren, in welchem Maße sich die Illegalen von den Exilanten entfernt hatten und mit welcher Naivität sie selbst entschlossen waren, eigene Widerstandstaktiken unabhängig vom Emigrantengezänk jenseits der Grenzen anzuwenden[26].

Von allen politischen Organisationen ist die sozialistische Gruppe Neu Beginnen wohl die aktivste und wirkungsvollste Kraft gewesen. Das außerordentliche intellektuelle Profil ihrer jungen Mitglieder, deren Fähigkeit, die Niederlage der Arbeiterbewegung von 1933 sowie die neuen eigenen Erfahrungen in den so anderen politischen Kulturen der Zufluchtsländer theoretisch präzise zu verarbeiten und daraus neue Handlungsstrategien zu entwickeln, sowie der Aufbau ihres bemerkenswerten internationalen Verbindungsnetzes geben ein beeindruckendes Zeugnis dafür, wie erfolgreiche politische Arbeit im Exil aussehen konnte, obwohl die engere Auslandsorganisation kaum mehr als zwanzig Personen umfaßte. Theoretische Grundlage für die Gruppe war das noch im innerdeutschen Widerstand während des Sommers 1933 von Walter Loewenheim (Miles) präsentierte Konzept einer neuen revolutionären sozialistischen Bewegung, das als Provokation auf das Selbstverständnis der beiden großen Arbeiterparteien wirken mußte. Daß die Miles-Broschüre »Neu Beginnen«[27], die der Gruppe auch den Namen gab, bereits als Heft 2 einer neuen Schriftenreihe der Sopade erscheinen konnte, lag am fehlenden Bekanntheitsgrad des Autors und am Engagement Edo Fimmens, des Generalsekretärs der Internationalen Transportarbeiter-Föderation, der die Vorfinanzierung des Drucks übernommen und damit gleichsam eine Empfehlung gegenüber der Sopade ausgesprochen hatte. Mit brutalem Realismus konstatierte die Schrift die totale Niederlage der deutschen Arbeiterbewegung und die illusionären Erwartungen der Marxisten in die gesetzmäßige sozialistische Lösung der kapitalistischen Krise. Statt dessen postulierte sie eine offene historische Alternative zwischen Sozialismus und Faschismus, wobei bemerkenswert ist, daß der Autor zu dieser Zeit noch aus Unkenntnis der westlichen Zivilisation in traditioneller Orthodoxie mit dem Niedergang des Kapitalismus auch das Ende der »bürgerlichen Demokratie« für unvermeidlich hielt.

Während die Sopade alsbald mit der Ausgrenzung von Neu Beginnen reagierte und die KPD in der Schrift nurmehr die »Plattform des ausgereiften Sozialfaschismus« sah[28], fanden die ketzerische Vision der nicht determinierten zu-

---

26 Fritz Dreher (d. i. Ernst Fraenkel), Der Sinn illegaler Arbeit, Paris o. J. (ca. 1935), S. 2.

27 Miles, Neu Beginnen! Faschismus oder Sozialismus. Diskussionsgrundlage zu den Streitfragen des Sozialismus in unserer Epoche, Prag 1933. Dazu auch Richard Löwenthal, Die Schrift »Neu Beginnen« – 50 Jahre danach, in: Internationale wissenschaftliche Korrespondenz zur Geschichte der Arbeiterbewegung, 19 (1983), S. 561 ff.

28 Kurt Heinrich, Neue Programme der deutschen Sozialdemokratie (Erläutert für sozialdemokratische Arbeiter), Basel 1934, S. 14.

kunftsoffenen Entwicklung sowie die Forderung nach revolutionärer Spontaneität gegen die bürokratisch-verkrusteten Parteiapparate nicht allein in der internationalen Arbeiterbewegung, vor allem in Österreich, der Schweiz und den Niederlanden, breite Aufmerksamkeit. Auf neugieriges Interesse stießen die Miles-Leute mit ihrer Schrift ebenfalls in akademischen Kreisen der angelsächsischen Länder, nachdem Übersetzungen in englischen und amerikanischen Ausgaben erschienen waren[29].

Gerade dies war mit ein erklärtes strategisches Ziel der Gruppe. Denn aus der Einsicht, daß das NS-Regime allein durch den Widerstand der Arbeiterbewegung nicht zu stürzen sei, suchte sie sogleich nach 1933 ein Netz von Auslandskontakten jenseits des hermetischen Exilanten-Milieus aufzubauen. Vor allem dem Leiter der Auslandsorganisation Paul Hagen, einem Psychologen aus Wien, ehemaliger KPÖ-Anhänger und seit 1932 SPD-Mitglied, war es zu verdanken, daß Neu Beginnen in Großbritannien und den USA bald als die wichtigste Widerstandsgruppe angesehen wurde. In geschickter Öffentlichkeitsarbeit hatte er schon in Berlin für ausländische Journalisten clandestine Zusammenkünfte mit Illegalen arrangiert, und nach der Emigration – wegen seiner überquellenden Dynamik wurde er der Gruppe in Deutschland zu gefährlich und deshalb noch 1933 ins Ausland geschickt – gewann er Friedrich Adler, den Vorsitzenden der Sozialistischen Arbeiter-Internationale (SAI), der die Einsicht der Gruppe teilte, daß nicht die Reste der alten SPD, sondern nur eine sozialistische Bewegung neuen Typs wirksame Opposition gegen den Nationalsozialismus leisten könne[30]. Durch den Beitritt früherer SAP-Mitglieder und die Kooperation einflußreicher dissidenter Repräsentanten der Sopade aus dem Kreis der sogenannten Revolutionären Sozialisten um Siegfried Aufhäuser oder Paul Hertz wird man Neu Beginnen als eine sozialistische Sammlung en miniature ansehen können. Bereits Mitte der dreißiger Jahre wurde die Gruppe wegen ihrer intellektuellen Potenz und scharfsinnigen Analyse der sozialistischen Perspektiven für die Zukunft als gleichberechtigte Sektion der Sozialdemokratie von den einzelnen SAI-Mitgliedern anerkannt. In Paris konnte der junge Sozialwissenschaftler und Mitarbeiter des emigrierten Frankfurter Instituts für Sozialforschung, Henry Ehrmann, für Neu Beginnen enge Verbindungen zum Sozialistenchef und späteren Ministerpräsidenten der französischen »Volksfront« Léon Blum aufbauen, ebenso der künftige Politikwissenschaftler Richard Löwenthal als Forschungsstipendiat 1936/1937 in London zu nonkonformistischen Funktionären der Labour Party, die nach Ausbruch des Zweiten Weltkrieges wichtige Positionen in Regierungsämtern einnahmen[31].

Den durchschlagendsten Erfolg aber sollte Paul Hagen in den USA haben, als er im Herbst 1935 vom Jewish Labor Committee (JLC) dorthin eingeladen wurde. Dieser Dachverband der jüdischen Gewerkschaften in Amerika mit einigen Hunderttausend Mitgliedern hatte sich 1934 als Reaktion auf den Nationalsozialismus gebildet,

---

29 Miles, Socialism's New Start. A Secret German Manifesto. Published by the National Council of Labour Colleges, London 1934; Miles, Socialism's New Beginning. A Manifesto from Underground Germany. Published by League for Industrial Democracy, New York 1934.

30 Dazu auch Friedrich Adler (Hrsg.), Otto Bauer, Die illegale Partei, Paris 1939, S. 57ff.

31 Siehe Jan Foitzik, Zwischen den Fronten. Zur Politik, Organisation und Funktion linker politischer Kleinorganisationen im Widerstand 1933 bis 1939/40 unter besonderer Berücksichtigung des Exils, Bonn 1986, S. 103ff. und S. 130ff.; W. Röder (Anm. 21), S. 39ff.

um jüdische Kollegen in Europa zu unterstützen und den Boykott deutscher Waren in den USA zu organisieren. Seine älteren aus Osteuropa eingewanderten Mitglieder, die in ihrer Jugend als »Bundisten«, der jiddischen sozialistischen Partei, vielfach selbst im Untergrund gegen den Zarismus gekämpft hatten, beobachteten die Vorgänge in Europa sehr genau und fanden in Neu Beginnen ein Stück des eigenen revolutionären Engagements wieder. Mit ihrer Unterstützung konnte Hagen auf seiner Vortragsreise nicht nur fast 10000 Dollar für den Widerstand in Deutschland sammeln, sondern ein noch wichtigeres Ergebnis war, daß das JLC eine Organisation, die American Friends of German Freedom (AFGF), initiierte, deren Zweck die »Unterstützung des aktiven anti-nazistischen Kampfes innerhalb und außerhalb Deutschlands« sein sollte[32]. Diese Gruppe prominenter amerikanischer linksliberaler Intellektueller unter dem Vorsitz des Theologen Reinhold Niebuhr, die im New-Deal-Amerika hervorragende Kontakte zur Washingtoner Administration und zur Presse unterhielt, wurde fortan Ansprechpartner und Sprachrohr für Neu Beginnen. Ja, man wird sagen können, daß für sie die USA mit diesem Rückhalt und den dadurch mobilisierbaren publizistischen und finanziellen Ressourcen mehr und mehr zur zentralen Operationsbasis wurden.

Der Sopade war das zuviel. Obwohl sie selbst mehrere Angebote von alten Sozialdemokraten in den USA, Kontakte zu den finanzstarken US-Gewerkschaften herzustellen, desinteressiert abgelehnt hatte, kam jetzt der bisher nur schwelende Konflikt mit Neu Beginnen in voller Schärfe zum Ausbruch. Tief verunsichert über deren erfolgreiche Aktivitäten stellte der Parteivorstand nicht nur die bisherige Zusammenarbeit ein, die überhaupt nur auf Druck Friedrich Adlers und der SAI zustande gekommen war. Fortan verfolgte er die Gruppe auch mit immer ausfallenderer Polemik, die bis zur Verleumdung als »Verschwörersekte« und »rote Faschisten« reichte[33].

Dabei gab es Kooperationsangebote genug. Im Herbst 1935 hatte Neu Beginnen ihre orthodox marxistischen Mitglieder, unter anderem auch Walter Loewenheim, ausgeschlossen. Die »Volksfront« hatte sie von vornherein als unwirksamen »Exilrummel« abgelehnt und die kommunistische Strategie mitverantwortlich für die Demoralisierung der internationalen Arbeiterbewegung gemacht. Das selbstbewußte Auftreten der Gruppe lief jedoch dem Mandatsanspruch der Sopade zuwider. Eine auch im eigenen Interesse wirksame Geschlossenheit nach außen ordnete sie weiterhin kleinlichen und längst fragwürdigen organisationspolitischen Interessen unter. Und das angesichts der Tatsache, daß das ins Exil mitgenommene Parteivermögen inzwischen verbraucht und die Kontaktpflege zu potentiellen Bündnispartnern bisher leichtfertig vernachlässigt worden war.

Nach Ausbruch des Zweiten Weltkrieges sollte dieser Immobilismus die Partei endgültig im Nichts versinken lassen. Nachdem der Vorstand 1938 aus Prag nach Paris und von dort ein Jahr später über Lissabon nach London geflohen war, mußte er erkennen, daß er kaum den erwarteten Rückhalt bei der Labour Party hatte, so daß sich seine Kontakte nur auf einige zufällige persönliche Verbindungen stützen konn-

32 C.-D. Krohn (Anm. 21), S. 84ff.; History of the American Friends of German Freedom. Confidential Memorandum, o.J. (ca. 1941), Goldbloom Papers 1/15, Institut für Zeitgeschichte, München (IfZ). Zum weiteren Hintergrund Moshe R. Gottlieb, American Anti-Nazi Resistance, 1933–1941. An Historical Analysis, New York 1982, S. 176ff.

33 Anonyme Denkschrift der Sopade über Neu Beginnen, o.J., (1939), Sopade 206, Archiv der sozialen Demokratie, Bonn.

ten. Erst unter dieser Marginalisierung, die um so bitterer empfunden wurde als die Angehörigen von Neu Beginnen ein viel größeres Gewicht bei der Labour-Führung hatten und mit ihren fachkundigen Deutschland-Berichten wichtige Informationen für den »war effort« bereitstellen konnten, revidierte die Sopade ihre bisherige Haltung und suchte in den sogenannten »Unions«-Plänen einen engeren Zusammenschluß mit Neu Beginnen und anderen sozialistischen Exilgruppen[34].

Anders dagegen die Situation in den USA. Dort hatten sich emigrierte Sozialdemokraten überhaupt erst als Reaktion auf die Hagen-Aktivitäten in der German Labor Delegation (GLD) zusammengefunden. Wie die Sopade in Europa verschärfte sie ihre Ablehnung gegen die Neu Beginnen-Gruppe zu immer maßloseren Ausfällen, je mehr diese das Profil der deutschen politischen Emigration in der Öffentlichkeit bestimmte. Zu einer Annäherung oder gar Vereinigung der beiden Organisationen wie in der Londoner Union ist es hier nie gekommen.

Ausgestattet mit dem Apparat der AFGF, dessen Forschungsdirektor er nach seiner Übersiedlung in die USA 1939 wurde, und unterstützt von der Geschäftsführerin, die er auf einer zweiten Amerika-Reise geheiratet hatte, entfaltete Paul Hagen dort eine beachtliche Öffentlichkeitsarbeit. Parallel zu den von Neu Beginnen in London herausgegebenen »Reports from Inside Germany« erschienen unter seiner Leitung in den USA die »Inside Germany Reports«, die trotz der immer schwierigeren Verbindungen zu den Gruppen-Mitgliedern in Deutschland relativ genaue und kenntnisreiche Informationen über den Widerstand boten und mit denen darüber aufgeklärt werden sollte, daß Deutschland nicht nur aus Nationalsozialisten bestehe. Diesem Periodikum folgte ab Anfang 1941 die bibliographische Zeitschrift »In re: Germany« mit einem annähernd lückenlosen Verzeichnis der Veröffentlichungen über Deutschland einschließlich kurzer Besprechungen. Beide Publikationen wurden vor allem von der Administration in Washington, von Bibliotheken, Wissenschaftlern und Journalisten nachgefragt und erreichten bald eine Auflage von mehreren Tausend Exemplaren[35]. Begleitet wurden diese Aktivitäten von Treffen mit Geldsammlungen für den Widerstand in Deutschland, für die prominente Redner des öffentlichen Lebens gewonnen wurden, unter anderem sprach dort Eleonor Roosevelt, die Frau des amerikanischen Präsidenten. Verschiedene Studien in Buchform, von Hagen selbst und anderen Mitgliedern der Gruppe, welche zum Teil mehrere Jahre im Konzentrationslager gesessen hatten, suchten die Amerikaner über die jüngere deutsche Geschichte und den Nationalsozialismus zu informieren und enthielten zugleich Perspektiven, wie ein demokratischer Neuaufbau nach Ende des Krieges aussehen könnte[36]. Diese Arbeiten wurden vom Office of Strategic Services, mit dem sich die USA 1942 erstmalig einen Nachrichtendienst geschaffen hatten, für die bedeutendsten Dokumente des deutschen politischen Exils gehalten[37]. Wie Neu Beginnen in London über die

34 Siehe W. Röder (Anm. 21), S. 139ff.

35 Siehe Anna Caples, Secretary AFGF, an Reinhold Niebuhr vom 25. Mai 1941, Nachlaß Niebuhr 1, Library of Congress, Washington, D.C.

36 Vgl. Paul Hagen, Will Germany Crack? A Factual Report on Germany, New York–London 1942; ders., Germany after Hitler, New York–Toronto 1944; Jon B. Jansen/Stefan Weyl (das sind Bernhard Taurer und George Eliasberg), The Silent War. The Underground Movement in Germany, Philadelphia–New York 1943.

37 Siehe dazu OSS, Research and Analysis Branch, Report No. 1568: The German Political Emigration, 3. 12. 1943, S. 35, in: National Archives, Washington, D.C.

BBC, so suchte die Gruppe auch in den USA direkt nach Deutschland zu wirken. George Eliasberg und Bernhard Taurer etwa fanden neben anderen intellektuellen Emigranten Anstellung im Office of War Information und der dort als Propagandasender eingerichteten Voice of America. Von hier sandte der bekannte Theologe Paul Tillich als Repräsentant der AFGF ebenfalls seine berühmten politischen Reden nach Deutschland[38].

Nach Gründung des Nationalkomitees »Freies Deutschland« in Moskau durch kommunistische Exilanten und deutsche Kriegsgefangene und der parallelen Bewegung Freies Deutschland aus kommunistischen West-Asylanten in Mexico im Sommer 1943 im Anschluß an die Kriegswende von Stalingrad machten auch Neu Beginnen und die AFGF in den USA den Versuch einer Sammlung des Exils. Ermutigt durch die Tatsache, daß einer der Alliierten der Anti-Hitler-Koalition offenbar eine ernsthafte Partnerschaft mit deutschen Exilanten suchte, hofften sie, Einfluß auf die amerikanischen Planungen für ein demokratisches Nachkriegsdeutschland nehmen zu können. Nach den negativen Erfahrungen im Paris der dreißiger Jahre und im Unterschied zu den Gründungen in Moskau und Mexico sollten hier aber parteipolitische Einflüsse von vornherein ausgeschlossen bleiben. Die Initiative und Organisation wurde den emigrierten Intellektuellen, vor allem Wissenschaftlern, übertragen, deren Unabhängigkeit auch dadurch außer Zweifel stand, daß viele von ihnen inzwischen amerikanische Staatsbürger geworden waren und keine persönlichen Interessen mehr an Deutschland hatten.

Der Anfang 1944 unter dem Vorsitz Paul Tillichs gegründete Council for a Democratic Germany, der sich – massiv unterstützt von den AFGF – in einem eigenen Bulletin und diversen Verlautbarungen in die amerikanischen Nachkriegsplanungen einzuschalten hoffte, sah sich jedoch sehr bald in seinem Anspruch enttäuscht. Obwohl seine Vorschläge weitgehend das antizipierten, was die Alliierten Anfang 1945 auf der Konferenz von Jalta beschlossen, wurde er nicht zur Kenntnis genommen. Der Öffentlichkeit war nämlich nicht verborgen geblieben, daß hier nicht die deutschen NS-Gegner mit einer Stimme sprachen. An ihren internen Differenzen hatte sich nichts geändert, und so wurde der Council sogleich aus unterschiedlichen Lagern angegriffen.

Von Anfang an hatte die GLD die Aktivitäten von Neu Beginnen und die AFGF mit wachsender Kritik verfolgt. Ihre Mitglieder Gerhart Seger und Rudolf Katz, später Justizminister in Schleswig-Holstein und Vizepräsident des Bundesverfassungsgerichts, in der Redaktion der alten sozialdemokratischen »Neuen Volks-Zeitung« in New York sorgten für eine permanente Pressekampagne vor allem gegen Paul Hagen, die auch vor persönlichen Verleumdungen nicht zurückschreckte und selbst alte Sozialdemokraten auf Distanz zur GLD gehen ließ[39]. Die Gründung des Tillich-Council denunzierten sie wegen der Beteiligung auch einiger ehemaliger KP-Mitglieder erwartungsgemäß als kommunistische Tarnorganisation. Dabei trafen sie sich mit Ruth Fischer, die in den zwanziger Jahren als KPD-Vorsitzende wesentlichen Anteil

38 Paul Tillich, An meine deutschen Freunde. Die politischen Reden während des Zweiten Weltkrieges über die »Stimme Amerikas«, Stuttgart 1973.

39 Diese Verleumdungen führten zu einem Schiedsgerichtsverfahren unter Leitung Friedrich Adlers, dem sich die GLD durch Nichterscheinen entzog. Vgl. Replies to the Attacks on Paul Hagen. What the Neue Volkszeitung Refused to Publish, New York 1941.

an der Bolschewisierung der Partei gehabt hatte und die nach ihrem Ausschluß während der Stalinisierungsphase der Partei unter Ernst Thälmann zur vehementen Antistalinistin geworden war. In der amerikanischen Emigration hatte sich ihr »monumentaler Haß«[40] ins Pathologische gesteigert, als sie mit ihrer kleinen hektographierten Zeitung »The Network« jeden linken Emigranten, der sich politisch engagierte, als stalinistischen Agenten verfolgte. Und noch bei anderen Gruppierungen ehemaliger Exilanten fand der Council wenig Echo. Von den vertriebenen Juden in New York um die Zeitschrift »Aufbau«, die nach Bekanntwerden der Greuel in den Vernichtungslagern jede innere Verbindung zu Deutschland abgebrochen hatten, wurde er ebenso als Sammlung unverbesserlicher Deutschnationaler attackiert wie von den sogenannten Vansittartisten um die Schriftsteller Emil Ludwig und Tete H. Tetens sowie den Pädagogen Friedrich Wilhelm Foerster. Ähnlich wie die Fight for Freedom-Gruppe in London, die schon in den dreißiger Jahren von ehemaligen Sozialdemokraten aus Protest gegen die britische Appeasementpolitik gebildet worden war, propagierten sie einen kompromißlosen Sieg über Deutschland auf der Linie des späteren Morgenthau-Plans[41].

Ein weiterer Grund für die Wirkungslosigkeit des Council ist sicher auch darin zu suchen, daß die amerikanische Administration nach der Konferenz von Casablanca 1943 und der dort von Roosevelt und Churchill geforderten »bedingungslosen Kapitulation« Deutschlands nicht bereit war, sich in ihre Politik hineinreden zu lassen. Womöglich lassen sich in diesen Beschlüssen aber die indirekten Einflüsse der zahllosen Warnungen, Aufrufe und Studien von Emigranten ausmachen, die wieder und wieder den Terror und die Barbarei in Deutschland thematisiert hatten. Die harte amerikanische Haltung erhielt noch eine zusätzliche Bestätigung, als die Ziele der Verschwörer vom 20. Juli 1944 bekannt wurden, denn sie setzten, so schien es, offenbar auf einen Konflikt zwischen den Anglo-Amerikanern und der Sowjetunion und suchten das Deutsche Reich unversehrt als Großmacht zu erhalten. Solche Vorstellungen waren selbst einzelnen, allerdings isolierten Exilanten-Gruppen nicht fremd. Vertreter der GLD sprachen sich gegen jede territoriale Änderung und alliierte Besetzung des Deutschen Reiches aus. Extreme Außenseiter wie der Schriftsteller der »Neuen Sachlichkeit« in den zwanziger Jahren, Heinrich Hauser, beschworen gar die preußischen Tugenden, die sie durch eine Reagrarisierung Deutschlands mit alliierter finanzieller Hilfe wiederbeleben wollten. Die Demokratisierung, eines der wichtigen amerikanischen Kriegsziele, war für ihn ein Greuel, wobei zu fragen ist, was diesen ehemaligen Freikorpsmann 1938 in die USA gebracht haben mochte[42].

40 So die treffende Charakteristik Hans Sahls in seinem Schlüsselroman »Die Wenigen und die Vielen«, Frankfurt am Main 1959, S. 23.

41 Vgl. Karl O. Paetel, Bericht über Presse-Äußerungen zum »Council for a Democratic Germany«, Juli 1944, Goldbloom-Papers 3/19, in: IfZ.

42 Siehe L. Kettenacker (Anm. 5), S. 78f.; dazu auch Gerhart H. Seger/Siegfried K. Marck, Germany: To Be or Not To Be?, New York 1943, S. 82ff.; Heinrich Hauser, The German Talks Back, New York 1945. Der Verlag brachte dieses Buch bei Kriegsende mit einem erklärenden Vorwort des Politikwissenschaftlers Hans J. Morgenthau, der selbst Emigrant war, heraus, um die amerikanische Öffentlichkeit über bestimmte deutsche, offensichtlich unwandelbare Denkstereotypen aufmerksam zu machen.

IV.

»So viel auch von einzelnen geleistet worden ist, als Gruppe haben die deutschen Emigranten nichts vollbracht«, resümierte der emigrierte Anwalt und später bedeutende amerikanische Wirtschaftsjurist Heinrich Kronstein in seinem autobiographischen, an die nachfolgende Generation in Deutschland adressierten Rückblick[43]. Und so oder ähnlich fielen die Urteile der meisten anderen Emigranten nach 1945 aus. Ein wirkungsvoller Zusammenschluß der politischen Organisationen, der mit einheitlicher Logistik den zunehmend vereinzelten Widerstand in Deutschland hätte materiell oder ideell unterstützen können oder der mit einheitlicher Stimme eine glaubwürdige Repräsentanz des anderen Deutschland gegenüber der lange indifferenten Weltöffentlichkeit hätte demonstrieren können, scheiterte am traditionellen Lagerdenken der Parteien. Wie sich nach Ausbruch des Zweiten Weltkrieges gezeigt hatte, wurden die zersplitterten Exilgruppen von den Entscheidungsträgern der »Anti-Hitler-Koalition« nicht ernst genommen, geschweige denn als Bündnispartner angesehen.

Daher war es kein Wunder, daß die deutschen Exilanten in den westlichen Zufluchtsländern überhaupt nur dann Beachtung fanden, wenn sich ihr politischer Kampf gegen den Nationalsozialismus jenseits der überkommenen Parteilinien aus den zwanziger Jahren definierte und sie in der Lage waren, in neuen Horizonten zu denken und damit die eigene ideologische Sozialisation aufzubrechen. Die kleine Gruppe Neu Beginnen hat dafür ein Beispiel gegeben. Mehr noch galt das aber für die Unzahl der aus Deutschland vertriebenen Intellektuellen. Für das Selbstverständnis vieler von ihnen ist auffallend, daß sie später, obwohl jüdischer Herkunft, stolz darauf waren, aus politischen Gründen von den Nationalsozialisten vertrieben worden zu sein. Diese engagierten Intellektuellen definierten sich sehr bald nicht mehr als auf eine Rückkehr wartende Exilanten, sondern als Emigranten, die sich in den Zufluchtsländern akkulturieren wollten. Das heißt nicht, daß sie alle Bindungen zur Vergangenheit aufgeben wollten, sie verstanden sich vielmehr als *borderline existences,* die nicht nur kulturell zwischen den Kontinenten vermittelten, sondern nach der tiefgreifenden Zäsur von 1933 auch die Vision einer ganz anderen Zukunft zu konturieren hofften. In dieser Grenzstellung gewannen sie, begleitet von zum Teil mühevollen einzel- oder gruppenbiographischen Prozessen der Selbstreflektion, die nötige Distanz und Unabhängigkeit, die ihren präzisen Deutschlandstudien nicht allein die zeitgenössische Aufmerksamkeit sicherten. Viele dieser Werke haben bis heute ihre Bedeutung als beispielhafte Modellanalysen über den modernen Zivilisationsprozeß und die totalitären Gefährdungen der industriellen Massengesellschaft behalten, denkt man beispielsweise nur an die großen Arbeiten des ehemaligen Frankfurter Instituts für Sozialforschung über den Antisemitismus, den autoritären Charakter oder die Bedeutung der Massenmanipulation durch Propaganda[44]. Und nicht von un-

---

43 Heinrich Kronstein, Briefe an einen jungen Deutschen, München 1967, S. 234.

44 Vgl. z. B. Studien über Autorität und Familie. Forschungsberichte aus dem Institut für Sozialforschung, Paris 1936, sowie die während des Krieges vom Institut vorbereiteten und vom American Jewish Committee finanzierten Studies in Prejudice, u. a. Paul Massing, Rehearsal for Destruction. A Study of Political Anti-Semitism in Imperial Germany, New York 1949; Theodor W. Adorno u. a., The Authoritarian Personality, New York 1950; Nathan W. Ackerman and Marie Jahoda, Anti-Semitism and Emotional Disorder. A Psychoanalytic Interpretation, New York 1950.

gefähr wurden diese Schriften zur wichtigen Orientierung der studentischen Protestbewegung in den USA und der Bundesrepublik während der sechziger Jahre. Ja, einige dieser ehemaligen Emigranten zählen wie Hannah Arendt oder Herbert Marcuse bis heute zu den meistzitierten amerikanischen Sozialwissenschaftlern[45].

Vor allem kamen solche Analysen von Wissenschaftlern und fachkundigen Journalisten. Die vielen bedeutenden Exil-Schriftsteller sollen hier vernachlässigt werden. Ihre großen Werke wollten mit literarischen Mitteln zwar auch für den antifaschistischen Kampf mobilisieren, die Zielgruppen dafür waren jedoch in erster Linie die eigenen Schicksalsgenossen, wenngleich zahlreiche Übersetzungen ein weiteres Publikum erreichten. Anders als bei den Wissenschaftlern war bei ihnen allerdings die Enteignung vom »lebendigen Strom der Muttersprache« ein entscheidendes Arbeitsproblem, und man findet deshalb in ihrem Milieu die häufig resignierten Hinweise auf die »Entwurzelungsneurose« (Klaus Mann), die »Gemütskrankheit« (Hilde Spiel) oder das »Stammeldasein« (Günther Anders) der Exilanten, von den vielen Selbstmorden emigrierter Schriftsteller ganz zu schweigen[46]. Die Akkulturation in den Zufluchtsländern wurde bei ihnen, von Einzelfällen abgesehen, häufig für gleichbedeutend mit der Aufgabe der eigenen Identität gehalten. Viele der anderen Intellektuellen dagegen empfanden nach Überwindung anfänglicher Integrationsschwierigkeiten und nach Aufbau einer leidlichen Existenz die Vertreibung als Bereicherung, als permanenten Lernprozeß, der ihre bisherigen Begrenztheiten überwand. Gezielt setzten sie sich vom »Exil im Exil« (Hans Sahl) der politischen Organisationen ab, die mit ihren rückwärtsgewandten Blicken in gegenseitiger Selbstzerfleischung die dringend benötigten Energien sinnlos verbrauchten[47].

Beispielhaft ist solche intellektuelle Öffnung bei Leopold Schwarzschild zu beachten. Dem Herausgeber des »Tage-Buch«, einer der beiden bedeutendsten politisch-kulturellen Zeitschriften in den zwanziger Jahren, gelang es, sein Blatt schon wenige Wochen nach der Vertreibung als »Neues Tage-Buch« in Paris fortzusetzen. Unter der Devise »Der Urwald stürmt heran, und wir haben keine andere Aufgabe, als die unmittelbar und heute bedrohten Territorien wenigstens vor dieser ungeheuersten... Gefahr zu bewahren«[48], sammelte er zunächst die alten, ebenfalls geflohenen Autoren zum publizistischen Kampf gegen die Barbarei. Anders als bei der Konkurrenzzeitschrift »Weltbühne«, die im Exil ebenfalls als »Neue Weltbühne« fortgesetzt wurde, und den vielen nach 1933 entstandenen Exil-Zeitschriften veränderte sich der Zuschnitt des »Neuen Tage-Buch« jedoch recht bald. Zusammen mit der »Neuen Weltbühne« suchte es zwar über den Terror in Deutschland und die ihm innewohnende Expansionsdynamik aufzuklären, doch während die Weltbühne trotz ihres außerordentlichen Niveaus die Nähe zur kommunistischen Partei suchte und deshalb zwangsläufig im Hermetismus des

45 Siehe dazu Daniel Bell, Kulturkriege. Intellektuelle in Amerika, 1965–1990, in: Martin Meyer (Hrsg.), Intellektuellendämmerung. Beiträge zur neuesten Zeit des Geistes, München 1992, S. 158 und S. 167.

46 Siehe Alexander Stephan, Die deutsche Exilliteratur. Eine Einführung, München 1979, S. 138ff.

47 Dazu Hans Speier, The Social Conditions of the Intellectual Exile, in: Social Research, 4 (1937), S. 316ff.

48 Leopold Schwarzschild, Rückbildung der Gattung Mensch, in: Das Neue Tagebuch, 1 (1937) 3, S. 64.

Exils mit seinen inneren Auseinandersetzungen befangen blieb, richtete sich die Schwarzschild-Zeitschrift mehr und mehr an die nichtdeutsche Leserschaft, der klar zu machen versucht wurde, welche höchste Kriegsgefahr der Nationalsozialismus für die europäischen Nachbarn bedeutete. Programmatisch dafür war auch Schwarzschilds 1934 unter dem Titel »Das Ende der Illusionen« erschienenes Buch, das gleichzeitig in einer englischen Parallelausgabe in London herauskam[49].

Kein anderes Exilanten-Blatt bot so breite und fundierte politische, soziologische, ökonomische und kulturelle Analysen und hat deshalb eine solche Aufmerksamkeit gefunden. In seiner ausgeprägten gesamteuropäischen Perspektive schrieben dort die Elite der europäischen Intellektuellen sowie Politiker der verschiedensten Länder vom tschechischen Staatspräsidenten Masaryk über den ehemaligen französischen Ministerpräsidenten Clemenceau bis hin zu Winston Churchill oder dem amerikanischen Präsidenten Franklin D. Roosevelt. Doch trotz dieser Vernetzung und der anspruchsvollen Analyse stießen die Kassandra-Rufe der Zeitschrift ebenfalls lange auf taube Ohren. Erst nach dem Bruch des »Münchener Abkommens« durch den »Überfall« der deutschen Wehrmacht auf die Tschechoslowakei, der Chamberlains Illusion vom *Peace in our Time* endgültig Lügen strafte, kamen die europäischen Großmächte zur Besinnung. Erst jetzt konnte sich Schwarzschild mit resigniertem Sarkasmus am Ziele sehen: »Sechs Jahre lang hat man sich bemüht, es verständlich zu machen. Sechs Jahre lang verstanden die meisten es nicht, oder sie wehrten sich gegen das aufdämmernde Verstehen.«[50]

So präzise die Analysen und Warnungen von Schwarzschild und der vielen anderen »premature antifascists« in den dreißiger Jahren waren, so wenig konnten auch sie direkt bewirken. Vergeblich waren ihre Engagements allerdings nicht. Mit Ausbruch des Zweiten Weltkrieges wurden sie zu gesuchten Experten vor allem in den USA, die nach jahrelangem Isolationismus jetzt dringend der Deutschland- und Europaexperten bedurften und die nach der Niederlage Frankreichs ihre restriktive Immigrationspolitik (Quotenregelung) für politisch besonders gefährdete Flüchtlinge aufhoben, darunter sehr viele prominente Intellektuelle.

Die New School for Social Research in New York etwa, deren sozialwissenschaftliche Fakultät 1933 von deutschen Emigranten als »University in Exile« gegründet worden war und die bereits wirkungsvoll zur Entwicklung des Rooseveltschen »New Deal« beigetragen hatte, wurde jetzt ebenso zur Denkfabrik bei der Planung des *war effort* wie das ehemalige Frankfurter Institut für Sozialforschung, das ebenfalls als geschlossene Gruppierung in New York an der Columbia University Unterkunft gefunden hatte. In einem eigens gegründeten Institute of World Affairs begann die New School seit 1940 ein großes *peace research project,* das mit öffentlichen Mitteln finanzierte Grundlagenforschung für die europäische Nachkriegsordnung betrieb. Herausragend waren beispielsweise die ökonomischen Analysen für den Aufbau einer gesamteuropäischen Wirtschaftsordnung, die in vielem die spätere Europäische Gemeinschaft planerisch vorwegnahmen, sowie umfassende Studien über die juristischen Probleme der vorgesehenen alliierten Besatzung Deutschlands, um einen friedlichen und demokratischen Aufbau zu initiieren und zu kontrollieren. Viele der dort versammelten Emigranten hatten als junge Wirtschaftsexperten schon an der Demo-

49 Ders., Das Ende der Illusionen, Amsterdam 1934.
50 Ders., Die Ideen des März, in: Das Neue Tagebuch, 7 (1939) 13, S. 297.

bilmachung in Deutschland nach dem Ersten Weltkrieg mitgewirkt und die Strukturdefekte der ersten deutschen Republik hautnah miterlebt.

Der Horkheimer-Kreis dagegen gab etwa mit Otto Kirchheimer, Herbert Marcuse oder Franz Neumann einen Teil seiner Fachleute an das Office of Strategic Services ab. Die von ihnen und anderen der dort versammelten Emigranten in einer speziellen Forschungsgruppe entworfenen Nachkriegsplanungen legten den Akzent mehr auf die soziologische Analyse der deutschen Gesellschaft und die demokratische »Umerziehung«. In der Londoner Außenstelle des OSS schließlich wurden Emigranten praktisch zur Einschleusung in ihre Heimatländer geschult, um Kontakte zu illegalen Gruppen zu knüpfen und damit eine personelle Basis für die innere Neuordnung nach dem Kriege zu schaffen[51].

Das Expertenwissen von Emigranten wurde in den USA auch von anderen Kriegsbehörden wie dem Office of War Information, dem Office of Economic Warfare oder dem Office of Alien Property Custodian nachgefragt. Nicht zu vergessen ist, daß ehemalige emigrierte Juristen den Unterbau der amerikanischen Behörden für die Kriegsverbrecherprozesse in Deutschland und Japan bildeten. Gerade bei den deutschen Rechts-, Wirtschafts- und Sozialwissenschaftlern schätzte man die Kompetenz ihres breiten gesellschaftskritischen Blicks, der in der politischen Ausnahmesituation der instabilen Weimarer Republik geschult und dann 1933 im antifaschistischen Protest noch geschärft worden war. Voraussetzung für die Bereitschaft der Amerikaner, sie zur Kenntnis zu nehmen, war allerdings ihre Unabhängigkeit. So hatte das OSS etwa betont, »viele der fähigsten ehemaligen deutschen Sozialisten, wie die Mitglieder der New School for Social Research und des Instituts für Sozialforschung, halten sich von aller Emigrantenpolitik fern.«[52] Das erklärt, warum gerade dieses Milieu einschließlich anderer ehemaliger linker Intellektueller aus Deutschland so großen Einfluß in den US-Behörden gewinnen konnte. Wenngleich sie die Entscheidungsprozesse direkt nicht beeinflussen konnten, so hatten sie doch mittelbare Wirkung und trugen mit dazu bei, den traditionellen Isolationismus der USA aufzubrechen und sie für die Übernahme internationaler Verantwortung nach 1945 vorzubereiten.

51 Siehe dazu Claus-Dieter Krohn, Wissenschaft im Exil. Deutsche Sozial- und Wirtschaftswissenschaftler in den USA und die New School for Social Research, Frankfurt–New York 1987, bes. S. 145ff.; Alfons Söllner (Hrsg.), Zur Archäologie der Demokratie in Deutschland. Analysen politischer Emigranten im amerikanischen Geheimdienst, Bd. 1: 1943–1945, Frankfurt am Main 1982; Richard H. Smith, OSS. The Secret History of America's First Central Intelligence Agency, Berkeley u. a. 1981, S. 237ff.

52 OSS Report 1568 (Anm. 37), S. 21.

Sylvia Rogge-Gau

Widerstand von Juden im Alltag und in nationalsozialistischen Lagern

Die Verfolgung der jüdischen Deutschen setzte nach der Machtübernahme durch die Nationalsozialisten mit ersten einschneidenden Maßnahmen am 1. April 1933 ein. Der von der NSDAP und der SA organisierte »Boykott« der jüdischen Geschäfte, Arztpraxen und Anwaltskanzleien als Antwort auf eine angebliche jüdische »Greuelpropaganda« im Ausland gegen Deutschland wurde von der jüdischen Bevölkerung mit schwerer Erschütterung erlebt. Dieser Tag offenbarte ihr die Recht- und Wehrlosigkeit im nationalsozialistischen Staat. Doch die eigentliche Bedeutung des April-Boykottes war, wie Monika Richarz ausführt, »weniger wirtschaftlich und außenpolitisch«, als »daß hier die öffentliche Brandmarkung der Juden vollzogen wurde als erster Schritt zur rassistischen Segregation, zur gesellschaftlichen Ausgrenzung der Juden«[1]. Deutsch-jüdische Geschäftsleute stellten sich mit ihren Orden aus dem Ersten Weltkrieg vor ihre Eingänge, denn sie glaubten, durch eine ostentative Demonstration ihres Deutschtums etwaige Zweifel an ihrem Patriotismus auszuräumen. Schnell mußten sie erkennen, daß man dem nationalsozialistischen Rassismus nicht mit betontem Deutschtum begegnen konnte.

Der noch unerschütterte Glaube an den Rechtsstaat veranlaßte so auch den Kölner jüdischen Geschäftsmann Richard Stern, sich vor seinem Geschäft zu postieren. Er ging jedoch einen bedeutenden Schritt weiter und setzte sich gegen die antisemitische Maßnahme durch die Veröffentlichung eines von ihm gegen den April-Boykott verfaßten Flugblattes zur Wehr, das er auf eigene Kosten hatte drucken und verteilen lassen. Stern verwies in diesem Flugblatt auf die Leistungen der jüdischen Frontkämpfer während des Ersten Weltkrieges und rief mutig die Kölner Bevölkerung zur Solidarität mit den diskriminierten Juden auf: »Wir fassen diese Aktion gegen das gesamte Deutsche Judentum auf als eine Schändung des Andenkens von 12000 gefallenen Deutschen Frontsoldaten jüdischen Glaubens. Wir sehen darüber hinaus in dieser Aufforderung (Boykott jüdischer Geschäfte, d. Verf.) eine Beleidigung für jeden anständigen Bürger. Es ist uns nicht bange darum, daß es in Köln auch heute noch die Zivilcourage gibt, die Bismarck forderte, und Deutsche Treue, die gerade jetzt zu uns Juden steht.«[2] Diese Form des offenen Protestes gegen Unrechtsmaßnahmen des sich etablierenden NS-Staates ist bis 1938 zahlreich überliefert. Es handelte sich dabei

---

1 Monika Richarz (Hrsg.), Jüdisches Leben in Deutschland, Bd. 3: Selbstzeugnisse zur Sozialgeschichte 1918–1945, New York 1982, S. 41–42.

2 Jüdisches Schicksal in Köln 1918–1945. Ausstellung und Katalog des Historischen Archivs der Stadt Köln/NS-Dokumentationszentrum, Köln 1988, S. 147.

meist um spontane und offene Proteste in Flugschriften und Parolen von Einzelnen gegen die Judenverfolgung.

Widerstand von deutschen Juden konnte kein einheitlicher Widerstand sein, da die soziale, politische und religiöse Heterogenität ein gemeinsames Konzept ausschloß. Trotzdem waren Juden in politischen Widerstandsorganisationen etwa in den verbotenen illegalen Parteien wie der SPD oder der Gruppe Neu Beginnen, in sozialistischen oder kommunistischen Gruppen aktiv[3]. Junge Juden aus der zionistischen Jugendarbeit bildeten im Frühjahr 1943 in Berlin die vierzig Mitglieder umfassende Widerstandsgruppe Chug Chaluzi. Doch dies waren Ausnahmen, die nicht den jüdischen Alltag in Deutschland bestimmten. Daß zahlreiche Juden ihr Verhalten nicht den Erwartungen des NS-Staates anpaßten und sich nicht widerspruchslos den antisemitischen Verfolgungsmaßnahmen unterwarfen, belegt das oben angeführte Beispiel von Richard Stern. Nichtkonformes Verhalten gehört in den weiteren Bereich des Widerstandes und wird in der Forschung als Opposition oder Resistenz definiert. Auch die Selbstbehauptung von Juden und jüdischen Organisationen ist somit Teil des Widerstandes Deutscher gegen den nationalsozialistischen Staat.

I. Widerstand von Juden im Alltag

Einen schweren Schlag erfuhren die deutschen Juden durch das »Gesetz zur Wiederherstellung des Berufsbeamtentums« vom 7. April 1933, das die Emanzipation der Juden aufhob. Nach Paragraph 3 dieses Gesetzes konnten Beamte jüdischer Herkunft entlassen werden, falls sie nicht seit dem 1. August 1914 Beamte, ehemalige Frontkämpfer oder Väter oder Söhne gefallener Frontkämpfer waren. Erstmals wurde in einem Gesetz das rechtliche Kriterium der Staatsangehörigkeit durch das der Rasse ersetzt. Dieses Gesetz griff tief in den Alltag der deutschen Juden ein, da es die Grundlage zur Entlassung von Juden auch aus anderen Berufssparten schuf.

Als Reaktion auf die Entrechtung und Ausgrenzung wurde am 13. April 1933 von den Vertretern aller wichtigen jüdischen Organisationen der Zentralausschuß für Hilfe und Aufbau als Selbsthilfeorganisation gegründet. Dieser Ausschuß sollte innerjüdische Gegensätze überwinden helfen und die jüdische Solidarität stärken. Seine Arbeitsgebiete waren – der Not vieler der 560 000 jüdischen Menschen Deutschlands entsprechend – die Auswanderungsunterstützung, Wohlfahrtspflege, Erziehung und Bildung, Wirtschaftshilfe und Berufsumschichtung.

Im Frühjahr 1934 wurde von der Zentralwohlfahrtsstelle die »Blaue Beitragskarte« eingeführt. Die zahlungsfähigen Mitglieder der Jüdischen Gemeinden wurden zu regelmäßigen monatlichen Beiträgen als Unterstützung für die Wohlfahrtspflege aufgerufen. Da die Monatsbeiträge zwischen 0,25 und 3, später 5 Mark lagen, konnte sich kaum ein Gemeindemitglied entziehen. Zwei Drittel der aufgebrachten Gelder kamen der örtlichen Wohlfahrtspflege zugute, ein Drittel stand dem Zentralausschuß zur Verfügung.

---

3 Vgl. Konrad Kwiet/Helmut Eschwege, Selbstbehauptung und Widerstand. Deutsche Juden im Kampf um Existenz und Menschenwürde 1933–1945, Hamburg 1986.

Am 1. April 1935 wurde der Zentralausschuß der Reichsvertretung der deutschen Juden angegliedert[4], so daß die Verantwortung für dieses effektive Selbsthilfewerk an die Reichsvertretung fiel. Diese erste gesamtjüdische Organisation, die am 17. September 1933 gegründet worden war, »repräsentierte«, wie Adler-Rudel erklärt, »die allgemeinen Belange der Juden in Deutschland und übernahm die Aufgabe, ihre aktive Reaktion auf die nationalsozialistische Entrechtungspolitik einheitlich zu organisieren und für ihre Ehre und Lebensrechte einzustehen«[5]. Die Reichsvertretung vertrat die Interessen der deutschen Juden gegenüber den Behörden des NS-Staats und leitete das Selbsthilfewerk unter dem Vorsitz von Leo Baeck bis 1939.

Neben den einschneidenden Auswirkungen der antisemitischen Gesetze galt es, mit dem alltäglichen Terror, den zahlreichen antijüdischen Verordnungen zu leben, die sukzessive die Ausgrenzung und Verarmung einleiteten. Die Reichsvertretung setzte sich für ihre Mitglieder gegen diesen Prozeß zur Wehr. Nachdem sie erkannt hatte, daß es für die jüdische Jugend in Deutschland keine Zukunft geben werde, waren wichtige Arbeitsgebiete der Aufbau eines jüdischen Schulwerkes und die Ausbildung der Jugend in besonders für die Auswanderung geeigneten handwerklichen und landwirtschaftlichen Berufen.

Um der zunehmenden Arbeitslosigkeit und der damit verbundenen Verarmung entgegenzuwirken, organisierte die wirtschaftliche Selbsthilfe Darlehenskassen, Arbeitsvermittlung sowie Berufsumschichtung und Erstausbildungen. Darlehen ermöglichten neue Existenzgründungen, wie Alexander Szanto, ein damaliger Mitarbeiter der Wirtschaftshilfe der Jüdischen Gemeinde Berlin, berichtet: »Der Pressefotograf Z. wurde als Nichtarier in seiner gutbezahlten Stellung bei einem Zeitungsverlag gekündigt. Die Wirtschaftshilfe gab ihm ein Darlehen für die Anschaffung einer eigenen Fotoeinrichtung mit hochqualifizierten Geräten und richtete ihm ein eigenes Studio ein, in dem er als technischer Fotograf für Industrie und Werbung noch mehrere Jahre lang selbständig arbeiten und ein recht gutes Einkommen erzielen konnte. Als bei seiner Auswanderung das Darlehen noch nicht vollkommen abgezahlt war, gab er einen Teil der Fotoeinrichtung an die Wirtschaftshilfe zurück, die diese in ihren Umschulungskursen verwerten konnte.«[6] Die Zentralstelle für jüdische Wirtschaftshilfe hatte bis Ende 1937 ca. 13000 Jugendlichen eine Erstausbildung und 20000 Erwachsenen eine Umschulung ermöglicht. Gerade durch diese berufliche Fortbildung wurde ein wichtiger Beitrag zur Auswanderungsförderung erbracht[7].

Voraussetzung dieser großen organisatorischen Leistung war die Herausbildung einer Solidarität, die sich frei von ideologischen, sozialen oder religiösen Differenzen entwickeln konnte. Die Aufrufe zur Solidarität, die die jüdischen Zeitungen im Frühjahr 1933 füllten, wurden in allen entstehenden Organisationen in die Tat umgesetzt. Szanto beschreibt den selbstlosen Einsatz der Mitarbeiter, der beispielhaft für den Aufbau sämtlicher Selbsthilfewerke steht: »Bei der Schaffung der Wirtschaftshilfe und während ihres ganzen Bestehens haben alte Gemeindebeamte und neu hinzugezogene Fachleute, Zionisten und Nichtzionisten, Liberale und Orthodoxe, alle ein-

4 Nach den »Nürnberger Gesetzen« vom September 1935 mußte sie sich Reichsvertretung der Juden in Deutschland nennen.
5 Simon Adler-Rudel, Jüdische Selbsthilfe unter dem Naziregime 1933–1939, Tübingen 1974, S. 14.
6 Alexander Szanto, Im Dienste der Gemeinde 1923–1939, in: M. Richarz (Anm. 1), S. 223.
7 Siehe Clemens Vollnhals, Jüdische Selbsthilfe bis 1938, in: Wolfgang Benz (Hrsg.), Die Juden in Deutschland 1933–1945, München 1988, S. 390.

mütig zusammengearbeitet, und die Arbeit selbst ist – frei von jeder parteimäßigen Bindung oder Voreingenommenheit – ausschließlich vom Gesichtspunkt einer möglichst umfassenden Hilfeleistung für alle in Notlage geratenen Glaubensgenossen ausgeführt worden. Mit einer Selbstverständlichkeit, die aus der Not der Stunde geboren war, haben alle Mitarbeiter, die alten wie die neuen, unter den schwierigsten Umständen ihre Pflicht getan. Es gab für sie, besonders in den ersten schwierigen Zeiten, keine Pause und keine Begrenzung der Arbeitszeit und des Pensums. Mit einer Hingabe ohnegleichen wurde Tag für Tag, oft bis an die Grenze der physischen Leistungsfähigkeit, die Aufgabe gemeistert, einer Vielzahl von Hilfesuchenden, oft recht erregten, manchmal im Zustand der Verzweiflung befindlichen Glaubensgenossen zu raten und zu helfen.«[8]

Es gehört zur Sozialethik des Judentums, daß die gemeinsame Sorge in Notsituationen ein religiöses Gebot und daher eine Selbstverständlichkeit ist. *Zedakah* bedeutet Gerechtigkeit und zugleich Liebeswerke. An diese Tradition erinnerte sich das deutsche Judentum in der Zeit der Verfolgung und Entrechtung. Ein mit der Gemeinschaft solidarisches Verhalten wurde als moralische und religiöse Pflicht verstanden. Die Rückbesinnung auf jüdische Traditionen förderte die Entstehung eines neuen jüdischen Selbstbewußtseins insbesondere bei der jüdischen Jugend, die in der Mehrzahl ihre Zukunft in Erez Israel, dem eigenen jüdischen Staat in Palästina, sah.

II. Die Jüdische Winterhilfe als effektivste Selbsthilfeorganisation der deutschen Juden

Im Winter 1935 wurden die jüdischen Deutschen aus dem »Winterhilfswerk des deutschen Volkes« (WHW) ausgeschlossen. Die Bedeutung dieser Ausgrenzung ist innerhalb der Reichsvertretung nicht unreflektiert geblieben: »Damit ist auf einem weiteren wichtigen Gebiet die Ausgliederung der Juden aus der Gemeinschaft des deutschen Volkes vollzogen.«[9] Die »starke Erschütterung«, die der Ausschluß vom WHW ausgelöst hatte, weckte und mobilisierte ungeahnte »Kräfte der Selbsthilfe«[10], so daß die Jüdische Winterhilfe ein erneuter Anlaß zur Bewährung der jüdischen Solidarität in Deutschland wurde.

Die Jüdische Winterhilfe, die im Oktober 1935 von der Zentralwohlfahrtsstelle der Reichsvertretung gegründet worden war und die in ihrem organisatorischen Aufbau dem WHW glich, avancierte zur effektivsten Selbsthilfemaßnahme der deutschen Juden. Der Aufruf der Jüdischen Gemeinde Berlin zum Aufbau der Winterhilfe verdeutlicht die Ziele und Notwendigkeit dieses Selbsthilfewerkes: »Schwer lastet die Not auf denen, die sich selbst nicht erhalten können. Ihr Geschick zu erleichtern, soll unsere vornehmste Aufgabe sein. Obdach und Heizung, Nahrung und Kleidung sollen auch den Ärmsten unter uns gewährleistet werden. Deshalb ergeht unser Ruf an

---

8 A. Szanto (Anm. 6), S. 221–222.

9 Reichsvertretung der Juden in Deutschland (Hrsg.), Informationsblätter, Nr. 10/11 vom 25. November 1935,

10 Arbeitsbericht des Zentralausschusses für Hilfe und Aufbau, Berlin 1936, S. 88.

die jüdische Bevölkerung, die Mittel für die Betreuung der Armen im Winter aufzubringen ... Regelmäßige Beiträge von Einkommen und Vermögen, Eintopfspenden, Pfundsammlung und Kleidersammlung sind die wichtigsten Formen für die Aufbringung der Mittel.«[11]

Der Betreuungsanteil der deutschen Juden durch diese Selbsthilfeorganisation betrug bereits im Gründungsjahr 20 Prozent und stieg durch den kontinuierlichen Verarmungsprozeß auf 25 Prozent im Jahr 1938. In derselben Zeitspanne fiel der Anteil der vom NS-Winterhilfswerk Betreuten von 19,5 auf 10,5 Prozent. Durch die »Verordnung über die öffentliche Fürsorge von Juden« vom 19. November 1938 waren hilfsbedürftige deutsche und staatenlose Juden nicht mehr in der öffentlichen Fürsorge, sondern der jüdischen Wohlfahrtspflege überlassen. Es kann jedoch davon ausgegangen werden, daß Juden wegen der antisemitischen Haltung von Mitarbeitern lokaler Behörden bereits lange vor 1938 nicht mehr alle Unterstützungen erhalten haben. Erst vor diesem Hintergrund wird die außerordentliche Leistung der Jüdischen Winterhilfe deutlich.

Die alltägliche Arbeit der Winterhilfe wurde bestimmt durch den ideellen Einsatz von ehrenamtlichen Helfern aus allen Einkommensschichten. 13 000 ehrenamtliche Helfer arbeiteten allein 1936 für die Winterhilfe, 6 000 davon in Berlin[12]. Über die Leistungen der Winterhilfe wurde regelmäßig in den jüdischen Zeitungen informiert. So berichtete die C.V.-Zeitung von dem großen Erfolg einer Kölner Sammlung, an der sich auch die jüdische Jugend aktiv beteiligte: Unter den 600 freiwilligen Helfern befanden sich sämtliche über 14 Jahre alten Schüler des Jüdischen Reformgymnasiums »Jawne«[13]. In Berlin wurden im Winter 1936/37 ca. 30 000 hilfsbedürftige Personen von der Jüdischen Winterhilfe betreut. Es kamen 88 437 Zentner Kohlen und 28 383 Zentner Kartoffeln sowie 168 595 Lebensmittelgutscheine zur Verteilung[14].

Der Selbstbehauptungskampf der Jüdischen Winterhilfe gegen die nationalsozialistische Ausgrenzungspolitik richtete sich auf das körperliche und seelische Wohlergehen ihrer in Not gebrachten Mitglieder. So bedeutete die Verteilung von gesammelten Kleidungsstücken zu *Chanukka* – dem achttägigen Lichterfest, das im Dezember gefeiert wird – auch eine psychologische Unterstützung: »Der Bedarf an Kleidungsstücken war sehr erheblich. Die vorwiegend aus dem Mittelstand stammenden Hilfsbedürftigen hatten zum großen Teil ihren Bestand an Kleidung aufgebraucht ... Die Zuwendung von Kleidungsstücken ist von den Hilfsbedürftigen besonders dankbar empfunden worden. Der soziale Abstieg kommt ja am stärksten durch die Minderung der Kleidung zum Ausdruck. Hier ausgleichen zu können, bedeutet oftmals nicht nur materielle, sondern auch seelische Hilfe.«[15] Die seelische Winterhilfe organisierte darüber hinaus Konzertveranstaltungen, Bunte Abende und

11 Aufbau der Jüdische Winterhilfe. Der Aufruf der Berliner Gemeinde, in: C.V.-Zeitung, Nr. 42 vom 17. Oktober 1935.

12 Siehe Arbeitsbericht (Anm. 10), S. 88.

13 »Großer Sammlungserfolg der Jüdischen Winterhilfe in Köln«, in: C.V.-Zeitung, Nr. 45 vom 7. November 1935, 1. Beiblatt.

14 Siehe Wegweiser durch die Jüdische Gemeinde zu Berlin, Berlin 1937, S. 34. In ganz Deutschland gab es in diesem Winter 82 067 bedürftige Juden, die Leistungen im Umfang von 3 630 353,63 RM erhalten haben, siehe: Arbeitsbericht der Reichsvertretung der Juden in Deutschland für das Jahr 1937, Berlin S. 49.

15 Arbeitsbericht (Anm. 10), S. 87.

Kindernachmittage gegen die wachsende Isolierung der jüdischen Bürger. Um der Vereinsamung armer Alleinstehender zu entgegnen, wurden Freikarten für den Kulturbund verteilt. Diese erhielten auch kostenlos Zeitungsabonnements oder Radiogeräte, die für diesen Zweck der Winterhilfe gespendet worden waren.

Von großer Bedeutung in den Richtlinien der Winterhilfe war das System des Lastenausgleiches, d.h. »daß alle Träger einen bestimmten Teil ihrer Einnahmen an die Zentralwohlfahrtsstelle abzuführen« hatten, »die damit den Lastenausgleich, die Versorgung der Hilfsbedürftigen in den Notstandsgemeinden«[16], bewerkstelligten. Zahlreiche finanzschwache Gemeinden konnten dadurch ihren Notleidenden die notwendige Versorgung zuteil werden lassen. Gerade dieser Aspekt der Winterhilfe, der »Gedanke der Solidarität, des Einstehens des einen für den anderen«[17], trug wesentlich zur Stärkung des Gemeinschaftsgefühls und damit zum Selbstbehauptungswillen bei.

III. Kulturelle Selbstbehauptung der deutschen Juden

Unterstützt wurden die Veranstaltungen der jüdischen Winterhilfe durch Darbietungen des Jüdischen Kulturbundes, einer Organisation, die den kulturellen Selbstbehauptungsanspruch der deutschen Juden zum Ausdruck brachte. Um dem sukzessiven Verdrängungsprozeß der jüdischen Deutschen aus dem Kulturleben entgegenzuwirken, gründete der Neurologe und ehemalige stellvertretende Intendant der Berliner Oper Kurt Singer unter maßgeblicher Mitarbeit des Schriftstellers und Dramaturgen Julius Bab sowie des jungen Regisseurs Kurt Baumann den Kulturbund Deutscher Juden. Dieser Kulturbund, dessen Genehmigung am 15. Juli 1933 durch den verantwortlichen preußischen Staatskommissar Hans Hinkel erfolgte, wirkte einerseits als Arbeitslosenfürsorge, indem er stellungslos gewordenen Künstlern einen neuen, wenn auch bescheidenen Broterwerb im Theater, Orchester oder Chor des Bundes ermöglichte; andererseits bot er dem jüdischen Publikum die Möglichkeit, ohne Angst vor antisemitischen Übergriffen im geschlossenen Kreis kulturelle Veranstaltungen genießen zu können.

Bereits am Ende des ersten Spieljahres konnte der Berliner Kulturbund auf eine Mitarbeiterzahl von 200 jüdischen Künstlern und auf 20000 Mitglieder verweisen. Die Kulturbundidee wurde begeistert von anderen Städten aufgegriffen, so daß 1937 50000 Menschen jüdischen Glaubens im Reichsverband des Jüdischen Kulturbundes organisiert waren. Die bereits in der ersten Spielsaison ausgelöste Debatte, ob der Spielplan des Kulturbundes am deutschen bildungsbürgerlichen Repertoire festhalten oder sich verstärkt jüdischen Themen zuwenden sollte, beantwortete der Kulturbundleiter dahingehend, daß die Spielplangestaltung den ideologischen Differenzierungen innerhalb des deutschen Judentums zu entsprechen hätte: »Jüdische Erkenntnis, jüdische Leistung, soweit sie eine eigentümliche Art der Form, des Ausdrucks, der Geste, der inneren Erfüllung ist, wollen wir ebenso verbreiten unter unseren Glaubensgenossen wie die künstlerischen, literarischen und dichterischen Werte derjenigen Ju-

16 Ebenda.
17 Ebenda.

den, die deutsche Sprache, deutsche Kunst und Musik als ihr innerstes Lebensfundament erkannt haben.«[18]

Am 1. Oktober 1933 eröffnete der Kulturbund mit der Theateraufführung von Gotthold Ephraim Lessings »Nathan der Weise«, das als »Tendenzstück« den nichtjüdischen Bühnen verboten war. In dieser besonderen geschichtlichen Situation, in der sich die Akkulturation der Juden in gesellschaftliche Segregation wendete, war Lessings Theaterstück von aktueller Bedeutung, da es die Utopie einer humanen und toleranten Gesellschaft wachhielt. Die Aufführung 150 Jahre nach Entstehung des Stückes war also nicht nur eine Jubiläumsveranstaltung, sondern auch eine Premierenaufführung, die als der Auftakt im jüdischen kulturellen Selbstbehauptungskampf verstanden wurde, der in der Forschung auch als »geistiger Widerstand« bezeichnet wird[19]. Die Premiere hielt die Vision einer Zukunft aufrecht, die 1933 vielen deutschen Juden durch die Aufhebung der Emanzipation verloren schien. Dies ist auch von den Kulturbundmitgliedern erkannt worden. Ernest Lenart, der als Schauspieler im Kulturbund arbeitete, erinnert sich: »Die Premiere war nicht nur ein großes Ereignis und ein künstlerischer Erfolg, es war mehr. Wir hatten ein Gefühl der Zusammengehörigkeit, man war unter sich, man fühlte, daß da etwas Neues entstand. Es war einzigartig. Lessings großes Lied der Verständigung – damals glaubte man noch daran. Man hatte ja keine Ahnung, was kommen würde. Die verantwortlichen Leute im Kulturbund hatten Angst, daß niemand hinkommen würde, auf den Straßen war die SA, aber die Menschen kamen zusammen, fühlten sich geborgen. Das war sehr wichtig. Wir glaubten, die Fackel hochhalten zu müssen für etwas, das draußen kaputtging. Nicht zufällig war die Fackel das Symbol des Kulturbundes.«[20]

Trotz einer staatlich kontrollierten Ghettokultur, die den Besuch von Nichtjuden ausschloß, bot der Kulturbund eine kulturelle Heimat, die viele in ihrer erschütterten Identität als Deutsche *und* Juden als letzten Halt annahmen. Bereits bevor Juden am 12. November 1938 der Besuch von deutschen kulturellen Veranstaltungen (Theater, Oper, Kino, Konzert) verboten worden war, kamen viele jüdische Bürger aus Solidarität mit den von staatlichen Bühnen entlassenen jüdischen Künstlern nur noch in den Kulturbund. Bis zur endgültigen Auflösung des Kulturbundes – der jetzt Jüdischer Kulturbund in Deutschland e.V. hieß – am 11. September 1941, wenige Wochen vor den ersten Deportationen, bot die Veranstaltungen den zur Zwangsarbeit gepreßten Juden eine Möglichkeit des Kraftschöpfens, um den Alltag ertragen zu können. »Was hätten wir ohne den Kulturbund gemacht? Es war doch ein entsetzlich grauer Alltag. Es war doch grauenhaft«, beschreibt Inge Deutschkron die Situation der jüdischen Deutschen 1941. Sie besuchte die Kulturbundveranstaltungen, um ihr Dasein als Zwangsarbeiterin durchstehen zu können: »Es war Erholung, die Seele auffrischen.«[21]

Jüdische Selbstbehauptung bedeutete für die jüdischen Deutschen, sich über alle Differenzen hinweg zu organisieren, um dem einzelnen in der neu entstandenen jüdischen Gemeinschaft seine psychische und physische Existenz und Identität sichern zu helfen, deren Vernichtung der nationalsozialistische Staat beabsichtigte.

18 Kurt Singer, Kulturbund Deutscher Juden, in: C.V.-Zeitung vom 20. Juli 1933.
19 Herbert Freeden, Jüdisches Theater in Nazideutschland, Tübingen 1985, S. 5.
20 Eike Geisel/Henryk M. Broder, Premiere und Pogrom. Der Jüdische Kulturbund 1933–1941, Berlin 1992, S. 243.
21 Interview der Verfasserin mit Inge Deutschkron am 20. Juni 1991.

IV. Widerstand von Juden in den Vernichtungslagern

Widerstand in einem Vernichtungslager bedeutete, wie Hermann Langbein ausführt, Schutz des Lebens. Alle Aktivitäten, die darauf zielten, allgemeine Verschlechterungen für die Häftlinge abzuwehren und bessere Lebensbedingungen zu erreichen sowie den Vernichtungs- und Kriegsapparat des nationalsozialistischen Staates zu sabotieren, waren als Widerstand zu verstehen[22].

Der Widerstand von Juden in nationalsozialistischen Vernichtungslagern war nur unter schwierigsten Bedingungen möglich. Täglich den Tod vor Augen zu haben, wirkte auf die Gefangenen demoralisierend und verstärkte das Bewußtsein, ohnmächtig der Gewalt der SS ausgeliefert zu sein. Neuankömmlinge mußten die Drohung »Hier führt nur ein Weg hinaus, der durch den Kamin« als Wahrheit erkennen. Widerstandsabsichten waren auch durch das von der Lagerleitung geförderte Spitzelsystem bedroht. Eine Denunziation konnte ausreichen, um von der Politischen Abteilung des Lagers ermordet zu werden. Auch wurden der Antisemitismus unter den Häftlingen geschürt sowie Kontakte zwischen Juden und Nichtjuden verfolgt. Eine eindringliche Charakterisierung der Gefangenensituation gibt der Italiener Primo Levi, der das Vernichtungslager Auschwitz als Arbeiter eines »Chemie-Kommandos« überlebte: »Der typische Gefangene, der, der den Kern eines Lagers ausmachte, befand sich am Rand der Erschöpfung: hungrig, geschwächt, von Wunden bedeckt (vor allem an den Füßen: er war buchstäblich ein Behinderter, und das ist kein nebensächliches Detail!) und daher zutiefst entmutigt.«[23]

Um überhaupt Widerstand leisten zu können, mußte der Häftling aus der breiten Masse in eine Funktion aufgestiegen sein, damit er sich nicht ständig mit dem Problem der mangelnden Ernährung oder der Angst vor Schlägen auseinandersetzen mußte[24]. Trotz dieser unmenschlichen Bedingungen haben Juden sich auch hier von Anfang an in Widerstandsgruppen organisiert.

V. Selbsthilfe als Widerstand der Gefangenen in Vernichtungslagern

Lebensrettend wirkten beispielsweise Bemühungen von Häftlingen, die Neuankömmlinge über die wichtigsten Regeln des Lagerlebens zu informieren. In Treblinka gab ein Häftling, der Medizinstudent Robert Altschul aus Prag, heimlich Unterricht, wie Gefangene sich gegenüber der SS zu verhalten haben, damit sie nicht ihr Opfer wurden. Richard Glazar, einer der wenigen Überlebenden des Vernichtungslagers Treblinka, sagt über Altschul: »Der war so eine Art Ideologe, Soziologe für uns. Von dem kamen die wichtigsten Anweisungen, wie wir uns verhalten sollten.«[25] Altschul

22 Siehe Hermann Langbein, Menschen in Auschwitz, Wien 1972, S. 288.

23 Primo Levi, Die Untergegangenen und die Geretteten, München u. a. 1990, S. 164.

24 Primo Levi hat darauf hingewiesen, daß unter den Überlebenden und Berichtenden aus den Vernichtungslagern die Zahl der Privilegierten weitaus dominierte. Ihr Lagererlebnis mußte zwangsläufig anders gewesen sein als das der Nicht-Privilegierten; vgl. ebenda, S. 13–14.

25 Richard Glazar am 2. Juli 1993 in einem Interview mit Wolfgang Oleschinski, Forschungsstelle Widerstandsgeschichte der Freien Universität Berlin, dem ich für die Einsichtserlaubnis in das Interviewprotokoll danke.

unterwies die Mitgefangenen in kurzem und knappem Auftreten gegenüber der SS, was sich als besonders günstige Verhaltensform herausgestellt hatte. Diese Form solidarischen Verhaltens war keineswegs selbstverständlich. Levi, der wie die meisten nichtdeutschen Häftlinge wenig deutsch verstand, »bezahlte« für die Verhaltens- und Sprachlektionen eines Mithäftlings mit seiner spärlichen Brotration. Das Verstehen der wichtigsten Kommandos der Aufseher aber war lebensrettend.

Schutz vor Demoralisierung bot der Zusammenschluß in Gruppen, die in der Regel aus Angehörigen einer Nationalität, einer Konfession oder politischen Überzeugung, aus Menschen einer Einlieferung mit demselben Transport, aus demselben Arbeitskommando oder im Lager geschlossenen Freundschaften bestanden. Ein anderer Aspekt dieser Selbsthilfe war die materielle Unterstützung der Gruppenmitglieder mit organisierten Kleidungsstücken oder Nahrungsmitteln. Im Vernichtungslager Majdanek versorgten solche Gruppen auch Neuankömmlinge aus den Warschauer und Bialystoker Ghettos. Richard Glazar berichtete, daß die Häftlinge sich zu sogenannten »Zwillingspärchen« zusammenschlossen: zwei Häftlinge unterstützten sich gegenseitig. Der kräftigere von beiden holte z.B. die ihnen zustehende Essensration, die gerecht geteilt wurde. Glazar, der mit seinem »Zwilling« Karl Unger aus Treblinka flüchtete, betont eindringlich die überlebensfördernde Wirkung dieser Kooperation. Er berichtet auch vom Schicksal der Einzelgänger, die keine Mitstreiter fanden: »Einzelgänger haben in Treblinka keine, fast keine Überlebenschance gehabt.«[26]

Als Form der »psychischen Selbstverteidigung« im Vernichtungslager definiert Josef Marszalek die Ansätze eines kulturellen Lebens: »Ansporn zum Kampf ums Überleben und zugleich eine Quelle ästhetischer Erlebnisse war die Dichtung, sowohl die ins Lager mitgebrachte als auch die im Lager entstandene.«[27] Die Warschauerin Pola Braun trug heimlich im engsten Kreis im Lager Majdanek ihre Gedichte vor, die z.T. heute noch überliefert sind. Die gleiche Bedeutung hatte die Musik, insbesondere das Lied. So wurden nach dem Abendappell in aller Heimlichkeit hebräische religiöse Lieder gesungen. Kulturelle Betätigung im Lager bedeutete Festigung der Identität durch positive Gestaltung eines Lebens jenseits der Unmenschlichkeit. Es stärkte den Überlebenswillen, da es durch die Erinnerung an ein normales Leben und die dazu gehörenden kulturellen Traditionen Kraft für eine Zukunft geben konnte.

VI. »Die Welt müssen wir wissen lassen« – Flucht als Form des Widerstands

Eine Form des Widerstands im Vernichtungslager war die Organisierung von Fluchten. »Die Welt müssen wir wissen lassen . . .«, zitiert Glazar einen Mitgefangenen, der genau wie er als Mitglied eines Kommandos, das die Wertsachen von Getöteten sortieren mußte, gefundenes Geld und Wertsachen heimlich schmuggelte, um damit die Fluchten von anderen Häftlingen organisierten zu können[28]. Die Widerstandsorgani-

26 Vgl. R. Glazar (Anm. 25).
27 Josef Marszalek, Majdanek. Geschichte und Wirklichkeit des Vernichtungslagers, Reinbek 1982, S. 207.
28 Richard Glazar, Die Falle mit dem grünen Zaun. Überleben in Treblinka, Frankfurt am Main 1992, S. 27.

sation im Warschauer Ghetto sollte auf diesem Wege über die Vorgänge in Treblinka informiert werden. Vom Warschauer Ghetto aus, so hoffte man, könnte die polnische Widerstandsbewegung England über die Verbrechen in Treblinka informieren. Im Lager Majdanek bildete sich Mitte 1942 eine illegale Gruppe von slowakischen Juden, die sich untereinander unterstützten. Ihnen gelang es, die Flucht eines Mitgliedes zu organisieren, der tatsächlich Anfang Juni die Slowakei erreichte und über die Zustände im KZ berichten konnte.

Die Lager-SS versuchte einzelne Fluchten durch grausame Vergeltungsmaßnahmen an den Häftlingen zu unterbinden. Die Angst vor Repressalien ließ daher bei den meisten Gefangenen den Gedanken an Flucht kaum entstehen. Aus Auschwitz versuchten nachweislich 667 Menschen zu fliehen, 270 von ihnen wurden jedoch von ihren Verfolgern eingeholt. 16 Prozent der Fluchten aus Auschwitz waren von Juden gewagt worden. Langbein weist auf die überraschende Höhe des Prozentsatzes hin, da ausländische Juden kaum nach einer geglückten Flucht die Möglichkeit gehabt hätten, sich in Polen verständigen zu können. Auch hatten sie den Antisemitismus der polnischen Bevölkerung zu fürchten[29]. Außer den von Gruppen organisierten Fluchten für einzelne ihrer Mitglieder, entkamen auch einige, die ihre Flucht alleine planten und durchführten. Zu den nur 16 Frauen, die die Flucht aus Auschwitz wagten, gehörte die aus Belgien verschleppte Mala Zimetbaum, die als Läuferin und Dolmetscherin im Lager arbeitete. Sie floh zusammen mit dem polnischen Nichtjuden Edek Galinski am 24. Juni 1944. Getarnt durch SS-Uniformen, gelang ihnen die Flucht bis an die slowakische Grenze, wo sie gefaßt wurden. Galinski wurde sofort nach seinem Rücktransport nach Auschwitz ermordet, Mala Zimetbaum sollte vor dem angetretenen Frauenlager gehenkt werden. Sie schaffte es, sich kurz vor der Hinrichtung mit einer versteckten Rasierklinge die Pulsadern aufzuschneiden. Dem herbeigeeilten SS-Mann schlug sie mit blutender Hand ins Gesicht. Dieser letzte Akt eines nur mit Gewalt zu brechenden Widerstands hat sich tief in die Erinnerung der anwesenden Mithäftlinge eingegraben: »Außer Atem vor Erregung und wie erlöst durch Malas Mut, schauten alle Häftlinge dieser Szene zu.«[30] Es wurde betont, daß es auch die Absicht dieser Flucht gewesen sei, die Welt über die Verbrechen in Auschwitz zu informieren. Doch allein der in die Tat umgesetzte Überlebenswille dieser beiden, sich nicht der nationalsozialistischen Vernichtungsabsicht zu beugen, ist eine außerordentliche Widerstandshandlung.

VII. Aufstände der jüdischen Gefangenen in den Vernichtungslagern

Wie ein Fanal wirkte auf alle jüdischen Untergrundorganisationen im von Deutschland besetzten Europa die Nachricht des Warschauer Ghettoaufstandes. So versuchte die französische jüdische Untergrundpresse, die jüdischen Verfolgten des Landes durch illegale Aufrufe und Artikel über den Aufstand im Warschauer

---

29 Vgl. H. Langbein (Anm. 22), S. 301–302.

30 Raya Kagan, Mala, in: H. G. Adler/Hermann Langbein/Ella Lingens-Reimer (Hrsg.), Auschwitz. Zeugnisse und Berichte, Frankfurt am Main 1984, S. 212.

Ghetto zur Selbstbehauptung und zum Widerstand gegen die Deportationen zu motivieren[31].

Der Ghettoaufstand, der vom 19. April bis zum 16. Mai 1943 dauerte, wurde von jungen polnischen Juden durchgeführt, die sich Ende des Jahres 1942 zu der Jüdischen Kampforganisation, der ZOB (Zydowska Organizacja Bojowa), unter der Losung »Wir geben keinen einzigen Juden preis« zusammengeschlossen hatten. Ihre Führungsmitglieder, so der Kommandeur Mordecai Anielewicz und Yitzhack Zuckermann, waren politisch organisiert als Mitglieder der zionistischen Jugendorganisation Hashomer Hatzair. Andere Mitglieder des Leitungsstabes, wie Marek Edelmann, gehörten dem Bund an, der sich als Teil der sozialistischen Arbeiterbewegung verstand. Marek Edelmann, einer der wenigen Überlebenden des Aufstandes, bei dem über 50 000 Juden umkamen, erklärte dessen Bedeutung mit folgenden Worten: »Der Aufstand im Warschauer Ghetto war eine Konsequenz jener Aktivitäten, war die letzte noch bestehende Möglichkeit, sich den unmenschlichen Bedingungen des Lebens und Sterbens zu widersetzen, war der letzte Akt des Kampfes um die Aufrechterhaltung der Menschenwürde und gegen die Barbarei, die Europa besudelte.«[32] Die überlebenden Gefangenen des von der SS blutig niedergeschlagenen Aufstandes wurden in die Vernichtungslager Treblinka und Majdanek deportiert[33].

Für Treblinka, Sobibor[34] und Auschwitz sind die Aufstände der jüdischen Gefangenen durch Beteiligtenberichte überliefert. Glazar berichtet, daß die in das Vernichtungslager Treblinka verschleppten Überlebenden des Warschauer Ghettos bei ihrer Ankunft die Nachricht vom Aufstand mitbrachten und die Häftlinge zum Widerstand aufriefen. Im Sommer 1943 erkannten die 600 Arbeitshäftlinge in Treblinka, daß, nachdem die Tötungsvorgänge im Lager fast eingestellt und damit verbundene Arbeiten, die sie zu verrichten hatten, nahezu beendet waren, sich die SS ihrer als Zeugen bald entledigen würde.

Der sehr gut vorbereitete Aufstand in Treblinka, das nordöstlich von Warschau liegt, fand am Nachmittag des 2. August 1943 statt. Nicht unerheblich für die Durchführung des Aufstandes war die Mithilfe von halbwüchsigen Kindern, da sie sich relativ frei im Lager bewegen konnten. Ein vierzehnjähriger Junge zerstörte das Schloß der Munitionslagertür durch das heimliche Einstecken eines Metallsplitters. Da für das Auswechseln des Schlosses die ganze Tür entfernt wurde, gelang es den Häftlingen, sich heimlich einen Schlüssel nachzufertigen. Dadurch konnten sie sich Granaten und Munition aus dem Waffenarsenal beschaffen. Glazars Bericht ist zu entnehmen, daß Mitglieder der Widerstandsgruppe, deren Frauen und Kinder in Treblinka vergast worden waren, bewußt während des Aufstandes in den Tod gingen. Diese Männer waren zum Widerstand entschlossen, um ihren Kameraden die Flucht aus dem Lager zu ermöglichen, damit diese von den Verbrechen berichten sollten. Der Auf-

31 Siehe Reuben Ainsztein, Revolte gegen die Vernichtung. Der Aufstand im Warschauer Ghetto, Berlin 1993, S. 12.

32 Marek Edelmann, Das Ghetto kämpft, Berlin 1993, S. 82.

33 Die Darstellung des Widerstandes in den Ghettos überschreitet den Rahmen des Themas. Erinnert werden soll an dieser Stelle aber an den Aufstand der letzten Einwohner des Ghettos Bialystok vom 16. Juli 1943, wo etwa 200 Juden gegen ca. 3 000 SS-Angehörige erbittert Widerstand leisteten. Die Überlebenden wurden nach Treblinka, Majdanek und Auschwitz deportiert; vgl. Chaika Grossmann, Die Untergrundarmee. Der jüdische Widerstand in Bialystok, Frankfurt am Main 1993.

34 Yitzhak Arad, Belzec, Sobibor, Treblinka, Bloomington 1987.

stand wurde von der SS rasch niedergeschlagen, da die unzerstörten Telefonleitungen die Alarmierung von SS-Einheiten aus der Umgebung ermöglichten. Trotzdem gelang 70 von ca. 750 Häftlingen die Flucht, von denen aber nur die wenigsten überlebten.

Auch die meisten Häftlinge, die während des Aufstandes im Lager Sobibor hatten fliehen können, wurden auf der Flucht getötet. Einige der Geflüchteten konnten sich der in der Gegend von Parczew operierenden jüdischen Partisanengruppe um Yehiel Grynszpan anschließen. Ein Fernschreiben gibt über den Aufstand Auskunft: »Am 14. 10. 43, gegen 17 Uhr, Aufstand der Juden im SS-Lager Sobibor, 40 km nördlich von Cholm. Sie überwältigten die Wachmannschaften, setzten sich in Besitz der Waffenkammer und fliehen nach Feuerkampf in unbekannter Richtung. 9 SS-Männer ermordet, 1 SS-Mann vermißt, 1 SS-Mann verwundet. 2 fremdvölkische Wachmänner erschossen. Entwichen sind etwa 300 Juden, der Rest ist erschossen bezw. befindet sich im Lager. Truppenpolizei und Wehrmacht wurden sofort verständigt und übernahmen gegen 1 Uhr die Sicherung des Lagers.«[35]

Die Häftlinge des Sonderkommandos in Auschwitz-Birkenau, die zur Arbeit in den Krematorien und Gaskammern gezwungen worden waren, entschlossen sich Anfang Mai 1944, als die ungarischen Juden ermordet werden sollten, zum Widerstand. Die Ausführung der Aufstandspläne des Sonderkommandos in den Monaten Juni, August und September scheiterte an der abwartenden Haltung der Kampfgruppe Auschwitz, d. h. der zentralen Widerstandsorganisation, der größtenteils politisch organisierte Nichtjuden angehörten. Mit dem von vier jüdischen polnischen Zwangsarbeiterinnen aus den Metall-Union-Werken herausgeschmuggelten Sprengstoff konnten Granaten für den Aufstand heimlich hergestellt werden. Rosa Robota, die die Verbindung zwischen dem Sonderkommando und den Arbeiterinnen herstellte, sowie Esther Weicblum waren maßgeblich an dieser Aktion beteiligt. Als Anfang Oktober 300 Häftlinge des Sonderkommandos selektiert, also getötet werden sollten, entschlossen sie sich zum Alleingang. Da die SS den Aufstand am 7. Oktober 1944 sofort niederschlug, blieb er auf in zwei Krematorien untergebrachte Sonderkommandos beschränkt. Ein Erfolg für die Aufständischen war die Zerstörung des Krematoriums IV, das unbenutzbar geworden war. Nach dem Aufstand lebten von 663 Häftlingen des Sonderkommandos nur noch 212. Die jungen Frauen, die das Sprengstoffpulver geschmuggelt hatten, wurden von der SS gestellt und am 5. Januar 1945 im Lager gehenkt.

Die besondere Problematik der Widerstandshistoriographie liegt darin, daß die Beteiligten in der Regel konspirativ gearbeitet haben und es daher wenig schriftlich Überliefertes gibt. Widerstand in einem Vernichtungslager kann also nur dokumentiert werden, falls Beteiligte überlebt haben oder schriftliche Zeugnisse vorhanden sind. Man kann daher davon ausgehen, daß es mehr Widerstandshandlungen von Juden gab, als bisher bekannt sind. Damit die Nachwelt von ihrem Schicksal erfahre, haben Mitglieder des Sonderkommandos im Angesicht des Todes und unter größter Gefahr heimlich Berichte geschrieben und in der Nähe der Krematorien vergraben. Bisher konnten sechs dieser Manuskripte gefunden werden. Andere Häftlinge schmuggelten Pläne des Kriegsgefangenenlagers im März 1944 aus Auschwitz-Birke-

---

35 H. Langbein (Anm. 22), S. 318; Zentrale Stelle der Landesjustizverwaltungen Ludwigsburg, Ordner Nr. 365y, Bild Nr. 1087/89.

nau, um die Öffentlichkeit wachzurütteln. Die jüdischen Häftlinge in den Vernichtungslagern, die sich – wie Filip Müller, ein Überlebender des Sonderkommandos, sagte – »von Gott und den Menschen verlassen«[36] fühlten, versuchten, der Welt ein Zeichen zu geben, daß sie sich nicht wehrlos der nationalsozialistischen Vernichtungspolitik ergeben hatten.

36 Filip Müller, Sonderbehandlung, München 1979, S. 11.

Norbert Haase

Desertion – Kriegsdienstverweigerung – Widerstand

Die Frage der Bindung an den Fahneneid auf die Person Adolf Hitlers hat im Verlauf des Zweiten Weltkrieges Wehrmachtsoldaten aller Dienstgrade beschäftigt und nicht wenige in Gewissenskonflikte gebracht. Eine Auseinandersetzung mit den Grenzen von Gehorsam und Treuepflicht war dabei keineswegs allein Generalstäblern wie den Verschwörern des 20. Juli 1944 vorbehalten. Vor allem die Kriegführung gegen die Sowjetunion seit dem Juni 1941 bot vielen Soldaten Anlaß, über die Rechtmäßigkeit des Krieges und die Loyalität gegenüber der politischen und militärischen Führung kritisch nachzudenken.

Die Wirklichkeit des NS-Systems ließ dem Einzelnen kaum alternative Handlungsmöglichkeiten. Ein Recht auf Kriegsdienstverweigerung gab es ebensowenig wie ein Schutzrecht für religiöse Minderheiten, deren Gewissensgebote die Eidesleistung oder den Kriegsdienst ausschlossen. Wer dem »Oberbefehlshaber der Wehrmacht« Hitler und der »wehrhaften Volksgemeinschaft« durch Verweigerung oder Desertion die Gefolgschaft aufkündigte, der wurde seit Beginn des Krieges und dem Inkrafttreten eines Kriegssonderstrafrechts mit der Todesstrafe bedroht.

I.

Die Stimmung innerhalb der deutschen Bevölkerung war zwar im September 1939 gegenüber der Kriegseuphorie des August 1914 eher gedämpft, Widerstand gegen den Krieg gab es jedoch nur vereinzelt. Anders als in den angelsächsischen Ländern konnte man in Deutschland nicht auf eine ausgeprägte Tradition der *civil disobedience* zurückblicken, war die individuelle Kriegsdienstverweigerung selbst innerhalb des organisierten Pazifismus keine erprobte und unumstrittene Strategie. Pazifisten waren ohnehin durch den Terror des NS-Regimes seit 1933 unterdrückt und vielfach ins Exil verbannt worden[1].

Anknüpfungspunkte an die Soldatenräte der Novemberrevolution 1918 bestanden in der Wehrmacht so gut wie nicht, vielmehr trug die traumatische Erfahrung der Niederlage des Ersten Weltkrieges bei Militärs und völkisch-national gesinnten Kreisen erheblich zur Feindbildprojektion gegen Deserteure bei. Hitler, der in der »Armee von Deserteuren« des Jahres 1918 Mitverantwortliche der Novemberrevolution

1 Siehe Karl Holl, Pazifismus in Deutschland, Frankfurt am Main 1988, S. 138ff.

sah, schrieb in »Mein Kampf«: »Es muß der Deserteur wissen, daß seine Desertion gerade das mit sich bringt, was er fliehen will. An der Front *kann* man sterben, als Deserteur *muß* man sterben. Nur durch solch eine drakonische Bedrohung jedes Versuches zur Fahnenflucht kann eine abschreckende Wirkung nicht nur für den einzelnen, sondern für die Gesamtheit erzielt werden.«[2]

In den dreißiger Jahren wurde dieser Gedanke von der Jurisprudenz aufgegriffen. Der Marburger Militärstrafrechtler Erich Schwinge war davon überzeugt, daß es sich bei der Mehrzahl der Fahnenflüchtigen um »Psychopathen« handelte[3]. Durch eine exzessive Anwendung der Todesstrafe sollten »Wehrmachtschädlinge« beseitigt werden. Die Rechtsentwicklung auf dem Gebiet des Wehrstrafrechts verlief nach der Machtübernahme entsprechend rasant. Mit Wirkung vom 1. Januar 1934 arbeiteten die Kriegsgerichte wieder, die durch die Weimarer Verfassung 1919 abgeschafft worden waren. Reichsjustiz- und Reichskriegsministerium schufen neue Strafnormen, die in Form von Verordnungen zu Kriegsbeginn 1939 in Kraft gesetzt wurden. Mit der Wiedereinführung der »Wehrpflicht« im Jahre 1935 wurden Belange religiöser Minderheiten ausschließlich nach strafrechtlichen Gesichtspunkten bewertet. Der § 48 Militärstrafgesetzbuch (MStGB) schloß Sonderrechte für ethisch und religiös motivierte Verweigerer ausdrücklich aus. In aller Regel wurden Eides- und Kriegsdienstverweigerer während des Krieges vom in diesen Fällen allein zuständigen Reichskriegsgericht (RKG) auf Grundlage des § 5 Kriegssonderstrafrechtsverordnung (KSSVO) vom 26. August 1939 verurteilt.

Die KSSVO verfolgte den Zweck, jede »wehrfeindliche Agitation« oder andere »Zersetzungserscheinungen« zur »Erringung des Endsieges« im Keim zu ersticken. Nach dieser Vorschrift wurde wegen »Zersetzung der Wehrkraft« mit dem Tode bestraft, »wer es unternimmt, sich oder einen anderen durch Selbstverstümmelung, durch ein auf Täuschung berechnetes Mittel oder auf andere Weise der Erfüllung des Wehrdienstes ganz, teilweise oder zeitweise zu entziehen.«[4] Der Strafrahmen bei »Fahnenflucht« (§ 70 MStGB) – dem eigenmächtigen Verlassen der Truppe mit der Absicht einer dauernden Entziehung – wurde auf Todesstrafe festgelegt. Nach Hitlers »Fahnenflucht«-Richtlinien vom 14. April 1940 war die Todesstrafe geboten, wenn der Deserteur aus Furcht vor persönlicher Gefahr gehandelt hatte oder wenn es die »Aufrechterhaltung der Manneszucht« erforderte. Erlasse der Wehrmachtführung verlangten im Verlauf des Krieges entschiedenes Durchgreifen. Die Wehrmachtjustiz verhängte allein wegen »Fahnenflucht« etwa 35000 Urteile, davon 22750 Todesurteile, von denen rund 15000 vollstreckt wurden[5].

Schon dieser sehr gedrängt skizzierte rechtliche Rahmen zeigt, daß die NS-Führung in Wehrdienstentziehungsdelikten elementare Verstöße gegen das nationalsozialistische Rechtsverständnis sah: Verstöße gegen die Treuepflicht gegenüber dem »Führer«, Vergehen gegen die Gehorsamspflicht, die sich aus dem Fahneneid herleitete. Jegliche Abweichungen von der Norm einer kampfbereiten, formierten »Wehrgemeinschaft« wurden hart sanktioniert.

---

2 Adolf Hitler, Mein Kampf, München 1933[25], S. 587.

3 Siehe Detlef Garbe, »In jedem Einzelfall ... bis zur Todesstrafe«. Der Militärstrafrechtler Erich Schwinge. Ein deutsches Juristenleben, Hamburg 1989, S. 36ff.

4 Reichsgesetzblatt 1939 I, S. 1455ff.

5 Siehe Manfred Messerschmidt/Fritz Wüllner, Die Wehrmachtjustiz im Dienste des Nationalsozialismus. Zerstörung einer Legende, Baden-Baden 1987, S. 90ff.

Je länger der Zweite Weltkrieg andauerte, desto mehr wurde vielen der verbrecherische Charakter der nationalsozialistischen Kriegführung und Besatzungspolitik offenbar. Noch mehr brachte die skrupellose Opferung der eigenen Truppen, die symbolhaft mit dem Schicksal der 6. Armee in Stalingrad verbunden ist, viele Soldaten in Opposition zu einer verantwortungslosen militärischen Führung. Vielen wurde klar, daß ein weiteres Mitmachen bedeutete, für die Verbrechen, die hinter der Front verübt wurden, mitverantwortlich zu sein. Zahlreiche Soldaten waren zudem selbst Zeugen von Judenerschießungen geworden. Als schließlich die eigene Heimat durch den Bombenkrieg in Schutt und Asche gelegt wurde, glaubten sie immer weniger an den Sinn einer durch NS-Propaganda bemäntelten Kriegsverlängerung um jeden Preis, zumal der Untergang des nationalsozialistischen Deutschland besiegelt war. Warum leisteten dann aber die meisten Soldaten dennoch Gehorsam bis zuletzt?

Der Soldatenberuf hatte im Dritten Reich einen sehr hohen gesellschaftlichen Stellenwert. Wehrdienst galt als »Ehrendienst am deutschen Volke«. Die Folge des politischen Anpassungsprozesses der Wehrmachtführung an den Nationalsozialismus war eine im Verlauf des Krieges forcierte politische Formierung der Soldaten[6]. Extreme Gehormsams- und Disziplinforderungen und eine gnadenlose Abschreckungsjustiz sorgten neben militärspezifischen Konformitätszwängen, der Anziehungskraft »militärischer Tugenden« und des Glaubens an eine Vaterlandsverteidigung dafür, daß die große Mehrheit des Millionenheeres bei der Fahne blieb[7].

II.

Die bei weitem größte Gruppe unter den Kriegsdienst- oder Eidesverweigerern nahmen die Zeugen Jehovas ein, die sich lange vor dem Krieg der Mitgliedschaft in jeglichen Zwangskörperschaften des NS-Staates, aber auch seiner Gruß- und Eidesrituale verweigert hatten. Ihre auch unter der Bezeichnung »Ernste Bibelforscher« bekannte Glaubensgemeinschaft wurde von den Nationalsozialisten 1935 verboten. Tausende kamen in Konzentrationslager oder wurden von Sondergerichten zu langen Haftstrafen verurteilt[8].

Der Präsident des RKG, Admiral Max Bastian, berichtete im Mai 1940 dem Oberkommando der Wehrmacht: »Die zu Kriegsbeginn aufgetretene Massendienstverweigerung der Bibelforscher ist abgeklungen. Es waren meist ältere Leute. Der Jugend liegt diese Bewegung ferner ... Wiederholt ist die Frage nach einer Veröffentlichung der Todesurteile über Bibelforscher aufgeworfen worden. Ich vertrete nach wie vor den ablehnenden Standpunkt, da eine solche Veröffentlichung vom feindlichen Ausland nur zu einer gegen Deutschland gerichteten Propaganda ausgenutzt würde, die

6 Vgl. Manfred Messerschmidt, Die Wehrmacht im NS-Staat. Zeit der Indoktrination, Hamburg 1969, S. 1–17.

7 Siehe dazu Omer Bartov, Hitlers Army. Soldiers, Nazis, and War in the Third Reich, New York–Oxford 1991, S. 59ff.

8 Dazu Detlef Garbe, Zwischen Widerstand und Martyrium. Die Zeugen Jehovas im Dritten Reich, München 1993.

Bibelforscher aber durch diese Veröffentlichung nicht abgeschreckt, sondern in ihrem Fanatismus als Märtyrer gestärkt würden.»[9]

Die exorbitante Zahl von 63 Todesurteilen gegen diese Gruppe in den ersten neun Monaten des Krieges wurde mit Verweis auf die »Kriegsnotwendigkeiten« gerechtfertigt. Die Glaubenstreue der »kleinen Leute« hatte innerhalb der Richterschaft des RKG, die zu einem Teil über die schreckliche Konsequenz der herrschenden Spruchpraxis verunsichert schien, gleichsam »zersetzende« Wirkung. Gefangenenseelsorger wie der evangelische Militärgeistliche Werner Jentsch suchten nach Auswegen[10]. Bastian insistierte, solange er Präsident des RKG war, auf militärische Zwecklogik, da er nach Möglichkeiten suchte, »der Wehrmacht in ernstester Kriegszeit noch einen *brauchbaren* Kämpfer zuzuführen bzw. zu erhalten.«[11]

Tatsächlich wurde im Verlauf des Krieges die zweite Generation der Zeugen Jehovas Opfer der Spruchtätigkeit des RKG. Mehrere Familien verloren dadurch Väter und Söhne wie etwa die Bielefelder Familie Kusserow, deren andere Angehörige als Zeugen Jehovas zum Teil in Konzentrationslagern umkamen. Unter dem Oberbegriff »Bibelforscher« firmierten in der Terminologie des RKG auch die Siebenten-Tages-Adventisten, Angehörige der »Menschenfreundlichen Versammlung«, einer Abspaltung der Zeugen Jehovas. Eine biographische Forschung, die nach den Motiven dieser Opfer fragt, ist noch nicht geleistet worden. Zu gering sind die Erkenntnisse, die sich aus den Akten der Militärjustiz gewinnen lassen. Indes stoßen wir in den Urteilen immer wieder auf Bibelzitate und eine Motivation, die offensichtlich aus dem christlichen Glauben herrührt[12].

Bastian hob in dem zitierten Bericht besonders Hermann Stöhr hervor, einen protestantischen Kriegsdienstverweigerer, der bereits 1934 durch die Forderung, NS-Verfolgte in die Fürbitten seiner Kirche miteinzubeziehen, den Ruf eines »Sonderlings« auf sich gezogen hatte. Der Theologe und Doktor der Staatswissenschaften war in den zwanziger Jahren durch Friedrich Siegmund-Schultze in die »Soziale Arbeitsgemeinschaft Berlin-Ost« eingeführt worden und bereits hier für ökumenische und pazifistische Ideale eingetreten. Ein Brief an das Wehrbezirkskommando Stettin vom 2. März 1939 überliefert Stöhrs kompromißloses Bekenntnis zur Kriegsgegnerschaft: »Den Dienst mit der Waffe muß ich aus Gewissensgründen ablehnen. Mir wie meinem Volke sagt Christus: ›Wer das Schwert nimmt, soll durchs Schwert umkommen.‹ (Matth. 26, 52) So halte ich die Waffenrüstungen meines Volkes nicht für einen Schutz, sondern für eine Gefahr ... Positives Christentum weist m. W. den Völkern höhere Ziele, als sich in Kriegsrüstungen gegenseitig zu übertreffen und einen immer größeren Prozentsatz der nationalen Energien hierfür einzusetzen. Das KdF-Schiff ›Wilhelm Gustloff‹ rettet auf seiner Probefahrt schiffbrüchige Engländer. Deutsche

9 Tätigkeitsbericht des Präsidenten des Reichskriegsgerichts an den Chef des Oberkommandos der Wehrmacht, Berlin vom 30. Mai 1940, zit. nach: Norbert Haase, Das Reichskriegsgericht und der Widerstand gegen die nationalsozialistische Herrschaft, Berlin 1993, S. 49f.

10 Siehe Werner Jentsch, Ernstfälle. Erlebtes und Bedachtes, Moers 1992, S. 190ff.

11 Der Präsident des Reichskriegsgerichts an die Senatspräsidenten, Schreiben vom 17. August 1942, zit. nach: Norbert Haase, Aus der Praxis des Reichskriegsgerichts. Neue Dokumente zur Militärgerichtsbarkeit im Zweiten Weltkrieg, in: Vierteljahrshefte für Zeitgeschichte, 39 (1991), S. 393, Anm. 45.

12 Vgl. Albrecht und Heidi Hartmann, Kriegsdienstverweigerung im »Dritten Reich«, Frankfurt am Main 1986.

Flugzeuge bringen Februar 1939 dem Erdbebengebiet in Chile Hilfe. Zu derartigen Taten nationaler Hilfsbereitschaft hat Gott unser hochbegabtes Volk berufen. Sie sollten nicht nur gelegentlich erfolgen und in Fällen ganz krasser Not, sondern unserem nationalen Wollen sein Hauptgepräge geben – bis hin zur praktischen Betätigung von Feindesliebe. Angesichts solcher Gottesgebote zu helfen und zu dienen erscheint mir der Dienst mit der Waffe überflüssig und schädlich.«[13]

Biographien protestantischer Kriegsdienst- und Eidesverweigerer sind außer der des mit Helmuth James Graf von Moltke und Carl-Dietrich von Trotha befreundeten Wuppertaler Kirchenjuristen Martin Gauger – der 1941 nach mißlungener Flucht ins Ausland im Konzentrationslager Buchenwald umkam – kaum erforscht[14]. Dietrich Bonhoeffer wählte für sich eine andere Option, wenngleich auch er wegen seiner »Wehrdienstentziehung« durch seine Tätigkeit beim Amt Ausland/Abwehr des Oberkommandos der Wehrmacht 1943 in das Fadenkreuz der Militärgerichtsbarkeit geriet.

Nicht wesentlich anders war die Situation unter den Christen katholischen Bekenntnisses, aus deren Gemeinschaft sehr wenige den Kriegsdienst verweigerten. Der Österreicher Franz Jägerstätter fand als einfacher Bauer in seiner märtyrerhaften Volksfrömmigkeit gegen den Rat seiner geistlichen Hirten zu diesem Entschluß. Sein schriftlicher Nachlaß überliefert beeindruckende moraltheologische Überlegungen eines einfachen Mannes, der sich entschloß, als Christ gegen die Anmaßungen und das Unrecht des NS-Systems zu widerstehen[15].

Ein einziger Priester, der österreichische Pallotinerpater Franz Reinisch, dem wegen seiner oppositionellen Haltung bereits 1940 ein Redeverbot erteilt worden war, stellte sich gegen die eingeforderte Treue von Wehrmacht und NS-Staat. Als »Antwort« auf die Unterdrückung einer freien Glaubensausübung leistete er dem Einberufungsbefehl nicht Folge: »Von einem Staatsfeind ... könne man nicht verlangen, daß er für das gegenwärtige Regime Wehrdienst leiste.«[16]

Aus dem Umfeld der Christkönigsgesellschaft in Meitingen um den Freiburger Priester und engagierten Pazifisten Max Josef Metzger, der 1944 vom Volksgerichtshof zum Tode verurteilt und hingerichtet wurde, sind uns die Kriegsdienstverweigerer Michael Lerpscher und Josef Ruf bekannt, die durch die Erfahrung klösterlichen Lebens in ihrem Glauben sehr stark gefestigt waren[17].

Im Gegensatz zu den von ihrer Gemeinschaft getragenen Zeugen Jehovas konnten die evangelischen und katholischen Verweigerer kaum mit der Unterstützung ihrer Kirchen rechnen. Auch die Bekennende Kirche bot keinen Rückhalt. Die deutschen katholischen Bischöfe hatten im September 1939 in einer Erklärung ihre Absicht ausgedrückt, »unsere katholischen Soldaten (zu ermuntern und zu ermahnen) in Gehorsam gegen den Führer, opferwillig, unter Hingabe ihrer ganzen Persönlichkeit ihre

13 Als Faksimile abgedruckt in: N. Haase (Anm. 9), S. 78; vgl. auch Eberhard Röhm, Sterben für den Frieden. Hermann Stöhr (1898–1940) und die ökumenische Friedensbewegung, Stuttgart 1985.

14 Siehe Karsten Bredemeier, Kriegsdienstverweigerung im Dritten Reich. Ausgewählte Beispiele, Baden-Baden 1991, S. 109ff.

15 Vgl. Erna Putz, Franz Jägerstätter. »... besser die Hände als der Wille gefesselt ...«, Linz 1985; dies., Franz Jägerstätter. Gefängnisbriefe und Aufzeichnungen, Linz 1987.

16 N. Haase (Anm. 9), S. 83f.; vgl. auch Heinrich Kreutzberg, Franz Reinisch. Märtyrer unserer Zeit, Limburg 1953.

17 Vgl. Ernst T. Mader/Jakob Knab, Das Lächeln des Esels. Das Leben und die Hinrichtung des Allgäuer Bauernsohnes Michael Lerpscher (1905–1940), Blöcktach 1987.

Pflicht zu tun«[18]. Zahlreiche Hirtenbriefe und Predigten, Gottesdienste, Gebetsstunden und Feldgesangbücher beider Konfessionen appellierten an Opferbereitschaft und Einsatzwillen der Soldaten für »Führer«, Volk und Wehrmacht.

Dennoch bezeugt das Beispiel des katholischen Kriegsdienstverweigerers Alfred Andreas Heiß aus Oberfranken, daß es auch unter den der Glaubensgemeinschaft der beiden Großkirchen Angehörenden christlich motivierte Verweigerung gab. Zu Beginn der dreißiger Jahre hatte er in Berlin zu einem sehr politischen Selbstverständnis seines Glaubens gefunden. Heiß, der der Zentrumspartei angehörte, wurde 1935 im Konzentrationslager Columbia-Haus in Berlin-Tempelhof inhaftiert. Belege für seine Gewissenstreue und religiöse Selbstbehauptung finden sich auch in der Anklageverfügung des RKG vom 3. August 1940: »Bei seiner richterlichen Vernehmung am 27. 7. 1940 hat der Beschuldigte erklärt, daß er auch jetzt nicht in der Lage sei, den Deutschen Gruß zu erweisen und Uniformstücke anzulegen, die mit dem Hoheitszeichen versehen sind. Da der Nationalsozialismus antichristlich eingestellt sei, müsse er es ablehnen, für den nationalsozialistischen Staat Dienst als Soldat zu tun. Bei dieser Weigerung ist er trotz Hinweises auf die vom Gesetz angedrohte Strafe geblieben.«[19]

Mehr als 250 Verweigerer aus den hier genannten Gruppen sind vom RKG zum Tode verurteilt worden. Die meisten von ihnen starben in den Hinrichtungsstätten Berlin-Plötzensee und Brandenburg-Görden. Doch nicht alle Verweigerer wurden hingerichtet. Das RKG ermöglichte ihnen einen Widerruf mit der Konsequenz der Umwandlung des Todesurteils in eine Haftstrafe. Die Strafpraxis war dadurch kaum weniger drakonisch, da mit der Gefängnisstrafe meist eine Kommandierung in ein Feldstraflager oder eine »Bewährungseinheit« verbunden war, die für viele den sicheren Tod zur Folge hatte. »Träger wehrfeindlichen Geistes« und andere als »Wehrmachtschädlinge« bezeichnete Soldaten gerieten nicht selten in die schlimmsten Kategorien des Wehrmachtstrafsystems[20].

III.

Vor dem Hintergrund der mit Methoden des Unrechtsstaates durchgesetzten Wehrpflicht erscheint der Zusammenhang von Kriegsdienstverweigerung und Desertion als Formen des Widerstandes evident. Ohne hier Verlaufsformen der Desertion in angemessener Differenzierung darstellen zu können, geht es im folgenden primär um jene Soldaten, die sich dem Kriegsdienst für Hitlers Wehrmacht entzogen, die an der Front desertierten, zu gegnerischen Truppen oder Partisanen in den besetzten Ländern überliefen oder versuchten, ins neutrale Ausland zu entkommen bzw. sich daheim in der Illegalität zu verbergen. Idealtypisch kann man anhand biographischer Skizzen Verlaufsformen und Motivationen nachzeichnen, zumal es sich um

18 Gemeinsames Wort der deutschen Bischöfe vom 17. 9. 1939, in: Martinus-Blatt, 17. September 1939, zit. nach: Guenter Lewy, Die katholische Kirche und das Dritte Reich, München 1965, S. 249.

19 N. Haase (Anm. 9), S. 80ff.

20 Siehe Norbert Haase/Brigitte Oleschinski, Das Torgau-Tabu. Wehrmachtstrafsystem. NKWD-Speziallager. DDR-Strafvollzug, Leipzig 1993, S. 94.

eine Form nicht gruppengebundenen, oftmals spontanen Widerstandes handelte; die beschriebenen Schicksale stehen dabei stellvertretend für viele weitere.

Einzelne zwang beispielsweise die Zeugenschaft an Kriegsverbrechen und möglicherweise daraus resultierende Hilfe für Verfolgte in den Widerstand. Der Berliner Sozialist Fritz Hasselhuhn, der vor 1933 der Sozialistischen Arbeiterpartei (SAP) angehört hatte, fälschte während seines Untertauchens 1942 von seiner im besetzten Dänemark stationierten Truppe in Berlin Ausweispapiere, um sich selbst und anderen Verfolgten dadurch ein Überleben zu sichern. Im Juli 1943 wurde er verhaftet und aufgrund eines Todesurteils am 13. Dezember 1943 im Zuchthaus Brandenburg ermordet[21].

Der oppositionelle Soldat Stefan Hampel, der im Mai 1942 Zeuge der Judenmorde im Ghetto von Wassiliski in Weißrußland wurde, schloß sich nach seiner Desertion einer polnischen Widerstandsgruppe an, die die Rettung Verfolgter organisierte. Sein Versuch, in die Schweiz zu flüchten, um das Internationale Komitee vom Roten Kreuz über die Verbrechen der »Einsatzgruppen« zu informieren, scheiterte. Hampel wurde im August 1943 wegen »Fahnenflucht« zum Tode verurteilt. Da er begnadigt wurde, konnte er durch Zufall nach Monaten in den Emslandlagern und im »Bewährungsbataillon 500« das Kriegsende überleben[22].

Die Flucht in das neutrale Ausland gelang nur wenigen, wie Angaben über in die Schweiz (ca. 550) und nach Schweden (ca. 300) desertierte Soldaten belegen. Der »Kriegsfreiwillige« Peter Schilling, brandenburgischer Pfarrerssohn, erzogen und aufgewachsen in preußischer und zugleich humanistischer Tradition, geriet mit seinem Gewissen in Konflikt, als er im Verlauf des Jahres 1942 Zeuge der Grausamkeiten deutscher Soldaten an der »Ostfront« wurde. Er nahm illegal Verbindung zu französischen »Fremdarbeitern« auf und floh in die Schweiz, als diese Verbindung aufzufliegen drohte. Von dort flüchtete Schilling im Frühsommer 1944 nach Frankreich, um sich dem Maquis anzuschließen. Er wurde jedoch bei Besançon verhaftet, durch ein Wehrmachtgericht verurteilt und bei der Feldstrafgefangenenabteilung 19 im Oberelsaß eingesetzt. Bei den tschechischen Partisanen erlebte Schilling das Kriegsende[23].

Nach einem vergeblichen Versuch, in den Vatikan zu gelangen, schaffte es der Erfurter Katholik Heinz Riegel im Februar 1942 auf einem Truppentransport nach Norwegen, in Schweden vom fahrenden Zug abzuspringen. Im polizeilichen Protokoll heißt es, »Anlaß zur Desertion sei es gewesen, daß er kein Nationalsozialist gewesen sei und nicht weiter für diesen Zweck kämpfen könne ... Er ist der Auffassung, nicht für die deutsche Sache in Rußland kämpfen zu können, da er in Kenntnis der Methoden, die zur Anwendung kämen, behaupten könne, daß sie eines Soldaten nicht würdig seien. Sein Land wolle er verteidigen aber nicht das dort herrschende Regime.«[24] Riegel wurde dennoch abgeschoben und in Norwegen wegen unerlaubter Entfernung kriegsgerichtlich verurteilt. Später gelang ihm an der Ostfront das Überlaufen zur Roten Armee.

21 Siehe Norbert Haase, Deutsche Deserteure, Berlin 1987, S. 29ff.
22 Siehe ebenda, S. 112ff.
23 Vgl. Peter Schilling, »Ich mußte selber etwas tun«, in: Geschichtswerkstatt Marburg (Hrsg.), »Ich habe die Metzelei satt ...« Deserteure – Verfolgte der Militärstrafjustiz und der Militärpsychiatrie im Zweiten Weltkrieg. Ein Symposiumsbericht, Marburg 1992.
24 Verhörprotokoll der Kriminalpolizei Göteborg vom 25. Februar 1942 den Gefreiten Heinz Riegel betreffend (Kopie des schwedischen Originals, Privatbesitz d. Verf.).

Während manche Soldaten erst durch die Konfrontation mit dem Unrechtsregime zum Widerstand fanden, stand für die als politische Häftlinge seit Ende 1942 zwangsrekrutierten Soldaten der »Bewährungseinheiten 999« ihre Gegnerschaft zum Nationalsozialismus von vornherein fest. Daß es hier wie bei der ebenfalls als »Bewährungseinheit« fungierenden SS-Sonderformation »Dirlewanger« zu organisierten größeren Überlaufaktionen und sogar Aufstandsversuchen kam, ist vielfältig dokumentiert[25].

Der Frankfurter Ludwig Gehm, Angehöriger der sozialistischen Widerstandsgruppe Internationaler Sozialistischer Kampfbund (ISK), wurde nach Jahren der politischen Verfolgung wie auch der der Kommunistischen Parteiopposition (KPO) angehörende Wolfgang Abendroth Anfang 1943 in die »Bewährungseinheiten 999« gepreßt. Auf der ägaischen Insel Volos lief Gehm zu den Partisanen der griechischen Befreiungsbewegung ELAS über und rief von dort Kameraden zum Überlaufen auf[26]. Abendroth machte ähnliche Erfahrungen auf der Insel Lemnos, wo er im August 1944 zur ELAS »in die Berge ging«. In der britischen Kriegsgefangenschaft in Ägypten genoß er unter den mitgefangenen Regimegegnern hohes Ansehen[27].

Der Widerstandsgruppe »Rote Kapelle« gehörten die Berliner Heinrich Scheel und Hans Lautenschläger an, die sich nach ihrer Verurteilung durch das RKG an der Front »bewähren« sollten. Lautenschläger lief im August 1944 als »500er« zur Roten Armee über und wirkte in den sowjetischen Kriegsgefangenenlagern an der Antifa-Arbeit mit. Scheel ging Ende Oktober 1944 mit anderen Kameraden freiwillig in amerikanische Kriegsgefangenschaft[28]. Desertionen aus milieugebundenem Widerstandsverhalten hat es freilich auch bei regulären Verbänden gegeben. Falk Harnack, dessen Bruder Arvid als einer der führenden Köpfe der »Roten Kapelle« im Dezember 1942 hingerichtet worden war, und der seinerseits enge Kontakte zur Weißen Rose unterhielt, schloß sich in Griechenland der ELAS an und gründete dort 1944 das Antifaschistische Komitee »Freies Deutschland« – A.K.F.D.

Auch unter den Gründungsmitgliedern des im Juli 1943 in der Sowjetunion gegründeten Nationalkomitees »Freies Deutschland« (NKFD) befanden sich mit Max Emendörfer, Heinz Keßler und Hans Zippel mehrere Deserteure, die aus dem kommunistischen Arbeitermilieu stammten. Überläufer mit derartigem biographischen Hintergrund – zu erinnern wäre hier noch an den kommunistischen Partisanen Fritz Schmenkel – gingen auch im Westen zu den Alliierten über, wie etwa der sozialdemokratische Arbeitersohn Heinz Kluncker, der sich freiwillig in US-Gefangenschaft begab. Die Matrosen der Kriegsmarine Kurt Hälker oder Hans Heisel schlossen sich in Frankreich der »Bewegung Freies Deutschland« an.

Nach dem 20. Juli 1944 hatten einzelne Angehörige der Verschwörer kaum eine andere Wahl, als zu desertieren, zumal die Nationalsozialisten im Rahmen ihrer »Sip-

---

25 Vgl. u.a. Hans-Peter Klausch, Die Geschichte der Bewährungsbataillone 999 unter besonderer Berücksichtigung des antifaschistischen Widerstandes, Köln 1987; ders., Antifaschisten in SS-Uniform. Schicksal und Widerstand der deutschen politischen KZ-Häftlinge, Zuchthaus- und Wehrmachtstrafgefangenen in der SS-Sonderformation Dirlewanger, Bremen 1993.

26 Vgl. Antje Dertinger, Der treue Partisan. Ein deutscher Lebenslauf: Ludwig Gehm, Bonn 1989.

27 Siehe Barbara Dietrich/Joachim Perels (Hrsg.), Wolfgang Abendroth, Ein Leben in der Arbeiterbewegung, Frankfurt am Main 1976, S. 186ff.

28 Siehe Regina Griebel/Marlies Coburger/Heinrich Scheel (Hrsg.), Erfasst? Das Gestapo-Album der Roten Kapelle, Halle 1992, S. 91 und S. 94f.

penhaft«-Maßnahmen nicht einmal Familienmitglieder vor Verfolgungsmaßnahmen verschonten. Der Mitverschwörer Ludwig Freiherr von Hammerstein, dem am 20. Juli 1944 als Ordonnanzoffizier die Flucht aus der Bendlerstraße – wo sich das Oberkommando des Heeres befand – gelang, ging im Herbst 1944 mit gefälschten Papieren in den Untergrund. Heinrich von Trott zu Solz desertierte am 26. August 1944, dem Tag der Hinrichtung seines Bruders, des Widerstandskämpfers Adam von Trott zu Solz, in Frankreich zusammen mit einigen Freunden[29]. Ein enger Freund Claus Schenk Graf von Stauffenbergs, Major im Generalstab Joachim Kuhn, der zusammen mit Oberleutnant Albrecht von Hagen und Generalmajor Helmuth Stieff den Sprengstoff für das Attentat des 20. Juli beschafft hatte, entkam dem Schicksal der meisten Verschwörer ebenfalls nur durch Desertion. Am 28. Juli 1944 lief er an der Ostfront zur Roten Armee über. Das RKG verurteilte ihn in Torgau am 6. Februar 1945 in Abwesenheit zum Tode[30].

Nicht in allen Bereichen des Widerstandes gegen das NS-Regime galt die Desertion als erwägbare Option. Vorbehalte gegen den individuellen Ausstieg aus dem Krieg existierten vor allem bei Kommunisten und bei der Militäropposition – aus sehr verschiedenen Motiven. Zu bedenken gilt, daß die vormalige partielle Interessenidentität einzelner Vertreter der Militäropposition mit den nationalsozialistischen Machthabern – man denke hier an den Heeresjustiz-Chef Sack, den Wehrmachtkommandanten von Berlin, Generaloberst von Hase, und General Friedrich Olbricht, der als Chef des Allgemeinen Heeresamtes auch für das Strafgefangenenwesen zuständig war – in der konkreten historischen Situation einen kaum zu überbrückenden Gegensatz zu einem »militärischen Widerstand der unteren Linie« (Günther Weisenborn) schuf. Das NKFD überwand diesen nur mit Mühe, wie durch den Handschlag des Generals Walther von Seydlitz mit dem Deserteur Hans Zippel belegt ist[31].

Aufrufe von Widerstandsgruppen zur individuellen Desertion sind im Gegensatz zu einer verbreiteten Überlaufpropaganda der Alliierten nicht überliefert. Erst in den letzten Kriegsmonaten organisierten Widerstandskreise im Reichsgebiet Netzwerke, um verfolgten Deserteuren zu helfen, so zum Beispiel die Berliner Gruppe »Ernst« oder die »Gemeinschaft für Frieden und Aufbau« in Luckenwalde.

In der Endphase des Krieges befanden sich unter den Deserteuren immer jüngere durch die Durchhaltepropaganda des NS-Regimes eingeschüchterte Soldaten. Konfrontiert mit der Realität der zusammenbrechenden Fronten wuchsen in ihnen Angst und Verzweiflung ebenso wie die Erkenntnis der Sinnlosigkeit des Krieges. Ihre »Fahnenflucht« war meist Ausdruck der Sorge um Angehörige, Auflehnung gegen die Zerstörung der Heimat und gegen eine Kriegsverlängerung um jeden Preis. Bis zum Kriegsende desertierten weit über 100 000 deutsche Soldaten.

Freilich wird an diesen »politischen Opfern der Wehrmachtjustiz« (Manfred Messerschmidt) deutlich, daß die Aufkündigung militärischer Konsensforderungen nicht ohne weiteres mit einem politisch konnotierten Widerstandsbegriff zu erfassen ist. Für die Frage der Desertionen wie für andere Formen verdeckter Verweigerung bis

29 Siehe Wolfgang W. Schwiedrzik, Träume der ersten Stunde. Die Gesellschaft Imshausen, Berlin 1991, S. 132.

30 Siehe N. Haase (Anm. 11), S. 397 ff.

31 Siehe Bodo Scheurig, Verräter oder Patrioten? Das Nationalkomitee »Freies Deutschland« und der Bund deutscher Offiziere in der Sowjetunion 1943–1945, Berlin–Frankfurt am Main 1993, S. 59 f. und S. 70.

hin zu psychischen Abwehrreaktionen gegen das militärische Herrschaftssystem im NS-Staat bieten sich Ansätze der jüngeren Widerstandsforschung an, die nach diesem abweichendem Verhalten innewohnenden Dissens, Protest, Verweigerung und Widerstand fragen[32]. Auch für den militärischen Bereich ist graduell differenzierend nach den Phasen des Kriegsverlaufs ebenso wie nach Motiven und Werthaltungen der Verweigerer und Deserteure sowie ihren Handlungsspielräumen und ihrer Wirkungsgeschichte zu forschen.

IV.

In der Nachkriegszeit dominierte der literarische Diskurs die Wahrnehmung der Desertion als Ausdruck politischer Gegnerschaft gegen das NS-Regime[33]. Die zumeist autobiographischen literarischen Reflexionen einiger Autoren unterschiedlicher weltanschaulicher Prägung fassen die Desertion als Gegenwehr auf – gegen eine erzwungene Mittäterschaft (Justus F. Wittkop, Wolfdietrich Schnurre). In ihr drückt sich die Ablehnung der Legitimität der Kriegführung und des erzwungenen Fahneneides aus, im Mittelpunkt steht die gewissensethische Verantwortung des einzelnen (Otl Aicher, Alfred Andersch). Aber auch Nonkonformität und Freiheitssehnsucht werden als existentielle Erfahrungen im Widerstehen gegen das militärische Herrschaftssystem beschrieben (Gerhard Zwerenz, Andersch).

Das wichtigste literarische Dokument eines Wehrmachtsdeserteurs stellt zweifelsohne der Bericht »Die Kirschen der Freiheit« dar, den Andersch 1952 veröffentlichte[34]. In idealtypischer Verdichtung sind hierin Geschichte, Motive und Selbstreflexion deutscher Deserteure des Zweiten Weltkrieges gebündelt. Andersch begreift seine Desertion von der italienischen Front im Sommer 1944 als »mächtige, von niemandem gelenkte und stillschweigende Sabotage.« In bewußter Abkehr vom Konformitätszwang der Kameradschaft beruft er sich auf individuelle Freiheit und Unabhängigkeit, auch im Sinne einer Autonomie gegenüber der sozialistisch-kommunistischen Widerstandsgeschichte. Bewußte politische Gegnerschaft läßt ihn zu dem Schluß gelangen: »Mein ganz kleiner privater 20. Juli fand bereits am 6. Juni statt.«

Überkommene ideologische Ressentiments oder eine militärische Zwecklogik, die im Interesse der Schadensbegrenzung für die heutige Wehrbereitschaft die Verweigerer und Deserteure pauschal abwertet, wie dies noch im vergangenen Jahrzehnt in den Debatten um Denkmäler für Deserteure und die Wiedergutmachung der Unrechtsurteile der NS-Militärjustiz der Fall war, führen in die Irre. Daß hohe Militärs in bezug auf die Verweigerer wie im Falle Bastians zu Attributen wie »Märtyrer« griffen oder wie der Kommandierende Admiral der Unterseeboote, von Friedeburg,

---

32 Vgl. Jörg Kammler, Ich habe die Metzelei satt und laufe über ... Kasseler Soldaten zwischen Verweigerung und Widerstand (1939–1945), Fuldabrück 1985; Günter Fahle, Verweigern – Weglaufen – Zersetzen. Deutsche Militärjustiz und ungehorsame Soldaten 1939–1945. Das Beispiel Ems–Jade, Bremen 1990.

33 Einschlägiges Literaturbeispiel u.a. Norbert Haase, Die Zeit der Kirschblüten ... Zur aktuellen Denkmalsdebatte und zur Geschichte der Desertion im Zweiten Weltkrieg, in: Fietje Ausländer (Hrsg.), Verräter oder Vorbilder? Deserteure und ungehorsame Soldaten im Nationalsozialismus, Bremen 1990, S. 151ff.

34 Alfred Andersch, Die Kirschen der Freiheit. Ein Bericht, Zürich 1952.

befürchteten, sie würden gegenüber den Kameraden als »überzeugungstreue Helden« erscheinen[35], gibt uns heute die Gewißheit, daß die zögerliche Rezeption eines breiten Widerstandes innerhalb der Wehrmacht aus dem zeithistorischen Kontext der Nachkriegszeit interpretiert werden muß.

»Überzeugungstreue Helden« und fanatische »Märtyrer« passen freilich nicht in ein Geschichtsbild, das Deserteure bis heute als »Verräter« und »Feiglinge« diffamiert, stigmatisiert und kriminalisiert. Für sie alle hat die Frage Heinrich Bölls – selbst »Fahnenflüchtiger« des Weltkrieges – nichts an Aktualität eingebüßt: »Wo sind die Deserteure? ... Wo sind die Eltern, sind die Freunde, die Brüder und Schwestern dieser erschossenen Deserteure, deren Leichen man auf die Schwelle des Friedens häufte?«[36] Die Geschichtswissenschaft hat hierfür noch keine befriedigende Antwort parat.

---

35 Befehl des Kommandierenden Admirals der Unterseeboote, von Friedeburg, vom 4. Januar 1945, zit. nach: M. Messerschmidt/F. Wüllner (Anm. 5), S. 304.

36 Heinrich Böll, Wo sind die Deserteure?, in: Aufwärts vom 5. März 1953, S. 1.

Edgar Wolfrum

Widerstand in den letzten Kriegsmonaten

I. Entlegene Geschichte?

Fragen

Nahezu jede Beschäftigung mit dem deutschen Widerstand hat in der einen oder anderen Weise den 20. Juli 1944 zum Bezugspunkt. Für den Widerstand in den letzten Kriegsmonaten gilt dies in doppelter Hinsicht: für die zeitliche Dimension – gab es nach dem gescheiterten Hitler-Attentat überhaupt noch einen nennenswerten Widerstand? – ebenso wie für die methodische Dimension – wie konnten für die Widerstandsforschung neue, »nicht-monumentale« Themenfelder erschlossen werden?

Die methodische Frage läßt sich beantworten, wenn man die Genese der Forschung näher betrachtet, was im folgenden zuerst geschehen soll. Damit eng verknüpft ist das Problem, inwieweit sich die disparaten Aktionen in den letzten Kriegsmonaten mit Widerstandsbegriffen fassen lassen – zugespitzt formuliert: können diejenigen, die erst sehr spät zu Gegnern des Nationalsozialismus wurden, die vielleicht bis fünf Minuten vor Zwölf seiner Politik zugestimmt, seinen Repräsentanten zugejubelt hatten, zum Widerstand gezählt werden, oder waren sie nur Vertreter opportunistischen Umschwenkens? Dieses Problem durchzieht auch den Hauptteil des vorliegenden Beitrags: Er widmet sich den Erscheinungsformen und Ausprägungen des Widerstands in den letzten Kriegsmonaten, wobei nicht nur ein möglichst systematischer und ordnender Zugriff versucht werden soll; vielmehr wird darauf gezielt, den Motivationen und Antrieben von Widerstand in einer Zeit auf die Spur zu kommen, die von Chaos, Desintegrationserscheinungen und umstürzenden Lebenslagen geprägt war.

Am Schluß der Ausführungen wird die Frage aufgeworfen, die man an den deutschen Widerstand 1933–1945 immer wieder gestellt hat: Es ist die Frage nach seinen Leistungen, seinen Begrenzungen, seinen Fernwirkungen über den Tag und über den Krieg hinaus, womit nicht zuletzt die Erörterung seiner möglichen Verdienste für den Aufbau demokratischer Strukturen in Deutschland beabsichtigt ist.

Genese der Forschung

Einen wirklich befriedigenden Forschungsstand über widerständiges Verhalten in den letzten Kriegsmonaten gibt es nicht. Die Darstellungen enden zumeist mit den Verfolgungen nach dem gescheiterten Umsturzversuch vom 20. Juli 1944 und erwähnen dann bestenfalls noch versprengt aufflackernde Einzelaktionen. Das Thema ist wegen der Zufälligkeit der Quellenüberlieferung und ihres fragmentarischen Charakters in der Tat nicht leicht in den Griff zu bekommen, und weitere Lokal- und Regionalforschungen sind nötig, um die mannigfachen Existenzformen von Widerstand ganz zu erschließen; erst dann könnten auch die bislang nur begrenzten theoretischen Überlegungen weiterentwickelt, mithin Verhaltensweisen in der Endphase des Dritten Reiches präziser erfaßt werden[1]. Aber wie wurde Widerstand in den letzten Kriegsmonaten überhaupt »entdeckt«? Dazu waren vier, sich teilweise überschneidende forschungsstrategische Etappen zurückzulegen[2].

Eine der Voraussetzungen war, daß die Fixierung auf die »Männer des 20. Juli« gelockert wurde, wie sie in der Bundesrepublik bis Ende der sechziger Jahre kennzeichnend blieb. Es galt, auch den Widerstand der Arbeiterbewegung zu thematisieren und die im Zeichen des »Kalten Krieges« erfolgte Aufteilung der Widerstandsforschung zwischen der Geschichtswissenschaft der Bundesrepublik (»bürgerlicher« Widerstand des 20. Juli) und der DDR (»proletarischer« Widerstand) und ihre jeweilige Heroisierung zu überwinden[3]. Ein Durchbruch zu neuen Gegenstandsbereichen war aber erst möglich, als sozialgeschichtliche Mikroanalysen in Form von Regional- und Lokalstudien[4] den Blick »von unten« wagten, den Widerstand aus seiner »monumentalistischen Erstarrung«[5] lösten und lebendig machten.

So konnte man beispielsweise sehen, daß es nach der Zerschlagung von Widerstandsgruppen 1944 zwar kaum noch gelang, größere Organisationen aufzubauen, daß aber die Zahl derer, die sich widersetzten, häufig noch zunahm. Dreh- und Angelpunkt der neueren Diskusson war und ist das »Bayern-Projekt«[6]. Dieses Projekt ging den Wechselbeziehungen von Herrschaft und Gesellschaft nach, deckte eine

---

1 Für das Saarland liegen neue Erkenntnisse vor: Klaus-Michael Mallmann/Gerhard Paul, Widerstand und Verweigerung im Saarland 1933–1945, Bd. 2: Herrschaft und Alltag. Ein Industrierevier im Dritten Reich, Bonn 1991.

2 Zur Forschungsgeschichte: Gerd R. Ueberschär, Gegner des Nationalsozialismus. Volksopposition, individuelle Gewissensentscheidung und Rivalitätskampf konkurrierender Führungseliten als Aspekte der Literatur über Emigration und Widerstand im Dritten Reich zwischen dem 35. und dem 40. Jahrestag des 20. Juli 1944, in: Militärgeschichtliche Mitteilungen, 35 (1984), S. 141–196; Klaus-Jürgen Müller/Hans Mommsen, Der deutsche Widerstand gegen das NS-Regime. Zur Historiographie des Widerstands, in: Klaus-Jürgen Müller (Hrsg.), Der deutsche Widerstand 1933–1945, Paderborn u. a. 1990, S. 13–21; Peter Steinbach, Widerstandsforschung im politischen Spannungsfeld, in: Aus Politik und Zeitgeschichte, B 28/88, S. 3–21.

3 Vgl. etwa: Detlev Peukert, Der deutsche Arbeiterwiderstand 1933–1945, in: Karl Dietrich Bracher/Manfred Funke/Hans-Adolf Jacobsen (Hrsg.), Nationalsozialistische Diktatur 1933–1945. Eine Bilanz, Bonn 1983, S. 633–654; Erich Matthias/Hermann Weber (Hrsg.), Widerstand gegen den Nationalsozialismus in Mannheim, Mannheim 1984.

4 Vgl. Kurt Klotzbach, Gegen den Nationalsozialismus. Widerstand und Verfolgung in Dortmund. Eine historisch-politische Studie, Hannover 1961; Hans-Josef Steinberg, Widerstand und Verfolgung in Essen 1933–1945, Bonn 1974; Helmut Beer, Widerstand in Nürnberg 1933–1945, Nürnberg 1976. Christoph Fischer-Defoy, Arbeiterwiderstand in der Provinz. Arbeiterbewegung und Faschismus in Kassel und Nordhessen 1933–1945. Eine Fallstudie, Berlin 1982; Manfred Bosch/Wolfgang Niess (Hrsg.), Der Widerstand im deutschen Südwesten 1933–1945, Stuttgart 1984; Günter Heuzeroth (Hrsg.), Unter der Gewaltherrschaft des Nationalsozialismus 1933–1945. Dargestellt an den Ereignissen im Oldenburger Land, 9 Bde., Oldenburg 1985.

5 Martin Broszat, Resistenz und Widerstand. Eine Zwischenbilanz des Forschungsprojekts, in: ders. (Hrsg.), Bayern in der NS-Zeit, Bd. 4: Herrschaft und Gesellschaft im Konflikt, München 1981, S. 692.

6 Ebenda, sowie: Günter Plum, Widerstand und Resistenz, in: Martin Broszat/Horst Möller (Hrsg.), Das Dritte Reich. Herrschaftsstruktur und Geschichte, München 1983, S. 248–273.

Vielzahl oppositionellen und resistenten Verhaltens in politischen Strömungen und unorganisierten Formen auf, fand viele »kleine« Arten des zivilen Mutes im Kontrast zum Hauptstrom ängstlicher Anpassung oder glühender Regimetreue heraus; man sah den Widerstand breiter und bettete ihn in die konkrete, situationsgebundene, immer nur partielle Erfahrungswelt sozialer und lokaler Gruppen ein. So gelangte man auch auf die Spur von vielfältigen »ad-hoc-Widerständen«, wie sie gerade gegen Ende des Krieges häufig auftraten. Aber Aktionen zur Kriegsbeendigung und mannigfache persönliche Exempel waren nur die eine Seite der Medaille.

Eine entscheidende vierte Etappe im Forschungsgang mußte hinzukommen, um die Dimensionen des Widerstands in den letzten Kriegsmonaten ganz zu erfassen: Neben der Loslösung vom 20. Juli, neben der generellen Einbeziehung des Arbeiterwiderstands, neben der Ausleuchtung des Mikrokosmos wurde die Perspektive über das Kriegsende hinaus wichtig[7]. In zahlreichen Regionen Deutschlands zeigten sich unmittelbar nach der alliierten Besetzung »Antifaschistische Ausschüsse« – eine typische Erscheinung der Zusammenbruchsgesellschaft –, die aber nicht allein mit existentiellen Tagesaufgaben befaßt waren, sondern häufig mit zukunftsorientierten Konzepten aufwarteten. Als man die Wurzeln dieser Ausschüsse nach hinten, in den Krieg hinein verfolgte, entdeckte man eine Neu- und Wiederformierung der politischen Opposition gegen den Nationalsozialismus: »Der politische Widerstand endete dort, wo er begonnen hatte – bei den Aktivisten verschiedener Richtungen der sozialistischen Arbeiterbewegung.«[8]

Die Forschung versuchte stets, die verschiedenen Widerstandsstufen gegeneinander abzugrenzen. Hans Mommsen hat jedoch zu Recht darauf hingewiesen, daß dies zwar wissenschaftlich notwendige Konstrukte, aber aus der Perspektive der Handelnden nicht mehr als »artifizielle« Grenzziehungen sind[9]. Gerade für den höchst zersplitterten und unübersichtlichen, nur kleinräumig wirkenden, existentiell-private und politische Motive vermischenden Widerstand in den letzten Kriegsmonaten muß beachtet werden, daß seine Dimensionen nur dann zu fassen sind, wenn nicht von vornherein Ausprägungen und Antriebe ausgesiebt oder mit dem Verdikt unterschlagen werden, es handle sich gar nicht um »richtigen« Widerstand. Der nationalsozialistische Verfolgungsapparat unterschied nicht derart feinsinnig[10].

Das Ziel, allen, die sich gegen die NS-Herrschaft auflehnten, Anerkennung zu verschaffen, ist deswegen nur dann zu erreichen, wenn man sich von politisch wertenden Einstufungen verabschiedet, wenn motivationsgeschichtliche Aspekte, die eine politisch-moralische Aufwertung des Widerstands von Elitegruppen nach sich ziehen,

7 Frühe Arbeiten hierzu u. a. von: Ulrich Borsdorf/Lutz Niethammer (Hrsg.), Zwischen Befreiung und Besatzung. Analysen des US-Geheimdienstes über Positionen und Strukturen deutscher Politik, Wuppertal 1976; Lutz Niethammer u. a. (Hrsg.), Arbeiterinitiative 1945, Wuppertal 1976; Peter Brandt, Antifaschismus und Arbeiterbewegung. Aufbau – Ausprägung – Politik in Bremen 1945/46, Hamburg 1976; Inge Marßolek, Arbeiterbewegung nach dem Krieg (1945–1948). Am Beispiel Remscheid, Solingen, Wuppertal, Frankfurt am Main 1983.

8 Richard Löwenthal, Widerstand im totalen Staat, in: ders./Patrik von zur Mühlen (Hrsg.), Widerstand und Verweigerung in Deutschland 1933–1945, Berlin–Bonn 1984, S. 17.

9 Hans Mommsen, Die Opposition gegen Hitler und die deutsche Gesellschaft 1933–1945, in: K.-J. Müller (Anm. 2), S. 32; siehe auch die Diskussion über den Widerstandsbegriff, in: Jürgen Schmädeke/Peter Steinbach (Hrsg.), Der Widerstand gegen den Nationalsozialismus. Die deutsche Gesellschaft und der Widerstand gegen Hitler, München–Zürich 1986, S. 1122 f.

10 Vgl. ebenda.

abgebaut werden, wenn schließlich der statische Widerstandsbegriff zugunsten eines dynamischen aufgegeben wird, der die Wandlungsfähigkeit von Menschen berücksichtigt und unterschiedliche, sich verändernde Widerstandsimpulse anerkennt.

Während des Schlußinfernos des Dritten Reiches – das gekennzeichnet war durch »Nerobefehle«, Massenexekutionen, durch nackten Terror gegen alle »Abtrünnigen« oder »Feigen«, um das Abbröckeln der »Heimatfront« zu verhindern – bietet sich als Grundkriterium des Widerstandsbegriffs an, ob ein bestimmtes Verhalten von einzelnen oder Gruppen geprägt war von aktiver Risikobereitschaft, erwachsen aus einer zumindest partiell bewußten Gegnerschaft zum Nationalsozialismus[11]. Als die Fronten näher rückten, wuchs bei zahlreichen Menschen die Risikobereitschaft, Kampfhandlungen und Zerstörungen zu verhindern, einzeln oder in Kleingruppen aktiv zu werden, sich auf Maßnahmen für die Zeit nach der Befreiung vorzubereiten. »Es wäre zu einfach, ja ungerecht, hierin nur eine Flucht nach vorn bei denen zu sehen, die sich bis dahin herausgehalten hatten oder gar ein Rädchen im Machtgefüge gewesen waren. Das Risiko war angesichts der drakonischen Strafmaßnahmen außerordentlich groß, wie jeder wußte. Opportunisten versuchten nicht aufzufallen, Mitschuldige unterzutauchen. Wer sich in diesen Wochen engagierte, hielt bewußt den Kopf hin.«[12]

Von einer »Volksopposition« freilich war Deutschland weit entfernt. Der pseudoreligiöse Hitler-Mythos als stärkste Integrationsklammer des Dritten Reiches hielt bis zum Schluß[13], und trotz vielfältiger Desintegrationserscheinungen wurde der politische Grundkonsens nicht in Frage gestellt, die Loyalität nicht massenhaft aufgekündigt. Widerstand war und blieb das Verhalten einer kleinen Minderheit.

II. Erscheinungsformen und Antriebe

Ursprünge der »Antifaschistischen Ausschüsse«

Politisch motivierte Opposition aus der Arbeiterbewegung heraus wurde nach der Zerschlagung der kommunistischen Untergrundgruppen im Zuge des 20. Juli 1944 nicht vollständig unterdrückt – es gab sie im Gegenteil bis zum totalen Zusammenbruch der NS-Diktatur. Zwar organisierte sich diese Opposition dann eher spontan, und viele der lokalen Kontakte blieben informeller Natur, aber die Bewegungen zeichneten häufig programmatische Entwürfe aus, die über den Krieg hinauszielten. Die »Antifaschistischen Ausschüsse«, die mit der alliierten Besetzung im ganzen Reich auftauchten, konnten in den meisten Fällen auf eine Monate umfassende illegale Vorgeschichte blicken. Ihre Träger und Anhänger rekrutierten sich in der

11 Vgl. Werner Bramke, Der antifaschistische Widerstand in der Geschichtsschreibung der DDR in den achtziger Jahren. Forschungsstand und Probleme, in: Aus Politik und Zeitgeschichte, B 28/88, S. 27; zum Kriterium des Risikogrades ferner: Klaus Gotto/Hans Günter Hockerts/Konrad Repgen, Nationalsozialistische Herausforderung und kirchliche Antwort. Eine Bilanz, in: K. D. Bracher/M. Funke/H.-A. Jacobsen (Anm. 3), S. 656f.; Klaus Tenfelde, Soziale Grundlagen von Resistenz und Widerstand, in: J. Schmädeke/P. Steinbach (Anm. 9), S. 803.

12 W. Bramke (Anm. 11), S. 28.

13 Vgl. Ian Kershaw, Der Hitler-Mythos. Volksmeinung und Propaganda im Dritten Reich, Stuttgart 1988.

Hauptsache aus Kommunisten und Sozialdemokraten; die »Ausschüsse« waren dort besonders stark, wo die Arbeiterbewegung ihre Hochburgen hatte. Es lassen sich bestimmte Ursprünge, Ausprägungen und Zielsetzungen unterscheiden. Dies kann hier jedoch nur beispielhaft an Einzelfällen und stellvertretend für viele andere Orte geschehen.

Die Initiative ging oftmals von Kommunisten aus. Die kommunistische Exilführung hatte 1944/1945 über den Moskauer Rundfunk appelliert, die »Friedensfront« in »Volksausschüssen« und »Kampfgruppen« zusammenzuschließen, die Isolierung aufzubrechen und Verbindungen zu anderen Aktivgruppen zu suchen, politische Aufklärungsarbeit zu leisten, Sabotageakte und Desertionen vorzunehmen, Aufstände in frontnahen Gebieten zu beginnen und führende Nationalsozialisten dingfest zu machen[14]. In Leipzig, wie in vielen anderen Orten Ostdeutschlands, folgte die Bildung eines Nationalkomitees »Freies Deutschland« (NKFD)[15]. Bis zuletzt hegte die Leipziger Gruppe Vorstellungen von einer »Selbstbefreiung vom Faschismus«, was jedoch wegen des weiterhin funktionierenden Terrorapparates fallengelassen wurde. Noch am 12. April, eine Woche vor dem Einmarsch der Amerikaner, wurden 52 »staatsfeindliche« Personen verhaftet und erschossen; tags darauf massakrierte die SS über 200 Menschen aus Zwangsarbeitslagern im Umkreis Leipzigs.

Doch man ließ sich nicht einschüchtern. Flugblätter kamen in Umlauf, etwa dieses: »Tagesbefehl an alle Nazi-Gegner ... Schluß mit dem wahnsinnigen Krieg der Nazis! Die Stunde der Befreiung von der Naziknechtschaft ist gekommen! Jetzt gilt es zu handeln!« Weiße Fahnen sollten gehißt, »wehrhafte Aktivgruppen« gebildet werden[16]. Die höchst risikoreiche Propaganda des NKFD in Leipzig zeigte Wirkung: Daß der Widerstand gegen die einmarschierenden Truppen gebrochen wurde und das Kriegsende relativ glimpflich ausging, war auch ein Verdienst des Leipziger Komitees. Es wuchs nach der Befreiung rasch auf 4500 Mitglieder an, konnte allerdings nur zwölf Tage lang legal operieren, während der es bei der Ermittlung lokaler Nazigrößen half. Dann wurde es von der amerikanischen Besatzungsmacht mit der Begründung verboten, es handle sich um einen Vorgriff auf noch nicht wieder gestattete (partei-)politische Betätigung. Damit traf das NKFD das gleiche Schicksal wie bald sämtliche »Antifas« im angloamerikanischen Besatzungsgebiet. Die Reste der Organisation beseitigte die sowjetische Besatzungsmacht, für die das NKFD in der Bevölkerung noch warb, als bereits feststand, daß diese die Amerikaner ablösen würden[17].

Während es in Leipzig zu keinem bewaffneten Aufstand kam, sondern die Versuche, Kampfhandlungen zu beenden, sich im wesentlichen auf Propaganda beschränkten, zeigten sich anderswo vereinzelt »Kümmerformen einer Partisanenbewegung«[18]. Konkrete Aktionen waren angesichts der Götterdämmerung der meisten NS-Potentaten und der Schwäche der Widerstandsstellen besonders risikoreich und wurden mehrfach mit schweren Opfern buchstäblich in den letzten Stunden bezahlt. In Düsseldorf beispielsweise versuchte ein Teil einer kleinen Gruppe, die von einem kommunistischen Kaufmann Anfang 1945 mit relativ festen Strukturen begründet wor-

14 Zu den Zielen des KPD-Aufrufs: Arnold Sywottek, Revolutionäre Perspektiven des kommunistischen Widerstands, in: J. Schmädeke/P. Steinbach (Anm. 9), S. 475–496, bes. S. 487.
15 Siehe L. Niethammer u. a. (Anm. 7), S. 219 ff.
16 Ebenda, S. 232.
17 Siehe ebenda, S. 237.
18 Siehe ebenda, S. 205 ff.

den war und deren Reste später die »Antifako« bildeten, das Polizeipräsidium zu besetzen, und wurde von der SS getötet[19].

Alles andere als nebensächlich war die Beteiligung von »Fremdarbeitern« am Widerstand in den letzten Kriegsmonaten. Vielfach überliefert sind Absprachen zwischen deutschen Gruppen und französischen Arbeitern, die halfen, daß Ortschaften kampflos von der französischen Armee besetzt werden konnten[20]. Weit darüber hinaus reichten Widerstandshandlungen im Ruhrgbiet, die bei Sabotageakten anfingen und zum Teil in einer regelrechten progammatischen Zusammenarbeit zwischen »Fremdarbeitern« und Deutschen mündeten. Im Lagebericht des Kölner Staatsanwalts an das Reichsjustizministerium vom 30. Januar 1945 wird die Aufdeckung eines »Komitees Freies Deutschland« beschrieben, bestehend aus 300 Ausländern und 200 Deutschen, das 15 Monate existiert und sich zur Aufgabe gestellt habe »1. auf eine schnelle Beendigung des Krieges einzuwirken, 2. die NSDAP zu zerschlagen, 3. Mitglieder der früheren Parteien zu einer Volksfront zu sammeln, 4. eine neue Regierungsbildung vorzubereiten«[21].

Am weitesten gedeihen konnte ein illegaler Kampfbund sowjetischer Arbeiter in Essen, aufgezogen vom gebürtigen Ukrainer Paul Timor, einem promovierten Chemiker, der nach der Kriegsgefangenschaft als Hilfsarbeiter bei Krupp beschäftigt war. Timor stellte Verbindungen zu deutschen Oppositionellen her und beschrieb seine oberste Zielsetzung als »Organisierung aller Werktätigen zum Widerstand gegen den Faschismus«. Er wollte »Sabotage«- und Fluchtaktionen ebenso organisieren wie bewaffnete Trupps, die beim alliierten Einmarsch flächendeckend einen Aufstand im Ruhrgebiet entfesseln sollten, was aber bekanntermaßen nicht geschah. Nach der Besetzung plante Timor, für das gesamte Ruhrgebiet eine Art regionale »Groß-Antifa« zu schaffen, wurde aber von der Besatzungsmacht in die sowjetische Zone abgeschoben, womit seine Bestrebungen versandeten[22].

Jeder dritte Arbeitsplatz in Deutschland war gegen Ende des Krieges von einem »Zwangsarbeiter« oder Kriegsgefangenen besetzt. Das Ausmaß ihrer Verweigerungs- und Widerstandsverhalten überschritt – das legen Forschungen zum Saargebiet nahe[23] – bei weitem das der deutschen Arbeiter. Diese Aktivitäten schränkten in den letzten Kriegsmonaten die Leistungsfähigkeit der Betriebe erheblich ein, und sie banden Kapazitäten der Sicherheitsbehörden, wodurch sich wiederum Lücken und Freiräume für den einheimischen Widerstand öffneten und damit dessen Handlungschancen erweiterten. Weil aber Deutsche wie Ausländer von der vermuteten Allmacht der Gestapo geblendet waren und weil aller Widerstand vereinzelt und zersplittert blieb, konnten weder die »Fremdarbeiter« die Chance nutzen, den sich zersetzenden Maßnahmenstaat aus den Angeln zu heben, noch gelang dies der deutschen Opposition.

19 Siehe ebenda, S. 206; weitere Beispiele bei Detlev Peukert, Die KPD im Widerstand. Verfolgung und Untergrundarbeit an Rhein und Ruhr 1933–1946, Wuppertal 1980.

20 Zahlreiche Beispiele bei Gerhard Junger, Schicksale 1945. Das Ende des II. Weltkrieges im Kreis Reutlingen. Besetzung und Besatzung, Reutlingen 1991, und Thomas Schnabel, Württemberg zwischen Weimar und Bonn 1928–1945/46, Stuttgart 1986, S. 595.

21 Detlev Peukert, Die Edelweißpiraten. Protestbewegung jugendlicher Arbeiter im Dritten Reich, Köln 1980, S. 107.

22 Siehe ders., Ruhrarbeiter gegen den Faschismus. Dokumentation über den Widerstand im Ruhrgebiet 1933–1945, Frankfurt am Main 1976, S. 328f., und U. Borsdorf/L. Niethammer (Anm. 7), S. 98.

23 Vgl. K.-M. Mallmann/G. Paul (Anm. 1).

Freilich: was wir heute in der Gesamtschau zu den Rahmenbedingungen von Widerstand sehen können, stellte sich dem Zeitgenossen, der dem NS-Unrechtsregime entgegentrat und einen jeweils nur begrenzten Blick hatte, häufig genug anders dar. Der amerikanische Politologe H. Meyerhoff konnte im April 1945 in den befreiten Frankfurter Raum reisen und über eine Vielzahl lokaler »Antifaschistischer Ausschüsse« berichten, die nicht zuletzt eine Vereinigung der beiden ehemaligen Arbeiterparteien auf ihre Fahnen geschrieben hatten. Fast alle Beteiligten, so Meyerhoff, seien irgendwann einmal während der NS-Herrschaft inhaftiert worden. »Sie wiederholten die bekannte Darstellung, es sei unmöglich gewesen, die Nazis von innen heraus zu stürzen, zählten aber eine ganze Reihe Dinge auf, die sie trotz der offiziellen Kontrollen hätten tun können: Hilfe für ausländische Arbeiter und fliehende Gefangene, Eingreifen zum Schutz alliierter Piloten, wenn Lynch-Mobs der Nazis auftauchten, Verteilen von Flugblättern, Schwarzhören und – in den letzten Tagen – Sabotage des Volkssturms, Entfernung von Panzersperren und andere Dinge für die amerikanischen Truppen.«[24]

Über solche risikoreichen »ad-hoc-Maßnahmen« hinaus wiesen Initiativen der Bremer »Kampfgemeinschaft gegen den Faschismus«, die nach der amerikanischen Besetzung 5 000 Mitglieder zählte[25]. Bereits Wochen vor Kriegsende war hier ein »Sofortprogramm der Werktätigen« als Grundlage für die geplante Sammelbewegung entworfen worden, welche sich wiederum bis ins Jahr 1944 zurückverfolgen läßt und darauf zielte, die Arbeiterbewegung zu einigen, »Abwehrtrupps« zur Verhinderung von Betriebszerstörungen zu bilden, die NSDAP zu bekämpfen und nach Kriegsende zu beseitigen sowie Arbeiterrechte wiederherzustellen.

Ähnliche »Aktionsausschüsse« aus dem betrieblichen und gewerkschaftlichen Bereich existierten im Ruhrgebiet und anderswo[26]. Ihr Interesse richtete sich darauf – so stand in einem Bremer Flugblatt zu lesen – »daß die Umstellung der Rüstungsbetriebe in solche der Friedensfabrikation in Kürze vollzogen wird«. Dem »Nazi-Vandalismus« der letzten Stunde, dem Chaos und der Anarchie sollten keine Chance gegeben werden[27]. Von solchen Initiativen aus führt eine direkte Linie zum »Wiederaufbaupakt«[28] zwischen Betriebsräten und Unternehmensführungen in der Nachkriegszeit, der zwar eine demokratisch-sozialistische Umgestaltung der Wirtschaft nach 1945 hemmte, aber eine reibungslose und rasche Sanierung der Betriebe erst ermöglichte.

Es ist demnach nicht gerechtfertigt, die »Antifaschistischen Ausschüsse« als »periphere Randphänomene«[29] abzuwerten. Sie bildeten vielmehr ein starkes Bindeglied zwischen dem Arbeiterwiderstand »von unten« und dem demokratischen Neubeginn, der sich anfangs ebenfalls fast ausschließlich »unten«, auf der lokalen Ebene abspielte. Die Basisinitiativen entstanden häufig noch illegal im Dritten Reich, sie bewahrten demokratische Traditionen der Arbeiterbewegung, verteidigten soziale In-

---

24 U. Borsdorf/L. Niethammer (Anm. 7), S. 93.

25 Vgl. P. Brandt (Anm. 7).

26 Siehe L. Niethammer u. a. (Anm. 7), S. 281 ff.

27 P. Brandt (Anm. 7), S. 252.

28 Siehe Michael Fichter, Aufbau und Neuordnung: Betriebsräte zwischen Klassensolidarität und Betriebsloyalität, in: Martin Broszat/Klaus-Dietmar Henke/Hans Woller (Hrsg.), Von Stalingrad zur Währungsreform. Zur Sozialgeschichte des Umbruchs in Deutschland, München 1988, S. 549.

29 So Hans-Peter Schwarz in dem 1980 verfaßten einleitenden Essay zur Neuauflage seines Buches: Vom Reich zur Bundesrepublik. Deutschland im Widerstreit der außenpolitischen Konzeptionen in den Jahren der Besatzungsherrschaft 1945–1949, Berlin 1980, S. LXIV.

teressen, halfen bei der kampflosen Übergabe von Städten, verhinderten somit sinnloses Blutvergießen und waren oft die ersten Ansprechpartner der Besatzungsmächte. Darüber hinaus blieben die Arbeiterinitiativen wachsam gegenüber immer möglichen »Werwolfanschlägen«, kümmerten sich vor Ort um erste politische Säuberungen, betrieben antinazistische Aufklärung, überwanden die Lähmungskrise der deutschen Gesellschaft zwischen dem Zerfall des NS-Regimes und der Errichtung einer funktionierenden Besatzungsverwaltung und hielten ganz allgemein öffentliches Leben in Gang.

Daß 1944/1945 keine revolutionäre Massenerhebung wie 1918 ausbrach, lag nicht nur daran, daß Besatzungstruppen rasch im Land vorrückten, daß durch den Bombenkrieg Verkehrs- und Kommunikationswege zerstört und Sozialmilieus auseinandergebrochen waren, sondern vor allem daran, daß die meisten Deutschen bis zum bitteren Ende »in Treue fest« zu ihrem »Führer« standen[30]. Die Verbreitung der »Antifas« über das gesamte Reichsgebiet zeugt, verglichen mit der üblichen Gefolgschaftstreue oder der Apathie anderer Schichten, von einem recht ansehnlichen politischen Aktionspotential der sich neu formierenden Arbeiterbewegung.

Selbst in der Provinz bot sich dieses Bild. In Freiburg etwa bildeten schon Monate vor Kriegsende zwölf Arbeiterfunktionäre der Weimarer Republik eine »Sozialistische Aufbaugruppe«[31]. Und im Bodenseegebiet hatten die jeweils lokalen »Ausschüsse« 1945 ein Ausmaß erreicht, das für das übrige Deutschland seinesgleichen suchte. Die »Antinazi-Komitees«, »Widerstandsblöcke« und »Anti-Nazi-Bewegungen« wurden dort auch von der französischen Militärregierung als willkommene, ja unerläßliche Übergangs- und Erziehungsorganisationen von Deutschen für Deutsche nach dem Zusammenbruch gefördert und offiziell zugelassen. Sie zogen bald auch zahlreiche »Bürgerliche« an[32].

Für viele aus der alten Arbeiterbewegung hieß das Gebot der Stunde: sozialistische Einheit. Parteitaktische Fragen spielten vor Ort keine Rolle; man ließ sich nach 12jähriger Unterdrückung vom emotionalen Pathos tragen und war zudem vom Versagen der alten Arbeiterparteien überzeugt. In Singen am Hohentwiel, dem industriellen Zentrum des westlichen Bodenseeraums, war es Anfang 1945 zur illegalen Gründung einer »Vereinigten Arbeiterpartei« gekommen, die nach Kriegsende auf 600 Mitglieder anwuchs. »Geeint durch das gemeinsame Leiden der Sozialdemokraten und Kommunisten«, so lautete eine Entschließung, »und durch den illegalen Kampf gegen die Hitlertyrannei hatten wir uns zu einer gemeinsamen Partei zusammengeschlossen, in dem Willen, auch nach dem Zusammenbruch des Naziregimes gemeinsam zu marschieren.«[33]

Die autonomen Vorstellungen der lokalen Arbeiterführer in Singen gerieten aber über zentrale kommunistische Richtlinien zwischen die Mühlsteine und wurden zerrieben. Kommunistische Remigranten aus der Schweiz, die den dortigen »Freies Deutschland«-Gruppen angehört hatten, tauchten – ebenso wie andernorts im Süd-

---

30 Vgl. I. Kershaw (Anm. 13), und Marlis G. Steinert, Hitlers Krieg und die Deutschen. Stimmung und Haltung der deutschen Bevölkerung im Zweiten Weltkrieg, Düsseldorf 1970.

31 Siehe Edgar Wolfrum, Französische Besatzungspolitik und deutsche Sozialdemokratie. Politische Neuansätze in der »vergessenen Zone« bis zur Bildung des Südweststaates 1945–1952, Düsseldorf 1991, S. 45f.

32 Siehe ebenda, S. 47ff.

33 Ebenda, S. 52.

westen Vertreter des »Comité Allemagne Libre pour l'Ouest«[34] – mit übergeordneten Direktiven im Marschgepäck auf. Danach stand die Herstellung einer »proletarischen« Einheit vorerst nicht auf der Tagesordnung. Die Remigranten betrieben eine Auflösung der »Vereinigten Arbeiterpartei«. Für viele Basisinitiativen war die von außen aufgepfropfte politische Ausrichtung der Anfang vom Ende gemeinsamer Zukunftsorientierung. Im Südwesten, wo die »Antifaschistischen Ausschüsse« sich am deutlichsten ausprägen konnten, weil sie nicht von der Besatzungsmacht abgewürgt wurden, gingen sie 1945/46 an parteipolitischen inneren Querelen zugrunde. Die Kürze ihrer Existenz in zudem überlieferungsarmer Zeit ließ sie, die in der Schlußphase der Diktatur Widerstand organsierten und für die Zukunft sorgten, in Vergessenheit geraten.

Bergarbeiteraufstand in Penzberg

In der vorwiegend proletarischen Provinz Oberbayerns ereignete sich in den letzten Kriegstagen ein Aufstand aus dem Stegreif, ein nach Jahren der Erniedrigung und des solidarischen Zusammenhalts in Blut erstickter Versuch von Sozialdemokraten und Kommunisten, die Zerstörung der Heimat zu verhindern[35]. Infolge kollektiver Arbeits-, Lebens- und Politikerfahrungen hatte sich in dieser Ende des 19. Jahrhunderts entstandenen Arbeiterkolonie ein Klassenbewußtsein in idealtypischer Form ausgebildet. Der Nationalsozialismus blieb ein »Oberflächenphänomen«, und das Widerstandspotential war begründet in einer festgefügten Tradition der sozialistischen Arbeiterbewegung.

Die Mehrheit der Penzberger Arbeiter hatte eine kaum erschütterbare Haltung der Nonkonformität aufgebaut, eine latente Opposition, nachdem aktive Aufstandsbestrebungen gegen die NS-Diktatur 1933/1934 im Keim erstickt worden waren. Als aufgrund der »Nerobefehle«, die eine Zerstörung aller Verkehrs-, Nachrichten-, Industrie- und Versorgungsanlagen vor Einmarsch der feindlichen Truppen forderten, die Sprengung eines Bergwerkes geplant wurde, bäumten sich Penzberger Arbeiter gegen die Vernichtung auch noch der materiellen Existenzgrundlage der Stadt auf. Am Morgen des 28. April, angesporn durch einen Rundfunkaufruf der »Freiheitsaktion Bayern«, taten sich der kommunistische und der sozialdemokratische Widerstandskreis zusammen. Sie konnten das Bergwerk retten, den NS-Bürgermeister ausschalten und die Rathausverwaltung scheinbar auf sich verpflichten.

Aber tags darauf wurden die Anführer des Aufstands verhaftet. Gauleiter Giesler ordnete ihre Exekution an, die von »Werwolfleuten« ausgeführt wurde. Eine Schrekkensorgie ergoß sich über Penzberg. Listen über »politisch unzuverlässige« Männer und Frauen, die jedoch lediglich auf persönlicher Animosität der Listenurheber fußten, kamen in Umlauf; »Werwolfmordkommandos« unter Führung Ortskundiger ermordeten 16 Menschen, einen Tag vor Einmarsch der Amerikaner. Über das Motiv schreibt Klaus Tenfelde: »Jetzt noch einmal die ganze Macht spüren lassen, mit einer

34 Siehe Alain Lattard, Gewerkschaften und Arbeitgeber in Rheinland-Pfalz unter französischer Besatzung 1945–1949, Mainz 1988, S. 82ff.

35 Dazu Klaus Tenfelde, Proletarische Provinz. Radikalisierung und Widerstand in Penzberg/Oberbayern 1900–1945, in: M. Broszat (Anm. 5), S. 369ff.

Orgie von Denunziation den Andersdenkenden die Erfahrungen einer oberflächenhaften NS-Herrschaft in die Stadt aus der Ohnmacht in Aggression verwandeln, einen zweiten November verhindern – das lag im Kern der Mordwut. Denn die Bergleute und ihre Familien hatten nicht etwa aktiven Widerstand geleistet, schlimmer fast, sie hatten sich gegenüber Indoktrination und Versuchung als weitgehend immun erwiesen.«[36]

Bewegungen zur Kriegsbeendigung

Im Unterschied zu den »Antifaschistischen Ausschüssen« und zu der geschlossen sozialistischen Tradition in Penzberg entsprang Widerstand in den letzten Kriegsmonaten oftmals nicht aus einer vorgegebenen konzeptionellen politischen Gegnerschaft zum Nationalsozialismus, sondern trug viel eher ideologiefreie, existentielle Züge. Grob unterteilen lassen sich die Aktionen zunächst danach, ob hinter ihnen organisierte Gruppierungen standen oder ob sie ein mehr oder minder individuelles Exempel verantwortungsvollen Handelns darstellten.

Organisierte Formen sollen nachfolgend anhand dreier Ausprägungen charakterisiert werden: der »Freiheitsaktion Bayern« (FAB), der »Rettet-Stuttgart«-Bewegung und des »Widerstandsblocks« in Konstanz. Der anschließende Teil widmet sich dem Widerstand von Einzelnen und situativ-spontan entstandenen Kleingruppen; schließlich wird ein generelles Problem angesprochen, nämlich der jeweilige Hintergrund der widerständigen Verhaltensweisen. In eine Frage gewendet: können bei den sehr disparaten und schwierig auf einen Nenner zu bringenden Aktionen zumindest einige zeittypische Widerstandsantriebe freigelegt werden?

Besondere Bedeutung im Kampf gegen die Kriegsverlängerung erlangte eine Gruppierung von Offizieren und Mannschaften der Wehrmacht in München und Freising um Hauptmann Rupprecht Gerngroß, die auf antinationalsozialistische soldatische Freundeszirkel aus der Vorkriegszeit zurückging[37]. Wenige Tage vor der Besetzung Münchens löste die FAB vom 27. auf den 28. April 1945 einen bewaffneten Aufstand gegen die NS-Herrschaft aus, der allerdings infolge schlechter Koordination und Zögerlichkeiten stecken blieb. Erfolg rechnete sich Gerngroß nur aus, wenn der Putsch unmittelbar in Frontnähe geschah, denn im Gegensatz zu den starken SS-Truppen im süddeutschen Raum konnten sich die Verschwörer lediglich auf wenige Angehörige verschiedener Einheiten des Ersatzheeres stützen.

Als die VII. US-Armee die Donaulinie durchbrochen hatte, begann die »Aktion« mit dem Ziel, die Zentren des NS-Machtapparats schlagartig zu überrumpeln und insbesondere die Radiosender Erding und Freising zu besetzen, von denen aus die Bevölkerung und die deutschen Truppen zur Einstellung der Kämpfe und zum Widerstand gegen die Machthaber aufgerufen werden sollten. Während der erste Teil des Plans scheiterte, weil man sich aus tradierten Ehrbegriffen heraus auf Verhandlungen mit den NS-Potentaten Bayerns einließ und deren Uneinsichtigkeit verkannte, glückte die Übernahme der Sender. Doch genau die Mischung aus partiellem Erfolg und Mißlingen sollte der gesamten Aktion zum Verhängnis werden.

---

36 K. Tenfelde (Anm. 35), S. 381.

37 Siehe Hildebrand Troll, Aktionen zur Kriegsbeendigung im Frühjahr 1945, in: M. Broszat (Anm. 5), S. 660ff.

Über ganz Bayern erging ein Aufruf, wonach die FAB »das Joch der Nazis in München abgeschüttelt« habe; die Bevölkerung solle sich erheben. Ein Zehn-Punkte-Programm, fußend auf christlichen, naturrechtlichen und besonders bayerisch-partikularistischen, anti-preußischen Vorstellungen, sollte den Weg aus dem Dritten Reich in die Zukunft weisen, ohne daß Begriffe wie Volkssouveränität oder Demokratie erwähnt wurden. Im ganzen verfehlte der Appell seine Wirkung, eine allgemeine Erhebung gegen die Befehlsvollstrecker der Nazis blieb aus. Wer wollte seine Existenz in den letzten Minuten aufgrund eines Radioaufrufs noch aufs Spiel setzen? Allein, wie schon in Penzberg gesehen, und im katholischen Wallfahrtsort Altötting[38] – wo sich unter anderen weltanschaulichen Vorzeichen eine ähnliche Nonkonformität wie in der Arbeiterstadt erhalten hatte – brachten Entschlossene eine allerdings nur vorübergehende Entmachtung der Nationalsozialisten fertig.

Schon wenige Stunden nach dem Aufruf über die Radiosender schlugen die alten Machthaber, die man nicht aus den Sätteln gehoben hatte, zurück, und es begann die Jagd auf die Verschwörer. Gerngroß konnte sich in einer Berghütte verstecken, viele seiner Gefährten wurden hingerichtet; Racheorgien überzogen ebenso Altötting und Penzberg.

Es ist schwierig, den Motiven derer gerecht zu werden, die politische Ämter bekleideten, etwa Bürgermeister oder Landräte waren, und sich ganz am Schluß hinter die Ziele der FAB oder anderer Organisationen zur Kriegsbeendigung stellten: Humanitäre Gesichtspunkte, späte Einsicht, kurzentschlossene Versuche, das »Mitmachen« zu beenden, Lösung aus Verstrickungen[39], wohl aber auch opportunistische Absichten, sich in letzter Minute ein Alibi zu verschaffen – alles brach sich Bahn und vermischte sich nicht selten zu einem schier undurchschaubaren Geflecht.

Ein amerikanischer Hintergrundbericht für die Militärregierung über die deutschen politischen Kräfte befaßte sich auch mit der »Rettet-Stuttgart«-Bewegung. Zwar waren die Amerikaner nach der Besetzung erfreut, daß sich die führenden Deutschen als leistungsfähige Fachleute entpuppten und nicht als verbissene Heckenschützen mit »Werwolf-Antlitz« – aber die jeweils flexible, situationsspezifische Interessenwahrnehmung verblüffte sie doch. Als klar wurde, daß der alliierte Einmarsch in die schwäbische Hauptstadt bevorstand, hatte sich Anfang April 1945 Widerstand gegen die Politik der »verbrannten Erde« geregt. Die »Rettet-Stuttgart«-Bewegung, die auf einen liberalen Kreis ehemaliger Kommunalpolitiker um Wolfgang Haussmann und Arnulf Klett zurückging, fand im NS-Oberbürgermeister Karl Ströhlin eine unerwartete Stütze. Ströhlin – nach Meinung aus katholischen Kirchenkreisen ein früher, schnell desillusionierter »Naziidealist« – hielt sich in amerikanischer Haft zugute, daß er zur Sabotage des Plans von Gauleiter Murr, den Alliierten fanatischen Widerstand zu leisten, beigetragen habe[40].

Schließlich stößt man auf Phänomene, die nur mehr als »virtueller Widerstand« bezeichnet werden können. In Konstanz hatte sich mit der Besetzung 1945 ein »Widerstandsblock« etabliert, der sogar einen administrativen Apparat aufbaute, ein »Requi-

38 Siehe ebenda, S. 672.

39 Dazu Peter Hüttenberger, Dimensionen des Widerstandsbegriffs, in: Peter Steinbach (Hrsg.), Widerstand – ein Problem zwischen Theorie und Geschichte, Köln 1987, S. 80–95.

40 Siehe U. Borsdorf/L. Niethammer (Anm. 7), S. 158; allgemein dazu auch: Cornelia Rauh-Kühne/Michael Ruck (Hrsg.), Regionale Eliten zwischen Diktatur und Demokratie. Baden und Württemberg 1930–1952, München 1993.

sitionsamt« einrichtete, ein Amt für »Wiedergutmachung«, eines für »Geisel- und Gefangenenbefreiung« und »Werwolfbekämpfung« sowie ein Amt zur »Bekämpfung von Nazielementen«. Hier gab es im Frühjahr und Sommer 1945 eine kommunale Doppelherrschaft von Auftragsverwaltung und »Widerstandsblock«, wobei letzterer bei der französischen Militärregierung eine Zeitlang über die besseren Karten verfügte[41].

Seine Legitimation schöpfte der »Widerstandsblock« aus der virtuellen Gegnerschaft seiner Mitglieder zum Nationalsozialismus. Bruno Leiner, der dem »Block« vorstand, beschrieb im Sommer 1945 treffend das Paradoxon eines erfolgreichen oppositionellen Attentismus: »Sie kannten sich nicht, diese verschiedenen Gruppen, die sich unabhängig voneinander einige Monate vor dem Einmarsch der Französischen Armee in Konstanz gebildet und trotz Gestapo und SD es fertig gebracht haben, einen Widerstand gegen das Nazi-Regime vorzubereiten, um wenigstens zu verhindern, daß in diesem letzten Stadium eines gänzlich verlorenen Krieges auch Konstanz noch in einen Trümmerhaufen verwandelt würde ... Als Konstanz dann besetzt wurde, kamen die Verschworenen an die Oberfläche, und es ergab sich das überraschende Bild, daß Männer aus allen Schichten der Bevölkerung und aus allen Lagern politischer Einstellung dasselbe Ziel erstrebt hatten. Wohl war es nicht nötig geworden, durch Einsatz des Lebens die Existenz der Stadt Konstanz zu erhalten, was heute den einen oder anderen veranlassen mag, über die Widerstandsbewegung zu lächeln. Wie unberechtigt ist das! Denn das Entscheidende war, daß diese Männer als eine geheime Schutzwache dastanden, bereit, sich einzusetzen, wenn die Umstände es erfordert hätten.«[42]

Widerstand von Einzelpersonen

Wo lokal- und regionalgeschichtliche Studien vorliegen, wird sichtbar: fast überall fanden sich einzelne oder kleine Gruppen relativ spontan zu mutigen Aktionen bereit, als der Krieg gleichsam vor der Haustür stand, glühende Gauleiter vom »Endkampf« schwadronierten und dem »heroischen Volk« Fanatisches über den »Heldentod« einschärften: »Wer keine Schußwaffe hat, bewaffnet sich mit Beil oder Knüppel oder Messer ...«[43] Wer statt dessen weiße Fahnen hißte, wer Panzersperren abräumte, kurz: wer »Feindparolen« folgte, wurde nach Verhängung des Standrechts mit dem Tode bestraft und gefährdete, weil »Sippenhaft« angedroht war, seine ganze Familie.

Aber nicht alle verschanzten sich hinter passivem Abwarten. Aus der Fülle einige Beispiele: Am 7. April 1945 hatte im württembergischen Brettheim ein Bauer vier Hitlerjungen, die als letztes Aufgebot mit Panzerfäusten durch das Dorf marschierten, entwaffnet und geohrfeigt. Die nachrückende SS verurteilte den Bauern zum Tode, verlangte vom Bürgermeister und Ortsgruppenleiter, den Standgerichtsspruch zu unterschreiben, und als sich beide weigerten, wurden sie selbst zum Tode verurteilt und erschossen[44]. Erschießungskommandos wüteten in Ortschaften, die weiße Fah-

41 Siehe E. Wolfrum (Anm. 31), S. 47f.
42 Bruno Leiner in: Südkurier vom 12. September 1945.
43 Hans Woller, Gesellschaft und Politik in der amerikanischen Besatzungszone. Die Region Ansbach und Fürth, München 1986, S. 40.
44 Siehe Th. Schnabel (Anm. 20), S. 592.

nen aus den Häusern hängen hatten[45]; Kreisleiter ließen Ortsgruppenleiter erschießen, weil sie angeblich den Abbau von Panzersperren befohlen hätten[46].

In Mühlheim am Main, auf der anderen Seite von Offenbach, ergriffen zwei Arbeiter die Initiative, nahmen – unter Vorspiegelung von Kontakten zur US-Armee – deutschen Soldaten die Waffen ab und schickten sie mit Zivilkleidern nach Hause. Durchhaltefanatiker streckten daraufhin vier Menschen nieder[47]. Als abzusehen war, daß Fürth in die »Rundum«-Verteidigung Nürnbergs, der »Stadt der Reichsparteitage«, einbezogen und der Feind innerhalb der Stadtmauern gestellt werden sollte, ließ der Leiter des Fürther Lazaretts zahlreiche Verwundete in die Stadt zusammenziehen, womit ihm der Coup gelang, Fürth zur Lazarettstadt erklären zu lassen[48].

Flugblattaktionen einzelner zur Kriegsbeendigung sind aus Freiburg bekannt[49]. Der 19jährige religiös geprägte Student Robert Limpert, der seit langem gegen den martialischen Ungeist des Naziregimes und des Krieges aufbegehrt hatte, verteilte im Frühjahr 1945 heimlich Flugblätter und spielte sogar mit dem Gedanken, den blindgläubigen Hitlerfanatiker und Ortskommandanten von Ansbach, Meyer, umzubringen. Schließlich beobachteten ihn Hitlerjungen bei Sabotageakten und denunzierten den Täter bei Meyer, der ein Standgericht bildete, Ankläger und Richter zugleich war, das Todesurteil diktierte und Limpert mitten im Ort erhängen ließ. Bis zum Einmarsch der Amerikaner traute sich niemand, die Leiche anzurühren[50].

Überall also waren Menschen aus allen Schichten bereit, drastische Strafen auf sich zu nehmen, ja wohlweislich ihr Leben zu riskieren, um Schlimmeres zu verhindern. Besonders ins Auge sticht, daß unter den »Rädelsführern« der Aktionen zur Kriegsbeendigung sich bemerkenswert viele Frauen befanden. Aus südwürttembergischen Gemeinden sind in dichter Folge »Ortsberichte« überliefert, die ein sehr anschauliches Bild vermitteln[51]. So weigerten sich beispielsweise in Holzelfingen die Bürger, Evakuierungsbefehlen nachzukommen. »Als im Ort das Gerücht umging, der Ortsgruppenleiter wolle gegen die Besetzung Widerstand aufbauen, taten sich etwa 20 entschlossene Frauen zusammen und zogen zur Wohnung des Ortsgruppenleiters. Eine ältere Frau rief: ›Wenn die Männer nichts tun, müssen wir Frauen eingreifen!‹«[52] Der Ortsgruppenleiter konnte im Rathaus eingesperrt werden. In Metzingen rüstete sich ein »Volkssturmbatallion« zum »letzten Gefecht«, worauf sich etwa 500 Frauen vor dem Gefechtsstand versammelten und die Männer zur Aufgabe überredeten[53]. In Neuhausen a. d. Ems und in Sickingen räumten je eine Handvoll Frauen Panzersperren zur Seite – nachdem die Männer sich nicht getraut hatten »aus Furcht, man könnte noch von zurückweichenden deutschen Truppen zur Rechenschaft gezogen und erschossen werden«[54].

45 Siehe beispielsweise Beatrix Herlemann, »Der Bauer klebt am Hergebrachten«. Bäuerliche Verhaltensweisen unterm Nationalsozialismus auf dem Gebiet des heutigen Landes Niedersachsen, Hannover 1993, S. 334f.
46 Siehe H. Woller (Anm. 43), S. 45ff.
47 Siehe L. Niethammer u. a. (Anm. 7), S. 207.
48 Siehe H. Woller (Anm. 43), S. 47.
49 Siehe Werner Köhler, Freiburg i. Br. in den Jahren 1945–1949. Politisches Leben und Erfahrungen in der Nachkriegszeit, Freiburg 1987, S. 14.
50 Siehe H. Woller (Anm. 43), S. 54f.
51 Vgl. G. Junger (Anm. 20), S. 95–293.
52 Ebenda, S. 181.
53 Ebenda, S. 179f.
54 Ebenda, S. 193.

Auch in Pfullingen verhielten sich »Volkssturmmänner« passiv, als Frauen forderten, Panzersperren niederzureißen. Daraufhin nahm »eine große Menge Frauen« vor dem Rathaus »eine drohende Haltung« ein. Besonders ältere Frauen schrien: »Jetzt hat der Krieg schon unsere Männer und unsere Buben genommen, wir wollen nicht auch noch unser Leben, unsere kleinen Kinder und Enkel und unsere Häuser verlieren.«[55] Später berichtete eine Tübingerin: »Da griffen die Pfullinger Frauen zur Selbsthilfe, verprügelten den Ortsgruppenleiter, halbtot haben sie ihn geschlagen. Auch die Amtsverwaltung wurde verdroschen. Die Buben mit den Panzerfäusten auseinandergejagt, die Panzersperren weggerissen, weiße Handtücher an Besenstiele gebunden und so zogen die Pfullinger Frauen dem Feind entgegen.«[56] So anekdotisch, bisweilen tragikomisch diese Berichte auch anmuten – über die tatsächliche hochgradige Gefährdung der eigenen Person bei solchen Selbsthilfemaßnahmen darf man sich nicht täuschen.

Wo lagen nun die Antriebe für diese Ausprägungen von Widerstand? Jeder Widerstand wurzelte nicht allein in einsamen Willensentscheidungen, sondern war eingebunden in eine Vielzahl von objektiven und situativen Faktoren, von Herrschaftskonstellationen, regionalen und lokalen Besonderheiten, von ideologischen Hypotheken[57]. Dieses Geflecht unterlag zudem einem steten Wandel der Zeit. Aktionen in den letzten Kriegswochen waren oft nicht getragen von einer steten aktiven politischen Oppositionshaltung. Die Weigerung etwa, sich evakuieren zu lassen, kann schlicht aus Furcht vor einem Flüchtlingsschicksal entsprungen sein.

Andererseits wurde infolge der Explosion der Strafmaße gegen Ende des Krieges – wegen des hohen Risikos – Resistenz zum Widerstand[58]. Opposition erwuchs oft nicht aus einer tradierten Gesinnung, sondern aus einer unmittelbaren existentiellen Erfahrung oder aus der Sehnsucht nach dem Kriegsende. Die soziale Wahrnehmung und das soziale Handeln reduzierten sich auf ihre Bedeutung für die unmittelbare eigene Existenz. Das konnte in Gleichgültigkeit gegenüber anderen und alleinige Sorge um das eigene Ich münden, das konnte aber ebensogut zur antifaschistischen Solidarisierung und radikalen Auflehnung führen. Etliche dürften geschwankt haben; wenn die Bereitschaft zu unabhängigen radikalen Entscheidungen oder Handlungen auch da war, ihr tatsächlicher Vollzug steht auf einem anderen Blatt. Als die Niederlage nicht mehr abzuwenden war, traten diejenigen, die sich relativ spät mit dem Nationalsozialismus abgefunden hatten, wieder aus dem Dunstkreis des suggestiven »Führer-Mythos« heraus und kehrten zu alten Antipositionen zurück[59]. In der Niederlage wurde der Krieg zu »Hitlers Krieg«. Viele Deutsche empfanden sich als Opfer.

Dies dürfte auch eine Begründung für die Auflehnung der zahlreichen Frauen sein. Bereits Mitte 1943 hatte der Sicherheitsdienst der SS registriert, daß infolge des Flächenbombardements »insbesondere bei Frauen von einer Gefahr für den Widerstandswillen gesprochen werden kann«[60]. Gegen den anonymen Terror der Bomben konnte man nicht angehen, war man wehrlos. Aber als die Panzer vor dem Dorf

55 Ebenda, S. 201.
56 Th. Schnabel (Anm. 20), S. 593.
57 Dies sind zentrale Ergebnisse des Bayern-Projekts. Anders nuancieren K.-M. Mallmann/G. Paul (Anm. 1), bes. S. 417ff.
58 Siehe K. Tenfelde (Anm. 11), S. 809.
59 Siehe I. Kershaw (Anm. 13), S. 181.
60 Ebenda, S. 179.

standen, die Bedrohung näher war und konkret wurde, da konnte man eingreifen. In der relativ anonymen Menge der kleinen Gruppen entstand Mut, sogar Wagemut, nicht länger duldend mitzumachen und die uneinsichtigen regionalen und lokalen »Parteibonzen«, die ohnehin selten beliebt waren, wegzufegen. Das waren existentielle, spontane Akte der Selbstbestimmung zur Rettung kleinräumiger Lebenswelten für sich und andere. Man wird dabei auch unterscheiden müssen zwischen Ost- und Westdeutschland, da Aktionen zur Kriegsbeendigung vermutlich im Westen größeren Rückhalt gewinnen konnten – denn, so hieß es: »Es kommen ja die Amerikaner, ein kultiviertes Volk.«[61]

Antinationalsozialistischer Impetus spielte nun keine übergeordnete Rolle mehr, privates und politisches, intentionales und unbewußtes Interesse vermischten sich. Gleichwohl wurden in den letzten Kriegsmonaten vermehrt auch jene wieder aktiv, die der Diktatur schon seit jeher ablehnend gegenüberstanden und nun hofften, mit ihren Aktionen von der Masse der Bevölkerung auch für die Zukunft getragen zu werden. Das erwies sich – man kann es nicht genug betonen – erneut als Täuschung.

III. Leistungen und Fernwirkungen

Ein Sturz des NS-Unrechtsregimes von innen heraus ist in Deutschland nicht gelungen – nicht einmal in den letzten Tagen der Diktatur. Aber sind deshalb alle Aktionen nach dem 20. Juli 1944, der dem Ziel am nächsten kam, nur noch sinnloser Wagemut oder vergebliche Opferbereitschaft gewesen, da eine koordinierte, umfassend organisierte Widerstandsbewegung nicht mehr existierte? Man kann die Frage mit Detlev Peukert auch anders herum stellen: »Aber wäre Nichts-Tun eine Alternative?«[62] Schaut man regional- und lokalgeschichtlich genauer hin, so zeigt sich doch, daß die vielen Aktivitäten zur Kriegsbeendigung, daß Sabotageakte und Absprachen mit »Zwangsarbeitern« die kleinräumig beabsichtigte Wirkung in der Tat erzielt haben, daß Sand ins Getriebe des amoklaufenden Terrorapparats gestreut, daß der Kriegsmaschinerie in den Arm gefallen, daß der Krieg früher beendet, daß Leben gerettet wurde.

Dies zog politisch-psychologische Effekte vor allem im Ausland nach sich. In einer Geheimanalyse schrieb der politische Berater Robert Murphy Ende Juni 1945 an das US-Außenministerium: »Die Hauptursache für die Entstehung der antifaschistischen Organisationen ist der Wunsch derjenigen Gruppen, die in den letzten zwölf Jahren keine Möglichkeit hatten, ihr Leben selbst zu gestalten, beim Aufbau eines neuen Deutschland Einfluß zu gewinnen.«[63] Im Oktober 1945 berichtete »Germany today« seinen Lesern von einem blutigen Aufstand Wuppertaler Arbeiter gegen das NS-Regime im April 1945. Der Artikel landete auch auf dem Schreibtisch des französischen Ministers für deutschlandpolitische Angelegenheiten René Mayer und fand von da aus, wie weitere solcher Meldungen, vielfältige Verbreitung[64]. Radio Luxemburg schilderte den »Pfullinger Frauenaufstand«[65].

---

61 Th. Schnabel (Anm. 20), S. 589.
62 D. Peukert (Anm. 22), S. 383.
63 U. Borsdorf/L. Niethammer (Anm. 7), S. 107.
64 Meldung von »Germany today« vom 1. Oktober 1945, in: Archives de l'Occupation Française en Allemagne et en Autriche (Colmar), Commandement en Chef Français en Allemagne, Conseiller Politique P. 219 I bis, Schreiben vom 21. Februar 1946.
65 Siehe G. Junger (Anm. 20), S. 201.

Diese Zeichen deutscher Auflehnungen waren von unschätzbarem Wert: In einer Zeit, in der an der »Kollektivschuld« der Deutschen kaum gedeutelt und die Existenz eines deutschen Widerstands bestritten wurde, waren dies Zeichen dafür, daß die Deutschen nicht nur ein dumpfes, unterwürfiges Volk skrupelloser »Hitlerschergen« waren, sondern es auch »unten«, bei »gewöhnlichen« Männern und Frauen, ein »anderes Deutschland« gegeben hatte. Es waren Leuchtpunkte von Zivilcourage, Mut und Einsatz für Mitmenschen, individuelle Beispiele unabhängigen und verantwortungsvollen Handelns, die das schreckliche Bild, welches Deutschland in der Welt hinterlassen hatte, etwas aufhellen konnten.

Aber nicht allein in moralischer Hinsicht wirkte der Widerstand in den letzten Kriegsmonaten über 1945 hinweg. Er hat anfangs auch zum demokratischen Neubeginn in Deutschland beigetragen. Die Arbeit vor Ort, in den zerstörten Kommunen, hatte nicht das Spektakuläre eines Staatsgründungsaktes; und doch fing hier alles an. Die »Antifaschistischen Ausschüsse« und die anderen Bewegungen, aber auch mutige Einzelpersonen, legten Fundamente der Zusammenarbeit zwischen Alliierten und Deutschen. Nachkriegsverwaltungen rekrutierten sich auch aus denen, die die Stadt oder die Gemeinde vor Kampfhandlungen retteten.

Freilich ist von vielen gesellschaftspolitischen Plänen wenig Wirklichkeit geworden. Aber dort, wo es besonders günstige besatzungspolitische Rahmenbedingungen für Basisinitiativen gab, nämlich in der französischen Zone, zeigte sich, daß das Erneuerungspotential der »Antifas« zum Teil erhebliche Reichweiten hatte und auch »bürgerliche« Kreise umschloß. Die Franzosen betrachteten die »Antifas« als Sammelbecken der einstigen Regimegegner, auf die bei einem demokratischen Neubeginn zu bauen sei[66]. Sie waren so gesehen nicht nur die »Grundschule« der Demokratie in Deutschland, sondern unverzichtbar beim französischen Modell der Entnazifizierung: Von einer *auto-épuration,* einer »Selbstreinigung«, durch direkte Beteiligung der Deutschen erhofften die Besatzer sich einen optimalen, auch aufklärerischen Wirkungsgrad im Sinne einer Auseinandersetzung mit der eigenen Vergangenheit[67]. Daß dieses Modell nach Anfangserfolgen scheiterte, hatte vielfältige Ursachen. Es lag aber nicht zuletzt daran, daß sich diejenigen, die zur Rechenschaft gezogen werden sollten, erst als Opfer Hitlers, dann als Opfer der Hitlergegner – der »Antifaschisten« – und später der Siegermächte ansahen. Bald erscholl der Ruf nach einem »Schlußstrich«, und er wurde im Zeichen des »Kalten Krieges« erhört.

---

66 Zu den Absichten der französischen Besatzer siehe E. Wolfrum (Anm. 31), S. 36ff. und S. 76ff. Für die französische Zone ist deshalb Peukerts Verdikt abzuschwächen, wonach »die allfällige Präsenz von Widerstandskämpfern in Antifa-Komitees ... die alliierten Besatzer nicht darüber hinwegtäuschen lassen (konnte), daß der deutsche Widerstand keinen sichtbaren Erfolg seines Kampfes als Legitimation für den Anspruch auf die Gestaltung Nachkriegsdeutschlands vorweisen konnte«. Detlev Peukert, Volksfront und Volksbewegungskonzept im kommunistischen Widerstand – Thesen, in: J. Schmädeke/P. Steinbach (Anm. 9), S. 887.

67 Vgl. Reinhard Grohnert, Die Entnazifizierung in Baden 1945–1949. Konzeption und Praxis der »Epuration« am Beispiel eines Landes der französischen Besatzungszone, Stuttgart 1991; sowie Rainer Möhler, Entnazifizierung in Rheinland-Pfalz und im Saarland unter französischer Besatzung 1945 bis 1952, Mainz 1992.

VIII. Die Auseinandersetzung mit dem Widerstand in beiden deutschen Staaten nach 1945

Es ist unbestreitbar, daß der Widerstand gegen den Nationalsozialismus sein Ziel nicht erreichte: Der NS-Staat wurde von außen niedergekämpft, die deutsche Gesellschaft hatte sich nicht selbst befreien können, wie die NS-Opposition gehofft hatten, die sich während des Krieges an der »doppelten Front von Bomben und Gestapo« wähnten. Unmittelbar nach Ende der NS-Herrschaft, das die Regimegegner herbeigesehnt hatten und das sie deshalb als Befreiung empfanden, setzte die Erinnerung an den Widerstand ein. Die ersten Erinnerungsversuche mußten sich allerdings häufig gegen die Absichten der Siegermächte durchsetzen, die sich schwer taten, im Widerstand das »andere Deutschland« anzuerkennen.

Seit den frühen fünfziger Jahren wirkte sich überdies die deutsche Teilung auf das Widerstandsbild aus – und dies in zweifacher Weise: Zum einen öffnete die totalitäre Erfahrung der zweiten deutschen Diktatur den Blick für die Leistung wie für die Gefahr des Widerstehens einzelner in einer Diktatur; zum anderen aber wird deutlich, daß beide deutschen Gesellschaften jeweils ihre eigenen Traditionen des Widerstands zeichneten. Ines Reich *und* Christiane Toyka-Seid *skizzieren jeweils das Bild des Widerstands in einem der deutschen Teilstaaten, während* Werner Bramke *versucht, die Prinzipien der Neuordnung kritisch auf das in der DDR rezipierte Bild des Widerstands zu beziehen.* Peter Steinbach *erweitert in seinem Beitrag dieses Spannungsverhältnis zwischen politischer Deutung und wissenschaftlicher Forschung, indem aufgezeigt wird, weshalb die Widerstandsforschung bis heute als ein methodisch anspruchsvoller, inhaltlicher herausfordernder und zugleich öffentliches Interesse findender Bereich der Zeitgeschichte gilt.*

Gleichzeitig wird deutlich, daß die Widerstandsgeschichte weiterhin zu den auch politisch umstrittenen Themen der Zeitgeschichte gehört. Zu sehr richtet sich beispielsweise die Frage nach den Alternativen zur seinerzeitigen Anpassung an die Grundfragen des Selbstverständnisses von Generationen, von Gruppen und einzelnen Personen, die hinsichtlich der Geschichte des Widerstands gegen die nationalsozialistische Diktatur mit einer grundlegenden Möglichkeit politischer Existenz im 20. Jahrhundert konfrontiert sind. Nicht alle Fragen – die nicht selten auch an das Selbstverständnis von Parteien, Verbänden und Institutionen rühren – lassen sich zufriedenstellend klären, sondern sie bilden weiterhin ein ernsthaftes Forschungsproblem einer Geschichtswissenschaft, die sich von den Streitfragen und Ansprüchen der Gegenwart nicht fernhalten kann. Vielleicht liegt in dieser Gegenwärtigkeit der Widerstandsgeschichte ihre besondere Chance für die historisch-politische Bildung; diese Gegenwärtigkeit ist die Folge eines ständigen erinnernden Verpflichtetseins, welches die Widerstandsgeschichte nicht zuletzt auch zu einem Thema der politischen Kultur werden läßt.

Die Herausforderung, die eigengewichtige und eigenwertige Geschichte des Widerstands nicht primär in die politischen Kontroversen und Bewertungen, auch nicht in politisch bedingte Umbewertungen einzuordnen, richtet sich nicht nur an die Politiker und Publizisten, sondern gerade an die Historiker. Sie können sich zwar niemals freimachen von der grundlegenden Prämisse, daß »Geschichte darstellen« immer auch heißt, »Erfahrungen zu beschreiben« – sie müssen aber die Ambi- und Polyvalenz dieser Prämisse erkennen und umsetzen. Damit sind zum einen die Erfahrungen des fragenden Wissenschaftlers, zum anderen die der Gruppen und Institutionen beschrieben, die seine Fragestellungen beeinflussen. Hinzu kommen die aus den Kontroversen um die jeweils angemessene Deutung entwickelten Perspektiven der Forschung. Aus diesem komplizierten Geflecht, welches nicht zuletzt durch das bereits beschriebene innerwissenschaftliche und öffentliche Deutungs- und Meinungsklima kompliziert und vielfältig gebrochen wird, entstehen neue Deutungen, Kontroversen, Diskussionen. Vor diesem Hintergrund ergeben sich für die wissenschaftliche Erforschung des Widerstands unterschiedlich umstrittene Felder, die hier nur knapp skizziert werden können.

Besonders umstritten ist beispielsweise die Darstellung und Bewertung des Verhaltens von Kirchen und Geistlichen. Dabei zeigt sich, daß auf die zu untersuchenden zeitgeschichtlichen Erfahrungen immer auch das Wissen um den Ausgang der vergangenen Zeitgeschichte, das die Nachgeborenen haben, einwirkt. Dies führt in der Regel zu einer retrospektiven Kritik: einerseits hier an der Haltung der Kirchen und insbesondere des hohen Klerus, andererseits aber – als Reaktion darauf – auch zu einer taktisch anmutenden Werbung um Verständnis für das Verhalten kirchlicher Würdenträger gegenüber den Vertretern des NS-Staates. Die Einbindung der Kirchen in die zeitspezifische öffentliche Meinung, die Anpassung an Zeittendenzen, der seinerzeitige Wunsch, einen modus vivendi zu finden, werden so als Ausdruck institutioneller Selbstbehauptung und Selbstverteidigung plausibel gemacht. Oftmals hat man den Eindruck, als wenn Kritiker wie Verteidiger kirchlicher Positionen in gleicher Weise nicht zureichend in der Lage wären, sich von den auf Auschwitz zulaufenden Entwicklungstendenzen zu lösen und Geschichte als situativ offene, nur begrenzt den Erkenntnissen ihrer Zeit aufgeschlossene Entwicklung zu deuten.

Umstritten ist weiterhin die Deutung des bürgerlichen und militärischen Widerstands in dem komplexen Zusammenhang von Opposition und Kooperation, von teilweise übernommenen Wertvorstellungen in einzelnen Politikbereichen (Revision des Versailler Vertrages, Aufrüstung). Überraschend ist gerade im Hinblick auf die hier sichtbare besondere Vielfalt oppositioneller Haltungen und ihrer einzelnen Beweggründe, daß zwar allgemein die Bedeutung der Wahrnehmungsgeschichte im Zusammenhang einer Propagierung alltagsgeschichtlicher Wahrnehmungsweisen beschworen, aber zumal für den bürgerlichen und militärischen Widerstand nicht als durchgängiges Darstellungsprinzip akzeptiert und forschungspraktisch realisiert wird. Dies gilt in gewisser Weise auch für die Bewertung der kirchlich und christlich motivierten Gegnerschaft sowie für die angemessene Erfassung des jüdischen und schichtenspezifischen Widerstands. Offensichtlich ist, daß mit der Deklaration einer neuen »Empfindsamkeit« des Historikers – etwa bei der Darstellung des frauen- und jugendspezifisch motivierten Widerstands – eine häufig politisch akzentuierte Verständnislosigkeit und Gefühllosigkeit (im herme-

neutischen Sinn) mancher Historiker einhergeht, die sich dann nicht selten gegen vermeintlich etablierte Themen und Erkenntnisse geschichtswissenschaftlicher Forschung richtet. »Geschichtsschreibung von innen« ist, so betrachtet, nicht selten ein nur schichtenspezifisch begrenztes und legitimiertes Verfahren, keineswegs aber ein grundsätzliches Darstellungs- und Forschungsprinzip. Alltagsgeschichte zielt so vor allem auf die Unterschichten, nicht aber auf die Erfassung einer schichtendifferenzierten, dennoch integral orientierten Erfassung von Lebensverhältnissen. Der Historiker entwickelt sich in dieser Perspektive häufig zu einem rückwärtsgewandten Propheten, wenn nicht zu einem Zensor vergangener Zeiten und der in ihnen gegebenen Wahrnehmungsmöglichkeiten, Handlungs- und Verhaltensweisen.

Das Leben an der Grenze zwischen Schuld und Selbstbehauptung, zwischen Freiheit und Immoralität, zwischen Bequemlichkeit und Mut, zwischen Alltagssorgen und Mitmenschlichkeit, Egoismus und Nächstenliebe, zwischen Lauheit und Konsequenz des Bekenntnisses, das sich bis zum Martyrium steigern konnte, prägte aber die Erfahrungen vieler Deutscher ebenso wie ihr Verhaftetsein in politischen Illusionen, die in jener Zeit verbreitet waren und erst heute aus dem Rückblick und aufgrund späterer Erfahrungen fremdartig erscheinen.

Der Historiker muß in Übereinstimmung mit seinem hermeneutischen Anliegen die Zeitdistanzen überwinden und die komplexe Motivation für den Widerstand, aber auch für die Vielfalt seiner Ziele wahrnehmen und im Rahmen der zeitspezifisch gegebenen Möglichkeiten interpretieren oder bewerten. Ein besserwisserischer oder gar moralisierender Zug ist zu vermeiden. Nur auf diese Weise läßt sich gegenüber der Moralisierung des Widerstands – von welcher Seite auch immer – ein wissenschaftlich angemessener Zugriff begründen, der nicht selten schmerzhaft genug ist.

Eine besondere Problematik ergibt sich aus dem legitimatorischen Bezug mancher Forschungen und Darstellungen: Vergangenes Verhalten soll nicht allein verstanden, sondern gerechtfertigt werden. Dabei geraten nicht selten die in der jeweiligen Epoche gegebenen Alternativen aus dem Blick. So zeigen insbesondere innergruppenspezifische Kontroversen oder politische Konflikte, daß diese Alternativen vorhanden waren und aus freier Willensentscheidung oder aus den Restriktionen von Sozialisation und Tradition verworfen wurden. Auch die Entscheidung gegen Alternativen kann im hermeneutischen Zugriff verdeutlicht und plausibel gemacht werden. Oder kann die Wirklichkeit gesellschaftlich und staatlich vermittelter Zwänge nicht über Jahrzehnte und Generationen hinweg veranschaulicht werden? Zur hermeneutisch geprägten Ausdeutung vergangener Lebenssituationen gehört auch, daß mögliche Parallelisierungen zur aktuellen Gegenwart problematisiert werden, um den legitimatorischen Rück- und Selbstbezug mancher widerstandsgeschichtlichen Fragestellungen zu begrenzen oder zumindest zu kontrollieren.

Dies führt dazu, daß wir die Bedingtheit von Urteils- und Interpretationskriterien erkennen. Autoritäre oder ständische Wertvorstellungen bedeuteten in der Weimarer Zeit anderes als heute, so schwer und kaum vermittelbar manche dieser vergangenen Positionen etwa in politisch-pädagogischer Perspektive heute auch erscheinen mögen. Lebenslagen, Wertvorstellungen und Herausforderungen der Vergangenheit lassen sich nicht immer bruchlos neben solche der Gegenwart stellen, und schon gar nicht lassen sich umgekehrt aktuelle Herausforderungen oder Zielvorstellungen in die Vergangenheit rückverlängern und auf die zeitspezifischen Situationen und Entscheidungsdimensionen übertragen.

Besonderer Wert ist auf begriffliche Klärung zu legen, die gestattet, Entwicklungsphasen widerständigen Verhaltens in gradueller und zeitlicher Differenzierung zu betrachten. Dies scheint vor allem auch im Zusammenhang einer gruppenspezifischen Differenzierung unverzichtbar zu bleiben. Erst diese begriffliche Differenzierung erlaubt es, die Dynamisierung und Intensivierung widerständigen Verhaltens zu erfassen und auf das Herrschaftssystem zu beziehen, welches ebenfalls in seiner dynamischen Entwicklung gesehen werden muß. Dabei ist nicht primär eine historisch fundierte Theorie des Widerstands anzustreben, sondern eine möglichst vielfältige, inhaltlich und historisch differenzierte Gesamtgeschichte des Widerstands zu erarbeiten. Dies könnte wahrscheinlich der wichtigste Beitrag der Geschichtswissenschaft zu einer Theoriebildung des Widerstands sein.

Wenn betont wurde, daß sich die gegenwartspolitisch geprägte Debatte beispielsweise über das Widerstandsrecht und nicht zuletzt über die Definition des Widerstands immer auch auf weltanschauliche und allgemeinpolitische Bezugspunkte stützt, so bedeutet dies, mögliche Erkenntnisinteressen und Wertungsprämissen zu kontrollieren. Dazu gehört auch, mögliche Verzerrungen zu erkennen, die sich aus der bisherigen Forschung oder der Überlieferung ergeben oder die nicht selten sogar allein auf die menschliche Erinnerung angewiesen sind. Die Rezeption der Widerstandsdiskussion nach 1945 zeigt, daß durchaus wichtige und fruchtbare Perzeptionen möglich sind; allerdings darf auch die Gefahr nicht übersehen werden, die sich für ein an der vergangenen Wirklichkeit orientiertes Erfassen von Widerstandsvoraussetzungen, -perspektiven und -möglichkeiten ergibt. Dabei ist insbesondere die Rückwirkung der Forschung auf die Gegenwart des Forschers zu thematisieren und zu prüfen, inwieweit Fragestellungen und Bewertungen aktuelle Gegenwartsinteressen spiegeln. In diesem Zusammenhang ist auch für eine möglichst kritische, d. h. letztlich selbstkritische Bewertung politisch-pädagogischer Deutungen des Widerstands zu plädieren – gerade weil jede Zeit aus der historischen Überlieferung die sie interessierenden Aspekte herausbricht. Es gibt nämlich auch eine Verantwortung des Historikers für die vergangene Überlieferung.

Ines Reich

Das Bild vom deutschen Widerstand in der Öffentlichkeit und Wissenschaft der DDR

Die Geschichtsschreibung und Publizistik über den deutschen Widerstand und seine öffentliche Würdigung hat in der sowjetischen Besatzungszone (SBZ) und späteren DDR mehrere Entwicklungsphasen durchlaufen. Sie wurden von der politischen und historischen Wahrnehmung dieses Phänomens durch die Besatzungsmacht und sowjetische Geschichtswissenschaft sowie durch die westlichen Besatzungsmächte und die bundesdeutsche Forschung ebenso beeinflußt, wie sie von den vorherrschenden politisch-kulturellen Tendenzen der jeweiligen Zeit und bestimmten Ansätzen und Fragestellungen der DDR-Wissenschaft geprägt wurde. Inhaltlich dominierte dabei eindeutig die Behandlung des kommunistischen Widerstandes. Widerstand von Menschen und Gruppen mit einem anderen politischen und weltanschaulichen Hintergrund, wie ihn beispielsweise der Kreis des 20. Juli 1944 hatte, nahm dagegen eine periphere Position ein[1].

In der *ersten Phase,* die zeitlich durch die Jahre 1945 bis 1949 markiert wird, stand die Beschäftigung mit dem Widerstand unter dem Einfluß der politischen Haupttendenzen der Zeit: Machtpolitik der Alliierten in Ost und West, Kalter Krieg, sich restaurierender und mit USA-Starthilfe prosperierender Kapitalismus in den Westzonen/BRD und fortschreitende Durchsetzung des Stalinismus in der SBZ/DDR. In dieser politischen Ausgangssituation war ein generelles Bekenntnis zum gesamten deutschen Widerstand vorhanden.

Die zahlreichen Feierlichkeiten, die in Erinnerung an die deutschen Widerstandskämpfer in den Jahren 1945 und 1946 in Berlin durchgeführt wurden, können hierfür ebenso als Beleg gelten wie beispielsweise Straßenumbenennungen in den unmittelbaren Nachkriegsjahren. Diese Entwicklungen vollzogen sich auf der Grundlage eines breiten antifaschistisch-demokratischen Konsenses, der aber schon bald einem unaufhaltsamen Erosionsprozeß unterlag.

---

1 Vgl. dazu (mit weiteren Literaturhinweisen) Ines Reich/Kurt Finker, Reaktionäre oder Patrioten? Zur Historiographie und Widerstandsforschung in der DDR bis 1990, in: Gerd R. Ueberschär (Hrsg.), Der 20. Juli 1944. Bewertung und Rezeption des deutschen Widerstandes gegen das NS-Regime, Köln 1994; dies., Der 20. Juli 1944 in der Geschichtswissenschaft der SBZ/DDR seit 1945, in: Zeitschrift für Geschichtswissenschaft, 39 (1991) 6, S. 533–553; Werner Bramke, Widerstandsforschung in der Regionalgeschichtsschreibung der DDR. Eine kritische Bilanz, in: Klaus Schönhoven/Dieter Staritz (Hrsg.), Sozialismus und Kommunismus im Wandel. Hermann Weber zum 65. Geburtstag, Köln 1993, und Olaf Groehler, Zur Geschichte des deutschen Widerstandes. Leistungen und Defizite, in: Rainer Eckert/Wolfgang Küttler/Gustav Seeber (Hrsg.), Krise – Umbruch – Neubeginn. Eine kritische und selbstkritische Dokumentation der DDR-Geschichtswissenschaft 1989/90, Stuttgart 1992, S. 408–418.

Die publizistische und historische Darstellung des 20. Juli war zunächst durch ein insgesamt ambivalentes Interpretationsmuster geprägt, das gleichermaßen Erinnerung und Ehrung, alternative Bewertungen sowie Kritik und Verurteilung einschloß. Alles bewegte sich auf einer noch sehr schmalen Quellenbasis; die Diskussionen fanden vorrangig in der Presse und Publizistik statt. Die Ursachen dafür lagen im Charakter der Presse als operativem Medium, aber auch in der alliierten Medienpolitik, die das Erscheinen von Quellenpublikationen aus dem Widerstand und Darstellungen über den Widerstand nur im Ausland – vorrangig in der Schweiz – möglich machte. Hinzu kam, daß es eine historische Widerstandsforschung im eigentlichen Sinne an den Universitäten der SBZ nicht gab. Nur die Forschungsstelle der Vereinigung der Verfolgten des Naziregimes (VVN) widmete sich in diesen Jahren der Sicherung und Sammlung von Dokumenten und Materialien sowie der Erforschung des gesamten deutschen Widerstandes und seiner Popularisierung, wobei der Kreis des 20. Juli ein gleichberechtigter Forschungsschwerpunkt[2] neben anderen war.

In dem Bemühen, den 20. Juli und seine Akteure in die legitimierende und stabilisierende historische Traditionslinie des sowjetisch besetzten Nachkriegsdeutschlands zu integrieren, sind würdigende Äußerungen von Anton Ackermann[3], Jakob Kaiser[4], Gustav Dahrendorf[5] und Otto Grotewohl[6] überliefert. Die Presse[7], vor allem die der nichtsozialistischen Parteien[8], thematisierte den Attentatsversuch und ehrte die Beteiligten. Das zeugt von demokratischen Ansätzen im Geschichtsbild und Traditionsverständnis in der SBZ, die zugleich kritische, alternative Bewertungen zuließen. Von der Sowjetischen Militäradministration (SMAD) und der SED wurde dies bis zu einem gewissen Grade toleriert, was aber keineswegs darüber hinwegtäuschen soll, daß der bürgerlich-aristokratische Widerstand nur bedingt in dem von der Besatzungsmacht bereits 1945 deutlich abgesteckten Geschichtsbild lag, das in der SBZ/DDR übernommen wurde.

Die Sowjetunion, die im Gegensatz zu den anderen Alliierten bereits 1945 den 20. Juli 1944 thematisierte – Verlautbarungen über einen eigenständigen deutschen Widerstandskampf gegen das NS-Regime lagen zunächst nicht im Interesse der vier Besatzungsmächte –, verurteilte das Ereignis als »imperialistisch-restaurative Verschwörung« ohne Verbindung zu den »Volksmassen«[9]. Diese Auffassung sollte sich

---

2 Stiftung Archiv der Parteien und Massenorganisationen der DDR im Bundesarchiv, ZPA I 2/3/149.

3 Anton Ackermann, Der 20. Juli 1944 und seine Lehren. Die Hintergründe großer und zugleich tragischer Ereignisse, in: Deutsche Volkszeitung vom 20. Juli 1945.

4 Jakob Kaiser, Die Arbeiterschaft und der 20. Juli 1944. Mutige Männer!, in: Das Volk vom 20. Juli 1945.

5 Gustav Dahrendorf, Die Lehren des 20. Juli 1944. Neue Tatsachen, in: Das Volk vom 20. Juli 1945.

6 Otto Grotewohl, Wo stehen, wohin gehen wir? Weg und Ziel der deutschen Sozialdemokratie, Berlin 1945, S. 25.

7 Dazu u. a. Neues Deutschland vom 19. Juli 1946 und vom 15. Januar 1947 sowie Leipziger Volkszeitung vom 20. Juli 1946 und vom 20. Juli 1949.

8 Neue Zeit vom 22. Juli, 29. August und 18. November 1945, vom 19. und 20. Juli 1946, vom 20. Juli 1947, Der Morgen vom 20. Juli 1946, vom 20. Juli und 6. September 1949, Das Volk vom 20. Juli 1945 und Die Union vom 27. Juli 1946.

9 So die beiden Artikel Der 20. Juli 1944 und Die Wahrheit über den 20. Juli 1944, in: Tägliche Rundschau vom 20. Juli 1945; Zum 20. Juli 1944 in sowjetischer Sicht vgl. Kurt Finker, Die Stellung der Sowjetunion und der sowjetischen Geschichtsschreibung zum 20. Juli 1944 in Deutschland, in: G. R. Ueberschär (Anm. 1).

bereits nach einem Jahr durchsetzen, weil ostdeutsche Politiker und Historiker sie sich fast ausnahmslos zu eigen machten oder sie ihnen aufgezwungen wurde. Zwischen den beiden Formen der Meinungsänderung kann schwerlich differenziert werden, da aufgrund der Quellenlage diese Vorgänge nur an der Oberfläche sichtbar werden, wie zum Beispiel in der Zurechtweisung positiver Stimmen anläßlich des 20. Juli 1945 durch die »Tägliche Rundschau«[10], dem Organ der SMAD. Das bekannteste Beispiel für einen Positionsumschwung bot wohl Anton Ackermann, der im Dezember 1947 die von ihm noch 1944/45 beschworene Gemeinsamkeit aller Widerstandskämpfer aufkündigte und statt dessen die Doktrin propagierte, der zufolge es sich bei den bürgerlich-konservativen Aktivitäten – mit geringen Ausnahmen – nicht um wirklichen Widerstand, sondern nur um andere Methoden – Ausschaltung Hitlers, Beseitigung terroristischer Überspitzungen – zur Erhaltung der »imperialistischen Klassenherrschaft« gehandelt habe[11].

Den bürgerlich-aristokratischen Widerstand traf eine negative Bewertung und Kritik, die größtenteils aus politisch determinierten Maßstäben erwuchs. Die Bestrebungen der Beteiligten des 20. Juli wurden vor allem mit dem Argument diskreditiert, daß sie lediglich verschiedene Fraktionen innerhalb der deutschen Herrschaftsträger verkörperten, die nur andere Methoden zur Erhaltung ihrer Herrschaft angesichts der Kriegsniederlage anwenden wollten[12] und deshalb nicht in der Lage gewesen seien, eine echte Opposition zu bilden[13]. Im Zusammenhang damit erfuhr der deutsche Widerstand eine Differenzierung zwischen der »echten« antifaschistischen Volksbewegung, die getragen worden sei von marxistischen, bewußten Antifaschisten, und der bürgerlichen Widerstandsbewegung, die vom »antihitlerischen«[14] Kreis des 20. Juli repräsentiert würde. Diese dichotomische Sichtweise, die bereits 1946 nachzuweisen ist[15], wurde seit 1947 allgemein vertreten[16].

Das durchaus vorhandene Kooperationsverhalten von Hitlergegnern nach 1933 wurde einseitig hervorgehoben und die politischen Motive auf die bloße Beseitigung Hitlers reduziert[17]. Besonders extreme Angriffe sprachen den Männern des 20. Juli sogar die Absicht ab, den Krieg beenden zu wollen, und unterstellten ihnen eine »antinationale Politik«[18].

Diese Interpretation hatte ihre theoretische Wurzel in der Faschismusdefinition der Kommunistischen Internationale von 1933, die zwar auf die ökonomischen Grundlagen des Faschismus verwies, aber ungenügend die soziologische und ideologisch-psychologische Komponente des Phänomens sowie die Differenzierungen und Verschiebungen innerhalb der Eliten berücksichtigte. Damit konnte der Widerstand von Herrschaftsträgern nicht erklärt werden. Außerdem führten »Methodenunterschiede« und eng fixiertes »Kooperationsverhalten« dazu, daß die Entstehung von oppositionellem Verhalten zu spät angesetzt wurde. Deshalb blendete die Wider-

10 Zur Frage des 20. Juli, in: Tägliche Rundschau vom 21. Juli 1945.
11 Siehe Anton Ackermann, Legende und Wahrheit über den 20. Juli 1944, in: Einheit, 2 (1947) 12, S. 1172–1182.
12 Tägliche Rundschau vom 20. Juli 1945.
13 Märkische Volksstimme vom 20. Juli 1948.
14 Vgl. A. Ackermann (Anm. 11).
15 Tägliche Rundschau vom 20. Juli 1946.
16 Dazu A. Ackermann (Anm. 11).
17 Tägliche Rundschau vom 20. Juli 1946.
18 So u. a. Tägliche Rundschau vom 20. Juli 1947.

standsforschung der DDR die militärische Opposition von 1938/39 lange Zeit aus. Erst Ende der siebziger und Anfang der achtziger Jahre beschäftigten sich erste Aufsätze mit diesem Thema[19].

Die Arbeiten über den Attentatsversuch Claus Schenk Graf von Stauffenbergs konzentrierten sich inhaltlich vor allem auf die Rekonstruktion der konkreten Geschehensabläufe sowie auf die Analyse der Ursachen für das Scheitern des Umsturzversuchs. Die Hauptursache für das Scheitern der Aktion wurde bis in die achtziger Jahre hinein in der fehlenden Verwurzelung der Verschwörung im Volk gesehen. Dem liegt ein Denkansatz zugrunde, der von einer überdimensionalen Bedeutung der Rolle der »Volksmassen« in der Geschichte ausging. Es gab sogar Auffassungen, die aufgrund der fehlenden Massenbasis und des ausgeprägten Kooperationsverhaltens der Mitglieder der Bewegung des 20. Juli die »Volksfeindlichkeit«[20] des Staatsstreichs ableiteten. Die Angemessenheit des Interpretationsansatzes: Haltung zu den »Volksmassen« bzw. zur Entfaltung einer »revolutionären Volksbewegung« blieb damals nicht unangezweifelt[21].

Bereits in den ersten Nachkriegsjahren deutete sich die Tendenz an, bestimmte Personen und Personengruppen aus dem Kreis des 20. Juli positiv herauszuheben, andere hingegen zu verurteilen und auszugrenzen wie Carl Goerdeler und Ludwig Beck[22]. Seit 1947 gerieten auch die Sozialdemokraten innerhalb der Bewegung des 20. Juli 1944 zunehmend ins Zentrum der Kritik. Ihnen wurden »antikommunistische und antisowjetische Überlegungen«[23] unterstellt, was durch eine generelle Abwertung des sozialdemokratischen und gleichzeitige Aufwertung des kommunistischen Widerstandes motiviert war[24]. Die antisozialdemokratische Argumentation eskalierte, als Albert Norden, Mitglied des ZK der KPD und des Parteivorstandes der SED, 1949 seine Entrüstung darüber äußerte, daß sich die Sozialdemokraten an der Erarbeitung einer »profaschistisch-imperialistischen Konzeption« beteiligt hätten[25], und Otto Winzer sogar Julius Leber, der im Juni 1944 in Berlin mit Vertretern der illegalen KPD verhandelt hatte, als einen »Agenten des USA-Imperialismus« disqualifizierte[26]. Politischer Hintergrund dieses Vorgehens gegen die Sozialdemokratie war der seit Ende der vierziger Jahre durch die SED-Führung forcierte Kampf gegen den sogenannten »Sozialdemokratismus«. Er zielte im wesentlichen auf die Liquidierung der sozialdemokratischen Komponente in der SED ab, erhielt aber auch immer wieder neue Nahrung und Pseudolegitimität durch Aufdeckung von konspirativen Aktivitäten des Ostbüros der SPD innerhalb der SBZ/DDR.

Gemäß dem von der SED erhobenen Anspruch, als Partei der einheitlichen Arbeiterklasse die führende gesellschaftliche Kraft zu sein, fiel der Widerstandsge-

---

19 Siehe u. a. Kurt Finker, Probleme des militärischen Widerstandes und des Umsturzversuches vom 20. Juli 1944 in Deutschland, in: Christoph Kleßmann/Falk Pingel (Hrsg.), Gegner des Nationalsozialismus. Wissenschaftler und Widerstandskämpfer auf der Suche nach historischer Wirklichkeit, Frankfurt am Main–New York 1980, S. 153–186.

20 Tägliche Rundschau vom 20. Juli 1945.

21 Neues Deutschland vom 20. Juli 1947.

22 Tägliche Rundschau vom 21. Juli 1945.

23 So Märkische Volksstimme vom 20. Juli 1948.

24 Neues Deutschland vom 19. Juli 1947.

25 Albert Norden, Die Bedeutung des 20. Juli S. in: Weltbühne, 2 (1947), S. 553–560.

26 Otto Winzer, Der Friedenskampf der Kommunisten in Deutschland und die Verschwörung vom 20. Juli 1944, in: Einheit, 9 (1954) 7, S. 684.

schichtsschreibung die Aufgabe zu, dies historisch zu legitimieren und der KPD eine Art Monopolstellung zuzuweisen. Das hatte eine unwissenschaftliche Hypertrophierung der Rolle der KPD und des kommunistischen Widerstandes sowie die Marginalisierung der anderen Parteien und Widerstandsgruppen zur Folge. Mit dieser einseitigen Ausrichtung wurde der 20. Juli 1944 nunmehr hauptsächlich aus der Perspektive des kommunistischen Widerstandes betrachtet. Die Beteiligten am Umsturzversuch und an der Staatsstreichplanung wurden an ihrer Einstellung zur KPD, zur Sowjetunion und zum Nationalkomitee »Freies Deutschland« (NKFD) sowie an ihrer Bereitschaft gemessen, mit diesen Kräften zusammenzuarbeiten. Danach erfolgte ihre Einschätzung als »fortschrittlich« bzw. »progressiv« oder aber als »reaktionär«. Dieses Begriffspaar war bis in die achtziger Jahre ein Grundschema, das die Beurteilung historischer Prozesse und auch Persönlichkeiten bestimmte.

Aus der zweifellos vorhandenen politischen Orientierung führender Kräfte des bürgerlich-konservativen Widerstandes auf England und die USA und ihrem Bestreben, einen Einmarsch der Roten Armee nach Deutschland durch rechtzeitige Kriegsbeendigung zu vermeiden, wurde verallgemeinernd der Schluß gezogen, daß der 20. Juli eine vorherrschend antisowjetische Stoßrichtung besessen habe. Dieses Kriterium galt für manche Autoren noch bis Ende der achtziger Jahre[27], obwohl bereits in den ersten Nachkriegsjahren für eine differenzierte Einschätzung der außenpolitischen Ausrichtung der Bewegung des 20. Juli plädiert[28] und 1984 festgestellt wurde, daß das Grundmotiv der Handelnden, den Krieg zu beenden, das Entscheidende in der Bewertung sein sollte[29].

Daß die Haltung zur UdSSR ein Bewertungskriterium für den deutschen Widerstand wurde, war sowohl Ausdruck des Bekenntnisses zum Sozialismus Stalinscher Prägung als auch dafür, daß der Rückgriff auf bestimmte historische Traditionen das Staatsbewußtsein und die außenpolitische Orientierung der DDR stützen sollte. Außerdem zeigte sich darin auch die starke Einflußkraft der Besatzungsmacht auf die Ausformung des Rezeptionsverhaltens der DDR. Weber schreibt im Zusammenhang mit der Beantwortung der Frage nach einer demokratischen Vorgeschichte der DDR, daß sich »die ›antifaschistisch-demokratische Umwälzung‹ der Jahre 1945 und 1946 – von der SMAD gestattet und sogar gefördert – lediglich im Rahmen der sowjetischen Strategie vollziehen«[30] konnte. Das sowjetische Interesse in bezug auf den Umgang mit dem national-konservativen Widerstand wurde von verschiedenen Momenten bestimmt: Einmal ging es bei der Abqualifizierung des deutschen Widerstandes darum, die Befreierrolle der Sowjetunion, ihre Position als »Siegerin der Geschichte« nicht anzutasten oder zu schmälern. Außerdem lag im Kalkül, daß Personen und Programme, die von einem starken Antikommunismus und Antisowjetismus gekennzeichnet waren, nicht als »Erbe« begriffen werden konnten.

Diese kurz skizzierten Bewertungsmaßstäbe und Urteile über den 20. Juli bildeten die Ausgangsbasis für die Beschäftigung mit dem bürgerlich-aristokratischen Wider-

---

27 Siehe Kurt Gossweiler, Der 20. Juli und die Faschismustheorie, in: Helmut Bleiber/Walther Schmidt (Hrsg.), Demokratie, Antifaschismus und Sozialismus in der deutschen Geschichte, Berlin 1988, S. 296–311.

28 Neue Zeit vom 20. Juli 1947.

29 Siehe Olaf Groehler/Klaus Drobisch, Der 20. Juli 1944, in: Einheit, 40 (1984) 7, S. 636.

30 Hermann Weber, Gab es eine demokratische Vorgeschichte der DDR?, in: Gewerkschaftliche Monatshefte, 43 (1992) 4/5, S. 273.

stand. Sie behinderten die wissenschaftliche Erkenntnis noch, als schon neue Forschungsergebnisse vorlagen, und förderten so die Stagnation der Widerstandsgeschichtsschreibung der DDR auf diesem Untersuchungsgebiet sowie ihre internationale Isolierung. Nur mit der sowjetischen Geschichtswissenschaft gab es aufgrund der ähnlich ausgerichteten Ideologisierung eine nahezu völlige Übereinstimmung in den Wertungen.

In der *zweiten Phase,* die zeitlich vom Anfang der fünfziger Jahre, der hohen Zeit des Stalinismus in der DDR, bis Anfang der sechziger Jahre anzusetzen ist, wurde die historische und publizistische Wahrnehmung des 20. Juli verstärkt durch die zunehmende Ost-West-Konfrontation beeinflußt. Die Wissenschaft und Publizistik dieser Jahre lebte im Prinzip von der Auseinandersetzung mit dem »Gegner«. Dabei wurde die politische Zielrichtung verfolgt, in der Systemauseinandersetzung die DDR und ihre »führende Partei« zu legitimieren und die Integration der Bundesrepublik in das westliche Bündnissystem als eine Fortsetzung der »reaktionären« antisowjetischen Goerdeler-Beck-Politik zu verurteilen. Voraussetzung und Folge der polemischen Ausrichtung waren, daß sich die Geschichtswissenschaft der DDR in einem viel stärkeren Maße mit dem Bild des 20. Juli in der Bundesrepublik beschäftigte[31], als dies umgekehrt der Fall war. Dabei gab es später durchaus ernsthafte Untersuchungen zum bundesdeutschen Rezeptionsverhalten[32]. Als Aufhänger für die antibundesdeutsche Polemik dienten die Politik der Regierung von Konrad Adenauer und Karrieren wie die von Adolf Heusinger in der Bundeswehr[33]. Befördert wurde diese Art der Aktualisierung historischer Vorgänge, die lange Zeit die DDR-Geschichtsschreibung bestimmen sollte, durch den Stalinismus einerseits und die lange vorherrschende einseitige Hervorhebung der Bewegung des 20. Juli in der Bundesrepublik sowie die Tabuisierung des kommunistischen Widerstandes in der westdeutschen Historiographie andererseits. Die Richtlinie für den ostdeutschen Umgang mit Widerstandsgeschichte gab der Beschluß des ZK der SED über die wichtigsten ideologischen Aufgaben der Partei vom Oktober 1951, in dem die Historiker wegen unzureichender ideologischer Militanz kritisiert und die »wissenschaftliche Aufarbeitung der deutschen Geschichte vom Standpunkt des Marxismus-Leninismus«[34] gefordert wurden. Diese wissenschaftspolitische Vorgabe wurde im Juli 1955 mit dem Politbürobeschluß zur Verbesserung der Forschung und Lehre in der Geschichtswissenschaft der DDR bekräftigt, der »die Erforschung und Darstellung der revolutionären Traditionen der deutschen Arbeiterbewegung, besonders der Partei der deutschen Arbeiterklasse«[35] forderte.

31 Vgl. u. a. Wilhelm Ersil, Die Wahrheit über den 20. Juli 1944 und die Lügen der Bonner Militaristen, in: Einheit, 15 (1960) 7, S. 1085–1097; Hans Dress, Die Verfassungspläne Goerdelers in der Darstellung der westdeutschen Geschichtsschreibung, in: Probleme der Geschichte des zweiten Weltkrieges. Protokoll der wissenschaftlichen Tagung in Leipzig vom 25. bis 30. November 1957, Bd. 2, Berlin 1958, S. 403–409.

32 Vgl. Hans Dress, Neue Tendenzen bei der Darstellung des 20. Juli 1944 in der westdeutschen Geschichtsliteratur, in: 1917–1945. Neue Probleme der Geschichte der deutschen Arbeiterbewegung in Forschung und Lehre. Protokoll der konstituierenden Tagung der Fachgruppe »Geschichte der neuesten Zeit 1917–1945« am 31. Oktober und 1. November 1964 in Brandenburg (Havel), Berlin (Ost) 1965, S. 183–192.

33 Vgl. Joachim Hellwig/Hans Oley, Der 20. Juli 1944 und der Fall Heusinger, Berlin 1959.

34 Dokumente der SED, Bd. III, Berlin 1952, S. 581.

35 Dokumente der SED, Bd. V, Berlin 1956, S. 348.

Im Zuge des konzeptionellen Nachdenkens einer sich konstituierenden marxistischen Geschichtswissenschaft wurde eine selektive Geschichtsforschung präzise vorgegeben[36]. Der 20. Juli fand dabei – wie beispielsweise auch der christliche, jüdische und sozialdemokratische Widerstand – nur an der Peripherie Beachtung.

Vor diesem wissenschaftlichen wie politischen Hintergrund kam die Beschäftigung mit dem 20. Juli 1944 nur langsam voran. Zunehmend widmeten sich Historiker und nicht wie bisher vorwiegend Funktionäre und Politiker der DDR dem Umsturzversuch. Sie waren an der Akademie für Staats- und Rechtswissenschaften »Walter Ulbricht« in Potsdam-Babelsberg, am Institut für Marxismus-Leninismus in Berlin oder am Institut für Deutsche Militärgeschichte der Nationalen Volksarmee angesiedelt. Universitäre Forschung gab es kaum.

Die Aufmerksamkeit der Autoren hatte sich allmählich von der konkreten Aktion des Hitler-Attentats auf die politische, ökonomische und soziale Programmatik des national-konservativen Widerstandes verlagert[37]; seine richtungspolitischen Unterschiede und der ideengeschichtliche Hintergrund blieben dabei aber weitgehend verborgen. In der Tendenz brachten in diesem Zusammenhang entstandene Aufsätze keine neuen Forschungsergebnisse, weil sie, von zwei Ausnahmen abgesehen[38], nicht auf neu erschlossenem Quellenmaterial aus Archiven der DDR basierten, sondern – wie ein Blick in den Anmerkungsapparat zeigt – auf Publikationen und Quellenveröffentlichungen der Bundesrepublik zurückgriffen. So wurde bereits bekanntes Material vom marxistisch-leninistischen Standpunkt referiert.

Bemerkenswert ist, daß die Forschung trotz politischer Vorgaben und ideologischer Dogmen interessante und auch in der Bundesrepublik weniger beachtete Problemkreise wie z. B. den Bereich der Kommunalpolitik Goerdelers aufgriff[39]. Doch diese Studien gelangten durch die vorherrschenden Interpretationsschemata nicht zur vollen Ausgestaltung bzw. wurden nicht weiter verfolgt, weil sie hauptsächlich als Beleg für ohnehin getroffene abwertende Einschätzungen dienten.

Insgesamt konsolidierte sich das negative Bild von der Bewegung des 20. Juli. Der Umsturzversuch erschien immer eindeutiger als »antisowjetisch«, »imperialistisch« und »antinational«[40], bis man zu dem Schluß kam, daß jede nähere Untersuchung zeige, »daß im Zusammenhang mit den Ereignissen vom 20. Juli 1944 von antifaschistischem Kampf nicht die Rede sein kann«[41]. Im Gegensatz dazu erfuhren aber ein-

---

36 Vgl. u. a. Leo Stern, Gegenwartsaufgaben der deutschen Geschichtsforschung, Berlin 1952.

37 Vgl. u. a. Hans Dress, Der antidemokratische und reaktionäre Charakter der Verfassungspläne Goerdelers, in: Zeitschrift für Geschichtswissenschaft, 5 (1957) 6, S. 1134–1159; Wilhelm Ersil, Die Drahtzieher der volksfeindlichen Verschwörung vom 20. Juli 1944 und ihre »Europa«-Pläne, in: Wissenschaftliche Zeitschrift der Deutschen Akademie für Staats- und Rechtswissenschaften »Walter Ulbricht«, 4 (1954/55) 5, S. 238–253, und ders., Das außenpolitische Programm der militärischen Verschwörung vom 20. Juli 1944, in: Deutsche Außenpolitik, 4 (1959) 7, S. 743–758.

38 Vgl. Axel Laise, Das Wirken Carl Goerdelers in den Jahren 1930–1936, Staatsexamensarbeit Universität Leipzig 1962, und Manfred Unger, Die »Endlösung« in Leipzig. Dokumente zur Geschichte der Judenverfolgung 1933–1945, in: Zeitschrift für Geschichtswissenschaft, 11 (1963) 5, S. 941–951.

39 Vgl. Hans Dress, Die Stellung der Gemeinden und Kreise im Rahmen der Verfassungspläne Goerdelers, in: Der Deutsche Imperialismus und der zweite Weltkrieg, Bd. IV, Berlin (Ost) 1961, S. 607–619; A. Laise (Anm. 38), und M. Unger (Anm. 38).

40 Vgl. u. a. Otto Winzer, Zwölf Jahre Kampf gegen Faschismus und Krieg. Ein Beitrag zur Geschichte der Kommunistischen Partei Deutschlands, Berlin 1955.

41 Zum Charakter der Verschwörung vom 20. Juli 1944, in: Militärwesen, 3 (1959) 6, S. 833.

zelne Personen oder Gruppierungen der Bewegung des 20. Juli durchaus eine positive Bewertung. Damit wurde die dichotomische Sicht partiell aufgehoben, indem die Trennungslinie nicht mehr zwischen den Kommunisten auf der einen Seite und den bürgerlich-aristokratischen und sozialdemokratischen Hitlergegnern auf der anderen Seite verlief, sondern letztere teilweise unter Zuerkennung der Bezeichnung »Antifaschisten« in das Geschichtsbild der DDR einbezogen wurden. Das betraf neben Wilhelm Leuschner und Friedrich Olbricht vor allem Stauffenberg, der bewußt zum positiv gestalteten Pendant Goerdelers gemacht wurde. Goerdeler hingegen verkörperte die Inkarnation der »reaktionären Spitzen der Verschwörung«[42], der »Volksfeindlichkeit«[43], des »Antibolschewismus«[44] und der anfänglichen »profaschistischen Einstellung«[45].

Im Rahmen dieser teilweisen Integration einiger führender Persönlichkeiten des 20. Juli 1944 in das Geschichtsbild der DDR kam es zum Ende der fünfziger Jahre zu einem bis in die achtziger Jahre hinein einmaligen Akt öffentlicher Würdigung. In Halberstadt, dem Wohnort von Johannes Georg und Bernhard Klamroth, wurde eine Gedenktafel für diese beiden Mitglieder der Bewegung des 20. Juli errichtet[46].

Eine ansatzweise positive Beachtung fand auch der Kreisauer Kreis[47], indem im Jahre 1959 die These vertreten wurde, daß die Ansatzpunkte des innen- und außenpolitischen Programms des Kreisauer Kreises für die deutsche Nachkriegsentwicklung die Schlußfolgerung gestatte, »daß die Kreisauer Reformpläne selbst unter Berücksichtigung all ihrer Schwächen und Mängel im Vergleich zu den reaktionären Plänen Goerdelers und seiner Anhänger positiver einzuschätzen sind«[48]. Dies muß trotz der obligatorischen Ausgrenzung Goerdelers offensichtlich auf starke Kritik gestoßen sein und eine Disziplinierung des Verfassers nach sich gezogen haben, denn ihm wurde ein Co-Autor zur Seite gestellt, der bereits seine Konformität gezeigt hatte. Gemeinsam schrieben sie dann einen korrigierenden Aufsatz, in dem dem Kreisauer Kreis der Charakter einer Widerstandsgruppe abgesprochen und er als »volksfeindlich« verteufelt wurde[49]. Die Auffassungen über den Kreisauer Kreis wurden erst seit Mitte der sechziger Jahre langsam revidiert, bis dann Ende der siebziger Jahre die erste Monographie zu diesem Thema in der DDR erscheinen konnte[50].

Die *dritte Phase* setzte Anfang der sechziger Jahre ein. Der VI. Parteitag der SED im Januar 1963 proklamierte den »umfassenden Aufbau des Sozialismus«, was auch beinhaltete, »die sozialistische Revolution auf dem Gebiet von Ideologie und Kultur

---

42 O. Winzer (Anm. 26), S. 679.

43 H. Dress (Anm. 31), S. 1138.

44 H. Dress (Anm. 39), S. 608.

45 Ebenda, S. 612.

46 Vgl. Zwischen Harz und Bruch. Heimatzeitschrift des Kreises Halberstadt, 6 (1961) 9, S. 300–301, und Norbert Madloch, Der 20. Juli 1944 und Halberstadt, in: ebenda, 4 (1959) 7, S. 217–222.

47 Zur Rezeptionsgeschichte des Kreisauer Kreises in der DDR-Geschichtswissenschaft vgl. Kurt Finker, Der Kreisauer Kreis aus der Sicht der bisherigen DDR-Forschung, in: Huberta Engel (Hrsg.), Deutscher Widerstand – Demokratie heute: Kirche, Kreisauer Kreis, Ethik, Militär und Gewerkschaften, Bonn-Berlin 1992, S. 179–202.

48 Hans Dress, Fortschrittliche und reaktionäre Tendenzen in den Reformplänen des Kreisauer Kreises, in: Der deutsche Imperialismus und der zweite Weltkrieg, Bd. IV, Berlin (Ost) 1961, S. 606.

49 Vgl. Hans Dress/Wilhelm Ersil, Die volksfeindliche Konzeption des Kreisauer Kreises und das nationale Rettungsprogramm der KPD, in: Staat und Recht, 9 (1960) 7, S. 1105–1134.

50 Kurt Finker, Graf Moltke und der Kreisauer Kreis, Berlin (Ost) 1978.

weiterzuführen«[51]. Für die Widerstandsgeschichtsschreibung bedeutete dies einerseits eine noch stärkere Hervorhebung des kommunistischen Widerstandes. Andererseits brachte es auch eine stärkere Beachtung des nichtkommunistischen Widerstandes – vorausgesetzt, daß die »führende Rolle der Partei« gewährleistet war; nahm die »sozialistische Revolution« doch für sich in Anspruch, Erbe alles Fortschrittlichen und Humanistischen zu sein. Mit dem relativen Ende des Kalten Krieges wurde die Polemik, die vor allem gegen die Bundesrepublik geführt worden war, quantitativ abgeschwächt.

In diesem Kontext begann sich seit Anfang der sechziger Jahre eine eigenständige Forschung zum 20. Juli zu entwickeln, deren Trägerin überwiegend eine nachgerückte, jüngere Historikergeneration an den Hochschulen und Forschungseinrichtungen der DDR war. Das nun gezeichnete Bild vom bürgerlich-aristokratischen Widerstand gewann an Tiefenschärfe und Sachlichkeit, ohne daß schon alle schematischen Betrachtungsweisen und kurzschlüssigen Aktualisierungen verschwunden waren[52]. Auch wurden zunehmend neue Quellen aus Archiven der DDR oder durch Zeitzeugenbefragungen erschlossen und teilweise publiziert[53]. Im Zusammenhang mit der seit 1958 einsetzenden Thematisierung und Würdigung des NKFD sowie des Bundes Deutscher Offiziere (BDO) wurden die alten Wertungskriterien modifiziert, weil sie die Haltung, Motivation und Entscheidung von Teilen der deutschen Generalität zum Widerstand gegen das NS-Regime nicht erklären konnten. Dies strahlte auch auf die Ehrung und Betrachtung der Männer des 20. Juli aus[54].

Während der sowjetische Einfluß in der zweiten Hälfte der vierziger Jahre hinsichtlich der Ausgrenzung des bürgerlichen Widerstandes normierend wirkte, gab er jetzt mit dem Buch »20. Juli 1944. Legende und Wirklichkeit« von Daniiel Melnikow, das 1964 erstmalig in deutscher Sprache erschien, den Auftakt für die Tilgung von Fehlurteilen und Voreingenommenheiten der Geschichtsforschung der DDR. Der 20. Jahrestag des Attentats im Jahre 1964 brachte dann einen gewissen Durchbruch. Sichtbar wurde das am Referat von Heinrich Scheel auf der Festveranstaltung des Nationalrates der Nationalen Front und der Arbeitsgemeinschaft ehemaliger Offiziere[55], an einer am Zentralinstitut für Geschichte erarbeiteten Konzeption zur Darstellung der Verschwörung[56] und an dem im Rahmen der »Geschichte der deutschen Arbeiterbewegung«[57] gegebenen ersten Gesamtüberblick über den deutschen Widerstand.

1967 erschien dann die erste Stauffenberg-Biographie in der DDR[58]. Damit wurde im Prinzip wissenschaftlich eingelöst, was seit Jahren politisch eingefordert worden

---

51 Geschichte der Sozialistischen Einheitspartei Deutschlands. Abriß, Berlin (Ost) 1978, S. 441f.

52 Vgl. u. a. Johannes Glasneck, Carl Goerdeler – Apologet der faschistischen Nah-Ost-Expansion und Vorläufer des Bonner Neokolonialismus, in: Zeitschrift für Geschichtswissenschaft, 11 (1963) 8, S. 1490–1504.

53 Vgl. u. a. Carl Goerdeler, Schlußbetrachtungen über die Reise Nordafrika, Vorderasien. Reisebericht vom 6. August 1939, eingeleitet von Johannes Glasneck, in: Bulletin des Arbeitskreises »Zweiter Weltkrieg«, (1965) 4, S. 19–27.

54 Vgl. Stephan Wolf, Zum 14. Jahrestag des 20. Juli 1944, in: Mitteilungsblatt der Arbeitsgemeinschaft ehemaliger Offiziere, 1 (1958) 3, S. 6–11.

55 Vgl. Heinrich Scheel, Festansprache anläßlich des 20. Jahrestages des 20. Juli 1944 in Berlin, in: Mitteilungsblatt der Arbeitsgemeinschaft ehemaliger Offiziere, 7 (1964) 8, S. 3–6.

56 Konzeption zur Darstellung der Verschwörung vom 20. Juli 1944, in: Bulletin des Arbeitskreises »Zweiter Weltkrieg« (1965) 1, S. 35–46.

57 Vgl. Geschichte der deutschen Arbeiterbewegung, Bd. 5, Berlin (Ost) 1966.

58 Kurt Finker, Stauffenberg und der 20. Juli 1944, Berlin (Ost) 1967.

war und u.a. in Artikelüberschriften wie: »Oberst Graf von Stauffenberg gehört uns«[59] zum Ausdruck kam. Das Buch würdigte, ungeachtet der »weltanschaulichen Pflichtübungen«[60], mit großer Sachlichkeit das Handeln und die Person Stauffenbergs, Moltkes und ihrer Gefährten. Die offizielle Aufnahme der Monographie blieb nicht ohne Probleme, so daß keine Neuauflage vorgesehen wurde. Die Kritik von Historikern des Instituts für Marxismus-Leninismus und des Zentralinstituts für Geschichte in Berlin (Ost) bemängelte vor allem, daß der Klassenkampfcharakter des Widerstandes und die führende Rolle der KPD ungenügend deutlich würden und daß die Stauffenberg-Gruppe zu sehr in die Nähe der Arbeiterbewegung gerückt worden wäre[61]. Erst 1971 konnte das Buch zum zweiten Mal erscheinen. Dazu mußte aber ein längeres Schlußkapitel zur »Aktualisierung« des Themas geschrieben werden, um die Druckgenehmigung des Ministeriums für Kultur zu erhalten.

Insgesamt erfuhren die Auffassungen über den 20. Juli in den sechziger Jahren in mehreren Punkten eine Korrektur: Erstens wurde die Aktion in ihrer Gesamtheit positiv als »antinazistische Tat, die objektiv auf die Beseitigung der barbarischen Herrschaftsform des deutschen Imperialismus gerichtet war«[62], bewertet. Zweitens verwies man stärker auf die Heterogenität der Bewegung, grenzte die »reaktionären« von den »fortschrittlichen« oder »progressiven« Gruppierungen deutlicher ab und differenzierte innerhalb dieser beiden Gruppierungen die Personen und Konzepte weiter aus[63]. Die herausgearbeiteten Unterschiede zwischen den »Kreisen« trugen aber nicht zum Abbau, sondern zur weiteren Ausprägung der dichotomischen Sichtweise bei, weil sie einmal Substanz für die politische und historische Verurteilung der »Reaktionäre« boten, und zum anderen die Aufwertung der Gruppen »mit überwiegend fortschrittlicher Tendenz«[64], insbesondere der Stauffenberg-Gruppe und des Kreisauer Kreises, beförderten. Drittens wurde über die möglichen Ergebnisse eines geglückten Attentats reflektiert.

Das öffentliche Interesse an der Bewegung des 20. Juli war sehr groß, wie das Fernseh-Dokumentarfilmprojekt von Karl Gass über den Umsturzversuch unter dem Titel »Revolution am Telefon« zeigte. Dafür sprechen auch die für westdeutsche Verhältnisse vergleichsweise hohen Verkaufszahlen, die die Stauffenberg-Biographie mit sieben Auflagen mit insgesamt über 60000 Exemplaren bis 1989 erreichte und die das Kreisau-Buch mit zwei Auflagen 1978 und 1980 mit über 15000 Exemplaren erlebte. Diese Publikationen waren immer innerhalb weniger Wochen vergriffen. Außerdem wurde Anfang der siebziger Jahre in politischen Kreisen der Christlich Demokratischen Union (CDU) Pläne ventiliert, ein Stauffenberg-Denkmal in der DDR zu errichten[65].

Obwohl seit Anfang der sechziger Jahre Fortschritte in der Würdigung und Darstellung des 20. Juli bei wachsendem öffentlichen Interesse gemacht wurden, blieb er

---

59 Martin Lattmann, Oberst Graf von Stauffenberg gehört uns, in: Mitteilungsblatt der Arbeitsgemeinschaft ehemaliger Offiziere, 7 (1964) 8, S. 12.

60 Bodo Scheurig, Objektiv über Stauffenberg, in: Frankfurter Allgemeine Zeitung vom 5. September 1968.

61 Vgl. Wolfgang Schumann, Gutachten für die 2. Auflage des Buches von Kurt Finker: Stauffenberg und der 20. Juli 1944, Union-Verlag, vom 23. 2. 1969 (Kopie im Besitz d. Verf.).

62 Konzeption zur Darstellung der Verschwörung vom 20. Juli 1944 (Anm. 56), S. 36.

63 Ebenda.

64 Ebenda, S. 40.

65 Vgl. Brief von Kurt Finker an Werner Wünschmann, Sekretär des CDU-Hauptvorstandes, vom 2. Februar 1971 (Kopie im Besitz d. Verf.).

nach wie vor ein Randgebiet in der Geschichtsforschung der DDR. Nur zwei größere Arbeiten beschäftigten sich in den siebziger Jahren direkt mit der Problematik[66]. Darüber hinaus thematisierte teilweise die regionalgeschichtliche Forschung den »bürgerlichen« Widerstand[67]. Die Ursachen für diesen geringen Befund lagen darin, daß das Thema nie im Zentralen Forschungsplan der Gesellschaftswissenschaften enthalten war, der seit den siebziger Jahren existierte. Das bedeutete, daß es keine staatliche Förderung gab, hatte aber auch den Vorteil, daß es zu weniger ideologischer Gängelei kam.

Die siebziger Jahre brachten eine gewisse Entkrampfung und größere Vielfalt in der Forschung, in deren Folge sich Arbeitsfelder und Methodendiskussionen ausweiteten. Es wurde immer deutlicher, daß die unterschiedlichen Widerstandsformen sowie die soziale und politische Heterogenität des deutschen Widerstandes sich nicht mit der vereinfachten These: »Der antifaschistische Widerstandskampf war seinem Wesen nach Klassenkampf zwischen der Arbeiterklasse sowie anderen Werktätigen und dem Monopolkapital«[68] vereinbaren ließen. So begannen neue Überlegungen zum Widerstand, in deren Ergebnis sich ein eher dynamischer Widerstandsbegriff herausbildete[69]. Diese Entwicklung wurde durch die Arbeit an dem Werk »Deutschland im zweiten Weltkrieg«[70] befördert. Einer angemessenen Wertung und Würdigung des 20. Juli standen aber, worauf Olaf Groehler zu Recht hinweist[71], die mangelnde Kritikfähigkeit und Scheu der Geschichtswissenschaft der DDR entgegen, Fehler und Irrtümer sowie Wandlungen und Modifikationen offen zu benennen.

In den achtziger Jahren, der *vierten Phase,* wurde die historische wie publizistische Wahrnehmung des 20. Juli von folgenden innen- und wissenschaftspolitischen Entwicklungen geprägt: Die Ende der siebziger Jahre entfaltete Diskussion um »Erbe« und »Tradition« sowie die These von der Herausbildung einer »sozialistischen deutschen Nation« in der DDR, die – so absurd sie war – objektiv die Geschichtswissenschaft förderte, da die Historiker aufgefordert wurden, die deutsche Geschichte nunmehr in ihrer Gesamtheit und nicht nur begrenzt auf revolutionäre und proletarische Bewegungen zu erforschen und darzustellen. Außenpolitisch beeinflußte das Geschichtsbild und die Geschichtsschreibung der DDR die im Zusammenhang mit dem KSZE-Prozeß und den Bemühungen um Entspannung und Abrüstung in Europa entstandene Forderung nach einer »Koalition der Vernunft«. Historische Vorformen

---

66 Vgl. K. Finker (Anm. 50), und Sigrid Wegner-Korfes, Der 20. Juli und das Nationalkomitee »Freies Deutschland«. Aus persönlichen Unterlagen der Familie von Oberst Ritter Mertz von Quirnheim, in: Zeitschrift für Geschichtswissenschaft, 27 (1979) 6, S. 535–544.

67 Vgl. Helmut Arndt/Detlef Ziegs, Zur revolutionären Kommunalpolitik der KPD in den Jahren 1929/33 im Leipziger Stadtparlament, in: Jahrbuch zur Geschichte der Stadt Leipzig (1979), S. 33–55.

68 Klaus Mammach, Die deutsche antifaschistische Widerstandsbewegung 1933–1939. Geschichte der deutschen antifaschistischen Widerstandsbewegung im Inland und in der Emigration, Berlin 1974, S. 255.

69 Vgl. Werner Bramke, Der unbekannte Widerstand in Westsachsen. Zum Problem des Widerstandsbegriffs, in: Jahrbuch für Regionalgeschichte, 13 (1986), S. 220–253.

70 Vgl. Autorenkollektiv (Ltg. Wolfgang Schumann), Deutschland im zweiten Weltkrieg, Bd. 1, Berlin (Ost) 1974, S. 303; Bd. 2, Berlin (Ost) 1975, S. 578–580; Bd. 3, Berlin (Ost) 1979, S. 297–301; Bd. 4, Berlin (Ost) 1981, S. 569–571; Bd. 5, Berlin (Ost) 1984, S. 318–323, und Bd. 6, Berlin (Ost) 1984, S. 283–297.

71 Siehe O. Groehler (Anm. 1), S. 416.

einer solchen »Koalition der Vernunft« wurden nun – nicht unumstritten[72] – in der Bewegung des 20. Juli und im Kreisauer Kreis gesehen, ihre Erforschung und Popularisierung seit 1983 gefördert. Dieser aktuell-politische Bezug rief auch westdeutsche Kritik hervor, indem die Auffassung vertreten wurde, daß der 20. Juli damit für die SED bliebe, was er schon immer war: »polemische Waffe und Vorwand für Agitation«[73].

Vor diesem politischen Hintergrund veränderte sich das Bild des 20. Juli in der Wissenschaft und Öffentlichkeit der DDR. In der Zeitschrift »Militärgeschichte« erschien im März 1984 ein Artikel zum 40. Jahrestag des Attentats unter dem bis dahin ungewöhnlichen Titel: »Politischer Realismus und militärisches Verantwortungsbewußtsein. Einige geschichtliche Erfahrungen aus dem 20. Juli 1944«, in dem mit Bezug auf die Beteiligten am Attentat auf Hitler erstmalig für die DDR festgestellt wurde: »Für diese Tat gebührt ihnen Hochachtung und ein ehrenvoller Platz in der Geschichte des antifaschistischen deutschen Widerstandskampfes.«[74]

Um die gleiche Zeit, vom 28. Februar bis 1. März 1984, fand in Sellin auf der Insel Rügen ein internationales Kolloquium zum Thema »Der Kampf gegen den Faschismus. Aspekte – Probleme – Lehren«[75] statt, an dem Historiker beider deutscher Staaten teilnahmen. Die Bedeutung dieser Konferenz muß darin gesehen werden, daß damit ein erster zaghafter Durchbruch in der Aufgabe der dogmatischen Verklammerung von Antifaschismus und Antiimperialismus ereicht wurde[76]. Die Tagung ermöglichte es, die Bewegung des 20. Juli insgesamt und vorbehaltlos in die deutsche Widerstandsgeschichte zu integrieren. Das war nicht zuletzt Ausdruck der bisherigen politischen wie wissenschaftspolitischen Entwicklung, was sich bereits im Artikel in der Zeitschrift »Militärgeschichte« widerspiegelte. Ferner wurde ein Kolloquium aus Anlaß des 40. Jahrestages des Umsturzversuchs vorbereitet, auf dem der 20. Juli in der Geschichte des deutschen Widerstands unter grundlegenden theoretischen und methodischen Aspekten neu erörtert werden sollte. Um den »Spielraum« der Neubewertung abzustecken und somit »Ausuferungen« von vornherein auszuschließen, wurde ein Grundsatzartikel in der »Einheit« und im »Neuen Deutschland« vorausgeschickt[77].

Zwar blieb für die Geschichtswissenschaft der DDR seit 1984 die Haltung der national-konservativen Widerstandskämpfer zur Sowjetunion, zur KPD und zum Nationalkomitee »Freies Deutschland« nach wie vor Maßstab für die historische Bewertung[78], dennoch wurden wesentliche Akzente neu gesetzt und dogmatische Einengungen überwunden. Erstens erschien der Umsturzversuch eindeutig als antifaschistische

72 Es gab in diesem Zusammenhang auch kritische Bemerkungen, siehe dazu K. Gossweiler (Anm. 27), S. 308ff.

73 Rhein-Neckar-Zeitung vom 19. Juli 1984.

74 Kurt Finker, Politischer Realismus und militärisches Verantwortungsbewußtsein. Einige geschichtliche Erfahrungen aus dem 20. Juli 1944, in: Militärgeschichte, 23 (1984) 3, S. 195.

75 Bericht über das Kolloquium von Kurt Pätzold und Wolfgang Meinicke, in: Zeitschrift für Geschichtswissenschaft, 32 (1984) 8, S. 718–722.

76 Siehe O. Groehler (Anm. 1), S. 416.

77 Vgl. O. Groehler/K. Drobisch (Anm. 29), S. 632–639, ebenso in: Neues Deutschland vom 7. und 8. Juli 1984.

78 Siehe u. a. Kurt Finker, Der Platz des 20. Juli 1944 in der Geschichte des deutschen antifaschistischen Widerstandskampfes, in: Wissenschaftliche Mitteilungen der Historiker-Gesellschaft der DDR, 1985/I–II, S. 19.

Aktion[79]. Zweitens verlor die These vom »volksfeindlichen« Charakter der Verschwörung ihre Wirksamkeit. Drittens rückten die Ziele des 20. Juli, vor allem der Wille zur Beendigung des Krieges, in den Mittelpunkt der Bewertung. Viertens erkannte man allen Beteiligten der Verschwörung zu, daß sie Hitlergegner waren und ihr Leben eingesetzt hatten. Deshalb wurden die Fragen der Kooperation und des Methodenunterschieds gründlicher untersucht und differenzierter beurteilt[80]. Fünftens gewann die Auffassung vom Widerstand als einem widerspruchsvollen, prozeßhaften Vorgang spürbar an Bedeutung. Sechstens wurde vermieden, »die einzelnen Teilnehmer der Verschwörung miteinander zu vergleichen, sie hinsichtlich ihrer politischen Ziele zu werten und dem einen mehr fortschrittliche Züge zu bescheinigen als dem anderen«[81].

Damit kehrte die DDR-Geschichtswissenschaft im Prinzip zu jenen Positionen zurück, wie sie bereits 1944/45 bis 1949 bestanden hatten. Die Umbewertung des 20. Juli in der DDR ging allerdings nicht mit ähnlichen Prozessen in der Sowjetunion konform, sondern stieß dort auf Kritik[82]. Auch in diesem Punkt deuten sich Ähnlichkeiten zur unmittelbaren Nachkriegszeit an.

Von der »neuen« Sicht auf den Umsturzversuch zeugen nicht zuletzt auch eine Reihe von Gedenkveranstaltungen im Sommer 1984. Waren Gedenkfeiern anläßlich des 20. Juli 1944 seit 1945 in der SBZ/DDR ausschließlich zu allen ›runden‹ Jahrestagen des Ereignisses veranstaltet worden, so fanden sie seit 1984 an manchen Orten der DDR wie in der Bornstedter Kirche in Potsdam nun regelmäßig statt und nahmen so einen festen Platz im gesellschaftlichen Leben der DDR ein. In diesem Rahmen wurden dann Gedenktafeln oder -steine gestiftet, so u.a. 1988 in Neustrelitz für Hans-Jürgen Graf von Blumenthal[83], in Göhren für Ulrich Wilhelm Graf Schwerin von Schwanenfeld[84], in Potsdam für Henning und Erika von Tresckow[85] sowie 1989 in Lübbenau für Wilhelm Graf zu Lynar[86], in Leising für Friedrich Olbricht[87] und in Potsdam für Kurt Freiherr von Plettenberg[88]. Die Initiatoren dieser Traditionspflege waren in der Regel die Blockparteien NDPD, LDPD und CDU, die sich dem 20. Juli und seinen Akteuren in besonderer Weise verpflichtet fühlten. Sie hatten deshalb versucht, sich dabei eine gewisse Autonomie zu erhalten. So wurden Publikationen wie zum Beispiel die beiden Monographien von Kurt Finker im Union-Verlag, dem Parteiverlag der CDU, andere aber auch im Buchverlag Der Morgen[89], dem Parteiverlag der LDPD, herausgegeben. Die NDPD veranstaltete anläßlich des 45. Jahrestages des 20. Juli in ihrer Zentralen Parteischule in Waldsieversdorf im Juli 1989 ein

---

79 Siehe O. Groehler/K. Drobisch (Anm. 29), S. 636, und K. Finker (Anm. 74), S. 200.

80 Siehe Kurt Finker, Widerstand und Geschichte des Widerstandes in der Forschung der DDR, in: Peter Steinbach (Hrsg.), Widerstand. Ein Problem zwischen Theorie und Geschichte, Köln 1987, S. 104.

81 Brief von Bernhard Grabowski, Chefredakteur des Neuen Deutschland, an Kurt Finker vom 13. März 1984 (Kopie im Besitz d. Verf.).

82 Tageszeitung vom 20. Juli 1984.

83 Neues Deutschland vom 21. Juli 1988.

84 Berliner Zeitung am Abend vom 20. Juli 1988.

85 Neues Deutschland vom 21. Juli 1988.

86 Lausitzer Rundschau vom 21. Juli 1989.

87 Nationalzeitung vom 21. Juli 1989, und Neues Deutschland vom 21. Juli 1989.

88 Brandenburgische Neueste Nachrichten vom 27. November 1989.

89 Vgl. u.a. Carlheinz von Brück, Bürger gegen Hitler. Demokraten im antifaschistischen Widerstand, Berlin 1986.

wissenschaftliches Kolloquium, das in der historischen Betrachtung des Ereignisses aber systemkonform blieb[90].

Die veränderte wissenschaftliche Wahrnehmung des national-konservativen Widerstandes in der DDR seit Anfang 1984 brachte fruchtbare Impulse für dessen weitere Erforschung und Popularisierung. In der Folgezeit entstanden neue wissenschaftliche Arbeiten und auch Fernseh-Dokumentarfilme[91], die für die öffentliche Wahrnehmung eines veränderten Geschichtsbildes sehr wichtig waren. Bereits ein Jahr später manifestierten sich die neu gewonnenen Resultate im »Wörterbuch zur deutschen Militärgeschichte«[92], und 1989 fanden sie dann auch endlich Eingang in die Geschichtslehrbücher[93].

Die unrevidiert gebliebenen Bewertungsmaßstäbe erschwerten aber den wissenschaftlichen Zugang zu den »reaktionären« Repräsentanten des 20. Juli wie Goerdeler, Ulrich von Hassell und Johannes Popitz. In bezug auf die Einschätzung Goerdelers hatte sich bereits 1984 eine veränderte Sicht angebahnt[94], die 1989 deutlicher wurde[95]. Ein Jahr später legte der Leipziger Historiker Werner Bramke neue Ergebnisse einer seit Mitte der achtziger Jahre erfolgten Untersuchung über den Leipziger Oberbürgermeister vor[96]. Arbeiten zu von Hassell und Popitz von DDR-Historikern gab es nicht.

Im Sommer 1990 wurde auch in der Nationalen Volksarmee (NVA) eine neue Traditionsbestimmung hinsichtlich des Umsturzversuchs vom 20. Juli vorgenommen[97]. Als Vorboten dafür können zwei Artikel in der »Volksarmee«[98] gelten. Am 20. Juli 1990 wurde dann in fast allen Kasernen des 46. Jahrestages des gescheiterten Umsturzversuches gedacht und zugleich über 50 000 Soldaten neu vereidigt. Der Tagesbefehl des DDR-Ministers für Abrüstung und Verteidigung, Rainer Eppelmann, hob hervor: »Bewußt aus persönlicher Überzeugung geht der Armeeangehörige die

---

90 Nationalzeitung vom 20. Juli 1989.

91 Vgl. u. a. Kurt Finker, An der Seite Stauffenbergs. Zum 100. Geburtstag von Friedrich Olbricht, in: Militärgeschichte, 27 (1988) 5, S. 461–463, und Wolfgang Welkerling, Ein Wehrmachtsgeneral auf dem Weg zum Antifaschisten. Zur Biographie des Generals der Artillerie Fritz Lindemann, in: Zeitschrift für Geschichtswissenschaft, 37 (1989) 9, S. 796–811; zu den Dokumentarfilmarbeiten vgl. u. a. Hans Bentzien, Wir haben nichts zu bereuen (1984); Rolf Schnabel, Das Attentat auf Hitler (1984); Günter Marquardt/Ulrich Teschner, Henning von Tresckow – Chef des Generalstabes oder Tod auf dem Schafott (1986); Günter Marquardt/Jürgen Eike, General Friedrich Olbricht – ein Mann des 20. Juli 1944 (1987); Hans Bentzien/Erich Thiede, 13 Bilder über Stauffenberg (1989), und Kurt Seehafer/Jürgen Eike, Auch er wollte Hitler stürzen. Carl-Hans Graf von Hardenberg und der 20. Juli 1944 (1990).

92 Siehe Wörterbuch zur deutschen Militärgeschichte, Berlin (Ost) 1985, S. 1023–1024.

93 Siehe Geschichte. Lehrbuch für Klasse 9, Berlin (Ost) 1989, S. 188–190.

94 Vgl. Werner Bramke, Das Vermächtnis des 20. Juli 1944, in: Leipziger Volkszeitung vom 20. Juli 1984.

95 Vgl. Wolfgang Ebert, ... eine große vaterländische Tat, in: Volksarmee, (1989) 29; Werner Fahlenkamp, Deutsche in Entscheidungssituationen, in: Der Morgen vom 20. Juli 1989, und Kurt Finker, Das Programm Carl Goerdelers – eine bürgerliche Alternative zum Krieg?, unveröffentlichter Diskussionsbeitrag auf der wissenschaftlichen Konferenz: Phänomen der Weltkriege im zwanzigsten Jahrhundert vom 31. August bis 3. September 1989 in Berlin (Kopie im Besitz d. Verf.).

96 Vgl. Werner Bramke, Führend im Widerstand: Georg Schumann und Carl Goerdeler, in: Sächsische Heimatblätter, (1990) 2, S. 90–95.

97 Der Tagesspiegel vom 19. 7. 1990, und Frankfurter Allgemeine Zeitung vom 20. 7. 1990.

98 Vgl. Ruth Krauz, »Er war fast täglich bei Stauffenberg ...« und Wolfgang Ebert, ... eine große vaterländische Tat, beide in: Volksarmee, (1989) 29.

Verpflichtung ein, Befehl und Gehorsam in Übereinstimmung mit Recht und Gewissen zu bringen. Damit stehen die Angehörigen der NVA auch in der Tradition der Männer des militärischen Widerstandes gegen die nationalsozialistische Diktatur.«[99] Dieser Wandel im Traditionsverständnis der NVA blieb in der Öffentlichkeit nicht ohne Widerspruch[100]. Bedenklich waren in diesem Zusammenhang die völlig unreflektierte Vereinnahmung des Ereignisses und seiner Akteure sowie der unkritische Blick auf dessen publizistische und historische Wahrnehmung in der DDR, vor allem in der Armee[101]. Dabei wurde vernachlässigt, daß die Anerkennung und Würdigung des 20. Juli und selbst lange Jahre verfemter »Reaktionäre« wie Goerdeler nicht primär das Resultat des gesellschaftlichen Umbruchs seit dem Herbst 1989 waren, sondern in der politischen und wissenschaftlichen Entwicklung der DDR seit Mitte der achtziger Jahre wurzelten.

Am Ende kann festgestellt werden, daß die Bewegung des 20. Juli 1944 in der Darstellung des deutschen Widerstandes in der DDR zu allen Zeiten ihren – wenn auch peripheren – Platz hatte. Dabei differierten Intensität, Umfang und Zweckgerichtetheit der Wahrnehmung sowie die Urteile über dieses historische Phänomen. Die Entwicklung und der Wandel in der Rezeption können nicht, wie sich gezeigt hat, mit dem bisherigen vereinfachten Schema vom »Reaktionär zum Patrioten« beschrieben werden. Sie waren wesentlich vielschichtiger. In den ersten Nachkriegsjahren konkurrierten beide, das positive wie negative Interpretationsmuster, miteinander. Bald setzte sich aber die Verurteilung des Umsturzversuchs durch, die in den fünfziger Jahren in eigenartiger Weise aufbrach. Die Tat Stauffenbergs und einiger der Beteiligten erfuhr eine positive Bewertung und wurde in das Geschichtsbild der DDR integriert. Andere Bemühungen, weitere Akteure in diesem Sinne einzuschätzen, wurden »korrigierend« unterbunden. Das nunmehr eklektische Bild vom 20. Juli gestaltete sich seit den sechziger Jahren zunehmend positiver, und der Kreis der »progressiven« Hitlergegner wuchs schrittweise an, bis dann Mitte der achtziger Jahre die vorbehaltlose und uneingeschränkte Integration des Ereignisses und seiner Beteiligten in das Geschichtsbild erfolgte. Damit schloß sich in der Bewertung ein Kreis, dessen Ursprünge in der unmittelbaren Nachkriegszeit lagen.

---

99 Brandenburgische Neueste Nachrichten vom 21./22. Juli 1990.
100 Neues Deutschland vom 20. und 21./22. Juli 1990.
101 Siehe Kornelia Lobmeier/Volker Brunne (Bearb.), Der 20. Juli 1944, Berlin (Ost) 1990, S. 4.

Christiane Toyka-Seid

Der Widerstand gegen Hitler und die westdeutsche Gesellschaft: Anmerkungen zur Rezeptionsgeschichte des »anderen Deutschland« in den frühen Nachkriegsjahren

»Es liegt in der Natur der Sache, daß die Auseinandersetzungen um ein historisches Phänomen, wie es der deutsche Widerstand gegen Hitler und das nationalsozialistische Regime darstellt, noch keinen Abschluß gefunden haben und noch lange keinen Abschluß finden werden ... Es (ist) kein Zufall, daß Rechtfertigung oder Verurteilung des Widerstands heute zu Markierungen des jeweiligen Standorts wie zu Argumenten in der ebenfalls noch längst nicht beendeten, im Grunde erst bevorstehenden Auseinandersetzung um Form, Inhalt und Bestimmung deutscher Staatlichkeit geworden sind«[1].

Daß der Widerstand gegen das nationalsozialistische System auch noch rund drei Jahrzehnte, nachdem diese Sätze geschrieben wurden, nichts von seiner Faszination eingebüßt hat, bedarf in dieser, ihr Entstehen dem fünfzigsten Jahrestag des gescheiterten Attentats gegen Hitler verdankenden Publikation keines ausführlichen Nachweises. Es sind aber nicht die professionellen Historiker allein, die der Geschichte des innerdeutschen Widerstands gegen Hitler immer neue Facetten hinzufügen. Auch der gegenwärtige gesellschaftliche Diskurs läßt ahnen, daß diesen ein halbes Jahrhundert und mehr zurückliegenden Ereignissen nach wie vor eine Rolle bei der Selbstvergewisserung der deutschen Gesellschaft zukommt. So maß der Bundespräsident im Rahmen des Gedenkens an den fünfzigsten Jahrestag der Enttarnung der Weißen Rose am 18. Februar 1943 dem ethisch motivierten Widerstand der Münchner Studenten tagesaktuelle Bedeutung zu: »Jeder ist verantwortlich für das, was er tut, und mitverantwortlich für das, was er geschehen läßt. Das eigentliche Politische ist die Selbstverpflichtung ... Die Courage jeder Generation entscheidet über unsere Zivilisation neu ... 1993 wie 1943.«[2] Ebenso legen die Instrumentalisierung des Widerstan-

1 Europäische Publikation e.V. (Hrsg.), Vollmacht des Gewissens, Bd. 2, Frankfurt am Main u.a. 1965, S. 7. Im folgenden wird aus Platzgründen nur auf die wichtigste Literatur verwiesen.

2 Zit. nach dem Teilabdruck der Rede Richard von Weizsäckers in der Münchner Maximilians-Universität zum 50jährigen Gedenken an die Verhaftung der Mitglieder der Widerstandsgruppe Weiße Rose am 18. Februar 1943, in: Südwestpresse vom 17. Februar 1993, S. 16.

des in der Hauptstadtdebatte des Jahres 1991[3] oder die Berufung auf eine vermeintlich widerständische Traditionslinie anläßlich des Umzugs der Spitze des Verteidigungsministeriums in den Bendlerblock im Sommer 1993 Zeugnis davon ab, daß man der Auflehnung gegen das nationalsozialistische System auch nach einem halben Jahrhundert keineswegs nur den Rang eines historisch bedeutsamen Phänomens beimißt.

Wenn hier der Versuch unternommen wird, einige Zugänge zu einer noch zu schreibenden Rezeptionsgeschichte des deutschen Widerstands aufzuzeigen, so kann es nicht das Ziel dieses Unterfangens sein, die ideologiekritische Frage nach den Motiven dieses oder jenes Umgangs mit der Opposition gegen das Regime in den Vordergrund zu stellen. Allzu häufig ist die Negierung einer widerständischen Traditionslinie der quellengestützten Erkenntnis vorausgeeilt, wurden – um nur zwei Beispiele zu nennen – wesentliche Trägergruppen als nicht zur Traditionsbildung geeignet[4], zentrale Ideen des Widerstandes als unzeitgemäß hingestellt[5]. Man muß diese Urteile im einzelnen nicht für verfehlt halten, um dennoch ihrer stärkeren Verankerung in den Ereignissen der Nachkriegsjahre das Wort zu reden. Im folgenden werden daher die vielfältigen Formen des Erinnerns sowie der gesellschaftlichen und politischen Aufarbeitung des antinationalsozialistischen Widerstands ins Zentrum der Darstellung gerückt. Wenn dies auch, von der Knappheit des Raums diktiert, notgedrungen nur skizzenhaft geschehen kann, darf an dieser Stelle gleichwohl ein Hinweis nicht fehlen. Eine Rezeptionsgeschichte des Widerstands sollte den Ereignischarakter von Geschichte betonen, Wandel und Brüche im Umgang einer nach neuen Orientierungen suchenden Gesellschaft mit ihrem antitotalitären Erbe herausarbeiten und sich nicht in einer positivistischen Aneinanderreihung von Erwähnungen und Erinnerungen erschöpfen[6].

Rezeption des Widerstands – das war nach 1945 in erster Linie die vielfältige intellektuelle Auseinandersetzung mit der langsam ins gesellschaftliche Bewußtsein eindringenden Tatsache, daß nicht alle Deutschen das Regime Hitlers gestützt hatten. Daneben aber stand immer auch die menschliche Komponente, die unmittelbare individuelle Erfahrung von Widerstand und Verfolgung. Die Überlebenden der Konzentrationslager und Gefängnisse, die Familien und Freunde der Männer des 20. Juli, der in der Weißen Rose versammelten oppositionellen Studenten und manch anderer, nicht immer namentlich bekannt gewordener Widerstandsgruppen – sie alle fanden sich mit ihren Erinnerungen in einer Wiederaufbaugesellschaft wieder, die möglichst rasch die schreckliche Vergangenheit hinter sich lassen wollte. Allzuviele jedoch hatten für die Demonstration eines »anderen Deutschland« ihr Leben gelassen; im Be-

---

3 Vgl. Marion Gräfin Dönhoff, Soll die Metropole Hauptstadt werden?, in: Alois Rummel (Hrsg.), Bonn. Sinnbild deutscher Demokratie. Zur Debatte um Hauptstadt und Regierungssitz, Bonn 1990, S. 169–172, S. 170f., erstmals erschienen in: Die Zeit vom 4. Mai 1990.

4 Vgl. Arno Klönne, Zur Traditionspflege nicht geeignet. Wie die deutsche Öffentlichkeit nach 1945 mit der Geschichte jugendlicher Opposition im »Dritten Reich« umging, in: Wilfried Breyvogel (Hrsg.), Piraten, Swings und junge Garde. Jugendwiderstand im Nationalsozialismus, Bonn 1991, S. 295–310, bes. S. 301–308.

5 Vgl. Hans Mommsen, Der Widerstand gegen Hitler und die deutsche Gesellschaft, in: Jürgen Schmädeke/Peter Steinbach (Hrsg.), Der Widerstand gegen den Nationalsozialismus. Die deutsche Gesellschaft und der Widerstand gegen Hitler, München u.a. 1985, S. 3–23, bes. S. 17.

6 In diesem Sinne versteht sich die demnächst abgeschlossene Dissertation der Verfasserin zur Rezeption des Widerstands gegen Hitler in den Jahren 1945–1955.

mühen, diese Opfer zu rechtfertigen und ihnen nachträglich Sinn zu verleihen, übernahmen die Hinterbliebenen und Kampfgenossen die oft auf wenig Resonanz stoßende, häufig sogar auf offene oder verdeckte Ablehnung treffende Erinnerungsarbeit. Den Vereinigungen, in denen sie ihre Interessen organisierten, wird sich daher zunächst die Aufmerksamkeit zuwenden müssen.

Unmittelbar nach Kriegsende hatten sich vielerorts Selbsthilfeorganisationen von Opfern der nationalsozialistischen Verfolgung gebildet. Darunter fanden sich zonenübergreifend operierende Zusammenschlüsse wie die Vereinigung der Verfolgten des Naziregimes (VVN), die sich den »aus den Lagern, Zuchthäusern und Gefängnissen zurückgekehrten Gefangenen« verpflichtet fühlte[7], oder das von Überlebenden und Hinterbliebenen der Juli-Attentäter ins Leben gerufene »Hilfswerk 20. Juli 1944«[8], aber auch zahlreiche lokal ausgerichtete Antifa-Ausschüsse und Treffs ehemaliger KZ-Insassen. Eugen Gerstenmaier brachte das Gemeinsame im Selbstverständnis dieser Organisationen auf den Punkt, wenn er die Vorgeschichte des auf dem Kirchentag in Treysa Ende August 1945 gegründeten »Hilfswerk(s) der evangelischen Kirchen« als »Teil der Geschichte jenes geheimen Deutschlands« charakterisierte, »das man die deutsche Widerstandsbewegung genannt hat«[9].

Die zum Teil gegenläufigen gesellschaftspolitischen Vorstellungen verpflichteten Organisationen unterstützten sich anfänglich nicht nur in finanzieller Hinsicht, sondern tauschten auch Informationen über Antragsteller und potentielle Mitglieder aus. Zum dritten Jahrestag des mißglückten Anschlags auf Hitler druckte das Mitteilungsblatt der VVN sogar eine vom »Hilfswerk 20. Juli 1944« zusammengestellte Opferliste ab, die der Schriftleitung eine Erklärung an die eigene Leserschaft abnötigte, enthielt sie doch unter anderen den Namen des ehemaligen Polizeipräsidenten von Berlin, »bei dessen Namensnennung die Augen jener Mütter, Frauen und Kinder tränen, welchen er nahm, was ihnen lieb und teuer war«. »Dennoch«, so die Herausgeber, »dürfen wir nicht vergessen, daß auch Männer vom Schlage Helldorfs die Reihen jener stärkten, die den – wenn auch mißglückten – Versuch machten, aus eigener Kraft einem verbrecherischen Regime ein Ende zu bereiten«[10].

Die Zunahme der politischen Spannungen im Gefolge des aufkommenden Kalten Krieges machte solchen Gemeinsamkeiten ein Ende. Zuerst kulminierte der lange gärende Antagonismus zwischen sozialdemokratischen und kommunistischen Widerstandskämpfern im September 1948 in einem Unvereinbarkeitsbeschluß des SPD-Parteitages, der die gleichzeitige Mitgliedschaft in SPD und VVN zu unterbinden

---

7 Richtlinie der VVN vom 23. Juli 1945, in: Archiv der Vereinigung der Verfolgten des Naziregimes/Bund der Antifaschisten Stuttgart, D 3013. Die Verfasserin dankt dem ehemaligen Vorsitzenden der VVN/BdA Stuttgart, Herrn Alfred Hausser, für die Genehmigung zur Einsichtnahme in die Akten des Archivs.

8 Zum Hilfswerk 20. Juli 1944 vgl. Christiane Toyka-Seid, Gralshüter, Notgemeinschaft oder gesellschaftliche Pressure Group? Die Stiftung Hilfswerk 20. Juli 1944 im ersten Nachkriegsjahrzehnt, in: Gerd R. Ueberschär (Hrsg.), Der 20. Juli 1944. Bewertung und Rezeption des deutschen Widerstandes gegen das NS-Regime, Köln 1994.

9 Eugen Gerstenmaier, Hilfe für Deutschland, Frankfurt am Main 1946, S. 7; dazu auch ders., Das Hilfswerk der Evangelischen Kirchen in Deutschland, Rundfunkvortrag 1947, in: Evangelischer Schriftendienst (1947) 17.

10 VVN-Nachrichten vom 19. Juli 1947, S. 1.

suchte[11]; mit der Arbeitsgemeinschaft verfolgter Sozialdemokraten (AVS) schufen sich die Sozialdemokraten kurz darauf ihre eigene Verfolgtenorganisation[12]. Nicht bei allen Betroffenen stieß diese politische Abgrenzung auf Verständnis; immer wieder gab es Fälle, in denen ehemalige KZ-Häftlinge die aus der gemeinsam durchlittenen Not erwachsene kameradschaftliche Verbundenheit der Parteisolidarität vorzogen. An der Isolierung der VVN als angeblicher Handlangerin sowjetischer Interessen und damit an der weiteren Erosion des einst weithin geschlossenen Verfolgtenlagers vermochte dies jedoch nichts zu ändern. Erklärte Gegengründungen zur VVN bildeten auch der 1949 vom ehemaligen VVN-Aktivisten Peter Lütsches gegründete Bund der Verfolgten des Naziregimes (BVN) sowie der 1954 geschaffene Zentralverband der deutschen Widerstandskämpfer und Verfolgten (ZDWV), der als eine Art Dachverband verschiedener in Landesverbänden organisierter Zusammenschlüsse fungierte.

Hatte die erste Sorge all dieser Vereinigungen der Erfordernis gegolten, das Überleben der ehemals Verfolgten in der Mangelgesellschaft Nachkriegsdeutschlands zu gewährleisten, so fielen schon bald weiterreichende Betreuungsleistungen an. Natürlich blieben die Hilfsorganisationen bei diesem karitativen Tun nicht auf sich allein gestellt. Materielle Hilfe kam nicht nur von besser gestellten Mitbetroffenen[13], sondern auch von Freunden und Sympathisanten aus dem Ausland[14]. Auch staatliche Stellen machten sich nach und nach die Anliegen der Widerstandsorganisationen zu eigen. Aber lange bevor die öffentliche Anerkennung einer »Ehrenschuld« des Staates in den frühen fünfziger Jahren in der Wiedergutmachungsgesetzgebung ihren – von den Betroffenen zumeist als unzureichend empfundenen – Ausdruck fand[15], erleichterten die Vereinigungen der Widerstandsopfer das Hineinwachsen der skeptischen Hinterbliebenen des deutschen Widerstands in die deutsche Nachkriegsgesellschaft.

So vordringlich die Betreuungstätigkeit in den Jahren nach Kriegsende und – bedenkt man die Vertretung ihrer Klientel bei den Beratungen der Wiedergutmachungsgesetzgebung sowie in der häufig nicht unproblematischen Gesetzespraxis – auch noch darüber hinaus war, so gehörte die Bewahrung des widerständischen Erbes doch von Anfang an zum Credo der Verfolgtenorganisationen. Dabei wurde allerdings schnell deutlich, daß die aktive Mitwirkung der Verfolgten, der »Einsatz der politischen Gefangenen beim Wiederaufbau Deutschlands«, wie es im Zulassungsantrag der VVN an die US-amerikanische Militärregierung aus dem Spätsommer 1945 formuliert worden war[16], nur in engen Grenzen erfolgen konnte. Noch in ihrer Sat-

---

11 Siehe Protokoll der Verhandlungen des Parteitages der Sozialdemokratischen Partei Deutschlands vom 11. bis 14. September 1948 in Düsseldorf, Hamburg o.J., S. 99–113.

12 Zur Gründung der AVS vgl. Susanne Miller, Die Behandlung des Widerstands gegen den Nationalsozialismus in der SPD nach 1945, in: Ursula Büttner (Hrsg.), Das Unrechtsregime. Internationale Forschung über den Nationalsozialismus, Bd. 2, Hamburg 1986, S. 407–420, bes. S. 417ff.

13 Siehe Stiftung Hilfswerk 20. Juli 1944. Spendenliste für 1950, in: Bundesarchiv Koblenz (BAK), Nachlaß (NL) Pünder, 514.

14 Siehe dazu beispielsweise Christabel Bielenberg, Es war ein weiter Weg nach Munny House, München 1993, S. 82f.

15 Umfassend dazu Constantin Goschler, Wiedergutmachung. Westdeutschland und die Verfolgten des Nationalsozialismus (1945–1954), München 1992.

16 Antrag zur Genehmigung der VVN an die amerikanische Militärregierung in Stuttgart vom 14. August 1945, in: Archiv der VVN Stuttgart, D 3006.

zung aus dem Jahre 1948 hatte die VVN Württemberg der Hoffnung Ausdruck verliehen, die demokratische Entwicklung fördern zu können, indem »die Anschauungen, die sich die politisch Verfolgten in harter Leidenszeit über die innere Freiheit des deutschen Volkes gebildet haben, in der breiten Öffentlichkeit erörtert werden«[17]. Nur zwei Jahre später mußte der Landesvorsitzende der Organisation resignierend konstatieren: »Wir sind nicht in die Lage und in die Möglichkeit versetzt worden, die Erbauer eines friedlichen Deutschlands zu sein... wir waren auf die Veränderung innerhalb der Zonen und sogar der einzelnen Länder beschränkt und mußten sehr bald die Feststellung machen, daß man dem Ansehen der deutschen Widerstandskämpfer nicht den Einfluß einzuräumen gewillt war, wie wir es erwarten konnten.«[18] Ein honoriger Mann wie der Rechtsanwalt Robert Scholl, der aufgrund seiner Reputation als Regimegegner und Vater der Geschwister Hans und Sophie von der Besatzungsmacht 1945 als Oberbürgermeister seiner Heimatstadt Ulm eingesetzt worden war, verschwand schon bald wieder von der politischen Bühne. Auch in den neu- und wiederentstehenden Parteien blieben die programmatischen Einflüsse aus dem Widerstand marginal, wobei allerdings personelle Kontinuitäten in allen politischen Parteien durchaus eine Rolle spielten.

Um so wichtiger wurde unter diesen Umständen für die Opfer der Verfolgung und die Hinterbliebenen der deutschen Widerstandsbewegung das Bemühen, das historische Erbe des Widerstandes zu dokumentieren und damit für kommende Generationen zu bewahren. Das »Hilfswerk 20. Juli 1944« notierte auf seiner Hindelanger Tagung im Juli 1947: »Angesichts der schweren Verkennung der deutschen Widerstandsbewegung in der deutschen und ausländischen Presse und angesichts der vielen irrigen oder halbwahren Nachrichten, die über die deutsche Widerstandsbewegung im Umlauf sind, ist es notwendig, rechtzeitig alle authentischen Materialien zu sammeln und zu sichten, die über die deutsche Widerstandsbewegung, soweit sie zum 20. Juli 1944 führt, heute noch erkennbar sind.«[19] Auch die VVN und später die AVS betätigten sich als Anreger historischer Arbeiten oder begaben sich selbst an das Zusammentragen widerstandsrelevanter Materialien und Erinnerungen[20].

Nicht alle Blütenträume allerdings reiften im Widerstreit der divergierenden Verfolgungs- und Widerstandserfahrungen, und es ist vielleicht kein Zufall, daß ein noch vom Exilvorstand der SPD und späterhin erneut von der VVN projektiertes »Weißbuch zum Widerstand« nie realisiert wurde. Mehr Erfolg hatte die Organisation mit der 1947 institutionalisierten zentralen Forschungsstelle zur Geschichtsschreibung über die deutsche Widerstandsbewegung[21]; und auch auf einem anderen Feld öffentlicher Aufarbeitung des Widerstands vermochte die Vereinigung zu reüssieren: Die von der VVN erarbeiteten Ausstellungen »Das andere Deutschland« in

---

17 Satzung der VVN Württemberg vom 7. März 1948, in: ebenda, D 3020.

18 Ebenda, Handakte Hauser.

19 Entwurf eines Rundschreibens vom 17./18. Juli 1947, in: BAK, NL Ritter, 491.

20 Nicht eingegangen werden kann in diesem Aufsatz auf die Bedeutung, die dieser Materialerschließung bei der Gewinnung klarer Kriterien für die Zugehörigkeit zum Widerstand zukam.

21 Siehe Vorwärts vom 23. Juli 1947. Als erste Veröffentlichung dieser Forschungsstelle erschien 1948 in Berlin die Schrift von Klaus Lehmann, Widerstandsgruppe Schulze-Boysen/Harnack. Heft 1 der Sammlung »Widerstand im Dritten Reich«, Männer und Frauen des illegalen antifaschistischen Kampfes.

Berlin und »Die dagegen waren« in Stuttgart stießen auf ein großes Publikumsinteresse[22].

Neben dieser institutionalisierten Erinnerungsarbeit nahm die weithin auf privater Basis betriebene »Forschungsgemeinschaft des Anderen Deutschland« des Ex-Obersten Wolfgang Müller einen eigenen Part ein. Den Antrieb des aus dem Gefühl moralischer Verpflichtung gegenüber seinen ermordeten Kameraden heraus forschenden Offiziers, der sich schon 1947 mit einem vom Doyen der Zunft, dem Göttinger Historiker Friedrich Meinecke angeregten »Erlebnisbericht über den 20. 7. 1944« gegen eine neue »Dolchstoßlüge« gewandt hatte, bildete – so Müller gegenüber Gerhard Ritter – die »absolut gerechte überparteiliche objektive Würdigung aller Kämpfer gegen Hitler... Je ferner sie einem stehen, je objektiver!«[23] Die Ausbeute des Idealisten Müller blieb allerdings bescheiden, wobei eine Rolle spielte, daß manche der befragten Zeitzeugen vor allem ihre eigenen Interessen im Auge hatten.

Ein Ergebnis, wenn auch nicht das von den Initiatoren erwartete, zeitigten die Bemühungen des »Hilfswerks 20. Juli 1944« um die, wie es der Stiftungsvorstand Graf Hardenberg ausdrückte, »vollständige Geschichte« des deutschen Widerstandes. Die Rede ist von der 1954 veröffentlichten Goerdeler-Biographie Gerhard Ritters[24], die aus einer Auftragsarbeit der Vereinigung hervorgegangen war. Die Bedeutung dieses für den Fortgang der Geschichtsschreibung zum Widerstand im Westen Deutschlands zentralen Werkes läßt es geboten erscheinen, auf seine Entstehungsgeschichte etwas ausführlicher einzugehen. Den Ausgangspunkt für Ritters Beschäftigung mit dem deutschen Widerstand bildete der zitierte Hindelanger Beschluß des Hilfswerks, eine Materialsammlung für ein »geschichtlich wahres Werk über die Vorbereitungen, die zum 20. Juli 1944 führten«, zu erstellen[25]. Bald schon aber verlor der Historiker offenbar das Interesse an der ursprünglichen umfassenderen Aufgabe. Seine eigenmächtig verfolgte Konzentration auf die Person Goerdelers verteidigte Ritter mit dem Argument, nur so sei es ihm möglich, sich »aus dem advokatorischen Streit des Für und Wider um das Attentat vom 20. 7.... herauszuhalten und die Widerstandsbewegung in einem größeren zeitgeschichtlichen Rahmen zu würdigen«[26].

Zu dieser ersten Meinungsverschiedenheit trat bald eine zweite, die recht aufschlußreich ist für die Kalamitäten einer im privaten Auftrag erfolgenden Suche nach dem historisch »wahren« Widerstand. Ritters Beharren auf der Verwendung der Kaltenbrunner-Berichte, die er für eine der aufschlußreichsten Quellen für seine Studie erachtete, stieß im Hilfswerk auf Mißbilligung: Auf einer Kuratoriumssitzung wurde dieser von den amerikanischen Besatzungsbehörden freigegebene und in der Bundes-

22 Siehe Tägliche Rundschau vom 8. August 1948; Der Widerstand im Dritten Reich. Vortrag im Radio Stuttgart von Karl Hauff, Leiter der Landesstelle der VVN Baden-Württemberg vom 15. September 1947, in: Archiv der VVN Stuttgart, D 3036.

23 Archiv für Christlich-Demokratische Politik, St. Augustin, NL Müller, Brief an Gerhard Ritter vom 2. November 1946, dort auch das folgende Zitat; siehe auch BAK, NL Ritter, 492. Zu den Zielen der Forschungsgemeinschaft siehe den Bericht über die Gründungsversammlung, in: Das andere Deutschland vom 24. Januar 1948.

24 Gerhard Ritter, Carl Goerdeler und die deutsche Widerstandsbewegung, Stuttgart 1954.

25 Rundschreiben (Anm. 19).

26 Gerhard Ritter an Emil Henk, Stiftung Hilfswerk 20. Juli 1944, vom 30. September 1952, in: BAK, NL Ritter, 492.

zentrale für Heimatdienst zwischengelagerte Bestand als »für eine Veröffentlichung nicht geeignet« erklärt und eine neuerliche Sekretierung der Akten gefordert[27]. Für Ritter kam dies nicht in Frage. Wohl war ihm bewußt, daß die Berichte dazu angetan waren, das sorgsam gepflegte Andenken der Männer des 20. Juli, von denen er nicht wenige zu seinen Freunden gezählt hatte, zu beschädigen; als Historiker jedoch konnte er diesem »Vertuschungsversuch«, den er gegenüber Gräfin Hardenberg als »nicht nur vom Standpunkt des Wissenschaftlers unerträglich, sondern auch politisch mehr als bedenklich« charakterisierte, nicht gutheißen[28]. Am Ende setzte sich der Historiker gegen die nachvollziehbaren Bedenken der Hinterbliebenen im Hilfswerk durch.

Wie läßt sich das auch bei Ritter spürbare Unbehagen der »offiziellen« Historiographie erklären, sich mit größerer Entschlossenheit der Aufgabe anzunehmen, die Fakten über den Widerstand gegen das nationalsozialistische Regime ans Licht zu bringen? Zur Beantwortung dieser Frage ist der Hinweis unerläßlich, daß die Erforschung jener erst unlängst vergangenen und mit unübersehbaren aktuellen Problemen behafteten Ereignisse der deutschen Geschichtswissenschaft mit ihrer dominanten historistischen Prägung wenig einladend erscheinen mußte. »Aufzuzeigen, wie es eigentlich gewesen« – diesem Anspruch standen nicht nur die unschwer zu erklärende Kargheit der Quellen im Wege, sondern auch die durch dieses Thema provozierten Emotionen. Die von Thomas Manns Professor Cornelius verabscheuten »Frechheiten der Gegenwart« dominierten noch weithin sichtbar die von den Historikern bevorzugte »Stimmung des Zeitlosen und Ewigen«. Auch den Geschichtslehrern, die ihr Handwerk in Kaiserreich und Weimarer Republik erlernt hatten, blieb der Widerstand als historisch-politisches Thema zunächst fremd. Ignoriert wurde er gleichwohl nicht: Das erste Nachkriegsheft des wichtigsten Periodikums der deutschen Historikerzunft widmete den widerstandsspezifischen Neuerscheinungen eine kenntnisreiche und ohne Berührungsängste geschriebene Rezension[29].

Es war also nur folgerichtig, daß es zunächst in erster Linie Weggefährten und Publizisten waren, die mit der historischen Aufarbeitung des deutschen Widerstands gegen Hitler begannen; noch die Goerdeler-Biographie verdankte ihr Entstehen mehr der persönlichen Betroffenheit des Autors als dessen historischem Interesse. Die unmittelbar nach Ende des Krieges veröffentlichten Hassell-Tagebücher[30] und die Darstellung des Ex-Nachrichtenoffiziers Allen Welsh Dulles[31] sind ebenso zu dieser Kategorie zu zählen wie die Arbeiten von Rudolf Pechel[32] und Fabian von Schlabrendorff zum militärischen Widerstand[33] oder die umstrittene Abrechnung von Hans-Bernd Gisevius[34]. Mit dem Erscheinen der deutschen Übersetzung des von Hans Rothfels' zuerst auf englisch publizierten Werkes »Die deutsche Opposition

27 Protokoll der Kuratoriumssitzung der Stiftung »Hilfswerk 20. Juli 1944« vom 6. Dezember 1954, in: Sammlung Fabian von Schlabrendorff in Wiesbaden, Mappe 7, Privatbesitz. Für die Genehmigung zur Einsichtnahme in diese Papiere dankt die Verfasserin Herrn Dieprand von Schlabrendorff.

28 Gerhard Ritter an Gräfin Hardenberg vom 22. Dezember 1954, in: BAK, NL Ritter, 492.

29 Siehe Paul Kluke, Der deutsche Widerstand. Eine kritische Literaturübersicht, in: Historische Zeitschrift, 169 (1949), S. 136–161.

30 Ulrich von Hassell, Vom anderen Deutschland, Zürich 1946.

31 Allen Welsh Dulles, Germany's Underground, New York 1947.

32 Rudolf Pechel, Deutscher Widerstand, Erlenbach u. a. 1947.

33 Fabian von Schlabrendorff, Offiziere gegen Hitler, Ascona 1946.

34 Hans Bernd Gisevius, Bis zum bitteren Ende, 2 Bde., Zürich 1946.

gegen Hitler«[35] begann schließlich die auf akribischem Quellenstudium und methodisch »korrektem« Vorgehen beruhende Widerstandshistoriographie. Auf die Entwicklungen, die die Geschichtsschreibung zum Widerstand seit 1945 durchlief, kann hier nicht näher eingegangen werden[36]. Von Bedeutung im Kontext dieser Betrachtung ist jedoch die Feststellung, daß Eindimensionalität in der Behandlung ihres Sujets nicht zu den Kennzeichen der Widerstandsliteratur in den Jahren 1945 bis 1955 zählte. Lag bei der Mehrzahl dieser Arbeiten der Schwerpunkt auch auf dem militärischen Widerstand von Halder, Canaris und Stauffenberg, so wurden andere Aspekte widerständigen Handelns in dieser frühen Nachkriegszeit doch keineswegs ausgeblendet. Erwähnt seien nur Emil Henks den sozialistischen Beitrag zum Attentat auf Hitler würdigende »Tragödie des 20. Juli 1944«[37] und die von Annedore Leber unter dem Titel »Das Gewissen steht auf« zusammengestellten »Lebensbilder aus dem deutschen Widerstand«, eine Fortführung der unmittelbar nach Kriegsende von der greisen Dichterin Ricarda Huch initiierten Sammlung von Erlebnisberichten aus der antinationalsozialistischen Opposition[38].

Die Vielfalt der frühen Literatur zum Widerstand darf nicht darüber hinwegtäuschen, daß diese Schriften kein Massenpublikum zu erreichen vermochten. Die wegen der Zensur zumeist in der Schweiz erstveröffentlichten Bücher waren – auch noch nach der Lockerung der alliierten Bestimmungen – im besiegten Deutschland kaum zugänglich und darüber hinaus in einer Zeit des allgemeinen Mangels ohnehin kaum erschwinglich – den Angehörigen des »Hilfswerks 20. Juli 1944« wurden die wichtigsten Werke von Gräfin Hardenberg auf Leihbasis zur Verfügung gestellt. Es fiel daher unter diesen Umständen einem anderen Printmedium die Aufgabe zu, eine größere Öffentlichkeit zu erreichen und damit auch einen wesentlichen Beitrag zur Rezeption des deutschen Widerstands zu leisten.

Das Pressewesen im besetzten Deutschland ist in der publizistikwissenschaftlichen und zeitgeschichtlichen Forschung extensiv gewürdigt worden – ohne Zweifel ein Reflex auf die später nie wieder erreichte Fülle und Qualität des Zeitschriftenmarktes in den Jahren 1945–1949. Für die Verbreitung des Wissens um den deutschen Widerstand hieß dies zunächst, daß in der Mehrzahl der Zeitungen und Zeitschriften kaum ein Aspekt der antinationalsozialistischen Opposition unbemerkt und unkommentiert blieb, wobei eine gewisse politische Akzentuierung – je nachdem, ob man sich beispielsweise zu Rudolf Pechels »Deutschen Rundschau« oder zu Greta Kuckhoffs »Einheit« hingezogen fühlte – unvermeidbar war. Ungeachtet dessen läßt sich nicht bestreiten, daß die Druckerzeugnisse das ihre dazu taten, das Aufkommen eines einseitigen Bildes vom deutschen Widerstand gegen Hitler zu verhindern. Die Rolle der Tages- und Wochenpresse erschöpfte sich aber nicht im Aufzeigen der Formen und Motive des Widerstands gegen das Dritte Reich. Ihre Bedeutung lag auch darin, daß

35 Hans Rothfels, Die deutsche Opposition gegen Hitler. Eine Würdigung, Krefeld 1949.

36 Vgl. aus der inzwischen umfangreichen Literatur zu diesem Thema Regine Büchel, Der deutsche Widerstand im Spiegel von Fachliteratur und Publizistik seit 1945, München 1975; Klaus-Jürgen Müller/Hans Mommsen, Der deutsche Widerstand gegen das NS-Regime. Zur Historiographie des Widerstandes, in: Klaus-Jürgen Müller (Hrsg.), Der deutsche Widerstand gegen Hitler, Paderborn 1990^2, S. 13–21.

37 Emil Henk, Die Tragödie des 20. Juli. Ein Beitrag zur politischen Vorgeschichte, Heidelberg 1946^2.

38 Annedore Leber (Hrsg.), Das Gewissen steht auf. 64 Lebensbilder aus dem deutschen Widerstand, Frankfurt am Main 1955.

hier die wichtigsten Neuerscheinungen häufig über Seiten hinweg abgedruckt und kommentiert wurden; beispielsweise erreichte Dulles' »German Underground« erst auf diesem Weg das deutsche Publikum. Daneben war die Presse in einer Zeit zerstörter und willkürlich unterbrochener Kommunikationsstrukturen ein Staat und Nation verbindendes Medium, das den gesellschaftlichen Diskurs in Gang hielt und wesentlich prägte[39]. In den Nachlässen führender Politiker, Wissenschaftler und Publizisten jener Jahre, die den Widerstand zu ihrem Thema machten, nehmen Zeitungsausschnitte einen breiten Raum ein.

Schon in diesen Jahren aber bekamen Zeitungen und Zeitschriften Konkurrenz – nicht nur, was den medialen Umgang mit der Geschichte des deutschen Widerstands anbetraf. Der unter alliierter Kontrolle neu organisierte Rundfunk und dic seit Beginn der fünfziger Jahre wieder aufblühende deutsche Filmindustrie begannen, dem gedruckten Wort auch auf diesem Feld den Platz streitig zu machen.

Leider ist die Quellenlage zur Rezeption des Widerstands im Rundfunk alles andere als zufriedenstellend. Nur einige wenige Hörspiele und Vorträge, die sich mit diesem Thema auseinandersetzten, sind zumindest in schriftlicher Form erhalten geblieben; zu erwähnen ist unter diesen vornehmlich »Der heimliche Kreuzzug« von Guntram Prüfer, ein zeittypisches *feature,* das noch heute mit seiner klarsichtigen Analyse der Probleme, den Widerstand gegen Hitler zur Basis eines neuen Staatsverständnisses zu machen, beeindruckt[40]. Welche Bedeutung die Verfolgtenverbände diesem in alle Bevölkerungsschichten hineinwirkenden Medium beimaßen, unterstreicht eine Vorlage der VVN, in der potentiellen Vortragsrednern der wirkungsvollste Aufbau eines Rundfunkvortrags nahegebracht wird[41]. Bis hin zur Auswahl widerstandsgemäßer Musikstücke gingen diese Empfehlungen, und die wenigen erhaltenden Vorträge legen die Vermutung nahe, daß sich die Redner auch an diese Hinweise hielten.

Ein eigenes Kapitel der Widerstandsrezeption der frühen fünfziger Jahre bildete die Darstellung der Opposition gegen das nationalsozialistische Regime im Film. Es ist hier nicht der Ort, auf die im Sommer des Jahres 1955 wochenlang nicht aus den Schlagzeilen der Zeitungen zu verdrängende Auseinandersetzung um die zeitgleich die Kinos erobernden Zwillingsfilme »Es geschah am 20. Juli« und »Der 20. Juli« näher einzugehen; Fragen des Persönlichkeitsschutzes, insbesondere im Hinblick auf die zunehmend hagiographierten Toten des 20. Juli, prallten hier fast unvermittelt auf die von Produzenten und Regisseuren eingeforderte künstlerische Freiheit auch in der filmischen Umsetzung einer für die Gegenwartsbestimmung der Nation bedeutsamen historischen Begebenheit. Anders als ein knappes Jahrzehnt zuvor, als die Alliierten den Hinterbliebenen des 20. Juli zumindest eine Art Mitspracherecht in der Frage der Konfrontation der deutschen Bevölkerung mit den erschütternden Aufnah-

39 Siehe dazu allgemein Ingrid Laurien, Politisch-kulturelle Zeitschriften in den Westzonen. Ein Beitrag zur politischen Kultur der Nachkriegszeit, Frankfurt am Main 1991, S. IIf. Es ist kein Zufall, daß Ricarda Huch ihren Aufruf zur Bereitstellung von Material für eine Geschichte der im Konzentrationslager gestorbenen Widerstandskämpfer über die Tagespresse verbreitete, vgl. Tägliche Rundschau vom 5. Juli 1946.

40 Guntram Prüfer, »Der heimliche Kreuzzug«. Ein Feature vom Widerstand gegen Hitler. Manuskript einer Sendung des Süddeutschen Rundfunks vom 20. Juli 1952, in: Archiv der Sozialen Demokratie, Bonn, NL Erler, 3.

41 Archiv der VVN Stuttgart, D 3056.

men der Prozesse vor dem Volksgerichtshof eingeräumt hatten, behielten in dieser Situation die kommerziellen Interessen die Oberhand. Für die Rezeptionsgeschichte des Widerstands in der Bundesrepublik Deutschland aber bietet diese Debatte, in der selbst der Bundestagspräsident zu vermitteln suchte, sicherlich ein besonders aufschlußreiches Thema.

Es sollte in dieser notwendigerweise kursorischen Darstellung deutlich geworden sein, als wie unterschiedlich sich die Betrachtungsweisen des Widerstands erwiesen, die in der unmittelbaren Nachkriegszeit auf einen gesellschaftlichen Nenner zu bringen waren. Die Betroffenheit, die noch Mitte der fünfziger Jahre durch in erster Linie künstlerisch bedeutsame Filmproduktionen oder auch durch Ritters grandios einseitige Goerdeler-Biographie erzeugt werden konnte, zeigt jedoch, daß von einer durch politische wie wissenschaftliche Aufarbeitung gewonnenen »reifen« Einstellung zur widerständischen Vergangenheit noch keine Rede sein konnte. Gleichwohl war die Situation zu diesem Zeitpunkt bereits sichtbar im Wandel begriffen. Die aufflakkernde öffentliche Kritik – als Stichworte seien die »Eid-Frage« oder die Remer-Prozesse genannt – und die als Reaktion auf die Erfahrung einer negativen Rezeption des Widerstandes einsetzende demonstrative Parteinahme staatlicher Organe und Institutionen zugunsten einer konsensfähigen, damit aber zugleich eingeschränkten Wahrnehmung der Opposition gegen Hitler[42] lassen diese Jahre im Rückblick als eine entscheidende Wegmarke in der Rezeptionsgeschichte des deutschen Widerstands erscheinen.

42 Zu denken wäre hier an die Publikationen der Bundeszentrale für Heimatdienst oder an die öffentlichen Ehrenerklärungen des Bundespräsidenten für die Opfer der nationalsozialistischen Verfolgung.

Werner Bramke

Neuordnung der Nachkriegsverhältnisse in Ostdeutschland aus dem Geist des Widerstandes

I.

Unmittelbar nach dem Zusammenbruch der DDR dominierten in der öffentlichen Auseinandersetzung über die Berufung der Machtträger des SED-Regimes auf das Erbe des antifaschistischen Widerstandes Verdikte wie »mißbrauchter«, »verratener« oder »verordneter Antifaschismus«[1]. Historiker waren in diesen Debatten zurückhaltender, und Äußerungen in jüngster Zeit verraten ein sorgfältigeres Abwägen beim Urteil über die Rolle des Antifaschismus in der Geschichte der DDR. So konstatiert Christoph Kleßmann: »Antifaschismus war ein zentraler Teil des Selbstverständnisses und der Legitimation der DDR«[2] – freilich besonders, um die Bundesrepublik negativ zu kontrastieren und bei gleichzeitiger weitgehender Unterlassung der Auseinandersetzung mit Verantwortung und Schuld im Nationalsozialismus. Ähnlich argumentiert Wolfgang Mommsen, der auf den Ernst besonders der Nachkriegsgeneration verweist, mit dem sie die »Doktrin des ›Antifaschismus‹« angenommen hatte, aber auch darauf aufmerksam macht, wie eine darin enthaltene »Fehldeutung des Faschismus als der nun wirklich letzten Form des Kapitalismus in seiner imperialistischen Periode«[3] – schon seit 1933 – zu irregeleitetem Handeln führte. Das Letztere betrifft vor allem die Repräsentanten der DDR, die aus dem Widerstand kamen, und die, wie es Jürgen Habermas formulierte, als »antifaschistische Legitimationsfiguren des alten Regimes einer tiefreichenden Auseinandersetzung mit der NS-Vergangenheit eher im Wege gestanden haben«[4]. Gerade Uraltrepräsentanten des Widerstandes im Lande, die den Kopf hingehalten hatten wie Erich Honecker, Hermann Axen, Kurt Sindermann und selbst der farblose Erich Mückenberger, haben nicht nur natio-

---

1 Für das Thema ist besonders der »verordnete Antifaschismus« von Belang. Gegen den Nationalsozialismus eingestellte Zeitgenossen in Ost und West empfanden gelegentlich die Erziehungsmaßnahmen der Sieger als Zumutung. Ursula von Kardorff hielt in ihrem Tagebuch das »Gefühl« fest, »in einer Schulklasse zu sitzen und unentwegt Standpauken zu bekommen, worauf selbst der gutartigste Schüler in kurzer Zeit mit Verstocktheit reagieren muß«; Ursula von Kardorff, Berliner Aufzeichnungen 1942–1945, hrsg. von Peter Hartl, München 1992, S. 330; Eckhard Jesse stellt mit dem Blick auf die DDR die Frage, ob »denn ein nichtverordneter Antifaschismus akzeptabel gewesen wäre«, um zu antworten: »Wohl kaum, stand ein doch antiextremistisches Demokratieverständnis – die Ablehnung aller Formen des Totalitarismus – nicht zur Debatte«; Eckhard Jesse, Zwei Diktaturen auf dem Prüfstand, in: Rheinischer Merkur, Nr. 33 vom 14. August 1992, S. 8.

2 Christoph Kleßmann, Verflechtung und Abgrenzung. Aspekte der geteilten und zusammengehörigen deutschen Nachkriegsgeschichte, in: Aus Politik und Zeitgeschichte, B 29–30/93, S. 38.

3 Wolfgang Mommsen, Die DDR in der deutschen Geschichte, in: ebenda, S. 24f.

4 Jürgen Habermas, Bemerkungen zu einer verworrenen Diskussion. Was bedeutet »Aufarbeitung der Vergangenheit« heute?, in: Die Zeit, Nr. 15 vom 3. April 1992, S. 82.

nal der DDR auch dann noch zur Reputation verholfen, als die Führungsspitze selbst im Bewußtsein der meisten SED-Mitglieder als entscheidendes Hindernis für Modernisierung und Demokratisierung angesehen wurde.

Im Vergleich zur Bundesrepublik ist es wegen des eben Gesagten und aus anderen Gründen für die DDR erheblich schwerer zu entscheiden, inwieweit Vorstellungen und Intentionen des Widerstandes gegen den Nationalsozialismus in der SBZ und frühen DDR wirklich umgesetzt und erst später abgeschwächt wurden oder gar denaturiert sind. Denn der Mißbrauch des Antifaschismus zu Legitimationszwecken war nicht erst eine Erscheinung der späten DDR, und wer will oder kann schon den Nachweis führen, Ulbricht sei von Anfang an ein machtbesessener Politiker gewesen, der den Antifaschismus lediglich als Feigenblatt der Machteroberung und -behauptung nutzte, während Honecker zunächst auch als gläubiger Kommunist es ernst mit der demokratischen Erneuerung meinte und erst als »Kronprinz« über dem Gefallen an der Macht seine früheren Ideale vergaß?

Die gerade dem Legimitationsstreben einer nicht durch Wahlen legimitierten politischen Führung geschuldeten Forschungsdefizite in der DDR werden notwendigerweise auch diesem Essay anhaften. Hinzu kommt der Einfluß der aktuellen Situation, in der Enttäuschung oder Wut über den Trümmerhaufen DDR und die daraus resultierende Belastung für das wiedervereinigte Deutschland nüchternes Urteilen über Voraussetzungen und Anfänge dieses Staatswesens erschweren und einseitige Schuldzu- oder -abweisungen bei fortbestehender oder sich restituierender Spaltung im Denken begünstigen.

Bei dem hier zu unternehmenden Versuch, dem »Geist« – oder wie es in der DDR geheißen hatte: dem »Erbe« – nachzugehen, kommen besondere Schwierigkeiten in der Verwendung des ohnehin schwierigen Widerstandsbegriffes hinzu. In der westdeutschen Gesellschaft war – trotz der Enttäuschung vieler ehemaliger Widerständler, so wenig von ihren Vorstellungen verwirklicht zu sehen – spätestens mit der Gründung der Bundesrepublik der Rahmen für eine kontinuierliche demokratische Entwicklung geschaffen, in der Meinungspluralität zur Selbstverständlichkeit wurde und Fundamentalopposition zwar erhebliche Nachteile mit sich brachte – wie es bald das Beispiel der KPD zeigen sollte –, aber im Regelfall nicht zur Bedrohung der persönlichen Freiheit und schon gar nicht des Lebens führte. Politische Meinungsäußerungen, die wie die der Kommunisten mit vorherrschenden Auffassungen kollidierten, können im landläufigen Sinne als Widerstand gegen die von der politischen Mehrheit der Parteien wesentlich geprägte politische Ordnung gelten, sie sind jedoch nicht mit dem Widerstand gegen das NS-Unrechtsregime vergleichbar, ganz abgesehen von dem völlig unterschiedlichen Risiko. Peter Steinbach warnt zwar davor, die Anwendung des in der wissenschaftlichen Auseinandersetzung mit dem Nationalsozialismus gewonnenen Widerstandsbegriffs etwa auf die oppositionellen Friedens- und Anti-Atom-Bewegungen einfach abzuwehren, betont aber ebenfalls die »Unvergleichbarkeit von Gegenwart und Vergangenheit« hinsichtlich von Widerstandsaktivitäten[5]. Allerdings, so Steinbach weiter, ermögliche der »Hinweis auf die deutsche Widerstandsgeschichte . . . zugleich Aussagen über die gegenwärtige Verfassungs- und Rechtsordnung«[6].

5 Peter Steinbach, Widerstand. Ein Problem zwischen Recht und Geschichte, in: Recht und Politik, 20 (1984), S. 57.

6 Ebenda.

Für die DDR liegen die Dinge wesentlich anders. Nach dem Abschluß der »antifaschistisch-demokratischen Umwälzung« und der Gründung der DDR verstanden die Staatsgründer und die Mehrzahl der marxistisch-leninistischen Historiker diesen Staat im Sinne der leninistischen Revolutionstheorie als erstes erreichtes Etappenziel der revolutionären Umgestaltung, in der die »Eroberung der Hegemonie der Arbeiterklasse« verwirklicht und der »Keim der Diktatur des Proletariats« entwickelt wurde[7]. Diejenigen, die jedoch die »Hegemonie« eroberten und nun ihrerseits die Diktatur ausübten – mit Methoden, die bis in die späten fünfziger Jahre Vergleiche mit NS-Praktiken gestatteten und sich auch auf ehemalige kommunistische Weggefährten im Widerstand wie Walter Janka[8] erstreckten –, hatten selber zur Widerstandsbewegung gehört und sahen sich als deren Willensvollstrecker.

Mit diesem Hinweis rede ich nicht der Totalitarismustheorie oder der Gleichsetzung des NS-Regimes mit der DDR das Wort, halte aber aus methodischen Gründen den Vergleich beider Diktaturen – wie auch den andersartigen zwischen der Bundesrepublik und der DDR – für notwendig, in derselben Überzeugung wie Jürgen Kocka, daß im Ergebnis »sich die Unterschiede zwischen den beiden deutschen Diktaturen als gewichtiger herausstellen (dürften) als ihre unbestreitbaren Ähnlichkeiten«[9]. Ich beabsichtige auch nicht, einen grundlegenden Unterschied zwischen kommunistischem und nichtkommunistischem Widerstand herauszustellen oder gar die Aktivitäten der Kommunisten gegen den Faschismus als nicht zum Widerstand gehörig zu betrachten. Ich sehe keine Veranlassung, meine früheren Aussagen zum Widerstandsbegriff[10] grundlegend zu revidieren. Allerdings erscheinen mir zwei Anmerkungen dazu notwendig: Zum einen erwies sich nach der 1945 in der SBZ – und mutatis mutandis in den Volksdemokratien – der Unterschied zwischen den Vertretern des Widerstandes im Lande und im westlichen Exil auf der einen Seite und andererseits den Antifaschisten, die aus der Sowjetunion zurückkamen, als beträchtlich; er war möglicherweise größer als zwischen dem kommunistischen und nichtkommunistischen Widerstand in Deutschland. Daß dann der kommunistische Antifaschismus sich schon im Mai, spätestens im Juni 1945 zu homogenisieren begann, hatte Gründe, auf die noch kurz einzugehen sein wird. Zum anderen waren die Bedingungen für die Angehörigen der ehemaligen Widerstandsbewegungen in der SBZ bald grundlegend anders als in den Westzonen, was von wesentlicher Bedeutung für die Artikulation ihrer Zielvorstellungen für das künftige Deutschland und damit für unser Thema wurde. Nur ein verhältnismäßig kleiner Kreis ehemaliger Widerständler entzog sich unter diesen Bedingungen früh der Mitwirkung an der Umgestaltung in der SBZ, zumeist durch den Weggang in den Westen. Der weitaus größere Teil verharrte lange oder blieb ganz auf dem bezogenen Posten – aus Gründen, die gleichfalls zu skizzieren sein werden – und wirkte an der Formulierung der Zielvorstellungen für ein demokratisches Deutschland mehr oder minder maßgeblich mit. Damit ist die Frage nach dem Maßstab für den »Geist des Widerstandes« in der SBZ/DDR aufgeworfen.

---

7 Werner Horn, Grundprobleme der Entwicklung Deutschlands nach dem zweiten Weltkrieg. Zu einigen Fragen der Periodisierung, in: Heinz Heitzer (Hrsg.), DDR-Geschichte in der Übergangsperiode (1945 bis 1961), Berlin 1987, S. 83.

8 Vgl. Walter Janka, Schwierigkeiten mit der Wahrheit, Reinbek 1989.

9 Jürgen Kocka, Folgen der deutschen Einigung, in: Deutschland Archiv, 25 (1992) 6, S. 793.

10 Vgl. Werner Bramke, Der unbekannte Widerstand in Westsachsen 1933–1945. Zum Problem des Widerstandsbegriffs, in: Jahrbuch für Regionalgeschichte, 13 (1986), bes. S. 220–243.

Obwohl in der SBZ die KPD von Anfang an starke Positionen erringen und sich schließlich durchsetzen konnte, erscheint es nicht zweckmäßig, deren Programmatik, wie sie sich nach 1935 entwickelte, dann 1939 auf der »Berner Konferenz« ausgebaut, z. T. aber auch relativiert[11], und 1943/44 den durch die »Anti-Hitler-Koalition« gegebenen Rahmenbedingungen im sowjetischen Exil und in Deutschland angepaßt wurde, als Meßlatte an das 1949/50 Erreichte anzulegen. Das Volksfrontkonzept avisierte zwar ein breites Bündnis demokratischer Kräfte, ohne dezidiert auf einer kommunistischen Führung zu bestehen, erhielt aber – wie sich zeigen sollte – Punkte, die bei Kriegsende von den Bündnispartnern und selbst von einigen kommunistischen Gruppen nicht voll geteilt wurden. Den größten moralischen Führungsanspruch hatten zweifellos die Illegalen im Lande; Kurt Schumacher hatte diesen für die Sozialdemokratie beharrlich angemeldet und schon kurz nach der Befreiung mit dem Verweis auf den Widerstand der Sozialdemokratie und deren Opfer in der Illegalität die SPD als »die einzige Partei in Deutschland« bezeichnet, »deren Politik der Demokratie und des Friedens die Probe vor dem Richterstuhl der Geschichte bestanden hat«[12]. Für die SBZ könnten unter diesen Gesichtspunkten das Buchenwald-Manifest[13], der Aufruf der Häftlinge des KZ Sachsenhausen vom 29. Oktober 1945[14] und das 12-Punkte-Programm des Leipziger Nationalkomitees »Freies Deutschland« (NKFD) vom 28. April 1945 als repräsentativ angenommen werden, da sich in ihnen der nach längeren Diskussionen gewonnene Konsens von Sozialdemokraten, Kommunisten und anderen Regimegegnern, allerdings kaum solcher mit nichtsozialistischen Auffassungen, spiegelt[15]. Nicht zuletzt wegen ihrer weitgehend sozialistischen Orientierung wurden diese Programme jedoch nur wenig politikwirksam. Anders dagegen das Kommuniqué des am 14. Juli 1945 in Berlin gebildeten antifaschistisch-demokratischen Blocks, das eine Kompromißformel[16] maßgeblicher Vertreter der KPD, SPD, CDU und LDP in der SBZ darstellte und dort auch bald weitgehende Verbindlichkeit erlangte[17].

Die in fünf Punkten zusammengefaßten Orientierungen des auf der Sitzung vom 14. Juli gebildeten Einheitsausschusses forderten die Zusammenarbeit bei der Säuberung Deutschlands vom Nazismus, den – nicht näher beschriebenen – Wiederaufbau der Wirtschaft, die Herstellung demokratischer Rechtsverhältnisse, die Sicherung freier Meinungsbildung und -äußerung sowie die Religionsfreiheit und die Wiedergewinnung der Achtung der Völker, insbesondere durch »Wiedergutmachung« und

---

11 Vgl. Monika Gibas, Die Stellung der KPD zur Weimarer Republik. Historisch-politische Wertung, Demokratieverständnis und antifaschistische Strategieentwicklung im Rahmen der Komintern 1933 bis 1939, Diss. B Leipzig 1990.

12 Kurt Schumacher, Nach dem Zusammenbruch. Gedanken über Demokratie und Sozialismus, Hamburg 1948, S. 9.

13 Siehe Hermann Brill, Gegen den Strom, Offenbach 1946, S. 96f.

14 Siehe Klaus Drobisch (Hrsg.), Die Befreiung Berlins 1945, Berlin 1985, S. 160f.

15 Siehe Jürgen Tubbesing, NKFD – Antifaschistischer Block – Einheitspartei. Aspekte der Geschichte der antifaschistischen Bewegung in Leipzig, unveröffentl. Manuskript, S. 62f.

16 So die Einschätzung bei Hermann Weber, Die DDR 1945–1986, München 1988, S. 6. Zum Inhalt der Vereinbarung des von den Parteiführern gebildeten Ausschusses vgl. Autorenkollektiv (Ltg. Rolf Badstübner), Deutsche Geschichte, Bd. 9, Berlin 1989, S. 67.

17 In Thüringen bewahrten die Sozialdemokraten zunächst erhebliche Vorbehalte gegen das Einheitsabkommen in Berlin und stützten sich stärker auf das Buchenwald-Manifest, das wesentlich auf Hermann Brill zurückging. Über diese Problematik und das Verhältnis von Sozialdemokraten und Kommunisten in Thüringen 1945/46 wird demnächst Stephan Kachel eine Magisterarbeit vorlegen.

strikte Befolgung der Bestimmungen der Besatzungsmächte. Damit wurde die Tendenz für Reformen vorgegeben, aber in so allgemeiner Weise, daß Schwierigkeiten für Kompromisse vorprogrammiert waren. Um zu prüfen, inwiefern in diesen Reformen die unterschiedlichen Vorstellungen der aus dem Widerstand gekommenen oder von diesem beeinflußten Führungsgremien der Parteien Niederschlag fanden, erscheint es ratsam, die Wahlprogramme für die Kommunal- und Landtagswahlen des Frühherbstes 1946 mit heranzuziehen, weil darin konkrete Angaben enthalten waren und diese Wahlen die erste wirkliche Legitimierung oder Delegitimierung bereits vollzogener bzw. geplanter Maßnahmen anzeigten. Im Vorfeld der Wahlen bestätigten die inzwischen nur noch drei Parteien grundsätzlich die bis dahin durchgeführten Reformen, doch akzentuierte die LDP deutlich auch Unternehmerinteressen, und die CDU grenzte sich mit dem von ihr popularisierten »Sozialismus aus christlicher Verantwortung« deutlich von der SED ab[18].

Nachfolgend wird versucht zu bilanzieren, wie die hier umrissenen programmatischen Vorstellungen in der politischen und wirtschaftlich-sozialen Neugestaltung der Verhältnisse sowie in der theoretischen Auseinandersetzung mit dem Nationalsozialismus ihren Niederschlag fanden und welche Rolle dabei Vertreter des Widerstandes spielten. Der Zeitraum wird bis zur DDR-Gründung – mit einigen Verweisen darüber hinaus – abgesteckt, auch wenn Arnold Sywottek zuzustimmen ist, daß die »formelle Staatsgründung ... für die innere Geschichte der SBZ/DDR keinen markanten Einschnitt« gebildet habe, weil die wichtigsten Entscheidungen bereits 1948 gefallen waren[19]. Aber mit der Bildung der DDR wurden bisherige Provisorien abgeschlossen, nicht zuletzt durch die – wenn auch eingeschränkte und vorerst weitgehend formale – Übertragung von Souveränitätsrechten durch die UdSSR.

II.

Für alle Parteien hatte die Beseitigung des Nazismus Priorität[20]. Sie trugen daher, von Differenzen in z.T. nicht unwichtigen Details abgesehen, auch die in der Literatur hervorgehobene größere Radikalität und Konsequenz[21] in der Entnazifizierung im Vergleich zu den Westzonen mit. Von besonderer Bedeutung war dabei das Auswechseln nahezu aller ehemaliger NSDAP-Mitglieder im politischen Bereich des öffentlichen Dienstes schon in einem frühen Abschnitt der Entnazifizierung. In Berlin waren z.B. schon im Februar 1946 nahezu alle ehemaligen NSDAP-Mitglieder aus der Verwaltung entfernt (insgesamt 25740)[22], was paradigmatische Bedeutung hatte.

18 Siehe Rudolf Agsten/Manfred Bogisch/Wilhelm Orth, LDPD 1945 bis 1961 im festen Bündnis mit der Arbeiterklasse und ihrer Partei, Berlin 1985, S. 84ff.; Autorenkollektiv (Anm. 16), S. 213f.

19 Arnold Sywottek, Entstehung der DDR (1945–1955), Tübingen 1989, S. 67.

20 Siehe H. Weber (Anm. 16), S. 6.

21 Siehe ebenda, S. 8; Christoph Kleßmann, Die doppelte Staatsgründung. Deutsche Geschichte 1945–1955, Bonn 1984, S. 83; Dietrich Staritz, Die Gründung der DDR. Von der sowjetischen Besatzungszone zum sozialistischen Staat, München 1987, S. 100f.

22 Siehe Horst Schützler, Am Anfang des Weges ... Die Befreiung Berlins durch die Sowjetarmee, Berlin 1965, S. 17. Zur Entnazifizierung insgesamt vgl. Clemens Vollnhals (Hrsg.), Entnazifizierung. Politische Säuberung und Rehabilitierung in den vier Besatzungsonen 1945–1949, München 1991.

Eine Differenzierung nach stärker oder weniger belasteten Nazis in anderen Bereichen des öffentlichen Dienstes und teilweise Rehabilitierungen vor allem im Jahre 1947 widersprachen nicht den Intentionen der Widerstandsbewegung, zumal Bereiche wie die Volksbildung oder auch die Industriebetriebe, an deren Ingangsetzung die Besatzungsmacht schon wegen der Reparationen dringendes Interesse hatte, sonst kaum funktionsfähig gewesen wären.

Die Entnazifizierung im öffentlichen Dienst war die eine Seite eines radikalen Wechsels der politischen Elite; die Bildung neuer Verwaltungsorgane, 1945 zunächst von der kommunalen bis zur Landesebene, die andere und vielleicht sogar bedeutungsvollere. Denn wenn auch erst nach der DDR-Gründung, besonders Anfang der fünfziger Jahre, im Zusammenhang mit einer ideologischen Offensive und dem grundlegenden Umbau der Verwaltung im Zuge der Auflösung der Länder die durchgehende Etablierung einer marxistisch-leninistisch ausgerichteten Elite erfolgte, so hatte die SED spätestens mit der Verdrängung von Jakob Kaiser und Andreas Hermes von der Spitze der CDU nicht nur die entscheidenden Positionen besetzt, sondern auch die Möglichkeiten zur wirkungsvollen Opposition weitgehend eingeschränkt.

In der Literatur gibt es über den Aufbau der neuen Administrationen weitgehende Übereinstimmung[23]. Die von den Kampfkommandanten oder Offizieren nachfolgender Einheiten der Roten Armee überwiegend improvisiert eingesetzten Bürgermeister und lokalen Verwaltungen rekrutierten sich zumeist aus Nicht-Nationalsozialisten, wobei fachliche Eignung ein, aber häufig nicht das ausschlaggebende Kriterium war. Es scheint keinesfalls Zufall gewesen zu sein, daß bei der Besetzung von Verwaltungsstellen weniger die Zugehörigkeit zu einer Widerstandsgruppe als eher die als antifaschistisch angenommene Haltung des Kandidaten den Ausschlag gegeben hatte, so daß der »Antifaschist« und der »Widerstandskämpfer« durchaus in einem Spannungsverhältnis zueinander gestanden haben können.

Bei Durchsicht der Programme und Zielsetzungen von KPD und SED bis zur DDR-Gründung[24] fallen die äußerst sparsame Verwendung der Begriffe »Widerstand«, »Widerstandskämpfer« oder »Kämpfer gegen den Faschismus« ebenso auf wie der gleichfalls kaum hergestellte Bezug zum Widerstand gegen den Nationalsozialismus – im Gegensatz zu häufigen Verweisen auf den »Faschismus«. Dies gilt auch für die Befehle der SMAD[25], wobei allerdings zu berücksichtigen ist, daß die Besatzungsmacht zunächst an eigene Zuständigkeiten zu denken hatte. Demgegenüber

---

23 Vgl. Chr. Kleßmann (Anm. 21), passim; D. Staritz (Anm. 21), S. 75–99. Aufschlußreich für das verdeckte Vorgehen der KPD- bzw. SED-Führung zum Besetzen der zwar nicht nominellen Spitzenpositionen, doch Schaltstellen der Macht: Wolfgang Leonhardt, Die Revolution entläßt ihre Kinder, Köln 1992, S. 411–569, z. T. auch Walter Ulbricht, Zur Geschichte der deutschen Arbeiterbewegung. Aus Reden und Aufsätzen, Bd. 2, 2. Zusatzband, Berlin (Ost) 1968, bes. S. 311–417.

24 Vgl. Dokumente der Sozialistischen Einheitspartei Deutschlands. Beschlüsse und Erklärungen des Zentralsekretariats und des Parteivorstandes der Sozialistischen Einheitspartei Deutschlands, Bd. 1, Berlin 1948, Bd. 2, Berlin 1950. Interessant ist, daß selbst die als antifaschistisch-demokratisch eingeschätzte Verfassung der DDR von 1949 keinen direkten Bezug zum Widerstand herstellt und nur im Art. 26 ein Hinweis auf die »Opfer des Faschismus« enthalten ist, aber nur, um deren bevorzugte Versorgung einzufordern; siehe Horst Hildebrandt, Die deutschen Verfassungen des 19. und 20. Jahrhunderts, Paderborn u. a. 1992, S. 204f.

25 Vgl. Befehle des Obersten Chefs der sowjetischen Militärverwaltung in Deutschland, Sammelheft 1, 2, Berlin 1946.

wurden die Termini »Antifaschismus« und »antifaschistisch«, und zwar ganz überwiegend ohne Bezug auf den Widerstand, sondern im Hinblick auf aktuelle und fast noch mehr perspektivische Aufgaben, regelrecht inflationär gebraucht. Diese Gewichtung ist mehrdeutig interpretierbar. War auch damals noch der Umfang des Widerstandes selbst dessen Aktivisten nur ungefähr bekannt – die Schätzungen wiesen Über- wie Untertreibungen auf –, so gab es doch keine generellen Zweifel an dessen Begrenztheit. Bei der relativ seltenen Berufung auf den Widerstand handelte es sich wohl nicht um eine Geringschätzung als vielmehr darum, daß diejenigen, die von deutscher Seite die Aufrufe usw. verfaßten, z. T. selber aus dem Widerstand kamen und – abgesehen davon, daß ihnen zumeist Selbstverherrlichung fremd war – sie sich nicht erst selbst ermuntern mußten, beim Aufräumen anzupacken. Dieser Ermunterung bedurften aber alle jene, die zwar nicht Nationalsozialisten, aber auch nicht Regimegegner gewesen waren, die nun ein nicht so kleines, aber nicht sofort aktives Potential für die Gestaltung der neuen Ordnung bildeten. Das war keineswegs bloße Illusion, denn im April und Mai 1945 hatten in vielen Orten Menschen ganz unterschiedlicher sozialer Herkunft und politischer Orientierung, die bisher nicht zum Widerstand gehört hatten, sich dessen noch bestehenden oder sich wieder formierenden Kernen angeschlossen und bei der Übergabe von Gemeinden sowie bei der Ingangsetzung des alltäglichen Lebens mitgewirkt, trotz noch bestehender Risiken und ohne eigenen Vorteil. Das Wirken des NKFD Leipzig nach der Befreiung durch amerikanische Truppen ist das dafür bekannteste Beispiel Ostdeutschlands[26]. Der Terminus »Antifaschismus« paßte auf ein solches Potential viel besser als der auf die Zeit bis zum Kollaps des NS-Regimes auf nur wenige zu beschränkende Begriff »Widerstand«.

Der Begriff »Antifaschismus« besaß für die KPD und ihr Selbstbild zudem eine besondere Bedeutung. Der mutige frühe Widerstand von Kommunisten hatte bei Teilen der nichtnazistisch eingestellten deutschen Bevölkerung Achtung, ja Bewunderung erzeugt. Rudolf Pechel schrieb besonders unter dem Eindruck der Überzeugungstreue, den Kommunisten in der frühen Nazizeit vor Gericht vermittelten, daß es zeitweise schien, »als ob die Wahrung des Widerstandes ausschließlich auf sie delegiert wäre«[27]. Damit begannen die Kommunisten, ihre politische Isolierung, die teils Selbstabgrenzung von und teils Ausgrenzung aus der bürgerlichen Gesellschaft gewesen war, in einem bestimmten Umfeld zu durchbrechen. Das antifaschistische »Volksfrontkonzept« bestätigte zudem den Eindruck kommunistischer Öffnung gegenüber politisch Andersdenkenden; seine Propagierung nach 1945 war daher vorzüglich geeignet, eine breite Öffentlichkeit zu gewinnen. Außerdem war der Begriff »Antifaschismus« relativ unbestimmt und vieldeutig. Mit ihm ließen sich politische Differenzen vorerst überbrücken, was bei Berücksichtigung der gewaltigen Aufgaben der späten vierziger Jahre vernünftig war, aber auch die Gefahr – und für die KPD den

---

26 Zwar erwiesen sich manche Angaben in der DDR-Literatur über die Mitglieder des NKFD Leipzig als zu hoch, doch die von der amerikanischen Besatzungsmacht am 28. April 1945 geschätzte Mitgliederzahl von 4500, die sich wenig später auf bis zu 10000 erhöht haben soll, spricht für sich; vgl. Günter Benser, Antifa-Ausschüsse – Staatsorgane – Parteiorganisationen. Überlegungen zu Ausmaß, Rolle und Grenzen der antifaschistischen Bewegung am Ende des Zweiten Weltkrieges, in: Zeitschrift für Geschichtswissenschaft, 26 (1978) 9, S. 788; nach J. Tubbesing (Anm. 15), S. 61, gab das NKFD schon am 25. April die Zahl von 4500 Mitgliedern und 38 Ortsausschüssen allein in Leipzig-Stadt der US-Militärregierung bekannt.

27 Rudolf Pechel, Deutscher Widerstand, Zürich 1947, S. 68f.

Vorteil! – in sich barg, die zurückgestellten Widersprüche später in einseitigem Interesse zu lösen. Und für die Kommunisten – für die Führung wie für die Aktivisten der Illegalität – bestand kein Zweifel, daß sie dabei den längeren Atem haben würden.

Schließlich deutet manches auch auf ein Unbehagen sowohl bei der Besatzungsmacht wie bei der KPD-Führung gegenüber autonom operierenden Widerstandsgruppen nach der Befreiung hin. Selbständigkeit im Handeln war während der NS-Zeit Grundvoraussetzung der über längere Zeit mehr oder weniger voneinander isolierten Gruppen von Regimegegnern – auch die kommunistischen – gewesen, weil die Prinzipien konspirativer Arbeit gar nichts anderes zuließen. Zwar erscheint mir die gewisse »Abnabelung« des kommunistischen Widerstandes von der Parteiführung im Exil überschätzt worden zu sein[28], aber Selbstbewußtsein und die Fähigkeit, ohne Anweisung von »oben« zu handeln, bewiesen die meisten Angehörigen des Widerstandes in der »Stunde Null« allemal. Daß das der Besatzungsmacht nicht geheuer sein konnte, war allzu verständlich, denn sie mußte die uneingeschränkte Kontrolle ausüben – in ihrem eigenen Interesse und auch, um kein Mißtrauen der Alliierten wegen vermeintlicher Fraternisierungsversuche zu erwecken. Hinzu kam die stärker ausgeprägte sozialistische Haltung der Illegalen als die der Funktionäre aus dem sowjetischen Exil, in deren »Volksfrontkonzept« eine deutlich angesprochene sozialistische Perspektive nicht hineinpaßte. Die allgemein bekannte Ausschaltung der Antifa-Auschüsse bzw. ihre Umwandlung in Organe des »Blocks« im Sommer 1945 mögen so als Zurückdrängung der selbstbewußten Persönlichkeiten des Widerstandes zugunsten eines politisch leichter zu dirigierenden »Antifaschismus« zu interpretieren sein. Die erwähnte, auf gründlichem Aktenstudium beruhende Untersuchung Tubbesings über das NKFD Leipzig enthält die These, daß ein Besuch Ulbrichts – dessen Mißtrauen gegen alles, was nicht unmittelbar der »Parteilinie« entsprach, notorisch war – am 4. Juli 1945 mit der Disziplinierung der Genossen in Leipzig ein Signal für die ganze SBZ gewesen sei[29].

Der personelle Aufbau der Provinzial- und Landesverwaltungen im Juli 1945 entsprach der Zusammensetzung des »Blocks«[30], wobei die bürgerlichen Parteien gegenüber SPD und KPD im ganzen wohl etwas benachteiligt wurden, was jedoch einen gewissen Ausgleich durch ihre Repräsentanz an der Spitze der Verwaltungen bzw. Regierungen der Länder fand. Bei der Auswahl der Spitzenpolitiker spielte offenbar der Parteienproporz eine größere Rolle als die Berücksichtigung der Widerstandstä-

---

28 Solche Annahmen stützen sich vor allem auf Differenzen in der Beurteilung des Krieges durch das NKFD in der UdSSR und durch kommunistische Widerstandskader in Deutschland sowie auf gleichfalls z. T. unterschiedliche Auffassungen auf beiden Seiten über die Gestaltung Deutschlands nach dem Kriege besonders Ende 1943/Anfang 1944, wobei die Leipziger »Abweichungen« noch deutlicher als die Berliner waren; vgl. Hermann Weber, Der deutsche Kommunismus, Dokumente 1915–1945, Köln 1963, S. 418–421. Meine eigenen Untersuchungen (vgl. Werner Bramke, Führend im Widerstand: Georg Schumann und Carl Goerdeler, in: Sächsische Heimatblätter, 36 [1990] 2, S. 90–95) lassen diese Differenzen eher als Informationsdefizit, denn als bewußten Gegensatz erscheinen.

29 Siehe J. Tubbesing (Anm. 15), S. 83 ff. In diesem Zusammenhang wurde auch Fritz Selbmann, die eigentliche Autorität der Leipziger Kommunisten in diesen Wochen, abgelöst. Selbmann hatte Anfang der dreißiger Jahre einen forcierten Linksradikalismus, gerade auch gegen den »Sozialfaschismus«, in der sächsischen KPD gefördert. Aber gerade dies paßte nach 1945 nicht mehr in das Konzept der KPD-Führung.

30 Siehe Hermann Weber, DDR. Grundriß der Geschichte 1945–1990, Hannover 1991, S. 31.

tigkeit im Lande, wobei es allerdings Unterschiede zwischen den Ländern bzw. Provinzen gab. So war in Sachsen der Anteil der Ressortchefs oder Minister, die aus dem Widerstand kamen bzw. wegen ihrer Gesinnung Haftstrafen verbüßt hatten, größer als in Brandenburg, wo jedoch Bernhard Bechler und Edwin Hoernle, ehemalige Mitglieder des NKFD[31], als Repräsentanten des Antifaschismus galten. Die auf den ersten Blick nicht dominante, in Wirklichkeit aber von Beginn an kontrollierende Position der Kommunisten ergab sich durch die Besetzung der mit der inneren Sicherheit befaßten Dienststellen (vor allem der Polizei) und der Schlüsselstellungen in den Zentralverwaltungen, die bald die Länderregierungen zu überspielen begannen. Jedoch erst die Vereinigung von KPD und SPD im April 1946 bot die Gewähr dafür, Zug um Zug kommunistische Vorstellungen durchzusetzen.

Die Idee von der Einheit der Hitlergegner hat während der NS-Zeit in allen Lagern des Widerstandes eine wesentliche Rolle gespielt. Ohne sie wäre es nicht zur Blockbildung gekommen, auch wenn für diese Überlegungen in CDU und LDP, sich durch Mitarbeit politische Mitbestimmung zu sichern, mit ausschlaggebend waren[32]. Besonders lebendig war jedoch der Einheitsgedanke in beiden Arbeiterparteien – wegen des gemeinsamen Ursprungs und noch mehr wegen der Einsicht, daß erst die gespaltene Arbeiterbewegung Hitlers Sieg ermöglicht habe. Das Einheitsgebot wirkte fast zwanghaft, an der SPD-Basis vielleicht noch stärker als an der kommunistischen. Daher kann die »Fusion der KPD und der SPD in der SBZ nicht einfach als ›Zwangsfusion‹«[33] klassifiziert werden, oder wenn doch, so im Sinne eines doppelten Zwanges: dem der nicht zu bestreitenden erheblichen Pression durch SMAD und KPD sowie dem des eigenen Willens zur Zusammenarbeit, die in der SBZ nicht anders als durch die Vereinigung erreichbar schien.

Wohl keines der für die Veränderungen in der SBZ signifikanten Ereignisse zeigt so wie die Vereinigung von KPD und SPD den Gegensatz von formaler Erfüllung des Vermächtnisses des Widerstandes und bald sichtbar werdender Sinnentleerung bzw. Selbsttäuschung. Denn das Mißlingen der Einheit war nicht nur Ausdruck der von vornherein angestrebten Majorisierung der Sozialdemokratie durch die KPD. Die Gegensätze zwischen Kommunisten und Sozialdemokraten waren viel zu tief, um auf Dauer überwunden werden zu können. Nur eine grundsätzliche Kurskorrektur der KPD in ihrem Verhältnis zur Demokratie, die aber nur kurzzeitig einigermaßen ernsthaft versucht wurde, hätte gewisse Möglichkeiten für den Zusammenschluß auf der Grundlage der Chancengleichheit für beide Partner eröffnet.

Aber selbst bei diesen Voraussetzungen wären die Erfolgschancen nur gering gewesen. Die personellen Konstellationen waren für die Vereinigung denkbar ungünstig. Ulbrichts Beherrschung des Apparats paralysierte selbst die Kräfte in der KPD, die ein kameradschaftliches Verhältnis zu Sozialdemokraten suchten. Andererseits war auch an der kommunistischen Basis – vor allem bei Mitgliedern, die die Weimarer Kämpfe mit ausgefochten hatten – das Mißtrauen gegenüber Sozialdemokraten groß. Wer mit Veteranen der KPD nicht nur gelegentlich Kontakt hatte, konnte bis in die achtziger Jahre das Fortwirken dieses Mißtrauens gegenüber aus der SPD gekommenen Genossen in der SED beobachten.

---

31 Siehe Martin Broszat/Hermann Weber (Hrsg.), SBZ-Handbuch, München 1990, S. 96f.
32 Siehe D. Staritz (Anm. 21), S. 93f.
33 Chr. Kleßmann (Anm. 21), S. 139.

Sicher war im Zentralausschuß der SPD der Wille zur vorurteilslosen Zusammenarbeit größer, was nicht nur durch die tragische Rolle und das in vieler Hinsicht noch ungeklärte Verhalten Grotewohls, sondern auch durch das Zeugnis Gniffkes[34] belegt wird. Aber auch in der SPD gab es starke Vorbehalte gegenüber den Kommunisten, so bei dem einflußreichen Hermann Brill, die u. a. auf frühere Erfahrungen im Umgang mit Kommunisten, darunter mit Walter Ulbricht, zurückgingen, aber auch ganz persönliche Ursachen hatten[35]. Schließlich kann nicht übersehen werden, daß Kurt Schumachers Auffassung, daß die Abhängigkeit der KPD von der UdSSR und deren auf Deutschland nicht übertragbares Gesellschaftsmodell die Vereinigung, ja sogar nur die Zusammenarbeit mit den Kommunisten nicht zulasse[36], bei Berücksichtigung der starken Ausstrahlung von Schumachers Persönlichkeit auch auf die SBZ kaum zu unterschätzende Bedeutung hatte.

Der Gedanke der Einheit ging schließlich auf marxistisches Denken zurück, das die Partei als Entsprechung der sich bewußt gewordenen und relativ einheitlichen Arbeiterklasse ansah. Die Auseinandersetzung mit dem Nationalsozialismus und gleichzeitig mit dem Bürgertum, wie sie auch für Schumacher charakteristisch war[37], hatte dieses Klassendenken eher verstärkt und die soziologischen Veränderungen in der deutschen Gesellschaft nicht in notwendigem Maße bewußt werden lassen. Allerdings wäre es fragwürdig, den Zeitgenossen dafür Vorwürfe zu machen. Und außerdem: welche Alternative hatten die Sozialdemokraten? Die entschiedenen Gegner der Vereinigung verließen die SBZ, für die Gesamtheit der sozialdemokratischen Genossen war das jedoch keine (im Wortsinne) gangbare Lösungsmöglichkeit. Vermutlich mußte unter den gegebenen Umständen der Widerstand gegen den Zusammenschluß irgendwann einmal erlahmen. Es war also verständlich, wenn die Mehrzahl der Funktionäre und Mitglieder hoffte, noch rechtzeitig genügend Positionen zur Verteidigung sozialdemokratischer Interessen besetzen zu können – auch wenn diese Hoffnung nicht realistisch war.

III.

Die mit der Bodenreform im September 1945 begonnenen tiefgreifenden wirtschaftlichen und damit zusammenhängenden sozialen Veränderungen ließen die Dimension des weitreichenden gesellschaftlichen Umbaues in Ostdeutschland ahnen, so daß CDU und LDP als Interessenvertreter bürgerlicher und mittelständischer Kreise sich herausgefordert fühlten[38]. Zwar ging die Initiative eindeutig von der KPD aus, und

34 Vgl. Erich Gniffke, Jahre mit Ulbricht, Köln 1986. So erklärte Gustav Dahrendorf in einer Beratung der Vertreter der Parteien im künftigen Block am 12. Juni 1945, daß die Sozialdemokraten nichts mehr mit der alten SPD und auch nichts mit dem Exil verbinde, aber daß sie die Einheit mit der KPD anstrebten, ebenda, S. 28.

35 Darüber wird die annoncierte Arbeit von S. Kachel (Anm. 17) näheren Aufschluß geben.

36 Vgl. besonders die von Schumacher formulierte Entschließung einer Konferenz der SPD in der britischen Zone von Anfang Januar 1946 mit dem Titel »Demokratie und Sozialismus zwischen Osten und Westen«, in: K. Schumacher (Anm. 12), S. 84–108.

37 Siehe z. B. den von ihm 1945 verfaßten Aufruf »Konsequenzen deutscher Politik«, in: ebenda, bes. S. 26ff.

38 Siehe Rolf Stöckigt, Der Kampf der KPD um die demokratische Bodenreform Mai 1945 bis April 1946, Berlin 1964, S. 61–67; diese materialintensive Arbeit ist bis heute für die Bewertung der Bodenreform insgesamt unverzichtbar.

diese sowie die SMAD bestimmten ebenso Richtung, Modalitäten und Tempo der Umgestaltung auf dem Lande, aber dies auch deshalb, weil hierbei die Zielvorstellungen von Kommunisten und Sozialdemokraten relativ eng beieinanderlagen. Im Punkt 7 des KPD-Aufrufs vom 11. Juni 1945 wurden die »Liquidierung des Großgrundbesitzes« und die Übergabe des enteigneten Bodens sowie Inventars »an die durch den Krieg ruinierten und besitzlos gewordenen Bauern« gefordert[39]. In dem vier Tage später erlassenen Aufruf des Zentralausschusses der SPD in Berlin hieß es zwar weniger konkret: »Erfassung des Großgrundbesitzes und der lebensfähigen Großindustrie und aller Kriegsgewinne für die Zwecke des Wiederaufbaus«[40], doch bereits der erste Punkt des Aufrufs zielte ebenso auf »restlose Vernichtung aller Spuren des Hitlerregimes« wie entsprechende Passagen im KPD-Dokument, so daß von daher die Entmachtung des Großgrundbesitzes durch Enteignung als Schritt der Zerschlagung des den Nazismus stützenden Militarismus nahelag.

Die beiden Arbeiterparteien hatten während der Weimarer Republik programmatische Vorstellungen für grundlegende Strukturveränderungen in der Wirtschaft entwickelt, deren zunächst gravierende Unterschiede, z. B. was das damit zu erreichende Ziel und die Methoden der Durchführung betraf, während der NS-Zeit erheblich abgebaut wurden. Auch das spricht dafür, daß die von der KPD initiierten und in der Landwirtschaft begonnenen »tiefen sozialökonomischen Struktureingiffe . . . sich daher sinnvoller in den Rahmen einer umfassenden Entnazifizierung einordnen (lassen) als in den einer ersten Sowjetisierungsetappe«[41].

Es war auch nicht nur der Druck durch die SMAD, der die bürgerlichen Parteien im »Block« veranlaßte, den radikalen Wirtschaftsreformen grundsätzlich zuzustimmen. Denn einerseits entsprach die Beseitigung auch der ökonomischen Basis von Nazismus und Militarismus letztlich den Prinzipien, die sie in den Blockvereinbarungen unterstützt hatten und die auch zum Gemeingut der alliierten Abmachungen gehörten, die einzuhalten sie sich gleichfalls verpflichtet hatten. Hinzu kam, daß Vertreter von CDU und LDP Zielvorstellungen verfolgten, die den marxistischen nahekamen. Bereits im Frühjahr 1945 schrieb der prominenteste LDP-Führer in der Zeitschrift »Die Wirtschaft«: »Die Zusammenballung von Kapital und die Anhäufung von Großgrundbesitz in einer Hand bedeuten nicht nur eine wirtschaftliche und soziale Gefahr, sondern sie sind schlechthin wirtschaftlicher Imperialismus, der ebenso zu verwerfen ist wie der politische Imperialismus, zumal beide Hand in Hand zu gehen pflegen.«[42] Ähnliche im Kern antikapitalistische bzw. antiwestliche Überzeugungen artikulierten Intellektuelle wie Alfred Kantorowicz[43] und Ernst Niekisch[44], die nicht nur im Osten erhebliches Ansehen genossen.

---

39 Zit. nach Chr. Kleßmann (Anm. 21), S. 414.

40 Zit. nach ebenda, S. 416.

41 Ebenda, S. 80f.

42 Zit. nach Stefan Doernberg, Die Geburt eines neuen Deutschland 1945–1949. Die antifaschistisch-demokratische Umwälzung und die Entstehung der DDR, Berlin 1959, S. 339.

43 Anfang 1949 schrieb Kantorowicz in einem offenen Brief an einen Teilnehmer der ersten Zusammenkunft der »Gesellschaft Imshausen« vom Mai 1948 von seiner Zuversicht der Ablösung der kapitalistischen Gesellschaft angesichts der »zutage liegenden inneren Widersprüche(n) der sich in immer atemberaubenderem Tempo zersetzenden Gesellschaftsordnung«; siehe Alfred Kantorowicz, Eine Antwort auf viele Fragen. Brief an H.v.F., in: Ost und West, 3 (1949) 1, S. 78.

44 Niekisch machte dem westdeutschen Bürgertum vor allem den Vorwurf: »Es trifft keine Anstalten, die Auffassungen der westlichen Oberbefehlshaber, daß ein deutscher Staat nicht mehr exi-

Angesichts dieser Konstellation hatten es Politiker wie Andreas Hermes und Walter Schreiber schwer, ihren Entschädigungsforderungen bei der von ihnen grundsätzlich bejahten Bodenreform den nötigen Nachdruck zu verleihen[45]. Ihre Ausbootung durch die SMAD führte nicht einmal zu einer ernsten Krise im »Block«. Einwände gegen die Aufteilung des Großgrundbesitzes in zu kleine Parzellen wegen mangelnder Wirtschaftlichkeit, aber auch wegen der verpaßten Gelegenheit, sofort zu einer wenigstens teilweise sozialistischen Bewirtschaftung überzugehen, kamen sowohl aus der SPD als auch der KPD, wurden aber abgewiesen. Daß die Ausweitung kleiner Betriebe die Strukturdefizite in der ostdeutschen Landwirtschaft vergrößerte und die Planungen für eine Bodenreform in den Westzonen erschwerte[46], soll nicht bestritten werden. Andererseits ist zu fragen, ob bei Berücksichtigung des Umsiedlerproblems und der Integrations- wie überhaupt der wirtschaftlichen Möglichkeiten in der SBZ eine wesentlich andere Lösung hätte gefunden werden können. Die Mehrzahl der Nutznießer scheint die Reform, so wie sie durchgeführt wurde, angenommen zu haben, wovon u. a. die Wahlen von 1946 in Mecklenburg zeugen – dem Land, für das die Bodenreform besondere Bedeutung hatte und wo die SED die günstigsten Wahlresultate erzielte. Die radikalen »antifaschistischen« Maßnahmen stießen ja sonst keinesfalls überall auf massenhafte Unterstützung, wie ein aus der SPD gekommenes prominentes SED-Mitglied offen eingestand[47]. Unter solchen Vorzeichen mußten die politisch Handelnden danach trachten, mit den Strukturveränderungen den sozialen Frieden nicht allzusehr zu belasten.

Auf Dauer war das durch die Bodenreform geschaffene Provisorium nicht zu halten, was aber für die meisten Reformen galt – auch im Bereich der Industrie –, die zunächst, wie der Junientscheid von 1946 in Sachsen zeigte, von einer deutlichen Mehrheit unterstützt wurden. Bedenklich war allerdings gerade zu diesem Zeitpunkt die Gefährdung des »antifaschistischen« Konsensus, wie sie sich nicht nur in der Entschädigungsfrage, für die ein Kompromiß hätte gefunden werden müssen, äußerte. Die kompromißlose Enteignung auch der Grundbesitzer, die am Widerstand beteiligt gewesen waren, verdeutlichte ebenso den Gegensatz von aktuellem praktiziertem »Antifaschismus« und Widerstand gegen das NS-Regime, wie sie die generelle antibürgerliche Richtung der Reformen anzeigte, die in dieser Konsequenz nicht mit den Blockvereinbarungen übereinstimmte. Aber das in beiden Arbeiterparteien tief verwurzelte Klassendenken bis 1945 gab der SED-Führung die Möglichkeit, Warner gegenüber solchem Denken wie Jakob Kaiser[48] zu isolieren.

Trotz dieser Einschränkungen entsprachen die wirtschaftlichen Reformen, die gravierende soziale Umschichtungen bis zur DDR-Gründung mehr andeuteten als

---

stiere, wenigstens grundsätzlich zu bestreiten.« Demgegenüber glaubte er, eine positive Haltung der sowjetischen Führer zur deutschen Einheit zu erkennen; siehe Ernst Niekisch, Der Weg zur Souveränität, in: Aufbau, 5 (1949) 1, S. 3–8.

45 Siehe Fritz Reinhardt, Andreas Hermes, Neuwied am Rhein 1953, S. 213–230; D. Staritz (Anm. 21), S. 110 f.

46 Siehe Günter H. Trittel, Die Bodenreform in der britischen Zone 1945–1949, Stuttgart 1975, S. 170; A. Sywottek (Anm. 19), S. 33 f.

47 Siehe Josef Orlopp, Zusammenbruch und Aufbruch Berlin 1945/46, Berlin 1947, S. 5.

48 Auf dem 1. FDGB-Kongreß im Februar 1946 bejahte Kaiser zwar die Politisierung der Gewerkschaften, doch nicht im Sinne einer parteilichen Bindung oder klassenmäßigen Fundierung; vgl. Tilman Mayer (Hrsg.), Jakob Kaiser, Gewerkschafter und Patriot. Eine Werkauswahl, Köln 1988, S. 211.

bereits wirklich einleiteten, grundsätzlich den antifaschistischen Prinzipien von 1945. Die Beseitigung der Betriebsräte, deren Wirken dazu beigetragen hatte, daß die Vergesellschaftung von Teilen der Industrie nicht ein bloßer Akt staatlicher Administration wurde, und mehr noch das allgemeine politische Klima im beginnenden »Kalten Krieg« signalisierten jedoch weitsichtigen Exponenten des ehemaligen Widerstandes – die wie Ernst Lemmer noch im Frühjahr 1948 ebenso vor der Erstickung der öffentlichen Diskussion »in einer gewissen Monotonie« im Osten wie vor der Rückkehr nach »Weimar« im Westen gewarnt hatten[49] – das baldige Ende eines anfänglich offenen Weges, weshalb diese konsequent die Trennung von ihren ehemaligen Weggefährten vollzogen.

IV.

Das Verharren von Vertretern des Widerstandes, die bereits Zweifel an jenen Maßnahmen hatten, auf öffentlichen Positionen, in denen sie sich persönlich gefährdeten, hatte auch zu tun mit der geistigen Auseinandersetzung mit dem Faschismus und mit dem kulturellen Klima in der SBZ in der zweiten Hälfte der vierziger Jahre. Hierfür bedeutete der KPD-Aufruf vom 11. Juni 1945 gewissermaßen die Initialzündung, indem er nicht nur die allgemein bekannten kommunistischen Positionen zum Zusammenhang von Nazismus, Militarismus, Industrie und Finanzkapital wiederholte, sondern auch erstmals »Scham« wegen »Mitschuld und Mitverantwortung für den Krieg und seine Folgen« für alle deutschen Menschen, die Kommunisten eingeschlossen, anmahnte[50]. In dieser Hinsicht ging die KPD weiter als die SPD, für die Schumacher das Schuldbekenntnis im KPD-Aufruf »das primitive Ergebnis einer naiven Zerknirschungspropaganda« nannte, einen »Ausdruck des Willens, die weitgehenden Reparationsansprüche Rußlands politisch und moralisch zu rechtfertigen«[51]. Bis jetzt ist nicht geklärt, ob jene Passagen über die Anerkennung von Schuld tatsächlich propagandistisch-taktisch bedingt waren oder aber aus grundsätzlichen moralischen Erwägungen heraus zustande gekommen sind. Die Impulse, die von ihnen ausgingen, waren jedoch beträchtlich, wie die Praxis der folgenden drei Jahre gezeigt hat.

In der theoretischen bzw. aufklärerischen Auseinandersetzung mit dem Nationalsozialismus waren die Vertreter des Widerstandes selbst am aktivsten. Zum Teil bereits in den letzten Tagen der Haft begannen sie mit der Dokumentation der erlebten Verbrechen, so daß schon 1945 oder wenig später eine ganze Anzahl gut fundierter Publikationen erscheinen konnte[52]. Die meisten verrieten kommunistische Federführung, ohne jedoch die spätere doktrinäre Einfärbung aufzuweisen. Daher arbeiteten auch im Hauptausschuß der Opfer des Faschismus, dessen Tätigkeitsfelder die Dokumentation von Naziverbrechen, die Unterstützung von Justizverfahren gegen Nazi-

49 Ernst Lemmer, Um Deutschlands Wiederaufbau, in: Aufbau, 4 (1948) 5, S. 369.
50 Chr. Kleßmann (Anm. 21), S. 411f.
51 K. Schumacher (Anm. 12), S. 72.
52 Exemplarisch dafür Konzentrationslager Buchenwald. Bericht des Internationalen Lagerkomitees Buchenwald, Weimar o. J. (1945); Lucie Große (Hrsg.), KZ Sachsenhausen, Berlin o. J. (1946).

und Kriegsverbrecher sowie tätige Solidarität für die Opfer waren[53], prominente Vertreter des nichtkommunistischen Widerstandes wie Otto Braß, Annedore Leber, Hildegard Staehle und Theodor Steltzer mit.

In der Bildungspolitik schlug sich der »verordnete Antifaschismus« am deutlichsten nieder: Die Entlassung der Mehrzahl der seinerzeit der NSDAP angehörenden Lehrer wurde durch in Schnellkursen ausgebildete Lehrer, die in regelmäßiger Weiterbildung vor allem ihren Wissensfundus aufstocken mußten, kompensiert. Die Einschätzung der »Neulehrer« »als fachlich kaum befriedigend ausgebildet(e), aber politisch zuverlässige Kräfte ... der Legalitätssicherung für die Politik der SED«[54] wird von vielen, die in den Nachkriegsjahren die Schule besuchten, wohl nicht geteilt werden. Viele dieser Lehrer vereinten enormen Enthusiasmus mit vergleichsweise unabhängigem Denken, das erst später domestiziert wurde. Die »Vorläufigen Richtlinien für die Wiedereröffnung des Schulwesens« vom 11. Juni 1945[55] regelten die Erfassung, Überprüfung und Entlassung von NSDAP-Mitgliedern und enthielten nur ganz knappe inhaltliche Orientierungen. Die ein halbes Jahr später erlassenen »Richtlinien für den Unterricht in deutscher Geschichte«[56] schrieben u.a. die Behandlung von Themen über die »Arbeiterbewegung und die demokratisch-antifaschistische Bewegung gegen den Nazismus und den Krieg Hitlers« vor.

Das in diesem Zusammenhang wichtigste Buch war Abuschs »Irrweg einer Nation«[57], das in mehreren hohen Auflagen verlegt wurde. Am Beispiel des Buches und des Autors wird die Problematik der geistigen Auseinandersetzung mit dem deutschen Faschismus schlaglichtartig deutlich: Das Buch kann als früher Diskussionsbeitrag zum Thema »deutscher Sonderweg« verstanden werden, der die Entwicklung seit 1848 nicht alternativlos sah, freilich die Rolle des »linken Flügels« der Arbeiterbewegung überschätzte. Der Verweis auf den Widerstand als »eine moralische Kampfgemeinschaft von den Kommunisten und Sozialdemokraten bis zu katholischen Pfarrern und konservativen Demokraten«[58] schien noch ganz den Geist des Neuanfangs 1945 zu atmen. Aber schon im Mai 1948 erlebte Alfred Kantorowicz den ehemals antifaschistischen Emigranten und nun hohen Kulturfunktionär Abusch als »Abwürger Abusch«[59], der ihm, nachdem er zum Tage der Bücherverbrennung vom 10. Mai 1933 in einer Rede den »Kampf von Dunkelmännern« nicht als bloße Vergangenheit, sondern eine »uns alle brennende, unsere zukünftige geistige und soziale Entwicklung bedrohende Aktualität« nannte, weitere Aktivitäten dieser Art untersagte. Fast gleichzeitig konstatierte Günther Weisenborn in der Vorrede zu seinem Buch »Me-

---

53 Hellmut Bock, 2 Jahre Hauptausschuß der »Opfer des Faschismus«, Berlin 1947; Vorsitzender war der langjährig inhaftierte Kommunist Ottomar Geschke. Zu den aufsehenerregendsten vom Hauptausschuß gestarteten Aktionen gehörte die Suche nach den verschleppten Kindern von Lidice, von denen gegen Ende 1947 13 gefunden worden waren; ebenda, S. 53ff.

54 Chr. Kleßmann (Anm. 21), S. 96.

55 Siehe Gottfried Uhlig (Hrsg.), Dokumente zur Geschichte des Schulwesens in der Deutschen Demokratischen Republik, Bd. 1, Berlin (Ost) 1970, S. 177.

56 Siehe ebenda, S. 194ff.

57 Alexander Abusch, Der Irrweg einer Nation. Ein Beitrag zum Verständnis deutscher Geschichte, Berlin 1947.

58 Ebenda, S. 263.

59 Alfred Kantorowicz, Deutsches Tagebuch, Bd. 1, Berlin 1978, S. 463f.

morial« die »umfassende Enttäuschung, die uns die Entwicklung der Welt nach dem Krieg aufzwang«[60].

Noch beurteilten damals viele politisch Engagierte die Gegenwart wegen der nicht nur im Ansatz hoffnungsvollen Veränderungen wesentlich günstiger als die intellektuellen Mahner. Aber die anhaltende Rechtsunsicherheit, verursacht vor allem durch die Besatzungsmacht, ließ den ursprünglichen positiven Eindruck vieler ehemaliger Widerständler[61] bald verblassen. Die SED hatte aber auch selber mit Unterstützung der Besatzungsmacht die neuen politisch-gesellschaftlichen Institutionen ihres demokratischen Inhalts beraubt, so daß bei der Staatsgründung bereits ein nur noch unter außergewöhnlichen Umständen zu überbrückender Gegensatz zwischen Verfassungsanspruch und -realität bestand.

60 Günther Weisenborn, Memorial. Der gespaltene Horizont. Niederschriften eines Außenseiters, Neuauflage Berlin 1982, S. 11.

61 Vgl. u. a. Ferdinand Friedensburg, Es ging um Deutschlands Einheit. Rückschau eines Berliners auf die Jahre nach 1945, Berlin o. J.; besonders charakteristisch seine drastisch formulierte Erfahrung: »lieber hundert Russen als Mitarbeiter als einen einzigen deutschen Kommunisten«, ebenda, S. 83; E. Gniffke (Anm. 34), S. 44f.

Peter Steinbach

Widerstandsforschung im politischen Spannungsfeld

I. Einleitung

Die Würdigung des Widerstands gegen Hitler und den nationalsozialistischen Unrechtsstaat war seit 1945 unübersehbaren Schwankungen unterworfen. Auch wenn sich die deutschen Politiker in Ost und West stets auf Widerstandsgruppen bezogen und den Anspruch erhoben haben, aus deren Zielen Orientierungen für die Gegenwart abzuleiten, so erstreckte sich die beschworene Übereinstimmung doch in der Regel jeweils nur auf Teilgruppen der deutschen Widerstandsbewegung. In der DDR wurde bis in die siebziger Jahre hinein der kommunistische »antifaschistische Widerstand« beschworen, während in der Bundesrepublik bis weit in die sechziger Jahre vor allem die Verschwörer des 20. Juli 1944 als Widerstandskämpfer gefeiert wurden.

Alle Feierlichkeiten, Würdigungen und Ehrungen konnten aber nicht die zwiespältige Haltung vieler Deutscher beeinflussen, wie sie etwa in Umfragen festzustellen ist. Man lehnte lange Zeit Hitler ab, ohne deshalb schon den Widerstand positiv zu würdigen. Noch in den fünfziger Jahren hatte einer Umfrage des Allensbacher Instituts für Demoskopie zufolge etwa die Hälfte der Bundesbürger abgelehnt, eine Schule nach Claus Schenk Graf von Stauffenberg zu benennen, der das Attentat auf Hitler mit seinem Leben bezahlt hatte. Lediglich die positive Würdigung der Geschwister Scholl und ihrer Freunde – nicht zuletzt auch Leistung der frühen Darstellung der Widerstandsgruppe »Weiße Rose« durch Inge Scholl – hob sich von der verbreiteten Neigung zur Distanzierung vom Widerstand ab. In den fünfziger Jahren kam es auch immer wieder vor, daß Politiker im Rahmen von Wahlkampfauseinandersetzungen gegen politische Gegner polemisierten und sie indirekt als »Emigranten« oder gar »Drückeberger« apostrophierten.

Der deutsche Widerstand gegen Hitler und die nationalsozialistische Herrschaft hat sich, wie Erich Kosthorst 1979 zusammenfassend bemerkte, so stets in einer »Verteidigungsposition« befunden. Immer war er dem Vorwurf ausgesetzt, sich des »Verrats« oder der »Halbherzigkeit«, wenn nicht der »Unfähigkeit« schuldig gemacht zu haben. Nach 1945 verkörperten die Widerstandskämpfer dennoch eine wichtige Alternative zur verbreiteten »Nachfolgebereitschaft«, die Konsequenz einer inneren Gleichschaltung, einer Blindheit, vielleicht auch der partiellen inneren Übereinstimmung gewesen sein mochte und so vielfach als Ausdruck des spezifisch deutschen Untertanengeistes erschien. Sie galten als Herausforderung für die Nachlebenden, denn ihr Handeln bewies, daß »Befehl und Gehorsam«, »Terror und Furcht« nicht alle Zeitgenossen der »gewissen zwölf Jahre« gelähmt hatten. So verkörperten die Widerstandskämpfer ein Gegenbild, das glaubwürdig die politische Alternative zur damaligen Zeit zeichnen sollte und somit in ein neues, demokratisches Geschichtsbild gehörte.

Diese Grundlage öffentlicher historischer Besinnung ist bis heute unerschüttert, wie der »Historikerstreit« zeigte: Wurde in der Wissenschaft wie in den Medien über eine Vergangenheit gestritten, die angeblich »nicht vergehen könne« oder solle[1], so bietet die Auseinandersetzung mit der Geschichte des Widerstands ein ganz anderes Bild: Regelmäßig berufen sich in der Öffentlichkeit, die sich von den Thesen über die Vergleichbarkeit oder Einzigartigkeit nationalsozialistischer Gewaltverbrechen angeregt oder herausgefordert fühlt[2], die Vertreter des Staates, der Parteien oder der Kirchen auf den Widerstand und erinnern an sein Vermächtnis[3]. Augenscheinlich handelt es sich um einen zeithistorischen Bereich, der nicht vergehen soll und immer wieder vergegenwärtigt werden muß[4]. Aus dieser ständigen Vergegenwärtigung resultieren immer neue Zugänge zum Widerstand – Wandlungen von Forschungsschwerpunkten und politischen Akzentuierungen, aber auch der Deutungen.

Im folgenden sollen die Forschungsgeschichte wie auch die Frage der öffentlichen Rezeption der Widerstandsproblematik nicht diskutiert werden – dies ist an anderer Stelle ausführlich geschehen[5]. Vielmehr soll nach den methodischen Implikationen eines unverkennbar und häufig auch gewollt *politischen, gegenwartsbezogenen* Zugangs zur Geschichte des Widerstands als Geschichte von Widerstandsbewegungen und widerstehenden Individuen vor dem Hintergrund der Entwicklungen ihrer eigenen Zeit gefragt werden. Aus diesem Spannungsverhältnis zwischen der Gegenwärtigkeit des Forschers als Deuter und der Geschichtlichkeit des Widerstands gegen den Nationalsozialismus resultieren die meisten der Auseinandersetzungen, die regelmäßig auf eine grundsätzliche Bewertung der widerstehenden Einzelpersonen, der verfolgten Gruppen und Institutionen und vor allem auch der Ziele hinauslaufen, die sich im Widerstand verkörpern oder verkörpern sollen[6].

II. Phasen des Erinnerns in den Medien der Erinnerung

Es ist bemerkenswert, daß sich bereits unmittelbar nach der Befreiung vom Nationalsozialismus erste Versuche finden, an den Widerstand anzuknüpfen und auf diese Weise eine Kontinuität des politischen Anstands über die Epochenschwelle des Jahres 1945 hinweg zu begründen. So beschwor Alexander Abusch die Widerstands-

1 Vgl. Ernst R. Piper (Hrsg.), Historikerstreit, München 1987, S. 39ff.; Ernst Nolte, Das Vergehen der Vergangenheit. Antwort an meine Kritiker im sogenannten Historikerstreit, Berlin–Frankfurt am Main 1987.

2 Eine Übersicht bietet die Zeitschrift »liberal Vierteljahreshefte für Politik und Kultur«, 29 (1987), 2, S. 85ff.

3 Informationszentrum Berlin (Hrsg.), Der 20. Juli 1944. Reden zu einem Tag der deutschen Geschichte, Bd. 1, Berlin 1984, Bd. 2, Berlin 1986.

4 Vgl. in diesem Sinne auch die Kultusministerempfehlungen zum Widerstand aus dem Jahre 1980.

5 Peter Steinbach, Der Widerstand als Thema der politischen Zeitgeschichte. Ordnungsversuche vergangener Wirklichkeit und politischer Reflexionen, in: Gerhard Besier/Gerhard Ringshausen (Hrsg.), Bekenntnis, Widerstand, Martyrium. Von Barmen 1934 bis Plötzensee 1944, Göttingen 1986, S. 11–74.

6 Vgl. als Zugang zum Gesamtphänomen des Widerstands Jürgen Schmädeke/Peter Steinbach (Hrsg.), Der Widerstand gegen den Nationalsozialismus. Die deutsche Gesellschaft und der Widerstand gegen Hitler, München 1994[3].

kämpfer als »das Licht in der deutschen Düsternis« und verpflichtete die Gegenwart zur Erinnerung[7]; so gründete Kurt Schumacher seinen Mitgestaltungsanspruch auf den fortwährenden Kampf gegen das NS-Regime[8]. Hans Rothfels konnte neben Rudolf Pechel und Eberhard Zeller die Substanz des Widerstands für das Bewußtsein der Nachkriegszeit sichern[9]; er beabsichtigte dabei auch, den Widerstand als »Grund« eines neuen politischen Bewußtseins im Einklang mit westlichen Ordnungsvorstellungen zu bestimmen.

Der Widerstand gegen den Nationalsozialismus sollte der Gegenwart zugleich auch politisch dienen, denn mit dem Bild des »anderen Deutschland«, das den bereits 1946 erschienen Bearbeitungen der Tagebücher von Ulrich von Hassell als Titel diente, wurde auch die Möglichkeit eines neuen und deshalb gegenüber der deutschen Geschichte anderen Deutschlands in den Blick gerückt. An die Stelle der Erinnerung trat zwar nicht die Ausdeutung der Widerstandsgeschichte allein für die Legitimierung eines politischen Neubeginns; Erinnerung und gegenwartsbestimmte Deutung des Widerstands im Hinblick auf die Nachkriegszeit gingen jedoch eine enge Verbindung ein. Dies wurde besonders deutlich durch die Verbindung zwischen dem 20. Juli 1944 und dem 17. Juni 1953, die Ernst Reuter schlägt. »Immer wieder« müsse versucht werden, die deutsche Geschichte »neu zu begreifen«: »Wir müssen versuchen, den Bogen von der Gegenwart zu dem, was wir selber erlebt, zu dem, was wir selber getan, zu dem, was wir auch manchmal unterlassen haben, und zu dem, was aus der großen Vergangenheit unseres Volkes zu uns herüberreicht, zu spannen.«[10] Reuter bekannte sich zu der Aufgabe öffentlichen Erinnerns als der Erinnerung in einer besonderen Zeit – dies machte die Grenzen mancher Deutung öffentlicher Erinnerung aus, aber auch ihre lebensgeschichtliche Nähe. Er spürte zugleich, daß »neue Generationen (stets) aus neuen Erlebnissen heraus ein neues Bild der Geschichte und ein neues Bild auch der Ereignisse gewinnen«[11].

In den fünfziger Jahren war das Bild des Widerstandes noch äußerst umstritten. Markanter Höhepunkt der Auseinandersetzungen wurde der Braunschweiger Remer-Prozeß[12], bei dem es nicht allein um die Deutung der Ereignisse des 20. Juli 1944, sondern auch um die Respektierung der Opfer und die Achtung ihrer Angehörigen ging. Remer, der als Major den mitverschworenen Berliner Stadtkommandanten von Hase durchschaut und sich den Machthabern zur Verfügung gestellt hatte, hatte auf einer Veranstaltung der neonationalsozialistischen Sozialistischen Reichspartei (SRP)[13] die Attentäter und Mitverschworenen des 20. Juli 1944 als »Landesverräter«

7 Alexander Abusch, Der Irrweg einer Nation, Berlin 1946, S. 260.

8 Kurt Schumacher. Rede vom 6. Mai 1945, in: Willy Albrecht (Hrsg.), Kurt Schumacher. Reden – Schriften – Korrespondenzen 1945–1952, Bonn–Berlin 1985, S. 215ff.; Erster Aufruf des »Büros Dr. Schumacher« an die Bevölkerung, Mitte August 1945, in: ebenda, S. 251ff., besonders auch die Passagen über die Kirchen, etwa S. 271.

9 Vgl. dazu die näheren Belege bei P. Steinbach (Anm. 5).

10 Ernst Reuter, Rede zur Enthüllung des Denkmals für die Opfer des 20. Juli 1944 im Hof des ehemaligen OKH in der Bendlerstraße am 20. Juli 1953, in: ders., Reden, Artikel, Briefe 1949 bis 1953, bearb. v. Hans J. Reichardt, Berlin 1975, S. 756.

11 Ebenda.

12 Siehe dazu Rudolf Wassermann, Zur juristischen Bewertung des 20. Juli 1944: Der Remer-Prozeß in Braunschweig als Markstein der Justizgeschichte, in: Recht und Politik, 20 (1984) 2, S. 68ff.

13 Siehe dazu Horst W. Schmollinger, Sozialistische Reichspartei, in: Richard Stöss (Hrsg.), Parteienhandbuch. Die Parteien der Bundesrepublik Deutschland 1945–1980, Bd. 2, Opladen 1984, S. 2274ff.

bezeichnet, die »vom Auslande bezahlt« worden seien, und angekündigt, die Überlebenden würden sich »eines Tages vor einem deutschen Gericht zu verantworten« haben.

Es war ein besonderer Glücksfall, daß der damalige Braunschweiger Leiter der Staatsanwaltschaft, Fritz Bauer, diese Herausforderung annahm. Er machte sich persönlich zum Vertreter der Anklage und unterstützte auf diese Weise die Angehörigen führender Widerstandskämpfer wie Annedore Leber, Marion Gräfin Yorck von Wartenburg und vor allem den damaligen Bundesinnenminister Robert Lehr. Dabei ging es Bauer nicht allein um die Wiederherstellung der Ehre des Widerstands, sondern um die grundsätzliche und nachwirkende Befreiung des Gesamtwiderstands vom »Stigma des Verrats«. Bauer wollte einen Prozeß mit politischen Wirkungen: »Angeklagt war das NS-Regime. Indem Bauer für die Männer des 20. Juli den ihnen gebührenden Respekt einforderte, zwang er das Gericht, das NS-Regime als Unrechtsstaat zu verwerfen«[14], resümierte Rudolf Wassermann und deutete dabei auch auf die Konsequenzen dieser seiner Meinung nach »bedeutendsten Prozesses mit politischem Hintergrund seit den Nürnberger Kriegsverbrecherprozessen und vor dem Frankfurter Auschwitzprozeß«: »(Bauer) spürte, wie tief trotz aller äußerlichen Bekenntnisse der Zweifel in den Menschen war, die Hitler mit gutem Glauben gedient hatten und nun hörten, daß das Regime verbrecherisch war. Bauer wußte auch, wie kurz das Gedächtnis ist und wie gern die Nachwelt Tyrannen feiert, so furchtbar sie auch gewütet haben.«[15]

So betrachtet, war der Braunschweiger Remer-Prozeß ein Ereignis einer Koalition von Justiz und Aufklärungswillen, den insbesondere die zahlreichen hochrangigen Gutachter zu verkörpern hatten. Die Gutachten des Theologen Hans-Joachim Iwand, des Juristen Ernst Wolf, des Historikers Percy Ernst Schramm, des Völkerrechtlers Hans-Günther Seraphim und des katholischen Theologen Rupert Angermair wurden wenig später veröffentlicht[16] und trugen entscheidend zu einem politisch-moralisch begründeten Widerstandsbild bei. Erst auf dieser Grundlage konnte die »Vollmacht des Gewissens«[17] als Motivation der »Entscheidung« und des »Aufstands« des Gewissens apostrophiert werden[18]. In dieser Zeit hat auch Karl Dietrich Bracher durch seine Verbindung von politischer Ethik und historischem Bewußtsein entscheidende Beiträge zur Neufundierung des Widerstands im öffentlichen Bewußtsein und in der wissenschaftlichen Diskussion geleistet[19].

Der Braunschweiger Remer-Prozeß rechtfertigte aber nicht allein den Widerstand im Umkreis des 20. Juli, sondern er unterstützte einen folgenschweren Trennungsvorgang, der in den fünfziger Jahren zu einem erheblichen Teil durch Gesetzgebung und

---

14 R. Wassermann (Anm. 12), S. 77.

15 Ebenda, S. 78.

16 H. Kraus (Hrsg.), Die im Braunschweiger Remer-Prozeß erstatteten moraltheologischen und historischen Gutachten nebst Urteil, Hamburg 1953.

17 Europäische Publikationen e. V. (Hrsg.), Vollmacht des Gewissens, Bd. 1, München 1960; Bd. 2, München 1965.

18 Die beiden wegweisenden Bände von Annedore Leber und Karl Dietrich Bracher aus den fünfziger Jahren sind in einer überarbeiteten und erweiterten Fassung in einem Band greifbar: Karl Dietrich Bracher (Hrsg.), Das Gewissen steht auf: Lebensbilder aus dem deutschen Widerstand 1933–1945, Mainz 1984.

19 Siehe das Verzeichnis seiner Schriften, in: Manfred Funke u. a. (Hrsg.), Demokratie und Diktatur. Geist und Gestalt politischer Herrschaft in Deutschland und Europa, Düsseldorf 1987, S. 614ff.

Rechtsprechung verstärkt und nahezu abgeschlossen wurde. Denn im Zuge der Wiedergutmachungsgesetzgebung mußte auch die Entschädigung von Verfolgungsopfern, von Widerstandskämpfern und politischen Gegnern des Regimes geregelt werden. Zu einem wichtigen Medium der Widerstandsdefinition wurde somit der Gesetzestext. Das »Bundesergänzungsgesetz zur Entschädigung für Opfer der nationalsozialistischen Verfolgung«[20] (BEG) vom 18. September 1953 war ein Kernstück der umfangreichen »Wiedergutmachungsgesetzgebung«, die vom Lastenausgleich über die Hinterbliebenenversorgung bis zur Wiedereingliederung der sogenannten »Einhunderteinunddreißiger« reichte[21]. Im Zentrum stand dabei zunächst die Wiedergutmachung des Schadens für die Überlebenden nationalsozialistischer Zwangs- und Verfolgungsmaßnahmen. Die Präambel des BEG stellte das Gesetzeswerk unter die Verpflichtung, daß Personen, »die wegen ihrer politischen Überzeugung, aus Gründen der Rasse, des Glaubens und der Weltanschauung« verfolgt worden waren, aber auch denen, die »aus Überzeugung oder um des Glaubens oder des Gewissens willen ... Widerstand« geleistet hatten, wegen ihres »Verdienstes um das Wohl des deutschen Volkes und Staates« eine Wiedergutmachung des erlittenen Verfolgungs- und Unterdrückungsunrechts angeboten werden müsse.

Die Bestimmung der »Anspruchsberechtigten« und der Ausschlußgründe wirkte sich aber nicht allein auf den Kreis derjenigen aus, die Anspruch auf die Minderung entstandener Schäden »im beruflichen und wirtschaftlichen Fortkommen« hatten, sondern sie prägte auch das Bild des Widerstandskämpfers. § 1 BEG bestimmte: »Anspruch auf Entschädigung nach diesem Gesetz hat, wer in der Zeit vom 30. Januar 1933 bis zum 8. Mai 1945 (Verfolgtenzeit) wegen seiner gegen den Nationalsozialismus gerichteten politischen Überzeugung, aus Gründen der Rasse, des Glaubens oder der Weltanschauung verfolgt worden ist und hierdurch Schaden an Leben, Körper, Gesundheit, Freiheit, Eigentum, Vermögen oder in seinem beruflichen und wirtschaftlichen Fortkommen erlitten hat (Verfolgter). Der Verfolgung wegen politischer Überzeugung wird gleichgestellt eine Verfolgung, die darauf beruhte, daß der Verfolgte auf Grund eigener Gewissensentscheidung sich unter Gefährdung seiner Person aktiv gegen die Mißachtung der Menschenwürde oder gegen die sittlich, auch durch den Krieg, nicht gerechtfertigte Vernichtung von Menschenleben eingesetzt hat.«

Diese gesetzgeberische Bestimmung des Verfolgten und des aktiven Gegners des Nationalsozialismus führte in der Folgezeit zu einer Präzisierung der Widerstandsvorstellung durch die Rechtsprechung, die damit zu einem weiteren Medium der Widerstandsdiskussion wurde und zugleich den Wandel von Wertvorstellungen und Überzeugungen spiegelte. Dies führte faktisch zu einer Einengung der Vorstellungen über den Widerstand. So definierte das Bundesverwaltungsgericht Widerstand als ein »der politischen Überzeugung des Täters entspringendes Verhalten, welches dazu bestimmt ist und, wenigstens in der Vorstellung des Täters, auch dazu geeignet war, das

20 Bundesgesetzblatt Nr. 62, 1953, S. 1387ff.; vgl. vor allem Gotthard Jasper, Die disqualifizierten Opfer, in: Ludolf Herbst/Constantin Goschler (Hrsg.), Wiedergutmachung. Die Bundesrepublik Deutschland und die Opfer der nationalsozialistischen Verfolgung, München 1989.

21 Vgl. zum Zusammenhang Hans-Peter Schwarz, Die Ära Adenauer 1949–1957, Stuttgart–Wiesbaden 1981, allerdings unter weitgehender Aussparung der Wiedergutmachung als Entschädigung für diejenigen Deutschen, die aus politischen und konfessionellen Gründen von den Nationalsozialisten verfolgt worden waren. Die Wiedergutmachung des Unrechts an den Juden und die Eingliederung der Vertriebenen sowie der Lastenausgleich stehen bei Schwarz im Vordergrund.

abgelehnte Regime als solches über den Rahmen des Einzelfalls hinaus zu beeinträchtigen«[22]. Bereits ein Jahr zuvor hatte der Bundesgerichtshof den »Erfolg« als ein wesentliches Kriterium für die Beurteilung des Widerstands bezeichnet und damit die auf das Gesamtsystem zielende Stoßrichtung in den Mittelpunkt der Bewertung gestellt. Das gegen den Widerstand gerichtete staatliche Handeln sei nur dann »Unrecht im Rechtssinne«, »wenn die Widerstandshandlung nach ihrer Art und ihrem Gewicht wenigstens eine gewisse Aussicht bietet, in bezug auf das Übel der bestehenden Unrechtsherrschaft eine wirkliche Wende zum Besseren herbeizuführen«[23].

Die Frage nach den »Beweggründen, Zielsetzungen und Erfolgsaussichten« ermöglichte dabei einerseits eine differenzierte Diskussion, verstärkte andererseits aber Differenzierungs- und Ausgrenzungsprozesse gegenüber dem Gesamtphänomen Widerstand, die auch im »Bundesentschädigungsgesetz« angelegt waren. Dort hieß es (§ 1 BEG Abs. 4) nämlich: »Keinen Anspruch auf Entschädigung nach diesem Gesetz hat, 1. wer der nationalsozialistischen oder einer anderen Gewaltherrschaft Vorschub geleistet hat; 2. wem nach dem 8. Mai 1945 rechtskräftig die bürgerlichen Ehrenrechte aberkannt worden sind; 3. wer nach dem 8. Mai 1945 rechtskräftig zu Zuchthausstrafe von mehr als drei Jahren verurteilt worden ist; 4. wer die freiheitliche demokratische Grundordnung bekämpft.«

In der Auseinandersetzung über die hier genannten Ausscheidungsgründe, über Erfolgsbedingungen und schließlich über die Motive und Ziele des Widerstands entwickelte sich in der Folgezeit die zeitgeschichtliche Forschung vor allem insoweit mit, als Historiker nicht selten als Gutachter tätig wurden. Folgende Schwerpunkte der Auseinandersetzungen zeichneten sich dabei bereits auf der Grundlage der Gesetzgebungs- und Rechtsprechungsprämissen ab:

– Wichtig wurde die Diskussion über das Scheitern der Weimarer Republik. Denn erst die Beantwortung dieser Frage konnte in einer öffentlich akzeptierten Weise Aufschluß über das Problem geben, wer mit dem Scheitern der Weimarer Republik auch die Konsolidierung des Nationalsozialismus ermöglicht hatte[24].

– Entscheidend wurde die Bewertung der Motive und Ziele des Widerstands, denn erst die Beantwortung dieser Frage konnte über die Qualität des Erneuerungswillens der Widerstandskämpfer Aufschluß geben[25]. Damit wurde zugleich aber die Frage nach der demokratischen und freiheitlichen Qualität aufgeworfen, die ihren Widerstand von denjenigen Widerstandsarten unterscheiden sollte, die mit der freiheitlich-demokratischen Grundordnung, die das neugeschaffene Bundesverfassungsgericht ein Jahr vor dem Inkrafttreten des Bundesentschädigungsgesetzes im SRP-Urteil in den Grundzügen bestimmt hatte[26], nicht übereinstimmten. In diesem Zusammenhang

---

22 Bundesverwaltungsgerichtsentscheidung vom 11. Januar 1962, zit. nach Fritz Bauer (Hrsg.), Widerstand gegen die Staatsgewalt. Dokumente der Jahrtausende, Frankfurt am Main 1965, S. 261.

23 Urteil des Bundesgerichtshofs vom 14. Juli 1961, zit. nach ebenda, S. 260.

24 Die Frage nach dem Scheitern der Weimarer Republik umfassend und in bis heute gültiger Weise beantwortet zu haben, ist das große Verdienst von Karl Dietrich Bracher, Die Auflösung der Weimarer Republik. Eine Studie zum Problem des Machtverfalls in der Demokratie, Villingen 1955, Königstein 1978[6].

25 Dazu Hans Mommsen, Gesellschaftsbild und Verfassungspläne des deutschen Widerstandes, in: Hermann Graml (Hrsg.), Widerstand im Dritten Reich. Probleme, Ereignisse, Gestalten, Frankfurt am Main 1984, S. 14ff.

26 Urteil des Bundesverfassungsgerichts vom 23. Oktober 1952, in: Entscheidungen des Bundesverfassungsgerichts, Bd. 2, 1953, S. 10ff.

wird auch die von der deutschen Öffentlichkeit zunächst weitgehend akzeptierte Verwerfung des kommunistischen Widerstands verständlich[27], nicht zuletzt im Hinblick auf die Rechtfertigung der mitteldeutschen Aufstandsversuche am 17. und 18. Juni 1953 in Ost-Berlin und anderen Städten der DDR, insbesondere auch in Magdeburg, der alten Hochburg des republikanischen »Reichsbanners Schwarz-Rot-Gold«.

– Schließlich warf die Bestimmung der Durchsetzungskraft des Widerstands viele Fragen auf: Zum einen im Hinblick auf die Alltagsdimensionen des Widerstands, die Hilfe für Verfolgte und die aus rassischen Gründen Diskriminierten; zum anderen im Hinblick auf die Kirchen, die sich zunächst vielfach durchaus als Partner des – von ihnen zu beeinflussenden – Systems verstanden hatten, unbeschadet ihrer Versuche, ihre kirchliche und konfessionelle Eigenständigkeit zu bewahren; zum dritten schließlich im Hinblick auf die auch nach 1945 zunächst weiterhin diskriminierten Gruppen wie Sinti und Roma, Homosexuelle, Deserteure oder auch Geisteskranke, die aus den meisten grundsätzlichen Diskussionen ausgeschlossen blieben.

In den späten fünfziger Jahren konnte der Widerstand des 20. Juli 1944 seine allgemeine Akzeptanz zumindest in der Rechtsprechung, weniger in der demoskopisch manifesten Meinung festigen. Wenn der Bundesgerichtshof unabhängig vom etwaigen Erfolg den »lebens- und entwicklungsfähigen Keim« eines nur als möglich gedachten Erfolges zu bestimmen suchte, »durch den er selbst bei seinem etwaigen äußeren Scheitern als ein gültiges und wirksames Zeugnis für das Recht und für den in dem unterdrückten Volk noch lebendigen Willen zum Recht in die Zukunft hinaus wirkt und so jedenfalls zur Vorbereitung der schließlichen Überwindung des allgemeinen Unrechtszustandes einen entscheidenden Beitrag leistet«[28], so hatte er die Perspektive einer Kontinuität im Auge, die auf die Nachkriegsdemokratie verwies. Dies mußte Widerspruch hervorrufen bei denen, die sich nicht allein durch die freiheitlich-demokratische Grundordnung legitimiert wähnten. Dazu gehörten die durch das SRP- und KPD-Urteil (von 1952 und 1956) betroffenen Kommunisten und die Anhänger des in der DDR zunehmend stärker geschichtswissenschaftlich begründeten Antifaschismus-Konzepts, zum anderen aber auch die Angehörigen des Widerstands aus der Arbeiterbewegung, die mit dem sozialdemokratischen und gewerkschaftlichen Widerstand in den ersten Jahren des Dritten Reiches ausgeblutet worden waren.

Als weiteres Problem stellte sich für die deutsche Öffentlichkeit die Frage nach den »nationalsozialistischen Gewaltmaßnahmen« als Gegenbild des Widerstands. Sie waren im Bundesentschädigungsgesetz bereits in den »allgemeinen Vorschriften« eindeutig definiert worden und spiegelten in der Formulierung des § 1 Abs. 3 BEG ein wichtiges Urteil des Bundesgerichtshofes aus dem Jahre 1952 wider. Als der BGH im Falle eines Menschen zu urteilen hatte, der seine Mitwirkung an den Deportationen mit dem bestehenden Recht zu entschuldigen glaubte, hatten die Richter gegen die weitverbreiteten Amnestiebestrebungen bekräftigt, daß ein Kernbereich des Rechts

---

27 Neben dem Widerstand aus der KPD und der SPD findet auch der Widerstand um Arvid Harnack und Harro Schulze-Boysen in der Nachkriegszeit keine angemessene Würdigung; vgl. etwa Heinz Höhne, Kennwort: Direktor. Die Geschichte der Roten Kapelle, Frankfurt 1970, und ders., Der Krieg im Dunkeln. Macht und Einfluß der deutschen und russischen Geheimdienste, München 1985, S. 305 ff. Eine Zwischenbilanz der inzwischen neu gewonnenen Forschungsergebnisse zur Roten Kapelle bieten jetzt Hans Coppi/Jürgen Danyel/Johannes Tuchel (Hrsg.), Die Rote Kapelle im Widerstand gegen den Nationalsozialismus, Berlin 1994.

28 Vgl. Anm. 23.

nach allgemeiner Rechtsüberzeugung von keinem Gesetz und von keiner staatlichen Macht verletzt werden dürfe. Deshalb müsse der »unantastbar« geltende »Grundsatz menschlichen Verhaltens« respektiert und praktiziert werden[29]. Das BEG bestimmte unter dem Eindruck dieser grundsätzlichen Entscheidung: »Nationalsozialistische Gewaltmaßnahmen sind solche Maßnahmen, die auf Veranlassung oder mit Billigung einer Dienststelle oder eines Amtsträgers des Reiches oder Landes oder einer sonstigen Körperschaft, Anstalt oder Stiftung des öffentlichen Rechtes oder der NSDAP oder ihrer Gliederungen oder angeschlossenen Verbände aus den Verfolgungsgründen gegen den Verfolgten gerichtet worden sind. Es wird vermutet, daß solche Maßnahmen gegen den Verfolgten gerichtet worden sind, wenn dieser zu einem Personenkreis gehörte, den in seiner Gesamtheit die deutsche Regierung oder die NSDAP durch ihre Maßnahmen vom kulturellen und wirtschaftlichen Leben Deutschlands auszuschließen beabsichtigte.«[30]

Auf diese Weise wurde bekräftigt, daß sich die Beschränkung der staatlichen Rechtsetzungsgewalt nicht allein aus der bestehenden Rechtsordnung, sondern aus dem »jeden Gesetzgeber und Machthaber« in gleicher Weise verpflichtenden »Grundgedanken der Gerechtigkeit der Menschlichkeit« ergibt, »wie er im Bewußtsein der Allgemeinheit lebt«. Damit wurde der Naturrechtsgedanke[31] an die Seite des Widerstandsrechtes gestellt und bekräftigt, daß alle staatlichen Anordnungen, die sich vom Grundgedanken der Menschenwürde entfernten und den Bezugspunkt menschlicher Würde aufgäben, nicht als Ausdruck einer menschenwürdigen Ordnung eingeschätzt werden könnten. Wenn das Gericht weiterhin hervorhob, es sei unerheblich, ob ein Angeklagter sich durch sein Unrechtsbewußtsein von anderen unterscheide, so bekräftigte er die Autonomie des Gewissens und die Ehrenhaftigkeit einer reinen Gewissensentscheidung, denn bei »Anspannung des Gewissens« müsse sich der einzelne in der Konfrontation mit der Frage nach Recht und Unrecht als Kriterium für zu verteidigendes Menschenrecht einfach richtig entscheiden. Mit diesem Urteil fand nicht zuletzt auch der Kriterienkatalog der Menschenrechtskonvention seinen Niederschlag. Mit dieser Menschenrechtsdiskussion der fünfziger Jahre ist somit ein weiteres Medium der Widerstandsrezeption benannt.

Zusammenfassend läßt sich sagen, daß in der Auseinandersetzung der fünfziger und frühen sechziger Jahre durch den Blick auf die Vergangenheit ganz unterschiedliche Deutungen und Wertungen des Widerstandsrechts möglich waren. Lebenserfahrungen des Versagens und der Konfrontation mit dem Schrecken traten neben den Willen, die Normen der westlich-liberalen Ordnung zu übernehmen und demonstrativ unter Hinweis auf historische deutsche Menschenrechtsbewegungen zu bekräftigen. Dies geschah nicht selten gegen die verbreitete Meinung innerhalb der Bevölkerung, konnte sich aber auf publizistischen Rückhalt stützen.

Das Problem, das Recht des Widerstands begrifflich zu präzisieren und gleichsam rechtlich einzuhegen, wurde in den fünfziger Jahren weniger durch den historischen Rückgriff als durch den zeitgenössischen Bezugsrahmen erleichtert. Denn auch die

---

29 Vgl. allg. Adalbert Rückerl, Die Strafverfolgung von NS-Verbrechen 1945–1978. Eine Dokumentation, Heidelberg–Karlsruhe 1979.

30 Bundesergänzungsgesetz zur Entschädigung für Opfer der nationalsozialistischen Verfolgung, § 1 Abs. 3.

31 Guter Überblick bei Werner Maihofer (Hrsg.), Naturrecht oder Rechtspositivismus, Darmstadt 1972.

Existenz einer »totalitären« DDR machte die Legitimität des Widerstands plausibel und wies die Kritiker des antinationalsozialistischen Widerstands unwiderruflich in die Schranken. Nicht zuletzt diese Erfahrungen der Mitteldeutschen mit der Wirklichkeit in der DDR führten schließlich zur allgemeinen Anerkennung eines übergesetzlichen Widerstandsrechts[32]. Das Widerstandsrecht galt dabei als Individualrecht, nicht als Kollektivrecht. Deshalb sollte es sich nicht eignen, politische Gruppenauseinandersetzungen – etwa um die Wiederbewaffnung der Bundesrepublik Deutschland – zu legitimieren. Weiterhin galt es als Abwehr-, nicht als Gestaltungsrecht; deshalb dürfte es nicht im Vorgriff auf ein unterstelltes oder zu erwartendes Unrecht proklamiert werden. Damit wurde das Widerstandsrecht allmählich zum Recht auf die Verteidigung der »freiheitlich-demokratischen Grundordnung«, die eine Voraussetzung für die Zähmung staatlicher oder politischer Willkür darstellt[33]. Überspitzt könnte man sagen, daß gerade die im Grundgesetz angelegte Ordnung das Widerstandsrecht domestiziert. Als konservierendes Notrecht wurde es ausdrücklich durch seine Bedeutung für die Wiederherstellung der freiheitlich-demokratischen Grundordnung definiert und insofern gegen die KPD gewendet[34], die 1956 als verfassungsfeindliche Partei wegen ihrer Stoßrichtung gegen diese Grundordnung durch eine Entscheidung des Bundesverfassungsgerichts verboten worden war[35]. Damit drohte zugleich endgültig der in § 1 Abs. 4 BEG formulierte Ausschlußgrund folgenreich für die Einschätzung des kommunistischen Widerstands zu werden.

III. Zur Kritik des politisch vermittelten Widerstandsbildes durch die wissenschaftliche Forschung

Nach der grundsätzlichen Fixierung der rechtlichen Voraussetzungen für die Anerkennung der Verfolgung und des Widerstandes durch die Gesetzgebung rückte seit den fünfziger Jahren die Auseinandersetzung über die Bewertung des Widerstands mit wissenschaftlichen Kriterien in den Vordergrund. Die Diskussion wurde dabei zum einen überlagert von Versuchen, die juristische Ahndung nationalsozialistischer Gewaltverbrechen auf eine klare, verfahrensmäßige Grundlage zu stellen. Zum anderen waren Versuche spürbar, zugleich mit den politischen Auseinandersetzungen über die Verstrickung, Mitwirkung, Halbherzigkeit und die Illusionen derjenigen, die dem Nationalsozialismus anfangs nicht entschlossen genug entgegengetreten waren und in der Nachkriegsdemokratie eine wichtige Stellung innerhalb des Regie-

32 Vgl. Arthur Kaufmann (Hrsg.), Widerstandsrecht, Darmstadt 1972; die alltagsorientierte zeitgeschichtliche Verbindung von Lebenslagen in totalitären Staaten prägt auch die Arbeiten von Fritz Bauer, die entscheidende Anstöße für eine sich aus engen zeithistorischen Bezügen befreiende Widerstandsdiskussion gaben.

33 Siehe zum Gesamttenor den Auszug aus den entscheidenden höchstrichterlichen Urteilen der fünfziger und sechziger Jahre bei F. Bauer (Anm. 22), S. 256ff.

34 Siehe ebenda, S. 261.

35 Urteil des Bundesverfassungsgerichts vom 17. August 1956, in: Entscheidungen des Bundesverfassungsgerichts, Bd. 5, 1956, S. 133ff. Zum Gesamtproblem vgl. die gute Dokumentensammlung von Erhard Denninger (Hrsg.), Freiheitlich demokratische Grundordnung. Materialien zum Staatsverständnis und zur Verfassungswirklichkeit in der Bundesrepublik, Frankfurt am Main 1977.

rungs- oder zumindest des parlamentarischen Systems erlangt hatten, das Bild vom Widerstand zu prägen. Auseinandersetzungen über die Beteiligung politischer Gruppen und ihres gesellschaftlichen Umfelds an der Konsolidierung des Nationalsozialismus im Rahmen des Ermächtigungsgesetzes, des Reichskonkordats, der Nürnberger Gesetze oder der Vorbereitung der kriegerischen »Raumeroberung« prägten viele öffentliche Debatten und mit ihnen auch das Bild derjenigen, die erst vergleichsweise spät zu Gegnern des Nationalsozialismus geworden waren oder eine »partielle« Widerstandshaltung – Teilopposition und Teilkooperation – bekundet hatten.

Die Neubewertung des *Exils* ist eine Leistung der historischen Forschung erst seit den späteren sechziger Jahren. So wurden in der frühen Studie von Dieter Ehlers über »Technik und Moral einer Verschwörung« noch die Möglichkeiten des Widerstands von denen des Exils unterschieden: »Passiver Widerstand« wird neben Selbstmord und Desertion, Ämterrücktritt und Sabotage, Gehorsamsverweigerung und Streik genannt. Damit werden Kampfesweisen untersucht, die dem Exil in dieser Form nicht erschlossen waren. So ist es nicht verwunderlich, daß Emigration neben Selbstmord und Desertion als eine der untersten Stufen des Versuchs behandelt wird, den Nationalsozialismus zu bekämpfen. Lapidar heißt es: »Wie der politische Selbstmord, so war auch die Emigration (und die Desertion) eine Weise des Fortgehens. Der Schock, den die plötzliche, nicht totzuschweigende Abwesenheit eines prominenten Regimegegners in der Öffentlichkeit hervorrufen konnte, und die damit verbundene stumme Demonstration seiner Gegnerschaft machten die Emigration zu einem Politikum und damit zu einer ›Methode des passiven Widerstands‹.«[36] Neben diesem Demonstrationseffekt erwähnt Ehlers die dem Emigranten durch die Flucht eröffnete Möglichkeit, »von außen, vom Ausland her, nunmehr offen und ungehemmt mit geistigen Waffen weiterhin auch aktiven Widerstand zu leisten«. Seine Perspektive bleibt jedoch primär durch den Gegensatz von Widerstand von innen – im Umkreis des 20. Juli 1944 – und »Widerstand von außen« geprägt. Deshalb faßt er die Ansicht der im Land gebliebenen Widerstandskämpfer zusammen: »Was konnte ein Emigrant praktisch tun? Er konnte Flugschriften und Broschüren verfassen, nach Deutschland einschmuggeln und damit Widerstandskämpfern im Lande fertiges Druckmaterial liefern – das dann aber noch verteilt, verbreitet werden mußte. Das geheimpolizeiliche Netz im ›Dritten Reich‹ war aber derartig engmaschig und perfekt, daß dieses illegale Schrifttum Spuren hinterließ und Verhaftungswellen motivierte, die jeden erfaßten, der verdächtig war.«[37] Dies bedeutet, daß nicht nur ein ineffektiver Kampf von außen geführt wurde, sondern daß dieser Kampf mit einer Gefährdung der inneren Front einherging.

Immerhin referiert Ehlers als Ansicht des Widerstands im Umkreis des 20. Juli 1944, daß »das illegale Schrifttum symbolisch und faktisch«, »aber nicht umwerfend« wirkte: »Mit verbalen Waffen war der Koloß nicht zu stürzen.« Die Technik des Exils war in dieser Perspektive auch später charakterisiert durch Wirkungslosigkeit auf der einen, Gefährdung der Deutschen auf der anderen Seite: Belastet mit dem Makel des »Landesverrats«, angewiesen auf die Macht des Wortes im unübersichtlichen publizi-

36 Dieter Ehlers, Technik und Moral einer Verschwörung: 20. Juli 1944, Frankfurt am Main–Bonn 1964, S. 28.
37 Ebenda, S. 29.

stischen Blätterwald, ohne tiefen Rückhalt bei den Regierungen des Auslandes, sondern bestenfalls bei den jeweiligen Oppositionsparteien, ohne staatsrechtlichen Status und moralischen Respekt konnten sie niemals als Beweis für die »Existenz« einer Widerstandsbewegung Anerkennung erlangen und mußten sich andererseits sogar – nach Ehlers – dem Vorwurf aussetzen, durch ihre Aktivitäten im ausländischen Rundfunk zur Gefährdung der Deutschen beigetragen zu haben, die wegen des Abhörens ausländischer Rundfunksender Gefahr für Leib und Leben riskierten.

Die Bemerkungen von Ehlers rufen heute wahrscheinlich Erstaunen hervor. Dennoch sind weitere seiner Schlußfolgerungen bemerkenswert, weil sie bis heute die Exilforschung herausfordern, die Bedeutung des Kampfes aus dem Exil für die Beseitigung des nationalsozialistischen Regimes realistisch einzuschätzen. Wenn man Ehlers These teilt, daß jeder Emigrant mit seinem persönlichen und »historischen Dilemma« konfrontiert war, »manchmal als nützlich, meist als lästig empfunden und empfangen, immer aber als entmachtet und abhängig vom Wohlwollen des Gastlandes angesehen zu werden«, so wird die Tatsache plausibel, daß die deutschen Exilpolitiker im wesentlichen »derart zu einem Schattendasein« verpflichtet worden waren, daß sie in den Plänen des spät aufbrechenden Widerstandes von nationalliberal, liberal- oder nationalkonservativ gesinnten Kreisen kein Faktor werden konnten: Die Regierungspläne der Militäropposition stützten sich ebensowenig auf von außen kommende, zurückkehrende Exilpolitiker wie die späteren Überlegungen zur Bildung von Ministerlisten[38].

Im moralischen Urteil des »Widerstands gegen den Nationalsozialismus« von innen war also das Verdikt über die Emigranten relativ klar formuliert und entwickelte sich nach 1945 zu einer schweren Hypothek. Dabei drängt sich allerdings der Eindruck auf, als wenn die mehrfach konstatierte Tatsache einer tiefen Entfremdung zwischen innerem Widerstand und Exil vor allem die Konkurrenz um Macht und Einfluß nach 1945 spiegelte, weniger aber die unmittelbaren und zeitursprünglichen Überlegungen nach 1933. Denn nichts verweist darauf, daß der Grenzübertritt der erste Schritt eines »bequemeren Weges« gewesen war. Dieses Urteil, das sich meiner Quellenkenntnis nach allein auf das Urteil der überlebenden Regimegegner stützen konnte und insofern einen Gutteil Selbstrechtfertigung spiegelte, lautete: »(Der Emigrant) hatte gut reden. Er reagierte außerhalb der Machtzone Hitlers und seiner Gestapo. Darum galt für die Verschwörer des 20. Juli die Emigration als bequemer Weg, solange für den, der die Flucht erwog, noch keine unmittelbare Gefahr für Leib und Leben bestand. Besser ›Talleyrandsche Methoden‹ anwenden, seine wahre Gesinnung also tarnen, sich demütigen lassen und ein Doppelspiel trieben, aber heimlich Widerstand leisten, statt zu emigrieren – so lautete selten einmütig die Auffassung der Verschwörer des 20. Juli«, die sich überdies ihre »deutliche, patriotische Distanz zu den Alliierten zugute hielten« und aus der zunächst vielfach beklagten »Not« einer »Distanz auf Gegenseitigkeit« einer Tugend zu machen schienen. In diesem Urteil scheint die Frage nach dem Handlungsrahmen des Exils durch die Begrenzung der Möglichkeiten charakterisiert. Die Thesen von Ehlers werden in der modernen Widerstandsforschung nicht mehr geteilt, wenngleich es immer noch bemerkenswert selten für richtig gehalten wird, in Gesamtdarstellungen des Widerstands gegen den Nationalsozialismus das Exil als gleichwertige Form der Selbstbehauptung und der

38 Vgl. ebenda.

Bekämpfung, nicht zuletzt auch der Neuordnung zu behandeln. Zunächst aber standen Fragen nach der Haltung des Auslands zum Widerstand, weniger die Selbstorganisation und Tätigkeit des Exils im Vordergrund.

Entscheidende Impulse gingen von der modernen Exilforschung aus, die ihre Forschungs-, Deutungs- und Bewertungsperspektiven aus dem »Innenblick« entwickelte. Sie erstreckte sich sowohl auf Lebenslagen und Verarbeitungsformen als auch auf die minutiöse Rekonstruktion von innerorganisatorischen Diskussionen, Auseinandersetzungen und Organisationsversuchen. Sie hat auf diese Weise zunehmend das Gespür für die politische Dimension, die »technische Spezifik«, aber auch die Differenzierung von Zielvorstellungen im zeitlichen Prozeß geweckt. Mit den verbreiteten Sammelbänden über »Widerstand und Exil« scheint mir grundsätzlich der Blick für die Verflechtung von »Widerstand von innen« und »von außen« gelungen und unstrittig geworden zu sein[39].

Anfang der sechziger Jahre setzte überdies eine inhaltliche Neuakzentuierung ein, die Folge einer politischen Bewertung des Widerstands von Kirchen, von Vertretern des »Bürgertums« und von Oppositionsparteien war. Zunehmend wirkte sich auch die Auseinandersetzung mit der Widerstandsforschung in der Geschichtsschreibung der DDR aus. Sie führte zu einer Prüfung mancher Thesen und Befunde und damit auch zu einer Relativierung der Positionen, die sich in den fünfziger Jahren während der Diskussion über den kommunistischen Widerstand eingestellt hatten. Von signalartiger Bedeutung waren dabei die Akzente, die Hermann Graml, Hans Mommsen und andere setzten; sie lenkten den Blick auf die Zielvorstellungen des Widerstands im Umkreis von Goerdeler, von Hassell, Popitz, von der Schulenburg, ansatzweise auch von Beck, der erst Jahre später von Klaus-Jürgen Müller kritisch gewertet wurde. Unumstritten blieben in den sechziger Jahren vor allem die Mitglieder der »Weißen Rose«, denen sehr früh durch Inge Scholl ein publizistisches Denkmal gesetzt worden war, und der »Kreisauer Kreis«, dessen innere Geschichte, aber auch seine Staats-, Wirtschafts- und Rechtsvorstellungen Ger van Roon profund beleuchtet hatte[40]. Seine Darstellung blieb zwar nicht unkritisiert, gilt aber bis heute als solider Grundstein einer widerstandsgeschichtlichen Zielanalyse, die um so wichtiger wurde, als die Verfassungs- und Gesetzesvorstellungen, aber auch die stark christlich orientierte Grundanschauung vieler »Kreisauer« auf die Grundlagen der deutschen Nachkriegsdemokratie verwiesen.

Von folgenschwerer Wirkung blieben hingegen die Neubewertungen der Verfassungs-, Gesellschafts- und Politikvorstellungen des bürgerlichen Widerstandes einschließlich der militärischen Widerstandsgruppen. Die linksliberale Publizistik nahm die Neuakzentuierung des »nationalkonservativen« Widerstands auf, der nun nicht mehr in die Kontinuität der freiheitlich-demokratischen Grundordnung, sondern eher autoritärer Staatsvorstellungen gerückt schien. Gleichzeitig setzte eine Intensivierung der Erforschung regionaler Widerstandsgeschichte ein, die nahezu unvermeidlich auch den Widerstand aus der Arbeiterbewegung, aus den Gewerkschaften und loka-

39 Von exemplarischer Bedeutung ist Bundeszentrale für politische Bildung (Hrsg.), Widerstand und Exil der deutschen Arbeiterbewegung 1933–1945, Bonn 1981.

40 Ger van Roon, Neuordnung im Widerstand. Der Kreisauer Kreis innerhalb der Deutschen Widerstandsbewegung, München 1967. Vgl. dazu die beiden sehr substantiellen Besprechungen von Eugen Gerstenmaier in: Vierteljahrshefte für Zeitgeschichte, 15 (1967) 3, und Otto Heinrich von der Gablentz in: Politische Vierteljahresschrift, 9 (1968), S. 592ff.

len Oppositionsgruppen stärker akzentuierte und vielfach überhaupt erst wieder die Erinnerung an einzelne Gegner des Nationalsozialismus im regionalen und örtlichen Umfeld weckte[41]. Damit wandelte sich aber auch die Anknüpfung an den Begriff politischer Gegnerschaft. Hatte sich unter dem Einfluß der Generalklauseln des BEG vor allem die Frage nach der Motivation und – unter dem Einfluß der höchstrichterlichen Rechtsprechung – die nach der Durchsetzungs- und Erfolgschance gestellt, so rückte nunmehr die politisch motivierte Gegnerschaft als Voraussetzung einer politischen Verfolgung in den Mittelpunkt. Sie beeinflußte entscheidend die Neubewertung des Arbeiterwiderstands und des Kampfes gegen den Nationalsozialismus aus der Arbeiterbewegung.

Die starke politische Bewertung des Widerstands drückte sich zunehmend in einer öffentlichen Auseinandersetzung mit dessen »Vermächtnis« aus, und dies nicht nur anläßlich des jährlichen Gedenkens an den 20. Juli 1944 auf Veranstaltungen in Berlin und Bonn, sondern auch im Zusammenhang mit den verschiedenen Gedenktagen der deutschen Zeitgeschichte und der Widerstandshistorie. Die zentralen Gedenkveranstaltungen und die grundlegenden Stellungnahmen anläßlich der wichtigen »runden« Gedenktage sollen hier nicht resümiert oder kritisiert werden. Denn unabhängig von den inhaltlichen Diskussionen findet sich in ihnen vor allem die Bemühung um die moralische und ethische Substanz unter gegenwartsorientierter Perspektive. Zuweilen deuteten sich in einzelnen Reden auch Forschungsperspektiven und politische Akzentuierungen an, etwa wenn Gustav Heinemann Fiete Schulze als Vertreter des kommunistischen Arbeiterwiderstands hervorhob[42] oder Dietrich Stobbe als Vertreter des als Redner ausgeschlossenen Herbert Wehner ein Plädoyer für die Respektierung der Breite und Vielfalt des Widerstands fomulierte[43]. In vielen Reden der Politiker drückte sich der Wandel von Forschungsperspektiven aus, vielleicht vermittelt durch historische Berater oder historisch orientierte Redenschreiber, vielleicht aber auch angestoßen durch ein gewandeltes öffentliches Bewußtsein, welches zunehmend von dem fast ausschließlichen Interesse für die Widerstandskämpfer im Umkreis des 20. Juli abrückte und auch alltägliche Dimensionen[44] in den Vordergrund gestellt sehen wollte[45].

Ganz entscheidend wirkte sich aber die Politisierung des Widerstandsbegriffs durch Kontroversen zwischen einzelnen Gruppen und staatlichen Institutionen aus. Einen ersten Höhepunkt erreichte diese Diskussion Mitte der fünfziger Jahre unter

41 Die Publikationen von Kurt Klotzbach, Gegen den Nationalsozialismus – Widerstand und Verfolgung in Dortmund 1930–1945, Hannover 1969, und Hans-Josef Steinberg, Widerstand und Verfolgung in Essen 1933–1945, Bonn-Bad Godesberg 1973², müssen als Pionierstudien gelten.

42 Siehe Gustav W. Heinemann, Eine Flamme am Brennen halten, in: Forschungsgemeinschaft 20. Juli (Hrsg.), Gedanken zum 20. Juli 1944, Mainz 1984, S. 67ff.

43 Siehe Dietrich Stobbe, Berlin war die Hauptstadt des Widerstandes gegen den Nationalsozialismus, in: Informationszentrum Berlin (Anm. 3), S. 153ff.

44 Dabei wirkte sich auch die Empfehlung der Kultusministerkonferenz aus, alltagsgeschichtliche Dimensionen im zeitgeschichtlichen Unterricht zu berücksichtigen; vgl. allg. Peter Meyer/Dieter Riesenberger (Hrsg.), Der Nationalsozialismus in der historisch-politischen Bildung, Göttingen 1979.

45 Dies prägt ganz stark die Zusammenstellung von Hans-Jochen Markmann, Der deutsche Widerstand gegen den Nationalsozialismus 1933–1945. Modelle für den Unterricht, Mainz 1984, in dem der Widerstand im Umkreis des 20. Juli 1944 stark an den Rand des Interesses gedrängt wird.

dem Eindruck des studentischen Protestes in Göttingen[46]. Eine wichtige Fortsetzung brachte die Auseinandersetzung über die Wiederbewaffnung. Die zeitigte zugleich Gegenreaktionen, die auf eine besondere Akzentuierung des militärischen Widerstands hinausliefen und schließlich in die widerstandsgeschichtlich geprägte Traditionsdiskussion der Bundeswehr mündeten[47]. Gleichzeitig entstand im Zuge der Auseinandersetzung über die Atombewaffnung, welche Proteste von Wissenschaftlern wie Karl Barth, auch wichtiger Kirchenleitungen oder den Appell Göttinger Naturwissenschaftler hervorrief, eine neue Rechtfertigung des Widerstehens, die sich nicht zuletzt aus dem Schweigen in den frühen Jahren des Dritten Reiches legitimierte[48]. In der Auseinandersetzung über die Atombewaffnung schwangen zugleich Diskussionen über das KPD-Verbot nach.

Eine Neuauflage der Widerstandserörterungen im Umfeld des 17. Juni 1953 brachte 1963 die Errichtung der Mauer durch die DDR-Führung, nicht zuletzt aber auch die Erfahrung mit dem Schießbefehl an den Absperr- und Grenzanlagen. »Wie weit kann der Gehorsamsanspruch des Staates gehen?«, fragten sich viele Deutsche, nicht zuletzt, nachdem schließlich sogar ein Volkspolizist geflüchtet war, der einen anderen Flüchtling erschossen hatte. Die Auseinandersetzungen über die rechtliche Bindung des Schießbefehls hatte nicht nur einen gegenwartsbezogenen, sondern auch einen historischen Hintergrund: Seit 1958 fanden in der Bundesrepublik zunehmend Strafermittlungen gegen nationalsozialistische Gewaltverbrecher ihr Ende in vielbeachteten Prozessen, die immer auch die Frage nach der Folgebereitschaft der Bevölkerung stellten und die verbreitete Anpassung mit dem Widerstehen und dem Widerstand anderer konfrontierten, die sich nicht gefügt hatten. Den Höhepunkt einer politischen und politisierten Widerstandsdiskussion stellten die Kontroversen über die Notstandsgesetzgebung dar, die schließlich auch das Widerstandsrecht in das Grundgesetz einfügten[49].

Die politischen Konsequenzen dieser Diskussion liegen auf der Hand: Die Auseinandersetzung über Kriegsdienstverweigerung und Schießbefehl stellte die Frage nach den individuellen Grenzen von Befehl und Gehorsam, nach der »Zivilcourage« (d. h. nach einem alten, u. a. intensiv von Dietrich Bonhoeffer diskutierten, aber erst in den frühen sechziger Jahren von John F. Kennedy erneut propagierten Begriff) sowie die nach der Gewissensbindung. Die Auseinandersetzungen über die nationalsozialistischen Strafverfahren, die in der Mitte der sechziger Jahre in die große Verjährungsdebatte von 1965 mündeten und ihre Fortsetzung 1969 und 1979 fanden[50],

46 Vgl. Heinz-Georg Marten, Der niedersächsische Ministersturz. Protest und Widerstand der Georg-August-Universität Göttingen gegen den Kultusminister Schlüter im Jahre 1955, Göttingen 1987.

47 Siehe dazu Norbert Wiggershaus, Die Bedeutung und Nachwirkung des militärischen Widerstandes in der Bundesrepublik Deutschland und in der Bundeswehr, in: Militärgeschichtliches Forschungsamt (Hrsg.), Aufstand des Gewissens, Militärischer Widerstand gegen Hitler und das NS-Regime, Herford 1985[2], S. 501 ff.

48 Damit ist eine seit 1945 immer wiederkehrende Metapher des Schuldbekennens politisch umgesetzt. Die vielfältige Literatur zu den Schuldbekenntnissen von 1945 und 1947 kann hier nicht diskutiert werden.

49 Vgl. Michael Schneider, Demokratie in Gefahr? Der Konflikt um die Notstandsgesetze, Bonn 1986.

50 Vgl. Zur Verjährung nationalsozialistischer Verbrechen. Dokumentation der parlamentarischen Bewältigung des Problems 1960–1979, 3 Bde., Bonn 1980.

hoben ebenso wie die großen Strafprozesse über die Vernichtungslager den verbrecherischen Charakter des NS-Regimes unmißverständlich und geradezu undiskutierbar in das öffentliche Bewußtsein. Dies legitimierte den Widerstand in einer ganz entscheidenden Weise und machte deutlich, was er verhindert hätte und welche Prinzipien der Mitmenschlichkeit er verkörperte. Damit rückte die ethische Perspektive in den Vordergrund – allerdings unter Zurückdrängung der politischen und der konfessionell-religiösen Dimension. Besonders intensiv wurde die Verstrickung von einzelnen und Institutionen in die nationalsozialistische Gewaltpolitik nach der Aufführung von Hochhuths »Stellvertreter« diskutiert[51] und endete schließlich in einer allgemeinen Kritik an der Haltung der Kirchen zur Judenfrage, die wiederum gegenwartspolitische Konsequenzen in der intensivierten Diskussion über das Verhältnis von Juden und Christen beider Konfessionen zeitigte.

Die neue Akzentuierung der alltäglichen Widerstandshandlungen konnte an den Begriff des »zivilen Ungehorsams« und der »Zivilcourage« anknüpfen und legitimierte sich vor allem aus dem Gegensatz zwischen Individuum und Staat, der gleichgesetzt wurde mit Zwang, Herrschaft, Zumutung an das Gewissen. Hinzu kam der Wunsch, die Akzente zu verschieben – »nicht mehr allein« den 20. Juli gelten zu lassen, wie eine allgemein positiv aufgenommene Fernsehsendung formulierte[52], sondern insbesondere auch dem Arbeiterwiderstand als einem Widerstand aus der Arbeiterbewegung und von Arbeitern Anerkennung zu zollen.

Die wissenschaftliche Forschung hat diese gruppen-, organisations- und parteiorientierte Ausweitung der Interessen weitgehend zustimmend aufgenommen und unterstützte so die Herausbildung eines Widerstandsbildes, welches sich nun gleichsam aus einer Summierung zu ergeben schien. Insbesondere in der regionalen Widerstandsgeschichte zeigte sich dieser Wunsch zur historischen Summenbildung in zahlreichen lokal- und landesgeschichtlichen Studien, die den Blick vor allem auf Kleinformen des Widerstands lenkten und damit die alltagsgeschichtliche Dimension erschließen halfen[53]. Dieser Trend wurde schließlich in den siebziger Jahren durch eine breite Geschichtswerkstättenbewegung unterstützt[54]. Politisch kam der ›Veralltäglichung‹ und Individualisierung des Widerstands der Prozeß einer Individualisierung politischer Denkprozesse entgegen, wie er sich in einer zunehmenden Öffnung politischer Rechtfertigungen für Gewissensentscheidungen ausdrückte.

In den siebziger Jahren setzte somit eine neue Phase politischer Diskussion ein, die in der Gewissensentscheidung einen wichtigen Bezugspunkt setzen wollte. Dies hatte mit der Diskussion über Strafrechtsreformen begonnen. Die Aufhebung der Strafbarkeit von Homosexualität, die Ausweitung der Kriegsdienstverweigerung und die Erleichterung der Anerkennungsverfahren, die Diskussion über die Aufnahme von Asylbewerbern im Zusammenhang mit den Entwicklungen in Nigeria, Bangladesh und schließlich Vietnam *(Boat People)*, aber auch über die Schrecken in Chile

51 Vgl. Rolf Hochhuth, Der Stellvertreter. Ein christliches Trauerspiel, mit Essays von Sabine Lietzmann, Karl Jaspers u. a., Reinbek 1967.

52 Es gab nicht nur den 20. Juli ... Dokumente aus einer Sendereihe im Westdeutschen Fernsehen, Wuppertal 1979.

53 Vgl. Martin Broszat/Elke Fröhlich, Alltag und Widerstand. Bayern im Nationalsozialismus, München–Zürich 1987.

54 Bemerkenswert ist zweifellos: »Projekt: Spurensicherung«. Alltag und Widerstand im Berlin der 30er Jahre, hrsg. von der Berliner Geschichtswerkstatt, Berlin 1983.

nach dem Sturz von Allende, in Mittelamerika und schließlich in Argentinien, die Auseinandersetzungen über Havemann, Sacharow und die Dissidenten im Ostblock veränderten den Zugang zu Dimensionen der Widerständigkeit in einem ganz entscheidenden Maße und stellten darüber hinaus die Frage nach Verfolgung und Widerstand im Dritten Reich. Denn die Geschichte dieser Verfolgungen, vor allem von Homosexuellen[55], diente zugleich der Legitimierung dieser Gruppen in der Gegenwart und verstärkte die Entstehung eines verfolgungsgeschichtlich begründeten Selbstverständnisses, welches etwa in der Frauengeschichte in den Versuch mündete, Widerstand als Teil der gegenwärtigen Identitätsfindung öffentlich plausibel zu machen[56]. Auch diesen Prozeß unterstützten Wissenschaftler durch ihre Forschungen, indem sie sich neuen Fragen öffneten, aber auch bewußt neue Bedürfnisse geschichtslegitimatorischer Art befriedigten.

Geschichtswissenschaftliche Forschung rechtfertigte sich im Zuge dieser Entwicklungen vielfach nicht mehr allein durch ihr Kritikpotential, sondern durch eine Art Servicefunktion, die durch eine Differenzierung und Bewertung ganz unterschiedlicher Widerstandsdimensionen und Widerstandsleistungen noch an Durchschlagskraft gewinnen soll. Rezeptions- und Realgeschichte verschwimmen, die Kritik an bisher politisch hauptsächlich akzeptierten Widerstandsbewegungen nimmt zu und richtet sich dabei vor allem gegen die Betonung des kirchlichen Widerstands, der natürlich von der Bewertung der Kirchen nicht zu trennen ist, sowie gegen die Heraushebung des bürgerlich-militärischen Widerstandes, als dessen intellektueller Kopf auf der einen Seite der ehemalige Leipziger Oberbürgermeister Goerdeler, auf der anderen Seite General Beck gilt. Diese Kritik an der gleichsam als »etabliert« unterstellten Widerstandsgeschichte fand einen beachtlichen Resonanzboden in der Publizistik, aber auch in der pädagogischen Diskussion.

Die Geschichte des Widerstands diente andererseits im Zusammenhang dieser Entwicklung als »Steinbruch«, aus dem politische Debatten ihre Beispiele beziehen. Dies zeigte sich bei den Auseinandersetzungen um die Kernenergie, die neue Konfliktformen hervorbrachten: Blockaden, Boykotts, Demonstrationen, schließlich Verweigerungsaufrufe. Überraschend ist, daß diese Protestformen sich immer wieder durch historische Argumentationen plausibel zu machen versuchten. So wurde der Volkszählungsboykott nicht zuletzt durch den Hinweis auf die Bevölkerungs- und Berufszählung von 1939 gerechtfertigt[57]; so wurde der befürchtete atomare Holocaust in den Zusammenhang mit dem Völkermord an den Juden gestellt; so werden aktuelle Proteste durch das Ausbleiben öffentlichen Widerspruchs im Dritten Reich legitimiert. Die gelenkte Politisierung der Gesellschaft im Dritten Reich, ihre Durchstaatlichung, soll die Proklamation politischer Autonomie in der Gegenwart gleichsam als Kontrastfolie legitimieren, die sich in den Lebensstil-, Umwelt-, in den Zukunfts- und Gegenwartskritikdebatten im Zuge einer konstruierten oder nur stillschweigend unterstellten Analogie greifen läßt.

---

55 Vgl. dazu Hans-Georg Stümke u. a. (Hrsg.), Rosa Winkel, Rosa Listen. Homosexuelle und ›Gesundes Volksempfinden‹ von Auschwitz bis heute, Reinbek 1981.

56 Bemerkenswerte Dokumentation: »Ich geb Dir einen Mantel, daß Du ihn noch in Freiheit tragen kannst.« Widerstehen im KZ. Österreichische Frauen erzählen, hrsg. von Karin Berger u. a., Wien 1987.

57 Vgl. Götz Aly/Karl Heinz Roth, Die restlose Erfassung. Volkszählen, Identifizieren, Aussondern im Nationalsozialismus, Berlin 1984.

Visionäre Bedeutung haben diese Auseinandersetzungen in den Gerechtigkeits- und Friedensdiskussionen erhalten. Dabei geht es um Überlebensbedingungen der Menschheit, weniger – sieht man von der Menschenrechtsdiskussion ab – um die Sicherung individueller menschlicher Existenz. Die Aktionen der Widerständigkeit werden durch die Pflicht, für die Sicherung der menschlichen Gattung, der nachkommenden Generationen, gerechtfertigt. Das bedeutet, daß die Verweigerung der Widerständigkeit kontrastiert wird mit der unterstellten Hinnahme des »Menschheitsverbrechens«, des »Verbrechens an der Menschheit«, in der Terminologie von Karl Jaspers also mit einem Völkermord[58]. Die Friedensdiskussion forderte die Öffentlichkeit auf, angesichts letzter Dinge Stellung zu nehmen, und sie fordert durch historische Assoziationen öffentlich besonders die evangelische Kirche heraus. Dabei geht es nicht mehr, wie im politischen Raum, um die Bestimmung von Staatsgrenzen und Staatszwecken, die sich in der theoretischen und staatsphilosophischen Debatte über das Widerstandsrecht spiegelt[59], sondern um die Frage nach den Grenzen der Mehrheitsentscheidung und somit um eine wesentliche Grundfrage der parlamentarischen Demokratie. Diese Frage ist sicherlich nicht irrelevant, zumal nicht in einer parlamentarischen Demokratie, die sich durch zahlreiche Sicherungen vor dem Mißbrauch politischer Herrschaft, durch Institutionalisierung von Protest und öffentlicher Diskussion legitimiert.

Zeigte bereits die Auseinandersetzung über das Bundesentschädigungsgesetz und die Wiederbewaffnung der Bundesrepublik Deutschland, daß die Öffentlichkeit die Lösung von Gegenwartskonflikten im Medium historischer Diskussion und öffentlicher Erinnerung anstrebte, so galt dies auch für die grundlegenden Konflikte der sechziger und siebziger Jahre. Wissenschaftler nahmen dabei nicht selten als politische Menschen mit Grundanschauungen und Überzeugungen Stellung. Wie der Streit über Kriegsziele im Ersten Weltkrieg, über die Auflösung der Weimarer Republik oder die Konsolidierung der nationalsozialistischen Herrschaft, schließlich die Schulddiskussionen nach 1945 oder über die Bedeutung moralisch hervorgehobener Institutionen wie der Kirchen oder besonders im Mittelpunkt des Interesses stehender Einzelpersönlichkeiten zeigt, bekennen sich auch Historiker zu der politischen Funktion ihres Faches oder ihrer fachlichen Interessen. Manche der Kontroversen um »Geschichtspolitik« sind vor allem durch Historiker verschärft worden. Dies gilt nicht nur für Museumspläne, sondern auch für die Gesamtbewertung des Widerstandes.

Die wissenschaftliche Erforschung des Widerstands in den sechziger und siebziger Jahren reagierte auf öffentliche Kritik und politische Herausforderungen und konnte dabei sowohl die Felder der Aufmerksamkeit ausweiten als auch Korrekturen vornehmen, die im Umsetzungsverfahren öffentlicher Rezeption allerdings nicht selten einen besonderen Verlauf nahmen. Gleichwohl hat sich die politisch erklärbare Diskussion über die Dimensionen des Widerstands, über gruppenspezifische und konfessionelle Bezüge insofern positiv ausgewirkt, als neue Gegenstandsbereiche erschlossen worden sind. Restriktiv und einengend waren aber politische Wertvorstellungen oder sogar politisierte Umakzentuierungen, weil sie den angemessenen Blick auf ver-

58 Karl Jaspers, Die Schuldfrage – Für Völkermord gibt es keine Verjährung, München 1979.

59 Siehe Peter Steinbach, Einleitung, in: ders. (Hrsg.), Widerstand. Ein Problem zwischen Recht und Geschichte, Köln 1987, S. 9ff.

gangene Wirklichkeiten des Widerstands erschwerten und zuweilen sogar verstellten[60].

In diesem Zusammenhang ist auf eine bedenkliche und in der Sache unangemessene Verengung des Widerstandsverständnisses im Zusammenhang mit dem »Historikerstreit« hinzuweisen. In seiner Studie über den »europäischen Bürgerkrieg« regt Ernst Nolte an, Versuche der Kommunisten, ihre Organisation in der Illegalität aufrechtzuerhalten, nicht als »Widerstand« zu bewerten. Er fordert statt dessen, »eine Spur anfänglicher Zustimmung« und damit einen »späteren Wandel der Einstellung« als »Begriffsmerkmal« des Widerstandes zu akzeptieren[61]. Dies steht nicht nur im Gegensatz zur Definition des Bundesentschädigungsgesetzes, sondern tendiert dazu, die »geborenen Gegner« der Nationalsozialisten, die niemals der Gefahr einer auch nur partiellen Zustimmung und Nachfolgebereitschaft erlagen, aus dem Kontext der Widerstandsgeschichte auszugrenzen.

IV. Offene Fragen und Probleme gegenwärtiger Widerstandsforschung

Die Herausforderung, die eigengewichtige und eigenwertige Geschichte des Widerstands gerade nicht primär in die politischen Kontroversen und Bewertungen, aber auch in politisch bedingte Umbewertungen einzuordnen, richtet sich nicht nur an die Politiker und Publizisten, sondern vor allem an die Historiker. Sie können sich zwar niemals freimachen von der grundlegenden Prämisse, daß »Geschichte darzustellen« immer auch heißt, »Erfahrungen zu beschreiben« – sie müssen aber die Ambi- bzw. Polyvalenz dieser Prämisse erkennen und umsetzen. Denn damit sind zum einen die Erfahrungen des fragenden Wissenschaftlers, zum anderen die der Gruppen und Institutionen gemeint, die seine Fragestellung beeinflussen. Hinzu kommt die aus der Kontroverse um die angemessene Deutung entwickelte Perspektive, die in sich wieder das Ergebnis anderer oder gar konkurrierender Lebens- und Gruppenerfahrungen ist und nicht selten die ganze Last der Nachkriegszeit trägt. Erst vor diesem Hintergrund erschließen sich die hermeneutisch zu entschlüsselnden Prämissen, die auf die geschichtliche Persönlichkeit und ihre jeweiligen Wertvorstellungen oder Gruppenbindungen verweisen. Aus diesem unübersichtlichen Geflecht, welches nicht zuletzt durch das bereits beschriebene innerwissenschaftliche und öffentliche Deutungs- und Meinungsklima kompliziert und vielfältig gebrochen wird, entstehen neue Deutungen, Kontroversen, Diskussionen. Vor diesem Hintergrund ergeben sich für die wissenschaftliche Erforschung des Widerstands unterschiedlich umstrittene Felder, die hier nur knapp skizziert werden können.

---

60 Die genaue Erforschung der Zusammenhänge zwischen gegenwartsorientierten Widerstandsdiskussionen und historischen bzw. philosophischen Widerstandsstudien bleibt weiterhin ein Forschungsdesiderat. Wichtige Materialien bietet A. Kaufmann (Anm. 32); siehe auch Peter Steinbach, Widerstand und politische Sensibilität. Widerstandsdiskussion im politischen und generationsbedingten Wandel, in: Bernd Hey u.a. (Hrsg.), Zeitgeschichte und Politisches Bewußtsein, Köln 1986, S. 189ff.

61 Ernst Nolte, Der europäische Bürgerkrieg 1917–1945, Frankfurt am Main–Berlin 1987, S. 440.

Besonders umstritten sind die Darstellung und die Bewertung des Verhaltens von Kirchen und Geistlichen. Dabei zeigt sich, daß auf die zu untersuchenden zeitgeschichtlichen Erfahrungen immer auch das Wissen um den Ausgang der vergangenen Zeitgeschichte, das die Nachgeborenen haben, einwirkt[62]. Dies führt in der Regel zu einer retrospektiven Kritik an der Haltung der Kirchen und insbesondere des hohen Klerus, andererseits aber auch zu einer taktisch anmutenden Werbung um Verständnis für das Verhalten kirchlicher Würdenträger gegenüber den Vertretern des NS-Staates. Die Einbindung der Kirchen in das zeitspezifische Meinungsklima, die Anpassung an Zeittendenzen, der Wunsch, einen *modus vivendi* zu finden, werden so einerseits als ein Eingehen auf verbreitete Zeitstimmungen, andererseits als Ausdruck institutioneller Selbstbehauptung und Selbstverteidigung plausibel gemacht. Oftmals hat man den Eindruck, als wenn Kritiker wie Verteidiger kirchlicher Positionen in gleicher Weise nicht zureichend in der Lage wären, sich von den auf Auschwitz zulaufenden Entwicklungstendenzen zu lösen und Geschichte als situativ offene, nur begrenzt Erkenntnissen ihrer Zeit aufgeschlossene Entwicklung zu deuten.

Umstritten ist weiterhin die Deutung des bürgerlichen und militärischen Widerstands aus dem Zusammenhang von Opposition und Kooperation, von teilweise akzeptierten Wertvorstellungen in einzelnen Politikbereichen, nicht zuletzt aus den Verwirrungen der Haltung zur Judenfrage. Überraschend ist, daß zwar vielfach die Bedeutung der Wahrnehmungsgeschichte im Zusammenhang einer Propagierung alltagsgeschichtlicher Wahrnehmungsweisen beschworen, aber im Hinblick auf den bürgerlichen und militärischen Widerstand nicht als durchgängiges Darstellungsprinzip akzeptiert und forschungspraktisch realisiert wird. Dies gilt in gewisser Weise auch für die Bewertung des kirchlich und christlich motivierten Widerstandes sowie für die angemessene Erfassung des jüdischen und schichtenspezifischen Widerstands. Überraschend bleibt ferner, daß mit der Deklaration einer neuen »Empfindsamkeit« des Historikers – etwa im Bereich der Darstellung des frauen- und jugendspezifisch motivierten Widerstands – eine häufig politisch motivierte Verständnis- und Gefühllosigkeit (im hermeneutischen Sinn) mancher Historiker einhergeht, die sich nicht selten gegen die vermeintlich etablierten Themen geschichtswissenschaftlicher Forschung richtet, »Geschichtsschreibung von innen« ist, so betrachtet, nicht selten ein nur schichtenspezifisch begrenztes Verfahren, keineswegs aber ein durchgängiges Darstellungs- und Forschungsprinzip[63]. Das Leben an der Grenze zwischen Schuld und Selbstbehauptung, zwischen Freiheit und Immoralität, zwischen Bequemlichkeit und Mut, zwischen Alltagssorgen und Mitmenschlichkeit, Egoismus und Nächstenliebe, zwischen Profilierung und Solidarität, zwischen Lauheit und Konsequenz des Bekenntnisses, das sich bis zum Martyrium steigern konnte, prägte aber die Erfahrungen vieler Deutscher ebenso wie politische Illusionen, die damals verbreitet waren und erst heute aus dem Rückblick heraus fremdartig erscheinen.

Der Historiker muß in Übereinstimmung mit seinem hermeneutischen Anliegen die Zeitdistanzen überwinden und die komplexe Motivation für Widerstand, aber auch die Vielfalt der Ziele wahrnehmen und im Rahmen der zeitspezifisch gegebenen

62 Dies erklärt sowohl die Argumentation als auch die Wirkung einer Arbeit wie der von Carl Amery, Die Kapitulation oder Deutscher Katholizismus heute, Reinbek 1963, bes. S. 28ff.

63 Siehe Peter Steinbach, Geschichte des Alltags – Alltagsgeschichte, in: Neue Politische Literatur, 31 (1986), S. 249ff.

Möglichkeiten interpretieren oder bewerten[64]. Ein besserwisserischer oder gar moralisierender Zug ist zu vermeiden. Nur auf diese Weise läßt sich gegen die Moralisierung des Widerstands ein wissenschaftlich angemessener Zugriff begründen, der vielfach schmerzhaft genug ist. Dies zeigt nicht selten die Reaktion mancher Angehöriger auf wissenschaftliche Neuansätze, insbesondere im Zusammenhang mit populären Darstellungen oder Ausstellungen.

Eine besondere Problematik ergibt sich aus dem legitimatorischen Bezug mancher Forschungen und Darstellungen. Vergangenes Verhalten soll nicht nur allein verstanden, sondern gerechtfertigt werden. Dabei geraten nicht selten die in der Zeit gegebenen Alternativen aus dem Blick. So zeigen insbesondere innergruppenspezifische Kontroversen oder politische Konflikte, daß diese Alternativen vorhanden waren und aus freier Willensentscheidung oder aus den Restriktionen von Sozialisation und Tradition verworfen wurden. Auch die Entscheidung gegen Alternativen kann im hermeneutischen Zugriff verdeutlicht und plausibel gemacht werden. Zur hermeneutisch geprägten Ausdeutung vergangener Lebenssituationen gehört auch, daß mögliche Parallelisierungen zur aktuellen Gegenwart problematisiert werden, um den legitimatorischen Rück- und Selbstbezug mancher widerstandsgeschichtlicher Fragestellung zu begrenzen oder zumindest zu kontrollieren. Dies führt dazu, daß wir die Eigenwertigkeit von Urteils- und Interpretationskriterien erkennen. Autoritäre oder ständische Wertvorstellungen bedeuteten in der Weimarer Zeit anderes als heute, so schwer und kaum vermittelbar manche dieser vergangenen Positionen etwa in politisch-pädagogischer Perspektive heute auch erscheinen mögen[65].

Die Rezeption der Widerstandsdiskussion nach 1945 zeigt, daß durchaus wichtige und fruchtbare Perzeptionen möglich sind. Dabei ist insbesondere zu prüfen, inwieweit Fragestellungen und Bewertungen aktuelle Gegenwartsinteressen spiegeln[66]. Ein selbstkritischer historiographischer Rückblick kann hier hilfreich sein: Stand in den fünfziger Jahren zunächst der Widerstand im Umkreis des 20. Juli 1944 im Mittelpunkt – die Versuche von Ernst Weisenborn, die nach 1945 von Ricarda Huch gesammelten Lebenszeugnisse im Sinn einer Würdigung auch kommunistischer Widerstandskämpfer zu publizieren, konnten sich hingegen nicht in allgemein akzeptierter Weise durchsetzen –, so stellten »Rote Kapelle« und kommunistische »Widerstandsorganisationen« in der Zeit des Kalten Krieges und unter dem Eindruck der Erfahrungen, die in der Auseinandersetzung mit dem »Regime Ulbrichts« gesammelt wurden, offenbar eine zu große Herausforderung dar[67]. Die Konzentration auf die Verschwörer im Umkreis von Stauffenberg, Beck, Goerdeler, Moltke und Yorck führte

---

64 Vgl. Karl-Georg Faber, Theorie der Geschichtswissenschaft, München 1972; Bernd Faulenbach (Hrsg.), Geschichtswissenschaft in Deutschland: Traditionelle Positionen und gegenwärtige Aufgaben, München 1974.

65 Dies zeigt exemplarisch die Diskussion über die Stellung des Widerstands zur Judenfrage, in der mit den Beiträgen von Christoph Dipper eine markante Position bezeichnet, nicht aber das letzte Wort gesprochen worden ist. Siehe Christoph Dipper, Der Widerstand und die Juden, in: J. Schmädeke/P. Steinbach (Anm. 6), S. 598ff.

66 Dies zeigt sich nicht allein bei den gruppen- und traditionsorientierten Zugängen zur Widerstandsgeschichte, sondern vor allem im Zusammenhang der europäischen Widerstandsgeschichte.

67 Die Nachwirkung dieser Verengungen sind bis heute in den Debatten über zu ehrende Widerstandsgruppen spürbar, siehe Ursula Homann, Für Ausgrenzung linker NS-Gegner?, in: Tribüne, 27 (1988) 105, S. 138ff., sowie Angela Bottin, Ein Wort ist es: »Verstehen«, in: Deutsches Allgemeines Sonntagsblatt vom 3. 1. 1988, S. 16.

bald zu einer Heroisierung und erschwerte dadurch nicht selten den angemessenen Zugang zu Menschen, die ihr Verhalten vor allem als die Demonstration eines besseren Deutschlands begriffen und nicht vorrangig nach dem tatsächlichen Erfolg ihrer Tat gefragt hatten. Die politische Würdigung des Widerstands führte schließlich überwiegend zur Anerkennung nur einzelner Bestrebungen und Gruppen, weil immer wieder gewisse Kontinuitätslinien überakzentuiert und damit die Zugänge zum Widerstand insgesamt von aktuellen weltanschaulichen, parteipolitischen oder konfessionellen Einflüssen abhängig wurden. Der österreichische Zeithistoriker Gerhard Botz sprach deshalb von der Gefahr der »organisatorischen Selbstverstärkung« einer Beschäftigung mit dem Widerstand: Einzelaspekte rückten in den Vordergrund und erhielten ihre Bedeutung durch Gegenwartsperspektiven und -interessen.

Illustrieren läßt sich diese Tendenz anhand der Auseinandersetzungen über die Bedeutung des kommunistischen Widerstands, an der Darstellung der Widerstandsorganisationen von Arvid Harnack und Harro Schulze-Boysen (»Rote Kapelle«), an der Würdigung des Exils und des Nationalkomitees »Freies Deutschland«/Bund deutscher Offiziere, aber auch an den Diskussionen über die Haltung der Kirchen vor 1933, beim Abschluß des »Reichskonkordats« vom Juli 1933 und angesichts der sich zuspitzenden »Judenfrage«.

So steht die entscheidende Frage der fünfziger Jahre – von Golo Mann anläßlich des Erscheinens von Gerhard Ritters monumentaler Biographie über Carl Friedrich Goerdeler gestellt – weiterhin im Raum und verpflichtet uns unverändert zum Versuch, den verschiedenen Dimensionen und Richtungen widerständigen Verhaltens Verständnis zu zollen und so auch eine größere Gerechtigkeit des historischen Urteils zu ermöglichen: »Muß es immer noch sein, daß man Partei nimmt zwischen den Widerstandsgruppen, einer von ihnen voll gerecht wird, einer anderen weniger oder gar nicht?«[68] Angesichts der nationalsozialistischen Gewaltverbrechen im Osten und der Gefährdung des deutschen Nationalstaats durch das NS-Regime ist es nicht mehr angemessen, die Zusammenarbeit mit Kommunisten im Widerstand als politisch-unmoralisch und deshalb verwerflich zu diskreditieren[69].

In diesem Zusammenhang ist besonderer Wert auf begriffliche Klärung zu legen, die gestattet, Entwicklungsphasen widerständigen Verhaltens in gradueller und zeitlicher Differenzierung zu betrachten[70]. Dies scheint mir vor allem auch hinsichtlich einer gruppenspezifischen Differenzierung unverzichtbar zu bleiben. Erst die begriffliche Differenzierung gestattet es, die Dynamisierung und Intensivierung widerständigen Verhaltens zu erfassen und auf das Herrschaftssystem zu beziehen, welches ebenfalls in seiner dynamischen Entwicklung gesehen werden muß. Dabei ist nicht primär eine historisch gesättigte Theorie des Widerstands anzustreben, sondern eine möglichst farbige, inhaltlich und historisch differenzierte Gesamtgeschichte des Widerstands zu schreiben. Dies ist wahrscheinlich der wichtigste Beitrag der Geschichtswissenschaft zu einer Theoriebildung des Widerstands.

---

68 Zit. nach Hans Rothfels, Deutsche Opposition, München 1958, S. 11.

69 Siehe in diesem Zusammenhang: »Der Heimkehrer – Stimme der Kriegsgeneration« vom 15. 3. 1988, S. 1f. mit seiner Herabsetzung des Nationalkomitees Freies Deutschland. Wesentliche Korrektur bereits bei Alexander Fischer, Die Bewegung ›Freies Deutschland‹ in der Sowjetunion: Widerstand hinter Stacheldraht?, in: Militärgeschichtliches Forschungsamt, S. 439ff. Ein Resümee der Diskussion bei Peter Steinbach, Nationalkomitee Freies Deutschland und der Widerstand gegen den Nationalsozialismus, in: Exilforschung. Ein Internationales Jahrbuch, 8 (1990), S. 61ff.

70 Siehe Klaus Hildebrand, Das Dritte Reich, München 1987[3], S. 292ff.

In der zeitgeschichtlichen Forschung sind seit der Befreiung von der nationalsozialistischen Herrschaft verschiedene Widerstandsdefinitionen vorgeschlagen und am historischen Befund überprüft worden. Für Rudolf Pechel war der Kampf gegen Hitler eine »Menschheitsangelegenheit«[71]; Widerstand richtete sich gegen das »böse Prinzip«. Pechel schilderte die Lebenswirklichkeit des totalitären Staates, die schließlich im Laufe des Krieges noch quälender wurde: denn »was aus den Flugzeugen abgeworfen wurde, gefährdete in gleicher Weise unser Leben wie das der Nationalsozialisten«[72]. In seiner Darstellung wird der Versuch greifbar, die Handlungsweise des Widerstands durch die Betonung von Handlungsprinzipien verständlich zu machen und moralisch zu rechtfertigen. Es galt, Widerstand als Handlungsalternative bewußtzumachen und von Verhaltensformen der Anpassung abzugrenzen. Dies diente der Rechtfertigung von Zielen und Verhaltensweisen, die im Klima der Entnazifizierung verwischt zu werden drohten oder Ressentiments zu wecken imstande waren.

Zielte Pechel deutlich auf die deutschen Leser, so wandte sich Hans Rothfels zunächst an die alliierte Öffentlichkeit. In seiner Würdigung der »deutschen Opposition« gegen Hitler begriff er den Widerstand als Umkehr, bei der »die Rangordnung der Werte sich zurechtrückte und ethisch-religiöse Postulate an Stelle politisch-säkularisierter wieder an die oberste Stelle traten«[73]. Deshalb lehnte er jede Würdigung ab, die »sich nur innerhalb der begrenzten Sphäre politischer Betrachtungen und Möglichkeiten bewegt« und nach Klassen- oder Standesmotiven fragt, dabei »nach bestimmten Methoden sozialwissenschaftlicher Analyse verfahren zu sollen glaubt« und schließlich bei einer realpolitisch orientierten Kritik von Erfolg und Mißerfolg endet[74].

Im späteren Verlauf seiner Arbeit erweiterte und veränderte Rothfels seine bis heute gültige Darstellung; dabei blieb er der Gewohnheit treu, die »entscheidende Aktion« des 20. Juli 1944, die »ihrem Ziele nahekam«, von Verhaltensweisen des Muts und Opferwillens, der Kritik und des Martyriums zu unterscheiden. Dennoch bewahrte er sich das Bewußtsein, daß Verfolgung und Widerstand nicht in Deckung zu bringen waren. Verfolgung erschien ihm als Kollektivschicksal, Widerstand als Verhaltensweise aus der Vereinzelung und individuellen Verantwortung heraus.

Indem Rothfels das Gespür für die Vielfalt von Verhaltensweisen weckte – von der »geistigen Prostitution« über die Propagierung einer »Anarchie der Werte« bis hin zu den vielfältigen Formen der »Nichtgleichschaltung« –, ermöglichte er einerseits das Gespür für die Vielfalt von Lebensweisen und Existenzformen in einer totalitären Diktatur, andererseits aber die Präzisierung des Widerstandsbegriffs durch historische Beschreibung. In diesem Sinn schrieb er, selbst derjenige könne nicht ohne weiteres zum Widerstand gerechnet werden, der »wegen gelegentlicher Äußerung der Kritik oder der Empörung als ›volkszersetzendes‹ oder defaitistisches Element dem Todesurteil verfiel«[75]. Mit dieser Differenzierung wird ein Thema angeschlagen, welches die zeitgeschichtliche Forschung bis heute herausfordert: Wie ist der Begriff des Widerstands angesichts der Vielfalt von Verhaltensformen und -möglichkeiten zu fassen?

---

71 Rudolf Pechel, Deutscher Widerstand, Erlenbach–Zürich 1947, S. 36.
72 Ebenda, S. 39.
73 H. Rothfels (Anm. 68), S. 11.
74 Ebenda, S. 16.
75 Ebenda, S. 18.

Hier sollen knapp am Beispiel von Bethge[76] und Repgen[77] zwei Möglichkeiten der Präzisierung skizziert werden, die insbesondere das Spektrum des widerständigen Verhaltens aus der Tradition des Christentums beschreiben wollen. Eberhard Bethge unterschied in seinem frühen Aufsatz über Adam von Trott zu Solz fünf Stufen des Widerstands: Dem »einfachen passiven Widerstand« folgte der »offene ideologische Gegensatz, bei dem die Kirchen bzw. Männer wie Graf Galen, Niemöller und Wurm ihre Aufgabe erfüllten«. Die »Mitwisserschaft an Umsturzvorbereitungen« stellte die dritte Stufe dar. Sie konnte durch »aktive Vorbereitungen für das Danach« gesteigert werden. Als letzte Stufe benannte Bethge die »aktive Konspiration«. Sie zeichnete sich durch das Fehlen jeglicher »kirchlichen Deckung« aus und fand in der Regel keinerlei Rechtfertigung einer Tat, die sich »jedem Regelfall entzog«. Diese hier begrifflich gefaßten Handlungsweisen brauchen kaum illustriert zu werden, denn sie beschreiben zumeist alltägliche Verhaltensformen – wie die Verweigerung des Deutschen Grußes oder der Winterhilfswerkspende, die Protestmanifestationen hoher kirchlicher Würdenträger, Deckung von Aktivitäten gegen NS-Normen und NS-Recht, schließlich Beteiligung an konspirativen Treffen der Widerstandskreise und -gruppen bis hin zur Unterstützung und Ermöglichung von Anschlag und Umsturz durch Anwendung von Gewalt.

Ein breites Verhaltensspektrum steht auch am Beginn der Überlegungen von Konrad Repgen. Sie wollen die unterschiedlichen Verhaltensmöglichkeiten als Steigerung von der Nonkonformität bis zum Umsturz beschreiben. Widerstand kann sich punktuell entzünden und sich über eine partielle Dimension bis zum generellen Loyalitätsentzug steigern. In der Tat, die auf den völligen Umsturz des Regimes drängt, werden die politischen Konsequenzen eines Widerstandes sichtbar, der sich zunächst aus dem Glauben heraus motivierte und rechtfertigte, sodann sich aus Beharrung und Verweigerung bis zum offenen Protest und zur Unterstützung des Anschlages auf das Leben des Diktators entwickelte.

Ein gravierendes analytisches Problem, welches die zeitgeschichtliche Forschung außerordentlich stark beschäftigte und schließlich auch die Bewertung des Widerstands bestimmte, stellt die Abgrenzung von Kooperation und prinzipiell motiviertem Widerstand dar. Unbeschadet grundsätzlicher Ablehnung der nationalsozialistischen Weltanschauung hält es Repgen durchaus für denkbar – und befindet sich dabei in Übereinstimmung mit der Verhaltensweise von Menschen in einem totalitären Staat –, daß sich Katholiken in Bereichen, die »weltanschaulich und sittlich neutral waren«, zur partiellen Kooperation mit den Trägern des Unrechtssystems bereitfanden. In noch entscheidenderem Maße galt dies für Funktionseliten, die nicht nur mit dem NS-System partiell zu kooperieren hatten, sondern im Rahmen des NS-Staates Aufgaben übernehmen mußten und deshalb die Ordnung des Unrechtsstaates indirekt stabilisierten. Verwaltungsbeamte wie Goerdeler, Diplomaten wie von Hassell, Militärs wie Beck waren immer auch Teil und Produkt des Systems, das sie ursprünglich durchaus gewollt hatten und innerlich überwinden mußten, ehe sie zur Tat ka-

76 Eberhard Bethge, Adam von Trott und der deutsche Widerstand, in: Vierteljahrshefte für Zeitgeschichte, 11 (1963), S. 213ff., bes. S. 221f.

77 Konrad Repgen, Katholizismus und Nationalsozialismus: Zeitgeschichtliche Interpretationen und Probleme, Köln 1983, S. 10f.

men[78]. Das Ziel des Umsturzes schälte sich erst allmählich heraus und bestimmte keineswegs die Anfänge einer Oppositionsbewegung, die zunächst durchaus auf die Reform des Systems, die Beeinflussung Hitlers und der Entscheidungsprozesse zielte, also innerhalb der nationalsozialistischen Institutionen Handlungsspielräume zu nutzen suchte. Für derartige Bestrebungen haben sich Begriffe wie Denkschriften- oder Militäropposition eingebürgert. Diese Begriffe sind insofern problematisch, als sie unzureichende Schlüsse auf Aktivität, Gefährdung und Motivation des Widerstands von Funktionseliten ziehen lassen. Es ging nicht um die Vorbereitung eines Militärputsches oder um die Dominanz von Offizieren in der erstrebten neuen Ordnung, sondern es ging um den Wandel und schließlich um den Umsturz des politischen Systems aus einer Position heraus, die den Erfolg vergleichsweise wahrscheinlich machte und durch eine gewisse Herrschafts- und Entscheidungsnähe charakterisiert war.

Viel ist seit den sechziger Jahren über die angeblich rückwärtsgewandten Ziele des Widerstandes geschrieben worden. Abgesehen davon, daß es die einheitliche und verbindliche Vorstellung des Widerstands angesichts der vielen Strömungen und Traditionen, die sich in den Individuen des Widerstands verkörperten, gar nicht geben konnte, übersieht diese Interpretation die nicht aufzulösende Zeitverhaftung jeglichen politischen Denkens. Diese Beschränkung könnte jedes Denken der Vergangenheit als nicht zeitgemäß diffamieren und an der Meßlatte unserer Demokratie messen. Unbestritten ist, daß die ständischen und zum Teil antiparlamentarischen Alternativen, die beispielsweise Goerdeler formuliert hatte, ebensowenig unmittelbar zu realisieren waren wie die Vorstellungen sozialistischer Widerstandskämpfer, den Faschismus durch eine soziale Strukturreform von Staat und Gesellschaft endgültig überwinden zu können. Das Verdikt der Zeitverhaftung gilt im strengen Sinn für jede Strömung und Richtung des Widerstands. Entscheidend für die Zukunft und den Zusammenhalt der deutschen Opposition sollte allerdings das Handlungsprinzip des Widerstands werden: das geschändete Recht wiederherzustellen, in streng rechtlich gebundener Weise Verantwortung zu fordern und das Unrecht zu sühnen, den Menschen als Menschen in sein Recht zu setzen und die menschliche Würde zur Richtschnur staatlichen Handelns zu machen. Auch der Krieg sollte künftig als Mittel der Politik zwischen Nationalstaaten ausscheiden.

Nicht zuletzt gewinnt der heutige Leser von Vorträgen und Denkschriften den Eindruck, erst der Widerstand habe die Restriktionen des Nationalitätenprinzips überwunden. Zwar starb Stauffenberg wie viele andere im Bewußtsein, für Deutschland den Tod erleiden zu müssen. Deutschland stand hier jedoch für Maßstäbe politischer Moral, für die Demonstration von Anstand und Zivilität, für die Bekräftigung eines wertgeprägten Menschenbildes, für die Glaubwürdigkeit eines anderen Deutschland. Gerade Stauffenberg verkörperte durch seine Beziehungen zu allen wichtigen Widerstandsgruppen, die sich nach 1942 dem Umsturz und der Neukonzipierung einer Nachkriegsordnung widmeten, den politischen Konsens, der sich in der Auseinandersetzung mit dem Widerstand nach 1945 erst allmählich herausbildete und eine verfassungsbezogene, wertgeprägte und zielorientierte Widerstandsdiskussion ermöglichte. Die Vielfalt der Widerstandsgruppen verdeutlich den Anspruch der Pluralität, Toleranz, Nächstenliebe und Solidarität, welchen Fritz Bauer in seinem klassi-

---

78 Siehe Rüdiger von Voss, Vorwort, in: Otto-Ernst Schüddekopf, Der deutsche Widerstand gegen den Nationalsozialismus, Frankfurt am Main 1977, S. XII.

schen Aufsatz über die historische Dimensionierung des Widerstandsrechts betont hat[79].

Die Einigung der Gruppen und Richtungen erfolgte zunächst in den Zielbestimmungen, anschließend in der Tat. Die Nationalsozialisten ›respektieren‹ diese Gemeinsamkeit, indem sie alle Anhänger der deutschen Opposition in gleicher Weise verfolgten und gleichermaßen bestraften. Sie unterschieden nicht nach Haltungen der Dissidenz und Resistenz, der Nonkonformität und Verweigerung, des Umsturz- und Attentatswillens. Der gemeinsame Nenner der Strafgründe war vielmehr der Vorwurf, sich den »Kopf des Führers zerbrochen zu haben«, wie Freisler den Mitgliedern des »Kreisauer Kreises« vorwarf. Damit wird deutlich, daß der NS-Staat nicht nur die Auflehnung ahnden, sondern das Selbstbewußtsein derjenigen zerstören wollte, die versuchten, Konturen einer Neuordnung zu skizzieren. Die Anstrengung der nationalsozialistischen Unterdrückungsorgane richtete sich gegen die Zukunftsgewißheit der Widerstandsbewegung und ihre Integrität. Ausdruck dieser Integrität war die Standhaftigkeit, mit der viele der nach dem 20. Juli 1944 Verhafteten und Verfolgten die Untaten der deutschen Führung und ihrer Handlanger geißelten und ihre Bestrafung verlangten. Die Unsicherheit der Nationalsozialisten wurde noch größer, als sie erkannten, daß es dem Widerstand nicht um Vergeltung, sondern um Sühne und Wiedergutmachung, um eine Übernahme der Schuld durch Bestrafung der Schuldigen ging. Sie verstanden den Anspruch Bonhoeffers, die Widerstandsbewegung dürfe nicht die Menschenverachtung ihrer Gegner praktizieren[80], als eine Bedrohung, denn gerade durch diesen Anspruch lehnte der Widerstand die Vergeltung, die Rache ab und erhob sich zu jener Moralität, die vielleicht die schärfste Waffe der Widerstandsgruppen darstellte.

Der Herrschaftsanspruch der NS-Führung wurde aber vor allem dadurch beschränkt, daß die Widerstandsbewegung einen eigenen Zukunftsanspruch erhob. Ihre Anhänger überwanden die Angst, die sie, wie jeder Mensch, angesichts des Todes empfanden, indem sie über ihren Todestag hinausschauten und sich eine Nachkriegsordnung vorstellten, die eine scharfe Alternative zum NS-Staat war. In diesem Sinne beschwor Dietrich Bonhoeffer die Zukunft, als er den Optimisus als die Grundtriebkraft des Widerstandes bezeichnete – als eine »Kraft, die die Zukunft niemals dem Gegner läßt, sondern sie für sich in Anspruch nimmt[81]. Dieser Optimismus hatte die Vielfalt des Widerstands gegen den Nationalsozialismus geprägt und schließlich die Gruppen, Individuen und Strömungen zu jener Aktion vereinigt, die »nahe zum Ziele kam« (Rothfels) – vereinigt nicht in der unmittelbaren Mitwirkung, sondern in der Hoffnung und Sehnsucht, der Anschlag möge gelingen.

Es war die Tragik des Widerstands, daß er sich nicht auf das Volk in seiner Breite stützen konnte. Nach dem Attentat flog Hitler, der nahezu unverletzt geblieben war, eine neue Welle der Sympathie zu, wie alle »Meldungen aus dem Reich« belegten. Viele Widerstandskämpfer waren Jahre hindurch niemals irre geworden an ihrer Aufgabe, ihren Weg zu Ende gehen zu müssen, wie Julius Leber bereits 1933 geschrieben hatte. Sie lebten mit dem qualvollen Bewußtsein, »die Letzten zu sein«, wie Albrecht

---

79 Fritz Bauer, Widerstandsrecht und Widerstandspflicht des Staatsbürgers, in: A. Kaufmann (Anm. 32), S. 497 und S. 501.

80 Siehe Dietrich Bonhoeffer, Nach zehn Jahren, in: Otto Dudzus (Hrsg.), Bonhoeffer-Lesebuch, München 1985, S. 69.

81 Ebenda, S. 75.

Haushofer in seinem Sonett »Das Erbe« geschrieben hatte. Sie klagten sich vielfach auch im Bewußtsein ihres Versagens und ihrer Schuld selbst an, denn sie hatten große Teile der Ordnung, die sie überwanden und bekämpften, ursprünglich häufig »miterdacht, mitermöglicht und mitverwirklicht« (R. von Voss). Dieses Gefühl des gemeinsamen Versagens und der gemeinsamen Schuld war Voraussetzung einer neuen Gemeinsamkeit, die im Kern einen Bezugspunkt hatte: »Die Majestät des Rechts« in der Zukunft zu sichern. Dieses Bewußtsein gilt es, auch in gegenwärtigen und zukünftigen Widerstandsdiskussionen nicht preiszugeben.

Dies ist die Lehre des Widerstands: »Nur einem bestimmten, sich auf verpflichtende Ziele selbst festlegenden Staat – eben einem Staat in einer bestimmten Staatsform – kann Treue, Gehorsam, vielleicht auch Liebe gegeben werden« (W. Hennis). Staat in diesem Sinne ist Ausdruck einer Lebensform – nicht einer Unterordnung; er ist nicht Gestalt einer bloßen, leeren Form, sondern die Struktur einer Ordnung, die sich zur Moral der Toleranz, des Pluralismus und der Nächstenliebe als dem letzten und verpflichtenden »Grund von Politik« (R. von Weizsäcker) bekennt. Erst in diesem Sinne ist Staat niemals Selbstzweck und Eigenwert, sondern Mittel zur Sicherung einer Lebensordnung, die über Staat, Nation und Gesellschaft hinaus dem Individuum dient. Hier spiegelt sich das vielleicht wichtigste Vermächtnis des Widerstands gegen Hitler.

Petra Behrens/Ute Stiepani

Auswahlbibliographie

Bibliographische Hinweise

Auerbach, Hellmuth/Vogelsang, Thilo (Hrsg.), Bibliographie zur Zeitgeschichte 1953–1980. Institut für Zeitgeschichte München, Bd. 2: Geschichte des 20. Jahrhunderts bis 1945, München u. a. 1983

Auerbach, Hellmuth/Weisz, Christoph u. a. (Bearb.), Bibliographie zur Zeitgeschichte 1953–1989. Institut für Zeitgeschichte München, Bd. 4: Supplement 1981–1989, München u. a. 1991

Bibliographie zur Zeitgeschichte, Beilage der Vierteljahrshefte für Zeitgeschichte, München 1953 ff.

Boberach, Heinz u. a., Inventar archivalischer Quellen des NS-Staates. Die Überlieferung von Behörden und Einrichtungen des Reichs, der Länder und der NSDAP. Teil I: Reichszentralbehörden, regionale Behörden und wissenschaftliche Hochschulen für die zehn westdeutschen Länder sowie Berlin, München 1991

Bracher, Karl Dietrich/Jacobsen, Hans-Adolf/Funke, Manfred (Hrsg.), Bibliographie zur Politik in Theorie und Praxis, Düsseldorf 1976[2]

Bracher, Karl Dietrich/Jacobsen, Hans-Adolf/Tyrell, Albrecht (Hrsg.), Bibliographie zur Politik in Theorie und Praxis. Vollständige Neubearbeitung, Düsseldorf 1982

Büchel, Regine, Der deutsche Widerstand im Spiegel von Fachliteratur und Publizistik seit 1945, München 1975

Bundeszentrale für politische Bildung, Annotierte Bibliographie für die politische Bildung, Bonn. ⟨Erscheint dreimal pro Jahr⟩

Cartarius, Ulrich (Bearb.)/Forschungsgemeinschaft 20. Juli e.V. (Hrsg.), Bibliographie »Widerstand«, München u. a. 1984

Edelheit, Abraham J./Edelheit, Hershel, Bibliography on Holocaust literature, Boulder, Col. 1986

Goguel, Rudi, Antifaschistischer Widerstand und Klassenkampf 1945–1973. Bibliographie deutschsprachiger Literatur, Berlin (Ost) 1976

Hildebrand, Klaus, Das Dritte Reich ⟨Darin 1126 Einzeltitel⟩, München 1991[4]

Hochmuth, Ursel, Faschismus und Widerstand 1933–1945. Ein Verzeichnis deutschsprachiger Literatur, Frankfurt am Main 1973

Hüttenberger, Peter, Bibliographie zum Nationalsozialismus, Göttingen 1980

Jahresbibliographie. Bibliothek für Zeitgeschichte. Weltkriegsbücherei. Neue Folge der Bücherschau der Weltkriegsbücherei, München 1928 ff.

Kehr, Helen/Langmaid, Janet (Bearb.), The Nazi Era 1919–1945. A select bibliographie of published works from the early roots to 1980, London 1982

KLOTZBACH, KURT, Bibliographie zur Geschichte der deutschen Arbeiterbewegung 1914–1945, Bonn 1981[3]

PUVOGEL, ULRIKE (Bearb.), Gedenkstätten für die Opfer des Nationalsozialismus ⟨Mit zahlreichen bibliographischen Hinweisen⟩, Bonn 1988

ROHWER, JÜRGEN/MÜLLER, HILDEGARD (Hrsg.), Neue Forschungen zum Zweiten Weltkrieg. Literaturberichte und Bibliographien aus 67 Ländern, Koblenz 1990

SNYDER, LOUIS L. (Hrsg.), The Third Reich. 1933–1945. A bibliographical guide to German National Socialism, New York 1987

Gesamtdarstellungen des Widerstandes

BALFOUR, MICHAEL, Withstanding Hitler in Germany 1933–45, London 1988

BENZ, WOLFGANG/PEHLE, WALTER H. (Hrsg.), Lexikon des deutschen Widerstandes, Frankfurt am Main 1994

BOYER, JOHN W./KIRSHNER, JULIUS (Hrsg.), Resistance against the Third Reich, Chicago 1992

BRACHER, KARL DIETRICH/LEBER, ANNEDORE (Hrsg.), Das Gewissen entscheidet, Berlin 1957

BRACHER, KARL DIETRICH/LEBER, ANNEDORE (Hrsg.), Das Gewissen steht auf. Lebensbilder aus dem deutschen Widerstand 1933–1945, Mainz 1984 (Neuauflage)

BUNDESZENTRALE FÜR POLITISCHE BILDUNG (Hrsg.), Widerstand und Exil 1933–1945, Bonn 1985

CARTARIUS, ULRICH (Hrsg.), Opposition gegen Hitler. Ein erzählender Bildband, Berlin 1984

ENGEL, HUBERTA (Hrsg.), Deutscher Widerstand – Demokratie heute. Kirche, Kreisauer Kreis, Ethik, Militär und Gewerkschaften, Bonn 1992

EUROPÄISCHE PUBLIKATION E.V. (Hrsg.), Vollmacht des Gewissens, Frankfurt am Main 1965

GOTTSCHALDT, EVA, Antifaschismus und Widerstand. Der Kampf gegen den deutschen Faschismus 1933–1945. Ein Überblick, Heilbronn 1985

GRAML, HERMANN (Hrsg.), Widerstand im Dritten Reich. Probleme, Ereignisse, Gestalten, Frankfurt am Main 1984

GREBING, HELGA/WICKERT, CHRISTL (Hrsg.), Das »andere Deutschland« im Widerstand gegen den Nationalsozialismus, Essen 1994

INSTITUT FÜR MARXISMUS-LENINISMUS BEIM ZK DER SED (Hrsg.), Erkämpft das Menschenrecht. Lebensbilder und letzte Briefe antifaschistischer Widerstandskämpfer, Berlin 1958

KETTENACKER, LOTHAR (Hrsg.), Das »Andere Deutschland« im Zweiten Weltkrieg. Emigration und Widerstand in internationaler Perspektive, Stuttgart 1977

KLEẞMANN, CHRISTOPH/PINGEL, FALK (Hrsg.), Gegner des Nationalsozialismus. Wissenschaftler und Widerstandskämpfer auf der Suche nach historischer Wirklichkeit, Frankfurt am Main 1980

LARGE, DAVID CLAY (Hrsg.), Contending with Hitler. Varieties of German resistance in the Third Reich, Cambridge 1991

LÖWENTHAL, RICHARD/ZUR MÜHLEN, PATRIK VON (Hrsg.), Widerstand und Verweigerung in Deutschland 1933 bis 1945, Berlin–Bonn 1982

MAMMACH, KLAUS, Widerstand 1939–1945. Geschichte der deutschen antifaschistischen Widerstandsbewegung im Inland und in der Emigration, Berlin 1987
MANN, REINHARD, Zur Soziologie des Widerstandes im nationalsozialistischen Deutschland, Köln 1976
MÜLLER, KLAUS-JÜRGEN (Hrsg.), Der deutsche Widerstand 1933–1945, Paderborn 1990
NICOSIA, FRANCIS R./STOKES, LAWRENCE D. (Hrsg.), Germans against nazism. Nonconformity, opposition and resistance in the Third Reich. Essays in honour of Peter Hoffmann, New York 1990
PECHEL, RUDOLF, Deutscher Widerstand, Zürich 1947
RINGSHAUSEN, GERHARD (Hrsg.), Perspektiven des Widerstands. Der Widerstand im Dritten Reich und seine didaktische Erschließung, Obererlenbach 1994
ROON, GER VAN (Hrsg.), Europäischer Widerstand im Vergleich, Berlin 1985
ROON, GER VAN, Widerstand im Dritten Reich. Ein Überblick, München 1994[6]
ROTHFELS, HANS, Die deutsche Opposition gegen Hitler, Frankfurt am Main 1962
SCHEURIG, BODO (Hrsg.), Deutscher Widerstand 1938–1944, München 1984[2]
SCHMÄDEKE, JÜRGEN/STEINBACH, PETER (Hrsg.), Der Widerstand gegen den Nationalsozialismus. Die deutsche Gesellschaft und der Widerstand gegen Hitler, München–Zürich 1986[2]
SCHMITTHENNER, WALTER/BUCHHEIM, HANS (Hrsg.), Der deutsche Widerstand gegen Hitler. Vier historisch-kritische Studien, Köln–Berlin 1966
SCHWERIN, DETLEF GRAF VON, »Dann sind's die besten Köpfe, die man henkt.« Die junge Generation im deutschen Widerstand, München 1991
STEINBACH, PETER (Hrsg.), Widerstand. Ein Problem zwischen Theorie und Geschichte, Köln 1987
STEINBACH, PETER/TUCHEL, JOHANNES (Hrsg.), Lexikon des Widerstandes 1933–1945, München 1994
STEINBACH, PETER/TUCHEL, JOHANNES (Hrsg.), Widerstand in Deutschland 1933–1945. Ein historisches Lesebuch, München 1994
WEBER, HERMANN, Der deutsche Kommunismus. Dokumente 1915–1945, Köln 1963
WEISENBORN, GÜNTHER, Der lautlose Aufstand. Bericht über die Widerstandstätigkeit des deutschen Volkes 1933–1945, Hamburg 1953
ZENNER, MARIA, Der Widerstand gegen den Nationalsozialismus. Eine interdisziplinäre Konzeption zu seiner Erschließung, Bochum 1989
ZENTNER, KURT, Illustrierte Geschichte des Widerstandes in Deutschland und Europa 1933–1945, München 1966

Ausgangslagen

a) Weimarer Republik und nationalsozialistische »Machtergreifung« in Darstellung und Überblick

BRACHER, KARL DIETRICH, Die Auflösung der Weimarer Republik. Eine Studie zum Problem des Machtverfalls in der Demokratie, Königstein 1978[6]
BRACHER, KARL DIETRICH, Die deutsche Diktatur. Entstehung, Struktur, Folgen des Nationalsozialismus, Köln 1980[6]

BRACHER, KARL DIETRICH u.a. (Hrsg.), Die Weimarer Republik. Eine Bilanz, Bonn–Düsseldorf 1987
BRACHER, KARL DIETRICH/FUNKE, MANFRED/JACOBSEN, HANS-ADOLF (Hrsg.), Die Weimarer Republik 1918–1933. Politik, Wirtschaft, Gesellschaft, Bonn 1987
BRACHER, KARL DIETRICH/SAUER, WOLFGANG/SCHULZ, GERHARD (Hrsg.), Die nationalsozialistische Machtergreifung. Studien zur Errichtung des totalitären Herrschaftssystems in Deutschland, Berlin 1974[3]
BROSZAT, MARTIN, Die Machtergreifung. Der Aufstieg der NSDAP und die Zerstörung der Weimarer Republik, München 1984
DER WEG INS DRITTE REICH 1918–1933 (mit Beiträgen von Theodor Eschenburg, Ernst Fraenkel, Kurt Sontheimer, Erich Matthias, Rudolf Morsey, Ossip K. Flechtheim, Karl Dietrich Bracher, Helmut Krausnick, Hans Rothfels, Eugen Kogon), München 1983[4]
ERDMANN, KARL DIETRICH, Die Weimarer Republik, München 1980
ERDMANN, KARL DIETRICH/SCHULZE, HAGEN (Hrsg.), Weimar. Selbstpreisgabe einer Demokratie, Düsseldorf 1980
FUNKE, MANFRED/JACOBSEN, HANS-ADOLF u.a. (Hrsg.), Demokratie und Diktatur. Festschrift für Karl Dietrich Bracher, Düsseldorf 1987
KERSHAW, IAN (Hrsg.), Weimar. Why did German democracy fail?, London 1990
KOLB, EBERHARD, Die Weimarer Republik, München 1988[2]
LEPSIUS, M. RAINER, Extremer Nationalismus. Strukturbedingungen vor der nationalsozialistischen Machtergreifung, Stuttgart 1966
LILL, RUDOLF/OBERREUTER, HEINRICH (Hrsg.), Machtverfall und Machtergreifung. Aufstieg und Herrschaft des Nationalsozialismus, München 1983
LONGERICH, PETER (Hrsg.), Die Erste Republik. Dokumente zur Geschichte des Weimarer Staates, München 1992
MASER, WERNER, Zwischen Kaiserreich und NS-Regime. Die erste deutsche Republik 1918 bis 1933, Bonn 1992
MÖLLER, HORST, Weimar. Die unvollendete Demokratie, München 1984
MOMMSEN, HANS, Die verspielte Freiheit. Der Weg der Republik von Weimar in den Untergang 1918 bis 1933, Berlin 1989
PEUKERT, DETLEV, Die Weimarer Republik. Krisenjahre der klassischen Moderne, Frankfurt am Main 1987
ROSENBERG, ARTHUR, Geschichte der Weimarer Republik, Frankfurt am Main 1980[20]
SCHULZ, GERHARD (Hrsg.), Ploetz: Weimarer Republik. Eine Nation im Umbruch, Freiburg 1987
SCHULZE, HAGEN, Weimar. Deutschland 1917–1933, Berlin 1982
WINKLER, HEINRICH AUGUST (Hrsg.), Die deutsche Staatskrise 1930–1933. Handlungsspielräume und Alternativen, München 1992
WINKLER, HEINRICH AUGUST, Weimar 1918–1933. Die Geschichte der ersten deutschen Demokratie, München 1993

b) Herrschaft im Nationalsozialismus in Chronik, Darstellung und Überblick

ALY, GÖTZ/HEIM, SUSANNE, Vordenker der Vernichtung. Auschwitz und die deutschen Pläne für eine neue europäische Ordnung, Hamburg 1991

Autorenkollektiv (Ltg. Schumann, Wolfgang), Deutschland im Zweiten Weltkrieg, 6 Bde., Köln 1974–1985

Benz, Wolfgang (Hrsg.), Die Juden in Deutschland 1933–1945. Leben unter nationalsozialistischer Herrschaft, München 1993[3]

Benz, Wolfgang (Hrsg.), Dimension des Völkermords. Die Zahl der jüdischen Opfer des Nationalsozialismus, München 1991

Benz, Wolfgang (Hrsg.), Legenden, Lügen, Vorurteile. Ein Lexikon zur Zeitgeschichte, München 1990

Bracher, Karl Dietrich/Funke, Manfred/Jacobsen, Hans-Adolf (Hrsg.), Nationalsozialistische Diktatur 1933–1945. Eine Bilanz, Bonn 1983

Bracher, Karl Dietrich/Funke, Manfred/Jacobsen, Hans-Adolf (Hrsg.), Deutschland 1933–1945. Neue Studien zur nationalsozialistischen Herrschaft, Düsseldorf 1992

Broszat, Martin, Der Staat Hitlers. Grundlegung und Entwicklung seiner inneren Verfassung, München 1989[11]

Broszat, Martin u.a. (Hrsg.), Bayern in der NS-Zeit, 6 Bde., München–Wien 1977–1983

Broszat, Martin/Frei, Norbert (Hrsg.), Das Dritte Reich im Überblick. Chronik, Ereignisse, Zusammenhänge, München 1990[2]

Broszat, Martin/Möller, Horst (Hrsg.), Das Dritte Reich. Herrschaftsstruktur und Geschichte. Vorträge aus dem Institut für Zeitgeschichte, München 1983

Buchheim, Hans/Broszat, Martin/Jacobsen, Hans-Adolf/Krausnick, Helmut (Hrsg.), Anatomie des SS-Staates, 2 Bde., Olten u.a. 1965

Drobisch, Klaus/Wieland, Günther, System der NS-Konzentrationslager 1933–1945, Berlin 1993

Erdmann, Karl Dietrich, Der Zweite Weltkrieg, München 1980

Erdmann, Karl Dietrich, Deutschland unter der Herrschaft des Nationalsozialismus 1933–1939, München 1989

Freeman, Michael, Atlas of Nazi Germany, London 1987

Frei, Norbert, Der Führerstaat. Nationalsozialistische Herrschaft 1933 bis 1945, München 1987

Funke, Manfred, Starker oder schwacher Diktator? Hitlers Herrschaft und die Deutschen. Ein Essay, Düsseldorf 1989

Gellately, Robert, Die Gestapo und die deutsche Gesellschaft. Die Durchsetzung der nationalsozialistischen Rassenpolitik, Paderborn 1993

Hilberg, Raul, Die Vernichtung der europäischen Juden, 3 Bde., Frankfurt am Main 1990 (Neuauflage)

Hildebrand, Klaus, Das Dritte Reich, München 1991[4]

Höhne, Heinz, Der Orden unter dem Totenkopf. Die Geschichte der SS, Hamburg 1966

Jäckel, Eberhard, Hitlers Herrschaft. Vollzug einer Weltanschauung, Stuttgart 1991[3]

Jäckel, Eberhard/Longerich, Peter/Schoeps, Julius H. (Hrsg.), Enzyklopädie des Holocaust. Die Verfolgung und Ermordung der europäischen Juden, 3 Bde., Berlin 1993

Jäckel, Eberhard/ Rohwer, Jürgen (Hrsg.), Der Mord an den Juden im Zweiten Weltkrieg. Entschlußbildung und Verwirklichung, Frankfurt am Main 1987

KERSHAW, IAN, Der NS-Staat. Geschichtsinterpretationen und Kontroversen im Überblick, Reinbek 1988

KERSHAW, IAN, Hitlers Macht. Das Profil der NS-Herrschaft, München 1992

LONGERICH, PETER (Hrsg.), Die Ermordung der europäischen Juden, München 1990^2

MICHALKA, WOLFGANG (Hrsg.), Deutsche Geschichte 1933–1945. Dokumente zur Innen- und Außenpolitik, Frankfurt am Main 1993 (Neuauflage)

MILITÄRGESCHICHTLICHES FORSCHUNGSAMT (Hrsg.), Das Deutsche Reich und der Zweite Weltkrieg, 6 Bde., Stuttgart 1979–1990

MOMMSEN, HANS, Der Nationalsozialismus und die deutsche Gesellschaft. Ausgewählte Aufsätze, Reinbek 1991

MÜLLER, KLAUS-JÜRGEN, Armee und Drittes Reich 1933–1939. Darstellung und Dokumentation, Paderborn 1987

OTTO, HANS-UWE/SÜNKER, HEINZ (Hrsg.), Soziale Arbeit und Faschismus, Frankfurt am Main 1989

OVERESCH, MANFRED/SAAL, FRIEDRICH-WILHELM, Chronik deutscher Zeitgeschichte. Politik, Wirtschaft, Kultur, Bd. 2/1: Das Dritte Reich 1933–1939; Bd. 2/2: 1939–1945, Düsseldorf 1982–1983

REICHEL, PETER, Der schöne Schein des Dritten Reiches. Faszination und Gewalt des Faschismus, München 1991

THAMER, HANS-ULRICH, Verführung und Gewalt. Deutschland 1933–1945, Berlin 1986

WEGNER, BERND, Hitlers Politische Soldaten: Die Waffen-SS 1933–1945, Paderborn 1982

WEINMANN, MARTIN (Hrsg.), Das nationalsozialistische Lagersystem, Frankfurt am Main 1990

WOLLENBERG, JÖRG (Hrsg.), »Niemand war dabei, und keiner hat's gewußt.« Die deutsche Öffentlichkeit und die Judenverfolgung 1933–1945, München 1989

c) Widerstandsrecht

ARNDT, CLAUS, Bürger oder Rebell? Zum Widerstandsrecht im Grundgesetz, in: Aus Politik und Zeitgeschichte, B 39/83, S. 32–41

ARNDT, CLAUS/JUROS, HELMUT u. a., Widerstand in der Demokratie, Hamburg 1983

BAUER, FRITZ, Widerstand gegen die Staatsgewalt. Dokumente der Jahrtausende, Frankfurt am Main 1965

GLOTZ, PETER (Hrsg.), Ziviler Ungehorsam im Rechtsstaat, Frankfurt am Main 1983

KAUFMANN, ARTHUR (Hrsg.), Widerstandsrecht, Darmstadt 1972

KLEMPERER, KLEMENS VON, Naturrecht und der deutsche Widerstand gegen den Nationalsozialismus. Ein Beitrag zur Frage des deutschen »Sonderwegs«, in: Vierteljahrshefte für Zeitgeschichte, 40 (1992), S. 323–337

KÖHLER, MICHAEL, Die Lehre vom Widerstandsrecht in der deutschen konstitutionellen Staatsrechtstheorie der ersten Hälfte des 19. Jahrhunderts, Berlin 1973

KRIELE, MARTIN, Rechtfertigungsmodelle des Widerstands, in: Aus Politik und Zeitgeschichte, B 39/83, S. 12–24

KRÖGER, KLAUS, Bürgerprotest im demokratischen Staat, in: Aus Politik und Zeitgeschichte, B 39/83, S. 3–11

MANDT, HELLA, Tyrannislehre und Widerstandsrecht, Darmstadt – Neuwied 1974

Meyer, Thomas/Miller, Susanne/Strasser, Johano (Hrsg.), Widerstandsrecht in der Demokratie. Pro und Contra, Köln 1984
Oberreuter, Heinrich, Widerstandsrecht als Aspekt politischer Kultur, in: Steinbach, Peter (Hrsg.), Widerstand. Ein Problem zwischen Theorie und Geschichte, Köln 1987, S. 293–310
Rendtorff, Trutz, Widerstand heute? Sozialethische Bemerkungen zu einer aktuellen Diskussion, in: Aus Politik und Zeitgeschichte, B 39/83, S. 25–31
Streithofen, Basilius (Hrsg.), Frieden im Lande. Vom Recht auf Widerstand, Bergisch Gladbach 1983
Wassermann, Rudolf, Gibt es ein Recht auf zivilen Ungehorsam?, in: Zeitschrift für Politik, 30 (1983), S. 343–348
Wolzendorff, Kurt, Staatsrecht und Naturrecht in der Lehre vom Widerstandsrecht des Volkes gegen rechtswidrige Ausübung der Staatsgewalt, Breslau 1916

Widerstand aus der Arbeiterbewegung

Archiv der sozialen Demokratie der Friedrich-Ebert-Stiftung (Hrsg.), Widerstand 1933–1945. Sozialdemokraten und Gewerkschafter gegen Hitler. Katalog zur gleichnamigen Ausstellung, Bonn 1983[2]
Asgodom, Sabine (Hrsg.), »Halt's Maul – sonst kommst nach Dachau!« Männer und Frauen der Arbeiterbewegung berichten über Widerstand und Verfolgung unter dem Nationalsozialismus, Köln 1983
Dickhut, Willi, Proletarischer Widerstand gegen Faschismus und Krieg, Düsseldorf 1987
Foitzik, Jan, Zwischen den Fronten. Zur Politik, Organisation und Funktion linker politischer Kleinorganisationen im Widerstand 1933 bis 1939/40, Bonn 1986
Friedrich-Ebert-Stiftung (Hrsg.), Widerstand und Exil der deutschen Arbeiterbewegung 1933–1945. Grundlagen und Materialien, Bonn 1982
Peukert, Detlev, Ruhrarbeiter gegen den Faschismus. Dokumentation über den Widerstand im Ruhrgebiet 1933–1945, Frankfurt am Main 1976
Peukert, Detlev, Der deutsche Arbeiterwiderstand 1933–1945, in: Aus Politik und Zeitgeschichte, B 28–29/79, S. 22–36
Scharrer, Manfred (Hrsg.), Kampflose Kapitulation. Arbeiterbewegung 1933, Hamburg 1983

a) Kommunistischer Widerstand

Bästlein, Klaus, »Hitlers Niederlage ist nicht unsere Niederlage, sondern unser Sieg!«. Die Bästlein-Organisation. Zum Widerstand aus der Arbeiterbewegung in Hamburg und Nordwestdeutschland während des Krieges (1939–1945), in: Meyer, Beate/Szodrzynski, Joachim (Hrsg.), Vom Zweifeln und Weitermachen. Fragmente der Hamburger KPD-Geschichte, Hamburg 1988, S. 44–89
Bergmann, Theodor, »Gegen den Strom.« Zur Geschichte der Kommunistischen-Partei-Opposition, Hamburg 1987

Duhnke, Horst, Die KPD 1933–1945, Köln 1972
Gittig, Heinz, Illegale antifaschistische Tarnschriften 1933 bis 1945, Leipzig 1972
Glondajewski, Gertrud/Schumann, Heinz, Die Neubauer-Poser-Gruppe. Dokumente und Materialien des illegalen antifaschistischen Kampfes (Thüringen 1939–1945), Berlin (Ost) 1957
Herlemann, Beatrix, Die Emigration als Kampfposten. Die Anleitung des kommunistischen Widerstandes in Deutschland aus Frankreich, Belgien und den Niederlanden, Königstein 1982
Herlemann, Beatrix, Auf verlorenem Posten. Kommunistischer Widerstand im Zweiten Weltkrieg. Die Knöchel-Organisation, Bonn 1986
Institut für Marxismus-Leninismus beim ZK der SED (Hrsg.), Geschichte der deutschen Arbeiterbewegung, Bd. 5: Vom Januar 1933 bis Mai 1945, Berlin (Ost) 1966
Krause, Ilse, Die Schumann-Engert-Kresse-Gruppe. Dokumente und Materialien des illegalen antifaschistischen Kampfes (Leipzig 1943 bis 1945), Berlin (Ost) 1960
Kraushaar, Luise, Berliner Kommunisten im Kampf gegen den Faschismus 1936–1942. Robert Uhrig und Genossen, Berlin (Ost) 1981
Kühnrich, Heinz, Die KPD im Kampf gegen die faschistische Diktatur 1933–1945, Berlin (Ost) 1983
Mammach, Klaus, Die KPD und die deutsche antifaschistische Widerstandsbewegung 1933 bis 1939, Frankfurt am Main 1974
Merson, Allan, Communist resistance in Nazi Germany, London 1985
Nitsche, Gerhard, Die Saefkow-Jacob-Bästlein-Gruppe. Dokumente und Materialien des illegalen antifaschistischen Kampfes (1942 bis 1945), Berlin (Ost) 1957
Peukert, Detlev, Die KPD im Widerstand. Verfolgung und Untergrundarbeit an Rhein und Ruhr 1933–1945, Wuppertal 1980
Pikarski, Margot/Uebel, Günter, Die KPD lebt! Flugblätter aus dem antifaschistischen Widerstandskampf der KPD 1933–1945, Berlin (Ost) 1980
Pikarski, Margot/Warning, Elke (Bearb.), Gestapo-Berichte über den antifaschistischen Widerstandskampf der KPD 1933–1945, 3 Bde., Berlin (Ost) 1989–1990
Tjaden, Karl Heinz, Struktur und Funktion der »KPD-Opposition« (KPO). Eine organisatorische Untersuchung zur »Rechts«-Opposition im deutschen Kommunismus zur Zeit der Weimarer Republik, Meisenheim am Glan 1964
Weber, Hermann, Kommunistischer Widerstand gegen die Hitler-Diktatur 1933–1939, Berlin 1988

b) Sozialdemokratischer und sozialistischer Widerstand

Beck, Dorothea, Julius Leber. Sozialdemokrat zwischen Reform und Widerstand, Berlin 1983
Bremer, Jörg, Die Sozialistische Arbeiterpartei Deutschlands (SAP). Untergrund und Exil 1933–1945, Frankfurt am Main–New York 1978
Drechsler, Hanno, Die Sozialistische Arbeiterpartei Deutschlands (SAPD). Ein Beitrag zur Geschichte der deutschen Arbeiterbewegung am Ende der Weimarer Republik, Meisenheim am Glan 1965
Edinger, Lewis J., Sozialdemokratie und Nationalsozialismus. Der Parteivorstand der SPD im Exil 1933–1945, Hannover–Frankfurt am Main 1960

Freyberg, Jutta von, Sozialdemokraten und Kommunisten. Die Revolutionären Sozialisten Deutschlands vor dem Problem der Aktionseinheit 1934–1937, Köln 1973

Friedrich-Ebert-Stiftung (Hrsg.), Zeitzeugen des Widerstands. Karl Anders, Wolf Graf von Baudissin, Max Diamant, Josef Felder, Fritz Hallerstede, Richard Löwenthal, Susanne Miller, Käthe Strobel u.a. Demokratische Sozialisten gegen Hitler. Über ein Symposium der Friedrich-Ebert-Stiftung berichtet Alexandra Schlingensiepen, Bonn 1983

Grasmann, Peter, Sozialdemokraten gegen Hitler 1933–1945, München 1968

Ihlau, Olaf, Die Roten Kämpfer. Ein Beitrag zur Geschichte der Arbeiterbewegung in der Weimarer Republik und im Dritten Reich, Meisenheim am Glan 1969

Kliem, Kurt, Der sozialistische Widerstand gegen das Dritte Reich. Dargestellt an der Gruppe »Neu Beginnen«, Marburg 1957

Klotz, Johannes, Das »kommende Deutschland«. Vorstellungen und Konzeptionen des sozialdemokratischen Parteivorstandes im Exil 1933–1945 zu Staat und Wirtschaft, Köln 1983

Küstermeier, Rudolf, Der Rote Stoßtrupp, Berlin 1972

Link, Werner, Die Geschichte des Internationalen Jugend-Bundes (IJB) und des Sozialistischen Kampf-Bundes (ISK). Ein Beitrag zur Geschichte der Arbeiterbewegung in der Weimarer Republik und im Dritten Reich, Meisenheim am Glan 1965

Mehringer, Hartmut, Waldemar von Knoeringen. Eine politische Biografie, München u. a. 1989

Rabe, Bernd, Die »Sozialistische Front«. Sozialdemokraten gegen den Faschismus 1933–1936, Hannover 1969

Reichhardt, Hans J., Neu Beginnen. Ein Beitrag zur Geschichte des Widerstandes der Arbeiterbewegung gegen den Nationalsozialismus, Berlin 1953

Vogel, Angela, Der deutsche Arnarcho-Syndikalismus, Berlin 1977

c) Gewerkschaftlicher Widerstand

Beier, Gerhard, Die illegale Reichsleitung der Gewerkschaften 1933–1945, Köln 1981

Borsdorf, Ulrich, Arbeiteropposition, Widerstand und Exil der deutschen Gewerkschaften, in: Matthias, Erich/Schönhoven, Klaus (Hrsg.), Solidarität und Menschenwürde. Etappen der deutschen Gewerkschaftsgeschichte von den Anfängen bis zur Gegenwart, Bonn 1982, S. 291–306

Borsdorf, Ulrich/Hemmer, Hans O./Martiny, Martin (Hrsg.), Grundlagen der Einheitsgewerkschaft. Historische Dokumente und Materialien, Köln–Frankfurt am Main 1977

Buschak, Willi, »Arbeit im kleinsten Zirkel.« Gewerkschaften im Widerstand gegen den Nationalsozialismus, Hamburg 1993

Esters, Helmut/Pelger, Hans, Gewerkschafter im Widerstand. Mit einem forschungsgeschichtlichen Überblick von Alexandra Schlingensiepen, Bonn 1983²

FUNKE, MANFRED, Gewerkschaften und Widerstand. Zwischen Ausharren und Orientierung auf die Zukunft, in: Bundeszentrale für Politische Bildung (Hrsg.), Widerstand und Exil 1933–1945, Bonn 1985, S. 60–75

HARRER, JÜRGEN, Gewerkschaftlicher Widerstand gegen das »Dritte Reich«, in: Deppe, Frank/Fülberth,Georg/Harrer, Jürgen (Hrsg.), Geschichte der deutschen Gewerkschaftsbewegung, Köln 1989[4], S. 343–413

KOSTHORST, ERICH, Von der Gewerkschaft zur Arbeitsfront und zum Widerstand, Bonn 1963

MOMMSEN, HANS, Die deutschen Gewerkschaften zwischen Anpassung und Widerstand 1930–1944, in: Vetter, Heinz O. (Hrsg.), Vom Sozialistengesetz zur Mitbestimmung. Zum 100. Geburtstag von Hans Böckler, Köln 1975, S. 275–299

PEUKERT, DETLEV, Die Lage der Arbeiter und der gewerkschaftliche Widerstand im Dritten Reich, in: Borsdorf, Ulrich (Hrsg.)/Weiden, Gabriele (Mitarb.), Geschichte der deutschen Gewerkschaften von den Anfängen bis 1945, Köln 1987, S. 447–498

REICHOLD, LUDWIG, Arbeiterbewegung jenseits des totalen Staates. Die Gewerkschaften und der 20. Juli 1944, Wien 1965

SCHAFHEITLIN, STEFAN, Gewerkschaften in Exil und Widerstand 1939–1945, Hamburg 1979

SCHNEIDER, MICHAEL, Gewerkschafter in Widerstand und Exil (1933–1945), in: Engel, Huberta (Hrsg.), Deutscher Widerstand – Demokratie heute. Kirche, Kreisauer Kreis, Ethik, Militär und Gewerkschaften, Berlin-Bonn 1992, S. 23–42

SCHUMANN, HANS-GERD, Nationalsozialismus und Gewerkschaftsbewegung. Die Vernichtung der deutschen Gewerkschaften und der Aufbau der »Deutschen Arbeitsfront«, Frankfurt am Main 1958

d) Widerstand aus der Katholischen Arbeiterbewegung

AMMICH, MICHAEL, Die katholischen Arbeitervereine im Bistum Regensburg 1849–1939, Kallmünz 1991

ARETZ, JÜRGEN, Katholische Arbeiterbewegung und Nationalsozialismus. Der Verband katholischer Arbeiter- und Knappenvereine Westdeutschlands 1923–1945, Mainz 1978

ARETZ, JÜRGEN, Katholische Arbeiter gegen Hitler. Zur Auseinandersetzung zwischen KAB und Nationalsozialismus, in: Kringels-Kemen, Monika/Lemhöfer, Ludwig (Hrsg.), Katholische Kirche und NS-Staat. Aus der Vergangenheit lernen?, Frankfurt am Main 1981, S. 51–67

BEAUGRAND, GÜNTER/BUDDE, HEINER, Nikolaus Groß. Zeuge und Bekenner im Widerstand der KAB 1933–1945, Augsburg 1989

FUCHS, JOSEF u. a. (Hrsg.), Christus! – nicht Hitler. Zeugnis und Widerstand von Katholiken in der Diözese Augsburg zur Zeit des Nationalsozialismus, St. Ottilien 1984

KOSTHORST, ERICH, Jakob Kaiser. Der Arbeiterführer, Stuttgart u. a. 1967

KRENN, DORIT-MARIA, Die christliche Arbeiterbewegung in Bayern vom Ersten Weltkrieg bis 1933, Mainz 1991

MORSEY, RUDOLF u. a. (Hrsg.), Zeitgeschichte in Lebensbildern. Aus dem deutschen Katholizismus des 19. und 20. Jahrhunderts, 6 Bde., Mainz 1973–1984

NEBGEN, ELFRIEDE, Jakob Kaiser. Der Widerstandskämpfer, Stuttgart u. a. 1967

RAEM, HEINZ-ALBERT, Katholischer Gesellenverein und deutsche Kolpingsfamilie in der Ära des Nationalsozialismus, Mainz 1982

SCHNEIDER, MICHAEL, Die Christlichen Gewerkschaften 1894–1933, Bonn 1982

SCHNEIDER, MICHAEL, Zwischen Gegnerschaft und Unterwerfung. Die christlichen Gewerkschaften und der Nationalsozialismus, in: Scharrer, Manfred (Hrsg.), Kampflose Kapitulation. Arbeiterbewegung 1933, Hamburg 1984, S. 183–215

Widerstehen aus christlichem Glauben

BOBERACH, HEINZ (Hrsg.), Berichte des SD und der Gestapo über Kirche und Kirchenvolk in Deutschland 1934–1944, Mainz 1971

DROBISCH, KLAUS/FISCHER, GERHARD (Hrsg.), Ihr Gewissen gebot es. Christen im Widerstand gegen den Hitlerfaschismus, Berlin (Ost) 1980

DROBISCH, KLAUS/FISCHER, GERHARD (Hrsg.), Widerstand aus Glauben. Christen in der Auseinandersetzung mit dem Hitlerfaschismus, Berlin (Ost) 1985

HEHL, ULRICH VON (Bearb.), Priester unter Hitlers Terror. Eine biographische und statistische Erhebung, Mainz 1975

POTTIER, JOÉL (Hrsg.)/BLOCH, PETER ANDRÉ (Bearb.), Christen im Widerstand gegen das Dritte Reich, Sachsenheim 1988

a) Evangelische Kirche

BECKMANN, JOACHIM (Hrsg.), Kirchliches Jahrbuch für die Evangelische Kirche in Deutschland 1933–1944, Gütersloh 1974

BESIER, GERHARD/RINGSHAUSEN, GERHARD (Hrsg.), Bekenntnis, Widerstand, Martyrium. Von Barmen 1934 bis Plötzensee 1944, Göttingen 1986

BETHGE, EBERHARD, Dietrich Bonhoeffer. Theologe, Christ, Zeitgenosse, München 1983^5

BURGSMÜLLER, ALFRED/WETH, RUDOLF (Hrsg.), Die Barmer Theologische Erklärung. Einführung und Dokumentation, Neukirchen-Vluyn 1993^5

CLAUSSEN, REGINA/SCHWARZ, SIEGFRIED (Hrsg.), Vom Widerstand lernen. Von der Bekennenden Kirche bis zum 20. Juli 1944, Bonn 1986

HAUSCHILD, WOLF-DIETER/KRETSCHMAR, GEORG/NICOLAISEN, CARSTEN (Hrsg.), Die lutherischen Kirchen und die Bekenntnissynode von Barmen. Referate des Internationalen Symposiums auf der Reisenburg 1984, Göttingen 1984

KAISER, JOCHEN-CHRISTOPH/GRESCHAT, MARTIN (Hrsg.), Der Holocaust und die Protestanten. Analysen einer Verstrickung, Frankfurt am Main 1988

LUDWIG, HARTMUT, Die Opfer unter dem Rad verbinden. Arbeit und Mitarbeit des »Büros Pfarrer Grüber«, Diss. B, Berlin (Ost) 1988

MEIER, KURT, Der evangelische Kirchenkampf. Gesamtdarstellung in drei Bänden, Göttingen 1976ff.

MILDENBERGER, FRIEDRICH/SEITZ, MANFRED (Hrsg.), Gott mehr gehorchen. Kolloquium zum 80. Geburtstag von Karl Steinbauer, München 1986
MÜLLER, CHRISTINE-RUTH, Dietrich Bonhoeffers Kampf gegen die nationalsozialistische Verfolgung und Vernichtung der Juden, München 1990
NORDEN, GÜNTHER VAN, Der deutsche Protestantismus im Jahr der nationalsozialistischen Machtergreifung, Gütersloh 1979
NORDEN, GÜNTHER VAN/SCHOENBORN, GERHARD/WITTMÜTZ, VOLKER (Hrsg.), Wir verwerfen die falsche Lehre. Arbeits- und Lesebuch zur Barmer Theologischen Erklärung und zum Kirchenkampf, Wuppertal-Barmen 1984
NORDEN, GÜNTHER VAN/WITTMÜTZ, VOLKMAR (Hrsg.), Evangelische Kirche im Zweiten Weltkrieg, Köln 1991
OEHME, WERNER, Märtyrer der evangelischen Christenheit 1933–1945, Berlin (Ost) 1980
PROLINGHEUER, HANS, Der ungekämpfte Kirchenkampf 1939–1945. Das politische Versagen der Bekennenden Kirche, Köln 1983
SCHERFFIG, WOLFGANG, Junge Theologen im Dritten Reich. Dokumente, Briefe, Erfahrungen, Neukirchen-Vluyn 1989
SCHMIDT, KURT DIETRICH (Hrsg.), Dokumente des Kirchenkampfes, 2 Bde., Göttingen 1964–1965
SCHOLDER, KLAUS, Die Kirchen und das Dritte Reich, 2 Bde., Frankfurt am Main u.a. 1977–1985
STEPHAN, HANS-ULRICH (Hrsg.), Das eine Wort für alle. Barmen 1934–1984. Eine Dokumentation, Neukirchen-Vluyn 1986
STROHM, CHRISTOPH, Theologische Ethik im Kampf gegen den Nationalsozialismus. Der Weg Dietrich Bonhoeffers mit dem Juristen Hans von Dohnanyi und Gerhard Leibholz in den Widerstand, München 1989
ZEHRER, KARL, Evangelische Freikirchen und das »Dritte Reich«, Göttingen 1986
ZIPFEL, FRIEDRICH, Kirchenkampf in Deutschland 1933–1945, Berlin 1965

b) *Katholische Kirche*

ALBRECHT, DIETER (Hrsg.), Katholische Kirche im Dritten Reich. Eine Aufsatzsammlung zum Verhältnis von Papsttum, Episkopat und deutschen Katholiken zum Nationalsozialismus 1933–1945, Mainz 1976
ARETZ, JÜRGEN/MORSEY, RUDOLF/RAUSCHER, ANTON (Hrsg.), Zeitgeschichte in Lebensbildern. Aus dem deutschen Katholizismus des 19. und 20. Jahrhunderts, 6 Bde., Mainz 1975–1984
BINDER, GERHART, Irrtum und Widerstand. Die deutschen Katholiken in der Auseinandersetzung mit dem Nationalsozialismus, München 1968
BLEISTEIN, ROMAN (Hrsg.), Augustin Rösch. Kampf gegen den Nationalsozialismus, Frankfurt am Main 1985
DENZLER, GEORG/FABRICIUS, VOLKER (Hrsg.), Christen und Nationalsozialisten. Darstellung und Dokumente, Frankfurt am Main 1993
GOTTO, KLAUS/REPGEN, KONRAD (Hrsg.), Kirche, Katholiken und Nationalsozialismus, Mainz 1980

HOCKERTS, HANS GÜNTER, Die Sittlichkeitsprozesse gegen katholische Ordensangehörige und Priester 1936/1937. Eine Studie zur nationalsozialistischen Herrschaftstechnik und zum Kirchenkampf, Mainz 1971

HÜRTEN, HEINZ, Deutsche Katholiken 1918–1945, Paderborn u. a. 1992

HÜRTEN, HEINZ, Verfolgung, Widerstand und Zeugnis. Kirche im Nationalsozialismus. Fragen eines Historikers, Mainz 1987

KEMPNER, BENEDICTA MARIA, Priester vor Hitlers Tribunalen, München 1966

KNAUFT, WOLFGANG, Unter Einsatz des Lebens. Das Hilfswerk beim Bischöflichen Ordinariat Berlin für katholische »Nichtarier« 1938–1945, Berlin 1988

KRINGELS-KEMEN, MONIKA/LEMHÖFER, LUDWIG (Hrsg.), Katholische Kirche und NS-Staat. Aus der Vergangenheit lernen?, Frankfurt am Main 1981

LEWY, GUENTER, Die Katholische Kirche und das Dritte Reich, München 1965

NEUHÄUSLER, JOHANN, Kreuz und Hakenkreuz. Der Kampf des Nationalsozialismus gegen die katholische Kirche und der kirchliche Widerstand, München 1946[2]

REICHHOLD, ANSELM, Die deutsche katholische Kirche zur Zeit des Nationalsozialismus (1933–1945) unter besonderer Berücksichtigung der Hirtenbriefe, Predigten und sonstigen Kundgebungen der deutschen katholischen Bischöfe, St. Ottilien 1992

REPGEN, KONRAD, Katholizismus und Nationalsozialismus: Zeitgeschichtliche Interpretationen und Probleme, Köln 1983

REUTTER, LUTZ EUGEN, Die Hilfstätigkeit katholischer Organisationen und kirchlicher Stellen für die im nationalsozialistischen Deutschland Verfolgten, Diss.phil. Hamburg 1969

STASIEWSKI, BERNHARD/VOLK, LUDWIG (Hrsg.), Akten deutscher Bischöfe über die Lage der Kirche 1933–1945, Mainz 1968ff.

VOLK, LUDWIG, Katholische Kirche und Nationalsozialismus, Mainz 1987

c) *Religiöse Gemeinschaften*

DARTON, LAWRENCE, An Account of the Work of the Friends Comittee for Refugees and Aliens. First Known as the Germany Emergency Comittee of the Society of Friends, London 1954

GARBE, DETLEF, Zwischen Widerstand und Martyrium. Die Zeugen Jehovas im Dritten Reich, München 1993

IMBERGER, ELKE, Widerstand »von unten«. Widerstand und Dissens aus den Reihen der Arbeiterbewegung und der Zeugen Jehovas in Lübeck und Schleswig-Holstein 1933–1945, Neumünster 1991

KATER, MICHAEL, Die Ernsten Bibelforscher im Dritten Reich, in: Vierteljahrshefte für Zeitgeschichte, 17 (1969), S. 181–218

KENWORTHY, LEONARD S., An American Quaker inside Nazi Germany. Another Dimension of the Holocaust, Washington 1982

KING, CHRISTINE E., Strategies for survival. An examination of the history of five christian sects in Germany 1933–45, in: Journal of Contemporary History, 14 (1979), S. 211–233

OTTO, HEINRICH, Werden und Wesen des Quäkertums und seine Entwicklung in Deutschland, Wien 1972

Seadle, Michael, Quakerism in Germany. Response to Hitler, Diss. Chicago 1977
Strahm, Herbert, Die Bischöfliche Methodistenkirche im Dritten Reich, Stuttgart 1989

Widerstand aus politischen Grundüberzeugungen

Matthias, Erich/Morsey, Rudolf (Hrsg.), Das Ende der Parteien 1933, Bonn 1960
Schumacher, Martin (Hrsg.), M.d.R. Die Reichstagsabgeordneten der Weimarer Republik in der Zeit des Nationalsozialismus. Politische Verfolgung, Emigration und Ausbürgerung 1933–1945, Düsseldorf 1991
Werner, Robert, Der Jungdeutsche Orden im Widerstand 1933–1945, München 1980

a) Liberalismus

Benz, Wolfgang, Eine liberale Widerstandsgruppe und ihre Ziele. Hans Robinsohns Denkschrift aus dem Jahre 1939, in: Vierteljahrshefte für Zeitgeschichte, 29 (1981), S. 437–471
Dahrendorf, Ralf, Deutschland und die Liberalen 1933 und 1983, in: Liberal, 25 (1983), S. 227–231
Sassin, Horst R., Liberale im Widerstand. Die Robinsohn-Strassmann-Gruppe 1934–1942, Hamburg 1993
Sassin, Horst R., Liberals of Jewish Background in the Anti-Nazi Resistance, in: Leo Baeck Institute, Year Book, 37 (1992), S. 381–396
Sassin, Horst R., Widerstand, Verfolgung und Emigration Liberaler 1933–1945, Bonn 1983
Stephan, Werner, Aufstieg und Verfall des Linksliberalismus 1918–1933. Geschichte der Deutschen Demokratischen Partei, Göttingen 1973

b) Politischer Konservatismus

Blumenberg-Lampe, Christine, Das wirtschaftliche Programm der »Freiburger Kreise«. Entwurf einer freiheitlich-sozialen Nachkriegswirtschaft. Nationalökonomen gegen den Nationalsozialismus, Berlin 1973
Gerbet, Klaus, Carl-Hans Graf von Hardenberg. 1891–1958. Ein preußischer Konservativer in Deutschland, Berlin 1993
Hammersen, Nicolai, Politisches Denken im deutschen Widerstand. Ein Beitrag zur Wirkungsgeschichte neokonservativer Ideologien 1914–1944, Berlin 1993
Hohmann, Friedrich Gerhard (Hrsg.), Deutsche Patrioten im Widerstand. 1933–1945. Paul Lejeune-Jung, Theodor Roeingh, Josef Wirmer, Georg Frhr. von Boeselager. Ein Gedenkbuch der Stadt Paderborn, Paderborn 1986
Jones, Larry Eugene, The Limits of Collaboration. Edgar Jung, Herbert von Bose and the Origins of the Conservative Resistance to Hitler 1933–34, in: Jones, Larry E./Retallack, James (Hrsg.), Between Reform, Reaction and Resistance. Studies in the History of German Conservatism from 1789 to 1945, Providence R.I.-Oxford 1993, S. 465–501

KLAUSA, EKKEHARD, Vom Bündnispartner zum »Hochverräter«. Der Weg des konservativen Widerstandskämpfers Ferdinand von Lüninck, in: Westfälische Forschungen, 43 (1993), S. 530–571

SCHEURIG, BODO, Ewald von Kleist-Schmenzin. Ein Konservativer gegen Hitler, Oldenburg 1968

SCHOLDER, KLAUS (Hrsg.), Die Mittwochs-Gesellschaft. Protokolle aus dem geistigen Deutschland, Berlin 1982

c) *Politischer Katholizismus*

ACKERMANN, KONRAD, Der Widerstand der Monatszeitschrift Hochland gegen den Nationalsozialismus, München 1965

ARETZ, JÜRGEN/MORSEY, RUDOLF/RAUSCHER, ANTON (Hrsg.), Zeitgeschichte in Lebensbildern. Aus dem deutschen Katholizismus des 19. und 20. Jahrhunderts, 6 Bde., Mainz 1975–1984

BREUNING, KLAUS, Die Vision des Reiches. Deutscher Katholizismus zwischen Demokratie und Diktatur (1929–1934), München 1969

BUCHSTAB, GÜNTER/KAFF, BRIGITTE/KLEINMANN, HANS-OTTO, Verfolgung und Widerstand 1933–1945. Christliche Demokraten gegen Hitler, Düsseldorf 1986

GOTTO, KLAUS, Die Wochenzeitung Junge Front/Michael. Eine Studie zum katholischen Selbstverständnis und zum Verhalten der jungen Kirche gegenüber dem Nationalsozialismus, Mainz 1970

HETTLER, FRIEDRICH HERRMANN, Josef Müller. Mann des Widerstandes und erster CSU-Vorsitzender, München 1991

KÖHLER, JOACHIM, Christentum und Politik. Dokumente des Widerstands. Zum 40. Jahrestag der Hinrichtung des Zentrumspolitikers und Staatspräsidenten Eugen Bolz am 23. Januar 1945, Sigmaringen 1985

MORSEY, RUDOLF, Der Untergang des politischen Katholizismus. Die Zentrumspartei zwischen christlichem Selbstverständnis und nationaler Erhebung 1932/33, Stuttgart 1977

MORSEY, RUDOLF, Christliche Demokraten in Emigration und Widerstand 1933–1945, Köln 1987

MORSEY, RUDOLF/SCHWARZ, HANS-PETER (Hrsg.), Adenauer im Dritten Reich, Berlin 1991

d) *Kreisauer Kreis*

BLEISTEIN, ROMAN (Hrsg.), Dossier: Kreisauer Kreis. Dokumente aus dem Widerstand gegen den Nationalsozialismus. Aus dem Nachlaß von Lothar König S.J., Frankfurt am Main 1987

FINKER, KURT, Graf Moltke und der Kreisauer Kreis, Berlin 1993[2]

MALONE, HENRY O., Adam von Trott zu Solz. Werdegang eines Verschwörers 1909–1938, Berlin 1986

MOLTKE, ALBRECHT VON, Die wirtschafts- und gesellschaftspolitischen Vorstellungen des Kreisauer Kreises innerhalb der deutschen Widerstandsbewegung, Diss.phil. Köln 1989

MOLTKE, FREYA VON/BALFOUR, MICHAEL/FRISBY, JULIAN, Helmuth von Moltke 1907–1945, Stuttgart 1975

MOLTKE, HELMUTH JAMES VON, Letzte Briefe aus dem Gefängnis Tegel, Berlin 1963[9]

MOLTKE-STIFTUNG BERLIN (Hrsg.), Moltke Almanach, Bd. 1: Die Herkunft der Mitglieder des engeren Kreisauer Kreises – Das biographische und genealogische Bild einer Widerstandsgruppe, Berlin o.J. ⟨1984⟩

ROON, GER VAN, Neuordnung im Widerstand. Der Kreisauer Kreis innerhalb der deutschen Widerstandsbewegung, München 1967

ROON, GER VAN (Hrsg.), Helmuth James Graf von Moltke. Völkerrecht im Dienste der Menschen. Dokumente, Berlin 1986

ROON, GER VAN, Der Kreisauer Kreis und das Ausland, in: Aus Politik und Zeitgeschichte, B 50/86, S. 31–46

RUHM VON OPPEN, BEATE (Hrsg.), Helmuth James von Moltke. Briefe an Freya 1939–1945, München 1988

SYKES, CHRISTOPHER, Adam von Trott. Eine deutsche Tragödie, Köln 1969

WINTERHAGER, WILHELM ERNST (Bearb.), Der Kreisauer Kreis. Porträt einer Widerstandsgruppe. Begleitband zu einer Ausstellung der Stiftung Preußischer Kulturbesitz, Mainz 1985

WINTERHAGER, WILHELM ERNST, Politischer Weitblick und moralische Konsequenz. Der Kreisauer Kreis in seiner Bedeutung für die deutsche Zeitgeschichte, in: Geschichte in Wissenschaft und Unterricht, 38 (1987), S. 402–417

Umsturzversuche und militärische Opposition 1937 bis 1943

ALBRECHT, ULRIKE, Das Attentat. Über Johann Elser und das Attentat auf Hitler im Bürgerbräukeller am 8. November 1939, München 1987

BLASIUS, RAINER A., Für Großdeutschland – gegen den großen Krieg. Ernst von Weizsäcker in den Krisen über die Tschechoslowakei und Polen, Köln–Wien 1981

CHOWANIEC, ELISABETH, Der »Fall Dohnanyi« 1943–1945. Widerstand, Militärjustiz, SS-Willkür, München 1991

DEUTSCH, HAROLD C., Verschwörung gegen den Krieg. Der Widerstand in den Jahren 1939–1940, Frankfurt am Main u. a. 1969

DEUTSCH, HAROLD C., Das Komplott oder die Entmachtung der Generale, [o.O.] 1974

DÖSCHER, HANS JÜRGEN, Das Auswärtige Amt im Dritten Reich. Diplomatie im Schatten der »Endlösung«, Berlin 1987

DULLES, ALLEN WELSH, Verschwörung in Deutschland, Kassel 1949

GEORG-ELSER-ARBEITSKREIS HEIDENHEIM, Georg Elser, Heidenheim 1989

HARTMANN, CHRISTIAN, Halder. Generalstabschef Hitlers von 1938–1942, Paderborn 1991

HILL, LEONIDAS E. (Hrsg.), Die Weizsäcker-Papiere, 2 Bde., Frankfurt am Main u. a. 1974–1982
HILLER VON GAERTRINGEN, FREIHERR VON (Hrsg.), Ulrich von Hassell. Die Hassell-Tagebücher 1938–1944. Aufzeichnungen vom Andern Deutschland, Berlin 1988
HÖHNE, HEINZ, Canaris. Patriot im Zwielicht, München 1976
KLEMPERER, KLEMENS VON, German Resistance Against Hitler. The Search for the Allies Abroad, Oxford 1992
KLEMPERER, KLEMENS VON, Die verlassenen Verschwörer. Der deutsche Widerstand auf der Suche nach Verbündeten 1938–1945, Berlin 1994
KRAUSNICK, HELMUT/DEUTSCH, HAROLD C. (Hrsg.), Helmuth Groscurth. Tagebücher eines Abwehroffiziers 1938–1940. Mit weiteren Dokumenten zur Militäropposition gegen Hitler, Stuttgart 1970
MEEHAN, PATRICIA, The Unnecessary War. Whitehall and the German Resistance to Hitler, London 1992
MESSERSCHMID, MANFRED, Militärgeschichtliche Aspekte der Entwicklung des deutschen Nationalstaates, Düsseldorf 1989
MEYER, WINFRIED, Unternehmen Sieben. Eine Rettungsaktion für vom Holocaust Bedrohte aus dem Amt Ausland/Abwehr im Oberkommando der Wehrmacht, Frankfurt am Main 1993
MILITÄRGESCHICHTLICHES FORSCHUNGSAMT (Hrsg.), Aufstand des Gewissens. Militärischer Widerstand gegen Hitler und das NS-Regime 1933–1945, Herford–Bonn 1984
MÜLLER, KLAUS-JÜRGEN, Das Heer und Hitler. Armee und nationalsozialistisches Regime 1933–1940, Stuttgart 1969
MÜLLER, KLAUS-JÜRGEN, Militär, Politik und Gesellschaft in Deutschland 1933–1945, Paderborn 1984[4]
SAHM, ULRICH, Rudolf von Scheliha 1897–1942. Ein deutscher Diplomat gegen Hitler, München 1990
SCHEURIG, BODO, Henning von Tresckow. Eine Biographie, Oldenburg–Hamburg 1973[2]
SCHLABRENDORFF, FABIAN VON, Offiziere gegen Hitler, Frankfurt am Main 1962
SCHWERIN, DETLEF GRAF VON, »Dann sind's die besten Köpfe, die man henkt.« Die junge Generation im deutschen Widerstand, München–Zürich 1991
STEINBACH, PETER (Hrsg.), Albrecht von Kessel. Verborgene Saat. Aufzeichnungen aus dem Widerstand 1933 bis 1945, Berlin 1992
THIELENHAUS, MARION, Zwischen Anpassung und Widerstand. Deutsche Diplomaten 1938–1941. Die politischen Aktivitäten der Beamtengruppe um Ernst von Weizsäcker im Auswärtigen Amt, Paderborn 1984
THUN-HOHENSTEIN, ROMEDIO GALEAZZO GRAF VON, Der Verschwörer. General Oster und die Militäropposition, Berlin 1982
UEBERSCHÄR, GERD R., Generaloberst Franz Halder. Generalstabschef, Gegner und Gefangener Hitlers, Göttingen–Zürich 1991
URNER, KLAUS, Der Schweizer Hitler-Attentäter. Drei Studien zum Widerstand und seinen Grenzbereichen, Stuttgart–Frauenfeld 1980
YOUNG, A. P., Die X-Dokumente. Die geheimen Kontakte Carl Goerdelers mit der britischen Regierung 1938/1939, München–Zürich 1989

Der Umsturzversuch vom 20. Juli 1944

Buchheit, Gert, Ludwig Beck – ein preußischer General, München 1964

Bücheler, Heinrich, Hoepner. Ein deutsches Soldatenschicksal des zwanzigsten Jahrhunderts, Herford 1980

Bücheler, Heinrich, Carl-Heinrich von Stülpnagel. Soldat – Philosoph – Verschwörer, Berlin 1989

Dönhoff, Marion Gräfin, Um der Ehre Willen, Berlin 1994

Ehlers, Dieter, Technik und Moral einer Verschwörung: 20. Juli 1944, Frankfurt am Main–Bonn 1964

Finker, Kurt/Busse, Annerose, Stauffenberg und der 20. Juli 1944, Berlin (Ost) 1984[6]

Foerster, Wolfgang, Generaloberst Ludwig Beck. Sein Kampf gegen den Krieg. Aus den nachgelassenen Papieren des Generalstabschefs, München 1953

Heinemann, Ulrich, Ein konservativer Rebell. Fritz-Dietlof Graf von der Schulenburg und der 20. Juli, Berlin 1990

Hoffmann, Peter, Claus Schenk Graf von Stauffenberg und seine Brüder, Stuttgart 1992

Hoffmann, Peter, Die Sicherheit des Diktators. Hitlers Leibwachen, Schutzmaßnahmen, Residenzen, Hauptquartiere, München–Zürich 1975

Hoffmann, Peter, Widerstand gegen Hitler und das Attentat vom 20. Juli 1944. Probleme des Umsturzes, München–Zürich 1984[2]

Hoffmann, Peter, Widerstand – Staatsstreich – Attentat. Der Kampf der Opposition gegen Hitler, München 1985[4]

Jacobsen, Hans-Adolf (Hrsg.), »Spiegelbild einer Verschwörung«. Die Opposition gegen Hitler und der Staatsstreich vom 20. Juli 1944 in der SD-Berichterstattung. Geheime Dokumente aus dem ehemaligen Reichssicherheitshauptamt, 2 Bde., Stuttgart-Degerloch 1984

Klemperer, Klemens von/Syring, Enrico/Zitelmann, Rainer (Hrsg.), »Für Deutschland.« Die Männer des 20. Juli, Berlin 1994

Korte, Detlef, »Aktion Gewitter« in Schleswig-Holstein, in: Jahrbuch für Arbeiterbewegung und Demokratie in Schleswig-Holstein, Bd. 3, Kiel 1988, S. 512ff.

Kramarz, Joachim, Claus Graf von Stauffenberg. 15. November 1907–20. Juli 1944. Das Leben eines Offiziers, Frankfurt am Main 1965

Lill, Rudolf/Oberreuter, Heinrich (Hrsg.), 20. Juli – Portraits des Widerstands, Düsseldorf–Wien 1984

Melnikow, Daniil, Der 20. Juli 1944. Legende und Wirklichkeit, Hamburg 1968

Mommsen, Hans, Fritz-Dietlof Graf von der Schulenburg und die preußische Tradition, in: Vierteljahrshefte für Zeitgeschichte, 32 (1984), S. 213–239

Müller, Christian, Oberst i. G. Stauffenberg. Eine Biographie, Düsseldorf 1970

Müller, Klaus-Jürgen, General Ludwig Beck. Studien und Dokumente zur politisch-militärischen Vorstellungswelt und Tätigkeit des Generalstabschefs des deutschen Heeres 1933–1938, Boppard 1980

Müller, Klaus-Jürgen, 20. Juli 1944: Der Entschluß zum Staatsstreich, Berlin 1985

Page, Helena P., General Friedrich Olbricht. Ein Mann des 20. Juli, Bonn–Berlin 1992

Reynolds, Nicholas, Beck – Gehorsam und Widerstand. Das Leben des deutschen Generalstabschefs 1935–1938, Wiesbaden–München 1977

Ritter, Gerhard, Carl Goerdeler und die deutsche Widerstandsbewegung, Stuttgart 1984[4]

Royce, Hans/Zimmermann, Erich/Jacobsen, Hans-Adolf (Bearb.), 20. Juli 1944, Bonn 1964[3]

Scheurig, Bodo, Claus Graf von Stauffenberg, Berlin 1964

Scheurig, Bodo, Henning von Tresckow. Eine Biographie, Oldenburg – Hamburg 1973[2]

Schramm, Wilhelm von (Hrsg.), Beck und Goerdeler. Gemeinschaftsdokumente für den Frieden 1941–1944, München 1965

Schramm, Wilhelm von, Aufstand der Generale. Der 20. Juli 1944 in Paris, München 1978

Schultz, Hans J. (Hrsg.), Der zwanzigste Juli. Alternative zu Hitler?, Stuttgart – Berlin 1974

Schwerin, Detlef Graf von, Die Jungen des 20. Juli 1944. Brücklmeier, Kessel, Schulenburg, Schwerin, Wussow, Yorck, Berlin 1991

Voss, Rüdiger von/Neske, Günther, 20. Juli 1944. Annäherung an den geschichtlichen Augenblick, Pfullingen 1984

Wegner-Korfes, Sigrid, Friedrich Werner Graf von der Schulenburg. Botschafter Nazideutschlands und Mitverschwörer des 20. Juli 1944, in: Groehler, Olaf (Hrsg.), Alternativen. Schicksale deutscher Bürger, Berlin (Ost) 1987, S. 231–270

Zeller, Eberhard, Geist der Freiheit. Der 20. Juli, München 1963

Zeller, Eberhard, Oberst Claus Graf Stauffenberg. Ein Lebensbild. Mit einer Einführung von Peter Steinbach, Paderborn 1994

Widerstand im Krieg

a) Dissens und Verweigerung im Nationalsozialismus

Behnken, Klaus (Hrsg.), Deutschlandberichte der SOPADE, 6 Bde., Frankfurt am Main 1980

Beuys, Barbara, Vergeßt uns nicht. Menschen im Widerstand 1933–1945, Reinbek 1987

Boberach, Heinz (Hrsg.), Meldungen aus dem Reich. Die geheimen Lageberichte des Sicherheitsdienstes der SS 1938–1945, 17 Bde., Herrsching 1984

Borsdorf, Ulrich/Jamin, Mathilde (Hrsg.), Überleben im Krieg. Kriegserfahrungen in einer Industrieregion 1939–1945, Reinbek 1989

Faust, Anselm (Hrsg.), Verfolgung und Widerstand im Rheinland und in Westfalen 1933–1945, Köln u. a. 1992

Focke, Harald/Reimer, Uwe, Alltag unterm Hakenkreuz. Wie die Nazis das Leben der Deutschen veränderten, Reinbek 1979

Focke, Harald/Reimer, Uwe, Alltag der Entrechteten. Wie die Nazis mit ihren Gegnern umgingen, Reinbek 1980

Focke, Harald/Strocka, Monika, Alltag der Gleichgeschalteten. Wie die Nazis Kirche, Kultur, Justiz und Presse braun färbten, Reinbek 1985

Galinski, Dieter/Schmidt, Wolf (Hrsg.), Die Kriegsjahre in Deutschland 1939–1945. Ergebnisse und Anregungen aus dem Schülerwettbewerb Deutsche Geschichte um den Preis des Bundespräsidenten 1982/83, Hamburg 1985

Herlemann, Beatrix, Der Bauer klebt am Hergebrachten. Bäuerliche Verhaltensweisen unterm Nationalsozialismus auf dem Gebiet des heutigen Landes Niedersachsen, Hannover 1993

Hübner, Irene u. a. (Hrsg.), Unser Widerstand. Deutsche Frauen und Männer berichten über ihren Kampf gegen die Nazis, Frankfurt am Main 1982

Imberger, Elke, Widerstand »von unten«. Widerstand und Dissens aus den Reihen der Arbeiterbewegung und der Zeugen Jehovas in Lübeck und Schleswig-Holstein 1933–1945, Neumünster 1991

Kershaw, Ian, Der Hitler-Mythos. Volksmeinung und Propaganda im Dritten Reich, Stuttgart 1980

Kiersch, Gerhard u. a., Berliner Alltag im Dritten Reich, Düsseldorf 1981

Langbein, Hermann, ... nicht wie die Schafe zur Schlachtbank. Widerstand in den nationalsozialistischen Konzentrationslagern 1938–1945, Frankfurt am Main 1980

Mallmann, Klaus-Michael/Paul, Gerhard, Widerstand und Verweigerung im Saarland 1933–1945, Bd. 1: Das zersplitterte Nein. Saarländer gegen Hitler, Bonn 1989; Bd. 2: Herrschaft und Alltag. Ein Industrierevier im Dritten Reich, Bonn 1991; Bd. 3: Milieu und Widerstand, Bonn 1994

Mann, Reinhard, Protest und Kontrolle im Dritten Reich. Nationalsozialistische Herrschaft im Alltag einer rheinischen Großstadt, Frankfurt am Main–New York 1987

Marßolek, Inge/Ott, René, Bremen im Dritten Reich. Anpassung – Widerstand – Verfolgung, Bremen 1986

Mommsen, Hans/Willems, Susanne (Hrsg.), Herrschaftsalltag im Dritten Reich, Düsseldorf 1988

Morsch, Günter, Arbeit und Brot. Studien zu Lage, Stimmung, Einstellung und Verhalten der deutschen Arbeiterschaft 1933–1945, Bern 1993

Mosse, George L., Der nationalsozialistische Alltag. So lebte man unter Hitler, Königstein 1978

Niethammer, Lutz/Plato, Alexander von (Hrsg.), Lebensgeschichte und Sozialkultur im Ruhrgebiet 1930–1960, Bd. 1: Die Jahre weiß man nicht, wo man die heute hinsetzen soll. Faschismuserfahrungen im Ruhrgebiet, Berlin u. a. 1986[2]

Peukert, Detlev, Volksgenossen und Gemeinschaftsfremde. Anpassung, Ausmerze und Aufbegehren unter dem Nationalsozialismus, Köln 1982

Pingel, Falk, Häftlinge unter SS-Herrschaft. Widerstand, Selbstbehauptung und Vernichtung im Konzentrationslager, Hamburg 1978

Steinert, Marlies G., Hitlers Krieg und die Deutschen. Stimmung und Haltung der deutschen Bevölkerung im Zweiten Weltkrieg, Düsseldorf–Wien 1970

Ueberschär, Gerd R., Gegner des Nationalsozialismus. Volksopposition, individuelle Gewissensentscheidung und Rivalitätskampf konkurrierender Führungseliten als Aspekte der Literatur über Emigration und Widerstand im Dritten Reich zwischen dem 35. und dem 40. Jahrestag des 20. Juli 1944, in: Militärgeschichtliche Mitteilungen, 35 (1984), S. 141–196

Vollmer, Bernhard (Hrsg.), Volksopposition im Polizeistaat. Gestapo- und Regierungsberichte 1934–1936, Stuttgart 1957

b) Frauenwiderstand und -dissens

BENZ, UTE (Hrsg.), Frauen im Nationalsozialismus. Dokumente und Zeugnisse, München 1993

BENZ, WOLFGANG/DISTEL, BARBARA (Hrsg.), Frauen – Verfolgung und Widerstand (= Dachauer Hefte 3), München 1987

BERGER, KARIN u. a. (Hrsg.), Der Himmel ist blau. Kann sein. Frauen im Widerstand. Österreich 1938–1945, Wien 1985

BERGER, KARIN u. a. (Hrsg.), »Ich geb Dir einen Mantel, daß Du ihn noch in Freiheit tragen kannst.« Widerstehen im KZ. Österreichische Frauen erzählen, Wien 1987

BÖHM, URSULA, Kinderkriegen und Granatendrehen. Frauen im Nationalsozialismus, in: Borries, Bodo von/Kuhn, Annette (Hrsg.), Frauen in der Geschichte VIII: Zwischen Muttergottheiten und Männlichkeitswahn, Düsseldorf 1986, S. 153–202

BRIDENTHAL, RENATE/GROSSMANN, ATINA/KAPLAN, MARION (Hrsg.), When Biology became Destiny. Women in Weimar and Nazi Germany, New York 1984

COBURGER, MARLIES, Die Frauen der Roten Kapelle, in: Coppi, Hans/Danyel, Jürgen/Tuchel, Johannes (Hrsg.), Die Rote Kapelle im Widerstand gegen den Nationalsozialismus, Berlin 1994

ERHART, HANNELORE, Theologinnen in Kirche und Gemeinde im Zweiten Weltkrieg – das Beispiel Katharina Staritz, in: Norden, Günther van/Wittmütz, Volkmar (Hrsg.), Evangelische Kirche im Zweiten Weltkrieg, Köln 1991, S. 167–189

GRIEBEL, REGINA, Die weibliche Seite des Widerstands: Cato Bontjes van Beek, in: Schilde, Kurt (Hrsg.), Eva Maria Buch und die »Rote Kapelle«, Berlin 1992, S. 128–134

JACOBEIT, SIGRID/THOMS-HEINRICH, LIESELOTTE, Kreuzweg Ravensbrück. Lebensbilder antifaschistischer Widerstandskämpferinnen, Leipzig 1987

KAISER, JOSEF, »Lösch nie die Spuren.« Frauen leisten Widerstand 1933–1945, Neustadt 1988

KANNONIER, WALTRAUD, Zwischen Exil und Selbstbehauptung. Frauen – Leben im Exil, Linz 1989

KEMPNER, BENEDICTA MARIA, Nonnen unter dem Hakenkreuz. Leiden – Heldentum – Tod, Würzburg 1980

KERSCHBAUMER, MARIE-THÉRÈS, Der weibliche Name des Widerstandes. Sieben Berichte, Freiburg 1980

KLAUSENER, ERICH, Frauen in Fesseln. Hoffnung in der Finsternis. Von Mut und Opfer katholischer Frauen im Dritten Reich, Berlin 1982

KOONZ, CLAUDIA, Mütter im Vaterland, Freiburg 1991

KREIS, GABRIELE, Frauen im Exil. Dichtung und Wirklichkeit, Düsseldorf 1984

KUHN, ANNETTE/ROTHE, VALENTINE, Frauen im deutschen Faschismus, Bd. 2: Frauenarbeit und Frauenwiderstand im NS-Staat, Düsseldorf 1982

MEDING, DOROTHEE VON, Mit dem Mut des Herzens. Die Frauen des 20. Juli, Berlin 1992

MITTAG, GABRIELE (Hrsg.), Gurs. Deutsche Emigrantinnen im französischen Exil, Berlin 1990

NISSEN, URSULA, Töchter-Fragen zum Widerstand, in: Gravenhorst, Lerke/Tatschmurat, Carmen (Hrsg.), Töchter-Fragen-NS-Frauen-Geschichte, Freiburg 1990, S. 325–330

Oleschinski, Brigitte, »Daß das Menschen waren, nicht Steine ...« Hilfsnetze katholischer Frauen für verfolgte Juden im Dritten Reich, in: Zeitgeschichte, 17 (1990), S. 395–416

Schefer, Gitte, Wo Unterdrückung ist, da ist Widerstand. Frauen gegen Faschismus und Krieg, in: Frauengruppe Faschismusforschung (Hrsg.), Mutterkreuz und Arbeitsbuch. Zur Geschichte der Frauen in der Weimarer Republik und im Nationalsozialismus, Frankfurt am Main 1981, S. 273–291

Schröder, Beate/Nützel, Gerdi (Hrsg.), Die Schwestern mit der roten Karte. Gespräche mit Frauen aus der Bekennenden Kirche, Berlin 1992

See, Wolfgang/Weckerling, Rudolf, Frauen im Kirchenkampf. Beispiele aus der Bekennenden Kirche Berlin-Brandenburg 1933 bis 1945, Berlin 1985

Strobl, Ingrid, »Sag nie, du gehst den letzten Weg.« Frauen im bewaffneten Widerstand gegen Faschismus und deutsche Besatzung, Frankfurt am Main 1989

Szepansky, Gerda (Hrsg.), Frauen leisten Widerstand 1933–1945. Lebensgeschichten nach Interviews und Dokumenten, Frankfurt am Main 1983

Thalmann, Rita, Frausein im Dritten Reich, München–Wien 1984

Von der Lühe, Irmgard, Elisabeth von Thadden. Ein Schicksal unserer Zeit, Düsseldorf–Köln 1966

Wickert, Christl, Frauen im Hintergrund. Das Beispiel von Kommunistinnen und Bibelforscherinnen, in: Grebing, Helga/Wickert, Christl (Hrsg.), Das »andere Deutschland« im Widerstand gegen den Nationalsozialismus, Essen 1994, S. 200–225

Wickert, Christl, Frauenwiderstand? Überlegungen zu einem vernachlässigten Thema am Beispiel Düsseldorfs und Essens, in: Faust, Anselm (Hrsg.), Verfolgung und Widerstand im Rheinland und in Westfalen 1933–1945, Köln u. a. 1992, S. 101–113

Wickert, Christl (Hrsg.), Frauen gegen die Diktatur – Widerstand und Verfolgung im nationalsozialistischen Deutschland, Berlin 1994

c) Jugendopposition und Jugendwiderstand

Angress, Werner T., Generation zwischen Furcht und Hoffnung. Jüdische Jugend im Dritten Reich, Hamburg 1985

Behrens-Cobet, Heidi (Hrsg.), Rote Jugend im schwarzen Revier. Bilder aus der Geschichte der Essener Arbeiterjugendbewegung, Essen 1989

Beilmann, Christel, Eine katholische Jugend in Gottes und dem Dritten Reich. Briefe, Berichte, Gedrucktes 1930–1945, Kommentare 1988/89, Wuppertal 1989

Breyvogel, Wilfried, Jugendwiderstand im Nationalsozialismus. Ein Überblick, in: Ringshausen, Gerhard (Hrsg.), Perspektiven des Widerstands. Der Widerstand im Dritten Reich und seine didaktische Erschließung, Obererlenbach 1994

Breyvogel, Wilfried (Hrsg.), Piraten, Swings und Junge Garde. Jugendwiderstand im Nationalsozialismus, Bonn 1991

Breyvogel, Wilfried/Krüger, Hans-Hermann (Hrsg.), Land der Hoffnung, Land der Krise. Jugendkulturen im Ruhrgebiet 1900–1987, Bonn 1987

Buscher, Paulus, Das Stigma. »Edelweiß-Pirat«, Koblenz 1988

DEUTSCHE PFADFINDERSCHAFT ST. GEORG (Hrsg.), Würzburger Georgspfadfinder in schwerer Zeit 1933–1945. Fred Joseph – Weg eines Leiters, Würzburg 1983

HELLFELD, MATTHIAS VON, Bündische Jugend und Hitlerjugend. Zur Geschichte von Anpassung und Widerstand 1930–1939, Köln 1987

HELLFELD, MATTHIAS VON, Davongekommen! Erwachsenwerden im Holocaust, Frankfurt am Main 1990

HELLFELD, MATTHIAS VON, Edelweißpiraten in Köln. Jugendrebellion gegen das Dritte Reich. Das Beispiel Köln-Ehrenfeld, Köln 1983[2]

HELLFELD, MATTHIAS VON/KLÖNNE, ARNO, Die betrogene Generation. Jugend in Deutschland unter dem Faschismus. Quellen und Dokumente, Köln 1985

HELMERS, GERRIT/KENKMANN, ALFONS, »Wenn die Messer blitzen und die Nazis flitzen ...« Der Widerstand von Arbeiterjugendcliquen und -banden in der Weimarer Republik und im ›Dritten Reich‹, Lippstadt 1984

HOFFMANN, KARL, Eine katholische Jugend zwischen Kirche und Welt. Studien zur Sturmschar des katholischen Jungmännerverbandes Deutschlands, Augsburg 1992

JAHNKE, KARL HEINZ, Jugend im Widerstand 1933–1945, Frankfurt am Main 1985

JAHNKE, KARL HEINZ (Hrsg.), Niemals vergessen! Aus dem antifaschistischen Widerstand der Studenten Europas, Berlin (Ost) 1959

JAHNKE, KARL HEINZ/BUDDRUS, MICHAEL, Deutsche Jugend 1933–1945. Eine Dokumentation, Hamburg 1989

JOVY, MICHAEL, Jugendbewegung und Nationalsozialismus. Zusammenhänge und Gegensätze. Versuch einer Klärung, Münster 1984

KLÖNNE, ARNO, Jugend im Dritten Reich. Die Hitler-Jugend und ihre Gegner. Dokumente und Analysen, Düsseldorf 1982

LERSNER, DIETER FREIHERR VON, Die evangelischen Jugendverbände Württembergs und die Hitler-Jugend 1933/1934, Göttingen 1958

NEISINGER, OSKAR, Flugblätter. Katholische Jugend im Widerstand gegen den Nationalsozialismus, Würzburg 1983

NEULAND, FRANZ/WERNER-CORDT, ALBRECHT (Hrsg.), Die Junge Garde. Arbeiterjugendbewegung in Frankfurt am Main 1904–1945, Gießen 1980

PEUKERT, DETLEV, Edelweißpiraten. Protestbewegungen jugendlicher Arbeiter im »Dritten Reich«, Köln 1988[3]

PIKARSKI, MARGOT, Jugend im Berliner Widerstand. Herbert Baum und Kampfgefährten, Berlin (Ost) 1984[2]

PRIEPKE, MANFRED, Die evangelische Jugend im Dritten Reich 1933–1936, Hannover– Frankfurt am Main 1960

ROTH, HEINRICH, Katholische Jugend in der NS-Zeit unter besonderer Berücksichtigung des Katholischen Jungmännerverbandes. Daten und Dokumente, Düsseldorf 1959

SCHELLENBERGER, BARBARA, Katholische Jugend und Drittes Reich, Mainz 1975

SCHILDE, KURT, Jugendorganisation und Jugendopposition in Berlin-Kreuzberg 1933–1945, Berlin 1983

SCHMID, MANFRED (Bearb.), Zeugnis für ein anderes Deutschland. Ehemalige Tübinger Studenten als Opfer des 20. Juli 1944, Tübingen 1984[2]

SCHWERSENZ, JIZCHAK/WOLFF, EDITH, Jüdische Jugend im Untergrund. Eine zionistische Gruppe in Deutschland während des Zweiten Weltkrieges, Tel Aviv 1969

SMIDT, UDO (Hrsg.), Dokumente evangelischer Jugendbünde, Stuttgart 1975
THEILEN, FRITZ, Edelweißpiraten, Frankfurt am Main 1984

d) Nationalkomitee »Freies Deutschland«

BERGMANN, KARL HANS, Die Bewegung »Freies Deutschland« in der Schweiz 1943–1945, München 1974

BLIEMBACH, EVA (Hrsg.), Flugblätter des Nationalkomitees »Freies Deutschland«, Wiesbaden 1989

BÖHME, KURT W., Die deutschen Kriegsgefangenen in sowjetischer Hand, München 1966

CARNES, JAMES DONALD, General zwischen Hitler und Stalin. Das Schicksal des Walther von Seydlitz, Düsseldorf 1980

DIESENER, GERALD, Die Propagandaarbeit der Bewegung »Freies Deutschland« in der Sowjetunion 1943–1945, Diss.phil., Leipzig 1988

DROBISCH, KLAUS (Hrsg.), Christen im Nationalkomitee »Freies Deutschland«, Berlin (Ost) 1973

DÜSEL, HANS H., Die Flugblätter des Nationalkomitees »Freies Deutschland« 1943–1945, Bad Aibling 1987

FRIESER, KARL-HEINZ, »Freies Deutschland.« Der »Krieg hinter Stacheldraht« in sowjetischen Gefangenenlagern, Herford 1989

FRIESER, KARL-HEINZ, Verrat hinter Stacheldraht. Die deutschen Kriegsgefangenen in der Sowjetunion und das Nationalkomitee Freies Deutschland, Mainz 1981

KIRCHNER, KLAUS, Flugblätter aus der UdSSR September-Dezember 1941, Erlangen 1988

KIRCHNER, KLAUS, Flugblätter aus der UdSSR 1941–1945. Front-Illustrierte, Erlangen 1990

KÜGELGEN, ELSE/KÜGELGEN, BERNT (Hrsg.), Die Front war überall. Erlebnisse und Berichte vom Kampf des Nationalkomitees »Freies Deutschland«, Berlin 1978[2]

PECH, KARLHEINZ, An der Seite der Resistance. Die Bewegung »Freies Deutschland« für den Westen in Frankreich (1943–1945), Berlin (Ost) 1987[2]

PETRICK, BIRGIT, »Freies Deutschland« – die Zeitung des Nationalkomitees »Freies Deutschland« (1943–1945). Eine kommunikationsgeschichtliche Untersuchung, München 1979

ROBEL, GERT, Die deutschen Kriegsgefangenen in der Sowjetunion, München 1974

SCHEURIG, BODO, Freies Deutschland. Das Nationalkomitee und der Bund Deutscher Offiziere in der Sowjetunion 1943–1945, Köln 1984

SCHEURIG, BODO, Verräter oder Patrioten. Das Nationalkomitee »Freies Deutschland« und der Bund deutscher Offiziere in der Sowjetunion 1943–1945, Berlin–Frankfurt am Main 1993 (Neuauflage)

SCHEURIG, BODO, Verrat hinter Stacheldraht? Das Nationalkomitee »Freies Deutschland« und der Bund Deutscher Offiziere in der Sowjetunion 1943–1945, München 1965

SCHOENHALS, KAI P., The Free Germany Movement. A case of patriotism or treason?, New York 1989

SEYDLITZ, WALTHER VON, Stalingrad. Konflikt und Konsequenz, Oldenburg–Hamburg 1977[2]

STEINBACH, PETER, Nationalkomitee Freies Deutschland und der Widerstand gegen den Nationalsozialismus, in: Exilforschung. Ein Internationales Jahrbuch, 8 (1990), S. 61–91

WEINERT, ERICH, Das Nationalkomitee »Freies Deutschland« 1943–1945. Bericht über seine Tätigkeit und Auswirkung, Berlin 1957

WOLFF, WILLY, Auf der richtigen Seite. Zum Wirken der Frontorganisation des Nationalkomitees »Freies Deutschland«, Berlin (Ost) 1985

e) *Weiße Rose*

DROBISCH, KLAUS (Hrsg.), Wir schweigen nicht! Eine Dokumentation über den antifaschistischen Kampf Münchner Studenten 1942/43, Berlin (Ost) 1968

DUMBACH, ANNETTE E./NEWBORN, JUD, Wir sind Euer Gewissen. Die Geschichte der Weißen Rose, Stuttgart 1988

HANSER, RICHARD, Deutschland zuliebe. Leben und Sterben der Geschwister Scholl. Zur Geschichte der Weißen Rose, München 1980

HOCHMUTH, URSEL (Bearb.), Candidates of humanity. Dokumentation zur Hamburger Weißen Rose anläßlich des 50. Geburtstages von Hans Leipelt, Hamburg 1971

HOCHMUTH, URSEL/JACOB, ILSE, Weiße Rose Hamburg, in: Hochmuth, Ursel/Meyer, Gertrud (Hrsg.), Streiflichter aus dem Hamburger Widerstand 1933–1944, Frankfurt am Main 1980[2], S. 387–421

HUBER, CLARA (Hrsg.), »Der Tod war nicht vergebens.« Kurt Huber zum Gedächtnis, München 1986 (Neuauflage)

JENS, INGE (Hrsg.), Hans Scholl, Sophie Scholl. Briefe und Aufzeichnungen, Frankfurt am Main 1984

KNOOP-GRAF, ANNELIESE/JENS, INGE (Hrsg.), Willi Graf. Briefe und Aufzeichnungen, Frankfurt am Main 1988

KURT-HUBER-GYMNASIUM MÜNCHEN (Hrsg.), Kurt Huber. Stationen seines Lebens in Dokumenten und Bildern, Gräfelfing 1986

LILL, RUDOLF (Hrsg.), Hochverrat? Die Weiße Rose und ihr Umfeld, Konstanz 1993

PETRY, CHRISTIAN, Studenten aufs Schafott. Die Weiße Rose und ihr Scheitern, München 1968

SCHOLL, INGE, Die Weiße Rose, Frankfurt am Main 1993[3]

SIEFKEN, HINRICH (Hrsg.), A Nottingham Symposium. Die Weiße Rose. Student Resistance to National Socialism 1942/43. Forschungsergebnisse und Erfahrungsberichte, Nottingham 1991

STEFFAHN, HARALD, Die Weiße Rose mit Selbstzeugnissen und Bilddokumenten, Hamburg 1993[2]

VIELHABER, KLAUS/HANISCH, HUBERT/KNOOP-GRAF, ANNELIESE, Gewalt und Gewissen. Willi Graf und die Weiße Rose, Freiburg i. Br. 1984

VINKE, HERRMANN, Das kurze Leben der Sophie Scholl. Mit einem Interview mit Ilse Aichinger, Ravensburg 1987[2]

DIE WEIẞE ROSE UND DAS ERBE DES DEUTSCHEN WIDERSTANDES. Münchner Gedächtnisvorlesungen 1983–1992, München 1993

f) Die Widerstandsgruppe um Arvid Harnack und Harro Schulze-Boysen

BAHAR, ALEXANDER, Sozialrevolutionärer Nationalismus zwischen Konservativer Revolution und Sozialismus. Harro Schulze-Boysen und der »Gegner«-Kreis, Koblenz 1992

BIERNAT, KARL HEINZ/KRAUSHAAR, LUISE, Die Schulze-Boysen/Harnack-Organisation im antifaschistischen Kampf, Berlin (Ost) 1970

BLANK, ALEXANDER S./MADER, JULIUS, Rote Kapelle gegen Hitler, Berlin (Ost) 1979

COPPI, HANS, Harro Schulze-Boysen – Wege in den Widerstand. Eine biographische Studie, Koblenz 1993

COPPI, HANS/DANYEL, JÜRGEN (Red.), Der »Gegner«-Kreis im Jahre 1932/33. Ein Kapitel aus der Vorgeschichte des Widerstandes. Tagung vom 4.–6. Mai 1990, Berlin 1990

COPPI, HANS/DANYEL, JÜRGEN/TUCHEL, JOHANNES (Hrsg.), Die Rote Kapelle im Widerstand gegen den Nationalsozialismus, Berlin 1994

EVANGELISCHES BILDUNGSWERK BERLIN (Hrsg.), Die Widerstandsorganisation Schulze-Boysen/Harnack – Die »Rote Kapelle«, Berlin 1990

GRIEBEL, REGINA/COBURGER, MARLIES/SCHEEL, HEINRICH (Hrsg.), Erfasst? Das Gestapo-Album zur Roten Kapelle, Halle 1992

HÖHNE, HEINZ, Kennwort: Direktor. Die Geschichte der Roten Kapelle, Frankfurt am Main 1970

PERRAULT, GILLES, Auf den Spuren der Roten Kapelle, Wien 1990 (Neuauflage)

ROSIEJKA, GERT, Die Rote Kapelle. »Landesverrat« als antifaschistischer Widerstand, Hamburg 1986

SCHEEL, HEINRICH, Ein Schulungsmaterial aus dem illegalen antifaschistischen Widerstand der Roten Kapelle, in: Zeitschrift für Geschichtswissenschaft, 32 (1984), S. 36–46

SCHEEL, HEINRICH, Die »Rote Kapelle« und der 20. Juli 1944, in: Zeitschrift für Geschichtswissenschaft, 33 (1985), S. 325–337

SCHEEL, HEINRICH, Vor den Schranken des Reichskriegsgerichts, Berlin 1993

SCHILDE, KURT (Hrsg.), Eva Maria Buch und die »Rote Kapelle«, Berlin 1993[2]

SCHMIDT, HELMUT (Hrsg.), John Sieg – Einer von Millionen spricht. Skizzen, Erzählungen, Reportagen, Flugschriften, Berlin 1989

STEINBACH, PETER, Widerstandsorganisation Harnack/Schulze-Boysen. Die »Rote Kapelle« – ein Vergleichsfall für die Widerstandsgeschichte, in: Geschichte in Wissenschaft und Unterricht, 42 (1991), S. 133–152

STEINBACH, PETER, Die Rote Kapelle – 50 Jahre danach, in: Zeitschrift für Geschichtswissenschaft, 41 (1993), S. 771–780

TELLER, CHRISTIANE (Hrsg.), John Rittmeister – Hier brennt doch die Welt. Aufzeichnungen aus dem Gefängnis 1942–43, Gütersloh 1992

TUCHEL, JOHANNES, Weltanschauliche Motivationen in der Harnack/Schulze-Boysen-Organisation, in: Kirchliche Zeitgeschichte, 1 (1988), S. 267–292

g) *Exil*

Albrecht, Richard, Exil-Forschung. Studien zur deutschsprachigen Emigration nach 1933, Frankfurt am Main 1988

Benz, Wolfgang (Hrsg.), Das Exil der kleinen Leute. Alltagserfahrungen deutscher Juden in der Emigration, München 1991

Briegel, Manfred/Frühwald, Wolfgang (Hrsg.), Die Erfahrung der Fremde. Deutsche Forschungsgemeinschaft. Kolloquium des Schwerpunktprogramms »Exilforschung« der Deutschen Forschungsgemeinschaft. Forschungsbericht, Weinheim 1988

Bundeszentrale für politische Bildung (Hrsg.), Widerstand und Exil 1933–1945, Bonn 1985

Dähnhardt, Willy/Nielsen, Birgit S., Geflüchtet unter das dänische Strohdach. Schriftsteller und bildende Künstler im dänischen Exil nach 1933, Boyens 1988

Die jüdische Emigration aus Deutschland 1933–1941. Die Geschichte einer Austreibung. Eine Ausstellung der Deutschen Bibliothek, Frankfurt am Main, unter Mitwirkung des Leo Baeck Instituts, New York, Frankfurt am Main 1985

Dittrich, Kathinka/Würzner, Hans (Hrsg.), Die Niederlande und das deutsche Exil 1933–1940, Königstein 1982

Fabian, Ruth/Coulmas, Corinna, Die deutsche Emigration in Frankreich nach 1933, München 1978

Frühwald, Wolfgang/Schieder, Wolfgang (Hrsg.), Leben im Exil. Probleme der Integration deutscher Flüchtlinge im Ausland 1933–1945, Hamburg 1981

Hirschfeld, Gerhard (Hrsg.), Exil in Großbritannien. Zur Emigration aus dem nationalsozialistischen Deutschland, Stuttgart 1983

Institut für Zeitgeschichte/Research Foundation for Jewish Immigration (Hrsg.), Biographisches Handbuch der deutschsprachigen Emigration, 3 Bde., München–New York u. a. 1980–1983

Knauer, Matthias/Frischknecht, Jürg, Die unterbrochene Spur. Antifaschistische Emigration in der Schweiz von 1933 bis 1945, Zürich 1983

Koebner, Thomas u. a. (Hrsg.), Exilforschung. Ein internationales Jahrbuch, München 1983 ff.

Koebner, Thomas/Sautermeister, Gert/Schneider, Sigrid (Hrsg.), Deutschland nach Hitler. Zukunftspläne im Exil und aus der Besatzungszeit 1939–1949, Opladen 1987

Krohn, Claus-Dieter/Rotermund, Erwin u. a. (Hrsg.), Künste im Exil, München 1992

Kunst und Literatur im antifaschistischen Exil 1933–1945, Bd. 1: Exil in der UdSSR; Bd. 2: Exil in der Schweiz; Bd. 3: Exil in den USA; Bd. 4: Exil in Lateinamerika; Bd. 5: Exil in der Tschechoslowakei, in Großbritannien und in Palästina; Bd. 6: Exil in den Niederlanden und in Spanien; Bd. 7: Exil in Frankreich, Frankfurt am Main 1979–1981

Lorenz, Einhart, Exil in Norwegen. Lebensbedingungen und Arbeit deutschsprachiger Flüchtlinge 1933–1943, Baden-Baden 1992

Matthias, Erich (Hrsg.), Mit dem Gesicht nach Deutschland. Eine Dokumentation über die sozialdemokratische Emigration. Aus dem Nachlaß von Friedrich Stampfer, ergänzt durch andere Überlieferungen, Düsseldorf 1968

MÖLLER, HORST, Exodus der Kultur. Schriftsteller, Wissenschaftler und Künstler in der Emigration nach 1933, München 1984
MÜSSENER, HELMUT, Exil in Schweden. Politische und kulturelle Emigration nach 1933, München 1974
PETERSEN, HANS UWE (Hrsg.), Hitlerflüchtlinge im Norden. Asyl und politisches Exil 1933–1945, Kiel 1991
POHLE, FRITZ, Das mexikanische Exil. Ein Beitrag zur Geschichte der politisch-kulturellen Emigration aus Deutschland, Stuttgart 1986
RÖDER, WERNER, Die deutschen sozialistischen Exilgruppen in Großbritannien 1940–1945. Ein Beitrag zur Geschichte des Widerstandes gegen den Nationalsozialismus, Bonn-Bad Godesberg 1973
SCHAFRANEK, HANS, Zwischen NKWD und Gestapo. Die Auslieferung deutscher und österreichischer Antifaschisten aus der Sowjetunion an Nazideutschland 1937–1941, Frankfurt am Main 1990
STRAUSS, HERBERT A./FISCHER, KLAUS (Hrsg.), Die Emigration der Wissenschaften nach 1933. Disziplingeschichtliche Studien, München 1991
VOIGT, KLAUS, Zuflucht auf Widerruf. Exil in Italien 1933–1945, Stuttgart 1989
WACKER, JEAN-CLAUDE, Humaner als Bern! Schweizer und Basler Asylpraxis gegenüber den jüdischen Flüchtlingen von 1933–1943 im Vergleich, Basel 1992
WALTER, HANS-ALBERT, Deutsche Exilliteratur 1933–1950, 4 Bde., Stuttgart 1972–1988
WEBER, HERMANN, »Weiße Flecken« in der Geschichte. Die KPD-Opfer der Stalinschen Säuberungen und ihre Rehabilitierung, Frankfurt am Main 1989
ZUR MÜHLEN, PATRIK VON, Fluchtziel Lateinamerika. Die deutsche Emigration 1933–1945. Politische Aktivitäten und soziokulturelle Integration, Bonn 1988

h) Hilfe für Verfolgte

BENZ, WOLFGANG, Überleben im Untergrund 1943–1945, in: ders., Die Juden in Deutschland 1933–1945. Leben unter nationalsozialistischer Herrschaft, München 1993[3], S. 660–700
BLOCK, GAY/DRUCKER, MALKA, Rescuers. Portraits of Moral Courage in the Holocaust, New York–London 1992
BÜTTNER, URSULA, Die Not der Juden teilen. Christlich-jüdische Familien im Dritten Reich. Beispiel und Zeugnis des Schriftstellers Robert Brendel, Hamburg 1988
DARTON, LAWRENCE, An Account of the Work of the Friends Comittee for Refugees and Aliens. First Known as the Germany Emergency Comittee of the Society of Friends, London 1954
DEUTSCHKRON, INGE, Ich trug den gelben Stern, Köln 1978
EGGEBRECHT, AXEL, Es gab Menschen, die bereit waren zu helfen, in: Wollenberg, Jörg (Hrsg.), »Niemand war dabei und keiner hat's gewußt.« Die deutsche Öffentlichkeit und die Judenverfolgung 1933–1945, München–Zürich 1989, S. 63–71
FLIESS, DOROTHEE, Geschichte einer Rettung, in: Voss, Rüdiger von/Neske, Günther (Hrsg.), 20. Juli 1944. Annäherung an den geschichtlichen Augenblick, Pfullingen 1984, S. 69–87
GINZEL, GÜNTHER B., Hilfe für Verfolgte während der NS-Zeit, Köln 1993

GROSS, LEONHARD, Versteckt. Wie Juden in Berlin die Nazizeit überlebten, Reinbek 1983
GROSSMANN, KURT R., Die unbesungenen Helden. Menschen in Deutschlands dunklen Tagen, Berlin 1961[2]
KEIM, ANTON MARIA (Hrsg.), Die Judenretter aus Deutschland, München 1988
KNAUFT, WOLFGANG, Unter Einsatz des Lebens. Das Hilfswerk beim Bischöflichen Ordinariat Berlin für katholische »Nichtarier« 1938–1945, Berlin 1988
LEUNER, HEINZ DAVID, Als Mitleid ein Verbrechen war. Deutschlands stille Helden 1939–1945, Wiesbaden 1967
LUDWIG, HARTMUT, Die Opfer unter dem Rad verbinden. Arbeit und Mitarbeit des »Büros Pfarrer Grüber«, Diss. B, Berlin (Ost) 1988
MEYER, WINFRIED, Unternehmen Sieben. Eine Rettungsaktion für vom Holocaust Bedrohte aus dem Amt Ausland/Abwehr im Oberkommando der Wehrmacht, Frankfurt am Main 1993
MÜLLER, CHRISTINE-RUTH, Dietrich Bonhoeffers Kampf gegen die nationalsozialistische Verfolgung und Vernichtung der Juden, München 1990
REUTTER, LUTZ EUGEN, Die Hilfstätigkeit katholischer Organisationen und kirchlicher Stellen für die im nationalsozialistischen Deutschland Verfolgten, Diss.phil., Hamburg 1969
RITTNER, CAROL/MYERS, SONDRA (Hrsg.), The courage to care. Rescuers of Jews during the Holocaust, New York 1986
SCHEER, REGINA, Bürstenfabrik Otto Weidt. Ein Bericht, in: Temperamente, Berlin (Ost) 1984, S. 62–75
SCHIEB-SAMIZADEH, BARBARA, Die kleinen Schritte der Forschung. Über die Geschichte der Helfer der während der NS-Zeit versteckten Juden zu recherchieren, in: Zeitgeschichte, 17 (1990), S. 419–431
SILVER, ERIC, Sie waren stille Helden. Frauen und Männer, die Juden vor den Nazis retteten, München 1994
WOLFSOHN, MICHAEL, Der Widerstand gegen Hitler. Soziologische Skizze über Retter von Juden in Deutschland, in: Aus Politik und Zeitgeschichte, B 15/71, S. 32–39

i) Selbstbehauptung und Widerstand von Juden

ADLER-RUDEL, SIMON, Jüdische Selbsthilfe unter dem Naziregime 1933–1939, Tübingen 1974
AINSZTEIN, REUBEN, Revolte gegen die Vernichtung. Der Aufstand im Warschauer Ghetto, Berlin 1993
AINSZTEIN, REUBEN, Jüdischer Widerstand im Deutschbesetzten Osteuropa während des Zweiten Weltkrieges, Oldenburg 1993
BAUM, BRUNO, Widerstand in Auschwitz, Berlin 1957
EDELMANN, MAREK, Das Ghetto kämpft, Berlin 1993
ESCHWEGE, HELMUT/KWIET, KONRAD, Selbstbehauptung und Widerstand. Deutsche Juden im Kampf um Existenz und Menschenwürde 1933–1945, Hamburg 1984
FREEDEN, HERBERT, Die jüdische Presse im Dritten Reich, Frankfurt am Main 1987
FREEDEN, HERBERT, Jüdisches Theater in Nazideutschland, Tübingen 1985

FREEDEN, HERBERT, Vom geistigen Widerstand der Juden. Ein Kapitel jüdischer Selbstbehauptung in den Jahren 1933–1938, Jerusalem 1963

GEISEL, EIKE/BRODER, HENRYK M., Premiere und Pogrom. Der Jüdische Kulturbund 1933–1941, Berlin 1992

GROSSMANN, CHAIKA, Die Untergrundarmee. Der jüdische Widerstand in Bialystok, Frankfurt am Main 1993

GUTMAN, YISRAEL, The Jews of Warsaw 1939–1943, Brighton, Sussex 1982

HERMAN-FRIEDE, EUGEN, Für Freudensprünge keine Zeit. Erinnerungen an Illegalität und Aufbegehren 1942–1948, Berlin 1992

JEWISH RESISTANCE DURING THE HOLOCAUST, Proceedings of the conference on manifestations of Jewish Resistance, Jerusalem 1971

KOWALSKI, ISAAC (Hrsg.), Anthology on Armed Jewish Resistance 1939–1945, 3 Bde., New York 1984–1986

KROH, FERDINAND, David kämpft. Vom jüdischen Widerstand gegen Hitler, Reinbek 1988

KURZMAN, DAN, Der Aufstand, New York 1976

LANGBEIN, HERMANN, Menschen in Auschwitz, Wien 1972

LÖHKEN, WILFRIED/VATHKE, WERNER, Juden im Widerstand. Drei Gruppen zwischen Überlebenskampf und politischer Aktion, Berlin 1993

PAUCKER, ARNOLD, Der jüdische Abwehrkampf gegen Antisemitismus und Nationalsozialismus in den letzten Jahren der Weimarer Republik, Hamburg 1968

PAUCKER, ARNOLD (Hrsg.), Die Juden im nationalsozialistischen Deutschland 1933–1945, Tübingen 1986

RINGELBLUM, EMANUEL, Ghetto Warschau. Tagebücher aus dem Chaos, Stuttgart 1967

SCHACHNE, LUCIE, Erziehung zum geistigen Widerstand. Das jüdische Landschulheim Herrlingen 1933 bis 1939, Frankfurt am Main 1986

SCHEFFLER, WOLFGANG, Der Brandanschlag im Berliner Lustgarten im Mai 1942 und seine Folgen. Eine quellenkritische Betrachtung, in: Jahrbuch des Landesarchivs Berlin, Berlin 1984, S. 91–118

SCHWERSENZ, JIZCHAK/WOLFF, EDITH, Jüdische Jugend im Untergrund. Eine zionistische Gruppe in Deutschland während des Zweiten Weltkrieges, Tel Aviv 1969

SIMON, ERNST, Aufbau und Untergang. Jüdische Erwachsenenbildung im nationalsozialistischen Deutschland als geistiger Widerstand, Tübingen 1964

SUHL, YURI (Hrsg.), They fought back. The Story of the Jewish Resistance in Nazi Europe, New York 1967

VOLLNHALS, CLEMENS, Jüdische Selbsthilfe in Deutschland bis 1938, in: Benz, Wolfgang (Hrsg.), Die Juden in Deutschland 1933–1945. Leben unter nationalsozialistischer Herrschaft, München 1993[3], S. 314–411

WIRTH, ANDRZEJ (Hrsg.), »Es gibt keinen jüdischen Wohnbezirk in Warschau mehr.« Stroop-Bericht (Nachdruck), Neuwied 1960

j) Desertion – Kriegsdienstverweigerung – Widerstandskämpfer in den »Bewährungseinheiten« 999

ABENDROTH, ELISABETH (Hrsg.), Deserteure im Zweiten Weltkrieg – Vaterlandsverräter oder Widerständler? Podiumsdiskussion am 4. September 1989 in Frankfurt. Dokumente. Publik-Forum Materialmappe, Oberursel 1989

ANDERSCH, ALFRED, Die Kirschen der Freiheit. Ein Bericht, Zürich 1952

AUSLÄNDER, FIETJE (Hrsg.), Verräter oder Vorbilder? Deserteure und ungehorsame Soldaten im Nationalsozialismus, Bremen 1990

AUSLÄNDER, FIETJE/HAASE, NORBERT (Hrsg.), Hans Frese. »Bremsklötze am Siegeswagen der Nation.« Erinnerungen eines Deserteurs an Militärgefängnisse, Zuchthäuser und Moorlager 1941–1945. Mit ergänzenden Beiträgen von Fietje Ausländer und Norbert Haase, Bremen 1989

BREDEMEIER, KARSTEN, Kriegsdienstverweigerung im Dritten Reich. Ausgewählte Beispiele, Baden-Baden 1991

BURKHARDT, HANS/ERXLEBEN, GÜNTER/NETTBALL, KURT, Die mit dem blauen Schein. Über den antifaschistischen Widerstand in der 999er Formation der faschistischen deutschen Wehrmacht, Berlin (Ost) 1986[2]

FAHLE, GÜNTER, Verweigern – Weglaufen – Zersetzen. Deutsche Militärjustiz und ungehorsame Soldaten 1939–1945. Das Beispiel Ems-Jade, Bremen 1990

HAASE, NORBERT, Aus der Praxis des Reichskriegsgerichts. Neue Dokumente zur Militärgerichtsbarkeit im Zweiten Weltkrieg, in: Vierteljahrshefte für Zeitgeschichte, 39 (1991), S. 379–411

HAASE, NORBERT, Das Reichskriegsgericht und der Widerstand gegen die nationalsozialistische Herrschaft, Berlin 1993

HAASE, NORBERT, Deutsche Deserteure, Berlin 1987

HARTMANN, ALBRECHT/HARTMANN, HEIDI, Kriegsdienstverweigerung im Dritten Reich, Frankfurt am Main 1986

KAMMLER, JÖRG, Ich habe die Metzelei satt und laufe über ... Kasseler Soldaten zwischen Verweigerung und Widerstand (1939–1945). Eine Dokumentation, Kassel 1985[2]

KLAUSCH, HANS-PETER, Antifaschisten in SS-Uniform. Schicksal und Widerstand der deutschen politischen KZ-Häftlinge, Zuchthaus- und Wehrmachtsstrafgefangenen in der SS-Sonderformation Dirlewanger, Bremen 1993

KLAUSCH, HANS-PETER, Die Geschichte der Bewährungsbataillone 999 unter besonderer Berücksichtigung des antifaschistischen Widerstandes, Köln 1987

KLAUSCH, HANS-PETER, Die 999er. Von der Brigade »Z« zur Afrika-Division 999: Die Bewährungsbataillone und ihr Anteil am antifaschistischen Widerstand, Frankfurt am Main 1986

MESSERSCHMID, MANFRED/WÜLLNER, FRITZ, Die Wehrmachtsjustiz im Dienste des Nationalsozialismus. Zerstörung einer Legende, Baden-Baden 1987

SCHEURIG, BODO, Desertion und Deserteure, in: Frankfurter Hefte, 34 (1979), S. 38–42

VOGL, FRIEDRICH, Widerstand im Waffenrock. Österreichische Freiheitskämpfer in der Deutschen Wehrmacht 1938–1945, Wien 1977

k) Widerstand in den letzten Kriegsmonaten

Benser, Günter, Antifa-Ausschüsse – Staatsorgane – Parteiorganisationen. Überlegungen zu Ausmaß, Rolle und Grenzen der antifaschistischen Bewegung am Ende des Zweiten Weltkrieges, in: Zeitschrift für Geschichtswissenschaft, 26 (1978), S. 785–802

Blumenstock, Friedrich, Der Einmarsch der Amerikaner und Franzosen im nördlichen Württemberg im Jahre 1945, Stuttgart 1957

Brandt, Peter, Antifaschismus und Arbeiterbewegung. Aufbau – Ausprägung – Politik in Bremen 1945/46, Hamburg 1976

Chrobak, Werner Johann, Domprediger Dr. Johann Maier – ein Blutzeuge für Regensburg. Zum 40. Todestag neue Forschungen und Studien, in: Verhandlungen des Historischen Vereins für Oberpfalz und Regensburg, 125 (1985)

Freiheitsaktion Bayern 1945, ⟨o.O.⟩ ⟨o.J.⟩ ⟨1970⟩

Holzhaider, Hans, Die Sechs vom Rathausplatz, München 1982

Junger, Gerhard, Schicksale 1945. Das Ende des II. Weltkrieges im Kreis Reutlingen. Besetzung und Besatzung, Reutlingen 1991

Meyer, Helga/Pech, Karlheinz, Unter Einsatz des Lebens! Antifaschistischer Widerstand in den letzten Monaten des Zweiten Weltkrieges, Berlin (Ost) 1985

Münkler, Herfried, Machtverfall. Die letzten Tage des Dritten Reiches, dargestellt am Beispiel der hessischen Kleinstadt Friedberg, Berlin 1985

Niethammer, Lutz/Borsdorf, Ulrich/Brandt, Peter (Hrsg.), Arbeiterinitiative 1945. Antifaschistische Ausschüsse und Reorganisation der Arbeiterbewegung in Deutschland, Wuppertal 1976

Rusinek, Bernd-A., Gesellschaft in der Katastrophe. Terror, Illegalität, Widerstand – Köln 1944/45, Essen 1989

Tenfelde, Klaus, Proletarische Provinz. Radikalisierung und Widerstand in Penzberg/Oberbayern 1900–1945, in: Broszat, Martin/Fröhlich, Elke/Grossmann, Anton (Hrsg.), Bayern in der NS-Zeit, Bd. 4, München 1981, S. 1–382

Troll, Hildebrand, Aktionen zur Kriegsbeendigung im Frühjahr 1945, in: Broszat, Martin/Fröhlich, Elke/Grossmann, Anton (Hrsg.), Bayern in der NS-Zeit, Bd.4, München 1981, S. 660–689

Die Auseinandersetzung mit dem Widerstand nach 1945 in beiden deutschen Staaten

Bramke, Werner, Der antifaschistische Widerstand in der Geschichtsschreibung der DDR in den achtziger Jahren. Forschungsstand und Probleme, in: Aus Politik und Zeitgeschichte, B 28/88, S. 23–33

Eckert, Rainer/Küttler, Wolfgang/Seeber, Gustav (Hrsg.), Krise – Umbruch – Neubeginn. Eine kritische und selbstkritische Dokumentation der DDR-Geschichtswissenschaft 1989/90, Stuttgart 1992

Forschungsgemeinschaft 20. Juli (Hrsg.), Gedanken zum 20. Juli 1944. Theodor Heuss, Heinrich Lübke, Gustav W. Heinemann, Walter Scheel, Karl Carstens, Mainz 1984

HEY, BERND/STEINBACH, PETER (Hrsg.), Zeitgeschichte und Politisches Bewußtsein, Köln 1986

INFORMATIONSZENTRUM BERLIN (Hrsg.), Der 20. Juli 1944. Reden zu einem Tag der deutschen Geschichte, Berlin 1984

KLEẞMANN, CHRISTOPH/PINGEL, FALK (Hrsg.), Gegner des Nationalsozialismus. Wissenschaftler und Widerstandskämpfer auf der Suche nach historischer Wirklichkeit, Frankfurt am Main–New York 1980

MARKMANN, HANS-JOCHEN, Der deutsche Widerstand gegen den Nationalsozialismus 1933–1945. Modelle für den Unterricht, Mainz 1984

MÜLLER, KLAUS-JÜRGEN/MOMMSEN, HANS, Der deutsche Widerstand gegen das NS-Regime. Zur Historiographie des Widerstands, in: Müller, Klaus-Jürgen (Hrsg.), Der deutsche Widerstand 1933–1945, Paderborn u. a. 1990, S. 13–21

REICH, INES/FINKER, KURT, Der 20. Juli 1944 in der Geschichtswissenschaft der SBZ/DDR seit 1945, in: Zeitschrift für Geschichtswissenschaft, 39 (1991), S. 533–553

SCHÖNHOVEN, KLAUS/STARITZ, DIETER (Hrsg.), Sozialismus und Kommunismus im Wandel. Hermann Weber zum 65. Geburtstag, Köln 1993

STEINBACH, PETER, Der Widerstand als Thema der politischen Zeitgeschichte. Ordnungsversuche vergangener Wirklichkeit und politischer Reflexionen, in: Besier, Gerhard/Ringshausen, Gerhard (Hrsg.), Bekenntnis, Widerstand, Martyrium. Von Barmen 1934 bis Plötzensee 1944, Göttingen 1986, S. 11–74

STEINBACH, PETER, Wem gehört der Widerstand gegen Hitler?, in: Dachauer Hefte, 6 (1990), S. 56–72

STEINBACH, PETER, Widerstandsforschung im politischen Spannungsfeld, in: Aus Politik und Zeitgeschichte, B 28/88, S. 3–21

STEINBACH, PETER, Widerstand im Widerspruch. Widerstand gegen den Nationalsozialismus in der Erinnerung der Deutschen, Paderborn 1994

UEBERSCHÄR, GERD R. (Hrsg.), Der 20. Juli 1944. Bewertung und Rezeption des deutschen Widerstandes gegen das NS-Regime, Köln 1994

VOSS, RÜDIGER VON/NESKE, GÜNTHER (Hrsg.), Versöhnung mit der Geschichte. Reden am 20. Juli 1984 in Berlin, Pfullingen 1985

WIGGERSHAUS, NORBERT, Die Bedeutung und Nachwirkung des militärischen Widerstandes in der Bundesrepublik Deutschland und in der Bundeswehr, in: Militärgeschichtliches Forschungsamt (Hrsg.), Aufstand des Gewissens. Militärischer Widerstand gegen Hitler und das NS-Regime, Herford 1984, S. 501–528

Beiträge zum Widerstand 1933–1945

Herausgegeben von der Gedenkstätte Deutscher Widerstand, Berlin

Heft 1	Andreas Biss, List als Mittel des Widerstandes, 6. Aufl. 1987
Heft 2	Ludwig Rosenberg, Widerstand aus der Sicht der Emigration, 4. Aufl. 1987
Heft 3	Rudolf Küstermeier, Der rote Stoßtrupp, 4. Aufl. 1981
Heft 4	Werner Koch, Der Kampf der Bekennenden Kirche, 5. Aufl. 1988
Heft 5	Georg Holmsten, 20. Juli 1944 – Personen und Aktionen, 5. Aufl. 1983
Heft 6	Ilse Rewald, Berliner, die uns halfen, die Hitlerdiktatur zu überleben, 4. Aufl. 1982
Heft 7	Klaus-Jürgen Müller, Witzleben – Stülpnagel – Speidel – Offiziere im Widerstand, 1988
Heft 8	... für immer ehrlos – Aus der Praxis des Volksgerichtshofes, 4. Aufl. 1986 [Abdruck von Dokumenten]
Heft 9	Heinrich Bücheler, Generaloberst Erich Hoepner und die Militäropposition gegen Hitler, 3. Aufl. 1986
Heft 10	Fritz Eberhard, Arbeit gegen das Dritte Reich, 3. Aufl. 1981
Heft 11	Ernst Fraenkel, Der Sinn illegaler Arbeit, 2. Aufl. 1982
Heft 12	Maria Lahusen, Verurteilt wegen Heimtücke, 3. Aufl. 1987
Heft 13	Detlev Peukert, Der deutsche Arbeiterwiderstand gegen das Dritte Reich, 4. Aufl. 1987
Heft 14	Anna Sabine Halle, »Die Gedanken sind frei ...«, 3. Aufl. 1990
Heft 15	Inge Deutschkron, Berliner Juden im Untergrund, 5. Aufl. 1987
Heft 17	Detlev Peukert, Alltag unterm Nationalsozialismus, 2. Aufl. 1987
Heft 18	Adam Wolfram, Bergarbeiter im Widerstand, 2. Aufl. 1986
Heft 20	Richard Löwenthal, Die Widerstandsgruppe »Neu Beginnen«, 2. Aufl. 1986
Heft 21	Walter Uhlmann, Metallarbeiter im antifaschistischen Widerstand, 2. Aufl. 1984
Heft 22	Erich Klausener, Zum Widerstand der Katholiken im Dritten Reich, 2. Aufl. 1987
Heft 23	Bodo Scheurig, Walther von Seydlitz-Kurzbach – General im Schatten Stalingrads, 2. Aufl. 1987
Heft 24	Kurt Hermann Mendel, »Blick in die Zeit«, 2. Aufl. 1987
Heft 25	Susanne Miller, Sozialistischer Widerstand im Exil, Prag–Paris–London, 1984
Heft 26	Ger van Roon, Der Kreisauer Kreis zwischen Widerstand und Umbruch, 2. Aufl. 1988
Heft 27	Klaus-Jürgen Müller, 20. Juli: Der Entschluß zum Staatsstreich, 1985
Heft 28	Hans Mommsen, Der 20. Juli und die deutsche Arbeiterbewegung, 1985
Heft 29	Klaus-Jürgen Müller, Der deutsche Widerstand und das Ausland, 1986
Heft 30	Renate Bethge, Bonhoeffers Familie und ihre Bedeutung für seine Theologie, 1987
Heft 31	Ingeborg Fleischhauer, Der Widerstand gegen den Rußlandfeldzug, 1987
Heft 32	Gerd R. Ueberschär, Das Dilemma der deutschen Militäropposition, 1988
Heft 33	Hermann Weber, Kommunistischer Widerstand gegen die Hitler-Diktatur 1933–1939, 1988

Heft 34 Walter Grab, Die jüdische Antwort auf den Zusammenbruch der deutschen Demokratie 1933, 1988
Heft 35 Beatrix Herlemann, Der deutsche kommunistische Widerstand während des Krieges, 1989
Heft 36 Heinz Hürten, Die katholische Kirche zwischen Nationalsozialismus und Widerstand, 1989
Heft 37 Arnold Paucker, Jüdischer Widerstand in Deutschland, 1989
Heft 38 Klemens von Klemperer, Die »Verbindung zu der großen Welt«, 1990
Heft 39 Kurt Finker, Der 20. Juli 1944 und die DDR-Geschichtswissenschaft, 1990
Heft 40 Philipp Freiherr von Boeselager, Der Widerstand in der Heeresgruppe Mitte, 1990
Heft 41 Maria Theodora Freifrau von dem Bottlenberg-Landsberg, Die »Weißen Blätter« des Karl-Ludwig Freiherrn von und zu Guttenberg. Zur Geschichte einer Zeitschrift monarchistisch-religiöser Opposition gegen den Nationalsozialismus 1934–1943, 1990

Wolfgang Benz, Widerstand im Exil – Exil als Widerstand, 1991

Anneliese Knoop-Graf, »Jeder Einzelne trägt die ganze Verantwortung« – Willi Graf und die Weiße Rose, 1991

in englischer Sprache:

Isle Rewald, Berliners Who Helped Us to Survive The Hitler Dictatorship, 1990

Inge Deutschkron, Berlin Jews Underground, 1990

Arnold Paucker, Jewish Resistance in Germany, The Facts and the Problems, 1991

Personenregister

Die römischen Zahlen verweisen auf Seiten der beiden Bildteile

Die Autoren

BEHRENS, PETRA, Studentin am Fachbreich Politische Wissenschaft der Freien Universität Berlin

BECKER, WINFRIED, DR., Professor an der Universität Passau

BLASIUS, RAINER A., DR., Leiter der Außenstelle des Instituts für Zeitgeschichte im Auswärtigen Amt, Bonn

BLIEMBACH, EVA, DR., Bibliotheksoberrätin an der Staatsbibliothek Preußischer Kulturbesitz, Berlin

BRAMKE, WERNER, DR., Professor alten Rechts an der Universität Leipzig

BREYVOGEL, WILFRIED, DR., Privatdozent und a.o. Professor für Sozialgeschichte der Erziehung und pädagogische Jugendforschung, Essen

DANYEL, JÜRGEN, DR., Wissenschaftlicher Mitarbeiter am Forschungsschwerpunkt Zeithistorische Studien, Potsdam

DROBISCH, KLAUS, DR. SC., Wissenschaftlicher Mitarbeiter an der Forschungsstelle Widerstandsgeschichte des Fachbereichs Politische Wissenschaft der Freien Universität Berlin und der Gedenkstätte Deutscher Widerstand, Berlin

HAASE, NORBERT, DR., Wissenschaftlicher Mitarbeiter an der Forschungsstelle Widerstandsgeschichte des Fachbereichs Politische Wissenschaft der Freien Universität Berlin und der Gedenkstätte Deutscher Widerstand, Berlin

HETT, ULRIKE, Dipl.-Pol., Wissenschaftliche Mitarbeiterin bei der Gedenkstätte Deutscher Widerstand, Berlin

HÜRTEN, HEINZ, DR. EM., Professor für Neuere und Neueste Geschichte an der Katholischen Universität Eichstätt (bis 1993)

KAISER-LAHME, ANGELA, DR., Historikerin, Passau

KIẞNER, MICHAEL, DR., Wissenschaftlicher Referent an der Forschungsstelle »Widerstand« der Universität Karlsruhe

KLAUSA, EKKEHARD, DR., Privatdozent für Soziologie, Regierungsdirektor in der Senatsverwaltung für Kulturelle Angelegenheiten, Berlin

KLEMPERER, KLEMENS VON, DR., Professor am Department of History, Smith College, Northampton, USA

KROHN, CLAUS-DIETER, DR., Professor für Neuere Geschichte, Universität Lüneburg

LEHNERT, DETLEF, DR. habil., Privatdozent an der Freien Universität Berlin und Heisenberg-Stipendiat der Deutschen Forschungsgemeinschaft

MAIER, HANS, DR., Professor für christliche Weltanschauung, Religions- und Kulturtheorie an der Universität München, Staatsminister a.D.

MALLMANN, KLAUS-MICHAEL, DR., Wissenschaftlicher Mitarbeiter am Fachbereich Politische Wissenschaft der Freien Universität Berlin

MEGERLE, KLAUS, DR., Professor am Fachbereich Politische Wissenschaft der Freien Universität Berlin (gestorben 1994)

MEHRINGER, HARTMUT, DR. habil., Wissenschaftlicher Mitarbeiter des Instituts für Zeitgeschichte München, Leiter der Außenstelle Potsdam

MEYER, WINFRIED, DR., Wissenschaftlicher Mitarbeiter und stellvertretender Leiter der Gedenkstätte und Museum Sachsenhausen, Oranienburg

MOLL, CHRISTIANE, Historikerin, München

MOMMSEN, HANS, DR., Professor für neuere Geschichte an der Ruhr-Universität Bochum

MÜLLER, KLAUS JÜRGEN, DR., Professor für neuere Geschichte und Sozialgeschichte an der Universität der Bundeswehr in Hamburg; Professor an der Universität Hamburg

NORDEN, GÜNTHER VAN, DR., Professor an der Bergischen Gesamthochschule Wuppertal

OLESCHINSKI, BRIGITTE, DIPL.-POL., Zeithistorikerin, Berlin

PAUL, GERHARD, DR., Professor an der Bildungswissenschaftlichen Hochschule Flensburg – Universität

REICH, INES, Wissenschaftliche Mitarbeiterin am Lehrstuhl für Zeitgeschichte der Universität Potsdam

ROGGE-GAU, SYLVIA, M.A., Wissenschaftliche Mitarbeiterin an der Forschungsstelle Widerstandsgeschichte des Fachbereichs Politische Wissenschaft der Freien Universität Berlin und der Gedenkstätte Deutscher Widerstand, Berlin

SASSIN, HORST R., , DR., Gymnasiallehrer, Wuppertal

SCHNEIDER, MICHAEL, DR. habil., Wissenschaftlicher Mitarbeiter des Historischen Forschungsinstituts der Friedrich-Ebert-Stiftung und Lehrbeauftragter am Seminar für Politische Wissenschaft der Universität Bonn

SCHMÄDEKE, JÜRGEN, DR., Wissenschaftlicher Referent an der Historischen Kommission zu Berlin

STEINBACH, PETER, DR., Professor am Fachbereich Politische Wissenschaft der Freien Universität Berlin, Historische Grundlagen der Politik; Leiter der Forschungsstelle Widerstandsgeschichte des Fachbereichs Politische Wissenschaft der Freien Universität Berlin und der Gedenkstätte Deutscher Widerstand, Berlin

STIEPANI, UTE, M.A., Wissenschaftliche Mitarbeiterin am Fachbereich Politische Wissenschaft der Freien Universität Berlin

TOYKA-SEID, CHRISTIANE, M.A., Mitarbeiterin der Bundeszentrale für politische Bildung, Bonn

TUCHEL, JOHANNES, DR., Leiter der Gedenkstätte Deutscher Widerstand, Berlin; Lehrbeauftragter am Fachbereich Politische Wissenschaft der Freien Universität Berlin

UEBERSCHÄR, GERD R., DR., Historiker am Militärgeschichtlichen Forschungsamt Freiburg und Lehrbeauftragter an der Universität Freiburg

WALLE, HEINRICH, DR., Fregattenkapitän, Historiker, Stabsoffizier am Miltärgeschichtlichen Forschungsamt Potsdam

WICKERT, CHRISTL, DR., Wissenschaftliche Mitarbeiterin am Institut für Geschichtswissenschaft der Technischen Universität Berlin

WINKLER, HEINRICH AUGUST, DR., Professor, Lehrstuhl Neueste Geschichte an der Humboldt-Universität zu Berlin

WOLFRUM, EDGAR, DR., Wissenschaftlicher Assistent am Fachbreich Politische Wissenschaft der Freien Universität Berlin, Historische Grundlagen der Politik

Nachbemerkung

Dieser Band ist entstanden an der Forschungsstelle Widerstandsgeschichte des Fachbereichs Politische Wissenschaft der Freien Universität Berlin und der Gedenkstätte Deutscher Widerstand, Berlin, die seit 1993 von der Volkswagen-Stiftung gefördert wird. Die Volkswagen-Stiftung unterstützte ferner Einzelprojekte von Klaus Drobisch und Jürgen Danyel, deren Ergebnisse mit in die hier publizierten Aufsätze eingeflossen sind. Der Dank der Herausgeber richtet sich vor allem an Ute Stiepani für die redaktionelle Mitarbeit und die Zusammenstellung der Bibliographie (gemeinsam mit Petra Behrens) sowie für vielfältige Mitarbeit an Gudrun Laue und Thea Espenhayn, an Geertje Andresen und Ulrike Hett.

Bilder: Gedenkstätte Deutscher Widerstand, Berlin.

Eckstein · Repetitorium Statistik

MEINEM
VEREHRTEN KOLLEGEN
PROF. R. PÖRNER
MIT KOLLEGIALER
HOCHACHTUNG

Peter Eckstein